阳　泉　法　院　志

主　编：王志刚　陈明华

副主编：王志德　刘瑞光　于昌明　梁　庆

《阳泉法院志》编纂委员会 编

方 志 出 版 社

图书在版编目（CIP）数据

阳泉法院志 / 阳泉法院志编纂委员会编.— 北京：方志出版社，2012.12

ISBN 978-7-5144-0424-1

Ⅰ.①阳… Ⅱ.①阳… Ⅲ.①法院—概况—阳泉市 Ⅳ.①D926.22

中国版本图书馆CIP数据核字(2012)第014616号

阳泉法院志

编　　者： 阳泉法院志编纂委员会

责任编辑： 黄彦　罗滔

出 版 者： 方志出版社

（北京市东城区夕照寺14号院富瑞苑公寓6层）

邮编　100061

网址　http://www.fzph.org

发　　行： 方志出版社发行部

(010) 67110500

经　　销： 各地新华书店

法律顾问： 北京市大禹律师事务所

印　　刷： 石家庄联创博美印刷有限公司

开　　本： 889×1194　　1/16

印　　张： 63.375

字　　数： 1480 千

版　　次： 2012年12月第1版　2012年12月第1次印刷

印　　数： 0001～1500册

ISBN 978-7-5144-0424-1/D·13　　定价：420.00元

《阳泉法院志》
编纂委员会

阳泉市行政区划图

盂县
郊区
矿区
城区
平定县
梁家寨法庭
西烟法庭
仙人法庭
盂县法院
河底法庭
郊区法院
巨城法庭
平坦法庭
义井法庭
平定法院
东回法庭
锁簧法庭
河北省
忻州市
太原市
晋中市
阳泉市区图
矿区法院
阳泉中院
城区法院

以史为鉴，汲取丰富审判经验；
以民为本，铸就公正司法天平。

左世忠
二〇一二.五.二十

左世忠为山西省高级人民法院党组书记、院长

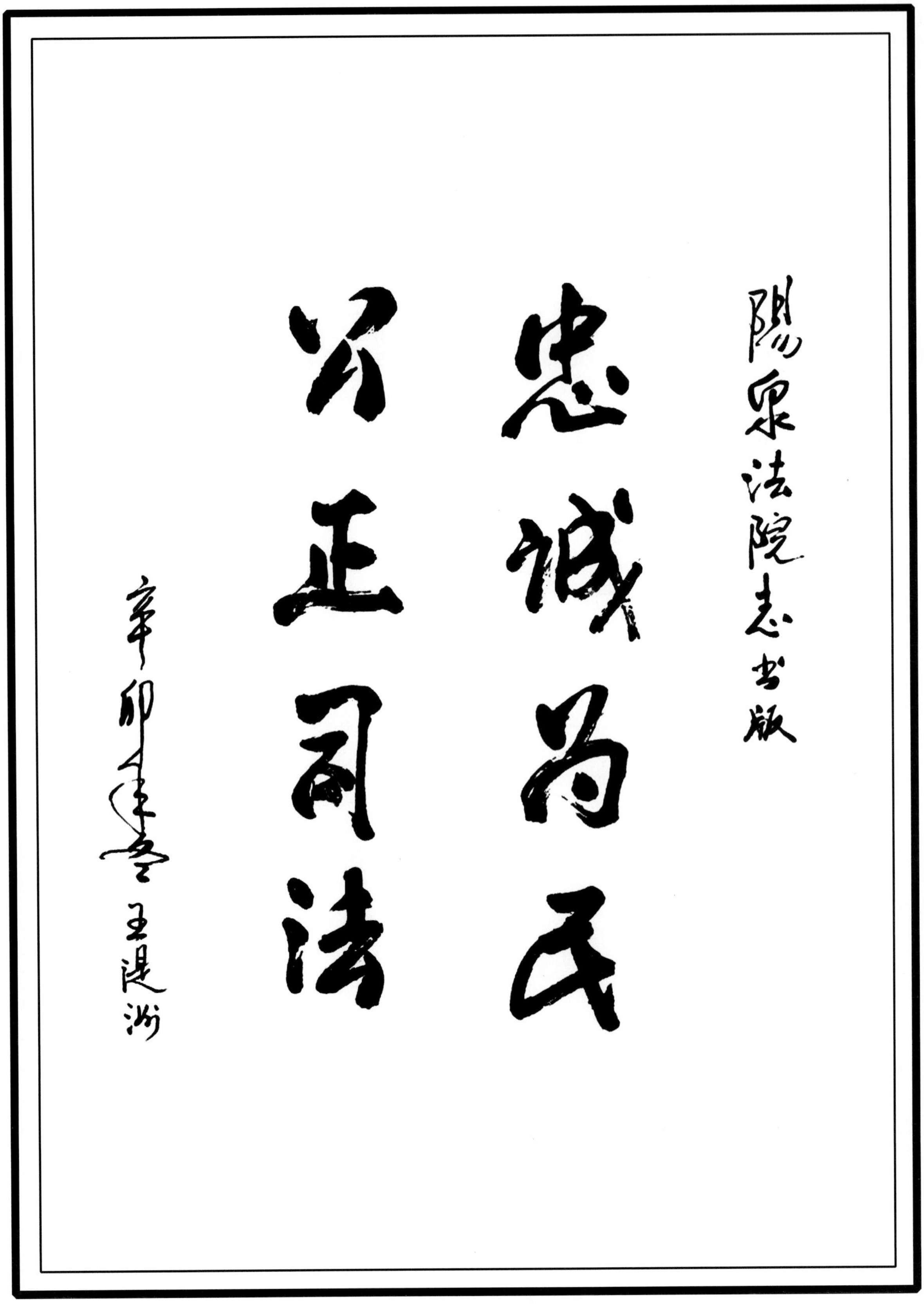

王湜洲为中共阳泉市委常委、政法委书记

传承历史
开创未来
王志刚

王志刚为山西省高级人民法院副院长

加强诉讼服务管理
提高法院社会公信

壬辰冬 陈明华

陈明华为阳泉市中级人民法院党组书记、院长

2011 年 11 月 4 日，最高人民法院副院长江必新（右二）在阳泉中院考察，
右三为山西省高级人民法院副院长张炜，左二为阳泉中院时任院长王志刚，
右一为阳泉中院副院长于昌明

2011 年 11 月 4 日，最高人民法院副院长江必新（右三）在阳泉中院检查指
导工作，右一为阳泉市委政法委书记王湜洲，右二为阳泉中院副院长于昌明，
左一为阳泉中院政治部主任刘瑞光

2010 年 6 月 8 日，最高人民法院政治部主任周泽民（左一）在阳泉中院考察调研中为山西省高级人民法院院长左世忠；右一为阳泉中院时任院长王志刚

2010 年 6 月 8 日，最高人民法院政治部主任周泽民在阳泉中院考察时看望干警

山西省高级人民法院院长左世忠在阳泉中院调研

2011年9月15日，山西省高级人民法院院长左世忠（右二）在阳泉中院检查指导工作，左一为山西省委政法委副书记杨有才

2011 年 9 月 15 日，山西省高级人民法院院长左世忠（左一）在阳泉中院调研

2011 年 9 月 15 日，山西省高级人民法院院长左世忠在阳泉矿区法院调研，
左一为左世忠，右一为矿区法院院长梁庆

李玉臻任山西省高级人民法院院长时在阳泉中院检查指导工作，
右为阳泉中院时任院长冯少勇

李玉臻（中）任山西省最高人民法院院长时在阳泉中院检查指导工作，
右二为阳泉中院时任院长冯少勇

2011 年 9 月 15 日，山西省高级人民法院常务副院长梁权（中）在阳泉中院检查指导工作

2012 年 6 月 28 日，山西省高级人民法院党组副书记、副院长朱明在阳泉中院调研

2011 年 10 月 10 日，阳泉市委常委、政法委书记王滉洲（右）在阳泉中院调研，左为时任院长王志刚

2011 年 7 月 6 日，郭长青（右二）任阳泉市委副书记、陈继光（右三）任阳泉市委政法委书记时在阳泉中院检查工作。（左一）为阳泉中院时任院长王志刚，（右一）为副院长于昌明

2012年10月31日，阳泉市人大常委会主任刘高官（右一）
在阳泉中院检查工作，左一为阳泉中院院长陈明华

陈明华院长（中）在郊区旧街乡枣园村调研新农村建设情况

阳泉市人大代表视察阳泉中院时合影，右七为阳泉市人大常委会时任主任丁贵生，左五为阳泉中院时任院长冯少勇

美国华伦市经贸代表团访问阳泉中院

荣誉榜
山西省阳泉市中级人民法院执行局
全国法院先进集体
最高人民法院
二〇一二年二月
山西省涉法涉诉积案化解
先进集体
中共山西省委政法委员会
二〇一二年一月
涉法涉诉信访工作"三争做"活动
文明接待窗口
中共山西省委政法委员会
二〇一〇年元月
全省造林绿化
先进单位
山西省人民政府
二〇〇八年六月
山西省政法系统
先进基层党组织
中共山西省委政法委员会
二〇一一年七月
阳泉市中级人民法院
全省集中清理执行积案
先进集体
中共山西省委政法委员会
山西省高级人民法院
二〇一〇年六月
全省法院涉诉信访工作先进集体
山西省高级人民法院
二〇〇九年十二月
阳泉市中级人民法院
2012年度涉诉信访工作先进集体
山西省高级人民法院
二〇一三年一月
全省法院第二届"移动杯"乒乓球比赛
道德风尚奖
山西省高级人民法院
山西省法官协会
2010年11月
阳泉市中级人民法院立案二庭
一等功
阳泉市劳动竞赛委员会
二〇一二年十二月
授予：市中级人民法院
提案办理先进单位
政协山西省阳泉市委员会
二〇一二年二月
市中级人民法院
地方志工作先进集体
阳泉市地方志办公室
二〇一二年四月

阳泉市人民法院历任院长

武庆贺院长
1948.11～1949.10

蒋若鲁代理院长
1949.10～1950.6

史一轮副院长（主持工作）
1950.6～1952.4

高鸣九副院长（主持工作）
1952.4～1954.1

唐镇源院长
1954.1 ~ 1966.2

张振华院长
1966.2 ~ 1968.6

阳泉市中级人民法院历任院长

韩双顺院长

1973.8 ~ 1984.1

高根楼院长

1984.1 ~ 1992.6

段奇耀院长

1992.6 ~ 1997.4

李建忠院长

1997.4 ~ 2002.3

冯少勇院长
2002.3 ~ 2008.11

王志刚院长
2008.11 ~2012.8

陈明华院长
2012.8 ~

凡　例

一、本志以辩证唯物主义和历史唯物主义为指导，全面、系统、客观地记述阳泉市两级人民法院的发展历程，力求做到思想性、科学性和资料性的统一。

二、本志纪事时限原则上为1947年5月4日至2012年12月31日。个别内容酌情追溯。

三、本志纪事范围，以阳泉市中级人民法院为主，略记县区人民法院。

四、本志设九编，编下分章、节、目。志前置概述、大事记，志后设附录。体裁采用述、记、志、传、图、表、录，以志为主。

五、本志人物主要收录为阳泉市两级人民法院司法审判做出重要贡献的代表人物。

六、本志1949年之前采用历史纪年，之后采用公元纪年。

七、本志对频繁使用的较长名称和词组，酌情简称或缩写。如中华民国简称“民国”。中国共产党简称“中共”。中华人民共和国成立前(后),简称“新中国成立前(后)”。1947年阳泉解放前（后），简称“解放前（后）”。发展国民经济的第一个五年计划，简称“一五”计划。阳泉市中级人民法院简称“阳泉中院”。

八、本志采用规范的现代汉语记述。行文力求朴实、简练、流畅。计量单位、数字用法遵照现行国家标准，个别地方采用法院传统用法，如亩、斤等。

九、本志资料出自档案、报刊、史志类专著，以及国家、省、市有关部门的文件，并进行了考订，行文中一般不再注明出处。

目　录

第三编 审 判

第四编 执行和审判监督

第五编 政治和行政工作

第六编 司法改革

第七编 文化建设

第八编 人 物

第九编 文献辑存

《阳泉法院志》序一

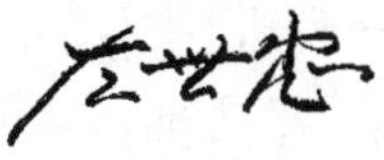

阳泉市中级人民法院是一个具有光荣革命传统和优秀历史文化传承的审判机关，成立于解放战争初期的1947年5月4日。在长达六十多年的人民审判事业中，无论是队伍建设，还是司法实践，均取得了显著成绩，尤其是人民法院文化建设更是取得了长足进步，在提高队伍素质、弘扬法治理念、促进司法公正、维护司法权威、保障全社会安全稳定和为人民群众提供优质司法服务的进程中，发挥了积极的推动作用。

《阳泉法院志》的出版发行，就是该院浓厚的文化氛围、深厚的文化积淀、丰富的文化底蕴、先进的文化理念和优秀的文化品质的一个总汇，它既是阳泉中院六十多年忠诚、崇法、守信、爱民等诸多优质文化元素的提炼、升华和结晶，也是我省法院系统文化建设的一个重大成果，必将对全面促进我省法院文化建设，指导法院系统干警学习人民审判历史知识，了解人民审判文化脉络，掌握人民审判发展规律，弘扬人民司法为人民的精神，创新人民审判事业的丰富内涵，引领广大干警始终坚持“三个至上”①工作指导思想，坚决抵制各种错误司法观念的影响，产生积极的推进作用和重要的示范作用。

一、阳泉市中级人民法院的发展历史，本身就是一部“为大局服务、为人民司法”的历史。阳泉市是中国共产党亲手建立命名的城市，阳泉法院与之相伴而生，当时最大的大局就是肃清潜伏的国民党特务，捍卫和巩固新生的人民政权，组织工农业生产，保障铁路安全畅通，支援全国解放战争。阳泉市中级人民法院的前身——阳泉市司法处和阳泉市人民法院，就紧紧围绕这个大局，以审判为武器，严厉打击国民党散兵游勇、暗藏的反革命分子、反动会道门首恶人物、不法奸商、地主恶霸和形形色色的刑事犯罪活动，协助新生的人民政府开展土地改革，组织钢铁、煤炭、硫磺等重要战略物资生产和粮食生产，直接支援中国人民解放军前线作战、支援中华人民共和国的建立。新中国成立后，他们充分利用人民审判这个舞台，调解社会矛盾，惩处刑事犯罪，维护社会稳定，支援抗美援朝，支持社会主义革命和社会主义建设。十一届三中全会以来，他们根据党在新时期工作中心向经济建设转移这个大局，服从服务于改革开放，

注：①党的利益至上、人民利益至上、宪法法律至上。

服从服务于社会主义市场经济的建立和完善，从而成为中国特色社会主义事业的护卫者、中国特色社会主义法律体系的践行者。

二、阳泉市中级人民法院的发展历史，同时也是一部全心全意为人民服务的历史，一部弘扬“忠诚廉洁、公正为民”司法核心价值观的历史。《阳泉法院志》忠实记述了该院从“司法处”到人民法院，从初审机关到二审终审机关的发展历程。每一个历史阶段都凝聚了阳泉市中级人民法院干警同志们对党的忠诚，对法律的敬畏，对社会主义事业的奉献，对人民群众的高度负责精神。建院初期，在战火纷飞的年代，老一代干警以马锡五为榜样，在没有办公场所、没有办公经费，甚至没有薪酬的艰苦条件下，他们“两长带两员”（院长、审判长；审判员、书记员），把人民审判事业推进到田间、地头、工厂、煤矿等广阔天地，使人民群众通过老一代干警热情周到的司法服务，爱憎分明、疾恶如仇的审判作风，视民如亲、为民做主的政治态度，来体会毛主席的伟大和毛泽东思想的科学，认识中国共产党的主张和纲领，区分共产党和国民党的不同，坚定了新解放区人民群众听毛主席的话、跟党走的决心和信念。在社会主义革命和社会主义建设时期，他们根据当时有限的法律条款，科学把握党和国家在不同时期的方针、政策，宽严相济、有理有节处置敌我矛盾，灵活调处国家、集体和人民群众之间的关系，注重保护全民所有制、集体所有制和公民之间的合法权益，更多地体现人民法院的社会责任和对党的事业、对人民群众的负责精神，促进各种不同所有制之间的互相理解和支持，团结一致共同建设社会主义。改革开放后，特别是进入21世纪以来，阳泉中院坚持把加强对司法核心价值观的研究、教育和实践，作为人民法院文化建设的首要任务，把公正执法，廉洁执法，民本执法贯彻于审判、执行、调解全过程，切实端正了司法理念，提高了司法水平，维护了司法形象，提升了司法公信力，贴近了人民群众。

三、阳泉市中级人民法院的发展历史，还是一部勇于进取、勇于实践、勇于创新的历史，一部践行社会主义法治理念的历史。《阳泉法院志》记述的历史史实是感人肺腑的，催人奋进的。在建院之初，老一代干警面对的国民党大军仍然盘踞在近在咫尺的寿阳、盂县、太原，而国民党潜伏特务破坏新生人民政权、暗杀革命干部的活动仍然十分猖獗，但他们以大无畏的革命英雄主义精神，以毛泽东同志的国家观、人民观、法制观和晋察冀、晋冀鲁豫、晋绥、陕甘宁等革命根据地的人民司法实践为指导，组建了完全由中共党员和革命干部组成的、由党直接领导的人民司法机关，队伍纯洁、政治坚定、作风过硬即是这个时期该院的显著特点。没有现成的法律条文，他们就参照革命根据地司法律例审理刑、民事案件；司法人员紧缺，他们就派干部到革命根据地学习，在具体的审判活动中，创造了许多经典案例，摸索出一整套人民审判的规章制度，为随后解放的其他地区的人民司法，提供了丰富的审判经验和一系列典型判法、判案。随着十一届三中全会之后我国社会主义法制建设的日臻完善，阳泉市中级人民法院进一步加大能动司法力度，勇于探索，勇于实践，勇于创新，20世纪80年代，在全省法院系统率先建立起“经济案件调解处”，以化解社会主义市场经济中大量出现的经济纠纷。90年代初，发起召开晋、冀两省七市七个中级法院“经济司法协作会议”，签订了《晋冀两省部分法院经济司法协作意见》，在不同管理区域内开展经济司法协作，《法制日报》在头版作了报道，在全国法院系统引起巨大反响。21世纪以来，阳泉市中级人民法院以“三个至上”为指导，始终围绕执法办案第一要务，认真践行社会主义法治理念，大胆实践，开拓进取，未成年人案件审判成为最高院指定的17家试点单位之一，诉调对接窗口建设走在全省法院系统前列，人民审判事业跃上了一个历史高点。

盛世修志，存史育人。最近，中央十七届六中全会胜利召开，“文化强国”成为全党全国人民的共识，文化自觉和文化自信成为推动文化大发展、大繁荣的重要基础。昨天的历史永无止境，明天的历史从今天开步。《阳泉法院志》的编修成功，为我省法院系统加快文化建设步伐提供了重要的借鉴和示范，我们一定要深刻认识编史修志在法院文化建设上的重要作用，深刻认识编史修志在满足法院干警精神文化需求上的重要责任，深刻认识编史修志在弘扬社会主义法治文化理念中和在提高人民法院文化软实力和公信力上的重要意义，不断赋予法院文化以鲜明的时代特色，引导广大法院干警牢固树立马克思主义世界观、人生观、价值观、法制观和社会主义荣辱观，增强干警队伍的认同感、荣誉感、向心力和凝聚力，不断开创我省法院系统社会主义法制文化建设的新局面。

（作者系山西省高级人民法院党组书记、院长）

二〇一一、十二、十六

《阳泉法院志》序二

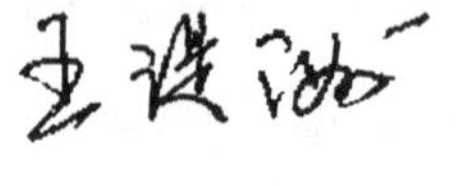

文化是人民的精神家园，历史是民族的血脉传承。为进一步弘扬阳泉市中级人民法院光荣的革命传统，全面促进司法公正，树立“为大局服务、为人民司法”的良好形象，唱响我市人民审判事业主旋律，使广大法院干警从中获得精神鼓舞，升华思想境界，陶冶道德情操，完善优良品格，培养浩然正气，认真践行“忠诚廉洁、公正为民”的人民法院核心价值，阳泉市中级人民法院隆重推出了140余万字、全面记述我市人民审判事业60多年光辉历程的《阳泉法院志》。

《阳泉法院志》的付梓出版，是阳泉法院系统的一件大事，也是我市政法系统的一件喜事。志书不仅提供了我市人民审判工作中较为翔实的历史资料，再现了阳泉中院建院60多年的发展历程，特别是重点展示了党的十一届三中全会以来，阳泉市两级人民法院践行“三个至上”、弘扬“忠诚廉洁、公正为民”核心价值观和“为大局服务、为人民司法”，全力维护地区社会政治稳定、促进地域经济发展、保障地方公平正义的光辉业绩。《阳泉法院志》的编纂成功，是阳泉法院系统的一项重要研究成果，被列入中华人民共和国地方志丛书，丰富多彩的司法内容和独特经典的审判经验，对进一步研究阳泉市中级人民法院的审判工作，尤其是对研究和考评中国共产党在解放战争初期,乃至建国前后的人民审判历史有着极为重要的学术价值和参考价值。

一、阳泉市中级人民法院光荣的革命传统和巨大的历史贡献，值得我们永远自豪和敬仰。早在解放战争初期的1947年5月4日，在全国尚未解放的情况下，中国共产党即在刚刚获得解放的阳泉地区，以火车站为中心，建立了“中共第一城”——阳泉市，同时以马列主义和毛泽东思想国家观、人民观、法制观、政权观为指导，以解放区人民司法实践为典范，建立起阳泉历史上第一个人民审判机关——阳泉市司法处。之后，历经“阳泉市司法处”、“阳泉市人民法院”、“阳泉工矿区人民法院”之历史变迁，到1973年6月28日，升格为二审法院，即现在的阳泉市中级人民法院。市人民法院成立之初，即以审判为武器，配合人民政府中心工作，打击国民党土匪流寇的侵扰和潜伏特务的破坏，保卫新生的人民政权，促进钢铁、煤炭、硫磺等重要战略物资的生产，保证铁路、公路运输和工农业生产的安全，直接支援全国解放战争、支援中华人民共和国的建立、支援抗美援朝，为中国共产党夺取全国政权、建立中华人民共和国、取得抗美援朝战争的胜利，作出了重要贡献。

二、阳泉市中级人民法院“为大局服务、为人民司法”的实践，值得我们永远传承。新中国成立后，老一代干警在毛主席和中国共产党领导下，进一步发扬革命传统，以人民审判为舞台，积极支持火热的社会主义革命和社会主义建设。20世纪50年代中后期至“文化大革命”之前，当时的阳泉市人民法院以“马锡五审判方式”为榜样，推行“两长一员”（院长、审判长、审判员）长期下乡进厂制度，至少由一名副院长带队，一名审判长和一名审判员参与，在田间地头、车间井口开展人民调解和人民审判，把法律和法制精神直接送到人民手中。改革开放以后，根据党的十一届三中全会精神，阳泉市中级人民法院顺应全党全国工作中心从以阶级斗争为纲到以经济建设为中心的历史转变，服从服务于改革开放大局，服从服务于中国特色社会主义事业的发展，服从服务于中国特色社会主义法律体系的实践和完善，为阳泉地区的改革、发展、稳定提供了重要司法保障。

三、阳泉市中级人民法院在漫长的人民审判事业中积淀的革命精神、先进经验，值得我们永远学习借鉴。在长达60多年的司法实践中，阳泉中院逐渐形成了自己严肃谨慎的审判作风和清正廉明的党风、院风，他们勤于学习、自强不息；爱岗敬业，甘于奉献；心系百姓，服务大局；努力实践，勇于创新；率先垂范，秉公执法等五种精神，不仅是我市两级法院的精神财富，同时也是我市政法系统干警，乃至全市人民的宝贵精神财富，几代人民法官扎根三区两县审判前沿，甘当卫士、锲而不舍、追求卓越、彰显公平正义的高贵品质和崇高情怀，通过本志140余万字记载，淋漓尽致、光彩照人地展现在我们面前，必将激励我市政法系统全体干警，在革命前辈丰功伟绩的基础上，将我市政法工作推向一个新的更高的台阶。

现实从历史中走来，没有历史就不可能拥有现实。只有了解历史，才能理解未来；只有解密历史，才能面向未来；只有正视历史，才能创造未来。学习和总结历史文化，借鉴和运用历史经验，是我们政法工作者面向未来、承担道义、促进公正、维护稳定、开创政法工作新局面的重要一环，让我们以十七届六中全会精神为指导，更好地继承和发扬革命前辈建树的优良传统和革命精神，为推动社会主义文化大发展大繁荣做出新的更大的贡献。

（作者系中共阳泉市委常委、政法委书记）

《阳泉法院志》序三

王志刚

正当我们学习贯彻中国共产党十七届六中全会精神，深刻理解党中央关于“深化文化体制改革、推动社会主义文化大发展大繁荣”战略部署，认真落实最高人民法院《关于进一步加强人民法院文化建设的意见》，全面加强和推进法院文化建设，广泛开展“人民法官为人民”主题实践活动，大力弘扬“忠诚廉洁、公正为民”的司法核心价值观，进一步提升干警思想境界、职业操守、人文素养，努力营造崇尚学习、积极进取、特色鲜明的文化氛围，培养和造就一支政治坚定、业务过硬、一心为民、公正廉洁的法官队伍，实现人民法院工作新发展之际，《阳泉法院志》正式和读者见面了。

阳泉市中级人民法院成立于解放战争初期（1947年5月4日），时称阳泉市司法处，1948年10月，更名为阳泉市人民法院。1973年6月28日，升格为二审法院。现有城区、矿区、郊区、平定、盂县5个基层人民法院，辖区面积4570平方公里，人口137万。《阳泉法院志》记述时间，从建院日（1947年5月4日）起至2010年止，时间跨度为63年。

建院初期（1947年5月4日），当时的阳泉市司法处，及至1948年10月19日更名后的阳泉市人民法院，虽然处于战火纷飞的解放战争之中，无论审判人员多么缺乏，无论法律条文如何简洁，无论敌特破坏如何严重，始终按照马列主义、毛泽东思想国家观、人民观、法制观、政权观，把审判机关的人民性放在最突出的位置，为解放战争大局服务，为刚刚获得解放的阳泉人民司法，为备受国民党反动政府和资本家、地主压迫剥削的人民群众撑腰。1973年6月28日升格为二审法院后，阳泉市中级人民法院，包括陆续建立的各基层人民法院，同样把人民司法为人民这个特点和传统继承下来，并发扬光大。改革开放之后，阳泉市两级人民法院“为大局服务、为人民司法”，为中国特色社会主义制度的建立，为中国特色社会主义法制体系的完善，为改革开放和社会主义市场经济建设，提供了积极的司法保障。

建院之初的老一代审判人员，全部来自人民军队转业干部和党领导的其他根据地人民政府及解放区人民法院的调配干部，经受过革命战争的考验，政治素质高，个人能力强。在司法实践中，老一代干警始终以解放区人民司法工作形成的法律条文为准绳，以解放区人民审判形成的典型案例为参酌，完全摒弃国民党旧法律条文的束缚，排除国民党旧司法人员的参与，彻底改变了国民党旧衙门作风，为巩固新生的人民政权，为支援全国解放战争、支援中华人民共和国的建立、支援抗美援朝的胜利，做出了重要的贡献。在社会主义革命和社会主义建设时期，特别是改革开放之后，阳泉市中级人民法院继续保持和发扬了这个优良传统，干警队伍从政治上、思想上、行动上、作风上，都保持了同党中央的高度一致，同宪法法律精神的高度一致，同改革开放大局的高度一致，同人民群众根本利益的高度一致。

阳泉中院还有一显著特点，就是她的能动性。无论是建院初期的革命战争年代，还是新中国成立之后的社会主义革命和社会主义建设时期，阳泉中院始终按照党和国家不同时期工作中心，结合阳泉市各个发展阶段工作重点，在直接参加工、农业生产的同时，送法下乡，送法进校，送法进厂，为厂矿企业、农村人民公社和生产大队建言献策。十一届三中全会以来，阳泉中院在依法履行审判职能的基础上，充分发挥能动司法的职能，积极参与社会治安综合治理，为改革开放保驾护航。

《阳泉法院志》的编修，以马列主义、毛泽东思想、邓小平理论、“三个代表”重要思想和科学发展观为指导，坚持辩证唯物主义和历史唯物主义的立场、观点、方法，详近略远，严谨客观地记录了阳泉市两级人民法院全部工作的发展脉络，详尽细致地描述了阳泉市中级人民法院审判工作的发展脉络，科学认真地回顾总结了阳泉市人民法院审判工作取得的成就和经验，真实生动地再现了阳泉市两级人民法院审判队伍的壮大、审判制度的建立和创新、审判规范的健全及审判场所的建设和变迁。

《阳泉法院志》对阳泉市中级人民法院刑事、民事、民商事、行政、未成年人五大审判活动和审判监督，以及立案、信访、调解、执行、司法警务活动和司法调研、财务装备、行政后勤等项工作进行了重点阐述。特别是全面记述了中共十一届三中全会以来，阳泉市两级人民法院“为大局服务，为人民司法”，充分发挥审判职能，依法打击犯罪，调节经济关系，化解社会矛盾，促进依法行政，为促进改革、推动发展、维护本地区社会稳定，为改革开放和社会主义市场经济保驾护航，为中国特色社会主义建设提供司法保障的实践和创新。

进入21世纪后，随着中国特色社会主义市场经济制度日臻成熟和中国特色社会主义法律体系的建立完善，阳泉市两级人民法院紧紧围绕“三个至上”，大力弘扬“忠诚廉洁、公正为民”核心价值观，立案信访窗口建设、诉调对接、少年审判、文化建设和司法调研等诸多工作走在全国法院前列。本志即是对阳泉市中级人民法院建院60多年工作的系统性、全面性总结。

《阳泉法院志》体例结构合理，图文并茂，脉络清晰，史料翔实，案例经典，文风朴实，不仅是阳泉市中级人民法院文化建设的一项重要成果，也是全市两级人民法院精神财富的一个重要宝藏。同时也为今后的审判实践、法学研究及文学创作，提供了大量信息和详尽素材，体现了资治、存史、教化的功能。

古语云：以史为鉴，可知兴替。抚今阅昔，可以帮助我们了解历史，铭记历史，扬长避短，把握未来，以更加坚定的信心和决心，学习贯彻十七届六中全会精神，进一步推进法院文化建设，不断把法院工作推向新的发展阶段。

（作者系阳泉市中级人民法院前党组书记、院长，现任山西省高级人民法院党组成员、副院长）

概　述

阳泉原属平定县。平定在清代为直隶州治，设知州衙门，盂县设知县衙门。执掌内辖区的审判权，实行“司法权与行政权合一，行政机关行使司法权，州、地方衙门都是一级审判机关；监察机关以监察为主要任务，兼有审判权；民事与刑事案件没有实质区别；当事人诉讼地位不平等，皇亲、贵戚、官吏等享有特权；准许执讯被告，逼取口供；皇帝拥有最高司法权，可以不按法定程序任意治人以罪，有权审批、更改审判机关的判决”。

民国建立后，司法审判机关独立建制，结束了司法和行政二者合一的历史。县署设司法科（亦称承审科），为专门受理各种诉讼案件的司法机构。

阳泉市中级人民法院建立于解放战争初期的1947年5月4日，时称“阳泉市人民政府司法处”。

1948年10月19日，根据华北人民政府《关于统一各行署司法机关名称、恢复各县原有司法组织及审级的规定》，更名为阳泉市人民法院。

1973年6月28日，根据中共阳泉市委阳发〔1973〕97号《关于恢复阳泉市中级人民法院及干部任职的通知》，阳泉市中级人民法院恢复建制、称谓和职能，并升格为二审法院。

阳泉市中级人民法院长达60多年的发展历程，大体可分为三个阶段。第一阶段（1947年～1953年）为艰苦创业时期，这一阶段的主要任务可概括为“三个支援”，即支援解放战争、支援新中国的建立、支援抗美援朝。第二阶段（1954年～1979年），为探索前进时期，这一阶段的主要任务可概括为“两个支持”，即支持社会主义革命、支持社会主义建设。第三阶段（1979年～现在），为发展创新时期。这一阶段的主要任务可概括为“两个服务”，即服务改革开放，服务中国特色社会主义事业。

一、艰苦创业时期（1947 年～ 1953 年）

主要任务为“三个支援”，即：支援解放战争、支援新中国建立、支援抗美援朝。

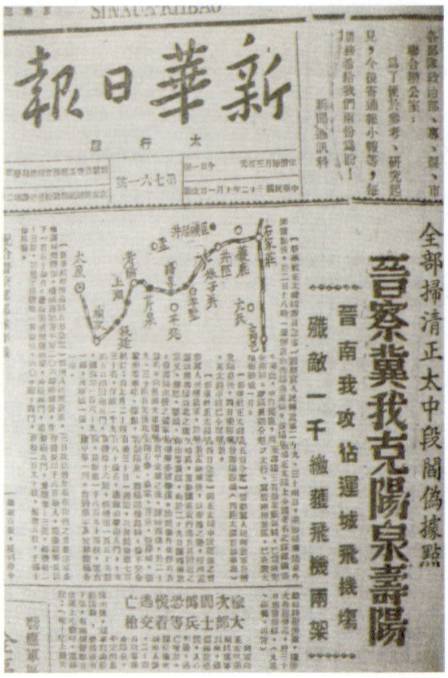
新華日報 太行版

全部掃清正太中段閻偽據點

晉察冀我克陽泉壽陽

晉南我攻佔運城飛機場

殲敵一千繳獲飛機兩架

《新华日报·太行版》解放阳泉、寿阳的报道

抗日战争爆发后，中国共产党领导的八路军总部及一一五师、一二〇师、一二九师开赴山西抗日前线。先后开辟了晋察冀、晋绥、晋冀鲁豫敌后抗日根据地，建立了抗日民主政府。在阳泉境内，先后成立了隶属晋察冀边区的盂县抗日民主政府和平定（路北）县民主抗日政府；隶属晋冀鲁豫边区的平（定）东县和平（定）西县抗日民主政府。抗日根据地人民民主政府审判机关，依据边区政府制定颁行的法律开展刑、民事案件的审判，并逐步发展了人民民主诉讼制度。（1）审判权由司法机关统一行使，逮捕人犯由公安司法机关依法执行。（2）各边区实行三级三审制或两级终审制。（3）坚决废止肉刑，严禁逼供信，重证据不轻信口供。（4）实行人民陪审员制度。（5）实行公开审判和辩护原则。（6）实行上诉制度和死刑、有期徒刑复核制度。（7）实行简便利民的诉讼手续，免收诉讼费。（8）实行群众路线的审判方式，如公审制、巡回审理、就地办案。（9）实行人民调解制度。

抗战胜利后，内战随即爆发。1947 年 5 月 2 日 16 时，在人民解放战争的隆隆炮声中，阳泉镇解放，随即将东西长约 5.8 公里、南北宽约 4.15 公里，以阳泉火车站为中心，包括铁厂（阳钢，已破产）和平定县的小阳泉、平潭垴、平潭街村划出，设立阳泉市，面积约 24 平方公里，人口不足 2 万人，属晋察边区冀晋区第二行政督察专员公署领导。阳泉市人民政府设司法处，履行新建城市的刑事案件和民

人民解放军占领阳泉火车站

新華日報

克蔣偽據點七處

陽泉、平定市民歡慶自己解放

《新华日报》刊载的“平定解放消息”

阳泉市人民法院
第一任院长武庆贺

事案件受理、审判、调解、执行之职责。

阳泉市人民政府司法处是中国共产党解放阳泉后，按照马克思、恩格斯、列宁、斯大林和毛泽东主席关于国家学说、阶级斗争学说和法律观，以当时新民主主义的政策、纲领、法律、命令、条例、决议为指导，在继承了解放区人民民主政府显著司法特点的审判方式和审判方法基础上，建立起新型的无产阶级专政的人民审判机构。1948 年 10 月 19 日，根据《华北人民政府关于规定各行署市府名称、组织机构并任命正副主任及市长的通令》（民政字第三号）第二条第九项“人民法院冠以地区名称”的精神，阳泉市人民政府司法处正式更名为“阳泉市人民法院”。

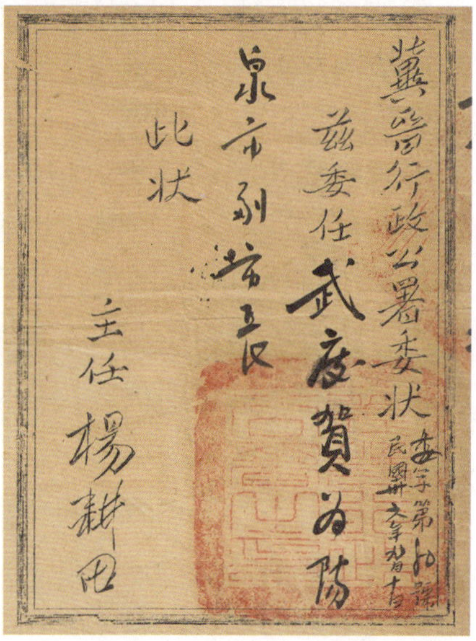

冀晋行政公署委狀
兹委任武慶賀為陽泉市副市長
此狀
主任 楊耕田

冀晋行政公署任命武庆贺为“阳泉市副市长”委任状

阳泉市是解放战争初期中国共产党建立的第一座城市。阳泉市人民法院同这一时期国民党政府审判机构和被中国共产党领导的中国人民解放军解放接管城市的司法审判机构有着本质的区别：（1）指导思想上，以马列主义、毛泽东思想的国家观、法律观和无产阶级专政学说为坐标，完全摒弃国民党反动政府以保护大官僚、大资本家、大地主、大买办集团为宗旨的司法理念。（2）法律条文上，以陕甘宁和晋察冀边区人民政府颁布的政策、纲领、法律、通令、训令、命令、条例、决议等为准绳，完全摒弃了国民党反动政府的旧法律条文。（3)司法人员构成上，完全由中国共产党领导的解放区和中国人民解放军公安部队中有人民司法审判经验的干部担任法官，没有一名国民党政府法院的留用人员参与人民法院的新建和审判。（4）司法模式上，以“马锡五审判法”为受理审判刑、民事案件的典型范例，并按照解放区以人民民主专政为显著司法特点的审判方式和审判方法进行刑、民事案件的审理，完全摒弃国民党反动政府法院的衙门作风和审判案例。（5）司法行为上，以“新民主主义的政策、纲领、法律、命令、条 例、决议，来搜集与研究人民自己的统治经验”（董必武语），担负着为新生的人民政府法制建设积累有益的审判经验和成功的审判范例的责任。（6）政治意义上，阳泉市人民法院在严厉打击新解放区刑事犯罪和国民党流寇、土匪、潜伏特务、

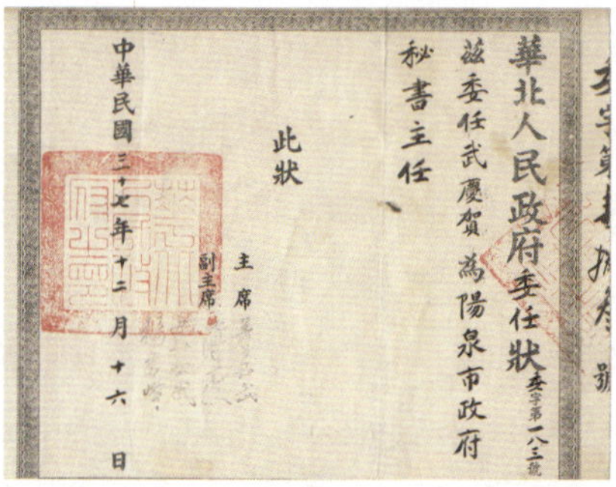

華北人民政府委任狀
兹委任武慶賀為陽泉市政府秘書主任
此狀
主席
副主席
中華民國三十七年十二月十六日

华北人民政府任命武庆贺为“阳泉市政府秘书主任”委任状

漏网汉奸、反动会道门组织的反革命活动的同时，以审判为武器，全力维护阳泉地区正常的工矿业生产、农业生产和安全畅通的铁路、交通运输，支援全国解放战争，巩固新生的人民政府，保卫人民群众在党的领导下，通过解放战争取得的土地改革、减租减息、人民群众当家做主等胜利成果。

晋察冀边区税务总局委状
税总委字第拾陆号
兹委任武慶贺为冀晋区税务局秘书主任
此状
局長曾承宗
中華民國三十五年五月二十五日

任命武庆贺为
“冀晋区税务秘书主任”委任状

可以说，无产阶级专政即人民民主专政的权力一开始就掌握在中国共产党领导的人民政府手中，是阳泉市人民法院同这一时期其他法院，包括解放区司法审判机构最大的区别，也是阳泉市人民法院及后来的阳泉市中级人民法院最大的政治优势和光荣传统。

民国 38 年（1949）4 月，随着山西全境的解放，山西各司法机关接管小组，在军事管制委员会领导下，依据中共中央 1 月 21 日提出的《关于接管平津司法机关的建议》和《关于接管国民党司法机关补充建议》的规定，分别接管了国民政府的平定、盂县司法机构，废除旧的司法制度。根据同年 9 月《中国人民政治协商会议共同纲领》关于《建立人民司法制度》的规定，在原解放区人民法院基础上初步建立起省人民法院及分院和市县区两级人民法院，实行三级二审制。阳泉市人民法院、平定县人民法院和盂县人民法院为第一审法院，省人民法院分院为第二审法院，一般以两审为终审。特殊情况下，以三审或一审为终审。对省人民法院及其分院所作的重大或疑难案件的二审判决，准许诉讼人提起第三审上诉；全国性重大的侵害国家、侵害公共财产及其他特别重大的刑、民事案件由最高人民法院或其分院为一审法院。

1949 年底到 1950 年，阳泉市人民政府一度更名为“阳泉市工矿区人民政府”，阳泉市人民法院随之更名为“阳泉工矿区人民法院”，1950 年底恢复原称谓。

1951 年 8 月“阳泉工矿区人民法院”全体干警合影

1951 年，中央人民政府颁发《中华人民共和国人民法院暂行组织条例》，其中规定“下级人民法院的审判工作受上级人民法院的领导和监督”，“各级人民法院（包括最高人民法院和省人民法院的分院）为同级人民政府的组成部分，受同级人民政府委员会的领导和监督”。阳泉市人民法院、平定县、盂县人民法院，在上级人民法院和同级人民政府领导下，贯彻执行下列基本原则和基本制度：（1）在中国共产党的领导下，依照法律规定独立行使审判权，不受行政机关、社会团体和个人的干涉，保证公正审判。（2）公民在适用法律上一律平等，切实保护公民的合法权益，反对任何特权。（3）各民族公民都有权用本民族语言文字进行诉讼。（4）审判工作中坚持“以事实为依据，以法律为准绳”的基本原则。（5）执行公开审判制度。把审判活动置于群众的监督之下，保证公开审判、宣传新的法制、以带动陪审、回避、辩护、合议、上诉等项制度的施行。

阳泉工矿区人民法院印鉴

1952 年 8 月，遵照中共中央和中共山西省委、省人民政府的指示精神，阳泉市人民法院开展司法改革运动，历时 4 个半月。1953 年，阳泉市人民法院积极参加土地改革、镇压反革命运动，“三反”、“五反”和贯彻新婚姻法等社会改革运动，并依照政策和法律规定，处理了大量的刑事案件和民事案件，保卫了新生政权，为维护社会秩序、保护人民群众的合法权益，起到了积极的作用，为全市的审判工作奠定了一个良好基础。

二、探索前进时期（1954 年 ~ 1978 年）

主要任务为“两个支持”，即：支持社会主义革命、支持社会主义建设。

1954 年，第一次全国代表大会第一次会议通过《中华人民共和国人民法院组织法》，将人民法院确立为“人民民主专政的工具之一”。其任务是审判刑事案件和民事案件，惩办一切犯罪分子，解决民事纠纷，以保卫人民民主专政制度，维护社会主义法制和社会秩序，保护社会主义的全民所有的财产和劳动群众集体所有的财产，保护公民私人所有制的合法财产，保护公民的人身权利、民主权利和其他权利，保障国家的社会主义革命和社会主义建设事业的顺利进行。阳泉市人民法院通过一系列政治活动和司法实践，教育公民忠于社会主义祖国，自觉地遵守宪法和法律。

1954 年 12 月 24 日至 1955 年 1 月 13 日，山西省人民法院召开第三届全省司法会议，学习讨论《人民法院组织法》。阳泉市人民法院根据《人民法院组织法》，开展公开审判、陪审、辩护等方面的司法审判活动。

1955 年，山西省各级人民代表依照法律规定，选举同级人民法院院长。1 月 30 日 ~ 2 月 3 日，阳泉市召开第一届人民代表大会第二次会议，阳泉市人民法院院长唐镇源作《法院工作报告》，在本次会议上，唐镇源当选为第一任由阳泉市人民代表大会选举产生的法院院长（此前，人民法院院长一职，一般沿用革命战争时期各解放区较为普遍的任命制）。同年，阳泉市人民法院建立审判委员会，逐步实行公开审判、陪审、辩护、合议、回避等各项审判制度。阳泉市人民法院和平定县人民法院、盂县人民法院为方便群众诉讼，建立了基层人民法庭。

1956 年，社会主义改造基本完成以后，开始转入大规模的社会主义建设时期。1957 年，阳泉市人民法院一方面积极配合市委市政府打击社会上“右派分子”的疯狂向党进攻和反扑，一方面在加强自身队伍建设中，也进行了“反右倾”运动。1958年，提出司法工作“大跃进”口号，计划到1960年，在全市实现“二十无”，即无特务、无反革命破坏、无地富反攻倒算、无反动会道门活动、无骚乱暴动、无破坏窃密、无反动标语谣言、无土匪抢劫、无凶杀、无纵火、无盗窃、无强奸、无贪污、无诈骗、无烟毒、无聚赌、无毒害、无走私犯罪、无投机倒把、无流氓暗娼、无巫婆神汉。

1964年10月阳泉市人民法院干警合影

1961年，根据中央对治安管理从严方针和“政法三长”会议精神，阳泉市人民法院和公安局、检察院组成联合办公室，有组织有计划地对好逸恶劳、弃工弃农弃学而进行投机倒把的人进行专项打击，投机倒把犯罪活动受到遏制。同时开展以打击现行破坏活动为重点的“一手抓治安防范、一手抓政治事故”活动，保卫阳泉市的支柱产业钢、煤、磺的正常生产和运输业有序进行。5月，阳泉市人民法院依照最高人民法院的指示精神，大兴调查研究之风，开始纠正“大跃进”中出现的错误，逐步恢复依照法定审判程序的法制秩序，维护了法律的尊严，维护了社会治安，保障了社会主义建设的顺利进行。

1964年4月阳泉市人民法院干警合影

1963年8月16日至22日，阳泉市召开第五届人民代表大会第一次会议。唐镇源作《阳泉市人民法院工作报告》，并被选为阳泉市人民法院院长。

1964年，阳泉市人民法院为及时有力地打击敌人的破坏活动，保卫社会主义教育运动，抽出两名庭长级干部，与公安检察机关密切配合，组成“打击现行办公室”，打击反革命和流氓分子及其他刑事犯罪分子的破坏活动。并开展学解放军、学大寨、学大庆运动。

“文化大革命”时期
有关审判工作的印鉴(1)

1966年5月，“文化大革命”开始，1967年1月，《关于无产阶级“文化大革命”中加强公安工作的若干规定》

“文化大革命”时期
有关审判工作的印鉴（2）

“文化大革命”时期
有关审判工作的印鉴（3）

出台（即“公安六条”）。阳泉市人民法院中止行使审判权。2月，阳泉市人民法院被军管，审判工作在军管会主持下进行。

1973年6月28日，经中共阳泉市委常委会议讨论决定，以“阳发〔1973〕97号”文件，下发《中共阳泉市委关于恢复阳泉市中级人民法院及干部任职的通知》，阳泉市中级人民法院得以恢复，并升格为二审法院，韩双顺任院长。1975年，法院贯彻上级指示，大抓整顿、坚持依法办案，防止了一些错案的发生。从此，阳泉市中级人民法院步入健康发展的轨道。

三、发展创新时期（1979年～2012年）

主要任务为“两个服务”，即：服务改革开放大局、服务中国特色社会主义制度。

1978年12月，中国共产党召开十一届三中全会，中止了“文化大革命”运动和“以阶级斗争为纲”的指导方针，实行改革开放政策，全党工作中心转移到经济建设方面。经过30年的改革开放，阳泉市中级人民法院确立了“党的事业至上、人民利益至上、宪法法律至上”和坚持“为大局服务、为人民司法”的政治司法方针，全面加强各级人民法院的思想、业务、组织建设，各项工作取得了长足进步。

（一）审判力量不断增强，机构设置不断完善

中共十一届三中全会后，社会主义法制建设不断加强，各级党委对人民法院建设非常重视，曾多次给法院增加人员编制，机构设置也日渐完善，审判力量得到加强和充实。1980年，市中院在册人数39人，1983年增至47人，1984年增至53人，1985年增至70人。到1990年时，在编干警人数89人。至2010年年底，在编人数达到134人。

随着1980年《中华人民共和国宪法》（简称《宪法》）和《人民法院组织法》“两法”的实施和司法改革的不断推进，全市法院先后增设了经济审判庭，市中院刑事审判分设为刑一庭、刑二庭，成立了人事处和研究室，设立了司法行政处、行政审判庭、执行庭、纪检组等庭室。后撤销经济审判庭，改设民事审判一庭、民事审判二庭和民事审判三庭。2007年设立未成年人案件综合审判庭（试点）。专业分工的进一步细化、法官队伍的进一步壮大，为审判工作的健康发展提供了保证。

（二）审判工作逐步规范，审判职能充分发挥

审判是人民法院的中心工作。中共十一届三中全会明确提出“有法可依，有法必依，执法必严，违法必究”的口号，并连续修订了相关的法律法规。这些政策的制定，开创了中国法制建设的新局面；同时，审判制度和审判程序日趋完善，审判工作从此跨入了正规化道路。随着《刑法》、《刑事诉讼法》、《人民法院组织法》、《民事诉讼法》、《经济合同法》等一系列重要法律，特别是1982年新宪法的颁布，中国社会主义民主与法制建设进入了一个全新的历史发展时期，人民法院审判工作也随之进入全面发展阶段。1983年8月，党中央作出在全国范围开展从重从快严厉打击刑事犯罪活动斗争的决定。全市两级人民法院认真贯彻这一决定，根据改革开放时期刑事案件的特点和规律，广泛深入开展“严打”斗争和“扫团打恶”、“打黑除恶”、“南征北战”等专项斗争，依法严厉惩处了一大批严重危害人民群众生命财产安全的暴力犯罪活动和其他形形色色的刑事犯罪活动，促进了社会治安的明显好转，普通增强了人民群众的安全感，有力地维护了社会稳定。

经济领域的犯罪活动始终是阳泉市两级人民法院刑事审判工作的重要内容。20世纪80年代以后，根据贪污贿赂数额越来越大、罪犯级别越来越高、犯罪活动越来越猖獗、犯罪形式越来越多样化特点，依法审判贪污贿赂案件和其他经济犯罪活动，尤其是审判了数十起涉案金额上千万元、甚至数千万元的贪污贿赂大案要案，有力地遏制了贪污贿赂案件的高发态势，维护了国家和集体的经济利益。

1980年阳泉市中级人民法院审判法庭

民事审判，是人民法院解决民事纠纷、保障民事权益、维护经济秩序的重要手段。改革开放以后，阳泉市两级人民法院依法审理、调解了数十万件婚姻家庭纠纷案件、继承纠纷案件、合同纠纷案件、权属、侵权案件、知识产权案件及适用特别程序审理的案件，平等保护了公民和法人的合法权益，促进了社会稳定、经济发展和民生改善。特别是在审理国有企业兼并、破产、重组、产权转让等纠纷案件过程中，积极、稳妥、审慎地审理了春泉化工厂、阳泉酒业公司、阳泉钢铁集团公司、阳泉煤业集团四矿有限公司、山西晋东化工（集团）有限公司等重大案件，有力地配合了国企改制重组的步伐，维护了国家利益、国企职工和当事人合法权益，促进了现代企业制度的建立。

从1989年开始，全市各法院相继成立了行政审判庭。1990年10月1日，《行政诉讼法》正式实施。人民法院行政审判工作的主要任务是依法审判公民、法人或其他组织认为行政机关的具体行政行为侵犯其合法权益并在法定期限内依法起诉的案件，保护公民、法人和其他组织的合法权益，维护和监督行政机关依法行政。

执行工作是人民法院审判活动的重要组成部分。1987年全市法院相继成立执行庭，积极稳妥地执行了大量民事、经济、行政和其他案件。在执行战线上，涌现出了全国模范法官于昌明，他根据多年的实践探索总结出“提级执行”、“交叉执行”等新的执行理念，为全市法院乃至全国法院破解执行难题提供了宝贵的经验。

1989 年 3 月，阳泉市中级人民院正式成立告诉申诉审判庭，这标志着信访和告诉申诉审判工作开始正式纳入规范化的诉讼轨道。随着形势发展的需要，全市法院普遍建立了院长接待制度，组织开展了涉诉上访专项治理等活动，积极推行立案便民措施，为经济困难的当事人减、缓、免诉讼费，实行诉讼风险告知制度。全市法院接待来访 3 万余人次，处理来信 10 余万件。全市法院进一步规范了再审立案程序，强化了审判监督管理，共受理再审案件 1560 件。

（三）稳妥推进司法改革，稳步提升司法水平

人民法院的成长发展历史，也是一部司法改革的历史。从中共十一届三中全会以来，人民法院各项工作在探索中改革，在改革中前进，伴随着这个前进历程，人民法院司法水平得到了卓有成效的提升。

1979 年，《人民法院组织法》的颁布，首先触动了审判制度的变革。恢复和确立了法院向国家权力机关负责并报告工作的制度、二审终审制度、公开审判制度和辩护制度；在审判组织方面，恢复和确立了独任庭、合议庭和审判委员会制度。分别于 1980 年、1982 年、1989 年实施的《刑诉法》、《民诉法》和《行政诉讼法》系统规定了人民法院刑事案件、民事案件和行政案件的审判程序。这些，从大的方面规范了法院的审判工作。

在审判方式上，实现了由纠问式向控辩式的转化，当事人的权利得到充分尊重。在内部职权分配制约上，实现了立、审、执、监分离。在审判长选任上，淡化行政色彩，突出职权主体。加强法院调解改革，由调解为主向着重调解转变，淡化庭间调解，实行“当调则调，当判则判”的现代调解理念，加强人民调解与诉讼活动的衔接互动。加强审判流程管理，利用现代化科技手段对案件进行统一、集中和有效的跟踪管理。

积极推行机构改革，建立符合现代司法特点的审判新格局。撤销经济审判庭，建立大民事审判格局，重新设置了审判机构，形成刑事、民事、行政三大诉讼格局；两级法院均设立执行局，建立执行工作双重管理机制。

严格强化合议庭、审判长职责，落实执法责任制和错案责任追究制。两级法院建立以审判长为核心的合议庭制度，制定了严格的《审判长考核办法》，审判长主导庭审并可直接签发法律文书，对案件结果负最终责任。同时修订岗位责任制，对超审限案件及承办法官张榜公示，审判人员无论程序违法或实体违法，都要启动错案责任追究程序，坚决予以追究。

2006 年 8 月，按照最高人民法院工作部署，承担了“未成年人综合审判庭”试点工作，并于当年 12 月 21 日，完成了独立建制的未成年人综合审判庭组建工作，从

而结束了未成年人审判从属分散于各专业审判庭的历史，也使新组建的未成年人综合审判庭成为集刑事审判、民事审判和行政审判诸多职能为一身的综合审判庭。

积极建设执行案件信息管理系统及国家执行威慑机制。通过将法院执行信息与全国金融、工商、土地、房产、公安、海关等部门联网，实现信息共享，以在全国形成对被执行人的联动制裁机制。

（四）加强政治业务学习，壮大法院队伍，夯实基层基础

改革开放以来，人民法院始终坚持正确的政治方向，不断加强法院队伍的政治思想建设和文化建设，开展形式多样的学习教育活动，打造廉洁自律的工作氛围，形成风清气正的用人环境，牢固树立自觉接受人大常委会监督意识，全面加强基层基础建设，法院工作取得突飞猛进的发展。

深入开展系列教育活动。无论是在20世纪70年代末期，还是在改革开放初具规模的90年代中期，或者是市场经济逐步深化的近10年间，人民法院始终坚持正确的政治方向，坚持把各项业务学习、政治学习密切结合，使法院工作始终保持正确的政治方向。全市法院先后开展了"转变审判作风"、"司法公正树形象"、"规范司法行为，促进司法公正"、"保持共产党员先进性教育"、"树立社会主义法治理念教育"和"作风建设年，狠抓落实年"及"人民法院为人民"主题活动，通过系列教育活动和学习活动，法院工作保持活力，法院面貌焕然一新，广大干警的思想作风、工作作风和纪律作风得到明显改进。

深入推进法官职业化建设。法官职业化一直是各级人民法院孜孜追求的目标。早在20世纪90年代初期，市中院就成立了法官函授学校，通过业大等形式鼓励干警边工作边学习，全市法院还定期不定期外派法官学习取经。阳泉中院先后与北京二中院、山西大学法学院签订长期培训协议，建立了"法学理论与司法实践"协作关系。先后有多名专家教授到院讲学，人均多次接受轮训，500余人次参加了最高法院、省高院组织的业务培训，有效提高了广大法官的业务素质。

1991年12月建成投入使用的阳泉市中级人民法院办公大楼

深入推进干部人事制度改革。20世纪80年代初期，就按照干部"四化"标准选拔人才充实关键岗位，进入90年代，为了合理配置审判资源，形成激励竞争机制，按照公开、公正、择优的原则，进一步深化干部人事制度改革，先后多次通过竞争上岗等方式，选聘业务能力强、群众威信高、纪律作风好的人员走上中层领导岗位；通过国家公开招考录用等方式，聘任了数批法官和书记员，并实现书记员单独序列管理。

进入21世纪以后，全市两级人民法院严格按照党中央和最高法院关于廉政建设的一系列要求，加强了对法院领导干部的责任考核和对审判权及执行权的监督，建立起《当事人对审判人员廉政监督卡制度》，纪检监察部门通过案件监督卡把廉政建设贯穿于办案全过程。对有争议、有反映的案件进行复查，对重点案件进行抽查，严防违法审判。

深入开展司法民主创建活动。市中院认真贯彻落实全国人大常委会《关于完善人民陪审员制度的决定》和最高法院《关于人民陪审员选任、培训、考核工作的实施意见》，高度重视全市人民陪审员的选任工作，积极指导县区法院开展此项工作，2005年以来，全市法院严格按照程序经人大常委会先后任命了121名人民陪审员，同时，市中院对全部新任命的人民陪审员进行了岗前专业培训，人民陪审员的法律素质有了明显提高。目前，全市人民陪审员参审率达到30%以上。

大力开展基层基础建设，提升司法文明形象。全市法院共投资1.3亿元，新建和改扩建审判综合楼和审判法庭52302平方米，新设、新建和改扩建人民法庭8所共计3500平方米，基本达到了国家规定标准，从而使全市法院“两庭”建设面貌焕然一新，走到全省前列。同时，大力更新警用交通、通讯及网络设施，全市法院多年物质装备落后的局面有了根本改善，司法文明形象得到有效提升。

2004年8月投入使用的阳泉市中级人民法院 位于开发区的新办公楼和审判法庭

65年风雨兼程，铸就了人民法院司法为民的钢筋铁骨；65年跌宕起伏，造就了人民法院波澜壮阔的宏伟蓝图。

大　事　记

道光二十年（1840）

山西提刑按察使司，设于府治太原羊市街（今太原市钟楼街，原山西省高级人民法院驻址），按察使官衔为正三品。

平定知州为正五品，盂县知县为七品。由吏目（从九品）掌佐理刑狱及衙内内部事务。由巡检（九品）逮捕盗匪、维持治安。由典史（未入流）兼县狱官和捕盗官。

宣统二年（1910）

清廷改山西省提刑按察使司为提法使司。提法使“掌司法行政，监督各级审判厅，调度检察事务”。管山西高等审判厅和高等检察厅。

宣统三年（1911）

10月29日　太原辛亥起义成功，革命党人组成以阎锡山为都督的山西军政府，设军政府司法部。

民国元年（1912）

5月　民国成立后，山西设雁门、冀宁、河东3道，盂县属冀宁道。之后，道被撤销，盂县属山西省直辖。县置4区，一区驻城关、二区驻牛村镇、三区驻西烟镇、四区驻上社镇。

平定州改称平定县，属冀宁道。县置5区，一区驻县城、二区驻东回、三区驻广阳、四区驻辛兴、五区驻娘子关。

改州为县，平定、寿阳、盂县和乐平（民国3年1月，即1914年1月，乐平县改为昔阳县）分治。

平定县设置县司法、警察机构，协助县知事（长）处理治安、司法事务。

平定县署设司法科（亦称承审科），为专门受理各种诉讼案件的司法机构。设帮办司法人员（即承审员），分任管狱、收状、拟批、帮审、录供；设检验吏专事勘查案件现场和检验尸体。

民国 2 年（1913）

盂县知事下设民政、财政、教育、司法 4 科，司法科长由知事兼任。

民国 21 年（1932）

10 月 28 日　依据国民政府颁布的《法院组织法》，山西高等审判厅改名为山西高等法院。

民国 26 年（1937）

11 月 11 日　平定（路北）县政府在河底镇成立，属晋察冀边区。县设 5 个区，其范围：一区为巨城以西，二区为黄统岭以南、娘子关以北，三区为郝家庄一带，四区为李家庄、平潭垴一带，五区为燕龛一带。县政府成立司法科，王子会任科长。

12 月　平（定）东县抗日政府在测鱼镇（今属河北省井陉县）成立。县政府成立司法科，孙竹庭任科长。平（定）西县抗日政府在广阳镇（今属寿阳县）成立（平东、平西县以平黎公路为界），属晋冀鲁豫边区。县政府成立司法科，王盛武任科长。

各县均设司法科（或承审处），有 3 ~ 6 人，为抗日民主政权的组成部分。审判辖区刑事、民事案件和处理诉讼案件，不服可上诉边区高等法院。

民国 27 年（1938）

1 月 9 日　侵华日军强占了盂县县城。盂县抗日民主政府转移到上社镇。

2 月　抗日民主政府组建司法科，科长张聘之，行使抗日政府审判权力。

5 月　晋察冀边区行政委员会（以下简称边区）陆续颁布《保护公粮入库、保证年需、惩处抗交公粮的指令》、《抗战时期惩治汉奸条例》、《惩治盗毁空室清野财物办法》等法令法规。

民国 29 年（1940）

1 月 15 日　中国共产党领导的山西省第二游击区行政公署成立，下设有司法处。

8月30日 晋察冀边区颁布《施政纲领》20条。相继公布了《统一累进税税则》和施行细则（草案），《惩治贪污公粮公款的指令》和《禁烟禁毒法令》等。

12月 平定（路北）县、平（定）东县和平（定）西县司法机构，均施行冀太联办（冀南、太行、太岳联合办事处）司法务要，内容包括：司法独立、司法正规、保障人权、息事宁人。

民国30年（1941）

春 时任中共平定（路北）县县委书记的郭一平，在理家庄村集中数十名中共党员进行教育培训，被国民党特务王德、王亮（附近村小学教员）发现，向培训班人员投掷手榴弹，当即被在场的中共党员抓获，交司法科审理后判刑。

4月10日 晋察冀边区颁布《公安局暂行条例》。条例中明确规定司法科行使审判权，掌握审判程序等重要原则，公安司法机关改变了以往侦审不分，“一揽子办案”的体制。

7月7日 晋察冀边区公布了《婚姻条例》及实施办法。全县开展了禁止童养媳、童婚和反对虐待妇女的斗争，基本废除了几百年来童养媳、童婚、凌辱幼女等封建制度。

9月1日 晋冀鲁豫边区高等法院正式成立。

民国31年（1942）

8月 因抗战形势需要，盂县划分为盂平（平山）、盂阳（阳曲）、盂寿（寿阳）。司法科改为司法处，科长改为主任审判官。

民国32年（1943）

随着抗战的不断深入，抗日根据地逐渐巩固和扩大，司法审判程序也有了新的改进，审判案件严格执行了边区、专、县三级二审终审制和公开审判，群众团体代表陪审、合议、上诉等制度，司法公开促进了办案质量。

民国34年（1945）

8月 日本无条件投降后，国民党政府司法行政部派员接管日伪山西高等法院。

8月 盂县恢复建制，司法处设主任审判官、审判官、书记员、看守所长、法警9人。

9月 盂县司法处打击汉奸、特务、新区恶霸地主，汉奸李守信等被抓捕归案。

10月 平定（路南）县政府发布“打击奸商”布告。

民国35年（1946）

3月 盂县县政府发布《禁烟令》。司法处依法惩处胡家沟村烟毒犯胡三。

7月14日 盂县司法处启用冀晋二专署制发的木质长章和方印。印文是：盂县司法处。

民国36年（1947）

5月2日 阳泉解放。4日，建立阳泉市人民政府，属晋察冀边区冀晋二专区。将平定县的小阳泉、平潭垴、平潭街3村划归阳泉市。阳泉市界为：东至东营盘，西至平潭街，南至南山，北至平潭垴。面积约24平方公里。辖39条街巷和3个自然村。全市划为3个区。

阳泉市人民政府设立司法处，行使审判职能。根据解放战争巩固新生的人民政权和解放战争之需要，审理反革命案件，并结合土地改革、民主改革运动，依法惩治恶霸地主、土豪劣绅、封建把头、汉奸、惯偷等。并设“问事处”，负责调解一些简易案件，解答有关国家法律和政策，代写诉状。这是人民法院“立案庭”最早的称谓。

6月1日 中共平定（路南）县委、县政府在城南河（现金地广场南）召开庆祝平定解放追悼赵亨德烈士暨除奸大会。党政军民万余人参会，当场处决汉奸武铭勋等7人。

是年 平定（路北）县和平定（路南）县开始实施新的审判制度，司法科审判案件，要报上一级司法机关审批并受县长监督。

民国37年（1948）

2月8日 平定（路北）县政府颁发《取缔反动会道门的通知》，限令会道门的头目到区政府登记。司法科开始审理反动会道门道首案件。

5月 晋冀鲁豫边区与晋察冀边区合并，两边区政府组成联合行政委员会合署办公。

7月 阳泉市划归晋冀鲁豫边区政府和晋察冀边区行政委员会共同领导。

8月 晋察冀和晋冀鲁豫两边区合并后成立了华北人民政府。

10月19日 华北人民政府发布《关于统一各行署司法机关名称、恢复各县原有司法组织及审级的规定》的通令。通令规定，原有司法机关一律改称人民法院。阳泉市司法处更名为阳泉市人民法院。阳泉市人民政府秘书主任武庆贺任第一任院长。

民国 38 年（1949）

1 月　华北人民政府颁布《解散所有会道门和封建迷信组织》的命令。接着，又颁布《第四号通报》，对重大刑事案件量刑标准作了规定。

阳泉市改由河北省石家庄市代管，阳泉市人民法院也随即改由石家庄人民法院代管。

2 月　中共中央颁发《关于废除六法全书与确定解放区司法原则的指示》。接着，华北政府也发布同一内容之训令。

9 月　阳泉市划归华北人民政府直辖。阳泉市人民法院由华北人民政府领导。建院之初，刑事、民事案件一般由审判员一人审理。

10 月 1 日　中华人民共和国成立。

10 月　阳泉市改称工矿区人民政府，划归榆次专区（省政府于 1949 年 9 月 30 日批准）。阳泉人民法院改称阳泉工矿区人民法院，隶属于山西省人民法院榆次分院。在编干警 14 人。

10 月　阳泉工矿区人民法院院长武庆贺奉命北上，由时任市政府秘书主任的蒋若鲁代理院长职务。

1950 年

3 月　根据中央人民政府政务院发布的《严禁鸦片烟毒的通令》和山西省人民政府《关于查禁烟毒的指示》，山西省开展了第一次肃毒运动。

是月　根据山西省人民政府法行字第 98 号令，全省 7 个专区在原专署司法科的基础上改建为山西省人民法院分院；各专区又在原司法科的基础上建立了重点县人民法院 25 个，其余仍在县政府内设司法科。

4 月 13 日　中央人民政府委员会第七次会议通过《中华人民共和国婚姻法》，5 月 1 日起施行。

5 月　阳泉工矿区人民法院成立戒烟所，首先从吸毒者着手，限期断瘾，通过劳动改造为新人。在两个月的改造过程中，受戒烟民共 79 人，市内 70 人，乡下 9 人，戒烟期满出所宣誓。誓词为：一、愿在民主政府领导下重新做人，不再吸贩毒品；二、坚决肃清自己不劳而获的寄生思想；三、积极参加劳动，从事生产，订出生产计划，决不当二流懒汉。

6 月　院长蒋若鲁荣调，时任审判员的史一轮提升为副院长，主持工作。

7月23日　中央人民政府政务院、最高人民法院下发《关于镇压反革命活动的指示》。

月内　阳泉工矿区人民法院执行《人民法庭组织通则》的有关规定，开始实行回避制度，确保公正审判。

10月10日　阳泉工矿区人民法院、平定、盂县法院根据中共中央《关于镇压反革命活动的指示》，在境域内开展打击匪首、恶霸、特务、反动党员骨干分子及反动会道门道首及头目的运动，保卫土地改革的成果、支持抗美援朝、巩固新生的人民民主政权。

1951年

2月21日　中央人民政府公布《中华人民共和国惩治反革命条例》，阳泉工矿区人民法院据此开展镇压反革命运动。

4月20日　阳泉市召开全市抗美援朝代表大会，阳泉工矿区人民法院选择数例典型反革命案件进行公开宣判，反革命分子韩润元等10人被执行死刑。在镇反的同时，开展打击反动会道门行动，会后，即有178人声明退出“一贯道”，全市生产面貌为之一新。

12月　阳泉工矿区人民法院根据上级指示，开展反贪污、反浪费、反官僚主义的“三反”运动和反行贿、反偷税漏税、反盗骗国家财产、反偷工减料、反盗窃国家经济情况的“五反”运动。

1952年

1月　阳泉工矿区人民法院继续深入开展“三反”运动、“五反”运动和打击追捕“三害”、“五毒”运动。

3月25日至27日　阳泉工矿区召开第二届各界人民代表大会第二次会议。会议听取了“三反”运动进行情况与处理政策的报告。

4月1日　阳泉恢复建置设市，阳泉工矿区人民法院恢复原名阳泉市人民法院。改由山西省人民法院直辖。同年，法院看守所并入阳泉市公安局看守所。

月内　史一轮调到市政府民政科任科长，高鸣九从山西省人民法院调任阳泉人民法院第一副院长。同时提任审判员史郁如为第二副院长，张改香（女）为副院长。

5月26日　根据山西省人民法院“五·二六”召开的分院、市院院长会议精神，结合阳泉市具体情况，阳泉市人民法院成立了清理积案委员会，制定了清理积案计划，主要清理“三反”运动期间积压的未审理案件。工作方针与任务：“统一领导，集中力量，制订计划，依靠群众，简化手续，按期完成。”市院以司法、公安为主，吸收有关部门及群众团体参加，成立清理积案委员会。

7月15日 阳泉市人民法院对信访工作作出明确的时限规定：“今后群众来信与有关部门托办的事件，能处理者及时处理，不能处理者，必须于收到后15日内予以调查处理或解答。”从此，该院建立调解案件登记制度。

7月16日 阳泉市人民法院开始整党，法院干部5人中，高鸣九（党员）、史连修（入党积极分子）、郝志民（团员）参加了整党。

7月20日 按照山西省人民法院先后发出的《1952年下半年司法工作的几个要点》和《1952年秋季工作安排》，阳泉市人民法院把继续贯彻《婚姻法》、严惩虐待妇女儿童案犯，作为本年度秋冬时期的中心任务，并开展声势浩大的贯彻《婚姻法》运动。

9月25日 阳泉人民法院遵照中央人民政府政务院、华北行政委员会《关于彻底整顿与改造司法工作的指导》，按照山西省人民政府作出的《关于整顿和改造司法工作的决定》，开展为期三个月的司法改革运动。至12月25日结束。

11月 依照1951年中央人民政府发布施行的《中华人民共和国人民法院暂行组织条例》，在审判程序方面执行三级两审制。

12月 结合司法改革，检查纠正“三错”（错判、错扣、错捕）案件252件。

是年 为保证普选工作顺利进行，在距市区较远的河底、下白泉，阳泉市人民法院派出人民法庭一个。设审判长1人，审判员、书记员2人。除审判长由法院指派外，其余人员由有关部门抽调，经5至7日短期培训后，专责处理有关选举的诉讼案件。

是年 阳泉市人民法院建立健全各项规章制度，（1）建立人民陪审员制度。人民陪审员制度是吸引人民管理国家的重要形式，确定后半年，关于婚姻案件、青年问题以及厂矿中的经济破坏案件，分别邀请妇联会、青年团、市总工会选派陪审员陪审。（2）建立各类会议制度，院务会议每半月召开一次，检查总结上月工作，提出下月工作计划。（3）建立审判委员会会议制度，凡属重大复杂的民事、刑事案件，须经审判委员会核准执行。

1953年

3月 阳泉市人民法院开展“贯彻《婚姻法》运动月”活动，目的是在婚姻问题上系统批驳旧思想、旧制度，开展树立新思想、新制度和新风气。阳泉市人民法院开展了一次声势浩大的宣传婚姻法和检查婚姻执法情况的群众运动。

4月 高鸣九赴中央政法干校学习。结业后，分配到省法院工作。

9月下旬 根据全省第二届司法会议关于司法建设的决议精神，“问事处”改为“人民接待室”，配备专职干部，建立人民群众来信来访接待、登记、审批、答复和催办等制度。建立初期，仅干部1人。通过接待室的调处，对双方当事人的说服动员，讲明政策，从而把绝大多数纠纷化解在诉讼之前，既节省了时间，不耽误生产，又促进了人民内部团结。接待室不是单纯调解，遇到必要的案件，还要深入群众调查了解。

是年 在中共阳泉市委领导下，阳泉市人民法院会同妇联、民政部门成立“贯彻婚姻法委员会”，开展“贯彻婚姻法”运动，其间，判处干涉婚姻自由的刘福田，并将强奸幼女犯张芝田判处死刑，保障了妇女合法权益，粉碎了封建婚姻制度，增强了国家经济建设和文化建设力量。

是年 开展“新三反”运动。

1954年

6月5日 阳泉市人民法院为保证经济建设顺利进行，在阳泉矿务局四矿掘进、回采车间，正式成立同志审判会，并于24日、25日，进行了首次同志审判会工作。同志审判会是帮助厂矿企业进行维护纪律推动生产的群众性的自我教育组织。

9月 第一届全国人民代表大会第一次会议制定的中华人民共和国第一部《中华人民共和国宪法》、《中华人民共和国法院组织法》颁行。把公开审判作为一项制度规定下来。标志着人民法院审判案件已不再采取群众运动的形式，而是按照法律规定的严格的诉讼程序进行。

9月 “经济保护庭”成立，并配备政治可靠的干部5人，在明确司法工作必须为经济建设服务的思想指导下，仅三个月，就受理各类经济案件共45件。

12月 阳泉市人民法院开始试行“公开辩护制度”。

是年 阳泉市建立调解委员会。在第二次普选时，选择条件较好的14个乡建立调解委员会，并选出调解委员会主任102人，选举产生陪审员121人。

是年 根据《中华人民共和国人民法院组织法》的规定，山西全省各级审判机构改建为省高级人民法院、地区中级人民法院、县级基层人民法院三级。

是年 阳泉市人民法院增设刑事审判庭、民事审判庭和秘书室。

1955年

1月至3月 阳泉市人民法院在城乡地区开展宣传贯彻《中华人民共和国婚姻法》运动。

1月30日至2月3日 阳泉市召开第一届人民代表大会第二次会议，选举唐镇源为阳泉市人民法院院长。

1月 阳泉市人民法院开展了公证工作。对公、私方面的加工、订货合同进行严肃认真的审核，堵塞不法资本家钻国家政策漏洞、谋取不法私利的空隙，纠正国家加工、订货工作中可能发生的问题，避免经济损失。

1月 唐镇源任院长期间，李彦从1957年6月至1959年2月任副院长；张兴隆从1957年10月至1961年11月任副院长，张嘉祥从1961年至1968年10月任副院长。

3月 实行人民陪审员制度。首先在全市各乡、街及企业、团体等单位，选出人民陪审员154人。其中，男132人，女22人，工作以轮值为主，临时邀请为辅。并根据《人民法院组织法》规定，建立健全各级调解组织，实行公开审判、陪审、合议和各项审判制度。

3月 阳泉市人民法院设立法律顾问处、公证室，时有人员4人。人民接待室撤销。

5月5日起 阳泉市人民法院全面执行《人民法院组织法》规定的公开审判、陪审、合议、辩护、上诉等程序制度。

6月至12月 遵照中共中央《关于加强同反革命分子和各种犯罪分子作斗争》的指示，及山西省人民委员会政法党组关于《1955年8月至12月镇反计划》，结合阳泉市实际情况，为肃清反革命分子，保证第一个五年计划的顺利实现，在全市范围内，以打击现行破坏为主，有计划、有重点地开展了两次声势浩大的镇压反革命运动，逮捕反革命分子和各种犯罪分子275名。其中，反革命分子160名。

6月 为便于市郊农民诉讼，派出上荫营人民法庭，编制3人，管辖郊区4个公社、8万余人。是阳泉市人民法院第一个派出法庭。

11月 根据山西省人民委员会编制委员会、山西省司法厅联合颁发的《1955年各级司法行政机关和各级人民法院机构编制的规定》，阳泉市人民法院人员编制有所增加，充实了人民法院的审判力量。

是年 在阳泉市人民法院主持下，建立健全了以乡、街为单位的调解委员会，其中，下站街道办事处建立4个调解委员会，上站街道办事处建立3个调解委员会，平潭街道办事处设4个调解委员会，蔡洼街道办事处设2个调解委员会，赛鱼街道办事处设4个调解委员会。

是年 在阳泉市人民法院主持下，在工商企业普遍开展“比爱国守法、比积极经营、比紧缩开支、比积极纳税、比经营作风”的“五比运动”。

是年 随着全省各级人民代表大会的召开，依照法律规定，选举产生了全省各级人民法院院长，各级人民法院都建立了审判委员会，加强了对审判工作的集体领导。

是年 阳泉市人民法院在中共阳泉市委的领导下，结合统购统销、农业合作化、增产节约等中心工作，有计划、有重点、有组织地开展以打击现行反革命分子为主的第二次镇压反革命运动，并开展内部肃反。

是年 阳泉市人民法院设立法律顾问处、公证室，系由政府设置的最早的司法咨询服务机构。

1956 年

2月24日 在阳泉市人民法院《1956年司法工作总结》中，首次提到“执行难”问题：“主要表现在补助生活费、抚养、债务等问题的调解或判决方面，执行难固然有些当事人生活方面困难的原因，但绝大多数是当事人故意推诿，企图逃避法律的严肃性”。

2月 推行“成批预审、集中调查、连续开庭、逐案审理”先进办案经验。

3月15日至18日 阳泉市召开第一届人民代表大会第四次会议。唐镇源作《阳泉市人民法院1955年工作总结报告》，唐镇源再次当选为阳泉市人民法院院长。

4月 阳泉市人民法院建立了审判员与院长轮流接待来访群众制度。

4月 阳泉市人民法院遵循“有反必肃，有错必纠”方针，在中共阳泉市委的直接领导下，进行为期9个多月的镇反复查工作。

5月 阳泉市人民法院法律顾问处开展“代书”、“辩护”工作。

9月1日至10月10日 阳泉市人民法院贯彻“有反必肃、有错必纠”原则，对1955年6月至12月镇压反革命运动中，错捕、错判、错批捕、错起诉的反革命案件进行复查。

是年 公证工作开始试行“认证公民间的契约和法律行文”文件。

是年 阳泉市人民法院内部机构变更，“经济保卫处”并入刑事审判庭。

1957 年

2月 阳泉市人民法院实行院长亲自办案，搞“试验田”。

3月 开展“双反运动”，揭发保守、浪费和“三风五气”，打破影响办案效率的思想障碍与清规戒律，出现了一个比先进、比干劲、比多快好省的司法工作“大跃进”。

3月 全省开展司法工作“大跃进”。公、检、法三机关抽调干部组成政法联合办公室，对共同性任务，由政法办公室领导部署或召开“三长”会议统一部署，对共同性任务的检查，由公、检、法三机关抽调的干部组成的政法工作组进行。

4月 开展反右派斗争。反右派斗争分两段进行。阳泉市人民法院内部先后有7人被确定为右派分子，1人被确定为“坏分子”，分别予以开除、撤职、降级、监督劳动等处分[①]。运动到1958年8月结束。

注：①7名被划为“右派”的人员，到1980年前后，分别平反昭雪，恢复名誉，有6人重回阳泉中院工作。

是月下旬 开展整风运动。在整风运动中，阳泉市人民法院收到各类意见324条。所提意见中，正确的242条，占82.3%；部分正确的24条占8.2%；错误的28条，占9.5%。

是年 阳泉市人民法院遵照最高人民法院、司法部联合发出的《关于城市中当前几类刑事案件工作的指示》精神，以城市为重点，严厉打击各种严重刑事犯罪活动。

1958年

1月中旬 阳泉市、平定县两地公安机关互相配合，破获了一起涉及两省、三市、十六个县的一贯道复辟案件。大道首姚永贵、靳鼎吉、程受诚等被镇压。

1月至5月 抽出干部9人，围绕整党、整社等中心工作，对全市55个公社、1186个管理区、97个厂矿和68个机关单位中3239名地、富、反、坏、右五类分子进行了一次普遍评审，为了分化敌人，对一贯表现好的，给予摘掉帽子，改变成分；表现坏的给予批评斗争，对改变成分、摘掉帽子但又表现不好的，重新戴上帽子，恢复成分。

3月 开展司法工作“大跃进”，口号是“苦战三年，彻底肃清残余反革命分子，基本消灭各种犯罪现象，实现路不拾遗、夜不闭户的安全省安全市。”具体要求是，到1960年达到“二十无”：无特务、无反革命破坏、无地富反攻倒算、无反动会道门活动、无骚乱暴动、无破坏窃密、无反动标语谣言、无土匪抢劫、无凶杀、无纵火、无盗窃、无强奸、无贪污、无诈骗、无烟毒、无聚赌、无毒害、无走私犯罪、无投机倒把、无流氓暗娼、无巫婆神汉活动。

6月15日至18日 阳泉市召开第三届人民代表大会第一次会议。会议听取了阳泉市人民法院院长唐镇源作的《阳泉市人民法院工作报告》。

6月 阳泉市人民法院随区划变更，再次改由榆次地区中级人民法院管辖。

1至6月 根据“一手抓政治斗争、一手抓同治安灾害事故斗争”的方针，在中共阳泉市委领导下，协同公安部门，开展“检查运动”。抽出院长1人，审判员2人，分别到阳泉矿务局三矿、阳泉钢铁厂、阳泉市工程公司等单位进行了安全检查，建立安全组织——治保委员会和小组1293个，义务消防员4010名，义务交通员240名，选择典型安全事故案件，通过审判活动，进行了大张旗鼓处理，使同治安灾害的斗争实现了“群众化、制度化、经常化”，取得了显著成绩。

1至6月 配合公安部门，结合整党、整社工作，整顿和健全各种基层的治安组织，对各公社、管理区、厂矿车间，重新设置治保调处委员会，生产队设置了治保调处小组，生产小组设治保调解员。

8月 阳泉市划归榆次专署领导（见山西省人委〔1958〕人其字533号文）。平定县划归阳泉市管辖与郊区合并，平定县人民法院改由市人民法院领导，更名平定县人民法庭。

11月10日 平定、昔阳、盂县并入阳泉市。称盂县联社、昔阳联社（见山西省委〔1958〕420号文）；平定和郊区合并称郊区，区机关移驻平定城（见阳泉市委〔1958〕83号文）。

11月 盂县人民法院、昔阳人民法院随区划变更归属阳泉市人民法院领导。

是年 阳泉市人民法院开展搜捕残余反革命工作，经过集审、集训社会改造，共计搜捕残余反革命分子384名。

是年 阳泉市人民法院撤销公证室。

1959年

年初 昔阳县、盂县恢复建制（1960年2月正式从阳泉市分出），划归晋中专署（见山西省委〔59〕301号文），两县人民法院归属晋中地区人民法院领导。

7月 阳泉市人民法院开展“红、勤、巧”竞赛运动，全院干部人人订“红、勤、巧”计划，个个向高指标进军，掀起学先进、赶先进、立标兵的热潮，促进了各项工作的顺利完成。

9月27日至29日 根据中华人民共和国主席刘少奇宣布的特赦令，阳泉市人民法院分别在公判厅和荫营煤矿，分两批特赦确已改造好的罪犯15名。

是年 阳泉市人民法院刑事审判工作认真贯彻“服从党的领导、依靠人民群众、同劳动生产结合、为中心工作服务”的政法工作路线和“一手抓政治斗争、一手抓同治安灾害事故斗争”的两条腿走路方针，正确执行“惩办与宽大相结合”的政策，有力保卫了中国共产党各项中心工作和工农生产“大跃进”的顺利进行。

是年 中共八届八中全会后，阳泉市人民法院提出司法审判口号：“政治挂帅思想红，深入整风反右倾，新旧积案齐扫尽，鼓足干劲夺冠军。”

1960年

4月 平定县从阳泉市分出。恢复平定县建制，划归晋中专员公署。县人民法院归属晋中地区人民法院领导。

8月26日至29日 阳泉市召开第四届人民代表大会第一次会议，唐镇源作《阳泉市人民法院工作报告》。选举唐镇源为阳泉市人民法院院长。

是年 阳泉市人民法院以社会主义教育运动为纲，充分发动群众，在全市普遍推行了热爱共产党、毛主席、热爱社会主义祖国、热爱总路线、热爱大跃进、热爱人民公社的“五爱公约”。全年共订集体“五爱”公约9624份，家户及个人公约50004份，规定每月 1 日、15 日晚上（或逢 5）抽出一两个小时，以生产队为单位过爱国日，检查执行公约情况，评比好社员和家庭。

是年　阳泉市人民法院贯彻执行对敌斗争“紧一些”和惩办与宽大相结合的“三少”、“依法长判”政策，以打击现行为主，有力地保卫了粮、钢、铁、煤、磺等生产的安全和顺利完成，保卫了中国共产党以粮、钢为中心的增产节约运动。

是年　阳泉市人民法院开展“双革”、“四化”、“整风”运动。

是年　阳泉市人民法院采取“三员大连环、政法一条龙”就地侦破、就地捕判的方法，打击了敌人的现行破坏活动，并直接参与了反事故斗争。

是年　贯彻“一手抓政治斗争、一手抓治安灾害事故斗争”的方针，同公安、检察协作，开展了三次安全大检查、大整改。

是年　阳泉市人民法院开展“学、比、赶、帮”大竞赛。每月一小评，每季一大评，通过大评比、大表扬、大竞赛、大插红旗，广树标兵，形成了你追我赶的竞赛热潮。

是年　阳泉市人民法院通过大搞群众运动，以大运动套小运动的形式，开展司法工作的小群众运动，以大运动代小运动，小运动保卫大运动，互相促进。

是年　阳泉市人民法院推行“一包、二就、五总结”方法。“一包”，即干部分片分干；“二就”，即就地调查、就地审判、调解；“五总结”，即审判与摸底整社结合，审判与劳动结合，审判与指导结合，审判与群众辩论结合，审判与五爱公约结合。

1961 年

1 ~ 6 月　阳泉市人民法院派出院长、庭长和审判员 6 人，同阳泉市公安局、阳泉市人民检察院干警一起，深入到政治情况复杂、生产落后、生活安排较差、“五风”严重的社队，结合 12 条和 60 条的贯彻，交政策、讲形势、抓生活、促生产，采取由党内到党外，由干部到群众，反复进行艰苦细致的组织发动和教育工作，号召群众检举反革命分子和其他坏分子，普遍开展“社会镇反”（即正风正社）运动。

根据中央对治安管理从严方针和“政法三长”（公、检、法）会议精神，阳泉市人民法院和公安局、检察院组成联合办公室，有组织有计划地对好逸恶劳、弃工弃农弃学而进行投机倒把的人进行专项打击，投机倒把犯罪活动受到遏制，由专项打击前的 209 人次，下降为 29 人次。

开展以打击现行破坏活动为重点的“一手抓治安防范、一手抓政治事故”活动，保卫阳泉市的支柱产业钢、煤、磺的正常生产和运输业有序进行。

11 月　阳泉市恢复为省辖市，市人民法院复归山西省高级人民法院管辖。

1962 年

2 月 高鸣九复任阳泉市人民法院副院长。

3 月 1 日 盂县上社人民法庭建立。

1963 年

3 月 17 日 上午，阳泉市人民法院在天桥市场召开宣判大会，参加大会的有机关、厂矿、企业、学校的职工、市民及公社社员 1 万多人，高鸣九副院长对 8 名罪犯进行了公开宣判，本次宣判大会在市广播站协助下，作了大会实况录音，并在全市万余个喇叭进行广播，会后，又进行了数次转播。

8 月 16 日至 22 日 阳泉市召开第五届人民代表大会第一次会议。唐镇源作《阳泉市人民法院工作报告》，并被选为阳泉市人民法院院长。

11 月 15 日至 16 日 阳泉市人民法院先后在体育场和白泉公社召开 1 万余人参加的宣判大会，对“四清”收缩后，打击贫下中农情节严重的 5 名犯罪分子进行公开宣判处理，打击了坏干部的报复破坏，支持了贫下中农优势，鼓舞了革命斗志，调动了广大群众对敌斗争的积极性，巩固和发展了“五反”、“四清”运动的成果。

1964 年

11 月 6 日 中共阳泉市委发出《关于调整国家机关人民团体党组与党组成员的通知》，对阳泉市人民法院党组、市检察院党组等 26 个党组进行了调整。

12 月 20 日 阳泉市人民法院在市体育场召开公判大会，15000 人参会，对多次奸污女学生的中佐中学教师张文华判处死刑，对孙发山、周万生等流氓犯进行了公判。

是年 阳泉市人民法院为及时有力地打击敌人的破坏活动，保卫社会主义教育运动，抽出 2 名庭长，与公安检察机关密切配合，组成“打击现行办公室”，打击反革命和流氓分子及其他刑事犯罪分子的破坏活动。

是年 开展学解放军、学大寨、学大庆运动。

1966 年

2 月 张振华从晋中调任阳泉市人民法院院长。

4 月 郝美英（女）由民事审判庭副庭长提任副院长。

5月16日 中共中央下发“五·一六”通知，“文化大革命”运动开始。

6月，全省各级法院普遍成立“文革”小组。“文化大革命”前期的1967年至1973年7月，刑事案件和反革命案件，由阳泉市军事管制委员会、阳泉市革命委员会保卫部审判办公室审理。

1967年

2月24日 阳泉市人民法院被“造反派”夺权，“阳泉市无产阶级专政委员会”代行审判职能。

6月 全省各级法院普遍成立“文革”小组，运用“大鸣、大放、大字报、大辩论”的方法，投入“文化大革命”运动中。

1968年

6月 阳泉市公安机关军管会成立后，阳泉市人民法院改为下属的审判办公室，营职军队干部郑庆波任主任。高根楼、王立明、贾在荣任副主任。

9月26日 阳泉市革命委员会成立（参见阳泉市革命委员会“阳办字〔1968〕1号”文件）。10月，阳泉市革命委员会保卫组成立，下设审判办公室，有干部10余人。

11月 山西省革命委员会决定对公、检、法实行二次军管，主要搞“革命大联合”和“斗、批、改”，并抽调法院干部下乡支农。

1969年

1月9日 阳泉市城区革命委员会、阳泉市郊区革命委员会同时成立。

9月15日 平定县革命委员会成立（见平定县革委平革发〔1969〕3号文）

1970年

2月10日 根据中共中央《关于打击反革命破坏活动的指示》和《反对贪污、盗窃、投机倒把的指示》，全市展开“一打三反”运动，同时开展反对铺张浪费运动。

3月 阳泉市划归晋中地区（见山西省革委会晋革发〔70〕11号文）。

1972 年

3 月 阳泉市划属省直辖（见山西省革委发〔1972〕27 号文），辖 3 个区 18 个公社。

4 月 阳泉市矿区和阳泉矿务局政企合一、合署办公（见阳泉市革委阳革发〔1971〕17 号文）。

8 月 阳泉市人民法院第三次归山西省高级人民法院管辖。

1973 年

1 月 6 日至 10 日 山西省召开审判工作座谈会，讨论研究加强审判机关组织建设和业务建设、准备恢复和建立全省各级人民法院组织机构等问题。

6 月 28 日 经中共阳泉市委常委会议讨论决定，以“阳发〔1973〕97 号”文件，下发《中共阳泉市委关于恢复阳泉市中级人民法院及干部任职的通知》，阳泉市中级人民法院恢复建制，升格为二审法院，设立刑事审判庭、民事审判庭和办公室。有干警 29 人。韩双顺任院长，郝美英、高根楼、郑庆波任副院长。

7 月 开展“批林整风”运动。

7 月 贯彻中央 45 号文件精神，信访工作得以恢复和加强。对“文化大革命”前 111 件申诉案件进行重点复查。对 1969 年“七・二三”布告发表到 1972 年判决的 298 起 364 人进行复查。

9 月 根据阳泉市委指示，法院和公安分设办公，先后调入 15 名干部、工人，充实法院工作，分设刑事审判庭、民事审判庭和办公室。由原审判办公室的 14 人增加到 29 人。建立了法院党组、党支部。

10 月 15 日 盂县人民法院（以下简称盂县法院）恢复重建，任命高学文为人民法院院长。以老、中、青“三结合”组成干警队伍，成立了党支部，新设了民事、刑事审判庭。

10 月 25 日 山西省革命委员会副主任史怀壁到平定视察政法工作，研究该县人民法院恢复事宜。

10 月 27 日 经阳泉市委常委会议讨论，以“阳发〔1973〕144 号”文件，下发《中共阳泉市委关于市中级人民法院建立党组的批复》，同意阳泉中院建立党组，韩双顺任党组书记，郝美英、高根楼任党组副书记，郑庆波、吕荣、贾在荣任党组成员。

是年 阳泉市中级人民法院（以下简称阳泉中院）恢复建制、名称后，仍设信访接待室（隶属办公室），主要职能是处理人民群众来信来访（最初曾调解处理简易民事纠纷和刑事自诉案件），办理上级法院和有关部门交办或转办的信访案件，提供政策法律咨询，指导基层信访工作。

1974 年

1 月 20 日 撤销军管，恢复平定县人民法院（以下简称平定法院）。

2 月 12 日 正式启用“阳泉市中级人民法院”、“阳泉市中级人民法院办公室”、“阳泉市中级人民法院刑事审判庭”、“阳泉市中级人民法院民事审判庭”和“阳泉市中级人民法院接待室”印章。

2 月 28 日 最高人民法院将阳泉市“城区”、“矿区”、“郊区”三个人民法院的印章发至阳泉中院。阳泉中院以“阳发〔1974〕3 号文件”请示中共阳泉市委，拟请由城区、矿区、郊区区委负责，分别筹建三个基层人民法院。

3 月 学习贯彻中央 21 号、26 号文件精神，开展“批林批孔”运动。人民法院内部开展“五批、五肃、五坚持”活动，即批判“中庸之道”，肃清不分是非搞折中和稀泥，坚持中国共产党的政策原则；批判“上智下愚”，肃清“官断民服”，坚持做过细的思想政治工作；批判“生而知之”的天才论，肃清坐堂办案，坚持依靠群众调查研究，就地解决问题；批判“三纲五常”，肃清封建宗法思想，坚持阶级斗争观点；批判“三从四德”、“男尊女卑”，肃清轻视妇女思想，坚持男女平等。

是年 开始对“文化大革命”开展以来判处的 480 件各类刑事案件进行复查，到 1975 年，共复查结案 425 案 507 人，占应复查总数的 88.5%。其中，维持原判的 392 案 457 人，占复查数的 92.2%；平反纠正的 33 案 49 人，占 7.8%，纠正了一些错案、冤案，少数被纠正的案件，则留有“政治错误”的尾巴。

是年 城区人民法院和郊区人民法院筹建工作启动。

1975 年

2 月 25 日 根据中共阳泉市委文件精神，阳泉市郊区革命委员会核心小组下发文件，正式成立阳泉市郊区人民法院，任命武义祯为郊区人民法院第一任院长兼党组书记，娄振国为副院长。

3 月 15 日 根据中共阳泉市委“阳发〔1974〕24 号文件”，阳泉市城区人民法院成立。

1976 年

8 月 陈伟诚被中共阳泉市城区区委任命为城区人民法院院长。

9 月 省高院在昔阳县召开全省法院交流司法工作学大寨现场会。阳泉市两级人民法院积极贯彻“全省司法工作学大寨”现场会议精神，推广昔阳县司法工作经验：“小事不出队（车间），大事不出社（厂），矛盾不上交，解决在基层”。同时坚持走群众路线，建立健全全市人民调解委员会，把人民调解委员会办成“党委重视、群众拥护、能为人民办事的对资产阶级实行全面专政的得力工具”。

是年 按照上级法院的安排，郊区法院7名干警除1名留守单位，接待来信来访群众外，其余6人全部带卷下乡，白天和社员一起参加劳动，夜间搞调查研究，处理案件，人均参加集体生产劳动40余天，机关干部接待来信来访227件，做到件件有登记，件件有着落。

1977 年

6月18日至22日 省高院召开第三次全省民事审判工作座谈会，研究讨论省高院提出的《关于认真贯彻执行党的民事政策，正确处理民事纠纷的意见》。阳泉市两级人民法院根据本次会议精神，着手纠正“文化大革命”期间民事审判领域中的一些“左”的错误。在具体司法实践中，开始扭转“左”的审判倾向。

1978 年

2月 开展揭批清运动。韩双顺、郝美英（女）被停职，张振华由市手管局调阳泉中院主持工作。

5月11日 《光明日报》发表《实践是检验真理的唯一标准》一文后，阳泉法院系统干警围绕真理标准问题开展讨论。

7月3日 经中共阳泉市委研究决定，成立阳泉市矿区人民法院（以下简称矿区法院），任命王振瑞为矿区法院院长。

是年 阳泉市中级人民法院根据中共中央“〔1978〕78号”文件、“〔1979〕96号”文件精神，按照“实事求是，有错必纠”方针和“全错全平、部分错部分平、错多少平多少、不错不平”原则，对1966年至1978年判决的刑事案件进行复查。

1979 年

2月 山西省高院召开第二次全省民事审判工作会议，讨论制定了一系列民事政策，为全省民事审判工作提供新的政策法律依据，基本上纠正了民事审判工作的失误，使民事审判工作走上了正轨。

3月 阳泉市中级人民法院审判委员会成立。

4 月 恢复韩双顺院长，郝美英（女）、高根楼副院长职务，张振华离任休息。

6 月 全国人大五届二次会议通过《中华人民共和国人民法院组织法》、《中华人民共和国刑法》、《中华人民共和国刑事诉讼法》等七部法律，进一步完善了司法工作的法律依据，增强了以事实为根据，以法律为准绳、在法律面前人人平等的司法观点，恢复执行了法定审判制度程序。

6 月 28 日 贯彻执行最高人民法院《关于抓紧复查冤、假、错案，认真落实党的政策的请示报告》。

10 月 阳泉市法律顾问处重建，隶属阳泉中院。

12 月 矿区人民法院正式开始办公。

是年 根据省委〔1979〕43 号文件精神，解决清查扩大化问题。

是年 根据实事求是有错必纠的原则，对“文化大革命”以来的案件进行了全面复查，复查审结 789 案 916 人，占应复查 811 案的 97.01%。其中，平反纠正 135 案 151 人，减刑、免刑 31 案 43 人，两项共占已复查案件的 20.05%，维持原判的 623 案 722 人，占已复查数的 79.05%。在已复查案件中，现行反革命案撤判、改判的占同类案件的 77%，历史反革命案占 37.%，普通刑事案占 8%。复查死刑案 15 案 15 人，属于错杀的 2 案 2 人，占 13.3%，维持原判的 13 案 13 人，占 86.7%。

是年 根据中央“〔1978〕55 号”文件，对右派和国民党起义投诚人员被判刑、判管制案件进行复查，审结 36 案 36 人，占应复查数的 75%。对“文化大革命”前的申诉案件进行复查。其中，平反纠正 45 起 45 人，占已复查数的 60.08%。

1980 年

1 月 《中华人民共和国刑法》、《中华人民共和国刑事诉讼法》正式实施。

年初，阳泉中院采取“以会代训”方法，组织审判人员学习《刑法》和《刑事诉讼法》，邀请有经验的老同志进行公开审判示范，在全市两级法院中推行公开审判。

3 月 阳泉市中级人民法院审判委员会重新成立，取代了传统的“党委研究案件”的做法。同时，阳泉市法律顾问处正式成立。

8 月 6 日 省高院召开各地市中院刑事案件庭长会议，检查“文化大革命”以来判处死刑案件的复查情况，讨论部署搞好死刑案件复查工作的具体措施。

9 月 召开民事审判工作座谈会，采取清理民事积案的四条措施，扭转了忽视民事审判的倾向。

11 月 阳泉中院设立经济审判庭，受理法人之间、法人与公民之间在流通领域中产生的各类经济纠纷案件，重点打击结伙走私、偷税漏税、行贿受贿、倒卖票证、投机倒把、哄抬物价、扰乱市场、危害人民生活的严重破坏社会主义经济秩序的犯罪分子。

是年 阳泉中院根据上级法院指示，对“文化大革命”中因刘少奇“问题”受到株连的案件、死刑案件和“大清查”中另案处理的案件，全部进行了复查。

1981 年

6 月 23 日至 27 日 省高院分两批召开地市中院分管刑事审判工作的院长汇报会。

是年 根据中央和最高人民法院关于学习、宣传和贯彻新《婚姻法》的通知，组织干警学习，帮助、培训和指导调解委员会的成员学习。民事审判中收集了有代表性的九个案例，对长期潜在的房屋、宅基地、继承、财产等民事纠纷的调解、审判经验进行了总结。经济审判工作在机构新、人员新、没有现成经验可循的情况下，边学习、边办案，基本纳入正常审判轨道。

1982 年

2 月 18 日至 19 日 省高院召开全省中院院长紧急会议，贯彻落实中共中央、国务院《关于打击经济领域中严重犯罪活动的决定》和全国人大常委会《关于严惩严重破坏经济的罪犯的决定》，就严厉打击经济领域的犯罪活动作出部署安排。

2 月 全市法院系统贯彻中央〔1982〕5 号文件《关于加强政法工作指示》精神。

3 月 15 日 阳泉市打击经济领域犯罪活动领导小组成立。

4 月 刑事审判庭分设为刑事审判一庭、刑事审判二庭。

7 月 22 日至 28 日 阳泉市召开第八届人民代表大会第一次会议。会议听取和审议了阳泉中院院长韩双顺作的《阳泉市中级人民法院工作报告》。并选举韩双顺为阳泉市中级人民法院院长。

8 月 9 日至 13 日 省高院召开第三次全省民事审判工作会议，会议要求：从 1982 年 10 月 1 日开始，各级法院要严格依照《中华人民共和国民事诉讼法（试行）》规定的程序和制度办案，把公开审判和巡回就地办案结合起来，贯彻各项民事诉讼制度。

1983 年

3 月 平定法院设立锁簧人民法庭、巨城人民法庭，正式开庭办公。

7 月 根据国务院〔1983〕148 号文件精神，盂县、平定县划为阳泉市辖县。

8 月 11 日至 14 日 省高院召开全省法院院长会议，安排部署开展严厉打击严重刑事犯罪活动斗争的工作。

8月至12月，为贯彻中央关于“严打”方针，依法从重从快惩处严重危害社会治安的犯罪分子。矿区法院首次由阳泉中院授权，审理死刑、无期徒刑罪犯，判处死刑4人，死刑缓期执行2人，无期徒刑8人。

8月17日 “严打”第一战役开始，平定法院由10余人组成专门队伍与公安、检察机关紧密配合进行严打，第一战役共审结严重危害社会治安的案件44件107人，其中有5人处于死刑，2人处死缓，9人处无期徒刑，80人处有期徒刑，6人免于刑处，1人宣告无罪，4人处有期徒刑、缓刑。

9月5日 对“荫营煤矿闹监暴乱事件”召开宣判大会，对刘兴等20名持械、唆众发动暴乱的反革命犯罪分子进行了公开宣判，判处死刑7人、死缓1人、无期徒刑6人、加刑6人。

11月 段奇耀由阳泉中院办公室主任提升为副院长。

是年 郊区法院贯彻落实“坚决打击，一网打尽，依法从重从快”方针，严惩了一大批严重危害社会治安和人民生命财产安全的犯罪分子，摧毁了一大批犯罪集团，全年受理刑事案件132件261人，审结131案260人，结案率99.4%，打掉犯罪团伙23人，涉案的140名罪犯受到严惩。

1984年

1月 中共阳泉市委对阳泉中院领导班子进行调整，韩双顺调离阳泉中院，任阳泉市司法局局长；郝美英（女）调阳泉市人大常委会，任专职委员兼阳泉中院巡视员。高根楼任阳泉中院院长，潘致被任命为副院长。

1月28日 中共阳泉市委常委会议27日决定，阳泉市中级人民法院审判委员会由高根楼、段琦跃①、潘致三人组成。

5月6日至11日 阳泉市召开第八届人民代表大会第四次会议。会议听取和审议了阳泉中院院长高根楼作的《阳泉市中级人民法院工作报告》。

10月24日至25日 全国人大常委会法制委员会副主任陶希晋到阳泉市检查工作。

10月 山西省人大常委会副主任姜一、麻贵书，先后到阳泉市视察环境保护工作和经济法制执行情况。

是年 在全国经济体制改革推动下，审判工作改革列入重要议事日程，各级法院普遍建立了岗位责任制，打破审判工作“大锅饭”机制，将审判人员的责、权、利有机结合起来，开始对审判人员从“德、能、勤、绩”四个方面进行考核。

是年 两级人民法院在党委直接领导下，按照“四化”要求，对院、庭两级班子进行了较大调整，中院院级领导平均年龄降低11岁，庭级领导平均年龄降低7岁，

注：①即段奇耀，原文如此。

县（区）法院院级领导平均年龄降低 9.7 岁，庭级领导平均年龄降低 3.6 岁。

1985 年

3 月 16 日　省高院决定按照最高人民法院安排部署，组建“全国法院干部业务法律大学山西分校阳泉分部”，9 月 16 日开学。

10 月　贯彻执行最高人民法院提出的法院干警“八不准”即：一不准主观臆断；二不准徇情枉法；三不准贪赃卖法；四不准吃请受礼；五不准索贿受贿；六不准经商牟利；七不准欺压群众；八不准泄漏机密。

是年　阳泉中院开展“怎样当一个人民的好法官”的专题讨论，提高抵抗资产阶级思想侵蚀的自觉性，要求干警过好“金钱、色情、人情”三个紧要关口。并建立健全调查研究制、院长接待制、挂牌服务制、谈心制度及党的“一课三会制”，各法院普遍建立了挂牌服务制，将人民法院的工作纪律公告于众，设立意见箱，接受群众监督。

是年　全国法院干部业余法律大学山西分校阳泉分部创办。

1986 年

2 月至 3 月　平定县法院抽调 16 名审判人员，对本院和县公安局保存的 4658 件刑事案件进行查阅，查出有统战对象线索的案件 86 件 87 人，经筛选，确定 34 案 34 人为统战对象案件进行复查。

5 月至 7 月，阳泉市中级人民法院先后组织了对基层法院经济、民事一审案卷的巡回评查。评查经济案卷 121 件，民事案卷 200 余件，分别占到 1985 年结案数的 82% 和 25%。

7 月 15 至 23 日　平定法院对“文化大革命”前历次政治运动中所判处的 2378 案进行普查摸底。并抽出 10 名干部学习历次运动中的中央和山西省的有关文件、法规。

1987 年

7 月 21 日至 25 日　全省法院工作会议在太原召开。会议就搞好法院增编进人，办好业余法律大学，加强研究室工作等问题进行了专题讨论。

11 月 28 日至 12 月 7 日　阳泉市召开第九届人民代表大会第一次会议。会议听取和审议了阳泉中院院长高根楼作的《阳泉市中级人民法院工作报告》，选举高根楼为阳泉市中级人民法院院长。

12 月 全省范围内开展了以打击盗窃、扒窃、抢劫，查禁赌博为重点的整顿社会治安秩序的专项斗争。

是年 按照上级法院的要求，全市两级人民法院相继组建执行庭，积极稳妥地执行民事、经济、行政案件，并办理了一批外地法院委托执行的案件。

1988 年

4 月 全省法院积极参加以“反撬盗、反扒窃、禁赌博”为重点的全面推进社会治安秩序的专项斗争。

7 月 阳泉中院在山西省法院系统率先成立“经济纠纷调解处”，在“自愿、公正、合法、高效、便民”的原则基础上办理民商事案件，标的不分大小，随诉随收，随调随执，程序简化，灵活便捷，受到社会各界好评。

8 月 在经济纠纷案件日趋增多的情况下，阳泉中院在山西省高院和中共阳泉市委支持下，大胆尝试，勇于实践，正式成立“经济纠纷调解处”，处长韩启明，主要职能是庭前调解，即“随收随调，随调随结，随结随执”。

10 月 31 日至 11 月 2 日 阳泉市召开第九届人大常委会第六次会议。会议听取和审议了阳泉中院院长高根楼作的《关于经济审判工作情况的报告》。

10 月 阳泉中院设立司法行政处。

10 月中旬，由阳泉市中级人民法院发起，在石家庄市召开了晋冀两省七地市法院经济审判协作筹备会议，拟计划建立经济审判协作网络，共同克服“审理难”和“执行难”。

11 月 1 日 省高院院长赵耀仁在阳泉市政法委书记、阳泉中院院长高根楼陪同下，视察了矿区法院审判法庭和办公楼。

11 月初，在阳泉市召开了“全省法院系统民事审判工作和经济审判工作经验交流会”，阳泉中院民庭、经济庭和平定法院民庭、经济庭分别介绍经验，阳泉中院被省高院授予“民事案件质量高、治理整顿服务好”锦旗。

是年 阳泉中院新增行政审判业务，开始受理行政诉讼案件。

1989 年

2 月 25 日 市人大常委会任命李建忠为阳泉中院副院长。

2 月 阳泉中院设立行政审判庭、纪检组。随后城区、矿区、平定县、郊区各基层人民法院相继建立行政审判庭，开始受理行政案件。

3 月 1 日 阳泉中院法庭工程及办公楼破土动工。工程位于德胜街原市委礼堂处，设计建筑总面积为5900平方米。

3月　阳泉中院正式成立告诉申诉审判庭，主要职能是统一负责来信来访，处理刑事和民事申诉案件，对需要再审的申诉案件提出立案建议，审理除刑事外的民事、经济、行政再审案件，指定基层法院管辖有争议的案件，指导和监督基层人民法院的对口工作，处理非诉讼简易纠纷和开展法律咨询，转处各类举报案件等。信访和告诉申诉审判工作开始纳入规范化的诉讼轨道。

4月11日　阳泉召开万人宣判大会，公开宣判了一批严重刑事犯罪分子，数名罪大恶极的刑事犯罪分子被执行枪决。

4月 由阳泉中院发起，在省高院和河北高院支持下，晋冀两省七个中院召开了“晋冀两省部分法院经济司法协作会议”，达成《晋冀两省部分法院经济司法协作意见》，此后，协作法院之间经济司法协作明显加强，《法制日报》在头版对此项活动进行了报道。

6月28日　为了贯彻省委夏季治安工作会议精神，阳泉中院在市体育场召开了由5万人参加的“严厉打击刑事犯罪活动群众大会”。会上，城区法院、矿区法院、郊区法院对17名罪犯进行了宣判。

9月13日　阳泉中院宣传贯彻最高人民法院、最高人民检察院《关于贪污、受贿、投机倒把等犯罪分子必须在限期内自首坦白的通告》精神，建立“经济犯罪人员投案自首处”和“经济犯罪举报中心”，完善了值班人员接待制度。同时出动宣传车，设立街头法律咨询站，印制《通告》15000余份，广泛开展宣传活动。

9月26日　阳泉中院在市体育场召开了由5万余群众参加的打击刑事犯罪活动宣判大会。会上，阳泉市两级人民法院对9案19名罪犯进行了公开宣判。

11月1日　阳泉中院院长高根楼、副院长潘致，邀请市委、市财政局有关负责人，与省高院司法行政处席恒魁处长就阳泉法院系统“两庭”建设拟建项目进行专门会商，确定采取省、市、基层“三级分担”方法，落实“两庭”建设资金问题。

1990年

5月　阳泉中院党组制定《关于加强全市法院党建工作的意见》。6月，对中院党总支和下属各支部进行调整充实，总支委员由5人增加到7人，总支书记由高根楼院长担任。

6月　阳泉中院人事处更名为阳泉市中级人民法院政治处。

是月　为落实全省法庭工作会议精神，阳泉中院成立“人民法庭工作指导组”，中院召开全市法庭工作会议，全面加强人民法庭建设。13个法庭办公用房，至年底已建成8个，其中，郊区河底法庭成为第一个按照最高人民法院标准图纸建成的标准化、规范化人民法庭。

8月9日，平定县法院新办公场所开挖基础时，挖出银元宝三锭，每锭50两，其中一块刻有资阳县（四川），另一块刻有榆次县，第三块刻有新城县字样。

8月至10月 为了确保亚运会期间的安全，阳泉中院制定“五项措施”，基层法院同有关部门和乡（镇、村）配合，积极开展老上访户和重点上访户的思想工作。

10月1日 《中华人民共和国行政诉讼法》实施。阳泉中院先后抽调17名审判人员组建两级法院的行政审判庭，并在阳泉日报开设“咨询站”、“行政诉讼法律知识问答”栏目，进行《行政诉讼法》的宣传。

10月24日，全国法院干部业余法律大学总教务长方光成、天津市高级人民法院业大分校副校长徐伍林、省高院常务副院长李玉臻等一行，在阳泉中院院长高根楼、副院长潘致、李建忠等陪同下视察了矿区法院“业大”办学工作，对矿区法院“业大”办学情况给予高度评价。

11月26日至27日 全国法律业大总校教务长方光成，在省高院副院长李玉臻等陪同下，在盂县法院检查指导业大办学情况。

是年 阳泉中院设7庭2室3处1组1部。即刑事审判一庭、刑事审判二庭，民事审判庭、经济审判庭、行政审判庭、执行庭、告诉申诉庭、调查研究室、办公室、经济纠纷调解处、司法行政处、政治处、纪检组、业大分部。下辖三区两县5个基层人民法院。全市法院系统有工作人员297人，阳泉中院有89人。

是年 阳泉中院组织党员参加中共阳泉市直机关党委组织党员轮训，开展了历时22天的民主评议党员活动和学习党章、党规，重温入党誓词活动。

是年 指导山西省阳泉第一监狱（原山西省第二劳动改造支队）改进“双百分”考核罪犯的办法。

1991年

1月4日至6日 为落实省委号召和省高院党组决定，深入开展“学翼城法院，比严肃执法”竞赛活动。由阳泉中院院长高根楼带队，两级法院院庭领导近80人赴翼城县人民法院实地参观，对口取经。

2月13日 阳泉中院锅炉工卢福林经过两年多悉心研究发明的“世界标准时刻钟”获国家专利。

3月29日 阳泉中院依法开庭公开审理了市第一人民医院医师翟考全诉不服山西省城乡建设环境保护厅城市规划行政处罚一案，这是阳泉中院审理的第一起以省级行政执法部门为被告的行政案件，在全省有较大影响。中共阳泉市委领导对该案的公开审理十分重视，市纪检委书记张俊华旁听了案件审理。

4 月 16 日　阳泉中院副院长李建忠率队赴山东潍坊、烟台、青岛 3 个中级法院和青州、昌邑、蓬莱等 6 个基层法院及其 14 个人民法庭考察学习。

6 月 18 日　为维护全市夏季社会治安秩序，市委、市政府在市体育场隆重召开了由 5 万多名群众参加的严厉打击严重刑事犯罪活动大会。会上，阳泉中院和城区法院、矿区法院分别对 19 案 26 名犯罪分子进行了宣判。

8 月 20 日至 22 日　省高院在临汾市举行全省法院司法统计知识竞赛，阳泉市代表队并列第三名。

12 月 30 日　阳泉中院法庭建设大楼经过 2 年零 8 个月的紧张施工，建成并投入使用。新建法院大楼位于市区德胜街西部，主楼 12 层，建筑面积 6900 平方米；内设标准化大法庭 1 个，使用面积 668 平方米。中法庭 1 个，小法庭 3 个，调解室 6 个。

是年　审结阳泉地区最后一起反革命案件——阳泉第二监狱（当时名称为“山西省第十三劳动改造管教支队”）在押犯李志翔张贴反革命标语，煽动在罪犯闹监的“反革命宣传煽动罪”，被加重刑罚 2 年，剥夺政治权利 1 年。

1992 年

2 月 25 日至 28 日　在全省中院院长会议上，阳泉中院被省高院授予“严肃执法红旗单位”荣誉称号，并荣记集体二等功一次，成为山西省 12 个中院唯一进入“八面红旗”单位的中院。院长高根楼被荣记个人二等功一次。

3 月 30 日　全市法院系统开展执行大会战，到 4 月 13 日，纳入全市范围会战执行的 500 件各类积案，已执行 405 件，实际执行率占 81%。

5 月　在省高院召开的全省十二地市法院民事案件质量评查工作会议上，城区法院被评为第一。

6 月 10 日至 17 日　阳泉市召开第十届人民代表大会第一次会议。会议听取和审议了市中级人民法院院长高根楼作的《阳泉市中级人民法院工作报告》。选举段奇耀为市中级人民法院院长。

7 月 25 日　阳泉市召开严厉打击刑事犯罪活动群众大会，阳泉中院和城区、郊区、矿区法院公开宣判严惩了一批严重危害社会治安和经济建设的刑事犯罪分子，其中 45 人被判重刑。

是年　两级人民法院开展学习邓小平南巡讲话精神活动。

1993 年

2 月 23 日　贾俊、周保武被任命为阳泉中院副院长，李建忠调任市政法委常务副书记。

2月26日 “阳泉市法律服务中心”挂牌服务，该中心是阳泉中院创办的全市第一家集法律咨询、培训、代书、资信等法律服务为一体，面向社会各界和人民群众，提供诉内、诉外、诉前、诉后服务的综合法律服务部门。

4月3日 阳泉中院党组作出《关于向周振国同志学习的决定》。阳泉中院刑一庭副庭长周振国多次拒礼、拒贿金额近2万元，以实际行动维护了法律尊严。

4月20日 阳泉中院在市公路局召开行政审判工作座谈会。会议决定各基层法院在年内，要相继成立土地和公路巡回法庭，支持没有强制执行权的行政机关依法行政。

4月29日 阳泉中院在郊区召开公判大会，依法严惩一批严重刑事犯罪分子，市政法部门负责人和郊区党政领导与各界群众2万余人参加大会。阳泉中院副院长周保武和郊区法院院长侯艾对10案28名罪犯进行了宣判，依法重判15名罪犯。

6月16日 阳泉市中级人民法院城建法庭正式挂牌办公。

6月30日 全市基层法院院长换届选举工作全部结束。当选的5名基层法院院长是：平定法院院长潘维田（连任）、郊区法院院长侯艾（连任）、矿区法院院长王立明（连任）、盂县法院院长付金林（原盂县司法局局长）、城区法院院长张先晓（原城区南山办事处党委书记）。

7月5日至6日 最高法院业大总校方光成副校长、项寿林处长到阳泉中院业大阳泉分校检查指导工作，并看望了业大正在集中复习的全体学员。

7月10日 阳泉中院第一个派出法庭——公路法庭宣告成立。市委副书记吴锦文、市人大常委会副主任郭彦庚、山西省公路局副局长李兰科等领导为公路法庭挂牌表示支持和祝贺。

8月7日 全市第一个土地行政法庭成立。市人大常委会副主任郭彦庚、副市长魏德卿、市政协副主席张耀增等出席成立大会，并为土地法庭挂牌，阳泉中院院长段奇耀出席成立大会，向有关人员颁发任命书。

8月10日 阳泉中院隆重召开建院20周年纪念大会，市领导梁志祥、张俊华、赵迪南、李希曾、郭彦庚、张耀增以及政法界、企业界、金融界、新闻界的有关领导出席庆祝大会。省高院党组成员、纪检组长高生富，民庭副厅长罗锁堂到会祝贺。

8月20日 阳泉市在市体育场召开万余名群众参加的严厉打击严重刑事犯罪活动宣判大会。阳泉中院在会上对严重破坏交通运输安全、扰乱治安综合治理的抢劫、强奸，盗窃等7案27名罪犯进行了公开宣判。

11月23日 引起全市人民强烈义愤的“一一·八”特大劫车、杀人碎尸案的3名罪犯史志明、李历、曹永春被一审判处死刑，剥夺政治权利终身。此案从受理到结案，仅用3天时间，充分体现了依法从重从快的严打方针。

12月6日 根据省委、省政府统一部署，阳泉市在市体育场召开宣判大会。省委常委、省纪委书记、监委主任冯芝茂，及省高院、省公安厅的有关负责人和阳泉市党政部门主要领导参加大会。会议由市长薄应贤主持，中共阳泉市委书记侯伍杰作了重要讲话。阳泉中院段奇耀院长对7案24名罪犯进行公开宣判。

12月13日 阳泉市在宾馆报告厅召开反腐败斗争公处大会。市党政主要领导、各县区主要负责人及市直副科级以上干部1000余人参加了大会。

1994年

1月19日 阳泉中院在山西省第十三劳改支队举行从宽处理大会，宣布对192名在押服刑罪犯予以减刑、假释。

3月8至9日 省高院院长李玉臻莅临市县两级法院视察工作，要求先进法院再创新的业绩。

从6月份开始，阳泉市中级人民法院组织了三次规模较大的审判方式改革观摩活动，初步显示出新审判方式的优越性，对增加审判工作透明度，加强社会监督，提高办案质量和效率，推行规范化办案，完善审判责任制，实行错案追究制，发挥了良好的作用。

6月7日 为了引申反腐败斗争，进一步加强新形势下的人民法院廉政建设，阳泉中院在全市法院纪检、监察工作会上，制定了“九不准”、“五禁止”的反腐作风新措施。

6月8日 阳泉中院全面推行民事、经济审判方式改革。其核心内容是法院收到民事、经济案件后，即直接开庭，实行“一步到位”。这项改革的全面推开，标志着逐步舍弃“纠问式”审判方式，实行更为先进合理的“辩论式”审判方式。

6月19日至22日 省、市、县三级人大代表分别对盂县仙人法庭、城关法庭、上社法庭、西烟法庭工作进行评议。

7月5日 最高人民法院副院长马原，在省高院副院长王世荣、市人大常委会副主任杨保国陪同下，到阳泉中院视察。

7月8日 阳泉中院干警积极响应省市党委号召，踊跃为建设太旧高速公路捐款，当日捐款40750元。

7月27日 阳泉中院环保法庭在市环保局挂牌成立，为法院的派出的审判组织，业务工作隶属于阳泉中院行政审判庭。

12月6日 阳泉中院商业网点执行室挂牌办公。

是年 “太旧高速公路巡回法庭” 成立，及时审结涉路案件，保证重点工程建设顺利进行。

是年 进一步完善并广泛推进民事审判方式改革，实行“直接开庭、一步到位法”，变传统的“纠问式”审判方式为更先进、合理的“辩论式”审判方式。主要内容有：一、直接开庭审理案件，即人民法院收到当事人起诉状和答辩状后，便通知其开庭时间，在法庭上完成审判活动，开庭以前不再会见当事人和进行调查取证及调解活动。二、举证责任主要由当事人来承担，当事人在法庭上陈述的事实和主张都必须有相应的证据来证明，法院只负责当事人因客观原因不能举证的调查与取证工作。三、庭审方式变纠问式为辩论式，审判人员在庭审中主要引导当事人正确举证、质证和辩论，通过当事人之间对事实、证据的辩论，查明事实，分清责任。四、充分发挥合议庭和独任审判员的作用，经法庭调查、辩论后，即可依法组织调解或作出裁判。当年即采用“辩论式”审判方式，一审受理民事案件 2188 件，审结 2172 件，结案率为 99.3%。二审受理、审结民事案件 145 件，结案率为 100%。

是年 阳泉中院“业大分部”编撰出版《法苑集粹》。

1995 年

1 月 9 日 阳泉中院同时在郊区河底镇、平定县城关召开严厉打击严重刑事犯罪活动宣判大会，周保武、贾俊副院长分别在两地对 5 案 24 名罪犯进行了公开宣判。其中 14 名罪犯分别被判处有期徒刑，2 名罪犯被判无期徒刑，4 名罪犯被判处死缓，4 名罪大恶极的犯罪分子被判处死刑。

2 月 17 日 本着面向社会从严要求、公平竞争择优录取的原则，阳泉中院、市人事局紧密结合，精心组织实施全市法院公开招考、增编补干的报名、书面综合测试，口试、笔试、体检、政审等项工作，23 名大专以上学历的青年干部在 240 名竞争者中脱颖而出，阳泉中院增编补干 10 人，其中男 8 人，女 2 人，平均年龄 26.2 岁，均为大专以上学历的在职干部。

5 月 9 日至 10 日 最高法院副院长端木正莅临阳泉中院调查研究。

9 月 周成保被任命为阳泉中院纪检组组长。

11 月 15 日 阳泉中院与市检察院、公安局、司法局联合发出《关于敦促违法犯罪分子停止作恶限期投案自首的通告》，掀起今冬明春“严打整治”活动的高潮。

12 月 10 日 全市两级法院的 23 名干警，参加首次初任审判员、助理审判员全国统一考试。这次由最高人民法院主持的全国统一考试，坚持公开、平等、竞争、择优原则，统一标准，统一试题，统一时间，统一试卷。考试内容分基础知识和法律知识两部分，共 12 个科目。合格者由最高人民法院颁发证书，并获得任审判员或助理审判员资格。

12 月 14 日 在阳泉市中级人民法院档案管理升级验收会议上，由省档案局省级评议员王剑锋任组长、市档案局副局长张天牛、省高院档案科科长张艳萍任副组长及省、市档案局、省高院有关人员组成的考评小组，通过听取汇报，实地查看，对阳泉中院档案管理工作进行了综合考核。最后，阳泉中院以98分的高分，取得了省档案局颁发的“省级机关档案管理一级标准达标证书”，成为全省法院系统首家达标单位。

1996年

1月15日　在全市法院系统“双先”表彰大会上，市两级法院有6个集体29名个人受到省高院的表彰。

2月8日　阳泉中院分别在城区和阳泉二监召开宣判大会，依法对6案12名严重危害社会治安的刑事犯罪分子进行公开宣判。宣判会上还宣布了对70名有悔改和立功表现的犯罪分子予以减刑的裁定。

3月7日　经阳泉中院批准、市民政局登记，阳泉市法官协会、阳泉市女法官协会正式成立。

4月2日　阳泉中院在郊区法院召开“汲取一二·二〇事故教训现场会”，全市各基层法院院长、分管副院长、枪械专管员和阳泉中院有关处室的负责人参加了会议。

4月27日　阳泉市掀起“打团扫恶”斗争第一次集中打击高潮，在全市严厉打击刑事犯罪宣判大会上，24名严重刑事犯罪分子受到法律制裁，其中8名罪犯被依法判处死刑，会后即押赴刑场执行枪决。

6月10日　阳泉中院掀起“打团扫恶”斗争第二次集中打击高潮。在市体育场召开的宣判大会上，阳泉中院和城区法院、矿区法院分别对16案24名罪犯进行了宣判。市党政军领导及社会各界群众3万余人参加了大会。

8月2日　为进一步引深“打团扫恶”专项斗争，阳泉中院在平定县召开了有万余名群众参加的公判大会。

8月7日，阳泉中院和矿区法院在二矿俱乐部对顶风作案的9案21名严重刑事犯罪分子进行公开宣判。

8月27日　阳泉中院在审判大法庭召开“严打”公判大会，对7案10名被告进行了集中宣判。

9月4日　阳泉市召开“打团扫恶”斗争第三次集中打击宣判大会。省高院常务副院长王跃武和各界群众3万余人参加。对14案27名罪犯进行宣判，其中10名被依法判处死刑。会上对4名主动投案自首或有立功表现的罪犯受到宽大处理。

9月12日至13日　矿区、平定法院“维护妇女儿童权益法庭”相继成立。

9月16日　为了更好地贯彻执行《妇女权益保障法》、《未成年人保护法》，加大保护妇女儿童合法权益的力度，阳泉中院成立“维护妇女儿童合法权益法庭”。

10月　平定法院对207国道两旁15处违章建筑予以强制拆除。

8 月 20 日至 22 日　省高院常务副院长王跃斌在阳泉市检查指导工作。并深入平定法院贵石沟法庭看望了工作在一线的干警，并与两级法院干警进行座谈。

11 月 26 日　全省法院行政审判工作座谈会在阳泉召开。省高院副院长王雨珍、省高院行政庭庭长陈诠，以及全省各地市中院法院的行政庭长参加了会议。会议传达了全国法院行政审判工作座谈会的精神，围绕全省法院如何贯彻执行《行政处罚法》的有关问题进行座谈。阳泉中院院长段奇耀参加会议。

12 月 5 日　阳泉中院受到最高人民法院通令嘉奖，荣获“全国法院司法统计先进单位”称号。这是阳泉中院首次荣获最高法院嘉奖。

1997 年

1 月 新的《中华人民共和国刑法》和《中华人民共和国刑事诉讼法》正式实施。

4 月 在阳泉市十一届人民代表大会第一次会议上，李建忠当选为阳泉市中级人民法院院长。

5 月 阳泉中院成立“审判方式改革领导组”，召开全市法院审判方式改革动员大会，公布了《全市法院审判方式改革实施方案》，提出“人人开庭、案案评议”工作措施，规定凡是适用控辩式或辩论式庭审不过关的审判人员必须下岗接受培训，培训后仍不过关的调离审判岗位。本年度全市法院一审刑事案件全部按刑事诉讼法规定实行了控辩式庭审。

5 月　开展“三结合三整顿”活动：一是结合执法大检查，整顿纪律作风；二是结合审判方式改革，整顿经济审判秩序；三是结合机构改革，整顿机关内部管理秩序。

5 月 26 日　阳泉中院对阳泉市煤气热力总公司原总经理兼党委书记张汉源伙同张兰英共同贪污案，工商银行阳泉市支行新市街办事处办事员王秀风，以及王秀英、张瑞锁等特大贪污、窝藏、包庇案作出一审判决，依法判处张汉源有期徒刑 15 年；王秀风死刑、缓期 2 年执行，剥夺政治权利终身。

6 月 阳泉中院制定《干部人事管理暂行办法》，6 月底，经全院干部民主推荐和书面考试、组织部门考察，对中层干部进行调整。全院中层干部平均年龄由 45 岁，下降为 37 岁，35 岁以下的年轻干部比例由 9% 上升到 32%，妇女干部比例由 6% 上升到 16%。

6 月 15 日　在市委组织部、政法委等单位的支持下，阳泉中院制定出台了《阳泉市中级法院干部人事管理暂行办法》，将激励机制全面引入干部管理工作，为干部管理规范化、制度化、科学化提供制度保障。

6 月 24 日　为引深“三打三禁”斗争，维护社会稳定，阳泉中院在矿务局三矿俱乐部召开宣判大会。

7 月 7 日　阳泉中院对原阳泉市河坡电厂副厂长陈永生贪污、挪用公款一案作出一审判决，依法判处陈永生无期徒刑，剥夺政治权利终身。

8 月 8 日　阳泉中院维护妇女儿童合法权益法庭正式挂牌成立。市委副书记郭良孝、市人大常委会副主任张希祯、省高院民庭庭长姜昭选、阳泉中院院长李建忠、市妇联主席巩引贞等领导出席成立大会并对阳泉中院维权法庭的成立表示祝贺。

8 月 21 日　经阳泉中院李建忠院长提请，阳泉市第十一届人大常委会第二次会议决定任命何海平为阳泉中院副院长、审判委员会委员。

9 月 26 日　以戴维斯市长为团长的美国纽约州华伦市经贸代表团一行 5 人，到阳泉中院参观访问。代表团参观了阳泉中院的审判法庭、微机室、审判委员会会议室等审判工作设施，并与院领导进行了座谈。

9 月　举办全市法院系统首届运动会。

是月　阳泉中院结合机构改革撤销告诉申诉庭，成立告诉审判庭，专门负责立案工作；成立审判监督庭，专门负责对已结案件进行监督，调整各审判庭和执行庭的工作分工，审判庭只负责案件审判，执行庭专管生效判决的执行，推进“立、审、监”三个分离改革。

是月　《告诉审判工作规则》、《执行工作规则》、《诉讼收费管理办法》、《执法责任制》、《错案与执法过错责任追究办法》、《案件审判监督检查制度》以及《进一步规范我市减刑、假释工作的实施意见》等规章制度出台。

是年　贯彻落实“四条禁令”，即严禁非经济审判庭室办理经济纠纷案件，严禁没有审判职务的人员办理经济纠纷案件，严禁越权受理案件，严禁违反规定采取法律措施。

是年　阳泉市两级人民法院受理的民事案件首次突破 3000 件，达 3029 件。两级法院普遍成立维护妇女儿童合法权益法庭，强化对婚姻家庭案件特别是侵犯妇女儿童合法权益案件的审判。

1998 年

1 月 6 日至 7 日　阳泉中院召开该院历史上第一次中层干部述职报告大会。全院各庭、室、处、队的所有庭长、主任、处长、队长，逐一向院党组和全院干警汇报各自履行岗位职责的情况，并接受广大干警的民主测评。

1 月 8 日　阳泉市召开严厉打击严重刑事犯罪宣判大会，市党政军领导和社会各界群众 3 万余人参加。阳泉中院院长李建忠对 11 案 30 名犯罪分子进行了宣判。8 名罪犯被依法判处死刑，剥夺政治权利终身，会后被押赴刑场执行枪决；其余罪犯被分别判处有期徒刑。

1月16日至17日　阳泉中院组织30名审判骨干，分别由院领导带队，深入各县区法院，对上年度审结的案件进行评查，共评查各院刑事、民事、经济、行政案件380件。通过逐案阅卷和量化考核，所评案件合格率达100%，优秀率达70%。

3月22日　中共阳泉市委办公室以“阳办发〔1997〕46号”文件印发了《阳泉市中级人民法院职能配置、内设机构和人员编制方案》。按方案，阳泉中院机构改革后，设刑事审判一庭、刑事审判二庭、民事审判一庭、民事审判二庭、经济审判一庭、经济审判二庭、行政审判庭、告诉审判庭、审判监督庭（赔委办）、执行庭、办公室、政治处、研究室、司法行政处、法警队、纪检组（监察室）16个行政机构和业大分部、司法技术监督中心2个事业编制机构。

5月17日　盂县院召开执法大检查和纪律整顿动员大会。省高院纪检组长王满春及梁贡华处长，与阳泉中院院长李建忠及纪检组组长周成保参加会议。

11月26日　阳泉市法院系统“三基”活动竞赛演讲大会在矿务局二矿体育场隆重举行。会上，两级法院干警先后进行了广播操表演、法警基本功表演，《刑法》、《刑诉法》知识竞赛、“人民法官为人民”演讲等项目的表演和竞赛。经过角逐，阳泉中院、矿区法院、郊区法院获得团体总分前三名。市委书记田霍卿出席大会。

1999年

2月3日至4日　阳泉市召开第十一届人大常委会第十三次会议。会议听取和审议了阳泉中院院长李建忠所作的《关于全市法院集中教育整顿工作情况的报告》。

5月19日　阳泉中院被山西省劳动竞赛委员会荣记集体二等功。

6月10日　由最高法院督导员、原湖南省高院院长詹顺初、最高法院监察室监察员齐淑奎，《人民法院报》理论部副主任谢圣华，湖南省高院秘书姚晓翔等人组成的最高法院督导组，在省高院副院长王雨珍等陪同下，到阳泉中院检查指导工作。

6月14日　阳泉中院第二期计算机应用技术培训班在阳泉电大开班授课。43名干警将利用业余时间接受100课时的专业教育并经考试取得合格证书。

7月27日　阳泉中院依法审判一起特大抢劫、盗窃、倒卖国家文物案。抢劫、盗窃44件国家文物的10人分别受到法律制裁。

9月22日　阳泉市召开推行执法责任制“两错”责任追究制经验交流暨表彰会议。阳泉中院在会上作了经验交流。

从9月份起，根据中央11号文件和最高法院要求，两级法院抽调100余名法官，开展“百日执行大会战”。先后召开5次公开执行大会，对60名有能力而拒不执行的当事人依法予以司法拘留或罚款，对130多名逾期不履行义务的债务人公开登报曝光。在强大的政治法律攻势下，先后有1100多名被执行人自动履行了义务，有210起“钉子案”得到执行，有70多名长期在外“躲债”的被执行人经人民法院艰苦工作找到下落，并偿还了债务。

是年 阳泉中院开展“审判质量年”、“执行年”和“争创人民满意法院、争当人民满意法官”活动，提出“力争消灭裁判错误案件、坚决杜绝超审限案件”的目标。庭审改革取得实效，全面落实了公开审判制度。

是年 阳泉中院将各项《内部管理制度》汇编成册，全书90多项30余万字。

2000年

3月8日 为规范审判活动，提高审判质量，确保司法公正，阳泉中院出台《关于审理流程管理办法》。

3月9日 阳泉中院党组在市委组织部、市委政法委、市人大常委会、市人事局、市纪委监委等有关部门的支持下，对本院缺额的审判监督庭庭长，刑一庭副庭长等3个正职、8个副职岗位公开招聘。

6月6日，阳泉中院下发“阳中法发〔2000〕19号”《关于调整撤并人民法庭的通知》，根据“晋高政函字〔2000〕10号”批复，撤销阳泉市城区人民法院下站人民法庭、阳泉市城区人民法院坡底人民法庭。

6月15日 以立、审、执、监彻底分离，法官书记员分别列序，排期开庭，审判长负责制为主要内容的审判流程管理在全市法院系统正式启动。

8月5日 阳泉中院组织首次审判长、审判员选任书面考试，考试内容分为综合知识和专业知识两大类。全院有35名审判员和助理审判员参加了考试。

9月21日 应阳泉技校邀请，阳泉中院院长，全国法院干部业余法律大学山西分校兼职副教授李建忠为该校800余名师生讲授了一堂生动的法制课，受到师生欢迎。

是年 阳泉中院刑庭被命名为山西省法院系统首批优秀“青少年维权岗”。

是年 全市两级法院共受理各类案件12591件，审、办、结11211件。

2001年

1月10日 审理中共长治市委原常委、中共长治县委原书记王虎林玩忽职守、巨额财产来路不明、受贿一案。21日正式宣判，王虎林被判处有期徒刑8年，没收财产5万元。其妻张玉梅也因巨额财产不明被判处有期徒刑1年，缓刑2年。追缴两被告不明巨额财产2961947.91元，美金7662.14元及利息。

1月11日 《婚姻法修正草案》正式对外公布。《草案》结合社会主义市场经济条件下，针对重婚、家庭暴力、无效婚姻、夫妻财产、离婚、保护老年人权益等问题作出了更明确的规定，并专设“法律责任”一章，首次确定了过错赔偿，规定违法行为应当承担行政、民事和刑事责任。两级人民法院立即开展学习贯彻，并将《草案》精神贯穿在具体的审判实践当中。

1月15日至16日 省高院院长李玉臻先后到阳泉中院、郊区法院、平定法院调研，了解两级法院的基层建设情况，看望慰问基层法院和法庭的部分干警。调研期间，还邀请市人大代表座谈。

3月29日 阳泉中院召开全市法院工作暨“双满意”活动表彰会。

4月16日 根据《中华人民共和国义务献血法》的规定，阳泉中院有17名干警参加了义务献血。据统计，阳泉中院连续5年积极开展无偿献血活动，共献血12000毫升，其中献血2次以上的干警11名，献血最大的干警47岁。

5月23日至30日 省高院党组成员、政治部主任吴秋霞，政治部副主任马良忠等一行3人，到阳泉市两级法院调研。

6月23日，何海平调任中共阳泉市纪检委副书记。

7月11日，阳泉中院建设规模26000平方米，投资7000多万元的新建审判法庭、审判综合楼正式开工建设。

8月14日 在省高院召开的全省法院调研工作会议上，阳泉中院调研室因调研成果突出受到表彰，荣获“调研工作先进集体”称号。

9月6日 阳泉中院举行法官职业道德演讲会，6名来自一线的法官结合自身审判经历，从不同角度诠释了人民法官职业道德的内涵。并决出一、二、三等奖。

9月21日至22日 阳泉市法院系统举办第五届运动会，全市法院有260名干警参加了拔河、登山两项集体项目比赛。

10月，阳泉中院互联网站依托阳泉互联网正式开通，网民通过互联网可以直接了解法院审判动态、查阅法院公告、查询法律法规。

11月，实行机构改革，建立符合现代司法特点的审判新格局，阳泉中院改设14个庭、室、处、队，基层法院改设10个庭、室。

11月，阳泉中院同阳泉电视台联合创办《法槌与公正》节目，集中展示大、要案件和典型案件庭审实况，实现更大范围的庭审公开，促进法官审判水平提高，强化庭审的社会教育意义。

12月10日 在全国法院信访接待表彰大会上，阳泉中院审判监督庭女法官高桂林荣获“全国法院立案信访接待先进个人”称号。

12月 吕冬被任命为副院长，周成保改任政治部主任，尚锐利被任命为纪检组组长。

是年 正式建立健全了大民事审判格局，经济审判纳入民事审判，法院序列中不再有经济审判庭。同时，执行工作实行双重管理机制，各基层法院设执行局，改变以前上、下级法院执行工作的业务指导关系，实行上级法院与本院双重领导管理体制。

是年 开展“一教育三整顿”活动，即“加强法官职业道德教育，整顿领导班子，整顿审判纪律，整顿工作作风。”

2002 年

1 月 14 日 阳泉中院对 8 名缺额中层正职岗位实行竞争上岗。10 名符合条件的中层副职通过自愿报名、闭卷考试、公开答辩、民主评议等程序，8 人取得竞争岗位任职资格。

3 月 8 日 中共阳泉市委常委会决定任命冯少勇为阳泉中院党组书记，3 月 28 日，在阳泉市第十二届人民代表大会第二次会议上，选举冯少勇为市中级人民法院院长，李建忠调山西省高级人民法院任职。

4 月 阳泉中院紧紧围绕公正与效率目标和形势发展对审判工作的要求，进一步加大审判改革力度，完成了人民法院机构改革，领导班子得到充实，优化重组内设机构，一批年轻化、专业化的审判骨干，经过公开竞争走上中层领导岗位，实现了编制精简 10% 的目标。

5 月 24 日 阳泉中院对一起行政工作不作为案件作出一审判决，被告阳泉市民政局被判限期履行职责。

7 月 1 日 全市法院举行纪念建党 81 周年暨法官职业道德演讲会，6 名选手现场角逐，阳泉中院张敏芳获第一名。

7 月 7 日 城区法院在全国法院队伍建设工作会议上，被最高人民法院授予“人民满意的好法院”荣誉称号。

7 月 11 日 阳泉中院院长冯少勇亲任审判长开庭审理案件，阳泉中院首次使用法槌。这标志着全国法院自 6 月 1 日首次使用法槌后，这一体现现代司法文明的仪式正式亮相阳泉。市检察院检察长张仲马为公诉人出庭支持公诉。

8 月 12 日 省高院常务副院长曹文龙在阳泉中院院长冯少勇陪同下，到盂县法院、城区法院进行工作调研。

8 月 12 日至 14 日 省委常委、政法委书记杜玉林，省高院副院长曹文龙，到平定法院视察工作。

8 月 20 日 阳泉中院在执行工作中引入“债权凭证”执行制度。

9 月，李林任阳泉中院院长助理。

10 月 平定人民法院锁簧法庭被最高人民法院和司法部联合授予“全国法院系统指导人民调解工作先进集体”称号。

11 月 24 日 阳泉中院与阳泉电视台联合举办反映全市法院公开开庭审理案件过程的庭审实况转播节目——《法槌与公正》，在阳泉电视台二套节目中开播。

11月 阳泉中院从具备法官资格的部门正、副职领导中，选任15名审判长、4名执行长，并按一名审判长配备两名审判员、一名书记员的“121”模式，组成相对固定的15个合议庭、4个执行组。

12月4日 在中共阳泉市委依法治市领导组的统一安排下，阳泉中院围绕“学习宣传宪法，推进民主法制建设”主题，开展了大规模的法制宣传活动，制作宣传版面4块，发放宣传材料1000余份。50余名法官身着制服、佩戴法徽，在政府广场参加了集体宣誓仪式，并接待来访群众100余人。

是年 实行书记员聘任制，尝试书记员单独序列管理。开始筹措聘任制法警改革。实行案件繁简分流和普通程序简化审。

2003年

1月2日 省高院院长李玉臻、副院长刘冀民专程到阳泉市与驻市省人大代表座谈，就全省法院工作征求意见。市人大常委会主任丁贵生、副主任王元寿、秘书长李明、阳泉中院院长冯少勇参加座谈会。

3月14日 省高院就孟晓磊申请国家赔偿一案在阳泉中院举行听证会。这是以引入听证程序为重点的国家赔偿案件审判方式改革的一次积极尝试。

是日 阳泉市法院系统举办“3·15”法律知识竞赛活动。全市6个法院分别组队参赛，经过必答、共答、抢答、风险题的4轮角逐，矿区法院夺冠，城区、郊区分获第二名和第三名。

3月25日 城区法院被省高院授予全省法院“公正与效率”模范集体，并荣记集体一等功，同时被省劳动竞赛授予“山西省五一劳动奖状”。

3月，根据市委、市政府统一部署，全市两级人民法院开展“优化服务环境、改进审判作风、树立审判新风”评优评差活动。

4月18日 省高院研究室副主任张忻如一行3人，到阳泉中院就5年来改革情况进行调研。阳泉中院纪检组组长尚锐利、中院各庭室负责人及各基层法院有关领导参加了座谈。

4月，非典型肺炎疫情发生，阳泉中院坚持“一手抓防治、一手抓审判”，成立防治“非典”领导组，院长冯少勇任组长。

5月7日 阳泉中院成立以冯少勇院长为组长的防治“非典”领导组，坚持口头汇报制度、24小时值班制度、来人登记制度、卫生检查制度。

5月12日 阳泉中院召开紧急会议，政治部主任周成保传达了市委扩大会议精神，通报了11日发生在平定县冠山镇王家庄村群体暴力抗法事件经过。

6月27日 阳泉中院召开全体党员大会，选举产生了新一届党总支领导成员。阳泉中院党组书记、院长冯少勇当选为总支书记，李林、刘金富当选为副书记。

是月　按照最高院要求，开展“公正与效率”司法大检查。针对《中华人民共和国法官法》规定的“十三种不得有”进行审判作风、审判质量检查。

7月4日　阳泉中院邀请省委党校教授刘树信为全市法院干警作了专场学习辅导报告。

8月13日　省高院副院长王满春邀请阳泉市部分省人大代表、省政协委员就如何树立司法为民意识，实现公正和效率，畅谈认识和体会，对审判工作中存在的不足问题进行批评指正。副院长王满春及全省各地市中院研究室主任参加了会议。

9月12日　遵照省高院指定管辖决定，阳泉中院对晋城市人大常委会原副主任王毓秀受贿一案立案审理，被告人王毓秀因犯受贿罪一审被判处有期徒刑6年。

10月28日　全市法院落实“亲民便民”9条举措。

是年　阳泉中院完成对40岁以下不达本科的审判人员专项培训，并参加了最高院组织的统一考试，并鼓励法官取得高学历和高学位。

是年　阳泉中院制定《信访案件接受处理办法》、《信访紧急处置制度》、《重大敏感案件请求汇报制度》，形成渠道通畅、管理优化、程序规范、服务有效的信访格局。

2004年

3月18日　“中国法官十杰”于昌明模范事迹报告会在市宾馆举行。中共阳泉市委作出《开展向于昌明同志学习的决定》。

5月10日　在荣获“中国法官十杰”荣誉称号之后，阳泉中院执行局局长于昌明再次成为“中国青年五四奖章”获得者。

6月8日　“中国法官十杰”、“中国青年五四奖章”获得者，阳泉中院执行局局长于昌明先进事迹报告会在太原南宫会议中心举行。最高人民法院常务副院长曹建明、团中央书记处书记尔肯江·吐拉洪，省委副书记、省纪检委书记金银焕到会并讲话。

8月5日　阳泉中院举行新审判大楼投入使用庆典活动。新办公大楼位于阳泉市开发区，整个工程建筑规模26000平方米，分为法官办公区、法官生活区和审判区，实现了最高人民法院关于人民法院建设“办公区、审判区、生活区”三区分离的要求。

8月16日　阳泉中院举行座谈会，热烈欢送于昌明事迹报告团一行3人赴京，参加19日在人民大会堂首讲的全国模范法官事迹巡回报告。首场报告后，于昌明依次前往湖北、湖南、广西、广东、江西巡回报告，历时10天后返京作总结。

11月5日　于昌明被任命为阳泉中院党组成员（副处级）。

12月23日　省高院党组成员，纪检组组长赵有珍一行4人到阳泉中院，就省市两级法院工作征求阳泉籍省人大代表的意见。

是年 阳泉中院法院文化建设提到重要议事日程，中院党组提出建立起法院文化的“三个课堂”要求，一是与市电台、市妇联共同联办节目，让媒体成为普及法律知识、传播法律文化、培养法律意识的“空中课堂”；二是法庭定期对公众开放，让法庭成为弘扬法治权威、传播法律文化、建设法治文明的“社会课堂”；三是夯实日常基础工作，筑牢法制宣传的“传统课堂”。

是年 开展“外学任长霞，内学于昌明”活动。按照《法官法》要求，开展以“职业道德”为核心的“四比四看”，即“看认识、比体会；看问题，比纠改；看作风，比实绩；看原则，比正气。”

2005年

1月6日 阳泉中院经公开宣判后分别对故意杀人犯程爱军、故意杀人犯杨建明，采取注射方式执行死刑。这是依照《刑事诉讼法》规定首次采取注射方式执行死刑。

3月16日 阳泉中院举行共产党员先进性教育活动学习体会交流暨再动员大会。13名党员在会上交流学习体会和收获。

4月30日 阳泉中院党组成员，执行局局长于昌明作为全国法院系统评选出来的15名“全国先进工作者”之一，在人民大会堂参加了全国五一劳动表彰大会，被授予“全国先进工作者”。

5月27日至28日 阳泉法、检系统和监狱系统围棋擂台赛，相继在阳泉中院和阳泉一监举行，经过两天的激烈角逐，以梁庆为擂主的阳泉中院、市检察院代表队取得优胜。

7月7日 翼城原县委书记武保安、王临凤夫妇涉嫌受贿巨额财产来源不明一案在阳泉中院公开宣判，武保安犯受贿罪，巨额财产来源不明罪一审判处有期徒刑15年，王临凤犯巨额财产来源不明罪被一审判处有期徒刑2年，缓刑3年。

8月24日 省高院督察组一行3人，在省高院党组成员李建忠带领下，到阳泉中院检查指导“规范司法行为，促进司法公正”专项整顿活动。督察组在抽查盂县、郊区两个基层法院开展活动的基础上，邀请部分省人大代表、政协委员进行座谈，向他们通报情况，听取意见。

9月18日 阳泉市城区人民法院隆重举行建院30周年暨审判法庭大楼新址落成仪式。

9月23日 市法院系统在阳泉市铝业公司演艺中心隆重举行全市法院系统“规范司法行为，促进司法公正”文艺汇演。两级法院推选演出19个节目，有300余名干警到现场观看了演出。

10月18日 最高人民法院在重庆召开全国司法警察规范执法行为表彰大会，阳泉市矿区人民法院法警大队副大队长董波洋荣获“全国司法警察先进个人”称号。

10月28日 阳泉中院依法公开审理临汾市公安局原局长邵建伟涉嫌受贿案，该邵先后收受犯罪嫌疑人家属、公安民警、私营企业主钱物共计折合人民币162万余元、美元1万元和价值29万港币的高档手表5块。阳泉中院院长冯少勇任该案审判长，市检察院检察长张仲马与两名公诉员出庭支持公诉。200多名国家公职人员参加旁听。

11月15日 中共山西省委在太原市南宫举行“时代先锋”先进事迹报告会。阳泉中院党组成员、执行局长于昌明作了《实践司法为民，维护公平正义》的报告。省领导张宝顺、刘泽民、申联彬、任泽民、纪馨芳、靳善忠与省城各界代表参加报告会。报告会由省委副书记、纪委书记金银焕主持。

11月18日 阳泉中院对临汾市公安局原局长邵建伟受贿罪作出一审判决，邵建伟被判处有期徒刑9年，邵建伟当庭表示不上诉。

11月28日 在全省政法系统第二届“十大杰出，十大优秀”政法干警和公正模范集体，先进集体表彰大会上，阳泉中院民二庭庭长张秋籽以突出的业绩荣登山西省“十大杰出政法干警”之首，被授予“山西省五一劳动奖章”。

11月29日 山西省政法委作出《关于对集中处理涉法涉诉信访工作先进集体、先进个人的表彰决定》，阳泉中院被评为先进集体，城区法院院长杨玉春被评为先进个人。

12月9日 山西法官培训学院阳泉分院举办“传统法律文化与法律文化传统”专题讲座，由中国人民大学法学院法治史博士、山西大学法学院任教的张钧主讲。

是年 按照《刑事诉讼法》规定，对依法执行死刑的罪犯采取注射方式行刑，实现了行刑方式规范化、文明化，行刑场所固定化，故意杀人犯王俊平、张宝娣、李志刚等，被注射执行死刑。

2006年

6月20日 省委常委、政法委书记杜玉林、省综治办副主任齐玉生到阳泉中院调研。

7月24日至25日 阳泉中院组织全院150余名干警在南煤集团训练基地进行军事化实弹射击训练。

8月10日 阳泉中院公开审理备受社会关注的重大恶性刑事案件——10余年疯狂杀人作案11起、致9死2伤的马家坪系列杀人案，罪犯杨树明被一审判处死刑，剥夺政治权利终身。

8月29日 第十二届（2005年度）山西省综合治理好新闻奖在太原揭晓。阳泉中院研究室采访的系列报道《人民法庭走笔》荣获二等奖。该系列报道由《窑洞里的人民法庭》、《粗手巧解细疙瘩，热心亦能理乱麻》、《大山深处拓荒人》、《倾尽爱心只为民》、《春风细雨入古州》、《执行》6 篇通讯报道组成。

9 月 6 日 阳泉中院研究室与《山西日报》社联合采访的现场通讯：《“贪书记”武保安昨日受审》，获 2005 年度省综治好新闻二等奖。

9 月 7 日 根据最高人民法院“〔2006〕174 号”文件《关于在部分中院人民法院开展设立独立建制的未成年人案件综合审判庭试点工作的通知》，阳泉市中级人民法院被确定为全国 17 个中级人民法院试点单位之一。工作职责按“先刑事，后民事”顺序涉及 7 类案件。

10 月 11 日 山西法官协会书画艺术研究专业委员会成立大会在阳泉中院举行。省高院领导李玉臻、左世忠、王满春、吴秋霞，市领导郜爱国、王舰民、陈继光，省书画名人王朝瑞、崔俊恒、沈晓英、武磊、乔亚丁、刘天军、孟建华，阳泉中院院长冯少勇参加了成立大会。来自全省 10 个地市法院的代表和阳泉中院全体干警参加了大会。

同日 矿区法院审判综合大楼竣工投入使用。省高院院长李玉臻、市委书记谢海、市长白云等领导为大楼剪彩、揭牌。

11 月 21 日 阳泉市在矿区召开严厉打击严重刑事犯罪分子宣判大会，对 10 余年来震动阳泉，极大危害社会治安的马家坪系列杀害妇女案罪犯杨树明进行公开宣判，会后即押赴刑场执行枪决。

12 月 13 日 最高人民法院正式批复山西省高级人民法院，充分肯定阳泉市中级人民法院关于《未成年人案件综合审判庭组建工作实施方案》，同意阳泉市中级人民法院成立少年审判庭。21 日，阳泉市机构编制委员会办公室下发“阳编办字〔2006〕63 号”《关于阳泉市中级人民法院增设内设机构“未成年人案件综合审判庭”的批复》，标志着阳泉市未成年人案件综合审判庭正式成立。

12 月 25 日 阳泉市创建国家园林城市工作领导组通过媒体向社会公布了 2007 年创建国家园林城市第一批达标园林单位，阳泉中院名列开发区 5 家达标单位之首。

是年 完成死刑案件二审开庭准备工作。

是年 建立“全国法院执行案件信息管理系统”，12 月中旬通过上网试运行，具备了正式运行条件。

2007 年

1 月 23 日 阳泉中院召开全市法院信息、宣传、调研工作会议。会议宣读了《阳泉市中级人民法院新闻宣传工作制度》和《关于表彰全市法院信息、宣传、调研工作先进集体和先进个人的决定》。并对受表彰人员现场进行了颁奖。

3月14日　省民事审判调研组一行6人，在省高院副院长王满春的带领下，到阳泉就全市两级法院民事审判工作进行调研。

3月31日　阳泉中院邀请市委党校副校长巩树青教授，为领导干部和全院干警进行《强化三种意识，立倡八大风气》的作风建设专题讲座。

4月1日，未成年人综合审判庭组成两个合议庭，并正式开始运行。

5月24日　共青团山西省委副书记雷健坤，团省委权益部长暴英杰一行7人，到阳泉中院就少年法庭工作情况进行调研。

5月27日至6月1日　阳泉市召开第十三届人民代表大会第一次会议。会议听取和审议了阳泉中院院长冯少勇作的《阳泉市中级人民法院工作报告》，冯少勇再次当选为阳泉中院院长。

10月18日　阳泉中院邀请山西财经大学张军教授为法官们举办了《物权法》讲座。阳泉中院党组成员以及全市两级法院从事民商事审判和执行工作的法官聆听了讲座。

10月24日　以浙江省高级人民法院司法警察总队队长张京为组长的、最高人民法院死刑二审开庭警务保障工作检查组一行6人，对阳泉中院法警队死刑二审开庭案件警务保障工作进行了检查。

12月28日　阳泉中院依法开庭审理了临汾市委原常委、宣传部长王月喜受贿、贪污一案。

是年　阳泉中院院刊《法槌》创刊发行。

是年　与市职业中专学校、市十中两所学校建立青少年法制教育基地。

是年　审判阳泉集团华越机械有限责任公司原董事长冯礼堂贪污、受贿案，冯被判处有期徒刑15年。

2008年

3月3日　第十三届（2006年度）山西省社会治安综合治理优秀新闻奖在省城太原揭晓。由阳泉中院研究室组织采写的通讯《群众方便多 政府麻烦少 法庭效率高——东回法庭派驻调解中心一举三得》荣获二等奖。

3月21日　阳泉中院未成年人综合审判庭在审理一起刑事案件中，首次启用“圆桌审判”。

5月12日　四川汶川地区特大地震发生后，阳泉中院全体法官和警辅工作人员心系灾区，积极参加各类社会赈灾活动，为灾区人民和灾区政法机关捐款捐物。

是月　阳泉法院系统广大党员响应组织部门号召，踊跃向灾区缴纳“特殊党费”。计有369名党员总计缴纳“特殊党费”达15.84万元，人均缴纳429.4元。其中，阳泉中院有126人缴纳“特殊党费”6.455万元，人均缴纳512.3元。

6月16日 根据最高法院和省高级法院的统一部署，对口支援灾区法院。阳泉中院向灾区法院拨付救灾资金10万元。

6月 山西省劳动竞赛委员会授予矿区法院“全省优秀法院”并记集体一等功。

7月18日 省人大常委会副主任王雅安，中共阳泉市委书记谢海、市人大常委会主任孙水生，市委常委、市委秘书长樊盛武，市人大常委会副主任荆东生等领导一行到阳泉中院调研。阳泉中院院长冯少勇代表阳泉中院党组作工作汇报。

9月 盂县人民法院新审判综合大楼投入使用，审判综合大楼占地16亩、投资1600万元。郊区法院审判法庭改扩建工程竣工完成。

11月12日 阳泉中院召开全体干警大会。会上，阳泉市委组织部副部长杨全生宣布了市委关于调整阳泉中院领导班子，任命王志刚为中共阳泉市中级人民法院党组书记，冯少勇不再担任中共阳泉市中级人民法院党组书记的决定。冯少勇调任太原中院院长。

11月21日 在阳泉市第十三届人大常委会第十三次会议上，经过审议表决，任命王志刚为阳泉市中级人民法院副院长、审判委员会委员，代行院长职责。

是年 全市两级法院大力加强基层基础建设。阳泉中院加强对基层工作的整体规划和指导协调，着力解决基层“两庭”建设中存在的困难和问题，使“两庭”建设与审判、执行工作同步发展。

2009年

2月6日 为了贯彻落实最高人民法院“五个严禁”的规定，阳泉中院纪检组组长尚锐利带领中院研究室、监察室、审监庭的部分人员在市政府广场举行了宣传活动。

3月3日 阳泉中院召集建设局等26家被执行人为“特殊主体”的单位，就如何尽快履行法定义务进行恳谈。

3月24日 市十一届人大代表一行10人到阳泉中院对2008年刑事审判工作进行视察。

4月10日 平定法院纪检组组长潘海波把“五个严禁”浓缩成42字的“不字歌”，使“五个严禁”的规定在法官和工作人员中流传，不字歌的内容是：“请客送礼不参与，交往律师不越轨，他人办案不插手，委托评拍不舞弊，审判机密不泄露，五个严禁不忘记。”

4月16日 由市人大常委会副主任段存寿带队，市人大常委会法制委一行4人，到中院调研执法责任制和“两错”责任追究制工作情况。

5月23日至27日 阳泉市召开第十三届人民代表大会第四次会议。会议接受冯少勇辞去阳泉市中级人民法院院长职务，选举王志刚为阳泉中院院长，于昌明被任命为副院长。

6月2日　为深入学习实践科学发展观，推进法院各项工作的健康发展。阳泉中院立足实际，制定了《阳泉市人民法院绩效考核办法》，创新实施了对部门、干警、基层法院以及案件质量、信访工作的绩效考核机制。

6月23日　阳泉市十三届人大常委会第十八次会议召开。阳泉中院院长王志刚在会上作了《关于全市法院执行工作情况的报告》。

8月12日　中院执行局执行的华龙购物中心拖欠中国银行阳泉分行4055万元贷款案，以执行和解方式执结。

9月1日　在2009年上半年全省法院审判绩效考核通报中，全市法院以16项指标优于全省法院平均值的优异成绩，综合排名全省第一。

12月7日　在中共阳泉市委依法治市领导组发起的阳泉市首届“十大法制新闻人物”评选活动中，阳泉中院民一庭庭长王秀明入选。

2010年

3月18日　原山西省水利厅党组成员、副厅长孙廷容挪用公款、受贿、贪污一案在阳泉市中级人民法院一审终结。被告人孙廷容犯挪用公款罪，判处有期徒刑6年；犯受贿罪，判处有期徒刑12年；犯贪污罪，判处有期徒刑10年。数罪并罚，决定执行有期徒刑16年；受贿所得人民币3053449.42元及挪用公款所得利益人民币591910元予以没收，上缴国库。

5月14日　阳泉中院在矿区法院召开全市法院诉调衔接化解矛盾现场会。市委常委、政法委书记陈继光，市人大、市政协和矿区有关领导出席会议；中院党组成员、基层法院院长、中院和基层法院各庭室负责人参加会议。会议由矿区区委书记董仙桃致词，矿区法院院长王海贵介绍了该院在诉调对接中取得的经验。

6月8日　最高人民法院党组成员、政治部主任周泽民，省高级人民法院院长左世忠，最高人民法院办公厅副主任张根大，最高人民法院法官部副部长牛建华，省高级人民法院政治部主任张学俊等16人组成的“最高人民法院第二工作组”，到阳泉法院系统检查安全保卫工作。市委书记白云，市委常委、秘书长樊盛武，市委常委、政法委书记陈继光陪同检查。

7月20日　以最高人民法院咨委会委员、天津高院原院长张柏峰为组长的最高人民法院司法巡查组一行9人，对阳泉市法院系统近三年的工作情况进行调研。

8月26日　由阳泉市人大常委会副主任段存寿带队，市人大常委会法制委及部分人大代表到阳泉中院，就全市法院《民事诉讼法》贯彻执行情况进行检查。院党组成员、各审判业务庭负责人，及全院民事法官参加了汇报会，副院长吕冬向检查组汇报了2008年以来全市法院贯彻实施民诉法的基本情况、取得的成效以及存在的困难和问题。

9月26日　阳泉中院被中央政法委、最高法院评为“全国集中清理执行积案活动先进集体”。

10月10日　中共阳泉市委常委、政法委书记王湜洲到阳泉中院调研。

11月1日　阳泉中院实施法院文化建设八项工程。一是撰写一部《院志》，把几代法院人为人民司法事业无私奉献的业绩和精神记载和传承下来，发扬光大厚重的历史文化；二是修订一套制度，建立一个涵盖法院工作各个方面的制度管理体系，实现“靠制度管人、用制度说话、依制度办事”的目标；三是开设一个论坛，每年确定一个或数个司法主体，开展学术研讨，繁荣法院学术文化；四是办好一个刊物，即法院司法理论和学术阵地——《法槌》，为建设、发展和弘扬法官文化提供良好的平台；五是举办一个展览，展示全市法院系统书法、美术、摄影和其他文化建设成就；六是编印一套资料，汇集本院在理论研究、学术探讨、文学创作等诸方面的文化成果；七是成立一个协会，即成立全市法院系统文体活动爱好者协会，成立领导组，并分设若干兴趣小组，组织开展各类文体活动，强健干警体魄，活跃干警业余生活；八是推出一个基层法院创建申报“全国文化建设先进单位”。

10月11日　阳泉中院对山西国阳新能股份有限公司运输部原部长张润明贪污受贿、巨额财产来源不明案，及其子张瑜、其妻穆巧娥因受贿和掩饰、隐瞒犯罪所得案，作出一审宣判，三被告均被判处有期徒刑。

11月19日　郊区法院未成年人案件综合审判庭被全国妇联授予“全国维权工作先进集体”荣誉称号。

12月29日　阳泉市法官协会、女法官协会第二届会员代表大会召开，王志刚被选为市法官协会会长，吕冬被推举为市女法官协会会长。

2011年

1月5日　阳泉中院召开“2009年度落实党风廉政建设责任制，推进惩防体系建设工作考核大会”。

5月14日　阳泉中院在矿区法院召开全市法院诉调衔接化解矛盾现场会。

6月8日　最高人民法院党组成员、政治部主任周泽民，省高级人民法院院长左世忠，最高人民法院办公厅副主任张根大，最高人民法院法官部副部长牛建华，省高级人民法院政治部主任张学俊等16人组成的“最高人民法院第二工作组”，到阳泉法院系统检查安全保卫工作。市委书记白云，市委常委、秘书长樊盛武，市委常委、政法委书记陈继光陪同检查。

7月20日　以最高人民法院咨委会委员、天津高院原院长张柏峰为组长的最高人民法院司法巡查组一行9人，在阳泉市中级人民法院对全市法院近三年来工作情况进行调研。

8月26日　阳泉中院院长王志刚与各基层法院院长、中院各分管副院长，签订2011年度工作目标责任状，随后市中院各分管院长与各部门负责人签订责任状。

8月26日　由阳泉市人大常委会副主任段存寿带队，市人大常委会法制委及部分人大代表到阳泉中院，就全市法院《民事诉讼法》贯彻执行情况进行检查。

9月15日至17日　全省法院立案信访窗口建设经验交流现场会在阳泉中院召开。省高院党组书记、院长左世忠出席会议并作重要讲话。

9月19日　阳泉中院荣获"全国法院立案信访窗口建设先进集体"荣誉称号。

9月26日　阳泉中院被中央政法委、最高法院评为"全国集中清理执行积案活动先进集体"。

10月10日　中共阳泉市委常委、政法委书记王湜洲和政法委其他领导在阳泉中院调研。

11月1日　阳泉中院实施法院文化建设八项工程。

11月4日　由最高法院副院长江必新带队的带案下访小组，在阳泉中院就贯彻"四个必须"、推行"五项制度"情况进行调研。

11月19日　郊区法院未成年人案件综合审判庭，被全国妇联授予"全国维权工作先进集体"荣誉称号。

12月29日　阳泉市法官协会、女法官协会第二届会员代表大会在市中院召开，王志刚被选为市法官协会会长，吕冬被推举为市女法官协会会长。

2011年　矿区人民法院被授予"全国法院立案信访窗口建设先进集体"、"山西省五一劳动奖状"、"山西省法院立案信访窗口建设先进集体"、"阳泉市文明单位"。

2012年

1月5日　阳泉中院召开2011年度述职大会，党组成员和全体干警参加。

1月17日　阳泉中院编纂的《阳泉法院志》，通过方志出版社审核。

1月　平定法院巨城法庭推出个人工作日志制度。

2月24日　省高院副院长吴秋霞到阳泉中院，检查指导涉法涉诉信访清积和立案信访窗口建设工作。

3月14日　阳泉法院系统建立行政审判案例采集制度。

3月21日下午　阳泉中院召开干警大会，就政法干警核心价值观和保持党的纯洁性“两项教育活动”进行动员。

3月 阳泉市城区区委、区政府召开全区信访工作表彰大会。城区人民法院被授予信访工作先进集体荣誉称号。

4月5日 阳泉中院组织干警，在狮脑山百团大战纪念碑前进行公祭烈士活动，教育法官牢固树立政法干警核心价值观。

是日 阳泉市政法系统“千名干警联千村、法律服务到基层”活动，在狮脑山百团大战纪念馆门前正式启动。

4月17日至18日 省高院量刑规范化改革项目调研组，深入阳泉中院、郊区法院、平定法院，就全市法院系统对最高人民法院《人民法院量刑指导意见（试行）》（修改稿）征求意见。

5月3日下午 山西省委政法委副书记薛永辉到阳泉中院检查指导工作。

5月29日 最高人民法院少年法庭指导小组一行6人，到阳泉中院就阳泉少年法庭审判工作开展情况进行指导调研。

6月6日 市中院召开“千名干警联千村，法律服务到基层”活动推进会，就活动的开展和干警入户帮扶工作，进行再动员、再部署。

6月20日 山西省法院审务督察员资格培训班在阳泉市药林会议中心举行。

6月28日 阳泉中院在主楼前广场举行升国旗仪式，纪念《国旗法》颁布22周年，对干警进行爱国主义教育。

是日，省高院党组副书记、副院长朱明，先后在平定县法院巨城法庭、郊区法院和阳泉中院调研。

6月29日 阳泉中院召开“七一”表彰大会，表彰工作中涌现出来的先进党组织、优秀共产党员和优秀党务工作者。

7月17日 在全省共青团权益工作会议上，阳泉中院未成年人综合审判庭被授予全省“青少年维权岗”称号。

8月7日 山西省依法治省领导组一行数人，到阳泉市郊区人民法院，为该院颁发“全省依法治理示范单位”牌匾。

8月20日上午 阳泉市中级人民法院召开全体干警大会，宣布省委、市委关于市中院主要领导调整的决定：王志刚同志不再担任市中院党组书记职务，已有任用；陈明华同志担任阳泉中院党组书记。

8月21日 《人民法院报》头版头条刊登《以人为本，民生为大》长篇通讯，介绍矿区人民法院人性化服务推进社会矛盾化解工作模式。

8月22日下午 阳泉市十四届人大常委会第二次会议，任命阳泉中院党组书记陈明华为市中院副院长、审判委员会委员，决定其代理中院院长。

8月 原阳泉中院党组书记、院长王志刚，调任山西省高级人民法院党组成员、副院长。刘瑞光任阳泉中院副院长。

8月28日 阳泉中院党组书记、代院长陈明华到平定法院调研。

8月29日 阳泉中院党组书记、代院长陈明华到城区法院进行工作调研。

9月6日 阳泉中院党组书记、代院长陈明华到郊区法院调研。

9月7日 全市涉法涉诉信访案件督办推进会在阳泉中院举行。

9月13日上午 全省法院"践行政法干警核心价值观英模报告会"在阳泉中院举行。

9月17日下午 阳泉市中级人民法院代院长陈明华、常务副院长王志德，到矿区法院调研。矿区区委书记刘德跃，区委副书记、区长刘乙佑等区领导陪同调研。

9月27日 经阳泉市文化广电新闻出版局、山西省新闻出版局审查批准，阳泉市中级人民法院内部资料性刊物《阳泉审判》获准印行。

10月11日 郊区法院隆重举行河底人民法庭新审判大楼落成仪式。

11月30日 在阳泉市第十四届人民代表大会第二次会议上，陈明华当选为阳泉中院院长。

12月13日 阳泉中院召开全市法院司法调研工作会议。

是年 矿区人民法院被最高院授予"全国优秀法院"，被省委省政府授予"山西省思想政治工作先进单位"。

第一编

机构设置

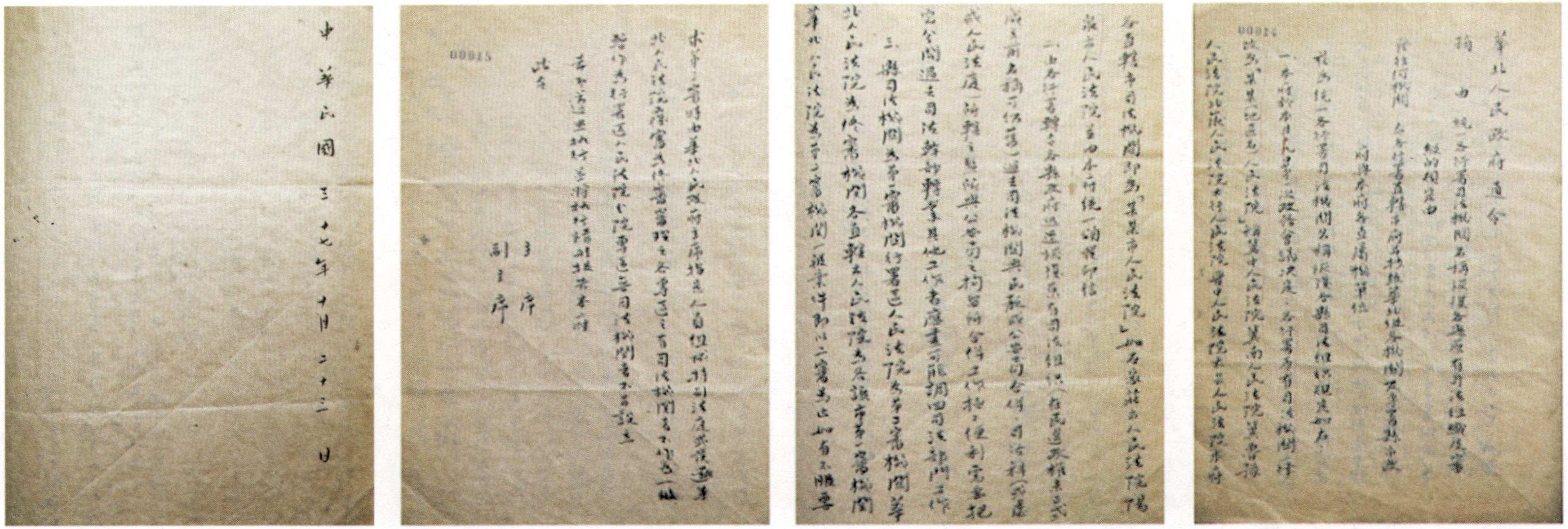

阳泉市司法处更名为阳泉市人民法院的文件

第一章　阳泉中院

第一节　概　况

阳泉建市前归平定县管辖。1947 年 5 月 4 日，阳泉市人民政府成立，设司法处，受理市内刑事和民事案件。1948 年 9 月，阳泉市由华北人民政府直辖。10 月 19 日，根据《华北人民政府为统一各行署司法机关名称、恢复各县原有司法组织及审级的规定的通令》，将阳泉市人民政府司法处划出审判职能，更名为阳泉市人民法院。1949 年 8 月，阳泉市人民法院更名为阳泉工矿区人民法院。1952 年，恢复阳泉市人民法院称谓。

1967 年 8 月 ~ 1973 年 6 月，因“文化大革命”一度被军管和撤销建制。1973 年 6 月，阳泉市人民法院恢复建制，升格为二审法院，即阳泉市中级人民法院。截至 2012 年底，阳泉市中级人民法院下辖城区人民法院、矿区人民法院、郊区人民法院、平定县人民法院和盂县人民法院。

第二节　历史沿革

阳泉建市以后，人民法院的名称和隶属关系有过数次变化。阳泉市由华北人民政府直辖时，阳泉市人民法院为基层法院。1949 年 1 月，一度由石家庄市人民法院代管。同年 8 月，阳泉市更名为阳泉工矿区，阳泉市人民法院更名阳泉工矿区人民法院，由榆次专署人民法院管辖。

1952 年重设阳泉市，归山西省直辖，阳泉工矿区法院恢复原称谓——阳泉市人民法院，归山西省人民法院管辖。1955 年 6 月，为便于郊区农村的案件诉讼，建立上荫营人民法庭。1958 年 6 月，阳泉市人民法院曾归属榆次专署人民法院管辖。8 月，平定县并入阳泉市期间，平定县人民法院被撤销，改称阳泉市郊区人民法院。11 月，盂县人民法院随盂县建制被撤销，设盂县联社（协作区、郊区）法院。1959 年 4 月，建立阳泉市人民法院平定人民法庭。6 月，盂县建制恢复，盂县联社法院改称盂县人民法院。1961 年 11 月，阳泉市人民法院第二次由山西省高级人民法院管辖。同年，平定县归晋中专区，平定县人民法庭被撤销，恢复县法院建制。

1967年8月，成立阳泉市公安机关军事管制委员会。1968年6月，阳泉市公安局机关军管会设立审判办公室，行使审判职能。1968年10月，阳泉市成立革命委员会保卫组（后为保卫部）审判办公室。审判权一度由上述两个机关行使。期间，1970年曾由晋中地区人民法院管辖。

1972年8月，阳泉市人民法院第三次由山西省高级人民法院管辖。1973年6月28日，阳泉市公安局机关军管会被撤销，阳泉市人民法院恢复建制，升格为二审法院，即阳泉市中级人民法院。下设两庭一室，即刑事审判庭、民事审判庭和办公室。

1975年2月，郊区人民法院成立。1975年3月，城区人民法院成立。1978年7月，矿区人民法院成立。

1983年9月，平定县、盂县划归阳泉市人民政府管理，平定县人民法院和盂县人民法院划归阳泉市中级人民法院管辖。阳泉中院成为城区人民法院、郊区人民法院、矿区人民法院、平定县人民法院和盂县人民法院之二审法院。

历任院长一览表

序号	姓名	任职时间	任职机关	备注
1	武庆贺	1948.11 ~ 1949.10	阳泉市人民法院	
2	蒋若鲁	1949.10 ~ 1950.6	阳泉工矿区人民法院、阳泉市人民法院	代理院长
3	史一轮	1950.6 ~ 1952.4	同上	主持工作
4	高鸣九	1952.4 ~ 1954.1	阳泉市人民法院	同上
	唐镇源	1954.1 ~ 1966.2	同上	
5	张振华	1966.2 ~ 1968.6	同上	主持工作
6		1978.2 ~ 1979.4	同上	同上
7	韩双顺	1973.8 ~ 1984.1	阳泉市中级人民法院	
8	高根楼	1984.1 ~ 1992.6	同上	
9	段奇耀	1992.6 ~ 1997.4	同上	
10	李建忠	1997.4 ~ 2002.3	同上	
11	冯少勇	2002.3 ~ 2008.11	同上	
12	王志刚	2008.11 ~ 2012.8	同上	
13	陈明华	2012.8 ~	同上	

注：1.1950.6 ~ 1954.1期间，没有院长，只有副院长；2.1968.6 ~ 1973.8期间，为“文化大革命”砸烂公、检、法实行军管时期；3.1978.2 ~ 1979.4期间，为阳泉市“大清查阶段”。

第三节 审 级

1947年5月，阳泉地区解放，成立阳泉市，设司法处受理和审判刑、民事案件。1948年10月，更名为“阳泉市人民法院”，这一称谓在1949年年底至1950年年底，变更为“阳泉工矿区人民法院”，之后，于1951年年初，恢复原称谓。这期间，只受理一审案件，上诉案件由华北人民法院等上级法院二审。一般案件即以二审为止。1951年9月，开始实行基本的三级二审制，上诉案件因受管辖的上级法院的变化而定。1954年9月，基本上实行四级二审制，但在特殊情况下以三审或一审终结。

1975年，阳泉市郊区和城区分别成立基层人民法院。1978年，矿区人民法院成立。1978年7月14日起，阳泉中院受理二审民事案件。1983年9月，平定县人民法院和盂县人民法院划归阳泉管辖。阳泉中院下辖三区两县共5个基层法院。阳泉中院为这些基层法院的二审法院。

1979年7月，新的《中华人民共和国人民法院组织法》重新规定实行四级二审终审制，即一个案件只要经过两级人民法院审判就可以宣告终结。实行这一审判制度，有利于依法保护当事人的诉讼权利，减轻群众的诉累，有利于人民法院正确处理案件，及时终结诉讼。

第四节 编 制

阳泉市人民法院自解放战争初期成立的司法处到新中国成立后的1954年，基本上是“人员少，任务重”，一直保持5至7人的编制（不含看守所干警）。《中华人民共和国宪法》和《人民法院组织法》公布后，为了适应社会主义法制建设的需要，保证人民法院能承担日益繁重的审判任务，国家采取措施，充实加强法院的审判力量。从1955年开始，人员从10人以下增至20人左右，最多时达25人。这种局面一直维持到1966年，人员队伍稳定在20人左右。

1967年，阳泉市成立了阳泉市公安机关军事管制委员会，设审判办公室取代阳泉市人民法院。审判办公室人员保持在14人左右。1973年8月，为适应形势需要，阳泉中院成立，人员有29人，直到1978年中共十一届三中全会前，人员建制趋于平稳，一直保持在30人以下。

1973年6月28日，根据中共山西省委指示精神，中共阳泉市委决定成立阳泉市中级人民法院。内设刑事审判庭、民事审判庭和办公室，有干警29人。

1985年1月29日，最高人民法院下发“法人发〔1985〕1号”文件，向全国各高级人民法院发出《关于创办全国法院干部业余法律大学的通知》。同年2月27日，全国法院干部业余法律大学山西分校阳泉分部(以下简称法律业大阳泉分部)正式成立。

1990年年底，阳泉中院内部机构共有7庭2室3处1组1部，即：刑事审判一庭、刑事审判二庭、民事审判庭、经济审判庭、行政审判庭、执行庭、告诉申诉审判庭、调查研究室、办公室、经济纠纷调解处、司法行政处、政治处、纪检组、全国法院干部业余法律大学山西分校阳泉分部。下辖三区两县5个基层人民法院。全市法院系统共有干警297人，其中，阳泉中院干警89人。

1997年8月，成立司法技术鉴定中心，性质为：正科级自收自支事业单位，编制3名。1999年3月，增加编制2名，1999年8月，增加编制2名，现核定编制7名。2011年3月更名为：司法技术鉴定服务中心。2011年8月更名为：证据技术中心。

从2001年开始，到2004年，阳泉中院编制人数均为99人。

2004年7月，成立机关后勤服务中心（山西法官培训学院阳泉分院），性质：正科级自收自支事业单位，编制11人。

2005年，编制人数增加到103人。到2007年，编制人数又增加到109人。

2008年，阳泉中院编制增加到125人。

2010年，中院干警编制为134人。

2012年，阳泉中院编制增加至138人。

第五节 机构演变

1947年5月，阳泉市人民政府成立司法处，即阳泉市人民法院和阳泉市中级人民法院之前身。

1948年10月19日，阳泉市人民法院在市政府司法处基础上，根据华北人民政府关于统一各解放区审判机关称谓的文件改建成立。

1952年3月，阳泉市人民法院由阳泉工矿区人民法院延续下来，内设秘书室、刑事庭、民事庭。

1954年年底，中华人民共和国第一部宪法颁布后，阳泉市人民法院成为独立审判机关，院长由市人民代表大会选举产生。为充分发挥审判职能，法院设刑事审判庭、民事审判庭、秘书室三个内部机构。

1955年，阳泉市人民法院内设机构为秘书室、民事庭、刑事庭。1月，随着经济建设的发展，为适应经济交往中纠纷不断增多的现实，设立了公证室；（后于1958

年被撤销）。1955 年 6 月，为便于郊区农村的案件诉讼，建立了上荫营人民法庭。

1958 年，阳泉市公安、检察、法院合署办公。内设机构为办公室、秘书科、行政科、公安处、侦察科、保卫科、治安科、检察处、批捕起诉科、劳改教育科、审判处、刑庭、民庭、政治处、监狱、直属民警科、站上派出所。平定县归属阳泉市管辖后，平定县人民法院被撤销，改设阳泉市人民法院下设的平定县人民法庭。

20 世纪 60 年代初阳泉市人民法院秘书室干警合影

1960 年，阳泉市人民法院内设机构为秘书室、民事庭、刑事庭、接待室、法警室、文印室。

1961 年，平定县归晋中专区，平定县人民法庭撤销，恢复平定县人民法院建制。

1967 年 2 月 24 日，阳泉市人民法院被夺权。1968 年 6 月，阳泉市公安局机关军管会成立后，设立审判办公室，审理刑、民事案件。

1968 年 10 月，阳泉市革命委员会保卫组成立，代行原公安局、法院、检察院职能。

1972 年 12 月，阳泉市革命委员会保卫组改称阳泉市革命委员会保卫部，代行原公安局、法院、检察院职能，审判职能由该部下设的审判办公室行使。

1973 年 6 月，恢复人民法院建制，升格为二审法院，即阳泉市中级人民法院。下设刑事、民事两个审判庭和办公室。

1975 年～1978 年，阳泉市城区、郊区、矿区 3 个基层人民法院先后成立，归阳泉中院管辖。

1980 年，阳泉中院内设机构为办公室、民事审判庭、刑事审判庭、经济审判庭。

1982 年 4 月，阳泉中院内设机构为办公室、民事审判庭、刑事审判一庭、刑事审判二庭、经济审判庭。

1983 年 9 月，随着平定、盂县划归阳泉市管理，平定县人民法院、盂县人民法院同时划归阳泉中院管辖。

1984 年 8 月，阳泉中院为适应改革开放形势和司法审判需要，增设人事处，调研室。其内设机构有办公室、人事处、调研室、民事审判庭、刑事审判一庭、刑事审判二庭、经济审判庭。

1985 年 2 月，成立全国法院干部业余法律大学山西分校阳泉分部（简称业大分部），并入阳泉中院组织机构序列。

1987 年 7 月，增设司法行政处。阳泉中院下设四庭、二室、二处、一部。即民事审判庭、刑事审判一庭、刑事审判二庭、经济审判庭、办公室、研究室、人事处、司法行政处、业大分部。

1997 年，阳泉中院内设机构为办公室、政治处、研究室、监察室、刑事审判一庭、刑事审判二庭、民事审判一庭、民事审判二庭、经济审判一庭、经济审判二庭、行政审判庭（赔偿委员会办公室）、告诉申诉庭、审判监督庭、执行庭、法警支队、司法行政处、司法鉴定中心、业大分部。

2001 年，根据“〔中办发（2001）9 号〕”《关于印发“地方各级人民法院机构改革意见”的通知》和“〔晋编字（2001）32 号〕”山西省机构编制委员会、山西省高级人民法院《关于全省中级人民法院、基层人民法院机构改革实施意见》有关规定，阳泉中院内设机构为办公室、政治部、立案庭、刑事审判一庭、刑事审判二庭、民事审判一庭、民事审判二庭、民事审判三庭、行政审判庭（赔偿委员会办公室）、审判监督庭、执行局、研究室、司法行政装备管理处、司法警察支队、司法技术鉴定中心、纪检组（监察室）。

同年，业大分部撤销。

2004 年 7 月，成立机关后勤服务中心（法官学院）。

2011 年 3 月，司法鉴定中心更名为司法技术鉴定服务中心。8 月，更名为证据技术中心。

2012 年，阳泉中院内设机构为办公室、政治部、研究室、司法行政装备管理处、立案一庭、立案二庭（信访处）、刑事审判一庭、刑事审判二庭、民事审判一庭、民事审判二庭、民事审判三庭、行政审判庭（赔偿委员会办公室）、审判监督庭、未成年人案件综合审判庭、执行局、执行一庭、执行二庭、执行三庭、技术处、司法警察支队、纪检组（监察室）、证据技术中心、机关后勤服务中心（法官学院）。

第六节 审判组织和机构

一、审判委员会

阳泉市中级人民法院早在 1952 年，即设有“审判委员会”，时称“阳泉市人民法院审判委员会”，并制定有《审判委员会会议制度》，规定凡属重大复杂的民、刑事案件，通过审判委员会核准执行。之后，审判委员会一直工作至“文化大革命”前夕。

1973 年 6 月，阳泉市中级人民法院恢复建制，但审判委员会并未同时组建。1980 年 3 月，根据《中华人民共和国人民法院组织法》“各级人民法院设立审判委员会，实行民主集中制”之规定，1984 年 1 月 28 日，中共阳泉市委组织部下发“阳组干字〔1984〕27 号”文件，确定“市中级人民法院审判委员会由高根楼、段琦跃①、潘致组成。”此后，阳泉中院审判委员会组成人员根据审判实际不断增加。同年 7 月 20 日，时任阳泉中院院长高根楼根据《中华人民共和国人民法院组织法》第十一条规定，以公函形式向阳泉市人大常委会提议，该院审判委员会由高根楼（院长）、段奇耀（副院长）、潘致（副院长）、崔玉堂（刑一庭庭长）、门世高（刑二庭庭长）、蔺贵生（经济庭庭长）、贾俊（民事庭庭长）7 人组成。此后，阳泉中院审判委员会组成人员根据审判实际，有过多次变化。

审判委员会的任务是总结审判经验，讨论重大的或者疑难的案件和其他有关审判工作的问题。重新建立起阳泉市中级人民法院“审判委员会”，各基层院均于 1984 年建立“审判委员会”。取代过去党委研究案件的做法。

审判委员会是人民法院的最高审判组织，负责审理重大疑难案件以及对审判业务进行指导，在人民法院，审判委员会委员主要由资深法官组成，审判委员会的决议，合议庭必须服从。

审判委员会不同于合议庭，它不直接开庭审理案件。依据最高人民法院的司法解释，以下合议庭难以作出决定的疑难、复杂、重大的刑事案件，才提请院长决定提交审判委员会讨论决定。1. 拟判处死刑的；2. 合议庭成员意见有重大分歧的；3. 检察院抗诉的；4. 在社会上有较大影响的；5. 其他需要由审判委员会讨论决定的；6. 独任审判的案件，开庭审理之后，独任审判员认为有必要的也可以提请院长决定提交审判委员会讨论决定。

审判委员会讨论案件在合议庭审理的基础上进行，并充分听取合议庭成员关于审理和评议情况的说明。审判委员会讨论案件如有意见分歧，则按照少数服从多数的原则进行表决。少数人的意见记入笔录。审判委员会的决定，合议庭必须执行。审判委员会讨论决定的案件其判决书和裁定书，以审理该案件的合议庭成员的名义发布。审判委员会办公室设在研究室。

注：①段琦跃，为段奇耀，原文如此。

附1：

2012年阳泉市中级人民法院审判委员会委员

陈明华 王志德 贾 俊 吕 冬 于昌明 刘瑞光 刘敬辉 李 林
李永祥 张彩虹 郝连昱 高志民 吕泉生 王秀明 武计恒 武绍晋

附2：

阳泉市中级人民法院审判委员会议事规则

第一节 总 则

第一条 为了明确工作职责，强化工作责任，提高办案质量和工作效率，推进审判方式改革，更好地发挥审判委员会的职能作用，根据《人民法院组织法》和《刑事诉讼法》、《民事诉讼法》、《行政诉讼法》以及最高人民法院有关司法解释的规定，结合本院实际，制定本规定。

第二条 审判委员会是人民法院内部对审判工作实行集体领导和监督的组织。审判委员会的基本任务是：

（一）总结审判经验；

（二）讨论重大或者疑难的案件；

（三）讨论决定其他有关审判工作的问题。

第三条 审判委员会实行民主集中制，各委员享有平等的表决权。审判委员会作出的决定应按少数服从多数的方式进行表决，并必须获半数以上委员同意。

第四条 审判委员会会议由院长主持，院长不能主持时委托一位副院长主持。

第五条 下列人员可以列席审判委员会，并可以对讨论的事项发表意见，但不得参加表决：

（一）同级人民检察院检察长或检察长不能列席时指派代理其列席的其他检察人员；

（二）具体承办有关案件的业务庭负责人和合议庭组成人员；

（三）研究室负责人；

（四）由院长决定列席的其他人员。

第六条 对审判委员会讨论的案件或其他审判工作重大问题的情况，必须严格保密。

第二节 总结审判经验

第七条 总结审判经验，是审判委员会的重要职责。由审判委员会讨论通过的审判工作经验，全市法院在具体工作中均应认真执行。

第八条　审判委员会应定期分析审判工作情况，确定调查研究课题，责成审判委员会委员或者有关部门进行研究，并提出意见供审判委员会研究讨论。

第九条　各审判业务庭和有关部门在审判实践中自行总结的工作经验，也可以提交审判委员会讨论。

第十条　经审判委员会讨论通过的审判经验，可以以“阳泉市中级人民法院”的名义发表，经院长同意，也可以以具体负责调研的人员个人名义或者庭室的名义发表。

第三节 讨论重大或疑难案件

第十一条　本院审理的下列案件，应提交审判委员会讨论决定：

（一）刑事类：⑴拟对被告人判处死刑（含死缓）的；⑵合议庭意见与检察机关起诉意见在事实、证据、定性方面存在重大分歧的；⑶合议庭意见有重大分歧的；⑷在社会上有重大影响的；⑸检察机关提起抗诉的；⑹拟对基层法院一审判决进行改判的；⑺其他院长或分管副院长认为应当提交审判委员会研究的。

（二）民事、经济、行政类：⑴诉讼标的超过100万元或其他案情重大的；⑵在社会上有重大影响的；⑶合议庭在案件事实、证据、定性和处理方面意见存在重大分歧的；⑷检察机关提起抗诉的；⑸院长、分管副院长与合议庭意见存在重大分歧的；⑹拟对一审法院判决改判的二审案件，院长或分管副院长认为应当提交审判委员会研究的；⑺其他院长或分管副院长认为应当提交审判委员会研究的。

（三）执行类：⑴案情重大，院长或分管副院长认为应当提交审判委员会研究的；⑵拟对有关犯罪嫌疑人实施逮捕的；⑶拟对具有人大代表、政协委员或处级以上领导职务的人员实施拘留的。

第十二条　院长认为本院已经发生法律效力的判决、裁定确有错误的，应提交审判委员会讨论决定再审。

第十三条　按照审判监督程序进行再审的案件，由审判委员会讨论决定。

第十四条　提交审判委员会研究的案件，必须提交案件审理报告。案件审理报告应包括案件当事人情况、合议庭认定的案件事实和证据、控（诉）辩各方的意见、合议庭评议决定及不同意见。

第十五条　审判委员会讨论案件后作出的决定，合议庭必须执行。

合议庭、庭长和分管副院长对审判委员会的决定有不同意见的，可以建议院长提交审判委员会复议一次，复议期间不停止原审判委员会决定的执行。

第四节 讨论其他有关审判工作问题

第十六条 审判委员会讨论的其他有关审判工作的问题包括以下事项：

（一）有关审判工作的规章制度；

（二）本院提交人大及其常委会审议的法院工作报告；

（三）认定错案；

（四）重大审判、执行活动方案；

（五）院长回避事宜；

（六）其他院长认为应当提交审判委员会讨论的审判工作问题。

第十七条 需要提交审判委员会讨论的有关审判工作的事项，应提前将草案文本呈报院长或分管副院长审核同意。

第五节 审判委员会会务

第十八条 审判委员会实行例会制，每月中旬第一个星期四召开。

第十九条 研究室是审判委员会的办事机构，具体负责审判委员会会议的会务工作。

需要提交审判委员会讨论的案件以及审判经验、有关审判工作的文件，应由各承办庭室处在每月中旬第一个星期二以前通知研究室。

第二十条 审判委员会讨论案件时，按下列程序进行：

(1)主审法官宣读案件审理报告；

(2)合议庭其他组成人员补充发言；

(3)审判庭庭长发言；

(4)分管副院长发言；

(5)其他委员依次发言，对案件进行讨论；

(6)征询列席人员的意见；

(7)由院长或受院长委托主持会议的副院长对讨论意见进行总结；

(8)进行表决。

第二十一条 审判委员会对审判经验和其他有关审判工作的文件进行讨论，按下列程序进行：

(1)由审判经验的总结起草人、提交审判工作文件草案的庭室负责人宣读审判经验或审判工作文件草案，并作相应说明；

(2)分管院长发言；

(3)其他委员发言，进行讨论；

(4) 院长或受院长委托主持会议的副院长对讨论意见进行总结，并征询列席人员的意见；

(5) 以是否原则通过的方式进行表决。

第二十二条 审判委员会会议总结审判经验、讨论案件和其他有关审判工作问题时，均应制作笔录。笔录应当如实反映各位委员的意见。审判委员会会议记录由研究室负责。

审判委员会讨论案件时，提交讨论案件的审判庭应当派员制作笔录，由参加会议的委员在笔录上签名后入卷存档。

审判委员会讨论案件的笔录属于秘密文件，除案件合议庭成员、审判庭庭长和院长（分管副院长）外，未经批准任何人不得阅看。

第六节 附则

第二十三条 泄漏审判委员会机密的，依照《人民法院工作人员纪律处分暂行规定》追究有关人员的责任。

第二十四条 法律文书表达的判决结果与审判委员会讨论决定不一致的，依照《阳泉市中级人民法院错案与执法过错责任追究实施细则（试行）》的规定，追究有关人员的责任。

第二十五条 经审判委员会讨论决定的案件被确认为错案的，依照《阳泉市中级人民法院错案与执法过错责任追究实施细则（试行）》的有关规定，进行错案责任追究。

第二十六条 本规则修正、解释由审判委员会负责。

第二十七条 本规则通过之日起施行。

二、合议庭和独任庭

合议庭是人民法院审判案件的基本审判组织，其成员不是固定不变的，而是临时组成的，由院长或者庭长指定审判员一人担任审判长。院长或庭长参加审判案件的时候则自己担任审判长。合议庭评议案件时，如果意见分歧，应当少数服从多数，但是少数人的意见应当记入评议笔录，由合议庭的组成人员签名。

人民法院对第一审刑事、民事和经济纠纷案件，除一部分简易案件实行独任审判外，其余的案件都由审判员三人组成合议庭进行审判；第一审行政案件一律由合议庭审判；第二审案件、再审案件和死刑复核案件全部由合议庭审判。合议庭是法院代表国家行使审判权的重要表现形式，中国民事、刑事和行政三大诉讼法都规定，法院行使审判权的组织形式有两种，即独任制和合议制。

独任庭是独任制审判，即由一人开庭审判简易案件的法庭组织形式。依照法律规定，独任庭审判的案件是：

（1）第一审的刑事自诉案件和其他轻微的刑事案件；

（2）基层人民法院及其派出的人民法庭审判简单的民事案件和经济纠纷案件；

（3）适用特别程序审理的案件，除选民资格案件或其他重大疑难案件由审判员组成合议庭审判外，其他案件由审判员一人独任审判。

三、立案庭

阳泉中院设立案一庭、立案二庭（信访处）。

立案庭前身为“告诉申诉庭”，成立于1989年3月。1997年10月，撤销告诉申诉庭，成立立案庭。

阳泉中院建院之初（1947年）即设问事处，负责接待群众来诉，帮助群众书写“状纸”，受理来信来访，处理简单民事纠纷和轻微刑事案件。其职能与告诉申诉庭和立案庭相似。1953年9月，成立人民接待室，设干部一人。问事处和人民接待室已基本具备告诉申诉庭职能。2007年9月，根据“阳编办字〔2007〕53号”《关于阳泉市中级人民法院调整分设机构并增设政法专项编制的通知》和审判实际，将立案庭职能细化、分解，设立案一庭和立案二庭。

（一）立案一庭职责：

负责对本院依法受理的各类案件审查、登记、立案；

负责协调全市法院案件管辖争议和指定管辖案件，对上诉案件和发回重审、改判的案件进行登记移送，对下级法院应当受理而不受理的告诉案件，指定下级法院受理；

负责核算当事人预交的诉讼费用，办理减、免、缓交诉讼费的审批手续等司法救助工作；

立案一庭干警

负责诉前证据、财产保全工作；负责各类案卷的调卷和移送；

负责本院审判流程管理，对本院各类案件进行排期开庭，并对审限进行跟踪、催办和督办，定期向院领导与有关部门通报情况；

负责受理当事人或外国法院、中国台湾地区有关法院申请人民法院承认其效力的判决、裁定、调解书、仲裁裁决书及其执行的立案；

对基层人民法院的立案工作进行指导和协调。

（二）立案二庭职责

对不服两级法院的生效裁判提出的各类申诉以及再审申请进行审查，认为原判可能有错误的，移交审判监督庭复查或再审；

对不服基层人民法院不予受理、驳回起诉（不含进入审判程序后驳回起诉的案件）、管辖异议的上诉案件进行审理；

立案二庭干警

对领导及领导机关交办的不服市中级人民法院生效判决的案件负责立案，并在调卷后移送审判监督庭办理；

负责接待群众对案件的来信来访及答疑解惑工作，负责对上访人员的控访和息访工作，包括重大节日敏感时期的接防、接待工作；

负责上级机关督办、交办案件的审查及息访工作；

负责对上级部门所需卷宗的调取、移送，对上级交办来访信件的收取、统计、整理，并对部分信访案件及时处理；

负责院长接待日的组织、安排、记录、整理。

立案一庭、立案二庭（告诉申诉庭）历任庭长（副庭长）

序号	任职时间	庭长	任职时间	副庭长	备注
1		常富才	1990.12 ~ 1993.3	靳计明	告诉申诉庭
2	1997.10 ~ 2002.3	吕　冬		张彩虹	立案庭
3	2002.3 ~ 2003.12	吕泉生	2002.4~2005.6	李继成	立案庭（信访办主任）
4	2003.12 ~ 2008.3	张彩虹	2005.6 ~ 2008.3	吴怡东	立案庭（信访办主任）
5	2008.3 ~	李泉梅	2008.3 ~ 2012.4	王　翔	立案一庭
6	2008.3 ~ 2012.4	张彩虹	2012.4~	郭晋红	立案一庭
7	2012.4~	王　健	2008.3 ~ 2012.4	王　健	立案二庭（信访处处长）
8			2012.4~	付建红	立案二庭
9			2012.4	郭严旻	立案二庭

四、刑事审判庭

阳泉市中级人民法院刑事审判设刑事审判一庭、刑事审判二庭。刑事审判庭的历史沿革变化不大。建院初期（1947年）称为一庭，20世纪50年代初《人民法院组织法》颁布实施后，于1954年更名为刑事审判庭。

1973年11月5日，中共阳泉市委下发“阳发〔1973〕143号”《关于市中级人民法院机构设置及干部任免的批复》，“经市委1973年11月27日常委会议讨论”，同意阳泉市中级人民法院设“刑事庭。”这一名称一直沿用到20世纪80年代初。

1982年4月，因“严厉打击刑事犯罪分子”和“严厉打击经济领域犯罪活动”需要，阳泉市中级人民法院将原来的刑事审判庭职能一分为二。刑事审判一庭，侧重于对刑事犯罪案件和刑事犯罪分子进行审判。刑事审判二庭，侧重于对经济领域犯罪案件和职务犯罪分子进行审判。

刑事审判一庭干警

（一）刑事审判一庭职责

依法审判危害国家安全罪、危害公共安全罪、侵犯公民人身权利民主权利罪、妨害社会管理秩序罪、危害国防利益罪等第一、二审案件；组织死刑案件执行工作；办理其他刑事审判工作事宜；监督指导下级人民法院相关的刑事审判工作。

刑事审判二庭干警

（二）刑事审判二庭职责

依法审判破坏社会主义市场经济秩序罪、侵犯财产罪、贪污贿赂罪、渎职罪等第一、二审案件；组织死刑案件执行工作；办理其他刑事审判工作事宜；监督、指导下级人民法院相关的刑事审判工作。

1954 年～1982 年刑事审判庭历任庭长（副庭长）

序号	任职时间	庭　长	任职时间	副 庭 长	备 注
1			1954.11 ～ 1958. 8	史连修	
2	1958.8 ～ 1966	刘文肇	1956.8 ～ 1964.5	王振瑞	
3			1962.5 ～ 1968.10	阎干卿	
4			1973.10 ～ 1975.12	王立明	
5	1975.1 ～ 1978.6	王振瑞	1978.6 ～ 1982.4	崔玉堂	
7	1978. ～ 1980.10	蔺贵生			
8	1979.1 ～ 1982.4	史连修			

1982 年～2012 年刑事审判一庭、二庭历任庭长（副庭长）

	序 号	庭 长	任职时间	副庭长	任职时间
刑事审判一庭	1	史连修	1982.4 ～ 1984.1	崔玉堂	1982.4 ～ 1984.1
	2			周振国	1984.3 ～
	3			李俊魁	1984.8 ～ 1989.2
	4	崔玉堂	1984.1 ～ 1991		
	5	何海平	1993.6 ～ 1997.8	郭文华	2002.3 ～ 2008.3
	6	冯建国	1998.4 ～ 2003.12	张彩虹	2002.3 ～ 2008.12
	7	吕泉生	2003.12 ～	张爱国	2005.6 ～ 2012.4
	8			魏增玲	2008.3 ～
	9			郭素刚	2012.4 ～
刑事审判二庭	10	门世高	1984.8 ～ 1995	林正文	1982.4 ～
	11	李俊魁	1997.10 ～ 2003.11	王计元	2002.3 ～ 2007.2
	12	高志民	2003.11 ～ 2012.4	裴元钊	2008.3 ～ 2012.4
	13	裴元钊	2012.4 ～	任文东	2012.4 ～
	14				
	15				

五、民事审判庭

阳泉市中级人民法院民事审判设有民事审判一庭、民事审判二庭、民事审判三庭。

建院初期，并没有严格的民事、刑事审判机构，审判人员也没有严格的业务界线。20世纪50年代初设一庭、二庭，大体上一庭受理审判刑事案件，二庭受理审判民事案件。但在审判实践中，审判人员遇到什么性质的案件就审理什么案件。50年代初、中期，随着《人民法院组织法》的颁布，社会主义制度基本确立，法制化建设进一步规范，刑、民事案件的审理逐渐有了相应的分工，一庭专事审理刑事案件，二庭专事审理民事案件，接待室侧重信访和调解。1954年，正式将一庭更名为刑事审判庭，二庭更名为民事审判庭。1973年11月5日，中共阳泉市委下发“阳发〔1973〕143号”文件《关于市中级人民法院机构设置及干部任免的批复》，“经市委1973年11月27日常委会议讨论”，同意阳泉市中级人民法院设民事审判庭。

20世纪80年代初，党和国家中心工作转移到社会主义经济建设轨道上之后，随着经济活动的增加，发生在经济领域的案件日渐增多。阳泉市中级人民法院根据上级法院要求和具体审判实际，设经济庭，专门审理经济方面案件，虽包含有一定的经济犯罪案件，更多的则是经济合同纠纷、企业间的相互拖欠款项、国有企业破产、名誉权、知识产权等非传统民事案件。2000年8月8日，最高人民法院召开记者招待会，正式向社会公布其机构改革方案。最高人民法院副院长祝铭山向社会各界介绍了最高人民法院机构改革的五个特点。其中前三个为：第一，突出“三个分立”，新设立专司立案工作的立案庭和专司审判监督工作的审判监督庭。加上原有的执行机构，使最高人民法院在机构设置上实现了立审、审执、审监的“三个分立”。第二，建立大民事格局，完善了刑事、民事、行政三大审判体系。决定取消各级人民法院的经济审判庭，将经济案件审判职能归位于民事审判庭。阳泉中级人民法院即根据最高人民法院指示精神，将80年代初期设立的经济庭撤销，并根据民事审判业务类型和民事案件规律分设为三个审判庭，民一庭按照历史惯例，继续审理传统民事案件，如婚姻家庭案件、继承纠纷案件等。民二庭审理民商事案件，即经济、金融和商业活动等领域的纠纷案件。民三庭则审理新型民事案件，如知识产权等类型特殊的民事案件。经济庭即民二庭、民三庭前身。经过几年的审判实践，2007年，阳泉中院在民事审判领域完全打破原有的审判业务界线，推行大民事审判格局①。

（一）民事审判一庭管辖普通民事案件。

即审判第一、二审有关婚姻家庭、劳动争议、不当得利、无因管理等民事案件；不动产相邻关系案件，邻地利用权案件以及其他不动产案件（包括山林、水利、草原、

注：①2007年实行“大民事审判”格局后，完全打破上述审判业务分工和界线，由立案庭直接将民事案件随机交由各民事审判庭审理。三个民事审判庭和审判法官，遇到什么案件即审理什么案件。

滩涂、铁路、公路、桥梁、港口、堤坝等不动产引起的案件）；农村承包合同案件；自然人之间、自然人与法人、其他组织之间的合同、侵权案件；审理申请撤销相关仲裁的案件；办理相关的申请复议案件；审批基层人民法院相关案件延长审限的申请；指导基层人民法院审理上述民事案件和人民法庭工作。

民事审判一庭干警

民事审判二庭干警

（二）民事审判二庭管辖商事纠纷案件。

即审判一、二审国内法人之间、法人与其他组织之间的合同纠纷和侵权纠纷案件；审判第一、二审房地产案件（包括房屋买卖、租赁、预售、按揭、开发合同案件，土地使用权出让、转让合同案件，建筑工程承包合同等案件）；管辖企业破产案件及有关交办案件；指导基层人民法院对企业破产案件的审理；审判第一、二审国内证券、期货、票据、公司等案件；审理申请撤销国内相关仲裁的案件；办理相关的申请复议案件；审批基层人民法院相关案件延长审限的申请；指导基层人民法院审理上述商事案件工作。

（三）民事审判三庭管辖知识产权案件、新类型民事案件以及涉外、涉港澳台民商事案件。

即审判著作权（包括计算机软件）、商标权、专利权、技术合同、不正当竞争以及科技成果权、植物新品种权等知识产权案件和新类型案件。审判涉外、涉港澳台民商事案件；审判涉外、涉港澳台证券、期货、票据、公司等案件；审判信用证案件；审查申请撤销、承认和强制执行国际仲裁裁决；审查有关涉外仲裁条款效力的案件。

民事审判三庭干警

1957 年～1985 年民事审判庭历任庭长（副庭长）

序号	任职时间	庭　长	任职时间	副庭长	备注
1			1957.10 ～ 1958.8	梁　桂	
2	1959. ～ 1968.10	郜鼎镇	1959.1 ～ 1966.3	郝美英	
3	1973.1 ～ 1978.6	贾在荣	1973.10 ～	郭素英	
4	1978.7 ～ 1984.1	郜鼎镇	1975.12 ～ 1979.7	王立明	
5	1984.7 ～	贾　俊	1978.4 ～ 1982.4	林正文	

民一庭历任庭长（副庭长）

序号	任职时间	庭　长	任职时间	副庭长		
1	1994.6 ～ 1997.10	靳计明	1997.12 ～ 2002.6	李　华		
2	1997.10 ～ 2003.10	贾忠海	1997.12 ～ 2005.6	杨建新		
3	2003.10 ～	王秀明	2002.3 ～	聂士洲		
4			2005.6 ～ 2012.4	张卫华		
5			2012.4 ～	田志国		

民二庭（含经济庭）历任庭长（副庭长）

序号	任职时间	庭长	备注	任职时间	副庭长	备注
1	1980 ~ 1991	蔺贵生	经济庭		王惠玉	
2	1991.12 ~ 1995.10	冯建国	经济庭	1981.3 ~ 1993	周克让	经济庭
3	1995.10 ~ 1998.4	冯建国	经一庭	1987.4 ~ 1989.2	冯建国	经济庭
4	1998.5 ~ 2002	张建国		1991.12 ~ 1997.12	李　华	经济庭 经一庭
5	2002.3 ~ 2003.4	于昌明		1995.10 ~ 2002.3	郭文华	经二庭
6	2003 ~ 2011.5	张秋籽		1997.12 ~ 2002.1	冯晋明	经二庭
7	2012.4 ~	吴怡东		1997.12 ~ 1998.7	于昌明	经一庭
8				2002.6 ~ 2008.3	赵瑞平	
9				2002.3 ~ 2012.4	胡锐锋	
10				2008.3 ~ 2012.4	吴怡东	
11				2012.4 ~	郝丽琴	
12				2012.4 ~	谷守乾	

民三庭历任庭长（副庭长）

序号	任职时间	庭　长	任职时间	副　庭　长		
1	2002.6 ~ 2003.12	靳计明	2002.6 ~ 2008.3	李　华		
2	2003.12 ~ 2012.4	郝连昱				
3			2008.3 ~	胡旭辉		
4	2012.4 ~	张卫华	2012.4 ~	潘紫华		

六、行政审判庭（赔偿委员会办公室）

阳泉市中级人民法院行政审判工作始建于 1988 年。经过 1988、1989 两年试行行政案件审理，于 1990 年 10 月 1 日《中华人民共和国行政诉讼法》实施之日，先后抽调 17 名审判人员，正式组建了两级人民法院的行政审判庭。其名称和审判业务一直沿用至今，期间虽经多次司法改革、机构调整，但其称谓和业务基本上没有变化。1996 年《中华人民共和国赔偿法》颁布实施后，阳泉市中级人民法院成立赔偿委员会，将赔偿委员会办公室设于行政审判庭。

行政审判庭职责

依法审判第一、二审行政案件；审查行政机关申请强制执行案件；办理行政赔偿案件；监督、指导下级人民法院的行政审判工作。

赔偿委员会办公室依法办理赔偿委员会受理的国家赔偿案件；执行赔偿委员会决定事项；审查处理赔偿告诉、申诉案件；监督、指导下级人民法院赔偿案件的审判工作。

行政审判庭干警

赔偿委员会办公室职责

依法办理赔偿委员会受理的国家赔偿案件；执行赔偿委员会决定事项；审查处理赔偿告诉、申诉案件；监督、指导下级人民法院赔偿案件的审判工作。

行政审判历任庭长（副庭长）

序号	任职时间	庭　长	任职时间	副　庭　长		
1	1989.5 ～ 1999	赵福元	1995 ～ 1997	牛景沅		
2	1999 ～ 2002.3	杨士明	2002.3 ～ 2008.3	李泉梅		
3	2002.3 ～ 2012.4	武计恒	2008.3 ～ 2012.4	王俊杰		
4	2012.4~	王俊杰	2012.4 ～	闫永明		

赔偿委员会办公室历任主任（副主任）

序号	任职时间	主　任	任职时间	副主任	备　注
1				常富才	主持工作
2	1999 ~ 2003	赵福元		王宪忠	
3	2003.11 ~ 2008.3	李泉梅		王宪忠	
4	2008.3 ~	王俊杰		王宪忠	

七、未成年人案件综合审判庭

针对未成年罪犯（“少年犯”）的审判，阳泉市中级人民法院起步较早，早在建院时期（1947 年），即有审理未成年罪犯和关押（当时看守所属于人民法院管辖）未成年罪犯的历史记载。未成年案件的受理，从历史上看，大体分为三大块：涉及刑事犯罪的，由刑事审判庭负责审理；涉及未成年人权益保护的，则由民事审判庭负责审理。1990 年《行政诉讼法》实施后，涉及未成年人行政权益保护的，由行政审判庭负责。2006 年 12 月 13 日，最高人民法院正式批复山西省高级人民法院，充分肯定阳泉市中级人民法院关于《未成年人案件综合审判庭组建工作实施方案》，同意阳泉市中级人民法院成立少年审判庭。

2006 年 12 月 21 日，阳泉市机构编制委员会办公室下发“阳编办字〔2006〕63 号”《关于阳泉市中级人民法院增设内设机构“未成年人案件综合审判庭”的批复》，阳泉市未成年人案件审判庭正式成立。

未成年人案件综合审判庭干警

未成年人案件综合审判庭职责

被告人或被害人为未成年人的一、二审刑事或刑事附带民事诉讼案件；当事人一方或者双方为未成年人的民事案件；婚姻家庭、继承纠纷案件中涉及未成年人权益的探视权纠纷；婚姻家庭、继承纠纷案件中涉及未成年人权益的变更抚养关系纠纷；婚姻家庭、继承纠纷案件中涉及未成年人权益的抚养费纠纷等一、二审民事案件；当事人一方或者双方为未成年人的行政案件。

未成年人案件综合审判庭历任庭长（副庭长）

序号	任职时间	庭　长	任职时间	副　庭　长		
1	2007.2~	王计元	2008.3 ~	孙丽青		
2			2012.4 ~	潭建波		

八、执行局

建院（1947 年）到 20 世纪 80 年代中叶，阳泉市中级人民法院，包括各基层人民法院，并没有单独设立执行机构，审结的案件由各审判庭依法执行。80 年代中后期，随着社会主义市场经济深入发展，经济领域出现生效判决和裁定“执行难”问题。1987 年，阳泉中院和各基层法院相继成立执行庭。

2001 年，在“立、审、监”三个分离改革中，对各审判庭和执行庭工作进行重新分工，审判庭只负责案件审判，执行庭专管生效判决的执行。2002 年 4 月，根据“大民事改革”精神，阳泉中院和各基层院改执行庭为执行局，实行执行工作双重管理机制，并沿用至今。

执行局干警

执行局职责

执行市中级人民法院一审生效法律文书；执行法律规定应由市中级人民法院执行的其他生效法律文书；办理其他有关执行工作事宜；统一管理、指挥、协调全市两级法院的执行工作。

1、执行一庭职责

协调处理全市法院间在跨辖区执行过程中发生的争议案件；协调处理执行过程中突发的暴力抗法整件协调处理基层人民法院报送的执行法院与公安、检察、工商、银行、税务、海关、部队等有关部门或其他执法机关在执行过程中发生冲突的案件；负责全市法院委托外市（地）法院和外市（地）法院委托本市法院执行案件的审查、执行、批转、督办、协助工作；办理其他执行协调工作相关事宜。

2、执行二庭职责

执行本院一审生效法律文书及法律规定应当由本院执行的其他生效法律方书；会同行政审判庭执行需市中级人民法院执行的非诉行政强制执行案件；组织全市法院的统一执行行动；必要时组织或参加下级法院重大疑难案件的执行工作；办理其他执行工作相关事宜。

3、执行三庭职责

负责本院一审生效法律文书及法律规定应当由本院执行的案件统计工作；负责本市法院执行案件的统计工作；负责审理当事人对基层人民法院在执行过程中作出的拘留、罚款决定不服，按照民事诉讼的规定向本院申请复议的案件；审查、监督立案庭移送的当事人或案外人提出的两级人民学院执行案件过程中存在违法执行或消极执行问题的执行案件；负责执行局文件资料的收发、登记、存档等工作；办理其他执行工作相关事宜。

执行局（含执行庭）历任局长（副局长、副庭长）

序号	任职时间	局长（庭长）	备 注	任职时间	副庭长（副局长）	备 注
1	1989.2 ～ 1997.10	李俊魁	庭长			
2	1997.11 ～ 1998.7	韩启明	庭长			
3	1998.7 ～ 2002.3	于昌明	(主持工作)			
4	2002.1 ～ 2003.4	杨玉春	局长	2002.2 ～ 2003.12	武绍晋	副局长
5	2003.4 ～ 2011.5	于昌明	局长	2002.1 ～ 2002.4	梁　庆	副局长
6	2011.5 ～	李永祥	局长	2002.11 ～ 2011.12	郭永生	副局长
7				2005.6 ～ 2011.12	张朝晖	副局长
8				2011.12 ～	张朝晖	副局长（正科）

执行局执行一、二、三庭庭长（副庭长）

	任职时间	庭　长	任职时间	副庭长
执行一庭	2011.12 ～	张瑞文	2012.1~	李　彦
执行二庭	2011.12 ～	王　翔	2012.1~	边进兴
执行三庭	2011.12 ～	胡锐锋	2012.1~	张敏芳

九、审判监督庭

审判监督庭设立的时间较晚。1997年6月，在推进“立、审、监”三个分离改革中，阳泉中院结合机构改革新成立审判监督庭，专门负责对已结案件进行监督。但对审判工作进行监督，纠正已产生法律效力的错误的生效判决、裁定和错误的调解书等工作，始终伴随着人民法院的刑、民事审判和调解。

审判监督庭职责

依法审判刑事、民事、行政再审案件（包括人民检察院抗诉的再审案件）；负责本院国家赔偿的确认工作，办理基层人民法院国家赔偿确认工作的请示，负责对全市法院赔偿确认工作的监督与指导；依法办理应由市中级人民法院办理的减刑、假释案件；监督、指导下级人民法院的审判监督工作。

审判监督庭干警

审判监督庭历任庭长（副庭长）

序号	任职时间	庭　长	任职时间	副　庭　长		
1	1998.5 ~ 2003.6	高志民				
2	2003.12 ~	武绍晋	2005.6 ~	赵林英		
3			2012.4 ~	刘海涛		

十、司法警察支队

司法警察支队干警

建院初期（1947 年），阳泉市中级人民法院未设立专职司法警察。审判时，审判机关调用赤卫队、警卫员、民警等，执行司法警察职务，这一模式一直延续到“文化大革命”后期。1973 年 6 月，阳泉市中级人民法院恢复行使审判权，并升格为二审法院后，仍没有设司法警察部门，办公室负责司法警察工作，一般由司机兼做司法警察。1979 年，根据《人民法院组

司法警察支队接受检阅

织法》“各级法院设司法警察若干人”之规定，阳泉市中级人民法院在办公室下设立法警班。1992年7月1日，《中华人民共和国人民警察警衔条例》颁布实施。1995年颁布的《中华人民共和国人民警察法》，明确规定人民法院司法警察为人民警察的警种之一。1997年6月，阳泉中院设“司法警察支队”。

司法警察支队作训照

司法警察支队职责：

负责警卫法庭、看管押解刑事被告人和罪犯、送达法律文书等工作；参与、协助执行庭（局）和基层法庭的执行工作；根据上级法院的调警令，执行死刑任务；负责全院司法警察的警务、教育培训和警衔呈报工作；负责法院、法庭的内部保卫工作，依法处置各类涉诉突发事件。

司法警察部门历任领导

任职时间	法警班	司法警察大队			
	班长	大队长	教导员	副大队长	副教导员
1979. ~ 1986.12	高志民				
1992.9 ~ 1997.7		刘金富			
			任宪章		
1993.4 ~				王少春	
1993.6 ~					武建平
		司法警察支队			
		支队长	政委	副支队长	副政委
1997.6 ~ 2001.4		任宪章			
2001.4 ~ 2003.11			曹军昌		
2003.11 ~		曹军昌			
1997.6 ~ 2003.			刘金富		
2003. ~ 2011.12			贾忠海		
2011.12 ~			常焕勤		
1997.11 ~ 2012.1				周卫国	
2002.1 ~ 2003.11				闫兰所	
2008 ~ 2011.12				常焕勤	
2012.1 ~				刘　君	
2012.1 ~					任晓辉

注：2001.4 ~ 2003.11 曹军昌担任司法警察支队政委期间，主持警察支队全面工作。

十一、证据技术中心

阳泉市中级人民法院开展司法鉴定工作最早可追溯到建院初期。当时，对发生在阳泉市辖区内的非正常死亡者，如工亡、因病自杀的老人、因家庭婚姻纠纷自杀的人、违法乱纪死亡的人，以及阳泉第一监狱（时称：山西省监狱裕民煤矿）死亡的罪犯，阳泉市人民法院均派干警进行验尸，因技术力量所限，多有医生配合进行。验尸时有《验断书》参照查验。1955年时，仍有这方面的记载，是为“阳泉市中级人民法院司法技术鉴定中心”最早的工作记录了。现在的“阳泉市中级人民法院司法技术鉴定中心”，成立于1998年8月17日。2005年2月，全国人大常委会通过《关于司法鉴定管理问题的决定》，对司法鉴定管理体制进行重大改革，从过去的鉴定机构转变为现在的管理机构。

证据技术中心干警

证据技术中心职责

根据《关于司法鉴定管理问题的决定》，阳泉市中级人民法院证据技术中心职能主要是统一对外委托、辅助法院解决案件中的专门性问题，配合相关部门注射执行死刑。负责受理本院刑事、民事案件的活体（人身）的法医学鉴定。

2011年3月26日，阳泉市机构编制委员会办公室下发“阳编办字”〔2011〕77号《关于阳泉市中级人民法院所属事业单位清理规范意见的通知》，清理规范后的市中级人民法院司法技术鉴定中心，更名为阳泉市中级人民法院司法技术鉴定服务中心，正科级建制，核定科级领导职数为1正1副，经费来源为自收自支，核定编制7人，人员编制为管理人员2名，专业技术人员5名。2011年8月，又更名为证据技术中心，其职责为：承担鉴定、评估、审计、拍卖、变卖和指定破产管理人等的统一对外委托工作；承担死刑执行中的技术指导、监督和确认死亡工作；负责指导基层法院的证据技术工作；为审判工作提供技术咨询、技术审核服务，对法官提出的涉案技术问题进行解释或者答复，对送审案件的鉴定文书及相关材料进行审查，提出审核意见；负责证据技术工作调研及培训。

司法鉴定中心（证据技术中心）历任主任（副主任）

任职时间	主　任	副　主　任			备注
1997 ～ 2000		牛景沅			主持工作
2000 ～ 2011.12	牛景沅				
2005.6 ～		王　文			
2008.5 ～ 2008.10		王春平			
2012.1～		赵秀锦			（证据技术中心）

第七节　政治和行政机构

阳泉市中级人民法院内设政治和行政机构一部、一组、三室、二处、一院、一中心：即政治部、纪检组、办公室、研究室、监察室，司法行政装备处、技术处、法官学院、后勤服务中心。

一、政治部

1984年8月，为适应改革开放新形势和审判管理，及人民法院干警管理工作需要，阳泉市中级人民法院增设人事处。人事处主要负责干部和其他法院工作人员的管理。

1997年，撤销人事处，将原人事处职能合并，新增宣传、老干部工作、争先创优、教育培训、法官等级评定等职能，统一归口管理，成立政治处。2001年，根据“中办发〔2001〕9号”文件《关于印发 < 地方各级人民法院机构改革意见 > 的通知》和山西省机构编制委员会、山西省高级人民法院《关于全省中级人民法院、基层人民法院机构改革实施意见》“晋编字〔2001〕32号”文件有关规定，阳泉市中级人民法院内设机构中设立政治部。

政治部职责

负责本院的机构编制、干部人事工作；承办本院法官职务的任免和法官考评委员会的日常工作；负责本院法官等级评定、变动、呈报审核以及日常管理工作；负责组织争先创优、表彰奖励、教育培训、法官管理调研等工作；负责离退休人员的管理、服务工作及其他综合工作。

政治部干警

政治部（处）历任主任（副主任）

序号	任职时间	主　任	备　注	任职时间	副主任	备 注
1	1984.8 ~ 1986.5	暴志祥	人事处处长			
2	1986.8 ~ 1995.3	席建魁	政治处主任	1992.3 ~ 1994.6	安少杰	
3	1994.6 ~ 1997.7	安少杰	"	1997.6 ~	韩慧芳	
4	1997.10 ~ 2002.1	武计恒	负责人	1999.12 ~ 2001.4	曹军昌	
5	2002.1 ~ 2006.6	周成保	政治部主任	2001.1 ~ 2003.10	王秀明	
6	2006.6 ~	刘瑞光	"	2001.1 ~ 2003.5	张秋籽	
7				2003.11 ~	闫兰所	
8				2005.6 ~ 2008.3	黄计生	
9				2008.3 ~	赵丽萍	

二、纪检组（监察室）

阳泉市中级人民法院纪检组是中共阳泉市委和阳泉市纪律检查委员会派出机关，受院党组和阳泉市委、阳泉市纪律检查委员会领导，成立于20世纪80年代末。是适应改革开放时期人民法院反腐败工作需要成立的独立机构。阳泉市中级人民法院监察室实行两块牌子、两个机构、一套人员管理模式。

纪检组、监察室职责

负责抓好本院党风廉政建设；搞好廉政纪律教育，监督本院工作人员执行党的路线方针政策和国家法律、法规、政策及纪律的情况；受理本院工作人员违法违纪问题的检举、控告；负责违法审判案件的调查和责任追究工作；调查处理本院工作人员违法违纪案件；对全市法院干警的违法违纪案件进行查处；受理本院工作人员不服纪律处分的申诉；制定廉政建设方面的制度；办理院长交办的其他事项；监督检查全市法院执行有关党风廉政建设规定制度落实等工作。

纪检监察室干警

纪检组长（副组长）、监察室历任主任（副主任）

序号	任职时间	组长	任职时间	副组长	监察室主任	任职时间	监察室副主任
1			1989.2 ~ 1995	周克让	周克让		
2	1995.9 ~ 2001.12	周成保	1997.10 ~ 1998.5	武计恒			
3						1997.10 ~ 1999.4	吕泉生
4	2001.12 ~ 2011.10	尚锐利	2002.1 ~ 2003.12	郝连昱			
5			2005.6 ~	郝惠平	郝惠平	2002.1 ~	马　葳
6	2011.10 ~	刘敬辉					

三、办公室

阳泉市人民法院建院伊始，设秘书一人，负责处理日常事务。1954年，设秘书室。秘书室设秘书一人，编制中有打字员、会计、法警、司机若干人，统一由秘书管理。

1973年11月5日，中共阳泉市委下发“阳发〔1973〕143号”《关于市中级人民法院机构设置及干部任免的批复》，经市委1973年11月27日常委会议讨论，同意阳泉市中级人民法院设办公室。吕荣任办公室主任。之后，阳泉市中级人民法院办公室名称及机构一直沿用至今。

办公室干警

办公室职责

协助院领导处理司法公务；负责内外联系与综合协调工作；负责档案、保密等项工作；负责本院警备车辆管理，以及院领导交办的其他工作。

办公室（秘书室）秘书、办公室历任主任（副主任）

序号	任职时间	主任(秘书)	备注	任职时间	副主任	备注
1		郗志民	秘书			阳泉市人民法院
2		魏晋宣	"			"
3		郗太俭	"			"
4	1973.11 ~ 1975.12	吕　荣	主任	1974.11 ~ 1978.6	段奇耀	阳泉市中级人民法院
5	1978.6 ~ 1978.8	王嘉玺	"	1975.6 ~ 1980.11	冯引元	"
6	1979.2 ~ 1983.11	段奇耀	"	1975.12 ~ 1980.11	王巨才	"
7	1984.3 ~ 1984.7	门世高	"	1981.10 ~	李云岭	"
8	1985.6 ~ 1989.2	李建忠	"	1981.10 ~ 1984.1	潘　致	"
9			"	1984.3 ~ 1987.10	周保武	"
10	1989.2 ~ 1993.2	周保武	"	1995.4 ~ 1997.10	任宪章	"
11	1993.3 ~ 1999	杨士明	"	1997.12 ~ 2008.3	王素英	"
12	1999 ~ 2001.12	王素英	主持工作	1997.10 ~ 2002.1	闫兰所	"
13				1989.2 ~ 1995.10	赵瑞平	"
14	2002.1 ~ 2007.4	冯晋明	主任			"
15				2002.2 ~ 2005.6	郝惠平	"
16	2007.5 ~ 2011.5	黄计生	"	2005.6 ~ 2011.12	张瑞文	"
17				2008.3 ~ 2011.12	陈　峰	"
18				2008.3 ~	孙军华	"
19	2011.12 ~	陈　峰		2012.1 ~	王　丽	"
20				2012.1 ~	江彦辉	"

四、研究室

针对审判实践进行司法理论研究和探索活动，是阳泉市中级人民法院建院以来，始终保持的一个光荣传统。虽然没有专门的研究机构和专业研究人员，但早在建院之初，全国绝大多数地区仍处在战争状态，由于没有现成的审判经验、审判范例，各解放区颁布的法律又存在一定差异，国民党《六法全书》在新解放的阳泉地区仍有很大影响。当时的阳泉市人民法院干警，即针对审判实际，以服从服务于党的中心工作为前提，在打击犯罪、维护社会秩序的过程中，进行了许多积极的理论研究和实践探索。特别是在20世纪50年代资本主义工商业改造和60年代初全国性经济困难时期，当时的阳泉市人民法院针对具体案件和具体问题进行研究探索，许多研究成果对当时的审判实践均有指导意义。如1961年11月27日的《执行政策研究的初步情况》。1962年《关于调解全民所有制、集体所有制之间纠纷的专题报告》，都对当时本市乃至全省的司法审判产生了积极的指导作用。特别是1962年7月25日的《上半年处理婚姻案件的专题总结》，更是对困难时期13种离婚原因进行了深刻分析，提出了挽救这种婚姻的具体措施。

研究室干警

1984年，为适应改革开放新形势对法院审判实践和理论探索的需要，阳泉市中级人民法院正式设立调查研究室。

研究室职责

负责综合性文件、报告的起草；负责调研、信息、文秘等项工作；负责办理审判委员会会务；负责本院新闻报道、法制宣传工作。

研究室历任主任（副主任）

序号	任职时间	主 任	任职时间	副主任	备 注
1	1984.5 ~ 1985.9			常富才	主持工作
2	1989.2 ~ 1991.12	冯建国	1985.9 ~ 1989.4	赵福元	
3	1989.4 ~ 1993.5	何海平			
4	1993.5 ~ 2002.3	张利平		武计恒	
5	2003.4 ~ 2011.5	梁 庆	1997.6 ~ 2002.1	梁 庆	
6			2002.8 ~ 2009.6	魏晓俊	
7	2011.12~	张爱国	2008.10 ~	王春平	
8			2012.1 ~	王世明	

注：1. 魏晓俊2008年借调省高院工作，2010年正式调省高院研究室；2. 梁庆2011年5月，任矿区法院党组书记、院长。

五、司法行政装备管理处

司法行政装备处成立于1987年7月，时称司法行政处。2001年，根据“中办发〔2001〕9号”文件《关于印发<地方各级人民法院机构改革意见>的通知》和“晋编〔2001〕32号”文件精神，司法行政处更名为司法行政装备管理处。

司法行政装备管理处干警

司法行政装备管理处职责

负责人民法院机关固定资产、基本建设、环境秩序的规划、管理工作；承担人民法院机关办公大楼、干警宿舍的管理、维修；负责全市法院的司法行政装备和武器、服装、车辆管理以及人民法庭和审判法庭建设；负责制定全市法院系统专项建设实施计划；负责专项经费的申报、划拨和使用监督；指导、监督全市人民法院诉讼费的收缴、使用、管理、审计工作。

司法行政装备管理处历任处长（副处长）

序号	任职时间	处 长	任职时间	副处长
1	1997.10 ~ 2006.11	赵久怀	2002.3 ~ 2004.7	周满财
2	2007.2 ~ 2008.3	刘金富		
3	2008.3 ~ 2010.3	王素英	2005.5 ~ 2011.12	李继成
4	2011.12 ~	李继成	2012.1 ~	赵英华

六、技术处

阳泉市中级人民法院技术处包括两个方面的职能。一是针对特定案件或根据申请人的申请，开展司法技术鉴定，提出鉴定报告，服务于审判工作。二是制定和组织实施全市法院系统司法科学技术规划；指导全市法院通信、计算机网络、办公现代化等司法科学技术工作，组织业务交流；负责本院通信、计算机网络、办公现代化及其他专门性技术工作。

技术处干警

技术处职责

为本院和下级人民法院审判工作提供技术咨询、技术审核服务；负责管理本院通讯及通讯设备和计算机及内部网络。负责统一办理对外委托鉴定、评估、审计、拍卖等工作；负责死刑执行中的技术监督、指导和确认死亡工作；负责司法技术辅助工作调研及技术培训工作；负责监督、指导下级人民法院的司法技术辅助工作。

技术处历任处长（副处长）

序号	任职时间	处 长	任职时间	副处长
1	2008.10 ~ 2011.12	牛景沅	2008.10 ~ 2012.1	郭志强
2	2011.12 ~	郭永生	2012.1 ~	徐永红

七、机关后勤服务中心（法官学院）

后勤服务中心干警

2004年7月5日，为确保阳泉市中级人民法院建于开发区的新办公大楼正常运行，加强全市法院干警培训，阳泉市编办批准阳泉市中级人民法院成立“机关后勤服务中心”，为自收自支事业单位，编制11人。

机关后勤服务中心（山西省法官培训学院阳泉分院）职责：

负责办公设备及物品的购置、分配和机关办公楼的维修及管理；负责机关职工生活服务等工作，承担省高级人民法院和省法官学院安排的法官培训工作，承担中级人民法院指定的其他培训工作。

后勤服务中心历任主任（副主任）

序号	任职时间	主任	任职时间	副主任
1	2004.7 ~	周满财	2005.5 ~ 2012.1	徐永红
2			2012.1~	卢晓东
3			2012.1 ~	郭　盛

业大阳泉分部（培训中心、法官学院）历任负责人

序号	任职时间	负责人	备注
1	1984.12 ~	王启秀	专职副主任
2	1997 ~ 2002.8	张彩虹	副主任
3	2004.8 ~	赵丽萍	副院长

第八节　党群组织

一、党　组

阳泉市中级人民法院早在建院初期即按照解放区人民审判机关模式，建有地方党委的派出机构——阳泉市人民法院党组。1964 年 11 月 6 日，中共阳泉市委发出《关于调整国家机关人民团体党组与党组成员的通知》，对阳泉市人民法院党组、市检察院党组等 26 个党组进行了调整。“文化大革命”期间，阳泉市人民法院党组被中止行使职权，并被撤销名称。

1973 年 9 月，根据阳泉市委指示，法院和公安分设办公。阳泉市中级人民法院分设刑事审判庭、民事审判庭和办公室，并建立了法院党组。

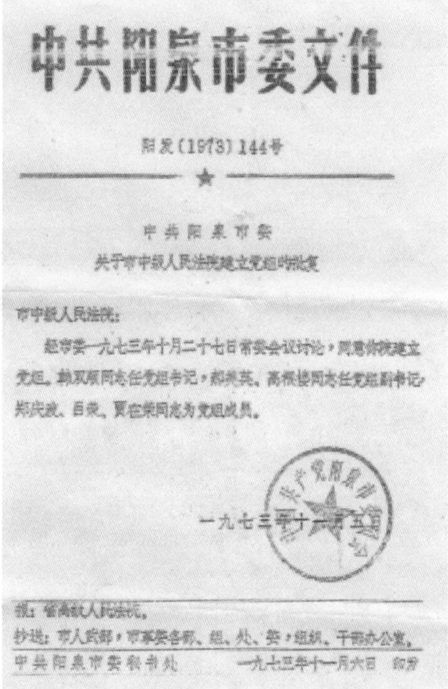
中共阳泉市委文件

阳发（1973）144号

中共阳泉市委

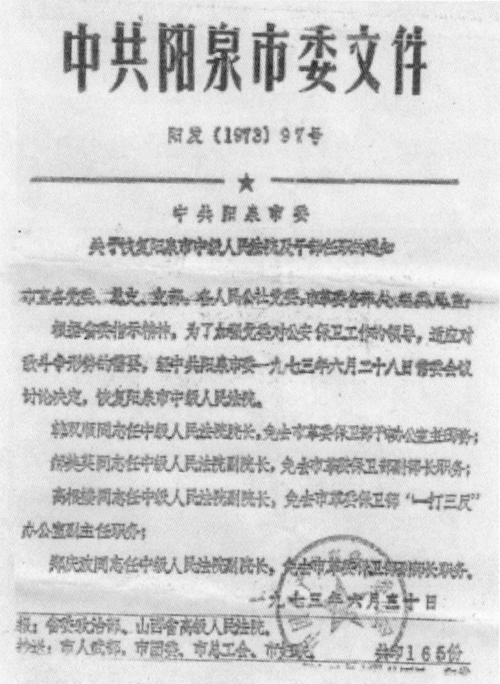
中共阳泉市委文件

阳发（1973）97号

中共阳泉市委

一九七三年六月三十日

共印165份

中共阳泉市委关于阳泉中院建立党组的文件和关于恢复阳泉中院的通知

议事范围：为加强党的集体领导，正确履行民主集中制原则，提高科学决策水平，根据《中国共产党章程》及有关党规的规定，阳泉市中级人民法院党组实行集体领导和个人分工负责相结合的制度，重大问题应由党组集体决定，实行少数服从多数。党组的决定由分工负责人党组成员督促有关部门落实，落实情况应向党组报告。

主要议事范围：

1. 传达学习党的路线、方针、政策，传达学习省、市委和上级法院的有关文件精神及工作部署，并结合本院实际，提出贯彻落实措施，并组织执行。对上级的重要会议精神，党组要及时听取汇报，并研究贯彻落实的意见。重大问题要向市委请示汇报。

2. 研究法院系统思想政治工作、党风、廉政建设和抓好干警队伍等重要问题。

3. 研究法院审判工作中的重大事项。

4. 研究决定法院干警立功受奖事项。

5. 研究决定本年度总方针、总目标、财务预算决算、干部教育、培训及重要的物质装备建设等问题。

6. 定期或不定期听取政治部、纪检组、机关党委工作情况汇报。

7. 研究决定本院的机构设置和人员配备。

8. 研究决定本院的考核、调配、任免、奖惩事项，按干部管理权限上报审批。

9. 研究落实市委交办的其他事项。

党组书记：陈明华

党组副书记：王志德

党组成员：贾俊、吕冬、于昌明、刘瑞光、刘敬辉、李林、李永祥

阳泉中院领导班子成员
左起 张彩虹（专职审委） 李 林（院长助理） 刘瑞光（副院长） 吕 冬（副院长）
陈明华（院长） 王志德（常务副院长） 于昌明（副院长）
刘敬辉（纪检组长） 李永祥（执行局局长） 郝连昱（专职审委）

二、机关党委

阳泉市中级人民法院早在建院初期，即有党的基层组织，为阳泉市人民法院党小组，隶属于中共阳泉市机关党支部。由院长（党组书记）兼任小组长。50年代初，建立了党支部，仍由院长（党组书记）兼任支部书记。

1973年9月，根据阳泉市委指示，法院和公安分设办公，阳泉市中级人民法院重新建立起党的支部委员会。由院长（党组书记）任支部书记。2003年6月27日，阳泉中院召开全体党员大会，选举产生了新一届党总支领导成员。中院党组书记、院长冯少勇当选为总支书记，李林、刘金富当选为副书记。2008年8月，阳泉市中级人民法院机关党委成立，刘瑞光任机关党委书记。

机关党委职责

1、领导机关党的工作，制定并组织实施机关党的建设规划，加强调查研究，提出解决问题的意见和建议。

2、指导机关各支部、各党小组抓好党的思想、组织、作风建设，抓好机关干部的政治理论学习。

3、指导机关各支部、各党小组实施对党员，特别是对党员领导干部的监督，协助党组抓好各部门领导班子思想作风建设，督促、检查机关各部门贯彻中央和省、市委重大决策，及时向院党组或上级党委反映本院干部的情况，对干部的考核、任免、调动、奖惩提出意见和建议。

4、指导机关各支部、各党小组抓好思想政治工作和文明单位建设。

5、审批本院直属各支部、各党小组的设置，以及各党支部委员会的组成及书记、副书记、委员的任免。

6、指导各支部、各党小组开展党风廉政建设和机关作风建设，审议本院干部违纪案件的处理意见及干部党纪处分的决定。

7、领导本院工会、团委、妇联等群团组织，支持他们依照法律和各自的章程独立负责地开展工作。

8、完成上级党委交办的其他工作。

现任机关党委成员

书　记：刘瑞光

副书记：马　葳

党委委员：陈　峰　王　健　闫兰所

三、工　会

工会是党组领导下的群团组织，基本职能是按照《中华人民共和国工会法》规定，代表和维护法院干警、职工合法权益。20世纪50年代和60年代初，阳泉市人民法院没有单独设立工会组织，干警加入工会和入会后的会员管理，隶属于阳泉市机关工会。20世纪60年代到80年代中、后期，全国性工会组织一度被撤销。阳泉中院工会和各基层人民法院工会组织，相继成立于20世纪80年代中、后期。

主要职责：

1. 以宪法为根本活动准则，向广大干警、职工宣传党的方针政策和法律法规，进行爱国主义、明礼诚信、团结友善、勤俭自强、敬业奉献的教育，切实提高干警职工队伍整体素质。

2. 全面贯彻落实党的“全心全意依靠工人阶级”的指导方针，依法维护干警、职工的合法权益；组织干警、职工参与本院民主管理和民主监督工作，维护女职工的合法权益。

3. 组织和动员干警、职工开展社会主义劳动竞赛及审判业务创新活动；做好评选表彰先进生产（工作）者和劳动模范工作；关心干警、职工工作条件的改善，维护干警、职工的安全和健康；参与本院工作环境的安全检查，劳动仲裁和伤亡事故的调查处理。

4. 组织和支持干警、职工学习科学文化知识和法律法规等审判业务知识，开展群众性的文体活动。

5. 做好困难干警、职工的扶贫解困工作，督促和协助院党组和机关党委办好干警、职工集体生活福利事业。

6. 加强工会基层组织建设，做好会员的发展、教育、管理和工会干部的培训工作。

7. 收好、管好、用好工会经费、管理好工会的财、物，做好工会统计工作。

8. 完成党组和上级工会组织交办的其他工作。

工会历任主席（副主席）

序号	任职时间	主 席		副主席	备 注
1		席建魁			
2		李云岭			
3	1995 ~	赵福元		闫兰所	

四、团 委

阳泉市中级人民法院早在建院初期（1947 年），就有建制完整的共青团组织，即阳泉市人民法院团支部，隶属于共青团阳泉市机关团委，是党团结领导先进青年的群众组织，始终团结党在不同时期的政治任务，团结带领青年干警，忠实地履行自己的职责。改革开放之后，随着阳泉市中级人民法院青年干警进一步增加，升格为共青团阳泉市中级人民法院委员会。

团委职责

1. 负责本院共青团常务工作，领导、指导全院青年工作。

2. 承担上级团委委托的青年工作事务，参与协调处理与青年利益相关的工作。

3. 组织团员青年在审判、执行、调解等司法业务和本院精神文明建设中发挥生力军和突击队作用，完成团中央、团省委、团市委部署的以青年为主体的各项任务。

4. 参与本院青年工作的文件起草、实施、监督等工作。

5. 负责对本院团员青年的思想动态、团员青年的思想教育和团员青年事业的发展等项工作开展科学调研。

6. 负责本院团的组织建设，协助党组和机关党委选拔、培训、管理团干部，做好团员发展、管理、推优工作，表彰优秀团员、团干部、团组织。

7. 负责指导并且组织全院团员、青年的思想理论教育、文化宣传和活动阵地建设，培养、选拔、表彰并且推荐各界优秀青年和青年人才。

8. 完成党组和上级团委交办的其他工作。

现任团委书记：卢晓东　副书记：何　伟

五、妇委会

阳泉中院建院初期法官较少，干警队伍在很长一段时期内，大体保持在七八名左右。管理看守所时期，干警人数曾经达到过二十多名，但女法官一向很少，虽然20世纪50年代初，即有张改香担任过该院副院长，但阳泉中院的妇女组织始终受阳泉市市直机关妇联部门领导和指导。1989年3月，阳泉市妇联发文要求党政机关成立妇女委员会，阳泉中院根据该文件要求成立起相应的组织，其工作和职能一直延续至今。

妇委会职责

1. 根据党的中心任务，依据《中华全国妇女联合会章程》和妇女代表大会的决议开展本院妇女工作。

2. 团结、动员本院女法官、女干警和女职工，积极投身改革开放和社会主义现代化建设，促进审判、执行、调解等司法业务的开展。

3. 教育、引导广大女法官、女干警和女职工增强自尊、自信、自立、自强精神，全面提高素质，促进妇女人才成长。

4. 代表女法官、女干警和女职工参与本院民主管理、民主监督，推动和监督有关本院妇女工作中法律、法规和规章执行，维护女法官、女干警和女职工合法权益。

5. 为女法官、女干警和女职工服务，加强与社会各界的联系，协调和推动社会各界为本院女法官、女干警和女职工办实事、办好事。

6. 加强调查研究，及时向院党组或上级妇联组织反映全本院女法官、女干警和女职工的情况和问题，并提出意见和建议。

7. 加强妇联组织建设，指导本院妇女组织，如女法官协会等，开展妇女工作。

8. 完成党组和上级妇联组织交办的其他工作。

妇委会历任主任（副主任）

序号	主任	任职时间	副主任	任职时间
1	郭素英	1989.3 ~ 1991.3		
2	魏爱萍	1991.3 ~ 1996.3		
3	杨玉春	1996.3 ~ 2000.3		
4	王秀明	2003.3 ~		

六、法官协会

（一）第一届法官协会

第一届法官协会于 1996 年 6 月 8 日成立

会　长：冯少勇

副会长：王志德　周保武　贾　俊　吕　冬　于昌明

（二）第二届法官协会

2010 年 12 月 29 日，召开第二届会员代表大会，通过法官协会章程，选举法官协会会长、副会长。

会　长：王志刚

副会长：王志德　贾　俊　吕　冬　于昌明

秘书长：于昌明（兼）

七、女法官协会

（一）第一届女法官协会于 1996 年 6 月 8 日成立

会　长：吕　冬

（二）第二届女法官协会

2010 年 12 月 29 日，召开第二届会员代表大会，通过女法官协会章程，选举女法官协会会长、副会长。

会　长：吕　冬

副会长：王秀明　李　玫　闫小玲　罗小萍　翟丽萍

秘书长：王秀明（兼）

第二章　县、区人民法院

第一节　城区人民法院

城区人民法院现任领导班子成员

一、概　况

阳泉市城区位于阳泉市中部偏南，西与矿区相邻，东、南、北均与郊区接壤。地理坐标为北纬 37°　50′ ～ 37°　52′，东经 113°　30′ ～ 113°　33′，东西最长处约 10.5 公里，南北最宽处约 10 公里，面积 16.19 平方公里，约占全市总面积的 0.43%。

城区境域中心原属平定县。20 世纪初还是一片风沙迷漫、乱石纵横的荒滩，名曰“沙江口”，属小阳泉村管辖。清光绪三十一年（1905）7 月，正太铁路修至此并设站。随着采掘业和运输业的日益兴隆，行商坐贾云集于此，开店设铺，阳泉站一带遂成为晋东重要的商品集散地。至解放前夕，阳泉站、铁厂一带不足 1 平方公里，街道总长也仅1公里有余，且为土路，住宅多系低矮的土石平房，总人口不足两万。民国36年（1947）5月2日，阳泉解放，4日设市，下设一、二、三区中共党的委员会和人民政府。同年7月，一、二区合并为一区（现城区前身），先后改称阳泉镇、三区、站上区，至1969年1月称城区至今。阳泉市城区是全市政治、经济、文化和信息中心，城区下辖上站、下站、北大街、南山路、义井、坡底6个街道办事处，44个社区，常住人口为19.31万。

阳泉市中级人民法院成立后，市内各区相继筹建法律审判机构。1975年3月15日，阳泉市城区人民法院成立，正式挂牌办公，该院成为独立的审判机关。

2012年，城区法院有正式在职干警60人，其中研究生学历2人，本科学历38人，大专文化程度8人。设立案庭、民事审判一庭、民事审判二庭、刑事审判庭、行政审判庭、少年综合审判庭、审监庭、执行局、政治处、纪检组、办公室、研究室、司法警察大队、后勤服务中心。全院干警牢固树立为大局服务、为人民司法工作理念，忠实履行宪法和法律赋予的职责，在建设公正、廉洁、文明、高效的现代化法院中迈出了坚实的步伐。2000年，阳泉市城区人民法院被山西省政法委授予“人民满意的政法单位”荣誉称号，2002年，该院被最高人民法院授予“人民满意的好法院”光荣称号。

二、立案信访

城区法院充分发挥各业务部门的“窗口”服务功能，方便群众诉讼，立案部门建立了符合“一站式服务、一条龙办公”标准要求的立案接待大厅，公开了各类案件立案和收费标准，并主动向当事人进行诉讼风险告知和举证指导，引导当事人理性诉讼。

在信访工作中，该院由每月一天院长接待日，发展为每周院长固定接待来访群众和随时约定接待制度。院领导亲自接待来访群众，通过耐心细致讲解法律消除他们的疑虑，使许多涉诉上访群众对法院裁判心服口服，对一些虽然符合法律规定，但是涉及群体性、社会复杂性较强的诉讼案件，慎重把握，主动向党委、人大常委会汇报，积极与政府有关部门沟通，提出建议和意见，力求处理得当。为解决重复上访、越级上访问题，该院研究制定了矛盾纠纷月排查制度，深入开展矛盾纠纷和不稳定因素的排查调处工作，多次派资深法官主动上门做上访老户的工作，帮助上访老户解决问题，有效防止突发事件的发生 。逐步建立起以院长为中心，各分管领导、各部门负责人组成的条块结合、互为补充，责任到人、限期办结的工作机制，形成畅通敏捷的信息渠道，做到对各种问题情况信息准确掌握，及时排除各种不稳定因素的苗头动向。

2003年以来，阳泉市城区人民法院先后被山西省高级人民法院授予“公正与效率”模范集体称号并荣记集体一等功、被山西省劳动竞赛委员会授予“五一劳动奖状”，基层建设先进单位、思想宣传工作先进单位和纪检监察工作先进单位，还被阳泉市委、市政府授予“阳泉市模范单位”、“阳泉市文明和谐单位”。

三、作风、队伍建设

阳泉市城区人民法院坚持以审判作风建设为重点，以解决损害群众利益的突出问题为目标，以制度促管理，以管理正作风，以作风促落实，以落实求实效，法官职业道德水平进一步加强，审判效率大大提高，人民法院和人民法官的良好形象进一步树立，有效推进了各项工作的开展。城区法院干警中，现有共产党员50名，占全院人数的85%，该院经常利用党组中心组政治学习机会，全体党员大会及党小组会议认真学习领导干部廉洁自律和厉行节约、制止奢侈浪费的规定，以及《法官职业道德基本准则》、《人民法院审判人员违法审判责任追究办法》和《人民法院审判纪律处分办法》等廉政制度规定，使党员法官从讲政治的高度充分认识搞好党风廉政建设的重要性和紧迫性，树立为人民掌好权、用好权的职责意识，增强全面贯彻执行党的基本理论和基本路线的坚定性；经常结合典型案例对干警进行形象直观、生动具体、行之有效的正反典型教育，不断增强干警辨别是非和抵御腐败的能力；把反腐倡廉教育延伸到干警家庭，认真开展"廉内助"活动，邀请干警家属到法院座谈或到干警家中、社区了解掌握本院干警廉洁自律方面的情况，帮助广大干警筑起反腐倡廉的家庭防线。

城区法院通过建立和落实"一岗双责"岗位目标管理和党风廉政建设责任制，把审判工作和廉政建设挂钩齐抓并管。1998年以来，坚持由院长和班子成员、班子成员与分管部门领导、部门领导与部门干警层层签订《党风廉政建设责任状》，明确规定院领导班子对职责范围内的党风廉政建设负全面领导责任，党组书记、院长为第一责任人，对全院廉政建设负总责，其他班子成员根据工作分工，对分管部门负直接领导责任。阳泉市城区人民法院结合自身实际，建设了一套包括"不愿为"的自律机制、"不敢为"的惩治机制、"不能为"的防范机制、"不必为"的保障机制在内的制度体系，重新修订完善各项规章制度42项，基本上涵盖了法院方方面面的工作，坚持做到问题容易发生在哪里，制度就定在哪里，审判权力运行到哪里，制度建设就跟进到哪里。

为使法院工作得到人大代表、政协委员和社会各界更多的理解和支持，阳泉市城区人民法院建立了多渠道、全方位接受监督的工作制度，除邀请人大代表、政协委员对社会影响面广、案情重大，或代表委员议案和建议涉及的案件参加庭审旁听外，还设立人大代表联络室，保证人大代表与法院联系渠道畅通，随时听取代表的批评、意见和建议，掌握法院工作新情况；建立向人大代表通报法院工作事项制度，从而便于更主动地接受监督；聘请人大代表、政协委员担任执法监督员，通过听取人民群众对法院工作及审判人员的意见、要求和建议办理情况全程微机管理，使人大代表批评、意见和建议办理工作做到定时、定点、定位，保证办理工作的准确、及时；采取主动上门走访、座谈、定期召开执法监督员座谈会、新闻媒体负责人座谈会、案件当事人座谈会，向社会发放征求意见卡、设立意见箱等方式，广泛征求社会各界、各部门对法院工作的意见和建议，保证了各项工作的顺利进行。

四、审判管理

为从根本上实现立案、审判、执行、监督相分立，该院从1998年起逐步建立，到2003年进一步完善了大立案、精审判、重监督，强执行的审判工作格局。将审判管理的全过程科学划分为立案审查、庭前准备、排期传递、跟踪督办、依法审理、案件评查、违法处理、结案归档等运行环节，并规定未经立案程序审理的案件、审判人员审理案件后应交执行局执行而自行执行的案件、没有执行资格而办理执行案件等行为均按照《人民法院审判人员违法审判责任追究办法》、《人民法院执行工作纪律处分办法》等有关规定严肃处理。该院还将受案范围、当事人起诉条件、当事人享有的权利义务、庭前准备及举证事项、诉讼须知等内容编印成诉讼指南小册子，让当事人在起诉、应诉之日就了解法院办案的全过程，指导当事人做好举证、应诉准备，这一举措，改庭上告知为庭前告知，使法官审案直奔主题，有效缩短了庭审时间，到2008年，该院一次开庭成功率达到了65%，上诉和缠诉案件明显减少。

城区法院自2004年起彻底打破建院时形成的民商事案件类型界限不分和辖区内地域界限不分之弊端，实行民商事案件混合排期，较好地解决了审判力量不足和忙闲不均的问题，负责审理民商事审判各部门办案质量、效率明显提高，法官对知识研究、探讨的领域明显拓宽，正确适用法律办好每一个案子的自觉性进一步增强，杜绝了法官选案的现象，防止了当事人与法官之间发生不正当交易，为廉政建设提供了制度保障。

为解决案件久立不审、久拖不结、久结不执等问题，该院严把案件审限关，出台了《关于案件审理期限制度的规定》，对排期开庭期限，案卷移送期限，一审、再审案件合议庭合议，审判委员会讨论、文书签发期限及送达法律文书期限作出了具体要求，有效缩短了各类案件在法院各个流程环节中的期限，消除了案件在流转环节上法律未明确规定期限的盲点，杜绝了案件承办人拖延办案、对当事人吃拿卡要等司法不公现象，受到了前来诉讼当事人的普遍赞誉。建院至2012年，阳泉市城区人民法院共审结各类刑事案件5200余件，判处犯罪分子10000余人，为维护社会稳定和市场经济秩序的健康运行，发挥了积极作用；该院办理的民商事案件3500余件，调解率达到60%以上，民商事审判工作做到了程序合法、实体公正，实现了定纷止争、案结事了的目的。

为提高诉讼效率，节约诉讼成本，该院实行案件繁简分流。由立案庭首先根据所立案件诉讼材料的分析，分拣出争议和疑难程度较大的案件，立即排期移交审判庭审理，力避造成拖延。对原、被告双方均已到庭，案件事实清楚，权利、义务关系明晰，双方争议不大，易予调解的简易民事案件，由立案庭及时调解。通过实行案件繁简分流，办案效率不断提高，民商事案件结案率多年保持在90%以上。

为从根本上攻克“执行难”，该院党组不断加强和改善对执行工作的领导，在人力、物力、财力上向执行工作倾斜，针对案件的不同情况，因案制宜，用好、用足法律赋予执行工作的强制力和措施。对因法制观念薄弱而拒不履行法定义务的，在坚持严肃执法的前提下，认真做好当事人的说服、疏导和教育工作；对被执行人不能清偿债务的，但对第三人享有到期债权的，根据最高人民法院有关规定，依申请执行人的申请，向第三人发出履行通知书，在第三人对执行人所负债务没有异议的情况下，依法执行；对转移财产或隐匿财产而不执行的，对无视法律，有履行能力而拒不执行人民法院生效文书规定义务的，执行人员敢于碰硬，果断采取强制措施；对涉及群体性纠纷和影响社会稳定的执行案件，优先受理，迅速采取措施，集中力量及时执行。此外，执行人员还根据案件的具体情况，分别采用以物抵债、以使用权抵债、执行和解等执行方法，圆满地执行了一大批案件。1989 年执行部门成立以来，该院执结各类案件 10000 余件，标的达 20 亿元，执结率为 84%。2006 年，该院执行局被山西省高级人民法院授予“清理执行积案”先进集体。

五、基础建设

1975 年 3 月 15 日，阳泉市城区人民法院成立，办公地址在阳泉市新建路红卫服装厂对面的市交通局搬运公司五队一座小二层楼内，该楼坐北朝南，法院借用办公室 3 间，一层 2 间，二层 1 间，约 30 平方。1976 年，该院迁至下站城区政府旧址办公，共有办公用房 3 间，约 50 平方米。1977 年，办公地址移至阳泉市新建路城区下站街道办事处办公楼内，该楼坐南朝北，共四层，法院借用该楼设办公室，一层 6 间，二层 2 间，约 80 多平方。与下站街道办事处在一栋楼内办公，没有专门的审判法庭，刑事审判庭是借用该楼四层的会议室或区政府会议室开庭审判案件，而民事、经济纠纷案件只能在各庭办公室开庭。

改革开放后，各类案件逐年递增，审判任务愈来愈重，人员的增加，业务量的增大，当时的办公用房已不能适应审判工作的需要，院党组将筹建专门法院办公楼列入重要的议事日程，多次向区委汇报，区委、区政府同意该院筹建办公楼，1985 年拨付了专项资金。1986 年 9 月，该院在阳泉市朝阳街 6 号建起了办公楼，当年交付使用。该办公楼坐南朝北，共有办公室、小审判庭、会议室及仓库 24 间，其中小审判法庭 2 间。该楼一层仅有办公室 4 间，其余办公室为阳泉市公安局城区分局南山路派出所办公用房，二层为阳泉市城区南山路街道办事处办公用房，至 2005 年 9 月，该院没有自己专门的办公大楼，一直与派出所和街道办事处同在一栋楼内办公。2000 年，该院又在办公楼西面进行扩建，扩建后的办公楼一层建有能容纳 200 人参加旁听的审判法庭，可供公开审判本区影响较大的各类案件使用，一层还建有 90 平方米的立案大厅可接待当事人立案和信访，一至四层各新建小审判法庭一间，这样，该院的大小审判法庭数为 7 个，办公用房 34 间，在办公楼后院建有车库 3 个，干警食堂 1 个，但仍然无法改变审判区与办公区相分离的局面。

1989年10月，该院设立下站人民法庭，在下站交电大楼6层购买三间办公室办公，2002年8月撤销。1996年6月，该院设立坡底人民法庭，在娘子关发电厂租用四间办公室办公，1998年撤销。

2002年，在院党组的积极努力和区委、区政府及社会各界的大力支持下，该院在阳泉市南外环路钢管厂旧址完成了法院审判法庭大楼的选址立项工作，7月25日奠基，由于资金紧张，一直到2004年夏该大楼封顶，2005年9月18日交付使用。新的审判法庭大楼共6层，坐南朝北，建筑面积7800平方米，拥有立案大厅、信访接待大厅、执行大厅以及13个大、中、小审判法庭，法官活动中心、法官食堂、法官会议室、审判委员会研究案件会议室、电子阅览室，引用了国内审判领域先进的电子信息技术，安装了监控、网络系统等现代化设备，基本实现了审判区、办公区和生活区“三区”分开。2003年以来，先后投资200余万元，新增办案用车18辆，为各庭室购置电脑32台，为各部门安装了电话、传真机、复印机等设备，档案工作也达到省级标准。

六、业务培训

在加强物质装备的同时，该院法官的知识结构也不断更新，注重加强岗位培训和专项法律培训。各分管领导和部门领导带头结合本部门工作实际，编写专题讲稿，利用每星期半天时间对全院干警进行业务讲授，并形成制度。院党组在财力十分紧张的情况下，为各部门领导购置了《法律文库》，为各庭室订阅《法院公报》、《人民法院报》、《人民司法》及《司法文件选编》等业务书刊，要求法官把读书、读报同思想、工作相结合，定期写出读书笔记，以年会形式开展学习交流。同时出台了一些优惠政策和奖励措施，鼓励法官参加各类高等院校的专题研究和专业深造。逐步实现学历、学位升级，并在经费上给予大力支持。

该院党组提倡并鼓励法官围绕审判工作的难点、审判改革的重点、群众关心的热点开展调研攻关，为法院审判工作和审判改革提供重要的理论依据，全院上下的学习调研气氛日益浓厚。1995年以来有多篇论文被《人民法院报》、《山西审判》、《山西法院政工简报》、《山西法制报》等报刊选用，有340余篇以案讲法等普法稿件被市级报刊、电视台采用。各部门还通过本院《法院信息》及时反映审判工作所取得的成功经验和队伍建设中的好人好事，平均每年编发各类信息简报90余件。2008年12月，《阳泉市城区人民法院志》由方志出版社出版发行，该志记述了城区法院自建院至2006年审判、调解、执行、队伍建设等方面的资料，是山西省基层法院正式出版发行的第一部院志，受到社会各界的广泛关注和好评。

七、人民法庭

1、下站人民法庭

1989年10月，阳泉市城区人民法院设立下站人民法庭，地址在城区下站交电大楼6层，办公房3间，包括1间审判法庭，面积170平方米，先后配备昌河汽车1辆、桑塔纳汽车1辆、微机1台，轻骑摩托车等现代化交通设备及微机、打印机等办公设备，年收结案100件左右。

管辖范围：城区下站、北大街2个办事处，38个居民区、11136户常住居民及265个企事业单位，人口约5万。

2002年8月，根据阳泉市中级人民法院“阳中发〔2000〕19号”文件《关于调整撤并人民法庭的通知》和山西省高级人民法院“晋高法政函字〔2000〕10号”批复，下站人民法庭被撤销。

历任庭长：王智舜、王凤云、邵鸿寿。

2、坡底人民法庭

1995年6月，阳泉市城区人民法院设立坡底人民法庭，地址在娘子关发电厂，办公房4间，面积110平方米，年收结案50件左右。

管辖范围：城区坡底街道办事处3个居民区，1103户常住居民及娘子关发电厂等4个企业，人口约0.5万。

2002年8月，根据阳泉市中级人民法院“阳中发〔2000〕19号”《关于调整撤并人民法庭的通知》和山西省高级人民法院“晋高法政函字〔2000〕10号”批复，坡底人民法庭被撤销。

历任庭长：周崇亮、高景云。

城区人民法院历任院长、副院长一览表

院长	任职时间	副院长	任职时间	副院长	任职时间
陈伟诚	1976.8 ~ 1983.12	郗太俭	1976.8 ~ 1987.6	梁锦铭	1981.12 ~ 1984.2
王凤岐	1984.5 ~ 1986.1	葛兰珍（女）	1984.2 ~ 1992.2		
暴志祥	1987.10 ~ 1993.5	闫福海	1987.6 ~ 2003.3	薛宝玉	1987.6 ~ 2003.3
		杨玉春（女）	1991.11 ~ 1992.12	卢润生	1992.2 ~ 2012.3
张先晓	1993.6 ~ 1998.5				
李宝来	1998.6 ~ 2003.3			高 武	1998.10 ~ 2003.5
		李俊忠	2000.12 ~ 2012.3	刘连芳	2002.4 ~
杨玉春（女）	2003.4 ~ 2011.5	宋爱平（女）	2005.6 ~		
张秋籽	2011.5 ~	郝惠平			
		贾常远	2012.4 ~		
				郗利民	2012.4 ~

第二节 矿区人民法院

矿区人民法院现任领导班子成员

一、概况

阳泉市矿区地处山西省中部东侧，太行山中段西麓，位于阳泉市区西南部，辖域分南北两块。北块（即老区）位于北纬 37° 51′ ~ 37° 55′，东经 113° 29′ ~ 113° 33′，之间，东与城区毗连，北、西、南均与郊区接壤。南块（即贵石沟新区）位于北纬 37° 40′ ~ 37° 43′，东经 113° 35′ ~ 113° 38′ 之间，四周与平定县冶西镇、南坳乡为邻。南北两块总面积为 19.15 平方公里。

矿区地处山西省省会太原与河北省省会石家庄的中点，相距两地均为 110 公里；距北京 390 公里，距太原和石家庄机场均为 100 公里，有着连接京、津、唐、豫、冀、晋的枢纽地位，是沿海经济带与中西部经济区联系的必由之路，处于承东接西、双向支撑的重要位置。全区总面积 10 平方公里，常住人口 24.3 万人。矿区人民政府成立于 1980 年 4 月，辖沙坪、赛鱼、蔡洼、桥头、平潭、贵石沟 6 个街道办事处，40 个社区。

20世纪50年代初，境内蔡洼设临时工矿区人民法庭，隶属阳泉市人民法院。1978年7月3日，阳泉市矿区人民法院成立，下设办公室、刑事审判庭、民事审判庭，开始受理辖区内一审刑事和民事案件，时有法官、法警16名。1980年《中华人民共和国刑法》、《中华人民共和国刑事诉讼法》颁布后，设立审判委员会。1984年增设经济审判庭。1987年投资52万元，兴建了办公楼和设有500人座位的审判庭，建筑面积共计2252.14平方米。同时修建4个各42平方米的小型法庭。

矿区建院伊始，人员主要从市中院、原阳泉矿务局抽调筹建，到2010年，法院编制人员为51人，内设11个庭室，其中法官34人，四级高级法官21人，年均审、执各类案件1500余件。办公地址曾四次移迁， 2006年10月，搬迁至桃北西路新审判综合大楼办公。新大楼建筑面积5000平方米。其中审判区3000平方米，内设中法庭1个，小法庭5个。工作区1500平方米，生活区500平方米，各种现代化设施齐备，办公条件跃居全省一流。

近年来，矿区法院在区委的正确领导下，在区人大常委会和上级法院的有力监督指导下，坚持以邓小平理论和“三个代表”重要思想为指导，牢固树立和落实科学发展观，紧紧围绕党和国家的工作大局和区委的重大战略部署，忠实履行宪法和法律赋予的职责，深入开展社会主义法治理念教育，认真贯彻“公正司法，一心为民”的工作方针，全面提高审判、执行工作的质量和效率，为矿区经济社会全面协调发展提供有力的司法保障。同时，法院狠抓自身建设，积极推进审判工作法治化，法院管理规范化，法官队伍职业化，法庭装备标准化，在建设公正、廉洁、文明、高效的现代化法院中迈出新的步伐。该院2003年被山西省高级法院评为“全省法院系统先进集体”，荣记集体二等功；2009年被山西省高级人民法院评为“全省优秀法院”，荣记集体二等功。被阳泉市委、市政府、市中级法院评为依法治理示范单位、人民调解工作先进集体、“严打”整治斗争先进集体，被矿区区委、区政府评为文明和谐单位、优秀党组织、先进集体等。2012年，矿区人民法院认真贯彻中共十七大和十八大精神，以落实科学发展观为指导，牢固树立“忠诚、为民、公正、廉洁”政法干警核心价值观，始终坚持“党的事业至上、宪法法律至上、人民利益至上”指导思想及“为大局服务、为人民司法”工作主题，认真贯彻落实区委、政府的决策部署，紧紧围绕“发展总部经济、培育第三产业、创新社会管理、构建和谐矿区”工作主题和“三区”建设目标，大力推进“社会矛盾化解、社会管理创新、公正廉洁执法”三项重点工程，进一步加强审判执行工作，全面落实司法为民举措，切实加强队伍建设，较好地完成了各项工作任务。最高人民法院授予“全国优秀法院”，山西省委、省政府授予“山西省思想政治工作先进单位”，山西省委政法委授予“山西省政法干警核心价值观先进集体”，阳泉市委政法委授予“执法为民模范集体”，阳泉市劳动竞赛委员会为该院荣记“集体一等功”。队伍中还涌现出了“全国司法警察工作先进个人”董波洋、“阳泉市双十佳政法干警”牛慧忠、龚景泉、“人民满意的好法官”邓治国、文晋喜、葛宜华和“全省优秀法官”仇怀俊、“全省民调先进个人”曹喜才等一大批先进人物。

二、机构沿革

50年代初，境内蔡洼设临时工矿区人民法庭，隶属阳泉市人民法院。1978年7月3日阳泉市矿区人民法院成立，下设办公室、刑事审判庭、民事审判庭，开始受理辖区内一审刑事和民事案件。1980年《中华人民共和国刑法》、《中华人民共和国刑事诉讼法》颁布后，设立审判委员会。1984年5月，增设经济审判庭。1988年11月，随着行政诉讼案件的增多，设立行政审判庭。1989年5月至9月，相继投资兴建并设立桥头人民法庭和沙坪人民法庭，具体负责审理桥头、沙坪街道办事处辖区范围的简单民事诉讼案件。1990年7月增设告诉申诉审判庭和政工科。1991年8月设立贵石沟人民法庭。根据工作需要和上级法院有关审判工作“立、审、执、监”分离的规定精神，1998年9月，经批准成立告诉审判庭、执行庭、经济审判一庭、经济审判二庭、审判监督庭，撤销告诉申诉审判庭、经济审判庭。2002年5月，根据《人民法院五年改革纲要》和2000年度全国民事审判工作会议提出的市辖区的人民法庭撤销，实行大民事审判格局，不再设经济审判庭的规定和要求，撤销桥头、沙坪、贵石沟人民法庭和民事审判庭、经济审判一庭、经济审判二庭、告诉审判庭。设立民事审判一庭、民事审判二庭、民事审判三庭、立案庭、执行局，政工科更名为政治处。现区人民法院共内设一室一处一组、一队一局七庭，即办公室、政治处、纪检组、法警大队、立案庭、刑事审判庭、民事审判一庭、民事审判二庭、民事审判三庭、行政审判庭、审判监督庭和执行局。

三、编　制

阳泉市矿区人民法院1978年7月成立之初，由阳泉市中级人民法院派5名干部和9名借调人员组成。1980年，编制为16人，实有正式干警7名，“三不动”干部（即借调）9名。1982年逐步又增调7人，在职人员增至23人。

为了适应审判工作需要，1985年、1988年，从党、政、企事业、部队转业干部、学校毕业生中选调17人到法院工作，在职人员增至42人。

1989年5月至2002年12月，桥头、沙坪、贵石沟法庭建置时，先后从原阳泉市矿务局抽调部分人员到法庭工作。

1990至1995年，先后又选调5人进入法院，在职人员47人。1996年至2001年，法院在职在编人员51人，退休4人。

2002年5月机构改革，核定编制为46人。2005年后，随着案件数量急剧上升，经有关部门批准，又增编5人，截至2012年，阳泉市矿区人民法院在职在编48人，离退休8人。

四、刑事审判

刑事审判工作是人民法院主要职能之一，建院30多年来，审理各类刑事一审案件4000余件，为巩固人民民主专政政权，维护社会稳定作出应有的贡献。矿区人民法院的刑事审判工作以1979年《刑法》和1997《刑法》的先后颁布实施，而主要分为两个阶段。

1980年《中华人民共和国刑法》、《中华人民共和国刑事诉讼法》实施，建立起人民法院依法独立公开审判和人民陪审员共同参与审判活动的体制，为人民法院依法严厉打击犯罪奠定了法律基础。

建院之初，审判辖区内杀人、放火、抢劫、强奸、伤害、流氓、盗窃等严重刑事犯罪发案较为猖獗，社会治安形势十分严峻。1983年刑事案件总量比1981年上升2.7倍，其中盗窃、抢劫、强奸、流氓案件分别上升2.1倍、3.2倍、6.5倍和11倍。

针对严峻的治安形势，矿区人民法院依照全国人大常委会六届二次会议《关于严惩危害社会治安犯罪分子的决定》和《关于迅速审判严重危害社会治安犯罪分子的程序的决定》以及中共中央"严厉打击，一网打尽"的指示，集中力量开展"严打"斗争。当年就审理各类刑事案件116件250人，审结105件208人。其中判处死刑2人，死刑缓期两年执行2人，无期徒刑5人。同年，阳泉市中级人民法院授权矿区人民法院公开审理于建国、刘建文抢劫、盗窃案，依法判处于、刘二犯死刑，剥夺政治权利终身，并经山西省高级人民法院核准处以极刑。

从1983年开始，"严打"作为中国一项刑事政策得到长期坚持，矿区法院针对不同时期的治安形势，先后开展了"打团扫恶"、"打黑除恶"、"打击商业贿赂"等多项专项严打斗争，始终把打击重点指向"两抢一盗"等危害人民群众生命财产安全的暴力犯罪，增强了人民群众的安全感，维护了社会稳定。

为适应社会需要，1996年3月17日修正后的《刑事诉讼法》施行，1997年10月1日新《刑法》颁布实施，两法确定了罪刑法定原则，审判方式也由原来的"纠问式"转变为"控辩式"，审判程序更为严格，法律规定也更为详尽。矿区法院一方面严格按照中央和上级法院的统一部署，认真开展"严打"斗争；另一方面认真学习新法，开展刑事审判方式改革。从1998年开始，相继推行了未成年犯罪案件审理帮教体系、刑事案件适用简易程序和刑事案件普通程序简化审、庭前证据交换、强化刑事附带民事案件附带民事部分的调解等多项改革措施，审判效率大大提高，社会效果良好。如在审理未成年犯罪案件中充分体现"寓教于审、惩教结合"。在做好庭中教育、庭后帮教工作的同时，建立起一套法院与未成年人的家庭、学校等部门的联系网络制度，不断派出具有丰富审判经验和法律专业知识的审判人员，选择典型案例，深入辖区进行普法宣传，为预防、减少青少年犯罪发挥了积极的作用。

五、民事案件审理

民商事审判，是人民法院解决民事纠纷，保障民事权益，维护社会经济健康有序发展的重要手段。建院 30 多年来，共审理各类民商事案件近 20000 件，诉讼标的 6 亿多元。

1、和谐司法，妥善处理民事案件

随着改革开放的不断深入，民间交流激增，大量民事矛盾纠纷凸显。为适应社会发展要求，一大批民事法律法规相继颁布实施，民事审判进入了新的历史发展时期。工作中，该院坚决贯彻落实全国民事审判工作会议精神，严格依照程序法和实体法办案，把公开审判和巡回就地办案结合起来，认真落实司法为民措施，注重发挥调解的传统工作优势， 坚持“能调则调、当判则判、判调结合、案结事了”的原则，妥善审理各类民事案件。据统计，建院 30 年来，共审结各类民事案件 13157 件，有力促进了社会和谐稳定。

2、婚姻家庭继承纠纷案件的审理

各类民事案件中，婚姻家庭继承纠纷案件居于首位，建院以来共审结 11014 件，占审结案件总数 83.7%。这其中又以离婚案件最多，共审理 10336 件。

离婚案件呈现出三个特点，一是离婚案件在民商事案件中占较大的比例，呈逐年上升的趋势。二是在离婚案件中，当事人以一方无职业居多。三是离婚案件当事人呈现出年龄小、婚龄短、文化程度较低和婚龄 5 ~ 10 年段、家庭条件优越两类为主。50 岁以上离婚的也有上升趋势。四是案件审理难度增大。婚姻家庭继承案件居高不下，原因主要为：一是结婚陋习导致，如包办、买卖、强迫婚姻；二是婚姻当事人婚姻感情基础较差，草率结婚；三是婚外情或第三者插足成为离婚率上升最主要的原因。四是性格不合；五是市场经济的负效应和文化的匮乏导致道德观、婚姻观扭曲，缺乏家庭责任感。

审判工作中，该院从维护社会稳定出发，对受理的离婚案件，认真做好调解工作，尽力调解双方和好，努力维护家庭稳定，只有对夫妻感情确已破裂的案件才判决准予离婚，并妥善处理好子女抚养、财产分割等问题。超过 75% 的案件调解处理或经调解撤诉。对于“三养”等其他家庭案件，则本着构建人与人和谐的理念，做好调解，力争案结事了。

3、侵权、权属案件的审理

随着改革开放的不断深入，人民群众的法律维权意识大大增强，因此侵权、权属案件也迅速增多。据统计，三十年来，该院审结此类案件 1415 件，占审结案件 10.8%。近几年，矿区表现出的特点是：人身权纠纷居多，尤以道路交通事故损害赔偿和医疗损害赔偿占较大比例，分别占到损害赔偿案件总数的 15% 和 4%。

六、服务社会

改革开放以来，随着社会主义市场经济迅速发展，生产流通领域交流频繁，各类矛盾纠纷大幅上升，商事审判应运而生。商事审判的前身是经济审判，该院开展经济审判始于 1984 年 5 月，建立了经济审判庭。并根据全国第一次经济审判工作会议精神，明确了经济审判工作的基本任务是审理生产和流通领域中的经济纠纷案件。2002 年 5 月，为适应市场经济体制的需要和与世界各国法律制度融合，最高人民法院《人民法院五年改革纲要》将经济审判统一改为商事审判，该院撤销经济审判庭，商事案件统一由民事审判庭承担。建院 30 多年来，共审结商事案件 4000 余件，诉讼标的达 4 亿多元。通过商事审判工作的开展，促进了市场经济体制的逐步完善，促进了辖区工业产业结构的调整，促进了企业管理制度的改革和经济效益的提高，为保障全区的经济发展做出了应有的贡献。

矿区的区情很特殊，区内企业绝大多数为原阳泉矿务局发展而来，所以企业发生商事纠纷更习惯于内部解决，这种做法对依法保护企业发展不利。为此，该院审判人员主动深入辖区企业，了解情况，提供法律服务。审结的商事案件中主动服务的占 80% 以上，为企业挽回了大量损失。

七、执行工作

执行工作是法院各项审判工作的关键环节和最后阶段。随着经济社会的不断发展，执行难的问题已成为法院系统普遍存在的一个突出问题。积案越来越多的被动局面严重地影响着法院判决的严肃性和法律的尊严，损害了当事人的合法权益。为此，根据中央关于解决“执行难”问题的 11 号文件精神和最高法院要求全国各地法院“立、审、执、监”相分离的规定，1998 年 9 月，矿区法院设立执行庭。2002 年 5 月改“庭”为“局”，专门负责执行工作。建院以来，共受理案件 8603 件，执结 7213 件，结案标的达 2.9 亿元，平均执行率在 84% 以上，法院案件执行率连续多年位居全市法院前列。

为破解执行难，该院加强领导，同上级法院密切配合，共同构建起统一领导、统一管理、统一协调机制。同时，大胆创新，先后创造性建立了执行审计、重大执行措施合议审批制度、内部易人执行制度等多项执行制度。2006 年，建立了执行案件信息管理系统及执行威慑机制，这些举措有效提高了执行工作的效率。

执行工作从最初各自为战，到专门机构负责。该院始终坚持加大执行力度和规范执行行为并举，文明执行、依法执行，力求法律效果与社会效果的统一。1998 年以来，先后开展了“清理积案”、“执行大会战”等集中活动和“三清”、“规范执行行为、促进执行公正”、“执行工作大检查”等专项整改活动。执行难的状况得到改善。

八、立案和审判监督

立案工作主要职能：一是各类一审案件及执行案件的审查受理和立案；二是负责各类申诉和申请再审案件的初审与立案，组织、协调法院信访工作；三是组织实施和参与审判工作流程管理，开展审限跟踪管理。

审判监督主要职能是依法审查申诉、申请再审案件；审判上级法院指令再审、该院决定再审和人民检察院抗诉的各类案件；进行案件复查并做好再审案件当事人的息诉工作。工作中，矿区法院把再审案件审理和案件跟踪监督、评查作为重点。再审案件坚持有错必究原则，依法审理，依法裁判。案件跟踪实行诉讼全程监督。案件评查以建立案件质量评查体系为载体，每年抽查案件均达到当年结案总数的40%。发现问题及时反馈，有效促进了案件质量的提高。

九、基础建设

矿区人民法院从建院以来，院址经历4次变迁。初建院院址设于阳泉矿务局机关院内，其占用5间排房；1983年8月迁至矿区人民政府院内，占用矿区政府1号楼西侧第三层共10间楼房，与检察院、公安分局等部门在一栋楼内办公；1987年11月，又迁入面积2252.54平方米的五层办公楼和审判法庭，2006年10月，根据法庭标准化建设要求，矿区人民法院投资1000万元，历时一年半建成面积5000平方米的7层审判综合大楼并投入使用。新办公楼功能齐全，分审判区、工作区和生活区，审判法庭、办公楼的建成以及各种设施的具备，较好地保证了审判工作的顺利开展。

十、人民法庭

1、桥头人民法庭

1989年5月13日，阳泉市矿区桥头人民法庭设立，位于阳泉市矿区刘家垴，有独立办公楼一栋，面积300平方米。辖区为矿区桥头、菜洼两个行政区域。年审理案件230余件，组成人员6～7人，除院内两名正式干警外，其余为阳煤集团二、四矿借用。2000年12月撤销。

历任庭长：邓治国、杨永隆、李新华、曹喜才。

2、沙坪人民法庭

1989年9月15日，阳泉市矿区沙坪人民法庭设立。位于阳泉市矿区沙坪（阳泉一、三矿交界处）。临时租用3套150平方米居民用房办公，辖区为矿区沙坪、赛鱼两个办案行政区域。年审理案件250余件，组成人员6～7人，除院内两名正式干警外，其余为阳煤集团一、三矿借用。2000年12月撤销。

历任庭长：杨永隆、李新华。

3、贵石沟人民法庭

1991年8月15日，阳泉市矿区贵石沟人民法庭设立。位于阳泉市矿区贵石沟。临时借用阳煤集团五矿办公楼，面积300平方米，辖区为矿区贵石沟行政区域。年审理案件100余件，组成人员3～5人，除1～2名正式干警外，其余工作人员为阳煤集团五矿借调至法庭协助干警办理调解的人员。2000年12月撤销。2012年恢复建制。

历任庭长：周彦斌、蒋巨科。

矿区人民法院历任院领导一览表

<table>
<tr><th>职务</th><th>姓名</th><th>任职时间</th><th>职务</th><th>姓名</th><th>任职时间</th></tr>
<tr><td rowspan="22">院长</td><td rowspan="3">王振瑞</td><td rowspan="3">1978.7～1984.5</td><td rowspan="16">副院长</td><td>王立明</td><td>1978.7～1984.5</td></tr>
<tr><td>汪美蓉</td><td>1984.3～1996.7</td></tr>
<tr><td>王银堂</td><td>1984.3～1988.8</td></tr>
<tr><td rowspan="3">王立明</td><td rowspan="3">1984.5～1995.4</td><td>段俊富</td><td>1988.8～1997.1</td></tr>
<tr><td>张建国</td><td>1993.1～1998.5</td></tr>
<tr><td>张勤文</td><td>1996.7～2008.10</td></tr>
<tr><td rowspan="3">席建魁</td><td rowspan="3">1995.4～2002.1</td><td>吕冬（女）</td><td>1996.9～1998.5（挂职）</td></tr>
<tr><td>冯敦江</td><td>1997.9～2008.10</td></tr>
<tr><td>刘连明</td><td>1997.7～2008.10</td></tr>
<tr><td rowspan="12">王海贵</td><td rowspan="12">2002.1～2011.5</td><td>王彦刚</td><td>2001.1～</td></tr>
<tr><td>乔泉生</td><td>2004.10～</td></tr>
<tr><td>周满财</td><td>2007.10～2009.10（挂职）</td></tr>
<tr><td>陈秉龙</td><td>2008.10～</td></tr>
<tr><td>杨志业</td><td>2008.10～</td></tr>
<tr><td>刘成芳</td><td>2008.10～</td></tr>
<tr><td>政治处主任</td><td>张存久</td><td>2002.4～</td></tr>
<tr><td rowspan="3">纪检组长</td><td>郭建设</td><td>1999.9～2007.12</td></tr>
<tr><td>韩玉龙</td><td>2007.12～</td></tr>
<tr><td>王 颖</td><td>2011.1～</td></tr>
<tr><td>院长助理</td><td>翟根柱</td><td>2006.12～</td></tr>
<tr><td>梁 庆</td><td>2011.5～</td><td></td><td></td><td></td></tr>
</table>

第三节 郊区人民法院

阳泉市郊区人民法院领导班子成员

一、概述

阳泉市郊区人民法院于公元1975年2月成立，辖区地处太行山西麓，东南与平定接壤，西北与寿阳、盂县为邻，中部环绕阳泉市城、矿两区。地理坐标为北纬37047 ' ~ 38005 ' ,东经113019 ' ~ 113043 ' 。东西宽33公里，南北长35公里，总面积626平方公里，截至2012年底，常住人口有28.6余万。郊区人民政府设在郊区荫营镇下荫营村。

据历史记载，在旧石器时代，人类就在此繁衍生息，从西汉至民国先后分属上艾县、石艾县、广阳县、平定县和盂县。1947年5月阳泉解放并设市，7月成立阳泉市第二区人民政府，是为阳泉市郊区的雏形。经过多次变动，1984年区划渐趋稳定。撤乡并镇将原13个乡镇合并为4乡4镇，184个村委会和两个居委会。

郊区人民法院于1975年2月成立，随着历史的变迁，发生了巨大的变化。由建院初仅7名工作人员，设办公室和民事审判庭两个工作机构，办公场所占地面积38平方米，交通工具是一辆旧自行车，发展为现有工作人员57名，设办公室、政治处、纪检组、监察室、执行局、立案庭、刑庭、民一庭、民二庭、民三庭、行政庭、审监庭、未成年人案件综合审判庭、执行一庭、执行二庭、法警队和河底、平坦、义井法庭，共十九个办公机构。办公大楼7180平方米，交通工具警车27辆。现代化办公档案管理，司法统计，后勤服务，区域网络等设施一应俱全。2009年4月，我院被省劳动竞赛委员会、省高院荣记一等功；2010年11月，未成年人案件综合审判庭被全国妇联授予"全国维护妇女权益先进集体"荣誉称号；2012年1月，我院受到省依法治理领导组的表彰，8月，又被评为了全省优秀法院。队伍中还涌现出了"全国法院系统纪检监察工作先进个人"张丽华、"阳泉市双十佳政法干警"杨铁福等一大批先进人物。

二、机构改造

1947年，阳泉市人民政府成立，7月在现郊区境内的小阳泉设阳泉市第二区人民政府，下设司法科，负责区内的司法事务。

1953年4月，市政府决定将第二区人民政府迁驻荫营镇后沟村。1955年3月改称阳泉市荫营区人民委员会，下设司法科，专管区内司法事务。1955年6月，阳泉市人民法院在荫营区后沟村设立荫营人民法庭，取消司法科建置，受理辖区一审民事案件和少量的轻微刑事自诉案件。至1969年12月底，三名审判人员处理各种民事案160余件。1970年1月荫营人民法庭和荫营区公安科、检察科、司法科统一由人民解放军军事管制小组领导，不设单独审判机构，直至1975年1月底。

1975年2月，阳泉市郊区人民法院正式挂牌成立，设办公室和民事审判庭，审理辖区的一审民事案件。1977年，增设群众来信来访接待室和司法科。1980年3月，增设刑事审判庭，审理辖区一审刑事案件。1982年2月，增设经济审判庭，审理辖区一审经济纠纷案件。1983年2月，在平坦乡设平坦人民法庭，审理平坦、义井、辛兴、旧街四个乡的一审民事案件。1984年2月，在河底镇设河底人民法庭，审理河底、东村、西南舁、燕龛4个乡镇和固庄煤矿、阳泉一钢的一审民事案件。1987年7月。在荫营镇设荫营人民法庭，审理荫营、白泉、杨家庄、李家庄4个乡镇及5个居民区的一审民事案件。

1991年2月，增设政工科，分管全院政治工作；设执行庭，加大生效案件的执行力度。1991年6月，增设告诉申诉庭，负责辖区各类案的立案、审查、受理，接待群众来信来访，设立行政审判庭，审理辖区的一审行政案件。1993年3月，增设经济调解中心，调解处理辖区的简单经济纠纷案件。1995年2月，增设计划生育法庭，审理辖区涉及计划生育的民事案件。1997年5月，增设经济审判二庭，加强辖区一审经济纠纷案件的审理。1998 年 3 月，增设经济审判三庭，半年后撤销。

1998 年 9 月，告诉申诉庭更名为审判监督庭，监督审查生效案件申诉，提起再审案件的工作；成立立案庭，负责各类案件的立案、审查、受理工作和接待群众来信来访。1998 年 12 月，撤销计划生育法庭。2001 年 1 月，改经济审判二庭为执行二庭。2001 年 3 月，撤销荫营人民法庭和平坦法庭，政工科更名为政治处，经济审判庭更名为民事审判三庭。

2002年3月，增设执行局，下设执行一庭和执行二庭。2006年，成立司法警察大队，负责法院的司法警务工作。

2008 年 2 月，增设监察室。2008 年 7 月，增设未成年人案件综合审判庭，负责审理辖区内涉及未成年人权益及未成年犯罪的案件。2010 年 7 月，恢复平坦人民法庭建置。2010 年 7 月，增设义井人民法庭，审理义井、杨家庄两乡 29 个行政村的一审民事案件。

三、审判工作

1、刑事审判

刑事审判庭于 1980 年 3 月成立，截至 2012 年底，共依法及时审理各类刑事案 4100 多件。遵照中央严厉打击严重刑事犯罪活动的部署，在 1983 年 8 月至 1987 年的“严打”斗争中，严格执行《刑法》、《刑诉法》、全国人大常委会《关于严惩严重危害社会治安的犯罪分子的决定》，全力以赴，依法从重从快准确及时地判处一批暴力型犯罪、侵财型犯罪和多发型犯罪，38 案 116 名犯罪分子受到严惩。根据最高人民法院授权规定，1983 年 9 月，对杨付生等 9 名被告抢劫、强奸一案进行了依法判处，其中 3 人被判处了死刑。严打期间共审结各类刑事案 200 多件，有力地打击了犯罪分了的嚣张气焰。在维护社会治安，促进安定团结，保障改革廾放现代化建设中起了重要作用。

在依法审理严重刑事犯罪案件的同时，加强对职务犯罪和安全事故责任案件的审理。公开审理了河底青山煤矿、义井乡西峪、南庄等煤矿负责人玩忽职守、重大责任事故案，对涉案的责任人依法判处了刑罚。除此之外，还依法处理了原华越集团董事长冯礼堂、平定县委宣传部原部长梁岗平、盂县安监局原局长韩斌和桃坡村原党支部书记王致金等职务犯罪案件。

坚持“实事求是、有错必纠”的原则。刑事审判庭按照中央和省委的有关文件精神，认真开展复查，纠正平反冤假错案。对 1966 年之前原属平定法庭管辖判处、后归郊区法院管辖的 97 件 116 人的反革命和其他政治性案件进行了认真复查，对原判决的 11 件 12 人反革命和其他政治性案件的当事人，经审理宣告无罪，并在经济上给予了适当补偿。

在涉少案件的审理中，针对未成年人犯罪案件呈现低龄化、犯罪手段恶劣、后果严重、结伙作案增多的新特点，于2010年11月，向社会招聘了22名刑事案件社会调查员。同时与区教委、妇联、共青团联合建立了未成年人法治教育基地。庭审中，坚持“寓教于审，审教结合”的方针，重点推行了“圆桌审判”这一更为宽松、和谐的庭审形式，法官、检察官与被告人通过零距离接触，在娓娓交谈中实现了帮教。同时，积极参与社会治安综合治理，采取模拟法庭、服刑人员现身说法等方式，重点加强对全区中小学生的普法宣传。建立帮教档案，定期对被判缓、管、免人员进行回访。

2003年至今，年均受理各类刑事案件为100件左右。2012年，共受理各类刑事案件134件，全部审结。

2、民事审判

民事审判庭于1975年2月成立，主要负责辖区内的一审民事案件的审理，以促进人民内部矛盾的正确处理，加快构建稳定，和谐的社会秩序。1975年2月至1982年，所受理的民事案件中，婚姻纠纷案就有653件，占案件总数的48%。1983年至1993年年底，共处理离婚案1272件，占案件总数的55.33%；债务案188件，占案件总数的8.18%。1995年审理民事案334件，1999年审理513件，2004年审理1257件，2008年审理1040件，2011年审理1609件，2012年审理1363件，呈逐年上升趋势。典型案例有：1979年三郊公社三都大队苗银华诉丈夫史胖孩虐待案；1983年义井乡大阳泉村吴梁珍、兰玉珍侵占宅基地案；1996年李家庄硫铁矿40余名工人诉矿山承包人拖欠工资案；2008年100余户购房业主诉荫营阳光购物中心预售房业案，等等。

经济审判庭于1982年2月成立，经济纠纷调解中心于1993年3月成立，经济审判二庭于1997年5月成立，经济三庭于1998年3月成立，11月被撤销。经济审判庭于2002年5月更名为民事审判三庭。经济审判庭存续了20多年的审判工作。主要负责审理辖区内的生产、流通、贸易中发生的一审经济纠纷案件，促进全区经济体制逐步完善、结构逐步调整，制度逐步改进，效益逐步提高，为保持全区经济健康有序的发展做出了贡献。截至2012年年底，共审结各种经济纠纷案13700多件。典型案例：1991年清理三角债使下千亩坪耐火厂与其他几个有关联的企业的债务纠纷得以解决，涉案标的达60.1万余元；1993年为阳泉市银中贸易公司、郊区金属公司、区制钉厂追回设北京京城贸易经营公司骗走的货款140万元；1996年，依法审结企业破产案13件，涉案标的为14584万元，妥善处理了各方关系，市中院召开现场会，推广郊区法院的经济审判工作。

2003年至今，年均受理各类民商事案件为1000件左右。2012年，共受理各类民事案件888件，结案873件。

3、行政审判

行政审判法庭于1991年3月成立，负责审理辖区内一审的行政诉讼案件，依法对合法有效的行政行为予以支持，对不当的行政行为予撤销，依法保护公民、法人和其他合法组织的合法权益,依法支持行政执法部门与单位的合法有效的具体行政行为,理顺行政审判权和行使行政权力的关系。建庭以来共审结210多件行政诉讼案件。其中典型案例有：2004年，郊区为发展玉泉山关王庙的旅游，决定修建玉泉路（荫营至白泉三岔口）。施工期间，林里村一户村民拒绝拆迁，影响了工程进展。根据区委的要求，法院依法受理了这一案件。经过多方努力，最终妥善处置了这一案件。2007年，郊区环保局请求法院依法强行拆除污染环境的西垴村耐火材料厂的倒烟烟囱。院领导率行政庭干警深入现场,通过耐心讲解政策法律,最终做通了该厂负责人的工作。

2003年至今，年均受理各类行政案件为10件左右。2012年，共受理行政刑事案件6件，全部审结。

4、审判监督

审判监督庭于1998年9月成立，其职能主要是行使法院内部的审判监督权，对当事人提出的申诉进行审查并组织听证，对已经发生法律效力的判决书、裁定书和调解书认为确有错误的，提请院长提交审判委员会讨论，并办理再审案件。成立10多年来，共评查全院各类案件14000余件。其中1998年9月复查各类案件103件，改判17件，5件决定再审。2000年评查案件1600余件，处理申诉案件25件。特别是2006年以来，每年年底的总结表彰大会前，案件评查工作已形成一种惯例。在具体工作中，采取庭室自查、庭室间互查、院评查领导组抽查的办法，对案件质量进行全面评查，发现问题集中点评,全院通报,确定整改时间。

5、执行工作

执行工作是审判工作的最后环节和最终体现，事关已决案件的法律效力，事关法律的尊严，事关公民的合法权益的保护和社会效果彰显。1975年2月法院成立至2001年执行局成立前夕，案件执行均由办案庭干警承担，审执不分，执行局成立，下设执一庭、执二庭，负责全院生效案件的执行工作。至2012年执结各类案件2000余件，有效及时地保障了当事人的合法权益，维护了生效判决和裁定的法律尊严，收到了良好的社会效益，为进一步促进社会安定和谐做出了显著贡献。从2008年11月开始，根据上级的统一安排，开始进行了清理执行积案活动，着力建立健全执行工作联动威慑机制，形成党委领导、人大监督、政府支持、政法委协调、人民法院主办、社会各界配合的执行工作格局。到2009年8月，圆满完成了清理执行积案任务，共清理执行积案487件，此项工作受到了省高院的表彰。2009年以后，将执行工作的重点放在了民生案件上，特别是对涉及赡养费、抚养费、医疗费用、人身损害赔偿以及外来民工追索劳动报酬等严重影响当事人生活、生产的执行案件，坚持特事特办的原则，做到了快速了解案情、快速指派执行人员、快速拟定预案、快速采取措施，尽可能简化执行程序、减少中间环节。

2012年，该院共受理执行案件284件，执结270件，标的达1亿多元，实际到位达9200余万元。

6、信访及司法为民工作

牢固树立信访工作也是审判工作的意识，扎实做好审判和执行工作的基础工作，力求从源头上预防和减少涉诉信访案件。在具体工作中，努力探索“诉访分离、诉访相济，多元疏导，息诉罢访”的信访工作机制，着力破解涉诉信访难题。高度重视初信初访工作，便民利民，注重疏导；认真开展矛盾定期排查，分析信访走向，排查苗头信息，及时做好应对工作；切实落实“定时间、定人员、定领导、定责任，包案处理”的“四定一包”制度，对排查出来的矛盾，做到矛盾不化解，领导小组不解散。2003年到2007年年底，共处理信访积案、难案20余件。特别是2007年以来，郊区法院基本没有产生新的信访案件。信访工作也多次受到省高院的表彰。

加强便民利民工作。2003年，院领导采取“干警凑一点，院内挤一点”的办法，在全市法院系统首家成立了司法救助基金。2009年，根据八部委的文件，在全市首家成立了刑事被害人司法救助基金，财政每年拨付30万元，用于救助那些生活困难的刑事案件被害人。从2003年至2012年底，郊区法院为生活困难的当事人依法提供诉讼费的缓、减、免，金额每年都在100万元以上。同时认真贯彻各项便民利民措施，2003年至2012年年底，郊区法院的案件巡回审理率一直保持在45%左右。

四、队伍建设

郊区法院有一支作风过硬、干事创业的队伍。从2003年开始，在队伍建设上形成了自己的特色。如警示教育常态化、案案发放廉政监督卡，在业务建设上由外派人员轮流为全院干警授课，共同提高，等等。国家司法考试开考以来，郊区法院先后有5名同志以优异的成绩通过了国家司法考试。在法院文化建设方面，干警的300余万字的作品及调研文章发表在全国各级报刊。2012年年底，王拉寿创作的24万字的长篇报告文学《玉泉山作证》由中国文联出版社出版，最高人民法院主办的《中国法官诗文专刊》称它为：中国第一部以一个基层法院为例写全国法院、全国法官的长篇报告文学。另一个22万字的小说集《玫瑰舞者》也由中国戏剧出版社出版。

五、法庭建设

1、平坦人民法庭

1983年2月，法庭在桃北西路北侧郊区农业系统办公楼借用2间共36平米的房间做办公室，只配备桌、椅、柜等简单办公用品，无专用法庭和车辆。至1990年后法庭办公房间增加为6间79.2平米，其中办公室4间，法庭1个，配备2台电脑，办公车辆1部。

法庭管辖平坦、旧街、辛兴3个乡镇57个行政村，97个自然村，1994年人口21537人，其中农村人口20265人，城镇人口1272人。2008年末拆乡并镇为一镇一乡，人口述24000余人。

2001年前，年平均审理民事案件80余件，2002年审理143件，2003年125件，2004年165件，2005年88件，2006年55件，2007年57件，2008年75件，2009年至2012年共审理370余件。

历任庭长：魏仕琪、蔡春喜、张丽华、董新河、杜军

2、河底人民法庭

1984年，河底法庭借河底镇政府两间房作办公室，面积32平米，配备桌、椅、柜等普通办公用具，一辆旧自行车为交通工具，1988年动工，1990年6月落成投入使用的法庭二层办公楼及三孔窑洞共10间，其中法庭、库房、厨房各1间，总面积495平米，陆续配备办公电脑3台，办公车辆一部。2011年5月，经院党组研究，启动河底法庭新审判大楼项目。2012年10月11日，河底法庭新审判法庭正式投入使用。

法庭管辖河底、东村、西南舁、燕龛三乡一镇40个行政村及固庄煤矿、阳泉一钢，1994年在册人口53026人，其中农业人口35861人，拆乡并镇后辖河底、西南舁一镇一乡，至2012年底辖区总人口为58000余人。

2001年以前，法庭年平均审理120件案件，2002年以来审理案件数分别为2002年150件、2003年163件，2004年134件、2005年154件，2006年171件，2007年125件，2008年121件，2009年至2012年387件。

法庭成立以来，多次受到上级奖励：

1994年省委授予"全省综合治理先进单位"、1995年山西省高级人民法院授予"全省一流法庭"奖励。2003年10月授予"全省模范人民法庭"称号。刘满贵、赵建军均受到省高院表彰。

历任庭长：任东晓、任义牛、刘满贵、翟希、赵建军。

3、荫营人民法庭

1987年7月，荫营法庭设在郊区法院本部，占办公室2间，面积48平米，无专用车辆，开庭借用法院小法庭。

法庭管辖荫营、三郊、白泉和李家庄四个乡镇55个行政村69个自然村和5个居民区，1994年在册总人口为99685人，其中农业人口为76565人，拆乡并镇后，辖荫营、李家庄50个行政、61个自然村和5个居民区。2012年辖区人口112000余人，其中农业人口81000余人。

法庭工作期间，每年平均审理案230余件，15年间共审结各类民事案360余件，2005年10月法庭被撤销。

历任庭长：任新义、冯素林、梁德广。

4、义井人民法庭

2005年1月设义井巡回法庭，2010年7月成立义井人民法庭，8年来租用农业大厦一层西端5间房作办公场所。无专用法庭，使用面积120平米，配备公务用车2辆，

电脑2台，办公设施较为齐全。

法庭管辖义井镇、杨家庄乡29个行政、34个自然村的一审民事案件，辖区人口41000余人，其中农业人口39000余人，城镇人口2000余人。

义井巡回人民法庭7年总审结1500余件，被评为山西省“青年文明号单位”。2010年经省高院批准，同意将义井巡回法庭更名为义井人民法庭。

历任庭长：任继华、王恕。到位达9200余万元。

阳泉市郊区人民法院历任院长、副院长一览表

任职时间	院 长	任职时间	副院长	任职时间	副院长
1975.2 ~ 1984.4	武义祯	1975.2 ~ 1984.4	娄振国	1975.2 ~ 1990.12	韩彦秀
		1981.9 ~ 1984.4	贾玉华		
1984.4 ~ 1987.4	孙喜爱	1984.4 ~ 1987.4	赵维田		
1987.4 ~ 1990.4	侯 艾			1987.4 ~ 1995.4	赵维田
1990.4 ~ 1995.3	侯 艾	1990.4 ~ 2002.4	赵 鹏		
1995.4 ~ 1998.6	王立明			1995.4 ~ 2002.1	陈福顺
1998.6 ~ 2002.4	王立明			1998.6 ~ 2008.3	史先玲
2002.4 ~ 2003.4	付金林	2002.4 ~ 2011.5	李永祥	2002.4 ~ 2009.2	任怀金
2003.4 ~ 2007.4	李保来				
2007.4 ~	冯晋明	2007.12 ~ 2009	张朝晖	2008.3 ~	蔡春喜
				2008.3 ~	张海忠

第四节　平定县人民法院

平定县人民法院现任领导班子成员

一、概　况

平定县位于山西省中部东侧，太行山西麓。地理坐标为北纬 37° 39′ 30″ ~ 38° 07′ 30″，东经 113° 25′ 55″ ~ 114° 02′ 33″，东邻河北省井陉县，西连寿阳县，南毗昔阳县，北接阳泉市郊区和盂县。县境东西最长处 54 公里，南北最宽处 50.4 公里，总面积 1395 平方公里。

平定历史悠久，远在旧石器时代即有先民集居。夏属冀州之域，周为唐之东境，春秋属晋，战国属赵，汉初置上艾县，北魏称石艾，唐更名广阳，宋初设置平定军。金、元、明、清或为州，或为直隶州。民国元年（1912），废州改县至今。1958 年 8 月 15 日，平定县并入阳泉市郊区，1961 年 4 月 25 日，恢复平定县制，由晋中专区管辖。1983 年 7 月 28 日划归阳泉，隶属于阳泉市。1990 年，全县设 7 镇 12 乡，323 个行政村，7 个居民委员会。2000 年 12 月，撤并乡镇为 8 镇 2 乡，318 个村民委员会，14 个居民委员会。2010年年末，常住人口33.53万人。

封建社会时期，衙门即为司法机关。晚清，平定州衙中的差役有快、壮、皂、捕四班。光绪二十七年（1901）后，裁撤壮、捕两班，余快、皂两班。仍行四班（称四班衙役）之责。清末，诸法一律民刑不分，实体与程序法相混。民事诉讼亦按刑事诉讼审理，审理案件推行罪从口供，常常施行刑讯逼供，屈打成招，冤枉无辜屡见不鲜。且平民告状艰难，因被盘剥，店房困居，常年受诉事之累，倾家荡产者甚多。民国之前的司法制度和审判活动，从属于行政，甚至二者合一，民刑掺和，重刑轻民，因人施法，因钱施法，徇私枉法成风。

民国建立后，司法审判机关独立建制，结束了司法和行政二者合一的历史。县署设司法科（亦称承审科），为专门受理各种诉讼案件的司法机构。设帮办司法人员（即承审员），分任管狱、查案、收状、拟批、帮审、录供，设检验吏，专事勘查案件现场和检验尸体。民国2年（1913）3月，撤销四班衙役，设差传、催缉、缉警、送卫四股，时有警察40名。民国26年（1937）10月，县城沦陷，县署司法机构溃亡。

抗日战争期间，平定（路北）县、平（定）东县和平（定）西县均设立人民司法机关，统称司法科（亦称承审处），设科长，承审员，建立流动性或巡回法庭实施审判，以适应战争环境。是时，采取三级三审制度。即边区政府高等法院、专署地方法院和县承审处。巡回法庭经常不定期地活动在乡下，以方便距政府较远的农村投诉者。平（定）西县司法科于民国26年（1937）11月设立，平（定）东县司法科于民国27年（1938）年春设立。平定（路北）县司法科于民国27年（1938）12月设立。当时均施行冀太联办（冀南、太行、太岳联合办事处）司法并达到四点要求：一是司法独立，二是司法正规，三是保障人权，四是息事宁人。司法独立就是行政司法权限分离，司法机关要独立行使审判职能。司法正规就是要按照法定手续（亦指程序），解决案件，告状起诉、上诉控告、再审必须经过获案、送案、传案、审判、批示、送达等法定手续。以防违法、草菅人命。保障人权就是要司法机关对任何案件不得超过法定审讯期限（20日），判决后不得限制申辩、上诉、控告（汉奸案件除外）。息事宁人就是司法人员对可以通过调解案件的诉讼当事人要采取说服教育的方法尽可能调解，尽力做到大事化小、小事化了，不激化矛盾。民国35年（1946）6月，平（定）东县、平（定）西县司法科合并，称平定（路南）县司法科。至民国37年（1948），平定（路南）县和平定（路北）县司法机构合并，称平定县司法科，内设办公室、看守所，人员编制为10人，开始实施新的审判制度，司法科审判案件，要报上一级司法机关审批并受县长监督。

1952年11月1日，撤销县司法科，正式成立平定县人民法院，内设办公室、接待室，刑事审判、民事审判机构，有科长1人，工作人员14名，平定县所有民、刑事案件审判及司法行政等事宜，均由法院办理。其间，平定县进行了司法工作改革，总结了革命根据地的审判经验，继承了苏联社会主义的司法理论，在此基础上国家颁布了一批新的法律、法规，确定了“深入群众、调查研究”的审判原则，开始实行三级两审制，特殊情况可以三审或一审终审。同时，推行人民陪审制、复审制、辩护制，司法制度

渐趋完善。在民事审判中，还实行了巡回审理，就地办案。1954 年，平定县法院认真贯彻执行《中华人民共和国宪法》、《人民法院组织法》和全国、全省司法会议精神，在审判工作中推行各项民主制度，端正审判作风，使审判工作和法院自身建设走上了民主化、正规化的道路。1955 年，经民主普选人民陪审员 36 名，全年共陪审刑事案 67 件，民事案 24 件。1955 年 8 月，设立东回人民法庭。1956 年，民主普选人民陪审员 192 名，并两次集训以提高人民陪审员的法律素质和业务水平。1957 年 2 月，设立平定县法律顾问处和公证室。

二、审判工作

平定县人民法院成立后，针对当时国内外形势和抗美援朝运动斗争的需要，在刑事审判中坚持“准确、合法、及时”的原则，有力打击了反革命残余势力的反扑和刑事犯罪分子的猖獗活动，为巩固人民民主政权，维护社会秩序，发挥了积极的作用。平定法院学习“马锡五办案方式”，刑、民事案件带卷下乡，公开审判，办理一案，教育一片，扩大办案效果，社会秩序明显好转。

1957 年开展“整风反右”活动。1958 年，开展司法工作“大跃进”。8 月，撤销平定县人民法院，设立阳泉市平定人民法庭。1961 年 4 月，恢复了平定县人民法院的称谓和职能，按照山西省高院《人民法院工作若干规定》和《处理刑事上诉、复核案件十八条》等规定开展刑、民事案件的审理。1961 年设立岩会、张庄、柏井三个人民法庭。

1966 年，“文化大革命”开始。1967 年，中共平定县委、县人民委员会被造反派组织夺权。审判工作由“群众专政指挥部”代行职权。1968 年 12 月，平定县公、检、法三机关实行军事管制，人民法院的各项职能由军管组内设的审判办公室行使。在此期间，判处的反革命案件主要依据是 1967 年 1 月出台的“公安六条”（《关于无产

阶级文化大革命中加强公安工作的若干规定》）。1974 年 4 月，撤销军管组和保卫组，恢复平定县人民法院，设立办公室、刑事审判庭、民事审判庭。1976 年，“文化大革命”结束。1978 年全院干警认真开展“实践是检验真理的唯一标准”问题的大讨论。

平定县人民法院 20 世纪 60 年代旧址

1978 年 12 月，中国共产党十一届三中全会召开并提出健全社会主义民主，加强社会主义法制。平定县人民法院全体干警坚决贯彻执行党的路线、方针和政策，认真实施各项法律和制度，自觉遵循以事实为根据，以法律为准绳的审判原则，严格依法办案。1979 年全国人民代表大会通过了《中华人民共和国刑法》、《中华人民共和国刑事诉讼法》和新修改的《人民法院组织法》等，平定县人民法院审理刑事案件有了明确的法律依据，各项审判工作进入了新的历史发展时期。

遵照中共中央“三年为期，三个战役”严厉打击严重刑事犯罪活动的部署，从 1983 年 8 月至 1987 年 2 月，平定县人民法院进行了“严打”斗争。“严打”中，严格执行《刑法》、《刑事诉讼法》、全国人大常委会《关于严惩严重危害社会治安的犯罪分子的决定》和《关于迅速审判严重危害社会治安的犯罪分子的程序的决定》，集中精力，全力以赴，依法从重从快、准确、及时地判处了一批杀人、放火、抢劫、强奸、重大盗窃、流氓等严重危害社会治安和人民群众生命财产安全的犯罪分子及惯犯、累犯和犯罪集团的首要分子。共审结各类刑事案件 200 余件，有力地打击了犯罪分子的嚣张气焰，弘扬了正气，树立了社会主义法制权威，在维护社会治安、促进安定团结、保障改革开放和四化建设等方面起了重要作用。

1982 年，遵照中共中央《关于严惩严重破坏经济的罪犯的决定》，该院加强对贪污、受贿、盗窃公共财产、诈骗等经济犯罪案件的审判，给予经济犯罪分子严厉惩处。与此同时，根据“一要坚决，二要慎重，务必搞准”的原则，严惩了一批贪污、受贿、挪用公款等严重经济犯罪分子，推进了反腐败斗争的深入开展，保障了改革开放的顺利进行。在办案过程中严把案件质量关，树立铁案意识，做好挽救失足青少年的工作，加大刑事附带民事案件的调解力度，下乡办案，把庭开在基层，搞好综合治理，加大法制宣传的力度，为维护平定县的社会稳定，发挥了积极作用。

在办理案件的同时，坚持“实事求是，有错必纠”的原则，法院干警认真学习中共十一届三中全会和全国五届二次会议精神，根据中共中央“〔1978〕78 号”文件和中共山西省委“〔1979〕40”文件指示，展开了复查纠正，平反冤假错案。1986年2月根据最高法院1985年11月郑州会议，复查统战对象方面的案件22件22人。根据中办发〔1986〕6号文件精神和最高人民法院“长春会议”精神，从1986年8月1日开始，对1949年10月至“文化大革命”前的反革命案件和其他政治性案件进行了复查，审阅了3251件刑事案卷。筛选复查了143件，改判77件78人，其中属反革命案件的42件42人，其他政治性案件35件36人。

民事审判是法院工作的重要组成部分，涉及面广、种类繁杂，承担了化解纠纷，处理人民内部矛盾的任务，1982年《中华人民共和国民事诉讼法（试行）》及1987年《民法通则》的颁布，使平定法院在执行法律上有了更加充分的依据。通过妥善处理离婚、抚养、赡养、扶养继承、家庭财产分割，注重保护妇女、老人、未成年人的合法权益。妥善处理人身、财产损害赔偿案件，依法制裁侵权违法行为。全面落实公开审判制度，对依法应当公开审判的案件，一律公开审判。推行了公开举证、质证、辩论、认证为主要内容的庭审方式，提高了审判活动的透明度。实行了法官开庭穿法袍，用法槌制度。在开庭审理中，引导当事人举证、质证，赢得明白，输的清楚。在审理中着重强调调解作用，通过庭前、庭中、庭后调解，认真执行“调解优先、调判结合、案结事了”的审判原则，使一大批案件得到了调解处理，减少了当事人之间的对立情绪。三个基层人民法庭不断深入田间地头、山庄窝铺处理案件，解答法律咨询。东回人民法庭加强诉外调解，创造“无讼格局”，当地大量纠纷处理在萌芽状态。

随着改革的逐步推进，商品经济迅速发展，经济关系日益复杂，运用法律手段调整经济建设，促进经济发展，经济审判已成为当时的一项工作。平定法院于1981年5月成立了经济审判庭。1990年11月，成立了经济纠纷调解处，1995年7月，成立了经济审判一庭、经济审判二庭，加强了经济审判力量。遵照《中共中央关于经济体制改革的决定》的指示精神，集中学习贯彻了有关经济法律、法规。明确了经济建设为中心的内容，围绕这一中心环节，开展了经济审判工作。充实了审判队伍，认真学习了《企业法》、《经济合同法》等经济法律、法规并进行了专项业务培训，为应对商品大流通、经济大发展各类经济纠纷急剧增多的挑战，奠定了坚实的基础。这项工作开展以来，年均受理、审结300件左右。建庭初期，先后深入到镇办企业及经委、乡镇局、二轻局的厂矿企业、村办企业调查了解，从中找出产生纠纷的原因，帮助他们纠正和完善经济合同，从而预防纠纷，避免纠纷，给企业提供良好的环境。为自主经营、自负盈亏的商品生产经营者、流通者提供法律保护。在依法审判工作中，妥善处理了企业改制、破产、买卖合同、企业承包、租赁等案件，促进了企业改革，维护了市场秩序。由于国家经济法律、法规不断完善，促进审理商事案件有法可依，办案质量逐步提高，为平定县经济发展起到了保驾护航的作用。

《中华人民共和国行政诉讼法》于1989年4月4日颁布。1989年8月，平定法院行政审判庭成立。为推动行政审判工作的开展，平定法院的审判人员通过走访行政机关，召开座谈会，利用新闻媒体宣传等形式，扩大行政审判的影响。坚持依法开展行政审判工作，使老百姓走出了“不敢告、不愿告、不能告”的樊篱，敢与行政机关对簿公堂。通过对行政案件的审理，依法保护了公民、法人和其他组织的合法权益，维护和监督了行政机关依法行使职权，对加强社会主义民主与法制建设，起到了积极的推动作用。

执行工作是法院工作不可缺少的部分，也是当事人实现公平、正义的最后保障。1988 年 2 月，平定县人民法院成立执行庭起，通过理顺执行机制，充实力量，强化执行措施，使执行工作更好地适应形势发展的需要。2008 年，执行庭更名为执行局，在编制人员有限的情况下，倾斜执行工作，并相继制定完善了各项执行制度，确保执行工作步入规范化制度化管理的轨道。在执行工作中，坚持经常执行与集中执行相结合；依法执行与文明执行相结合；教育引导与强制执行相结合。积极寻求案件处理的法律效果与社会效果的最佳结合点，确立了“千头万绪抓执行、千言万语为执行、千方百计促执行、千辛万苦化执行”的“四千”方针，既维护了法律的尊严，又保护了当事人的合法权益。

在开展各项审判工作的同时，平定县人民法院始终坚持做好信访工作，从信访接待室到告诉申诉审判庭再到审判监督庭，不管机构如何变化，都努力畅通立案信访渠道，加强审判监督，不断建立起便民诉讼的工作机制。特别是对于申诉案件，都坚持实事求是、有错必纠的原则，切实维护了当事人的合法权益。

三、基础建设

平定县人民法院成立以来，在开展好各项审判工作的同时，努力加强队伍建设和自身建设，组织机构逐步健全，干警队伍不断壮大，人员素质逐步提高，物质装备不断改善，各项工作得到了全面发展。一是随着社会主义民主与法制建设的加强，人民法院自身建设得到全面发展。工作机构由 1952 年刑事审判室、民事审判室、办公室、接待室 4 个部门增加到 2010 年的 17 个部门：刑事审判庭、未成年人案件综合审判庭、民事审判一庭、民事审判二庭、民事审判三庭、立案庭、行政庭、审判监督庭、执行局、纪检组、政治处、法警队、办公室、研究室、锁簧人民法庭、巨城人民法庭、东回人民法庭。在编工作人员由 1952 年的 15 名，增加到 2012 年的 65 名。党组织建设中，党员人数由建院初的 5 人发展到 69 人。二是在县委的领导、县政府和上级法院的大力支持下，硬件建设发展迅速，审判场所经 11 次搬迁，由初建时的十几平方米发展到四层审判办公大楼，面积 6000 多平方米。三个人民法庭均有独立审判办公场所。交通工具也由自行车、摩托车发展到大小公务用车 30 余辆。办公设施实现了现代化，并建立了网上案件流程管理系统，10 余个大、中、小审判法庭均配备了电脑，各庭配备了打印机，设置了 30 余台电脑的电子阅览室、干警健身房、活

平定县人民法院办公楼

动室等。档案管理从1942年开始到2010年的全部诉讼卷宗及行政文书卷宗均保存完好，在全市法院系统率先达到省级标准。司法统计工作连续多年名列全市法院系统前茅。三是坚持用马列主义、毛泽东思想、邓小平理论和“三个代表”重要思想武装全院干警，以铸就一支政治坚定、业务精通、作风优良、清正廉洁的队伍为目标，改革人事制度，优化队伍结构，大力加强队伍建设。在审判工作连创佳绩的同时，涌现出一批廉洁司法、乐于奉献的好法官和工作人员。先后有50余人次受到市级以上表彰，其中1人受到最高人民法院表彰。从20世纪80年代以来，通过全省招干考试，进入该院15人，还接收了法律院校毕业生，提高了司法能力和司法水平，通过创建“学习型”法院、“专家型”法官的活动，人民法院不断加大教育培训力度。截至2012年，拥有本科以上学历的人数占到全院干警总数的90%，适应了审判工作的需要。四是紧紧围绕司法为民本质要求，认真践行“公正与效率”的法院工作主题，严肃执法、秉公办案、廉洁奉公。始终坚持不断加强制度建设，创新工作机制，不断解放思想，与时俱进。通过开展卓有成效的审判活动，认真履行了宪法和法律赋予的职责。为保卫国家和人民的利益，为捍卫法律的尊严，做出了积极的贡献。先后被省高级人民法院授予“人民满意的好法院”、“基层建设先进单位”，并荣记集体二等功。锁簧人民法庭被最高人民法院授予“全国法院系统指导人民调解工作先进集体”称号。

四、人民法庭

1、岩会人民法庭

平定县岩会人民法庭，经平定县委批准，于1961年11月下旬正式成立，地点在平定县岩会公社所在地移穰村。管辖岩会、娘子关、巨城、岔口、黄统岭5个人民公社，102个生产大队。人口约5万余人。年均审理案件30余件。1966年“文化大革命”开始后撤销。

庭长：霍慕舜。

2、柏井人民法庭

平定县柏井人民法庭经平定县委研究决定，申请上级法院批准，于1964年8月正式成立。地点在平定县柏井人民公社所在地。管辖柏井、马山、东回、床泉、槐树铺、石门口6个人民公社，共有88个生产大队，人口为60971人。年均审结案件30余件。1966年“文化大革命”开始后撤销。

庭长：李崇温。

3、张庄人民法庭

平定县张庄人民法庭经平定县委研究批准于1964年8月8日成立，地点在平定县张庄人民公社所在地张庄村。距离县城15公里，管辖锁簧、南阳胜、张庄、古贝4个公社，54个生产大队，人口为54759人。年均审理案件40余件。1966年“文化大革命”开始后撤销。

庭长：霍慕舜、徐文举。

4、巨城人民法庭

平定县巨城人民法庭建于1982年12月，管辖巨城、岔口、娘子关3个乡镇，共有102个行政村，辖区面积约540平方公里，辖区人口约6.7万。

巨城人民法庭审判办公大楼于2007年4月13日竣工，建筑面积约800平方米，主体共3层，一层为接待、立案庭、审判大厅、调解室和门房；二层为办公区域；三层为会议室、干警活动室和干警休息室。

巨城人民法庭共有干警6名，正、副庭长各1名、人民陪审员3名、司机1名。法庭主要负责辖区各类民商事案件的审理，年均审理案件70余件。

历任庭长：翟永珠、李春喜、王世海、张庆华、潘海波、李月平、赵平、王科义。

5、锁簧人民法庭

平定县锁簧人民法庭成立于1982年12月，位于平定县锁簧镇东锁簧村，辖区有张庄、锁簧2个乡镇，共有54个行政村，辖区面积214平方公里，人口约7.3万。

锁簧人民法庭一直在锁簧镇政府内办公，随镇政府的搬迁而搬迁，2006年建起了审判办公大楼，建筑面积700多平方米，主体共三层，一层为审判区，主要办理来信来访，立案接待，审理调解；二层为办公区；三层为学习活动区。有汽车1辆，电脑1台，打印机1部。

平定县锁簧人民法庭现有工作人员6名，其中正式干警2名，人民陪审员3名，司机1名。主要负责辖区内各类民商事案件的审理和执行，年均审理案件100余件。

历任庭长：裴成生、史增华、刘海涛、李月平。

6、东回人民法庭

平定县东回人民法庭于1985年建庭，坐落于平定县东回镇东回村，法庭现有正式干警2名，聘任制工作人员4名，管辖本县东回、柏井2个乡镇所属范围内的民商事案件的审理和一审生效法律文书的执行，并指导辖区内的人民调解工作，结合审判工作实际开展社会治安综合治理。辖区面积约300平方公里，共有79个自然行政村，人口7万余人。

法庭现在的办公面积300平方米，为二层建筑结构，配有汽车1部，电脑1台，打印机1部。辖区基本实现了一种"无讼格局"，案件数量由2004年的120件降到2010年的30件，调解率90%以上，近三年上诉案件只有4件，诉外调解成功率为100%。

历任庭长：周秀峰、程米全、贾力、王朝阳。

1937—1952 年平定县历任司法科长（处长）一览表

任职时间	姓名	任职机关名称	机关存续时间	备注
1938.12 ~ 1940.7	王子会	路北县抗日政府司法科	1937.11 ~ 1945.8	司法科长
1940.7 ~ 1942.？	高守中	〃		〃
1942.？ ~ 1945.8	王新郊	〃		〃
1938.2 ~ 1938.5	董士锡	平西县抗日政府司法处	1938.12 ~ 1940.8	司法处长
1938.5 ~ 1939.12	王绳武	〃	〃	〃
1940.8 ~ 1943.3	何云年	平西县抗日政府司法科	〃	司法科长
1943.？ ~ 1945.8	郭　峰	〃	〃	〃
1938.5 ~ 1941.10	霍世凯	平东县抗日政府司法科	1937.11 ~ 1940.8	〃
1941.10 ~ 1942.3	王一平	〃	〃	〃
1942.3 ~ 1946.4	赵克诚	〃	〃	〃
1946.4 ~ 1946.6	郑炳才	〃	〃	〃
1946.6 ~ 1947.4	郑炳才	路南县人民政府司法科	1946.6 ~ 1948.8	〃
1947.4 ~ 1948.8	周汉卿			〃
1945.9 ~ 1946.8	王新郊	路北县人民政府司法科	1945.9 ~ 1948.8	〃
1946.9 ~ 1947.5	李济平	〃	〃	〃
1947.7 ~ 1948.8	史长如	〃	〃	〃
1945.9 ~ 1946.2	郭　锋	平西县人民政府司法科	1945.8 ~ 1946.6	〃
1946.2 ~ 1946.6	杜春芳	〃	〃	〃
1948.9 ~ 1949.2	王梦周	平定县人民政府司法科	1949.10 ~	〃
1949.2 ~ 1949.9	史长如	〃	〃	〃
1952.11 ~ 1955.1	史长如	平定县人民法院	1949.10 ~ 1955.1	〃

注 1.1937.2 ~ 1938.2，设有“平（定）西县办事处”；2.1938.12 ~ 1940.8 期间，平（定）西县抗日政府司法科曾一度称作“承审处”，1940.8 ~ 1945.8，称司法科；3.1946 年 6 月 8 日，中共太行区党委和太行区行署决定平（定）东县和平（定）西县合并，组成平定（路南）县人民政府；4.1948 年 8 月，平定（路南）县和平定（路北）县划入晋中区。晋中行署决定两县合并，9 月 1 日，组成平定县人民政府。

平定县人民法院历任院长、阳泉市平定县人民法庭庭长一览表

任院长时间	姓名	任院长时间	姓名	任庭长时间	姓名
1955.1 ~ 1956.12	张 效	1981.9 ~ 1983.9	霍慕舜	1959.4 ~ 1961.4	赵玉珍
1956.12 ~ 1958.8	杨清锦	1984.4 ~ 1995.4	潘维田		
1961.4 ~ 1966.5	杨清锦	1995.4 ~ 2002.6	侯 艾		
1966.5 ~ 1967.3	霍慕舜	2002.6 ~ 2003.4	席建魁		
1969.9 ~ 1972.4	李计春	2003.4 ~ 2011.5	高 武		
1972.4 ~ 1974.1	杨建民	2011.5 ~	黄计生		
1974.4 ~ 1981.9	贾洪举				

注 1.1955 年 11 月，平定县一届二次代表会议选举法院院长。根据《中华人民共和国人民法院组织法》规定、县人民法院成为独立行使审判机关，1958 年 8 月至 1961 年 4 月，平定并入阳泉市期间被撤销。1961 年 4 月，随平定县建制恢复，重新设立；2.1966.5 ~ 1967.3 年期间，平定县人民法院由副院长霍慕舜主持工作；3.1966.12 ~ 1974.4 年期间，平定县成立“中国人民解放军平定县公安机关军事管制小组、平定县革委会保卫组”，称为组长，而非院长；4.1976 年 10 月至 1983 年 9 月，平定县归晋中地区管辖，1981 年 9 月平定县召开了第七届人民代表大会选举县人民法院院长。

第五节 盂县人民法院

盂县人民法院现任领导班子成员

一、概 况

盂县位于山西省东部，地处太行山西侧。东邻河北省平山县、井陉县及平定县，西与阳曲县、寿阳县接壤，北倚五台县、定襄县，南与阳泉市郊区毗连。地理坐标为北纬 37° 57′ ~ 38° 31′，东经 112° 55′ ~ 113° 49′，面积 2523 平方公里，东西长 75 公里，南北 宽 63 公里。地下矿藏丰富，素有“煤铁之乡”的美称。经过多年的发展，全县形成南煤（煤炭）、北石（大理石）、东铝（铝矾土）、西粮（粮食）为格局的四个经济带。设 8 镇 6 乡，常住人口 31.11 万人。

盂县历史悠久，远在新石器时代，即有人类居住劳动。春秋时期，狄人东迁，白狄族的一个分支建立仇犹国，后归属晋国。距今已有 2000 多年的历史。从隋朝开始，有了盂县的名称。新中国成立后，归榆次专员公署管辖。1958 年 11 月并入阳泉市时称盂县联社、郊区、协作区等。1959 年 4 月恢复盂县建制，归晋中地区专员公署管辖，

1983年9月划归阳泉市管辖。

二、发展历程

民国前，盂县历史上均实施司法行政合一的体制，由行政长官知县兼理司法，掌握审判权。民国2年（1913），县知事下设民政、财政、教育、司法4科，司法科长由知事兼任。民国7年（1918），盂县公署推行所谓"新政"，知事下设6政员，其中6政员之一的承审员负责审判普通民事案件，但重大案件仍然是知事审判。

民国27年（1938）2月，盂县抗日民主政府司法科建立，后改为司法处。民国38年（1949）5月，司法处改为政府司法科。1949年10月，中华人民共和国成立后，人民民主专政的政权得以全面建立起来。司法科仍延续到1953年8月底。1953年9月1日，撤销司法科，成立盂县人民法院，由此展开了盂县人民审判史新的一页。

1954年至1956年，盂县人民法院认真贯彻执行《中华人民共和国宪法》、《人民法院组织法》和全国、全省司法会议精神，在审判工作中推行各项民主制度，端正审判作风，使审判工作和法院自身建设走上了民主化、正规化的道路。针对当时反革命势力和封建残余势力伺机破坏以及社会上各种刑事犯罪活动上升的情况，盂县人民法院在刑事审判中坚持"准确、合法、及时"的原则，有力地打击了反革命分子和其他刑事犯罪分子，为保卫新生的人民政权，维护社会秩序，发挥了积极的作用。按照上级部署，县人民法院逐步实行了公开审判、陪审、辩护、合议、回避等各项审判制度。较好地发挥了人民法院打击专项对象、调解内部矛盾的作用，有效地保障了各项政治运动和互助合作、粮食统购统销等社会主义各项建设事业的顺利进行。

1956年社会主义改造基本完成，1957年开展"整风反右"运动，人民陪审员制度、辩护制度等被取消。1958年开展司法工作"大跃进"。1961年，盂县人民法院按照山西省高院制定的《人民法院工作若干规定》及《处理刑事上诉、复核案件十八条》等规定，依法审理各类刑事案件，为维护三年困难时期全县的社会治安安全，加快全县经济发展，改善人民生活，提供了司法保障。

1966年，"文化大革命"开始，盂县人民法院实行军事管制。各项审判职能由军管会和军管组行使。这期间判案的主要依据是1967年1月的"公安六条"（《关于无产阶级文化大革命中加强公安工作的若干规定》）。

1973年10月，盂县人民法院恢复办公，广大干警坚持依法办案，审理了大量刑事案件和民事案件。

1976年，"文化大革命"结束。1978年，开展"实践是检验真理的唯一标准"问题讨论，盂县人民法院工作进一步加强。

1978年12月，中国共产党十一届三中全会提出健全社会主义民主，加强社会主义法制。盂县人民法院坚决贯彻党的路线、方针、政策，认真实施各项法律和制度，遵循以事实为依据，以法律为准绳的审判原则，严格依法办案。1979年全国人大通过《中华人民共和国刑法》、《中华人民共和国刑事诉讼法》和新的《人民法院组织法》等7部法律，审判工作进入新的发展时期。1979年至1986年，盂县人民法院对新中国成立以来所判刑事案件，特别是反革命案件和政治破坏性案件，不管有无申诉都进行了复查。其中对“文化大革命”前(1949年至1965年)“镇反”、“三反五反”、“肃反”、“反右派”、“大跃进”、“四清”等历次政治运动中的反革命案件和政治性案件共复查105件105人，共纠正69件69人。对“文化大革命”期间（1966年至1976年）的233件刑事案件认真进行复查，其中反革命案件46件58人。在复查中，人民法院按照中央提出的“对过去审结的刑事案件，全错全平、部分错部分平、不错不平、严明纠错、有错必纠”和“不留尾巴”的原则，组织专门力量，集中大部分精力，圆满完成了上级交给的平反冤假错案的任务，共有41件50人经复查宣告无罪，体现了人民法院实事求是，有错必纠的精神。

遵照中共中央“三年为期，三个战役”严厉打击严重刑事犯罪活动的部署，从1983年8月至1987年2月，盂县人民法院进行了为期三年半的“严打”斗争。“严打”中，坚决执行《刑法》、《刑事诉讼法》，全国人大常委会的决定等法律法规，集中精力，全力以赴，依法从重从快审结了一批杀人、放火、抢劫、强奸、盗窃、流氓等严重危害社会治安和人民群众生命财产安全的案件。共审结刑事案件116件203人，有力地打击了犯罪分子的嚣张气焰，弘扬了正气，树立了社会主义法制权威。在维护社会治安，促进安定团结，保障改革开放和四化建设等方面起了重要作用。

从集中“严打”以来，盂县人民法院始终坚持“严打”方针不动摇，围绕各个时期党的中心工作，紧密结合盂县实际，适时开展了各类阶段性的严打活动。与此同时，根据“一要坚决，二要慎重，务必搞准”的原则，严惩了一批贪污、受贿、挪用公款等严重经济犯罪分子，推进了反腐败斗争的深入开展，保障了改革开放的顺利进行。

进入21世纪，盂县人民法院在刑事审判工作中，继续坚持严打方针，立足全县治安实际，把打击的重点指向杀人、抢劫等严重危害社会治安的暴力犯罪，盗窃、故意伤害等多发性、团伙性犯罪，以及非法采矿和非法制造、买卖、运输、储存爆炸物犯罪活动，始终保持严打的高压态势。注重在审理工作中切实把好案件的事实关、证据关、程序关和适用法律关。尤其是对案件的罪与非罪、此罪与彼罪等方面坚持严格把关。同时，严格执行刑事政策，做到宽严相济，提高社会效果。办案中坚持法律效果和社会效果的统一，既考虑法律的处罚性，又结合群众和社会舆论的影响，把教育罪犯放在了重要位置来考虑。如：针对故意伤害案件逐年上升的趋势，在审理此类案件时，对一些主观恶性大、手段、情节较重案件，坚决予以重判。对一些初犯、偶犯，或者刑罚较轻的伤害案件，在罪犯或家属主动赔偿被害人的损失后，人民法院采取适用非监禁刑的方法，加大了对罪犯的教育力度，既保障了被害人的合法权益，又利于罪犯的改造。对具有法定或酌定从轻、减轻或免除处罚情节的罪犯，该体现政策的都严格地给予从宽处理，也起到了分化瓦解罪犯的目的。另外，人民法院坚持“打防结合，标本兼治”的方针，积极参与社会治安综合治理。每年都组织一些案件，利用集中宣判的形式宣传法制，不仅使人民群众增强了法制观念，更进一步震慑了犯罪。根据审判中掌握的情况，人民法院还及时发出司法建议，帮助有关单位堵塞管理上的漏洞，防患于未然。

三、审判工作

民事审判工作是法院工作的重要组成部分。从抗日民主政府司法科成立起，民事审判工作承担了化解纠纷，处理人民内部矛盾，调节经济关系的职能作用。特别是盂县人民法院从成立起，就坚持在审判制度和司法作风建设上，推行实事求是，调查研究的工作作风，走群众路线，一切为了群众，一切依靠群众，大力推行公开审判，人民陪审制，就地调查，巡回办案。配合《婚姻法》的颁布实施，及时调处了大量建立在父母包办、买卖婚姻、男尊女卑基础上的婚姻关系。同时，还调解了一大批债务、房屋、土地等民事纠纷，对巩固新生的民主政权，荡涤封建残余思想，保护人民的合法权益，起到了积极的作用。十一届三中全会后，国家政治生活转入以经济建设为中心。《中华人民共和国民事诉讼法》、《中华人民共和国民法通则》的颁布实施，为民事审判工作提供了较为完备的法律依据。以建设公正高效的审判制度为目标，盂县人民法院认真贯彻执行各项法律法规，严格依法办案，公开公正审判，强化调解功能，通过审理民事案件，化解矛盾纠纷，为群众排忧解难，赢得了群众的认可。

随着经济体制改革的深化和商品经济的发展，各类合同纠纷与日俱增，盂县人民法院于 1982 年 4 月成立经济审判庭。通过充实审判人员，加强业务培训，积极受理、审理各类纠纷，并采取诉讼与非诉讼手段相结合的方法，解决了大量的经济纠纷。为维护经济秩序，保障社会主义现代化建设做出了贡献。

随着中国经济和社会的发展，盂县人民法院始终把涉及民生问题，事关人民群众切身利益的民事审判作为工作重点来抓，坚持重民生、排民忧、解民难。工作中，坚持“调判结合、优先调解”的原则，通过强化调解手段，创新调解方式，化解纠纷，努力实现案结事了，促进社会和谐。多年来，调撤率一直保持在 50% 左右。在审判婚姻家庭案件中，人民法院注重对老人、妇女、儿童合法权益的保障，促进家庭和谐与文明进步。在审理损害赔偿等案件中，根据此类案件矛盾易激化的特点，人民法院始终围绕焦点强化调解，围绕事实依法处理，化解了大量纠纷。在审理各类合同纠纷案件中，人民法院平等保护市场主体，规范市场和谐运行，促进了经济健康发展。

1990 年 4 月，盂县人民法院行政审判庭成立。为推动行政审判工作的开展，审判人员通过走访行政机关，召开座谈会，利用新闻媒体宣传等形式，扩大行政审判的影响。并坚持依法开展行政审判工作，截至 2007 年年底，共受理行政案件 109 件。

通过对行政案件的审理，依法保护了公民、法人和其他组织的合法权益，维护和监督了行政机关依法行使职权，对加强社会主义民主与法制建设起到了积极的推动作用。

在行政审判工作中，人民法院注重树立平等诉讼主体的观念，强调诉讼中双方当事人权利与义务的一致性，努力改善行政诉讼的法制环境。并不断加大行政申请执行案件的审查力度，为全县各个时期开展的中心工作提供了强有力的司法保障。

作为诉讼程序的最后环节，执行工作是法院工作不可缺少的部分。从1988年2月成立执行庭起，盂县人民法院通过理顺执行机制，充实力量，强化执行措施，使执行工作更好地适应形势发展的需要。2003年，成立执行局，在编制人员有限的情况下，倾斜执行工作，使执行人员占到全院干警的20%。并相继制定完善了各项执行制度，确保执行工作步入规范化、制度化管理的轨道。在执行工作中，坚持经常执行与集中执行相结合；依法执行与文明执行相结合；教育引导与强制执行相结合。积极寻求案件处理的法律效果与社会效果的最佳结合点，既维护了法律的尊严，又保护了当事人的合法权益。

在开展各项审判工作的同时，人民法院始终坚持做好信访工作，从信访接待室到告诉申诉审判庭再到立案庭，不管机构如何变化，都努力畅通立案信访渠道，加强审判监督，不断建立起便民诉讼的工作机制。特别是对于申诉案件，都坚持实事求是，有错必纠的原则，切实维护当事人的合法权益。

与此同时，进一步完善信访工作机制。坚持院长接待日制度不动摇，把信访案件全部落实到包案领导、落实到庭室、落实到审判人员身上，层层负责，遇到问题由院党组集体研究解决处理。制定了《信访工作应急预案》，采取了首问负责制、首办负责制等积极措施。根据涉及执行的信访案件有增多的趋势，2007年，盂县人民法院创新信访解决方法，在全市法院率先召开了信访听证会解决此类信访案件。邀请县人大、县政法委、县检察院、县公安局、县民政局、县新闻媒体等九个单位的负责人，组成听证顾问评议团对李学文、孙平旺两件涉及执行的信访案件召开了听证会。通过当事人的陈述，办案人员介绍案情，听证顾问团综合评议，真正做到了“公开摆道理，大家评是非”，有效解决了信访问题，也得到了社会对法院执行工作的理解与支持。同时，在信访工作中，盂县人民法院建立“大信访”工作格局，积极与党委、人大、政府信访部门联系，寻找解决途径，使很多信访案件得到有效处理。通过解决涉诉信访问题，努力做到“事要解决、息诉罢访”。

从2000年开始，盂县人民法院围绕“公正与效率”的人民法院工作主题，不断深化内部改革，创新管理机制。2000年5月，开始推行审判流程管理，“大立案、精审判、强执行、严监督”的格局基本形成。从1997年起，人民法院推行控辩式庭审方式改革，经过不断摸索，逐步完善，切实实现了法庭上查明事实，分清责任，作出裁判。进一步增强了每名审判人员的责任心，增强了审判工作的透明度。

四、行政后勤管理

盂县人民法院不断加强队伍建设和自身建设，组织机构逐步健全，干警队伍不断壮大，人员素质不断提高，物质装备不断改善，各项工作得到了全面的发展。

随着社会主义民主与法制建设的加强，人民法院自身建设得到全面发展。工作机构由1953年刑事审判室、民事审判室、办公室3个部门增加到2012年的19个部门：刑事审判庭、民事审判一庭、民事审判二庭、民事审判三庭、立案庭、行政庭、审判监督庭、执行局、执行一庭、执行二庭、政治处、纪检组、法警队、办公室、司法鉴定室、西烟法庭、未成年人案件综合审判庭、梁家寨法庭、仙人法庭。在编工作人员由1953年的9名，增加到2012年的71名。党组织建设由50多年前的党小组，到2007年，成立了党总支，党员由建院初期的5人，发展到2012年的55人。

在县委的坚强领导、县政府的大力支持下，办公用房由初建时的20余平方米，扩大到8000多平方米。交通工具也由自行车、摩托车，发展到近40余辆公务汽车。各种现代化的办案设施，档案管理、司法统计、信访接待、后勤保障、局域网建设等方面，已形成比较完备的服务体系。

五、思想建设和队伍建设

盂县人民法院坚持用马列主义、毛泽东思想、邓小平理论、“三个代表”重要思想和科学发展观武装全院干警，以铸就一支政治坚定、业务精通、作风优良、清正廉洁的队伍为目标，改革人事制度，优化队伍结构，大力加强队伍建设。在审判工作连创佳绩的同时，涌现出一批廉洁司法、乐于奉献的优秀法官和工作人员。先后有100余人次荣立市级以上表彰 。

20世纪80代以后，除从军队转业干部、退伍军人中选调一批优秀人员充实队伍外，还接受了大批院校毕业生，以提高司法能力和司法水平为切入点，人民法院不断加大教育培训力度。通过有计划的培训，截至2012年年底，拥有本科以上学历的人数占到全院干警总数90%。

进入21世纪以来，盂县人民法院围绕“公正与效率”工作主题，坚持“三个至上”指导思想，认真开展“抓三案、促四化、求五新”活动，以推进公正执法创建活动为载体，以制度建设为主线，带动了全院各项工作的深入开展。尤其是从2003年起，盂县人民法院狠抓制度建设，“制度建院、制度建庭、制度管人、制度理事”的理念进一步形成，使全院各项工作一年一个新台阶。

建设一支政治坚定、业务精通、作风优良、清正廉洁的队伍，是做好法院各项工作的重要保证。随着中国经济社会的发展和改革开放的不断深入，由于各种利益的调整，当前成为矛盾突显期，特别是处在基层一线，处在矛盾最前沿的基层人民法院承担的审判任务越来越重，从2002年起，盂县人民法院新一届班子经过充分研究，深入调研，找准方向，确定了深化思想政治建设、提高司法业务能力、改进审判作风、创新责任制度四项举措，以此来加强队伍建设。

围绕新时期法院思想政治工作的规律和特点，制定了《思想政治学习教育制度》。以开展社会主义法治理念教育、“大学习、大讨论”教育活动、学习实践科学发展观活动为载体，院领导班子以身作则，带领全院干警进行了全方面学习。学习中，班子成员带头宣讲，党员干部在全院大会交流学习心得，还组织了演讲会、思想大讨论。这些活动进一步武装了头脑，统一了思想，增强了全院干警的宗旨意识、大局意识。并带动了全院干警权力观、利益观的根本转变。用身边的事、身边的人教育引导干警，是开展思想政治工作的又一项措施。通过梁良英、柳春林这些典型引路，进一步激发了干警们干事创业的热情，使大家都能够以正确的工作观念、方法投入到司法工作中来。

从2003年起，盂县人民法院制定了周五学习制度。首先院领导班子从自身做起，认真学习政治理论，努力端正党风警风，大搞调查研究。在班子建设中，认真执行民主集中制原则，坚持党组领导下的院长分工责任制，充分发挥集体的智慧。坚持做到讲原则、讲团结、讲配合、讲协作，班子的战斗力和凝聚力不断增强。

为了切实加强司法能力建设，盂县人民法院首先是从教育培训入手，积极创造条件，提升干警的整体素质。学习新颁布的法律法规，听取专家讲课，鼓励干警参加各类培训。在培训时，要求外出学习的干警带着任务去培训，回来后对全院干警进行辅导讲座，把培训的成果惠及全体干警，充分发挥培训的带动作用，从而使审判执行人员的业务知识得到提高。在2005年全市法院组织进行的业务知识竞赛中取得第一名的好成绩。其次是提高法官做群众工作、化解矛盾纠纷的能力。组织有经验、工作能力强的法官通过各种方式进行传、帮、带，加强对青年法官和新录用人员的培养。

为了加强作风建设和廉政建设，组织干警逐条逐句学习最高人民法院《法官行为规范》，每名干警的办公桌上摆放了“五个严禁”的规定。每年年初，党组书记与党组成员、党组成员与庭室负责人层层签订党风廉政建设责任状。每月要组织一次廉政学习，真正做到廉政教育常抓不懈，使干警做到自重、自省、自警、自励，清清白白做人，干干净净做事。

为了使法院的内部管理进一步规范，盂县人民法院确定了制度建院的工作思路，以制度促管理，以管理正作风，以作风促落实，以落实求效率。经过多年的积极探索，形成了包括审判管理、队伍管理、司法政务管理以及绩效考核等涵盖了全院方方面面工作的制度体系。

盂县人民法院在前进的道路上，始终坚持用马列主义、毛泽东思想、邓小平理论和“三个代表”重要思想武装全院干警，以铸就一支政治坚定、业务精通、作风优良、清正廉洁的队伍为目标，改革人事制度，优化队伍结构，大力加强队伍建设。在审判工作连创佳绩的同时，涌现出一批廉洁司法、乐于奉献的好法官和工作人员。先后有

40余人次荣立市级以上表彰。从20世纪80年代以来，除从军队转业干部、退伍军人中选调一批优秀人员充实队伍外，还接受了大批院校毕业生，以提高司法能力和司法水平为切入点，人民法院不断加大教育培训力度。通过有计划的培训，截至2010年底，拥有本科以上学历的人数占到全院干警总数90%。

六、制度建设

孟县人民法院围绕司法为民本质要求，认真践行“公正与效率”的法院工作主题，严肃执法、秉公办案、廉洁奉公。始终坚持不断加强制度建设，创新工作机制，不断解放思想，与时俱进。通过开展卓有成效的审判活动，认真履行了宪法和法律赋予的职责。为保卫国家和人民的利益，为捍卫法律的尊严，作出了积极的贡献。为确保制度建设的针对性、科学性、规范性，党组成员到庭室认真调研，广泛征求大家的意见，充分调动全院干警参与建章立制的主动性，使大家充分认识到自己不仅是某一制度的被约束者，也是这一制度的制定者、受益者。经过全院干警的建言献策，在原有的14项管理制度基础上，经过修订完善，不断推进制度化建设，出台了38项管理制度，形成了一整套行之有效的管理体系，使全院管理工作有章可循。

《目标管理百分考核办法》是孟县人民法院制度体系中的灵魂，将审判管理、行政管理进行科学量化，增强了各庭室之间的可比性，每季度的考核、通报促进了工作，年终考核时党组搭台，庭长述职，全年工作情况一目了然，工作好坏生动体现，也达到了互相学习，互相促进的目的。

根据各业务庭室的特点，健全完善了岗位责任制，以及立案、审判、执行各环节的工作制度。为了提高庭审水平，建立了《庭审观摩制度》。为了加强案件评查工作，制定了《案件评查制度》，所有办结案件一案一评，一季度通报一次评查情况，对存在的共性问题都要进行说明。每件案件评查出的问题都要反馈到承办庭进行整改。

根据审判工作需要，孟县人民法院不断创新，进一步提高立、审、执效率。立案工作“一站式”服务，使接待、审查、立案、收费、排期一天完成。审判中大量适用简易程序，加快办案节奏。把随机调解机制贯穿诉讼过程，以提高一审成功率，减少群众诉累。执行工作中根据孟县地域广、案件当事人流动性大等特点，推行了夜间执行和节假日执行的工作举措；针对部分被执行人转移财产，规避执行的情况，推行了执行举报奖励制度；为防止地方保护等不利因素，采取了提级执行等措施。还对所有执行案件实行网络化管理，将全部执行案件上网进行公示，实行阳光执行，对案件的执行进度和已采取的措施向申请人进行说明，向社会公开，达到了以公开促公正、促效率的目的。

在制度建设中，坚持靠制度约束、用制度办事的原则。用规章制度细化了审判程序，规范了实体裁量标准，压缩了自由裁量空间，使得同一类案件有了相对一致的处理结果，避免了审判结果的“大起大落”，取得了良好的法律效果。对工作中出现的一些不良作为都依制办事，坚决予以惩戒。对各项工作的考核，始终坚持用数字说话，体现了制度面前人人平等的原则。

七、审判监督

为了确保各项工作取得实效，盂县人民法院坚持创新、加强团结，促进廉政监督体系建设，在强化内外监督上下足功夫：

1、加强日常监督。院目标管理考核领导小组由立案庭、审监庭、办公室、纪检组、政治处的负责人组成，负责全部考核工作。按照《目标管理考核办法》，采取了不定期检查，检查内容包括在岗情况、参会情况、参加公务活动情况等，并随时在全院通报检查情况。

2、加强案件流程监督。案件流程管理的推行，促进了案件公开、公正。为了进一步有效地跟踪监督，加强了立案庭在流程管理中的中枢作用。从审查立案、庭前准备、排期开庭、审限跟踪、诉讼费收取、司法统计等运行程序进行全程监控，设立案件督办卡，避免超审限，超期执行案件的出现。

3、加强案件质量监督。在审监庭逐案评查的基础上，按照上级规定对全院的案件质量标准作了规范，促进了全院案件质量的提高。

4、加强外部监督。接受监督是维护司法公正，树立司法权威的重要保障。盂县人民法院不断增强宪法意识，自觉接受人大的监督。除每年一次人民代表大会上报告工作外，还建立了《人大代表旁听制度》、《人大联络制度》，主动邀请和认真接受人大代表到法院座谈、视察、旁听案件，主动征求意见、报告工作，使接受人大监督更加经常化、制度化。同时采取多渠道、多层次、多角度的灵活方式，广泛征求当事人、有关机关、单位、企业、新闻媒体的意见和建议，以此来改进工作。

盂县人民法院的历史，凝聚着无数先辈艰苦探索、大胆实践的心血，为盂县人民法院今天的辉煌成就奠定了坚实的基础。进入21世纪，盂县人民法院先后被授予“全省人民满意的好法院”、“指导人民调解工作先进集体”、“模范法院”、“公正执法星级单位”、“执法为民模范集体”。

八、人民法庭

1、西烟人民法庭

1961年3月，盂县西烟人民法庭设立。地址在西烟镇南村，原有办公房6间120平方米，2012年，有办公室24间500平方米。配备办案专用车1辆，电脑2台。管辖范围：西烟镇、南社乡、西潘乡、东梁乡，人口约3.9万人。年结案50件左右。

历任庭长：胡文忠、侯建华(兼)、祁永贵、付济生、王仁义、李国正、尚财林。

2、上社人民法庭

1962年3月，盂县上社人民法庭设立，地址在上社镇上社村。有办公用房9间，160平方米。管辖范围：上社镇、北峪口乡、肖家汇乡、庄里乡、下社乡、梁家寨乡、榆林坪乡，人口约 3.7 万人。年结案 42 余件。2002 年 9 月撤销。

历任庭长：张文斌、崔林章、李家骥、尹兆德、王建勇、王来元、张渭清。

3、仙人人民法庭

1966 年 5 月，盂县仙人人民法庭设立。地址在仙人乡交口村。有办公场所 8 间 160 平方米。配备办案专用车 1 辆，电脑 2 台。管辖范围：仙人乡、东木口乡、东庄头乡、北下庄乡、牛村镇阴山河以东，人口约 2.6 万人。年结案 40 余件。2002 年 9 月撤销。2006 年重新恢复。

历任庭长：赵锡珍、王仁义、王福祯、张喜珍、胡良双、李志瑞、康明全。

4、城关人民法庭

1966 年 5 月，盂县城关人民法庭设立。地址在城关镇西关村。有办公场所 5 间 60 平方米。管辖范围：城关镇及县直机关、厂矿、企事业单位 350 个，人口约 7.2 万人。年结案 200 余件。2002 年 9 月撤销。

历任庭长：李瑞生、张保怀、侯有亮。

5、梁家寨人民法庭

2006 年，盂县梁家寨人民法庭设立。

1937 年 ~ 1953 年盂县（盂阳、盂平）历任司法科长一览表

任职时间	姓名	任职机关名称	机关存续时间	备注
1937.11 ~ 1939.8	张聘之	盂县抗日民主政府	1937.11 ~ 1942.8	
1939.12 ~ 1942.8	解　舒	〃		
1942.8 ~ 1943.8	魏辛甫	盂（县）平（山）抗日民主政府	1942.8 ~ 1945.8	
1943.9 ~ 1945.8	高守忠	〃		
1942.8 ~ 1945.8	解　舒	盂（县）阳（曲）县抗日民主政府	1942.8 ~ 1945.8	
1943.5 ~ 1945.8	？	〃		
		盂县人民政府	1945.8 ~	
1945.8 ~ 1947.10	魏辛甫	〃		
1947.10 ~ 1949.3	梁志清	〃		
1949.3 ~ 1953.8	吕　岳	〃		
	王　琪	〃		
	王振贤	〃		

注 1.1949.10 ~ 1953.8 年，盂县人民法院、盂县人民政府司法科共存，吕　岳、王　琪、王振贤同时担任科长；2.1955 年 11 月，盂县人民第一次民代表大会选出盂县人民法院院长。同时，根据《中华人民共和国人民法院组织法》规定，县人民法院成立独立行使审判的司法机关。

盂县人民法院历任院长一览表

序号	任职时间	姓名	备注
1	1953.9 ~ 1957.8	王振贤	院长
2	1957.8 ~ 1959.4	王家忠	〃
3	1959.4 ~ 1960.11	张 效	〃
4	1960.11 ~ 1967.2	程 竞	〃
5	1967.3 ~ 1967.8	赵 钰	盂县无产阶级专政委员会主任
6	1967.8 ~ 1968.11	郭五只	盂县革命委员会政法办公室主任
7	1968.11 ~ 1973.7	李汉瑞	盂县人民武装部军事管制组组长
8	1969.11 ~ 1973.9	李汉瑞	盂县革命委员会保卫组组长
9	1973.10 ~ 1987.6	高学文	院长
10	1987.6 ~ 1993.6	张荣福	〃
11	1993.6 ~ 2002.1	付金林	〃
12	2002.1 ~ 2011.5	陈福顺	〃
13	2011.5 ~	杨玉春（女）	〃
14			〃

注 1.1958.11，盂县法院随盂县建制撤销盂县联社（协作区、郊区）法院，1959.6，盂县建制恢复盂县人民法院；2.1976.10 ~ 1981.3，盂县革命委员会仍为盂县唯一的政权组织。1981.4，盂县第七届人民代表大会召开，选举县人民法院院长；3.1983.9，盂县由晋中划归阳泉市，1984.6，先后召开第八、第九两届人民代表大会选举法院院长。

盂县人民法院历任副院长一览表

序号	任职时间	姓名	备注
1	1955.7 ~ 1966.12	郭子文	副院长
2	1962.9 ~ 1967.3	侯文忠	〃
3	1967.3 ~ 1967.8 1968.11 ~ 1973.7	董宪金	盂县无产阶级专政委员会副主任 盂县人民武装部军事管制组副组长
4	1967.3 ~ 1967.8	梁宝金	〃
5	〃	孙润海	〃
6	1967.8 ~ 1968.11	胡广忠	盂县革命委员会政法办公室副主任
7	〃	赵锡珍	〃
8	1968.11 ~ 1973.7	陈胜荣	〃
9	〃	章锦荣	盂县人民武装部军事管制组副组长
10	〃	梁本清	〃
11	〃	陈呼群	〃
12	〃	郑　怀	〃
13	1969.11 ~ 1973.9	杨志光	盂县革命委员会保卫组副组长
14	〃	高志良	〃
15	〃	高荣文	〃
16	1973.10 ~ 1981.3	侯建华	副院长
17	1973.10 ~ 1984.3	许鸿达	〃
18	1975.7 ~ 1978.11	马青山	〃
19	1981.7 ~ 1987.7	郑喜静	1984.5—1987.7，任第一副院长、党组副书记。
20	1984.5 ~ 1998.8	闫中曙	副院长
21	〃	祁永贵	〃
22	〃	武有文	〃
23	1997. ~	张保怀	党组副书记
24	〃	李瑞生	副院长
25	〃	李晨生	〃
26	2003.6 ~	杨瑞明	〃

附：历史记忆、时代印痕

——盂县人民法院人民法庭走过的足迹

李志瑞　郭文平

人民法庭是人民法院的重要组成部分，在人民法院成立之前肩负着重要的审判任务，在人民法院成立之后，更是成为人民法院最基层、最前沿的工作阵地。可以说人民法庭的历史就是人民法院历史的一个缩影。根据各个时期的政法政策，盂县在人民法庭建设上走过了不同的阶段，尤其是在1953年盂县人民法院成立后，人民法庭建设进入了一个曲折发展的阶段，每个时期的人民法庭也都在完成各自的使命后，退出了历史舞台。

前言：盂县人民法院成立

民国前，历代统治集团在盂县建立司法行政合一的体制，由行政长官知县兼理司法掌握审判权。民国2年（1913），县知事下设民政、财政、教育、司法4科，司法科长由知事兼任。民国7年（1918），盂县公署推行所谓“新政”，知事下设6政员，其中6政员之一的承审员负责审判普通民事案件，但重大案件仍然是知事审判。

民国27年（1938）2月，盂县抗日民主政府司法科建立，后改为司法处。民国38年（1949）5月，司法处改为政府司法科。中华人民共和国成立后，人民民主专政的政权得以全面建立起来。司法科仍延续到1953年8月底。1953年9月1日，撤销司法科，成立盂县人民法院，由此展开了盂县人民审判史的画卷。

足迹一：土改人民法庭

1947年4月，阎锡山推行其四十九师团长赵俊义“水漫式进攻”战斗法。盂县七、十区大部和二、三、九区、城关区部分村庄，都遭到阎军蚕食进攻，至5月8日，正太战役结束，盂县全境解放。

1947年12月，盂县土地改革运动开始。为保卫全县农民顺利完成彻底平分土地、消灭封建剥削阶级的伟大任务，根据《中国土地法大纲》第十三条规定，盂县县政府专门成立了土改人民法庭。法庭由县贫、雇农代表侯应斗等7人和政府委派的田泽仁（县委副书记）、张润槐（县长）、魏辛甫（主任审判官）、石芦（公安局长）共11人组成。任务是在土改运动期间，维护土改秩序，保护人民财产，惩办破坏土改的地主、富农和严重侵犯人民民主合法权益的罪犯。

法庭成立之初，依法惩办了城内北关村逼死贫农团团长的“母老虎”。土改中，县、区两级组织了人民法庭，依据《土地法大纲》和边区土改法令对严重破坏土改的恶霸、顽固地主，进行了审判。在整个土改运动中，审处了破坏土改的反动地主、富农分子67人，其中依法判处死刑的14人。

1947年12月～1948年4月，盂县12个区中除31个行政村推迟土改外，全县有444个行政村完成平分土地任务。

土改结束，法庭随之撤销。

足迹二：巡回法庭

盂县人民法院建立初期，为便利边远地区人民群众的诉讼，彻底克服旧衙门作风，保证及时、公正的办案，1953年12月，依据上级指示，派出了巡回法庭，到距离县城较远、发案较多的滹沱河沿岸地区，巡回办案。巡回法庭在御枣口、长一铺、蔡家坪、庄里、活川口五村建立了审判站，巡回办案40天。

巡回法庭在公安局紧密配合下，追捕逃躲三年多、隐居窝铺、逍遥法外的九宫道首韩荣起、岳便金归案，经依法审理，报上级批准，在御枣口召开了3000余人参加的公审大会。会上经过审判程序，由法院院长宣读了对韩荣起、岳便金的判决，判处罪大恶极的道首韩犯死刑，立即执行。判处岳犯管制。大会展出罪犯进行活动的经书、佛像、香炉等罪证，张贴了布告、标语、宣传画，揭露了九宫道的反动罪行。

通过宣布从宽判处坦白交代的岳犯的管制刑罚，结合宣传了国家的有关法律和党的政策，有两名巫婆当场表示要交出过去暗藏的神像，再不进行迷信骗人的活动。御枣口村民崔四妮主动交代了抢购粮食1000斤，破坏粮食统购政策的不法行为。

在此次公判大会上法院第一次实行了人民陪审员陪审制。

巡回法庭收结案时间短、效果明显，在巡回五个站，办案40天当中，还受理审结破坏粮食统购统销案5件，追回御枣口梁兆登等隐瞒土地产量而补交国税小米1700余斤；处理打架斗殴、偷盗等轻微刑事案21件；调解处理纠缠半年的石牛村梁生良的土地界畔、红崖掌梁泽锦宅院出水纠纷等民事案12件。

1954年8月，法院重新调整和加强巡回法庭工作。在北部地区上社、东部的仙人村，设立了第一、第二巡回法庭。经上社、仙人两乡人民代表大会选出人民陪审员11人，参加了法庭审判活动。巡回法庭开展活动3个月，吸收陪审员参加，审结刑、民事案184件。在牛村、土塔、石宝、苌池召开公判大会7次，惩罚了破坏农业社，大量财产私分的不法地主和一贯道坛主赵启明、道首刘兆智等罪犯13人，分别判处有期徒刑。并结合巡回审判活动，宣传了国家第一部《宪法》。当年法院共受理民事案306件，巡回法庭就地调处184件。

此后，依据上级指示，结束了巡回法庭。

足迹三：普选人民法庭

1953年10月，城关区进行普选人民代表试点。建立了普选人民法庭，法院派员参加法庭工作，担任审判员、书记员。

1954年1月23日，全县首次普选开始，全县建立了四个普选人民法庭。城关和城南地区为第一法庭，东部地区为第二法庭，北部设第三法庭，西部设第四法庭。法庭由法院审判员、书记员和公安、检察、武装部干警组成，每个法庭3人。

法庭根据国家《选举法》，通过审判活动，打击了破坏选举的刑事罪犯，确保了公民的选举权和被选举权。第一和第二两个法庭先后召开了共65个村7000余人参加的公判会2次。公开审判了4名破坏选举的罪犯，散发宣传材料450份。不少群众反映：这次选举要好人里边选好人，将军里边选将军，政权是刀把子，万万不能让敌人拿住。法庭依法审查了全县被剥夺选举权的“四类”分子共753人的情况，受理审处有关选民资格案107件。有的落后群众被村选委会认为是反革命，还有两名哑巴，9名精神病患者，开始未发给选民证。经法庭审理，认定这些人有选举权，及时通知所在村发给选民证。法庭还通过印发布告、制作黑板报、口头讲解，宣传了法律政策，鼓舞了公民当家做主的政治热情。

选举工作结束，普选法庭宣布撤销。

此后每届普选人民代表，在未建立人民法庭的边远地区，都建立有普选审判站，由人民法庭到站巡回办案，专门为普选区工作服务。1956年普选中，法庭对在第一次普选时剥夺选举权的613人，依法恢复了选民资格。当时继续剥夺选举权的全县仍有140人。

足迹四：人民法庭

随着《人民法院组织法》的施行，人民法庭的职能性质得到进一步明确，人民法庭是人民法院的组成部分，它的判决或裁定、调解，就是法院的判决、裁定、调解。

根据《人民法院组织法》第二条规定，盂县人民法院在原巡回法庭基础上，经县委、上级法院批准，于1961年3月建立了西烟人民法庭；1962年3月建立了上社人民法庭；1966年5月，建立了仙人人民法庭。都同时配备了专职审判员，坚持开展日常工作。

这三个法庭先后建立后，审判员积极主动，带卷下乡，就地办案，指导基层调解工作，总结推广调解经验，定期向法院总结汇报工作。通过，开展审判活动，调查案情，在司法建设上发挥了前沿阵地与第一道防线的作用。

1967年3月1日，盂县“文化大革命”造反派，以造反有理砸烂了公、检、法机关。人民法院和上社、西烟、仙人三个人民法庭的机构，全部被解体，达六年之久。

1973年10月到1975年6月，经晋中地区中级人民法院和省司法厅批准，西烟、上社、仙人的三个人民法庭先后恢复重建。管辖15个乡镇、334个村庄、120000人口的地区。1984年底，经县委同意并由省高级法院批准，建立了城关人民法庭，管辖城关地区和县直机关、厂矿、企业、事业单位。这四个人民法庭，都配有庭长或副庭长1人至2人，担负所辖范围的民事、轻微刑事、简易经济案件的审理；开展法制宣传教育；指导乡镇与基层调解组织调解民间纠纷三大任务。

从20世纪80年代开始，西烟、上社、仙人三个人民法庭的干部，协助农村和社队企业，利用各种形式和场合，宣传贯彻新《宪法》、《婚姻法》、《刑法》、《刑事诉讼法》、《民事诉讼法（试行）》等，向广大群众进行社会主义法制宣传教育，增强了群众法制观念；指导和协助基层，依靠乡镇党委和群众，调解处理了年均1900余件民事纠纷和案件。依据法庭所辖西烟、仙人、上社、西潘、东梁五个乡镇统计，每年发生的民事纠纷与轻微刑事案件是1550件，大部分由基层调解，上交法庭的年均37件。法庭又在基层调解组织协助下，把这些案件就地调解处理，便利了群众诉讼，维护了群众生产生活秩序。

人民法庭还协助乡镇司法助理员利用以会代训方法，培训了半数以上基层调解委员会干部，提高了基层调解干部的政策业务水平和工作能力。西烟、上社、仙人3个法庭，通过对300多个村的调解委员会摸底排队，总结推广了仙人、上社、西潘、南社等10个村调委会的经验。对工作差的调委会加强了具体指导。1983年上社法庭的干部帮助下社乡对12个村调委会进行整顿后，在乡党委主持下，对全乡的村调委干部进行了业务培训，提高了基层调委的业务水平，增强了做好调解工作的信心。1983年该乡没有向人民法庭上交过案件，全部民间纠纷在基层就地处理。城关人民法庭由于地处县城政治经济中心，民事案件数量占到了全院的一半以上。法庭审判人员坚持快立、快审、快结，解决了大量纠纷。

20世纪90年代，作为审判工作最基层、最前沿阵地的人民法庭担负了更多工作，发挥了重要的作用，一是重点抓好各类案件的审判。针对基层群众法律意识淡薄，文化素质较低的客观事实，法庭审判人员耐心宣讲法律知识、精心调判每一件案件，审判人员经常把庭开到田间，开到村里，力求达到办结一案教育一片的社会效果。二是广泛深入群众，听取了解群众反映的问题，并在各村民调、治保的协助下，化解了大量的矛盾。三是积极配合驻地党委、政府抓好社会治安综合治理工作，指导和帮助基层调解组织，把纠纷解决在萌芽状态。四是为驻地乡镇、企业提供法律服务，促进了辖区经济健康快速发展。

人民法庭建设在人员、经费上，盂县人民法院党组一直坚持倾斜政策，使人民法庭的各项工作不断取得了新的突破。进入新世纪，按照上级关于撤并法庭的要求，盂县人民法院相继撤销了城关法庭、上社法庭、仙人法庭，只保留了西烟法庭。2006年，根据审判工作需要，报请上级批准，新成立了梁家寨人民法庭，恢复了仙人法庭。到2007年年底人民法庭恢复到3个，分布在东部、西部、北部三个地区。

足迹五：新时期巡回法庭

在加强人民法庭建设的同时，为了开创行政审判工作的新局面，拓宽法院工作为改革开放和经济建设服务的领域，从1993年7月起，根据上级法院的指示，盂县人民法院先后成立公路法庭、计划生育法庭、土地法庭、煤矿安全法庭等四个派驻行政机关的巡回法庭。主要承担专项法律服务。而且进一步增强了行政审判监督，维护与支持行政部门依法行政的综合功能。1994年上半年，阳泉市计划生育巡回法庭现场会在盂县召开，县人民法院介绍了经验。四个专门法庭为全县的交通事业、计划生育工作、土地管理、煤炭安全管理作出了自己的贡献。

1998年，结合开展队伍教育整顿工作，按照上级要求，盂县人民法院撤回派出的公路、煤炭、计生、土地巡回法庭的审判人员，解聘巡回法庭全部聘用执法人员。

后　语

各个时期的人民法庭，都发挥了其应有的作用，尽管其历史任务和生命期限不一样，但一样的是为了人民的利益，为了社会的安定和国家繁荣富强。今天，我们把盂县人民法庭建设所走过的历程介绍给大家，就是要让我们记住历史，以鉴未来。同时，让我们向在法庭工作过和正在法庭工作的同志表达深深的敬意。

第二编

立案 信访 调解

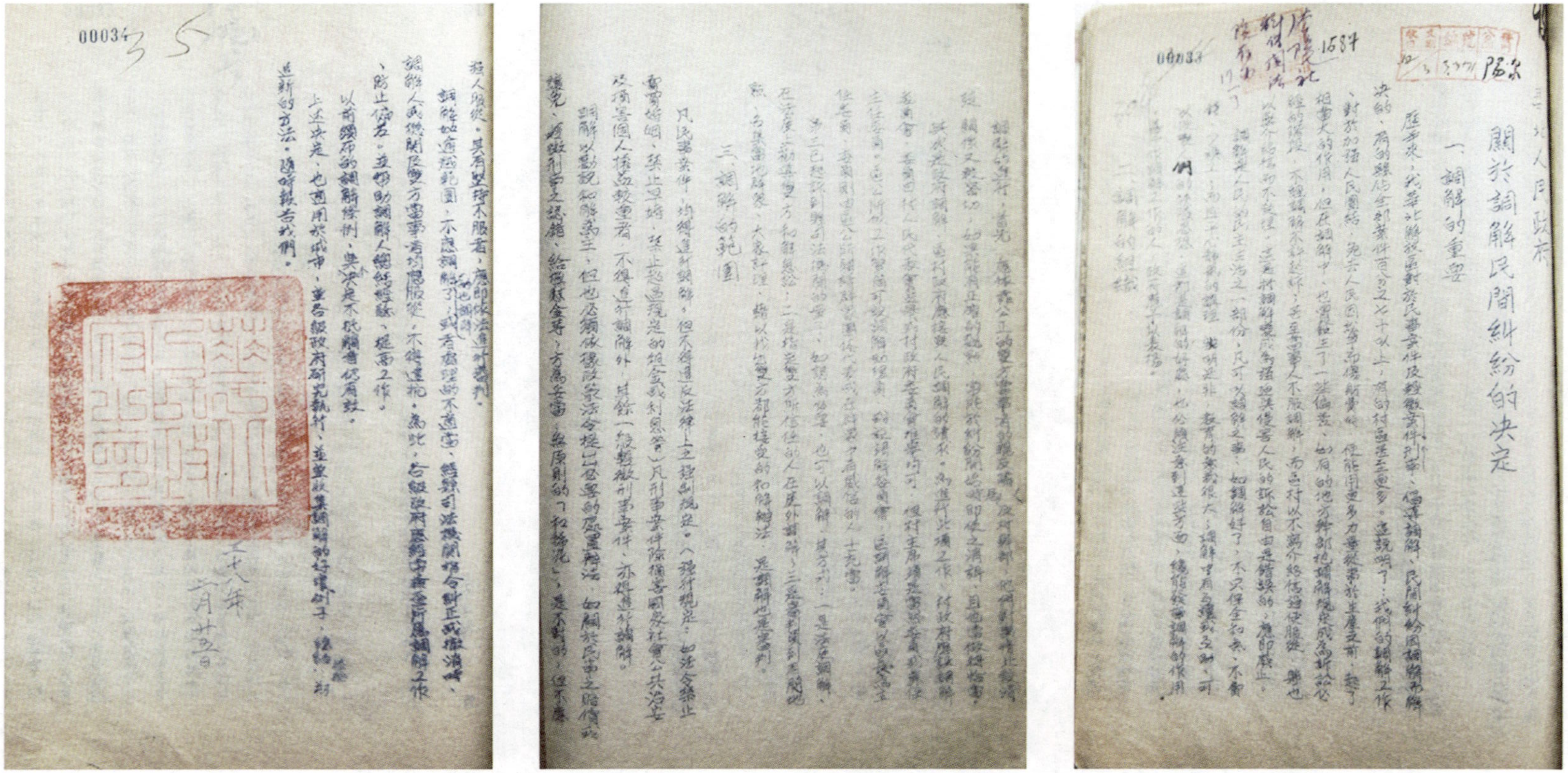

华北人民政府关于调解民间纠纷的决定

第一章 立 案

第一节 概 况

1947年5月4日，阳泉解放后设阳泉市司法处负责审判工作，司法处设问事处，为群众诉讼提供政策和法律咨询。1948年10月19日，根据华北人民政府《关于统一各行署司法机关名称，恢复各县原有司法组织及审级的规定》，阳泉市司法处更名阳泉市人民法院。下设问事处，有专人负责，宗旨是“方便群众，加强团结，减少纠纷和诉讼案件，更好贯彻法令政策，少耽误时间，以从事生产”。同时“帮助群众写诉状”。虽然“问事处”不能完全等同于现代司法意义上的立案庭，其内涵和外延甚至有很大差别，但已具备这方面的功能和职责。

1953年9月下旬，根据全省第二届司法会议“关于司法建设的决议精神”，建立阳泉市人民法院接待室，设干部1人，主要职责是通过接待室调处，对双方当事人进行说服动员，讲解法律政策，把绝大多数纠纷化解在诉讼之前。接待室不是单纯的调解机构，遇到必要的案件，还要深入群众进行调查了解。

1954年，设预审庭。1956年5月，成立法律顾问处，遂将人民接待室撤销，实行院长、庭长、审判员定期接待群众制度，秘书室兼办处理群众来信来访，并负责处理一些轻微刑事案件，法律顾问处另一项职责是开展代书和辩护。1957年，恢复人民接待室，轮值审判员负责接待轻微斗殴、打架、辱骂等案件，对双方当事人进行调解和说服教育，对群众来访分别进行登记，根据实际情况分类排队，分轻重缓急进行处理，疑难复杂案件和涉及党的政策的问题，根据政策和领导指示、批示处理，属于转办的即函转有关机关单位，并将处理情况回复当事人。

1959年，设专人从事信访工作，负责阅办由秘书审批的群众来信，接待群众来访，职能和职责与前述的法律顾问处和人民接待室相同。1973年，阳泉市中级人民法院成立后，设信访接待室，隶属办公室，主要职责是处理人民群众来信来访，办理上级法院和有关部门交办转办的信访案件，“文化大革命”后期至20世纪80年代，信访接待室担负了大量冤假错案的复查和平反工作。虽然问事处、接待室和法律顾问处，都具有一定的“立案”职能，但均不是现代司法意义上的立案庭，可看作是立案庭的雏形。

1989年3月，阳泉市中级人民法院成立告诉申诉审判庭，受理和审查刑事申诉、民事申诉、经济申诉，受理指定管辖的请求和请示，监督和指导基层人民法院的告诉申诉工作，统一负责来信来访，对需要再审的案件提出立案建议，审理除刑事（原刑二庭）外的民事、经济、行政再审案件，指定基层法院管理争议的案件，指导和监督基层法院的对口工作，处理非诉简易纠纷和开展法律咨询，以及转处各类举报案件，两级法院均制定了“院长接待日”制度，中级法院坚持周五接待群众来信来访，信访和告诉审判工作纳入规范化诉讼轨道。

20世纪末，阳泉市中级人民法院根据最高人民法院关于立审分开精神，为克服自立、自审、自监的弊端，于1998年6月成立立案庭。2001年，根据《人民法院五年改革纲要》，将立案庭中的信访、再审立案审查、管辖争议等职能分离出来，设立立案二庭，实现了立审分立、审执分立、审监分立，也实现了信访工作的规范化。

从2009年开始，阳泉市两级人民法院立案部门，实现了由过去单纯的立案审查，向立案审查、诉前调解、诉讼服务、司法救助的转变。诉前调解成为立案工作的重中之重。

2012年，两级法院继续加强审判管理组织机构建设，健全完善质效通报、案件评查、流程管理、考核奖惩、监督指导等一系列审判管理制度，体制机制更加规范；市中院坚持审判质效通报、司法统计通报、审判流程通报、专项通报、案件评查通报等五项通报措施，按季召集业务部门进行审判质效评估分析，案件超审限得到控制，结案均衡度明显提升；加大了对长期未结诉讼案件的监督清理，共通报54件，清理完毕24件，扎实开展庭审、裁判文书两评查活动，27名优秀裁判文书作者获得表彰奖励．全市法院13项考核指标有10项好于往年，审判质效提升为全省第一。

第二节 立案审查

立案审查是人民法院审判活动的第一道关口，法院办案质量的第一道防线。

1947年建院到“文化大革命”结束、中共十一届三中全会之前，中国法制尚不健全，刑、民事案件立案，基本上都同这期间十分频繁的政治运动密切相关。1947年建院时，新中国尚未成立，解放战争处于战略反攻前夕，阳泉市人民法院设一庭、二庭和问事处，负责刑、民事案件的立案审查，立案的主要政策依据，是华北人民政府有关司法工作的各项《通令》、《训令》和解放区司法工作形成的原则、规定、惯例，问事处负责调处轻微刑、民事案件，劝导双方当事人息诉，减轻群众诉累。

1949年新中国成立，1950年7月21日，政务院和最高人民法院公布《关于镇压反革命活动的指示》，同年10月10日，中共中央就此发出指示，要求全面贯彻“镇压与宽大相结合”的政策，成为第一次镇压反革命的主要立案依据。同年夏天，中央人民政府颁布的《中华人民共和国土地改革法》，则成为阳泉地区进行土改的立案依据。后来的“肃反”、“三反”、“五反”、“反右倾”、“大跃进”，以及1960年以后的整风整社、“四清”和“文化大革命”等重大的政治运动，都对当时刑、民事案件立案审查工作，产生了巨大的政治影响。如1953年，针对强奸幼女罪的立案依据为当时最高人民法院“法办字〔482〕号”《关于严惩强奸幼女罪犯的指示》。1955年第二次镇反，其立案依据是《惩治反革命条例》。

1957年，《刑事政策界限》、《劳动教养条例》、《行政拘留条例》等法规颁布，《刑法草案》虽然未能通过全国人大常委会一届四次会议审议，但1955年6月的征求意见稿，已经对刑事审判产生一定的指导作用，人民法院针对刑事犯罪和违反治安管理的立案基本上有了法的依据。在60年代初、中期处理房产、宅地基纠纷中，立案依据主要是《农业六十条》。从1968年至1973年，因“文化大革命”，阳泉市人民法院的工作由阳泉市公安机关军事管制委员会和阳泉市革命委员会保卫部取代，立案和审判均以“公安六条”为标准。所以说，从1947年到1978年十一届三中全会召开之前，三十多年间，阳泉市中级人民法院的刑、民事案件的立案审查工作，带有十分明显的时代特点和政治色彩，同这一时期党和国家的中心工作以及党在不同时期的路线、方针、政策密切相关。

1978年12月，十一届三中全会召开，新中国法制建设开始迅速发展，1979年后，随着《刑法》、《民法》、《刑事诉讼法》、《民事诉讼法》等法律颁布实施，阳泉市中级人民法院按照法律规定，依法审查审核检察院起诉书所列犯罪事实、依法立案、依法审判，人民法院立案审查虽然开始步入正轨，但在具体司法实践中，仍然同上级领导机关有关司法工作的政策、方针保持高度一致。

20世纪70年代末、80年代初，阳泉市中级人民法院按照中共中央“〔1978〕78号文件”和“〔1979〕96号文件”精神，抽调专人、设立专门机构，着手纠正新中国成立以来历次政治运动中，特别是纠正“文化大革命”期间造成的冤假错案。

1982年1月11日，中共中央发出《关于打击经济领域中严重犯罪活动的紧急通知》、1982年3月8日，全国人大常委会通过《关于严惩严重破坏经济的罪犯的决定》，对《刑法》的一些条款作了相应的补充或修改，对走私、套汇、投机倒把牟取暴利罪、盗窃罪、贩毒罪、盗运珍贵文物出口罪、受贿罪，量刑幅度提高到可以判处死刑。1982年4月13日中共中央、国务院作出《关于打击经济领域中严重犯罪活动的决定》，1982年8月12日，中共中央批转的《全国政法工作会议纪要》，强调严厉打击严重经济犯罪。

1983年9月2日，全国人大常委会颁布《关于严惩严重危害社会治安的犯罪分子的决定》和《关于迅速审判严重危害社会治安的犯罪分子的程序的决定》。将杀人、强奸、抢劫、爆炸、流氓、致人重伤或者死亡、拐卖人口、非法制造、买卖、运输或者盗窃、抢夺枪支、弹药、爆炸物、组织反动会道门、引诱、容留、强迫妇女卖淫、传授犯罪方法等危害社会治安的犯罪行为确定为打击重点，均可判处死刑。对杀人、强奸、抢劫、爆炸和其他严重危害公共安全应当判处死刑的犯罪分子，可以不受《刑诉法》第110条规定期限的限制，并将其上诉期限改为三日，从而成为这一期间刑事犯罪的立案依据，开展为期三年的“严打”。此后，“严打”一词一直沿用至今，但立案依据由“文件”、“政策”转向了《刑法》，立案审查发生根本性转变，走上了法制化、规范化轨道。

1989年3月，阳泉市中级人民法院告诉申诉审判庭成立，第一次从人民法院建制上，确立了立案审查在诉讼活动中的重要地位。1998年，根据最高人民法院关于立审分离的要求，阳泉市中级人民法院立案庭成立，立案审查成为法院受理案件和实施审判监督不可缺少的环节，也是法院审判工作的重要组成部分，专司案件受理。之后，为进一步明确责任、细化职能，克服该立不立、立案不当、不结不立、有案无号、有号无案、关系人情案、“抽屉案”等问题，将立案庭分为立案一庭、立案二庭。立案一庭负责审查由本院受理的刑事、民事、行政、国家赔偿等各类案件的立案登记、受理，决定是否立案或裁定不予受理；根据当事人的申请依法进行诉前财产保全、诉前证据保全；依法进行立案调解，依法受理不服基层法院的管理争议案件；审查办理和收缴各类案件的诉讼费用，依法办理减、免、缓诉讼费用的审批；对本院受理的刑事、民事、行政、国家赔偿等案件的审批流程管理，负责对全市基层法院立案部门的业务指导，负责应由本院立案部门办理的其他事宜。立案二庭负责接待立案、审理、执行、再审、国家赔偿等诉讼案件的法律咨询；对全市基层法院终审的种类刑事、民事、行政以及执行案件的申诉或再审申请案件进行复查；对本院终审的刑事、民事、行政、国家赔偿、立案、财产保全以及执行案件的申诉；负责上级法院及市委、市人大常委会、市政府批办、交办、转办的各类涉诉案件的办理；负责非正常涉诉信访案件的接返、教育、疏导和稳控工作，负责与市信访局有关案件的协调、衔接、办理等事宜，负责对基层法院涉诉信访部门的业务指导，负责应有本院受理的涉诉信访事宜。

第三节 再审立案审查

再审是人民法院根据法律规定，对已发生法律效力的判决、裁定或者调解书的错误的案件，再次进行审判的活动，它是一种司法补救程序，目的是通过纠正错误的生效裁判，使当事人的合法权益得到应有的维护。

阳泉市中级人民法院建院初期（1947年5月4日）和中华人民共和国建国（1949年10月1日）初期，一直到20世纪80年代末，中国各级人民法院中虽没有“再审立案审查”这一具有明确内涵和外延的司法概念，但纠正错误的生效判决和裁定，包括错误的调解书，则是人民法院一项十分重要的日常工作。“有错必纠”正是中国共产党早在革命战争年代的司法实践中，就得到贯彻和实施的司法政策。阳泉市中级人民法院作为早于中华人民共和国成立，即已经建立起来的人民民主专政阵地，纠正已发生法律效力的判决、裁定或调解书的司法实践，其贯彻实施的时间，同该院的历史一样悠久长远。

建院之初（1947 年）纠正已发生法律效力的判决、裁定或调解书的工作，主要由原审判机构刑事审判庭和民庭审判庭负责。而 20 世纪 40 年代末至 90 年代末，在长达 50 多年的司法实践中，“纠正错误生效判决和裁定”主要有两个方面的含义：一是接受当事人的申诉意见，按照法律程序，对原判案件进行复查，并纠正原判决中存在的与事实和法律不相符合之处，包括彻底推翻之前的审判结论，同现代司法意义的“再审立案审查”十分相近。二是根据党在各个时期的政策和方针，以及法律法规精神，对原判决中的谬误之处进行彻底纠正。直到 20 世纪 90 年代初，“再审立案审查”方成为依法规范进行的司法工作，逐步推行开来。

再审程序的启动以判决、裁定已经发生法律效力并确有错误为前提。只要是生效判决、裁定确有错误的，即具有再审事由要素，再审的审理程序才能被启动。原判决、裁定是否确有错误，即是否具有再审事由，有一个发现和确认的过程，这个过程分为三种情况：一是当事人提出申请再审；二是人民法院依职权提起再审，或者上级法院指令再审；三是人民检察院抗诉，人民法院应当再审。

“再审立案审查”程序的启动权限，由人民法院院长行使。由于“再审立案”程序的启动往往同涉诉信访工作紧密相连，故立案二庭受院长委托，具体负责再审立案审查和涉诉信访工作，再审立案审查工作走上规范化、标准化、法制化轨道。

立案二庭对申请和再审申请的审查，称作再审立案审查阶段。审查的主要内容有：（一）是否有当事人提交的申请再审书，原一、二审判决、裁定、调解书，须具备《最高人民法院关于规范人民法院再审立案的若干意见（试行）》第五条规定的条件。申请再审是一种诉讼，要求有书面的再审申请书。否则无法审查，谈不上立案。申请再审应写明申请人基本情况、请求事项、事实与理由等。（二）是否是已经发生法律效力的裁判文书，未发生法律效力的裁判不得立案再审。（三）是否在裁判生效后两年内提出，超过两年的，不予立案。《民事诉讼法》第一百八十二条规定，当事人申请再审，应当在判决、裁定生效后两年内申请。也就是说，超过这个规定期限申请的，人民法院不予受理再审申请，不予立案复查。对这种情况，通常以立案信访答复的方式通知其收回申请。（四）是否提出法定理由，符合《民事诉讼法》第一百七十九条第一款规定的五个条件之一和第一百八十条关于调解再审两个条件之一的，应立案再审，否则不得立案受理。（五）审查立案的审判人员组成合议庭进行评议，认为符合立案条件的，即制作审查报告，由庭长或主管院长批准。批准后启动再审程序。不符合立案条件的，用正式规范的司法文书通知驳回申请。

第四节 “大立案、精审判、强执行”管理模式

2000年，阳泉市两级人民法院按照“大立案、精审判、强执行”的审判管理模式，在全面实行立案、审判、执行、监督相互分离基础上，进一步推行了案件流程管理。立案庭负责审查立案、庭前准备、确定案件合议庭或独任庭、指派跟案书记员、排期开庭、申诉审查听证等工作，对案件不同审理阶段进行全程跟踪监督管理，最大限度地消除案件审判过程中可能出现的内部监督制约死角，从而成为审判运行管理的中枢机构，推进了审判庭的具体化、专业化建设。为配合审判流程管理的推行，阳泉中院和各基层法院均建成了立案大庭。郊区人民法院从当年11月底，即开始实行排期开庭，市中院投资10万元，开发出《阳泉市两级法院案件流程管理和信息管理系统》软件，并投入试运行。立案庭的成立，标志着信访工作规范化、制度化工作进入一个新阶段。

2001年1月1日，全市两级人民法院全面实行审判流程管理，对实践中产生的问题，如立案庭与各审判业务庭工作的衔接不够融洽、因人为因素造成的流程梗阻等进行改革和完善。阳泉中院先后召开三次由审委会委员和有关庭室负责人参加的专题会议，对推进审判流程管理过程中暴露出的问题进行了深入研究和探讨，并形成两个会议纪要，使这些问题基本得到解决。为了检查和指导全市法院审判流程管理改革的情况，是年8月份，阳泉中院组织两级法院立案庭庭长和有关人员，由副院长贾俊带队，专门就全市法院实行审判流程管理的情况进行评查，对各院在实行审判流程管理过程中存在和产生的问题进行及时解决或纠正，有力地推动了全市法院审判流程管理的全面实施和不断完善。

2002年，为解决审判力量严重不足与审判任务日益繁重的矛盾，全市两级法院从立案这一司法源头抓起，推行“案件繁简分流和普通程序简化审”改革，各基层法院对于依法可以适用简易程序审理的案件，坚决适用简易程序，以节约审判资源，加快审判节奏。对于普通程序审理的案件也尽量在现行《诉讼法》的框架内，简化庭审中的不必要部分或某些次要环节，快速结案，节省成本，提高效率。矿区人民法院作为改革试点单位，在实践中总结出一套较为完善的工作机制，提高了案件审判效率，受到省院领导表扬。

2005年，全市法院积极推行立案工作多项便民措施，全面实行诉讼风险提示，加强民事、行政诉讼指导，减少因法律风险的不明了而引起的缠诉和上访，减少群众不必要的诉讼负担。全市法院依法减、缓、免当事人诉讼费247万元。2006年，两

级人民法院继续探索和完善“大立案”制度，强化审判流程管理，对整个审判运行实行电脑全程监控，有效地杜绝了受理案件时可能出现的“暗箱操作”。2007年，全市法院系统召开立案信访工作会议，通报了全市法院系统涉诉信访案件的具体办理情况，传达了全国法院立案工作会议精神，并对具体工作作了安排部署。

2008年，全市法院积极推行立案便民措施，全面实行诉讼风险提示，加强民事、行政诉讼指导，减少因对法律和风险的不明了而引起的缠诉和上访，减少群众不必要的诉讼负担。认真落实司法救济制度，依法减、缓、免当事人诉讼费316万元。

2009年，中央政法委、最高院、最高检、公安部、民政部、司法部、人力资源和社会保障部《关于开展刑事被害人救助工作的若干意见》（2009）10号文件颁布后，市中院召开党组会议进行专题研究，出台工作方案，并报请阳泉市委政法委，会同阳泉市财政局等单位，建立了刑事案件被害人司法救助基金。为贯彻七部委《意见》精神，市中院于2009年9月，对2005年以来的刑事附带民事案件，进行摸排和统计，排查出急需救助的刑事案件29件、执行标的320万元。按照《意见》第4条、第5条的相关规定，申请救助总额共计292万多元。与此同时，各基层法院、人民法庭从减轻诉累出发，适用简易程序审理民商事案件1661件，占民商案件总数的34%；巡回审判、就地审结各类案件616件，标的3165万元。

年内，两级法院均建立立案信访接待大厅，配置自动化办公设施，为群众提供导诉、答疑、调解等“一站式”服务。对经济确有困难的当事人实行司法救助，共计减、缓、免交诉讼费560余万元。为方便群众诉讼，市中院采用电脑“随机排案、即时分案”模式，减少案件流转时间。

2010年，继续贯彻落实中央政法委、最高院、最高检、公安部、民政部、司法部、人力资源和社会保障部《关于开展刑事被害人救助工作的若干意见》〔2009〕10号文件精神，根据该《意见》第4条、第5条规定，第一批申请救助案件共有22案50人获得批准，并本年度救助完毕，实际救助金额80万元，占申请额的四分之一。此后，又对第二批11案31人救20万元。经过救助当事人，此类案件顺利退出执行程序，当事人情绪稳定，减少了上访压力，维护了社会稳定。

年内，市中院投资300余万元，改造了1500平米的立案信访接待大厅，各基层法院积极完善立案信访窗口的基本功能和基础设施，健全接待制度，规范接待行为，推行立案“一站式”服务，确保来访群众得到及时接待和答复。各基层法庭加大巡回审理力度，深入农村和交通不便、人员稀少的偏远地区，就地立案、就地开庭、当庭调解、当庭结案，降低群众的诉讼成本，全年有661件民事案件采取巡回审判的方式审理，涉案标的2400万元。继续加大司法救助力度，为确有困难的当事人缓、免诉讼费340万元。

2011年，阳泉中院立案信访窗口建设“六创”、“六化”经验受到山西省法院系统“立案信访窗口建设经验交流现场会”的充分肯定。一是创新硬件，实现立案信访窗口建设的标准化。改造后的立案信访大厅服务功能更加完善，法官服务热情，设施一应俱全，为来院群众营造了一种规范、透明、便民、温馨的氛围，给人一种宾至如归的感觉。二是创新制度，推进立案信访窗口建设的规范化。先后制定完善了《诉调对接制度》、《立案信访公开制度》、《涉诉信访诉、访分离制度》等21项制度，2万余字。特别是把信访案件的办理纳入流程管理之中，建立了信访案件一条龙办理制度。三是创新服务，增强立案信访窗口建设的人性化。实行“电脑排期，立等分案”，基本实现了立案随到随立，当日移送审判庭；设立诉前保全窗口，辖区内案件24小时内可以实施保全；开辟“绿色通道”，满足老弱病残等特殊群体需求；实行“案件监督卡”制度，方便群众监督。四是创新管理，强化立案信访窗口建设的精细化。完善岗位职责管理，对立案信访窗口工作人员定期考核，纳入绩效考核范围；完善审判流程管理，把诉前调解和立案调解的案件、信访案件一并纳入审判流程管理，严格案件审限，提高审判质量，增强法官质量意识；完善信访案件管理，制定案件评估标准和办法，强化责任追究制。五是创新机制，提升立案信访窗口建设的长效化。建立立案信访考核通报机制。即“三率”考核。“三率”即立案正确率、息诉罢访率、越级上访率。建立立案信防队伍激励机制，锻炼培养年轻干部。建立涉诉信访联动机制，动员社会力量，参与解决涉诉信访。六是创新理念，促进立案信访能力的科学化。

年内，重视审理涉及民生的案件。审结婚姻家庭、相邻关系、民间借贷等普通民事案件2648件，重点保护了妇女儿童、老弱病残的合法权益；审结劳动合同、劳动争议等民事案件148件，依法保障劳动者特别是农民工的正当权益；审结人身伤害、医疗纠纷、交通事故等民事损害赔偿案件707件，切实为弱势群体排忧解难。同时继续加大司法救助力度，共为经济确有困难的当事人依法减、缓、免诉讼费用133万元，通过困难当事人救助机制，救助困难群众389万元。

2012年，全市法院进一步加强立案信访窗口建设，着力规范功能设置，完善导诉、释疑制度，提升“一站式”服务水平，改进立案调解，立案窗口对外服务群众诉讼，对内服务审判管理的功能进一步体现。进一步加强人民法庭工作，深入农村巡回审理，运用简易程序就近就地化解矛盾829件，大部分基层法庭处理的案件调解率、执行率都在90%以上。同时继续加大司法救助力度，全年共减、缓、免诉讼费用288万元，市中院、郊区法院司法救助基金纳入同级财政预算，其他基层法院采用个案救助方式扶贫济困，累计全年发放刑事被害人救助、特困申请人救助和信访救助资金131余万元。便捷立案、高效化解、司法救助的便民网络有效提升了民生保障能力。5月初，投资200余万元的矿区法院立案信访大厅和诉前调解中心投入使用。

本年度，妥善处理民生案件，充分保障合法权益。在审理婚姻家庭和继承纠纷案件中，注重保护了妇女、老人和未成年人的合法权益；审理劳动争议和劳务合同中，依法保护了劳动者合法权益，推动建立和谐稳定劳动关系；审理农村承包合同、宅基地纠纷等涉农案件中，注重维护农村社会稳定，依法促进农业健康发展；在审结交通事故、医疗损害、环境污染等赔偿案件中，依法保障群众的生命健康和财产权益。同时继续加大司法救助力度，全年共减、缓、免诉讼费用288万元，市中院、郊区法院司法救助基金已纳入同级财政预算，其他法院采用个案救助的方式扶贫济困，累计全年发放刑事被害人救助、特困申请人救助和信访救助资金131余万元。便捷立案、高效化解、司法救助的便民网络有效提升了民生保障能力。

第二章 告诉审判和涉诉信访

第一节 概 况

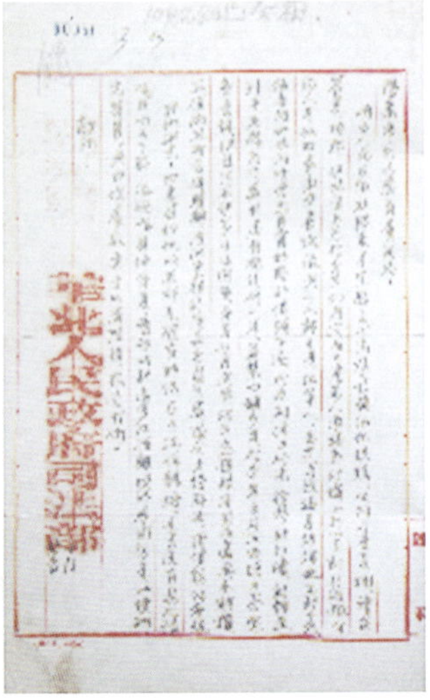
1948 年的信访函

阳泉市中级人民法院始终注重人民群众来信来访，建院伊始，即设立问事处，设专职干部负责接待人民群众来访，处理人民群众来信。1953 年 9 月，人民接待室成立后，信访工作成为接待室的首要职能。1956 年 5 月，撤销人民接待室，成立法律顾问处，实行院长、庭长、审判员定期接待群众制度，秘书室兼办人民群众来信来访。1957 年，恢复人民接待室，根据政策和领导指示、批示处理，属于转办的即函转有关机关单位，要求将处理情况回复信访当事人。1959 年，设专人从事信访工作，负责阅办由秘书审批的群众来信，接待群众来访，阳泉市人民法院信访工作基本走上规范化轨道。1973 年，阳泉市中级人民法院成立，设信访接待室，隶属办公室，主要职责是处理人民群众来信来访，办理上级法院和有关部门交办转办的信访案件。

1989 年 3 月，根据最高人民法院“告诉申诉工作会议”精神，阳泉市中级人民法院建立告诉审诉审判庭，使告诉申诉审判纳入诉讼轨道，负责接待人民群众来信来访，处理告诉申诉案件。

进入 21 世纪以来，阳泉市中级人民法院创新信访接访机制和调处机制，坚持初信初访优先受理、优先接谈、优先办理的原则，实行领导接访制、公开听证制和来访率、再审改判率、息诉罢访率“三率”考核机制，从源头上提高案件审判质量，努力降低信访率，形成了“分级审查、院长把关、流程管理、三率考核”的涉诉信访工作机制，构建起大信访格局，信访工作进一步规范化。

第二节 信访工作探索

阳泉市中级人民法院对人民群众来信来访工作十分重视，建院伊始，即设立问事处，设专职干部负责接待人民群众来访，处理人民群众来信。1953 年 9 月，人民接待室成立后，信访工作成为接待室的首要职能。以 1954 年人民接待室工作为例，全年受理群众来信29件，接待来访群众553件，其中绝大多数为离婚案件。并通过接待人民群众来信来访，一是揭发了当时资产阶级不法行为；二是揭发了区乡干部不民主作风和偏听偏信；三是揭发了刑事犯罪分子，使其受到相应的制裁，维护了社会治安；四是检举了“不纯分子”和“嫌疑分子”。

1956年5月，撤销人民接待室，成立法律顾问处，实行院长、庭长、审判员定期接待群众制度，秘书室兼办人民群众来信来访。1957年，又根据审判工作实际，恢复了人民接待室建制，由轮值审判员负责接待轻微斗殴、打架、辱骂等案件，对双方当事人进行调解和说服教育，对群众来访分别进行登记，根据实际情况分类排队，分别轻重缓急进行处理，疑难复杂案件和涉及党的政策的问题，根据政策和领导指示、批示处理，属于转办的即函转有关机关单位，要求将处理情况回复信访当事人。

1961年，阳泉市人民法院为贯彻《工业十二条》、《农业六十条》，要求信访工作坚持“三个原则”、做好“三个结合”。

“三个原则”是：一要认真做好接待工作，关心群众疾苦，照顾妇女和子女利益，来信来访中大多数属于人民内部矛盾，尤其是婚姻子女纠纷最多，必须热心耐心细心苦口婆心地对待说服当事人。二要相信群众依靠群众，调查研究。三要服从党的领导，工作做到哪里，就依靠那里的党委，实事求是，依据党的政策办事，正确及时化解矛盾。

“三个结合”是：一、与党的中心工作相结合，做到勤于请示报告。二、与审判工作相结合，做到口勤、手勤、眼勤，有问必答，有访就接，勤于同审判人员联系，对较大复杂的刑事犯罪，即将口诉笔录与检举材料送交庭内处理；属于来信地址不明，事实要求不清的，即写信联系后立案转办；简易纠纷即直接处理。三、与带卷下乡调查处理相结合，做到心中有数，便利生产，便利当事人，促进生产，增强团结。并按照《工业十二条》、《农业六十条》要求，信访工作着重解决“平调”问题。

信访接待方面由院长、庭长亲自接见、批办群众来信，建立了信访工作催办、登记和收容制度。为方便群众，加强接待工作，专门抽调一名庭长充实接待力量，做到早来早办、晚来晚见，有问必答，百问不厌，起到法院第一道防线的作用。

到1963年，婚姻问题、小块地纠纷等信访案件，有较大幅度下降；随着《工业十二条》、《农业六十条》的贯彻落实，房产、债务、抚养、继承等纠纷和催办案件，以及检举干部违法乱纪和工作作风方面的问题，有较大幅度上升，信访案件比1962年增加93.69%。

1973年，阳泉市中级人民法院成立，设信访接待室，隶属办公室，主要职责是处理人民群众来信来访，办理上级法院和有关部门交办转办的信访案件。1974年，受理群众来信来访1105件，其中来信436件，来访669人次，处理1099件，其中，直接处理365件，转办664件，移送188件，进一步落实了党的政策，正确处理了人民内部矛盾，加强了与人民群众的联系。1975年，接待群众来信1181件次，直接来人来访 1666 人 / 次，在人少案多的情况下，做到了简易案件当场解答或解决，重大案件迅速上报或批转有关部门解决，实现了本年年信访案件无积压的目标。

第三节 信访复查和纠正冤假错案

1978 年 12 月，中共十一届三中全会后，信访接待室担负了大量冤假错案的复查平反，会同有关部门落实党的政策，安置平反昭雪人员。1979 年，接待群众来信来访 1190 件，对法院的一些历史遗留问题作了妥善处理，对 1958 年被划为右派分子的 6 人给予改正，其中有 4 人重回法院工作。

1980 年，接受群众来信来访 2802 人次，其中，来信 1815 件，来访 977 人次，此外，接受上级交办的信访案件 10 件。基本上做到了件件有着落，案案有结果。1981 年，受理群众来信来访 6575 件次，其中来信 2471 件，来访 4104 人次。1982 年，两级法院受理群众来信来访 7477 件，其中来信 1902 件，来访 5575 人次。1983 年，接待群众来信来访 5605 件次，其中来信 2200 件，来访 3405 人次。

此后，信访工作进入一个良性发展阶段。

1984 年，申诉和信访工作继续落实有错必纠政策，受理刑事申诉案件 88 件，审结 82 件，结案率 93.2%；受理民事申诉案 18 件，审结 11 件。接待处理来信来访 2740 人 / 次（件），基本做到件件有着落，事事有结果，通过实事求是受理、审理申诉和信访案件，纠正了一些历史遗留下来的错案。

1985 年，贯彻全省刑事申诉工作会议精神，把落实统战对象政策作为关系到“四化”建设和祖国统一大业的政治任务，组织力量复查阳泉地区所有统战对象的案件，并按照上级政策精神，在 4 月中旬之前完成了此项工作。与此同时，阳泉中院按照上级党委要求，着手开展内部整党运动，以进一步加强党的纪律，发扬密切联系群众的作风，并在整党中恢复健全了正、副院长定期接待群众制度。全年两级人民法院共接待群众来信来访 3464 人（件），比上年度的 2740 增加了 21%。其中，院领导接待来访群众 30 多人次。在来信来访中，有少量为“文化大革命”前判决的历史案件，绝大多数信访案件为 1983 年“严打”期间受到处理的当事人亲属，主要反映量刑过重，对已服刑人员则要求人民法院予以改判。对“文化大革命”前判处的案件，阳泉中院既克服了“左”的思想影响，以实事求是的态度进行全面复查，对 1983 年和 1984 年“严打”中的申诉案件予以积极审理，坚持做到有访必接，有错必纠，受理刑事申诉案件 266 件，审结 219 件，结案率为 80.2%。

1986 年，三年“严打”三个战役（1983 年～1985 年）虽然在 1985 年正式结束，但由于对“严打”时期适用法律问题存在不同认识，信访案件剧增，受理群众来信来访 5470 件，比上年度的 3464 增加 26.67%。其中，阳泉中院领导接待来访群众 80 余人 / 次，深入县区解决疑难民事案件 10 余件。

第四节 告诉申诉与涉诉信访

1989 年 3 月，根据最高人民法院“告诉申诉工作会议”精神，阳泉市中级人民法院建立告诉申诉审判庭，使告诉申诉审判纳入诉讼轨道，负责接待人民群众来信来访，处理告诉申诉案件。当年全市两级人民法院即接待群众来访 2787 人次，处理人民群众来信 841 件。对其中涉及的 1730 件案件，分别不同情况移送有关业务庭立案审理 1025 件，驳回 34 件，主动息诉 180 件，移送市直（县、区直）单位或工矿企业等有关部门处理的 23 件，其他方式处理的 468 件。

20 世纪 90 年代，随着社会主义市场经济的确立和国有企业改制、破产、重组等新问题的出现，以及阳泉市工业化、城镇化、市场化步伐的加快，各种利益主体受到冲击，信访矛盾重新凸显出来。阳泉市中级人民法院专门成立信访工作领导组，按照“谁主管、谁负责”的原则，形成院长负总责，对重要信访事项亲自推动解决；分管信访工作的院领导负直接责任，抓各项具体工作的落实；其他院领导成员“一岗双责”，按照分工抓好分管方面的信访工作。形成一级抓一级、层层抓落实的信访工作领导体系。

1990 年，人民群众告状难问题开始显现，并出现越级上访苗头。为此，阳泉市两级人民法院告诉申诉审判工作开始着手解决因“告状难”或涉法信访问题，当年处理群众来信 393 件，接待群众来访 1714 人次，涉及案件 1314 件，其中移送有关业务庭室立案处理 611 件，经说服教育和开展思想政治工作息诉 173 件，驳回 90 件，移送市、县（区）有关部门和工矿企业处理 70 件，采取其他方式处理的 370 件。

1991 年，为解决告状难和涉法越级上访问题，阳泉市两级法院进一步加强告申工作的“窗口”建设和“桥梁”建设，将告申工作成为人民法院了解人民群众诉求的“窗口”，成为人民法院联系群众的“桥梁”，做到来信来访件件有登记，人民群众的告诉信访件件有答复，并如期完成上级部门要求有回复结果的 8 个案件。同时重点解决一些上访老户问题，通过两级法院耐心细致的思想教育工作和扎实高效的案件复查，促使 10 户多年重复申诉的信访人息诉服判。对具体诉讼中出现的一些性质不同、管辖不明但法律关系并存的案件进行复核或重审，解决了司法实践中存在的“皮球案”问题，全年两级人民法院处理群众来信 378 件，接待群众来访 1812 人 / 次，对其中涉及的 1412 件案件，移送业务庭立案处理 1029 件，移送其他机关处理 34 件，经说服教育息诉 135 件，驳回 24 件，作其他处理的 190 件。成为当年全省法院系统越级赴省城或首都上访告状的当事人中最少的法院之一。

1993 年，改革开放进一步深入，属于不同社会单位的大量集体所有制企业出现经营困难，一些中小型全民所有企业面临同样的问题，其中不少企业不能为职工按时开资，如荫营硫铁矿（化工局）、阳泉市拖拉机厂（二轻局），侵害职工权益的案件开始大量出现，判决或裁定生效后又因经济或政策原因得不到及时执行，涉法信访案件和上访人数均出现大幅上升局面。针对新的经济体制中出现的新问题，阳泉市两级人民法院告诉申诉审判工作坚持改进工作作风，继续着力解决群众“告状难”和涉法信访及越级上访问题，努力化解社会不安定因素，通过法制宣传和疏导教育，诉前化解民事、刑事经济方面的纠纷 399 件，123 个重复申诉当事人的问题得到彻底解决，实现了息诉罢访的目的，全年两级人民法院共受理群众来信来访 3917 件 / 次，仅来信来访一项即比上年度增加了 45.91%。其中告诉 246 件 / 次，申诉 671 件 / 次。经过审理，立案 2816 件，驳回 105 件，经说服息诉 244 件，撤诉 65 件，转处 207 件，调处简易纠纷 90 件，其他处理 390 件。此外，全市两级法院还受理群众非诉讼来信来访 1324 件 / 次。继续保持了本市法院系统在全省各地市中赴并进京上访人员最少的良好局面。

1994 年，信访案件和信访人数均比 1993 年有所下降，两级人民法院受理告诉、申诉案件 3269 件，审结 3269 件，比上年下降 16.5%，结案率 100%；接待人民群众来信来访 2100 人件 / 次。从 1993、1994 两年间的告诉申诉审判数据可以看出，在社会主义市场经济体系建立以后，不同利益群体之间的矛盾出现加剧态势，而原本属于政府调整范畴的社会矛盾，则开始向人民法院系统聚集。在这种情况下，阳泉市两级人民法院一方面积极探索新形势下，化解人民内部矛盾、解决社会问题的法制化渠道，认真贯彻和推行立审、审判分立的原则，加强法院内部职能分工和监督制约。另一方面，从初信初访入手解决信访矛盾，同时加强上访老户的息诉工作，对原判决无误的，耐心细致做好解释工作和思想教育工作；对有新的事实和证据，及时予以查证落实；对原判确有不当的案件，则依法予以纠正，本年度即先后纠正原判不当的案件 38 件。并抓好集体上访当事人的教育疏导，消除不安定因素。如当年 5 月底，盂县清城乡付家坳村部分群众，因对一起经省高级法院二审的经济纠纷案件结果有异议，准备自行雇车集体到省城上访，阳泉中院了解到这一情况后，一面做该村在中院上访的有关人员的思想工作，一面要求盂县人民法院立即与清城乡党委和政府密切配合，共同做好疏导教育和劝阻工作，教育上访群众采取正确的反映问题的方法，依法定程序进行申诉。盂县人民法院付金林院长亲自带领工作组两次深入清城乡进行教育和劝阻工作，缓解了付家坳村干部群众的激动情绪，打消了集体上访的念头，消除了不安因素。

1995 年，告诉审判一审受理群众来信来访 2547 人次，受理各类再审案件 15 件，审结 8 件。市中院受理各类二审告诉申诉案件 140 件次，审结 110 件，结案率

78.6%。

1996年，亚洲金融风暴前奏——金融隐患开始影响阳泉经济，作为煤炭重化工基地，工矿企业受到严重冲击。企业经营出现普遍性困难，三角债问题突出，直接拖累了阳泉地区的工农业生产和人民群众的生活。原属于劳动群众集体所有制性质的企业纷纷破产或改制，许多中小型全民所有制企业，包括中小型采矿业、冶炼业、机械加工业、制造业和餐饮、商业、服务行业等出现程度不同的经营困难，企业破产、承包、转包、改制、改组等成为常态，在岗职工连续数月及至数年领不到工资的现象日益严重，许多职工和农民工工伤、工亡后得不到业主及时补偿，胜诉后又得不到及时执行，企业、法人、其他社会组织和公民个人的诉讼活动中，出现了胜诉方“赢了官司输了钱的问题”，并引发大量直接访或越级访。同时婚姻家庭案件中的“三养”纠纷，农村因宅基地、土地承包、林木等民间矛盾经人民法院裁定判决后因难以如期执行，也引发了大量的直接访、越级访和重复访。当年，阳泉市两级人民法院告诉申诉审判共接待处理群众来信来访7837件次，其中告诉3989件次，申诉646件次，非诉来信来访2380件次。来信来访比1994年的3269件净增4568件次，比1995年的2687件次净增5150件次，人民法院成为涉法信访案件的聚积地和社会矛盾的集中点。在这种情况下，阳泉市两级人民法院进一步改进初信初访接待作风，努力提高接访水平和办案质量，全面推行立、审分离和审、监分离，规范立案工作，完善再审监督，强化内部制约。本年度经立案再审的案件中，改判2件，息诉、撤诉20件，依法驳回申诉的16件。并完成了上级法院和党政领导机关督办并要求限时办结上报结果的38件老大难信访案。

1997年，亚洲金融危机全面暴发，以煤炭生产为支柱产业的阳泉经济受到严重冲击，同煤炭有关联的产业链无一幸免，包括阳煤集团、阳泉钢铁公司这样的国有大型企业都出现生产和经营困难，中小企业纷纷歇业、停业、破产、拍卖或重组、改制，商业和服务业全面萎缩，大批产业工人下岗或被迫买断工龄，由此引发了大规模群体性诉讼问题，社会矛盾和不稳定因素绝大多数以诉讼的形式转移到人民法院，告诉申诉审判工作首当其冲，“告状难”问题再度出现。为此，阳泉市中院首推“院长接待日”制度，由中院各位院长轮流接待申诉上访群众，面对面解答各类法律问题，并在全省法院系统率先推行“接待工作规范用语制度”，要求接待人员对待来信来访群众，必须做到热心、诚心、关心，坚决杜绝衙门习气，让人民群众在人民法院切实感受到人民司法的温暖和关怀，两级人民法院告诉及申诉接待工作质量得到明显提高，全年接待处理人民群众来信来访2987件，其中告诉1726件，申诉183件，非诉来信来访1078件。“院长接待日”先后接待申诉上访人员97名，解答法律和其他问题300多个，近百名上访人员在院长们劝导下主动息诉。如市中院通过审理阳泉市化工总厂与阳泉市矿区房地产开发公司土地转让纠纷一案，使拆迁四年仍住不上新房而上访不止的31户居民实现了回迁，化解了这起群体性申诉上访事件。与此同时，两级人民法院进一步强化审判监督职能，坚持有错必纠，确保司法公正，通过告诉申诉渠道，依法纠正原判决确有错误的案件4件，办理上级督办的信访案件16件，并做到了件件有回复，件件有结果，连续多年成为全省法院系统越级上访人数最少的法院。

1998年，制定阳泉市中级人民法院《信访工作规定》，信访秩序进一步规范，信访工作规章制度进一步健全，信访渠道进一步畅通，化解了一大批历史遗留的信访案件和改革、发展中新出现的信访难题，为阳泉市经济发展、社会稳定奠定了基础。全年处理群众来信来访3388件次，其中办理上级督察督办的信访案件11件。如市中院通过审理阳泉市化工总厂与阳泉市矿区房地产开发公司土地转让纠纷案，使拆迁四年仍住不上新房而上访不止的31户居民回迁有望，不再申诉上访。

1999年，两级人民法院继续深化院长接待日制度，坚持合法、及时、稳妥化解矛盾的原则，重点解决涉法涉诉矛盾突出、容易引发群体性诉讼和上访，进而影响社会稳定的信访事件，全年接待处理群众来信来访5498人次，其中立案、转入诉讼程序4714件，息诉251件，作其他处理533件，妥善处理了一大批长期缠诉、闹访的申诉案，对维护社会稳定产生了良好作用。

第五节 信访工作规范化

2000年，阳泉市两级人民法院按照“大立案、精审判、强执行”这一全新司法模式，进一步强化信访工作，依法接待群众来信来访3874件次。同时强化案件审限管理，从9月份开始，市中院在对未审结和未执结的案件进行全面清理摸底的基础上，组织全市两级法院开展“百日清理未结积案行动”。到12月底，共审结各类案件5387件，执结各类案件1654件。结合清理未结案件，两级法院进一步加强审限管理，明确规定未依法办理法定审批手续，任何案件不得延期审理；对违反规定超期办案者进行严肃处理，10月，阳泉中院即责令一名未办理延期手续超期办案的审判员，在全院大会上作了检查。

2001年1月1日起，全市两级人民法院全面实行审判流程管理，对实践中产生的问题进行了改革完善。特别是为了提高申诉上访接待处理工作水平，阳泉中院在坚持和完善院长接待日制度基础上，专门建立了定期召开市直信访部门情况通报分析会制度，主动邀请市直信访部门负责人到法院座谈，相互通报情况，共同分析研究申诉上访案件出现的新情况和新特点，妥善处理申诉上访案件。

2003年，随着企业改革力度的进一步加大和城镇化建设进度进一步加快，以及人民群众法制化理念的进一步增加，征地问题、拆迁问题、劳资纠纷、经济纠葛、企业破产改制、下岗职工安置等问题引发的社会矛盾更加显现，司法诉讼成为解决不同利益群众之间矛盾纠纷的主要方式。而诉讼之后的执行难则进一步加剧了涉法涉诉信访问题。阳泉市两级人民法院充分认识到信访工作是影响社会治安稳定的一个重要因素，在认真分析信访案件居高不下的形成原因和化解信访矛盾的各项对策基础上，阳泉中院致力于建设信访工作长效机制，不断完善信访工作程序，从制度建设入手，制定了《信访案件接受处理办法》、《信访紧急处置制度》、《重大敏感案件请示汇报制度》，推行“一把手”工程，确定党组书记、院长为法院信访工作第一责任人，院长接待日由每月一次增加为三次，同时推行申诉案件立案审查听证制度和重点信访案件公开答复制度，为申诉人与被申诉人和原审法官“面对面”交换证据、观点进行答辩，增强了法院办理申诉案件的透明度，形成了渠道畅通、管理优化、程度规范、服务有效的信访工作格局和信访工作综合治理的有效态势，落实了《亲民便民》九条措施，拉近了人民法院同群众距离，为化解信访矛盾、建设和谐社会提供了制度保障。

2004 年，两级法院进一步规范立案工作，为经济困难当事人减、免、缓交诉讼费 219.1 万元。郊区人民法院设立“司法救助基金”，保障当事人诉权能得到充分实现。全年立案 8470 件。为切实解决当事人申诉难、再审立案难以及反复申诉上访问题，引导当事人有序上访，阳泉市两级法院进一步完善“院长接待日制度”，全面加强信访工作。院长接待日由过去每月一次，改为每周一次，院领导亲自包案督察解决信访案件。全年接待来访来信 1042 人次。对涉法上访案件开展专项治理活动，阳泉中院摸排涉法涉诉上访案件 171 件，其中涉诉重点案件 79 件，并按照《涉法涉诉上访专项治理实施方案》要求，对中院二审维持判决的案件，由一审法院负责包案处理，对中院二审改判和中院作出一审判决的案件，由中院领导包案，指定审判长（执行长）负责包案处理，有 60 件上访老户的缠诉案件得到彻底解决。同时两级人民法院进一步完善和推行“公开听证制度”和“人民调解制度”，坚持有访必接，有错必纠，努力减少因主观原因导致的申诉上访事件。全年受理再审案件 43 件，审结 41 件，其中改判 8 件。

2005 年，全市两级人民法院进一步完善申诉信访工作机制，构建大信访格局，建立健全信访案件管辖制度、公开（联合）答复制度、驳回说理制度、通报制度、预警制度、终结制度等，形成 “分级审查、院长把关、流程管理、三率考核”的涉诉信访工作机制，推行值班长接待制度，即：每天有一名庭长（副庭长）、每周都有一名院长（副院长）接待群众，当面解答来访群众提出的问题。全年召开信访联席会议 2 次，召开人大、两级法院、当事人和人民群众广泛参加的公开听证会 3 次，接待群众来信来访 837 人次，接受人大常委会或其他部门交办的信访案件 174 件，办结 120 件。在“联动大接访”活动中，全市两级人民法院接待来访群众 580 人次，其中，当面答复息诉罢访的 91 人，限期答复的 255 人次。此外，市中院还采取“抓两头，促提高”

的办法，保证涉诉信访案件的处理质量。即：抓案件源头和收尾，对全市法院信访部门申诉和申请再审案件比例、再审和改判比例进行定期通报，通过对“四个比例”的分析比较，看涉诉信访工作到位不到位，案件辩法析理质量高不高，从而促进审判质量和执行效率的提高。由于信访工作领导重视，维稳措施得力有效，息诉罢访成效明显，市中院被省委政法委授予“山西省集中处理涉法涉诉信访工作先进集体”荣誉称号。

2006年，继续加强和改进信访工作，进一步落实司法为民宗旨。全市两级人民法院处理群众来信来访850件/人/次。其中办理来信39件，接待来访811人/次。接待处理集体上访36人/次，以及各类上访老户18人/次，来信来访人数较去年下降了5%，赴京入并上访人数下降了30%。全市两级法院基本形成了“法官判后释疑、院长定期接访、注重协调各方、‘三个比率’（申诉信访率、再审改判率、息诉罢访率）考核”的涉诉上访工作机制，呈现出初信初访明显下降、上访老户逐年下降、服判息诉率明显提高、涉诉信访形势平稳的良好势头。同时，全市两级法院继续推行立案便民措施，依法减、缓、免当事人诉讼费533.8万元，既减轻了群众诉累，又保证人民群众打得起官司和依法维护自身权益。

为提高审判效率，全市两级法院利用现代化科技手段对案件过程和环节进行统一、集中和有效的跟踪管理，市中院每年受理的3000多件案件，全部纳入流程管理，诉讼当事人基本信息，一、二审法院裁判的相关信息，诉讼费缴纳情况，排期、开庭、公告、送达等内容全部准确地输入计算机系统，实现了各审判业务庭对相关信息的共享和需求。全年提起再审案件17件，改判4件，调解3件，维持6件。实现了“三少一无”：信访案件当事人赴省最少、进京最少、赴省进京老户最少、最高院交办案件为零的良好局面。

2007年，两级人民法院接待来信来访1219件（人次），其中来信56件，来访1163人次，院领导接待189人次。市中院共立案复查案件177件，结案101件。两级法院立案庭继续推行便民措施，在新《诉讼费用交纳办法》实施前夕，郊区人民法院在立案大厅将新的收费范围和标准制成图板给予公布，以方便当事人掌握新的收费政策以及对法院进行有效监督。全市法院依法减、缓、免当事人诉讼费547.41万元。其中市中院缓收诉讼费282.9万元、减收诉讼费1万元、免收诉讼费0.17万元；基层法院缓收诉讼费263.34万元。

2008年，阳泉市两级人民法院接待来信来访1060余人次，其中来信60件。市中院共立案复查案件169件，结案54件。特别是为了确保奥运安全，避免初信初访因久拖不决演变成重信重访、越级上访，防止信访案件矛盾升级，全市法院统一整合审判资源，合理布置人员，及时攻克信访难题，于奥运会召开前夕，同中央政法委交办的涉及本院的7件涉诉信访案件当事人进行诚恳座谈，共同签订了确保奥运期间信访安全保证书，将奥运安保措施落到了实处。

2009年，阳泉中院研究制定了《涉诉信访工作责任制》，坚持一手抓办案质量，源头治访；一手抓涉诉信访的处理，在息诉罢访上狠下工夫。开展“两案三评一访”活动，对省院交办的11件和中院自行排查出的14件越级上访、重信重访案件，组织专人一一进行自查互查、社会评议和领导带案下访，逐案提出解决方案。至活动结束，省院交办案件全部办结，中院排查案件有10件息诉罢访。深入贯彻落实“中办发〔2009〕22号”文件，构建“党委领导、法院理诉、政府解难、多元化解”的信访工作机制。在依法化解的同时，充分运用教育、协调和救济的手段，合力解决当事人实际困难，一大部分涉诉信访案件得以终结。同时深化信访机制改革，建立健全诉、访分离的工作机制，疏通申诉上访渠道，引导群众理性表达诉求，继续推行判后答疑和公开听证制度，提高涉诉信访案件质量。全年两级法院接处群众来信来访1700余人次，上级交办转办的涉诉信访案件办结率达到100%。

年内，两级法院全部建立了立案信访接待大厅，并配置了自动化办公设施，为群众提供导诉、答疑、调解等“一站式”服务，对经济确有困难的当事人实行司法救助，全年计减、缓、免交诉讼费560余万元，方便了群众诉讼，减少了人民诉累。立案和信访工作真正成了人民法院全心全意为人民服务的窗口和联系人民群众的桥梁。

2010年，全市两级法院坚持标本兼治，一手抓历年积案化解，一手抓信访源头治理。一是深入开展集中清理涉诉信访积案活动，对列入清理范围的55件信访案件，按照定时间、定领导、定人员、定责任，一案一组，一包到底“四定一包”的工作措施，逐一明确办案责任、结案标准和结案时限。重大复杂信访案件，坚持院长包案、挂账督办、带案下访的做法，妥善化解。通过依法调整、解决问题、法律救济、社会帮扶等方法，化解或终结处理上级交办的28件案件，占到总数的51%，实现了时间过半，任务过半的目标要求。二是针对涉诉信访工作的特点和规律，全市法院着重从抓好初信初访、抓好再审工作等方面，建立健全涉诉信访工作的长效机制。对当事人不服生效裁判申请再审的案件，认真进行审查，符合条件的，依法提起再审；申诉无理的，依法驳回申请，并采取判后答疑、法律释明的方式，做好息诉工作。全年新收申诉申请106件，办结118件（含旧存），依法提起再审19件，审结14件。通过进一步平衡当事人的利益关系，达到法律效果和社会效果的统一。三是大力加强司法便民利民工作，努力为群众来访和诉讼提供便利。市中院投资改造了1500平方米的立案信访接待大厅，各基层法院积极完善立案信访窗口的基本功能和基础设施，健全接待制度，规范接待行为，推行立案“一站式”服务，确保来访群众得到及时接待和答复。各基层法庭加大巡回审理力度，深入农村和交通不便、人员稀少的偏远地区，就地立案、就地开庭、当庭调解、当庭结案，降低群众的诉讼成本，全年有661件民事案件采取巡回审判的方式审理，涉案标的2400万元。

年内，中央政法委、中央维护稳定工作领导小组下发文件，要求各政法机关，为进一步促进政法机关化解社会矛盾、公正廉洁执法、规范执法行为，开展“百万案件评查活动”，要求全国政法单位，从2010年开始，三年内评查100万起案件。2010年评查的重点，是群众关注、反映强烈的信访案件，疑难复杂的信访“骨头案”和容易滋生腐败、容易发生违规违法的案件，并开展“集中清理涉诉信访积案活动”。这一活动是2010年中央政法委和最高法院在全国部署的针对涉诉信访案件化解的专项活动，活动时间从2010年4月至2011年底。清理范围为2009年12月31日前，尚未息诉罢访的来信和来访案件，包括各级党委、人大常委会、政府、政协、纪委和各级人民法院受理的涉诉信访积案；活动分为动员部署、排查摸底、集中化解、总结经验四个阶段，目标是确保绝大多数涉诉信访积案得到消化解决。阳泉市两级人民法院通过积极开展“集中清理涉诉信访积案活动”，涉诉信访总量居高不下的局面得到有效遏制，一大批历史遗留的信访案件得到化解和终结。

2011年，结合省高院“四个必须”、“七项制度”要求，阳泉中院进一步完善首问负责、信访责任追究等21项制度，着力提升立案、审判、执行、接访、审判管理、领导等6个环节的“17种能力”，进一步强化“大信访”工作格局，建立了从立案到剥离终结的信访案件一条龙制度，确保信访责任明确到人，信访制度规范有序。同时深入开展“集中清理信访积案”和“优化司法服务，化解涉诉信访突出问题”两项活动，对列入清理范围的信访案件，狠抓积案化解和源头治理。按照定时间、定领导、定人员、定责任、一案一组、一包到底的“四定一包”工作措施，逐一明确办案责任、结案标准和结案时限。重大复杂信访案件，坚持院长包案、挂账督办、带案下访的做法，妥善化解重大信访案件。全年受理各类申诉申请案件76件，同比下降28%，结案118件，同比上升37.2%，呈现“结多收少”的良好态势。

2012年，全市两级法院把做好涉诉信访工作作为“十八大”维稳安保工作的首要任务，领导接访、积案化解、源头治理、夯实基础、制度创新五措并举，有效减少和预防涉诉信访。市中院先后召开信访工作会、推进会、督办会等专题会议，对信访老案逐案研究解决办法，对信访新案逐件明确包案责任。陈明华院长亲自组织开展“两级法院院长联合接访”活动，亲自带案下访化解矛盾。市中院专门下发通知，明确界定信访治理责任，强化了对涉诉信访的规范治理；两级法院采取切实措施提高案件质量，完善风险评估，强化了对涉诉信访的源头治理；对于重大涉诉信访案件，紧紧依靠党委协调解决困难和问题，强化了对涉诉信访的合力治理。全年化解或终结历年积存信访旧案19件，城区、矿区等多个法院没有出现新的涉诉信访案件，申诉率0.37%，同比下降1.2%，涉诉信访形势进一步好转。

1973 ~ 2012年阳泉市两级人民法院来信来访情况一览表

年份	来信情况（件/次）				来访情况（人/次）			总计	年份	来信情况（件/次）				来访情况（人/次）			总计（人/次）
	旧存	新收		合计	初次	重复	合计			旧存	新收		合计	初次	重复	合计	
		初次	重复								初次	重复					
1973				310			2098	3003	1993								5241
1974				436			669	1105	1994								2100
1975				1181			1666	2347	1995								2547
1976									1996		197	39	236	4282	117	4399	4635
1977									1997		53	14	67	1770	72	1842	1909
1978									1998				208			5920	6128
1979									1999				269			5229	5498
1980								1190	2000								3874
1981				1815			977	2802	2001				1			4847	4848
1982				1982			5575	7557	2002				5			38	43
1983				3405			2200	5605	2003				22			24	46
1984								2740	2004								1042
1985								3464	2005								837
1986				2208			3239	5447	2006				39			811	850
1987								5470	2007				56			1163	1219
1988				2130			3418	5548	2008				60			1000	1060
1989				841			2787	3628	2009								1700
1990				393			1714	2107	2010							20	20
1991				378			1812	2190	2011				20			56	76
1992		191	106	297	2074	308	2382	2679	2012				10			961	971

注：1.1973年是阳泉市中级人民法院恢复称谓、恢复行使审判权，并升格为二审法院之年，之前为初审法院，名称为“阳泉市人民法院”；2.本表总计数为“来信”和“来访”数之和；3.1981年统计数实为1815 + 977 = 2792 + 10，另加的10件信访案，为上级交办案件，故该年度信访案件总数为2802件；4.1993年来信来访为3917人/次，另有1324件/次为非诉信访；5.来信来访数据中含重复、多次来信来访之当事人或当事人信件；6.年度总结数据基层法院；司法报表不含基层法院信访数据来源有二：一是，年度总结；二是司法报表。

第三章 调　解

第一节 概 况

阳泉市人民法院成立之时，即继承了解放区司法工作中形成的法院调解和人民调解优良传统，并在实践中发扬光大。在60多年的发展历程中，阳泉市中级人民法院和各基层人民法院的司法调解工作，大体经历了三个大的发展时期。

一是建院时期和解放之初的司法调解，强调调解工作的主动性，基本原则是“依靠群众、调查研究、就地解决、调解为主。”其中“依靠群众”、“调解为主”的提法和做法，一直沿用到20世纪80年代末。

二是20世纪90年代时期的司法调解，强调调解工作的法制性、原则性和效率优先，要求法官“坐堂审案、居中裁判”，基本原则是“能调则调、当判则判、调判结合、案结事了”。从中可以看出，调解工作不再是民事审判工作的优先原则，而是在调解出现困难或僵局时，为了节约司法资源，减轻双方当事人因调解产生的诉累，由法官根据相关法律规定和掌握的证据情况，“居中裁判”，作出判决。

三是进入21世纪以来人民法院对司法调解的重新认识时期，强调调解工作的能动性，基本原则是“调解优先、调判结合、定纷止争、案结事了”。由此可见，进入21世纪以后，调解工作在定纷止争、化解人民内部矛盾、促进家庭和睦、邻里和善、社会和谐方面的重要作用得到人民法院的高度重视，从而成为民事工作的“优先”原则。

调解工作在阳泉市中级人民法院历史上，可分为三种调解方式。

一是具有司法性质的调解，这种调解是在人民法院或由人民法院指定地点（乡、村、街道办事处）进行，争讼在法官主持下和解。

二是颇具现代意义的人民调解。人民调解在“文化大革命”以前，虽然其调解组织——调解委员会，建立在各级人民政府和村级政权，如××人民公社调解委员会、××生产大队调解委员会，但调解委员会均在人民法院主持下选举生产，调解员在人民法院备案，受当时阳泉市人民法院和阳泉市行政科双重领导，业务指导上主要有阳泉市人民法院负责，主要调解内容多限于邻里纠纷、家庭不和及扶养、赡养等，调解人为当时乡（镇）、街道办事处或村调解委员，有时也有法官参加。

三是完全司法概念的法院调解，即诉讼内调解，是完全在人民法院进行、完全由法官组织进行的平等主体当事人之间，按照调解原则、调解程序和相关法律法规进行的调解。是人民法院和当事人进行的诉讼行为，其调解协议经法院确认，即具有法律上的效力。

前两种调解方法在“文化大革命”之前，对于人民法院的调解工作并没有严格的法律界定，诉讼或争讼到法院的，由法院法官主持调解；一般轻微治安或民事纠纷，由当地调解委员会委员调解，完全不归人民法院管辖的案件，介绍到当地公安机关，主要由派出所民警参与调解，即所谓“民不告、官不管”。

第三种调解，又称诉讼内调解。诉讼中的调解是人民法院和当事人进行的诉讼行为，其调解协议经法院确认，即具有法律上的效力。调解过程、调解程序，须根据《中华人民共和国民事诉讼法》规定，遵循查明事实，分清是非、自愿与合法的原则，调解不成，应及时判决。

运用司法调解化解矛盾纠纷、促进家庭和睦、邻里和谐、双方当事人和气、社会治安形势稳定，是阳泉市中级人民法院的一大优势。在长达60多年的历史长河中，阳泉市中级人民法院始终坚持发扬这一光荣传统，不仅成功地调解促和了许多经典案例，并积累了丰富的调解经验。到2012年，阳泉市中级人民和各基层人民法院，建成了诉前调解、诉中调解、诉后调解和司法调解、人民调解、行政调解完全融合、共同促进社会矛盾化解的大调解网络。

第二节 调解工作探索

1947年5月建院之初，阳泉市中级人民法院称作“阳泉市司法处”，即设有专门的调解机构——问事处，负责处理一些简单的民事纠纷和轻微的刑事案件，其宗旨便是“减少纠纷，加强团结，少耽误时间，以从事生产和更好的贯彻法令政策、帮助上诉群众写上诉状”。其职能是“解决矛盾，调解纠纷，减少诉讼案件，给群众提供方便”。

1948年10月19日，根据华北人民政府要求，更名为阳泉市人民法院。1949年2月15日，华北人民政府下发《关于调解民间纠纷的决定》，1949年8～9月，阳泉市人民法院即举办调解人员培训班，对调解员进行业务培训。这一时期诉前调解的案件多为婚姻案件、邻里纠纷和一些轻微的打架斗殴等刑事治安案件。

1950年，确立民事、刑事案件审理原则，即以调解为主，裁判为辅；刑事以教育为主，惩罚为辅。诉前调解正式成为阳泉市人民法院审理案件的基本原则。1951年，建立调解案件登记制度。1953年9月下旬，正式建立人民接待室，设干部一人，对双方当事人进行说服动员，讲解政策，目的是把绝大多数纠纷，化解在诉讼之前，节省时间，不耽误生产，促进人民内部团结。

1954 年，结合第二次普选，5 月份初，在条件好的 14 个乡建立起调解委员会，5 月下旬，又连续建立起调解委员会 11 处。选出调解委员会主任 102 人。6 月，阳泉市人民法院调解委员进行短期集训，讲解《调解手册》和调解方法，促进了基层调解工作的开展。据当年不完全统计，各基层调解委员会全年调解轻微矛盾纠纷 1248 件。而人民法院的调解工作则主要放在人民接待室。虽然当年接待室只有 1 名干部，但全年处理群众简易纠纷 594 件，终结 584 件，平均每月化解简易纠纷 50 多件，方便了群众诉讼，减轻了法院收案压力和以往积案严重现象。

1955 年，在阳泉市人民法院主持指导下，在 39 个乡（街道办事处）全部建立了人民调解组织。有调解委员 295 人，一年间共调解民事纠纷 1098 件，轻微刑事案件 90 件，对增进人民内部团结、使得工农业生产，起到一定的促进作用。12 月 23 日，阳泉市人民法院下发《关于结合建立街道办事处和改选人民调解委员会的具体计划》，调解委员会以乡、街道为单位，普遍建立起来，其中下站街道办事处设调解委员会 4 个，上站街道办事处设调解委员会 3 个，平坦街道办事处设调解委员会 4 个，蔡洼街道办事处设调解委员会 2 个，赛鱼街道办事处设调解委员会 4 个。

本年度同人民调解有关的重要事项还有两件：一是按照《人民法院组织法》要求，于 6 月 1 日，正式成立上荫营人民法庭，成立后到年底的 7 个月时间内，即受理刑、民事案件 275 件，其中民事案件 233 件，刑事案件 42 件，并对辖区内的 23 个调解委员会进行政策和业务知识指导。二是人民接待室成为调解纠纷、化解矛盾、处置人民群众来信来访的重要阵地，全年接待群众 1447 人，处置轻微刑、民事案件 725 件，比上年度收案增加 195 件，进一步密切了人民法院和人民群众的关系，减少了诉讼案件，并起到了监督审判的作用。不足之处是，当年的调解委员会仅限街道办事和乡政府所辖地区，煤矿、工厂、集体宿舍或职工家属居住地，尚没有设立相应的调解组织。

1956 年，国务院发出撤销调解委员会组织通知，阳泉市人民法院和阳泉市民政科都撒手调解工作，人民调解陷入涣散状态，以至于重新出现群众因些许小事务到法院诉讼的问题，在增加群众诉累的同时，也加重了人民法院的审判工作。对诉到法院的民事案件，阳泉市人民法院从“团结生产、和睦相处与家庭幸福”出发，仍然坚持调解为主的方针，尽量采用说服教育的方式，化解人民内部矛盾和婚姻家庭纠纷。本年度，受理民事案件 927 件，比上年度的 988 件下降 6.1%，其中婚姻纠纷 712 件，占民事案件总收案数的 77%，大部分通过调解方式予以解决，从民事庭审结的 495 件婚姻家庭纠纷中，调解离婚的 158 件，调解不离的 31 件，起诉后经说服教育自动撤诉的 132 件，共 322 件，占结案总数的 65%。

1957 年，阳泉人民法院加强对人民调解工作的具体指导，在荫营研究总结农村调解委员会与民政委员会合并后的工作经验。为减少轻微自诉案件的诉讼，对不足以判处有期徒刑的自诉案件，采取独任制成批调解和批评教育的办法处理。对一般轻微刑事案件当事人，由法律顾问处干部进行说服息讼，或劝其到公安机关处理。对轻微斗殴、打架、辱骂和通奸案件，由人民接待室轮值审判员进行调解和说服教育。

第三节 调解为主经验的形成和贯彻

经过建院初期到20世纪50年代末十余年的探索实践，当时的阳泉市人民法院探索出一套符合阳泉地区乡情民愿、风俗习惯和工农业生产实际的调解工作基本经验。无论是诉内调解还是直接参与的各基层组织，如人民公社、生产大队、工矿企业的人民调解，都取得了很大成效，使法院调解日益成为定纷止争、化解矛盾、促进人民内部团结、维护社会稳定、保障工农业生产的重要的基础性工作。

1958年，阳泉市人民法院制定《司法工作“大跃进”初步意见》，其中“在民事方面……突出地抓直接关系工农业生产大跃进方面的纠纷和婚姻家庭纠纷，运用说服教育的方法，尽量以调解的方式，妥善处理民事纠纷，保障当事人的合法权益，促进人民内部团结，以利生产建设‘大跃进’。”提出“用下乡就审”的方法“缩短办案时间”，计划为民事案件当事人节省12000个劳动日，支援工农业生产“大跃进”。

1959年，贯彻毛泽东主席《关于正确处理人民内部矛盾的问题》的指示，阳泉市人民法院提出“正确处理人民中的轻微刑事案件和民事纠纷”的四个原则：一是要用阶级观点和阶级分析的方法，弄清案情性质，分清是非，说明利害，讲清政策，进行调解；二是在调解当中，应从有利于工农业生产建设、增强人民内部团结出发，发挥共产主义的道德风尚；三是对人民中间的轻微刑事案件的被告人应严肃处理，但不采取逮捕判刑方法，也不给予管制处分，但是其中个别屡教不改的分子，可以提交人民群众监督改造，但不剥夺其政治权利；四是结合公社进行治安调处委员会的整顿与指导工作，使一些民事纠纷与轻微刑事案件能就地依靠群众及时正确得到解决，进而把调处工作同群众自觉订立和遵守爱国公约结合起来，有利于生产和团结。本年度受理民事案件719件，除转送外地和中止执行132件外，判决61件，占判决和调解总数587件的10.3%；调解526件，占判决和调解总数的89.7%。其中干警下乡就审调解民事案件499件，占调解和判决总数587件的85%，在下乡就审和调解的499件民事案件中，有483件为干警登门结案的案件，占调解总数526件的72.9%。如荫营法庭受理的程贵兰要求与其夫王锁善离婚一案，经干警调查，该程在高某调唆下，不参加劳动，整日与其夫和婆母吵闹。荫营法庭即组织群众讨论，对高某的挑拨行为进行批评教育，责令其向王锁善一家认错道歉，使这对即将离婚的夫妻重归于好。

与此同时，配合公安部门，结合整党、整社工作，整顿和健全了各种基层的治安组织，在各人民公社、城镇管理区和厂矿车间重新设置了“治保调处委员会”，在基层生产大队设置了“治保调处小组”，各生产小组则设了“治保调解员”，负责家庭纠纷、邻里矛盾的化解，以及群众和群众之间社会关系的调整。

从60年代初开始，“深入实际、调查研究、依靠群众、调解为主、就地解决”，成为阳泉市人民法院调解民事案件和轻微刑事案件，调处邻里纠纷、婚姻矛盾、房屋、宅基地、林木、自留地争议的原则被固定下来。这种明显带有时代特征的调解原则，形成于特定历史条件下的实际审判实践当中。涉诉案件的调解工作纳入人民法院的日常议事日程，具体调解工作由法官主持，是人民法院主持下的调解，而乡、街道办事处等基层调解委员会，在人民法院组织主持下运作，受人民法院和市民政科双重领导，由人民法院进行业务指导，人民法院即可以自己调解，也可以同其他调解人员一起调解，还可以委托乡、街道办事处等基层调解委员会调解。虽然这种调解还不能完全等同于现代司法意义上的诉前调解，但在当时的历史条件下，对化解社会矛盾、缓和诉讼压力、减轻群众诉累，发挥了不可替代的作用，对日后人民法院主持下完全司法意义的诉前调解，产生了积极深远的影响。

1960年，根据经济困难时期民事案件的特点，在阳泉人民法院主导下，全市建立与整顿调处委员会620个，实际工作中，贯彻“调查研究、就地解决、调解为主”原则，充分发挥治保组织作用，妥善解决矛盾，积极预防民事纠纷，全年受理民事案件559件，比1959年的717件，下降了28.62%。从处理情况看，除转外和终止的25件外，判决29件，调解499件，占民事案件总数的94.15%。其中下乡、下厂、下街道调解民事案件423件。如在离婚案件中，着重解决妇女结婚目的不纯、想迁至城市，影响工人生产情绪的问题；对因喜新厌旧提出离婚的103起案件当事人，进行严厉批评，倡导社会主义婚姻观，防止人民内部矛盾转化和激化，以加强人民内部团结，促进经济困难时期的工农业生产。

1961年，将“调查研究、就地解决、调解为主”，正式确定为民事案件调处和审判工作的方针。特别是针对婚姻案件的诉前调解，已经总结出一套行之有效的原则和做法，即“调查与调解相结合，调解与宣传相结合，调解与回访相结合，处理与执行相结合。”全年受理各类民事案件906件，包括上年结存旧案6件。比上年度的316件，上升186.71%。其中，婚姻案件781件，比上年度的298件，上升162.08%。在民事案件急增，特别是婚姻案件明显增加的情况下。阳泉市人民法院按照“调解为主、就地解决”的原则，调查与调解相结合，调解与宣传相结合，调解与回访相结合，处理与执行相结合，审结婚姻案件760件，占781件婚姻案件总数的97.31%。其中带卷下乡，登门调处的婚姻案件420件，占婚姻案件的55.2%。在婚姻案件中，经调解处理的718件，占婚姻案件的94.47%。判决处理的33件，占婚姻案件的4.43%。

1962年，阳泉市人民法院受理的厂矿企业和生产队相互之间纠纷较往年有所增加，着重调解全民所有制和集体所有制之间的纠纷，调解此类案件方法，一是及时请示党委，主动与有关部门研究，取得支持。二是从有利于团结和生产的原则出发，分清是非，说明利害，消除对立情绪，用双方自行协商的形式解决问题。对农民与农民之间形成的债务关系，进行说服教育，根据农民收入，在不影响生活的情况下，进行调解解决。“调解”被确定为处理债务纠纷的主要方法。4月14日，阳泉市人民法院主持召开“调解委员会会议”，总结近年来调解工作的经验教训，指出调解组织是“人民群众自我教育、自我约束、自我解决纠纷的组织形式”，是司法工作贯彻群众路线的良好实践。明确了调处委员会的任务，即调处民间一般纠纷和轻微刑事案件，向广大人民群众进行政策、法令的宣传教育和推行爱国公约，就如何做好调解工作，总结出一套人民调解的方式方法，一是个别调解，主要调解小的口角纠纷或牵涉到当事人的隐私、名誉等纠纷。二是会议调解，主要调解大的纠纷或当事人无理纠缠、需要评理说服的事情，如夫妻不和、婆媳不和以及妯娌、姑嫂、兄弟之间的家务纠纷等，即和党委（党支部）研究，召开小型家庭座谈会，在会上进行说服教育。三是集体调解，主要针对性质相同和较复杂的纠纷，选择适当的地点，约集双方当事人，邀请适当的群众及干部参加调解。对怎么当好人民调解员，提出了具体要求和基本标准，如必须树立起真正为人民服务的精神，实事求是的态度，做到“三不怕、三多、三勤”（不怕苦、不怕繁忙、不怕碰钉子；多听、多想、多研究；耳勤、腿勤、嘴勤）。

1963年，阳泉市人民法院从有利于维护社会主义所有制、有利于人民内部团结、有利于工农业生产、有利于社会进步的原则出发，采取携卷下乡、调查研究、召开亲邻和有关人员座谈会等方法，对民事案件进行合情合理的审理调解，维护三年经济困难时期的家庭婚姻关系和社会稳定。在审结的848件民事案件中，调解结案的675件，占结案总数的79.5%，其中，就地解决的317件，占37.3%；判决结案的57件，占6.7%；经过民事干警耐心说服教育，最后终止、撤诉或移送其他机关和部门（单位）解决的占13.7%。在民事案件中，婚姻案件调解处理的比例占绝大多数，全年经调解结案的婚姻案件535件，占婚姻案件总数的94.5%，其中有152件，经过干警说服教育和正确引导，最终实现了调解和好，帮助许多因各种原因面临解体的家庭度过了三年经济困难时期。

与此同时，大力开展基层调解委员会建设。本年度，经过阳泉市人民法院结合普选，在各级党委领导下，整顿和建立健全调解组织，使城乡调解委员会由上年度的154个增加到236个，在较大的厂矿、企业、街道、农村，普遍建立起人民调解委员会，配置了相对稳定的调解人员。并对不适合做调解工作的人进行调整。据统计，1963年，共有84人调出人民调解组织，其中有参加过阎锡山“奋斗团”的1人，腐化堕落的2人，贪污的1人，反革命家属的1人，有比较严重资本主义思想的富裕中农9人，不做工作不起作用的62人。在整顿与健全人民调解组织中，认真贯彻党在农村的阶级路线，把贫、下中农中的积极分子，充实到基层调解组织当中。据236个调解组织1229人统计，其中贫下中农出身的人民调解员849人，占70%。党员612人，占50%，团员131人，占10.4%，党团员占调解委员总数的60%以上。

在此基础上，加强对各级调解主任的培训，先后分两批培训厂矿、企业、街道、农村生产大队的调解主任262人，并对全市调解工作进行经验总结和交流，在调解组织和调解人员中开展评比，评出先进集体15个，先进个人29人，调动了各级调解人员的工作积极性，推动了全市人民调解工作的发展。据236个调解委员会统计，本年度，共调解处理各种民事和轻微刑事案件2273件。其中民事纠纷1801件，轻微刑事案件472件，大量可调案件实现了就地解决，方便了群众，增强了人民内部团结。

1964年，阳泉市人民法院审判人员采取分片包干、携卷下乡、依靠群众、调查研究的方法，就地就近处理民事案件。全年审结民事案件986件，调解处理947件（包括调解终止53件），占结案总数的96%，比1963年的87.3%，增加了8.7%。其中就地调解处理620件，占审结案件总数的62.8%，比1963年37.3%，增加22.8%，判决结案39件，占4%，比上年的6.7%，减少3%。此外，转往外地处理的民事案件39件。实践证明，绝大多数民事案件，经人民法院办案人员的耐心说服和教育引导，是可以调解处理的，既有利于改善婚姻家庭关系，增强人民内部团结，也有利于减轻群众诉累，促进工农业生产。

本年度，阳泉市人民法院将一些轻微刑事和简易民事案件，下放到基层调委会进行处理。根据调解干部的文化程度，政策水平，工作能力等情况，向他们介绍案情，交清政策，传授工作方法和注意事项，依靠基层调解员调解处理，如穆金娥郭彦德离婚一案，双方于1956年结婚，感情一向较好，已生育两个孩子，但女方不讲卫生，家务事管理不好，男方有夫权思想，经常打骂女方，因此女方提出离婚。阳泉市人民法院在初次调解后，即将本案交由马家评调委会处理，调解委员李秀珍在进一步调查调解中，根据导致这对夫妇离婚纠纷的原因，对女方进行“勤俭持家”和“爱国卫生好”教育，同时严厉批评了男方动辄殴打女方的错误，双方都进行了深刻检查，最终调解和好。阳泉市人民法院在回访时，男方高兴地说：“她现在家务工作搞好了，我生产就安心了，家庭和好了，感谢你们的帮助。”

加强基层调解工作指导，是1964年阳泉市人民法院一项重要的民事工作。从9月份起，民事干警紧紧依靠各基层人民公社政法干部和公社秘书，深入基层，分片包干，蹲点跑面，重点引导和培养基层调解干部，化解民事纠纷。据第四季度（10至12月）统计，共收民事案件208件，比第三季度的304件，下降31.57%。比1963年第四季度的225件，下降7.55%。由于义井人民公社民事案件有较大幅度下降，且成绩显著。于9月下旬，在义井公社召开全市“调解委员会主任”会议，义井公社调委杨主任作了《如何开展调解工作》动员报告，阳泉市人民法院在本次会议上明确提出，“小案、中案，在大队解决不了的再向公社、法院介绍”的司法建议，并建立了由公社秘书主抓调解工作、由人民法院具体进行业务指导的调解工作新机制。确定每月召开一次业务学习和经验交流会议（会期半天），有效提高了基层调解干部的政策业务水平，化解了大量的民事矛盾纠纷。第四季度，阳泉法院总共受理义井人民公社民事和刑事自诉案 11 件，比第一季度的 22 件，下降 50%，比第二季度的 25 件，下降 56%，比第三季度的 36 件，下降 70%。而大队和公社调委一年间共调解处理民事案件 297 件，是转至人民法院 84 件民事案件的 3.5 倍。

“文化大革命”期间至 80 年代初，法院主持下的人民调解同行政机关（含村级调解委员会，下同）的人民调解，进行了职能分离，法院立案之前的调解重点，放到具有完全现代司法意义的诉前调解，行政机关的人民调解重点，侧重于协调邻里关系，调处扶养、继承、婚姻等日常生活中产生的不必经人民法院审理的矛盾和纠纷。但人民法院在民事案件的受理审判中，调解结案仍是极其重要的手段和途径。

1966 年至 1972 年，阳泉市人民法院在“文化大革命”期间，被中止行使审判权，建制被撤销，留任的审判人员先后归属于“阳泉市公安机关军事管制委员会保卫组审判办公室”和“阳泉市革命委员会保卫部审判办公室”，继续履行审判职能。这期间，由于政治气氛浓厚，“斗私批修”、“狠批私字一闪念”，成为日常工作和生活的流行词汇，因此，在民事工作中，除因政治因素导致的离婚案件外，其他民事案件，如继承、扶养、山林、水利等案件均比较少。审判人员正确运用“文化大革命”中浓厚的政治氛围，以正确的世界观、价值观、人生观、婚姻观、家庭观作指导，调解了许多因政治因素导致的离婚案件，挽救了许多准备分道扬镳的家庭，对社会的稳定、家庭的和睦、邻里的亲善，做了大量力所能及的工作。

附：

阳泉市人民法院关于召开调解委员会的报告

同志们，我市人民调解工作和其他工作一样，在党和政府的正确领导下，几年来调解了不少民间纠纷和轻微刑事案件，因而增强了人民内部团结，减少了纠纷，推动了生产，促进了伟大的社会主义建设事业。但由于近两年来，领导上对这方面工作有所忽视，抓得不够紧，特别是调处组织和治保组织分开以后，使得调解委员会在大部分地方和单位，处于自由涣散状态，很多民间纠纷不能及时处理在萌芽时期，使得当事人不是到公社，便是到市里，这样的案件增多，公社和市里的几个干部也不能适应所需，案件不能及时处理，当事人往返费时误事，群众不满意，对人民生产和生活是不利的，为扭转这种情况，市法院报请市委于今年 4 月 14 日转发了《关于加强调解委员会工作的报告》，要求各级党委彻底整顿和建立健全调处组织，到目前为止，全市各地方和单位，整顿基本就绪，今天召集大家来开会，就是要在整顿建立的基础上和大家共同研究一下，有关调处工作方面的几个问题。

第一，为什么要开展调处工作？

调解组织是人民群众自我教育、自我约束、自己解决自己之间纠纷的十分有效的组织形式，亦是司法工作贯彻群众路线的良好组织形式，因此，调解工作是人民群众在人民政府领导下，解决人民内部纠纷，加强团结，搞好生产的有效方法，它的好处很多。

1.调处委员会调解的案件均属本地方、本单位、本厂矿、本居民区的纠纷，调解人员情况熟悉，又容易吸收群众意见，所以，问题就能够正确及时处理，发生纠纷的人一不用耽误时间，二不用花钱，三不伤害感情，群众说的好，毛主席领导真正好，农村就把纠纷解决了，不误工、不跑路、不花钱，感情好伤不了。

2.调解委员会给群众调解了纠纷，解决了思想问题，就能加强团结，提高生产积极性。河底生产大队葛福贵家庭纠纷，因老人的赡养涉及了弟兄五个和妯娌五个等12人纠纷，经常生气，互相吐骂，对生产影响甚大，经调处委员会调解以后，不仅解决了老人的赡养问题，而且兄弟妯娌之间的关系也有了好转，这无疑地说明对生产有了促进。

3.调处委员会能正确、合法及时地调解民间纠纷，实际上就是对群众进行爱国守法教育，通过调解案件讲解政策，教育群众，提高思想，就可以预防犯罪。如一个婚姻纠纷，若我们能够正确及时地调解，找出纠纷实质，批评错误的方面，说明利害关系，双方就不会出什么问题，反之纠纷存在得不到解决，自己又认识不了错误，一时思想不通，就会发生打架伤害或者更大问题的发生。

4.做好人民调处工作，对改进基层政权，人民法院（法庭）工作，有很大的作用。如果大量的民间纠纷都要通过公社和法庭解决，许多干部就不能集中力量去领导群众进行各项生产建设，法院也就不能集中力量处理一些重大案件，而且即使这些干部每天忙于调解民间纠纷，仍然会有积案垒垒（原文如此）引起群众不满。

第二，调处委员会的任务：

调处委员会的任务是调处民间一般纠纷和轻微刑事案件；向广大人民群众进行政策、法令的宣传和推行爱国公约。哪些纠纷是一般的能够调解的？哪些不是一般的不能调解呢？

1.在民事纠纷方面一般的能够调解的是指婚姻、债务、地基、房屋、兄弟分家、继承、抚养、赡养、子女等纠纷。凡是夫妻不和、婆媳不好、私人间债务、房屋租赁、兄弟分家、子女继承、子女抚养、老人的赡养等争持的问题，都可以进行调解。但是性质比较重要、情节比较复杂、影响比较重大的事故以及牵涉到公私关系、外侨、宗教等纠纷就不要调解，应该由法院处理。

2.在刑事方面，轻微的能够调解的是指轻微侵占、打架、伤害、毁损、小额偷窃、欺诈、妨害名誉、妨害信用等案件。但对比较大的刑事案件，如遗弃、重大伤害、杀人、抢劫、制造贩卖运送毒品、捣乱金融、伪造印信文书、贪污渎职、破坏生产、投机倒把、赌博以及其他有关破坏国家经济建设等案件，对人民利益危害甚大，应该由政法机关依法治罪。

3.调解委员会是有向群众宣传政策法令的任务，但其宣传活动主要是通过日常调解工作来进行，也可以与当地宣传部（原文为：宣传纲）、宣传员、读报组结合进行。主要是用具体事例说明家庭和睦、团结生产的好处。同时还得协助人民法院在本地方或本单位进行一些了解情况反映群众意见的工作。

第三，要做好调解工作，首先必须弄清案情真相，调解员必须亲自到发生纠纷的地方，依靠群众，深入调查，找出问题发生的根源，了解当事人的思想情况，做到心中有数。案子弄清后最好通过调解委员研究，较大的案子还必须与有关部门密切联系与配合，像婚姻纠纷可找妇联征求（原文为：争求）意见，取得他们的帮助共同调解，然后以诚恳和蔼的态度，民主说理的方法，讲解政策，进行调解。

调解具体办法，不宜死板，应该根据案件性质，掌握当事人的思想情况，灵活运用，根据实际经验区别对待，大体有以下几点：

1.个别调解：凡是属于个别调解的，如小的口角纠纷或牵涉到当事人隐私、名誉等纠纷，调解委员可先找当事人个别谈话，进行说服教育，弄清真相，明辨是非，适当地批判其错误思想，然后再找当事人面对面的谈话，使双方取得一致意见，合理地给他们解决纠纷。

2.会议调解：凡是较大的纠纷适于当众调解，或当事人无理纠缠，需要评理说服的，可和党委研究召开小型家庭座谈会，进行调解，如对夫妻不和、婆媳不和以及妯娌、姑嫂、兄弟之间闹家务纠纷，可约当事人、家里人或当事人较亲近的亲戚朋友座谈，在会上进行政策教育，开展批评与自我批评。

3.集体调解：对于性质相同的纠纷，可先由调处委员或调解小组成员分头了解情况，并与有关方面研究，培养典型，做好准备，然后选择适当的地点，约集双方当事人，并适当地邀请群众及干部参加，较复杂的集体调解，可和法院（法庭）联系派干部去帮助调解。

调解委员会为做好调解工作，还应该建立一些必需的可行的规则，应该是手续简便，不宜过于繁多，以免拘于形式。调解成立后，应有简单的登记留着考查。有关财产和子女纠纷问题，如当事人请求发给调解书，调解委员会应该发给简要的调解书，以便作为解决其纠纷的凭据。调解委员会还应该定期汇报工作，讨论案件，学习政策，交流经验，这些工作可利用调处委员生产空隙时间来进行。

第四，怎么当一个好的调解委员？

当一个好的调解委员，必须树立起真正为人民服务的精神，和要有实事求是的态度，热爱调处工作，不要怕苦，不要怕繁忙，不要怕碰钉子，要多听、多想、多研究，还要耳勤、腿勤、嘴勤。除此之外更主要的是必须遵守三项原则和三大纪律。

三项原则是什么呢？

1.要按照人民政府的政策法令办事，做一个好的调解委员，必须学习政策，遵守法令，不要一味迁就，无原则地进行调解。在进行调解时，如当事人一方的行为和意见是违背人民政府的政策法令精神的，应对之进行适当的批评，否则也就达不到宣传政策法令教育群众的目的。

2.调解必须出于双方当事人自愿方能成立，调解委员必须耐心向当事人进行教育，打通思想，使他们愿意接受调解，千万不能有强迫命令，一切强制调解，对当事人使用群众压力“开斗争会”、“举手通过”、“限制向政府起诉”、“案子不出村”的办法，都是粗暴的，不对的，应该禁止。

3.调解不是诉讼，必须程序（原文如此），如果当事人不愿意调解或调解不成立，或调解成立后后悔，都可直接向法院起诉，调解委员会不仅不应该阻止、留难（原文如此），妨碍当事人的诉讼，而且须要给予当事人必需的帮助。

三大纪律是什么呢？

1.一个好的调解委员，应该忠实为人民服务，大公无私，不得有贪污受贿和徇私舞弊的行为。

2.一个合格的调解委员应该是态度诚恳和蔼，对当事人不发脾气，自己有错误能虚心向群众检讨，不得对当事人有压制报复行为。

3.调解委员在调解案件时，不得对当事人施行处罚或扣押，任何罚粮、罚钱、罚站、罚跪等以及扣押限制的办法都是违法行为。

若有人违犯上述三大纪律，均系犯法乱纪行为，轻者批评，情节严重的应受到法律的制裁。

第五、调解委员会的组织领导：

调处委员会是人民很需要的一种组织，因为他（原文如此）能及时调解民间纠纷，便利人民的团结生产，并能使法院不必要经过法庭审理的案件，减轻一些不必要的负担，因而他必须是在基层人民政权（公社、厂矿行政领导）和人民法院（或法庭）双重领导下进行工作。并应服从当地党的统一领导。在调处案件如有疑难及不能解决的问题，可随时找人民法院（或法庭）以及人民公社研究解决[①]。

1962年4月14日

注：①本文最大限度地保留了原文的行文方式和时代用语，故对原文中的一些错别字，也未进行校正，以括弧“原文如此”进行标注。

第四节 司法调解的改革和创新

“依靠群众，调查研究，就地解决，调解为主”十六字方针，是阳泉市人民法院1960年提出的民事工作原则，期间虽然经过多次变化，有十二字版本（依靠群众，就地解决，调解为主），有二十字版本（依靠群众，深入实际，调查研究，就地解决，调解为主），但基本精神和做法依然保持了“调解为主”这一核心内容。可以说，“依靠群众，调查研究，就地解决，调解为主”是阳泉市中级人民法院民事工作历史上，影响时间最长、影响力最为深远，且被法院干警广泛遵循和应用的重要原则和基本方法，这一原则和方法，从1960年初提出，一直到20世纪80年代初，仍然被人民法院干警所坚持，延续时间长达20多年。1982年，制定《民事诉讼法（试行）》时，将“调解为主”方针，修改为“着重调解”的原则，即使是到了改革开放后的1985年，在“第四次全国民事审判工作会议”和“全国法院院长会议”上，仍然把“坚持走群众路线”和“着重调解”，作为民事审判工作的基本原则和精神，用以指导全国的各基层法院的民事诉讼。1991年修订试行法时，又将其修正为“自愿、合法”的调解原则。

1973年，是阳泉市中级人民法院恢复建制的第一年，6月28日，正式恢复建制，并升格为二审法院，但没有基层法院，矿区、城区、郊区人民法院均在拟建中。平定、盂县人民法院属晋中行署中级人民法院管辖。9月份，和阳泉市公安局正式分设办公，在中共阳泉市委领导下，独立行使审判权。在民事审判工作中，继续贯彻“依靠群众，调查研究，就地解决，调解为主”的十六字方针，全年共受理462起，审结343起，占受理总案数的74.2%。其中判决结案的42起，占结案数的12.2%；裁定的5起，占1.5%；调解的167起，占48.7%。此外，受理自诉案件61起122人，经过审查处理38案76人。其中有1人为判决处理，其余均系调解处理。

1974年，是阳泉市中级人民法院恢复行使审判权的第二年，尚没有基层法院，故受理审结的案件仍为一审案件。本年度，刚刚恢复建制并正式行使审判权的阳泉中院，学习应用昔阳县大寨大队党支部“以党的基本路线调解民事纠纷的”经验，开展民事工作，全年受理民事案件541起，包括其离婚案323起，赡养、抚养案27起，房屋纠纷案43起，债务案10起，赔偿纠纷案4起，继承案19起，山林、水利纠纷案4起，其他纠纷案111起。结案385起，占受理总案数的71%，其中调解结案的303起，调解率达93.3%，比上年提高9.3%，判决结案的只有22起，占6.7%，比去年下降9.3%。

此外，本年度还受理各种自诉刑事案件77件，其中妨害婚姻案9起，强奸案1起，伤害案58起，破坏军婚案4起，虐待案5起。经过审理结案59起，占76.6%。其中判刑处理2起，拘留教育3起，判决赔偿2起，调解处理34起，裁定驳回1起，转办10起。运用调解手段处理自诉轻微刑事案件，既是调解工作的重要组织部分，也是避免矛盾激化、教育挽救涉案人员的重要手段。既符合党和国家的政策，也符合自诉案件当事人的意愿。

1975年，受理一、二审民事案件771件（旧存156件，新收615件），其中中院受理342件，城区法院受理225件，郊区法院受理140件。审结616件，占79.9%。结案率较1974年提高8.9%。结案中，经调解处理的578件，占结案总数的93.8%；判决的38件，占6.2%。在人民法院主持下，由各级调解委员会成员参与，用调解这一传统手段，解决诸如婚姻矛盾、房屋纠纷、赡养抚养和继承关系，以及债务、财产、山林、赔偿等问题，仍然是人民法院民事案件受理和审理工作的首选方针。

1976年，贯彻落实“全省司法工作学大寨现场会议”精神，推广昔阳县司法工作经验，坚持群众路线，建立健全全市人民调解委员会，实现“小事不出队（车间），大事不社（厂），矛盾不上交，解决在基层。”把人民调解委员会办成“党委重视、群众拥护、能为人民办事的对资产阶级实行全面专政的得力工具。”全年一审受理民事案件567起，较1975年下降32.9%，结案437件，占收案总数的84.5%，结案率较1975年提高4.6%。其中经调解结案421件，占96.3%，较1975年提高2.5%。判决结案16件，比1975年下降22件，下降138%。

1978年12月，中共十一届三中全会召开，会议决定“文化大革命”结束，中止“以阶级斗争为纲”的人民法院工作政治指导方针，将党和国家的工作重点转移到经济建设上来。阳泉市两级人民法院开始纠正“用阶级斗争的观点判断是非”和“民事工作千万件，件件连着纲和线”的民事工作观点，继续坚持“依靠群众、调查研究、就地解决、调节为主”方针，受理一审民事案582件（旧存112件，新收470件），审结467件，占收案总数的80%，比上年度结案率提高8.1%。其中调解结案285件，占61%；判决结案53件，占11%；其他处理的129件，占28%。

1980年，阳泉市两级人民法院学习贯彻全国第二次民事审判工作会议精神及有关民事政策，深入群众，调查研究，为调解民事纠纷，落实民事政策做了大量工作。全年受理一审民事案840积案（包括旧存115件、新收725件），是近几年来收案最多的一年，比1979年增加44.3%，审结674件，占收案总数的80.2%。其中判决106件，占15.7%；调解418件，占62%；其他处理的150件，占22.3%。调解，始终是化解民事纠纷的重要的手段和有效途径。

1981年，人大常委会五届三次会议通过并公布了新的《婚姻法》，阳泉市两级人民法院即把宣传和实施新《婚姻法》，作为民事工作的一个重点，着重对民事案件，特别是涉及婚姻家庭纠纷中出现新情况、新问题进行调查研究，继续采取“十六字方针”（依靠群众，调查研究，就地解决，调解为主），尽最大努力促进民事案件的调解，以维护社会主义婚姻家庭关系，保护当事人合法权益，促进人民内部团结。一年间，受理一审民事案件811件（包括旧存116件），审结658件，占受理案件总数的81%，其中判决92件，占14%，调解处理491件，占74%，其他处理的75件，占12%。尤其是在宣传、贯彻新《婚姻法》过程中，两级法院均抽出民事干警，专门培训和指导调解委员会成员学习，引导基层调解员领会新《婚姻法》的基本精神和主要内容，帮助他们划清离婚案件的感情和法律界限，年内，全市两级法院审结离婚案385件，其中241件感情确已破裂的离婚案件，经调解离婚，97件感情破裂的案件经人民法院调解没有离婚，12件离婚起诉案件经说服引导撤诉终止，其他方式处理的婚姻案件132件。一审民事案件调解率较上年度提高了12.8%，判决率降低1.7%，已结二审民事案件维持率也比上一年度提高了18.8%。此外，1981年是开展经济审判的第二年，阳泉中院在机构新、人员新、没有现成经验可循、一切从头做起的情况下，边学习、边办案、边积累经验，全年受理各种经济纠纷案件23件，审结21件，其中判决1件，调解20件，涉案金额标的146000余元。以上数据说明，阳泉市两级人民法院针对民事案件和经济案件的受理和审判中，调解仍是最重要的方法和手段，也是迅速及时解决民事纠纷和经济纠纷的有效途径。

1982年，审结一审民事案件768件，其中判决149件，占19.4%，调解的517件，占67.3%，其他方式处理的102件，占13.3%。全年受理二审民事案106件，比上年上升32%。（包括上年旧存7件，今年新收99件），其中离婚案28件，地基案33件，房屋案19件，抚养案1件，赔偿案3件，继承案5件，债务案3件，赡养案2件，离婚后财产抚养案1件，其他案11件，年底共审结96件，占受理案件的90.6%，结案率基本上和上年相等，其中调解的39件，维持原判的37件，改判的13件、发还更审的7件。

1983年，在开展“严打整治斗争”的同时，更加注重民事案件的调解，全年共收民事案1355件，年底审结1227件，其中调解处理926件，占结案总数的75.47%；判决处理的146件，占案件总数的11.9%；其他方式处理的155件，占12.63%。其中调解率最高的是矿区法院，全年调解138件，占到已结案件的89.03%；其他17件，仅占10.97%。此外，市中院受理二审民事案97件，审结91件，结案率为93.81%，其中调解处理的21件，占23.08%。本年度的调解工作还有一个重要特点，就是两级人民法院开始受理经济案件，审判人员积极探索把调解这一在民事案件中行之有效的方式，运用到经济案件的审理当中，并取得显著成效。全年受理经济案件33件，审结28件，结案率84.85%。其中调解处理23件，占已审结案件的82.14%。

1984年，人民法庭成为民事调解工作的主阵地。全年受理一审民事案1302件，审结 1230 件，结案率为 94.5%，比上年提高 3.9%，已结案件中，判决结案的 105 件，占 8.5%；调解处理的 978 件，占 79.5%。全省“民事工作的先进单位”——盂县人民法院，狠抓基层工作和法庭建设，使民事发案率持续下降，结案率达到 96.4%，其中判决处理的只有 6 件，占已结案件的 3.7%，绝大多数民事案件以调解方式结案。盂县法院西烟法庭由于加强了法制宣传教育和基层调解，辖属的四个乡 40000 多人，一年仅发案 13 件，发案率只占总人数的万分之三。通过民事案件的调解，解决了大量民事纠纷，保障了公民合法权益，维护了社会安定团结。

1985 年，随着对内搞活经济和城乡体制改革的进行，阳泉地区商品经济迅速发展，财产关系也发生了相应变化，反映在民事审判工作中，除离婚案件 758 件，占案件总数的 64.2% 以外，房屋、宅基地、债务、赔偿、继承、赡养案件共有 300 件，占到案件总数的 25.4%，面对这种新情况，各院认真贯彻“第四次全国民事审判工作会议”和 2 月份“全国法院院长会议”精神，继续发扬人民司法为人民优良传统，坚持走群众路线和“着重调解”原则，审判人员经常深入乡村、工厂、街道，就地调解处理纠纷。盂县人民法院民事案件调解率达到 93%。在审结的案件中有 70% 解决在基层，如该县仙人乡七里峪村某村民，堵塞公共通道 17 年，村民怨气纷纷，县领导带领法庭人员深入该村，一边宣传法制，一面调查取证，很快疏通了道路，方便了群众生产和生活，受到了群众称赞。平定县人民法院在贯彻《继承法》中，审判人员携卷下乡办案，不仅正确处理了一起父死女继的继承案件，还使当地严重的重男轻女思想和无视女当事人合法继承权利的群众，受到深刻的法制教育。一年间，全市两级法院共受理各类一审民事案件 1182 件，审结 1120 件，审结率为 94.8%，受理二审民事案件中，调解处理的有 877 件，调解率为 74.2%。

与此同时，随着经济体制改革不断深入和对外实行开放、对内搞活经济政策的进一步深化，经济审判工作中的经济合同纠纷和其他经济纠纷大量增加，1985 年，全市两级法院即受理各种经济纠纷案件 235 件，审结 197 件，结案率为 83.8%。已结案件争议标的总金额为 558.8 万元，比上年度上升一倍多。面对经济纠纷案件逐季、逐年上升，大案难案也同步增多的新情况，各院在普遍加强经济庭建设的基础上，广大经济审判人员注重不断总结经济审判工作经验，提高经济案件调解结案率，如盂县人民法院坚持把经济审判工作和综合治理社会治安结合起来，经济纠纷案件审结率达到 97.7%，调解率为 87%，城区人民法院在经济审判实践中，总结出着重调解的经验，矿区人民法院结案率达到 100%。

1986 年，民事案件中，坚持“着重调解”原则，促进家庭和谐、邻里和睦。全市一审民事案件中，有 172 件以调解方式结案，调解率达 75.4%。如矿区人民法院在审理一起离婚案中，审判人员先后 20 多次到原告家中做思想工作，终于使原告认识到相信算命打卦是导致妻子离婚、家庭不和的错误，将一个快要破裂的家庭重新弥合。

第五节 调解工作规范化

20世纪80年代中、后期，随着中国法制建设步伐加快，随着对内搞活经济和城乡体制改革的进行，阳泉地区商品经济迅速发展，财产关系发生相应变化，反映在民事审判工作中，除传统的离婚案件仍占据半壁江山外，（1985年，离婚案件占民事案件总数的64.2%），房屋、宅基地、债务、赔偿、继承、赡养案等民事案件，进入有法可依的轨道。诉前调解作为阳泉市中级人民法院的一个优良传统，得到传承和发扬光大，诉前调解领域较前三十年更为扩大，诉前调解作用得到积极发挥。

阳泉市中级人民法院在立案庭，设立了诉前调解机制，指派具有丰富法律知识和调解能力的资深法官专职负责调解，开展庭前调解工作。诉前调解案件主要是法律关系明确，当事人争议不大的案件，包括①婚姻家庭纠纷和继承纠纷；②劳务合同纠纷；③交通事故和工伤事故引起的权利义务关系较为明确的损害赔偿纠纷；④宅基地和相邻关系纠纷；⑤合伙协议纠纷；⑥诉讼标的额较小的纠纷。负责调解的法官对案件事实清楚，法律关系明确的案件进行庭前调解，使一些简单的纠纷得到迅速处理。诉前调解缩短了办案时间，把矛盾解决在庭审之前，节省了当事人的时间和精力，节约了有限的司法资源，使法院能够把精力集中在解决社会矛盾突出的重大、复杂案件上。诉前调解有效化解了矛盾，减少了上诉、上访案件的发生，促进了社会的和谐。

阳泉市中级人民法院在实践中，不断规范诉前调解流程管理，最大限度保护当事人合法权益，促进调解工作的顺利进行。

首先，案件在立案阶段，由立案人员负责提供调解案件。立案人员仔细审查案件，判断案件的性质、复杂程度，是否有调解的可能。立案人员对法律关系基本清楚、事实争议不大、法律责任比较明确的一审民商事案件，询问当事人是否愿意进行诉前调解，如果当事人愿意，则暂缓立案，纠纷优先进入诉前调解程序。由诉前调解法官通知当事人，到法院立案庭进行调解，达成调解协议，则办理立案手续，向双方当事人送达调解书后即可结案。如调解过程中双方分歧较大，案件复杂，不能达成一致意见则案件及时立案、移送审判庭按照正常诉讼程序进行审理。

其次，在调解过程中，注重保护当事人合法权利。诉前调解坚持自愿和合法的原则，只有在双方当事人一致同意的条件下才进行调解。法官在调解进行前，明确告知当事人诉讼权利及义务，询问当事人是否申请回避。调解采用不开庭且不公开进行的方式，保护当事人隐私，强调调解的协商一致原则，主持调解的法官，不担任该案诉讼程序中的主审法官，限定调解的期限防止久调不审等等。

第三，尊重当事人选择，坚持依法调解。诉前调解时，调解法官尊重当事人的选择权，一旦双方当事人达不成调解协议，立即移入审判庭处理，防止诉讼拖延。对当事人达成的调解协议进行严格审查，防止当事人利用调解恶意损害国家、集体和第三人的合法权益。

总之，依法开展诉前调解，有利于当事人程序选择权的实现，有利于司法效率的提高，有利于当事人的相关权益的保护，有利于实现司法资源的合理配置。如1988年，在经济纠纷案件日趋增多的情况下，阳泉市中级人民法院在省高院和阳泉市委支持下，大胆尝试，勇于实践，正式成立“经济纠纷调解处”，充分发挥其庭前调解功能，对争议不大的案件，采取当庭调解的方法处理，确保做到投诉快、结案快、执行效率高。阳泉中院“经济纠纷调解处”自8月成立到年底，即诉外调处经济纠纷案件55件，标的金额达208万元，收到良好社会效果。并总结出“随收随调，随调随结，随结随执”的经验和做法。年内，民事案件也呈上升趋势，而且种类增多，审理难度加大，全市共受理一审民事案件1354件，审结1313件，结案率为97%。与上年相比多收118件，增加9.5%。从结案方式看，调解结案的919件，调解率为70%，判决221件，移送39件，撤诉114件。

1989年，阳泉市两级人民法院进一步推广“经济纠纷调解处”经验和做法，经济案件一审结案调解率达到61.1%，市中院“经济纠纷调解处”全年收案268件，调处249件，结案率为92.9%，结案标的金额为686万元，已结案件到期执行率达到了90.3%。在民事案件中，坚持《民事诉讼法》规定的“着重调解”原则，在查清事实，分清责任基础上，一方面，积极做好当事人的法制教育和思想疏导，消除当事人之间的对立情绪，促使他们自愿和解；另一方面，摒弃片面追求调解率，久调不决，一拖再拖，甚至损害一方当事人权益的错误做法，对于调解无效，不能达成协议的案件，及时依法判决。一年间，全市民事一审结案调解率达70.5%。与此同时，开展协助基层调解组织，处理简易纠纷的超前服务活动，使大量小纠纷得以在萌芽状态消除，减轻群众讼累。

1990年，经济审判注重庭前调解，两级法院在自愿、平等、公正、合法、及时、高效的原则基础上，通过调解方式，解决经济纠纷案件909件，占结案总数70.7%。其中市中院经济纠纷调解处庭外调处经济纠纷案件271件，结案标的金额816.03万元，案件到期执行率达到85.4%。此外，在一审民事结案中，以调解方式结案的也占到了63.3%。

1991年，阳泉市中级人民法院进一步加强对基层调解组织的业务指导，各基层人民法院及所属人民法庭，则坚持采取多种形式，对调解组织工作人员进行业务培训指导，努力提高他们的业务素质和调解工作质量。如郊区河底法庭根据上一年本辖区宅基地纠纷较多的实际情况，于3月份，举办各村调委会土地知识培训班，结合实例讲授不同类型土地纠纷的处理方法，提高和增强了调解组织和调解人员的工作能力，使辖区内的宅基地纠纷案件大为减少。此外，许多法庭主动帮助调解组织制定工作制度，落实工作报酬，进一步调动调解组织工作人员的工作积极性，使大量的民事矛盾，通过调解组织消灭在萌芽状态，减轻了人民法院民事审判工作的压力。

1991年，经济纠纷调解处庭前调处经济纠纷案件145件，审结标的金额为1312.4万元。调解离婚案件554件，占全部婚姻案件的47.9%；调解不离婚的210件，占18.2%，此外，有162件离婚诉讼经过说服教育，当事人自动撤回离婚请求。

1993年，正确贯彻调解原则，科学使用调解方法，使77.8%的一审民事案件以调解方式结案，或通过教育疏导当事人自动撤诉。对于调解不成的案件，均依法及时作出判决，减少当事人对立情绪，增进人民内部的团结。在经济案件中，阳泉市中院经济纠纷调解处摸索总结出一套行之有效的经验和做法，即“随诉随收、随收随调、随调随执行”。基层法院中有两个法院按照市中院经验建立起“经济纠纷调解处”，并根据阳泉中院的经验和做法开展工作。一年间，全市两级法院“经济纠纷调解处”调处各类经济案件328件，结案标的金额达2938.04万元。

与此同时，阳泉市两级人民法院进一步拓宽调解息诉渠道，义务主体无异议的情况下，为权益受损企业进行诉外司法调解服务，收到良好社会效果。全市两级法院共诉外调处经济纠纷128件，标的达580万元。如平定石油公司1994年4月，请求诉外调处北京燕山地区科工贸联合总公司标的为44万元的纠纷，平定县人民法院随即派员赶赴北京主持双方诉外调解工作，并当场达成协议，义务方随即一次性偿付30万元，其余款项于当月底前全部偿清，使这起较为复杂又难以执行的购销合同纠纷很快解决。

1994年，在经济案件审判中，两级法院坚持自愿、合法、公正、便民的原则，发挥诉内调解优势、简化办案环节，加快办案节奏，使一审经济纠纷案件调解率达到67.1%，三个月内执结的案件占结案总数的80.9%。有的案件当日立案当日审结，办案效率大大提高。阳泉中院调解处年内受理经济纠纷案件364件，结案341件，结案率高达93.7%，结案标的3647万元，执行率达到70%以上。其中许多案件均以调解方式执结。如郊区法院受理的一起菜种质量损失赔偿案件，郊区南庄、大阳泉、西河、龙凤沟四个村部分农民，购买了郊区蔬菜生产服务中心从石家庄种子公司购进的晚熟架豆角种子，但至秋收时均未结果实，形成纠纷。此案在审理过程中，郊区法院一方面与四个村的干部，共同做好饱受劣质菜种之害的农民的教育疏导工作，另一方面深入田间地头调查取证，并委托山西省种子质量检验监察站对豆角种子进行了鉴定，组织被告郊区蔬菜生产服务中心，与第三人石家庄公司到损害地考察，了解假种子给农民造成的直接损失。在查清事实、分清责任的基础上，以案论法，多方调解，三方当事人自愿达成调解协议，被告及第三人一次性支付四个村受害农民30万元赔偿费，使这起涉及面广、标的大的诉讼案件圆满结案。与此同时，两级法院充分发挥合议庭和独任庭审判员的作用，经法庭调查、辩论后，即依法组织调解或作出裁判。年内全市两级法院受理一审离婚案1466件，审结1460件，结案率达99.6%。其中经调解判决离婚的851件，占58.3%；有321件经调解和好或撤诉，占21.4%；经调解或判决不离婚的280件，占19.2%。此外，各基层法院进一步加强对人民调解委员会的工作指导，充分发挥其“第一道防线”的作用，为驻地的社会稳定和发展做出了贡献，赢得了当地干部群众的一致称赞。平定县锁簧人民法庭面向基层，服务群众，深受当地政府和群众的信赖，多次受到省、市两级法院表彰，被最高人民法院授予“全国一流人民法庭”称号。

1996年，一是注重经济案件受理和审判中的调解作用，对权利主体与义务主体请求调解的，阳泉市两级人民法院经济审判庭均采取随投诉、随调处的办法，尽量在合法、自愿、平等的情况下促进调解。本年度，一审经济纠纷调解结案率达到70%。二是在民事纠纷案件的受理审判中，教育疏导和调解息争两管齐下，在依法裁判的同时，坚持把调解工作贯穿于诉讼全过程，因案区别，多方疏导，突出宣讲法制和社会公德，及时发现和有效排除不安定因素，就案就地消化纠纷，即使调解无果下判结案的，审理法官同样开展积极主动的思想工作，耐心教育引导，以消除矛盾激化，进而消除民事隐患，一年间，调解结案的一审民事案件1599件，占57.6%。二审调解民事案件30件。民事审判监督中调解1件。一审调解经济纠纷案件1861件，二审调解经济纠纷案件11件。全年调解民事和经济纠纷案件3510件。

1997年，调解民事和经济纠纷案件3041件。其中，一审调解各类民事案件1616件，二审调解34件，民事审判监督调解1件。一审调解经济纠纷案件1371件，二审调解经济纠纷案件18件，审判监督过程中调解经济纠纷案件1件。

1998年，调解民事和经济纠纷案件2240件，其中，一审调解各类民事案件1312件，二审调解27件，民事审判监督调解1件。一审调解经济纠纷案件978件，二审调解经济纠纷案件12件。

1999年，在办理民事案件中，两级法院坚持公开审判、当事人举证等基本原则，坚持在查清事实、分清责任，严格依法办案的基础上，开展耐心细致的疏导调解工作，全年调解民事案件1213件，其中，一审调解结案1169件，经说服教育，当事人自动撤诉652件。二审调解民事案件42件，民事审判监督中调解2件。调解经济纠纷案件651件，其中，一审调解经济纠纷案件639件，二审调解11件，审判监督过程调解1件。全年调解各类民事和经济纠纷案件1863件。

2000年，调解各类民事和经济纠纷案件1729件，其中，一审调解民事案件1147件，二审调解民事案件62件。一审调解经济纠纷案件504件，二审调解经济案件16件。

2001年，大力开展思想疏导和法制宣传，因势利导减缓冲突，依法调解息事宁人，先后使1715起民事、经济纠纷案件和执行案件，通过疏导教育，以调解或一方当事人撤诉结案，占50.4%，既保障了当事人合法权益，又维护了安定团结的政治局面。全年调解各类民事和经济纠纷案件1304件，其中，一审调解民事案件986件，二审调解民事案件48件，民事审判监督调解离婚案件1件。调解经济纠纷案件253件，二审调解16件。

2002年，注重因势利导和依法调解，有1209件民事和民商事案件以调解或一方当事人撤诉结案，占61%。其中，调解民商事案件，包括权属、侵权纠纷及其他案件一审调解130件，二审调解17件，再审调解2件。合同纠纷一审调解298件，二审调解12件，再审调解1件。婚姻家庭、继承纠纷一审调解732件，二审调解17件。维护了民事主体的合法权益，使大量家庭和社会矛盾，得到妥善化解。平定县人民法院锁簧法庭被最高人民法院和司法部联合授予全国法院系统“指导人民调解工作先进集体”荣誉称号。

2003年，面对日益繁重的民商事审判工作，两级法院坚持高质量、高效率审判的同时，充分利用调解在化解民事纠纷中的重要作用，不断探索调解新方法，拓展新思路，收到良好效果。矿区法院采用“诉前调”、“庭前调”、“开庭调”、“庭后调”的“四调”方法，平定锁簧法庭建立了“3+1”调解模式，即庭前先行调解，庭上依法调解，庭后适时调解和诉外指导调解，受到最高院和司法部表彰。全市法院全年调解结案1194件，占全部民商事案件的26.7%，占传统民事案件的46%。全年调解各类案件1197件。其中，权属、侵权纠纷及其他案件一审调解87件，二审调解11件，再审调解2件。合同纠纷一审调解335件，二审调解6件，再审调解1件。婚姻家庭、继承纠纷一审调解743件，二审调解12件。

2004年，坚持法治与德治并举，发挥调解的教育引导作用，努力把各种可能激化的矛盾消除在萌芽状态。全年共调解结案1530件，占结案总数34.61%，调解率居全省前列。全年调解各类案件1518件。其中，权属、侵权纠纷及其他案件一审调解151件，二审调解18件，再审调解2件。合同纠纷一审调解581件，二审调解16件。婚姻家庭、继承纠纷一审调解734件，二审调解15件。

2005年，调解工作向行政审判领域延伸，在充分发挥行政审判职能独特优势的基础上，努力在诉前、诉中消化调解行政诉讼矛盾，做到依法监督、支持行政机关依法行政与保障相对人合法权益的统一，依法引导不同利益主体，以理性合法的形式表达利益要求、解决利益矛盾，自觉维护安定团结，并以多种形式就地就案消化了一大批行政争议，有效地调节了公共权力与公民权利的关系。全年共受理非诉行政执行案件11件，执结11件，标的额达400余万元。受理国家赔偿案件2件，撤诉1件，决定赔偿1件。在适用简易程序审理民事案件时，尽可能简化不必要的诉讼环节和手续。如征得双方当事人同意，一般简化答辩环节，由被告口头答辩，直接开庭审理，甚至不经开庭径行调解，方便了群众诉讼，节省了审判资源。针对再审案件疑难复杂、争议较大、当事人积怨深远、矛盾容易激化等特点，阳泉市中院在复查和审理此类案件中，因案制宜，把握“庭前、庭上、庭后”三个时机，运用“耐心、公心、细心、热心”调解法，加大诉讼过程调解力度。全年调解各类案件1339件。其中，权属、侵权纠纷及其他案件一审调解142件，二审调解9件，再审调解2件。合同纠纷一审调解363件，二审调解11件，再审调解3件。婚姻家庭、继承纠纷一审调解788件，二审调解11件。再审案件调解率达到35.7%。与此同时，刑事自诉案件调解率持续保持在90%以上，实现了法律效果和社会效果的完美统一。

2006年，加大刑事自诉案件的调解力度，努力化解矛盾纠纷，两级法院刑事自诉案件调解率达到90%。民事、民商事和行政案件审判中，采取“多听、多看、多为当事人着想”的方法，努力消化矛盾、定纷止争，妥善调解了一起亲家双方因儿女死亡引发的财产权属纠纷案。对于城镇、农村因集体财产处置产生的群体诉讼，本着谨慎和维护稳定的原则，有效化解矛盾。如在盂县孙家庄镇东坪村村委会，上诉村民赵来富等382人集团诉讼案中，依法维护了赵来富等382位村民，对农村集体经济组织所取得收益的所有权。全年调解各类案件1438件。其中，权属、侵权纠纷及其他案件一审调解139件，二审调解7件，再审调解1件。民事知识产权一审调解1件。合同纠纷一审调解474件，二审调解5件，再审调解1件。婚姻家庭、继承纠纷一审调解771件，二审调解29件。

2007年，阳泉中院建立了以审判业务庭为中心，以基层法庭和人民调解委员会为基础，以人民陪审员、人民调解员为依托的调解组织体系，在认识上高度重视，在方法上不断创新，充分发挥调解手段在消化矛盾、解决民事纠纷中的作用，千方百计做好思想疏导工作，绝大多数案件实现了案结事了、当事人满意的效果，两级法院民事案件调撤率呈现出稳步上升的良好势头，全年受理一审民商事案件4749件，二审民商事案件445件，基层法院的调撤率达到60%以上，特别是各基层人民法庭受理的案件，调撤率普遍达到80%以上。全年调解各类案件1293件。其中，权属、侵权纠纷及其他案件一审调解150件，二审调解4件。民事知识产权一审调解6件。合同纠纷一审调解266件，二审调解4件，再审调解1件。婚姻家庭、继承纠纷一审调解825件，二审调解15件，再审调解1件。调解成为化解矛盾、定纷止争的重要手段，为创造辖区和谐安定的社会氛围发挥了重要作用。

2008年，阳泉市两级人民法院调解工作思路又有新的突破和提高，调解工作的重要性得到广泛认同，整体调解工作思路由“调判结合，注重调解，能调则调，当判则判”，变为“能调则调，当判则判，调判结合，案结事了”，虽然只是变了几个字，改变了个别词句的顺序，却进一步强调了“调判结合，注重调解”这个原则。阳泉中院在实际工作中，力求调解机制上改革创新，调解方式上求实求新，进一步强化审判人员的调解意识，注重调解方法，采取“多听、多看、多为当事人着想”的调解艺术，充分发挥诉讼调解在消化矛盾、定纷止争方面的特殊作用。全年受理审判的3940件民商事案件，2705件婚姻家庭、损害赔偿、劳动争议等民事案件中，每个案件都倾注了审判人员的调解心血和精力，全年调解各类案件1461件。其中，权属、侵权纠纷及其他案件一审调解181件，二审调解23件。合同纠纷一审调解405件，二审调解19件，再审调解1件。婚姻家庭、继承纠纷一审调解792件，二审调解30件。调解结案率进一步提高。

2009年，着眼于“重调息诉、案结事了”，引导法官更新审判观念，把调解作为审判和执行工作的优先选择，在立案、审判、执行的全过程，自觉落实“调解优先、调判结合”原则，大力推动调解工作体制和机制创新，为“调解优先”创造保障条件。矿区法院率先成立“联合调解中心”，综合人民调解、行政调解的力量，化解矛盾纠纷。其他县、区人民法院均设立“调解中心”或“巡回调解点”。阳泉中院在立案调解的程序适用和效力确认等方面，进行了积极有益的探索和实践。两级人民法院都把调解工作，作为核心内容纳入绩效考核范围，健全完善调解工作考评办法。全年调解各类案件1889件。其中，权属、侵权纠纷及其他案件一审调解330件，二审调解32件，再审调解1件。合同纠纷一审调解537件，二审调解33件，再审调解1件。婚姻家庭、继承纠纷一审调解931件，二审调解24件。一年间，全市法院普通民事一审案件调解、撤诉率达到60%，同比上升13个百分点；通过协调方式处理行政纠纷37起，占行政案件总数的57%；促使当事人自动履行、和解执行案件1683件，占全部执结案件的74%，较好地实现了重调息诉的效果。

2010年，认真贯彻“调解优先、调判结合”的工作原则，努力为群众提供优质高效的司法服务。市中院召开全市法院调解工作现场会，搭建交流平台，推广先进经验，引导法官更好地运用调解手段化解矛盾，实现“案结、事了、人和”的目标。各法院着力构建覆盖立案、审判、执行全过程的调解机制，加快联合调解中心和立案调解窗口建设，加强对人民调解、行政调解的法律指导，与有关单位或社群组织密切配合，通过“大调解”努力从根本上解决群众的实际问题。对不能调解或调解不成的，及时依法裁判，切实发挥调解和判决两种结案方式在化解矛盾中的作用。全年调解各类案件2248件。其中，权属、侵权纠纷及其他案件一审调解339件，二审调解36件。民事知识产权一审调解1件。合同纠纷一审调解751件，二审调解34件。婚姻家庭、继承纠纷一审调解1043件，二审调解23件。另有1件轻微刑事案件在二审时以调解方式解决。一年间，全市两级人民法院民商事一审案件调撤率保持在60%左右，二审民商事调撤率达到26%，同比上升5个百分点，90%的案件一审服判息诉。

2011年，把“调解优先、调判结合”原则延伸到刑事、民事、行政、执行全领域，贯穿于诉前、立案、审判、执行、信访全过程，并纳入对法官的个人绩效考评，基层法院民商事案件平均调解率为61.2%，同比上升2.3%，市中院民事案件调撤率33.2%，同比上升7.1%。同时进一步加强立案调解、诉前调解工作，引导当事人就地、就近选择合理方式解决纠纷，全市共有660件案件，在进入诉讼程序前经过法院调解息诉化解。积极参与人民调解、行政调解、司法调解“三位一体”大调解体系构建，矿区法院在所辖40个社区全部设立联合调解网点的基础上，建设了独立建制的诉调对接中心，城区法院对有突出贡献的人民调解员给予表彰奖励，郊区、平定、盂县法院发挥人民法庭优势，入村入户，开展巡回调解，许多矛盾纠纷化解在萌芽阶段。

2012年，市中院组织开展“关于加强诉讼服务和管理”的专题调研，指导基层法院积极开展诉讼服务管理中心建设。矿区法院成立“诉前调解中心”，立足诉前诉外化解纠纷，《人民法院报》头版头条作了长篇纪实报道。城区法院通过审判人员包片挂钩指导，对诉前调解的案件进行奖励，强化诉调对接。郊区法院出台《诉调对接实施细则》，加强与有关部门的衔接互动，多元化解社会矛盾。盂县法院设立婚姻家庭、侵权纠纷、合同纠纷三个调解室，细化职能，方便群众参与。平定法院诉前调解工作成为当地社会管理创新工作的亮点，全市共有1237件案件通过诉前调解及时解决。两级法院在刑事、民事、行政、执行等各领域认真落实“调解优先”的工作原则，通过调解化解各类纠纷3886件，民事案件调解率50.5%，执行案件和解率25.5%，行政案件和解率34.3%，二审民事案件调解率14.7%。市中院民二庭、平定法院巨城法庭被省高院评为山西法院系统民事调解工作标兵单位。

附 1：阳泉市人民法院关于调解全民所有制、集体所有制之间纠纷的专题报告

我院今年以来受理的厂矿企业和生产队互相之间纠纷的案件较往年增多，今年 5 ~ 8 月（1 ~ 4 月未受理）受理这类案件五起，比去年同期受理 1 起增加 4 起，比去年全年受理 2 起增加 150%。从占比例来看，这类案件占今年同期受理的其他民事案件（婚姻、抚养纠纷除外）69 起的 0.72%，从纠纷内容看，有赔偿 3 起，债务 1 起，另有去年 8 月受理未结的 1 起，合计 6 起。这类案件政策性强，涉及面广，它关系到内部团结和工农业生产及工农关系问题。而且在处理过程中有关单位往往顾虑交待不了上下级，害怕承担责任。有的显明是本单位的责任也躲躲闪闪不愿承认，有的认为法院判决了好交待，调解了自己要承担一部分责任。由于这些原因，在调解中不易达成协议，加之我们缺乏这方面的经验，所以感到难办。经过一段工作，上述 6 件纠纷已调解处理。通过这几件案的处理有以下几点体会：

一、及时请求党委，主动与有关部门研究，统一认识，取得支持。如平定县槽里生产队与我市矿区公社官沟生产队为电死骡子赔偿一案，官沟生产队的电灯线杆，因未负责维修倒在路上，当槽里生产队的马车在 1961 年 8 月 4 日早晨 4 点给三矿运输石料行至该地时，有一头骡子中电死亡，槽里队要求赔偿，官沟生产队不予赔偿。理由是：（1）事故发生后没有通知他们到现场，便将骡子移开现场。（2）电线是三矿给安装的，应该由三矿赔偿。后经多次调查查明，电灯线是官沟生产队自备 8 号铅线（不合安全规定），请三矿电工在业余时间帮助安装的。而且出事地点的电线，是官沟生产队私自从另一端线上拉上送电，由于未进行维修，使线杆倒在路上，电死骡子，官沟生产队应负主要责任，与三矿无关。其次，槽里生产队在这一天没有经得甲方（三矿）同意即更换了赶车工人（合同规定应经得甲方同意方有效），而且更换的是个年青缺乏安全操作经验的人。当事故发生后抢救不力也有一定责任。至于动了现场问题，当时不知是谁家的电线，无法通知安装电线的单位，为了抢救骡子动了现场不为过错。由此看来，事实已经查清，本可以调解达成协议，由于我们在前段没有及时请求党委，未达成协议，官沟生产队干部的思想是怕承担责任，认为法院判决了好交待上级和社员，但我们并未摸透这一问题，致数次调解未成，将此案拖延下来。今年 9 月向市委农村工作委员会汇报了案情，研究了处理方法，农委指示：说服官沟生产队先把自己骡子给槽里一个，按双方责任分摊，并允许将市里支援农业的牲口给官沟生产队。接着我们找矿区公社党委汇报了情况，取得意见一致（原文如此），确定了先解决官沟生产队干部、社员的思想，公社党委派专人协同我们处理，经调解达成了协议。官沟生产队赔偿骡价 60%，槽里队负责 40%。这样才将这个拖延了几个月的案件得到解决。

此外，在调解中，为了不因此事影响到官沟与三矿的关系，请三矿派员参加，公社调解此案的同志，批评了官沟生产队，官沟支书也作了检查，他说：三矿电工帮助我们安装电灯本是好意，不应该提出让三矿负责赔偿骡子，致影响了关系。从而消除了双方的对立情绪，关系和好了，三矿也成了调解纠纷的说合人。

在处理中我们体会到厂矿企业、集体之间纠纷，必须在深入群众查清案情之后及时向党委汇报请示，有关生产队的纠纷尤其要向公社党委汇报支持就比较好解决。

二、从有利于团结和生产的原则出发，分清是非，说明利害，消除对立情绪，用双方自行协商的形式解决问题。如白银有色金属公司，1960年8月向我市化工厂购置并运走了28.4万米导火索，其中有21.4万米不适合白银公司使用，后双方又商定了退货，但在白银公司退货起运时，因没有阳泉市公安局准运证，兰州铁路局不给承运。白银公司来电向化工厂要准运证。化工厂不明确（原文如此）铁路局的规定，误认为这事本来白银公司能办而不办，故意来找麻烦，故迟迟未作答复。致导火索在白银公司搁置两年之久，超过了产品使用年限，直至今年5月白银公司才诉讼到我院。我院与市经委共同查阅材料，共同处理，分别打通双方干部思想，然后面对面的调解，向他们指出：双方关系本来很好，重新签订退货议定书也是可行的，但由于在协议中均未考虑运输手续（准运证）的问题，出了点差子，是工作中的差错。现在应该本着国家财产不再受损失为原则来进行解决，如果现在将已经超过产品使用期限的货再完全退回化工厂，势必造成运输上的浪费，使国家遇到不应有的损失。现在应由化工厂派员到白银（公司），按照三机部规定的出厂标准，把导火索进行技术检查，将符合标准的部分由白银自用或申请主管部门及本地区物资部门处理，报废部分由化工厂负责将原价款退还白银公司。这样解除了误会，双方情绪改变了。后本着上述原则，双方达成了和解协议，自行签订了议定书。

三、发现问题向有关部门建议以堵塞漏洞，改进工作，防止类似问题发生。

上述6案中有4案牵涉到合同问题（指5～8月受理的此类案件，另有上年8月受理未结的1起，合计6起，其中有4案牵涉到合同问题。编者注）在处理过程中发现签订合同同时在手续上、条款中均有不少漏洞。如矿区公社平坦垴生产队与发电厂签订运输合同后，在运输中电厂电线将平坦垴生产队的一头一万一千元的骡子电死，平坦垴生产队要求电厂赔偿，电厂拒绝。此案虽有合同，但有的规定太原则，有的含糊其辞，有的应该规定而未规定，当发生问题后，不易分清应由谁家负责，不能作为处理依据，给处理此案造成了很大困难。鉴于上述情况，为了堵塞漏洞，使合同订的责任明确，我们向运输指挥部提出了建议，并共同研究，采取了以下措施：（1）召开运输队长及有关人员会议，把已签订的合同进行一次审查，加以补充修改，第四季度合同充实了新的内容，对有关人、畜伤亡和双方责任等条款，必须明确具体。（2）在签订合同时，要严格手续。（3）加强审查合同的责任心，对合同进行负责的审查。

以上报告妥否请指示[①]。

1962年10月14日

注：①本文是阳泉市人民法院1962年10月14日向阳泉市委作的一个工作报告，在录入时保持了原文的行文习惯和用语特色，除校正了个别错字外，基本没有改动。

附 2：

诉调对接助推矛盾化解
——阳泉市矿区法院织就矛盾纠纷化解网

陈继光

阳泉矿区是形成于20世纪50年代的重工业区，社会单元杂，民间纠纷多、审理难度大。针对治安特点，该院以深入推进三项重点工作为契机，立足调为先、和为贵、防为主，积极探索诉调对接的新路径，取得了显著成效：连续三年该院各类民事案件调解率超过了70%；刑事附带民事案件调解率高达87%、执行案件和解率超过85%，实现了无新的涉诉上访案、无超审限案、无错案、无干警违纪违法或受到刑事追究的“四无”目标。

一、能动司法，修筑诉调对接“高速路”

诉调对接是能动司法的重要抓手。矿区法院在推进构建“三位一体”的大调解工作格局同时，凸出法院的主导作用，使司法调解、人民调解、行政调解形成点对点的高效连接。

一是与指导民调常态化。人民调解组织成员生活工作在基层、与基层群众的关系最密切、对社情民意的了解最熟悉，也最擅长和群众交流沟通。因此，该院十分重视为人民调解组织增助力，做后盾。如对于民调组织已经调解的纠纷，如果当事人申请确认，法院就会运用网络手段，通过网上审查，在最短时间内进行司法确认，防止纠纷反弹。当基层调解组织遇有复杂疑难纠纷难以确认或难以调解时，法院会调派“精兵强将”，到现场“专业会诊”，帮助调解。为了提高民调的工作能力，该院在对民调员的使用上，“一身兼四职”，让他们既当调解员，又当陪审员，既是司法监督员，又是人大联络员，在履行监督职责的同时，提高自身的法律业务水平。同时，由于这些民调员来自不同行业、不同区域，常态化的指导方式确保了法院和基层之间诉调对接的网络畅通发达，大量的矛盾在萌芽状态就能得到重视、有效化解。

二是联调手段科技化。该院投资20余万元增设了视频对接调解、电子邮件调解、电话预约调解等服务项目，利用互联网，进行远程立案、网上接待、网上咨询、网上指导调解。去年以来，视频调解和解答咨询130余人次，远程立案20余起，电话调解7起。今年二月份，沙坪街道办事处某社区有一对夫妻闹离婚，在财产分割问题上产生异议。社区民调组织及时和法院联系，咨询有关问题。法官通过视频对接的方式，给当事人作了解答，使这对夫妻妥善解决了财产分割问题，办理了协议离婚手续，没有提起诉讼。

三是与行政调解协同化。司法权与行政权的加强协同配合，能够快速平息纠纷。以“大调解”为平台，该院积极构建和行政职能部门的专门通道，加强与劳动、人事、城建、环保、药品、食品、治安、司法等行政管理机关的联系。对于涉及劳动就业、社会福利、房产确认、治安处罚等领域的纠纷，以及涉诉信访案件，密切配合，相互支持，及时化解。如阳煤集团与几百余工人就业和社会保险的劳动争议，被告阳煤集团是矿区的支柱企业，调整结构转型发展迫在眉睫；但原告的切身利益依法也应受到法律保护。受案后，该院及时启动沟通渠道，一方面主动请示党委、人大，寻求政府支持，一方面与有关职能部门积极联系，向被告提出司法建议。通过各方的密切配合，协同联动，职能互补，这起社会关注的上访事件，得到了妥善解决。

二、为民司法，开辟便民利民“快车道”

白某因为人身损害赔偿把某公司告上了法庭，上午十一点半当事人来到法院，不到十二点就办完了全部立案手续。下午两点案件进入到速裁程序，到四点的时候，双方达成了调解协议。第二天上午，原告就领到了赔偿款19余万元。当事人激动得热泪盈眶，紧紧握着法官的手说：“来法院前，朋友告诉我，打这场官司起码得半年，没想到只用了半天。太感谢你们了。”

便捷和高效是矿区法院诉调对接的一大特色。2006年，该院在全市法院系统率先成立了速裁庭。对于案件事实基本清楚，争议标的不大，当事人能够达成共识的诉讼案，在答辩期内，适用简易程序速裁。最短半天，最长五天，快立、快审、快裁、快执。三年来，该院共速裁各类纠纷600多件，占民商事案件的33%。特别是2009年，速裁结案259件，平均不到一天结一案，调结率100%，当事人自动履行率100%。达到了当事人满意、法院满意、社会满意的效果。

为了及时从源头上解决纠纷，2009年，矿区法院又成立了立案调解中心，开辟了第二条便民“快车道”。在调解中心，来访群众不仅可以听到详细细致的法律释疑，还可以接收到免费的司法服务。按照诉前无偿调解原则，该院明确规定：凡属本院管辖的所有民商事案件，首先由调解中心进行诉前调解（即立案调解）。调解成立的，予以司法确认，不收老百姓一分钱。否则，转入速裁庭进行二次调解。立案调解中心与速裁庭两条快车道相互衔接、相互配合，化解了大量的社会矛盾。去年以来，立案调解中心共调解各类纠纷200余起，司法确认89件。不仅快速便捷地解决了纠纷，而且降低了当事人的诉讼成本。对于一些有特殊困难的当事人，调解中心采取上门服务的方式。如杨某因患白血病住院治疗，但其丈夫却不愿承担医疗费。接到求助电话，法官立即上门调解。通过耐心工作，男方最终同意拿出钱来为妻子治病。为了从根本上解决病人今后的医疗费用，法院对男方和杨某签订的和解协议进行司法确认，解决了杨某的后顾之忧。

三、和谐司法，架设矿区特色“连心桥”

对于进入审理程序案件，矿区法院尊重当事人的选择，把强化调解、和谐司法贯穿于诉讼的每个环节，用群众认可的方式解决纠纷，实践中，该院总结出了卓有成效的五种方法：

一是拉近距离法。一见面在称谓上叫一声大爷大娘，呼一声老兄姊妹，把当事人当做家人，距离马上拉近。然后让一把座椅，沏一杯热茶，到干警餐厅吃一顿便饭。有个当事人曾感慨万千地说："人们说法院是吃了原告吃被告，矿区法院却是请了原告请被告。这样的法院俺信服。"二是耐心疏导法。笑脸相迎，认真倾听，让当事人把心理积淀的怨气发泄完毕。为调解营造了安详气氛。三是换位思考法。在心目中设定"假如我是当事人"、"当事人是我的亲朋挚友"的思维定势，用热心、耐心、诚心、细心感化当事人。如王某因劳动争议多次上访。法院领导提着米面油，带着烟酒茶，像走亲戚一样来到上访人家中，在床头一坐、小酒一喝、家常事一谈、心里话一说，通过几次登门走访、上门安顿，上访人很受感动，当场保证再也不告了。四是亲情感染法。动员当事人的家人、熟人、亲戚、朋友，特别是父母、长辈等当事人所尊敬的人参加调解，帮助说服劝导，效果更好。五是案例提示法。就是把各类具有典型性、代表性的案例，采取场景还原的方法制成光碟。当出现同一类纠纷时，先让当事人观看，使其从中受到启发教育，便于理性配合处理。

矿区法院是个小法院，财力有限，特别是由于最近新建起办公大楼之后，各项开支更是捉襟见肘，但就是在这种十分困难的条件下，该院对加强调解工作的基础建设和后勤保障上却从不犹豫，毫不吝啬。先后投资改善了立案大厅，安装了一流的电子显示屏，滚动播放诉讼须知；设置了温馨提示栏，诉讼风险提示、怎样打官司等"安民告示"，设立了便民书架、便民药箱以及饮水机、擦鞋机等，为来院群众营建舒适环境、营造和谐氛围；投资 100 万元建起了餐厅，投资 24 万元建起了和谐厅。矿区法院的"和谐厅"，包含茶座、音乐厅、案例录像放映厅，对立情绪激烈的当事人之间以及法官和当事人可以在茶室心平气和地品茗交谈，寻求更多的共同点，为调解成功营造一个良好的心理基础。对于达成和解协议的当事人，出了和谐厅，便到音乐厅，还可以唱一唱、扭一扭、双方抱着舞一舞，加深了理解，增进了团结，一笑泯恩仇。对于经济困难的群众，该院主动进行司法救助、安抚，在诉讼费上给予减免，三年来共减免各类诉讼费用 61 万元。对于特殊困难的群众，干警们主动捐款捐物，帮助其渡过难关。一个妇女与丈夫协议离婚后，孩子由其抚养。后因该妇女收入微薄、经济拮据，生活十分困难，要求变更抚养权。法官一面组织调解，一面主动捐款安抚。当事人深受感动"没想到法官这么热心"！

（作者曾任中共阳泉市委常委、中共阳泉市委政法委书记）

司法调解助力新农村建设

——记平定县人民法院巨城法庭庭长王科义

说起调解，人们自然会想到苦口婆心、循循善诱这些温柔敦厚的词语，甚至会联想到慈眉善目的老奶奶，联想到温良恭俭让的儒者，很少想到调解者会是一位风华正茂的小伙子。平定县法院巨城法庭庭长王科义在田间地垄、炕头院落用调解这一传统方式柔性执法，化解矛盾纠纷、维护社会稳定、为新农村建设加油助力的工作方式，受到了群众的广泛赞扬。

风华正茂挑大任

平定县法院巨城法庭1997年恢复建制，不久之后，在民事审判岗位工作了多年的王科义被任命为该法庭庭长。

巨城法庭辖巨城镇、岔口乡、娘子关镇等3个乡镇、102个行政村，辖区面积540平方公里，人口6.7万。但这个人民法院最基层的法庭却只有2名审判人员，5名协警。基层人民法庭作为审判、执行工作的前沿阵地，处在预防和解决矛盾纠纷的第一线，如何在庄重严肃的审判场合注入人民司法为人民的情怀，如何以柔性执法方式诠释人民法官爱人民理念，既保证法律不折不扣地贯彻落实，又要防范社会群体性事件和农村暴力抗法事件的发生，成了摆在王科义面前必须完成好的政治任务。

王科义担任巨城法庭庭长后，立足于乡土民间，炕头田埂，与老百姓朝夕相处，对百姓的疾苦感同身受，始终保持了与人民群众的零距离司法实践。而巨城法庭所辖两镇一乡102个行政村纷繁复杂的家庭矛盾、婚姻纷争、邻里摩擦、经济纠葛，练就了小伙子化干戈为玉帛的调解本领。

去年4月17日中午，下董寨村7岁的董某和伙伴到温河水库玩耍，不幸溺水身亡。悲痛欲绝的父母在办理完孩子的后事后，随即将温河水库的管理者——下董寨村村委会告上了法庭。王科义带人勘查现场后认为，除管理方未尽到管理责任外，孩子的父母也未尽到监护责任，决定进行诉前调解。调解当天，王科义拿出已经准备好的协议书，分别向双方征求意见，并针对其中一方还有异议的问题展开面对面的讨论。经过充分讨论，最终在王科义的主持下，双方达成协议，由下董寨村村委会一次性补偿孩子的父母5.3万元。"调解，如果说有什么技巧，在我看来，除了必需的细心、热心和耐心外，还有五种方式，也算是调解工作的五个经验吧。"跟王科义说起调解事业，王科义如数家珍："一是要拉近距离。就是把当事人当做自己的亲人，把那些因感情冲动离婚或动手打架的夫妻当成自己的孩子对待，调解距离就拉近了。二是要倾听疏导。就是要耐心倾听双方当事人的陈述，充分尊重当事人的话语表达权，适时沟通，让当事人把心理积淀的怨气发泄完毕，然后细心疏导，为调解营造理性气氛。三是要换位思考。就是在心目中设定‘假如我是当事人’、‘假如当事人是我的亲朋挚友’的思维定势，充分了解双方当事人的争议点后，找准案件切入点，把握调解动情点，将心比心，换位思考，以真情实意化解纠纷。四是要亲情感染。就是动员当事人的家人、熟人、亲戚、朋友，特别是他们的父母、长辈、单位领导等当事人所尊敬的人参加调解，帮助说服劝导，效果会更好。五是案例启发。用相同、相近的案例，对当事人进行提示，把各类具有典型性、代表性的案例，讲给当事人，使当事人从中受到启发教育，便于他们理性地配合处理自己的事情。”

碧血丹心护三农

王科义对农民、农村、农业有着一种特殊的感情和深刻理解，更有一种出自法律人的道义和责任，尤其是担任巨城法庭庭长后，通过大量的涉农案件审判，更使他深切感受到土地对农民的重要性。他说：“土地是农民赖以生存的保障，在农村土地承包合同履行过程中，规范土地流转、转包、代耕等涉及农民切身利益的合同行为显得尤为重要。作为基层人民法庭，我们有责任、有义务加大普法力度，协同农业等有关部门搞好土地转包、流转、代耕等指导工作，有效地预防农村土地承包合同纠纷的滋生，最大限度地保护农民的合法权益。”

杨某（女）因外出看孙子，遂将自己承包的1.65亩耕地交由赵某代耕。2010年京昆高速公路建设征用杨某承包的0.4亩耕地，征地补偿款3000元已拨付给杨某所在村委会。杨某与赵某因征地款归属发生争议，形成了诉讼。2011年4月，面对争议双方各执己见、互不相让的境况，他和法庭的同志对杨某、赵某采取“背靠背”的调解方式进行调解，调解从上午开始，一直持续到下午两点，最终双方达成了和解协议。“多亏你们说合，俺的事才有了着落。”杨大婶离开法庭时拉着王科义的手感动地流下了眼泪。

在多年的基层法庭工作中，王科义积累了丰富的调解经验，加上深厚的法律知识和娴熟的调解技巧，调解起家庭矛盾、婚姻纠纷、邻里摩擦，尤其是涉农纠纷来更是得心应手。“三抓三放”就是王科义总结出来的巨城法庭调解工作经验。即：抓庭前调解，让当事人充分释放不满情绪；抓庭审过程，让双方放下对立情绪；抓庭后调解，让双方放下后顾之忧。2011年，京昆高速和出省二级公路建设涉及岔口乡土地征用，一时间群众住房和耕地补偿等矛盾大量涌现。王科义获知此事后，一方面主动和公路建设指挥部、岔口乡司法所及相关村委会联系，一方面和涉事农民讲政策、讲法律，既要保证农民群众根本利益不受侵害，也要保证建设征地工作顺利进行，经过大量艰苦细致的司法调解，最终将一触即发的补偿户同征地单位及政府部门的矛盾纠纷化解在萌芽状态，维护了一方平安。

在王科义看来，调解不仅是一项法律工作，也是一门感情艺术，更是一个基层法官必须具备的基本技能。法官依靠丰富的法律知识、丰富的调解经验和公正公平的处事态度，利用人们爱听顺气话的心理，把握住矛盾焦点，摸透双方心态，既有的放矢，又因势利导，才使得夫妻反目者破镜重圆，婆媳不和者重归于好，邻里成仇者握手言和，打架斗殴者化干戈为玉帛。

正是对调解工作有如此深切的体会和认识，巨城法庭的工作一直走在全县乃至全市法院系统的前列，2名法官、5名协警，平均每年办理案件150多起，结案率达90%以上，无一起矛盾激化，无一起缠诉上访，而且近80%的案件都以调解方式结案，法庭庭长王科义被当地政府称为新农村建设的“护航人”，被平定县法院授予“调解能手”称号，被农民朋友称为“贴心法官”。

原载2012年7月30日《山西法制》

记者 邓志荣 闫建生

第三编 审 判

第一章 刑事审判

第一节 概 况

阳泉是革命老区，20世纪20年代，即有党组织活动，30年代初（1931年），中国工农红军第二十四军在阳泉成立,拉开了党在阳泉地区领导的革命军事活动序幕。抗日战争爆发后,由中国共产党领导的存在于阳泉地区的抗日民主政府先后有平东县、平西县、路北县、路南县等人民政权。这些抗日民主政府均设有司法处（或人民法院）负责当地的刑、民事审判。在阳泉地区解放之前，抗日民主政府刑事审判的主要对象是汉奸、特务和杀人等重大刑事犯罪活动。针对汉奸、特务的审判和打击，主要由共产党领导的抗日武装——锄奸队、武工队负责。针对抗日民主政府辖区发生的凶杀、强奸、抢劫、盗窃等重大刑事犯罪活动的审判和打击，则由各根据地人民政府司法处（或人民法院）负责。

其间，阳泉地区各民主政府分别隶属于晋察冀边区、晋冀鲁豫边区，司法审判活动（审级管理）自然受各上属边区人民政府领导。

1947年5月2日，阳泉地区解放，5月4日，成立阳泉市人民政府，刑事审判活动由“阳泉市司法处”负责。1948年10月19日，阳泉市人民法院正式成立，按照华北人民政府有关司法工作的各项《通令》、《训令》、《法令》和解放区针对刑事犯罪审判工作的原则、经验和惯例，对辖区内的反革命分子、国民党潜伏特务、反动地主、不法资本家、反动会道门组织首恶人物和杀人、纵火、强奸、盗窃，以及新生的人民政府内的贪污犯罪行为进行严厉打击。

建院初期到1959年，是阳泉市人民法院刑事审判工作起步和逐步走上正规的十年。1949年5月，根据中共中央《关于废除国民党的六法全书与确定解放区司法原则的指示》，在法律不完备的情况下，阳泉市人民法院的审判原则有两项：一是有纲领、法律、命令、条例、决议之规定者，从纲领、法律、命令、条例、决议；二是无纲领、法律、命令、条例、决议之规定者，从新民主主义政策。值得一提的是，1953年，阳泉市人民法院根据《关于严惩强奸幼女罪犯的指示》，结合学习贯彻《婚姻法》运动，针对强奸幼女的犯罪行为和犯罪分子，给予了最严厉的打击，奸淫幼女罪犯被处以极刑。

1954年，《中华人民共和国宪法》和《人民法院组织法》颁布实施，阳泉市人民法院按照“惩办与宽大相结合”和“首恶必办、胁从不问、坦白从宽、抗拒从严、立功赎罪、立大功受奖”的原则开展审判工作。

1955年6月制定的《中华人民共和国刑法草案》（草稿），虽然经1957年全国人民代表大会第一届常委会第四次会议的审议未能正式公布实施，但在人民法院刑事案件审判中起到十分重要指导作用。这期间，阳泉市人民法院刑事审判，根据《关于镇压反革命活动的指示》、《中华人民共和国惩治反革命条例》等，从1951年到1957年，先后开展两次镇反运动和一次肃反运动，阳泉市人民法院针对各种旧势力，包括恶霸、地主、惯匪、特务、国民党党团及军警政骨干分子，以及曾经杀害中共人员或给中共造成严重损害的反革命分子给予严厉惩罚。1957年之后，刑事审判的重点一度放到“反右”斗争中。

附表1：1955年刑事案件一览表

序号	刑事案件名称	数量（起）	占刑事案件总数（%）	较1954年	
				绝对数（±）	%（±）
1	反革命破坏案件	64	39	+ 63	+ 98.43
2	不法资本家盗窃国家及公有财产	23	14	+ 10	+ 44
3	国家工作人员贪污、盗窃国家公有财产	30	18	+ 6	+ 20
4	造成人身伤亡及使国家财产损失重大责任事故损失的责任事故	8	5	+ 3	+ 33
5	其他破坏经济建设案件	40	24	+ 40	+ 100
6	盗窃私人财产	118	23		
7	滥用职权违法乱纪	4	0.8		
8	强奸幼女	6	1	– 24	– 25
9	因婚姻问题犯罪案件	76	15	+ 5	+ 7
10	历史反革命	41	8	43	+ 105
11	其　他	270	52	+ 243	+ 90
合计		680			

注：1. 资料来源：《山西省阳泉市人民法院一九五五年工作总结报告》；

2. 原文为“受理刑事案件681起，其中重大刑事案件165起，属于扰乱社会治安的一般刑事案件516件”；比本表多一起。

3. 本表分重大刑事案件和扰乱社会治安的一般刑事案件，其中“其他破坏经济建设案件”以上为重大刑事案件；“盗窃私人财产”以下为扰乱社会治安的一般刑事案件。

随着社会主义制度的确立和阳泉市社会主义建设、社会主义改造的发展，故意杀人、故意伤害等恶性案件属于较少发生犯罪行为，盗窃、诈骗、侵犯公民个人财产等刑事案件，均呈下降趋势，以1956年为例，当年受理的刑事案件为425件，较1955年的681件，下降33%。但打架斗殴、渎职等案件有所上升。

1959年，刑事审判贯彻“服从党的领导、依靠人民群众、同劳动生产结合、为中心工作服务”的政法工作总路线和“一手抓政治斗争、一手抓同治安灾害事故斗争”的两条腿走路方针，正确执行“惩办与宽大相结合”的政策，一方面继续严厉打击各种传统的刑事犯罪活动，另一方面对故意制造生产、机械事故，导致工农业停产、国家集体财产受损和人民生命安全的犯罪活动，进行严肃追究和审判，有力地保卫了当时中心工作和工农生产的顺利进行。

1960年，针对一些轻微刑事案件的审判，阳泉市人民法院一般实行“一包、二就（实为‘三就’）、五结合”的办法处理。“一包”，即“干部分片包干”；“二就”（实为“三就”），即“就地调查、就地审判、就地调解”；“五结合”，即“审判与摸底整社结合、审判与劳动结合、审判与指导调处结合、审判与群众辩论结合、审判与《五爱公约》结合（热爱毛主席、共产党，热爱社会主义祖国，热爱总路线，热爱“大跃进”，热爱人民公社）”。

从1960年到1965年，在党中央“调整、巩固、充实、提高”八字方针指引下，阳泉市人民法院刑事审判贯彻执行对敌斗争“紧一些”和惩办与宽大相结合的“三少”、“依法长判”政策，审判工作重点从打击反革命分子、右派分子，逐步转向以打击杀人、盗窃、强奸等现行犯罪为主，有力保卫了粮、钢、铁、煤、磺等生产的安全和顺利完成，保卫了中国共产党的以粮、钢为中心的增产节约运动。如1964年，贯彻党中央“依靠群众专政”和“依靠群众”办案的方针，先后选择21个案件，深入群众、发动群众、依靠群众，尤其是依靠贫下中农，根据案件性质，分别进行了说理斗争或批判教育。期间，还开展了社会主义教育运动、整风整社运动、“四清”运动、“新五反”运动（反贪污盗窃、反投机倒把、反铺张浪费、反分散主义、反官僚主义），许多刑事案件的受理和量刑标准，即根据这一时期各项运动中党和国家的有关政策、方针处置。

1968年到1973年，阳泉市人民法院被军管，刑事审判权先后由“阳泉市公安机关军事管制委员会保卫组审判办公室”和“阳泉市革命委员会保卫部审判办公室”行使，刑事案件量刑幅度以“公安六条”（《关于无产阶级“文化大革命”中加强公安工作的若干规定》）为标准，主要审判现行反革命案件和重大刑事犯罪分子。1973年6月28日，成立阳泉市中级人民法院，升级为二审法院，9月，同阳泉市公安局分设办公，审判权得以重新恢复，刑事审判仍然按照“公安六条”规定的原则执行，至1976年文化大革命结束止。

1974年，在审理刑事案件中，实行“一看、二审、三调查”的做法，即认真看卷；

认真审查证据，认真审讯犯罪嫌疑人；向证明人调查，和专案人员调查，向群众调查，进一步减少了差错，提高了办案质量。

附表 2：1963 年审结刑事案件一览表

<table>
<tr><th rowspan="2">序　号</th><th rowspan="2">刑事案件名称</th><th rowspan="2">数 量（起）</th><th rowspan="2" colspan="2">占刑事案件总数（%）</th><th colspan="3">较 1962 年</th></tr>
<tr><th colspan="2">绝对数（±）</th><th>%（±）</th></tr>
<tr><td>1</td><td>历史反革命</td><td>3</td><td colspan="2">1.06</td><td colspan="2"></td><td></td></tr>
<tr><td>2</td><td>现行反革命</td><td>22</td><td colspan="2">7.8</td><td colspan="2"></td><td></td></tr>
<tr><td>3</td><td>凶　杀</td><td>3</td><td colspan="2">1.06</td><td colspan="2"></td><td></td></tr>
<tr><td>4</td><td>投　毒</td><td>1</td><td colspan="2">0.36</td><td colspan="2"></td><td></td></tr>
<tr><td>5</td><td>盗　窃</td><td>53</td><td colspan="2">18.86</td><td colspan="2"></td><td></td></tr>
<tr><td>6</td><td>贪　污</td><td>9</td><td colspan="2">3.2</td><td colspan="2"></td><td></td></tr>
<tr><td>7</td><td>强　奸</td><td>3</td><td colspan="2">1.06</td><td colspan="2"></td><td></td></tr>
<tr><td>8</td><td>奸淫幼女</td><td>14</td><td colspan="2">4.98</td><td colspan="2">+ 11</td><td>+ 27.27</td></tr>
<tr><td>9</td><td>诈　骗</td><td>2</td><td colspan="2">0.71</td><td colspan="2"></td><td></td></tr>
<tr><td>10</td><td>投机倒把</td><td>6</td><td colspan="2">2.14</td><td colspan="2"></td><td></td></tr>
<tr><td>11</td><td>赌　博</td><td>5</td><td colspan="2">1.78</td><td colspan="2"></td><td></td></tr>
<tr><td>12</td><td>抗拒改造</td><td>3</td><td colspan="2"></td><td colspan="2"></td><td></td></tr>
<tr><td>13</td><td>贩卖人口</td><td>1</td><td colspan="2"></td><td colspan="2"></td><td></td></tr>
<tr><td>14</td><td>责任事故</td><td>9</td><td colspan="2"></td><td colspan="2"></td><td></td></tr>
<tr><td>15</td><td>斗殴伤害</td><td>55</td><td colspan="2"></td><td colspan="2"></td><td></td></tr>
<tr><td>16</td><td>破坏军婚</td><td>10</td><td colspan="2">3.56</td><td colspan="2">+ 8</td><td>+ 400</td></tr>
<tr><td>17</td><td>重　婚</td><td>5</td><td colspan="2">1.78</td><td colspan="2"></td><td></td></tr>
<tr><td>18</td><td>虐　待</td><td>2</td><td colspan="2">0.71</td><td colspan="2"></td><td></td></tr>
<tr><td>19</td><td>妨害婚姻家庭</td><td>63</td><td colspan="2">22.43</td><td colspan="2"></td><td></td></tr>
<tr><td>20</td><td>鸡　奸</td><td>3</td><td colspan="2">1.06</td><td colspan="2"></td><td></td></tr>
<tr><td>21</td><td>其　他</td><td>8</td><td colspan="2">2.85</td><td colspan="2"></td><td></td></tr>
<tr><td rowspan="2">22</td><td rowspan="2">总　计</td><td rowspan="2">280</td><td colspan="3">免予刑事处分（%）</td><td colspan="2">给予刑事处分（%）</td></tr>
<tr><td>132</td><td colspan="2">40.8</td><td>191</td><td>59.2</td></tr>
</table>

注：1. 资料来源：《阳泉市人民法院关于 1963 年司法工作总结报告》；

2. 受理的 281 起刑事案件中，共有作案人员 323 人，其中判处无期徒刑 1 名，十年以上有期徒刑 25 名，五至十年 46 名，一年以上五年以下 49 名，一年以下 2 名，缓刑 20 名，拘役 9 名，管制 10 名，罚金 18 名，其他刑罚的 11 名。

3、《1963 年司法工作总结》中的数据为：“新收刑事案件 278 件，比 1962 年的 237 件上升 17.3%。连同旧存 17 件共 295 件，全年共审结 281 件”。比本表多 1 件。

附表 3：1949 年 ~ 1976 年刑事案件收、结案情况一览表

年份	收案	结案	结案率（%）	反革命	杀人伤害	强奸奸幼	贪污	盗窃	抢劫	诈骗	流氓	自诉
1949		158		5			4	55				
1950		315		2			10	30				
1951		665		251			10	89				
1952	395	344	87	48		13	104	105				
1953		528		37		30	31	135				
1954		459		16		8	19	144				
1955		681		131		8	42	128				
1956		485		104		31	23	127				
1957		322		41		28	18	104				
1958		1203		494		49	90	28				
1959	469	469	100	185	2	26	38	106		3	4	
1960	674	665	98.7	231		15	30	222		6	1	
1961	379	372	98.2	85		11	20	149				
1962		190		20			2	55				
1963	281	278	98.9	25		17		53				
1964	283	263	92.9	18		29	5	16				
1965		222		5		24	12	24				
1966		217		13		16	5	6				
1967												
1968												
1969												
1970												
1971												
1972												
1973	193	193	100	3	6	23		22		5		61
1974	68	62	91	5	6			20		2	6	77
1975	145	145	100	9	21	15	1	23		18	39	63
1976	184	136	73.9	22	4	22	5	14		10	17	
总计	3071	8372		1750	39	365	469	1655		44	67	201

注：1966 ~ 1972 年因“文化大革命”爆发，审判工作由当时的“阳泉市公安机关军事管制委员会审判办公室”（后改称为“阳泉市革命委员会保卫部审判办公室”负责，故本表缺少期间之数据。

1979年7月1日，中华人民共和国第一部《刑法》和第一部《刑事诉讼法》颁布，人民法院刑事审判工作走上有法可依的轨道。

20世纪80年代初，阳泉市中级人民法院刑事审判工作重点发生重大转变。1982年，根据中共中央《关于打击经济领域中严重犯罪活动的紧急通知》、全国人大常委会《关于严惩严重破坏经济的罪犯的决定》，以及中共中央、国务院作出《关于打击经济领域中严重犯罪活动的决定》，阳泉市中级人民法院针对走私、套汇、投机倒把牟取暴利罪、盗窃罪、贩毒罪、盗运珍贵文物出口罪、受贿罪等进行刑事审判，严厉打击严重经济犯罪活动。

1983年8月，全国政法工作会议召开，中共中央办公厅下发《关于“严厉打击刑事犯罪活动，实现社会治安根本好转”》（宣传纲要）。1983年9月2日，全国人大常委会颁布《关于严惩严重危害社会治安的犯罪分子的决定》和《关于迅速审判严重危害社会治安的犯罪分子的程序的决定》。将杀人、强奸、抢劫、爆炸、流氓、致人重伤或者死亡、拐卖人口、非法制造、买卖、运输或者盗窃、抢夺枪支、弹药、爆炸物、组织反动会道门、引诱、容留、强迫妇女卖淫、传授犯罪方法等危害社会治安的犯罪确定为打击重点，均可判处死刑。对杀人、强奸、抢劫、爆炸和其他严重危害公共安全应当判处死刑的犯罪分子，可以不受《刑诉法》第110条规定的期限限制，并将上诉期限改为三日。据此，阳泉市中级人民法院在全市范围内，针对上述犯罪开展“为期三年，三个战役”的“严打”运动。

第一战役从1983年8月至1984年7月，主要打击影响恶劣的现行犯罪，集中搜捕流窜犯、逃犯、流氓团伙等大案、要案和重大积案。

第二战役从1984年8月到1985年12月，主要是使“严打”斗争向纵深发展，打击那些最严重的犯罪分子，并广泛深入地发动群众，加强政治攻势，瓦解犯罪分子。在第二战役过程中，阳泉市两级人民法院还审理组织利用会道门进行反革命活动的案件2件15人。这是继20世纪50年代初期阳泉市全面取缔反动会道门组织后，第一次出现的组织利用会道门进行反革命活动的案件。

第三战役从1986年4月上旬至国庆节，主要打击流氓、流窜犯和盗窃犯罪。

“严打”期间，阳泉市中级人民法院和阳泉市人民检察院、阳泉市公安局采取“党内联合办公”方式，统一思想，统一认识，统一行动，“同唱一台戏”，“同念一本经”，有问题当面解决，克服来往公文扯皮现象，提高办案效率。同时全面执行法律规定的公开审判、陪审、合议、辩护、上诉、复核等程序，严把事实关、证据关、量刑关、程序关、法律文书关，坚持“从重从快、一网打尽”的方针，做到了事实清楚、证据确凿、定性准确、量刑适当、符合程序，在保证案件质量的前提下，做到“八重、八快、一尽”。“八重”是：对犯罪集团的首犯和流氓团伙的头头从重；对累犯、惯犯和劳改、劳教人员逃跑犯罪从重；对检举人、证人进行报复的犯罪分子从重；

对强奸多人、轮奸妇女、奸淫幼女的罪犯从重；对携带凶器进行犯罪活动的从重；对盗窃国家生产物资、盗窃数额巨大的犯罪分子从重；对危害公共安全的爆炸等罪犯从重；对在打击严重犯罪斗争中继续作案的犯罪分子从重。“八快”是：确定快；掌握快；阅卷快；研究快；审判快；报送快；执行快。“一尽”是：一网打尽。

从此，严厉打击各类刑事犯罪成为阳泉市中级人民法院刑事审判工作的重点，一直持续到现在。“严打”一词虽然在内容上发生了一些变化，但同样沿用到现在。

附表 4：1983 ~ 1986 年“严打”期间各类数据一览表

种类 / 数据 / 年份	收案（件/人）	审结（件/人）	未结（件/人）	执行死刑	未执行死刑	死缓	无期	15年至20年	10年至15年	5年至10年	不满5年	其他	免刑	无罪	属于七类犯罪	
															件	人
1983.8 ~ 12	439/1041	412/939	27/102	63	53	18	50	73	103	159	350	98	24	1	276	699
1984.1 ~ 12	356/711	341/691	15/20	34	23	8	24	33	67	133	213	117	34	28	196	508
1985.1 ~ 12	291/444	290/443	1/1	9	8		3	5	7	74	177	46	5	2	80	141
1986.1 ~ 12	349/522	350/523		2		1	3	3	17	105	245	45	8	5	139	211
各种处刑在结案中所占比例（%）				4.13		5.12		14.31		52.53		12.57				
备　注（百分比具体项目为）						死缓无期		十年以上有期徒　刑		不满十年以下有期徒刑		拘役免刑管制				

注 1.1985 年判处死刑立即执行 9 人，执行 8 人，其中有 1 人，在看守所自杀；

2.1986 年数据中审结含上年旧存 1 件 1 人，为 350 件 523 人；其中，年底前的生效判决为 297 件 434 人。

值得一提的是，1983 年到 1985 年严打期间，由于严打形势特别严峻，起诉并羁押在看守所的待审判犯罪嫌疑人较多，对罪行特别严重、证据较为充分的七类犯罪人员，阳泉市中级人民法院曾一度授权，由各基层人民负责审理首犯或主犯，以及犯罪团伙首恶分子有可能被判处死刑、死刑缓期执行、无期徒刑和 15 年以上有期徒刑的案件。1983 年 8 月 12 日，矿区人民法院首次获得阳泉中院授权此类案件，有四名罪犯被判处死刑，2 人被判处死刑缓期执行，8 人被判处无期徒刑。8 月 17 日，平定县人民法院判处 5 人死刑，2 人死刑缓期执行，9 人无期徒刑。同年 9 月，郊区人民法院在审理杨付生等 9 人抢劫、强奸集团一案中，有 3 名被告被判处死刑。

针对危害改革开放和社会主义市场经济秩序犯罪、危害国有企业改革和发展的犯罪，以及贪污贿赂犯罪、金融诈骗、虚开增值税专用发票等经济领域犯罪分子的审判，阳泉市中级人民法院始终保持了高压态势，给以依法审判、严厉打击。

1993年，配合有关部门开展“打击车匪路霸”、“反盗窃”、“打击流氓团伙”专项斗争，依法判处流氓团伙头子崔来成、车匪路霸主犯付志光、赵铁军、盗窃主犯邓计保等重大刑事犯罪分子死刑。

1996年，发挥“打击、调整、保护、服务”整体职能，刑事审判工作突出“打团扫恶、惩恶扬善”，积极为维护稳定、保障改革、促进经济建设服务。

1999年到2010年，阳泉市中级人民法院按照全国人大常委会《关于取缔邪教组织，防范和惩治邪教活动的决定》，严格适用刑法、刑事诉讼法和最高人民法院、最高人民检察院的司法解释，针对本市“法轮功”等邪教组织和利用邪教严重破坏法律、法规的犯罪活动进行了审判。

2000年，全市法院受理一审刑事案件653件1107人，市中院受理二审刑事案件119件，均全部审结。在判决发生效力的873人中，处五年以上有期徒刑、无期徒刑和死刑(含死缓)139人。将抢劫、盗窃犯苏占荣，强奸、抢劫犯张爱强，故意杀人犯张建忠等6名罪大恶极的犯罪分子判处极刑。年内，两级法院在刑事审判工作中，一是坚决执行上级部署，打击杀人、抢劫、绑架等严重暴力犯罪、团伙犯罪、侵财犯罪为重点，先后依法审理和判处暴力性犯罪案件230件295人、侵财犯罪338件694人，同时依法惩处涉及“黄、赌、毒”犯罪5件5人，有力地震慑了犯罪，维护了社会治安。二是结合开展反腐败斗争，审理贪污、挪用公款等腐败性质的刑事案件6件6人。三是依法审理合同诈骗、票据诈骗、生产销售不符合卫生标准的食品、偷税等破坏社会主义市场经济秩序的刑事案件11件21人，维护了市场经济的健康运行。

2001年，受理一审刑事案件743件1180人，市中院受理二审刑事案件125件，均全部审结。在判决发生效力的986人中，判处三年以上有期徒刑、无期徒刑和死刑（含死缓）337人。先后召开宣判大会31场/次，公开宣判124案267名严重刑事犯罪分子，故意杀人犯王春林等严重刑事犯罪分子被依法处决。

2002年，受理一审刑事案件817件1293人，分别比上年增长9.96%和9.58%。审结816件1292人。市中院受理二审刑事案件120件，全部审结。其中判处三年以上有期徒刑、无期徒刑和死刑（含死缓）257人。

2003年，受理一审刑事案件635件1057人，审结635件1057人。其中市中院受理二审刑事案件132件，全部审结。在判决发生法律效力的1109人中，处以五年以上有期徒刑、无期徒刑、死刑（含死缓）159人。本年度的刑事审判工作中，一是突出重点，加大对三类严重刑事犯罪的打击力度。全年共审结爆炸、杀人、抢劫、绑架等严重暴力犯罪和盗窃等严重影响群众人身和财产安全的多发性侵财犯罪、有组织犯罪、带黑社会性质的团伙犯罪和流氓恶势力犯罪等三类犯罪523件，判处严重刑事犯罪分子811人。故意杀人、强奸、抢劫犯李金明，故意杀人犯张晋川、抢劫犯徐流均、陈云海、史能干等一批严重刑事犯罪分子被依法处决，有力地震慑了犯罪，维护社会治安。二是深入开展反腐败斗争，严惩渎职犯罪，审理贪污、贿赂、挪用公款等职务犯罪案件22件25人。原中行阳泉分行副行长刘荣因受贿、巨额财产来源不明，被阳泉中院一审判处有期徒刑9年。原晋城市人大常委会副主任王毓秀受贿一案，市中院遵照山西省高院指定管辖决定，进行了开庭审理，认定罪犯王毓秀利用职务之便，受贿7万元。经市中院一审，依法判处王毓秀有期徒刑6年。三是加大对破坏市场经济秩序犯罪的打击力度，审理合同诈骗、票据诈骗、生产销售不符合卫生标准食品、伪造倒卖虚开增值税发票、偷税等破坏市场经济秩序犯罪案件20件44人，有力地促进了市场经济的整顿和规范，维护市场经济的健康运行。

2004年，受理各类刑事案件841件，审结783件，比上年同期上升9.64%和2.08%，判处犯罪分子982人。其中，判处严重影响社会稳定的黑恶势力犯罪、杀人、强奸、故意伤害等暴力犯罪和抢劫、盗窃等多发性犯罪案件438件，判处犯罪分子587人。处以五年以上有期徒刑、无期徒刑和死刑犯罪分子163人。故意杀人犯张保娣、李志刚，故意杀人犯王俊平、朱亚岐、朱亚英等罪大恶极的犯罪分子被判处死刑。处以五年以下有期徒刑、拘役、缓刑的772人，经法院审判宣判无罪的2人。此外，大案、要案数量增多，女性犯罪和未成年犯罪突出，成为本年度刑事审判工作的突出特点。

2005年，受理各类刑事案件935件，审结866件，同比上升11.1%和10.6%，判处犯罪分子1250人。其中受理杀人、强奸、故意伤害等暴力犯罪和抢劫、盗窃等多发性犯罪案件499件，判处犯罪分子871人，判处五年以上有期徒刑、无期徒刑和死刑犯罪分子176人。故意杀人犯武进忠、李奎、王虎明等一批罪大恶极的犯罪分子被判处死刑。判处五年以下有期徒刑、拘役、缓刑889人。在刑事审判中，加大司法领域内人权保护力度，严格区分罪与非罪，保障无罪的公民不受法律追究，共宣判无罪5人。并按照《刑事诉讼法》有关规定，从2005年以来，市中院对依法执行死刑的罪犯，全部采用注射方式行刑，实现了行刑方式规范化、文明化，行刑场所的固定化。故意杀人犯王俊平、张宝娣、李志刚等一批轰动阳泉乃至全省的罪大恶极的犯罪分子被注射执行死刑。

2006年，受理各类刑事案件1029件，审结977件，同比下降10.5%和12.8%，判处犯罪分子1315人。全市法院依法履行刑事审判职能，一批严重危害人民群众生命财产安全，在当地产生恶劣影响的犯罪分子受到了法律的严厉惩处。其中判处五年以上有期徒刑、无期徒刑和死刑的犯罪分子209人，占发生法律效力总人数的15.9%。震惊全国的马家坪系列杀人犯杨树明等一批罪大恶极的罪犯被判处死刑。

2007年，受理各类刑事案件1056件，审结1010件，判处犯罪分子1673人。在审理中坚持罪刑相适应的原则，严格依法审判，确保案件质量。同时强化人权保障意识、中立裁判意识和程序公正意识，贯彻“疑罪从无”、“无罪推定”的现代司法理念，加大司法领域人权保护力度。故意杀人、爆炸犯王燕昌，抢劫犯梁收秋依法被处以死刑。依法审理了盂县“4·30”特大瓦斯爆炸案，张瑞林、张瑞红等8名被告因犯非法买卖爆炸物罪、非法采矿罪、重大劳动安全事故罪等一审被判处无期到6个月不等有期徒刑，8名被告还被判共同赔偿国家经济损失769.43万元。

2008年，受理一审刑事案件947件，审结958件（含旧存11件）；受理二审刑事案件159件，审结159件。判处犯罪分子1408人。重点打击杀人、强奸、故意伤害等暴力犯罪和抢劫、盗窃等多发性犯罪。共审结此类案件521件，判处犯罪分子888人，绑架主犯刘洪禄，故意杀人、强奸犯任捷依法被处以死刑。

2009年，受理各类一审刑事案件868件，审结895件（含旧存），案件数量同比下降8个百分点；受理二审刑事案件174件，审结174件。判处罪犯1479人。重点是以维护社会大局长治久安为目标，加大对黑恶势力犯罪、严重暴力犯罪以及多发性侵财犯罪的打击力度。依法判处黑恶势力、杀人、抢劫等暴力犯罪案件105件269人，判处抢夺、盗窃、诈骗等多发性犯罪案件231件381人，判处涉枪涉爆犯罪案件25件58人，切实保障人民群众生命财产安全；积极参与整顿和规范市场经济秩序，依法惩治经济领域犯罪。共审结商业贿赂、生产、销售伪劣商品、金融诈骗等案件13件，判处罪犯18人；依法惩治职务犯罪，判处贪污、受贿、挪用公款和渎职等案件54件64人，平定县委原常委、宣传部长梁岗平，被判有期徒刑12年。与此同时，全市法院正确把握宽严相济的刑事政策，坚持罪刑一致，罚当其罪。本年度，依法判处五年以上有期徒刑、无期徒刑直至死刑罪犯251人，执行死刑5人，保持了对严重刑事犯罪的打击力度；依法对643名罪行较轻的初犯、偶犯和未成年人罪犯适用缓刑、管制、拘役、单处罚金或免予刑事处罚，对正在服刑、改造较好的1826名罪犯依法办理减刑、假释，最大限度减少社会对立面。

2010年，受理各类刑事案件1073件，审结1082件（含旧存），判处罪犯1397人。一是继续深入持久地开展打黑除恶专项活动，依法严惩杀人、绑架、抢劫等暴力犯罪和盗窃、抢夺、诈骗等多发性侵财犯罪，共审结上述案件390件，判处罪犯723人，其中判处5年以上有期徒刑、无期徒刑或死刑的250人。二是加大对各类经济犯罪的打击力度，净化市场环境。因生产、销售含有三聚氰胺的问题奶粉，阳泉金福来乳业有限公司被判罚金80万元，7名直接责任人分别被判处三年以上有期徒刑并处罚金。三是推进反腐败斗争，审结贪污、贿赂、渎职等职务犯罪案件46件61人。省水利厅原副厅长孙廷容因挪用公款、受贿、贪污被判有期徒刑16年。四是坚持惩罚犯罪与保障人权并重的原则，对365名罪行较轻、不致再危害社会的被告人，依法宣告缓刑，对2254名确有悔改和立功表现的罪犯裁定减刑假释。五是强化未成年综合审判工作，大力推行圆桌审判、轻刑化处理等适合未成年人身心特点的审理、执行方式，促使未成年罪犯改过自新。共判处未成年罪犯 115 人，其中有 51 人被判处缓刑、管制、单处罚金等非监禁刑。六是积极参与社会治安综合治理和平安创建活动，加强与有关部门的工作沟通，落实对特殊人群的帮教管理措施，积极参与社区矫正工作，共同推进社会管理创新。

2011 年，刑事审判宽严相济，全力维护社会稳定。共受理各类刑事案件 1189 件，审结 1199 件（含旧存），同比上升 10.8%，判处罪犯 1548 人。其中，判处黑恶势力、杀人、抢劫等暴力犯罪案件 279 件 370 人，判处抢夺、盗窃、诈骗等多发性犯罪案件 374 件 661 人，判处涉枪涉爆犯罪案件 46 件，切实保障人民群众生命财产安全。依法严厉打击金融诈骗、制假售假、非法经营等犯罪案件 18 件 29 人，维护正常的市场和经济秩序。依法惩治国家工作人员职务犯罪，共审理贪污贿赂、渎职侵权等犯罪案件 15 件 21 人。同时认真贯彻宽严相济刑事政策，对 845 名犯罪情节轻微、社会危害性不大的被告人，依法判处 3 年以下有期徒刑、缓刑或免予刑事处罚。

2012 年，全市法院把维护稳定作为第一责任，依法严惩黑恶势力、杀人、毒品以及“两抢一盗”等危害社会秩序和群众生命财产安全的严重刑事犯罪，共审理此类案件 519 件，判处犯罪分子 801 人，其中判处 5 年以上有期徒刑 304 人；依法惩处职务犯罪，审理贪污、贿赂、渎职等犯罪案件 67 件，判处犯罪分子 105 人，其中判处 5 年以上有期徒刑 11 人；依法打击破坏市场经济秩序犯罪，审理制假贩假、合同诈骗、非法经营等犯罪案件 29 件，判处犯罪分子 52 人，其中判处 5 年以上有期徒刑 9 人。同时，对 1089 名犯罪情节轻微的初犯、偶犯、未成年犯、老年犯，及有自首、立功情节的被告人，依法从轻、减轻或免于刑事处罚。全年共受理一审刑事案件 1030 件，审结 1062 件（含旧存），判处犯罪分子 1649 人。其中，市中院受理一审刑事案件 47 件，审结 40 件，受理二审刑事案件 207 件，审结 206 件。

从 1947 年建院，到 1973 年升格为二审法院至 2012 年底，全市两级人民法院在刑事审判工作中，始终以法律为准绳，以事实为依据，以审判为武器，对形形色色的刑事犯罪活动进行了审判，严厉打击了各种类型的刑事犯罪活动，维护了社会安全稳定。

附：1959 ~ 1965年间刑事案件立案指导性政策和标准

各级法庭负责同志：

为了正确的执行党的政策，有力地打击敌人，保护人民，促进社会主义事业的飞速发展。特将省里陶厅长和地委王书记讲的几个政策、思想问题，摘记翻印如下，请同志们认真学习和研究执行。

阳泉市人民法院

1959年6月19日

一、几个政策问题：

（1）“少捕”执行得很好。但还有些同志，破了案，就要求捕人，应该捕来而未捕的，也有露头。

如一个62岁的老汉，强奸了11岁、13岁的两个小姑娘，说他丧失了反革命能力；6个人强奸了一个妇女；一个支书强奸妇女，人家不从，就把烟头扔在家里，致烧了财物；一个右派分子持刀杀人，被人拉住，说他没造成后果；偷盗1800元，因移了地方，说他没有偷上，就都没有批准逮捕。

上述情况，要求我们在实际工作中，头脑清醒一点，该惩办的一定要惩办。不是应该捕，必须捕的就不要捕。

为什么“少捕”？广大干部和群众了解得不够深刻，执行得还不是那样自觉。“少捕”是为了进一步分化孤立敌人，更加迅速彻底消灭敌人，是为适应当前斗争形势，从保卫社会主义事业出发。

有些案子，因材料不齐全，影响到及时批捕打击，不够逮捕的，应采用其他办法解决。

（2）偷盗案逮捕的标准：

农村：偷盗数量相当于一个社员一年的工资收入（除了积累和生活部分）就要捕。但是也要看偷盗分子的人品好坏、态度、情节。总之，应从实际出发，不能机械的套这个线。

城市、工矿区：偷盗数量相当于一个一级工两个月的工资收入就捕。但也不能光看钱，还应看为人、态度、情节等。各地可根据这个大线自定。

捕人标准：必须全面了解数量、情节、手段、态度，不然会犯错误。

盂县、昔阳、平定按农村标准执行。

工人住在农村，也应按厂矿标准计算。

（3）学徒工偷东西，如何处理：

原则是：应当更宽一些，因年幼无知，受教育少。办法二：先进行教育，改了就算，不改就开除送回家，请村里注意。当少年犯收容改造，强制劳动，学习改造。

此外，成年人和其他工人一样看待处理。

（4）小偷、小摸、通奸等如何处理：

这是人民内部问题，应明以是非，支持正义，打击邪气的原则处理。方法有三：批评教育、行政拘留、判处拘役。

判拘役最多不超过一个月。不算逮捕，不办逮捕、起诉手续，法院处理即可，但不要太多了。行政拘留时间是半个月。

拘役和拘留是现实性的，必须迅速解决，不然会转化为敌我矛盾。

尽量的在管理区解决了。在批评上讲究，能个别的尽量个别解决。区、社解决不了的，县里可传讯，批评教育，写悔过书，转生产队。光传讯还是不行的，到公安局可行政拘留，到法院可拘役，到检察院，可酌情转公安、法院，最严重的可捕。

先通奸，后有别的原因，不以强奸论。

通奸告在哪个机关，由哪个机关处理，不要推。

（5）贪污多少要捕：

农村：吃国家饭的企业、贸易人员（补贴干部也算）贪污150元要捕。但也要看态度、情节。城市200元（太原、大同、阳泉、长治）。

吃集体饭的，照省委规定的四条政策办理。即：①自报无罪，将功折罪，抗拒处分；②凡坦白自报的，一律不戴贪污帽子；③根据情节轻重、态度好坏，和本人的经济情况，决定全退、少退或分期退；④上下左右互相揭发，帮助洗澡，不准打击报复，不冤枉好人。处分的只是少数，至于法办的即更少。

（6）去年集训的人没处理完的，要很快清理了。利用劳动力算经济账，打小算盘是资本主义思想。我们搞政法工作算经济账，就非犯错误不行。以后不经地委批准，不准集训。

（7）隐瞒私分问题：

公社化前后，属于个人贪污的不动。属私分隐瞒的，事实有出入，应纠正，赔情道歉，恢复名誉。事实没出入，处理过重，态度好的，可提前释放，不算错了。

不该算贪污，而按贪污办了的，可重作处理，只要坦白交代，过关不算。这问题主动解决一下有好处。

（8）评审工作里的问题：

对五类分子应当明戴明评。不应该戴的而戴了的，应明确告知，去年戴的不合适，今年不参加评审了，你们是好人，我们应当承认错误，工作不细，或者说去年严，今年宽了。应当给本人和群众说明。

评审的方法，有不经群众不走群众路线的有些这方面的案子，可作些检查，如批捕、判处、拘留等。

（9）右派问题：

右派分子与反社会主义分子，进行评查，促使其进一步改好。暂时一律不摘掉其帽子。

上边没批准的，不算右派，批了没手续的应补办手续。

（10）市场问题：

中级法院写了几条标准，地委王书记说很好，可执行。待地委批转后执行。

二、几个思想问题：

（1）有的把“大跃进”，说成是多破案多判案，轰轰烈烈，否则不是“大跃进”。这种看法不对。党的整个工作是大跃进，政法工作要做到明如水晶，对任何活动，都能了如指掌。做到不发案，少发案，一发案就破了。

对事故，力争事前制止。

（2）政法工作不是可有可无的，而是非有不可的。

认为没事可做了，办生产的观点和看法是不对的，也是一种危险的倾向。

在建设社会主义和由社会主义向共产主义过渡时期，政法工作都是不可缺少的工作之一。事情还很多，不经过巨大的努力还不能顺利的完成任务。

政法工作完不成任务，和完成得不好，必然影响到国家和社会主义建设的安全。敌人更少了更弱了，却非不战而胜。反而是更隐蔽，手段更毒辣，斗争的复杂性、长期性相应的增加了。今后必须打得十分准确。这就得付出极大的努力，至于同治安作斗争，则更是长期的任务。因之，必须正确认识形势，迅速改变作风，继续鼓足干劲，力争上游，奋勇前进。

（3）应坚持真理积极主动的负责处理问题：

小心谨慎，怕戴帽子，不敢坚持真理，怕做了典型，只管三尺门里，不管三尺门外。这都是个人主义的表现。

力争不犯错误。因认识政策、水平有限，犯错误是难免的，但是，只要认真学习党的政策，从实际出发，多谋善断，积极为人民服务，服从党的领导，遇事与群众商量，虽犯了错误，也不会是路线性的。加上正确的认识错误，接受教训，纠正错误，党和人民是会原谅的。

为党、为人民，必须大胆负责。

不听党和群众的话，违法乱纪，从个人主义办事，犯了错误，就是政策性，路线性的问题。

（4）党的中心与业务的关系问题。

有人认为，这二者不能兼顾，是不对的。

重要的问题是不能按照党的中心工作，提出自己的中心来，有机的纳入党的中心工作内成为全党的工作，而是说抽了很多人，搞业务的人少了。

政法工作是党的工作的组成部分之一。党的工作是政法工作保卫的中心，政法工作应放在适应的位置上，不能与党的工作抗膀子。政法工作，应做好警卫员工作。

事物是不断发展变化的，新情况也不断出现，就要求领导同志，脑子清醒些，多想问题。

为了坚持业务工作，一般情况下，三员（侦查、检察、审判员）坐下来搞业务工作。就是做中心工作，也当以业务为主，既做中心，又做业务，通过业务保卫中心。特殊情况例外。

应做到，服从生产，服从中心，关心大局，关心人民生活，对中心工作的成败，应看成是自己的成败。社会主义建设事业的安危和人民群众疾苦，都应当成是自己的安危和疾苦。

这样政法工作的路，就越走越宽。成为全党全民办政法。

以上记录，难免有犯错的地方。因之如有文件、指示的就应依文件指示为准。

第二节　反革命犯罪的审判

1947 年 5 月 2 日阳泉解放后，本地区针对反革命犯罪的审判工作由阳泉市司法处受理。

1948 年 11 月 23 日，阳泉市司法处更名为阳泉市人民法院，直接承袭阳泉市司法处的职能，负责本地司法，并以审判为武器，针对反革命犯罪给予打击，巩固新生的人民政权。由于当时阳泉地区刚刚解放，国民党潜伏特务和被人民解放军击溃的国民党部队散兵游勇、惯匪活动频繁，反动地主、不法资本家、反动会道门首恶分子和旧社会遗留的部分恶霸、地痞、流氓等尚未肃清，反革命犯罪相当猖獗，审判反革命犯罪，严厉打击反革命分子的破坏、造谣、暗杀、投毒、纵火等犯罪活动，维护社会治安秩序和工农业生产秩序，支援全国解放战争，巩固人民民主专政，即成为阳泉市人民法院的首要任务。1949 年，审结反革命案 5 件，1950 年审结 2 件。

从 20 世纪 50 年代，阳泉市人民法院根据上级指示和形势，进行过三次大规模的镇压反革命运动。

一、第一次镇压反革命运动：从 1950 年 12 月开始，至 1951 年 10 月结束。

1949 年 10 月 1 日，中华人民共和国成立。1950 年 3 月，中共中央发布《关于严厉镇压反革命分子活动的指示》。7 月，中华人民共和国政务院、中华人民共和国最高人民法院发出《关于镇压反革命活动的指示》。镇反运动开始后，曾一度出现“宽大无边”的倾向。10 月，中共中央发布《关于纠正镇压反革命活动的右倾偏向的指示》。

由于阳泉市工、矿业较为发达，又处于交通要道，政治情况异常复杂，暗藏的国民党特务间谍活动和反革命分子造谣、破坏、暗杀、途劫[①]等活动极为频繁，尤其是混入工矿企业的顽伪官吏很多,许多具有反革命特征的反动会道门分子也蠢蠢欲动，特别是抗美援朝战争以后，这些人幻想卷土重来，反革命破坏活动经常发生，如兵工厂（现晋东化工厂）暗藏的反革命分子公开破坏生产要害“秒表”，磺粉厂的刘盛钦在原材料内放置铜炭企图纵火，以“兄弟诊疗所”为掩护的反动组织“三义堂”和石家庄的反动会道门组织秘密联系进行破坏活动，以一贯道大道首姚永贵为首的反动会道门组织“防魔攻论”在平定、寿阳等六个地区大肆造谣，说“三次世界大战要打起

注：①途劫，即拦路抢劫。

来啦”，“美蒋很快就要回到大陆”，“割蛋割子宫”。在土改中被清算的地主、富农借机反攻倒算，由于反革命分子的猖狂活动，使刚刚获得解放，并在土地改革中分到耕田、房产、家具、家畜的人民群众陷入“变天”的恐惧之中，有的农民甚至将分得的胜利果实悄悄送回到地主、富农或资本家手中。特别是河底村，很多群众退还了耕地，而被镇压的反革命分子子弟竟然在村政府大喊“为父报仇”。由此可见，反革命分子的活动在当时是十分猖狂的。

1951 年 2 月，中央人民政府颁布《中华人民共和国惩治反革命条例》，规定了镇压与宽大相结合的方针和“首恶者必办，胁从者不问，立功者受奖”等处理反革命案件的政策，使镇反斗争有了法律的武器和量刑的标准。第一次镇压反革命运动，即指 1950 年 12 月至 1951 年 10 月，在全国范围开展清查和镇压反革命分子运动，是新中国成立初期同抗美援朝、土地改革并称的三大运动之一。阳泉市人民法院在本次运动中打击的重点，是继续与人民为敌，刺探情报、破坏工厂、铁路，抢劫物资、造谣惑众等犯罪活动的土匪（匪首、惯匪）、特务、恶霸、反动会道门头子和反动党团骨干分子。

1951 年，在镇压反革命运动中，阳泉市人民法院审结反革命案 251 件，判处各种反革命分子 313 人，其中 34 名罪大恶极的反革命分子被镇压，5 人被判处死刑缓期执行。如 4 月 20 日，在全市抗美援朝代表大会上，阳泉市人民法院选择典型案件，经被害家属控诉后，反革命分子韩润元等 10 人被判处死刑，立即执行。极大地震慑了反革命分子的嚣张气焰，保卫了土改成果，支援了抗美援朝，巩固了人民民主专政。

1952 年，虽然大规模的镇反运动结束了，但针对反革命的斗争并没有停止，阳泉市人民法院继续对反革命分子进行严厉打击，全年审结反革命案 48 件，如对王鑫等人的反革命案件进行了审判，其中 7 人被判处死刑。1953 年，审结反革命案件 37 件。1954 年，反革命犯罪现象受到有力遏制，全年审结反革命案 16 件，比上年度下降了 52%。在本次镇压反革命分子运动中，阳泉市人民法院集中打击了工矿区土匪、恶霸、特务、反动党团骨干分子和反动会道门头子等五方面的反革命分子，基本上肃清了辖区内的残留反革命势力，维护了社会治安秩序，促进了工农业生产，巩固和加强了人民民主专政，有力地支持、配合了土地改革和抗美援朝斗争。

在第一次镇压反革命运动中，阳泉市人民法院认真贯彻《中华人民共和国惩治反革命条例》和中央人民政府政务院《关于没收反革命犯财产的规定》，对依法判刑的反革命分子，根据其罪行的轻重、从主、偶惯等性质，除依法判处其相应的刑罚外，人民法院经审判宣布并处没收他们用于反革命犯罪的财产，对于被判刑的反革命分子侵吞的仍然存在的公共财产和人民财产，阳泉市人民法院召集被侵吞财产的单位和个人进行认领，经核查属实的，在阳泉市人民法院主持下“退还原主”。

二、第二次镇压反革命运动：1955年6月开始，至12月底结束。

阳泉地区是国家煤炭、钢铁、硫磺等重工业生产基础，反革命破坏活动一直比较频繁，虽然经过第一次镇压反革命运动和“三反”、“五反”运动，反革命分子受到严厉打击，反革命犯罪猖獗的态势得到遏制，反革命集团受到重创，但始终没有完全停止犯罪活动。1953年至1954年，有些暗藏的敌人不甘心他们的失败，又纷纷跳出来进行破坏，他们造谣说：“互助合作是吃大锅饭啦，要共产啦”，“第二次土改也快来啦”，特别是对党和国家推行的统购统销政策大肆诬蔑，说“共产党先甜后辣，手腕高，土地给人民是先买好，最后粮食拿跑了”，在反革命煽动下，引起了阳泉市农村部分富裕中农的不满思想和抵触情绪，甚至公然抗拒人民政府的统购统销政策。

为了肃清一切反革命分子，保障新中国第一个五年计划顺利实现和社会主义建设事业的顺利进行，根据党中央关于加强同反革命分子和各种刑事犯罪分子作斗争的指示，第二次镇压反革命运动从1955年6月开始，至12月结束。本次运动在阳泉市委领导下，在1955年4～5月份思想准备与调查研究基础上，结合统购统销、农业合作化、增产节约等工作，遵照党中央《加强同反革命分子和各种犯罪分子作斗争》的指示及山西省人民委员会政法党组关于《1955年8至12月镇反计划》，阳泉市人民法院结合阳泉市工农业工作中心，在全市范围内，以打击现行破坏为主，有计划、有重点地开展镇压反革命运动，并相应地开展了内部肃反工作。从6月至12月，先后逮捕反革命分子160名，其中审结反革命破坏案件64件，历史反革命案件67件。全年总共审结反革命案103件。

与此同时，阳泉市人民法院进一步贯彻惩罚与教育相结合的方针，广泛深入开展法纪宣传教育，发动人民群众进行检举揭发，最大限度地分化瓦解反革命分子和反革命组织。在第二次镇压反革命运动中，群众检举反革命案件951件，投案自首的反革命分子及各种反动分子69名，严厉打击了反革命分子的破坏活动。最主要的反革命案件是宫占元的“同志会”，该犯曾任阎锡山“西北实业公司窑厂”厂长，兼任该厂阎匪“同志会”领导组长、肃伪组长、情报站长，发展“同志会员”数十人，破坏当时的中共地下革命组织，摧残革命同志，在“三自传训”中胁迫工人自首者一百余人，并将其中二十余人押送伪“特种警宪指挥处”，因受刑过重致两人死亡。新中国成立后，宫犯占元拒不悔改，继续坚持反动立场，偷听敌台，造谣惑众，并利用技术破坏生产，使国家财产遭受重大损失，经审判后判处有期徒刑7年，后改判为17年。还有反革命分子郗信富，曾任伪村长，于1954年混入大阳泉先锋农业社窃得管理员职务，一贯造谣煽动，破坏生产，毒打牲畜，打击社员的生产积极性，恶意搞垮农业社的副业生产，经审判判处有期徒刑五年。在第二次镇反运动中，阳泉市人民法院认真执行“首恶必办、胁从不问、立功者受奖”和“坦白从宽、抗拒从严”的政策，准确把握政策界限，宽严相济，办奖结合，如反动一贯道道首荆宝明，因坚持反革命立场，包庇反革命分子，依法从严判处有期徒刑 12 年。另一名反革命分子荆四孩，按其罪行本应判处死刑，但因其主动坦白交代，故从轻判处有期徒刑 10 年。

在第二次镇压反革命运动中，阳泉市人民法院结合运动的深入，还开展了一些分化瓦解反革命分子的单项活动。如 1955 年 6 月至 1956 年 4 月，阳泉市人民法院以审判为武器，在严厉打击反革命分子的同时，对暗藏的反革命分子开展了凌厉的政策攻势，仅 1956 年前四个月，全市即逮捕反革命分子 124 名，其中有现行反革命分子 80 名，历史反革命分子 44 名，在这次攻势中，共判决反革命分子 101 名，其中死刑 6 名。取得的主要成效有三：一是反革命破坏活动气焰大大下降；二是人民群众的革命警惕性和对敌斗争的积极性有了进一步提高；三是反革命分子内部发生剧烈分化。

再如，1956 年 9 月 1 日 ~ 10 月 10 日，阳泉市人民法院针对“挑拨离间、造谣煽动、制造废品、积压资金、曲解政策、排挤中国共产党的领导”等反革命破坏活动的新特点、新手段，在审判反革命案件中，贯彻执行“镇压与宽大相结合”的政策，即“坦白从宽、抗拒从严、立功赎罪、立大功受奖”的政策，本次镇压反革命仍然以“打击现行为主”，审判 10 起反革命分子、阶级敌对分子和反动会道门分子的造谣破坏案件，并进行大张旗鼓的公开宣判。有 156 名反革命分子投案自首。1956 年全年，阳泉市人民法院审结反革命案 104 件。

此外，阳泉市人民法院根据中共中央关于“有反必肃、有错必纠”的原则，对错捕、错判、错批捕错起诉的积案进行了复查，纠正了一些具有“三错”特点的反革命案件。

三、第三次镇压反革命运动：即 1958 年开展“搜捕残余反革命”的工作。

1957 年，大鸣大放以来，反革命分子和地富分子的破坏活动有所抬头，阳泉市人民法院在市委领导下，继续以审判为武器，同阳泉市人民检察院配合，在打击右派分子向党猖狂进攻的同时，开展了第三次镇反运动，对反革命分子进行坚决的斗争，对一切继续与人民为敌、依法应予以惩办的反革命分子，特别是现行反革命分子，必须坚决惩办。1957 年，在第三次镇压反革命运动中，审结反革命案 41 件，并于 1958 年开展“搜捕残余反革命”的工作，全年审结反革命案 494 件，其中逮捕反革命残余分子 384 名，不够逮捕法办条件的现行反革命分子和历史反革命分子，一般交由工厂、人民公社或生产大队党组织和群众监督劳动，沉重打击了反革命分子的破坏活动，社会秩序进一步稳定，保卫了社会主义建设。

四、社会主义建设时期针对反革命犯罪的审判。

从 1958 年开始，阳泉市人民法院针对反革命犯罪的审判进入正常轨道。3 月起，开展司法工作“大跃进”，口号是“苦战三年，彻底肃清残余反革命分子，基本消灭各种犯罪现象，实现路不拾遗、夜不闭户的安全省、安全市”。严厉打击反革命犯罪，到 1960 年实现“无特务、无反革命破坏、无地富反攻倒算、无反动会道门活动、无骚乱暴动、无破坏窃密、无反动标语谣言、无土匪抢劫”。对残余反革命分子进行搜捕，经过集审、集训和社会改造，共搜捕残余反革命分子384名。如针对反动弥勒会道首管永昌、梅银昌的复辟活动，郊区反动地主富农反攻倒算、不服管制和篡夺农村领导权等现行反革命案件，阳泉市人民法院派出巡回法庭，到案发地点就地审判，并采取公开宣判的形式，扩大同反革命分子斗争的声势。在严厉打击反革命现行犯罪的同时，及时配合内部肃反运动，开展了肃清暗藏的反革命分子的斗争，对投案自首、坦白交代的给予宽大处理，对证据确凿、拒不坦白的坚决给予打击，从而分化了反革命分子，稳定了基层社会治安秩序。

1959年，贯彻“服从党的领导、依靠人民群众、同劳动生产结合、为中心工作服务”的政法工作路线和“一手抓政治斗争、一手抓同治安灾害事故斗争”两条腿走路的方针，正确执行“惩办与宽大相结合”的政策，投案自首的反革命分子和刑事犯罪分子72名。对185件反革命犯罪案件进行了审判，包括历史反革命149件、现行反革命36件。在36件现行反革命案件中，有反动会道门案5件，反动标语案15件，破坏工农业生产15件①。

特别是针对白泉乡破坏青年应征入伍的反革命造谣案进行了审判，法办了反革命造谣犯王二牛。此时，反革命破坏活动有所抬头，及时审判了四矿张二海针对食堂的反革命爆炸案。此外，根据国家主席特赦令发布后反革命分子内部日益分化的情形，阳泉市人民法院采取宽松的斗争策略，积极开展政治攻势，通过审判和政策攻心，促进反革命分子投案自首、改过自新。全年历史反革命案件从上年度的614件，下降为149件，下降了76%，现行反革命案件从上年的111件下降到36件，下降68%，社会秩序空前安定，无产阶级专政进一步巩固，反革命分子更少、更弱、更加孤立，有力地配合了党在当时的中心工作。

1960年，贯彻“少杀、少捕、管制也比过去少”和“一手抓政治斗争、一手抓治安灾害事故斗争”的方针，结合整风、整社运动，开展对反革命犯罪的打击，审结破坏工农业生产的现行反革命案件120件，占刑事案件总数的17.68%，比1959年的36宗现行反革命案上升70%，说明在同现行反革命分子的对敌斗争中出现了一次“小紧张”②。

1961年，同公安局、检察院统一认识组织力量，深入实际发动群众，“三长代三员”亲自出马，运用就地逮捕、就地起诉、就地审判、三员会审、一次录供、召开群众大会、三长定案、群众讨论定判、当场处理的方法，打击了反革命分子的破坏活动。特别是

注：①根据《阳泉市人民法院1959年工作总结报告》中的“反革命案件”是这样记述：1959年，收结历史反革命149起，比去年（1958年）的614起，下降76%，现行反革命36起，比去年的111起，下降68%。与《1949年～1976年刑事案件一览表》中记载的数据不符。

②《1949年～1976年刑事案件一览表》中，1960年收结的反革命案件数为231件，本文120件源于《阳泉市人民法院1960年总结》。

前半年，在市委领导下，阳泉市人民法院派出院长、庭长和审判员六人，同阳泉市公安局、阳泉市人民检察院干警一起，深入到政治情况复杂、生产落后、生活安排较差、“五风”严重的社队，结合《工业十二条》和《农业六十条》的贯彻，交政策、讲形势、抓生活、促生产，采取由党内到党外，由干部到群众，反复进行艰苦细致的组织发动和教育工作，号召群众检举反革命分子和其他坏分子，普遍开展“社会镇反”（即正风正社）运动。到6月底，挖出反革命分子95人，历史反革命分子7人。在此基础上，阳泉市人民法院先后在荫营、白泉、河底等6个公社、33个生产队、15个车站、剧场，选择了39个有教育意义的典型案件，召开了20多次500人以上的宣判大会，大张旗鼓地公判处理了反革命集团首要分子张存华、张兴能，以及70多名惯盗分子。全年审结现行反革命案件41件，占当年审结的372件刑事案件（收案379件，含旧存9件）的11.02%，审结历史反革命案件44件，占11.82%①。

1962年，反革命分子利用自然灾害造成的暂时困难和工作上的一些缺点错误，加紧对工农业生产的破坏活动。为打击现行破坏活动，阳泉市人民法院抽调院长、庭长、审判员等6人，与公、检部门统一组织力量，以抓生活、促生产，采取由党内到党外，由干部到群众，结合《工业十二条》、《农业六十条》的贯彻，交政策、讲形势、开展检举揭发，贯彻“先放后打、使敌人充分暴露”的政策，普遍开展社会镇反运动，经过反复艰苦细致的组织发动和教育，揭发出现行反革命95人，历史反革命7人，先后深入到荫营、白泉、河底等六个公社的33个生产大队，15个车站、剧场，选择39个有教育意义的典型案件，召开500人以上的大会20余次，大张旗鼓地进行了公判活动，稳、准、狠地打击了反革命集团的首要分子，震慑了敌人，教育了群众。全年收结反革命案20件②。

1963年，贯彻执行第六次全国司法会议，运用审判武器，对组织反革命集团、制造反革命谣言、张贴反革命标语、散发反革命传单等现行反革命分子给予严厉打击，5月，对“反革命同心会”进行了公判。审判了以王福为首的反革命集团案件，主犯王福被判处有期徒刑15年，居住长春的骨干分子李才新被当地司法机关逮捕判刑。全年收结反革命案25件。从1963年发生的反革命案件看，现行反革命犯罪中出现了一些新特点和新情况：一是反革命旗帜鲜明、活动嚣张；二是新生反革命分子增多；三是发生在机关、企业、学校内部的占很大比重。反革命行为主要有五类：一是偷听敌台广播，同敌人挂钩联系，阴谋策应台湾的国民党残余势力“反攻大陆”；二是组织反革命集团，阴谋颠覆人民民主政权；三是制造谣言，惑乱人心，扰乱社会治安，破坏农业生产；四是书写反革命标语，散发反革命传单；五是五类分子反攻倒算，报

注：①《1949年～1976年刑事案件一览表》中，1961年收结的反革命案件数为85件，本文44件源于《阳泉市人民法院1961年总结》。②1962年反革命案件20件源于《1949年～1976年刑事案件一览表》。

复破坏。

1964 年，收结反革命案 18 件。阳泉市人民法院为了及时有力地打击反革命分子的破坏活动，保卫社会主义教育运动，在人手少、案件多的情况下，仍抽出两名庭长级干部，与公安检察机关密切配合，组成打击现行办公室，打击反革命分子的破坏活动。

1965 年，由于持续不断的审判打击，并发动群众揭发检举，反革命犯罪活动受到收敛，全年收结反革命案 5 件。

1966 年，“文化大革命”开始，收结反革命案 13 件。此后，针对反革命集团、反革命分子以及形形色色的反革命案件审判，由“阳泉市公安机关军事管制委员会审判办公室”（后改称为“阳泉市革命委员会保卫部审判办公室”）负责，立案和审理均以“公安六条”（即《关于无产阶级文化大革命中加强公安工作的若干规定》）为标准。

1973 年，阳泉市审判机关升格为阳泉市中级人民法院，成为二审法院，恢复对反革命案件的审判，当年召开三次公判大会，宣判处理反革命分子和刑事犯罪分子 36 名。其中，反革命案 3 件。而且每次公判大会之前，均把反革命分子送到各单位交由群众批斗，并将他们的罪行交由群众讨论。全年共印发各类布告、讨论稿 18000 余份，参加讨论的群众达 30 多万人次，进一步深挖了反革命分子的破坏活动，提高了广大人民群众的政治觉悟。

1974 年，审理由阳泉市公安局起诉到阳泉市中级人民法院的反革命案件 3 起 3 人，对阳泉第一监狱（山西省第二劳动改造支队）狱内在押犯中发生的 5 起 19 人反革命分子进行审理，对服刑期间又犯罪的反革命分子，依法加重了刑罚。全年召开三次公判大会，公开宣判处理了 46 名反革命分子①。1975 年，受理反革命案件 9 起 9 人。1976 年，受理现行反革命案件 22 起。1979 年，受理现行反革命案 8 起，打击了反革命分子的破坏活动，维护了全市社会秩序、生产秩序、工作秩序、教学科研秩序和人民生活秩序，保障了阳泉市社会主义现代化建设的顺利进行。反革命案件开始出现下降趋势。1981 年，审判反革命案件 1 起。1982 年，审结反革命案件 1 件。

1983 年 5 月 11 日 ~ 13 日，山西省阳泉第一监狱（当时称山西省第二劳动改造管教支队）发生河南调该监狱改造犯相互勾结、制造事端，后发动暴乱，即“5·11 反革命持械暴乱”，直接经济损失 27000 余元，间接经济损失 76000 余元，暴乱被平息后，9 月 5 日，阳泉市中级人民法院在阳泉第一监狱召开宣判大会，对刘兴等 20 名持械、唆众发动暴乱的反革命分子，进行了公开宣判，7 人被判处死刑，1 人被判处死缓，6 人被判处无期徒刑，另外 6 人被加重刑罚，其中有 6 名罪犯没有按“反革

注：①《1949 年——1976 年刑事案件一览表》中，1974 年收结的反革命案件数为 5 件，本文数据源于《阳泉市人民法院 1974 年总结》。

命持械暴乱罪”处刑。

1985年，审判反革命案2件15人。从此之后，反革命犯罪活动大幅下降，人民法院通过审判打击“反革命犯罪”的情况也逐步减少，1986年，仅审结反革命案1件。

1989年，贯彻最高人民法院和省高院《关于审理动乱、暴乱期间反革命案件的有关规定》，及时审理动乱、暴乱期间发生在阳泉第一监狱（当时称山西省第二劳动改造支队）在押犯阎拴龙书写反动标语、煽动在押犯闹监的反革命煽动罪，阎犯被加刑两年；对检察院起诉的山西医学院实习生于文康反革命煽动案，提出处理意见并报省高院，有力打击了现行反革命分子的嚣张气焰，对反对动乱、保持稳定发挥了积极的保障作用。

1991年，审判阳泉第二监狱（当时名称为“山西省第十三劳动改造管教支队”）在押犯李志翔张贴反革命标语、煽动在罪犯闹监的“反革命宣传煽动罪”，李志翔被加重刑罚两年，剥夺政治权利一年，及时有力地打击了在押罪犯中反革命分子的破坏活动。

之后，一直到1997年版《刑法》正式取消反革命罪这一罪名，阳泉地区没有再发生反革命案件。“反革命”犯罪成为一个历史名称，作为特定政治背景下的犯罪行为，成为刑事审判历史。

在长达50年针对反革命犯罪的审判中，阳泉市中级人民法院主要是根据党中央、政务院、全国人大常委会和最高人民法院，关于镇压反革命犯罪的一系列政策、方针和当时阳泉市的政治形势、敌情变化开展审判，始终贯彻“少捕一些，少杀一点和依法长判”的精神，捕的是少数非捕不可的人，杀的是极少数非杀不可的人。对于其他罪恶严重需要严惩的，依法判处长期徒刑，或较长期的徒刑，既严厉打击了反革命分子的嚣张气焰，又使那些判处较长期徒刑的反革命分子和其他犯罪分子，在长期的劳动改造中成为自食其力、对社会有用的新人。在具体的审判实践中，阳泉市中级人民法院对反革命分子始终全面贯彻执行“镇压与宽大相结合”的政策和“坦白从宽，抗拒从严，立功折罪，立大功受奖”的政策，既分化、瓦解、孤立和肃清了阳泉市反革命分子，又对那些证据确凿、仍然拒不坦白、坚持反革命立场、继续与人民为敌进行造谣破坏、行凶报复等破坏活动的反革命分子，依法给予从严惩处。对自首的反革命分子，则根据他们坦白的程度予以处理。对罪恶不甚严重又能真诚坦白的反革命分子，对罪恶虽然比较严重却坦白真诚且有显著立功表现的，一般给予宽大处理。

在审判反革命犯罪的斗争中，阳泉市中级人民法院始终把斗争锋芒指向现行反革命分子。对于特务、间谍分子，反革命组织的首要分子和骨干分子，经过宽大处理以后，仍然进行破坏活动的反革命分子和其他现行罪恶很大的反革命分子，同样依法给予严厉惩处。而对那些有历史罪恶的反革命分子，则根据具体情节区别对待。比如，对在解放以后坚持反革命立场、继续进行破坏活动的分子，或者历史上有严重罪行民愤很大的反革命分子依法严厉惩办；对历史上虽有严重罪行，但能自首彻底坦白的分子则给予从宽处理。对历史上虽有罪恶，但解放后已经处理过，在社会生活中安分守己、没有再破坏活动的，同样给予宽大政策。

从1947年建院到1997年反革命罪在新《刑法》中被取消，阳泉市中级人民法院针对反革命犯罪的审判，有力地打击了各个历史时期反革命分子的破坏活动，对巩固人民民主专政，捍卫社会主义政治制度做出了积极的贡献。

小资料

什么是反革命罪？

反革命罪是指以推翻人民民主专政的政权和社会主义制度为目的的、危害中华人民共和国的行为。反革命罪是危害国家安全的犯罪，是性质最严重、社会危害性最大的一类犯罪。无产阶级取得政权之后，要保卫和发展革命胜利的成果，巩固政权，发展社会生产力，必须坚决镇压反革命活动。这是无产阶级专政的一项重要任务，也是这个专政最重要的一条历史经验。

（1）反革命罪侵犯的客体，是人民民主专政的政权和社会主义制度。（2）反革命罪的客观方面，表现在实施危害中华人民共和国的行为。（3）反革命罪的主体，是达到法定年龄、具有刑事责任能力的任何公民（包括外国人）。但有些反革命罪（如背叛祖国罪、投敌叛变罪等）的主体只能是中国公民。（4）反革命罪的主观方面，是以推翻人民民主专政的政权和社会主义制度为目的；根据反革命罪各种表现形式的具体特征和社会危害程度，为便于比较、分析各种具体反革命罪将其归纳为5个方面：①阴谋危害祖国、颠覆政府的犯罪。其中包括背叛祖国罪，阴谋颠覆政府罪，阴谋分裂国家罪。这方面反革命罪的相同点是罪行都最严重，而且都以“阴谋”构成犯罪的特征。②叛变、叛乱的犯罪。其中包括策动叛变罪，策动叛乱罪，投敌叛变罪，持械聚众叛乱罪，聚众劫狱罪。这方面反革命罪的相同点是，多数带一个“叛”字，即叛变革命、背叛人民；而且多数具有聚众犯罪的性质。③间谍、资敌的犯罪。其中包括间谍罪，资敌罪。这方面犯罪规定在同一个条文里，从广义说，间谍行为也是资敌行为。④集团性、煽动性的反革命罪。其中包括组织、领导、积极参加反革命集团罪，组织、利用封建迷信、会道门进行反革命活动罪，反革命宣传煽动罪。这方面反革命罪的相同点是：具有集团性、煽动性。就是说，组织、利用会道门进行反革命活动罪，具有集团性，与组织领导和积极参加反革命集团罪相同；这两种罪都可以进行煽动性的反革命活动，又与反革命宣传煽动罪相同。⑤反革命破坏、杀伤的犯罪。其中包括反革命破坏罪，反革命杀人罪，反革命伤人罪。这方面反革命罪的相同点是：刑法明确规定和强调要以反革命为目的，以便与普通刑事犯罪中的故意破坏、故意杀人、故意伤害划清界限。

第三节 取缔反动会道门和打击邪教组织

阳泉市的反动会道门在中华人民共和国成立之前十分复杂，1947年有“先天道”、“后天道”、“一贯道”、“金丹道”、“五龙道”、“富国道德会”、“八方祀”、“三义堂”、“进步社”等十余种，遍布于市区及农村广大地区。其中一贯道、三义堂、富国道德会与日伪关系密切。三义堂由日本人内田任主任，下设特务系，活动较为猖獗。一贯道仁记总柜以益源昌油店为基点，领导义、礼、智、信记，并设立佛堂23座，1947年阳泉解放后，经过反奸、复仇、土改等运动，工农群众的政治觉悟得到提高，其他会道门已成解体状态。但直至1950年，仍有三义堂及一贯道以经商等为掩护，秘密进行破坏活动。如三义堂首要分子以开“兄弟诊疗所”为名，与石家庄兄弟诊疗所进行联系活动。特别是一贯道自1949年人民政府明令取缔后，完全转入秘密隐蔽活动，以“义记总柜”姚永贵为首，指挥和领导阳泉、平定、寿阳、昔阳、和顺、盂县、平山等县柜，仅阳泉仁记柜即有“领袖”1人（领导太原、阳泉、石家庄），“领袖”2人，“机生”1人，“点传师”12人，“坛主”22人。这些反动会道门组织不但不按照人民政府的命令自动取缔，反倒组织“坛主”以上的“仙佛班”、“忏悔班”、“机训班”进行扶乩，制造“防魔攻论”，分为“外攻”、“内攻”、“正攻”、“反攻”、“顺攻”、“逆攻”的“防攻规则”，改变道内称呼，提出“早接佛、迟接魔”、“善舍恶舍”以及其他反动口号，散布谣言，诈骗民财，惑乱人心，破坏土地改革和工商业政策。为惩治反动会道门组织的破坏活动，巩固新生的人民政权，阳泉市人民法院在深入群众，广泛宣传党和政府关于取缔反动会道门组织的政策法律，特别是1951年，结合人民政府开展的镇压反革命运动，阳泉市人民法院积极分化、瓦解信道道徒，揭露会道门道首的破坏土改、扰乱经济、迎合以美国为首的帝国主义分子发动的朝鲜战争、企图扼杀新生的中华人民共和国的罪恶和阴谋，到1952年，共逮捕反动会道门道首21名，一般道徒纷纷到人民法院和政府指定部门登记、声明退道。如1951年4月20日，阳泉市人民法院在“全市抗美援朝代表大会”上，公开宣判反革命分子韩润元等10人的死刑，并立即执行。钢厂（原阳泉钢铁公司）群众控诉了反革命分子王玉胡、贾光玉等人的罪行后，即有178人主动声明退出一贯道，反动会道门活动自此开始逐渐消亡，并一度销声匿迹30多年。

1958年，针对反动弥勒会道首管永昌、梅银昌的复辟活动，阳泉市人民法院及时进行审判，对反动会道门组织的首恶分子给予严厉打击。1959年，在严厉审判打击36件现行反革命行为中，审结反动会道门案5件。之后，由于各类政治运动频繁，阳泉地区的反动会道门组织一度停止了活动，会道门的道首一般均能在党组织的引导下，在人民群众的监督下参加生产劳动，到20世纪70年代末，基本被改造成为自食其力的劳动者。

但是，从20世纪80年代中期，出现了此类活动的萌芽。1985年，阳泉市两级人民法院审理了组织利用会道门进行反革命活动的案件2件15人，审结1件14人。其中有2人被判处五年以上十年以下有期徒刑，8人被判处不满五年有期徒刑。在这14人当中，有农民7人，工人3人，国家工作人员4人。这是继20世纪50年代初期阳泉市全面取缔反动会道门组织后，第一次出现的组织利用会道门进行反革命活动的案件。

20世纪90年代初以后，随着资产阶级自由化思潮的泛滥，阳泉地区出现了参与人数众多、社会危害重大，甚至直接导致受蒙蔽群众死亡的以“法轮功”为代表的邪教组织。到20世纪90年代末、21世纪初，“法轮功”邪教组织更加甚嚣尘上，各地“法轮功”邪教组织公开进行反对中国共产党、反对中国政府的活动。

2000年11月5日，最高人民法院就审判机关贯彻全国人大常委会《关于取缔邪教组织、防范和惩治邪教活动的决定》和最高人民法院、最高人民检察院发出有关司法解释的通知，对依法审理组织和利用邪教组织犯罪案件特别是“法轮功”邪教组织犯罪案件作出具体部署。

邪教组织特别是“法轮功”邪教组织冒用宗教、气功或者其他名义建立、神化首要分子，大搞教主崇拜，利用制造、散布迷信邪说等手段蛊惑、蒙骗他人，发展、控制成员，从事违法犯罪活动，危害人民群众生命财产安全和经济发展，严重影响了社会稳定，必须坚决依法惩办。

阳泉市两级人民法院在依法审理组织和利用邪教组织犯罪案件中，按照《解释》的规定要求，严格依法办案，正确适用法律，坚决依法打击“法轮功”等邪教组织的犯罪活动。对于组织和利用邪教组织聚众围攻、冲击国家机关、企事业单位，扰乱国家机关、企事业单位的工作、生产、经营、教学和科研等秩序；非法举行集会、游行、示威，煽动、欺骗、组织其成员或者其他人聚众围攻、冲击、强占、哄闹公共场所及宗教活动场所，扰乱社会秩序；出版、印刷、复制、发行宣扬邪教内容的出版物、印制邪教组织标识的，坚决以组织、利用邪教组织破坏法律实施罪定罪处罚。对于组织和利用邪教组织制造、散布迷信邪说，蒙骗其成员或者其他人实施绝食、自残、自虐等行为，或者阻止病人进行正常治疗，致人死亡的，坚决以组织、利用邪教组织致人死亡罪定罪处罚，对造成特别严重后果的，依法从重处罚。对于邪教组织以各种欺骗手段敛取钱财的，以诈骗罪定罪处罚。对于邪教组织和组织、利用邪教组织破坏法律实施的犯罪分子，以各种手段非法聚敛的财物，用于犯罪的工具、宣传品的，依法追缴、没收。

阳泉市两级人民法院在依法审理组织和利用邪教组织犯罪案件中，正确运用法律和政策，严格区分不同性质的矛盾，坚持教育与惩罚相结合，团结教育大多数被蒙骗的群众，坚决依法严惩极少数犯罪分子。在依法惩治构成犯罪的组织者、策划者、指挥者和积极参加者的同时，注意团结大多数，教育大多数，解脱大多数。把不明真相参与邪教活动的人同组织和利用邪教组织进行非法活动、蓄意破坏社会稳定的犯罪分子区别开来；把一般“法轮功”练习者同极少数违法犯罪活动的策划者、组织者区别开来；把正常的宗教信仰、合法的宗教活动同“法轮功”等邪教组织的活动区别开来。重点打击组织和利用邪教组织进行犯罪活动的组织、策划、指挥者和屡教不改的骨干分子。对有自首、立功表现的，可以依法从轻、减轻或者免除处罚；对于受蒙蔽、胁迫参加邪教组织并已退出和不再参加邪教组织活动的人员，不作为犯罪处理。

阳泉市两级人民法院把依法审理组织和利用邪教组织犯罪案件，作为一项重要政治任务，对检察机关移送起诉的组织和利用邪教组织犯罪案件，依法及时审结。并通过典型案件，教育广大群众提高公民的法制观念，使广大群众认识邪教组织反科学、反人类、反社会、反政府，危害社会的实质，增强自觉反对和抵制邪教组织的意识。进一步落实人民法院参与社会治安综合治理的各项措施，坚持预防与惩治并重，防范邪教组织的滋生和发展。

阳泉市中级人民法院根据最高人民法院《通知》精神，对审理阳泉地区邪教“法轮功”案件作出安排部署，各基层人民法院针对人民检察院的起诉情况，依法对邪教“法轮功”组织骨干分子进行审判。

附表5：

2000～2012年审结组织利用会道门、邪教组织、利用封建迷信破坏法律实施罪并致人死亡罪一览表

序号	年份	组织利用会道门、邪教组织、利用封建迷信破坏法律实施罪				组织利用会道门、邪教组织、利用封建迷信致人死亡罪			
		收案（含旧存）		结案		收案		结案	
		（件）	（人）	（件）	（人）	（件）	（人）	（件）	（人）
1	2000	2	6	2	6				
2	2001	4	6	4	6				
3	2002	1	3	1	3				
4	2003	1	8	1	8				
5	2004	4	5	2	2				
6	2005	6	7	6	7	1	1	1	1
7	2006	2	2	2	2	1	1	1	1
8	2007	1	1	1	1				
9	2008	2	3	2	3	1	3	1	3
10	2009	3	3	3	3				
11	2010	1	1	1	1				
12	2011	2	3	2	2				
13	2012	5	10	2	5				
合计		32	58	29	49	3	5	3	5

第四节 破坏社会主义经济秩序犯罪案件的审判

破坏社会主义市场经济秩序罪是违反国家经济管理法规，破坏社会主义市场经济秩序，严重危害国民经济的行为。破坏社会主义经济秩序是一个极其严重的社会问题。

早在建院初期，当时的阳泉市人民法院即针对破坏社会主义经济秩序的犯罪行为，依法予以审判打击。阳泉市中级人民法院于1947年5月4日建院，当时称作“阳泉市人民政府司法处”。其时，全国尚未解放，阳泉地区盛产煤炭、钢铁、硫磺和玉米、小麦、豆类等农产品，正太铁路运输从城市中心地带通过，铁路运输横跨晋冀两省主要解放区，简易公路连接晋察冀和晋冀鲁豫解放区，当时已经出现了汽车运输，但马车运输仍为主要运载工具。因此，阳泉市经济在整个解放区经济中占有非常重要的地位，直接为西柏坡党中央驻地和华北人民政府提供物质供给，为全国解放战争和共和国的建立提供经济支持。因此，从建院初期，到中华人民共和国建国时期，阳泉市人民法院运用人民审判这一武器，依法打击反革命分子、资本家和不法商人囤积居奇、哄抬物价、买空卖空、垄断经营、投机倒把，参与人民政府没收、清算反革命分子、国民党反动官僚、反动军官、反动会道门首恶分子的田产、矿产、工厂、商店等官僚资本，并以法律为武器，积极配合人民政府在农村广大地区进行土地改革，为分到田地、房产、家具和家禽家畜的贫苦农民撑腰做主，协助党领导的人民政府恢复和发展生产，巩固新生的人民政权，支援全国解放战争和成立中华人民共和国。

阳泉市人民法院在严厉打击囤积居奇、投机倒把等严重破坏新生的人民民主政权经济秩序犯罪的同时，积极组织在押罪犯进行思想改造和劳动改造，力所能及地发展监所生产，并达到“自给自足”的水平，一定程度上减轻人民和政府的经济负担。据当时的“阳泉工矿区人民法院”《1950年前半年工作总结》记载，1950年1月至6月，隶属于人民法院的看守所押有已决和未决犯185名，其中男160人，女25人，“外出劳动做工1245（个），（收）入小米5359斤半，款洋1178770元（旧币，下同），大车生产（收入小）米1409斤半，款洋698700元，犯人出所交来（小）米1283斤半，款洋804580元……另外，农业生产需工384个（对后半年估计），按现有情况（1950年看守所经济状况）已达到了自给自足”。

1952年，阳泉市中级人民法院根据1月26日中共中央《关于在城市中限期展开大规模的坚决彻底的“五反”斗争的指示》，结合阳泉市资本主义私营工商业普遍存在的不法经营行为，运用人民审判这一方式，配合市委、市政府，大张旗鼓开展“五反”运动，严厉打击资本家行贿、偷税漏税、盗骗国家财产、偷工减料、盗窃国家经济情报的活动。

1954 年 ~ 1956 年，阳泉市对本市内的资本主义工商业进行了社会主义改造，同时，广大农村地区举行了农业合作化运动，随着社会主义公有制和劳动群众集体所有制这两种主要经济模式在阳泉地区的确立，全市经济基础发生了重大变化，城市的大中型商业企业收归国有，农村建立了供销合作社，阳泉人民从私有制的桎梏下解脱出来，无论是城市还是农村，广大人民群众满腔热忱地投入到社会主义革命和社会主义建设当中。其间，破坏社会主义经济秩序的犯罪行为和犯罪分子大量减少，当时常见的此类犯罪主要发生在城乡结合部和偏远农村地区，从事此种犯罪的主体主要是流动经营的小商贩、小货郎，以及临时游商的投机倒把行为。

1958 年 ~ 1959 年，“总路线、大跃进、人民公社”三面红旗建设，彻底改变了当时中国的经济基础，工矿企业的全民所有制和劳动群众集体所有制成为当时发展经济的主导模式。以数个和数十个自然村（生产大队）组织进来的人民公社，同样改变了几千年来以一家一户为生产单位的农业经济发展形态。这一时期，虽然传统的农村集贸市场和处于城乡结合部的自由市场开始萎缩，但由于阳泉市属于国家投资建设的煤炭重化工能源基地，在国家宏观经济中所占的位置十分重要，在“三面红旗”推进下，阳泉市围绕煤矿、钢铁、硫磺、铁路、公路等大规模的工矿业市政基本建设全面展开，只是建设煤炭重化工能源基地的各种原材料相对紧缺，食品和日常工业品供给相对紧张，因此，以投机倒把为主要犯罪活动的破坏社会主义经济秩序行为时有发生。如 1958 年，阳泉市部分管理薄弱的区域出现商业黑市，从事投机倒把、相面、算卦、卖假药、套圈的闲散人员增多。为此，阳泉市人民法院在依法予以打击、坚决取缔的同时，开始下大力气治理包括投机倒把在内的旧社会遗留下来的丑恶现象，1958 年 3 月 26 日，制定《司法工作“大跃进”的初步意见》，明确提出，“充分发挥专政武器的作用”，争取到 1960 年，全市实现“二十无”，其中即包括“无走私犯罪”、“无投机倒把”。在 1958 年当年，即实现“十四无”，也包括“无走私”和“无投机倒把”。

1959 年，“总路线、大跃进、人民公社”三面红旗建设在阳泉地区掀起了新的高潮，人民群众多快好省建设社会主义的热潮普遍高涨，阳泉市人民法院在经济建设领域，继续配合党和政府的中心工作，依法严厉打击投机倒把犯罪，以维护阳泉市开展的大规模工、矿企业的兴建和交通运输、市政建设的发展，特别是针对食品供应和日常用品市场出现的暂时困难，着重打击破坏市场秩序的投机倒把活动。当年 7 月前后，在阳泉市供给市场一度出现排队抢购日用品的现象，有些人甚至天不亮就到供销社、商店门前排队购买布料，其中，7 月 24 日，新市街商店仅 5 个小时即售出食盐 3000 余斤，经查证，其时有坏人故意散布谣言，说“8 月 1 日起布证废止不用”、“食盐库存不多”等，造成群众对日用品的抢购，一些没有改造好的旧商人则趁机大搞投机倒把、扰乱市场，造成食盐、布匹等日用品的紧张局面，针对这种情况，阳泉市人民法院于7月29日，选择了投机倒把罪犯邓洪财、冯增福和以反革命分子罪犯王甲福等10个典型案件，在市内进行了公开宣判，并印发宣传品，张贴布告，对投机倒把犯罪保持了严厉打击的态势，全年收结投机倒把案件11件，到12月底，在全市杜绝投机倒把和破坏市场管理的现象。

1959年，阳泉市人民法院针对工矿企业中开始出现的故意制造事故、破坏安全生产秩序的犯罪，从4月到9月，开展了“一手抓政治斗争、一手抓同治安灾害事故斗争”的专项战役，维护各工矿企业正常的社会主义生产经营秩序。1～4月，全市共发生生产安全事故138起，月平均34起，阳泉市人民法院针对工矿企业安全生产事故频发、严重危害职工生命安全和国家建设事业这一新出现的情况，抽出院长和4名审判员共5人，与公安局、检察院抽出的人员一起深入厂矿企业，在历时6个月的时间内，先后进行了三次声势浩大的安全生产大检查，查出各项隐患35646条，堵塞漏洞34152个，占隐患总数的95.8%。在各工矿企业增设保卫科（股）14个，增加保卫干部55人，制定安全生产规章制度2039条，修订安全生产公约2564条，建立群众性安全防范小组660个，计有5771人，培训各类关键岗位工作人员26902人，对瓦斯员、放炮员等要害人员进行了政治和技术上的鉴定，清除不适合在安全岗位上工作的人员109人。并在各厂矿之间、居民之间开展安全红旗竞赛运动，树立安全生产标兵85人，使安全生产单位达到了92%。全年发生安全生产事故83件，其中经阳泉市人民法院处理的26件，通过处理这些事故，打击了别有用心之人的现行破坏活动，维护了困难时期的安全生产秩序。

1960年，由于“总路线、大跃进、人民公社”三面红旗运动中出现一些“左”的做法，加上全国性自然灾害相继发生，人民群众的生活和全国经济出现较大的暂时困难，造成粮食供应和许多日常工业用品短缺，党中央开始纠正“三面红旗”建设中发生的错误。11月28日，毛泽东主席亲自写信给中央局和各省、市委《永远不许一平二调》，此后即禁止随意平调生产队的集体财产和社员私有财产。1961年1月，中共八届九中全会决定对国民经济实行“调整、巩固、充实、提高”八字方针。3月15日至23日，中共中央在广州举行会议，讨论和制定《农村人民公社工作条例(草案)》，简称《农业六十条》，针对“大跃进”期间发生的“共产风、强迫命令风、浮夸风、瞎指挥风、干部特殊化风”等五风进行查处。之后，集贸市场恢复，农民重新拥有了自留地，城乡经济开始活跃，破坏社会主义经济秩序的犯罪也随之减少，主要犯罪形式除传统的倒卖国家紧俏物资、紧缺日用工业品等投机倒把行为外，故意制造生产事故、破坏工农业生产的犯罪活动有较大幅度增加。为了进一步遏制别有用心的人针对社会主义经济秩序和生产秩序的犯罪，阳泉市人民法院会同公安部门、检察部门深入到各厂矿企业，分兵把口，发动群众，采取“三员大连环、政法一条龙”、就地侦破、就地捕判的方法，严厉打击现行破坏活动，并直接参加了反事故斗争，在运动中公开处理反革命分子因技术破坏造成的事故案件64件，全年还审结投机倒把和破坏金融管理案件4件，对故意杀害耕牛、破坏农业生产的犯罪分子冯利华进行了审判。阳泉市人民法院充分发挥审判职能，严厉打击破坏社会主义经济金融秩序犯罪，对困难时期发展社会主义经济、保障食品和日用品公平供给、解决人民群众面临的生活困难发挥了重要政治保证作用。

1961年，阳泉市人民法院打击破坏社会主义经济秩序犯罪，承袭1959年以来困难时期人民司法的做法和经验，开展三项重点工作，维护市场秩序、农业生产秩序和安全生产秩序。

一、配合市委、市政府学习贯彻《农业六十条》，打击破坏粮食统购统销政策的犯罪行为，维护人民公社和生产大队的农业生产秩序。为进一步学习贯彻《农业六十条》得到较好贯彻，纠正“大跃进”中发生的一些具体的错误做法，如“共产风、强迫命令风、浮夸风、瞎指挥风、干部特殊化风”等五风，制止农村人民公社存在的“平调”问题，和人民群众一起克服三年自然灾害和一些人为因素造成的生活困难，帮助工矿企业和各人民公社揭露、打击破坏社会主义经济和生产秩序的现行犯罪，当年一开春（3月份），阳泉市人民法院抽出院长、庭长、审判员共6人，与市公安局、市检察院统一组织力量，深入到政治情况复杂、生产落后、生活安排较差、“五风”严重的公社和生产队，抓生活、促生产，普遍开展“社会镇反”运动和“整社整风”运动，并采取由党内到党外、由干部到群众的方式，交政策、讲形势、宣传《农业六十条》和《工业十二条》，反复进行艰苦细致的组织发动和思想教育。在此基础上，于当年6月，阳泉市人民法院根据省委、市委关于保卫夏收、秋收安全的指示精神，又抽出7人组成巡回法庭，直接参加了市委组织的“保秋前线指挥部”，由庭长带队，深入荫营、河底、白泉等6个公社31个生产队，认真发动群众，反复讲解中国共产党的政策和保卫夏收、秋收的重要意义，帮助社员订立保夏护秋公约，建立必要的规章制度，批判“撑死大胆、饿死小胆”等错误思想，维护各人民公社和生产大队的农业生产秩序，保障国家粮食统购统销任务的安全，确保人民群众和社员生活不受影响。在维护全市农业生产秩序和人民群众生活秩序运动中，阳泉市人民法院先后挖出反革命分子95人，历史反革命分子7人，惯盗惯窃和蜕化变质分子79人。表扬奖励好人好事901户、1104人，评出五好光荣户81家，总计奖励光荣粮5116斤，菜2863斤，现金415元，奖励光荣农具及日用品103件，奖状329份。批评教育有小偷小摸行为的123人，印发保秋宣传品5500余张。

二、一手抓治安防范，一手抓政治事故，打击现行破坏，维护工矿企业的安全生产秩序。当年，阳泉市人民法院以“保卫钢、煤、磺、运输”等方面的安全生产目标，帮助企业堵塞漏洞，提高警惕，防止别有用心的人进行破坏活动，并选择了59个典型案件，深入 12 个厂矿、车间，通过大张旗鼓的公判活动，有力地震慑了破坏社会主义工矿业生产秩序的犯罪行为，使全年破坏工业生产的政治案件比上年（1960 年）下降了 279%。

三、严厉打击投机倒把犯罪，维护和稳定市场秩序。1961 年，根据党中央关于“治安管理从严”的方针和“政法三长”会议精神，阳泉市人民法院与市公安局、市人民检察院组成联合办公室，有组织、有计划地对那些好逸恶劳、弃工弃农弃学而进行投机倒把的人开展了针锋相对的斗争与打击，打击的重点主要针对倒卖国家资财犯罪、一贯进行投机倒把的人和因投机倒把而抢劫杀人的罪犯和投机倒把的首要分子，为此，从当年第四季度开始，阳泉市人民法院先后在人多众广的天桥、四矿、阳钢、车站、教育系统，对此类犯罪分子分 9 批进行了公判，从严处理了搞投机倒把又抢劫杀人的罪犯扬风春和投机倒把集团首要分子张全银、于振山、狄静礼等 48 名犯罪分子。严厉的审判打击和连续的成批公判，有力地维护了市场秩序，稳定了物价，全市无证商贩由过去的 209 人，下降为 29 人，因有投机倒把行为而主动向人民法院投案自首、表示洗手不干的人 176 名，如河底苏家泉生产队的 97 名社员，原计划到河北贩卖柿子，认为干买卖挣钱多、来得快，比种地强得多，经过阳泉市人民法院这次针对性打击教育受到震动，表示要在人民公社好好从事农业生产。

1963 年，审理投机倒把罪 6 件；对破坏农业生产秩序的 19 名罪犯，在灾情严重、发生问题比较多的 14 个农村生产大队进行了公开处理，保卫了夏收和秋收两大任务。

1964 年，审理投机倒把案件 5 件，伪造票证案件 1 件。

在困难时期，阳泉市人民法院自觉把自身工作同党和政府的中心工作相结合，对司法审判进行了大胆探索和实践，一方面，积极参加各项政治运动，参与阳泉市的经济建设。另一方面，充分发挥审判职能，严厉打击以投机倒把为主要特征的破坏社会主义经济秩序犯罪，严厉打击故意制造生产事故破坏工业生产秩序和经济建设秩序犯罪，从人民司法的高度配合人民政府贯彻执行《农业六十条》，纠正农村人民公社普遍存在的“五风”，促进农业生产，帮助社员解决生活困难，保证国家粮食统购统销任务的完成，提供了重要的司法保障。

“文化大革命”期间，由于粮食和日用工业品短缺，投机倒把犯罪时有发生，但这一特殊时期的审判工作由阳泉市革命委员会保卫部审判办公室负责。

1973 年，根据中共阳泉市委 6 月 28 日会议决定，恢复阳泉市中级人民法院，并升格为二审法院，当年，阳泉中院一方面加强组织建设、队伍建设和机构建设，另一方面，按照“文化大革命”期间党和国家对市场的管理规定，继续打击倒卖国家资财、扰乱社会主义市场秩序的犯罪行为，全年受理投机倒把（含盗窃）案件 22 起 29 人，占刑事案件总数 193 起的 11.3%。1974 年，投机倒把等破坏市场秩序和经济秩序的案件为 0。1975 年，审判投机倒把犯罪 3 件 3 人。1976 年，审判投机倒把犯罪 7 件。

1977年，由于“文化大革命”结束，集贸市场逐渐恢复，商品流通渠道开始出现多样化苗头，以“投机倒把”为主要特征的破坏社会主义经济秩序和市场秩序犯罪逐步减少，但此类案件减少或为零的直接原因，主要是城镇居民和农村人民公社社员对轻微投机倒把行为普遍予以容忍甚至接受。1978年12月，中共十一届三中全会召开，停止了“以阶级斗争为纲”的路线方针，党和政府的工作中心开始向经济建设转移。私营经济、个体工商户蓬勃发展，集贸市场林罗棋布，商品流通渠道丰富多彩，人民法院作为审判机关，在具体的司法实践中，逐渐把小商小贩视作社会主义商品流通的新形式，把私营经济视为社会主义公有制经济的重要补充，同买空卖空、套购国家资财、转手牟取暴利等严重投机倒把犯罪区别开来。

从1977年开始，阳泉市中级人民法院，包括基层人民法院受理审判的以“投机倒把”为主要特征的破坏社会主义经济秩序犯罪逐步减少。其中1977 ~ 1980年，基本上没有此类犯罪。直到1981年，才又有了审判投机倒把等破坏社会主义经济秩序和生产秩序犯罪的审判记载，当年审结投机倒把案件2件，伪造倒卖票证案件1件。此外，还审结破坏生产设施和公共建设案件1件。

1982年，党和国家胜利实现了工作着重点的转移，经济发展环境更加宽松，阳泉市以煤炭为中心的钢铁和能源重化工基地建设步伐加快，人民群众的生活质量得到较大提高和改善。但是，走私贩私、贪污受贿、投机诈骗、盗窃国家和集体财产等严重犯罪活动有了明显的增加，而且在少数地区、少数人员中还相当猖獗，这些严重破坏社会主义经济秩序的犯罪活动，往往是由国家机关和企业事业单位内的少数人员，同社会上的不法分子相勾结进行的，有时还打着国家或集体的幌子，有的甚至受到某些领导干部的支持。4月13日，中共中央、国务院公布《关于打击经济领域中严重犯罪活动的决定》。阳泉市中级人民法院在打击经济领域中的严重犯罪活动中，正确掌握政策，严格区分和正确处理两类不同性质的矛盾，在受理的案件中，以事实为依据，以法律为准绳，划清工作失误同违法犯罪的界限，划清经济上的不正之风同经济犯罪的界限，划清走私贩私、贪污受贿、投机诈骗同实行对外开放、对内搞活经济政策中由于某些制度、办法不完善而发生的问题的界限，划清破坏社会主义经济秩序犯罪同经济合同履行过程中出现的问题的界限，对涉及犯罪的合同欺诈、投机倒把、伪造票证等，严重破坏社会主义经济秩序的行为依法予以审判打击。对属于经济纠纷、不涉及犯罪的经济案件进行调解或受理、审判。

1983年，党中央根据刑事犯罪急剧增多、社会治安状况恶化的非正常状况，决定开展严厉打击严重危害社会治安的犯罪分子的斗争，采取集中统一行动的方式开展“严打”。“严打”斗争的开展，迫切需要从理论和实践上解决“严打”和综合治理的关系问题。同年8月，中共中央办公厅下发《关于“严厉打击刑事犯罪活动、实现社会治安根本好转”》（简称《宣传纲要》）。9月2日，全国人大常委会颁布《关于严惩严重危害社会治安的犯罪分子的决定》和《关于迅速审判严重危害社会治安的犯罪分子的程序的决定》，阳泉市中级人民法院根据上述《宣传纲要》和两个《决定》，积极参与并认真指导基层人民法院开展严打整治斗争。与此同时，阳泉市两级人民法院仍然密切注意发生在阳泉地区的破坏社会主义经济秩序和生产秩序犯罪。当年依法审结投机倒把案件 1 件 1 人，破坏生产设施案件 1 件 1 人。

1984 年，阳泉市两级人民法院在继续引深"严打"整治斗争的同时，进一步加强了经济审判工作，改变了"一人庭"、"无人庭"的尴尬局面，抽调有相关知识和经验的审判人员，充实到经济审判庭，积极开展经济审判。在改革开放的新形势下，按照"对内搞活、对外开放"的方针政策，阳泉市两级人民法院也改变了观念，提高了认识，对过去曾经按破坏社会主义经济秩序犯罪审判的案件，如弃工弃农弃学从事长途贩运的人和事、季节性从事农副产品买卖的游商、单枪匹马奔走于工矿企业和行政事业间从事物资办公用品营销的"皮包公司"，或从事转手倒卖生意的个体工商户等，如果没有严重走私贩私、买空卖空等犯罪行为，也没有造成第二、第三方重大经济损失，即不再视为破坏社会主义经济秩序犯罪进行司法审判。对从事合法生意过程中涉及到的经济纠纷案件，则改由经济审判庭或民事审判庭调解、审理。

1987 年 9 月 17 日，为了加强对经济活动的监督管理，保护合法经营和正当竞争，制裁投机倒把活动，保障经济体制改革的顺利进行，国务院发布《投机倒把行政处罚暂行条例》，对轻微的投机倒把行为，授权由工商行政管理机关依照本条例规定予以处罚。对情节严重，构成犯罪的投机倒把行为，方移送司法机关依法追究刑事责任。《暂行条例》将以牟取非法利润为目的，违反国家法规和政策，扰乱社会主义经济秩序的十一类行为，界定为"投机倒把"：一是倒卖国家禁止或者限制自由买卖的物资、物品的；二是从零售商品或者其他渠道套购紧俏商品，就地加价倒卖的；三是倒卖国家计划供应物资票证，倒卖发票、批件、许可证、执照、提货凭证、有价证券的；四是倒卖文物、金银 (包括金银制品)、外汇的；五是倒卖经济合同，利用经济合同或者其他手段骗买骗卖的；六是制造、推销冒牌商品、假商品、劣质商品，坑害消费者，或者掺杂使假、偷工减料情节严重的；七是印制、销售、传播非法出版物 (包括录音录像制品)，获得非法利润的；八是为投机倒把活动提供货源、支票、现金、银行账户以及其他方便条件，或者代出证明、发票，代订合同的；九是利用报销凭证弄虚作假，进行不正当经营的；十是垄断货源、欺行霸市、哄抬物价、扰乱市场的；十一是其他扰乱社会主义经济秩序的投机倒把行为。

从 1987 年 9 月，国务院发布《投机倒把行政处罚暂行条例》到 1997 年 10 年间，阳泉市两级人民法院在审理破坏社会主义经济秩序犯罪案件的审判，由过去主要打击小商小贩的投机倒把犯罪，逐步放宽视野，主动适应社会主义市场经济蓬勃发展的新形势，将此类犯罪的审判重点，放到"合同诈骗、非法经营、票据诈骗、假冒注册商标、非法持有使用假币和金融凭证诈骗”等上面。

1998年，审判破坏社会主义经济秩序犯罪13案16人，其中依法作出判决的9案，由检察机关主动撤诉的4案。包括生产、销售伪劣农药、兽药、化肥、种子罪1案1人，签订履行合同失职罪1案1人，票据诈骗罪2案2人，虚开增值税等专用发票罪2案4人（含检察院撤诉2案），非法制造、销售非法制造的注册商标标识1案1人（后由检察院撤诉），合同诈骗案5案5人（含检察院撤诉1案1人），伪造倒卖伪造的有价票证1案2人。

此后，阳泉市中级人民法院依法对破坏社会主义市场经济秩序的八种类型的犯罪活动予以审判打击。

1999年，审判虚报注册资本、合同诈骗、伪造倒卖虚开增值税专用发票等破坏社会主义经济秩序案件14件，判处犯罪分子19人。2000年，审判虚报注册资本、合同诈骗、伪造倒卖虚开增值税专用发票等破坏社会主义经济秩序案件11件，判处犯罪分子21人。2001年，审判虚报注册资本、合同诈骗、伪造倒卖虚开增值税专用发票等破坏社会主义经济秩序案件13件，判处犯罪分子22人。如盂县上乌纱村委会及有关人员，在1996、1997年两年间，偷逃税款40余万元，虚开增值税专用发票2份，金额19.9万元，经依法公开审理，该村被处罚金50万元，村原支部书记、村长及煤矿矿长、会计相关责任人分别判处有期徒刑及罚金。

2002年，审判虚报注册资本、合同诈骗、伪造倒卖虚开增值税专用发票等破坏社会主义经济秩序案件16件，判处犯罪分子28人。如被告人赵桂芳在1995年至2001年8月期间，以高额利息回报作诱饵，大肆进行非法集资诈骗，作案89起，诈骗资金480万元，受害群众近百人，阳泉市中级人民法院以非法集资罪判处其无期徒刑。2003年，审判虚报注册资本、合同诈骗、伪造倒卖虚开增值税专用发票等破坏社会主义经济秩序案件20件，判处犯罪分子44人。2004年，审判虚报注册资本、合同诈骗、伪造倒卖虚开增值税专用发票等破坏社会主义经济秩序案件16件，判处犯罪分子33人。2005年，审判虚报注册资本、合同诈骗、伪造倒卖虚开增值税专用发票等破坏社会主义经济秩序案件20件，判处犯罪分子37人。2006年，审判虚报注册资本、合同诈骗、伪造倒卖虚开增值税专用发票等破坏社会主义经济秩序案件16件，判处犯罪分子18人。2007年，审判虚报注册资本、合同诈骗、伪造倒卖虚开增值税专用发票等破坏社会主义经济秩序案件19件，判处犯罪分子23人。2008年，审理合同诈骗、伪造倒卖虚开增值税发票等破坏市场经济秩序犯罪案件18件，判处犯罪分子26人。2009年，审结商业贿赂、生产、销售伪劣商品、金融诈骗等案件13件，判处罪犯18人。

2010年，因生产、销售含有三聚氰胺问题奶粉，阳泉金福来乳业有限公司单位犯罪被判罚金80万元，7名直接责任人分别被判处三年以上有期徒刑并处罚金。年内，审结破坏社会主义经济秩序罪24件35人，其中，生产销售伪劣产品罪3件11人；信用卡诈骗罪1件1人；逃税罪2件2人；非法购买增值税专用发票、购买伪造增值税专用发票罪2件3人；合同诈骗罪15件16人；非法经营罪1件2人。

2011年，审判破坏社会主义经济秩序罪19件31人，审结18件29人。其中，审结生产销售伪劣产品罪2件5人；生产销售有毒、有害食品罪1件7人；虚假出资、抽逃出资罪1件1人；出售、购买、运输假币罪1件1人；信用卡诈骗罪2件2人；虚开增值税专用发票、用于骗取出口退税、抵扣税款发票罪1件1人；非法制造、出售非法制造的发票罪1件1人；合同诈骗罪7件7人；非法经营罪1件2人；非法转让、倒卖土地使用权罪1件2人。有1件1人非法出售增值税专用发票、购买伪造的增值税专用发票案件未审结。2012年，审判破坏社会主义经济秩序罪31件58人，审结29件52人。其中，审结生产销售伪劣产品罪3件9人；生产、销售虚假药罪1件2人；虚报资本罪1件2人；非国家工作人员受贿罪2件8人；持有、使用假币罪1件2人；信用卡诈骗罪6件6人；非法出售增值税专用发票罪1件1人；销售假冒注册商标的商品罪1件1人；合同诈骗罪10件11人；非法经营罪1件7人。有3件6人伪造、出售伪造的增值税案件未审结。1件1人旧存的非法购买增值税专用发票、购买伪造增值税专用发票案件未审结。

上述数据可以看出，从2010年开始，破坏社会主义经济秩序罪的犯罪现象呈日益突出和上升的趋势，不仅作案的人数大幅增加，而且触犯的刑法条款也在日益增多。从2011年的19件31人，猛增至2012年的31件58人，分别增加了31.9%和53.44%。而且，涉案领域也从增值税犯罪、信用卡、合同诈骗，到销售假冒注册商标的商品罪和生产、销售虚假药罪，以及虚报资本罪、逃税罪等较为复杂的犯罪方式发展。

小资料

什么是投机倒把罪？

以牟取暴利为目的，违反国家金融、外汇、金银、工商管理法规，非法从事工商活动，扰乱市场，破坏社会主义经济秩序，情节严重的行为谓投机倒把罪。根据工商管理法规的规定，投机倒把行为主要有：一、投机倒卖，违反政策规定，倒卖生产资料；抬价抢购倒卖国家计划收购的物资；从商业部门套购商品转手倒卖；个人坐地转手批发倒卖；倒卖计划供应票证和银行有价证券；倒卖外货、外币、金银、珠宝文物、贵重药材等。二、居间牟利，黑市经纪，买空卖空，转手渔利，以替单位办理业务为名巧立名目，招摇撞骗掠取财物等。三、降质抬价，欺行霸市，囤积居奇，哄抬物价；偷工减料，掺杂使假，以假充真。四、出卖证明、发票、合同、代出证明、代开发票。

1997年《刑法》取消了“投机倒把罪”。

第五节 侵犯公民人身权利、民主权利犯罪案件的审判

一、审判故意杀人犯罪

故意杀人是指故意非法剥夺他人生命的行为，是侵犯公民人身民主权利的一种性质最恶劣的犯罪。阳泉市中级人民法院始终坚持依法从重从严从快审判和打击故意杀人的犯罪行为，保障公民的人身权利和民主权利，维护社会主义法制，维护公民人身安全，保障公民生命价值和人身尊严。

由于阳泉市是中国共产党解放较早的革命老区，社会治安情况相对稳定，从1947年至1950年，故意杀人犯罪极少。

1949年新中国成立后，党和政府主张和鼓励妇女生育、增加人口数量、提高人口质量，因此，一度把虐杀（主要指受公婆虐待而死亡的媳妇、童养媳妇，当时妇女的非正常死亡率很高）、堕胎、溺婴作为“杀害人命”的重大案件，给予相应的打击处理。如1950年，即审理三件因虐杀、堕胎、溺婴而发生的“杀害人命案件”。一起是李家庄村家妇任福梅虐待媳妇张三妮（19岁），在张三妮患痘病期间不予任何照顾，不请医生救治，致媳妇高温不退死亡。第二起是甄家庄村郭荀妮、李根柱未婚而孕产一女婴，被郭荀妮之母史润娥溺亡。第三起是隆兴街王崇妮未婚而孕在胎儿六个月时“小产”。当时的阳泉工矿区人民法院均根据中国共产党的政策和方针进行了审理。对虐待导致媳妇死亡一案中的任福妮获准保释（由于档案资料不全，最终处理不明）；对溺婴死亡案件中的李根柱（郭荀妮之未婚夫），则罚小米120斤作为郭荀妮的营养补助，对溺亡婴儿案中的凶手郭荀妮的母亲史润娥，则由人民政府进行严格教育，具保假释后在村里执行，并通报全工矿区，禁止此类事件继续发生。而对“不小心”造成“小产”的女青年王崇妮，经阳泉工矿区人民法院审理，获准其在家“休养身体”。

可见解放初期，党和政府对生命，包括胎儿的生命和初生女婴的生命都非常珍惜，其保护程度也是非常得力有效。

1959年，审判凶杀案2件。1963年，审判凶杀案3件。1964年，审结凶杀案4件。

“文化大革命”期间的故意杀人犯罪由阳泉市革命委员会保卫部审判办公室负责审判。1973年，阳泉市人民法院升格二审法院，恢复行使对故意杀人犯罪的审判，当年审结凶杀案件6起9人，其中判处死刑者2人。1974年，审结行凶杀人案件6起8人，判处死刑1人。1975年，审判杀人案件3案3人。1976年，审判行凶杀人

案4起，判处死刑立即执行的1人。（另两起死刑执行案为反革命案件。）

1977年，审判杀人案件6起，判处死刑缓期执行的3名。1980年，《刑法》和《刑事诉讼法》正式实施，按照“两法”精神，审判杀人案件2起。1981年，继续围绕全面实施《刑法》和《刑事诉讼法》，开展对故意杀人犯罪的审判，并根据中央〔1981〕21号文件《关于全国五城市社会治安座谈会议》和全国人大常委会第十九次会议通过的三个法律文件，同公安检察机关密切配合，进一步贯彻依法从重从快的方针，审判杀人案4件，判处死刑3人，死刑缓期执行1人。1982年，审结杀人案件9件，判处死刑3人，死缓2人。

1983年，中共中央办公厅下发《关于“严厉打击刑事犯罪活动，实现社会治安根本好转”》（宣传纲要）。1983年9月2日，全国人大常委会颁布《关于严惩严重危害社会治安的犯罪分子的决定》和《关于迅速审判严重危害社会治安的犯罪分子的程序的决定》，坚持“公、检、法党内联合办公”方式，对故意杀人的犯罪分子和伤害致死人命的犯罪分子，进行快捕、快判、快决，严厉打击故意杀人犯罪，维护公民人身权利。1984年，是“严打”斗争的第二年，阳泉市两级人民法院继续贯彻“依法从重从快”的方针，惩处了一批故意杀人和伤害致死人命的犯罪分子。1985年，“严打”斗争进入第三个年头，全年两级人民法院审结故意杀人案5件6人，过失杀人案1件1人。

附表6：1983年阳泉市两级人民法院受理审判的刑事案件一览表

受案法院	受理		审结		结案率	备注
	（件）	（人）	（件）	（人）	（%）	
矿区	116	250	105	208	99.2	
城区	131	155	123	236	93.89	
郊区	132	261	131	260	99.24	
平定	94	166	88	142	93.62	
盂县	63	155	63	155	100	
阳泉中院	61	214	43	162	70.49	
二审刑事案件	受理	上诉案件	抗诉案件	审结	91	
	67	62	5	61	平均（%）	
总计	664	1263	558	1224	92.49	

注：1.在上诉案件中，维护原判的44件，占72%；改判的8件，占13.1%；改判加重4人，减轻的8人，无罪的3人，发还重审的9件，占14.9%；2. 从本年度起，平定县、盂县划归阳泉市政府管辖。平定、盂县法院成为阳泉中院一审法院。

经过三年三个战役的“严打”斗争，发生在阳泉地区的故意杀人和伤害致死人命案件明显减少，社会治安形势严峻的局面得到转变。1986年之后，此类案件在阳泉市三区两县处于低发案状态。但到20世纪90年代初中期，故意杀人和伤害致死人命案件又出现了抬头现象。1990年，阳泉市中级人民法院贯彻中央政法委“5·5”电话会议精神，坚持对重大案件在起诉前提前介入，做好审理准备，起诉后快审快判，使这一期间的刑事审判审结时间平均14天左右，对重大案件在起诉后第三天即告审结，审判了常宝瑞等一批重大杀人、抢劫案件，常宝瑞被判处死刑。

1991年，阳泉中院针对本地区暴力犯罪有所抬头的现象，于6月28日召开5万多人参加的“全市严厉打击严重刑事犯罪活动群众大会”，山西省委和阳泉市委有关领导讲话，中院和城区、矿区法院在会上宣判了26名严重刑事犯罪分子，续军等18名罪犯被处以重刑，赵同川、雷应勤、郑云彬等3名暴力犯罪分子被处以死刑。本年度，杀人、抢劫犯李永智被判处死刑，进一步引深了“严打”斗争，巩固了“严打成果。

1994年，阳泉市中级人民法院从“改革、发展、稳定”大局出发，进一步强化专政职能，继续贯彻“从重从快”方针，充分运用审判武器打击杀人犯罪，安伟波等故意杀人犯罪分子判处死刑。

20世纪90年代中期以后，随着改革开放进一步深入，阳泉地区作为能源重化工基地，围绕煤炭采掘业设置的卫星工业、集体所有制企业和服务业，企业改组、重组，包括破产、转产出现高潮，社会进入矛盾凸显期和利益调整期，因经济纠纷、邻里纠纷、偶发原因等因素诱发的故意杀人案件和故意伤害致死人命案件大量增加。1996年，阳泉中院针对此类案件的增发趋势，充分发挥专政职能，突出“打团扫恶”斗争，审结故意杀人案13件15人，陈孔年、梁天明等被判死刑。

1997年，修改后的《刑法》《刑事诉讼法》先后实施，审结故意杀人犯罪案件9件10人，其中以强奸、故意杀人罪判处邢捷死刑。

1998年，受理故意杀人案12件12人，判决11件11人，由检察机关撤诉1件1人。

1999年，审结故意杀人犯罪案件11件15人。判处服刑期间不思悔改、故意残杀两人性命（死者二人均为阳泉一监服刑人员）的罪犯史利锋（同为阳泉一监服刑人员）、杀害司机抢劫出租车的韩学志、董兵锁死刑。

进入21世纪以后，随着阳泉地区煤炭重化工基地建设速度加快和城镇化建设的推进，三区两县的流动人口大量增加，社会管理空白点增多，由各种原因引发的故意杀人案和故意伤害致死人命案呈多发状态，碎尸案、抛尸案、连环杀人案等之前少发和根本不发的怪案、大案、要案频现。故意杀人案和故意伤害致死人命案连续多年保持在10件至16件的高发状态，特别是发生在阳泉市矿区的马家坪连环谋害妇女杀人案，给阳泉地区造成了恐慌（该案于2006年侦破，当年审结）。为此，阳泉市中级人民法院进一步加大对此类犯罪的打击力度，以保障人民群众的生命安全和人身安全。

2000 年，审结故意杀人案 11 件 12 人，故意杀人犯张建忠等被判处死刑。

2001 年，开展“严打整治”斗争，审结故意杀人案 16 件 20 人，故意杀人犯王春林等被判死刑。2002 年，继续开展“严打整治”斗争，审结故意杀人案 14 案 14 人，抢劫、故意杀人、强奸犯王二保，故意杀人犯翟润平、亢保应等判处死刑。2003 年，进一步引深“严打”斗争，审结故意杀人案 4 件 7 人，故意杀人、强奸、抢劫犯李金明和故意杀人犯张晋川，二犯被判死刑。2004 年，审结故意杀人案 14 件 19 人。故意杀人犯张保娣、李志刚、王俊平、朱亚岐、朱亚英等被判处死刑。2005 年，审结故意杀人案 14 件 24 人。故意杀人犯武进忠、李奎、王虎明等被判处死刑。

2006 年，按照最高院和省高院指示精神，完成了死刑二审案件开庭准备工作，对二审过程中可能遇到的问题，如集中关押、审限等问题进行了科学调研和预测，制订了应对预案和应对准备，坚持“少杀、慎杀”原则，严把死刑案件一审关，审结故意杀人案 16 件 27 人，震惊全国的马家坪系列杀人犯杨树明被判处死刑。2007 年，审结故意杀人案 10 件 14 人，故意伤害案 152 件 193 人，过失致人重伤案 1 件 1 人。故意杀人犯、爆炸犯王燕昌，依法判处死刑。2008 年，严厉打击绑架、杀人、抢劫、故意伤害等暴力犯罪，审结故意杀人案 10 件 11 人，故意伤害案 142 件 176 人，过失致人重伤案 1 件 1 人。绑架主犯刘洪禄，故意杀人、强奸犯任捷，依法被处以死刑。2009 年，审结故意杀人案 11 件 12 人，故意伤害案 144 件 184 人，过失致人死亡案 2 件 2 人。5 名故意杀人犯罪分子被依法执行死刑。

2010 年，审结故意杀人犯罪案件 11 件 14 人。故意杀人犯吕存绪、马千里被判处死刑。故意杀人犯吕存绪，男，1952 年 9 月出生，山西省盂县人。吕存绪与郑某（同案犯，已判刑）关系暧昧。郑某因琐事对前夫武某的妻子于某心生怨恨，多次要求吕存绪报复于某。经两人共同谋划，2009 年 1 月 25 日，吕存绪到于某家，谎称是武某的朋友，趁于某打电话联系武某之际，吕存绪迅速打掉于某的手机，掏出随身携带的弹簧刀朝其颈部、胸部、腹部捅刺数刀，致其死亡后逃离现场。吕存绪于 2009 年 3 月被公安机关依法逮捕。故意杀人犯马千里，男，1972 年 2 月出生，河南省清丰县人。2006 年以来，马千里一直与王某保持不正当关系。2008 年 10 月 3 日，马千里将其夫妻共同购买的新房钥匙给了王某。后因新房需要装修，马千里害怕自己与王某的不正当关系被妻子张某发现，遂起意杀害张某。10 月 8 日 23 时许，马千里在自家卧室，趁张某熟睡，采取捂嘴、掐颈、用铁丝勒颈等手段致张某死亡，伪造现场后离去。次日早晨，马千里返回作案现场给张某亲属打电话，谎称发现张某被害，并拨打了 120 急救电话。马千里于 2008 年 10 月被公安机关依法逮捕。为严厉打击严重刑事犯罪，保护公民人身权利不受侵犯，阳泉市中级人民法院依法判处故意杀人犯吕存绪、马千里死刑，剥夺政治权利终身。一审判决后，罪犯吕存绪、马千里不服，分别提出上诉。经山西省高级人民法院二审、复核，驳回二犯上诉，维持原判，并依法报请最高人民法院核准，判处故意杀人犯吕存绪、马千里死刑，剥夺政治权利终身。

2011 年，审判故意杀人案 8 件 10 人，结案率 100%。8 月 4 日，根据最高人民法院下达的《执行死刑命令》，阳泉中院依法对故意杀人犯吕存绪、马千里执行死刑。本年，还审结过失致人死亡案 8 件 8 人。2012 年，新收故意杀人犯罪案件 11 件 14 人，审判故意杀人案件 12 件 15 人，其中，包括旧存 1 件 1 人，审结 9 件 9 人。本年，还审结过失致人死亡案 3 件 3 人。

附案例 1：反贪局科长包养两个情人 雇凶杀害二奶母女被焚尸

新闻提要：山西省阳泉市城区人民检察院反贪局原侦查科科长王俊平，同时包养两个情人惹火了二奶。王俊平担心此事暴露影响自己的前程，雇佣三奶朱亚英的弟弟朱亚岐，合谋将二奶以及三岁的女儿杀害并焚尸。事后，朱亚岐嫌佣金少，以告发为由多次敲诈王俊平和朱亚英。王俊平和朱亚英驱车直奔江苏张家港杀人灭口，致朱亚岐轻伤、其女友詹某重伤。前天，3 名杀人犯均在山西省阳泉市伏法。

厮混歌厅搭识二奶　生下女儿又寻新欢

王俊平与“二奶”王小丽相识于 1997 年。王小丽的亲戚在阳泉开了一家歌厅，王俊平是那里的常客。离异一年多的王小丽在亲戚的歌厅帮忙，两人很快熟识。王俊平闲聊中告诉王小丽，他的婚姻生活不幸福，与妻子因家庭矛盾已经分居半年多。不久王小丽就和比她大 12 岁的王俊平发生了性关系。此后，他们在阳泉市郊小阳泉村一带租下房屋，居然过起了夫妻一样的生活。

同居不久，王小丽怀孕了。在父母的追问下，王小丽把王俊平领回家见了父母。有了孩子后，王小丽父母不把王俊平当外人，不称心的是王俊平一直没与妻子离婚。几年过去，王俊平不仅没离婚，而且回“家”不像以前那么勤了，经常在外面过夜。王小丽断定王俊平又在外面风流快活。王小丽去王俊平单位“堵”过几回，找到他单位领导去哭闹，闹得单位的人几乎都知道了王俊平包养二奶的事，但两人关系越闹越僵，直至王俊平向她彻底摊牌。

悠闲科长再泡三奶　花花太岁种下祸根

原来，在和王小丽相好后的第二年也就是 2001 年夏天开始，王俊平又与一个名叫朱亚英的女子产生了“感情”。朱亚英，来自江苏张家港市东莱镇，比王小丽小 8 岁，比王俊平小整整 20 岁。在阳泉市做服装生意的朱亚英和王俊平也是在歌厅认识的。

相识以后，王俊平开始有意无意地经常到朱亚英的服装摊上转转。有时，也买一两件衣服。碰上朱亚英生意比较忙，王俊平还会像老熟人一样，帮着照应摊子。

2000年春节期间，朱亚英回到了张家港市的老家，与当地一位姓刘的青年结了婚，一年后生下孩子。2001年夏天，结婚生子的朱亚英又一次只身来到了阳泉。此时的王俊平，已坐上了阳泉市城区检察院反贪局侦查科科长的宝座。

此后两人关系迅速升温。王俊平与朱亚英开始了断断续续的同居生活。朱亚英是个很有心计的女子，对王俊平百依百顺。此时的王小丽则是另一副模样，王俊平觉得自己与王小丽重归于好已不可能，自己的事业、幸福很有可能就会毁在这个女人手里。于是，一个凶狠的念头在他心中渐渐浮现出来。

二奶母女惨遭杀害　帮凶敲诈被谋夺命

王俊平多次与朱亚英预谋后，花两万元雇了朱亚英的胞弟朱亚岐做帮凶。2003年2月5日晚，王俊平驾车伙同朱亚岐将王小丽及其三岁的女儿骗到阳泉市郊区三泉村的一废弃空屋前，采取扼颈、斧击头部等手段，将王小丽母女杀害，后将尸体移至空屋内毁尸灭迹。

事后，朱亚岐嫌佣金少，以告发为由多次敲诈王俊平和朱亚英。2004年3月6日，王俊平和朱亚英经过密谋，朱亚英决定“大义灭亲”，杀死自己的亲弟弟朱亚岐。

当天，王俊平和朱亚英买好了去江苏的火车票，然后赶赴阳泉桥北街市场采购杀人工具。

两人先后花6元钱买了一把铁锤，52元买了一块塑料地毯，又去商场买了一个黑尼龙旅行包，将从家里带出的一条军用棉被连同铁锤、地毯一起装了起来。按照王俊平的计划，他俩到达张家港后，朱亚英先回家，在自己的屋里铺好地毯，预防行凶后血液溅得遍地，难以处理。然后就可以把朱亚岐骗进屋里砸死了事。朱家所在村子距离长江很近，尸体用地毯、棉被一裹，加些附重物往长江一扔，神不知鬼不晓。但就要上火车的一瞬间，老谋深算的王俊平想到，杀人之后，把尸体从家里抬到江边，这段距离无论多近都存在危险，何况朱亚岐身高1.78米，比他俩都高出不少，加上地毯、棉被一个人肯定弄不动，两个人抬既不方便也容易招人注意。于是他断然决定开车去江苏，虽然山西的车牌在江苏不多见，但张家港经济发达，山西的车辆也不会少，车牌引起麻烦的几率应该小得多。王俊平、朱亚英当即退了火车票。下午3时许，王俊平开着他的桑塔纳轿车，载着朱亚英奔赴江苏。

穷凶极恶三奶杀弟　法网恢恢事败案发

3月7日早9时许，经过18个小时2000余公里的奔波，两人到达张家港，并在朱亚英老家东莱镇附近的锦丰镇旅馆住下。当日下午，两人又办了张家港本地的手机卡，同时到长江边上看了地形，选定了抛尸地点。

3月8日一早，王俊平开车把朱亚英送到东莱镇，然后朱亚英携带作案工具，乘坐公共汽车先回到青桥村家中。朱亚英悄悄打开自己房间，将塑料地毯铺在正对房门的地上，然后打电话通知王俊平一切已经准备好。王俊平随后赶到，将小车停在村边，徒步溜进朱家。

朱亚英和弟弟朱亚岐的房间都在二楼，朱亚岐房间的窗帘拉着，还在蒙头大睡。朱亚英叫他的时候，睡眼惺忪的朱亚岐第一个反应就是姐姐专程回来给自己送钱了。他一边揉眼睛，一边往姐姐房间走。到了房门外，迫不及待的朱亚岐就喊了起来："姐，你把钱都带来了？"

屋里的王俊平挥了挥手，朱亚英会意，冲门外喊道："进来再说。"拿钱心切的朱亚岐想也没多想，推门就进。由于王俊平在门后藏着，朱亚岐推门没有全推开，但看见姐姐房间里铺了一张崭新的地毯。朱亚岐一下子警觉起来，突然收住脚步，探头往门后望，一眼便瞅见了手握铁锤的王俊平。

朱亚岐情知不妙扭头就想跑，还大喊"救命"。王俊平窜到门口一把揪住朱亚岐的衣服，朱亚英同时也上前帮忙，把弟弟拉进了屋里。就在王俊平二人行凶时，朱亚岐的房间里忽然传出一阵呼救声。

原来，在朱亚岐房间叫喊的是他的女朋友詹某，两人通过网络相识，时间不长但已经同居。此事在外地的朱亚英压根不知晓。朱亚英先放开弟弟，急急跑到隔壁查看。随后，王俊平见朱亚岐已被砸得满头是血，不再动弹，也冲到隔壁。杀红了眼的王俊平上去照詹某脑袋就是两锤，将她砸倒在地。

可王朱二人返回刚才的行凶现场一瞧傻了眼，朱亚岐不见了！原来王朱二人上隔壁行凶时，苏醒过来的朱亚岐慌不择路从二楼阳台跳下去，狂奔到离朱家不远的一座桥上大喊救命，喊声惊动了村民，有人报了警。王俊平刚逃走，张家港市公安民警就赶到，将朱氏姐弟带去讯问。

花心败类风流终结　三个恶魔一起伏法

2004年3月15日，张家港市警方向山西阳泉市城区公安分局通报，要求缉拿犯罪嫌疑人王俊平。阳泉市领导高度重视，公安民警紧急出动。

3月19日，当地警方在王俊平的另一个情人家中将其抓获。根据犯罪嫌疑人王俊平的指认，警方在阳泉城北10公里外的一个偏僻山谷里找到了王小丽母女被害的现场。至此，震惊全国的阳泉市原检察官因婚外情导演的连环凶杀案告破。

2004年8月23日，检察机关就王俊平、朱亚岐、朱亚英故意杀人案向阳泉市中级人民法院提起公诉。2004年11月12日，山西省阳泉市中级人民法院对轰动一时的王俊平、朱亚岐、朱亚英故意杀人案作出一审判决：被告王俊平犯故意杀人罪、诈骗罪，数罪并罚，判处死刑；被告朱亚岐、朱亚英犯故意杀人罪，判处死刑。同时判决三被告共同赔偿原告人王某和郑某经济损失290929元；王俊平、朱亚英共同赔偿原告人詹某经济损失294484.19元。

阳泉中院一审判决后，三被告不服，分别上诉至山西省高院。省高院二审后，驳回上诉，维持原判，并依法核准死刑。5月17日，遵照山西省高院院长签发的《执行死刑命令》，三人被验明正身，押赴刑场，执行死刑。

注：本文来源：《现代快报》 作者：特约记者 杨洲 冯文战 快报记者 王彪
编辑：王凤英
（本文由志作者转引自2005年5月19日 杭州网）

附案例2：14年杀害9名女子 阳泉系列杀人案调查

——中央电视台新闻频道《法治在线》栏目2006年8月31日

2006年4月28日，41岁的杨树明因涉嫌制造系列杀人案被批捕。此前的3月23日，杨树明接受了中国人民公安大学心理测试中心专家的测谎，在对杨树明进行几轮测试后，专家丁同春对等待中的阳泉警方微微颔首。

震惊全国的阳泉系列杀人案嫌疑人就此锁定。经审讯，杨树明交代自1992年之后的14年内，他已累计残害妇女12人，致9人死亡、3人重伤。

系列杀人案9死3伤

14年前，山西阳泉市，一名年仅16岁的女孩凌晨被人用匕首扎死在马家坪地区阳泉矿区俱乐部外。当年的3月7日、4月22日、7月11日，又有3名年轻女子在马家坪被杀死……惨剧一直持续到2004年11月24日，共有9人死亡、3人重伤。

马家坪这个面积1.5平方公里的地方，成为阳泉的“白色恐怖区”，天色一暗几乎无人敢出门，若家中有人上夜班，家人必定早早等在大路边。有一次，一家人仅因一次疏忽没出门迎接，女主人就被杀死在距家门不足500米的地方。

由于几起案件中受害者穿的都是红色上衣，一时间关于“红衣杀手”的传闻纷纷扬扬，在马家坪乃至周边地区，女性甚至连鲜艳的上衣都不敢穿。 即使是这样，女性被残害的案件仍在发生。

一名女子下夜班回家，被一个男子逼到墙角，对方问她：“你认识不认识我？我就是杀人犯！”随后一刀捅在那名女子胸前。此时，一个骑摩托车的人恰好经过，听到受害者的惨叫后立即追赶凶手，看着前面黑影一拐，摩托车跟过去却一头扎进一口无盖井里，凶手逃遁。那名受害女子因抢救及时逃过一死，但事发时过于紧张，她没敢抬头看凶手的相貌。

一名女子下夜班回家，路上感觉有人跟踪，但在楼门口回头看身后并没人。当她走到4楼时，突然听到有脚步声追了上来，还没来得及回头，就被人从后面几刀捅倒。

一名矿工半夜回家，发现妻子被杀死在客厅。

而影响最大的案件发生在2001年10月。10月10日中午，43岁的洗衣工郭某中午下班回家进入马家坪，从此杳无音信。10月13日上午10时许，郭某的尸体被发现。据介绍当时郭某面部被剥掉，身体其他部位也受到残害……在抛尸地方不远处，凶手抛下了郭某的内脏。后来警方又在距离不远处，发现了郭某的另一被抛部位。

此案一发，马家坪的恐怖气氛几乎到了顶峰。

警方初步锁定嫌疑人名单

从发生第一起案件开始，警方从1992年建立的30多人的专案组14年中从未撤销过。但凶手每次作案后就如同人间蒸发，现场几乎不留任何痕迹。而综合历年受害人的特征，受害人之间几乎无关联性，也就是说找不到杀人者的动机。

唯一能算上有关联的，就是除郭某外所有死者年龄在30岁以下，年轻、衣着光鲜；而根据对郭某的调查，郭某平时总被人夸“穿什么都漂亮”。另外，凶手作案后既不抢东西，也没对死者进行性侵犯。

从1992年第一起杀人案开始，作案者手段越来越残暴，到后期连续做了3起碎尸案，每起案件中都有虐尸痕迹，特别是针对女性性器官。据此，警方判断对方是一个典型的变态杀手，而且杀手的心态越来越不正常。

该案件也被公安部列为挂牌督办的重点大案。但苦于没有直接证据，该案侦破工作一直没有多少进展。

2001年10月10日郭某被杀案让警方终于抓到了凶手的蛛丝马迹。警方在现场勘察中发现被抛弃的内脏中有很多蛆虫，而几个小时后抛出的面皮却只有一只蛆虫。警方据此判断凶手有冰箱、冰柜一类工具，同时凶手极可能不与家人居住，或者放置尸体的冷藏设备在另一个处所。从抛尸的时间来看，凶手有可能就在现场附近，看着警察清理完现场后再将另一部分尸体抛出。

“有冰箱、独居”，这成为筛查凶手的重要标准。之后几年过程中，专案组列出25名嫌疑人，最后又缩到19个人，但还是因没有有力证据，同时对这19人展开侦查难度极大。

这种情况下，2006年3月，阳泉警方向中国人民公安大学心理测试中心求助。

心理专家受邀参与破案

2006年3月20日，心理测试专家丁同春带领两名研究生来到阳泉市。当天深夜，丁同春到马家坪实地勘察现场：山坡上密布着几百间平房，平房间则是曲里拐弯的胡同，不大的地方竟然有53个死角。

丁同春与当地警方研究案情，分析认为系列案有两种可能，其一是由两伙人或两个人制造，其中一伙或一个制造了多起背后捅刀案件，另外一伙或一个则是碎尸凶手；其二，这些案件是由一个人制造，而且这个人的心理越来越扭曲，从最初的寻找刺激，慢慢有了条件而发展为碎尸。虽然大多数人倾向于第二个判断，但为了确保准确，丁同春还是决定分别根据系列捅人案和3起碎尸案分别出两套测试题目，但两套题间有千丝万缕的联系。

3月21日、22日，丁同春带着两个研究生翻阅全部案卷后，找出一个极不引人注意的细节，这个细节出自郭某碎尸案——郭某尸体被发现几天后，一个老太太在路上捡到一个塑料袋，里面装着一双女鞋、一串钥匙和一个衬衫上的假领子。经郭某家人辨认，正是郭某的物品。这个情节，除发现者及郭某家属外，只有警方和凶手知道。测试题目便围绕这个情节展开。

为了对嫌疑人进行测试，丁同春共出了76道题，其中有“那塑料袋里装的是钥匙吗”等。

测谎仪锁定连环杀手

2006年3月23日，第一轮测试开始。第一个走进测试间的嫌疑人就是杨树明。“穿了一件绿色衣服，像是个普通工人，但又不显得很粗鲁，一点都不张扬”，专家丁同春介绍，因为杨的家离郭某被杀案现场最近，而他下岗后自己盖了一间房在里面搞电焊，房间里又有冰箱，符合连环杀手的被怀疑条件，就被列入重点怀疑对象。刚一坐下，杨树明就对测试人员说，他的眼睛在进行电焊作业时被刺伤了。

在杨树明表示愿意接受后，测试开始。

第一遍测试中，杨树明频繁吸鼻子，显示器上他的呼吸图谱很不稳定。第二遍测试时，他又连连干咳。测试刚结束，杨树明就吵着要回家，称有人找他干活，并答应下午再来接受测试。丁同春分析，杨树明并不紧张，而刺伤眼睛也不会导致干咳和鼻子难受，杨树明是在故意装紧张。通过对图谱的分析，丁同春发现虽然杨树明的部分反应不很明显，但在藏尸、碎尸、塑料袋内的物品等几个重要测试点上，他都有对应反应，极有可能是系列杀人表现出的心理特征。

随后，其他18人先后接受了心理测试，在关键问题上都没有明显反应。

当天下午，杨树明再次接受测试，下午他显得很平静。测试重新开始后，可明显看出，杨树明在关于塑料袋内物品等重要测试点上有更明显反应。此外，他还对虐尸的细节有对应反应。丁同春和专案组分析所有测试者图谱，初步排除了其他18人。

3月24日，为确保不遗漏犯罪嫌疑人，丁同春又对其他被测试者进行了另一套题目的测试，结果仍是排除了其他人的作案嫌疑。此时，警方已对杨树明实施了严密监视。

3月25日，专案组与丁同春商量再出一套题，测试杨树明把凶器藏在什么地方。3月26日，无论警方怎么做工作，杨树明坚决不再接受测试。

3月27日，阳泉市公安局将犯罪嫌疑人杨树明拘审。

嫌疑人称为报复社会

4月3日，阳泉警方宣布马家坪系列杀人案告破，犯罪嫌疑人杨树明被抓获。从他的家中，警方发现了20余把各种尖刀。

据介绍，杨树明被抓获时说："算你们聪明，从测试到抓我都没说我是凶手，要不我把你们都扎死。"

杨树明落网后，认识他的人都不敢相信他就是肆虐了14年的连环杀手。在邻居们眼中，杨树明成天笑眯眯的，孝敬父母，对妻子、孩子特别好，没什么异常。据说郭某的尸体被发现后，杨树明也去看热闹，回来还跟邻居说："谁干的，太狠了。"

2006年11月22日，山西阳泉市中级人民法院召开严厉打击严重刑事犯罪分子宣判大会，马家坪系列残害妇女案的罪犯杨树明被执行死刑

经审讯，杨树明交代了14年来的12起案件。得知杨树明招供，阳泉市公安局局长、主管刑侦的副局长和刑侦支队主办此案的副支队长3人抱头痛哭。

4月5日，清明节当晚，几十名死者家属到马家坪，在案发地周围烧纸祭奠亲人，告慰亲人在天之灵。

4月10日，公安部专门向阳泉警方发来贺电，祝贺他们成功破获这起公安部挂牌督办的大案。

4月28日，杨树明被检察机关批准逮捕。据了解，杨树明交代他的杀人动机是为报复社会，他认为周围的人都过得比自己好，社会对他不公平。丁同春把这分析为"综合性的报复社会的杀人动机"。

王永明故意杀人、盗窃案

被告人王永明，小名"明明"，男，1978年11月28日生，汉族，初中文化，山西省阳泉市郊区人，住阳泉市郊区西南舁乡东南舁村72号，本村务农。2010年7月23日因涉嫌故意杀人罪被阳泉市公安局郊区分局刑事拘留，同年8月3日被逮捕。

阳泉市人民检察院以"阳检刑诉〔2010〕26号"起诉书指控被告人王永明犯故意杀人罪、盗窃罪一案，于2010年11月15日向本院提起公诉。

被告人王永明对指控的事实及罪名无异议，并对自己的行为表示不后悔。

阳泉市中级人民法院经审理查明：2002年期间，被告人王永明与被害人王润明双方父母同住一院，曾因琐事发生争执，后王润明赔偿王永明的父母一万元医疗费了结此事，但王永明一直对王润明怀恨在心。2009年初，王润明担任村书记后，不同意王永明在村里私挖矾石，王永明认为王润明有意和他过不去，便产生了杀死王润明全家的想法。2010年7月1日晚11时许，被告人王永明携带一把单刃匕首，以商量事情为由，敲门进入王润明家，在客厅内与王润明商量是否同意其挖山（矾石），王润明不同意，王永明即掏出单刃匕首，趁王润明不备朝其的颈部连捅数刀（5刀）致其倒地，后闯进卧室，见王润明的妻子王海梅听见响动正准备穿衣起身时，被告人王永明冲过去抓住她的头发，持匕首朝其颈部连捅数刀（6刀），王润明的儿子王培鑫（5岁）见后吓得躲到床边墙角，王永明跳上床抓住孩子朝其颈部连捅数刀（4刀）。返回客厅的王永明看见王润明还在动，就又朝其颈部捅了一刀，见王润明不再动弹，从其裤口袋内拿走4000余元现金、钥匙一串及手机一部。出了客厅看见王海梅在院内爬行，被告人王永明又顺手拿起窗台上的木棒朝其头部打击一下，身上踢了一脚。随后王永明去厨房洗了手并将院门锁上，驾驶停放在王润明家门口的白色无牌昌河汽车（价值15480元）逃离现场。

作案后被告人王永明逃往河北、天津、大同、武乡、左权等地。2010年7月22日，阳泉市公安局郊区分局侦查人员在左权县石港村石港煤矿张文广家中，将刚刚至此落脚休息的王永明抓获。

阳泉市中级人民法院认为，被告人王永明对王润明心存不满，连续杀害三人，均当场死亡，其行为已构成了故意杀人罪；该被告人在杀人犯罪后，盗窃死者现金4000余元、价值15480元的昌河汽车一辆及手机一部，数额巨大，其行为已构成盗窃罪。被告人王永明一人犯数罪，应数罪并罚。阳泉市人民检察院指控的事实清楚、证据确实充分，指控的罪名成立。被告人王永明本具有前科劣迹，其一人连犯二罪，杀害三人，该被告人实施犯罪手段极其残忍，情节极其恶劣，后果极其严重，并在犯罪后无丝毫悔意，又欲杀害他人，其社会危害性极大，予以严惩。为了打击严重刑事犯罪，保护公民人身权利不受侵犯，根据被告人的犯罪事实、性质、情节和对社会的危害程度，依据《中华人民共和国刑法》第二百三十二条、第二百六十四条、第六十九条及《最高人民法院关于审理人身损害赔偿案件适用法律若干问题的解释》第二十七条、第二十九条之规定，被告人王永明犯故意杀人罪，判处死刑，剥夺政治权利终身；犯盗窃罪，判处有期徒刑五年，并处罚金人民币五千元，数罪并罚，决定执行死刑，剥夺政治权利终身，并处罚金人民币10000元。被告人王永明赔偿附带民事诉讼原告人郭凤先、王慧各项经济损失共计297343.5元；其中，赔偿郭凤先99114.5元，赔偿王慧198229元。（上述赔偿款项于判决生效后三十日内支付）。作案工具及用于外逃工具的红色重庆80摩托车及随车物品予以没收。

二、审判故意伤害罪

故意伤害罪是指故意非法损害他人身体健康的行为。故意伤害罪是侵犯公民人身权利中最常见的一种犯罪行为。阳泉市中级人民法院针对故意伤害罪有较长的审判历史、丰富的审判经验和有许多经典的审判案例。

《阳泉工矿区人民法院1950年前半年工作总结》即有受理和审结“暴行”、“伤害”、“虐待”等危害公民人身权利的案件，其中审结的“暴行”案件为16件。而“伤害”、“妨害”、“虐待”等，均属于“危害公民人身权利”行为，只是程度不同而已。

随着社会主义制度的确立和阳泉市社会主义建设、社会主义改造的发展，故意伤害在建国初期至20世纪60年代末，属于较少发生的恶性案件。

1963年，受理斗殴伤害案件55件。1964年，审结过失致人死亡案件1件，斗殴伤害案件65件，虐待案件4件。1975年，受理伤害案件18件38人，过失案5件5人。1979年，受理伤害案件23起。

1980年，《刑法》、《刑事诉讼法》正式实施，阳泉市中级人民法院在没有现成经验、没有审判法庭和相关设备，交通工具缺乏、经费不足的情况下，积极创造条件，实行公开审判，对照《刑法》论罪科刑，受理审结伤害案件24起。如侯建新一案，初审中合议庭以杀人罪判处死刑、缓期执行，市政法领导组指示改为死刑。由于认定事实有出入，判处不当，被告提出上诉，省高院以适用法律不当和党委不审批案件为由，发还重审，经第二次开放审理，即纠正了死刑判决，以伤害罪判处原告无期徒刑。

1981年，审结伤害案件25件。1985年，审结伤害案件39件51人。1996年，审结故意伤害案件153起175人，其中故意伤害致人重伤或死亡案件74起89人，轻伤76起83人，过失重伤3起3人。伤害案件中，法院判决120件，撤诉1件，移送1件，退检补充侦查16件。1997年，审结伤害案件99起117人，其中故意伤害致人重伤或死亡案件40起48人，轻伤59起69人。伤害案件中，法院判决77件，撤诉15件，移送2件，退检补充侦查1件，终止4件。1998年，审结故意伤害案件153起191人。其中判决132件，调解1件，检察院撤诉16件，自诉人撤诉1件，终止3件。1999年，审结故意伤害案件136起157人。其中判决122件，检察院撤诉8件，终止4件。

2000年，审结故意伤害案件153起164人。其中判决130件，检察院撤诉16件，自诉人撤诉1件，驳回自诉2件，移送1件，终止3件。2001年，审结故意伤害案件183起218人。其中判决160件，调解1件，检察院撤诉17件，自诉人撤诉4件，驳回自诉1件。2002年，审结故意伤害案件204起241人。其中判决190件，检察院撤诉13件，自诉人撤诉1件。2003年，审结故意伤害案件151起177人。其中判决142件，调解1件，检察院撤诉5件，自诉人撤诉1件，驳回自诉1件，终止1件。2004年，审结故意伤害案件187起227人。其中判决178件，检察院撤诉4件，自诉人撤诉1人，移送1件，终止3件。2005年，审结故意伤害案件121起152人。其中判决117件，检察院撤诉3件，移送1件。2006年，审结故意伤害案件156起189人。其中判决149件，检察院撤诉4件，移送1件，终止2件。

2007年，严厉打击故意伤害犯罪，审结此类案件152件，判处犯罪分子193人。在审理此种类型的案件中，阳泉市两级人民法院坚持罪、刑相适应的原则，严格依法审判，确保案件质量。同时强化人权保障意识、中立裁判意识和程序公正意识，贯彻“疑罪从无”、“无罪推定”的现代司法理念，加大了司法领域的人权保护力度。2008年，审结故意伤害案件142件176人。2009年，审结故意伤害案件152件193人。2010年，审结故意伤害案件162件201人。2011年，受理故意伤害案203件267人，审结209件267人，在审结的案件中，包括旧存12件13人。本年度，还审结过失致人重伤案1件1人。2012年，受理故意伤害案152件213人，审结158件226人，在审结的案件中，包括旧存6件13人。

从上述数据可以看出，2005年，故意伤害案件出现一定程度下降后，2006年即开始反弹，到2012年，故意伤害案件虽经人民法院严厉打击，但仍呈上升趋势。

附表7：1996 ~ 2012年审结故意伤害案件一览表

年份	收案		结案		判决	调解	检察院撤诉	自诉人撤诉	驳回自诉	移送	终止	旧存	备注
	（件）	（人）	（件）	（人）									
1996	153	175	153	175	120			1					31退检侦查
1997	99	117	99	117	77			11		1			3其他
1998	153	191	153	191	132	1	16	1			3		
1999	136	157	136	157	122		8	2			4		
2000	153	164	153	164	130		16	1	2	1	3		
2001	183	218	183	218	160	1	17	4		1			
2002	205	242	204	241	190		13	1					
2003	150	176	151	177	142	1	5	1	1		1	1	
2004	198	241	187	227	178		4	1		1	3		
2005	118	149	121	152	117		3			1		11	
2006	155	188	156	189	149		4			1	3	8	
2007	165	163	152	193	145		4				3	1	
2008	142	180	142	176	138		3				1	20	
2009	139	180	144	184	143						1	16	
2010	162	201	161	208	159						2		
2011	203	267	209	267	207					1	1	12	
2012	152	213	158	226	156					2		6	
合计	2656	3222	2662	3262	2465	3	93	23	3	9	25	75	

三、审判强奸犯罪

强奸罪是指违背妇女意志，使用暴力、胁迫或者其他手段强行与妇女发生性交的犯罪行为。

从建院初期至1960年代初，阳泉地区强奸案发生较少，阳泉市人民法院审结的强奸案，主要为强奸幼女案件。1952年，审判张芝田强奸幼女14人的重大恶性案件，判处死刑，报上级法院审核。审结冯珍礼强奸幼女2人案，判处有期徒刑15年。1953年2月20日，最高人民法院发布《关于严惩强奸幼女罪犯的指示》，正值全国性“贯彻婚姻法运动”，阳泉市人民法院会同妇联、民政部门成立“贯彻婚姻法委员会”，期间，根据上级法院下达的复核通知，将强奸14名幼女的罪犯张芝田执行死刑。1955年，审判强奸幼女案6件。1957年，进一步加大对强奸罪的打击力度，纠正量刑偏轻的审判，如曹牛小因奸淫四岁幼女被判有期徒刑4年，但该犯恶习不改，在看守所又鸡奸少年罪犯，阳泉市人民法院两罪并罚，加重刑期至10年。当年，奸淫幼女案即下降25%，强奸妇女案下降了4%。1959年，审结强奸案26件；1960年13件；1962年2件。

1963年，强奸和奸淫幼女案件上升比较突出，全市（当时不包括盂县和平定）共发生奸淫幼女案16件，起诉到阳泉市人民法院的14件，比1962年受理的奸淫幼女案增加366.66%，比1961年的4件增加250%。在1963年受理的奸淫幼女案中，发生在本年度的12件，发生在上年度的2件。从犯罪分子职业上看，工人9名，农民2名，无正常职业的3名。罪犯年龄在16～17岁的少年4名，21～25岁的2名，26～30岁的2名，31～50岁的4名，51岁以上的2名。从婚姻情况看，未婚的9名，已婚的5名。奸淫幼女在4名以下的10案，5～10名的2案，11名以上的2案，被奸幼女达55名，其中，4岁以下的9名，5～10岁的31名，11～14岁的13名，16～17岁的少女2名。犯罪分子奸淫幼女的手段，其共同特点是：趁幼女无知，利用食物和金钱引诱进行奸污，有的诱至宿舍，有的诱至野外，有的窜至被奸者家中趁家中无人进行奸污。被奸者多是罪犯邻居，有的则是老乡。在犯罪分子中，工人多，少年多，没有干部和教师及其他同幼女有教养关系的人。从作案地区上看，多发生在职工家属居住地。奸淫幼女的犯罪行为，给阳泉市的社会治安和幼女人身安全和身心健康，带来了极为恶劣的影响，幼女身体受到摧残，思想受到影响，危害了社会治安秩序，给工矿区有女儿家庭的父母造成心里恐慌，直接影响到工、农业生产。为了严厉打击强奸幼女的犯罪行为，遏制强奸幼女案件的多发势头，保障幼女身心健康，阳泉市人民法院于9月和10月，除少年罪犯外，集中公判了一批强奸幼女的犯罪分子，其中判处有期徒刑7～10年的7名，11～15年的4名，20年的1名，判处管制的1名。如先后强奸幼女6名、两次强奸妇女未遂的罪犯齐明，被判处有期徒刑15年。对17岁的少年犯王占有判处有期徒刑7年。1963年强奸幼女案件上升的主要原因有四：一是旧社会的渣滓未得到彻底改造，如流氓惯犯李保元，在解放前旧就有强奸妇女的历史罪案，解放后恶习未改；二是残余反革命分子和坏分子兴风作浪，扰乱社会治安，摧残革命后代，如历史反革命分子朱玉和，1959年特赦后，不仅没有痛改前非，而且变本加厉；三是劳动人民家庭出身的落后分子腐化堕落，如宋旺盛，在受工友委托照看孩子期间，将工友9岁的女儿奸污；四是有些少年缺乏教育，如16岁的少年犯崔德贵，因打架斗殴被阳泉市第一中学开除，父母任其流落街头，最后导致犯罪；五是打击不力。

阳泉市人民法院在打击强奸幼女犯罪中，对强奸幼女案件的认定摸索出一套行之有效的经验：一是见证人证明；二是被奸幼女的控词；三现场调查笔录；四是罪犯遗留分泌物及污杂物；五是发现和告发的情况；六是家属与被告的关系；七是被告的供词。

1964年，强奸案呈多发势头，全年审理奸淫幼女、少女、强奸妇女案42件（其中强奸妇女案10件，奸淫幼女案19件，流氓案13件），比1963年增加147%，占新收公诉案件91件的46.1%。不仅数量大幅增加，而且作案手段和犯罪情节极为恶劣，有的在大庭广众、公共场所公开猥亵污辱妇女，有的利用职工上班之机入室奸污职工家属，有的在偏僻街巷拦截污辱妇女，有的教师利用职权奸污女生，有的医务人员利用职务之便乘人之危奸污病妇，甚至发生两起流氓结伙轮奸少女的恶劣事件。针对强奸案件多发的情况，阳泉市人民法院同阳泉市公安局、阳泉市人民检察院密切配合，深入群众，及时查证审理，予以从严打击，选择典型案件，先后召开6次公判大会，对犯罪分子进行大张旗鼓公开处理，其中，判处死刑1人，无期徒刑1人，20年有期徒刑2人，10年～15年有期徒刑19人，5年～10年8人，5年以下3人，管制3人，拘役8人。12月20日，在市体育场召开公判大会，对多次奸污女学生的中佐中学老师张文华判处死刑，参会人数达15000多人，在枪决张犯文华的同时，阳泉市人民法院张贴布告，印发严厉打击强奸和流氓犯罪的宣传提纲，打击了犯罪分子的嚣张气焰，教育了人民，维护了社会治安，保卫了生产和建设。

1965～1973年，随着"文化大革命"的开展和深入，政治气氛更加浓厚，人民审判机关（阳泉市革命委员会保卫部审判办公室）对以强奸为主要形式的流氓犯罪始终保持了高压态势，打击更加严厉，强奸犯罪趋于逐步减少。1974年，审结强奸流氓案23起25人。

需要说明的一点是，从建国初期到80年代，流氓犯罪的范畴一般指污辱、猥亵和调戏妇女。到1979年第一部《刑法》颁布，流氓犯罪的外延才有所扩大，除污辱、调戏妇女外，聚众闹事和打架斗殴等，才划入流氓犯罪序列。

1975年，审判强奸案15件15人。1976年，审结强奸案22件。1979年，审结强奸案12件。1980年，审结强奸案16件。1981年，贯彻中央6号文件，开展从重从快打击杀人、抢劫、强奸、放火、爆炸以及严重破坏社会秩序等“六种犯罪”运动，随着运动的开展和深入，审结强奸案28件。1982年，审理强奸案42件。

1983年，根据中央和全国人大常委会关于严厉打击刑事犯罪分子的决定，进一步加大对强奸犯罪的打击力度，强奸犯罪受到空前严厉的打击，全年审结七类犯罪案件276件699人，1984年，“严打”斗争进一步深入，审结七类犯罪196件508人。其中强奸犯罪占很大比例，约为30%左右。强奸犯罪在本次“严打”高潮中，很多罪犯被判处极刑、无期徒刑。1985年，随着“严打”斗争第三战役的开展和深入，审结奸淫幼女犯罪案件11件14人，强奸犯罪案42件44人。

经过1983年—1985年连续三年三个战役的“严打”斗争，强奸犯罪和奸淫幼女犯罪，包括鸡奸犯罪均受到沉重打击，“文化大革命”结束后此类犯罪持续上升的势头受到有力遏制，有效地保护了幼女、少女和妇女的人身安全，从1986年至1994年，发生在阳泉市三区两县的强奸案件出现大幅下降趋势。1994年开始出现回升苗头，阳泉市中级人民法院有针对性地审结了一批强奸大案要案，其中抢劫、强奸案主犯王海贵、王宝牛被判处死刑。1996年，审结强奸案59件77人，奸淫幼女案9件9人。之后，强奸犯罪案件便一直处于低发状态。

1997年，修改后的《刑法》《刑事诉讼法》正式实施，在贯彻实施“两法”中，发挥审判职能，严厉打击强奸犯罪，审结强奸案27件32人，奸淫幼女案4件5人。其中，强奸、杀人犯邢捷被判处死刑。1998年，审结强奸案27件37人，奸淫幼女案3件3人。此外，审判强制猥亵、侮辱妇女案2件3人。1999年，审结强奸案26件30人，奸淫幼女案7件7人，此外，审判强制侮辱猥亵妇女案2件4人。

2000年，审结强奸案11件18人，奸淫幼女案6件6人，此外，审判强制猥亵、侮辱妇女案2件2人，其中强奸、抢劫犯张爱强被判处死刑。2001年，审结强奸案24件27人，奸淫幼女案8件8人，审判强制猥亵、侮辱妇女案4件4人。2002年，审结强奸案26件39人，奸淫幼女案1件1人，其中强奸、抢劫、故意杀人犯王二保被判处死刑。2003年，审结强奸案20件24人，奸淫幼女案2件2人，审判强制猥亵、侮辱妇女案1件1人。其中强奸、抢劫、故意杀人犯李金明被判处死刑。2004年，审结强奸案15件20人。2005年，审结强奸案15件16人，审结强制猥亵、侮辱妇女罪2件2人。2006年，审结强奸案19件22人，强制猥亵、侮辱妇女案2件2人。2007年，审结强奸案11件13人，强制猥亵、侮辱妇女案1件1人。猥亵儿童案1件1人。2008年，审结强奸案21件24人，强制猥亵、侮辱妇女案2件3人。猥亵儿童案4件4人。2009年，审结强奸案14件20人，强制猥亵、侮辱妇女案2件2人。猥亵儿童案1件1人。2010年，审结强奸犯罪案件20件23人，审结猥亵儿童案2件2人。

2011年，受理强奸案22件30人，审结21件29人；受理强制猥亵、侮辱妇女案1件1人；本年度，旧存猥亵儿童案1件1人，新收7件7人，审结8件8人。2012年，旧存强奸案1件1人，新收19件21人，审结20件22人；审理旧存强制猥亵、侮辱妇女案1件1人，新收1件1人，审结2件2人；本年度，还审结猥亵儿童案3件3人，猥亵儿童案受到人民法院严厉打击，较上年出现较大幅度的下降，下降了67.2%。

总之，阳泉市中级人民法院在依法审判故意杀人、故意伤害等严重侵犯公民人身权利、民主权利犯罪的同时，对有过强奸、奸淫幼女、强制猥亵、侮辱妇女、猥亵儿童等犯罪行为，同样依法予以严惩，有力地保障了妇女、少女、幼女和儿童人身权利。

附1：最高人民法院关于严惩强奸幼女罪犯的指示

最近本院综合了天津、北京、西安、南郑、上海、南京、重庆、梧州、番禺、信阳、广州、迪化等12个城市的一部分材料，证明不少地方连续发生强奸幼女（包括污辱幼女和鸡奸幼童）的案件。如天津市1952年6月至9月发生强奸幼女案件××件，被害儿童×××人。北京市市、区两级人民法院1952年下半年共收强奸幼女案×××件，被害儿童×××人（内有鸡奸幼童案件××件，被害幼童××人）。西安市强奸幼女案件逐年增加，1950年有××件，1951年有××件，1952年1月至5月有××件。南京市人民法院1952年5月至8月在强奸案件中，经法医检查的被害幼女有××人之多。仅从以上一些片断的统计数字看来，残害儿童的严重情况是不能容忍的。各级人民法院必须对这种情况引起严重的警惕和重视。

根据现有材料初步研究，强奸幼女罪犯一般有着下列特点：（一）这些罪犯的历史、出身，绝大部分是反动军官、兵痞、流氓、帮会分子等。（二）有的罪犯是有罪恶的反革命分子，其强奸幼女罪行有政治性的破坏作用。（三）不少地方多次发生小学校的教职员或勤杂人员强奸幼年女学生事件（这类罪犯的历史、出身，也是伪军、流氓或一贯思想反动、生活腐化的少数教育界败类）。（四）罪犯的年龄自二、三十岁到五、六十岁以上的都有。

强奸幼女罪犯以各种野蛮残酷的手段，如强奸、鸡奸，惨无人道地残害儿童。如天津强奸幼女罪犯赵汉城先后强奸8岁至14岁幼女10人。上海强奸幼女罪犯刘承福先后污辱蹂躏5岁至13岁女学生74人。反革命分子陈天芬解放后在番禺混入我小学校当教员，先后强奸8岁至12岁女生6人，污辱蹂躏女生24人（以上各犯已分别由各地人民法院判处死刑）。根据现有材料，各地被强奸或污辱的幼女（包括幼童），年龄最小的仅有三、四岁，最大的十六、七岁。她们受伤最严重的当场即因伤致死；有的后来得病死亡；有的被染上梅毒不能走路；很多幼女的身体和心灵，因野蛮残害而遭受极严重的创伤。

为了结合贯彻《婚姻法》运动，正确执行保护妇女儿童健康的政策，本院特对强奸幼女（包括污辱幼女和鸡奸幼童）案件的处理，作如下的指示：

一、各级人民法院在思想上必须明确：新中国儿童是祖国的下一代，是祖国的新生命。

人民政府和人民群众对于儿童的健康是最关心、最爱护的。共同纲领第四十八条对于保护儿童健康作了明确的规定。残害幼女、幼童的身体和心灵，就是残害祖国的下一代，这种罪恶行为是非常恶劣严重的。各级人民法院对于强奸幼女（包括污辱幼女和鸡奸幼童）罪犯，必须依法从严惩治，不得轻纵。特别是对于罪恶重大者，应坚决处以重刑。

过去一年来，全国有不少人民法院处理这类案件，一般能够正确执行政策，从严惩治罪犯，但也有不少人民法院对于保护妇女儿童健康的政策认识不足，有的甚至受着浓厚的旧法观点支配或影响，发生过轻纵的偏向。如西安强奸幼女罪犯邓吉祥，以铁锹锄头威胁，强奸9岁至14岁幼女3人，并企图强奸幼女10数人，未能达到目的，西安市人民法院可以“诱奸”幼女罪判处该犯徒刑3年6个月。该院类似的重罪轻判案件尚有多起，由于量刑轻纵，影响到西安市强奸幼女案件的逐年增加。这些重罪轻判的偏向，必须认真检查纠正。

二、强奸幼女犯罪的根源，是国民党长期反动统治遗留下来的旧社会污毒。强奸幼女的兵痞流氓犯罪分子，是浸透了剥削阶级腐朽堕落思想的旧社会渣滓，这种坏分子在新社会为数虽然很少，但散布的角落和对新社会的危害却是严重的。要把这种犯罪分子彻底清除，单靠就案办案是不行的。只有依靠人民群众，把人民群众积极发动起来，与这种罪行进行斗争，才能获得效果。各级人民法院应根据当地实际情况，对于当地强奸幼女犯罪的性质、类型、数量进行正确的研究和估计。在强奸幼女案件发生较多的地方，特别是这类案件严重存在的地方，当地人民法院认为有必要时可选择典型案件，在有领导、有组织、有准备的基础上，吸收广大群众举行公开宣判大会并可于必要时将宣判大会宣判的案件通过新闻报道或其他口头宣传方法，扩大宣传，宣传的目的，是严肃地揭发强奸幼女的罪恶；说明保护儿童健康的严正意义，以求普遍深入地教育群众，发动群众。公开宣判时，在被害儿童及其家属自愿的原则下，应允许其当场控诉。如被害儿童及其家属不愿公布姓名，在宣判时可不予公布其姓名。强奸污辱的具体过程，不应在判决书或新闻报道中公布。各级人民法院处理强奸幼女案件，应与各有关机关团体（如贯彻婚姻法运动委员会、公安、民政、教育机关、妇联、工会、青年团等团体）保持密切联系，并应主动向各有关机关团体反映情况，联系工作。在发动群众中，应注意启发与鼓励人民群众协助人民政府和人民法院，把当地可能尚未破案的这类暗藏罪犯揭发检举出来。各级人民法院必须在当地人民政府的统一领导下，以贯彻婚姻法运动为中心，根据当地强奸幼女案件情况适当地布置以上工作。

目前，有不少人民法院结合贯彻婚姻法，与有关机关团体配合，通过公开宣判大会，处理典型的虐杀妇女和强奸幼女案件，有的已取得了很大的成绩。但有的地方虽举行了公开宣判大会，而发动群众不够普遍深入，教育意义和影响不大。有的地方虽惩治了一些强奸幼女罪犯，但对当地这类案件的全面情况尚缺乏调查研究，心中无数，对案件发生原因也未能进行具体分析。这些缺点，应根据本院指示的精神认真检查克服，以求在已有成绩的基础上继续改进和提高一步。

三、各级人民法院应即根据本院指示结合当地强奸幼女案件情况研究执行。省、市以上人民法院并应将执行情况作成专题报告，及时报送本院。

1953年2月20日，最高人民法院

附2：阳泉市政法领导小组关于大张旗鼓宣判处理流氓犯罪分子的情况报告

市委、刘书记、王市长、并报省公安厅、省检察院、省法院、省委政法办公室：

为了严厉打击流氓犯罪活动气焰，进一步维护社会治安，保障人身权利不受侵犯。我市政法机关，遵照市委和上级政法机关的指示，于十二月二十日（星期日）在市体育场，召开了一次规模较大的宣判大会，对三名罪大恶极的流氓罪犯，进行了大张旗鼓地宣判处理。这次会议原计划有组织参加的五千人，实际到会的有一万五千人。其中有各机关、团体、厂矿、企业的职工、干部，有学校教师、有医务人员，还有城市街道居民和近郊农业社员等，声势之大，规模之广，是五八年以来的第一次。

会议一开始，首先由乔林布同志，代表人民政府和政法机关讲了话。着重讲解了当前国内外大好形势和我市的治安情况，揭露了当前流氓犯罪活动，及其对社会治安的严重危害。并进一步阐明了党和人民政府对待各种犯罪分子“惩办与宽大相结合”的政策。接着由市人民法院高副院长对三名强奸、侮辱妇女的流氓分子进行了宣判。计：判处死刑立即枪决的1名，无期徒刑的1名，判处15年徒刑的1名。在判处的三名流氓罪犯中：

一个是披着人民教师的外衣，多次奸污女学生的强奸犯张文华，现年34岁，捕前是我市中佐中学教师，出身于官僚资产阶级家庭，其父是个罪大恶极的反革命分子，解放时逃往台湾。其兄也是反革命分子，被捕判刑后病死在监狱。因此，该犯对党和人民政府怀有刻骨的阶级仇恨。在混入我革命阵营后，一贯流氓成性，道德败坏，利用职权，抓住少年女学生求知的愿望，采取了给学生补课、教歌曲、透露考试题等手段，多次奸污少年女学生。据调查，从一九五七年以来，先后强奸、侮辱少年女学生20名，青年女教师1名。有些学生被奸污后，身受摧残，面黄肌瘦，有的身染重病，甚至精神失常，还有的受孕怀胎。更恶劣的是当该犯的丑恶罪行被广大师生揭发之后，该犯不择手段，多次威胁受孕女学生葛秀琴服毒自杀未遂。为此，依法判处死刑，并立即执行枪决。

一个是流氓犯孙发山，现年66岁，捕前在我市开馄饨馆。该犯在历史上系评剧演员，流氓成性，解放后毫不悔改。从一九六二年以来，利用金钱引诱手段，先后强奸、侮辱幼女3名，妇女1名。其中有一名幼女被其奸污后，子宫出血，久病不愈。为此，依法判处无期徒刑。

另一个是，流氓分子周万生，现年28岁，捕前系我市白羊墅生产大队社员。该犯一贯流氓成性，从一九五七年以来，趁职工上夜班之机，爬墙入宅46次，其中已被奸污的妇女有6名，由于该犯的严重威胁，致使该村人心惶惶，有些妇女夜晚不敢出门，孤身不敢睡觉，职工不愿上夜班等，严重危害了社会治安，影响了职工生产情绪。为此，依法判处有期徒刑15年。

与此同时，为了震慑敌人，教育群众，充分发挥宣判处理的价值作用，市法院还张贴了“枪决流氓犯”的布告六百张。会后，市委宣传部门和公安局联合印发了“严厉打击流氓犯罪活动”的宣传提纲一千份，动员全市各级党委宣传部门，在全市广大职工群众中开展了深入广泛的共产主义道德宣传教育和法制教育。这次宣判大会，有市委的大力支持，声势浩大。因而，收到了良好效果：

一、广大群众拍手称快，纷纷表示拥护。当宣判结束，将罪大恶极的流氓犯张文华绑赴刑场枪决后，广大群众奔走相告，纷纷反映说：“判的好，杀的对，这些人面兽心的家伙，如果不狠狠地杀上几个，社会治安就不能巩固，人民就不能安宁。”兴隆街居民赵秀英说：“政府杀得好，像这样的教师不枪毙，谁还敢让自己的女孩上学呢？”三矿退休老工人李日祥，看了布告后义愤地说：“这次处决的真好，像张文华这样的败类，应该多杀上几个，不然培养革命接班人将是个大问题。”铁路工人侯忠昌说：“流氓分子是人民的公敌，应该狠狠地杀上几个，再不杀，我们的社会主义建设就会受到影响，社会治安就不能巩固，妇女和女孩的人身就没有保障”。

二、进一步提高了广大群众的革命警惕性，积极检举揭发了流氓犯罪活动。在宣判会后，三天之内，先后有30多名职工群众到公安机关检举揭发了流氓犯罪活动。而且，出现了许多丈夫检举妻子，妻子控告丈夫，徒工揭发师父等大义灭亲的事例。如新顺巷家属唐桂香，向我站上派出所民警尚彭珠检举了其丈夫一贯不务正业，经常乱搞不正当两性关系的流氓行为，并要求予以处理。刻字社有个徒弟，参加宣判会议会，一连向我站上派出所写了两份检举材料，检举其师父刘富长的流氓事实。德胜街群众余秀文、马改兰等人，在参加宣判会议后向我公安机关扭送一可疑人，经审查名叫刘素英，是一个专以找对象为名，进行卖淫活动的女流氓。

三、震撼了敌人，打击了歪风邪气。宣判会议后，有些流氓分子表现惊慌失措，坐立不安；有的主动到公安机关投案自首，表示痛改前非。在宣判会后近两三天内先后有12名犯有流氓行为的人，主动到公安机关坦白交代了自己的问题。如铝矾土矿工人张登科、孙变安，过去不断跑流氓，会后主动到保卫科坦白说：“过去没有听党的话，赚上两个钱就跑流氓，弄的吃没吃，穿没穿，前途真危险，今后，一定要改邪归正。”站上有些女流氓，过去经常涂脂抹粉，招摇过市。宣判大会后，表现神精张慌（原文如此），改装打扮，遇到公安人员，低头而过。矿山机械厂流氓分子吴刚，在宣判会前群众控告了其流氓行为，经传讯拒不坦白，只承认和三个妇女有男女关系，二十日参加了宣判大会后，一夜没睡觉，次日一早就到市人民法院投案自首，交代了奸污25个妇女的严重罪刑。并表示低头认罪说：“我一定要痛改前非，要求政府给我一条活路，愿在劳动中改造自己。”对此，我们正在查证。

总之，这次宣判大会，对流氓犯罪活动是一次沉痛打击，对维护社会治安，保证生产建设起到了积极作用。但是，有些坚持反动立场的敌人，还不甘心于失败，甚至有的在乘机活动。如官房街有个流氓分子关希保，在宣判后向群众散布说：“那个人（指已枪毙的强奸犯张文华）死的真威风，有那么多群众送行，还有大干部，汽车等，真威风。”站上新顺巷有个女流氓张玉英，过去与王仙云有男女关系，近来被王妻唐桂香揭发后，张于本月二十一日手持菜刀在唐家进行威胁说：唐诬告了她，声言死在唐家，后被群众驱散。因此，说明阶级斗争是长期的。同样，与流氓分子的斗争也是长期的，尖锐的。对此各级政府公安保卫干部，必须高度警惕，决不能产生任何松劲情绪。为了刹住这股恶风，要求各级政法公安部门要乘胜追击，在全市范围内有计划地开展一次政治攻势，促使一批流氓分子投案自首，对于继续进行活动的流氓分子，查明情况，从严惩办。借以巩固已有成果，获取更大胜利。

一九六四年十二月二十三日

附3：中共中央《关于严厉打击刑事犯罪活动的决定（节录）》

（一九八三年八月二十五日）

（一）

为了迅速扭转社会治安的不正常状况，最近中央召开了全国政法工作会议，赵紫阳同志作了重要讲话。中央决定以三年为期，组织一次、两次、三次战役，按照依法“从重从快，一网打尽”的精神，对刑事犯罪分子予以坚决打击。

严厉打击刑事犯罪活动，是政治领域中一场严重的敌我斗争。它对于搞好社会治安，推动社会风气的根本好转，巩固和发展安定团结的政治局面，保障社会主义建设的顺利进行，对于提高全党、全军和全国各族人民的敌情观念和政治警惕性，加强党纪、政纪、军纪，加强社会主义法制，坚持人民民主专政，都有极其重大的意义。不经过这场重大的斗争，社会治安不可能搞好，社会风气的根本好转不可能实现，社会主义建设也不可能顺利进行。同时，也只有这样，才能使我们在实行对外开放、对内搞活经济政策，把经济逐步繁荣起来以后，避免资本主义国家那种犯罪活动泛滥、社会很不安宁、道德风尚败坏的不治之症，使我们的党保持良好的精神风貌和思想作风，使我们的国家保持良好的社会风气。因此，一定要把这场斗争作为全党、全军和全国各族人民的一件大事来认真抓好。

（二）

党的十一届三中全会以来，全国政治、经济形势很好。社会治安经过几年来的不断整顿，虽然有所好转，但总的来说，还没有根本解决问题，还没有根本好转。在我国剥削阶级作为阶级消灭以后，阶级斗争还将在一定范围内长期存在，在某种条件下还有可能激化。“十年内乱”，林彪、江青反革命集团严重破坏了我们的党风和社会风气，一些人特别是一些青年人受他们散布的无政府主义、极端个人主义思想毒害很深；加上我们实行对外开放、对内搞活经济政策以后，党的思想政治工作和一些必要的管理制度没有跟上去，外来资本主义思想的渗透，国内新老社会渣滓的乘机捣乱，使一些早已绝迹的社会丑恶现象重新出现。这种种因素，不但严重扰乱了社会治安，败坏了社会风气，而且使危害人民安全、破坏社会主义建设的犯罪活动得以滋生和蔓延。目前许多地方社会治安的情况还很不好，特别是不断发生一些骇人听闻的重大恶性案件；犯罪分子的气焰在许多地方还很嚣张，有的已经发展到无所顾忌、无所畏惧的地步；一部分群众包括一些干部、民警在内，都怕犯罪分子行凶报复。因而出现了“坏人神气，好人受气，积极分子憋气，基层干部泄气”的不正常状况。如果我们对这种状况不迅速加以制止，任其蔓延发展，必将严重危害人民生命财产的安全，破坏社会的安定，妨害社会主义物质文明和精神文明的建设，引起广大人民群众的不安和不满。

造成这种不正常状况的原因，从主观上来说，主要是我们没有能够强有力地行使专政职能，对犯罪分子打击不力。对严重刑事犯罪分子实行依法从重从快惩处的方针虽已提了多年，但是没有很好的贯彻执行。近几年的实践充分证明，只有下决心组织几个战役，按照依法“从重从快，一网打尽”的精神，对犯罪分子毫不留情地予以坚决打击，才能震慑犯罪分子，教育挽救一大批失足青少年，更好地贯彻执行对社会治安进行综合治理的方针，扭转目前的不正常状况。当然，我们说治安情况很不好，处于非正常状况，是按照我们社会主义社会应有的标准来衡量的。资本主义国家的社会治安问题要比我们严重得多，但我们不应当同他们比。在我国，犯罪分子毕竟只占人口的极少数，我们是完全能够惩治他们的。我们所说的“一网打尽”，是指对已经判明的各类刑事犯罪分子一个也不能姑息放任，而不是说今后不会再出现犯罪分子。对于目前尚未查出的犯罪分子，对于今后再出现的犯罪分子，仍然采取一网打尽的办法。只要坚决这样做下去，社会治安和社会风气的根本好转是完全能够实现的。全党、全军和全国各族人民一定要充分认识当前刑事犯罪活动的严重性，一定要充分认识严厉打击犯罪分子的必要性和紧迫性，自觉地投入到这场斗争中去。

……

（五）

这次严厉打击刑事犯罪活动，关键在于全党全军统一认识，政法公安部门统一认识，要讲清楚这样一些问题：

讲清楚严厉打击犯罪分子与综合治理的关系。运用专政手段，依法严惩犯罪分子，是综合治理的首要一条。首先要有政法公安机关的威慑力量，然后说服教育和其他手段才能起更有效的作用。特别是在犯罪分子活动猖獗的时候，不加强专政的威力，不严厉打击罪犯的气焰，其他措施就无法奏效。采取坚决打击的办法，再辅之以其他办法，才能收到综合治理的效果。

讲清楚从重从快惩处与加强法制的关系。法律本身，就包含了宽与严的内容，体现了宽严结合。我们审时度势，强调坚决惩治犯罪分子，正是依法办事的体现。对法律，我们必须严格遵守。但是决不能把法律条文的含义和量刑的幅度硬往有利于罪犯而不利于人民的方面去解释。我们的法律要真正成为人民群众、政法部门、公安干警同犯罪分子斗争的锐利武器，使人民感到法律是保护自己的，使犯罪分子害怕触犯国家的法律；决不能使犯法的人无所顾忌，而群众、干警同罪犯的斗争则困难重重。只有这样，才能伸张正气，压倒邪气，充分显示出人民民主专政的威力。

讲清楚强有力地行使专政职能与保障人民民主权利的关系。民主与专政不可分。只有绝大多数人民享有高度的民主，才能够对极少数敌人实行有效的专政；只有真正对极少数人专政，才能充分保障绝大多数人的民主权利。对危及人民生命安全的罪大恶极的犯罪分子坚决进行镇压，这才是革命的人道主义。如果姑息、放纵这些坏人，就是对人民的“不人道”。

讲清楚严厉打击刑事犯罪活动与社会主义物质文明和精神文明建设的关系。刑事犯罪活动，坑害青少年，毒化社会风气，污染精神生活，破坏社会安定，扰乱正常的生产秩序、生活秩序和社会秩序，是两个文明建设的重大障碍。只有严厉打击刑事犯罪活动，才能改变社会风气，促进社会安定，使人民群众有安全感，解除后顾之忧，一心一意地搞生产、搞建设。

附4：全国人民代表大会常务委员会关于严惩严重危害社会治安的犯罪分子的决定

（1983年9月2日第六届全国人民代表大会常务委员会第二次会议通过，1983年9月2日中华人民共和国主席令第三号公布施行）

为了维护社会治安，保护人民生命、财产的安全，保障社会主义建设的顺利进行，对严重危害社会治安的犯罪分子必须予以严惩。为此决定：

一、对下列严重危害社会治安的犯罪分子，可以在刑法规定的最高刑以上处刑，直至判处死刑：

1.流氓犯罪集团的首要分子或者携带凶器进行流氓犯罪活动，情节严重的，或者进行流氓犯罪活动危害特别严重的；

2.故意伤害他人身体，致人重伤或者死亡，情节恶劣的，或者对检举、揭发、拘捕犯罪分子和制止犯罪行为的国家工作人员和公民行凶伤害的；

3.拐卖人口集团的首要分子，或者拐卖人口情节特别严重的；

4.非法制造、买卖、运输或者盗窃、抢夺枪支、弹药、爆炸物，情节特别严重的，或者造成严重后果的；

5.组织反动会道门，利用封建迷信，进行反革命活动，严重危害社会治安的；

6.引诱、容留、强迫妇女卖淫，情节特别严重的。

二、传授犯罪方法，情节较轻的，处五年以下有期徒刑；情节严重的，处五年以上有期徒刑；情节特别严重的，处无期徒刑或者死刑。

三、本决定公布后审判上述犯罪案件，适用本决定。

附：刑法有关条文

第一百六十条　聚众斗殴，寻衅滋事，侮辱妇女或者进行其他流氓活动，破坏公共秩序，情节恶劣的，处七年以下有期徒刑、拘役或者管制。

流氓集团的首要分子，处七年以上有期徒刑。

第一百三十四条　故意伤害他人身体的，处三年以下有期徒刑或者拘役。

犯前款罪，致人重伤的，处三年以上七年以下有期徒刑；致人死亡的，处七年以上有期徒刑或者无期徒刑。

本法另有规定的，依照规定。

第一百四十一条　拐卖人口的，处五年以下有期徒刑；情节严重的，处五年以上有期徒刑。

第一百一十二条　非法制造、买卖、运输枪支、弹药的，或者盗窃、抢夺国家机关、军警人员、民兵的枪支、弹药的，处七年以下有期徒刑；情节严重的，处七年以上有期徒刑或者无期徒刑。

第九十九条　组织、利用封建迷信、会道门进行反革命活动的，处五年以上有期徒刑；情节较轻的，处五年以下有期徒刑、拘役、管制或者剥夺政治权利。

第一百四十条　强迫妇女卖淫的，处三年以上十年以下有期徒刑。

第一百六十九条　以营利为目的，引诱、容留妇女卖淫的，处五年以下有期徒刑、拘役或者管制；情节严重的，处五年以上有期徒刑，可以并处罚金或者没收财产。

发布部门：全国人大常委会　发布日期：1983年9月2日　实施日期：1983年9月2日

第六节　侵犯财产犯罪案件的审判

一、审判盗窃罪

成立于解放战争初期1947年5月4日的阳泉市，其行政区划主要集中于工矿区，制造业、冶炼业、采掘业和商业相对发达。当时全国尚未解放，华北地区处于解放战争前沿，未肃清的国民党散兵游勇仍有出没，旧社会遗留的地痞流氓和好逸恶劳之徒的违法犯罪活动较为频繁，加之因战争流入阳泉地区的难民生计问题一时难以解决，尚待政府安置，因此，发生在阳泉地区的盗窃活动比较猖獗，工矿单位成为盗窃案件多发地区。为保障阳泉工矿业顺利发展，维护社会治安秩序，阳泉市人民法院把打击盗窃犯罪，作为支援全国解放战争、巩固新生人民政权的重要工作，用审判作武器，严厉打击行政区域内的盗窃犯罪活动。

到1950年上半年，当时的“阳泉工矿区人民法院”审结的盗窃案，占全院审结案件总数的较大比例，上半年审结刑事案件总数126件，其中盗窃案达30件，为23%。

1952年，党和国家开展“三反”、“五反”运动和打击追捕“三害”、“五毒”运动，阳泉市人民法院在党和政府领导下，充分发动群众，进行检举揭发，利用审判武器，一方面严厉打击资产阶级糖衣炮弹的进攻，依法判处贪污、盗窃国家财产和偷税漏税等不法行为，另一方面，严厉打击各类刑事犯罪活动，当年即审结刑事案件398件，其中，审结盗窃案件145件，不包括“三反”、“五反”运动中审结查办的盗窃国家财产和偷税漏税案件95件。

配合党在建国初期的中心工作，保卫经济建设，是20世纪50年代阳泉市人民法院的一个中心工作。1954年9月，阳泉市人民法院正式成立经济保护庭，在“司法工作必须为经济建设服务”思想指导下，配备政治可靠、业务能力强的干部5人，主要受理破坏工矿企业生产和发展的盗窃、诈骗、贪污等案件，到1954年年底，在短短三个月的时间内，即审理有关工矿业经济案件45件，审结38件，其中盗窃诈骗案17件，发挥了司法审判保障经济建设的作用，严厉打击了当时以工矿业为目标的盗窃犯罪。

1955年，阳泉市人民法院打击盗窃犯罪主要集中在两个方面，一是不法资本家盗窃国家及公有财产，全年审结此种类型的盗窃案23件，比1954年上升44%；二是国家工作人员贪污和盗窃国家财产及公有财产，全年审结此类案件30件，较1954年上升20%。此外，1955年，阳泉市人民法院还审结盗窃（含诈骗）公民私人财产案件118件。需要说明的是，在建国初期的司法审判中，“贪污盗窃国家财产和公有财产”属于同一类案件，包括“诈骗财产”犯罪，一般均比照“盗窃罪”量刑标准审理判决。到1956年，以盗窃为主的侵犯公民私人财产案件即有所下降，全年审理此类案件99件，比1955年的118件下降了16%。同时审理国家工作人员盗窃（含贪污）侵犯集体财产案30件，同1955年审判的此类案件数量相等。1957年，盗窃案又下降了2%。

1960年，因为发生全国性的自然灾害，盗窃案呈多发状态，全年审结盗窃案222件，占当年刑事案件总数的32.92%，比1959年的106件上升了52%。1961年，审结盗窃案149件，占当年刑事案件总数的40.05%。

到1963年，由于党中央从1961年开始推行的“调整、巩固、充实、提高”的八字方针，落实《农业六十条》、《工业七十条》初见成效，城、乡居民的温饱问题得以初步解决，盗窃案件大幅减少，特别是结合保卫春耕、夏收、秋收等中心工作，阳泉市人民法院先后选择有教育意义的偷盗和破坏农业生产的19名罪犯，在14个农业生产大队进行公判处理，对盗窃犯罪形成震慑，因此，1963年夏收和秋收期间发生的小偷小摸案件，比1962年同期下降了27%，绝大多数农业生产大队和工矿企业未发生盗窃案件。全年仅审判盗窃案犯53件，是“大跃进”以来，包括三年困难时期，盗窃案件最少的一年。

由于阳泉市人民法院对盗窃犯罪审判及时，打击有力，加之全国广泛开展“社会主义教育运动”和“四清运动”，到1964年，盗窃案件两次大幅下降，全市仅发生盗窃案16件，比1963年下降了70.18%。

1966～1976年，由于“文化大革命”对刑事犯罪保持的高压态势，阳泉地区无论是工矿企业，还是广大人民公社和各生产大队，盗窃案件均发生较少，以1973—1976年为例，1973年，阳泉市中级人民法院审判的盗窃案（含投机倒把）22起29人，1974年，审结的盗窃案（含诈骗）为22起28人，1975年，盗窃案件23件34人，1976年，审理宣判的盗窃案件仅为14件。

1979年以后，盗窃案件逐步增多。当年，即审结盗窃案41件。到1980年，两级法院审结的盗窃案猛增到61件，而且盗窃财物的数额也进一步加大，盗窃对象除传统的国营工矿企业、集体所有制工商业和农村人民公社、生产大队的集体财产外，盗窃犯罪对公民个人的私有财产侵犯也呈上升趋势。

1981年，根据中共中央21号文件精神，阳泉市两级人民法院开展从重从快打击杀人、抢劫、强奸、放火、爆炸和其他严重破坏社会秩序犯罪分子运动，结合运动的进一步深入，审结盗窃案57件。到1982年，发生在阳泉地区的盗窃犯罪有所下降，全年审结盗窃案42件（不含平定、盂县），贯彻中央21号文件取得阶段性成果。

1983年8月25日，中共中央发布《关于严厉打击刑事犯罪的决定》，9月2日，第六届全国人民代表大会常务委员会第二次会议通过《关于严惩严重危害社会治安的犯罪分子的决定》，阳泉市两级人民法院随即开展为期三年三个战役声势浩大的“严打”斗争，盗窃犯罪和杀人、强奸、爆炸等犯罪活动被列为最严重且必须严打的犯罪行为，盗窃犯罪受到人民法院的严格依法审判和从重从快打击，到1985年三大战役结束，发生在阳泉地区的盗窃犯罪仍没有得到有效控制。如1985年，两级人民法院审结盗窃案92件154人（含平定、盂县），虽然此数据包含了平定县法院和盂县法院的审结数，但总体上看，仅仅和“严打”前1982年的42件大体持平。之后，阳泉市两级人民法院对盗窃犯罪始终保持“严打”态势，使得这一直接危害国家、集体和人民群众财产安全的常见犯罪活动，曾一度出现萎缩。直到20世纪90年代初、中期，随着国营企业和集体企业的破产、改革、改组，特别是随着大量产业工人转岗、下岗数量的增加，加之农村富余劳动力向城市转移，盗窃活动开始出现了持续上升的趋势。

1990年，对盗窃公款15.9万元的王成玉、周锁长依法判处死刑。1991年，阳泉市两级人民法院配合有关部门开展“反盗窃”专项斗争，9月，集中审理了一批盗窃犯罪案件，在国庆节前后召开8次宣判大会，判处盗窃犯76名，依法处决了大盗窃犯冯东升等一批盗窃大案、要案的主犯，盗窃犯罪猖獗嚣张的态势方得到遏制。

1993年，继续推进“反盗窃”专项斗争，邓计保等一批盗窃犯罪性质恶劣、盗窃数额极大、危害社会较深的盗窃犯被判处死刑。

1994年，阳泉市中级人民法院和平定、郊区人民法院主动为省重点工程——太旧高速公路建设提供司法保障，成立了太旧高速公路巡回法庭，将“反盗窃”斗争引向深入。故意杀人、抢劫、盗窃犯安伟波，惯盗犯贵春喜等被依法判处死刑。平定人民法院审结利用职务之便，监守自盗太旧高速公路建设物资5080.04元的贾顺明、刘珍珍有期徒刑各3年。

1996年，审结盗窃案481件1014人。其中盗窃公共财物案195件564人，盗窃私人财产案件286件450人。特别是对“两劳”释放人员岳文三、崔嘉麟等人组成的特大盗窃保险柜团伙依法进行了审判，该团伙自1993年以来，流窜河北、山东、内蒙古、天津和山西省阳泉、太原等地，先后盗窃作案50起，盗窃总价值达42.8万元，阳泉市中级人民法院依法判处岳文三等6名盗窃案首犯、主犯死刑，剥夺政治权利终身，沉重打击了盗窃犯罪的嚣张气焰。到1997年，发生在阳泉市境内的盗窃犯罪即大幅度下降，全年审结盗窃案199件343人，其中盗窃公共财物72件138人，盗窃私人财物127件205人，盗窃案件审结总数比上年下降41%和33%。1998年，盗窃犯罪继续呈下降态势，全年审结盗窃案175件278人，盗窃案件比1997年下降0.87个百分点，盗窃犯罪人数下降0.81个百分点，反盗窃专项斗争取得显著成效。

1999年，盗窃犯罪出现反弹，阳泉市中级人民法院进一步加大对盗窃犯罪的打击力度，全年审结盗窃案219件422人，对盗窃国家珍贵文物的田英哲判处死刑。

进入21世纪以后，经过阳泉市两级人民法院依法严厉打击和几次声势浩大的“反盗窃”专项斗争，盗窃犯罪得到遏制，审结的盗窃案件，总体呈下降态势，而且，在审结的盗窃案件中，判处死刑、死缓和无期徒刑以上的特大、重大盗窃案件也呈下降趋势。2000年，审结盗窃案193件403人，比1999年有所下降，有抢劫行为的盗窃犯苏占荣被判死刑。2001年，审结的盗窃案为187件363人。2002年，审结盗窃案195件350人。2003年138件250人。2004年为155件240人。2005年上升到170件348人。

2006年之后，发生在阳泉地区的盗窃犯罪案件急剧增加，在两级人民法院严厉打击下，到2009年，得到一定控制。2006年，审结盗窃犯罪案件214件411人。2007年，审结盗窃犯罪案件268件541人。2008年，审结盗窃犯罪案件246件461人。2009年，因受到人民法院严厉打击，盗窃犯罪案件较2006年、2007年、2008年，分别下降了56.1%、65%、61.89%，犯罪人数分别下降了37.5%、52.5%、44.3%，审结盗窃犯罪案件94件257人。2010年，发生在阳泉地区的盗窃犯罪案件又出现抬头趋势，全年新收210件402人，审结208件399人。

2011年，审结盗窃案201件371人，其中，旧存12件22人；新收194件363人。2012年，审结盗窃案218件355人，其中，含旧存5件13人；新收盗窃案214件343人。近两年盗窃犯罪有三个特点：一是盗窃案件呈上升趋势；二是团伙盗窃犯罪仍比较突出；三是一案多人现象较为普遍。

二、审判抢劫罪

抢劫罪是以非法占有为目的，以暴力、胁迫或者其他方法，强行劫取公私财物的行为。抢劫犯罪具有严重的社会危害性，因为它不仅直接侵犯了公私财产的所有权，而且因为它使用暴力、胁迫等手段，就又侵犯了公民的人身权利，因此，我国刑法将抢劫罪列为重罪，并作为司法审判上重点打击的对象。

建院初期，阳泉市人民法院曾一度将抢运称为“途劫”。当时的主要抢运犯罪人员多为躲藏于深山老林的土匪和被人民解放军击溃的国民党散兵游勇，包括一部分利用拦路抢运制造事端的国民党特务和反动会道门组织的头目。1958 年 3 月，阳泉市人民法院开展“司法工作大跃进”，提出“苦战三年，彻底肃清残余反革命分子，基本消灭各种犯罪现象，实现路不拾遗、夜不闭户的安全省安全市。”要求到 1960 年，全市实现“二十无”，其中即有实现“无土匪抢劫”这一目标。可见在当时的司法实践中，抢劫犯罪行为人具有“土匪”的特点。

从 1947 年建院到 1980 年初期，由于政治运动频繁，无论是建国初期的“阳泉市人民法院”，还是后来的“阳泉工矿区人民法院”，及至 1973 年成立的阳泉市中级人民法院，始终如一地对各种刑事犯罪活动保持了高压态势，其间，发生在阳泉市境内的抢劫案件相当罕见。

1961 年，根据中央对治安管理从严的方针和政法三长会议精神，同市公安局、市人民检察院组成联合办公室，有组织有计划地对少数好逸恶劳、弃工弃农弃学、一贯进行投机倒把、倒卖国家资财，以及抢劫杀人和投机倒把集团的首要分子进行专项斗争和打击，先后在市内天桥、四矿、阳泉车站、教育系统，分批召开公判大会，投机倒把、抢劫杀人的犯罪分子扬风春和抢劫犯贺玉忠受到法律严惩。

1964 年，审结抢劫案件 1 起。1966 年，“文化大革命”开始，一直到 1978 年，12 年间阳泉市未发生抢劫案件。1979 年，审结抢劫案 5 件。1980 年，审结抢劫案 10 件。

1981 年，贯彻中共中央〔1981〕21 号文件《关于全国五大城市社会治安座谈会议》精神和全国人大常委会第十九次会议通过的三个法律文件（《刑法》、《刑事诉讼法》、《婚姻法》），依法从重、从严、从快打击“杀人、抢劫、强奸、放火、爆炸以及其他严重破坏社会秩序”刑事犯罪分子，当年即审结抢劫案 12 件。1982 年，审结抢劫案 13 件。

1983 年，根据中共中央办公厅下发《关于“严厉打击刑事犯罪活动，实现社会治安根本好转”》（宣传纲要），和 1983 年 9 月 2 日全国人大常委会颁布《关于严惩严重危害社会治安的犯罪分子的决定》以及《关于迅速审判严重危害社会治安的犯罪分子的程序的决定》，针对“杀人、强奸、抢劫、爆炸、重大盗窃、重大伤害、流氓”等七类犯罪，开展为期三年三个战役的“严打”斗争。

1985 年，是三年“严打”斗争的第三年，也是三年“严打”的第三个战役，阳泉市中级人民法院坚持大案、要案提前介入抓紧审理的原则，坚持打击重点、把斗争矛头对准危害极大的犯罪分子的原则，坚持重大疑难案件上下级法院及检察机关之间提前交换意见的原则，坚持深挖犯罪、防止漏罪、严格区分罪与非罪和此罪与彼罪之间界限的原则，审结抢劫案 13 件 29 人。

1990 年以后，抢劫犯罪呈日益严重态势。1991 年，为保卫春节期间的治安稳定，由阳泉市中级人民法院牵头，平定、矿区、城区人民法院配合，连续召开三次宣判大会，判处严重刑事犯罪分子 50 人，其中抢劫犯李永智被判处死刑。

1993 年，以创造良好社会治安环境、保障人民群众安居乐业为着眼点，不断加大打击力度，加快办案节奏，继续贯彻从重从快的方针，从严打击抢劫犯罪，影响恶劣的史志明、李历、曹永春劫车、杀人、分尸案侦破后，阳泉市中级人民法院于次日即组织审判法官提前介入，并在接到起诉书后第三日，即作出判处史犯、李犯、曹犯死刑的判决。1994 年，抢劫、杀人、盗窃犯安伟波，抢劫、强奸主犯王海贵、王宝牛，抢劫犯王民杰等，被依法判处死刑。1996 年，审判抢劫案 119 件 232 人。其中抢劫犯于春绪、岳春长，抢劫、信用卡诈骗、非法制造枪支、敲诈勒索团伙主犯王志强等，被判处死刑。经过 1996 年针对抢劫犯罪的严厉打击，1997 年之后，发生在阳泉三区两县的抢劫案明显减少，当年即审结抢劫案 53 件 127 人，分别比上年降低 65.5% 和 55.3%，抢劫犯吴小军被判处死刑。1998 年，审结抢劫案 70 件 180 人。1999 年，审结同类案件 77 件 146 人。杀害司机抢劫出租车的韩学志、董兵锁被判死刑。

进入 21 世纪以后，抢劫犯罪继续受到阳泉市中级人民法院的沉重打击，抢劫案频发的态势得到遏制，同类案件基本控制在百件 / 年以内，2000 年，审结抢劫案 88 件 190 人，抢劫、盗窃犯苏占荣，抢劫、强奸犯张爱强，被判处死刑。2001 年，审结抢劫案 81 件 156 人；2002 年，101 件 204 人，抢劫、强奸、故意杀人犯王二保被依法判处死刑；2003 年，72 件 153 人，抢劫、强奸、故意杀人犯李金明，抢劫犯徐流均、陈云海、史能干被判处死刑；2004 年，62 件 107 人；2005 年，68 件 154 人；2006 年，86 件 178 人；2007 年，90 件 196 人，抢劫犯梁收秋被判处死刑；2008 年，95 件 200 人；2009 年，94 件 257 人。2010 年，新收抢劫犯罪案件 75 件 154 人，审结 73 件 155 人。

2011 年，审结抢劫案 58 件 118 人，其中，旧存 4 件 5 人，新收 66 件 149 人。12 月 29 日，遵照最高人民法院院长执行死刑命令，阳泉市中级人民法院对抢劫、非法拘禁主犯许志刚执行了死刑。许志刚，男，1987 年 1 月 5 日出生，汉族，河北省井陉县人。2009 年 3 月 1 日，许志刚伙同许义东、贾晓云携带匕首、铁链等作案工具，在阳泉火车站站前广场骗租被害人郭海生一辆微型面包车，在平定县巨城镇下盘石村齐家山路段，许志刚与许义东、贾晓云共同将郭海生杀死，劫走被害人现金、手机等物，将被害人尸体抛于路边河道内。2009 年 3 月 17 日，罪犯许志刚再次纠集许欣庭等人，将陈义拘禁在石家庄市桥西区自己家中，经殴打、恐吓逼迫陈写下1000元欠条后将陈放走。次日下午，许志刚等人在向陈义收取钱财后欲离开时被当场抓获。为维护社会秩序稳定，保护公民人身和财产权利不受侵犯，阳泉中院依法判处抢劫、非法拘禁主犯许志刚死刑，剥夺政治权利终身。一审判决后，罪犯许志刚不服，提出上诉。经山西省高级人民法院二审、复核，驳回上诉，维持原判，并依法报请最高人民法院核准，判处抢劫、非法拘禁主犯许志刚死刑，剥夺政治权利终身。

2012年，审结抢劫案107件204人，其中，旧存12件36人；新收98件173人。新收抢劫案比2011年净增32件24人，分别上升了32.7%和16.1%。团伙抢劫犯罪呈上升趋势。

三、审判抢夺罪

随着阳泉市城市化建设的发展和经济的繁荣，一种新型的犯罪方式——“抢夺犯罪”从20世纪90年代末，开始在城市出现，而且呈上升趋势。这种以非法占有为目的，乘人不备，公开夺取数额较大的公私财物的犯罪活动一出现，即受到阳泉市两级人民法院的严厉打击。1998年，审结抢夺案2件2人。1999年审结3件5人。2000年审结3件3人。2001年审结6件8人。2002年审结10件14人。2003年审结4件5人，抢夺犯罪有所下降。2004年又出现上升态势，全年审结12件16人。2005年审结12件26人。2006年审结抢夺案8件10人。2007年审结抢夺案12件17人；2008年审结抢夺案9件12人。2009年抢夺犯罪再次下降，全年审结抢夺案6件11人。2010年，受理抢夺案件5件8人，审结5件8人。抢夺犯罪被遏制在较低发案水平。

2011年，又出现反弹，审结抢夺案10件15人。2012年，审结抢夺案10件13人。抢夺犯罪在2009年较低水平的基础上，又出现了上升趋势。

小资料

什么是抢夺罪？

一、抢夺罪的概念和特征

（一）抢夺罪的概念

抢夺罪是指以非法占有为目的，公然夺取他人的财物，数额较大，尚没有使用暴力等方法的行为。

抢夺他人财物，是介于盗窃罪与抢劫罪之间的一种犯罪形态。它既不是秘密窃取，又不是采用暴力、胁迫手段，而是乘人不备，公然把财物夺走。

（二）抢夺罪的特征

1.抢夺罪侵犯的客体，是公私财物的所有权。是否属于被害人合法所有或者持有，在所不问。其侵害的对象是公私财物。这种财物必须具有能被抢走、能被移动的特点，故仅限于动产。

不动产及具有经济价值的无体物，例如：房屋、土地、公路、电力都是无法夺走的，不能成为抢夺罪侵犯的对象。但与不动产可以分离之物，例如：住宅的门窗，田地上的果实，仍可成为抢夺罪侵害的对象。《刑法》对抢夺另有特别规定的对象，如刑法第127条规定的公然抢夺“枪支、弹药、爆炸物的”；或者抢夺“毒害性、放射性、传染病原体等物质”；第280条规定的抢夺“公文、证件、印章的”；第329条规定的抢夺“国家所有的档案的”；第375条规定的抢夺“武装部队公文、证件、印章的”；第438条规定的抢夺“武器装备或者军用物资的”，因所侵犯的客体各有不同，所以应按规定分别定罪处刑，不属于本罪侵犯的对象。

2.抢夺罪的客观方面，表现为乘人不备，公然夺取公私财物的行为。其特点是：（1）必须是公然夺取。这是指犯罪嫌疑人当着公私财物持有者的面，乘其不备，公开夺取其财物的行为，公然夺取是抢夺罪区别于盗窃罪的秘密窃取的一个重要标志。所谓公然，主要是针对财物持有人而言。犯罪嫌疑人在大庭广众之下，“飞车抢夺”行人的挎包、手机等，或抢夺商场营业柜台上摆放的商品，可谓是公然抢夺。犯罪嫌疑人闯入他人住宅，面对房主一人在家，夺取其桌上放置的手机，或者深夜在僻静的小巷内抢走一妇女的挎包，虽然无旁人在场，也是公然抢夺。因此，抢夺以当着持有人的面进行为必要。如果乘持有人不在的时候，即使是不避他人，不怕被别人发现的情况下，取走其财物，仍属秘密窃取性质。（2）抢夺是一种强力行为，因为不实施强力夺取，就不能实现财物的非法转移。但必须以不使用暴力或以暴力相胁迫的手段为前提。这是抢夺罪区别于抢劫罪的显著标志。我们在司法实践中要注意分清抢夺与抢劫在使用轻微暴力的行为的界限。刑法第267条规定， 抢夺罪以数额较大为构成犯罪的重要条件。抢夺的情节也是认定是否构成犯罪的依据之一如果数额不大，情节轻微的，不构成抢夺罪。例如，有的下岗职工因生活无着，偶尔抢夺少量的猪肉、大米等物品，可以进行批评教育，或给予行政处罚。有的出自寻衅滋事的动机，抢夺他人的眼镜、头饰、帽子等，数额不大，固然也不能定为抢夺罪。

另外，抢夺罪的既遂、未遂，应以财物是否已经脱离了持有人的完全控制、支配和犯罪嫌疑人是否实际控制为准。可以不考虑犯罪嫌疑人抢夺到手后，对财物占有时间的长短、即使被追赶就丢赃逃逸，也应视为既遂。

3.抢夺罪的主体，为一般主体。

4.抢夺罪的主观方面，是直接故意，并以非法占有公私财物为目的。如果不以非法占有为目的，诸如：为临时急用而抢夺他人财物，用后归还的；误认他人之物为己物，或者有权取得之物，为排除已被他人占有的障碍而公然索取的；债权人声称为抵债、扣押而公然夺取债务人财物的，等等，因都不具有非法占有的目的，不能以抢夺罪定罪，只能作民事纠纷处理。

构成抢夺罪的必要条件是：抢夺公私财物数额较大的，或者情节严重的，才构成犯罪。数额不大，或者没有其他严重情节的，不构成犯罪。

犯抢夺罪的法定刑：三年以下；拘役或管制；三年至十年；十年至无期徒刑。

刑法第267条第二款：“携带凶器抢夺的，依照本法第263条的规定定罪处罚。”也就是要按照抢劫罪定罪处罚。所称的“携带凶器”是指在抢夺时携带枪支、爆炸物、管制刀具等凶器的行为。携带凶器本身就是一种违法犯罪行为。携带凶器往往会使被害人产生恐惧感或者精神强制，造成被害人不敢进行反抗。因此，这种行为实质上是一种胁迫行为。犯罪嫌疑人往往因携带凶器而有恃无恐，进行抢劫。一旦被害人反抗，或者在被公安干警抓捕时、或者被见义勇为的人民群众制止时，犯罪嫌疑人则会使用凶器，因此可以说这种行为是以暴力作为后盾的。由于犯罪嫌疑人携带凶器抢夺，不仅侵犯了他人的财产所有权，而且对他人的人身也构成了威胁，其危害程度较之普通的抢夺行为大得多，并且具有一定的抢劫罪的特征。中国刑法为了更好地保护公民的人身权利和公私财物的所有权，所以规定对携带凶器抢夺的，依照抢劫罪定罪处罚。

二、抢夺罪与抢劫罪的区别

抢劫罪，是指以非法占有为目的，当场使用暴力、胁迫或者其他方法强行劫取公私财物的行为。构成抢劫罪的显著特征是“以暴力、胁迫或者其他方法抢劫财物”。一般地说，抢劫罪的使用暴力、胁迫手段，是使被害人受到强烈的袭击，使之失去反抗能力，以任其抢走公私财物或被迫交出公私财物，犯罪嫌疑人具有危害被害人人身安全的故意。而抢夺罪的强力行为则没有这种故意，而仅以将公私财物夺为已有而满足。因而其行为的强力程度低于抢劫所使用的暴力。即使抢夺时，由于用力过猛，致使被害人受伤，因为没有伤害的故意，也不能视为暴力而定抢劫罪。有的犯罪嫌疑人在预谋时，作了抢夺与抢劫两手准备，应以其采取的实际犯罪行为方式确定罪名。比如：2004年11月22日，犯罪嫌疑人郭新坡、武洪彪、张勇清伙同张永军，预谋在位于安阳市中州路与清风街交叉口的中国工商银行铁西支行门前，对储户进行抢夺、抢劫。当日上午10时50分，当储户赵伏成，赵秀荣夫妇从银行取钱出来，准备乘车离开时，郭新坡、武洪彪、张永军冲上去抢夺，在抢夺未成的情况下公然实施抢劫，武洪彪持刀砍伤赵秀荣头部，郭新坡、张永军将装有40万元人民币的提包抢走，后与在一旁接应的张勇清分乘两辆摩托车逃走。经法医鉴定，赵秀荣的伤情为轻伤。安阳市中级人民法院审理后认为，郭新坡、武洪彪等人采取暴力手段抢劫他人财物，并致人轻伤，其行为已经构成抢劫罪。最后，中院判处郭新坡、武洪彪死刑，缓期两年执行；判处张勇清、张永军无期徒刑。另外，张勇清还被判处罚金22万元。郭新坡、武洪彪被判处没收个人全部财产。

抢夺罪与抢劫罪都是公然取得他人财物的行为，主观上都具有非法占有目的，但这两罪有显著区别。抢劫罪侵犯的是复杂客体，抢夺罪仅侵犯了公私财物的所有权。抢劫罪的构成没有数额限制，抢夺罪则只有达到数额较大才能构成犯罪。抢劫罪的犯罪行为具有明显的强制性，即采用暴力、胁迫或者其他方法，使被害人不能、不敢或不知抗拒而公然劫取财物。抢夺罪的客观行为不具有强制胜，只有公然夺取财物。

三、抢夺罪与盗窃罪的区别

盗窃罪，是指以非法占有为目的，秘密窃取公私财物，数额较大或多次盗窃的行为。盗窃罪的构成要件：侵害客体是公私财物的所有权；客观方面是有秘密窃取公私财物的行为；

犯罪主体是一般主体；主观方面是故意。盗窃罪的必要条件：数额较大或多次盗窃即定罪。抢夺罪与盗窃罪的主要区别是，犯罪构成要件中的客观方面不同，盗窃罪的客观方面是，有秘密窃取公私财物的行为；而抢夺罪的客观方面则是，有公然抢夺他人财物的行为。抢夺罪与盗窃罪有许多共同之处，也就是两罪的构成要件中主观方面都必须出自直接故意，并且都具有非法占有的目的。两罪所侵害的客体都是公私财物的所有权。

抢夺罪的客观方面是采取公然夺取的方式。所谓公然夺取是指犯罪嫌疑人当着财物管理人的面，公开夺走其财物，并且这种公然夺取没有采用暴力或暴力威胁，否则将构成抢劫罪。盗窃罪的客观方面是秘密窃取，即犯罪嫌疑人用自以为不会被财物控制人发觉的手段窃走财物。在司法实践中有两个问题要给予重视：

（一）犯罪嫌疑人取走财物的行为究竟是公然夺取还是秘密窃取有时也并不是容易判断的。一般情况下，应根据犯罪嫌疑人主观上对自己取得财物的行为方式的认识来判断，如果行为人自认为自己夺取财物是在财物管理人、控制人明知的状态下进行的，即使事实上财物管理人、控制人并不知道犯罪嫌疑人的取财行为，仍构成抢夺罪。如犯罪嫌疑人夺走财物管控人的财物，自认为财物管控人已发现，但事实上是财物管控人正在打盹儿，对被犯罪嫌疑人夺取财物之事并未知觉，但这仍构成抢夺罪。如果犯罪嫌疑人自以为采取了让财物管控人不知道的秘密方式取走财物，即使财物管控人事实上已发觉，这也仍构成盗窃罪。但是有些时候，犯罪嫌疑人主观上对自己行为性质的认识是不确定的，这种不确定是指犯罪嫌疑人并没有判断出财物管控人对其被夺取财物的行为是否知觉，犯罪嫌疑人的主观心理就是，其行为如果被财物管控人知觉，便夺取其财物；如果未被财物管控人知觉，便窃取财物。关键在于一个是“夺”，另一个是“窃”两个字的区别上。如一犯罪嫌疑人欲窃取某仓库内的财物，实施盗窃之前，发现该仓库门卫房间里有一门卫人员在值班。于是犯罪嫌疑人就把仓库门房的门，从外面偷偷地锁上，然后开始盗取仓库内的财物，犯罪嫌疑人的主观心理就是，如果门卫人员没有发觉，他的行为即为盗窃；如果门卫人员发现了，他的行为就是抢夺。在这种情况下的认定，我认为，应根据客观情形加以认定，把实际的客观情形推定为犯罪嫌疑人的主观认识内容，也就是如果犯罪嫌疑人取走财物时门卫人员已经发觉，均应认定抢夺罪。

（二）盗窃罪与抢夺罪之间存在转化的可能。盗窃罪的秘密窃取行为必须能贯穿整个窃取财物的全过程，如果行为人先是秘密窃取，但是在还没有既遂之前，即控制财物之前，已经被受害人发觉，犯罪嫌疑人进而将窃取行为转化为公然抢夺的行为，则应认定为抢夺罪。如犯罪嫌疑人张某，从窗户潜入刘某家中企图窃取财物。刘某听见房内有响声，于是便打开房门，见张某正在翻箱行窃，刘某考虑自己年迈，家中无其他人，也没有邻居，又担心会受到张某的伤害，所以刘某既未喊人捉贼，也未采取其他措施，只是央求张某别拿走财物。张某刚开始很惊慌，当意识到受害人刘某家无他人，也无邻居，且刘某又年老体弱，不会把他怎样后，张对刘某的央求毫不理睬，旁若无人地又继续翻箱倒柜地寻找贵重物品。最后，拿走了刘某的人民币2000余元，在本案中，犯罪嫌疑人张某在被受害人刘某发觉之前，其行为仍属盗窃性质，但是在被受害人刘某发现其行为后，犯罪嫌疑人张某公然拿走人民币2000余元，这时犯罪嫌疑人张某的行为，已经从秘密窃取转化为公开抢夺，应认定为抢夺罪。这种案件的认定应注意转化的条件，那就是在犯罪嫌疑人的作案行为既遂以后被受害人发现，受害人实施了自救行为，这时尽管犯罪嫌疑人也可能是公然将财物取走（逃脱），但这只是盗窃既遂后的事后行为，并无向抢夺罪转化的余地。

四、审判诈骗罪

以非法占有为目的，用虚构事实或者隐瞒真相的方法，骗取数额较大的公私财物的行为，即为诈骗罪。对诈骗犯罪打击，在阳泉市中级人民法院同样具有相当长的审判历史和丰富的审判经验，可以说，阳泉市中级人民法院从建院之日起，即开展了针对诈骗犯罪的审判和针对诈骗犯的打击处理。

1947年建院初期，诈骗罪的罪名尚不规范，在当时的审判活动中，有时称做“诓骗”，有时称做“冒充”，也有将诈骗行为称作“骗诱”的，在相当长一段时间内，曾将“诈骗”和“盗窃”两个不同的犯罪行为，统称这“诈骗盗窃”。在量刑上，诈骗罪基本等同于盗窃罪。

1950年，当时的阳泉工矿区人民法院，即审判了一件叫做“冒充”、一件叫做“骗诱”的诈骗犯罪。如宋昌清冒充华北军区政治部军法处新生工厂干部一案，经阳泉工矿区人民法院扣押，随即函询该处后确认宋昌清的假冒事实，被新生工厂接回处理。

1956年，审结的诈骗案（诓骗）比1955年下降57%。1959年，审结诈骗案3件。1960年审结11件。1963年审结2件，1964年审结8件。

1973年审结诈骗案5件9人。1975年，审结18件20人。1976年审10件。

1980年，第一部《刑法》和《刑事诉讼法》正式实施，阳泉市中级人民法院按照新《刑法》量刑原则和《刑事诉讼法》审判原则，审结诈骗案4件。1981年，根据中共中央〔1981〕21号文件《关于全国五大城市社会治安座谈会议精神》和全国人大常委会第十九次会议通过的三个法律文件，加大对刑事犯罪的打击力度，审结诈骗案4件。

1982年1月11日，中共中央发出《关于打击经济领域中严重犯罪活动的紧急通知》，传达中央政治局常委关于对一些干部走私贩私、贪污受贿，把大量国家财产窃为己有等严重违法犯罪行为采取紧急措施的指示。3月8日，根据打击经济犯罪活动的需要，第五届全国人大常委会第二十二次会议通过《关于严惩严重破坏经济的罪犯的决定》，对《中华人民共和国刑法》的一些相关条款作了相应的补充和修改。4月13日，《中共中央、国务院关于打击经济领域中严重犯罪活动的决定》向全国公布。诈骗犯罪成为本次打击的一个侧重点，当年审结诈骗案2件，发挥了人民法院司法审判保卫经济建设中心的作用。1985年，审结诈骗案7件8人，诈骗犯罪受到严厉惩罚。

20世纪90年代后，随着社会主义市场经济体制的确立，阳泉市工、矿业经济和商贸业、物流业得到迅猛发展，诈骗这种以非法占有为目的，用虚构事实或者隐瞒真相的方法，骗取数额较大的公私财物的犯罪行为，也出现了新动向、新花样、新形式、新手段。诈骗对象由公民个人财产，更多地转向公共财产。而金融诈骗和合同诈骗，则成为犯罪分子最常用的犯罪手法。1996 年，审结诈骗案 37 件 64 人，其中，针对公民个人的财产诈骗案件 12 例 17 人，针对公共财产的诈骗案件 25 例 47 人。抢劫、信用卡诈骗、非法制造枪支、敲诈勒索团伙主犯王志强等被判处死刑，诈骗犯罪得到有效遏制。1997 年，审结的诈骗犯罪仅 10 件 12 人，其中诈骗公共财产 4 件 4 人，诈骗私人财物 6 件 8 人；1998 年 12 件 16 人；1999 年 16 件 21 人。

进入 21 世纪，诈骗案出现了多发势头，阳泉市两级人民法院依法对此种犯罪行为给予从重打击和从严审判。2000 年，审结诈骗案 23 件 36 人。其中判处 15 年以上 20 年以下有期徒刑的 2 人，7 年以上不满 15 年的 2 人，7 年以下的 32 人。2001 年，审结诈骗案 27 件 46 人，其中，判处 10 年以上不满 15 年的 5 人。2002 年，审结诈骗案 20 件 29 人。如被告人赵桂芳在 1995 年至 2001 年 8 月期间，以高额利息回报作诱饵，大肆进行非法集资诈骗，作案 89 起，诈骗资金 480 万元，受害群众近百人，阳泉市中级人民法院以非法集资罪判处其无期徒刑。2003 年，审结诈骗案 18 件 19 人。到 2004 年，诈骗犯罪再度出现猛增局势，当年收受诈骗案 161 件 279 人，全部为公诉案件。阳泉市中级人民法院针对诈骗犯罪急增的情况，加大审判打击力度，审结 155 件 240 人，其中判处无期徒刑 1 人。

由于诈骗犯罪受到人民法院严厉打击，同时引起了各企、事业部门和人民群众警惕，因此，发生在阳泉市境内的诈骗犯罪再次受到遏制，阳泉市两级人民法院受理和审结的诈骗案大幅下降，2005 年，仅审理诈骗案 22 件 26 人。2006 年，23 件 37 人。2007 年 26 件 29 人。绝对数分别比 2004 年下降 139 件 253 人、138 件 242 人和 129 件 211 人。但从 2008 年开始，发生在阳泉地区的诈骗犯罪又出现抬头趋势，全年审结此类犯罪 42 件 51 人。2009 年，审结诈骗犯罪案件 48 件 60 人。2010 年，有旧存诈骗案件 11 件 15 人，新收 69 件 83 人，审结 70 件 87 人。其中，有 69 件为判决结案。

2011 年，审结诈骗案 63 件 72 人，其中，旧存 10 件 11 人，新收 56 件 65 人。2012 年，审结诈骗案 57 件 67 人，其中，旧存 3 件 4 人，新收 56 件 65 人。特别是近几年来，由于就业压力加大，一些不法分子盯上了安排工作这个被许多家长和孩子同样关注的问题。特别是在矿区，不少急于通过非正常渠道安排孩子就业的家长被骗，少则几万，多则十几万。这一日渐增多的犯罪现象，引起了矿区人民法院高度重视，依法审理、严厉打击了一批以帮助招工为名，从事诈骗钱财勾当的犯罪分子。梁瑞某，原阳煤集团升华公司工人，卫俊某，女，阳煤集团公司润德经贸公司清洁工。两人从 2008 年 6 月至 2009 年 11 月间，冒充高干子弟，以招工为名。有分有合，骗取他人钱财，期间，梁瑞某甚至组织、雇佣了于某某，在太原伪造考试现场、伪造录取通知书、函等手续，与卫某某一起欺骗他人，造成了 27 人被骗、骗取现金 94.68 万元的诈骗大案。

矿区人民法院受理此案后，依法判处梁某某有期徒刑15年，判处卫某某有期徒刑13年。与此相同的案例还有，家住二矿的无业女子王宝某与同住二矿的无业男子李保某诈骗案，经矿区法院审理后查明，王、李二人以帮柴某某丈夫办理招工为由，先后四次诈骗紫某某现金39000元。矿区人民法院依法判处王某某有期徒刑1年1个月，缓刑1年6个月，判处李某某有期徒刑10个月，缓刑1年1个月，并为柴某某追回了全部被骗款项。此外，阳泉市矿区人民法院还依法审判了一大批形形色色的诈骗案，有帮助调动工作为名，诈骗钱财21.8万元的阳煤集团新元矿职工王田某诈骗案；有帮助上技校为名，骗取他人钱财167990的赵彦某诈骗案；有帮人办理拆迁指标骗取钱财69000元的郭慧某诈骗案；有编造同案人是阳煤某处科长，合伙骗取他人钱财208000元的孙某和刘建某诈骗案。还有以介绍对象为名，骗人钱财12500元的黄某（女）诈骗案。等等。从2010年到2012年，矿区法院共判处诸如此类的诈骗案30多件，有40多名犯罪分子受到法律严惩。

附1：山西省高级人民法院刑事判决书

〔2001〕晋刑二终字第76号

原公诉机关：阳泉市人民检察院。

上诉人（原审被告人）：任和平，男，1956年5月20日出生，汉族，高中文化程度，阳泉市郊区河底镇任家峪村人。个体，系阳泉市海龙经贸公司经理，住阳泉市城区瓦窑坡5号楼1单元13号。2000年5月10日因涉嫌诈骗被阳泉煤炭集团公安处刑事拘留，同年6月10日被依法逮捕。现押于阳泉市公安局第二看守所。

上诉人（原审被告人）：孙明星，男，1962年4月25日出生，汉族，初中文化程度，山西省兴县人。个体，系阳泉市丰昊物资有限公司经理，住阳泉市洪城河11楼2门1号。2000年5月30日因涉嫌诈骗被阳泉市公安局刑事拘留，同年7月11日被依法逮捕。现押于阳泉市公安局第二看守所。

上诉人（原审被告人）：杨保国，男，1954年10月23日出生，汉族，初中文化程度，山西省山阴县人。个体，原系阳泉市宏业发展经贸部经理，住原籍。2000年7月1日因涉嫌诈骗被阳泉煤炭集团公安处刑事拘留，同年7月31日被依法逮捕。现押于阳泉市公安局第二看守所。

山西省阳泉市中级人民法院审理阳泉市人民检察院指控原审被告人任和平、孙明星、杨保国犯诈骗罪一案，于二00一年四月二十八日作出〔2001〕“阳刑初字第8号”刑事判决。原审被告人任和平、孙明星、杨保国不服，提出上诉。本院依法组成合议庭，经过阅卷，查核证据，认为事实清楚，决定不开庭审理。现已审理终结。

原判认定：

1.1998年10月，被告人任和平和阳泉青山水泥厂联系，自称在阳泉矿务局有关系，能为青山水泥厂要回款兑付现金，但需抽取10%～15%的好处费，以此骗得青山水泥厂的信任，和该厂签订了账款转付协议，并分三次取得青山水泥厂的欠款单位开出的阳泉矿务局内部银行转账支票共计1105808元，之后，该任通过孙明星将支票转往兆丰铝业公司，高价买进铝锭，低价销往太原、榆次等地，在获取现金后，仅返青山水泥厂41万元，核减去任与青山水泥厂水渣、烟煤、水泥等业务差价款209367.40元，致使青山水泥厂486430.60元资金被骗；

2.1998年11月，被告人任和平通过中间人韩威以帮助对方回款并提取25%好处费的名义，骗取阳泉煤炭集团三矿煤炭公司内部银行转账支票计91万元，后任将该单以28%的回扣点委托中间人路海波、梁培恒办理，梁将此单转入兆丰铝业公司购进铝锭，销往外地，扣除28%好处费254800元，给任回款655200元，任仅还三矿煤炭公司10万元，其余资金被任占为已有并用于偿还个人债务及挥霍。破案后，被告人任和平退赔价值73320元物品，公安机关追回金额为204570元的内部银行支票及中间人梁培恒退回的金额为266000元的内部银行支票各一张；

3.1998年12月，被告人孙明星以帮助回款并收取好处费的名义，经中间人王静平、聂玉启、药玉明等人介绍，将二矿多种经营公司安徽籍包工队陈绍忠的两张计100万元的矿务局内部银行转账支票，用签订顶账协议虚构委托书的方式，通过矿务局财务处转往兆丰铝业公司，高价购买铝锭，低价销往榆次、太原等地，直接兑换成现金或汇票，除返还10万元外，其余均被孙明星骗取并支配挥霍，后公安机关从中间人等处追回现金共计74196.60元及手机一部、VCD一台；

4.1998年9月，被告人杨保国经陈建平介绍，用签订协议，帮助兑换现金并提取11%的好处费等手段，骗取对方信任，将阳泉煤炭集团水泥厂下属企业晋兴编织厂30万元的内部银行转账支票交由被告人孙明星办理，孙将此内部银行转账支票转往兆丰铝业公司，采取高买低卖的手段，取得现金231698.80元，孙将其中的101500元交给杨保国，杨占为已有，其余资金被孙明星占有；

5.1998年11月，被告人杨保国假冒《法制日报》社驻阳泉办事处主任，骗得阳泉郊区平坦镇半坡村书记乔海明的信任，从半坡村取得两张共计40万元的阳泉煤炭集团内部银行转账支票。后杨通过他人将30万元内部银行支票转到兆丰铝业公司提出铝锭销往太原，杨取得现金270600元，全部据为已有并用于个人经商。另外一张10万元的内部银行支票，杨保国通过陈建新从矿务局五矿购进煤炭销往山东诸城市得款53700元，全部占为已有并挥霍。

原判认定以上事实的主要证据有：

(1)被害单位的报案材料及陈述笔录，证实该单位被诈骗货款支票的事实和经过；

(2)证人高玉福、杨彦斌、李瑞萍、高晓英、巩志荣、李润平、荆秀琴的证言，证实其所在单位被分别骗取大额内部银行支票（或转账通知单）的事实和经过；

(3) 证人韩威、聂玉启、王静平、杨建国、药玉明、宋俊生、刘世红、陈建平、闫长礼、荆润祥的证言，证实其介绍各被告人与被害单位认识并帮助被害单位“清欠”货款的事实；

(4) 证人路海波、梁培恒、刘铁军、王洪镒、任增福的证言，证实三被告人从兆丰公司高价购进铝锭低价予以销售的事实；

(5) 证人任改娣、刘子仁的证言，证实任在财务处为三被告人办理多笔转款手续及孙明星代海龙公司支付孙子仁“清欠”货款的事实；

(6) 证人陈建新的证言，证实其同被告人杨保国合伙购煤销往山东及回款均被杨占用的事实；

(7) 证人霍继民的证言，证实其所在公司给被告人孙明星开具增值税发票的事实；

(8) 青山水泥厂出具的证明材料，证实该厂与被告人任和平存在业务关系，双方业务差价款为 209367.40 元的事实；

(9) 三被告人分别与各被害单位订立的协议书、委托书及相关的转账支票、转账通知单、产成品出库单、收款凭证等书证材料，证实三被告人诈骗的手段、方式等具体事实情节；

(10) 回款支票存根、收条等书证材料，证实三被告人买卖铝锭得款后返还被害单位部分货款（除第 4、5 起），非法占有剩余货款及诈骗总金额的事实；

(11) 被告人任和平的委托证明、搜查手续、扣押物品清单及领条，证实被告人任和平退赃情况及公安机关追赃返还情况；

(12) 阳泉市公安局对本案的调查报告及三被告人抓获经过，证实本案侦破情况及抓获三被告人的经过；

(13) 兆丰铝业公司出具的丰昊公司转款、提取铝锭明细表，证实被告人孙明星等人转款、提取铝锭的情况；

(14) 三被告人的供述，证实其诈骗的时间、地点、行为、手段、结果等事实和情节。

原判根据上述事实，认定被告人任和平犯诈骗罪，判处有期徒刑十五年，并处罚金八万元；被告人孙明星犯诈骗罪，判处有期徒刑十五年，并处罚金八万元；被告人杨保国犯诈骗罪，判处有期徒刑十二年，并处罚金五万元。

上诉人任和平以其与青山水泥厂的行为不构成诈骗罪，且有揭发在押犯王春林杀人犯罪的重大立功情节为由提出上诉；上诉人孙明星以其行为不构成诈骗罪，且有揭发在押犯王春林杀人犯罪的重大立功情节为由提出上诉；上诉人杨保国以认定的事实不符，证据不足，量刑偏重为由提出上诉。

经审理查明，原判认定 1998 年 9 月至 1999 年 11 月期间，被告人任和平、孙明星、杨保国以帮助被害单位清欠货款，兑付现金为由，虚构事实，隐瞒真相，骗取被害单位阳泉市青山水泥厂、阳泉煤炭集团三矿煤炭公司、二矿多种经营公司安徽籍包工队、阳泉煤炭集团水泥厂下属晋兴编织厂、郊区半坡村的大额内部银行转账支票，套取现金占为己有并挥霍的事实清楚，证据与原判所列一致，确实充分，足以认定。

关于上诉人任和平、孙明星所提检举、揭发在押犯王春林的两起杀人犯罪事实属重大立功表现的理由，经查，阳泉市公安局证实，公安机关于2001年4月26日从王春林家中挖出一具女尸，法医鉴定，该女尸与上诉人任和平、孙明星的揭发材料中反映的情况基本相符，且公安机关原未掌握。鉴于被揭发人系在押死刑案犯，揭发人任和平、孙明星的行为虽不属重大立功表现，但可确认为立功表现。

本院认为，上诉人任和平、孙明星、杨保国以非法占有为目的，采取虚构事实，隐瞒真相的手段，骗取被害单位大额内部银行支票，套取现金占为已有并挥霍，诈骗数额特别巨大，其行为均构成诈骗罪。原判事实清楚，证据确实充分，定罪准确，对上诉人杨保国的量刑适当。上诉人任和平、孙明星在关押期间检举揭发他人严重犯罪事实的行为存在，属立功表现，可依法从轻处罚，原判处刑失当，对该上诉理由予以采纳。上诉人任和平、孙明星所提不构成诈骗罪的理由及杨保国所提事实不符、证据不足、量刑太重的理由缺乏事实证据和法律根据，故不予采纳。

依照《中华人民共和国刑事诉讼法》第一百八十九条第一、二项和《中华人民共和国刑法》第二百六十六条、第二十五条第一款、第六十一条、第六十二条、第六十八条之规定，判决如下:

一、维持阳泉市中级人民法院〔2001〕“阳刑初字第8号”刑事判决的第三项，即被告人杨保国犯诈骗罪，判处有期徒刑十二年，并处罚金五万元。

二、撤销阳泉市中级人民法院〔2001〕“阳刑初字第8号”刑事判决的第一项、第二项，即被告人任和平犯诈骗罪，判处有期徒刑十五年，并处罚金八万元；被告人孙明星犯诈骗罪，判处有期徒刑十五年，并处罚金八万元。

三、上诉人（原审被告人）任和平犯诈骗罪，判处有期徒刑十二年，并处罚金八万元（刑期从判决执行之日起计算，判决执行以前先行羁押的，羁押一日折抵刑期一日，即自2000年5月10日起至2012年5月9日止）。

四、上诉人（原审被告人）孙明星犯诈骗罪，判处有期徒刑十二年，并处罚金八万元（刑期从判决执行之日起计算。判决执行以前先行羁押的，羁押一日折抵刑期一日，即自2000年5月30日起至2012年5月29日止）。

本判决为终审判决。

审判长　牛林雁
审判员　臧建华
审判员　田太镜

二〇〇一年七月二十三日
书记员：　王　鹃

附 2：阳泉市公安局西城分局破获连环诈骗案

本报讯（邓志荣 阎建生）近日，阳泉市公安局西城分局经侦大队经过缜密侦查，破获一个以“招工”和“内部调换工种”名义骗取群众钱财的连环诈骗案，并将犯罪嫌疑人王晋抓捕归案。

近来，阳泉煤业集团新景矿机运部工人王晋称自己有可靠的内部关系，可以帮助无业青年在阳泉煤业集团下属单位招工就业，为已就业的职工内部调换工种，通过形形色色的中间人连环设套，以收取所谓好处费名义，大肆诈骗群众钱财。西城分局接到报案后，克服了犯罪嫌疑人作案时间长、犯罪手段奸诈、中间环节复杂、受害群众多、诈骗金额大、取证过程艰巨等困难，在侦查过程中，就本案先后立办的刑事案件达67起之多，涉及受害群众141人（不包括中间介绍人），涉案金额176.6万元。王晋归案后对自己的犯罪事实供认不讳。

目前，犯罪嫌疑人王晋已被阳泉市矿区人民检察院向矿区人民法院提起公诉，部分追回的款项也已归还到受害人手中。

（原载2009年12月4日《山西法制报》）

第七节 毒品犯罪的审判

阳泉建市初期，其行政区划主要管辖工矿区和商业区。阳泉工矿区位于正太路中心，五方杂处，治安情况历来复杂，毒品来源较其他交通不便地区相对容易取得，毒品吸食和贩运活动虽然在阳泉解放之前，即遭到共产党领导的人民民主政府司法机关不断打击，但毕竟这种打击处于战争状态下，针对涉毒犯罪的审判打击时紧时松，敌强我弱时，涉毒犯罪就处于失控状态。因此，解放初期，阳泉地区的涉毒犯罪十分猖獗，甚至在新市街、上站、下站、澡堂、旅馆等流动人口集中的地方，设有专门供吸毒人员吸食毒品的“烟馆”。

1951年5月，阳泉市人民法院在市委、市政府支持下，成立戒烟所，首先从吸毒人员着手，进行为期两个月的教育改造，限期断瘾，并通过劳动，将其改造成为新人，本次戒毒共收治烟民79人，其中男47人，女32人。在79名吸毒人员中，有市民70人，农民9人。这些烟民两个月戒毒期满出所时向政府宣誓：一、愿在民主政府领导下重新做人，不再吸贩毒品；二、坚决肃清自己不劳而获的寄生思想；三、积极参加劳动，从事生产，订出计划，绝不再当二流懒汉。

经过解放初期大规模的戒除毒品运动，特别是经过阳泉市人民法院针对吸贩毒品犯罪活动的依法审判和严厉打击，直到20世纪80年代初期，毒品在阳泉地区绝迹了整整三十年。

20世纪80年代以后，涉毒犯罪在阳泉地区死灰复燃，贩毒、吸毒行为虽累经打击却收效甚微。特别是进入21世纪，贩毒、吸毒犯罪呈上升趋势。

从2002年开始，走私、贩卖、运输、制造毒品犯罪和非法持有毒品犯罪，出现了大幅度上升的现象，2001年，审结的走私、运输、制造毒品案仅有5件8人。到2002年，飙升至21件35人。分别上升了420%和437.5%。到2010年，又比2002年翻了将近一番，达到了40件50人。2010年，旧存涉毒犯罪2件2人，新收涉毒犯罪40件50人，审结41件50人，41件涉毒犯罪全部为判决结案。另外，还受理、审结非法持有毒品犯罪案件2件6人，容留他人吸毒犯罪2件2人。2011年，审结毒品犯罪20件28人，2012年，毒品犯罪上升幅度较大，全年审结46案56人，比上年分别上升了43.47%和50%。

附表8：阳泉市两级人民法院1996～2012年审结的毒品犯罪案件一览表

序号	年份	旧存		收案		结案		未结	
		（件）	（人）	（件）	（人）	（件）	（人）	（件）	（人）
1	1996								
2	1997			1	3	1	3		
3	1998			3	3	3	3		
4	1999			5	7	5	7		
5	2000			1	1	1	1		
6	2001			5	8	5	8		
7	2002			21	35	21	35		
8	2003			29	55	29	55		
9	2004			23	41	23	41		
10	2005			24	37	24	37		
11	2006			27	38	27	38		
12	2007			32	35	27	29	5	6
13	2008	5	6	46	59	49	63	2	2
14	2009	2	2	41	52	41	52	2	2
15	2010	2	2	48	66	49	58	1	2
16	2011	1	2	20	28	20	28	1	2
17	2012	1	2	45	54	46	56		
合计		11	14	371	522	371	514	11	14

注：本表“涉毒品犯罪案件”包括走私、贩卖、运输、制造毒品；非法持有毒品罪；非法提供麻醉品、精神品罪；容留他人吸毒罪。

第八节 贪污、贿赂、渎职犯罪案件的审判

一、审判贪污、贿赂犯罪

阳泉市作为中国共产党在解放战争初期即解放并建立的城市，党的组织建设、党领导的行政事务，以及当时城市和社会管理的总目标，就是组织高效的工、矿业生产和农业生产，发展新民主主义经济，巩固新生的人民政权，支援全国解放战争，进而为建立中华人民共和国提供物质保障。因此，阳泉市人民政府建立的同时，即通过阳泉市审判机关——阳泉市司法处和稍后组建的阳泉市人民法院，以及建国初期的阳泉工矿区人民法院，继承和发扬了解放区司法审判工作中，同贪污犯罪作坚决斗争的光荣传统，按照解放区打击贪污犯罪的制度、规章和惯例，运用审判武器，对发生在人民政府机关和企事业单位工作人员中的贪污腐化行为进行打击，清除新生的人民政府中的贪污腐败分子，保卫来之不易的人民政权，并在同贪污犯罪斗争的司法实践中，积累了丰富的审判经验，为稍后陆续建立的其他地区人民政府的司法审判，尤其是对依法打击贪污贿赂、挪用公款和渎职犯罪提供了重要借鉴。

从建院初期到1996年版《刑法》颁布实施，贪污和挪用公款犯罪，属于侵犯财产罪。而行贿受贿则属于渎职罪。1996年新《刑法》，把贪污、挪用公款和行贿受贿统一归并为贪污贿赂罪。为叙述方便，本志按照1996年新《刑法》中的罪行归类原则，把贪污罪、挪用公款罪和行贿受贿罪，统一纳入“贪污贿赂罪”陈述。

1949年，审结贪污案件4件，1950年上半年，审结贪污案10件。

1951年11月～1952年12月25日，阳泉市人民法院根据中央指示，以司法审判为阵地，开展“三反运动”。“三反运动”是解放初期在中国共产党和国家机关内部开展的“反贪污、反浪费、反官僚主义”的运动。新中国成立后，由于有关制度的不完善，在党政军机关、人民团体和经济部门中滋长着贪污、浪费、官僚主义的现象。这不仅给经济建设事业造成了重大损失，也严重地从政治上和思想上腐蚀了少数干部，败坏了党和政府的形象。

1951年11月30日，中共中央根据同年秋季全国工农业战线开展的爱国增产运动中揭发出的大量贪污、浪费现象和官僚主义问题，向全党指出：必须严重地注意干部的贪污行为，注意发现、揭发和惩处。12月1日，中共中央作出《关于实行精兵简政、增产节约、反对贪污、反对浪费和反对官僚主义的决定》，把反贪污、反浪费、反官僚主义作为贯彻精兵简政、增产节约这一中心任务的重大措施，要求普遍地检查贪污、浪费和官僚主义问题。12月8日，中共中央又发出《关于反贪污斗争必须大张旗鼓地去进行的指示》。此后，一个全国规模的“三反”运动普遍开展起来。1951年审结贪污案件10件，与上年度持平。

1952年1月4日，中共中央发出《关于立即限期发动群众开展“三反”斗争的指示》，要求各单位立即按限期发动群众开展斗争。很快，在全国出现了一个群众性的检查和揭发的高潮，“三反”运动进入高潮。

1952年4月，“三反”运动进入核实定案处理阶段，中共中央相继发出了《关于处理贪污浪费问题的若干规定》、《关于处理小贪污分子的五项决定》。4月21日，中央人民政府公布了《中华人民共和国惩治贪污条例》。1952年10月25日，中共中央批准了关于结束“三反”的报告，“三反”运动宣告结束。

在“三反”运动中，阳泉市人民法院根据上述文件所规定的关于“严肃与宽大相结合”和“坦白从宽，抗拒从严；一般从宽，恶劣从严”等方针和政策，审理了一批严重贪污盗窃案件，结合原中共石家庄市委副书记刘青山和原中共天津地委书记张子善因贪污犯罪被判死刑的实例，先后召开坦白检举大会或公审大会，对于在运动中揭发出来的犯有贪污罪行的人员，分别作出不同处理，对构成犯罪的贪污分子，依法予以严厉惩处。受理审结贪污案件104件，盗窃国家财产和偷漏税收案件95件，其他同“三反”、“五反”有关的案件145件。通过“三反”运动，阳泉市人民法院干警认识到法院不是清水衙门，问题没有大小、多少、轻重之别，对法院内部个别人用公款照相、吃西瓜和向押犯借款等错误行为进行了严肃批评，提高了对资产阶级糖衣炮弹危害性的警觉。

1953年，受理审结贪污案31件。1954年，审理贪污案19件，比上年下降36.7%。其中对阳泉市花纱布公司寿阳小组会计李冠山贪污一案的审判，首次试行“刑事审判辩护制度”。1955年，审理贪污案42件，比上年上升12.1%。公判了中国人民银行阳泉市支行干部田恒杰贪污巨款一案。1956年，审理贪污案23件，比上年下降45.2%。1957年，审理贪污案18件，比上年下降2.17%。1958年，阳泉市人民法院受理审结贪污案件骤升至90件，比1957年的18件，净增加72件，上升了400%，引起阳泉市人民法院和上级司法机关高度重视。

1959年6月11日，阳泉市人民法院向各法庭翻印下发了省公安厅陶厅长（陶健）和晋中地委“王书记”关于“正确执行党的政策、有力打击敌人”的讲话要点，要求进一步加大对贪污犯罪的审判和打击、处理力度。针对贪污犯罪的处理标准如下：

……

（5）贪污多少要捕：

农村：吃国家饭的企业、贸易人员（补贴干部也算），贪污150元要捕，但也要看态度、情节；城市200元（太原、大同、阳泉、长治）。

吃集体饭的，照省委规定的四条标准办理，即：① 自报无罪，将功折罪，抗拒处分；② 凡坦白自报的，一律不戴贪污分子帽子；③ 根据情节轻重、态度好坏和本人的经济情况，决定全退、少退和分期退；④ 上下左右相揭发，帮助洗澡，不准打击报复，不冤枉好人，处分的只是少数，至于法办的即更少。

……

1959年，即按此标准审理贪污案38件，比上年度的90件，下降了58%，净减少贪污案件52件。11月22日晚，“（平定）郊区人民法院①”，在当地人民公社党委支持下，在宁艾村召集1280人，对葛爱堂等三个贪污案件进行了公开审理。

1960年，贯彻对敌斗争“紧一些”的方针，在市委领导下，抽出干部同市公安局、市检察院、市冶金局等单位，深入青年钢厂，会同厂党委和职工，以狠抓安全、组织高产为中心，打击反革命分子和坏分子的破坏，召开1000余人参加的职工大会，在公开严厉打击技术破坏分子的同时，对贪污犯赵有林进行了公开宣判，对贪污职工粮食的孙建平、牛凤祥作了严肃处理。当年审理贪污案30件，占刑事案件总数的4.45%。

由于对贪污犯罪逮捕法办的立案标准低，审判打击严厉，而且对犯轻微贪污罪行的人员，一般均给予悔过自新的机会，1960年之后，阳泉市人民法院审结的贪污案件呈大幅下降趋势。1961年，审理贪污案20件，占当年刑事案件总数的5.5%。1962年，审理贪污案2件。

1963年，在市委统一部署下，阳泉市人民法院组织干警参加了新一轮的“五反”运动，在运动中，法院领导以身作则，带头“洗手”、“洗脸”、“洗澡”，充分发动群众，检举揭发人民法院系统内部存在的贪污、官僚主义、铺张浪费、分散主义等问题。当年结合“五反”运动的开展，审结其有贪污案件9件。到1964年，由于“四清”运动的深入开展，发生在阳泉市的贪污出现较大幅度的下降，全年审结贪污案件5件，比上年度下降55.6%。1965年，贪污案件又出现上升趋势，审结贪污案12件，1966年，“文化大革命”爆发，贪污案件再次下降，当年审结此类案件5件。

“文化大革命”10年，是贪污犯罪案件的低发期，从1967年到1975年8年间，阳泉市中级人民法院（含阳泉市革命委员会保卫部审判办公室）审结的贪污案，只有1975年审结的1件1人。

阳泉市中级人民法院从建院到20世纪70年代初、中期，审结的贪污贿赂案件有这样几个特点：一是涉案金额较小；二是涉案人员职务较低；三是群众检举揭发的案件占相当大比重；四是处理严肃、迅速；五是打击贪污贿赂犯罪往往在一定规模的群众大会上正式宣布逮捕和具体刑判，给贪污贿赂犯罪分子以最严厉的处罚；六是对于贪污罪行轻微、社会危害性不大的贪污犯罪分子，往往采取群众管制、监督劳动等办法予以惩处。

1976年到20世纪80年代初，阳泉地区的贪污案件仍然比较少，如1976年，阳泉市中级人法院审理的贪污案只有5件。其后，贪污犯罪得到有效遏制，1977年审结贪污案2件，1978年审结1件，1979年为零，1980年仅为4件，1981年1件，1982年为零。贪污案件低发案趋势一直延续到1982年。从1983年开始，发生在阳泉地区的贪污案件开始出现上升现象，1983年11件，1984年10件，1985年升至14件。

20世纪80年代初、中期以后，由于改革开放政策的实施，生产和经济、金融领域进一步放开搞活，但监督力度有所削弱，一些领导干部受资产阶级自由化影响，贪污贿赂犯罪呈逐步上升趋势。但涉案金额仍然比较小，涉案人员职务仍然比较低，一般由纪律监察部门发现查处，并由检察院起诉到人民法院，由人民法院按照《刑法》进行审判。

1982年1月11日，中共中央发出《紧急通知》，传达中央政治局常委关于对一些干部走私贩私、贪污受贿，把大量国家财产窃为己有等严重违法犯罪行为采取紧急措施的指示。3月8日，根据打击经济犯罪活动的需要，第五届全国人大常委会第二十二次会议通过《关于严惩严重破坏经济的罪犯的决定》，对《中华人民共和国刑法》的一些相关条款作了相应的补充和修改。4月13日，《中共中央、国务院关于打击经济领域中严重犯罪活动的决定》向全国公布，贪污作为严重破坏社会主义经济的犯罪行为受到严厉打击。

阳泉市中级人民法院根据上述《紧急通知》和“两个决定”精神，在具体的审判实践中，正确掌握政策界限，严格区分和处理两类不同性质的矛盾，严格区分工作失误同贪污犯罪的界限，划清经济工作中的不正之风同贪污犯罪的界限，划清贪污犯罪同实行对外开放、对内搞活经济政策中由于某些制度、办法不完善而发生的问题的界限，划清个人贪污犯罪同化大公为小公的界限，运用审判武器，严厉打击贪污犯罪。

从20世纪80年代中期开始，随着社会主义市场经济模式的确立和发展，特别是伴随着资产阶级自由化思想侵蚀，发生在国家工作人员和全民所有制、集体所有制企业管理人员中的贪污案件呈增长态势，阳泉市中级人民法院和基层人民法院依法对贪污犯罪予以严厉打击。1985年，审结贪污案14件26人。1986年，审结贪污案件20件20人。其中，贪污1000元的1件1人；2000元以上不满5000元的5件5人；5000元以上不满10000元的4件4人；10000元以上不满30000元的6件6人；30000元以上不满50000元的1件1人；此外，有3件3人有贪污案为无所得；另有一件3600元的受贿案受到审判。

1988年，审结严重经济犯罪案件107件206人，是阳泉市中级人法院建院以来受理并审判的经济犯罪案件最多的一年。其中，审结贪污案件10件10人，涉案总金额14.41万元，贪污金额不满10000元的5件5人，10000以上不满30000元的2件2人，50000元以上不满100000元的2件2人。

1989年，阳泉市中级人民法院和基层人民法院，坚持依法从重从严惩处经济犯罪分子的方针，采取专人专职和固定合议庭等有效措施，积极审理经济犯罪案件。同年8月15日，最高人民法院、最高人民检察院发布《关于贪污、受贿、投机倒把等犯罪分子必须在限期内自首坦白的通告》，11月6日，最高人民法院、最高人民检察院又联合下发《关于执行<关于惩治贪污罪贿赂罪的补充规定>若干问题的解答》。阳泉市中级人民法院把贯彻执行《通告》作为一项突出的重要任务来抓，在审判工作任务繁重、人员紧张的情况下，切实加强领导，周密安排部署，对贪污犯罪和其他经济犯罪行为和犯罪分子保持高压态势，与检察、公安、司法、监察等部门密切配合，协调行动，加强同新闻、宣传等部门的配合，通过举行新闻发布会、记者招待会，院领导在电台、电视台发表讲话，报纸上刊载文章，印发、张贴《通告》和有关《通告》的宣传资料，组织两级法院干警走上街头进行宣传，为群众提供法律咨询，同时法院干警深入阳泉市公安局看守所、阳泉第一监狱、阳泉第二监狱等监管场所，宣讲《通告》精神，动员在押未决人犯和在监狱服刑改造的罪犯坦白余罪，检举揭发贪污犯罪，两级人民法院均设立了"经济犯罪人员投案自首处"和"经济犯罪举报中心"，敦促一切有经济犯罪行为的人自首坦白，争取宽大处理。通过宣传发动，增强了社会各界反腐倡廉的信心，动摇了贪污受贿等经济犯罪分子，收到了明显的效果。50余名经济犯罪分子投案自首，群众检举揭发了13件经济违法犯罪行为。在此基础上，两级人民法院依照法律和《通告》规定，及时审结了一批典型案件。当年阳泉中院审结经济犯罪案件28件，判处经济犯罪分子33人①，本年度"应公开审判"和"已公开审判"的经济犯罪案件为115件。在经济犯罪案件中，贪污案件11件11人，涉案总金额16.44万元，其中不满10000元的5件5人，10000元以上不满100000元的4件4人。有1件受贿案受到审判。9月26日，召开5万余人参加的宣判大会，阳泉市两级法院依照最高人民法院、最高人民检察院发布《关于贪污、受贿、投机倒把等犯罪分子必须在限期内自首》的精神，对8名有投案自首和坦白检举情节的经济犯罪分子给予从轻、减轻或免于刑事处罚，对刘林、郭万和2名经济犯罪分子给予刑事惩罚，有力打击了贪污犯罪和其他经济犯罪分子的嚣张气焰，进一步引深了反贪肃贿斗争的开展。

之后，阳泉市中级人民法院及基层人民法院继续按照最高人民法院、最高人民检察院"8·15"《通知》开展贪污案件的审判，从严打击贪污犯罪，1990年，两级人民法院受理一审经济犯罪案件24件24人，其中贪污案15件15人，受贿案7件，行贿案1件，其他经济犯罪案1件，对顶风作案、不思悔改的犯罪分子给予严惩，判处五年以上有期徒刑等较重刑罚的有3案3人，占经济犯罪案件的12.5%。对《通告》期间和《通告》以后坦白自首、检举揭发和积极退赃的犯罪分子，依法予以从宽处理。

1991年，阳泉中院本着"一要坚决、二要慎重、务求搞准"的原则，受理经济犯罪案件49件52人②，"应公开审判"和"已公开审判"的经济犯罪案件为108件，其中，贪污案24件24人，受贿案21件21人，其他经济犯罪案4件6人，判处五年以上较重刑罚的犯罪分子4人。1992年，审结贪污案9件13人，免于刑事处罚的3人，判处五年以上较重刑罚的犯罪分子1人，五年以下刑罚的4人。受理受贿案7件

注：① 1989年《刑事案件统计表（附表一）》。② 1991年《刑事案件统计表（附表一）》。

10 人，审结 7 件 10 人。1993 年，一审审结经济犯罪案 26 件，其中判处五年以上较重刑罚的 10 人，为国家和集体挽回经济损失 77.4 万元。

1994 年，阳泉市中级人民法院认真贯彻中纪委二次全会精神，积极开展打击经济犯罪斗争，突出打击贪污贿赂和挪用公款犯罪，狠抓大案要案审理，注意区分罪与非罪、此罪与彼罪、重罪与轻罪的界限，集中力量审理了一批万元以上大要案，全年审理经济犯罪案件 51 件 118 人，其中贪污案 24 件 63 人，受贿案 4 件 13 人，挪用公款案 4 件 5 人。如原阳泉市卫生学校校长陈润文利用职务之便，贪污 20974 元，被依法判处有期徒刑 6 年。原盂县中国银行储蓄股股长田金如挪用公款 30 万元，被判处有期徒刑 7 年。在全市造成重大影响的原阳泉第一监狱服务公司经理张永生等集体贪污、挪用公款一案侦破后，阳泉市中级人民法院与检察院机关和纪检监督机关密切配合，以严肃负责的精神和积极慎重的态度，在充分听取有关方面意见的基础上，依法判处主犯张永生死刑、缓期 2 年执行，剥夺政治权力终身；另一主犯吴智明被判处无期徒刑，剥夺政治权力终身；其他 6 名从犯均被判处有期徒刑。11 月，平定法院“太旧巡回法庭”对监守自盗太旧高速公路建设物资 5080.04 元的贾顺明、刘珍珍各判处有期徒刑三年。有力地配合了阳泉市反腐败斗争。

1995 年，审结经济犯罪案件 87 件。

20 世纪 90 年代中后期，随着改革开放进一步深入，特别是在国有企业改革和改制过程中贪污犯罪大案、要案频发，为此，阳泉市中级人民法院全面加强了针对贪污犯罪的打击力度。1996 年，全市两级人民法院受理一审经济犯罪案 82 件 125 人，其中审判贪污犯罪 28 件 34 人，挪用公款案 1 件 1 人，受贿案 4 件 4 人，其他经济犯罪案 49 件 86 人。

1996 年之前，在司法统计报表上，贪污罪归类于侵犯财产罪，侵犯财产罪包括盗窃罪、诈骗罪、挪用公款罪。1997 年，新版《刑法》实施，贪污罪、行贿罪、受贿罪和挪用公款罪，统一归类于贪污贿赂罪。为促进阳泉地区反腐败斗争深入开展和社会主义市场经济的健康运行，根据党中央关于反腐败工作的部署，两级人民法院即按新版《刑法》关于贪污贿赂罪之规定，依法严惩贪污贿赂犯罪，全年受理一审贪污、贿赂、挪用公款等经济犯罪案 23 件 34 人，审结 22 件 32 人，其中贪污案 7 件 12 人，挪用公款案 5 件 5 人，受贿案 3 件 3 人，万元以上大案要案 5 件。如原河坡电厂副厂长陈永生贪污公款 69 万元，挪用公款 10 万元，被阳泉市中级人民法院判处无期徒刑。工商银行新市街办事处工作人员王秀风，利用职务之便贪污公款 100 万元，被判处死刑缓期两年执行。

1998 年，阳泉市两级人民法院根据新《刑法》规定，进一步强化对贪污贿赂罪的审判打击，当年即审结贪污贿赂案 21 件 31 人，其中审结贪污案 11 件 20 人，比 1997 年上升 5 件 8 人，挪用公款案 6 件 7 人，比 1997 年上升 1 件 2 人。此外，还审结受贿案4件4人。1999年，审结的贪污贿赂案为15件18人，其中贪污案6案9人，挪用公款案为5件5人，受贿案4件4人。

进入21世纪，随着国有企业改革、改制进一步深化，贪污贿赂犯罪大案、要案频发，涉案金额进一步飙升，阳泉市中级人民法院和基层人民法院，继续通过司法审判，严厉打击贪污犯罪，推进反腐倡廉。2000年，审结贪污贿赂案8件8人。其中，贪污案5件5人，挪用公款案3件3人。其中1人被判处10年以上有期徒刑。

2001年，审结贪污贿赂案12件15人，其中贪污案7件8人，挪用公款3件5人，受贿案2件2人。尤其是1月10日，通过对原山西省长治市委常委王虎林在担任长治县委书记期间贪污、玩忽职守、挪用公款、巨额财产来历不明等严重罪行的审判，有力地震慑了贪污贿赂犯罪。王虎林（副地级）贪污、渎职、受贿案件，曾引起国内外广泛关注，2001年1月9日，阳泉市中级人民法院经庭审证实，1996年年底至1997年4月间，在长治县南宋乡与假外商搞合资受骗一案中，时任长治县委书记的王虎林玩忽职守，给国家造成直接经济损失282.5万元，其行为已构成玩忽职守罪。司法机关在案发后从王虎林家搜出存款368.96万元、美金7662.14美元，减去其家庭合法收入67万余元及受贿款，认定王虎林夫妻人民币296万余元和美金7662.14美元财产来源不明，已构成巨额财产来源不明罪。阳泉中院一审依法以巨额财产来源不明罪判处其有期徒刑3年，以受贿罪判处其有期徒刑5年，并处没收财产5万元，以玩忽职守罪判处其有期徒刑1年，数罪并罚执行8年；其妻张玉梅被以巨额财产来源不明罪判处有期徒刑1年，缓刑2年。该夫妻巨额财产中明显超过合法收入的差额部分予以追缴。

到2002年，贪污、贿赂和挪用公款案件上升至32件41人。其中贪污案16件21人，受贿案6件8人，挪用公款案10件12人，是自1997年新版《刑法》颁布实施以来，审判的同类犯罪案件最多的一年。如原阳泉市粮油购销总公司总经理兼泉美康乐美食有限公司董事长高晋明，其在任职期间，利用职务之便，贪污公款46万，经阳泉市中级人民法院一审和省高院二审，以贪污罪依法判处有期徒刑14年，追缴其全部赃款。

2003年，阳泉市中级人民法院审结的贪污贿赂有所下降，全年审理此类案件22件25人，其中贪污案10件13人，受贿案6件6人，挪用公款案5件5人，行贿案1件1人。原中国人民银行阳泉分行副行长刘荣，因受贿罪、巨额财产来源不明罪，被阳泉中院一审判处有期徒刑9年。原晋城市人大常委会副主任王毓秀受贿一案，阳泉中院依照山西省高院指定管辖决定，进行了开庭审理，认定其利用职务之便受贿7万元的犯罪事实，一审判处王毓秀有期徒刑6年。

2004年，针对贪污贿赂犯罪更加隐蔽、涉案金额特别巨大、案件当事人捕前多任重要职务等特点，阳泉中院以审判为武器，以法庭为前线，积极配合反腐败斗争，审结贪污贿赂案22件27人，其中贪污案7件9人，挪用公款案8件10人，受贿案

7件8人。如阳泉市财政局社保科科长郭金华，因受贿罪、巨额财产来源不明罪，于2004年6月14日，由阳泉市城区人民法院一审判处有期徒刑15年。在上诉期限的最后一天，郭金华向阳泉市中级人民法院提起上诉。2004年9月，阳泉市中级人民法院作出终审判决，撤销一审判决第一项中对被告郭金华犯受贿罪的刑罚部分；郭金华受贿罪被判处有期徒刑10年，连同原判巨额财产来源不明罪有期徒刑2年，数罪并罚决定执行有期徒刑11年，没收财产23万余元，追缴其财产差额部分139万余元及美金907美元。

2005年，阳泉市中级人民法院审结依法贿赂案32件39人，其中审结贪污案12件17人，挪用公款案10件11人，受贿案9件10人，私分国有资产案1件1人。同时继续依照山西省高级人民法院指定管辖决定,针对重大贪污贿赂案件进行公开审理。先后审理了3起广受国内外关注的重大贪污贿赂案件。

5月24日，公开审理翼城县委原书记武保安贪污受贿案，经阳泉市中级人民法院审理查明，被告人武保安在担任临汾市翼城县县长、县委书记期间，利用手中职权，大肆“卖官”，先后为滑国红、翟明星、郭参俊等28人在职务提升、工作调整、个人进步等方面谋取不正当利益、29次非法收受对方人民币88.8万元。同时，被告人武保安、其妻子王临风案发后，被侦查机关依法扣押、冻结的现金406万余元人民币，8.7万余美元，不能说明其合法来源。法院判决认为，武保安、王临风身为国家工作人员，其财产明显超过合法收入，差额巨大，不能说明合法来源，其行为已构成巨额财产来源不明罪。7月7日，武保安因受贿罪、巨额财产来源不明罪，数罪并罚，判处有期徒刑15年，其非法所得依法没收，上缴国库。

8月22日，阳泉市中级人民法院公开审理了太原市房地局原副局长吴本芳等4人涉嫌贪污巨额公款一案。被告人吴本芳，捕前系太原市房地局副局长。刘幸福系吴本芳丈夫；吴勇伟，曾任太原市房地局拆迁办副主任兼太原市房屋拆迁中心主任，冀晓莉，曾任太原市房地局拆迁办主任。此后，本案又进行了多次庭审，经阳泉市中级人民法院审理查明，1999年1月，时任太原市房地局副局长的吴本芳，在该局处理太原市大二府巷房屋拆迁项目过程中，伙同时任房屋拆迁中心主任的吴勇伟、时任拆迁办副主任的冀晓莉，利用职务便利共同贪污公款289万余元。其中吴勇伟分得30万元，冀晓莉分得16万元，姚某分得25万元(已不起诉)，其余218万余元由刘幸福提出。阳泉市中级人民法院审理后认为，被告人吴本芳、吴勇伟、冀晓莉身为国家工作人员，利用职务之便，伙同被告人刘幸福贪污公款，数额特别巨大，其行为已触犯《刑法》相关规定，因此以贪污罪分别判处刘幸福、吴勇伟、冀晓莉三名被告有期徒刑6年、7年和5年。

11月18日，临汾市公安局原局长、党委书记邵建伟受贿一案，经阳泉市中级人民法院审理终结后作出判决。法院审理查明，1992年12月～2004年3月，邵建伟在担任太原市公安局入境管理处处长、太原市公安局北城分局局长、太原市公安局副局长兼杏花岭公安分局局长、临汾市公安局局长期间，利用职务之便违反规定，利用为犯罪嫌疑人取保候审和调整提拔干部之机先后收受他人财物162.6536万元人民币，1万美元和价值29万元港币的高档手表5块，根据邵建伟所犯罪行结合他的认罪态度及重大立功表现，法院判决：一、被告人邵建伟犯受贿罪，判处有期徒刑9年；二、扣押在案的赃款人民币162.6536万元，1万美元和价值29万元港币的手表，予以没收，上缴国库。判决后，邵建伟当庭表示认罪，不再提出上诉。

2006年，审结贪污贿赂案25件35人，其中贪污案11件18人，挪用公款案8件9人，受贿案4件4人，巨额财产来源不明案2件4人。受山西省高级人民法院指定管辖决定，审理了太原市住宅开发修建公司原经理崔福云贪污巨款一案，经法院审理查明：崔福云在担任太原市房地产交易所所长兼太原市房地产信息中心主任期间，在其授意、安排或直接参与下，先后开办了太原市房地产咨询服务中心等5个实际为崔福云个人所有、控制和操纵的公司，从1998年至2003年5月，利用职务之便转出和截留公款共计285.1多万元，扣除为交易所职工补贴房款25.1万元和为交易所职工支付赴外地旅游等费用21.9万元，两项共计47万多元之外，被告人崔福云将其余公款238.1万元占为已有。法院认为，被告人崔福云身为国家工作人员，目无国法，利用职务便利侵吞公款数额巨大，其行为已触犯《中华人民共和国刑法》，构成贪污罪，一审判处有期徒刑13年。

9月8日，按照指定管辖决定，阳泉市郊区人民法院根据公诉机关的指控，异地公开开庭审理盂县安监局原局长韩斌犯受贿罪、巨额财产来源不明罪一案，经法院审理查明，2003年5月至2005年4月间，阳泉市盂县王村煤矿矿长苏秋爱，为感谢时任盂县安监局局长的韩斌在承包王村煤矿的“帮助”，以及在日常煤矿安全检查、复工、审批火工(炸药、雷管等)品等方面的“支持关照”，先后8次送给韩斌人民币80万元、阳泉市工商银行3万元的牡丹卡一张。2003年11月，被告人赵玉忠以188万元的价值，从原承包人胡良国手中非法接包了盂县西南关煤矿西沟坑口(煤矿)。赵玉忠为感谢韩斌在其接包煤矿和经管过程中的“帮助”和“关照”，先后分7次送给韩斌人民币236万元。上列受贿款项累计总额达319万元。依法判处有期徒刑15年和有期徒刑1年，数罪并罚执行有期徒刑15年，依法追缴全部非法所得。同时，法院以转移赃物罪，依法判处其妻乔月香有期徒刑1年，缓刑2年，并处罚金3万元。

2007年，审理贪污贿赂案34件41人。重大案件如冯礼堂贪污贿赂案，阳泉市郊区人民法院一审查明，被告人冯礼堂利用担任山西华越机械有限公司董事长的职务之便，以侵吞及其他手段，非法占有公共财产2171398.75元，其行为构成贪污罪；利用自己开设的城区凯得力工矿配件经销处向浙江兴隆液压有限公司索贿143847.55元，其行为构成受贿罪，应予数罪并罚。5月14日，郊区法院作出一审判决，以贪污罪，判处有期徒刑13年，以受贿罪判处有期徒刑10年，数罪并罚决定执行有期徒刑18年，并处没收财产30万元，依法追缴非法所得2315246.3元。一审宣判后，被告人冯礼堂不服，上诉至市中级人民法院。经市中院二审审理认为，一审判决认定上诉人冯礼堂身为国家工作人员，利用其职务便利，以侵吞公款为目的，非法占有公共财产，贪污犯罪事实清楚，证据确实充分，指控罪名成立，依法判处有期徒刑13年，并处没收财产30万元；收受他人贿赂47670.36元，已构成受贿罪，依法判处有期徒刑4年，数罪并罚决定执行有期徒刑15年，依法追缴其非法所得的2315246.3元。

此外，阳泉市中级人民法院在依法审判贪污贿赂犯罪的同时，对职务侵占犯罪同样依法予以严厉打击。1996年，审判阳泉市钢管厂拔丝车间承包人黄建国等7名被告相互勾结，利用工作便利非法占有30000余元企业物资，阳泉市中级人民法院依照《全国人大常委会关于惩治违反公司法的犯罪的决定》，以侵占罪，判处7名罪犯有期徒刑。

2008年，审理贪污、贿赂案件41件，判处犯罪分子59人。山西北方晋东化工厂有限公司原总经理单利亚因受贿罪、巨额财产来源不明罪一审被判有期徒刑15年，该公司原党委书记王少雄因受贿罪、贪污罪一审被判有期徒刑10年。

2009年，依法惩治职务犯罪，判处贪污、受贿、挪用公款和渎职等案件54件64人，原平定县委常委、宣传部长梁岗平被判有期徒刑13年。

2010年，审结贪污、贿赂、渎职等职务犯罪案件46件61人。省水利厅原副厅长孙廷容因挪用公款、受贿、贪污被判有期徒刑16年。2010年3月18日，阳泉市中级人民法院对山西省水利厅原党组成员、副厅长孙廷容挪用公款、受贿、贪污案作出一审判决，孙廷容被判处有期徒刑16年。经审理查明，2003年4月，被告人孙廷容利用担任省水电公司经理职务便利，先后两次挪用山西省水电自供区农网建设与改造专项资金3000万元和3500万元作质押，分别贷款3000万元和3150万元，从两次挪用公款行为中牟利591910元。此外，孙廷容还利用职务上的便利非法收受他人银行卡3张，卡上累计存有人民币934470.42元，现金175万元及本田CRV轿车一辆，贪污公款40万元。鉴于其在案件侦查期间主动交代收受93万余元和10万元受贿的事实，属于部分自首，可从轻或减轻处罚。其家属退还涉案赃款，可视为被告人孙廷容有一定悔罪表现，可酌情从轻处罚。阳泉市中院依法以挪用公款罪判处孙廷容有期徒刑6年，以受贿罪判处其有期徒刑12年，以贪污罪判处其有期徒刑10年，数罪并罚决定执行有期徒刑16年，孙廷容受贿所得3053449.42元及挪用公款所得利益591910元予以没收上缴国库。

2011年，受理贪污贿赂案件46件65人，包括旧存2件6人，新收44件59人。审结45件63人，其中，审结贪污案27件42人；受贿案9件11人；行贿案7件8人；介绍贿赂案1件1人；巨额财产来历不明案1件1人。3月18日，原山西省水利厅党组成员、副厅长孙廷容挪用公款、受贿、贪污一案在阳泉市中级人民法院一审终结。被告人孙廷容犯挪用公款罪，判处有期徒刑6年；犯受贿罪，判处有期徒刑12年；犯贪污罪，判处有期徒刑10年。数罪并罚，决定执行有期徒刑16年；受贿所得人民币3053449.42元及挪用公款所得利益人民币591910元予以没收，上缴国库。

7月26日，原山西国阳新能股份有限公司运输部部长张润明、儿子张瑜、妻子穆巧娥贪污受贿一案在阳泉市中级人民法院刑事审判庭开庭审理。张润明，56岁，山西榆社县人，先后任阳煤集团升华分公司副总经理、总经理，交通运输部总经理，阳泉市矿区第八届人大代表。2010年3月，张润明因涉嫌受贿被阳泉市人民检察院刑事拘留，同年4月被依法逮捕。公诉机关指控，从2004年9月至2010年1月，张润明在担任阳煤集团升华分公司副总经理、总经理期间，利用职权为自己和他人谋取不正当利益，收受他人贿赂，其贪污受贿金额高达1048.0982万元人民币，另有2803.3909万元人民币和1676元美金不能说明合法来源，其涉案金额高达3800多万元人民币。其子张瑜原任北京国阳新能国际贸易有限公司焦炭部经理，2010年11月因涉嫌贪污罪，被阳泉市人民检察院刑事拘留，同时11月被依法逮捕。其妻穆巧娥是一名退休职工，2010年3月31日因涉嫌受贿罪被检察院刑事拘留，同年4月被依法逮捕。10月13日，阳泉中院对原阳泉煤业有限公司升华事业分公司总经理、山西国阳新能股份有限公司运输部部长张润明因贪污、受贿、巨额财产来源不明罪作出一审判决，被判无期徒刑。56岁的张润明，大学文化，山西省榆社县人，曾任阳煤集团升华分公司总经理、交通运输部部长、阳泉市矿区第八届人大代表。山西省阳泉市检察院以受贿罪、贪污罪、巨额财产来源不明罪，对张润明及其子张瑜、其妻穆巧娥同时提起公诉。阳泉中院审理查明：2004年9月至2010年1月，张润明利用职务上的便利，以权谋私，为其子张瑜在承揽工程、租赁工程机械、室内装修、服装购置、物资供应、粮油采购、购买水电表和磁卡以及为运输部姚志勇（已判刑）等多人提拔任用过程中，贪污受贿，并先后与浙江温州驻山西阳泉个体业主郑思勋、阳泉矿区瑞峰装饰中心私营业主王春田、阳泉市悦达商贸公司荆宝柱，以及杜文汇、于卫军、王建平等多名个体业主，互相利用，大肆侵吞国有资产、贪污受贿。张润明家庭共有银行存款、现金、保险、住房、证券、债权、车辆、购物卡、黄金等资产，总计价值达人民币4737万多元、美金1676元，除去正当合法收入外，仍有2803万多元人民币和1676元美金不能说明正当合法来源。其中，张润明滥用职权，单独和与其子张瑜、其妻穆巧娥共同受贿金额高达790多万元人民币。同时，张润明、张瑜还分别贪污295万元和265万元人民币。法院认为，张润明在羁押期间检举揭发多起案件，经查其中部分属实，应认定为立功表现；对张瑜在羁押期间检举揭发他人，经查不能成立，不予认定。法院一审判处张润明无期徒刑，对张润明与张瑜共同受贿所得的26万多元，张润明个人受贿所得的716万多元，贪污所得的21万多元，非法所得的人民币2723

多万元、1676元美元，全部没收，上缴国库（二审维持一审判决）。

2012年，继续严厉惩处国家工作人员以权谋私、滥用职权、贪污受贿等犯罪行为。全年受理贪污贿赂案33件65人，包括旧存1件2人，新收32件63人。审结28件54人，其中，审结贪污案13件28人；挪用公款案1件3人；受贿案14件23人。

建院60多年来，阳泉市两级人民法院通过审判贪污、贿赂、挪用公款等经济犯罪案件，严厉打击了贪污贿赂犯罪和其他经济犯罪分子。特别是进入21世纪以来，阳泉市中级人民法院按照山西省高级人民法院指定管辖决定，充分发挥本院法官法理透彻、公正廉洁、执法严格、审判贪污贿赂案件经验丰富等优势，先后对晋城市人大常委会原副主任王毓秀受贿案，翼城县委原书记武保安贪污受贿案，太原市房地局原副局长吴本芳等4人涉嫌贪污巨额公款案，临汾市公安局原局长、党委书记邵建伟受贿案，山西省水利厅党组成员、副厅长孙廷容受贿、挪用公款案，国阳新能运输部部长张润明等贪污受贿案进行了公开审判，严厉打击了贪污贿赂犯罪行为，震慑了贪污贿赂犯罪分子。

附案例1：山西卖官书记面临终审 上任8个月敛财500多万元

日前，山西省阳泉市中级人民法院对轰动全国的“卖官书记”武保安作出一审判决，判处有期徒刑15年。武保安当即提出上诉。据知情人士透露，近期终审判决将会问世。

武保安在2000年4月至2004年5月任山西省翼城县县长、县委书记期间，利用职务之便，大肆卖官，被当地群众称为“卖官书记”。2004年5月，山西省检察院反贪局决定对其立案侦查，同年6月29日武保安被批准逮捕，随后，武保安的妻子王临风也因犯巨额财产来源不明罪被依法逮捕。

侦查发现，武保安任职期间，先后为滑国红、翟明星等28人在职务提升、工作调整等方面谋取不正当利益，29次非法收受对方人民币88.8万元。案发后，检察机关依法扣押、冻结了武保安及其妻子王临风的现金、银行存款、购物卡等共计人民币781万余元、美元89591元。今年4月19日，阳泉市人民检察院就武保安犯受贿罪、巨额财产来源不明罪，王临风犯巨额财产来源不明罪向阳泉市中院提起公诉。

今年7月19日，山西省阳泉市中院作出一审判决，武保安犯受贿罪，判处有期徒刑13年；犯巨额财产来源不明罪，判处有期徒刑3年。数罪并罚，决定执行有期徒刑15年。武保安的妻子王临风犯巨额财产来源不明罪，判处有期徒刑两年，缓刑3年。武保安受贿所得人民币88.8万元及其他非法所得人民币4067748.24元、美元87591予以没收，上缴国库。

县委书记上任8个月敛财500多万元
书记妻子："当书记与当县长就是不一样"

担任县委书记仅仅8个月，武保安受贿及拥有不明来源财产就高达500多万元。武保安2003年9月底任山西省翼城县委书记，2004年6月被逮捕。8个月时间，武保安彻底完成了从一名县长到县委书记到巨贪的转变。

武保安出身农家，既受过部队的纪律约束，又有一定的法律知识和政治素养。在翼城县群众印象中，武保安生活比较拘谨，不洗桑拿、不沾赌毒、不包二奶，有能力、有魄力、有思路，为翼城经济发展作出了贡献。不过，武保安的妻子说："当书记与当县长就是不一样。"

调整干部岗位 借机大肆敛财

今天的翼城县，人口30万，下辖66个科局级单位，26个条管单位，10个乡镇，共有副科级以上干部632名。在刚进翼城县界时，就看见一块大牌子上写着："钢铁大县铸造强县果菜名县"。这在一定程度上反映了翼城经济的特色。从2003年9月开始，就在这个经济发达之地，武保安当上了一把手。"谁最能干好事业就用谁，谁最能加快发展就让谁干，让想干事的干部都有机会，让能干事的干部都有舞台……"武保安在2003年10月18日翼城县第10次党代会上说。

上任之初，武保安的第一举措就是大刀阔斧准备进行全县干部大调整。召开党代会、人代会和政协会，从党代表、人大代表到政协委员，从县委班子，到人大、政府、政协班子，他都掌握得非常具体。根据临汾市委组织部的考察情况，他提出了翼城县几套班子的组成意见，并经市委批准，于2003年10月召开了党代会、人代会和政协会。具体安排总共涉及109人。

2004年2月底至3月初，武保安开始酝酿干部队伍的调整问题，分别征求了四大班子领导对乡镇和县直干部的调整意见。几个月内在县里召开的各种会议上，武保安向与会者吹风，表明他当了书记以后调整干部要大手笔、大破格、大面积、大调整、大交流。这也为翼城众多干部之后不约而同地行贿埋下了伏笔。

造势之后，武保安故意将调整干部的时间拉长，等待来者上钩。上钩者纷纷"表示"的时候，武保安一般是满口答应，"可以考虑"是他挂在嘴边最多的一句话。然而，钱一旦到手，他便玩起了欲擒故纵的把戏。"那个地方说的人多，竞争厉害"的说法又成了他再次受贿的借口。上钩者已有钩在喉，吐，吐不得，咽，咽不进去，只好不断打点武书记。钱送少了，不会有效果，打了水漂；送多了，又力所不及。

之后的几个月里，武保安家里开始了门庭若市的日子。上门者以各种各样的借口动辄出手就是数万元现金奉送。这些人中有县里和各个乡镇的头头脑脑，也有县里的大小企业负责人。

有时，武保安的索贿是公开化的。翼城县某乡乡长薛某就曾经被暗示，向武保安奉上两万元。据他介绍，2003年8月的一天，他到县上向武保安汇报工作，武保安对他说儿子马上要出国留学，花销很大。薛某听后，心想武县长是不是有要钱的意思？但又不敢肯定。所以也没敢多说什么，随后就走了。

这之后，薛某心里老在琢磨这事，一直拿不定主意，正好马上要过中秋节，想到刚当乡长，得与县长、书记（当时知道武县长很快就要当书记了）搞好关系，而且武县长的意思明摆着就是想让他送礼。所以，薛某下决心拿上两万元送给他。像薛某这样的情况还有很多。

纪检委专案组经过反复取证，最终递交的《关于翼城县原县委书记武保安卖官受贿问题的调查报告》指出，可以认定的受贿金额高达75万元。送礼者中的局长就包括滑某、解某、翟某、郭某等。这些人出手数十万元并在送礼后得到了预期职位。在随后调查中，专案组不能认定的行贿金额涉及几十名党政干部，金额达到上百万元，而不能认定的原因仅仅是因为行贿者与武保安所交代的时间、地点、金额上有所出入。

提拔考核大权独揽　推荐干部暗箱操作

收人钱财，就得为人办事。在收敛巨额贿赂后，武保安在人事调整中就独揽大权。他违反民主集中制原则，选任干部搞个人说了算。

2003年6月至2004年5月，武保安主持县委工作和任县委书记期间，研究干部问题9次，任用干部253人，占科级干部总数的三分之一。每次的拟任人选、考察对象均由武保安预先圈定，然后再由组织部门履行程序。会上提出的不同意见，武保安基本不采纳。

对于局长翟某，有群众反映他有超计划生育、私自篡改档案年龄等问题，但武保安则力保提拔他为副县长。局长蔡某53岁，按县委调整干部方案规定，满51岁应予以免职，武保安指示组织部将其不列入调整范围，继续留任。

在蔡某的档案材料中，其所填写的出生年月出现“1950年5月”、“1950年6月”、“1950年7月”、“1951年6月”、“1952年6月”、“1952年7月”等多种时间。

根据中共山西省委组织部的一份文件：“坚持以干部档案和户口档案中最先记载的出生年月为依据”的规定，有关部门于2004年8月3日请示市委组织部。

市委组织部认为，蔡某出生年月应按档案材料中最早记载有出生年月的1969年12月19日形成的“县市公民体检表”中填写的出生年月来认定，即认定为1951年6月16日。但是，对于蔡某的年龄问题，武保安的答复是：此局长不参加此次干部调整。

7名乡镇纪委书记和县政协常委职位，武保安不与部门分管领导通气协商就拍了板。翼城县纪委书记张建国对此证实，这7名干部县纪委没有参加考察，甚至他连一个也不认识，书记会议上他曾经向武保安提出放一放，等纪委考察后再定。但武当即表示，书记会议就这样定了，有意见常委会上讲。

武保安还违反规定，推荐干部搞暗箱操作。2004年3月17日上午，县里推荐12名乡镇正职，武保安亲自设计A、B票。A票为中层干部无记名推荐票，由县委组织、纪检部门统计。B票为四大班子成员记名推荐票，武保安与县长统计。武保安将A、B票汇总排出名次后亲自向书记办公会通报，并按得票多少确定考察对象。B票一直由武保安个人保管直至事发也未交回组织部门。

武保安任职翼城县县长、县委书记后，其妻子王临风常常分别以本人、其弟、其妹、其妹之子、其侄女等人名义存款，有时一天之内就存五六十万元。见下表：

附案例2：山西卖官书记家庭存款飞涨 买官者讲述内情

武保安存款记录表

时 间	存款数额	备 注	时 间	存款数额	备 注
2000.5.2	50000	国债	2003.10.20	320000	
2011.11.8	5000		2003.11.15	150000	
2002.8.29	200000		2003.11.26	300000	
2003.1.10	10000	美元	2003.12.19	180000	
2003.2.18	100000		2004.1.12	200000	
2003.6.6	200000		2004.1.13	300000	
2003.8.14	34500		2004.1.15	300000	
2003.9.3	300000		2004.1.19	300000	
2003.9.9	160000			270000	
2003.9.20	300000		2004.2.6	300000	
2003.9.28	300000		2004.2.7	200000	
2003.10.2	160000			300000	
	300000		2004.3.18	280000	
	200000				

注：1. 数据摘自：王泽斌 王飞《中国青年报》记者 刘建林（资料来源：有关案卷）；原载2005年11月21日《中国青年报》（王飞 记者刘建林）；

2. 上表由本志编者按《中国青年报》提供的数据制作。

——“卖官书记”家庭存款从50万元飞涨到数百万元

山西省临汾市中心体育街上有个邮政储蓄所，离武保安的住所很近。从2003年下半年以来，武保安之妻王临风便频繁地进出这个地方存款，数额之大，次数之多，令人咋舌。

王临风频繁地出入银行大门存款有这么几个特点：王临风在2003年6月以前，家庭存款在50万元左右，而到6月以后，存款的频率越来越快，有时两天存一次，甚至一天存两笔、三笔；存款的额度也越来越大，三五万元存款数额已为十几万元、几十万元的数额所取代。

据知情人讲，王临风在办了退休后主要做两件事，一是打麻将，二是到银行存款。

在武保安从县长变成书记后，王临风说："老武在大宁县工作期间，是副职，礼就少一些，送两瓶酒、两条烟等的多些。在永和县工作期间，收的有礼品、有礼金（钱），过中秋节时礼品多些，过年时礼金多些，一两千元，送礼的多数是单位，也有个人。在翼城工作期间，送礼金的多些，数额也大些，少则数千，一万两万元也有送的，用信封装着现金，有的还写着送钱者的名字。老武在春节期间，这两年都是年三十和初一才回家，所以送礼的也就集中在这几天。送的人也多，好多人我不认识，有的在信封上写上名字的我也不记。我记得今年春节前后，一个副书记和一个局长来过我家，这个局长戴眼镜，副书记和局长给了两沓（两万元）钱，信封里写着鼓励孩子上学的话，写得挺好，这是老武给我的。县里一个部长在去年中秋节前到我家给了一份1000英镑[①]的礼，说是给孩子去英国用的。春节期间，乡镇一、二把手基本上都要来拜年，一般是给一两万元，还有三五万元的。"

送礼的人很多，有时因为害怕"撞车"，先来送钱的人不得不躲在武保安家的里屋

王临风说："我爱人从2003年任翼城县委书记后，在县里就是一把手。以前当县长时，没有感觉。在当一把手以后，明显地感到县委书记与县长有天壤之别。当县委书记后的春节和中秋节两个节日，翼城除了条管单位，如工商、税务等几个单位外，所有下属单位的领导都要来家中，来的人一批又一批，都是坐几分钟放下钱就走了，我和武收钱收得都有点害怕，可是没办法。"

王临风还说："到我家的人，一般武都给我介绍。有时，我给倒杯水、点点烟，然后就到别的房间了，他们在客厅谈话。送钱的人，总是以'一年辛苦，领导在工作上支持，一点意思'等理由放钱。如果我们要是推辞，他就说给孩子的，让孩子好好学习，或者将钱放到茶几上，或者放到沙发垫下面，有的还到我家的卧室里，将钱放到床上、枕头下面、被子下面。一般都是在信封里装着，或写个人名字，或写着单位名称，一般都有注明，都是有备而来，怕后面进来的人看见。人走后，他不收拾，坐在那儿不动，都是我收拾。放在床上的，就顺手塞在被子下面。一般来的，最少的送1万元，多的有2万元、3万元、5万元不等。"

对于武保安家的收入来源，王临风说："我们夫妻俩这么多年来的工资收入，另外还有出租屋的租金（每月350元，从1993年开始外租），再就是我父亲病故时，当时老武还在永和县任职，总共收了10万元的礼金，还有我儿子过12岁生日，我母亲过70岁大寿也包括在这里面，还有存款利息，一共大约有四五十万元。还有儿子两次上学亲戚朋友给的钱，大约不到10万元。"

注：①实为欧元。

买官者讲述买卖内情："盘子还没定，到时候再说"

"调整中受益的一些干部送礼在10万元以上"，翼城县一名干部说。A用30万元高价，买到县某局局长的职务。据A讲，2003年11月，县人代会、政协会召开以后，由于原局长当选为县级领导，听说不再兼局长，而A本人是该局书记。

于是，A想"进步"。2003年12月上旬一个晚上，大约八九时，A到武保安办公室找到他，提出自己想接任局长。武保安说：现在还没有全盘考虑，到时候再说。2004年元月的一个晚上，A准备了10万元，装在一个黑色小皮包内，一个人去武保安宿舍。A把装钱的小黑包扔到了武卧室的床上，武从沙发上站起来，想去拿这个包，意思是推辞不要，但A把他轻轻推到沙发上就离开了。

2004年3月下旬的一天下午，武保安打电话找A。在武的办公室，武保安对A说，这个单位竞争的人很多，不一定能把你安排在这个位置上。当天晚上A回到家里，准备了20万元，A对武保安说，"武书记，我还是想留在局里当局长，请武书记帮帮忙"。武说，盘子还没定，到时再说。然后，A就出来了。A说，黑色食品袋内装的烟，实际是20万元。对于这20万元，武保安坚持说只收到10万元，且是在退给A后第二次送的，因此，办案人员最后认定武受贿10万元。

逢年节送公款当礼金，还带上单位会计

"武保安任县长时，我到武家给其送了3万元现金。从2000年开始，每逢中秋节和春节，我都给武保安送现金，每次都是1万元。2000年中秋节送的是1张5000元的购物卡。到2004年春节，我累计8次送给武保安7.5万元。"现任某局局长B这样描述他和武保安的关系。

每次送钱时，B都会讲类似"过节了，没有啥可买的，拿点钱你自己买吧。"这样的话。武从来没有拒绝过，只不过有时说句"以后不要这样了"，但下次送来时仍照收不误。

B对他给武保安送钱的心态是这样描述的：一是希望通过这种方式求得他对所在单位工作的支持，如拨款等；二是具体经办人是自己，尽管送的是公款，但可以通过这种方式让他对B产生好感，在个人问题上即使不照顾B也不至于卡B。之所以在春节、中秋节送礼，是因为平时不太好意思，这时显得更有借口；同时为了避免自己私吞的嫌疑，B去送钱的时候还要把会计带上。

为证实武保安犯罪，主动交代自己行贿事实

"我认为武保安在任用干部的问题上，不讲干部素质，不讲工作成绩，不讲民意，不讲

原则，只认金钱，武的败露是必然的。不管组织怎样处理我，我都要为搞清他的问题向组织交代自己的行贿事实，以证实武保安受贿的犯罪行为。”行贿10万元后当上某局局长的C说。

C说，2003年下半年，武曾三番五次地找他谈话，开始讲让他到重要岗位上去，后来又说让他挑重担，再后来说不要光想着吃肉，也要啃骨头。眼看乡镇回来的书记和一些县直部门的干部都基本上定了位置，安排C的希望仍很渺茫。于是，C就向亲戚家借了10万元，亲自送给武保安。直到此时，武保安才说：“我总得给你和大家一个交代。”

在2004年4月上旬的一天，C用报纸把面值100元10叠的10万元包好，装了一个塑料袋，像一条烟，送到武在翼城宾馆的办公室。事后，武没有提出过退钱的问题。后来，C被安排为局长。这个局是一个没人提出要去的地方，但是，武保安的解释是，这个局是个大摊子，需要安排一个全面素质的人去干，你们说谁还能比C更能干？“武保安太贪了，为了将武绳之以法，我决心主动交代自己的行贿事实。”C说。

许多像C、A一样去送礼的干部完全清楚，给领导干部行贿是错的。但他们基本上都认同，给武保安送礼，同行贿捞好处，是有区别的，如果没有武保安通过公开、半公开的方式向大家传递信号，明里暗里地索要，翼城的社会风气也不至于到这个程度，人们也不会去给他送礼、送钱。

不送钱的下场是免职

县政协原常委D这样讲述他被免职经过的：“武保安上任后，肯定了我的工作，并答应考虑给我动动(工作)。后来，我又找过他一次，他不置可否。从2003年11月开始，我的政协常委被免了，政协工作也被免了，也没有安排新的工作，只好在家待着。我感到受骗了。”D苦着脸感慨地说：“钱不是个好东西，但没有钱是不行的”。县人大某干部E与D命运相同，也是被武保安使用手段给搁置起来的。“这就是不送钱的下场。”E说。

（原载2005年11月21日《中国青年报》/王泽斌 王飞 该报记者 刘建林）

附案件5：县委书记：上级监督少，同级监督难

——翼城县部分领导谈武保安案

“武保安当县长期间，工作作风比较务实，说话办事比较实际，担任书记后发生了明显的变化。”翼城县委副书记、县纪委书记张建国这样评价武保安。

张建国讲，在武当上县委书记后，别人的意见听不进去，自己想怎么干就怎么干，主观武断，逐步形成了一种凌驾于常委会之上的霸道作风，一味地个人说了算。武保安关于调整干部的讲话在全县引起了混乱，使本来没有调整想法的干部有了想法，造成中层干部思想不安，

几个月全县干部很少考虑工作，只考虑自己的升降去留，还给领导之间、同志之间制造了很多矛盾。“我认为武保安任书记后的干部调整是他本人的思想上、思路上就有了问题，这就使他必然地走上了犯罪道路！”张建国的话语十分肯定。

同时，张建国承认，作为县纪委书记，从主观上讲他应有一定的责任，没能阻止武保安腐败、犯罪。但客观地讲，同级纪委监督同级党委成员，特别是县委书记，确实难度太大，难以监督。比如，对干部的调整问题，他多次找武谈自己的看法和建议，以及对纪委干部的调整意见，武当面表示同意，但过后根本不理不睬、不听。包括提拔7名乡镇纪委书记，纪委没有参加考察，他竟一个也没有见过，常委会不能充分发挥作用。

张建国认为，“武保安之所以走到这一步，武本人思想滑坡，人生观、权力观扭曲是主要原因。武任书记以后，主要精力没有放在考虑全县大局的经济建设上，而是只抓干部，并在干部调整中借机敛财，而且越贪越大、越陷越深、不可自拔；其次，对县委书记这个级别的领导干部监督不到位，也是武走上犯罪道路的关键原因。县委书记是省管干部，显然，县纪委监督是可望而不可即的。上级党组织和纪委对县委书记的监督目前来说也是个空当。因此，失去监督的权力最容易产生腐败。”

翼城县副县长杨忠华说，武保安任县长时，上上下下都认为他政绩突出，上级表扬，下级称颂；更有甚者，紧随其后，拍马屁溜须，使其飘飘然，昏昏然。这样一个光环和环境，助长了武保安的个人主义家长作风，最终导致权力失去监督、失控。

翼城县委副书记刁纪普说：“武保安任书记几个月间，县级领导班子换届，乡镇主要干部调整，县直部门科级干部几次调整，都是依据他的意愿和衡量标准，具体操作调整的，搞得干部有苦难言。”

在分析武保安犯罪的原因时，刁纪普表示，武主管经济工作时间比较长，加上思想不健康，金钱对他产生了强大诱惑力，这就使得他贪婪成性，敛财聚财不择手段，走上了腐败的道路。武保安一案教训极为深刻。对县委书记这一岗位的职权监督，是党风、党性教育、反腐倡廉工作中最为重要的一个环节。因为同级难监督，上级少监督，这就给一些党性观念不坚定的人留下了可乘之机。在这一警示教育中，我们深深感到强化党内监督何等重要！“说实在的，一个副职要是敢于同县委书记持不同意见，是要付出惨重代价的！”翼城县委副书记李宝森说①。

（原载2005年11月21日，《中国青年报》 王泽斌 王飞 该报记者 刘建林）

二、审判渎职犯罪

渎职罪，是指国家机关工作人员滥用职权、玩忽职守，或者利用职权徇私舞弊，违背公务职责的公正性、廉洁性、勤勉性，妨害国家机关正常的职能活动，严重损害

注：①上述文章均刊载于2005年11月21日《中国青年报》，作者均为王泽斌 王飞和该报记者刘建林。

国家和人民利益的行为。

阳泉市作为中国共产党最早解放并建立的城市，其建市初期，工矿业、商业和农业均比较发达，为了发展煤炭、钢铁、硫磺等工矿经济和农业生产，支援刚刚拉开帷幕的全国解放战争，进而支援新中国的建立，没收了一大批国民党政府和阎锡山旧部官办私人企业和官僚资本性质的工矿业，组成了具有新型生产关系的国营企业，当时的审判机关——阳泉市司法处，即针对阳泉市各级党的组织、各级人民政府和派驻到各钢铁厂（如保晋公司，后改称阳钢）、煤矿（现在的阳煤集团、阳泉第一监狱所属煤矿——荫营煤矿，当时称裕民煤矿、万生煤矿，以及南煤集团、汉河沟煤矿）的党政干部，在领导和指导工矿业、商业，包括在组织农业生产过程发生的渎职犯罪，依照华北人民政府颁发的有关司法工作的各项政令、训令，比照解放区审判同类案件的惯例进行审判，维护企业正常的生产经营秩序，大力发展新民主主义工商业。

阳泉市中级人民法院对渎职犯罪的审判，大体上可以分为四个阶段。

第一阶段是建院初期（1947 年）至 20 世纪 60 年初。是渎职犯罪渐渐引起审判机关注意并进一步加大审判打击力度时期。这一时期审理的渎职犯罪案件，主要集中于国营工矿业、发电厂、基本建设单位、铁路和公路运输部门（公路运输当时主要为马车行，汽车运输较少），渎职犯罪多为生产责任事故。如 1955 年，当时的阳泉市人民法院即审判了造成人身伤亡及使国家财产损失的重大责任事故案 8 件，渎职案 12 件。“重大责任事故”和“渎职犯罪”往往是紧密联系在一起的。1955 年，还结合以“反破坏”为中心的厉行节约、反对浪费运动，先后到二矿、三矿、发电厂运输公司等单位，公判一批破坏生产的犯罪分子，其中包括因渎职犯罪造成生产事故和经济损失的罪犯。

1956 年，审判渎职案 28 件，比 1955 年的 12 件，上升了 48%。

20 世纪 50 年代末至 60 年代初，阳泉市人民法院积极参与阳泉市的经济建设和经济工作的安全保卫，50 年代中后期，配合阳泉地区开展“五反运动”、“反右倾”、“资本主义工商业社会主义改造”和“大跃进”等。60 年代初，积极参加“四清运动”、“整社”、“清理阶级队伍”等，并针对各项政治运动中揭发出来的渎职犯罪进行审判。

如 1958 年，阳泉市人民法院开展司法工作“大跃进”，“一手抓政治斗争、一手抓同治安灾害事故斗争”。“同治安灾害事故斗争”即包括同渎职犯罪的斗争，当时的阳泉市人民法院在市委领导下，协同公安部门，开展“检查运动”，抽出院长 1 人，审判员 2 人，分别到三矿、阳钢、工程公司等单位进行安全检查，建立安全组织——治保委员会和治保小组 1293 个，义务消防员 4010 名，义务交通员 240 名，选择典型安全事故案件，通过审判活动，进行了大张旗鼓处理，使同治安灾害的斗争实现了“群众化、制度化、经常化”。

1959 年，继续开展“同治安灾害斗争”，审判渎职案 17 件。

第二阶段是1960年至20世纪80年代，是渎职犯罪极少发生的时期。其间经历了十年“文化大革命”，在长达20年中，阳泉地区工、矿业和商业得到全面发展，农村人民公社也有长足进步，全民所有制企业和劳动群众集体所有制企业突飞猛进，但渎职这种因行为人滥用职权或玩忽职守，致使公共财产、国家和人民利益遭受重大损失的犯罪行为都较少发生。

第三阶段为20世纪80年代到90年代末，渎职犯罪引起全社会注意，并受到人民法院依法审判和打击。1978年12月，中共十一届三中全会召开，国家整体工作转入以经济建设为中心，阳泉市中级人民法院针对国家中心工作的转移，进一步开展和加强对转型过程中各类渎职犯罪的审判。1980年～2000年，在20年的时间内，阳泉地区的渎职犯罪仍为低发期，比如，1980年，仅审结渎职案2件。这一时期，对渎职犯罪的认识发生了一定的变化，从1986年《刑事案件统计表（附一、二、三表）》所列“渎职罪”项下的罪名可以看出，渎职犯罪不再是单列的一种犯罪，而成为数种犯罪行为的集合名称。如1986年《刑事案件统计表（附一、二、三表）》中，即将“渎职罪”规定为“受贿罪”、“行贿罪”和“其他”三个项目。年内，受理、审结“渎职罪”12件18人，其中受理、审结受贿罪9件12人；其他渎职犯罪3件6人。

1988年，受理、审结渎职犯罪8件8人。其中受贿罪6件6人，其他罪目2件2人。1989年，受理、审结渎职犯罪5件6人，其中受贿罪4件5人；行贿罪1件1人。1991年，受理、审结渎职犯罪24件24人，其中受贿罪21件21人；行贿罪1件1人。其他2件2人；另审结玩忽职守罪1件1人。

1992年始，《刑事案件统计表（附一、二、三表）》所列“渎职犯罪”包括六项犯罪：一是受贿罪；二是行贿罪；三是介绍贿赂罪；四是泄露国家机密罪；五是玩忽职守罪；六是其他。年内，阳泉中院即审结渎职犯罪14件20人。其中受贿罪7件10人，玩忽职守罪6件9人，其他犯罪1件1人。从《刑事案件统计表（附一、二、三表）》所列“渎职罪”项目的增设中，也可以看出党和国家对“渎职罪”认识的提高、打击力度的加强和打击范围的扩大。

1996年，审结玩忽职守案2件4人，其他渎职犯案4件5人。1997年，审结玩忽职守案1件1人，其他渎职犯案2件4人。1998年，审结渎职犯罪案4件4人，其中，玩忽职守案3件3人，徇私枉法案1件1人。1999年，审结玩忽职守犯罪1案1人。

第四阶段为21世纪后，这一时期渎职犯罪多发频发、渎职犯罪造成的损失逐渐增多、人民法院针对渎职犯罪的审判和打击进一步规范化。

2000年，审结玩忽职守罪1件1人。2001年，审结玩忽职守罪1件2人。2002年，审结渎职犯罪5件5人，其中，审结玩忽职守罪4件4人，滥用职权罪1件1人。2003年，审结渎职案3件3人，其中，玩忽职守罪2件2人，帮助罪犯逃避处罚罪1件1人。2004年，审结渎职案2件2人，其中，玩忽职守罪1件1人，失职致使在押人员脱逃罪1件1人。2005年，审结渎职犯罪案7件7人，其中，玩忽职守罪5件5人，滥用职权罪1件1人，徇私枉法罪1件1人。2006年，审判渎职案6件6人，其中，玩忽职守罪3件3人，滥用职权罪1件1人，失职致使在押人员脱逃罪1件1人，徇私舞弊不移交刑事案件罪1件1人。2007年，审结渎职犯罪案12件15人（含旧存1件1人）。其中，审结滥用职权罪3件3人（包括旧存1件1人）；玩忽职守罪7件8人。2008年，审结渎职罪13件17人。其中，滥用职权罪2件2人（包括旧存1件1人）；玩忽职守罪10件14人（包括旧存1件3人）；徇私枉法罪1件1人。2009年，受理、审结渎职罪9件12人。其中，审结滥用职权罪3件3人；玩忽职守罪6件9人。2010年，受理渎职犯罪案件8件11人，审结7件10人。其中，审结玩忽职守犯罪案件6件8人，徇私枉法案1件2人。

2011年，审理渎职犯罪案件18件24人（旧存1件1人、新收17件23人），审结15件21人。其中，审结滥用职权案3件6人，玩忽职守案11件12人，失职致使在押人员脱逃案1件3人。2012年，继续加大对渎职犯罪的打击力度，全年审结渎职犯罪案件23件28人（旧存3件3人、新收20件25人）。其中，审结滥用职权案5件7人，玩忽职守案16件19人，徇私舞弊减刑、假释、暂予监外执行案1件1人，帮助罪犯逃避处罚案1件1人。

小资料

什么是渎职罪？

渎职罪，是指国家机关工作人员滥用职权、玩忽职守，或者利用职权徇私舞弊，违背公务职责的公正性、廉洁性、勤勉性，妨害国家机关正常的职能活动，严重损害国家和人民利益的行为。需要特别说明的是，根据2002年12月28日全国人大常委会颁布的关于刑法第9章渎职罪主体适用问题的解释，在依照法律、法规规定行使国家行政管理职权的组织中从事公务的人员，或者在受国家机关委托代表国家机关行使职权的组织中从事公务的人员，或者虽未列入国家机关人员编制但在国家机关中从事公务的人员，在代表国家机关行使职权时，有渎职行为的，构成犯罪的，依照刑法关于渎职罪的规定追究刑事责任。包括一般国家机关工作人员的渎职罪、司法工作人员的渎职罪、特定国家机关工作人员的渎职罪。

“一般国家机关工作人员的渎职罪”包括：滥用职权罪；玩忽职守罪；故意泄露国家秘密罪；过失泄露国家秘密罪；国家机关工作人员签订、履行合同失职被骗罪；非法批准征用、占用土地罪；非法低价出让国有土地使用权罪；招收公务员、学生徇私舞弊罪；失职造成珍贵文物损毁、流失罪等。

“司法工作人员的渎职罪”包括：徇私枉法罪；枉法仲裁罪；民事、行政枉法裁判罪；执行判决、裁定失职罪；执行判决、裁定滥用职权罪；私放在押人员罪；失职致使在押人员脱逃罪；徇私舞弊减刑、假释、暂予监外执行罪等。

“特定国家机关工作人员的渎职罪”包括：徇私舞弊不移交刑事案件罪；滥用管理公司、证券职权罪；徇私舞弊不征、少征税款罪；徇私舞弊发售发票、抵扣税款、出口退税罪；违法提供出口退税凭证罪；违法发放林木采伐许可证罪；环境监管失职罪；传染病防治失职罪；放纵走私罪；商检徇私舞弊罪；商检失职罪；动植物检疫徇私舞弊罪；动植物检疫失职罪；放纵制售伪劣商品犯罪行为罪；办理偷越国（边）境人员出入境证件罪；放行偷越国（边）境人员罪；不解救被拐卖、绑架妇女儿童罪；阻碍解救被拐卖、绑架妇女儿童罪；帮助犯罪分子逃避处罚罪等。

第九节 黑社会性质组织犯罪案件的审判

新中国成立63年、阳泉市中级人民法院建院65年来，黑社会性质的犯罪始终受到人民法院严厉打击。解放战争初期，阳泉市司法审判机关——阳泉市司法处，即在中共阳泉市委、阳泉市人民政府领导下，运用审判武器，严厉打击国民党散兵游勇、土匪流寇滋扰和反动会道门活动，保卫新生的人民政权。1948年10月，在“阳泉市司法处”基础上，成立阳泉市人民法院，对反革命分子和反革命集团进行审判镇压，全力以赴保卫和促进工、矿业生产和农业生产，支援解放战争，支援各地人民政府的建立，迎接全国解放，这一时期，阳泉市辖区内带有黑社会性质的犯罪团伙，主要是旧社会遗留下来的地痞流氓帮派体系、带有明显政治目的的反革命集团和反动会道门组织。

20世纪50年代初、中期，当时的阳泉市人民法院根据党中央部署，先后开展三次镇压反革命运动（含一次肃反运动），对旧社会遗留的社会渣滓进行改造，取缔了一大批利用封建迷信和宗教活动反党、反政府、反社会、反人民的会道门，反革命集团和封建会道门组织的道恶分子或被人民法院镇压，或被判处较重刑罚，此类犯罪的胁从分子、不明真相参与其中的愚昧群众受到教育，带有黑社会色彩的集团性犯罪活动铲除在萌芽阶段。

从20世纪50年代中期到2007年，虽然经历了长达半个多世纪的时间跨度，在阳泉市两级人民法院严厉打击下，阳泉地区始终没有产生严格意义上的黑社会团伙和诸如此类的犯罪组织。

2007年12月29日，阳泉市中级人民法院开庭审理了该市第一起具有“黑社会”性质的团伙犯罪案件，并作出一审宣判。被告人史志红犯故意伤害罪、组织领导黑社会性质组织罪和寻衅滋事罪，数罪并罚，判处无期徒刑，其他11名被告分别获1至17年不等的有期徒刑，同时赔偿4名附带民事诉讼原告人各种费用245198.75元。阳泉市中级人民法院经审判后确认，被告人史志红以违规设立的“远大公司”为载体，网罗了被告人史卫红、王培、王洁、石智伟、张小刚、付艳军、郑虎军及部分在逃人员，通过私挖滥采，挂假牌照非法贩运煤炭获取暴利。他们拥有多部大货车、铲车及小汽车，并以非法获得的经济利益豢养了多名打手在家中居住，还购置了钢珠枪、棒球棒、砍刀、菜刀等凶器存于家中、车上。通过实施暴力、威胁等犯罪活动，营造声势，扩大影响，称霸一方。被告人史志红的行为构成组织、领导黑社会性质组织罪；被告人史卫红、王培、王洁、石智伟、张小刚、付艳军、郑虎军之行为构成参加黑社会性质组织罪。被告人史志红、史卫红、王培、王洁、石智伟、张小刚、付艳军、郑虎军、赵超、张兴武相互勾结，有分有合，故意对他人实施伤害行为，其中致 1 人重伤、2 人轻伤，侵害了他人身体健康权利，其行为已构成故意伤害罪。被告人史志红、史卫红、王培、王洁、石智伟、张小刚、付艳军、郑虎军、刘养池、刘玉青有分有合，或在公共场所，或在公安机关门前，肆意滋事，横行霸道，随意殴打他人，情节恶劣，其行为已构成寻衅滋事罪。被告人王培伙同他人以要挟方法勒索钱财，数额较大，其行为还构成敲诈勒索罪。被告人史志红、史卫红、王培、王洁、张小刚、付艳军、郑虎军犯有数罪，应当数罪并罚。判决史志红犯组织、领导黑社会性质组织罪，寻衅滋事罪，数罪并罚，决定执行无期徒刑，剥夺政治权利终身；史卫红犯故意伤害罪，参加黑社会性质组织罪、寻衅滋事罪，数罪并罚，决定执行有期徒刑 17 年；被告人王培、王洁、石智伟、张小刚、付艳军、郑虎军犯有数罪，应当数罪并罚，分别判决 17 年至 1 年半不等的有期徒刑；被告人赵超犯故意伤害罪，判处有期徒刑 1 年 9 个月；被告人刘养池、刘玉青犯寻衅滋事罪，分别判处有期徒刑 1 年，缓刑 2 年；被告人张兴武犯故意伤害罪，判处有期徒刑 1 年，缓刑 2 年。2007 年，阳泉地区曾出现一例“组织、领导、参加黑社会性质组织”犯罪。之后，一直到 2011 年，才出现第二例此类案件 1 件 14 人，并于当年审结。2012 年，又审结此类案件 1 件 1 人，首恶分子受到刑事处罚。

附：煤城涉黑第一案

如果在漆黑的子夜，亲眼看到一伙身着统一制服手持镐把、棒球棒的歹徒，向无辜群众施暴，你一定会认为，这是在看一场惊心动魄的恐怖电影！

如果在众目睽睽之下，亲眼目睹一帮漂着彩发的青年，挥舞砍刀，在堂堂的公安机关门前，劫走群众扭送到这里的凶犯，你一定会认为，这是一部港台黑社会电视剧！

如果在人声鼎沸的饭店，亲眼见证一群头带毛绒帽的蒙面人，挥动镐把拳脚相加伤害一用餐客人，你一定会认为，自己无意中当了一回群众演员——这里正在拍戏呢！

然而，这一切，既不是恐怖电影，也不是黑社会电视剧，更不是演员们在拍戏，而是一个真真切切的事实!

虽然这梦魇般的恶剧发生在三年以前，如今早已黯然谢幕，虽然这帮明目张胆行凶作恶的人物，已经受到阳泉市公、检、法机关的重拳打击而土崩瓦解，虽然其中的首恶分子和参与者均受到法律制裁,但我们却不能不思忖这个发生在阳泉市的第一起涉黑团伙的聚集、兴起、作恶和覆灭。

物以类聚：小混混混成大团伙

史志红，绰号“黄毛”，1973年出生，本来只是阳泉市荫营镇桥上村一无业青年，但两次犯罪经历，1990年的盗窃罪获刑两年半，2002年的故意伤害罪，获刑一年零六个月，缓刑两年，却把这个30多岁的青年农民宠成了精于混世、心狠手辣的惯犯。2000年以来，史志红从事煤炭贩运，多少也发了笔小财，至少过上了衣食无忧的小康日子。但这种小康小富的日子，并不能满足他的无限欲望，俗话说，人心不足蛇吞象，2003年7月，史志红成立了未经注册的“远大公司”，租用荫营镇南窑庄村公路段旁一饭店为公司地址，并在附近开设了一个煤厂。之后，史志红以他人名义，贷款购买了四辆大货车，一辆价值256000元的华泰特拉卡越野车，一辆价值269800元的本田奥德赛商务车和两辆铲车，如果进行依法办理营业执照，照章纳税，守法经营，这位两次受过刑罚教育的年轻人，或许真能干出一番事业来。正如古人说的那样：差之毫厘，失之千里，史志红的所有投入（贷款）和大胆实践，从开步的那一天起，就直直通向了违法犯罪这架独木桥。

2004年以来，以史志红为负责人，其妻史某某、邻居史某某管理账务，胞兄史卫红负责运输送车及煤场管理，史延文为车辆管理人员，雇用司机郑某某等数人为其开车运输煤炭，徐洋等人跟车监管和铲车司机苗建兵、王晓江，在郊区街上村、牵牛镇村等地私挖滥采，并安置人员警戒放哨，非法获取经济利益。

2005年6月，史志红通过被告人刘玉青介绍，认识了另一拨打手王培、张海洋，王培、张海洋遂成为史志红集团的核心成员，随后，又有王培之弟王洁和石智伟、张珂、付艳军、张小刚加入，加上先前的郑虎军、张先明等近十人，日夜居住在史志红家，由史志红负责食宿费用，期间，史志红购置了十把砍刀、两把钢珠枪、十根棒球棒，史卫红购买了10把菜刀，存于家中供犯罪使用。2005年中秋节前，史志红为笼络人心，给团伙每人发了500元购买衣服。至此，这个刑满释放人员为首领，以地方闲散人员为主体的犯罪团伙形成了，他们或进行私挖滥采，或为史志红贩运煤炭跑腿出力，或为史志红为非作恶、欺压群众、称霸一方壮大声势，逐步形成了以史志红为组织者、领导者，史卫红、王培等骨干成员基本固定的稳定的犯罪组织。

变本加厉：涉黑集团四宗罪

因为一些琐碎事务，史志红与孙利军存有些积怨。史志红是个有仇必报的人，2005年9月18日晚上12点，正是子夜时分，孙利军的司机张永在，酒后前往史志红家，欲质问其二哥史卫红，为何带人到张家中滋事，孙利军深知这史志红得罪不起，怕惹麻烦，得知这个消息后，当即打发其姐夫田原平前往劝阻，自己随后也赶到史志红家楼下劝止，此时张永在已被田原平劝走。孙利军、田原平为避免发生误会，田原平专门通过史志红家的单元门铃电话，向史志红的妻子史某某作了解释。孙利军与田原平相伴在返家途中，被史卫红叫至一饭店旁，史卫红、王培、王洁、石智伟二话不说，持刀舞棒蜂拥而上，朝孙利军周身乱砍，当即就把孙利军砍倒在地，田原平见状，急忙跑到孙利军身旁，将孙利军扶起，此时史志红又带人持刀砍来，田原平被迫逃走，孙利军随后被人乱刀砍昏在地，全身被砍四十余刀，伤口长4～40厘米不等，左胸部被刀捅伤，右胸5、6、7、8、9肋骨骨折，多处骨质劈裂，后被张永在等人送往医院抢救。经阳泉市公安局郊区分局刑事科学技术鉴定，孙利军全身多处裂伤，双侧血气胸，肋骨骨折，右肺裂伤致失血性休克，胸部开放性损伤出现呼吸困难，为重伤。案发当晚，史卫红即与王培、王洁、石智伟等人逃至娘子关，史志红随后赶到与他们会合，后由史志红驾驶本田奥德赛车，一行人逃往太原。史卫红、王洁、石智伟一起外逃三个多月后，于2006年1月2日一同到郊区公安分局投案，外逃的史志红与上述三被告人同日到郊区公安分局“自首”，凶手王培也于2006年4月12日在山西省怀仁县被抓获。

以上只是这个团伙行将覆灭前的一次疯狂——故意伤害，据阳泉市中级人民法院审理，确认该团伙犯有“组织、领导、参与黑社会性质组织罪”、“故意伤害罪”、“寻衅滋事罪”和“ 敲诈勒索罪”等令人发指的罪行：

——2004年5月间，王培伙同赵超、李东海、胡贤杰等人，多次敲诈被害人王某，勒索现金4970元。

——2005年7月3日晚10时许，这个团伙的骨干分子王洁、张珂在荫营镇下白泉村庙会滋事，史志红随后纠集史卫红、王培、张小刚、付艳军、刘玉青、徐洋、李保平等人，持砍刀、木棒赶到下白泉村，对数名被害人进行殴打，造成严重事端。

——2005年8～9月间，为争抢煤炭，压制他人，顺利从郊区某村办煤矿拉煤，史志红带领王培、王洁、张小刚、付艳军、郑虎军、刘养池、张珂、张先明等人，用铲车堵住该矿磅房，使煤矿无法正常生产、经营。并跟同在该煤矿拉煤的被害人史俊宝产生了矛盾。13日晚，史志红亲自安排，王培、王洁、张小刚、石智伟、付艳军、郑虎军、张珂、张先明等人，携带砍刀、棒球棒，分乘三辆汽车赶到郊区某煤矿，对史俊宝进行殴打，史俊宝被砍倒在地，头面部被砍伤、血肿，右手拇指指甲脱落、粉碎性骨折，环指裂口骨折，双下肢大片皮肤挫伤，野蛮逼迫其退出该煤矿的煤炭贩运。返回途中，其骨干成员郑虎军，被史俊宝之兄史忠宝和朋友刘俊红抓获，在扭送至阳泉市郊区公安分局门前时，又遭到史志红、刘养池、王培、王洁、史卫红、张小刚、张先明等人殴打，并将凶手郑虎军劫回。

——2005年12月25日下午，经史志红授意，其团伙成员王培、赵超、张兴武、付艳军及另六人，蒙面持镐把在阳泉市郊区白猫梁一饭店将张永在殴打致伤。

法网恢恢：多行不义必自毙

经阳泉市公安局侦办，阳泉市人民检察院公诉，阳泉市中级人民法院终审判决，山西省高级人民法院最终裁定，被告人史志红以违规设立的“远大公司”为载体，网罗了被告人史卫红、王培、王洁、石智伟、张小毙刚、付艳军、郑虎军及部分在逃人员，通过私挖滥采，挂假牌照非法贩运煤炭获取暴利，拥有多部大货车、铲车及小汽车，然后用获得的经济利益豢养了多名打手在家中居住，并购置了钢珠枪、棒球棒、砍刀、菜刀、镐把等凶器存于家中和车上。通过实施暴力、威胁等违法犯罪活动，营造声势，扩大影响，称霸一方。该团伙完全具备了“黑社会性质组织”的结构特征、经济特征、行为方式特征和非法控制性特征四个特征，是典型的涉黑犯罪。

第一，本案具备“黑社会性质组织”的结构特征。

《全国人大常委会关于〈中华人民共和国刑法〉第二百九十四条第一款的解释》(以下简称((解释》)对“黑社会性质组织”的结构特征表述如下：形成较稳定的犯罪组织，人数较多，有明确的组织者、领导者，骨干成员基本固定。这是对黑社会性质组织的组织结构特征的概括，即具有稳定性、严密性和人数多的特征。从2003年7月，至2005年9月间，尤其是2005年以来，该犯罪团伙人员基本固定，逐步形成以史志红为首，史卫红、王培、王洁、张小刚、石智伟、付艳军、张珂、张先明等人为积极参与者的一个骨干成员基本固定的组织。

第二，本案具备“黑社会性质组织”的经济特征。

《解释》关于经济特征表述如下：有组织地通过违法犯罪活动或者其他手段获取经济利益，具有一定的经济实力，以支持该组织的活动。史志红等人违规成立“远大公司”，设立煤厂，雇佣若干货车、铲车司机及其他人员私挖滥采，非法营运，并购买棒球棒、砍刀、钢珠枪、菜刀等凶器，支付多名被告人在史家集中食宿的费用，支付私挖滥采、非法营运过程中的人工费用和非法报酬，以及用于私了案件而支付的部分医疗费，完全具备“黑社会性质组织”的经济特征。

第三，本案具备“黑社会性质组织”的行为方式特征。

《解释》对行为方式的特征表述为：以暴力、威胁或者其他手段，有组织地多次进行违法犯罪活动，为非作恶，欺压、残害群众。具体包括以下几方面内容：一是暴力性，即以暴力或者暴力威胁从事违法犯罪活动。二是多样性，表现为既可能采取单种犯罪方式，也可采取多种违法犯罪方式，或者表现为暴力、威胁手段之外的其他手段。三是经常性，即黑社会性质组织的违法犯罪活动必须是经常的。从数量上看，史志红涉黑犯罪事实主要集中在2005年7～9月间，具有经常性的特征，具备“黑社会性质组织”的行为方式特征。

第四、本案具备“黑社会性质组织”的非法控制性特征。

《解释》对非法控制性的特征表述为：通过实施违法犯罪活动，或者利用国家工作人员的包庇或者放纵，称霸一方，在一定区域或者行业内，形成非法控制或者重大影响，严重破坏经济、社会生活秩序。这是黑社会性质组织的结果特征，也是黑社会性质组织的最本质的特征。为压制他人，垄断某煤矿煤源，史志红带领众被告人，用铲车封堵煤矿磅房，唆使手下霸占煤场，并将“不识时务”的被害人史俊宝打成轻伤，之后又威胁同在该煤矿拉煤的曹某退出煤矿。上述行为在该煤矿形成重大影响，对煤矿的生产、经营产生了相当程度的左右和决定作用。

俗话说，多行不义必自毙，2007年，经阳泉市公安局顶着压力逆境侦办，阳泉市人民检察院排除各种干扰强力侦查，并向阳泉市人民法院提起公诉，阳泉市中级人民法院突破重重阻力，于2007年12月29日，对史志红涉黑团伙作出终审判决：史志红犯故意伤害罪，判处无期徒刑，剥夺政治权力终身；犯组织、领导黑社会性质组织罪，判处有期徒刑五年，犯寻衅滋事罪，判处有期徒刑二年，数罪并罚，决定执行无期徒刑，剥夺政治权力终身。其兄史卫红犯故意伤害罪，判处有期徒刑十四年，犯参加黑社会性质组织罪，判处有期徒刑三年；犯寻衅滋事罪，判处有期徒刑二年，数罪并罚，决定执行有期徒刑十七年。其他骨干成员王培、王洁、张小刚、石智伟、付艳军、郑虎军、张珂、张先明、赵超、刘养池、刘玉青、张兴武分别判处有期徒刑或缓刑。判决后，史志红、史卫红等人不服提起上诉，2008年4月15日，山西省高级人民法院正式裁定：驳回上诉，维持原判。至此，这个阳泉市建市以来首起涉黑案件，以正义事业得到伸张，邪恶势力得到刑惩的结局，画了一个并不圆满的句号。

诚如阳泉市人民检察院检察长张仲马所言：涉黑犯罪的背后，一定有一把强大的保护伞支撑。人们不禁要问：以史志红为首的这个黑社会性质的犯罪组织，从2003年以来，长期横行乡里，寻衅滋事，私挖滥采，欺行霸市，殴打伤害无辜群众，造成极其恶劣的社会影响，工矿企业和人民群众的生命财产受到严重威胁，个中的奥秘究竟在哪里呢？背后的保护伞又藏匿在哪里呢？人们知道，对于涉黑犯罪，最可怕的不是他们手中的刀枪棍棒，也不是什么严密的组织，而是他们头上的“保护伞”。正是有了大大小小的保护伞“护航”，黑恶势力才有了滋生繁衍的土壤，并像滚雪球一样越滚越大，危害一方；也正是有了“保护伞”撑腰，黑恶势力才气焰嚣张、藐视法律，从而造成更大的社会危害。

这才是值得大家关注和各方沉思的焦点。

（原载：2008年6月24日《山西法制报》，记者邓志荣）

第十节 办理监狱执行刑罚案件

阳泉地区早在20世纪30年代中叶，即有中国共产党领导的革命军事组织和处于战争状态中的人民政权。抗日战争爆发后，在中国共产党领导下，分别组织了路北县、平西县、平东县和盂县等根据地的抗日民主政府。各人民政府虽然处于战争年代，但均设有司法处（或法院）主持当地司法审判。各根据地人民政府和具有一定的规模革命武装部队，均分别设有战时监狱，对被判处刑罚的罪犯依照解放区颁布的有关监狱工作的政令、训令，和战争状态下形成的监狱工作模式进行。

阳泉地区中国共产党领导的人民政府（如路北县、平西、平东县）及其司法工作，直至中华人民共和国成立之初，监狱，包括看守所、感化院等，始终由阳泉地区的司法审判机关——各人民政府司法处（人民法院）直接管理，针对罪犯在羁押和劳动改造中的减刑、假释和罪犯抗拒改造、脱逃等案件的审判，同样由各人民政府司法处或人民法院受理、裁定和审判，对罪犯的减刑、假释和加重刑罚工作开展得比较早。

一、受理和裁定减刑假释案件

1951年，阳泉市人民法院管理的看守所移交阳泉市公安局。1952年6月，阳泉第一监狱（原山西省第二劳动改造管教支队，山西省阳泉荫营煤矿）在阳泉市郊区荫营镇成立。1982年，山西省劳改局（后改称山西省监狱管理局）从阳泉第一监狱分出固庄大队，抽调部分干部，在原固庄大队基础上，组建成立山西省阳泉第二监狱（时称山西省第十三劳动改造管教支队，山西省阳泉固庄煤矿）。阳泉市中级人民法院负责阳泉市看守所（被人民法院判处徒刑较短、依法未送监狱执行刑罚的罪犯）和阳泉第一监狱、第二监狱服刑罪犯的减刑假释案件的受理和裁定。在长达60多年针对在押犯减刑和假释案件的受理、裁定中，阳泉市中级人民法院形成了一系列规范的工作机制、规章制度，并积累了丰富的依法裁定罪犯减刑或假释的工作经验。如1973年，认真落实劳改政策，有61人被减刑，促进了在押犯的思想改造。

1985年之前，阳泉市中级人民法院办理减刑假释案件，采取集中报批的方法，首先根据在押罪犯在劳动改造中的表现，对确有悔改或立功表现的，由监狱（看守所）提出书面减刑意见，然后法院作出审理裁定。

1972年，当时的“阳泉市革命委员会保卫部审判办公室”，裁定61名服刑罪犯获得减刑。1979年，有31名罪犯被核准减刑。1980年，核准减刑假释10人。1981年，10人。1982年，增到169人。1985年，同阳泉一监、阳泉二监配合，根据罪犯劳动改造情况，对确有悔改表现的罪犯给予依法减刑、假释378人。

1986年，阳泉市中级人民法院指导阳泉第一监狱，依法制定《联产联改双百分考核办法》（简称“双联考核”），受到山西省人大常委会法工委的高度评价，并在全省监狱系统推广。本办法实行联产联改考核制度，根据罪犯的劳动改造和思想改造表现，以双百分考核方式，对在押罪犯日常行为作出具体评价，罪犯每获得 1 分，可减刑 1 天。此办法推广实行后，取得良好效果，调动了罪犯的改造积极性，扩大了在押罪犯的减刑面，促进了罪犯劳动改造和思想改造，对维护监管改造秩序持续稳定发挥了重要制度保障作用，本办法实施后经过 20 多年的实践和修订，考核评价体系进一步完善和科学，有效地制约了罪犯考核评价中的人为因素，在山西省监狱系统一直沿用到现在。

1986 年当年，阳泉中院即配合阳泉一监先后召开宽严大会 10 次，为该座监狱办理减刑假释案件 660 件。1988 年，指导阳泉第一监狱进一步完善了《联产联改双百分考核办法》，规范了全省监狱系统的减刑、假释案件的受理、裁定，并得到省人大常委会认可，在全省监狱系统推广实施。1994 年 1 月底，按照省委和省高院统一部署，先后在阳泉一监、阳泉二监举行从宽处理大会，依法对两所监狱 192 名在押犯予以减刑、假释，促进《联产联改双百分考核办法》的落实、深化和进一步完善。

1996 年，办理减刑案件 1643 件，有 68 人得以假释。1997 年，为阳泉一监、阳泉二监办理减刑案件 1650 件 / 人，有 12 人获得假释。1998 年，有 1868 名在监狱劳动改造的罪犯获得减刑，42 人得到假释。1999 年，有 1817 名在押服刑人员获得减刑和假释。

2000 年，审理减刑、假释案件 1921 件 / 人，有力地促进了罪犯的改造自新。2001 年，有 26 人被裁定假释，1491 人被减刑。2002 年，审理减刑、假释案件 1473 件 / 人，其中假释 8 人，裁定减刑 1465 人。2003 年，审理减刑、假释案件 1654 件 / 人，其中假释 10 人，减刑 1644 人。2004 年，坚持同监狱机关举行座谈会，共同研究罪犯教育改造问题，依法审理减刑、假释案件 1684 件 / 人。其中获得假释的罪犯达到 1278 人，被裁定减刑的罪犯 406 人。是历年来被裁定假释最多的一年。2005 年，审结减刑案件 1745 件 / 人。2006 年，1797 件 / 人。2007 年，受理减刑案件 1924 件 / 人，审结 1924 件 / 人，通过公开听证制度、在监狱设立意见箱的方式，增加监狱（所）减刑案件的透明度，有效地促进了罪犯改造。2008 年，坚持“打防结合，注重教化”的原则，审结减刑案件 2121 件 / 人。在涉及监狱减刑、假释案件的审理中，阳泉中院采取公开听证和在监狱设立意见箱等方式，强化社会各界对减刑假释案件的监督。2009 年，有 1826 名在押罪犯经裁定减刑。2010 年，对 2721 名确有悔改和立功表现的罪犯给予减刑。2011 年，有 1952 名在押罪犯被减刑，5 人获得假释。2012 年，有 2615 名在押罪犯受到减刑奖励，有 22 人获得假释。

1972 ~ 2012 年减刑假释一览表

年份	假释	减刑	年份	假释	减刑	备注
1973	1	104	1993			
1974		143	1994			
1975		145	1995			
1976		79	1996	68	1643	
1977			1997	12	1650	
1978	30	226	1998	42	1868	
1979		31	1999		1817	
1980		10	2000		1921	
1981		10	2001	26	1491	
1982	5	169	2002	8	1465	
1983			2003	10	1644	
1984		248	2004	1278	406	
1985		377	2005		1745	
1986		660	2006		1797	
1987			2007		1924	
1988			2008		2121	
1989			2009		1826	
1990	144	1215	2010	2	2721	
1991	119	1238	2011	5	1952	
1992			2012	22	2615	
			总计	1772	35261	

注：1.1973 ~ 1978 年减刑、假释数据来源于《阳泉第一监狱志》；1979——1985 年减刑假释数据来源于 1986 年“院志编写组”编制的《院志收资各种简表》；2.1985 年之后数据，除特殊情况外（当年统计报表年份缺失，如 1987 年、1993 年、1994 年、1995 年等），录自本年度《司法统计报表》。

二、受理和审判监狱在押罪犯又犯罪案件

建院以前的革命战争年代，阳泉地区即有人民政权设置的战时监狱，管理经本地人民司法机关判处徒刑的服刑罪犯，并开展对监狱在押罪犯又犯罪活动的审判。建国初期的 1951 年 6 月，山西省阳泉第一监狱（山西省第二劳动改造管教支队）在郊区荫营镇成立。1982 年，山西省监狱管理局（当时称山西省劳改局）在原阳泉第一监狱固庄大队基础上，成立阳泉第二监狱（山西省第十三劳动改造管教支队）。两座监狱服刑罪犯的狱内又犯罪案件和在阳泉市看守所服刑罪犯的又犯罪审判，均由阳泉市中级人民法院负责审理。

1955 年，阳泉市人民法院正式受理监狱和看守所再押罪犯又犯罪案件。受案范围为山西省第二劳改队、第一劳改队、阳泉市看守所和太原工程局阳泉工地服刑人员。1957 年 2 月 19 日，阳泉市人民法院《关于审判劳改犯人在执行中又犯新罪案件的检查报告》中记载，该院是“从 1955 年后半年开始受理劳改人犯中的‘加刑’案件的。1955 年以来的‘加刑案件’99 个，计 1955 年 35 件，1956 年 64 件。属于第二劳改队的 65 件，第一劳改队的 30 件，阳泉市看守所的 3 件，太原工程局阳泉工地的 1 件。

这些案件中，经市人民检察院提起公诉的有 12 件，其余皆为劳改管教单位直接向法院提请的。审查后，决定受理予以加刑的：1955 年为 1 件，1956 年为 15 件。按“加刑”的罪名分：偷盗 31 件，逃跑 20 件，破坏生产 18 件，说反动言论 6 件，抗拒改造 5 件，鸡奸 3 件，反对粮食政策 2 件，打人 2 件，行凶 1 件。在量刑上 1955 年判的都重。1955 年判处的 34 件中，死刑 1 件，有期徒刑 20 年的 1 件，5 年以上 8 年以下的 11 件，2 年以上 4 年以下的 20 件，2 年以下的 1 件。1956 年判处 49 件中，5 年以上 7 年以下的 6 件，2 年以上 4 年以下的 19 件，1 年以上 2 年以下的 20 件，1 年以下的 4 件。”

由于刚开始受理监狱和看守所在押罪犯又犯罪案件，审判人员没有审判此类犯罪的经验，因此，对受理过的案件经常进行复查，发现问题及时纠正。

《关于审判劳改犯人在执行中又犯新罪案件的检查报告》载，“通过检查发现，1955 年处理正确的 11 件，只占 35%，处理不当的 23 件，占 65%。1956 年处理正确的 34 件，占 70%，处理不当的 15 件，占 30%。上述处理不当的案件中，不应该加刑的 6 件（1955 年 1 件，1956 年 5 件），其中有的是数量很小的小偷小摸，有的系因缺乏生产经验而损坏工具，有的是对干部不满、说了些落后不满的话，有的是劳动不积极有一般的违犯监规行为。”基于对加刑案件的重视，对罪犯基本人权的尊重，阳泉市人民法院对 1955 ~ 1956 年 38 件处理不当的加刑案件进行了全面检查，认为在此案件的受理审判中，主要存在四个方面的问题:“一是没有认真学习有关政策法令，对哪些行为是违犯监规、应该给予教育或行政处分，哪些是构成犯罪、应该依法惩处，在思想上对这些界限区别不清，因而将不爱惜和损坏生产工具、在劳动中懒惰怠工以及因生活或其他问题不满、讲怪话、发牢骚、说反动话、谩骂干部等一般违犯监规行为与真正是进行暴动、行凶、有意破坏生产工具及公开抗拒劳动，而屡教不改等严重违法行为不加区别的都予以‘加刑’。二是没有实行各项审判制度和法律程序，在审判的‘加刑’案件中，仅有 12 件是检察院公诉，其余皆为劳改单位直接向法院提请‘加刑’，而且全部没有实行公开审判、陪审、辩护制度，都是由审判员自审自判，判了后把判决寄去，由劳改单位代为宣判。由于失去了制度的约束和相互制约，单听一面之词，不加调查研究，因而导致问题的发生。三是量刑上有‘左’的情绪。四是客观上由于劳改单位重生产、轻教育，管教干部存有惩罚观点，把‘加刑’认为是万能，当作唯一管理犯人的法宝，只要犯人行为影响到生产任务的完成，则不管故意或过失就提请加刑。”

此后，山西第一劳改队和太原工程局阳泉工地的服刑人员又犯罪案件，划归其他法院受理，阳泉市人民法院仅受理阳泉第二劳改队（现山西省阳泉第一监狱）和阳泉市看守所服刑人员的又犯罪案件。

1972 年，有 4 人受到加刑处理（《阳泉一监志》）。1973 年，有 2 起 2 人受到加刑处理（阳泉中院《1973 年总结》）。1975 年，受理阳泉第一监狱罪犯又犯罪案

9件23人，其中反革命案5件19人，鸡奸案3件3人，行凶案1件1人。

1983年5月，根据公安部指示，河南省公安厅从该省八个劳改单位押解500名犯人到山西省阳泉第一监狱（当时称第二劳动改造管教支队）劳动改造。500名河南籍罪犯被解押至该监狱后，于11日至13日，押犯互相勾结、制造事端，之后发动暴乱，监管改造秩序遭到严重破坏，即“5·11”反革命持械暴乱事件，造成直接经济损失27000余元，间接经济损失76000余元。事件发生后，阳泉市中级人民法院、阳泉市公安局派出干警，协同该支队守监部队和监狱民警将暴乱平息。9月5日，阳泉中院在“荫营煤矿闹监暴乱事件”召开宣判大会，对刘兴等20名持械、唆众发动暴乱的反革命犯罪分子进行公开宣判，判处死刑7人、死缓1人、无期徒刑6人、加刑6人。同时对阳泉一监（当时称第二劳动改造管教支队）、阳泉二监（当时称山西省阳泉第十三劳动改造管教支队）在押罪犯在服刑期间抗拒改造、构成犯罪的40人，依法给予加重刑罚处罚，促进顽固抗拒改造和又犯罪罪犯分化瓦解、改恶从善，促进改造，维护监管改造秩序的稳定。

1985年4月7日，阳泉中院会同阳泉市人民检察院、阳泉第一监狱，依据《刑法》、《刑事诉讼法》、《劳动改造条例》等法律法规有关减刑、假释的规定，配合该监狱制定《联改联产考核奖罚制度》，从11月1日起，在阳泉一监三大队8个中队试行。

1986年3月1日，在阳泉中院支持配合下，阳泉第一监狱在先行试点的基础上，《联产联改考核奖罚制度》全面施行。这一制度进一步体现了“奖勤罚懒、奖优罚劣”的原则，把“减刑、假释”变成了“看得见、摸得出、盼得到”的现实，调动了罪犯狱内改造积极性，是监狱在押犯考核奖罚制度上的一项重大改革。7月1日，阳泉中院派员参加了阳泉一监“联产联改考核奖罚制度兑现大会”，宣读了对曾增荣等25名罪犯按《联产联改考核奖罚制度》的积分减去余刑提前释放的裁定书，明确提出了将《联产联改考核奖罚制度》经常化和“成熟一个报一个”的要求。

1987年9月11日，阳泉中院和阳泉市人民检察院、荫营地区检察院、阳泉一监组成联合调查组，对1986年3月开始实行的《联产联改考核奖罚制度》执行情况，进行了综合调研。

1988年6月27日~7月7日，山西省人大常委会法制工作委员会、省高级人民法院、省人民检察院、省司法厅、省监狱管理局组成联合考察组，对阳泉一监实行的《联产联改考核奖罚制度》进行了全面考察，充分肯定了《联产联改考核奖罚制度》实行以来取得的经验和做法，随后，山西省人大常委会正式下发文件，在全省监狱系统全面推广了在阳泉中院配合支持下，阳泉一监制度并试行的《联产联改考核奖罚制度》。这一制度在全省推广实施，是阳泉市中级人民法院对监狱教育改造工作的重大贡献，促进了全省监狱系统的规范化管理和标准化管理。

1989年，贯彻最高人民法院和省高院关于审理北京春夏之交政治风波事件（即动乱、暴乱期间反革命案件）的有关规定，对阳泉第一监狱（当时名称为“山西省第二劳动改造管教支队”）在押犯阎拴龙书写反动标语，煽动服刑人员闹监的反革命宣传煽动案进行审判，依法加重刑罚2年。

1996年，审结监狱押犯逃跑案件2件3人。1999年，有3名在押执行刑罚的又犯罪人员被阳泉市中级人民法院依法判处死刑。服刑期间不思悔改、故意残杀两人性命（死者均为阳泉一监服刑人员）的罪犯史利锋（同为该监服刑人员）被判处死刑后，阳泉中院在阳泉第一监狱监内礼堂举行宣判大会，阳泉一监安排4000余名在押犯接受教育。宣判大会结束后，史利锋被绑赴刑场，执行枪决。

进入21世纪后，监狱和看守所在押服刑罪犯的狱内又犯罪活动，受到有力打击，大幅度下降，又犯罪现象2000年至2012年呈低发、偶发状态。

阳泉市中级人民法院建立于中华人民共和国成立之前的1947年5月。从成立时期到20世纪50年代初，曾一度直接管理监狱（后改称看守所，上世纪50年代初，移交阳泉市公安局管理）。1952年6月，山西省阳泉第一监狱（先后称“山西省阳泉荫营村劳动改造煤矿”、“山西省监狱裕民煤矿”、“山西省阳泉第二劳动改造管教支队”，1994年《监狱法》颁布后，于1996年，更名为“山西省阳泉第一监狱”）在荫营镇建立。1982年，山西省监狱管理局（时称山西省劳动改造工作局）决定，从阳泉第一监狱分出一部分，在河底镇固庄成立山西省阳泉第二监狱（时称“山西省第十三劳动改造管教支队”）。阳泉市中级人民法院在做好刑事审判工作的同时，积极参与社会治安综合治理，进一步推行减刑、假释裁定前公示和听证制度，增强减刑、假释案件审理的透明度，依法办理减刑假释案件，积极参与非监禁刑人员及刑满释放人员跟踪帮教工作，帮助犯罪分子改过自新，回归社会。从建院到现在，在60多年中，阳泉市中级人民法院始终站在时代的前列，政治的高度，对辖区内罪犯依法裁定减刑或假释，对促进罪犯思想的改造、监狱管教秩序的稳定，对全社会的治安稳定做出了积极探索和重要贡献。

阳泉中院法官办理监狱减刑、假释案件

一是真正落实了中国共产党“宽严相济”政策，强化了减刑的激励功效，使每一个服刑的罪犯都能获得计分奖励和减刑假释的机会，调动了罪犯积极改造的主动性。在阳泉一监、阳泉二监和各看守所，数以万计的罪犯通过积极改造获得计分奖励，既有利于调动罪犯的改造积极性，促进他们早日回归社会，又可以有效减少监内短刑罪犯人数，大幅度降低社会管理难度，取得了社会效果、法律效果、监狱管理效果和罪犯个人改造效果的四统一。

二是促进了监狱和各看守所的狱务公开。阳泉市中级人民法院在办理罪犯减刑、假释案件工作中，采取召开听证会、设置意见箱、公开开庭审理等形式，促进了各监所狱务公开的直观性和可信度，补充和深化了监所狱务公开的内容，使减刑假释工作可操作性更强、更具有针对性和可考察性。

三是规范了监狱民警的执法行为。阳泉市中级人民法院依法办理减刑假释案件，直接对减刑这一执法工作的敏感环节进行了规范,有效地制约了监狱执法工作中的“自由裁量权”，使减刑，假释工作真正成为罪犯服刑改造的最高追求和维护监管安全、调动罪犯改造积极性的最有效的手段。增强了监狱执法的透明度，减少了外部因素对监狱执法的干扰和影响，规范了民警的执法行为，为营造公开、公平、公正的执法环境发挥了积极作用。

1956～2001年对阳泉第一监狱狱内又犯罪分子判决情况一览表

年份	重新犯罪	逃跑	小计	年份	重新犯罪	逃跑	小计
1956			10				
1957				1980	3	7	10
1958			23	1981			
1959			2	1982	6	7	13
1960			5	1983	34		34
1961			4	1984	14	1	15
1962			6	1985	13	5	18
1963			5	1986	21	1	22
1964			7	1987	23	4	27
1965			4	1988	20	8	28
1966			2	1989	11	7	18
1967			1	1990	19	2	21
1968				1991	7	3	10
1969				1992	7	1	8
1970			6	1993	10	5	15
1971			4	1994	6	3	9
1972				1995	5	3	8
1973			4	1996	5	1	6
1974			7	1997	1		1
1975				1998	2		2
1976			16	1999			
1977			6	2000	3		3
1978			6	2001	4		4
1979			2	总计	214	58	272

注：1. 本表源自《阳泉第一监狱志》。

第二章 民事审判

第一节 概 况

阳泉市是革命老区，早在1947年解放建市之前，即有中国共产党领导的路北县（正太铁路以北地区）和平西（平西）县、平东（平定东）县等人民政府，主持当地战争状态下的行政、民政和司法工作，虽然当时路北县和平西县、平东县，分别隶属于晋察冀边区人民政府和晋冀鲁豫边区人民政府，但其司法工作始终依照党领导的各解放区颁布的各项政令、训令和制定的规章制度，以及在革命战争状态下形成的司法惯例处理行政、民政、司法等事务。

阳泉市建市之前，阳泉地区各根据地人民政府司法处（人民法院），均在战争状态下对辖区内的民事案件和民事纠纷进行审判、调解，化解根据地人民政府、社会团体、工矿企业、农村以及公民和法人之间产生的矛盾纠纷，保障根据地社会治安秩序和政府、集体、公民和法人的合法权益，通过民事审判宣传党的路线、方针、政策，特别是宣传根据地人民政府在推行减租减息、男女平等、一夫一妻、婚姻自由、买卖公平等方面的新民主主义新观念、新政策、新办法和新经验，引导阳泉人民接受和拥护中国共产党的领导，迎接阳泉全境解放、建立人民政权。

1947年5月2日阳泉解放，4日，成立阳泉市人民政府，为当时华北人民政府直辖市之一，设司法处，负责阳泉市刑、民事案件审判。1948年10月19日，根据华北人民政府通令，阳泉市司法处更名为阳泉市人民法院，设一庭、二庭，分别受理审判刑事案件和民事案件。

在民事审判实践中，积极宣传华北人民政府和解放区关于土地改革的法令，处置并没收阳泉市国民党和阎锡山政权官僚资本、反革命分子以及国民党反动官僚的房产、田产、矿产等，贯彻华北人民政府“干部及军属婚姻问题”的指示、“八亲等以内之旁系血亲不得结婚之规定”（《华北人民政府指示》，1949.7.28），运用审判武器，开展民事审判，调处民间纠纷，保障新生的地方人民政府和国家、集体、公民，以及法人的合法权益。

1949年10月1日，中华人民共和国成立。1950年4月13日，新中国第一部《婚姻法》颁布。1950年至1953年，阳泉市人民法院根据政务院关于《<婚姻法>执行情况的指示》和翌年中共中央、政务院《关于贯彻<婚姻法>的指示》，以及省委省政府相关指示精神，进行大规模的贯彻《婚姻法》宣传运动。1953年3月，确定为“贯彻《婚姻法》运动月”，在婚姻问题上系统批驳旧思想、旧制度，以民事审判、调解等形式，树立新思想、新制度和新风气。期间，按照《中华人民共和国婚姻》，本着“依靠群众、调查研究、调解为主、就地解决”的方针受理婚姻案件，依法解除封建包办婚姻案，特别是解除了一些地主、资本家、国民党旧官僚、旧军人，以及反动会道门头目和他们所娶纳的小妾之间的所谓“婚姻关系”，从一些富裕家庭中解救出一大批所谓的“童养媳妇”，调解发生在阳泉市工矿区的劳资纠纷案件，审理房产、田产、林权等财产性案件以及继承案件，维护劳动者和公民的合法权益，确保公民合理的劳动权、财产权、继承权得以实现。

在民事工作中，阳泉市人民法院认真学习、积极推广、大量应用“马锡五审判法”调整化解人民内部矛盾，采取上门办案、职权调查、依靠群众、调解为主的方式解决民事纠纷，同时协助阳泉市各工矿企业、街道办事处和农村，普遍建立起各级“调解委员会”。解决婚姻问题、财产权属问题和邻里纠纷等民事案件上。调解，成为阳泉市人民法院最有效、最常用、最实用的手段。

1954年～1959年，中国政治运动频繁，先后开展三次“镇压反革命”运动、“三反”运动、“五反”运动、农业合作化运动、资本主义工商业的社会主义改造和“反右倾”运动，以及“大跃进”、“人民公社”等具有重大历史影响的政治运动。期间，国家生产关系发生了重大改变，绝大多数规模以上的工、矿企业和大中型商业企业，包括重要的社会服务业等，通过政府赎买和社会主义改造等方式，成为全民所有制企业，一些小型手工作坊、加工厂，则成为集体所有制企业，工人成为工商企业的真正主人。农村也由农民之间的互助组、自然村组织的低级社、高级社过渡到人民公社，土地转归集体所有，农村人民公社在所有制上实行“一大二公”、“一平二调”，不仅以土地为核心的农村所有权纠纷完全退出民事裁判领域，而且无论是全民所有制企业、集体所有制企业，还是农村人民公社以及所属生产大队，全社会劳资矛盾也基本上得以消失。

期间，阳泉市人民法院进一步加强了《婚姻法》的贯彻，依法解除了一部分历史反革命分子和现行反革命分子配偶，以及地主分子、富农分子、坏分子、右派分子配偶申请的离婚案件，判决了一批在阳泉第一监狱（山西省第二劳动改造劳教支队）服刑的罪犯配偶提出的离婚申请，虽然如此，整个20世纪50年代中期至60年代初，阳泉市的整体离婚案件仍然呈逐年下降趋势。

附表：

1955年民事案件一览表

序号	民事案件名称	数量（起）	占民事案件总数(%)	较1954年	
				绝对数（±）	%（±）
1	婚姻纠纷	759	77	+387	+51
2	债务纠纷	63	6.4	+20	+31
3	房屋纠纷	19	2	+2	+12
4	土地纠纷	12	1.2	0	
5	军人婚姻案件	9	1	-17	-53
6	抚养纠纷	11	1	-31	-35
7	劳资纠纷	4	0.4	-6	-64
8	其 他	111	11		

注：1.资料来源：《山西省阳泉市人民法院一九五五年工作总结报告》；2.1955年受理民事案件988件，较1954年上升了33%；3.本表数据同《阳泉市人民法院建国十年人民司法工作总结》中关于1955年的民事案件数据有一定出入，另一组数据见本章《第四节 审判债务（物权）纠纷案件》。

1960年初，中央开始着手纠正“大跃进”以来农村人民公社出现的一些问题，公社和所属各生产大队、生产小队集体财产，以及公社社员私人财产的平调问题，引起党中央高度重视。3月9日，中共中央发出《关于城市人民公社问题的批示》，要求各地采取积极的态度建立城市人民公社。阳泉市所属各街道办事处，被改造成“城市人民公社”，如赛鱼街道办事处，即改称为“赛鱼人民公社”，一些就近的小作坊、小商铺和服务网点，如理发店、早点馆、照相馆、修理行业等，划转为各“城市人民公社”管理的集体所有制工商企业，后来称为“街办企业”，主要从业人员为城镇职工家属、普通市民和城镇一部分能够自食其力的残疾人。1960年的民事调解和审判工作，曾实行“一包、二就（实为‘三就’）、五结合”的办法化解民事矛盾纠纷，“一包”，即“干部分片包干”；“二就”（实为“三就”），即“就地调查、就地审判、就地调解”；“五结合”，即“审判与摸底整社结合、审判与劳动结合、审判与指导调处结合、审判与群众辩论结合、审判与《五爱公约》结合（热爱毛主席、共产党、热爱社会主义祖国、热爱总路线、热爱大跃进、热爱人民公社）”。

1961年，阳泉地区民事案件急剧增加，全年受理民事案件906件（含上年旧存6件），比上年度的316件上升186.71%，其中婚姻案件781件，比上年度增加162.08%。房产、地基、树木、继承、合同等五种案件22件，比上年度的3件，上升了633%。抚养、债务、赔偿纠纷33件，比上年度同样有所上升。全年审结民事案件865件，占受理总数906件的95.47%，未结41件，占4.53%。民事案件急速上升的原因有两个方面：一方面，随着社会主义革命和建设事业的不断深入和发展，中央关于《关于农村人民公社当前政策问题的紧急指示信》(简称《12条》)和《农村人民公社工作条例（草案）》（即“农业60条”）政策得到全面贯彻落实，尤其是批判了以“共产风”为主的“五风”后，广大群众的政治思想觉悟得到进一步提高，人与人、个人与集体之间的关系及对财产所有制方面有了明确的认识，因而出现了一些以往为数不多或很少有的地基、房产、树木、继承等民事纠纷。另一方面，由于处于经济困难时期，基层调解工作受到一定程度的削弱，各厂矿企业、农民人民公社和生产大队的调解组织有所涣散，作用得不到充分发挥，过去一些本来经过基层调解即可解决的矛盾纠纷起诉到人民法院，增加了民事案件的数量。

1962年9月27日，中共八届十次会议通过《农村人民公社工作条例修正草案》，并下发执行。9月30日，党中央提出“调整、巩固、充实、提高”方针。尤其是《农村人民公社工作条例修正草案》，承认社员从事的家庭副业为“社会主义经济的必要的补充部分”，鼓励社员利用剩余时间和假日，发展家庭副业，增加社会产品，增加社员收入，活跃农村市场，允许社员耕种集体分配的自留地、自留山，开垦统一规划的零星荒地，饲养猪、羊、兔、鸡、鸭、鹅等家畜家禽和大牲畜，从事编织、缝纫、刺绣等家庭手工业生产和采集、渔猎、养蚕、养蜂等副业生产，经营由集体分配的自留果树和竹木，确认社员个人所有的一切生活资料，包括房屋、家具、衣被、自行车、缝纫机等，以及在银行、信用社的存款，社员自有的农具、工具等生产资料，保障社员自有的牲畜，永远归社员所有，任何人不得侵犯，同时社员有买卖或者租赁房屋的权利，任何单位、任何人不准强迫社员搬家，任何机关、团体和单位，不得占用社员的房屋，等等。这些得民心、顺民心的政策很快得到贯彻，反映在阳泉市人民法院民事案件的受理和审判上，就表现为这一时期当事人要求人民法院依法保障自己合法权益的民事案件呈上升趋势，个人与个人、个人与集体、集体与集体之间的房屋、宅基地纠纷，债务、财产纠纷和继承等财产性案件逐渐多起来。

1963 年审结民事案件一览表

<table>
<tr><td rowspan="2">序号</td><td rowspan="2">民事案件名称</td><td rowspan="2">数量（件）</td><td rowspan="2" colspan="2">占民事案件总数(%)</td><td colspan="6">较 1962 年</td></tr>
<tr><td colspan="2">增（减）</td><td colspan="2">%（±）</td><td>调解处理</td><td>%</td></tr>
<tr><td>1</td><td>婚姻纠纷</td><td>666</td><td colspan="2">78.53</td><td colspan="2">－118</td><td colspan="2">－15</td><td>535</td><td>94.5</td></tr>
<tr><td>2</td><td>房产纠纷</td><td>55</td><td colspan="2">6.48</td><td colspan="2">＋18</td><td colspan="2">＋32.7</td><td></td><td></td></tr>
<tr><td>3</td><td>抚　养</td><td>27</td><td colspan="2">3.18</td><td colspan="2"></td><td colspan="2"></td><td></td><td></td></tr>
<tr><td>4</td><td>债　务</td><td>20</td><td colspan="2">2.36</td><td colspan="2"></td><td colspan="2"></td><td></td><td></td></tr>
<tr><td>5</td><td>赔　偿</td><td>14</td><td colspan="2">1.65</td><td colspan="2"></td><td colspan="2"></td><td></td><td></td></tr>
<tr><td>6</td><td>继　承</td><td>7</td><td colspan="2">0.83</td><td colspan="2"></td><td colspan="2"></td><td></td><td></td></tr>
<tr><td>7</td><td>财　产</td><td>11</td><td colspan="2">1.30</td><td colspan="2"></td><td colspan="2"></td><td></td><td></td></tr>
<tr><td>8</td><td>家务纠纷</td><td>4</td><td colspan="2">0.47</td><td colspan="2"></td><td colspan="2"></td><td></td><td></td></tr>
<tr><td>9</td><td>树　木</td><td>1</td><td colspan="2">0.12</td><td colspan="2"></td><td colspan="2"></td><td></td><td></td></tr>
<tr><td>10</td><td>买　卖</td><td>3</td><td colspan="2">0.35</td><td colspan="2"></td><td colspan="2"></td><td></td><td></td></tr>
<tr><td>11</td><td>其　他</td><td>27</td><td colspan="2">3.18</td><td colspan="2"></td><td colspan="2"></td><td></td><td></td></tr>
<tr><td rowspan="2">12</td><td rowspan="2">总　计</td><td rowspan="2">835</td><td colspan="4">调解处理（含就地解决）</td><td colspan="2">判　决</td><td colspan="2">终止撤诉移送</td></tr>
<tr><td>675</td><td>79.5%</td><td>317</td><td>37.3%</td><td>57</td><td>6.7%</td><td>116</td><td>13.7%</td></tr>
</table>

注：资料来源于《阳泉市人民法院关于 1963 年司法工作总结报告》。

1966 年～1973 年，因“文化大革命”爆发，阳泉市人民法院的审判工作先后由“阳泉市公安机关军事管制委员会审判办公室”和“阳泉市革命委员会保卫部审判办公室”行使，主要受理重大刑事案件和反革命案件，民事审判中绝大多数为离婚案件，包括阳泉第一监狱在押犯配偶的离婚案，当然，也成功地调解了一大批诸如此类的案件，使许多因政治问题提出离异的家庭重归于好。这期间财产、继承、经济等民事案件所占比重较轻。

1973 年 8 月，阳泉市中级人民法院成立，成为二审法院，恢复行使审判权力。在民事审判中，继续贯彻“依靠群众、调查研究、调解为主、就地解决”的方针，当年即受理、调解了 462 件民事案件，其中婚姻案件 303 件，占民事案件的 65%。其余为房产、地产、继承、经济、子女争执等案件。

1974 年，由阳泉市中级人民法院主导，开始组建城区人民法院、郊区人民法院和矿区人民法院。自此，阳泉市中级人民法院成为真正意义上的二审法院。

1976年，阳泉市中级人民法院民事审判工作贯彻“全省司法工作学大寨”现场会议精神，推广昔阳县司法工作经验，坚持走群众路线，建立健全人民调解委员会，实现“小事不出队（车间），大事不出社（厂），矛盾不上交，解决在基层”。把人民调解委员会办成“党委重视、群众拥护、能为人民办事的对资产阶级实行全面专政的得力工具”。

1979年，是学习贯彻十一届三中全会精神的第一年，阳泉市两级人民法院认真落实会议制定的路线、方针、政策和全国人大五届二次会议提出的各项工作任务，逐步把法院工作重心由过去的为政治运动服务，转移到为巩固、发展安定团结和保卫社会主义现代化建设上来，体现在民事审判上就是从“民事工作千千万，件件连着纲和线”中解脱出来。9月，召开全市民事审判工作座谈会，安排部署全市法院系统民事审判重心的转变，以适应全党工作着重点的转移，为阳泉市的社会主义经济建设和政治稳定服务。

1980年以后，平定县人民法院、盂县人民法院划归阳泉市中级人民法院管辖，许多一审民事案件由基层人民法院受理，阳泉市中级人民法院则受理审判二审民事案件或上级人民法院指定管辖的民事案件。

1982年3月8日，第五届全国人民代表大会常务委员会第22次会议通过《中华人民共和国民事诉讼法（试行）》，于1982年10月1日起试行。1986年4月12日，第六届全国人民代表大会第四次会议通过《中华人民共和国民法通则》，于1987年1月1日起正式实施。这两部民事法典的颁布实施，标志着民事审判基本依靠政策、经验、习惯、判例、民意的时代结束，民事审判和民间纠纷调解进入依法办案的新的历史阶段。

20世纪80～90年代，随着对外开放、对内搞活政策的实行和经济体制改革的深入，农村人民公社首先在80年代初期解散，原农村人民公社改组为乡镇建制，城市人民公社恢复为街道办事处，原属于农村人民公社的各生产大队，实行村民自治，普遍推行家庭联产责任制。在城市，承包制和厂（矿）长负责制等新兴起的企业经营方式，进入劳动群众集体所有制企业和中、小型全民所有制企业。

1990年，为落实全省法庭工作会议精神，市中院成立“人民法庭工作指导组”，6月，召开全市法庭工作会议，全面加强人民法庭建设。13个法庭办公用房，至年底已建成8个，其中郊区河底法庭成为第一个按照最高人民法院标准图纸建成的标准化、规范化人民法庭。全市两级人民法院普遍建立了“紧急民事案件快速处理制度”，规定对案情紧急的民事案件，必须在24小时以内处理，同时要求审判人员在日常工作中注意发现矛盾扩大或激化的苗头，及时采取措施，消除隐患。当年人民法庭即审结一审民事案件1045件，占全市结案总数的72%，同时审结简易纠纷案件338件。各人民法庭在完成审判任务的同时，积极协同有关部门加强对基层调解组织的建设和指导，使大量的民事纠纷消除在基层和萌芽状态，使全市民事案件收案第一次出现下降趋势，有效减轻了人民法院民事审判工作压力。

1993年，阳泉市两级人民法院对民事审判方式进行了改革，开始实行当事人举证责任制度，两级法院普遍建立了当事人举证责任制度实施办法，对各类民事案件当事人举证的项目、种类和方式方法作了明确的规定，并认真加以执行，使审判人员的工作重心逐步从查证、取证转移到质证、核证上来，庭审的作用日益发挥出来，办案节奏明显加快，办案效率不断提高。

20世纪90年代中后期之后，随着改革开放的进一步深入，阳泉市境内的劳动群众集体所有制企业，基本完成了所有权和经营权改组，实现了民营化。阳泉市境内的国有大、中型企业，普遍进行了股份制改革和资产重组、破产处置，新的经济关系开始出现。

进入21世纪，阳泉市中级人民法院紧紧围绕公正与效率目标和形势发展对审判工作的要求，进一步加大审判改革力度，完成了人民法院机构改革，领导班子得到充实，内设机构实现优化重组，撤销了经济审判庭，建立大民事审判格局。两级人民法院受理的民事案件也出现了多元倾向，除传统的婚姻、继承、抚养、赡养、邻里纠纷和财产权属问题，如房屋、宅基地、山林、债务、赔偿案件外，名誉权、人身权、劳资纠纷等民事案件急增，企业破产、知识产权、适用特殊程序的案件大量涌现。为此，阳泉市两级人民法院充分发挥民事审判职能，积极推进“大民事审判”改革，在民事审判活动中，紧紧围绕“公正与效率”主题，定纷止争，构建和谐，慎重审理企业改制过程中发生的合并、破产等案件，密切关注和依法处置关系社会稳定的工作，保障企业改制工作的顺利进行。积极稳妥审理涉及阳泉市和三区两县的征地拆迁、旧城改造、安置补偿、公益事业建设中发生的纠纷，认真审理山林土地承包、征地补偿费分配、乡村交通建设、农民工权益保护等涉农案件，处理了大量民事纠纷，依法平等保护了自然人、法人和其他组织的民事权利。为化解社会矛盾，促进经济发展，构建和谐社会发挥了重要的职能作用，收到了较好的法律效果、政治效果和社会效果。

2001年，受理一审民事案件3712件，审结3404件，受理二审民事案件513件，审结501件，使大量的民事矛盾及时得到依法解决。与此同时，大力开展思想疏导和法制宣传，因势利导减缓冲突，依法调解息事宁人，先后使1715起案件通过疏导教育，以调解或一方当事人撤诉结案，占50.4%。

2002年，在上年度对司法审判模式进行改革的基础上，确立了大民事审判格局，两级法院按照新的民事审判模式，受理、审判和调解民事案件，努力依法维护婚姻家庭关系和其他平等民事主体间的财产关系和人身关系，倡导良好社会风尚。一审受理婚姻、家庭、继承、相邻、权属等传统民事案件3180件，审结2953件。阳泉中院受理二审传统民事案件375件，审结365件。面对繁重的审判任务，广大民事法官在严格执行诉讼程序基础上，加快办案节奏，提高办案效率，注重因势利导，依法调解，先后使2020起案件，通过疏导教育以调解或一方当事人撤诉结案，占61%，既维护了民事主体的合法权益，又使大量的家庭和社会矛盾得到妥善化解。

2003年，依法审理婚姻家庭、继承、相邻、权属、损害赔偿纠纷案件2584件。其中对因拆迁安置、人身损害赔偿、劳动争议等容易引发群体诉讼的案件，全市法院始终站在讲政治的大局及时受理、审理的同时，积极做好疏导工作，消除社会不安定因素，注重做到社会效果和法律效果的统一。平定锁簧法庭建立了“3+1”调解模式，即庭前先行调解、庭上依法调解、庭后适时调解和诉外指导调解，受到最高院和司法部表彰。

2004年8月，山西法官培训学院阳泉分院正式挂牌成立并举办首期“民事审判业务培训班”，全市两级法院从事民商事审判的50余名法官参加了为期一周的培训学习。本年度的民事工作，重点是妥善处理群体性纠纷案件。近年来，因房屋拆迁安置、矿产开发、劳动争议等纠纷引发的群体诉讼有较大增加，这类案件纷争标的额大，当事人众多，涉及面广，矛盾易激化，阳泉市两级法院从讲政治的高度，慎重受理和审理此类案件，坚持及时、就近、就地处理的原则，力争做到合法、合情、合理，把矛盾化解在初始阶段。全年审理婚姻家庭、相邻关系、损害赔偿等常发性案件3310件，审结3100件。在审理中，注重依法保护妇女、儿童、老人、残疾人等弱势群体的合法权益。

2005年，受理婚姻家庭、损害赔偿、劳动争议等民事案件1414件，审结798件。在受理审判民事案件中，阳泉市两级人民法院针对审判实践中出现的新问题、新情况，认真展开理论调研，积极寻找解决矛盾纠纷的有效途径，如受现有人口结构影响，离异双方往往争夺对孩子的抚养权，阳泉中院在审理此类案件时，即优先考虑孩子的归属安置问题，一般从父母品德、经济状况、孩子成长环境等多方面加以综合考虑，既满足孩子健康成长所需，如抚养费的落实，又平等地保护离异双方的合法权益，如对不带孩子一方的子女探视权的保护等。为方便群众诉讼，各基层法院均设立巡回法庭，以方便边远地区民众诉讼，减少群众诉累。与此同时，各基层法院积极提高法庭审理的民事案件的简易程序适用率。在法庭所审理的案件当中，只要不具有法定的不能适用简易程序的条件，一般适用简易程序审理。在适用简易程序审理民事案件时，尽可能简化不必要的诉讼环节、手续。如征得双方当事人同意，一般简化答辩环节，由被告口头答辩，直接开庭审理，甚至不经开庭径行调解。当事人均有律师代理诉讼的，可以不再告知有关的诉讼权利、义务内容。对于诉讼中的通知、裁定、决定，除依法可以向上一级法院上诉、申请复议外，在征求当事人意见后，尽量采取口头形式。对于法律关系明确、责任清晰的，尽可能当庭裁判，这些措施的实行，既方便了群众诉讼，也提高了审判效率。对疑难复杂、争议较大，当事人积怨深远、矛盾容易激化的案件，阳泉市中院因案制宜，把握“庭前、庭上、庭后”三个时机，采取“耐心、公心、细心、热心”“四心”的调解法，认真进行调处，取得很好成效。

2006年，受理婚姻家庭、损害赔偿、劳动争议等民事案件2244件，比上年度上升37%，审结1955件。民事案件大幅上升的主要原因有三：一是国有企业破产、转制、改组过程中，未能较好保护劳动者权益，导致劳动争议案件增加。二是民营企业增长较快的同时，如小煤窑、小工厂、小作坊、小店铺、小运输大量兴起，劳动保护措施落后，为员工提供必要的安全生产环境的观念，仍然停留在资本原始积累时期，工伤、工亡现象时有发生，工伤、工亡后雇主不愿承担相应的经济责任，导致损害赔偿案件大幅增加。三是随着社会进入转型期之后，人们的道德、信仰出现危机，婚姻和家庭关系以及家庭成员间的财产关系发生改变，因此，婚姻和与婚姻家庭有关的民事案件，如抚养、扶养、继承等案件有所增加。阳泉市两级人民法院针对新出现的民事问题，本着谨慎和维护稳定的原则，“调判结合，注重调解，能调则调，当判则判”，有效化解矛盾。对疑难复杂案件和法律上虽没有明确规定，但实际工作中经常遇到的问题，阳泉中院特别注重上、下级法院间的沟通协调，规范诉讼行为、统一适用标准，对城镇、农村因集体财产处置产生的群体诉讼，如盂县孙家庄镇东坪村村委会，上诉村民赵来富等382人集体诉讼案，阳泉中院即排除干扰，依法维护赵来富等382位村民对农村集体经济组织所取得收益的所有权。使一些在社会发展中新出现的疑难案件，定性准确，正确引用法律，取得良好社会效果。

2007年，以全国第七次民事审判工作会议精神为指导，受理婚姻家庭、损害赔偿、劳动争议等民事案件2347件，审结2197件。在具体案件审理中，认真执行省人大常委会《预防和制止家庭暴力的决定》，重点保护妇女儿童、老人、残疾人等弱势群体的合法权益，营造和睦友善的良好风尚。

2008年，贯彻中共十七大精神，按照科学发展观和构建社会主义和谐社会的要求，及时调处民事纠纷，促进社会安宁稳定。全年受理婚姻家庭、损害赔偿、劳动争议等民事案件2705件，审结2393件。着重强化审判人员的调解意识，注重调解方法，总结“多听、多看、多为当事人着想”的调解艺术，消化矛盾、定纷止争。

2009年，阳泉市两级法院深入学习实践科学发展观，坚持“党的事业至上、人民利益至上、宪法法律至上”原则，在全球性经济危机蔓延，紧紧围绕“保稳定、保发展、保民生”三大任务，为大局服务，为人民司法，高度重视审理涉及民生的案件，着力化解事关群众切身利益的重点难点问题。全年共审结婚姻家庭、相邻关系、民间借贷等普通民事案件2302件，重点保护了妇女儿童、老弱病残的合法权益；审结劳动合同、劳动争议等民事案件485件，维护劳动者特别是农民工的正当权益；审结人身伤害、医疗纠纷、交通事故等民事损害赔偿案件498件，努力实现弱势群体的合法诉求，确保司法公正，促进社会稳定、经济发展和民生问题解决。

2010年，针对转型跨越发展形势要求，阳泉市两级法院注重发挥民商审判职能作用，切实增强服务大局的针对性和实效性，全年共受理各类民商案件5379件，同比略有上升；审结5624件（含旧存），同比上升4.6%。一是充分发挥民商审判调节、规范和引导的作用，依法支持有利于转型跨越的经济活动和经济行为。围绕扩大内需、优化环境，依法审理买卖、借款、担保、建筑工程等合同案件2096件，涉及标的3.9亿元，促进资金快速流转和经济有序发展。二是围绕转变经济发展方式，妥善审理企业破产清算、重组改制等案件14件，促进产业升级和经济结构调整。三是围绕城乡统筹、新农村建设，依法审理农村土地承包、山林权属等涉农纠纷案件118件，保障农村集体利益和农民权益，服务城乡统筹发展。四是高度关注群众对民生热点问题的关切，依法妥善审理涉及民生的案件。审理房屋买卖、劳动争议、医疗、消费者权益保护等案件235件，审结权属确认、人身损害、宅基地纠纷等权属、侵权案件1110件，依法实现当事人合法诉求。审结离婚、抚养、继承等婚姻家庭案件1927件，妥善调节婚姻家庭、人身财产关系，注重保护妇女儿童和老年人的合法权益，促进家庭和社会的和谐。在加强民商审判的同时，为了更好地服务大局，全市法院普遍建立了与企业、社区、农村联系制度，各级领导带队深入联系点走访座谈，协调案件，及时了解司法需求，认真听取意见建议，主动提供法律服务，收到了良好的工作成效。

2011年，高度关注宏观政策变化对民生的影响，妥善处理各类民事案件，受理各类民商事案件6403件，审结6312件（含旧存），同比分别上升20.1%和12.2%，诉讼标的4.1亿元。一是加大法律服务力度，认真开展司法入企帮扶活动，为企业发展提供帮助支持；坚持平等保护原则，注重采用调解、和解和司法重整等法律手段，妥善处理各类合同纠纷2070件，规范经济秩序，保障金融安全；二是加强知识产权保护，审理知识产权纠纷案件6件，破产案件4件，鼓励自主创新，推动发展方式转变。三是重视审理涉及民生的案件，审结婚姻家庭、相邻关系、民间借贷等普通民事案件2648件，重点保护了妇女儿童、老弱病残的合法权益；四是维护劳动合同的严肃性，强化劳动争议案件审理，审结此类民事案件148件，依法保障劳动者，特别是农民工的正当权益；五是针对人身伤害、医疗纠纷、交通事故等民事损害赔偿案件，切实维护弱势群体的权益，审判此类案件707件，为案件权益人排忧解难。

2012年，全市法院围绕转型跨越发展的新要求，积极化解各类民商纠纷，不断增强司法服务的针对性和有效性。共受理一审民商案件2049件，审结2160件（含旧存），标的6.2亿元。其中，市中院受理一审民商事案件53件，审结76件（含旧存），受理二审民商事案件304件，审结290件。其中，审理买卖、借贷、租赁、保险等合同纠纷2057件，标的5.4亿元，依法规范经济秩序，营造健康有序的发展环境；审理知识产权纠纷案件7件，依法保障公平竞争，优化自主创新的法治环境；审理企业破产改制案件4件，涉及金额6424万元，促进经济发展方式转变。为了更好地服务重点项目建设，两级法院延伸司法职能，深入走访企业，主动上门服务，千方百计解决企业遇到的法律难题。对于涉企纠纷，开辟绿色服务通道，快审快执，优先采用调解的方法化解涉企民商事案件，为企业提供了宽松有序的法治环境。

附：马锡五审判方式

抗日战争时期，马锡五任陕甘宁边区高等法院陇东分庭庭长时创造的群众路线的审判方式。是抗日民主政权创立的一种将群众路线的工作方针运用于司法审判工作的审判方式。这一方式在边区政权所辖范围内得到普遍的推广。其主要内容是简化诉讼手续，实行巡回审判、就地审判。在审判中依靠群众、调查研究，解决并纠正疑难与错案，使群众在审判活动中得到教育。

1943年，马锡五从事司法工作后，亲自参加案件审判实践，经常下乡，深入调查研究，进行巡回审判，及时纠正一些错案，解决了一些缠讼多年的疑难案件，因而受到群众欢迎。人们把这种贯彻群众路线，实行审判与调解相结合的办案方法，亲切地称之为“马锡五审判方式”。马锡五审判方式的特点：（1）深入农村、调查研究，实事求是地了解案情；（2）依靠群众、教育群众，尊重群众意见；（3）方便群众诉讼，手续简便，不拘形式；（4）坚持原则，依法办事，廉洁公正。马锡五审判方式以延安整风运动为思想基础，以群众智慧为力量源泉，这一审判方式的出现和推广，培养了大批优秀司法干部，解决了积年疑难案件，减少诉讼促进团结，利于生产保证抗日，使新民主主义司法制度落到实处。

马锡五审判方式包括三个有机联系的步骤：查明案件事实；听取群众意见；形成解决方案，说服当事人接受。马锡五审判方式为当时广大老百姓所接受和推崇，并在以后相当长的时间内影响着中国民事诉讼程序的构造，其中许多具体原则和做法以后被直接运用于新中国的民事诉讼制度。

第二节 人身权利纠纷案件的审理

阳泉地区自古民风纯朴，早在20世纪20年代末、30年代初，就有中国共产党的组织在本地活动，是革命老区，是中国共产党解放建立的第一座城市，人民群众受毛泽东思想教育颇深，新思想、新文化、新风俗出现的也比较早，受此影响，该地区民众始终保持了邻里和睦、团结互助、恭和谦让的传统，所以，阳泉市中级人民法院从1947年建院以来，包括各基层人民法院，所受理的民事案件中，包括民间邻里纠纷中，涉及人身权利纠纷案件，如名誉权、荣誉权、名称权、姓名权、肖像权之类的争讼案件极为少见，即使是20世纪90年代中叶之后出现的具有完整司法意义上的“人身权利纠纷案件”，也不是很多，即便有此类纷争，如交通事故赔偿、医疗事故纠纷、劳动争议案件等，一般均通过邻里、亲朋或所在单位（厂矿、公社、大队等）的党、政、团、工组织，或人民调解组织调解得以解决。故阳泉中院从建院（1947 年）一直到 20 世纪 80 年代初，在有记载的诉讼资料中，诸如此类的人身权利纠纷案件中涵盖的如名誉权、荣誉权、名称权、姓名权、肖像权之类的案件极为少见，即便有此争讼，当事人之间的纷争也比较温和。如 1993 年，即审结名誉权案件 3 件，其中调解 2 件，撤诉 1 件。

以下是两件涉及“人身权利纠纷”的诉讼纷争，一件是“名誉权”案件，一件是劳动争议案件，审理时间均为 1993 年，分别由阳泉市郊区人民法院和城区人民法院审理。

一般人格权是指民事主体全部人格利益为标的的总括性权力，主要包括人格尊严权、自由权和平等权。人格尊严权是指公民对自身价值的认识和他人、社会对其做人资格的评价依法所享有的不可侵犯的权利。（人格尊严权不是名誉权，名誉权是指民事主体享有对其个人表现获得社会客观评价及获得评价不受侵害的权利。两者的客体范围不同）人格权具体包括：生命权、身体权、健康权、人身自由权、隐私权、名誉权、荣誉权、名称权、姓名权、肖像权、身份权、配偶权等等。

1993 年，阳泉市郊区人民法院破除传统观念，依法公正审理一起侵犯公民名誉权案件。王某某（女）娘家同余某某（女）家相邻，王某某因孩子在其娘家父母照看，故经常回家探望，遂被与丈夫不和的余某某无端猜疑，并在大庭广众之下辱骂王某某“勾引别人丈夫”，四处散布王某某行为不检点的流言蜚语。王起诉到法院后，余四处上访，有关方面一些领导认为，“农村妇女翻闲话构不成侵权”。郊区人民法院在查清事实，明确责任的前提下，经调解无效作出一审判决，判令余某某承担侵权法律责任，并立即停止侵权行为，依法保护了公民的人身权利。

1994 年，平定县人民法院也审理了一件此类案件，该院采取就地开庭、公开审判、就案讲法、现场教育的方式，审结王某（女）诉周某侵害名誉权一案，在当地引起较大反响，很多群众第一次受到依法维护“名誉权”教育。

1993 年，阳泉市城区人民法院依法受理阳泉市首次劳动争议案件。阳泉市标准件厂女工陈佳在工作期间因工受伤，后因故与厂方发生劳动争议，为此厂方不予报销医药费，并停发工资。陈佳遂请求阳泉市劳动仲裁委员会进行仲裁，仲裁后标准件厂不服，提起诉讼。城区人民法院受理此案后，认真核实了案件证据，查阅了国家有关劳动法规，一审判决原告阳泉市标准件厂，在医务劳动鉴定委员会作出正式鉴定之前，对被告陈佳仍应以工伤对待，报销医药费用，补发工资和其他福利待遇。此案在本年度底前执行完毕，使职工的合法权利得到有力保护。

21 世纪以来，随着社会主义市场经济体制的进一步深入，尤其是随着采掘业、公路交通运输业和其他工业的发展，或服务业（如房地产）、公益事业（如医疗卫生）日益市场化，人身损害赔偿案件日益增多。人们对人身权利纠纷的认识进一步增强，当事人维权意识进一步提高，人身权利纠纷案件逐渐增多（数据见下表）。

附：

1996 ~ 2012 年受理审结人身权纠纷案件一览表

年份	人身损害赔偿						人身自由权	名誉权	名称权	姓名权	荣誉权	肖像权	其他人身权	一审总计	二审	再审
	道路交通	铁路航空	医疗事故	工伤事故	其他损害	小计										
1996						105		1	2				5	113	3	
1997						189		5					2	196	6	
1998						249		2						251	2	
1999						239		2					1	242	2	
2000						284		7					1	292	1	
2001						358		6			1		1	366	27	1
2002	88		8	17	331	444		2						446	119	
2003	82		7	13	246	348		4						352	112	1
2004	96		7	15	234	352		1					2	355	69	1
2005	149		23	23	255	468	2	3		1			6	480	70	5
2006	152		15	13	203	383		6					2	391	60	
2007	181		15	10	189	395		1					2	398	52	
2008	308		18	14	164	498	1	3				2	9	513	83	1
2009	283		26	6	175	490	2						4	496	120	5
2010	429		25	6	197	657		2					5	666	174	2
2011	513	22	22	3	147	707		1					10	718	99	10
2012	752		14	4	268	1038		1					28	1067	104	3
总计	3033	22	180	124	2409	7204	5	47	2	1	1	2	78	7340	803	29

注：1996 年～2001 年“人身损害赔偿”项包括在“赔偿”栏目中。2002 年起，“人身损害赔偿”包括在“人身权纠纷案件”统计中。

第三节 新《婚姻法》的贯彻

1950 年 5 月 1 日，中国正式实施《中华人民共和国婚姻法》，其原则为：“废除包办强迫、男尊女卑、漠视子女利益的封建主义婚姻制度。实行男女婚姻自由，一夫一妻、男女权利平等、保护妇女和子女合法利益的新民主主义婚姻制度。”“禁止重婚、纳妾。禁止童养媳。禁止干涉寡妇婚姻自由。禁止任何人借婚姻关系问题索取财物。”中央法制委员会、中央人民政府司法部、内务部和最高人民法院等部门，陆续制订了一些配套的具体政策，从而构建起具有新民主主义特点的新型婚姻制度，为全面推行婚姻制度改革提供了法律依据。在贯彻新中国第一部《婚姻法》中，阳泉市人民法院结合解放初期阳泉地区的婚姻、家庭状况，如旧社会遗留下来的婚姻家庭“妾”和“妾”生子女问题，以及因战争造成的孤寡老人赡养问题，根据《婚姻法》有关婚姻、家庭、妇女、儿童、老人受国家法律保护的条款，积极宣传“父母有抚养教育未成年子女的义务，成年子女有赡养父母的义务，夫妻（或直系血亲同辈）有相互扶养的义务”等社会主义新型婚姻家庭观，倡导解放区司法实践中形成的“赡老育幼”的优良传统，在婚姻家庭案件的受理和审判中，强调保护妇女儿童和老人的合法权益，促使当事人自觉履行抚养、扶养、赡养“三养”义务，妥善调解，依法判决，切实保护妇女、儿童和老人的合法权益。当年即受理婚姻案件114件，对具有封建残余色彩的婚姻案件一律判决离婚。

阳泉市人民法院在学习贯彻《婚姻法》中，除组织司法干部学习讨论《婚姻法》，深刻领会新《婚姻法》在打击封建残余势力、彻底解放劳动妇女、解放生产力、共同建设社会主义方面和积极意义外，利用报刊、冬学、民校、夜校、壁报、广播、文艺活动等形式，在群众中广泛宣传婚姻法。其时，正值中华人民共和国建国初期，一穷二白，百废待兴，土地改革、抗美援朝、镇压反革命、“三反”、“五反”等运动相继开展，阳泉市人民法院结合这些政治运动，大力推进《婚姻法》的贯彻落实，到1952年年底，在阳泉市辖区内即建立起新的婚姻制度，男女可以公开社交，买卖包办婚姻和虐待妇女的现象受到遏制，民主和睦、团结生产的新式家庭逐渐多起来，离婚率开始降低，寡妇改嫁受到尊重，基本上实现了恋爱自由和婚姻自主。

1952年11月，为保证国家即将开始的大规模经济建设顺利进行，中共中央决定1953年3月为宣传贯彻新《婚姻法》运动月。1953年2月，政务院进一步明确宣布，在全国范围内“开展一个大规模的宣传婚姻法和检查婚姻法执行情况的群众运动，根本摧毁包办强迫男尊女卑的封建主义婚姻制度；树立男女权利平等、婚姻自由的新民主主义婚姻制度，从而建立民主和睦、团结生产的新式家庭，以增强国家经济建设与文化建设的力量”。阳泉市人民政府专门成立贯彻《婚姻法》运动委员会及其办公室，负责运动的领导工作，除组织市政府干部，尤其是人民法院干部和各级调解委员会干部学习外，以义东沟村为重点实验村，进行了宣传贯彻《婚姻法》培训实验，在取得经验后，相继对各工矿企业、事业单位、乡（村）、街道主要干部、党（团）员小组长和群众积极分子，如村长、民政、妇联主任、支部书记、共青团书记、宣传员等300余人进行了培训，进一步肃清干部思想上的封建残余，使他们认识到婚姻制度改革对于国家建设的重要作用，从而成为贯彻《婚姻法》运动的骨干力量，为宣传贯彻《婚姻法》运动和推进婚姻制度改革，在组织上、思想上和舆论上提供了保障。

1952年受理婚姻案件349件，占民事案件总数418件的83.19%，比1951年受理的婚姻案件173件，上升了102%，充分说明新中国第一部《婚姻法》颁布后，广大妇女在婚姻自由上的迫切要求，也是她们向封建残余思想作坚决斗争的具体反映。

从1953年3月中旬开始，阳泉人民法院配合市委、市政府，大张旗鼓开展了贯彻《婚姻法》运动月，经过培训的各单位、村（乡）300多名宣传员，采取分村（街）、分片包干的方式，对群众进行广泛深入的宣传教育，阳泉市人民法院派干部直接参加各个工作组的工作，深入到重点企业、事业单位和村（乡），协助宣传员们进行《婚姻法》宣传贯彻，召开群众大会，对比新、旧婚姻事例，向群众全面宣传《婚姻法》，使他们认识到新婚姻制度不仅保护婚姻自由，还包括尊老爱幼、建设民主和睦团结生产的新式家庭等内容。针对不同思想问题召开不同类型会议，如青年会教育青年们树立正确的婚姻观，打破封建思想，争取婚姻自由；男人会宣传男女平等和妇女的作用；媳妇会树立热爱劳动和尊老爱幼的思想；军属会宣传军属光荣及搞好生产等，争取全体人民支持婚姻制度的改革。在群众觉悟普遍提高后，组织召开家庭会议，实行家庭民主，解决矛盾，建立新型家庭关系，把旧家庭改造成为民主和睦、团结生产的新家庭。最后，组织群众评选模范家庭、模范夫妻和模范干部等，树立学习榜样，引导群众订立保证贯彻《婚姻法》公约和家庭公约，以便持久地宣传贯彻《婚姻法》。

通过宣传和贯彻《婚姻法》特别是经过贯彻《婚姻法》运动月，有组织有步骤地把婚姻制度改革推进到社会最基层，有力地冲击了人们头脑中的封建思想和封建观念，基本上废除了几千年来的封建主义婚姻制度，建立起新民主主义婚姻制度，在阳泉地区特别是广大农村地区产生了深远的影响。

一是废除了强迫包办、买卖婚姻，实现了婚姻自由和自主。《婚姻法》规定，“结婚须男女双方本人完全自愿，不许任何一方对他方加以强迫或任何第三者加以干涉”，从法律上解除了两千年来“父母之命”决定子女婚姻大事的旧习俗，把婚姻决定权从父母辈下移到子女手中。特别是广大青年真心实意地拥护《婚姻法》，反对包办、买卖婚姻，他们在婚姻自由权利受到侵犯时，敢于用《婚姻法》维护自己的合法利益，从而加速了旧婚姻制度的崩溃。青年们找对象也不再以“财产多寡和门第高低”为条件，而是以“能劳动、爱学习和思想进步”为新的择偶标准。结婚仪式新事新办，废除了坐轿、拜天地等铺张浪费的旧形式，改用向毛主席敬礼、村干部讲话、新夫妇唱歌等简单朴素热闹的新仪式。如甘河村115户中，在《婚姻法》颁布后，到1953年，即有34对夫妇结婚，其中20对属于自由婚姻，占结婚人数的58%；半自由婚姻8对，占23%，买卖婚姻6对，占17%，过去因为父母包办感情不好而离婚的7对，离婚后都已找到自己心爱的人而重新结婚。

二是废除了“男尊女卑”的封建观念，把旧式家庭改造成为新式家庭。家庭和睦，搞好生产，过好光景，这是人民群众的迫切要求。随着《婚姻法》的全面深入贯彻，“男女权利平等”和夫妻“在家庭中地位平等”等新道德观念逐渐获得人们的认可和拥护，旧的父权家长制已难以为继，不平等的家庭关系也发生了明显的变革。许多旧家庭被改造成民主和睦、团结互助、尊婆爱媳的新家庭，夫妻之间共同抚育子女、互相帮助、互敬互爱、互相鼓励学习；全体家庭成员分工合作，共同劳动，共同享受，有事商量，姑嫂妯娌亲同姊妹，人人都有参加社会活动的自由。最重要的是，新式家庭的建立提高了妇女的生产积极性，许多妇女自觉克服了“嫁汉嫁汉，穿衣吃饭”的依赖思想，认识到只有参加劳动，才能提高经济地位和获得彻底解放的道理，积极参加农业生产。

三是清除旧婚姻制度的陈规陋习，保护妇女儿童的合法权益。在改革封建婚姻制度的同时，阳泉市人民法院配合阳泉市人民政府大力进行移风易俗，基本上铲除了不合法的封建陈规陋习，保护了妇女和子女的合法权益。主要有：彻底贯彻了“一夫一妻”的原则，消灭了重婚、纳妾、兼祧、蓄婢等一夫多妻陋俗。随着人民经济生活和思想水平的提高，“男 20 岁，女 18 岁，始得结婚”的规定基本得到了贯彻，早婚、童养媳几乎绝迹。寡妇再嫁受到人们的尊重，离婚带产问题得到一定程度解决，逐渐形成了良好的社会道德和社会风气。

四是建立起婚姻登记制度。在中国，办理婚姻登记是新、旧婚姻制度的主要区别之一。中国传统婚姻习俗是重礼仪轻法律，只要媒妁作伐、六礼具备和举行公开的结婚仪式后就被公认为夫妻（即事实婚），根本不需要到官府进行登记。中国共产党早在土地革命时期颁布的《中华苏维埃共和国婚姻条例》中，首次规定了结婚离婚必须登记，开始建立婚姻登记制度，但由于紧张的战争环境，该制度始终没有严格实行起来。经过婚姻制度改革，结婚、离婚进行登记这一历史上独特的婚姻管理方式才普遍推行开来。人民群众也逐渐习惯了婚姻登记制度，把婚姻登记作为确立婚姻关系的法定程序，形成了结婚、离婚自觉登记的新风尚，从而以法律婚取代了事实婚。婚姻登记制度成为婚姻改革和婚姻管理的重要环节，从根本上扭转了传统婚姻的重礼仪轻法律的观念，有利于实现《婚姻法》的基本原则。婚姻登记制度的实行既承认和保护了人们的合法婚姻，防止了包办买卖婚姻、早婚、骗婚等现象，也有效地保护了受虐待妇女，促进了人民建立幸福美满的家庭。

与此同时，阳泉市人民法院在宣传贯彻《婚姻法》运动中，严厉批判包办、买卖婚姻和进一步婚姻自由、虐待迫害妇女等违法现象，坚决惩处虐杀妇女、溺弃女婴的罪大恶极分子，判处干涉婚姻自由的刘福田死刑，遏止了数起妇女自杀、被杀和溺弃女婴事件。人民群众也全面认识到新婚姻制度的好处，自觉遵守《婚姻法》、维护

《婚姻法》蔚然成风，树立了新思想、新制度、新风气，不仅体现了时代的发展和社会的进步，最重要的是确立了新民主主义婚姻制度，为进一步建立社会主义婚姻制度奠定了基础，废除了禁锢妇女生产力发挥的封建纲常礼教，直接促进了妇女从旧式家庭中的解放，为妇女参加各种社会活动开辟了道路，更为国家政治、经济和文化等方面的建设提供了大批生力军，极大地促进了华北农村的政治、经济和社会生活等方面的巨大变革。

小资料

什么是兼祧？

一子顶2门。即兄弟2门或3门只生有1个男性后代时，可分别为其娶2房或3房妻子，以传几门的后代。清律附例开独子兼祧之先例，清律附例规定："如可继之人，亦系独子，而情属同父母亲，两厢情愿者，取具阖族甘结，亦准其承继两房宗祧。"兼祧的目的是为了承继香火后代，实际上允许一夫多妻制的合法存在。在封建宗法制度下，一个男子同时继承两家宗祧的习俗。兼祧人不脱离原来家庭的裔系，兼做所继承家庭的嗣子。清俞樾《俞楼杂纂·丧服私论·论独子兼祧之服》："一子两祧，为乾隆间特制之条，所谓礼以义起也。道光间议定服制，大宗子兼祧小宗，则为所生父母斩衰三年，而为兼祧父母齐衰不杖期。"《老残游记续集遗稿》第六回："不怕等二老归天后再还宗，或是兼祧两姓俱可。"

第四节 婚姻、家庭纠纷案件的审理

一、建院时期的婚姻家庭纠纷案件

阳泉市中级人法院在中国共产党领导下，开展婚姻家庭案件审判的历史，可以追溯到20世纪抗日战争时期。当时，阳泉地区有党领导的八路军开辟的抗日根据地，根据地设有抗日民主政府，如平西县、平东县、路北县，以及抗日战争胜利后党在整合平西县、平东县、路北县基础上建立起来的路南县人民政府。这些存在于战争年代的人民政府，均设有专事司法审判的职能部门——司法处或法院负责当地刑、民事案件的审判。

抗日战争和解放战争时期，阳泉地区民主政府曾分别隶属于"晋冀鲁豫边区"和"晋察冀"边区，因此，各民主政府即分别按照《晋冀鲁豫边区妨害婚姻治罪暂行条例》和《晋冀鲁豫边区婚姻暂行条例施行细则》，以及晋察冀边区相关政策条文，如《晋察冀边区婚姻条例》等，处理本区域内的婚姻家庭纠纷案件，并在本区域内建立起以男女平等、婚姻自由为特征的新婚姻制度，解放了大批富人家庭所纳的妾、婢和所养的童养媳妇，打击了当时阳泉地区的夫权统治，动摇了旧婚姻制度的基础，提高了根据地妇女的社会地位，对安定本区域内的婚姻家庭秩序、解放广大劳动妇女、保护妇女、发展生产，起到了非常重要的作用，并为新中国建立以后继续推进新的婚姻家庭制度改革积累了宝贵经验。

1947年5月2日，阳泉解放。5月4日，成立阳泉市人民政府。阳泉市为华北人民政府直辖市，设司法处开展刑事案件和民事案件审判。1948年10月23日，“阳泉市司法处”按照《华北人民政府通令》，更名为“阳泉市人民法院”。其时，全国尚未解放，阳泉市市政范围主要集中在现上站、下站商业区和现在的阳泉钢铁公司、阳泉煤业集团工矿区。因此，阳泉市人民法院所受理和调解的婚姻家庭案件，基本上为当时工矿区内的离异、扶养、抚养等案件，在全国解放战争节节胜利的大背景和阳泉市共产党的各级组织以及驻守阳泉的党的武装部队强有力支持下，阳泉市人民法院依法解除了一些资本家、煤窑主、地主、国民党逃亡军官、旧政府官僚、反动会道门道首以及横行乡里的地痞、恶霸和他们的小老婆、妾、婢的封建婚姻关系，同时也解救了一大批童养媳和抚养人之间的封建依附关系，废除了大量的封建买卖婚姻和包办婚姻。

二、中华人民共和国第一部《婚姻法》颁布实施后的婚姻家庭案件

1950年5月1日，中国正式实施《中华人民共和国婚姻法》。阳泉市掀起学习贯彻新《婚姻法》高潮。从1951年开始，阳泉人民法院以华北人民政府检查落实新《婚姻法》执行情况为契机，学习寿阳经验，采取“巡回公审”、“当众审讯”、“集体调解”等方法，处理了大量带有封建婚姻色彩的涉婚案件。据不完全统计，1951年，阳泉人民法院处理离婚案173件，并依法解除了一批封建婚约，有力推动了婚姻制度改革。

1953年，在贯彻《婚姻法》运动中，受理婚姻纠纷案件403件，比1952年的349件上升15%。1954年，受理婚姻案件474件，其中军婚17件。1955年，受理婚姻纠纷案件759件，占全年民事案件总数的77%，比1954年增加31%。其中受理军人婚姻案9件，占1%，较上年下降53%。另外，受理抚养纠纷11件，占1%，较上年增加35%。本年度婚姻案件上升的原因与贯彻落实《婚姻法》和阳泉市以工、矿业为主要工作场所有很大关系。一方面，《婚姻法》经过四年的宣传贯彻已经深入人心，尤其是从思想上解放了广大劳动妇女，追求恋爱自主、追求婚姻自由成为新的时尚。另一方面，当时阳泉市的工业格局，以煤矿、钢铁厂、硫铁矿、硫磺厂、粘土矿和车马运输业为主，许多男青年多从事采掘业、冶炼业和骡马车运输，经济状况较为富裕。因此，草率结婚又草率离婚成为婚姻案件上升的主要原因。也有一些女青年贪图男方钱财，而随自己喜好兴闪电式结婚、离婚的情况。如一冯姓妇女，才18周岁，即已经经历5次同男青年的结婚离婚。这种因草率结婚造成的离婚案件和纯粹以获取男方钱财为目的的结、离婚情况，严重影响到工人的生产情绪，甚至影响到国家下达的生产任务的完成，引起阳泉市人民法院的高度重视，为此，阳泉市人民法院及时同妇联、民政取得联系，严格贯彻落实《婚姻法》，严格婚姻登记制度，谨慎审判离婚案件。

1956 年，受理婚姻案件 712 件，占民事案件总收案数的 77%，比上年度的 768 件下降 7.3%。其中审结 494 件。受理抚养纠纷 19 件，比 1955 年上升 72%。本年度阳泉市人民法院在调处婚姻案件时，从团结生产、和睦相处、家庭幸福出发，大部分通过采用调解的方式予以解决，在审结的 494 件婚姻纠纷中，调解离婚的 158 件，经调解不离婚的 31 件，起诉后经说服教育自动撤案的 132 件，以上共计 322 件，占婚姻案件结案数的 65%。事实证明，经调解处理的离婚案件比法院判决的离婚案件质量高、效果好，不仅减轻了群众诉累，而且离异双方在生活费、抚养费、家庭债务等方面均能达成协议。而一些经起诉后法院判决的离婚案件中，在生活费、抚养费、家庭债务等方面，因一方推诿、扯皮、逃避法律责任，出现了“执行难”问题。

1957 年，审结婚姻案件 643 件，其中经人民法院调解破镜重圆的婚姻案件 404 件，占婚姻案件的 56%，经判决准予离婚的 284 件，占 44%。1959 年，婚姻家庭纠纷案件的审判，以贯彻毛泽东主席“正确处理人民内部矛盾”指示精神为主线，受理婚姻纠纷 620 件，占民事案件总数 719 件的 86.18%。在具体工作中，阳泉市人民法院按照“深入实际、调查研究、依靠群众、调解为主、就地解决”原则，全年共下乡就地审判和调解民事案件 499 件，占调解和审判总数 587 件的 85%，其中登门调解 483 件，占调解总数 526 件的 72.9%，绝大多数为婚姻案件。

三、阳泉解放之初审理革命军人和革命残废军人的婚姻案件

阳泉地区解放较早，又是革命老区，在抗日战争和解放战争时期，包括在建国初期的抗美援朝运动中，有无数革命青年踊跃参加党领导的八路军、解放军和其他地方革命武装（如武工队、锄奸队）以及中国人民志愿军，他们有的在参军之前即已经结婚，组建了自己的家庭，有的甚至有了自己的儿女。全国解放后，他们从战场上陆续转业回到阳泉，受到阳泉人民的敬仰和拥戴，被人民政府安排在不同的岗位上从事力所能及的工作。而其中有部分革命转业军人在战斗岗位上光荣负伤，落下身体上、心理上的残疾。

阳泉人民在党的领导和党长期的革命思想教育影响下，对革命军人充满了感情，尤其是对革命伤残军人充满了钦佩和爱慕，可以说，自从在阳泉地区有了革命武装，阳泉人民就对人民子弟兵充满了感情，城乡广大地区均形成了比较广泛普遍的拥军优属光荣传统。对革命军人的拥戴和对革命伤残军人的关心爱护，除体现在政府制定的各项援军优属政策之外，在民间，则更多地体现在婚姻和家庭问题上，当时在阳泉地区广泛流传的一句姑娘们有关婚姻问题的顺口溜是这样说的：“一军、二干、三工人，嫁人就嫁解放军”，即选择终身伴侣时首先考虑军人，其次才考虑其他行业的工作者和生产者。当然，这并不意味着阳泉地区没有涉及革命军人和革命伤残军人的婚姻家庭纠纷。

全国解放之初，阳泉市人民法院在处理革命军人和革命伤残军人婚姻家庭纠纷时，最高人民法院、中央人民政府内务部关于《革命军人婚姻问题座谈会纪要》，对革命军人的婚姻给予重点保护，重点维护革命伤残军人的婚姻家庭不受非法侵犯。只有在三种情形下，人民法院方支持女方的离婚申请：（一）女方不堪忍受转业军人虐待而提出的离婚申请；（二）革命伤残军人生殖有重大缺陷，因不能进行正常的性生活而提出的离婚申请；（三）“双方感情事实上已经发展到非常恶劣的程度，以至女方不但不能在生活上照顾革命伤残军人，反而经常使他遭受痛苦，的确对革命伤残军人不利。除上述三种情形予以支持离婚申请外，一般在转业军人或伤残革命军人配偶提出离婚申请时，由人民法院、当地党组织、行政部门、妇女联合会和调解委员会，以及离婚当事人的亲属，对其进行劝勉引导，说服双方和好，恢复感情，并帮助转业军人和伤残军人安顿生产，解决他们面临的实际困难，多方面维护他们的婚姻和家庭。如经过一段时间的劝慰效果甚差，女方仍然坚持离婚，则由组织部门说服转业军人和伤残革命军人协议离婚，协议不成时由人民法院按《婚姻法》第十七条精神判决离婚。如 1952 年，史成锁从部队转业回家后，其妻王艾花坚决提出离婚，阳泉市人民法院在处理本案时，多次向女方进行确实的爱国主义教育，希望他们和好如初，在说服无效后，即根据党的政策说服史成锁协议离婚。到 1953 年，此类案件仍呈上升趋势，即受理历年积压的军婚案件 19 件。1954 年，又受理军婚案件 17 件，占当年 474 件婚姻案的 0.35%。1955 年，涉及军婚的案件有较大幅度的下降，全年仅受理此类案件 9 件，占当年 759 件婚姻案的 0.11%。

军婚案件下降的原因有六，一是阳泉市人民法院特别注重保护军人婚姻，尤其是革命转业军人和革命伤残军人的婚姻，均得到了严格有效的法律保护。二是人民政府对革命转业军人和革命伤残军人的照顾和关爱进一步加强，他们的实际困难基本上得到较好解决。三是党的各级组织、各级人民政府、各行政机关和妇联、工会等开展的拥军优属活动深入人心。四是大规模全国性的人民战争基本结束，部队战士复员和军官转业工作常态，军队和地方、军队和军属、军人和家属的联系日益增多，消除了军人家属的对亲人的担心和对战争的恐惧心理。五是人民群众的政治觉悟进一步提高，尤其是广大农村地区的妇女同志，她们对革命转业军人和革命伤残军人的丈夫充满自豪感，生活上任劳任怨，承担了大量的家庭事务，努力关心照顾这些经历了革命战争，为建立新中国立下汗马功劳的亲人；政治上以他们为荣，并教育子女孝敬父亲，建立和睦家庭。六是农业合作化运动如火如荼，极大地解放了农村生产力，妇女从厨房、家庭、家禽家畜和自留地上解脱出来，有更多的时间陪伺照顾革命伤残军人的丈夫。

到1955年，涉及革命军人和革命伤残军人的离婚案件基本上得到圆满解决。1955年军婚案件下降的原因主要是，一方面军属受到全社会的尊重，军人配偶受到工作单位和街道办事处、农村党组织进行的社会主义思想教育引导，政治觉悟有了很大提高。另一方面义务兵役制推行后，军人复员转业成为常态，加上国家基本进入和平时期，部队战士与家属的联系方便密切，婚姻关系得到稳固。

四、三年经济困难时期（1959～1961年）婚姻、家庭问题的探索实践

从1960年开始到1962年，阳泉市的婚姻家庭案件，出现了一些有别于以往任何一个时期的特征，这期间，国家开始压缩城市人口，主要是压缩那些没有正式工作的职工家属及其未成年子女，对妇女基本政策是劝导和引导她们返乡参加农业生产。对未成年子女，政策上户口随母，由妇女带回乡村进行抚养和接受义务教育。因此，这一时期的离婚案件有三个显明特点：一是某些职工配偶因迷恋城市、不愿回乡参加劳动而提出离婚申请；二是因为政治方面的原因，如一方判刑或劳教，其配偶提出离婚；三是因口粮标准降低，日常生活出现困难而提出离婚。

1959年审结、调解的婚姻案件有一个特殊情况，这一年，根据党中央部署，对城市人口中没有正式工作的职工家属及其子女（市民户口）进行疏散，劝导她们回乡参加农业生产，并把子女的户口迁到乡村。有21名妇女不愿返乡参加生产，或希望以结婚的方式迁入城市居住，因目的未达到，即向男方提出离婚，严重影响了工人的生产积极性，为此，阳泉市人民法院根据市委指示，向这些妇女讲清政策，说明利害，进行了耐心细致的思想引导和说服教育，经人民法院调解，这些夫妻均未因此而离异。

在处理因喜新厌旧提出的离婚申请时，阳泉市人民法院坚决批评了过错方的资产阶级错误婚姻观，一般采取驳回离婚申请、不予离婚的政策，并对过错方进行适当的批评教育，引导他们正确对待婚姻问题，维护了受害方的合法权益，维护了家庭婚姻的稳定。

1960年，阳泉市城乡已经普遍建立起人民公社，各公社均设民政主任一职，一般由一至三人组成，负责结婚登记和离婚调解，并负责调处本社内的轻微民事纠纷。各生产大队全部建立起“人民调解委员会”，设调解委员一人，一般由大队妇女主任或治保主任兼任。公社专职民政干部和生产大队调解委员会主任，受阳泉市人民法院业务指导。从1958年推进公社化建设以来，基于生产资料和私有制而发生的民事纠纷基本消失或大为减少。以1960年为例，当年阳泉市人民法院受理民事案件559件，比1959年的717件，下降28.62%。其中离婚案件530件，占民事案件总数的94.81%。在受理的婚姻案件中，阳泉市人民法院主要通过调解解决夫妻纠纷，特别是根据当时国家大规模压缩城镇人口这一特定时期的政策，阳泉市人民法院法官下乡、入厂，或到街道办事处现场调研、就地解决问题，有31名根据国家政策须返乡参加农业生产的职工家属，因不愿回乡而提出离婚申请，法官多次组织街道调解委员会，耐心细致地做她们的思想工作，经多次教育引导，这31位妇女主动撤回离婚申请。对喜新厌旧提出的103件离婚申请，阳泉市人民法院在加强调解、对过错方进行严厉批评的同时，依法判决他们不予离婚。而对于一方判刑或被劳教，另一方提出离婚的配偶，则视具体情况而定，对离婚态度坚决、不会直接造成社会矛盾的夫妻，即支持原告的正当请求，判决他们离婚。对仍有一定感情基础，只是碍于面子或暂时的生活困难而提出离婚的一方，则尽量予以调解。

1961年，阳泉市人民法院针对1959年国家压缩城市人口以来，婚姻家庭案件中出现的新情况、新特点，采取相应措施，维护公民的合法权益。一是对因草率结婚导致的离婚案件，根据实际情况，能和好的由人民法院法官进行耐心调解，促使他们破镜重圆。经多次、多方调解仍坚持离婚的，则判决准予他们离婚。当年审结此类案件216件，占婚姻案件的27.48%。这些案件大部分系婚前考虑不慎，见一、两次面就迅速结婚，造成婚后感情不洽，随即提出离婚的案件。还有一些是因为男女双方错误的婚姻态度引发的离婚，如男方婚前随口许愿、有求必应，婚后兑现不了婚前承诺，而女方却只是图享乐花钱、吃穿方便，即草率结婚，双方缺乏夫妻感情和婚姻基础，最后导致离婚。二是一方系“五类分子”（地、富、反、坏、右）接受人民群众监督劳动，或一方被人民法院判刑后入狱劳动改造，或被政府强制劳动教养，其配偶提出离婚的案件。全年审结此类离婚案件103件，占婚姻案件的13.1%。阳泉市人民法院在受理这种跟社会大背景联系紧密的案件时，不是简单地按政治标准、政治原则判决这部分人解除婚姻，而是具体情况具体分析、具体处理，既考虑支持思想进步一方的立场，也考虑到对五类分子和服刑、劳教人员的教育、挽救和改造及其子女权益，故对夫妇感情较深，关系一向较好，离婚并非完全出自申请人内心，只是迫于社会压力和政治方面的考虑，希望借此摆脱五类分子和罪犯家属的名义，阳泉市人民法院即对她们阐明党和国家的政策，进行说服教育和引导、劝解，尽量维护这种家庭的完整和他们之间的婚姻关系。而对一方刑期较长，离婚申请人担心影响自己青春和前途，生活又的确困难的当事人，经调处无效后即准予离婚。对那些追求政治进步、思想觉悟较高，真正要求从思想上、政治上同五类分子或服刑、劳教人员配偶划清界限的离婚申请人，经调查了解又调处无效的，一般支持其离婚诉求。三是在国家经济困难时期，因家庭口粮标准降低，夫妻之间不能正确面对生活困难而提出的离婚案件。全年审结此类离婚案198件，占婚姻案件的24.81%，其离婚原因主要是因为国家连年灾荒，个人生活出现暂时困难，一些夫妻对生活中出现的困难认识不足，又不能同甘共苦、共度时艰，加之平时夫妻感情基础较差，婆媳、妯娌关系不融洽，多种因素造成了这些夫妻的离异。对此，阳泉市人民法院除结合实际对他们进行时事政策引导和耐心细致的思想工作外，积极帮助他们安排生活，从有利于生活和家庭和睦出发，进行认真调处，尽量促成他们重归于好。

1961年的离婚案件中，也有因一方失踪、罹患精神疾病或生殖缺陷，以及因封建包办婚姻引发的离婚案件。全年审结此类离婚案170件，占婚姻案件的21.62%。另外，本年度还审结因喜新厌旧、另有所爱等错误的婚姻观引起的离婚案106件，占婚姻案件的13.49%。在受理此类离婚案件时，对感情没有破裂、仍有挽回可能的夫妻，阳泉市人民法院一般不予支持他们离婚，而且积极调动各方力量，如工作单位党组织、妇联、工会，或农村人民公社和所在大队调解委员会，对过错方进行批评教育，甚至调动离婚申请人的朋友、熟人，尽量从中调停，促合他们重新和好。总之，阳泉市人民法院按照“调解为主、就地解决”的原则，调查与调解相结合，调解与宣传相结合，调解与回访相结合，处理与执行相结合，受理婚姻案件781件，比上年度的298件，上升162.08%，审结婚姻案件760件，占婚姻案件总数的97.31%，其中法院干警采取带卷下乡，登门调处的婚姻案件420件，占婚姻案件的55.2%。在婚姻案件中，经调解处理的718件，占婚姻案件的94.47%。判决处理的33件，占婚姻案件的4.43%。

1962年，阳泉市人民法院根据1959年以来，对受理、审判和调处婚姻、家庭案件，进行了认真系统的总结分析，如《阳泉市人民法院1962年上半年处理婚姻案件专题总结》，即通过216件婚姻案件的复查、座谈，对三年困难时期的结婚基础和离婚原因，以及人民法院对不同情况婚姻家庭案件的处理方法进行了深入的调查研究。总结概括出困难时期的八种结婚基础、十三种离婚原因和调处方法。

在1959～1962年国家三年经济困难时期，阳泉市作为工矿业比较发达的地区，出现了许多明显带有这一时期特色的家庭婚姻纠纷。为此，阳泉市人民法院对这一时期的家庭婚姻问题，进行了深入细致的研究分析，归纳出三年困难时期的八种结婚基础、十三种离婚原因，并在民事审判审判工作中，具体问题具体分析，具体问题具体解决，对维护这一特殊时期的家庭婚姻稳定，作了许多积极有益的探索实践：

（一）三年经济困难时期（1959～1961年）的八种结婚基础：

1. 旧社会封建包办婚姻，4件，占216件调研个案的1.85%；

2. 买卖婚姻，7件，占3.24%；

3. 半自主婚姻，20件，占9.26%；如一李姓妇女，1960年经人介绍，同一武姓青年结婚，本人并不同意这桩没有感情的婚姻，只是怕违背母亲意愿而勉强结婚，其母病故后，随即提出离婚；

4. 完全自愿结婚，103件，占47.7%；

5. 草率结婚，55件，占25.46%，此类涉婚案件多者只见面谈一、两次话即结婚；

6. 纯粹为了“度荒”而结婚，12件，占5.5%，当时，经过三年困难时期和偿还前苏联债务，国家经济处于困难时期，人民群众的生活同样遇到许多困难，许多女青年结婚，即把经济状况，主要是粮食状况放在第一位，甚至寡妇改嫁、离婚再嫁，包括出走产粮区非法同居等，均以此为目的。

7. 为了迁居城市或担心被压缩回农村而离婚，8 件，占 3.7%。如一李姓女青年，为了不被压缩回农村，即答应某煤矿一王姓工人的求婚①，1962 年 1 月领取结婚证后，以各种理由拖延完婚，至 3 月没有被压缩，即坚决提出离婚；

8. 复了婚再离婚 7 件，占 3.3%②。

（二）三年经济困难时期（1959 ~ 1961 年）的十三种离婚原因：

1. 为生活问题引起离婚的 48 件。通常是原来感情一般，后因经济管理不协调，食用粮食不周，或者一方照顾自己家庭过多等情况，发生纠纷，互不让步，引起离婚的，处理方法：对其感情裂痕很深，长期分居分灶，确实不能同居的准予离婚；虽然影响了感情，但还没有彻底破裂，尚有和好可能的，不准离婚；一方坚持离婚，一方坚持不离，又系可离可不离者，有意识地拖一下，要当事人有个比较充分时间考虑，同时利用这个时间，继续观察双方情况的发展变化，如确实不能和好，关系更加恶化，可主动给予处理，绝不是消极，无原则地不了了之。

2. 婚前随口许愿有求必应，婚后力不从心难兑现承诺闹离婚 22 件。原系买卖婚姻或者结婚后故意拖时间，向对方索要财物，没有共同生活诚意，不达满足闹起离婚的，经审查确实不能巩固可准予离婚，除给予批评教育外，一般将索取财物退还对方。个别情节严重，影响很坏的重点处理，则没收其全部或部分财物并扩大宣传。婚前许诺可移居城市、找工作，男方答应供养其父母生活和弟、妹、本人上学等条件，婚后得不到满足就闹离婚的，虽然原来基础不好，但婚后已建立了感情，只是偶尔纠纷，经调解还可以巩固的不准离婚，婚后共同生活时间短，根本没有感情，一方坚决离婚，没有和好可能的准予离婚。

3. 先进思想与落后思想闹矛盾，引起离婚 24 件。要维护先进，教育落后，支持正确，批评错误，明辨是非，分别对待。男方有夫权思想，打骂、讽刺、阻挠女方参加生产和社会活动，或无中生有地怀疑女方作风不正派，借此达到限制女方自由。要坚决支持向封建思想作斗争的女方，经过批评男方能认识并表示改正错误，女方不坚决离婚的可调解和好；不能认识和接受错误，女方坚决离婚的，准予离婚。原来感情很好，由于夫权思想，影响了些感情，经过解决，男方主动认真检查认识错误，女方离婚决心不大，又认为已经提出离婚，又暂不愿收回离婚意见的，可以缓办，在给其留有考虑时间，考虑好了自动来撤诉，关系恶化再来离。其次原有一定感情，男方一贯劳动表现好，只因被压缩返乡，不安心农业生产，流窜城市，女方提出离婚，应教育男方，指明前途，动员返乡，能和好的则和好不离，女方坚持离婚的，说服动员女方暂时不离，给男方留有转变机会；原来感情不好，或者一般，男方一贯好逸恶劳，小偷小摸，

注：①当时煤矿工人的配偶不在压缩城市人口之列。

注：②这里把七和八的“离婚”，列入“八种结婚基础”之七和之八，是指一些女青年担心自己被压缩回农村，结了婚而不完婚和复婚后再离婚现象。

表现不好或经教育后没有转变的，女方坚持离婚，应准予离婚。

4. 一方乱搞男女关系，影响了夫妇感情闹离婚29件。对有错误一方要离婚，对方坚决不同意，除个别特殊情况确实不能改善的准予离婚外，一般不准离婚；一方有错误，对方提出离婚，经教育有错误的一方，尚能改邪归正，有和好可能调解和好，虽然一方能改正错误，对方坚持离婚，经调解无效，亦准予离婚。

5. 一方外出无信，下落不明，对方要求离婚8件。经调查属实，登报声明或者已遗弃准予离婚。

6. 一方不管家庭生活，引起离婚的12件。有两种情况：一方系工人，一方生活在农村，双方因发生口角一时怒气走开，男方不给家中捎款，女方提出离婚。因不管家是出于一时气愤，经说服教育，双方放放气，各自检查错误，摆明是非，改善了关系，可不准离婚。另一种原居城市，女方被压缩回乡，久居娘家不回婆家，对方不满意，因此不给捎款。这种情况多系感情冷淡，性格不一致，互不体贴，长期生活在两地，很少来往或同居，经调解无效，准予离婚。

7. 因婆媳不和闹离婚7件。要弄清双方一贯感情和纠纷发生的真实原因，召开家庭会议，针对性的解决家务问题，改善夫妇、婆媳关系，原来感情不坏，只要解决好家务纠纷，夫妇关系自然会重归于好，如果感情不和是主要的，经过调解确实难以同居，应准予离婚。

8. 一方生理有缺陷，对方提出离婚的4件，经检查证实后可准予离婚。

9. 一方犯罪或者有政治历史问题，对方要离婚的8件。处理这类问题时，首先查清离婚的目的、动机，支持进步和讲究策略结合起来。可分三种情况：第一，一方的政治思想提高，完全处于在政治上与凡人或有政治问题的人划清界限，要求离婚的应予支持，准许离婚。第二，原来感情好，旧情难舍，离婚不是出于内心所愿。只是为了摆脱反、坏、右家属名义或者为了便于入党、入团而闹离婚的，尽力说服动员不离，如果动员不了，调解离婚，但不判为好。第三，因生活困难，要求与犯人离婚的、犯人刑期较长，经动员和好无效，可准许离婚；如果一般刑事犯，被判刑期不长原来感情又好，尽力动员说服不离，动员不下，也可准予离婚。但必须和刑事案件的复查工作取得联系，如系未决犯和犯人被判刑后，发现原判事实有出入或者正在复查期间，不得离婚，将事实彻底搞清，作出最后决定再解决婚姻问题，以防一错再错造成被动。

10. 为前夫（妻）子女发生纠纷，引起离婚7件，要根据双方感情基础破裂程度，本着有利于团结、有利于子女利益精神，加以调解，能和好的和好，实在不能和好的准予离婚。

11. 一方不劳动，对方要求离婚的4件。这类案件一般是有一定感情，又是工人家属。只因女方在家口粮较低，劳动少，吃不上劳动粮，依赖男方在外给节约或高价买些粮补助，也有的要求男方带她到厂矿住几天，解决粮食不足之困难，双方发生一些分歧，闹起离婚。处理方法：对本来能劳动，不参加劳动又不节约的一方，进行勤俭持家劳动光荣的教育，不准离婚；对一方确实有病、体弱或子女过多，家庭劳累大，不能参加劳动，对方为了摆脱麻烦，甩掉思想包袱而提出离婚的，要进行夫妇应有的道德品质和权力义务教育，调解不准离婚。

12. 夫妇双方家籍两县，距离较远，为精减、退职、压缩等问题引起离婚 4 件。一方坚决离，一方坚持不离，不说过去感情如何，可说服教育不离或暂时不准离婚。但一贯感情不好，一方坚决不回，对方也认为女方没有夫妇诚意，预料将来也不会巩固而要求离婚的，经过多方面工作，调解无效的可准予离婚。

13. 双方一贯感情不好闹离婚的 32 件，经审查由正当理由，调解和好无效，均准许离婚。

1962 年之后，由于国家采取了一系列调控措施，政治、经济形势均开始好转，涉及婚姻、家庭的矛盾纠纷开始下降。1963 年，阳泉市人民法院继续组织民事法官带卷下乡，调查研究，以调解为主，判决为辅，就地解决婚姻家庭纠纷案件。全年审结婚姻案件 566 件，其中调解处理 535 件，占婚姻案件的 94.5%，有 152 件离婚案经人民法院调解和好如初。特别是对 6 件封建宗族势力，干涉寡妇再嫁的涉案人员，进行了严肃批评和严厉打击，有力地维护了妇女权益。

1964 年，审结婚姻纠纷案件 744 件，占民事纠纷案件的 70.36%。其中对 74 件因父母包办婚姻和喜新厌旧提出的离婚，阳泉市人法院在查清事实的基础上，认真理清离婚申请的主要矛盾和责任，根据党的政策、法令，严肃认真地作了处理。此外，审结抚养、赡养案件 52 件。在婚姻纠纷和抚养、赡养案件中，绝大多数采取了调解处理的办法，有利于改善婚姻家庭关系，增强人民内部团结，促进工农业生产。

这一时期，针对破坏现役军人婚姻的犯罪案件给予严厉惩处。如 1964 年，就有 5 名破坏军婚的犯罪分子受到严惩。其中 1 人被判处有期徒刑，4 人被判处拘役。

五、三年困难时期和“文化大革命”期间的抚养、扶养和赡养纠纷

这一时期大部分抚养案件，都是随父母离异而发生的。在 1960 ~ 1962 年为困难时期，1966 年 ~ 1976 年为“文化大革命”时期。在这两个特殊的历史阶段，阳泉地区离婚案件有政治的原因，也有经济的原因，最大的因素还是夫妻双方感情基础差，不能同甘共苦、共度时艰。但他们的离异，给子女教育、抚养以及老人赡养都造成了一定影响。为此，阳泉市人民法院在审理抚养案件中，特别明确强调，父母与子女的关系不因他们解除婚姻关系而消失，夫妻对子女均有抚养教育的义务，在司法实践中，人民法院首先从维护和保障子女的实际利益为出发点来确定子女由谁来抚养教育。女方为城镇户口的，离婚后即使是男方回到农村，其子女的户口一般随母。而妻子为农村户口不幸亡故，而男方为城镇人口时，子女可随父迁入父亲户籍——在当时，城镇户口实际上具有一定的生活保障作用，如国家以极低价格供应市民粮油，免费按人头发放各种食物供给票证、工业券等。这也是当时许多离异家庭和不幸家庭抚养子女的一个途径。在抚养费的给付上，则根据双方的经济状况适当处理，对哺乳期内的子女抚养，人民法院首先考虑子女的权益作出司法裁定或判决，如离婚后哺乳期内的子女随哺乳的母亲，假若婴儿的母亲患有较严重疾病不能哺乳时，判令由其父亲抚养。对已经有了辨别能力的子女，人民法院通常会尊重子女的意愿判决或裁定。对非婚生子女的抚养，人民法院同样从非婚生子女的实际权益出发，既尊重子女生母的意愿，也尊重子女生父的意见，同时考虑第三方——有过错方配偶的意见，妥善化解此类特殊的婚姻家庭矛盾，促成子女抚养问题的解决，确保无辜子女同样享有合法权益。

1965 ~ 1972 年，“文化大革命”初、中期，阳泉市人民法院审判权由“阳泉市公安机关军事管制委员会保卫组”和“阳泉市革命委员会保卫部”行使，设“审判办公室”审判和调处刑事和民事案件，主要受理“文化大革命”运动中重大刑事案件和现行反革命案件。在婚姻家庭纠纷审判中，绝大多数离婚案件受到当时政治形势的影响，有的担心因配偶的政治问题株连到自己或子女，有的因一方判刑、下放农村或被强制迁离北京、天津、上海三大城市等，从而提出的离婚申请。抚养、扶养、赡养等民事案件所占比重也比较少。这一时期受理、审判和调处的绝大多数离婚案件，带有十分明显的政治因素，很多是“五类分子”本人及配偶，包括阳泉第一监狱服刑人员本人或配偶提出的离婚申请。当然，“审判办公室”工作人员即使是在“文化大革命”这样声势浩大、规模空前、政治色彩极其显明的全国性运动中，同样坚持“依靠群众、调查研究、调解为主、就地解决”的方针，成功调处了一大批诸如此类的离婚案件，使许多因政治问题提出离异的家庭重归于好。对于因买卖包办婚姻造成的离婚案件，“审判办公室”基本上尊重申请方的离婚诉求，大力支持青年男女争取恋爱自由和婚姻自由。对因喜新厌旧提出的离婚申请，除对“不堪同居的”准予离婚外，一般是给以适当的批判教育，尽量通过各种途径进行调解，促使他们重归于好。

1973 年，阳泉市人民法院升格为二审法院，即阳泉市中级人民法院。全年受理婚姻案件 303 件，占当年 462 件民事案的 65.58%；子女争执案件 13 件，占 2.8%；抚养案件 4 件，占 0.8%。1974 年，受理民事案件 541 件，其中离婚案 323 件，占民事案件总数的 59.70%。赡养、抚养案 27 件，继承案 19 件，占 0.85%。1975 年，全年受理各类民事案件 771 件（含旧存 156，新收 615），其中阳泉中院受理 342 件，城区法院受理 225 件，郊区法院受理 140 件。内有离婚案 364 件，占 47.2%，赡养、抚养 39 件，继承 23 件，占 0.8%。

“文化大革命”期间，虽然因为政治因素申请离婚的夫妻较多，但阳泉市婚姻状况却保持了较高的稳定性，离婚案件占民事案件的比较大幅减少。1975 年，城区人民法院、郊区人民法院相继建立，当年，全市两级人民法院共受理民事案件 771 件（旧存 156 件，新收 615 件），其中阳泉市中院受理 342 件，城区法院受理 225 件，郊区人民法院140件，但离婚案件仅有364件，占民事案件总数的47.2%。另有赡养、抚养案件39件。

1976年，在民事审判中推广昔阳县司法工作学大寨的经验，坚持群众路线，重新建立健全了全市“人民调解委员会”，做到“小事不出队（车间），大事不出社（厂），矛盾不上交，解决在基层”。把人民调解委员会办成“党委重视、群众拥护、能为人民办事的对资产阶级实行全面专政的得力工具”。因此，在婚姻家庭案件受理审判中，以调解为主，判决为辅，正确处理家庭矛盾，全年受理离婚案件336件，比上年度下降9.23%。另有离婚后财产划分、生活费给付案件10件，抚养案21件，赡养案6件。而且，这些婚姻家庭案件，绝大多数是两级人民法院通过各种途径调解处理的。当时有一首顺口溜这样说：“过去吵嘴打架无人管，三番五次上法院，耽误生产又花钱，劳民伤财不合算。现在是推广大寨好经验，就地解决增团结，工农群众齐称赞，革命生产双跃进。”虽然有一定的语句修饰成分，但比较真实地反映了群众对人民法院直接主持婚姻家庭案件调解的肯定和赞许。1977年，受理审结婚姻、家庭案件242件，抚养、扶养、赡养案件24件。

附：1965 ~ 1976年家庭婚姻和赡养、抚养、扶养、继承案件审结情况一览表

年份	民事案件	婚姻案件		赡养、抚养、扶养案件		继承案件	
		（件）	占民事案件（%）	（件）	占民事案件（8%）	（件）	占民事案件（8%）
1965	415	341	82.16	19	0.45	12	0.30
1966	273	224	82.05	18	0.65	2	0.07
1967	304	282	92.76	9	0.29	1	
1968	243	225	92.59				
1969	127	111	87.40			1	
1970	53	36	67.92	3			
1971	104	96	92.30				
1972	179	152	84.91				
1973	141	106	75.18	4		6	
1974	358	243	67.88	20	0.56		
1975	616	311	50.49	38	0.62	20	0.03
1976	425	275	64.70	33	0.78	2	
总计	3238	2402		144		44	

注：1.本表数据来源于1994年10月《阳泉市志·政法卷·审判篇》（修订稿）。由于该《修订稿》数据和《阳泉法院志》数据来源不一，故有些年份的数据跟正文所列数据不一致。如1973、1974年情况即是这样。特此说明；2.本志正文中1973、1974年数据出自阳泉中院年度总结。

六、改革开放后的婚姻家庭及抚养、扶养、赡养纠纷案件

1978年12月，中共十一届三中全会召开，党和国家的工作重心转移到社会主义现代化建设上来，并实行改革开放的战略决策，标志着中国历史进入社会主义现代化建设的新时期，社会主义民主和社会主义法制建设走上新的轨道。

1979年2月2日，最高人民法院下发《关于贯彻执行民事政策法律的意见》（该意见1986年4月12日被终止），对婚姻家庭纠纷案件的受理和审判作出原则指导，划清了“准离与不准离的基本界限”，对“包办强迫婚姻问题”、“买卖婚姻问题”、“事实婚姻问题”、“军婚问题”、“精神病患者的婚姻问题”、“被审查人员的婚姻问题”、“劳改、劳教人员的婚姻问题”，以及“离婚案件中的财物和生活费问题”、“离婚案件中的子女抚养问题”、“赡养问题”、“收养问题”和婚姻家庭案件中的“财产权益纠纷问题”，如“宅基地问题”、“房屋问题”、“继承问题”、“赔偿问题”等，作了详细的法律解释，对此类案件的受理与审判作了详尽的规定。阳泉市两级人民法院（中级法院和郊区法院、城区法院，矿区仍在筹建之中，平定和盂县人民法院尚未划归阳泉中院管辖）即根据最高人民法院《关于贯彻执行民事政策法律的意见》，审结婚姻案件362件，占582件民事案件总数的62%。1980年，审结婚姻案件389件，占840件民事案件总数（旧存115件，新收725件）的46.3%。与往年相比，婚姻案件仍呈下降趋势。此外，还审结抚养案38件，赡养案26件。这些婚姻家庭案件中，62%以上为人民法院庭前调解处理，既减少了原、被告诉累，又节约了审判资源，既方便了群众，又促进了家庭和睦，既化解了人民内部矛盾，又保障了公民权益。1980年，受理婚姻案件345件，抚养、扶养、赡养案件52件。

1981年1月1日，新的《中华人民共和国婚姻法》颁布实施，同时废止1950年版《婚姻法》。为适应新形势下婚姻家庭案件的受理、审判和调处，阳泉市中级人民法院即组织两级法院的法官进行深入学习，之后，两级法院法官带着新《婚姻法》和相关法律解释资料，走出机关，走进全市工矿企业、国家机关、乡镇和农村，以及各城市街道办事处，向全市人民进行广泛宣传。与此同时，两级人民法院按照新《婚姻法》规定，开始受理审判和调解离婚、继承、抚养、赡养等婚姻家庭案件。在受理和调处离婚案件时，人民法院把“夫妻感情是否确已破裂”，作为准予离婚或不准予离婚的原则界限，中级人民法院要求两级法院所有民事审判人员，务必正确理解和准确执行新《婚姻法》的基本原则，即婚姻自由、一夫一妻、男女平等和保护妇女儿童的合法权益，反对封建思想和资产阶级婚姻观，提倡社会主义道德风尚，维护社会主义婚姻家庭关系。反对曲解离婚自由的错误思想和轻率离婚行为，重视保护结婚自由，同时防止忽视保护离婚自由，偏重只看离婚理由，忽视分析夫妻感情是否确已破裂，把“不准离婚”作为惩罚过错方手段的倾向。对确已感情破裂的夫妻，则依法准予他们离婚。当年，两级法院即按照新《婚姻法》规定和最高人民法院《关于贯彻执行民

事政策法律的意见》，根据新《婚姻法》颁布后此类案件出现的新情况、新特点，进一步加强了涉婚案件的调查研究，全年审结离婚案件 444 件（包括离婚后财产、生活费案件 3 件），占民事案件总数（811 件，其中旧存 166 件）的 54.7%，比 1980 年的 389 件增长 14%。此外，审结抚养案件 39 件，赡养案件 20 件。维护了社会主义婚姻家庭关系，保护了当事人的合法权益。

1982 年，阳泉市两级人民法院继续深入学习贯彻新《婚姻法》精神，根据“夫妻感情是否确已破裂”标准和原则，受理、审判和调处涉婚案件，各级民事法官从婚姻基础、婚后感情、离婚原因、夫妻关系的现状，以及有无和好可能等多方面，对离婚案件进行综合分析和研判，具体办案实践中，对有下列情形之一，经调解无效的判决离婚：一、一方患有法定禁止结婚疾病，或一方有生理缺陷及其他原因不能发生性行为，且难以治愈的。二、草率结婚，婚后未建立起夫妻感情，难以共同生活的；三、婚前患有精神病，婚后经治疗不愈，或婚前知道对方有精神病而与其结婚，或一方在夫妻共同生活期间患精神病，久治不愈的。四、一方欺骗对方或在结婚登记时弄虚作假，骗取“结婚证”的。五、双方结婚登记后未同居，无和好可能的。六、包办买卖婚姻，婚后一方随即提出离婚，或在共同生活多年，但确未建立起夫妻感情的。七、因感情不和分居满三年，确无和好可能，或者经法院判决不准离婚后又分居一年，互不履行夫妻义务的。七，一方与他人通奸，非法同居，经教育仍无悔改表现，无过错一方提出离婚，或者过错方起诉离婚，对方不同意离婚，经批评教育、处分或经法院判决不准离婚后，过错方又起诉离婚，确无和好可能的。八、一方重婚，一方提出离婚的。九、一方好逸恶劳，有赌博等恶习，不履行家庭义务，屡教不改，夫妻难以共同生活的。十、一方被判长期徒刑，或其犯罪违法行为严重伤害夫妻感情的。十一、一方下落不明满两年，对方起诉离婚，经公告查找确无下落的。十二、一方虐待对方亲属，或一方受对方亲属虐待或虐待对方亲属，经教育不改或一方不谅解的。十三、因其他原因导致夫妻感情确已破裂的。

年内，阳泉市中级人民法院和三个基层人民法院（郊区、矿区、城区），以新《婚姻法》为准绳，按照上述 13 项关于审理离婚案件的原则和标准，审结离婚案件 496 件，其中阳泉市中级人民法院审结 28 件，郊区、矿区、城区三个初审法院审结 468 件。同年，初审法院审结抚养案件 22 件，赡养案件 31 件。中院审结抚养案件 1 件，赡养案件 2 件，离婚后财产扶养费案件 1 件。

1983 年 8 月，全国政法工作会议召开，中共中央办公厅下发《关于“严厉打击刑事犯罪活动，实现社会治安根本好转”》（宣传纲要）。9 月 2 日，全国人大常委会颁布《关于严惩严重危害社会治安的犯罪分子的决定》和《关于迅速审判严重危害社会治安的犯罪分子的程序的决定》。将杀人、强奸、抢劫、爆炸、流氓、致人重伤或者死亡、拐卖人口、非法制造、买卖、运输或者盗窃、抢夺枪支、弹药、爆炸物、组织反动会道门、引诱、容留、强迫妇女卖淫、传授犯罪方法等危害社会治安的犯罪确定为打击重点，阳泉市两级人民法院一方面针对上述数项重大犯罪活动，开展“为期三年，三个战役”的“严打”运动，另一方面，积极开展民事审判，认真受理并调处婚姻家庭纠纷。全年两级法院（不包括平定、盂县人民法院）审结婚姻案件770件，其中离婚案件563件，抚养赡养案件79件。在受理审判婚姻家庭案件中，阳泉市两级人民法院始终把调解工作贯穿于审判活动全过程，法院受理婚姻家庭案件后，有的通过庭前调解，或邀请当事人单位领导或亲友参加调解，促使当事人终结诉讼。有的通过开庭审理，查清事实后，由审判人员当庭调解，促成双方达成协议。通过两级人民法院民事法官认真审理和耐心细致的思想工作，75.47%的婚姻家庭案件调解后息诉罢讼。

1984年，在刑事审判领域进一步引深“严打”斗争的同时，两级人民法院在民事审判中，努力克服就案办案倾向，把化解民事纠纷同建设社会主义物质文明和精神文明相结合，同社会治安综合治理相结合，认真加强基层和基础工作，民事法官走出机关，深入群众，就地办案，着重调解，全年受理一审民事案件1302件，审结1230件，结案率为94.5%，在已结案件中，判决105件，占8.5%，调解处理978件，占79.5%。中院受理民事案件81件，审结74件，占91.4%。其中审结婚姻案件798件，抚养、赡养、扶养案件69件，使大量婚姻家庭纠纷得到及时化解。

1985年，阳泉市两级人民法院一方面通过审判手段，依法严厉打击严重刑事犯罪分子，另一方面积极开展民事审判，全年受理一审民事案件1182件，审结1120件，结案率为94.8%，调解处理877件，调解率达74.2%。阳泉市中院受理二审民事案件65件，审结64件，占98.5%。其中审结婚姻案件737件，抚养、赡养、扶养案件47件。

1986年4月，《中华人民共和国民法通则》颁布，决定从1987年1月1日起执行。当年，阳泉市中级人民法院即组织本院干警，并指导基层法院干警学习《民法通则》，为来年按照《民法通则》精神受理审判民事案件作准备。本年度受理一审民事案件1102件，审结1070件，结案率为97%，与上年度相比，少收案80件，减少6.7%，结案率提高2.2%。中院受理二审审结民事案件74件，其中审结婚姻案件695件，抚养、赡养、扶养案件46件。

1987年1月1日起，《中华人民共和国民法通则》正式实施。两级人民法院认真学习贯彻《民法通则》，依法积极开展对各类民事案件的审判。审结民事案件1225件，其中婚姻案件804件，抚养、赡养、扶养案件45件。

1988年，受理一审民事案件1354件，审结民事案件1313件，结案率为97%。与上年相比，多收民事案件118件，增加9.5%。从结案方式看，调解处理919件，调解率为70%，判决221件，移送39件，撤诉114件。中院审结108件。当年审结婚姻案件867件，抚养、赡养、扶养案件44件。

1989 年，全市受理一审民事案件 1567 件，比上年增加 213 件，上升 15.7%。审结 1537 件，结案率为 98.1%。中院受理二审民事案件 124 件，比上年多收 16 件，上升 14.8%，结案率为 100%。其中全年两级法院审结婚姻案件 966 件，抚养、赡养、扶养案件 37 件。

1990 年，落实贯彻全省“法庭工作会议”精神，中院成立“人民法庭工作指导组”，召开全市法庭工作会议，全面加强人民法庭建设。8 个法庭的办公用房得到解决，年内人民法庭即审结一审民事案件 1045 件，占全市结案总数的 72%，同时审结简易纠纷案件 338 件。各人民法庭在完成审判任务的同时，积极协同有关部门加强对基层调解组织的建设和指导，使大量的民事纠纷消除在基层和萌芽状态，使全市民事案件收案第一次出现下降趋势，有效地减轻了人民法院民事审判工作压力。全年两级人民法院审结婚姻家庭案件 1451 件，其中审结婚姻案件 1048 件，抚养、赡养、扶养案件 37 件。

1991 年，阳泉市两级人民法院在审理婚姻家庭案件中，从努力保护社会主义婚姻家庭制度，既保障当事人婚姻自由权，又反对草率离婚，维护妇女儿童和老人的合法权益的原则出发，坚持以感情是否破裂作为离与不离的法定标准，把教育工作贯彻于婚姻家庭案件审判工作的全过程，广泛开展法前调解、庭中调解，促进感情尚未破裂的当事人消除隔阂，重归于好，使感情破裂的当事人和平分手，解除痛苦。全年一审受理婚姻案件 1158 件，审结婚姻案件 1156 件，其中调解 764 件，还有 162 件离婚诉讼经人民法院说服教育，当事人主动撤回离婚请求。本年度一审审结赡养案件 15 件，抚育案件 17 件，扶养案件 5 件。另外，审结收养案件 8 件。二审审结婚姻案件 43 件，维持原判 22 件，部分变更 7 件，撤诉 2 件，发回重审 1 件，其他 11 件。

1992 年，受理一审民事案件 1789 件，审结 1697 件，结案率为 94.86%。受理并审结二审民事案件 127 件。与上年相比，一审收、结案分别上升 13.7% 和 8.3%，二审收、结案上升 29.6% 和 30.9%。一审受理家庭婚姻案件 1372 件。其中离婚案件 1289 件，审结 1258 件，结案率为 97.6%。解除同居关系案件 11 件。其他婚姻纠纷案件 7 件。审结赡养案件 19 件，抚养案件 22 件，扶养案件 6 件，收养案件 12 件。二审受理审结离婚案件 54 件，抚育案件 2 件，其他婚姻纠纷案件 2 件。婚姻和家庭纠纷案件出现上升势头。

从 1993 年开始，阳泉市两级人民法院民事审判方式有了很大改变，在阳泉市中级人民法院主导和指导下，全市法院系统对民事审判方式进行了改革，广泛实行当事人举证责任制度，两级人民法院普遍建立了当事人举证责任制度实施办法，对种类民事案件当事人举证的项目、种类和方式方法作了明确全面的规定，并认真加以执行，使审判人员的工作重心逐步从查证、取证转移到质证、核证上来，庭审的作用日益发挥出来，办案节奏明显加快，办案效率不断提高。在婚姻家庭纠纷案件受理和审判上，坚持从保护公民合法权益出发，正确贯彻调解为主原则，尽量缓解双方当事人对立情绪，预防和减少家庭矛盾，促进家庭和谐。同时发挥人民法院优良传统，就地审理，巡回办案，把法律知识送到田产地头、工矿车间，减少群众诉累。当年即按照“当事人举证”、“法官质证、核证”庭审办法，受理一审民事案件1908件，审结1862件，结案率为97.6%，一审民事案件收、结案数，比上年分别上升3.8%和9.2%，收、结案绝对数，均为阳泉市法院系统历史最高纪录。市中级人民法院受理二审民事案件83件，审结82件，结案率为98.8%。其中两级人民法院受理审结的婚姻案件仍持在1300余件左右。婚姻案件呈现出进一步上升的趋势。

1994年，进一步完善并广泛推进民事审判方式改革，实行“直接开庭、一步到位法”，变传统的“纠问式”审判方式为更先进、合理的“辩论式”审判方式。主要内容有：一、直接开庭审理案件，即人民法院收到当事人起诉状和答辩状后，便通知其开庭时间，在法庭上完成审判活动，开庭以前不再会见当事人和进行调查取证及调解活动。二、举证责任主要由当事人来承担，当事人在法庭上陈述的事实和主张都必须有相应的证据来证明，法院只负责当事人因客观原因不能举证的调查与取证工作。三、庭审方式变纠问式为辩论式，审判人员在庭审中主要引导当事人正确举证、质证和辩论，通过当事人之间对事实、证据的辩论，查明事实，分清责任。四、充分发挥合议庭和独任审判员的作用，经法庭调查、辩论后，即可依法组织调解或作出裁判。在婚姻家庭案件审理中，两级人民法院从解决主要矛盾入手，严格把握离婚的法定条件，注意保护妇女、儿童和老人的合法权益，依法审理婚姻纠纷和抚养、抚养、赡养等家庭纠纷，努力维护全市婚姻家庭稳定。全年共受理一审婚姻家庭案件1553件，审结1547件，结案率为99.6%。其中一审离婚案件1466件，审结1460件，结案率达99.6%，在离婚案件中，调解和判决的离婚案为851件，占58.3%，有313件经人民法院耐心细致的思想工作和好撤诉，占21.4%，经调解或判决不离婚的280件，占19.2%。本年度，婚姻家庭纠纷案件比1990年的966件，净增了587件。婚姻家庭纠纷案件出现加速上升的势头。

1996年，全市法院系统一审受理婚姻家庭案件1929件（不含旧存21件），审结1946件（含旧存案件），占当年审结的民事案件总数2778件的（民事案件受理2798件）的70%。其中离婚案件1772件，占审结民事案件的91%。解除同居关系案件59件。同时，还审结抚养案件59件，赡养案件22件，扶养案件15件，收养案件9件，析产案件1件。在一审案件中，调解1177件，判决340件，驳回上诉4件，撤诉423件，终结8件，移送有关机关4件。二审受理、审结婚姻家庭案件72件，其中离婚案件56件，抚育9件，其他婚姻家庭纠纷7件。在二审案件中，调解13件，维持原判30件，改判19件，发回重审4件，撤诉6件。在审理婚姻家庭案件中，两级人民法院因案区别，多方疏导，突出宣讲社会主义法制理念和社会公德理念，及时化解婚姻家庭矛盾纠纷。在受理、审判和调解婚姻家庭案件中，巡回法庭和15个基层法院人民法庭发挥了主力军的作用，各人民法庭充分发挥联系群众、服务群众、方便群众的优良传统，站在人民审判的前沿阵地，深入辖区就地开庭审理，在工厂、农村就地解决婚姻家庭纷争，实地巡回审判的案件，占法庭结案总的70%以上，减轻了群众诉累，扩大了人民审判工作服务人民、方便人民的社会影响，取得了良好的社会效果。

1997年，阳泉市两级人民法院受理的民事案件首次突破3000件，达3029件。两级法院普遍成立维护妇女儿童合法权益法庭，强化对婚姻家庭案件特别是侵犯妇女儿童合法权益案件的审判。全市一审共受理婚姻家庭案件2134件（不含旧存3件），审结2116件（含旧存），其中离婚案件1930件，解除同居关系72件，抚养案件48件，赡养案件24件，扶养案件4件，收养案件12件，婚姻家庭财物纠纷24件。二审受理、审结婚姻家庭纠纷69件，其中离婚案件62件，抚育4件，扶养1件，其他婚姻家庭纠纷2件。在二审案件中，调解20件，维持原判24件，改判19件，发回重审2件，撤诉3件，其他1件。

1998年，一审受理婚姻家庭案件2069件（不含旧存21件），审结2019件（含旧存案件），其中离婚案件1840件，解除同居关系80件，抚养案件36件，赡养案件26件，扶养案件2件，收养案件8件，析产案件3件，婚姻家庭财物纠纷13件，其他婚姻家庭纠纷11件。一审案件中，调解1019件，判决491件，驳回起诉3件，撤诉464件，其他26件，移送16件。二审受理、审结婚姻家庭案件79件，其中离婚案件71件，抚育1件，赡养1件，其他婚姻家庭案件6件。二审案件中，调解13件，维持原判35件，改判16件，发回重审8件，撤诉6件，其他1件。

1999年，一审受理婚姻家庭案件1947件（不含旧存71件），审结1942件（含旧存案件），其中离婚案件1754件，解除同居关系89件，抚养案件47件，赡养案件26件，扶养案件5件，收养案件5件，析产案件4件，婚姻家庭财物纠纷7件，其他婚姻家庭纠纷5件。在一审中，调解873件，判决585件，驳回起诉6件，撤诉465件，其他8件，移送5件。二审受理96件，审结91件，其中审结离婚案件78件，抚育3件，赡养1件，扶养3件，其他婚姻家庭纠纷6件。

七、21世纪以后婚姻家庭案件及抚养、扶养和赡养案件

2000年，全市民事案件上升幅度较大，一、二审民事案件收案情况突破4000件关口，达4163件，再创历史新高。一审受理民事案件3730件，二审受理民事案件433件，分别比上年上升7.9%和34.9%。全年一审受理婚姻家庭案件1891件（不含旧存75件），结案1639件（含旧存案件），其中离婚案件1639件，解除同居关系91件，抚养案件60件，赡养案件26件，扶养案件7件，收养案件13件，析产案件6件，财物纠纷案件19件，其他婚姻家庭纠纷案件7件。二审受理婚姻家庭案件125件（不含旧存5件），审结125件（含旧存案件），其中审结离婚案件100件，抚育5件，赡养

2件，扶养4件，其他婚姻家庭纠纷13件。二审审结的婚姻家庭案件中，经人民法院调解解决的31件，维持原判的50件，改判的24件，发回重审的11件，撤诉的9件。

2001年1月11日，《婚姻法修正草案》正式公布。以婚姻为基础的家庭是社会的细胞，是人们的基本生活单位，对婚姻关系的法律调整，涉及男女老幼、千家万户的切身利益和社会公共利益。婚姻家庭不仅由社会的经济基础决定，而且还要受政治、道德、文化、风俗、习惯等诸多因素的影响。婚姻家庭法作为调整公民两性和亲情生活的法律，是国与家并治的重要的民事基本法。同时，它也是民事审判实践中实际适用性最强的法律之一。《草案》结合社会主义市场经济条件下，针对重婚、家庭暴力、无效婚姻、夫妻财产、离婚、保护老年人权益等问题作出了更明确的规定，并专设“法律责任”一章，首次确定了过错赔偿，规定违法行为应当承担行政、民事和刑事责任。修订的《婚姻法》通过总结中国婚姻家庭实践得来的经验教训，借鉴人类文明的新成果，坚定地选择了破除封建禁锢，保障婚姻自由，建立和维护夫妻忠实、尊重，家庭成员间敬老爱幼、互相帮助，平等、和睦、文明的婚姻家庭模式。它的实施对中国21世纪婚姻家庭的发展变化产生了重大影响。

进入21世纪，阳泉市婚姻家庭案件出现了一些新的特点。从主体上看，提出离婚请求女性逐渐增多。从婚姻存续的时间上看，结婚或同居后1～3年或10年左右。现在老龄夫妻离婚率有上升的趋势。从离婚案的主体看，公务员或在企业单位的工作人员、老板或老板的儿子提出离婚的案件呈上升趋势。从结案的情况看，离异的多、和好的少。导致离婚的原因也出现了多样化的趋势。一是以对方违背忠实义务，有婚外性生活或第三者介入为讼因的居多；二是对家庭财产的处置产生分歧，双方大打出手；三是双方缺乏感情基础，往往相识不久，了解尚少，同居过早，草率成婚的；四是双方地位、职业发生变化，从而见异思迁；五是婆媳关系不和或因家庭财产纠葛不清闹矛盾导致离婚。如单位集资建房时老同志有很多优惠，子女即以老同志的名义购房，尔后因财产权属闹矛盾，最终导致离婚；六是少数因家庭暴力引起的离婚纠纷；七是“冷暴力”现象逐渐增多。所谓的“冷暴力”即夫妻产生矛盾后，生活上对对方冷淡、轻视、放任、疏远。明显的特点是漠不关心对方，将语言交流降低到最低程度，停止或敷衍夫妻性生活，懒于做一切家务，或借故不回家。2001年，一审受理婚姻家庭案件1792件（不含旧存98件），审结1792件（含旧存案件），其中离婚案件1594件，解除同居关系92件，抚养案件61件，赡养案件17件，扶养案件3件，收养案件5件，析产案件5件，婚姻家庭财物纠纷案件11件，其他婚姻家庭纠纷案件4件。在这些案件中，调解解决的685件，判决647件，撤诉448件，驳回上诉1件，移送6件，其他方式解决的12件。二审受理婚姻家庭案件136件（不含旧存6件），审结139件（含旧存案件），其中离婚114件，抚育7件，赡养1件，其他婚姻家庭纠纷17件。在二审中，调解24件，维持原判50件，改判39件，发回重审10件，撤诉16件。2001年12月27日，最高人民法院有关适用《中华人民共和国婚姻法》的司法解释正式施行。对日后婚姻家庭案件的受理审判提供了司法指导意见。

2002年，阳泉市中级人民法院紧紧围绕“公正与效率”目标和形势发展对审判工作的要求，进一步加大审判改革力度，完成了人民法院机构改革，领导班子得到充实，内设机构实现优化重组，撤销经济审判庭，建立了大民事审判格局。在此基础上，阳泉市中级人民法院一方面指导、督导基层人民法院进行机构改革，另一方面，按照最高人民法院2001年12月27日正式施行的有关适用《中华人民共和国婚姻法》的司法解释，受理、调解和审判婚姻家庭案件。在具体办案实践中，对双方感情是否已经破裂的认定，即按照《中华人民共和国婚姻法》第三十二条规定和最高人民法院2001年12月27日起施行的有关适用《中华人民共和国婚姻法》的司法解释，以是否存在“殴打、捆绑、残害、强行限制人身自由，并给家庭成员的身体、精神造成一定伤害后果”，准确把握“家庭暴力”的构成条件。以是否存在“有配偶者与他人同居的情形（持续、经常、稳定的同居）”，对第三者介入引起的离婚，在坚持依法办案的同时，准确把握夫妻感情确已破裂的证据。既考虑当事人的实际情况，考虑社会发展情况，权衡当事人感情是否确实已经破裂，又考虑当事人有无和好可能，作出既合法又合情合理的判决。

判决不准离婚的原则有三：一是原来夫妻关系融洽，有过错方的行为属于喜新厌旧，但已有悔悟表现的；二是第三者已主动断绝关系，或者夫妻双方仍然共同生活，有过错方对另一方没有严重的打骂虐待等情况，尚未达到不堪同居的地步，或者有过错方仍眷恋牵挂子女，关心子女的生活和教育，孩子能起到维持父母感情的作用；三是无过错一方谅解，有争取和好的实际行动。

判决准予离婚的原则有四：一是双方是父母包办婚姻，从未建立起夫妻感情，有过错一方一直坚持离婚的；二是双方纠纷多年，长期分居，夫妻关系已名存实亡的；三是有过错方厌弃对方，而无过错方也一腔怨恨，各不让步、经常争吵、互相仇视，夫妻关系已恶化致不堪同居的。四是有过错方与第三者通奸、姘居，经教育仍无悔改表现，无过错方起诉离婚；有过错方起诉离婚，经批评教育或法院判决不准离婚后，有过错又起诉离婚，确无和好可能的；四是离婚案件与解除同居关系在适用法律上的区别，对此，阳泉市两级人民法院主要是按照1989年11月21日，最高人民法院《关于法院审理未办结婚登记而以夫妻名义同居生活案件的意见》及相关司法解释作妥善处理。

夫妻离婚后的财产分割方面，司法实践中，阳泉市两级人民法院充分考虑到农村土地承包这一影响农村妇女离婚时的重要问题——因为很多农村妇女结婚后，在娘家的土地被收回，离婚后，回到娘家时，即不能重新分地，也不能带走在原夫家承包的土地，成为无田可耕的黑户。因此夫妻在共同承包经营的土地上，从事养殖业和种植业，在离婚时，有收益的一般应对半分割。没有收益的，对于土地承包经营权，应当平均分割给夫妻个人享有，以保证夫妻双方都有田可耕。对于其他承包权，即可以不分割而由一方经营，由经营一方适当补偿给另一方。也可以分割，但分割要经过发包人同意。同时，对新《婚姻法》第十七条关于夫妻共同财产的规定，特别是防止夫妻共同财产的遗漏问题，阳泉市两级人民法院也进行了研究论证，认为新《婚姻法》第十七条和第十八条规定“其他应归共同共有的财产”中的“财产”，应当具有如下特征：一是“财产”发生在婚姻关系存续期间；二是婚姻关系存续期间的所得的“财产”；三是婚姻关系存续期间所得的“财产”，无法归入《婚姻法》第十七条中的第一款第一至四项中去（工资、奖金、生活经营的收益、知识产权的收益、继承或赠予所有的财产），也不能归入新《婚姻法》第十八条第二至四项中去（一方受到伤害获得的医疗费、残疾人生活补助费等，遗嘱或赠予合同中确定只归夫妻一方的财产，一方的专用生活用品）。同时符合这三个条件，就是“其他应归共同所有的财产”中的“财产。”据此，在具体案件的审判实践中，一般把夫妻一方婚前财产在婚后所生的孳息、夫妻一方或双方在公司中的股权、偶然中奖所得的奖品与奖金，及夫妻一方或双方所在单位分发的福利用品及房屋中的福利成分，均划归夫妻共有财产。同居关系的财产分割方面，虽然重新修订的婚姻法没有作出规定，2001 年 12 月 24 日最高法院的司法解释对此也没有作出规定，但司法解释的第十五条规定被宣告无效或被撤销的婚姻，当事人同居期间所得的财产，按共同共有处理，但有证据证明为当事人一方所有的除外。因此，阳泉市两级人民法院在受理此类案件时，本着照顾无过错方的原则受理和审判。

2002年，一审受理婚姻家庭案件1954件，审结1934件。其中审结离婚案件1713件，解除非法同居关系 85 件，婚姻财产纠纷 8 件，登记离婚后财产纠纷 2 件，抚养、扶养关系纠纷 10 件，抚育费纠纷 53 件，扶养费纠纷 8 件，监护权纠纷 18 件，赡养纠纷 16 件，解除收养关系 7 件，探监子女权纠纷 1 件，分家析产 3 件，其他婚姻家庭案件4件。在审结的1934件婚姻家庭案件中，调解处理的731件，经判决解决的742件。驳回起诉的 8 件，撤诉的 437 件，终结 1 件，移送 9 件，其他方式化解的 6 件。受理二审婚姻家庭案件 113 件（不含旧存案件 3 件），审结 112 件（含旧存案件），其中离婚案件 104 件，抚养、扶养纠纷 1 件，扶养费纠纷 3 件，其他婚姻家庭案件 4 件。在二审受理、审判的婚姻家庭案件中，调解 17 件，维持原判 60 件，改判 22 件，发回重审 1 件，撤诉 8 件，撤销原裁定 1 件，其他 3 件。从上述数据可以看出，2002 年是阳泉市法院系统受理和审判的婚姻家庭案件最多的一年，一、二审共受理此类案件 2067 件，审结 1825 件。婚姻家庭案件的上升，必须带来子女抚养、老人赡养等一系列新问题，给婚姻家庭带来新纠纷，给全社会带来新矛盾，尤其给未成年人身心健康带来很大负面影响和心理压力，给需要扶养方带来生活上的困难，给老人赡养带来诸多不便因素。阳泉市两级人民法院针对民事审判活动中出现的新情况，一方面加强司法实践调研，积极探索新形势下离异家庭子女抚养、老人赡养和夫妻一方确需另一方扶养，但义务一方拒不履行义务时调解矛盾、化解纠纷的途径，另一方面严格依法办案，确保妇女、儿童和老人的权益不受侵害。在此基础上，阳泉市两级人民法院根据市场经济条件下，本地工矿业和工商业破产重组，不少职工下岗转行等实际问题，依法受理抚养费、扶养费和赡养费变更、追加或减免诉讼，对抚养人、扶养人和赡养人下岗失业后生活的确困难，确无能力继续承担法定义务的，对一方或双方再婚，继父母虐待前妻（前夫）的孩子和老人，不尽抚养义务的，对实际到位的抚养费、扶养费、赡养费与判决不符，当事人诉至人民法院的，对义务人犯罪入狱，不能正常履行法定义务的，均根据实际情况予以调解或裁定。到 2003 年，婚姻家庭案件即有一定幅度的下降。全年一审受理婚姻家庭案件 1730 件（不含上年旧存案件 76 件），比上年下降 11.2%，审结 1742 件（含上年旧存案件，下同），其中审结离婚案件 1572 件，比上年下降 9.1%，解除非法同居案件 71 件，婚姻无效纠纷 1 件，婚姻财产纠纷案件 6 件，登记离婚后财产纠纷 3 件，抚养、扶养纠纷 22 件，抚育纠纷 24 件，扶养费纠纷 12 件，监护权纠纷 3 件，赡养纠纷 19 件，解除收养关系 6 件，分家析产案件 2 件，其他婚姻家庭案件 1 件。在受理审判的 1730 件婚姻家庭案件中，调解 740 件，判决 597 件，驳回上诉 6 件，撤诉 380 件，终结 9 件，移送 4 件，其他方式化解 6 件。二审受理婚姻家庭案件 87 件（不含旧存案件 4 件），审结 89 件（含旧存案件），其中离婚案件 69 件，抚养、扶养纠纷 2 件，抚育纠纷 1 件，扶养费纠纷 7 件，赡养纠纷 1 件，其他婚姻家庭案件 9 件。在二审受理、审判的婚姻家庭案件中，调解 12 件，维持原判 46 件，改判 19 件，发回重审 4 件，撤诉 8 件。再审受理、审结离婚案件 1 件。

在之后的几年中，直到 2006 年，阳泉市一审婚姻家庭案件基本保持在 1600 件左右，最低年份为 2006 年，一审婚嫁家庭案件下降到 1566 件，比 2002 年的 1954 件，下降 19.9%。

阳泉市自古以来即有尊老爱幼的纯朴民风民俗，因此，赡养案件在阳泉市民事审判史上较为少见，但 2003 年，赡养案件却由 20 世纪 60 年代初的 3 ~ 5 件，上升至 19 件，到 2004 年，又蹿升至 24 件。这一现象引起阳泉市中级人民法院高度重视，经广泛走访和充分调研，基本上对赡养案件蹿升的原因有了一定了解：一是许多国有或集体所有制企业大量破产、重组、改制后，许多职工下岗、转岗、待岗甚至失业，家庭经济收入有所下降，居民日常生活出现一定困难，无力赡养年迈的父母；二是进入 21 世纪之后，农村联产承包责任制名存失亡，许多土地被政府征用，有的被私挖滥采破坏得千疮百孔，已经不具备耕种价值，有的农民已经连续多年收入下降，因为农民失地造成的农村赡养老人问题开始显现；三是 20 世纪 80 年代出生的独生子女成家立业，对赡养老人的法定义务认识模糊，不愿意赡养老人等。阳泉市两级人民法院针对这种情况，在司法实践中，以维护老人的合法权益为原则，坚持从实际出发，坚持权利和义务相一致的原则，一方面运用法律资源、审判手段和民事调解平台，积极倡导和宣传“老有所养、老有所乐、老有所为”和“尊老敬老”等中华民族优良传统，尽量说服教育子女履行赡养老人的义务，同时向老人介绍子女的就业、收入、负担等情况，促使老人和子女达成赡养协议。对拒不履行赡养义务的子女，经教育无效后，则依法作出判决或裁定。对兄弟姐妹较多，但因相互攀比、推诿不愿意履行赡养义务的子女，人民法院一方面说服子女按照各自的经济能力，合理分担赡养责任，即经济条件相对好的家庭多承担一些赡养费用，经济条件差的家庭可少承担一些赡养费用，但不得以任何理由拒不负责老人的赡养义务。对养父母、养子女关系解除后，养父母年迈体弱无生活来源的赡养案件，对受继父或继母抚养教育的成年继子女拒绝承担赡养继父或继母的案件，则通过调解或判决促使养子女给付一定的生活费用。

阳泉市两级人民法院受理的扶养案件一向较少，随着21世纪以来企业改革、改制的进一步深入，土地承包制在农村经济中的地位逐渐弱化，无论城市妇女和农村妇女的就业状况都出现了一定危机。还有一种情况是，一些人另寻新欢抛弃发妻(或丈夫)产生的扶养费诉讼，因此，阳泉市城乡的扶养案件逐渐多了起来。阳泉市两级人民法院在受理此类案件时，始终坚持用社会主义伦理道德教育规范当事人的行为，在查明基本事实的前提下，严格依法调解或裁定扶养纠纷，妥善审理扶养案件，切实保护无过错方的权益。2004年，一审法院受理婚姻家庭案件1701件（不含上年旧存案件64件），审结1691件（含上年旧存案件，下同），其中审结离婚案件1489件，解除非法同居案件33件，婚姻财产纠纷案件6件，登记离婚后财产纠纷5件，抚养、扶养纠纷44件，抚育纠纷50件，扶养费纠纷11件，监护权纠纷2件，赡养纠纷24件，解除收养关系5件，探视子女权纠纷4件，分家析产案件2件，其他婚姻家庭案件17件。在受理审判的1701件婚姻家庭案件中，调解727件，判决558件，驳回上诉8件，撤诉379件，终结4件，移送5件，其他方式化解10件。二审受理婚姻家庭案件94件（不含旧存案件2件），审结90件（含旧存案件），其中离婚案件73件，抚养、扶养纠纷2件，抚育纠纷4件，扶养费纠纷3件，赡养纠纷3件，探视子女权纠纷案件1件，其他婚姻家庭案件6件。在二审受理、审判的婚姻家庭案件中，调解15件，维持原判40件，改判10件，发回重审7件，撤诉7件，驳回1件，撤销原裁定1件，其他方式化解9件。再审受理、审结离婚案件2件，其中1件维护原判，一件改判。

2005年，一审受理婚姻家庭案件1706件（不含上年旧存案件80件），审结1686件（含上年旧存案件，下同），其中审结离婚案件1502件，解除非法同居案件18件，婚姻财产纠纷案件4件，登记离婚后财产纠纷1件，夫妻财产约定纠纷1件，抚养、扶养纠纷35件，抚育纠纷40件，扶养费纠纷10件，监护权纠纷2件，赡养纠纷12件，确认收养关系1件，解除收养关系4件，探视子女权纠纷案件3件，分家析产案件 2 件，其他婚姻家庭案件 49 件。在受理审判的 1706 件婚姻家庭案件中，调解 782 件，判决 485 件，驳回上诉 5 件，撤诉 398 件，终结 2 件，移送 2 件，其他方式化解 12 件。二审受理婚姻家庭案件 88 件（不含旧存案件 6 件），审结 78 件（含旧存案件），其中审结离婚案件 59 件，抚养、扶养纠纷 5 件，抚育纠纷 3 件，赡养纠纷 3 件，探视子女权纠纷案件 3 件，其他婚姻家庭案件 6 件。在二审受理、审判的婚姻家庭案件中，调解 11 件，维持原判 34 件，改判 23 件，发回重审 5 件，撤诉 3 件，其他方式化解 2 件。再审受理赡养纠纷案件 1 件。

2006 年，一审受理婚姻家庭案件 1566 件（不含上年旧存案件 1000 件），审结 1533 件（含上年旧存案件，下同），其中审结离婚案件 1393 件，解除非法同居案件 8 件，婚约财产纠纷案件 9 件，登记离婚后财产纠纷 2 件，抚养、扶养纠纷 20 件，抚育纠纷 28 件，扶养费纠纷 6 件，监护权纠纷 1 件，赡养纠纷 9 件，解除收养关系 3 件，探视子女纠纷案件 2 件，分家析产案件 4 件，其他婚姻家庭案件 48 件。在受理审判的 1566 件婚姻家庭案件中，调解 766 件，判决 458 件，驳回上诉 1 件，撤诉 290 件，移送 2 件，其他方式化解 16 件。二审受理婚姻家庭案件 33 件（不含旧存 16 件），审结 40 件（含旧存案件），其中离婚案件 35 件，抚养纠纷 2 件，抚育纠纷 1 件，扶养费纠纷 1 件，其他婚姻家庭案件 1 件。在二审的 35 件婚姻家庭案件中，有 29 件经过开庭审理。包括调解结案的 5 件，维持原判的 12 件，改判的 12 件，发回重审的 6 件，撤诉的 4 件，其他方式化解 1 件。再审受理离婚案件 1 件，审结旧存赡养案件 1 件。

2010 年，有旧存婚姻家庭、继承纠纷案件 137 件，新收 1805 件。全年一审审结婚姻家庭、继承纠纷案件 1843 件。其中，审结离婚案件 1635 件。抚养、扶养纠纷 38 件，抚育纠纷 29 件，赡养纠纷案件 10 件，继承纠纷案件 29 件。二审审结婚姻家庭、继承纠纷案件 77 件，继承纠纷案件 7 件。

2011 年，旧存婚姻家庭纠纷案件和继承纠纷案件 99 件，新收 2208 件，一审审结此类案件 2243 件。其中，审结婚姻家庭纠纷案件 2201 件，包括离婚案件 1721 件，抚养、扶养关系纠纷案件 59 件，抚育费纠纷案件 59 件，扶养费纠纷案件 24 件，赡养纠纷案件 21 件；继承纠纷案件 42 件。二审审结婚姻家庭纠纷案件 51 件，继承纠纷案件 60 件。再审审结婚姻家庭纠纷案件 3 件，继承纠纷案件 1 件。

2012 年，旧存婚姻家庭纠纷案件和继承纠纷案件 64 件，新收 2046 件，一审审结此类案件 2067 件。其中，审结婚姻家庭纠纷案件 2005 件，包括离婚案件 1740 件，抚养、扶养关系纠纷案件 46 件，抚育费纠纷案件 45 件，扶养费纠纷案件 11 件，赡养纠纷案件 15 件；继承纠纷案件 62 件。二审审结婚姻家庭纠纷案件 76 件，继承纠纷案件 5 件。再审审结婚姻家庭纠纷案件 1 件，继承纠纷案件 1 件。

无论是解放之前的“阳泉市司法处”，解放之初阳泉市人民法院，还是 1973 年之后的阳泉市中级人民法院，以及之后相继成立城区、矿区、郊区法院及 20 世纪 80

年代划归的平定县、盂县人民法院，在60多年婚姻家庭案件的受理、审判中，两级人民法院始终以法律为准绳，在没有相关法律规定时，即按照党的相关政策，借鉴新中国成立以来兄弟法院的审判经验和司法成果，通过受理和审判婚姻家庭案件，调解婚姻家庭纠纷，破除封建禁锢，保障公民婚姻自由，建立和维护了阳泉地区夫妻忠实、尊重，家庭成员间敬老爱幼、互相帮助，平等、和睦、文明的社会主义婚姻家庭模式，进而为全社会政治稳定、经济发展、改革开放，做出了积极探索和应有贡献，在婚姻家庭案件的审判实践中形成的先进经验和司法成果，对周边地区婚姻家庭的发展变化产生了重大的历史影响。

第五节 继承纠纷案件的审理

一、阳泉解放初期的继承纠纷案件

阳泉地区解放之前，虽然平定、盂县等地，有人民军队和民兵组织的军事活动，有人民政府在战争状态下，按照晋察冀边区、晋冀鲁豫边区颁布的训令、政令和其他条令行使行政权力和司法权力，但是，当时阳泉地区共产党领导的革命武装和人民政权，同国民党阎锡山政权处于拉锯状态，所以，无论是共产党领导的路北县（正太铁路以北地区），还是稍后成立的平西（平定西）县、平东（平定东）县人民政府，均没有对继承纠纷进行规范有效的审判，处理此类纠纷只是凭借党组织和人民政府，以及人民政府司法处的崇高信誉，由司法干部和行政干部对当事人进行调解和说服教育。

1947年5月2日阳泉解放。4日，阳泉市人民政府成立，属华北人民政府直辖，市政府设“司法处”负责本司法审判。1948年10月23日，根据华北人民政府通令，“阳泉市司法处”更名为“阳泉市人民法院”，阳泉市人民法院设一庭、二庭，按照华北人民政府颁布的政策、法令，结合解放区在长期革命斗争中形成的司法精神和审判惯例负责本地刑、民事案件的审判，在民事审判中开始受理群众诉至法院的继承纠纷案件。

阳泉市解放以后，人民政府没收了阎锡山及其亲属，包括“蒋、宋、孔、陈”四大家族及其代理人，在阳泉把持的铁厂、煤矿、铁路、商行等官僚资本，如井阳矿务局（后从井阳矿务局独立出来，单独成立阳泉矿务局，即现在的阳煤集团）阳泉一、二、三、四矿，阳泉铁厂（即阳泉钢铁集团公司，2004年破产），阳泉铁路局为重点的国营企业和以火车站为中心的国营商贸业，建立了社会主义性质的工矿业、铁路运输业和工商业。

在农村，人民政府通过土地改革，将集中在地主、富农和其他工矿业业主手中的土地、耕畜、农具、房屋等财物分给广大贫农、雇农和下中农家庭，农民从共产党和人民政府手里接过了完全属于自己的可以继承的田产、房产和牲畜、家畜、农具、林木等，极大地调动了贫苦农民耕田种地的积极性。

1949 年 9 月 29 日，中国人民政治协商会议第一届全体会议通过凝聚了中国共产党人和同盟者建国理想的《中国人民政治协商会议共同纲领》，《共同纲领》规定：中华人民共和国的经济建设根本方针是以“公私兼顾、劳资两利、城乡互助、内外交流”的政策，达到发展生产，繁荣经济之目的。国营经济、合作社经济、农民和手工业者的个体经济、私人资本主义经济、国家资本主义经济成分并存，在国营经济的领导下，“分工合作，各得其所，以促进整个社会经济的发展”。

《共同纲领》第二十七条特别规定：“土地改革为发展生产力和国家工业化的必要条件，凡已实行土地改革的地区，必须保护农民已得土地的所有权。凡尚未实行土地改革的地区，必须发动农民群众，建立农民团体，经过清除土匪恶霸、减租减息和分配土地等项步骤，实现耕者有其田。”第二十八条明确了“国营经济为社会主义性质的经济。凡属有关国家经济命脉和足以操纵国民生计的事业，均应由国家统一经营。凡属国有的资源和企业，均为全体人民的公共财产，为人民共和国发展生产、繁荣经济的主要物质基础和整个社会经济的领导力量”。第二十九条对“合作经济”作了阐述：“合作社经济为半社会主义性质的经济，为整个人民经济的一个重要组成部分。人民政府应扶助其发展，并给以优待。”第三十条表明新生的中华人民共和国对私营经济的政策：“凡有利于国计民生的私营经济事业，人民政府应鼓励其经营的积极性，并扶助其发展。”第三十一条同时规定：“国家资本与私人资本合作的经济为国家资本主义性质的经济。在必要和可能的条件下，应鼓励私人资本向国家资本主义方向发展，如为国家企业加工，或与国家全营，或用租借形式经营国家的企业，开发国家的富源等。”

根据这些规定，国家保护工人、农民、小资产阶级民族资产阶级的经济利益和私有财产，因此，作为民族工商业者的生产资料，包括机械、设备、厂房、商品、原料、资金等均为私有财产。公民享有生活资料和生产资料所有权，个人财产所有权范围，即审判继承案件所确认的遗产范围比较广泛。如农民的祖传自有住房、土地改革时分至个人名下的土地、林木、家畜、耕作器具、生活用具，市民的自有房产、生活用品，小手工业者的作坊和生产工具，小商贩的商铺、商品和自有资金等，随着国民经济的逐步恢复和发展，这些完全属于公民个人的私有财产开始增加，加上当时一般家庭的子女较多，因此，围绕这些财产的继承案件也有所上升。

解放初期，阳泉市人民法院在受理、调解或审判裁定继承案件时，坚决废除封建社会以男人为中心的宗祧继承、立嗣继承等旧的继承制度，更多地参考新中国第一部《婚姻法》有关继承方面的规定和老解放区解决继承纠纷方面的条款和判例，维护继承人的合法权益。客观地说，解放初期继承案件起诉到人民法院的较少，家族式继承纠纷往往采取“民不告、官不管”的方式，一般听由其宗族自行解决，其中产生的较大的继承纠纷，则通过基层党组织或村（街道）人民调解组织的调解，即可顺利完成财产的合法继承。

1953年之前，阳泉市的农村地区即有党和政府倡导的一定规模的互助组模式，城市手工业者继承和发展了传统意义上的股份制管理，出现了合作程度较高的在党和政府指导下的“手工业联合社”。无论是农村的互助组，还是城市的手工业作坊联合社，其生产资料和生活资料仍归农民和手工业者个人所有。农村完成统购统销任务后，节余部分完全归农民个人所有，既可以拿到集贸市场销售，也可以进行以物易物交换，还可以卖给供销社，换取农资、农具和生活用品，一些股份制作坊则根据股东所占的股权进行红利分配。因此，这一时期阳泉市人民法院受理审结的继承案件，农村主要集中在房产、土地、耕具、林木、牲畜和存款方面，城市居民为私有住房、作坊股权股息和红利，以及家庭存款等。

但是，阳泉地区解放到1953年，这期间无论在城市还是乡村，那些完全由个人资本经营的工厂、煤窑、马车运输行、商店、饭店等资本主义性质的工商企业和服务业，仍然属于私人财产，由其子或女指定遗嘱受益人继承。

二、农业合作化和资本主义工商业社会主义改造完成后的继承纠纷案件

1954年以后，阳泉地区的农业合作化运动迅速发展，到1956年，80%左右的农户参加了党和政府组织的初级合作社或高级合作社。城市手工业者加入了由政府负责行政管理，并纳入政府生产计划的“手工业联合社”（简称“手联社”，20世纪60年代和70年代，一度称为“手管局”，正式名称为“阳泉市手工业管理局”。80年代后，又称之为“第二轻工业局”，为劳动群众集体所有制企业的管理部门。90年代中期，在企业改革、改制、重组中，有的破产，有的被管理层购买，有的拍卖，有的被兼并，到21世纪之前，这一发展了近50年的集体所有制企业，在阳泉地区基本上消失）。

1955年开始，党和政府通过“利用、限制、改造”，以和平赎买方式，对资本家拥有的生产资料进行估价，确定公有股份，在一定时期内从企业盈利中发给资本家固定股息，到1957年，阳泉地区全面完成了对资本主义工商业的社会主义改造。可供资本家及其子弟继承的有股息、房产、存款和生活资料。

由于阳泉地区属于革命老区，历史悠久，民风纯朴，城乡居民受党的教育时间较长，影响较大，加之全国解放以来，至1955年，阳泉市39个乡和街道办事处，普遍建立了人民调解委员会，设调解委员295人，遍布各个村落、街道、居民区和工矿企业，特别是当时党组织的工作、行政工作、工会工作、妇联工作和共青团工作，都以服务服从于国家建设大局为中心任务，许多因财产继承问题发生的纠纷，往往被化解在萌芽状态，或者在基层调解委员会即得到解决，因此，起诉至人民法院继承案件相当少见，年收、结案量一般仅三、五件。

三、“大跃进”和“文化大革命”时期的继承纠纷案件

1958年，国家已经全面完成了资本主义工商业的社会主义改革，在中国延续了数千年私有制被彻底铲除。在此基础上，党和政府在农村推行人民公社化，至1959年，在短短的两年之内，阳泉地区广大农村普遍建立起人民公社。农民在初级社或高级社所拥有的自留地、自留山、自留耕畜和大型农具（耧、犁、耙、盖、马车、风车）等生产资料，陆续转为人民公社或辖属的生产大队、生产小队集体所有，集体财产实行“一大二公”（曾一度推行“一平二调”。1960年11月28日，毛泽东主席亲自写信给中央局和各省、市委《永远不许一平二调》，此后即被禁止随意平调生产队的集体财产和社员的私有财产），农村人民公社分配形式实行社会主义按劳分配原则，农民拥有的可继承私人财产，一般是祖上传下的房屋（或土改时分得的房产）、房屋周遭的自种树木、自养家禽和铁锹、锄头等小家具，基于生产资料和私有制而发生的民事纠纷，基本消失或大为减少，继承案件更加少见，以1960年为例，阳泉市人民法院受理民事案件559件，比1959年的717件，下降28.62%。其中继承案件仅1件，仅占民事案件的0.18%。

1961年，基于三年自然灾害造成的经济困难，1月，中共八届九中全会正式决定对国民经济实行“调整、巩固、充实、提高”八字方针。1961年3月15日至23日，中共中央在广州举行会议，讨论和制定《农村人民公社工作条例(草案)》，简称《农业六十条》。条例总结了农村人民公社3年的经验教训，针对社、队规模偏大，搞平均主义，公社对下级管得太多太死，民主制度和经营管理制度不健全等问题，作出比较系统的规定，5～6月间，中共中央又对草案作修订，制定了供讨论和试行用的《农村人民公社工作条例（修正草案）》，进一步规定取消分配上的供给制部分，停办公共食堂。1962年9月27日，中共八届十中全会正式通过《农村人民公社工作条例（修正草案）》。

《农业六十条》之后，农民恢复了自留地、自留山、自留牲畜，集镇恢复了集贸市场，法律意义上的可继承财产逐渐增多，继承案件也相应地有所上升。1963年，阳泉市人民法院法官带卷下乡，调查研究，对6件封建宗族势力干涉寡妇再嫁，拒不承认妇女继承权的涉案人员，进行了严肃批评和严厉打击，有力地维护了妇女权益和她们的继承权。到1964年，继承案件即猛增加至25件。

“文化大革命”初中期（1966～1973年），阳泉市的司法审判工作由“阳泉市公安机关军事管制委员会”和“阳泉市革命委员会保卫部”行使。1973年，阳泉市人民法院恢复，并升格为二审法院，开始受理继承案件，当年即受理21件，占462件民事案的4.5%。

1975年，城区人民法院、郊区人民法院相继建立，当年全市两级人民法院共受理民事案件771件（旧存156件，新收615件），其中继承案件为23件。1976年，在民事审判中推广昔阳县司法工作学大寨的经验，坚持群众路线，重新建立健全了全市“人民调解委员会”，要求做到“小事不出队（车间），大事不出社（厂），矛盾不上交，解决在基层”。把人民调解委员会办成“党委重视、群众拥护、能为人民办事的对资产阶级实行全面专政的得力工具”。因此，许多继承案件被民事法官或当地基层人民调解委员会化解。

四、改革开放后的继承纠纷案件

1978年12月，中共十一届三中全会召开，党和国家实行改革开放战略决策，工作重心转到社会主义现代化建设上来。1979年2月2日，最高人民法院下发《关于贯彻执行民事政策法律的意见》（该《意见》1986年4月12日被终止），对“财产权益纠纷问题”，如“宅基地”、“房屋”、“继承”民事案件的受理和审判作了政策和法律解释，对继承案件的受理与审判作了详尽的规定。阳泉市两级人民法院（中级法院和郊区法院、城区法院，矿区仍在筹建之中，平定和盂县人民法院尚未划归阳泉中院管辖）即根据最高人民法院《关于贯彻执行民事政策法律的意见》，审结继承案41件，节约了审判资源，方便了群众，保障了公民的继承权益。

1981年1月1日，新的《中华人民共和国婚姻法》颁布实施，阳泉市中级人民法院一边组织两级法院法官进行学习，一边按照新《婚姻法》规定受理继承案件，全年审结继承案件31件。1982年，审结继承案件40件，其中一审审结35件，二审审结5件。

1983年，根据中共中央办公厅《关于“严厉打击刑事犯罪活动，实现社会治安根本好转”》（宣传纲要）和全国人大常委会《关于严惩严重危害社会治安的犯罪分子的决定》，以及全国人大常委会《关于迅速审判严重危害社会治安的犯罪分子的程序的决定》。阳泉市两级人民法院一方面严厉打击杀人、强奸、抢劫、爆炸、流氓、致人重伤或者死亡、拐卖人口、非法制造、买卖、运输或者盗窃、抢夺枪支、弹药、爆炸物、组织反动会道门、引诱、容留、强迫妇女卖淫、传授犯罪方法等严重危害社会治安的犯罪，另一方面，积极开展民事审判，认真调处继承纠纷，当年审结继承案件49件，其中有75.47%的继承案件经由调解途径解决。

1984年，在刑事审判领域进一步引深“严打”斗争的同时，两级人民法院努力克服就案办案倾向，把化解民事纠纷同建设社会主义物质文明和精神文明相结合，同社会治安综合治理相结合，认真加强基层和基础工作，全年受理一审民事案件1302件，二审受理民事案件81件，其中审结继承案件32件。

1985年，“严打”斗争进行第三年。4月10日，第六届全国人民代表大会第三次会议通过《中华人民共和国继承法》，决定于10月1日起实行。9月11日，最高人民法院发布《关于贯彻执行<中华人民共和国继承法>若干问题的意见》，根据继承法的有关规定和审判实践经验，就如何正确贯彻执行继承法，以及对审理继承案件中具体适用《继承法》的一些问题提出法律指导意见。两级人民法院一方面通过审判手段，依法严厉打击严重刑事犯罪分子，另一方面认真开展《继承法》的学习贯彻，同时积极开展民事审判，化解民事纠纷，全年受理一审民事案件1182件，审结1120件，其中依法受理一审继承案件23件，旧存继承案件4件，审结22件。

1986年4月，《中华人民共和国民法通则》颁布，决定从1987年1月1日起执行，阳泉市中级人民法院在组织法院系统干警学习《民法通则》的同时，严格按照《中华人民共和国继承法》和最高人民法院发布《关于贯彻执行 < 中华人民共和国继承法 > 若干问题的意见》，受理一审民事案件1102件，审结1070件，其中受理一审继承案件27件，旧存1件，审结31件。受理并审结二审继承案件1件。1987年1月1日，《中华人民共和国民法通则》正式实施。两级人民法院按照《通则》规定受理审判一审、二审民事案件。1988年，受理一审民事案件1354件，审结民事案件1313件，结案率为97%。其中受理一审继承案件32件，旧存1件，审结30件。受理并审结二审继承案件5件。1989年，全市受理一审民事案件1567件，比上年增加213件，上升15.7%。审结1537件，结案率为98.1%。其中受理继承案件32件，存继承案件3件，审结34件。受理二审继承案件6件，审结6件。

1990年，阳泉市中级人民法院成立人民法庭工作指导组，贯彻落实全省“法庭工作会议”精神，6月，召开全市法庭工作会议，进一步加强人民法庭建设，许多民事案件，包括继承案件，均下放至人民法庭受理、调解或审判。当年受理一审继承案件16件，旧存1件，审结17件。受理审结二审继承案件1件。1991年，受理一审继承案件13件，审结13件。其中调解7件，裁定2件，判决4件。受理审结二审继承案件5件。1992年，受理一审民事案件1838件，审结1697件，结案率为92.3%。受理并审结二审民事案件127件。与上年相比，一审收、结案分别上升13.7%和8.3%，二审收、结案上升29.6%和30.9%。其中受理继承案件16件，审结13件。受理并审结二审继承案件3件。1993年始，在阳泉市两级人民法院对民事审判方式进行改革，实行当事人举证责任制度，当年，两级人民法院，尤其是各基层人民法庭，充分发挥人民司法为人民的优良传统，就地审理，巡回办案，把法律知识送到田产地头、工矿车间，一审受理民事案件1908件，审结1862件，结案率为97.6%。继承案件保持基本平稳状态。1994年，民事审判方式开始实行“直接开庭、一步到位法”，变“纠问式”审判方式为“辩论式”审判方式，直接开庭审理案件。继承案件同样引入“直接开庭、一步到位法”的审判方式，此类案件继续保持低诉讼率、高调解率解决纷争的态势。

20世纪90年代中期以后，随着整个国家国民经济的发展，阳泉市针对劳动群众集体所有制企业和一些全民所有制企业开始推进改制、重组、兼并和破产，公民原有的福利住房进行货币化改革，农村地区的城镇化建设加快，发达地区的农民进入半工半农时代，城市和农村出现大量的民营工厂矿业、商贸业和服务业，公民个人或家庭的私有财产有所增加。特别是私人企业和股份制企业的兴起，为继承纠纷案件的受理和审判提出了新的课题。为此，阳泉市两级人民法院在审理继承案件时，对公民死亡时遗留的合法财产引起的继承纠纷，一方面注重保护继承人的合法权益，通过审判、裁定或调解等手段，确保继承人依法继承，对无行为能力和限制行为能力的继承人的继承权利，依法准予其法定代理人行使，确保无行为能力人或限制行为能力人的继承权，切实保护他们的合法权益。同时，严格按照男女平等的原则，在继承纠纷案件的审理上，结合《婚姻法》第13条、第17条、第24条对“夫妻在家庭中地位平等、夫妻对共同所有的财产享有平等的处理权、夫妻有互相继承遗产的权利”等内容，以及《妇女权益保障法》第31条关于“妇女享有的与男子平等的财产继承权、受法律保护”之规定，保证夫妻享有平等的继承权和有相互继承遗产的权利，在继承范围和继承顺序上，继承人不分男女，特别是在代位继承中，代位继承人既可以是父系亲等，也可以是母系亲等。在对待非婚生子女、养子女、继子女与婚生子女的继承权问题上，阳泉市两级人民法院在审判实践中，严格禁止任何人以任何借口，迫害、歧视非婚生子女、养子女和继子女。在继承纠纷案件的判例中，依法保护非婚生子女、养子女、继子女与婚生子女同为子女的平等的继承权，儿媳与女婿同样拥有平等的继承权，并且兼顾“养老育幼、照顾病残”的原则，鼓励和倡导在继承纠纷中照顾老人赡养、哺育幼儿（含遗腹胎儿）和病人、残疾人。1996年，一审受理、审结继承案件21件，包括法定继承16件，分享遗产4件，其他1件。在继承纠纷案件中，巡回法庭和基层法院人民法庭发挥了重要作用，审判人员入乡下厂进矿，了解情况，说服教育，化解矛盾，方便了人民诉讼，减轻了群众诉累。二审受理审结继承案件9件，其中调解1件，维持原判2件，改判2件，发回重审3件，撤诉1件。

1997年，一审审结继承案件25件，包括法定继承19件，遗嘱继承2件，遗赠扶养1件，其他3件。二审受理、审结继承案件3件，其中维持原判1件，发回重审2件。1998年，一审受理继承案件19件（不含旧存2件），审结18件（含旧存案件），其中法定继承案件10件，遗嘱继承1件，分享遗产1件，遗赠扶养3件，其他继承纠纷3件。这些一审案件中，调解4件，判决13件，其他1件。二审受理、审结继承案件10件，其中调解1件，维持原判4件，改判2件，发回重审2件，其他1件。1999年，一审受理继承案件28件（不含旧存3件），审结27件，其中法定继承19件，遗嘱继承3件，遗赠扶养1件，其他4件。其中调解10件，判决14件，撤诉3件。二审受理继承案件4件，审结3件，其中维持原判、改判、发回重审各1件。本年度还受理、审结继承监督案件1件。

五、21世纪以后的继承纠纷案件

2000年，全市民事案件上升幅度较大，一、二审民事案件收案达到4163件，一审受理继承案件13件（不含旧存案件4件），审结14件，其中法定继承案件5件，遗嘱继承案件2件，分享遗产案件3件，其他继承纠纷案件4件。二审受理继承案件7件（不含旧存1件），审结8件，其中调解1件，维持原判4件，发回重审2件，撤诉1件。2001年，一审受理继承案件20件（不含旧存3件），审结20件（含旧存案件），其中调解4件，判决11件，撤诉5件。二审受理、审结继承案件5件，其中维持原判2件，改判2件，发回重审2件。2002年，一审受理、审结继承纠纷案件24件，其中法定继承案件17件，继承权确认案件2件，其他继承纠纷案5件。调解处理的继承纠纷案件1件，判决20件，撤诉3件。二审受理、审结法定继承案件11件，其中维持原判6件，改判2件，发回重审3件。2003年，一审受理继承纠纷案件21件（含上年旧存案件3件），审结21件，其中法定继承案件11件，遗嘱继承案件4件，继承权确认纠纷案件4件，其他继承纠纷案2件。调解处理的继承纠纷案件3件，判决11件，撤诉6件，终结1件。2004年，一审受理继承纠纷案件24件（含上年旧存案件1件），审结22件，其中法定继承案件7件，遗嘱继承案件2件，遗赠1件，继承权确认纠纷案件6件，其他继承纠纷案6件。调解处理的继承纠纷案件7件，判决12件，驳回上诉1件，撤诉2件。二审受理、审结法定继承案件1件。无再审案件。

2005年，一审受理继承纠纷案件32件（含上年旧存案件3件），审结31件，其中法定继承案件12件，继承权确认纠纷案件1件，遗赠扶养协议1件，其他继承纠纷案17件。在继承案件中，调解处理的继承纠纷案件6件，判决19件，驳回上诉1件，撤诉5件。二审受理7件，审结7件。其中法定继承5件，其他2件。在二审继承案件中，调解2件，维持原判4件，发回重审1件，其他2件。2006年，一审受理继承纠纷案件31件（含上年旧存案件4件），审结案件30件，其中法定继承案件9件，继承权确认纠纷案件4件，其他继承纠纷案17件。在继承案件中，调解处理的继承纠纷案件5件，判决19件，撤诉6件。二审受理继承案件3件。再审受理继承案件1件，为法定继承案件。2007年，一审受理继承纠纷案件39件，旧存5件，审结36件。二审审结6件，其中，有法院继承案件2件，其他4件。再审审结5件，其中，确认继承权纠纷案件2件，其他3件。

2008年，一审受理继承纠纷案件28件，旧存8件，审结28件。二审审结5件。2009年，一审受理继承纠纷案件36件，旧存8件，审结38件。二审受理、审结10件，其中，法定继承案件2件，继承权确认纠纷案件1件，其他7件。再审审结继承案件1件。2010年，一审受理继承纠纷案件32件，旧存6件，审结29件。二审受理、审结7件，其中，法定继承案件3件，其他继承纠纷案件4件。再审审结遗嘱纠纷案件1件。2011年，一审审结继承纠纷案件42件，二审审结60件，再审审结1件。2012年，一审审结此类案件62件，二审审结5件，再审审结1件。

在60多年继承案件的审理实践中，阳泉市两级人民法院始终遵循“保护公民私有财产继承权”、“继承权男女平等”、“养老育幼、照顾病残”、“权利义务相一致”等四项基本原则，对继承案件进行调解、审判或裁定，按照“国家依照法律规定保护公民的私有财产的继承权”（《宪法》第13条）、“公民依法享有财产继承权”（《民法通则》第76条）和《继承法》有关规定，正确处理社会主义家庭中个人财产关系，准确认定遗产范围、法定继承顺序，倡导互谅互让、和睦团结的优良传统，切实保护法律确认的公民私有财产继承权不受侵害。

第六节 债务（物权）纠纷案件的审理

阳泉地区于1947年5月2日解放，5月4日，阳泉市人民政府正式建立。虽然当时全国尚未解放，但阳泉市广大城农村区很快就在党的领导下，开展了减租减息和土地改革运动，贫、雇农分到了完全属于自己的可耕土地、房屋、林木、家具和家禽家畜等财产性实物，城市贫民在党和人民政府领导下，纷纷参加国营或私人开办的工、矿企业或其他商贸业、服务业、运输业，工资性收入明显增加，个人和家庭生活得到普遍改善，群众和群众之间，国家和集体之间，国家、集体和人民群众之间的经济活动，包括借贷关系等经济交往更是逐渐频繁。在全国广大地区陆续解放、城乡经济日趋好转的大背景下，债务案件逐渐多了起来，当时的阳泉市司法处（1948年10月更名为阳泉市人民法院，1973年6月升格为二审法院，即阳泉市中级人民法院），即负责受理和审判债务案件，保护国家、集体和公民个人所拥有的财产不受侵犯。

1950年上半年，当时的阳泉工矿区人民法院即审结契约、地界、合伙等种类的案件16件，买卖纠纷21件。而其中的“地界”纠纷，即属于现代典型意义的“物权”（债务）纠纷案件。而“契约”、“合伙”、“买卖”则可归类于现在的“民商事”纠纷案件。由此可见，阳泉市中级人民法院开展债务纠纷案件的审理，有着相当长的历史和极为丰富的审判、调解经验。

1953年，中国共产党在全国范围内果断地对资本主义工商业进行了大规模的社会主义改造。阳泉市作为煤炭、钢铁、硫磺、铝矾土等重工业生产基地，资本主义工商业为数甚多，因此，根据中央部署，在市委领导下，阳泉市人民法院在积极配合人民政府，对本市资本主义性质的工商企业进行社会主义改造的同时，受理债务纠纷103件，房产纠纷43件，土地纠纷19件。

1954年，阳泉地区资本主义工商业的社会主义改造进展顺利，绝大多数由私人资本经营的煤矿（主要是小煤窑）、磺粉厂（即硫铁矿）、铁厂和商店、饭店等服务业，通过国家赎买的方式，进行了社会主义改造，社会主义性质的公有制经济占全市经济的主导地位，农村合作化运动方兴未艾，以初级社、高级社为主体的集体经济开始兴起，民事案件中以私有制为基础的债务、房产、土地纠纷明显减少。当年，阳泉市人民法院受理债务纠纷 44 件，比上年下降 57.28%；房产纠纷 27 件，下降 37.2%，土地纠纷 17 件，下降 10.5%。

1955 年，阳泉市资本主义工商业的社会主义改造基本完成，农村合作化运动继续深入，和私有制有着紧密联系的债务、房产、土地纠纷案件继续呈下降趋势，全年受理债务纠纷 44 件，与上年持平，房产纠纷 23 件，下降 14.3%，土地纠纷 13 件，下降 23.5%（数据来源于《阳泉市人民法院建国十年来人民司法工作总结》）[①②]。

1956 年，阳泉市资本主义工商业的社会主义改造全面完成，由于在全市建立了生产资料的社会主义公有制，全国社会主义建设进入新的发展时期，阳泉市以煤炭、钢铁、硫磺和铁路运输为主体的国营经济生产力得到全面解放，职工人数大量增加，广大农村地区也普遍建立了几个或十几个自然村组建的高级社，全市工农业经济状况进一步恢复，人民群众的经济收入得到较大提高，日常生活得以明显改善，这一时期，民间借贷开始活跃，集贸市场日趋发达，牲畜交易和马车运输业得到较快发展，由于政府部门对牲畜交易和马车运输合同管理方面的疏忽，因而买卖牲口不付现款、马车运输不按合同办事或仅凭口头约定承运现象增多，而牲口交易和马车运输中的不规范行为，即成为当时债务纠纷的主因。因此，当年的债务纠纷案件有所增加，但土地纠纷逐渐消失，房产纠纷继续下降。1956 年，阳泉市人民法院受理债务案件 59 件，比上年上升 24.29%，房产纠纷 21 件，下降 8.69%。1957 年，受理债务纠纷案件 66 件，比 1956 年上升了 11.86%，房产纠纷案件 69 件，上升了 22.87%。

1958 年 ~ 1959 年，阳泉地区和全国一样，“鼓足干劲，力争上游”，全面推进“总路线”、“大跃进”、“人民公社”三面红旗建设。阳泉市的大中型工矿企业和主要的商业、服务业、运输业，全部实现了生产资料的社会主义公有制。城镇的小作坊、小商铺、小餐馆、小服务店等规模较小的经济实体，在党和人民政府领导下，在“三面红旗”指引下，开始建立劳动群众集体所有制性质的手工业联合社，广大农村地区普遍建立了人民公社，连通城乡物流领域的商贸行为，则由政府组织的供销合作社逐

注：①在《阳泉市人民法院建国十年来人民司法工作总结》和《阳泉市人民法院 1955 年工作总结》两份材料中，1955 年受理的债务、房产、土地纠纷案件数据有一定出入，由于本志正文一直采用《阳泉市人民法院建国十年来人民司法工作总结》中的数据。为尊重历史，故将《阳泉市人民法院 1955 年工作总结》）中有关数据标为注释（详见注 2）。

② 1955 年，受理债务纠纷案件 63 件，占当年民事案件总数（988 件，下同）的 6.4%；较 1954 年增加 31%；受理房屋纠纷案件 19 件，占当年民事案件总数的 2%，较上年增加 12%；受理土地纠纷案件 12 件，占当年民事案件总数的 1.2%。1956 年，债务案件同上年持平，但房屋纠纷案件有较大幅度上升，为 29 件，上升了 52%。

步取代了传统的集贸市场和游商小贩，在农村金融领域，由人民公社社员自己筹资合股成立了服务于人民公社和农民、农业、农村的金融组织——农村合作社。其时，国家为了动员城市闲散人员参加“三面红旗”建设，人民政府有组织、有计划地劝导那些居留城镇的无固定职业的职工家属，积极回乡参加当地人民公社集体劳动。由于人民公社初期曾实行过一段时间的“一大二公”和“一平二调”，集体财产和个人财产均在“平调”之列，加之大炼钢铁中许多家庭和单位的钢铁器皿、器具被调来做“土法炼钢”的原料，虽然存在冒进、共产风、浮夸风等左的做法，但人民群众“鼓足干劲、力争上游、多快好省地建设社会主义”的热情普遍高涨，政治觉悟的确有很大提高，因此，这一时期的债务纠纷相对较少，人与人之间、人与集体之间、集体与集体之间，相互理解、相互尊重、相互帮助蔚然成风。阳泉市人民法院在此期间受理的债务案件，主要是一些矛盾较小的房产纠纷。如铁路工人李玉因租住高吉祥的房子到期腾不出来形成了纠纷，三、四天不能出勤，阳泉市人民法院办案人员主动协同房产管理所，帮助李玉找到房子，当事人感激地说：“人民法院就是好，还能为打官司的人找房子，真是从来没有的事……”。

另一起典型的房产纠纷是，阳泉市毡业社承典了私人资本家的房子9间，1959年，因市政建设需拆除该房时，毡业社与资方代理人张连奎协商让其退出典价。张说该房产的典期已成死契拒不退出典价。为此，毡业社诉至阳泉市人民法院后，人民法院经审理后责令其退出典价1400元，维护了毡业社的权益，保证了市政工程的顺利进行。

1960年，虽然遇到了全国性罕见的自然灾害，粮食大量减产，加之受“共产风、浮夸风”等左的影响，阳泉市的经济工作同样出现了较大困难，人民群众的生活受到很大影响，但随着“总路线、大跃进、人民公社”的深入发展，在农村普遍建立人民公社制度的基础上，3月9日，中共中央下发《关于城市人民公社问题的批示》，直接推进了城市的人民公社化运动，这种在党委领导和职工群众的积极赞助下，以职工家属和其他劳动人民为主体，吸收了自愿加入其中的城市居民，如小手工业者、小服务业者、小商贩等，共同组成了政社合一的城市基层组织——城市人民公社，从而取代了单纯的原政府基层行政组织“街道办事处”，如“赛鱼人民公社”、“红岭湾人民公社”等，它以组织职工家属和城镇居民发展生产为中心内容，同时组织各种集体生活福利事业和服务事业，开展困难时期生产自救和社员互助，集体财产一度实行“一平二调”和“一大二公”模式。农村人民公社制度的普遍建立和城镇公社化的推行，使阳泉市城市和乡村的经济基础发生了根本性变化。因此，基于生产资料和私有制发生的民事纠纷基本消失或大为减少。当年仅有债务纠纷3件，占当年民事案件总数（559件）的0.54%。赔偿纠纷2件，占0.36%。

1961年，党中央针对“总路线、大跃进、人民公社”运动中出现的“五风”（即共产风、强迫命令风、浮夸风、瞎指挥风、干部特殊化风）造成的经济困难和因自然灾害、粮食短缺、人民群众生活受到严重影响等问题，于3月15日至23日，在广州举行会议，讨论制定了《农村人民公社工作条例(草案)》，简称《农业六十条》。毛泽东主席也针对公社化运动中存在的“平调”问题，给中央局和各省、市委发出指示信《永远不许一平二调》。《农业六十条》之后，农民再一次拥有了自留地、自留山、自留林、自留牲畜等法律意义上的私人财产，大一些的集镇逐渐恢复了传统的集贸市场，城乡商品交易开始活跃起来，私人之间的借贷行为日益增多，因此产生的债务纠纷也相应的有所上升。1961年，阳泉市人民法院根据《农业六十条》，从加强人民内部团结、有利于工农业生产出发，受理审结的房产、地基、树木等案件计22件（含继承纠纷1件，合同纠纷2件），比1960年的3件上升了633%。而债务、赔偿纠纷33件（含抚养案件13件）也比上年有所增加。

1962年，随着《农业六十条》的贯彻落实，阳泉市人民法院探索出一套新形势下受理、调解、审判债务纠纷案件的新途径、新办法。

一、对正常的借贷关系，经查对属实，钱数没有出入的，根据其债务人的家庭经济情况、收入来源等进行调解，促使双方当事人商定，争取一次还清。对有偿还能力，借钱额数没有出入，经再三调解说服借钱人限期或定期还债，而债务人借口无钱赖账不还，也不承认还钱期限的，人民法院作出强制还钱之判决。如平定县冶西村霍久顺诉张秀珍借钱一案，张的男人王风珍病中急需医药费，借其姐夫霍久顺180元，王病死后，遗产由张继承，霍同张商量还钱事宜，并声明放弃50元债权，张还130元即可，但数月无果，张反将霍顶出门来，并在其新找的对象支持下采取拒付态度，霍诉至阳泉市人民法院后，即作出强制还债之有效判决。

二、对借资经商，拆东补西之人，查清事实后，责令其找保偿还债务，有存货即合理作价，以货顶款。而对有职业但不务正业借资做投机贩卖亏本的债务人，则对其进行劳动光荣教育、工作前途教育，说服其正常出勤，参加生产，暂无偿还债务能力的限期还债，有部分偿还能力的先付一部分，以促其安心从事生产劳动。如一矿工人刘春成借本村农民刘春金200元，旷工到石家庄投机贩卖，长期不还借款，原告诉至阳泉市人民法院后，办案人员对被告进行了严肃的批评教育，刘春成即将自己的缝纫机作价顶给刘春金，余额部分逐步偿清，并表示今后一定要好好参加生产，保证不再从事投机贩卖。

三、对企图通过走后门购买商品而形成的债务纠纷，对有偿还能力的，责令其及时偿还，无偿还能力的，让其找保限期偿还。在具体的司法实践中，有时也根据原告要求，暂抵押其财产，限期还钱后再将抵押财产复归被告。如义井大队张勇，受河北正定县前峪村农民吴同喜委托，拿取200元为吴购买自行车，结果车钱全无。吴诉法院后，办案人员即将张某的手表扣作抵押品，责成张某限期偿还，第二天张某给原告汇去150元，并将法院扣下的手表抵给被告。

四、对农民与农民之间的债务关系，均根据实际情况进行说服调解，同时也根据农民的收入，在不影响农民生活的情况下解决纠纷。如河下村韩玉秀，其夫生前以170元承典本村李祯祥房屋三间，韩住一年后搬居魏家峪村，一年后房屋的产权复归出典户，但逾期不能退还典价，韩诉至阳泉市人民法院，经调解约定三个月内还清，但到期后李某只交来70元，其余100元李请求年终结算后偿清，办案人员考虑到农村人民公社分配方式均为年终结算，按劳分配，于是向韩玉秀说明情况，年终结算后李某自觉将余额部分如数交到法院。

年内，阳泉市人民法院共受理债务纠纷17件，审结16件，未结1件。《农业六十条》颁布实施以后，阳泉地区发生的债务纠纷案件主要有五种类型：一是由于天灾人祸急需用钱投找亲友，借款花光后一时无力偿还形成纠纷；二是集市贸易开放后，有些人弃农弃工经商借资贩卖，长期不还借款，也有的拆东补西，买空卖空，做投机生意，不能按其付款，形成债务纠纷；三是在某些商品暂时供应不足的情况下，有些人受他人委托企图通过走后门购买到紧俏商品，受托人将委托人的钱花掉后长期不还形成纠纷；四是工人和工人之间互相转借，有的人借机昧钱不付形成纠纷；五是典当房屋产权归出典主后，不退典价形成的纠纷。

1963年，《农业六十条》得到进一步完善和深入贯彻，农民的自主权进一步加大，集贸市场日趋繁荣，民间交易、借贷更加频繁，由此产生的债务纠纷、房产纠纷、林权纠纷等出现了大幅度上升的现象。本年度阳泉市人民法院受理的债务纠纷20件，比上年度的17件增加3件，而房产纠纷则达到55件，占当年民事案件总数（846件）的6.48%，另有赔偿案件14件，树木纠纷1件，其他财产纠纷11件。1964年，受理债务纠纷53件，比上年度增加了33件，房产地基纠纷77件，比上年度增加22件，赔偿12件，树木2件，其他财产纠纷22件。均比上年度有所上升。

1965年~1973年，“文化大革命”初、中期，阳泉市人民法院被夺权，司法审判归“阳泉市公安机关军事管制委员会”和“阳泉市革命委员会保卫部”行使，主要受理重大刑事案件和反革命案件，民事审判中绝大多数为离婚案件。这期间，集贸市场被取消，农村的自留地、自留山、自留林木（房前屋后的树木除外）、自留家畜等，收归人民公社各生产大队或生产小队集体所有。各级人民政府（时称“革命委员会”）和城市人民公社，组建了大批的集体所有制企业，吸收职工家属和子弟就业，虽然仍有民间借贷行为，但债务纠纷案件极少，即使是出现了诸如此类的纠纷，一般均由当地党组织和行政部门以及各企事业单位的工会、妇联、共青团等群众组织进行调解解决。

1973年，党中央开始纠正“文化大革命”中一些错误的做法，原阳泉市人民法院升格为二审法院，称“阳泉市中级人民法院”，并恢复行驶审判权，开始审理因受“文化大革命”运动影响没有及时审判的刑、民事案件，因此，债务纠纷、房产纠纷、山林纠纷、水利纠纷等案件相对较多，这些案件中，既有集体和集体之间的纠纷案件，也有集体和个人、个人和个人之间的纠纷，还有不同所有制之间的纠纷，当年即审结房产案件 45 起，地产案件 48 起，经济案件（含债务纠纷）19 件。1974 年，受理审结债务纠纷案件 10 起，房屋纠纷案件 43 起，赔偿纠纷 4 起，山林、水利等纠纷案件 111 起。1975 年，两级人民法院（即中院和郊区法院、城区法院）共受理审结债务纠纷 15 件，房屋纠纷 94 件，财产纠纷 7 件，山林纠纷 7 件，赔偿纠纷 1 件。1976 年，两级人民法院学习推广昔阳县司法工作学大赛的经验，即“小事不出队（车间），大事不出社（厂），矛盾不上交，解决在基层”的化解矛盾机制，受理、调解债务案件 13 件，房产案件 69 件，山林水利案件 2 件。

附表 1：1947 年 ~ 1964 年房屋、土地、宅基地、债务及赔偿案件一审情况表

年份	房屋纠纷（件）	土地纠纷（件）	宅基地纠纷（件）	债务纠纷（件）	赔偿纠纷（件）	备注
1947						1947 ~ 1951 年，此类案件总计为 2959 件
1948						
1949	2			2		
1950						
1951						
1952						
1953	43	19		103		
1954	27	17		44		
1955	23	13		44		
1956	21			59		
1957	69	5		66	44	
1958	32	2		38	5	
1959	8	1		18	15	
1960				3	7	
1961					2	
1962	37					
1963	55			20	14	
1964	77			53	12	
小计	594	57		450	99	总计 3959

注 1. 本表数据引自《阳泉市志·政法卷·审判篇》，因来源不一，其中数据可能与正文数据有不符之处；2. 总计数 3959 件，为 1952 ~ 1964 年合计数（1000）和 1947 ~ 1951 年合计数（2959）之和。

附表2：1965年～1990年房屋、土地、宅基地、债务及赔偿案件一审情况表

年份	房屋纠纷（件）	土地纠纷（件）	宅基地纠纷（件）	债务纠纷（件）	赔偿纠纷（件）	总计
1965	23			8	3	
1966	10			6	2	
1967	5			1		
1968	8			1	1	
1969	1					
1970	2					
1971	3					
1972	8					
1973	20					
1974	32			6	2	
1975	69			11	1	
1976	46			11	1	
1977	32			9	1	
1978	25					
1979	39					
1980	65					
1981	49					
1982	83					
1983	71	120	118	24	57	
1984	59	138	136	42	44	
1985	47		78	64	57	
1986	59	46	41	98	46	
1987	50	12	9	138	65	
1988	49	48	13	159	75	
1989	50	25	8	275	97	
1990	18	25	17	137	88	
小计	923	414	420	990	540	3287

注：本表数据引自《阳泉市志·政法卷·审判篇》，因来源不一，其中数据可能与正文数据有不符之处。

1977年，一审审结房屋纠纷案件32件，债务纠纷案件9件，赔偿案件1件。1978年，一审审结房屋纠纷案件25件，债务纠纷案件5件，赔偿案件4件。1979年，是学习

贯彻十一届三中全会精神的第一年，两级人民法院认真落实会议制定的路线、方针、政策和全国人大常委会五届二次会议提出的各项工作任务，逐步把法院工作重心由过去的为政治运动服务，转移到为巩固、发展安定团结和保卫社会主义现代化建设服务，以适应全党工作着重点的转移。体现在民事审判上就是从“民事工作千千万，件件连着纲和线”中解脱出来，充分发挥审判职能，认真处理民事纠纷，化解“文化大革命”运动中形成的各类民事纠纷，当年受理民事案件582件，其中有房屋案件69件，占民事案件总数的12%。是历年来受理的房产案件最多的一年。

1980年，阳泉市两级人民法院继续贯彻落实十一届三中、四中全会精神和第二次全国民事审判工作会议精神，紧紧围绕中共中央〔1980〕1号文件，配合各级人民政府在农村普遍开展了“加强和完善农业生产责任制”的宣传，并根据中共中央9月27日印发的《进一步加强和完善农业生产责任制的几个问题的通知》。10月，阳泉市中级人民法院根据“全国经济审判工作经验交流座谈会”精神，为适应以经济建设为中心的转变，成立经济审判庭。这一年，在人民公社运作了20多年的“三级所有、队为基础”经济模式开始动摇，家庭联产承包责任制开始在全市农村推广，以生产资料公有制为基础的经济体制开始解体，集贸市场再度恢复，民间蕴藏的经济力量得到鼓励和激发，债务、房产、赔偿等经济纠纷案件大量出现。本年度两级人民法院共受理债务纠纷案件30件，房产纠纷96件，地基纠纷108件，赔偿纠纷28件。

1981年1月1日，新的《中华人民共和国婚姻法》颁布实施。新《婚姻法》对家庭财产的界定、继承作了明确的法律规定，把家庭成员之间的扶养、抚养关系确定为法律义务，对人民法院受理和审判公民和家庭成员间，因继承、扶养、抚养等关系形成的债权债务案件、房产山林纠纷等具有重要的法律指导意义。这一年，阳泉市各地继续贯彻落实中共中央1980年9月27日印发的《进一步加强和完善农业生产责任制的几个问题的通知》，运行了20多年的农村人民公社解散，整合改组为乡、镇基层人民政府，原生产大队变为行政村，原生产小队有的行政村改为一个或几个村民组，有的村则彻底取消这种建制，农村土地和生产资料集体所有制的模式开始进行根据性变革，土地按户承包给家庭耕种，称为“家庭联产承包责任制”。原城市的人民公社也不复存在，恢复为“街道办事处”。阳泉地区的全民所有制企业和人民公社时期建立起来的劳动群众集体所有制性质的社队企业，开始实行厂长负责制，生产资料公有制的单一经济模式受到挑战，出现了全民所有制、集体所有制、个体工商户多种经济成分并存的局面。债务纠纷、土地纠纷、房产纠纷呈现复杂化倾向和快速上升趋势，成为民事审判工作中出现的新情况、新问题。年内，阳泉市两级人民法院一审受理债务纠纷案件26件，房屋纠纷案件78件，地基纠纷案件31件，赔偿案件23件。二审受理债务纠纷案件1件，房屋纠纷案件14件，地基纠纷案件18件，赔偿案件4件。在受理、调解、审判这些案件过程中，阳泉市中级人民法院收集了9个有代表性的案例，其中阳泉市中级人民法院的《财产权益中的房屋、房产继承纠纷专题报告》和郊区人民法院的《民事宅基地纠纷案件专题报告》,作为审判此类案件的经验材料上报省高院,对全省同类案件的受理、调解和审判起到了积极的指导作用。而成立于1981年的"阳泉市中级人民法院经济审判庭",当年即受理和审判经济纠纷案件23件,审结21件,同时受理经济信访案件25件,结案22件,但这些经济案件的受理和审判,主要是打击经济领域的犯罪活动和犯罪分子。

1982年,随着以经济建设为中心这一根本性转变的实现,阳泉市以煤炭、钢铁、硫磺为基础的传统经济模式开始发生重大变化,工矿企业,尤其是原来的"社队企业"和许多由"阳泉市手工业管理局"管理的集体所有制企业开始推行承包经营和厂长负责制,农村地区彻底废除了粘附在土地上的集体所有制成分,实行以家庭为单位的联产承包责任制,由于经济基础的重大变革,传统的债务、房产、土地等纠纷案件也发生了根本性变化,债务案件不再是公民个人之间发生的经济纠葛,涉及房产、土地的案件也出现了许多以前从来没有过的新情况和新问题,其中经济合同和一些具有复杂化背景的债务纠纷案件和土地、房产案件,从传统的民事案件中分离出来,成为新形势下的"经济案件",转由经济审判庭受理、审判。纯民事部分仍由民事审判庭负责。当年,一审受理债务纠纷29件,房屋纠纷105件,地基纠纷98件,赔偿案件54件,山林水利案件1件。受理二审债务纠纷案件3件,房屋纠纷案件19件,地基纠纷33件,赔偿案件3件①。

1983年,平定和盂县人民法院划归为阳泉市中级人民法院的基层法院。8月,全国政法工作会议召开,中共中央办公厅下发《关于"严厉打击刑事犯罪活动,实现社会治安根本好转"》(宣传纲要)。9月2日,全国人大常委会颁布《关于严惩严重危害社会治安的犯罪分子的决定》和《关于迅速审判严重危害社会治安的犯罪分子的程序的决定》。阳泉市两级人民法院一方面集中审判资源,按照中央"严打"部署,通过依法审判,严厉打击杀人、强奸、抢劫、爆炸、流氓、致人重伤或者死亡、拐卖人口、非法制造、买卖、运输或者盗窃、抢夺枪支、弹药、爆炸物、组织反动会道门、

注:①本志从1982年开始,具有民商事性质的经济纠纷案件和具有严重经济犯罪性质的经济案件,完全改由"经济审判庭"受理、审判。其中经济审判庭的主要职责,是根据1982年4月13日中共中央、国务院下发的《关于打击经济领域中严重犯罪活动的决定》,以审判为武器打击经济领域的犯罪分子,维护社会主义经济秩序,维护国家、集体和个人财产不受不法分子的侵害,保障不同所有制经济体和公民的合法权益。

关于经济案件的受理和审判,由两个专门章节——本编《第四章 民商事审判》和本编《第一章 刑事审判》中的一节《经济犯罪案件审判》中叙述,本节只作过渡性安排,此后,诸如民商事性质的经济纠纷案件和涉及刑事责任的经济犯罪案件的内容,请参阅上述两个章节。本节只叙述传统意义上的债务、房产、地基等案件。

引诱、容留、强迫妇女卖淫、传授犯罪方法等严重危害社会治安的犯罪行为。另一方面，认真受理、调解、审判民事案件，全年受理审结债务纠纷案件 35 件，房屋纠纷案件 88 件，宅地基纠纷案件 166 件，山林水利纠纷案件 3 件，赔偿案件 77 件（本年度数据来源《阳泉中院 1983 年总结》）[①]。

1984 年，阳泉市两级人民法院在继续引深“严打”斗争的同时，特别注重民事案件的审理和调解，一审、二审民事案件结案率较往年都有较大幅度的提高。尤其是盂县人民法院，当年被评为“全省民事工作先进单位”，经过抓基层工作，民事案件发案率有较大幅度的下降。矿区人民法院、郊区人民法院民事审判工作进步也很大，从民事案件积案率最多的单位下降到历史最低位。本年度，一审审结房屋纠纷案件 59 件，比上年度净减少 29 件，下降 33%。土地案件 138 件，宅基地案件 136 件，债务纠纷 42 件，赔偿案件 44 件。

1985 年，随着对内搞活和城乡经济体制改革的深入，阳泉地区的商品经济迅速发展，不同所有制之间和公民个人的财产关系也发生了重大变化，因此，民事案件的种类增多，范围扩大，已审结的民事案件中，除传统的婚姻案件仍占据 64.2% 之外，房屋、宅基地、债务、赔偿、继承、赡养等案件，占到当年民事案件总数的 25.4%。面对这种情况，两级人民法院认真贯彻第四次全国民事审判工作会议精神和上年度 2 月份召开的全国法院院长会议精神，从人员体制、办案作风上积极改进和加强民事审判工作的一系列措施，进一步发挥人民司法的优良传统，坚持走群众路线和着重调解的原则，深入基层，深入实地，就地调解处理纠纷，化解了一大批涉及民间借贷的债务纠纷案件、房屋宅基地纠纷案件和因赔偿引起的矛盾纠纷案件，维护了当事人的合法权益，起到了为社会主义经济建设保驾护航的作用。全年审结一审房屋纠纷案件 47 件，宅基地纠纷案件 78 件，债务纠纷案件 64 件，赔偿案件 57 件。

1986 年，阳泉市两级人民法院在受理审判债务、房产等案件中，坚持着重调解的原则，深入案件纠纷所在地进行巡回审理、就地办案，同时加强人民法庭建设，设立直接面向基层的人民法庭 11 个，盂县法院采取招聘的办法，使法庭人员由 4 人增加到 10 人，把大量的民间债务纠纷、房屋纠纷、宅基地纠纷等化解在基层。全年一审审结房屋纠纷案件 59 件，土地纠纷案件 46 件，宅基地纠纷案件 41 件，债务纠纷案件 98 件，赔偿案件 46 件。1987 年 1 月 1 日，《中华人民共和国民法通则》正式实施。阳泉市两级人民法院即按照新颁布的《中华人民共和国民法通则》审理民事案件。一审审结房屋纠纷案件 50 件，土地纠纷案件 12 件，宅基地纠纷案件 9 件，债务纠纷案

注：①本年度统计报表缺失，或《阳泉中院年度工作总结》中没有此类数据时，即引用《阳泉市志·政法卷·审判篇》中数据。因来源不一，数据多有出入。此外，《阳泉市志·政法卷·审判篇》二审数据，只标出大类，如民事案件 ×× 件，故 1973 ~ 1990 年二审数据多有缺失。——编者注，全书同。

件138件，赔偿案件65件。宅基地纠纷案件大幅下降了78%。1988年，在审判实践中，继续严格贯彻实施《中华人民共和国民法通则》，一审审结房屋纠纷案件49件，土地纠纷案件48件，宅基地纠纷案件13件，债务纠纷案件159件，赔偿案件75件。宅基地纠纷案件继续保持较低诉讼水平，土地纠纷同上年度基本持平。债务纠纷和赔偿案件出现上升趋势。1989年，一审审结房屋纠纷案件50件，土地纠纷案件25件，宅基地纠纷案件8件，债务纠纷案件275件，赔偿案件97件。宅基地纠纷继续下降，债务纠纷急剧上升，赔偿案件也保持了多讼状态。

1990年，一审审结房屋纠纷案件25件，土地纠纷案件17件，宅基地纠纷案件7件，债务纠纷案件137件，赔偿案件88件。本年度债务纠纷案件净降126件。1991年，一审审结房屋纠纷案件35件，土地纠纷案件8件，宅基地纠纷案件4件，债务纠纷案件139件，赔偿案件101件。二审审结房屋纠纷4件，宅基地纠纷2件，债务纠纷8件，赔偿案件18件①。1992年，一审受理房屋纠纷案件33件，审结25件；受理其他不动案件26件，审结22件；财产损害赔偿63件，旧存6件，审结67件；债务纠纷案件204件，审结170件。二审审结房屋纠纷9件；赔偿26件，债务纠纷18件。1996年，审理债务、赔偿案件681件，占当年民事案件总数的24.5%。特别是针对抗诉争议大、双方对立情绪大的债务、赔偿纠纷案件，两级法院在合法、及时、公正调解纠纷的同时，注重减缓双方对立情绪，确保矛盾不激化，切实保障当事人的合法权益，化解了一大批因债务、赔偿纠纷引发的升级事件。如盂县人民法院通过办理上社镇404户农民诉山西农大实验农场假玉米种子损害赔偿案，依法判决被告赔偿受害农民经济损失，为饱受假种子之类的农民讨回了公道。1997年，阳泉市两级人民法院审理债务、赔偿、相邻等纠纷767件，绝对数比上年增加86件。其中阳泉中院在审理一起中国公民诉日本某外商欠款纠纷一案中，以事实为依据，以法律为准绳，依法判决该日本外商败诉，使其根据生效判决履行了付款义务，从而维护了中国的法律尊严，维护了中国公民的合法权益。

进入2000年后，由于经济领域的体制改革进一步深入，各种不同利益主体之间的关系调整力度加大，加之城镇化速度加快，因拆迁安置、矿产开采、人身损害赔偿、权属等问题引发的案件急剧上升，阳泉市两级人民法院站在讲政治、讲大局的高度，及时受理、审理的同时，坚持就近、就地处理原则，“调判结合、注重调解、能调则调、当判则判”，在积极认真地做好当事人的思想疏导工作和合法、合情、合理的基础上，大力消除社会不安定因素，注重做到社会效果和法律效果的统一。如2005年依法审结了原告葛某等148人诉阳泉宏昌学校、山西宏昌科教有限公司返还教育基金一案，判决被告返还原告148人教育基金1253万元。2006年，妥善处理了盂县孙家

注：①本年度起，数据引用司法统计报表。

庄镇东坪村村委会上诉村民赵来富等 382 人诉讼案，依法维护了赵来富等 382 位村民对农村集体经济组织所取得收益的所有权。在审理 78 名房主先后诉山西金马四方房地产开发公司商品纠纷系列案件中，认真分析形成此案的诸多因素，依法判决金马四方房地产开发公司限期办妥房产证明，并承担违约责任。

附表 3：

1996 年 ~ 2001 年债务、赔偿、房产和其他不动产以及相邻关系案件结案一览表

案件／年份	债			房屋			其他不动产			相邻关系			赔偿		
	一审（件）	二审（件）	小计（件）	一审（件）	二审（件）	小计（件）	一审（件）	二审（件）	小计（件）	一审（件）	二审（件）	小计（件）	一审（件）	二审（件）	小计（件）
1996	496	18	514	31	12	43	6	1	7	23	6	29	155	48	203
1997	417	27	444	52	11	63	10		10	30	9	39	268	44	312
1998	479	31	510	78	16	94	12		12	39	9	48	327	78	405
1999	529	27	556	88	16	104	12		12	38	17	55	341	87	428
2000	632	32	664	97	29	126	12		12	47	10	57	411	126	537
2001	800	62	862	72	17	89	3		3	55	17	72	463	149	612
总计	3353	197	3550	418	101	519	55		56	232	68	300	1965	532	2497

注：1.2002 年，根据人民法院审判实际，最高人民法院对司法统计报表作了较大调整。故本表只做到 2001 年。
2. 因最高人民法院司法统计报表对各统计项作了较大调整，故从 2002 年起，此类案件的记述见“民商事”案件的审判。

第七节　劳动争议、人事争议案件的审理

阳泉解放之初，人民政府没收并接管了阳泉铁厂（后改为阳泉钢铁集团公司，2004 年 1 月 2 日破产）、井阳矿务局阳泉矿（后改为阳泉矿务局，现称阳煤集团，）裕民煤矿、万生煤矿（现荫营煤矿）、磺厂（原荫营硫铁矿，20 世纪 90 年代中期破产）等，开始在这些厂矿建立党的组织、企业管理班子、工会、妇联和共青团组织，一方面稳定钢铁、煤炭、硫磺生产，一方面召集工人充实工矿业。同时在广大农村地区开展土地改革，兴办互助组，废除地主、富农强加在贫雇农头上的地契、房契、卖身契等。但是，除国营企事业单位外，当时的阳泉仍有许多资本家开办的煤窑、硫铁矿、铁厂，以及其他工商店铺和作坊。

阳泉人民法院在这个特殊时期，通过受理和审判劳动争议案件，保障工人群众

的合法权益，调动广大爱国工人放下包袱，积极投身于钢铁、煤炭、硫铁矿等工矿业生产当中，以司法审判为武器，调整国营企业和私人企业中的劳动争议和人事纠纷，打击不法资本家对工人的压榨和盘剥，维护工人群众当家做主的权力，扩大和增加煤炭、钢铁和硫磺生产，支持全国解放战争。这期间许多干部都是抗日战争和解放战争中久经考验，为了建设新中国和组建人民政府从军队转业的人员，实行供给制，无人事争议。

1949年，中华人民共和国成立，到1950年，全国绝大部分地区均已解放。阳泉地区的工矿经济和铁路运输经过1947 ~ 1950三年发展，基本进入正常轨道，实行国营经济和私营经济、小农经济、小作坊经济并存的发展模式，故劳动争议案件逐渐多了起来。1950年上半年，阳泉市中级人民法院当时称作“阳泉工矿区人民法院”，就审结“工资”纠纷案件8件，这些“工资纠纷”案件，即属于现代司法实践中，具有典型意义的“劳动争议纠纷案件”。基本情况都是包头①拖欠工人工资引起的诉讼。“有的包（工）头①不善于计划经营，赔累过甚，无法应付，致使工人吃亏，因此成诉”；“有的包头腐化自肥，不顾工人，欠资之后，设法抵赖，致生纠纷”；“有的承揽部门拖延不给开支，使包头无法对付工人”。此外，还有因为报酬方面引起的讼争，如当时阳泉地区劳动力价格是每天150元左右（旧币），有的包头却不按市场价格支付工人工资引起争吵，进而讼至法院。还有因工人不满包头克扣故意压低劳动量引起的讼争，如有的包头在丈量工人开挖或搬运土、石方时，刻意克扣、压减实际数量，导致矛盾升级，最终促使工人到法院诉讼求助。

针对新中国成立初期包工头用各种手段剥削压迫工人的做法，当时的阳泉工矿区人民法院派干警到施工现场进行调查研究后认为，产生此类纠纷的原因主要在于“阳泉市的包工制度不合理”，“没有明确的规定，出包者为了完成任务，承揽者为了追求利润，双方只图目的，彼此不择手段”，“出包者大部分是企业部门，承揽者皆为当时包头，承揽者只要同企业部门庶务人员有关，工程终可到手，怎么建立关系，如何保证完成，在所不计，如此应付式的官僚主义作风，企业部门的领导值得检查，对包工者的剥削工人，不守信用等行为，政府今后应该严重注意，订出管理办法”。

由此可见，解放初期阳泉地区，主要是“工矿区”内劳动用工制度极为混乱，工人权益得不到应有的保障，资本家和小企业主任意盘剥工人的事情时有发生。为此，阳泉市人民法院（时称阳泉工矿区人民法院）从保护工人权益出发，依法判令包头、具包人和发包单位三家共同偿付工人工资，稳定工人情绪，并严厉打击转包工程后携款（小米）逃跑的包工头，判令盲目具包的保人和没有详细审查承包人资格，即将工程发包出去的企业单位负连带负责。如包工头许庆以每立方22斤小米，出包给郭某一段工程，郭某完成后许庆以自己在整个工程中赔钱赖账，郭某遂将其诉至法院，经

注：①包工头，下同。

调查，“许庆原来意图不良，设局诓骗”，阳泉工矿区人民法院即将许庆扣押 5 天，偿付郭某小米 1300 斤。

再如中裕矿经理庐秀俊，欠工人工资 12000 斤小米，被诉后当时无法解决，阳泉工矿区人民法院遂将其扣押，一方面缓和工人情绪，另一方面责令庐秀俊保释筹款（小米），到当年（1950）6 月底，偿付工人工资 9000 斤小米，其余拖欠款项继续偿还。在阳泉工矿区人民法院严格依法查办下，到 6 月底未结的工资纠纷案件仅剩 1 起，即晋华窑欠工人工资 7000 余斤小米，本案未结的原因是晋华窑同史亨银窑两界纠纷诉讼期间，煤窑被人民法院查封，为确保工人工资及时给付，阳泉工矿区人民法院一方面扣押晋华窑经理陆明甫，一方面进行调查研究，发现晋华窑内“存混煤甚多”，即决定允许有病在身的陆明甫保释，“在不破坏、不出险的原则方针下，启封售煤，来解决工资问题，一俟工资支清，仍行封闭”。

1950 ~ 1951 年，政治运动十分频繁，先后有土地改革、镇压反革命和抗美援朝斗争，1951 年 12 月 1 日，中共中央作出《关于实行精兵简政、增产节约、反对贪污、反对浪费和反对官僚主义的决定》，把反贪污、反浪费、反官僚主义作为贯彻精兵简政、增产节约这一中心任务的重大措施，要求普遍地检查贪污、浪费和官僚主义问题。12 月 8 日，中共中央又发出《关于反贪污斗争必须大张旗鼓地去进行的指示》。这一时期，阳泉市人民法院因配合阳泉市委、市政府开展各项政治运动，审判工作出现一些积案，其中包括一部分劳动争议和纠纷案件。但也正因为政治运动对不法资本家和小业主形成的政治压力，加之阳泉市人民法院始终坚持对资本家和小业主的劳动用工方式进行指导，因此，在私人企业工作的工人权益得到较好保障。

1952 年 1 月 4 日，中共中央发出《关于立即限期发动群众开展“三反”斗争的指示》，要求各单位立即按限期发动群众开展斗争。1 月 26 日，为打击不法资产阶级分子的破坏活动，中共中央又发出关于开展“五反”斗争的指示，要求向违法的资产阶级开展一个大规模的坚决彻底的反对行贿、反对偷税漏税、反对盗骗国家财产、反对偷工减料和反对盗窃经济情报的斗争。阳泉市和全国一样，“三反”运动、“五反”运动随即进入群众性检查揭发高潮。阳泉市人民法院积极配合阳泉市委、市政府开展“三反”运动和“五反”运动，大力查办阳泉市各机关、团体和企事业单位存在的贪污、浪费和官僚主义现象，5 月底，“三反”运动结束。“五反”运动仍在轰轰烈烈地进行，阳泉市人民法院按照毛泽东主席 3 月 5 日提出的关于“五反”运动中，对工商户处理的五条基本原则，即“过去从宽，今后从严；多数从宽，少数从严；坦白从宽，抗拒从严；工业从宽，商业从严；普通商业从宽，投机商业从严”，严格查办不法资本家的违法犯罪行为。配合阳泉市“五反”运动领导组，根据有无违法行为和违法行为的轻重大小及违法性质的恶劣程度，把私营工商业户分别划分为守法户、基本守法户、半守法半违法户、严重违法户和完全违法户五种类型，对严重违法户和完全违法户进行打击处理。10月25日，“五反”运动结束。

1952年，在全国范围内同时开展了“三反”、“五反”两项重大政治运动，人民政权进一步巩固，人民群众的觉悟程度和组织程度空前提高。1954年9月28日，第一届人大常委会第一次会议通过并公布实施中华人民共和国第一部《宪法》，《宪法·序言》中明确规定国家的总任务是“逐步实现国家的社会主义工业化，逐步完成对农业、手工业和资本主义工商业的社会主义改造”。并以国家根本大法的名义，确立了工人阶级的领导地位和工农联盟的基本政权形式，阳泉市人民法院依据党的路线、政策、方针和《宪法》精神，对不法资本家和小业主、股份制联合经济体等私营工商企业主，始终保持正确的政治引导和强大的政治压力，因此，由资本家管理经营的工矿业、商贸业、运输业和其他小作坊，对工人的剥削和压迫有所减轻，劳资矛盾和劳动争议纠纷也缓解了许多。

1953年6月，中共中央根据中央统战部调查，起草了《关于利用、限制、改造资本主义工商业的意见》。9月，毛泽东同民主党派和工商界部分代表座谈，指出国家资本主义是改造资本主义工商业的必经道路。10月，中华全国工商联合会召开会员代表大会，大会传达中共在过渡时期的总路线和对资本主义工商业的社会主义改造的政策。在过渡时期总路线指引下，从1953年起，中国共产党在全国范围内对资本主义工商业进行大规模的社会主义改造。整个改造过程分为两个步骤：第一步，把资本主义转变为国家资本主义；第二步，把国家资本主义转变为社会主义。阳泉市紧紧围绕中央部署，到1954年底，即通过公私合营的方式，将全市大型私营工业企业转变为公私合营企业。商业领域，在政府掌握重要货源的基础上，通过私营商业执行经销代销业务的方式，实现了向国营或地方国营商业模式，即社会主义公有制商业模式的转变。

1955年，阳泉市资本主义工商业全行业公私合营趋势进一步加快。11月，中共中央召集各省、市、自治区党委负责人会议，加强对全行业公私合营的领导。当时，农村的农业合作化高潮的兴起，断绝了资本主义和农村的联系，资本主义工商业全行业公私合营的条件已经成熟。全行业公私合营，是国家资本主义的最高形式，是使资本主义所有制转变为社会主义公有制的具有决定意义的重大步骤。由于阳泉市属于煤炭、钢铁重工业城市，其他私人经济形式十分脆弱，因此，资本主义工商业的社会主义改造进行得较为顺利，至1956年年底，全市境内的有一定规模的资本主义工商企业，即全部改造成社会主义公有制工商业。一些规模较小的私人作坊，则改造成为劳动群众集体所有制合作企业。

在对资本主义工商业改造过程中，阳泉市人民法院严格按照中共中央、国务院关于对民族工商业者的选举权、工作和生活充分保障的一系列指示，妥善处理资本主义工商业改造过程中的矛盾纠纷，保证了阳泉地区资本主义工商业社会主义改造的顺利进行。因此，这一时期阳泉市劳动争议纠纷案件较少发生，劳资矛盾较为缓和，工人群众的个人利益受到较好保护。如 1954 年，全年终结劳资纠纷案件 10 件。到 1955 年，阳泉市人民法院受理的劳资纠纷案件下降为 4 件，占当年民事案件总数（988 件）的 0.4%，较上年下降了 60%。

在 1954 年到 1956 年渐次开展的资本主义工商业的社会主义改造运动中，阳泉市人民法院在严厉打击反革命破坏活动、资本家抗拒改造和偷税、漏税、抗税活动，以及隐匿资金、高抬物价、越境套购商品、加工订货中偷工减料等犯罪活动的同时，对克扣工人工资、私自解雇工人等行为，如不法资本家法盛铁工厂经理杨法来，1953 年 ~ 1954 年间，不经劳动调配机关私自解雇工人杨元田等 4 人，1955 年 5 月 ~ 1956 年 1 月，仅账面上可查的即有 214 元现金借与亲朋好友，却以“赔得不行、不能开支”欺哄工人，长期拖欠苗万山等 8 名工人的工资 334.92 元，对此，阳泉市人民法院依法判处杨法来有期徒刑一年六个月，罚金 500 元。

由于城市实行了资本主义工商业的社会主义改造，确立了生产资料的社会主义公有制和社会主义公有制在国民经济中的主导地位，工人阶级成为社会主义工商企业的主人，其政治地位和经济地位得到根本性提高，劳资矛盾得到彻底性解决；同时，阳泉地区广大农村也开展了合作化运动，普遍建立了党和政府直接领导的初级社或高级社，虽然在生产资料上一些小型农具仍存在一定的私有化现象，但大、中型生产资料基本上已经由高级社或初级社集中管理、集中使用，农民群众的集体所有制模式基本形成，确立了农民是农业社的主人翁地位，因此，发生在农村的劳动争议纠纷更为罕见。特别是经过 1958 ~ 1959 年的人民公社化运动，无论从政治上还是经济上，均确立了人民公社生产资料的集体所有制性质，农村人民公社社员分配方式采用工分制，当日出勤，根据当时的劳动量由社员集体评分，年终按分值兑现，农村的劳动争议案件完全杜绝。

从“总路线、大跃进、人民公社化”开始，一直到 1964 年，阳泉市人民法院仅受理工资纠纷案件 2 件。

这种劳资矛盾相对和谐、劳动争议纠纷案件少见、罕见和基本绝迹的状况，一直持续到 20 世纪 90 年代初、中期。这之后，随着社会主义市场经济地位的确立，企业改革、改制、改组和破产开始常态化，一些规模较小、易于转型经营的全民所有制企业，原属劳动群众集体所有制的“集体企业”，经过大规模的改制、改组和破产处置后基本上不复存在。一些大中型全民所有制企业，如阳泉钢铁集团公司、阳泉市第一钢铁厂、阳煤集团四矿、阳泉市平定县钛铁厂、阳泉市荫营硫铁矿、阳泉市滲水沟硫铁矿、阳泉市硫酸厂，以及阳泉市交通运输一、二、三、四公司等大中型国有企业破产相继倒闭，而这一时期，阳泉市的民营资本开始大量进入阳泉市工矿采掘业、商贸批发零售业、汽车运输业、机械制造业、钢铁冶炼业、餐饮洗浴服务业等，私人企业在短短几年内基本上涵盖了除电信、电力、铁路、邮政等必须由国家资本经营的所有行业。随着企业大规模的改革改制和破产重组，阳泉市出现大批职工下岗，即使是阳煤集团这样的大型国有企业，也出现了职工以“买断工龄”的方式同企业断绝劳资关系的事情，由此引发的劳动争议纠纷案件呈急速上升态势。

1992年，阳泉市城区人民法院依法受理了改革开放以来真正具有现代司法意义的首次劳动争议案件。阳泉市标准件厂女工陈佳在工作期间因工受伤，后因故与厂方发生劳动争议，为此厂方不予报销医药费，并停发工资。陈佳遂请求阳泉市劳动仲裁委员会进行仲裁，仲裁后标准件厂不服，提起诉讼。城区法院受理此案后，认真核实了案件证据，查阅了国家的有关劳动法规，一审判决原告标准件厂在医务劳动鉴定委员会作出正式鉴定之前，对被告陈佳仍应以工伤对待，报销医药费用、补发工资和其他福利待遇，使职工的合法权利得到了有力保护。

1996年5月，娘子关太行轻钙公司87名工人集体到城区人民法院坡底法庭告状，要求该公司立即偿付拖欠6年之久的工资20多万元，坡底法庭一方面和工人进行沟通交流，做他们的思想工作；另一方面积极同有关部门、相关单位联系，最终促使公司与工人之间达成分期给付工资的协议，避免了一起群体性重大信访案件。

阳泉市中级人民法院在受理劳动争议纠纷案件中，始终把维护职工利益作为审判工作的出发点和归宿，严格按照《企业破产法》规定，妥善审理破产案件，优先拨付、清偿债务人所欠职工的工资和医疗、伤残补助、抚恤费用，所欠的应当划入职工个人账户的基本养老保险、基本医疗保险费用，以及法律、行政法规规定应当支付给职工的补偿金，依法保障企业职工的合法权益。如2004年阳泉市中级人民法院受理阳泉钢铁集团公司破产案时，即根据“国发”〔1994〕59号和“国发”〔1997〕10号文件通知精神，以及“国经贸企”〔1996〕492号文件要求，对阳泉钢铁集团公司破产案件作了特殊安排，把拨付职工安置费放在第一清偿顺序前提取，总计提取职工安置费12965万元，清偿劳动债权16312.12万元，安置职工（含离退休人员）10000多人。最大限度地减少了劳动争议纠纷，保障了职工权益，维护了社会稳定。

2002年～2012年此类案件收、结案件情况附表。

附：

2002 ~ 2012 年劳动争议案件和劳务合同案件收、结案情况一览表

年份	劳动争议案件												劳务合同		二审劳动争议		二审劳务合同		再审劳动争议	再审劳务合同	旧存
	劳动合同		集体劳动合同		事实劳动争议		劳动保险		其他		劳动争议案件合计										劳动合同
	收	结	收	结	收	结	收	结	收	结	收	结	收	结	收	结	收	结	结	结	劳务合同
2002	2	1	2	4			3	3	11	29	36	34	2		8	8			1		13
2003	5	5	12	12	3	2	1		39	31	56	46	3	3	4	4	2	2	2		17
2004	18	17		1	4	4			52	59	74	81	19	18	17	11	3	1			27
2005	14	14							62	70	76	84	13	14	20	18	5	7			221
2006	10	8					1	1	32	30	43	39	3	4	7	13	2	2	1		8
2007	16	15					1	1	34	34	51	50	10	5	26	12	5	3			19
2008	11	13						1	50	46	61	60	7	53	24	35	2	3			19
2009	50	43			3	3			450	439	503	485	12	9	23	22	2	3	1	1	17
2010	18	25			6	6			75	81	99	112	4	7	62	54					32
2011	39	39					2	2	76	82	79	87	17	20	33	40	1	1	1		16
2012	32	29	4	4	4	4	1	1	198	194	239	232	21	20	53	57	3	1			11
总计	215	209	18	21	20	19	9	9	1079	1095	1317	1310	111	153	277	274	25	23	6	1	400

第三章 民商事审判

第一节 概 况

从历史上看，阳泉地区的工矿业和铁路运输业较为发达，阳泉解放之初，新生的人民政府即领导阳泉人民大力发展传统优势产业钢铁、煤矿、硫磺以及其他工农业生产，保障铁路运输畅通无阻，全力以赴支援解放战争。阳泉市司法处（1948 年 10 月 19 日，更名为阳泉市人民法院）积极配合人民政府，以审判为武器，严厉打击资本家屯集物资、哄抬物价、消极生产，甚至故意破坏工矿业生产和经济恢复等不法行为，调解和审理当时生产和经营领域发生的经济纠纷案件。

1951 年，根据党中央指示，开展全国性的“三反”、“五反”运动。阳泉地区的“三反”运动有效整肃了各行各业存在的官僚主义和贪污浪费现象，特别是在“五反”运动中，阳泉市人民法院配合阳泉市公安局、阳泉市检察院，严厉打击了资本家不法行为，整顿了市场秩序，维护了市场稳定。

1954 年 9 月，为了更好地为阳泉市的工矿业生产和经济建设服务，推进阳泉市资本主义工商业的社会主义改造，阳泉市人民法院抽调政治可靠、业务熟练的干部 5 人，成立了“经济保护庭”。

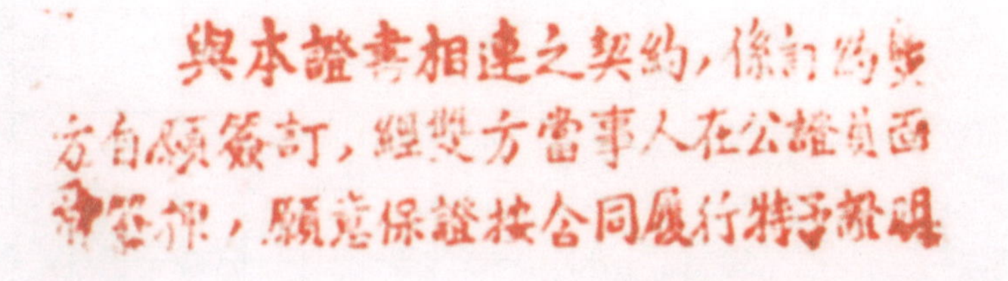

20 世纪 50 年代合同公证证明印鉴

从 1954 年开始，阳泉市人民法院配合市委、市政府，对区域内的资本主义工商业进行社会主义改造，到 1956 年，此项工作基本完成，国家在粮食调配方面实行统购统销，涉及工矿业生产的工业物资实行国家计划供应或无偿调拨，阳泉地区生产、经营和流通领域的经济纠纷案件基本消失。但在稍后（1958 年）开展的人民公社化运动中，一度出现“一平二调”和“一大二公”等严重侵害农民群众个人利益，损害各人民公社和各生产大队、生产小队集体财产和权益的现象，因此，阳泉市人民法院在 20 世纪 60 年代初，根据毛泽东主席的指示《永远不许一平二调》和《农村人民公社工作条例（草案）》，简称《农业六十条》，大量运用调解这一解决经济纠纷中行之有效的手段，化解了一大批发生在农村的集体和集体之间、集体和工矿业之间的经济纠纷。

此后，直到20世纪80年代初，由于国家实行严格的计划经济体制，农村实行“政社合一”的人民公社制度，加之在此期间国家政治体制上实行党的一元化领导，国家财产、集体财产均得到较好保护，因此，涉及现代司法意义的“民商事”矛盾纠纷基本上没有发生。

1978年12月，中共十一届三中全会召开，党和国家的工作重心由此转向以经济建设为中心的轨道。随着党和国家工作重心的转移和经济建设的开展，传统的民事纠纷审判模式，已不能适应国民经济的发展趋势。在这种情况下，1979年7月1日，全国人大常委会五届二次会议通过的《人民法院组织法》，给“经济审判庭”确立了法律上的正式称谓：“最高人民法院、高级人民法院、直辖市和省、自治区、直辖市的中级人民法院设立经济审判庭。”1980年以前，阳泉市境内的经济纠纷案件较少，两级法院未设立经济审判机构，此类案件由民事审判庭审理。阳泉市两级人民法院受理、审判的民事案件，包括婚姻家庭案件和继承纠纷等传统民事纠纷，同时也审理80年代以后“民商事审判”覆盖的所谓“合同、公司、金融、票据、证券、知识产权、环保、建筑工程”，以及“海商海事”等经济领域发生的“民商事案件”。

阳泉市经济审判庭，即现代法律概念上的民商事审判庭建立得比较早。1980年，最高人民法院召开“全国经济审判工作经验交流座谈会”，对经济审判工作的基本任务、收案范围、收案办法在会上得到了确定。当年10月，阳泉市中级人民法院根据“全国经济审判工作经验交流座谈会”精神，成立了阳泉地区有史以来第一个经济审判庭，对经济审判工作进行了积极的探索性。1981年，阳泉市中级人民法院经济审判庭开始受理经济纠纷案件。但主要是打击经济领域的犯罪活动和犯罪分子，同现代意义上的“民商事审判”仍有一定区别。而全国许多高、中级法院开始陆续建立经济审判庭，则是在1983年9月全国人大常委会六届二次会议根据全国经济形势的发展对《人民法院组织法》进行了修改之后，各人民法院才在最高人民法院的部署和指导下普遍设置了经济审判庭。

1984年3月，全国“第一次经济审判工作会议”召开，这在经济审判领域是具有里程碑式意义的。在这次会议上，明确将为社会主义现代化建设服务确定为经济审判工作的指导思想，确定了经济审判工作的基本任务：即“审理经济纠纷案件，通过审判活动，调整生产和流通领域内的经济关系，保护国家和集体、个人的合法权益，维护社会主义经济秩序，保障中国社会主义现代化建设事业的顺利进行。”但在当时，经济审判的受案范围与现在所说的民商事审判还有很大差别。当时确定的经济审判受案范围不仅包括一般的民商事案件，还包括经济犯罪案件，甚至贪污、受贿等与经济有关的刑事案件。后来，随着时间的推移，涉及经济犯罪的案件才逐渐划归到刑事审判庭负责。

1984年以后，随着阳泉市两级人民法院经济审判工作的全面开展，受理案件数量也逐年大幅上升。而经济审判又是一个新生事物，在具体的审判实践中难免遇到这样那样的问题。比如，由于缺少审判经验，缺少相关的法律规定，审判人员对相当一部分民商事案件吃不准、吃不透，大家在实践中学，在实践中干，向兄弟单位学习先进的民商事受理审判经验，收集诸如此类的审判案例。

1986 年 1 月 31 日，最高人民法院审判委员会通过《关于涉外海事诉讼管辖的具体规定》，明确了法院在海事诉讼中管辖案件的范围，解决了办案实践中遇到的棘手问题。此后，最高人民法院经济审判庭先后起草下发了《关于在审理经济合同纠纷案件中具体适用〈经济合同法〉的若干问题的解答》、《关于适用〈涉外经济合同法〉若干问题的解答》等一系列重要的司法解释性文件，阳泉市两级人民法院根据这些规范的司法解释，开展民商事案件的受理和审判，对于推动全市经济工作的健康发展起了重要的指导作用。1988 年 7 月，阳泉市中级人民法院在省内率先成立了经济纠纷调解处，审理经济纠纷案件。

1993 年 11 月，中共十四届三中全会召开，党中央作出《关于建立社会主义市场经济体制若干问题的决定》。这个决定对于中国此后十几年经济发展产生了巨大作用。也正是在这个阶段，民商事审判进入了快速发展轨道，由于中国社会主义市场经济高速增长，各省市各种类型的企业之间的经济交往逐渐增多，经济纠纷也大量激增。当年即受理一审经济案件 1188 件，审结 1088 件，结案率 91.5%，结案标的 6894.65 万元。受理审结二审经济案件 45 件，适用特别督促程序的经济案件 104 件，办结 91 件，结案率为 87.5%，结案标的 74.35 万元。1994 年，阳泉市人民法院受理一审经济案件 1313 件，审结 1234 件，结案率 94%，结案标的 10850.77 万元，标的金额比上年度上升 57.4%。

1995 年，阳泉中院为适应新形势下经济案件出现的新情况、新特点、新规律，将原来的“经济审判庭”更名为经济审判一庭，将原来的“经济纠纷调解处”更名为经济审判二庭。经济案件的公正审判，成为阳泉市两级人民法院维护社会经济健康发展的一个重要支柱，也成为阳泉市两级人民法院工作的一大亮点。10 月，面对各类案件数量急剧增加和不断涌现的新类型案件，经济审判工作逐渐向精细化和专业化发展。特别是随着专利、商标、著作权纠纷的增多，阳泉市两级人民法院将知识产权纳入民商事审判范围。阳泉市中级人民法院对知识产权案件纠纷依法公平、公正审理，对严格依法保护知识产权发挥了重要作用。本年度，阳泉中院根据全市外欠资金十分突出的实际，向全市两级法院经济审判人员发出全年为本市企业清理外欠 1.5 亿元的要求。全年实际受理一审经济案件 2000 余件，结案金额上升 6.2 亿多元①。

1996 年，以煤炭生产为核心产业支柱的阳泉经济状态，在亚洲经济危机暴发前夕，

注：①因缺 1995 年统计报表，2000 余件和 6 亿多元均为计算约数，1996 年比 1995 年收案和结案标的绝对数分别上升 2% 和 1.6%。——编者注

率先以煤炭企业煤款外欠剧增的形式表现出来，阳泉市很多企业处于资金紧张、经营极其困难的局面，不少企业处于停产、半停产状态。因此，这一年也是经济案件急剧增多的一年。全年受理一审经济纠纷案件2536件，比1994年的1313件，净增1223件，上升了48.3%。标的金额达6.3亿元，比1994年的10850.77万元，剧增了570%。二审受理审结经济案件99件。这类民商事性质的案件，主要集中在外省市化工、钢铁、建材企业拖欠本市煤炭生产领域债务方面。

1997年，亚洲金融危机暴发，以煤炭生产为主导产业的阳泉市经济形势出现资金链时断时续的问题。两级法院围绕阳泉市改革开放和经济建设实际，通过依法审理民商性质的经济案件，调节经济关系，保障和促进全市经济的有序运行和健康发展。全年受理一审经济案件2381件，审结2145件，结案标的5.4亿元，结案率为90.1%，案件数、审结数、结案标的均比上年度略有下降。

1998年，受亚洲金融危机影响，本地经济形势进一步恶化，煤炭生产出现萎缩，外欠债务明显增加，企业经济更加困难。反映在经济案件的审判方面，即是案件数量、诉讼金额的进一步攀升。全年受理一审经济案件2783件，审结2571件，诉讼标的8.4亿元。是1994年以来，民商事性质的经济案件受理数和诉讼标的最多的一年。1999年，全年受理一审经济纠纷案件2011件，绝对数比上年度下降772件。审结1745件，结案标的5.1亿元，比上年度同样有所下降。

2000年，受理一审经济纠纷案件2240件，审结2089件，结案标的金额4.9亿元。市中院受理二审经济纠纷案件158件，审结139件。8月，阳泉市两级人民法院实行机构改革。针对当时的民事审判、经济审判、知识产权审判等，都是平等民事主体之间的权利义务关系，适用的都是民事诉讼法。因此，在原民事审判庭基础上，建立了现在的民一庭；在过去经济审判庭的基础上，建立了民二庭；在原来知识产权庭基础上，建立了民三庭。至此，阳泉市两级人民法院民商事审判格局全面形成，基本职责是：审判第一、二审国内法人之间、法人和其他组织之间的合同纠纷和侵权纠纷案件，审判第一、二审国内证券、期货、票据、公司、破产等案件；审理申请撤销相关仲裁的案件；办理相关的申请复议案件；审批基层法院相关案件延长审限的申请，监督指导基层人民法院相关审判工作。

2001年，受理一审经济纠纷案件1592件，审结1406件，结案标的金额2.74亿元。市中院受理二审经济纠纷案件200件，审结199件。12月，阳泉市中级人民法院成立民事审判二庭，具体审理民商事案件，主要任务是：依法调整公民之间、法人之间、公民和法人之间的经济法律关系，维护社会经济秩序，保护当事人的合法权益。通过审理大量的经济纠纷案件，调整了经济法律关系，促进了全市的经济体制改革，保护了经济案件当事人的合法权益。

2002年，是新中国审判史上第一次正式用“民商事审判”代替“经济纠纷审判”

的一年，标志着“民商事”案件在社会主义市场经济中受到格外的重视。全年受理一审民商事案件5049件，审结4558件，结案标的金额4.76亿元。市中院审理二审民商事案件608件。两级法院在民商事审判中牢固树立为经济发展服务和化解人民内部矛盾的指导思想，适应改革开放的新形势，积极依法调节各种民商关系和其他社会关系，促进市场经济健康运行，化解社会矛盾，维护社会稳定。从本年度开始，二审受理的民商事案件出现剧增态势，比上年度的200件增加了408件，翻了一番还多。

2003年，全市法院围绕公正与效率目标，按照依法、公正、及时、稳妥的原则，依法审理民商事案件，促进经济发展和社会进步，全年受理一审民商事案件4919件，审结4468件，结案标的金额8.86亿元。市中院受理二审民商事案件535件，审结512件，为全市经济发展营造良好的法治环境。

2004年，积极发挥民商事审判工作维护社会稳定、规范市场经济秩序，促进社会文明的职能作用，两级法院把妥善解决民商事纠纷，正确处理人民内部矛盾作为一项重要任务，围绕企业改制加剧社会矛盾和产业结构调整进一步深化造成的不和谐影响，根据劳动争议和工伤纠纷案件逐年增多的现实，加大民商事案件的审判力度，全年共受理各类一审民商事案件5320件，审结4806件，分别较上年同期上升8.15%和7.56%，结案标的11.28亿元，比上年同期上升27.31%。受理二审民商事案件535件，审结434件。

2005年，受理各类一审民商事案件5473件，审结4952件，同比上升2.9%和3%；结案标的12.33亿元，同比上升9.3%。受理二审民商事案件515件，审结398件。

2006年，受理各类一审民商事案件4763件，审结4099件，同比下降13%和17.2%；结案标的9.98亿元，同比下降19%。受理二审民商事案件460件，审结429件。

2007年，随着阳泉市社会经济的发展，阳泉市两级人民法院再次对民事审判工作和民商事审判工作进行改革，形成了大民事审判格局，由立案庭就受理的民事案件和民商事案件，按照规定随机分别向民一庭、民二庭、民三庭分派案件。全年受理各类一审民商事案件4749件，审结4239件；结案标的6.4亿元。受理二审民商事案件333件，审结274件。

2008年，受理各类一审民商事案件3940件，审结4316件（含旧存376件），同比分别下降17.04%和上升1.82%，结案标的4.1亿元，同比下降36%；受理二审民商事案件483件，审结410件。2009年，协调利益关系，促进社会和谐。全年共受理各类一审民商事案件4870件，审结4862件（含旧存），同比上升23.6%、12.6%。诉讼标的5.5亿元。受理二审民商事案件527件，审结515件（含旧存），同比上升9%、25%。民商案件有较大幅度的增长。2010年，阳泉市两级人民法院针对转型跨越发展的形势要求，全市法院更加注重发挥民商审判职能作用，切实增强服务大局的针对性和实效性，进一步加强民商审判工作，以服务阳泉地区的转型跨越发展，促进社会和谐。全年共受理各类民商案件5379件，同比略有上升；审结5624件（含旧存），同比上升4.6%。

2011年，加大法律服务力度，认真开展司法入企帮扶活动，为企业发展提供帮助支持；坚持平等保护原则，注重采用调解、和解和司法重整等法律手段，妥善处理各类合同纠纷2070件，规范经济秩序，保障金融安全。

2012年，全市法院认真开展司法入企帮扶活动，积极化解民商纠纷，注重采用调解、和解和司法重整等法律手段，妥善处理各类合同纠纷。

建院60多年来，阳泉市中级人民法院和各基层人民法院，通过民商事案件的受理、调解和依法审判，在保障阳泉地区社会主义市场经济又好又快发展，创造公正高效的法治环境方面发挥了积极重要的作用。

小资料

什么是民商事案件?

民商事案件就是适用民商事法律的案件。民商事法律包括民法和商法。

民法是调整作为民事主体的自然人、法人及其他非法人组织之间人身关系和财产关系的法律规范的总称。

商法，是指以商事关系为调整对象的法律规范的总称。中国没有形式的商法，但存在实质的商法，主要表现为大量的商事单行法，公司法、证券法、票据法、保险法等。简单而言，民法是一般法，商法是特别法，民法对商法具有领导指导的意义，而商法对民法具有补充、变更、限制的作用。商法与经济法的区别主要在于商法以当事人意思自治为主导性原则，经济法则强调国家意志和政府职能的介入，并以国家政策为主导。

第二节 民商事案件的审理

一、新中国成立——改革开放初调整国家、集体、个人利益的司法实践

新中国成立初期到20世纪80年代改革开放之前，虽然没有明确的“民商事”概念和相关的法律条文，但在人民法院审判实践中，并非没有类似的审判案例。经济合同案件的审理，相同所有制企业和企业之间、不同所有制企业和企业之间的经济关系调整，均属类似于现代法制意义的民商事司法行为。或者说，是社会主义革命和社会主义建设过程中较早的“民商事”司法。

1947年5月4日，阳泉市人民政府成立，设司法处受理和审判刑、民事案件。1948年10月，阳泉市司法处更名为阳泉市人民法院，1949年—1950年，曾一度更

名为阳泉工矿区人民法院，1950年年底，恢复阳泉市人民法院称谓，1973年，升格为阳泉市中级人民法院。从阳泉市中级人民法院历史称谓的变化上看，全国解放之初阳泉市人民法院（包括阳泉工矿区人民法院）的一项非常重要的职能，就是通过审判维护战争状况下阳泉市工、矿企业的安全和生产秩序的稳定，打破资本家对煤炭、钢铁、硫磺等重要战略物资在生产、经营、运输、销售等环节上的垄断地位，严厉打击不法商人对新生的人民政权在物资供应、粮食调拨、工程建筑等经济保障方面的经济封锁和控制，解除旧势力企图用经济手段打压新生的人民政权的威胁。因此，当时的阳泉市人民法院，一方面严厉打击工矿区内大量存在的偷盗、吸毒、强奸、通奸等严重刑事犯罪活动，揭露潜伏隐藏在工矿区的国民党特务分子、反革命分子和反动会道门组织的头目；另一方面，着力于运用法律手段，调整阳泉市工、矿业生产中的经济关系，维护国家、集体、私人和私营企业的合法权益，促进工农业生产，从保障经济发展的角度尽最大努力支援全国解放战争。

如1950年上半年，阳泉工矿区人民法院即通过法律手段，审结“契约、地界、合伙等种类的案件16件”，“买卖纠纷21件”。特别值得一提的是，审判了史翼卿承包铁路工程后又转包他人、自己携款逃走，造成接包人、担保人和工人群众之间巨额债务纠纷的案件。史翼卿通过关系以包额18万斤小米，承包“阳泉铁路局工务段一五一、一四八”两段铁路工程后，将“一五一”转包给太原建筑公司，“一四八”转包给翟俊英，并由“聚元昌”商号提供担保。最终史翼卿携部分款项逃跑，“聚元昌”经理高士臻见自己承担不起如此严重的担保责任，随即溜走，留下康聚云负责处理善后事宜。但已经给300多工人造成重大损失。阳泉工矿区人民法院民事法官，一方面对此案的发包、承包、转包等过程进行调查研究，针对阳泉市各企业在发包、承包、转包工程中照顾关系、不守信用，甚至为了利润最大化不择手段进行“诓骗”等行为，向阳泉市人民政府提出司法整改意见，一方面强化法律责任，敦促阳泉市铁路局工务段继续全额拨付未付款项（小米），并优先保障工人工资（小米），维护工人权益，在此前提下，尽量减轻接包方和担保方在本工程中的经济损失，化解他们之间的经济纠纷。

1950年上半年另一起经济纠纷案件是，包工头许庆将自己包出的工程转包给郭某，“言明”包费为每立方石子22斤小米，完工后许庆拒不按约定支付郭某小米，为此，郭某诉至阳泉工矿区人民法院，人民法院审理后认定，许庆在转包此项工程时“原本意图不良，设局诱骗”，阳泉工矿区人民法院即将许庆扣押5天，并为郭某追回小米1300斤。

1953年，阳泉市有资本主义工商户322户（不包括独立小商业）。当年6月，中共中央根据中央统战部的调查，起草了《关于利用、限制、改造资本主义工商业的意见》。9月，毛泽东主席同民主党派和工商界部分代表座谈，指出国家资本主义是改造资本主义工商业的必经道路。10 月，中华全国工商联合会召开会员代表大会，传达中共在过渡时期的总路线和对资本主义工商业的社会主义改造的政策。在过渡时期总路线指引下，1954 年 9 月，在进一步明确司法工作必须为经济建设服务的思想指导下，为了更好地服从服务于阳泉市工矿业生产和经济建设，阳泉市人民法院专门成立经济保护庭，配备政治可靠、业务熟练的干部 5 人，至年底，在短短三个多月的时间内，即受理有关经济方面的案件 45 件。

与此同时，到 1954 年阳泉市开始出现资本主义工商业全行业公私合营的趋势，经过 1955 年大规模的社会主义改造运动，全市主要大中型私营工业企业，包括煤矿、硫磺、铝矾土等开采业中的绝大多数，通过公私合营方式转变为公私合营企业。商业方面，则在国家掌握一切重要货源的情况下，通过使私营商业执行经销、代销业务的方式，逐步向社会主义商业转变。1955 年下半年，这时，农业合作化高潮的兴起，断绝了资本主义和农村的最后联系，资本主义工商业全行业公私合营的条件已经成熟。其中纳入加工、订货和经营、代销等国家资本主义形式的有 141 户。到 1956 年年底，阳泉市即全面完成了对资本主义所有制的社会主义改造。

由于资本主义工商业的社会主义改造受到党和国家的高度重视、人民群众的普遍拥护，特别是国家采取的“赎买”形式，同样受到广大私营工商业者的尊重和理解。因此，这一时期具有“民商事”性质的经济纠纷案件，主要集中在 1960 年《工业十二条》和《农业六十条》，以及《农村人民公社工作条例》颁行后，在阳泉市广大农村人民公社、生产大队和生产小队一定程度存在的一些“平调”问题上。如 1960 年，桃林沟生产大队①为了修理粪桶，将原属东庄沟生产大队土地上的四株杨树砍掉，并抬至桃林沟村后山。一杨姓社员认为这些树木并非集体财产，合作化、公社化运动中他不敢提及此事，但《农业六十条》后，这些树木应属于自己的私有财产，遂将桃林沟大队诉至阳泉市人民法院。阳泉市人民法院当即安排法官带卷下乡，对本案进行实地调查勘验，联系土改前后和合作化、人民公社化运动中的实际问题，将树木、土地、地形绘制成简图，会同当地人民公社党委，召集诉讼当事人杨某和桃林沟生产大队、东庄沟生产大队负责人进行调解，最终裁定被桃林沟大队砍伐掉的四棵杨树归该杨姓社员所有，杨某高兴地说：“党的政策是真理，树该归谁就归谁，是人民法院给了我一个公道啊。”

1960 年，受理合同纠纷 2 件，占当年民事案件总数（559 件）的 0.36%。1961 年，阳泉市人民法院从有利于集体生产、有利于人民内部团结出发，正确调解全民所有制、集体所有制之间的经济案件，化解不同所有制之间的经济纠纷 6 起。如 1961 年 8 月 4 日，平定县槽里生产大队在给阳泉三矿运输石料行至官沟村时，其中一头骡子触电死亡，槽里生产大队随即要求官沟生产大队给予赔偿。官沟生产队却以电线由三矿架设、石

注：①现桃林沟村。

料供给三矿使用、应由三矿承担责任为由拒绝赔偿。为此，槽里生产大队将官沟生产大队和阳泉三矿一起诉至法院。阳泉市人民法院经过调查协调，在阳泉市农委支持下，提出处置本案的司法意见，并促使双方当事人达成协议：官沟生产大队先给槽里生产大队一头骡子，并赔偿骡价的60%，槽里生产大队自己承担40%的损失，双方责任分摊后，市政府支援农业的牲口指标拨给槽里生产大队，阳泉三矿不承担法律责任，从而消除了三方的对立情绪，妥善解决了困难时间集体和集体之间、集体和国营企业之间的经济纠纷。另一起典型经济纠纷案件是甘肃白银公司诉阳泉市化工厂赔偿退货损失案。早在1960年8月，白银公司即向阳泉市化工厂购买并运走28.4万米导火索，其中21.4万米不适合白银公司使用，后双方商定退货，但白银公司因没有阳泉市公安局签发的“准运证”，兰州铁路局不给承运，白银公司来电请化工厂协助办理，但化工厂误认为是白银公司故意找麻烦，迟迟未予办理也没有回复，致导火索搁置两年之久，超过产品使用年限。1961年5月，诉至阳泉市人民法院。阳泉市人民法院受理此案后，为了减少国家损失，积极同市经委、市化工厂和白银公司进行协调，最终达成和解协议：由化工厂派人到白银公司，按照第三机械工业部规定的出厂标准，对导火索进行技术鉴定，将符合标准的部分由白银公司自用，或申请当地主管部门及物资部门处理，报废部分由化工厂负责将原价款退还白银公司。此外，在受理调解平坦堖生产大队诉阳泉电厂，赔偿他们在给该厂运输货物过程时被电厂电线电死骡子一案时，阳泉市中级人民法院针对合同条款不完善、含糊其辞等问题，为了使经济合同具体明确，责任清楚，堵塞合同签订中的各项漏洞，向阳泉市运输指挥部提出司法建议：一、召开运输队长及有关人员会议，把已签订的合同进行一次审查，加以补充修改，对今后的运输合同充实新的内容，特别是对有关人、畜伤亡和双方责任条款必须具体明确；二、在签订合同时，必须严格手续；三、加强审查合同的责任心，对合同进行认真的审核等。

由此可见，从新中国成立初期到20世纪60年代，阳泉市人民法院在受理、审判和调解经济纠纷案件时，始终按照有限的法律条款，灵活掌握和运用党和国家在不同时期的政策、方针，围绕国家和阳泉市各个不同时期的中心工作，更多地体现了人民法院的社会责任，对党的事业的负责精神，特别注重调处国家、集体和人民群众之间的关系，注重保护全民所有制、集体所有制和公民之间的合法权益，发现问题不是简单地审判处置，而是在受理审判这些经济纠纷案件时举一反三，从维护社会主义法制、维护社会公平正义的高度，帮助人民政府和企业完善各项规章制度，堵塞各项管理漏洞，最大限度地减少经济损失，促进各种不同所有制之间的互相理解和支持，团结一致共同建设社会主义。

1963年，阳泉市人民法院受理买卖纠纷3件。1964年，受理买卖纠纷13件。此后，“四清”运动、“整社整队”运动和“文化大革命”运动相继开展，由于这一特定的历史时期政治运动十分频繁，实行“以阶级斗争为纲”，因此，全社会经济结构趋于简约化，工业生产、经营体制基本上只有全民所有制企业、城区劳动群众集体所有制企业和农村以集体所有制为主体的“社队企业”三种形式。阳泉地区广大农村的生产和管理全面落实了毛泽东主席倡导的“三级所有、队为基础”的人民公社化，经济性质属于农村集体所有制模式。即使是城市街道办事处，也按照1960年3月9日中共中央《关于城市人民公社问题的批示》精神，普遍建立了城市人民公社，如赛鱼人民公社、红岭湾人民公社等。这期间，政治上阳泉市实行党的一元领导，经济建设上以国家计划为主，地方建设被列入国家计划，统一部署、统一安排、统一布局、协调发展。因此，阳泉市工、农业生产得到较快发展，农村人民公社和各生产大队，依托自身的自然优势和传统优势，普遍建立了规模不等的“社队企业”，如耐火材料厂、铝矾土矿、煤矿、石料厂，平定很多农村传统手工业得到恢复和发掘，如烧制沙锅、酿制酒醋。以阳泉市为投资主体的全民所有制企业和集体所有制企业如雨后春笋，如阳泉市无线电一厂、二厂至九厂，阳泉市钟表厂，阳泉市煤电二厂，阳泉市粉末冶金厂，阳泉市渗水沟硫铁矿，阳泉市制针厂，阳泉市酒厂，等等。这些厂、矿企业的建立，在土地划拨上，实行国家统一计划，生产资料和原材料供应上，实行国家统一调配，涉及农村整体搬迁或农村人民公社和生产大队社员个人家庭安置方面，按照昔阳县大寨大队的模式，实行国家指导下的社会主义新农村建设统一规划，如郊区河底人民公社南峪生产大队（现河底镇南峪村），因山西省阳泉荫营煤矿（阳泉第一监狱）在煤炭开采过程中，按设计规划需穿越全村地下煤层，为防止自然村落塌陷，保障社员生命财产安全，即由国家投资，阳泉荫营煤矿具体承建，实现了整体搬迁，安置社员近1000人，包括学校、社员住宅、大队办公楼等公共建筑。

1973年，原阳泉市人民法院升格为二审法院，称阳泉市中级人民法院，恢复行使审判权，开始受理审判“文化大革命”期间的刑、民事案件，当年即审结经济案件19起。

1974年~1980年，是阳泉市筹建厂矿企业较多的一个时间。无论是市属、县属（区属）的国营企业，还是手管局（二轻局）或各街道办事处筹建的集体性质的企业，包括农村人民公社兴办的社办企业和各生产大队自办的队办企业，基本上均集中诞生在这一时期。市属国营企业，如阳泉市无线电一至九厂”、“阳泉市手表厂”等；区属的国营企业，如郊区人民政府在杨树沟建起郊区农机厂等；社办企业如荫营人民公社兴办的农机厂、缝纫厂；队办企业如下荫营生产大队办的东风耐火厂、下荫营村煤矿、石厂、建筑队等。但这一时期并没有出现诸如现代司法意义的“民商事”问题。因此，这些企业均在没有任何“民商事”纠纷羁绊的情况下建立起来，并发挥着“发展经济、保障供给”的作用。

从20世纪60年代到1980年前，阳泉市各级党的组织、行政管理部门和企事业单位，充分发挥各自的政治优势，积极协调不同领域、不同单位，不同所有制之间，在土地调拨、投资建设、资金调动、银行贷款、物资供应等经济方面出现的争议和矛盾，一般均充分发挥党的政治领导优势，采用政治说服手段和政治解决方式，化解了这一特殊历史时期绝大多数经济纠纷。所以，在近20年的发展历程中，阳泉市两级人民法院主要是配合各级党委和人民政府（革命委员会），协调解决具有“民商事”性质特征的经济纠纷，确保国家、集体和个人的权益受到平等保护。

二、20世纪80年代至90年代初的民商事案件

1978年12月，中共十一届三中全会决定把党和国家的工作重心转移到经济建设上来。此后，由于阳泉地区经济建设的蓬勃发展，各种不同领域、不同所有制、不同地区、不同上级主管部门的企业之间的经济来往逐渐频繁起来，带之而来的是，真正具有现代“民商事”特征的经济纠纷案件呈逐步上升趋势。

1980年10月，阳泉市中级人民法院设立经济审判庭。1981年开始受理经济纠纷案件，当年受理购销、建筑等合同纠纷案件23件，审结21件，其中判决1件，调解20件，使总值达146000余元资财得到流转和合理使用。同时受理经济信访案25件，审结22件。并认真总结经济案件受理审判的经验和教训，注重经济案例的收集，在认真学习经济政策和经济法规，积极了解经营管理知识基础上，经济审判干警深入经委、计委、建委、工商局、物资局、银行等单位了解情况，调查学习，以推动日后经济审判工作向前迈进，为全党工作中心向经济建设转移提供司法服务。

1982年，城区、矿区、郊区人民法院相继设立经济审判庭。市中院和城区人民法院受理一审经济纠纷案43件（包括上年旧存3件），比上年度上升87%，审结37件，比上年结案率略有下降，其中调解结案36件，占受理案件总数的97.3%，经济案件标的总额50余万元。

1983年9月，平定县、盂县人民法院归属阳泉市中级人民法院管辖后，经济审判工作在全市两县三区全面展开。全年受理经济案33件，审结28件，结案率84.85%。其中调解处理的23件，占已审结案件数的82.14%，其他处理35件，占17.86%，结案标的197000元，使涉案单位间的经济纠纷得到及时解决。

1984年，受理经济案件117件，审结90件，结案率76.9%。诉讼标的达165万元，是阳泉市两级人民法院经济审判庭建庭以来，收、结案最多的一年，也是标的金额最大的一年、涉及面最广的一年。涉及辽宁、江苏、浙江、湖南、四川、广东、新疆等16个省、市（自治区），诉讼当事人不仅有国营厂矿、集体企业、事业单位，还包括不少个体户和专业户。阳泉市两级人民法院通过经济案件的受理审判，保护了改革开放初期社会主义公有制和群众的合法权益，维护了经济合同制度和经济秩序的严肃性，促进了企业经济效益的提高。

1985年，随着经济体制改革不断深入和对外实行开放，对内搞活经济政策的进

一步实施。在经济审判工作中，经济合同纠纷和其他经济纠纷大量增加，阳泉市两级法院共受理各种经济纠纷案件 235 件，比上年度又增加了一倍，审结 197 件，结案率为 83.8%。已结案件争议标的达 558.8 万元，经济案件总数比上年度上升一倍。阳泉中院经济庭从 1984 年 5 月到 1985 年 8 月 15 个月中，受理的经济案件总数相当于建庭前三年受案总数的 1.9 倍，争议标的金额增长 7.7 倍。面对经济纠纷案件逐年上升，大案难案同步增多这一新情况，阳泉市两级法院进一步加强经济庭建设，中院经济庭由原来的 5 人充实到 9 人，城区、盂县人民法院纷纷抽调骨干力量，充实经济审判队伍，消灭了“一人庭”、“二人庭”现象。与此同时，各基层法院采取短期集训、派出学习等方式，加强经济审判人员的业务训练，以改变干警的知识结构不适应经济案件大量增加、对经济法规和经济审判工作比较陌生的被动局面。

在审理经济纠纷案件中，审判人员努力从宏观角度去衡量审判工作是否有利于深化经济体制改革，是否有利于促进商品经济的发展，不断总结经济审判工作经验，提高案件审理质量。盂县人民法院坚持把经济审判工作同社会治安综合治理结合起来，经济纠纷案件审结率达到了 97.7%，调解率达到 87%。矿区人民法院经济案件结案率达到 100%。市中院经济庭在审判实践中，牢固树立为经济体制改革和经济建设服务的思想，坚持调查研究，主动提供服务；坚持深入基层，就地解决纠纷；坚持着重调解，促进经济合作；坚持急人所急，减少经济损失；坚持勇于实践，试办典型案件；坚持严格把关，查堵经济犯罪；坚持秉公执法，树立高大形象，保证了经济案件及时审理，保护了当事人的合法权益，维护了经济秩序，促进了改革开放初期的生产发展。

截至 1985 年底，全市两级法院经济审判庭共审结经济案件 471 件，诉讼标的总金额达 817.4 万余元。二审经济案件 3 件。

从 1980 年到 1985 年最初 5 年，阳泉市中级人民法院和基层人民法院审理的经济纠纷案件，有以下几个特点：一是从结案方式上看，调解结案率高，共调解处理 290 件，占审结总数的 78%，贯彻了民事诉讼法关于着重调解的原则。二是从案件的类型上看，购销合同纠纷案件占多数，仅 1984 年和 1985 年两年所受理的 352 件经济纠纷案件中，购销合同纠纷案件就有 248 件，占审结总数的 70% 以上。三是购销合同纠纷中，多属拖欠货款纠纷。纠纷双方，被告又为外地者居多。近年来，随着对内搞活政策的逐步兑现，农村乡镇企业迅速发展。尤其是本市郊区乡镇，拥有“黑、白、黄”的自然资源优势。纠纷中，绝大部分是以外地购买耐火建筑材料，长期拖欠货款为主要内容。四是农村承包合同纠纷案件，在购销合同纠纷以外的案件中也占一定比例。仅以 1984 年和 1985 年为例，其他经济纠纷案件为 104 件，农村承包合同纠纷案件为 25 件，占到 24%，此类合同纠纷案件中，又以土地承包、乡村采矿及其他小企业的承包果园、运输工具的承包居多。五是从诉讼标的金额看，呈直线上升趋势。1981 年 ~ 1985 年五年中，诉讼标的总额为 806.79 万元。其中 1981 年—1983 年均在 50 万元以下，总额仅为83万元；1984年翻了一番，为164.95万元；1985年在上年的基础上又净增239%，为558.84万元。

开展经济审判工作初期，全市两级人民法院在审理经济纠纷案件的同时，还审理贪污、受贿等经济犯罪案件，1984年第一次全国经济审判工作会议确定人民法院经济审判的性质和任务后，确定了经济审判庭的收案范围包括：经济合同案件、涉外经济纠纷案件、涉港澳经济纠纷案件、农村承包合同纠纷案件、经济损害赔偿案件和其他经济纠纷案件。阳泉市中级人民法院根据会议精神和本地实际，曾规定本院受理经济纠纷案件的范围包括：省营以上单位的案件、市营以下单位诉讼标的5万元以上的案件、有重大影响的案件或疑难案件、涉外或涉港澳经济纠纷案件等。

1986年，阳泉市两级人民法院在经济审判中，为了保证办案质量，始终坚持五项原则：一是坚持严格审查起诉，认真接待当事人，严格执行庭长批准立案的制度。二是坚持重证据，重调查研究，既要要求当事人提供证据，又要注意深入实地调查和向有关方面的科技人员请教。三是坚持正确贯彻查清着重调解的原则，全市有172件案件经过调解结案，调解率达75.4%。四是坚持严格依法办案，注意依照法律和政策，正确区分责任，正确执行诉讼保全措施，正确区分经济纠纷和经济犯罪。五是坚持秉公执法不徇私情，既要法律面前一律平等，又要坚决克服审判工作中的不正之风，由于注意严把办案质量关，全市一审经济纠纷案，上诉的只有3件。

1987年，审结经济案件1544件，诉讼金额达到8000多万元。为适应本地区经济发展的要求和经济纠纷案件成倍增长、亟待处理的需要，市中级人民法院大胆探索，改进审判方式，于1988年7月在省内率先成立了经济纠纷调解处。该处坚持自愿、公正、合法、高效的办案原则，标的不分大小，随诉随收，随调随执，程序简化，灵活快捷，受到了社会各界的广泛好评。

1988年，经济案件大幅度上升，全年共收案1871件，审结667件，结案率不足50%。诉讼标的1719.54万元。与上年相比，收案数增加了4倍多，结案数净增加327件，上升96%。诉讼标的比去年增加556万多元，上升48%。受理二审经济案14件，审结10件，其中维持2件，改判2件，发还3件，其他处理3件。中院自上年度7月份建立经济纠纷调解处后，诉外调处经济纠纷案55件，标的达208万元，执行率达62%。在经济审判工作中，两级人民法院始终坚持主动服务、积极服务、全面服务、超前服务的原则，派法官主动上门收案，组织巡回法庭主动出去到外地办案，使许多当事单位免遭经济损失。为预防和减少经济纠纷，先后同20多个单位建立定向服务关系，并召开案例发布会，借助新闻手段对诉讼时效等有关法律问题进行法制宣传。中共十三届三中全会后，为适应“治理经济损失、整顿经济秩序”方针，为建立社会主义商品经济新秩序服务，阳泉市法院系统经济审判工作进行了新的尝试。一是在继开展依法收贷专项服务之后，又开展了为企业清理债权的专项服务活动。两级法院领导带领审判人员深入乡镇企业及交通运输、建筑企业，召开座谈会，宣传法律主动收案。全市两级法院比上年度多收一审经济案 1532 件，增加了 4 倍，仅郊区人民法院年度收案就达 1151 件。全市一审经济案件的诉讼标的金额比上年增加 65.7%。二是试办经济纠纷调解处。对一些争议不大的案件，采取当庭调解的方法处理，做到投诉快、结案快，执行效率高。三是通过办案发现官倒、私倒和其他经济违法犯罪案件，为治理、整顿服务。办案中发现三起经济违法犯罪案件，涉案金额近百万元，根据法律规定，阳泉中院分别不同情况移送公安机关和其他部门处理。

1989 年，受理一审经济纠纷案件 2505 件，比上年多收 588 件，上升 30.7%；审结 1920 件，比上年多结 1253 件，上升 188%；结案率为 76.6%；结案标的 3201.6 万元，比上年增加 1482.1 万元，上升 86.2%。市中院受理二审经济纠纷案件 19 件，审结 18 件，结案率为 94.7%。通过审理，维持原判 3 件，改判 5 件，发回重审 5 件，作其他处理 5 件。市中院经济纠纷调解处庭前调解处理经济纠纷案件 249 件，结案标的金额 686 万元，到期执行率达到 90.3%。年内，继续开展帮助农行依法收贷、帮助乡镇企业清理债权专项服务，先后为企业挽回经济损失 2000 多万元。

1990 年，由于《民法通则》诉讼时效规定的影响，全市经济纠纷案件收案数比上年有较大幅度下降。但也出现了案件诉讼增大、法律关系复杂等新问题，同时受经济形势影响，经济纠纷案件“审理难”、“执行难”问题更加突出。对此，阳泉市两级人民法院进一步强化经济审判工作，努力提高办案质量和办案效率，服务于阳泉经济的发展。一是加快办案节奏，提高办案效率。从及时为当事人排忧解难、促进企业经济发展出发，两级法院在建立健全收结案、审理期限方面的规章制度的同时，从全市实际出发，采取多种措施，提高办案节奏。特别是针对阳泉市的经济特点和被告多在外地这一实际情况，采取集中审判力量外地现场办案的办法，努力缓解企业资金困难问题。全年所结的案件中有 80% 左右的案件，都是在外地现场办结的。同时根据急案急办、大案要案优先办的原则，只要发现紧急重大案情，审判法官即迅速赶赴现场对案件进行即时审理。在具体的经济审判工作中，两级法院继续开展专项服务和定向服务，通过帮助交通运输部门清理债权等专项服务和对郊区一些乡镇企业发达的乡村开展定向服务活动，清理了一大批“三角债”，先后帮助企业回收资金（货款）2000 多万元，有效缓解了全市企业资金紧张的局面。二是进一步加强庭前调解，巩固经济审判方式改革成果，阳泉中院经济纠纷调解处正式成立以后，通过两年多时间的实践，社会效益、经济效益显著提高，受到省高院和市委市政府充分肯定，并把这项经济审判方式改革措施推广到全市法院系统。一年间，两级法院坚持自愿、平等、公正、合法、及时、高效的原则，通过调解方式解决经济纠纷案件 909 件，占结案总数 70.7%。三是开展经济司法协作，共同解决经济纠纷案件“审理难”、“执行难”问题，阳泉中院在山西、河北两省高院支持下，同晋冀两省七个中院签订《晋冀两省部分法院经济司法协作意见》。协作法院之间经济司法协作进一步加强，相互委托、协作审理、执行了一批大要案件。由于效果显著，《法制日报》在头版对这项活动作了报道。

1990年3月7日，山西省高级人民法院赵耀仁院长在向人大常委会报告工作中，对阳泉市中级人民法院建立“经济纠纷调解处”的做法给予充分肯定，并在全省法院系统推广。截至1990年年底，阳泉中院经济纠纷调解处调解经济纠纷543件，占受理案件总数的94%，标的达1699万元，执行率达90.7%。如阳泉市化工局硫铁矿经销部诉北京磷肥公司拖欠货款84万元纠纷案，1989年8月28日立案后，办案人员即赴北京调解，通过耐心讲法，使抱有抵触情绪的被告法定代表人心悦诚服地接受了调解，当即付款43.3万元，余款定期付清，仅用一天半时间就调解了这起原告十几次进京催要无果的纠纷。

在经济纠纷案件中，购销合同纠纷案件居首位，占结案总数的60.4%；公路货物运输合同纠纷案件、建筑工程承包合同纠纷案件、农村承包合同纠纷案件，分别占结案总数的6.5%、3.2%和1.1%。其他经济纠纷如借款合同纠纷、财产租赁合同纠纷、加工承揽合同纠纷等，占结案总数的28.8%。农村承包合同纠纷案件多发生在农村推行联产承包责任制初期，仅1984年和1985年就受理11件，占同期结案总数的3.8%。1981年至1990年，全市两级人民法院共受理一审经济纠纷案件4997件，审结4587件，结案标的金额10737万元；受理二审经济纠纷案件57件，审结57件；受理再审经济纠纷案件7件，审结7件。在所结案中，调解结案率较高，如1990年一审经济纠纷结案1057件，调解结案率为56%。

附表 1：1981—1990 年阳泉市两级人民法院经济案件统计表

年份	一审经济案件								二审审结	再审审结
	受理	审结	标的（万元）	其中						
				购销	建筑承包	公路货运	农村承包	借款租赁		
1981	25	23	14.6	11	2					
1982	43	37	50	3				4	1	
1983	32	28	18.7	13	5			8		6
1984	112	90	164.95	66	10	4		4		
1985	211	197	558.84	134	4	2	11	7	2	
1986	203	228	840.32	129	12	2	11	11	2	
1987	372	340	1163.27	238	10	12	3	20	6	
1988	1871	667	1715.54	414	20	56	8	96	10	
1989	1255	1920	3201.63	1032	52	149	11	115	18	1
1990	873	1057	3005.20	731	33	74	6	93	18	
合计	4997	4587	10737.05	2771	148	299	50	358	57	7

注：1. 本表数字依据统计报表《1981 ~ 1990 年分项数依归档簿》；2. 本表数据同 1981—1985 年年度总结略有出入，以上表为准。

三、1991 ~ 2012 年民商事案件审理

1991 年 11 月，全省第二次经济审判工作会议召开。会议讨论修改了山西省高级人民法院起草的《关于经济审判工作为搞好国营大中型企业服务的具体措施》等文件。文件规定对涉及国营大中型企业的经济纠纷案件实行优先立案、优先审理、优先执行、慎重采取诉讼保全措施。文件下达后，全市两级人民法院重点解决企业间的债务链案件，积极为企业摆脱困境、增强活力，提供法律服务。根据这一时期经济纠纷的新特点和民事诉讼法的新规定，广泛使用支付令、涉外调解等手段，及时高效地处理各种经济纠纷，优先解决了一批突出的、有影响的、标的大的案件，并广泛与企业建立了联系制度，主动为企业排忧解难，积极帮助和促进企业转换经营机制，加快改革开放的步伐。同时还审理了一批企业承包、租赁、联营、技术转让等纠纷案件，依法调节了各种经济关系，促进了经济的协调发展。这一时期经济纠纷案件大量增多，经济纠纷内容更趋复杂，审判难、执行也难；经济纠纷牵扯面大，社会影响大；群众关注，领导要求高。面对经济审判工作中“多、新、难、大”这样一种局面，全市两级人民法院积极探索，不断增强服务意识，提高服务的自觉性；严肃执法，努力提高服务的

质量和效率；不断拓宽服务领域，改进服务方式，开展多种形式的专项服务活动。如针对全市部分大中型企业“三角债”困扰、资金紧缺的情况，全市两级人民法院优先审理涉及大中型企业的经济纠纷案件，在审理此类案件中，全市两级人民法院坚持有利于企业生存、发展，有利于促进当地经济发展，有利于维护社会稳定的原则，宜调则调，能快则快；同时，严格依法办案，不轻易采用查封、扣押等强制措施，保证企业生产不受到影响。

1991年，是贯彻落实十年规划和“八五”计划的第一年。阳泉市两级法院紧紧围绕经济建设中心，针对全市许多企业被“三角债”问题困扰，经济发展受制约的实际，不断改善经济审判工作，坚持在“服务”上做文章，为经济振兴保驾护航。（一）倾斜服务。两级法院认真贯彻党中央、国务院关于搞活大中型骨干企业，推动经济全面发展的指示，对于大中型企业采取了“一主动三优先”的倾斜服务措施，即主动深入到15家大中型企业，加强与他们的联系，帮助他们树立运用法律手段维护合法权益的意识；对大中型企业起诉的经济纠纷案件，优先立案，优先审理，优先执行。盂县煤炭运销公司统销全县煤炭，是全县的骨干企业，由于外欠高达7000多万元，只能靠贷款过活。县法院闻讯后当即派出由副院长挂帅、12名审判骨干组成的办案服务队，三个月即为该公司回收外欠700多万元。一年间全市两级法院共为大中型骨干企业回收外欠资金1800多万元，有效地缓解了企业资金紧张，促进了经济效益的提高。（二）定向服务。阳泉市是山西省乡镇企业集中且比较发达的地区，本年度两级法院根据山西省委《关于扶持乡镇企业发展的决定》，坚持对乡镇企业开展定向服务活动，共审理乡镇企业起诉的经济纠纷案件342件，为乡镇企业回收资金1037万元，使24家濒临关门停产的乡镇企业走出了困境，并重现焕发了生机。（三）专项服务。为企业提供专项服务，集中解决带有行业特点的经济纠纷案件，是阳泉市经济审判工作几年来行之有效的工作方法。1991年，两级法院继续开展专项服务活动，为建筑行业、交通运输部门、金融部门回收资金826.03万元。（四）全程服务。一是认真抓好已结经济纠纷案件的执行工作。基层法院不仅进一步建立健全和充实了执行机构，而且进一步加强执行装备建设，为克服经济案件审结后出现的执行困难提供保障，同时采取思想教育与强制手段相结合的措施，使全市已结经济纠纷案件执行率达到86.3%，有力地维护了法律的尊严，保证了当事人合法权益的现实。二是针对经济审判工作中发现的共性问题，及时向当地政府和有关部门提出司法建议和管制建议，堵塞企业经营管理中的漏洞，促进经济发展。市中院六月初根据《民事诉讼法》实施后经济审判工作面临的新形势和大中型企业有案不知诉、不愿诉问题，向市政府提出四点工作建议，受到高度重视，薄应贤市长亲自在有关会议上对有关企业的相关问题作了安排部署。三是建立经济司法联络员制度，帮助企业培训法律骨干。为帮助企业树立依法经营的意识，及时掌握全市企业经济纠纷的案件情况，增强法院与企业之间的联系，两级法院在全市企业中普遍设立了经济司法联络员，本年度，已有40多家企业设立经济司法联络员50名。与此同时，全市法院还举办了23期经济法律知识培训班，为企业培训法律业务骨干450多名，提高了企业规范经营和自我保护的意识，进一步扩大了人民法院经济审判工作的辐射半径。

1993年，经济审判工作继续坚持审判就是服务的工作宗旨，为全市企业在市场经济中的发展提供多层次、全方位、高效益的法律服务。一是适应形势发展，开展专项服务。一是结合贯彻中央关于整顿金融的决策，开展为金融部门依法收贷专项服务，先后审理借款合同纠纷案件129件，结案标的达1023.42万元，协助银行回收了巨额的沉淀、呆滞贷款。二是从本市乡镇企业在全市经济中占有举足轻重位置这一实际出发，开展了为乡镇企业融通资金专项服务，共审理乡镇企业投诉案件451件，结案标的金额123万元。三是开展重点扶持骨干企业发展的专项服务，共审结15家重点服务对象投诉案件31件，结案标的金额1500万元。四是根据全市企业流动资金普遍紧张的实际，于下半年开展为企业回收外欠款项专项服务活动，并通过这项活动，两级法院为企业回收资金共计4500余万元，使40多家“无米下锅”企业走出困境。二是充分发扬调解在经济审判中的作用，全面推广经济纠纷调解处的经验和做法，在两个基层法院建立起“经济纠纷调解处”，并按照“随诉随收、随收随调、随调随执行”的做法全面开展工作，一年间，各调解处共调处各类经济案件328件，结案标的2938.04万元。三是拓宽服务领域，开展诉外调解服务。两级法院针对一些权利主体因各种原因，不断通过诉讼渠道清理债权，要求进行诉外服务，而义务主体已无异议的情况，主动改革审判方式，为这些企业提供诉外调解服务，并收到良好的社会效果。一年中全市两级法院诉外调处经济纠纷128件，标的达580万元。平定石油公司1994年4月，请求诉外调处同北京燕山地区科工贸联合总公司标的为44万元的纠纷，平定县法院随即派员赶赴北京主持双方诉外调解，双方当场达成协议，义务方随即一次性偿付30万元，其余款项于当月底全部偿清，使这起较为复杂又难以执行的购销合同纠纷很快得到解决。四是延伸审判职能，扩大审判效果。两级法院在抓好审理案件的同时，还依托审判职能，主动深入企业进行法制宣传，为企业培训经济法律业务骨干，全市两级法院为企业举办法律业务培训班20期，培训人员470人，帮助企业审查重大经济合同70多份，不仅提高了企业的法律意识，而且增强了企业走向市场后的应变能力，起到经济审判办案所无法发挥的作用。

1994年，两级法院的经济审判工作，一是面向改革，认真审理涉及国有企业深化内部改革、金融体制改革等方面的案件，促进各项重大改革措施的顺利实施。对此类案件，两级法院始终遵循法律的基本原则和现行政策规定，如法律和政策规定不明确的，即按“三个有利于”原则办理，使纠纷得到及时、公正、妥善的解决。一年间全市法院为银行等金融部门，先后审理借款合同纠纷案件56件，盘活沉淀、呆滞资金 1463 万元，为企业审理承包经营、租赁经营、联营合同纠纷案件 21 件，标的达 510 万元。审理建制工程承包、公路货物运输合同纠纷案件 59 件，标的达 566 万元。此类案件的及时审理与执行，促进了金融体制改革顺利进行和企业内部活力的增强。二是面向市场，集中力量审理流通领域购销合同纠纷，依法平等地保护市场经济中各经济主体的合法权益，规范市场行为。两级法院继续坚持主动服务、全面服务和优质服务宗旨，进一步克服坐堂等案思想，深入企业开展宣传法制，主动上门收案办案，积极为企业提供法律保护。全年审结购销合同纠纷案件 685 件，标的达 4296 万元，使大量资金恢复周转，并进入生产和流通领域，使一些资金紧张、濒临停产或倒闭的企业走出困境。在审理此类案件中，两级法院认真贯彻经济合同法等法律法规，充分尊重合同双方的意思表示，凡合同约定条款不违法，不损害公共利益和他人利益的，就依法确认其合同效力，及时进行审理，依法保护正当权益，不仅为当事人解决了纠纷，而且培养了市场主体的市场经济意识，为企业更好地参与市场竞争创造了条件。三是用足、用活、用好法律，努力为经济建设提供便捷高效的法律服务。一年间，阳泉市两级法院坚持自愿、合法、公正、便民原则，发挥诉内调解优势、简化办案环节，加快办案节奏，使一审经济纠纷案件调解率达到 67.1%，三个月内结案数占结案总数的 80.9%。有些案件甚至当日立案当日即行审结，办案效率进一步提高。中院经济纠纷调解处全年受理经济纠纷案件 364 件，结案 341 件，结案率高达 93.7%，结案标的 3647 万元，执行率达到 70% 以上。如在办理阳泉市生产资料公司和阳泉市物资贸易中心诉江苏太仓昌鑫实业公司及第三人昆山市生产资料公司、上海市第三钢铁厂购销合同拖欠货款纠纷一案中，办案人员克服重重困难，一次性追回货款 280 万元，使当事单位避免了重大经济损失。对债权债务关系明确，符合申请支付令条件的案件，依法及时适用督促程序，催促债务人迅速向债权人清偿债务，五个基层法院全年发出生效支付令 172 件，标的 111 万元，为当事人提供了高效、快捷的法律服务。对不少单位要求诉外调处债权债务纠纷的，两级法院同样给予积极协助，在查清事实、明确责任基础上，按照有关法律和政策规定，做好双方的教育、疏导工作，督促债务方尽快履行义务。四是加强横向联系，法院与政府联手开展清欠活动，以最小耗费实现最大经济效益。本年度全市企业外欠情况更加严重，外欠资金总额高达 18 亿元，严重制约本市经济的发展。为帮助企业走出困境，两级法院进一步加强与政府经济管理部门的联系，积极清理欠款。如郊区法院与郊区政府采取行政与司法联手的办法，共同帮助企业清理外欠，从 11 月份开始，组织 6 个小组，深入区直企业和 13 个乡镇上门服务，采取诉内诉外多种手段和按片分组包干的办法，解决企业外欠问题，改变了过去零敲碎打、收效甚微的状况，在到年底仅剩两个月时间的情况下，仍为企业清回外欠货款 320 多万元。

1995 年，阳泉市两级人民法院坚持效率优先原则，在保证办案质量的前提下，继续推进“随诉随收、随收随审、随审随执行”的高效办案工作法，加快工作节奏，提高办案效果。如阳泉市家电公司诉本单位一笔65万元货款付至黑龙江某单位后，对方既不供货，也不退款，巨额资金面临风险。阳泉中院收案后，当即派办案小组赶赴黑龙江虎林县办案，审判人员冒着严寒，经过十多天努力，最终将全部货款追回。同时简化办案程序，凡依法符合适用督促程序条件的案件，即有法院发出支付令，全年共受理适用督促程序的案件83件，办结81件，当事人清理债权144.7万元。5月，第三次全省经济审判工作会议在晋城召开，会议提出经济审判工作的四个重点，即重点审理好与深化国有企业改革有关的案件；重点审理好与农业和农村经济发展有关的案件；重点审理好与宏观调控措施有关的案件；重点审理好新类型案件和涉外及涉港澳台地区的案件。会后，全市两级人民法院紧紧围绕会议精神，积极稳妥地审理各类案件。

1996年，阳泉市两级人民法院坚持“四个贴近”原则，为经济建设提供法律保障。一是贴紧大局，优质服务，精心审理好破产案件。全年审结破产案件35件，标的达3.3亿元。市中院从此类案件与社会稳定、与职工生活具有密切联系的实际出发，深入基层调查研究，加强破产案件审理的监督指导，于6月13日，召开“破产案件审判专题工作会”，段奇耀院长提出五条意见，参加会议的人员进行了广泛深入的讨论，达成了正确处理依法审执与维护稳定关系的许多共识。在具体审判工作中，坚持提高认识与精心组织领导相结合，坚持法律政策标准与“三个有利于”原则相结合，坚持程序原则性与审执灵活性相结合，既充分考虑破产企业职工生活、安置等实际问题，又切实保障多元化债权人的合法权益，促进社会效果与法律效果的统一。本年度，全市没有发生因审执措施不当引发的群众上访等事件。两级法院还注重及时总结审判工作中的得失成败，找准审理破产案件与服务大局的内在联系。如市中院提出做好企业破产工作的八条建议，引起山西省和阳泉市有关部门的关注。郊区人民法院提出利用保险机制保证破产程序顺利进行的建议，经郊区人民政府采纳后，及时消化了破产案件审理过程中的不安定因素。二是贴紧改革、求实服务，稳妥审理承包合同等纠纷。全年审理各类承包、联营、技术转让合同纠纷96件，标的2689万元。案件数量虽然不多，但由于传统经济的影响，改革中利益调整幅度较大，经济关系呈现多样化、复杂化趋势，加之企业经营行为不够规范，涉及群众切身利益受损等原因，案件审理难度很大。两级法院在工作中密切联系实际，严格执行法律、法规和政策，对法律和政策规定不明确的，按照“三个有利于”原则，依法规范经济主体的经贸活动，合法、公平、公正地加以处理，保障全市经济体制改革和企业改革的顺利进行。三是贴紧市场，高效服务，及时审理购销合同等纠纷。全年受理购销合同纠纷1826件，占一审经济纠纷的72%，标的1.7亿元。

阳泉市两级法院在审理经济纠纷案件中，主动适应社会主义市场经济新形势，注重把握经济审判与市场运行的内在联系，加快审执运行，突出效益原则，促进产、供、销良性循环，加速流通环节资金周转。全年一审经济纠纷调解结案率达70%。在具体的经济纠纷案件审理中，两级法院对本地及外地被告拒绝到庭积极应诉的，即派出审判法官携卷上门送法审判结案。对事实清楚、证据充分，简化办案环节，适用简易程序。对争议较大，调解无果的案件，及时下判结案，以化解和消除经济纠纷。对债权债务关系明确，当事人对案件事实不持异议的，即下发支付令执行。全年发出支付令453件，使案情简易标的达389万元的投诉，均在15日后直接进入执行程序。四是贴紧企业，热情服务，认真审理大中型企业和乡镇企业投诉的案件。市中院认真贯彻山西省委和阳泉市委指示，制定了《关于开展优质服务活动，促进国有大中型企业的发展的实施意见》，结合阳泉乡镇企业发达的特点，组织两级法院坚持开展为乡镇企业清理外欠的专项服务活动。经济审判人员突出服务重点，积极为大中型企业提供法律帮助，审理国有大中型企业投诉案件300余件，标的逾亿元。阳泉中院一次性即为阳泉市化工局经理部收回货款210万元，化解企业投诉的经济纠纷案件560件，标的1.2亿元。郊区人民法院为乡镇企业清理外欠结案标的6000万元，实际执行标的4000万元。

1997年，两级法院紧密围绕阳泉市改革开放和经济建设实际，通过依法调节经济关系，保障和促进市场经济有序运行和健康发展。一是依法审理与改革紧密相关的案件，积极推进经济体制改革，全年受理企业破产、企业承包、租赁、联营、借款合同等涉及经济改革的案件350件，审结286件，结案标的2.3亿元，有效防止了国有资产的流失，维护了国家利益和有关当事人的合法权益，促进了经济改革的深入进行。二是依法清理企业债务，促进市场经济正常运行。两级法院根据阳泉市企业经济运行情况，一方面坚持组织经济审判人员深入企业及时了解企业对法院工作的要求，有针对性搞好法律服务。另一方面坚持通过多办案、快办案、办好案，帮助企业清理债务债权，为许多资金紧张、经营困难的企业提供法律服务，回收大量外欠资金。一年间，两级法院受理购销合同、建筑工程承包、加工承揽、货物运输案件1629件，审结1486件，结案标的2.4亿元。平定法院5月份受理平定县化工集团公司诉安徽省阜阳市某公司拖欠货款案后，迅速组织力量，及时依法审理此案，一次性为原告收回货款100万元。本年度，五个基层法院通过发出支付令，先后为债权企业回收欠款240万元。三是坚持审执并重的原则，提高服务效果。本年度，两级人民法院进一步增强办案效益意识，在依法及时审理各类经济纠纷案件的同时，加大执行工作力度，保证办案实际效果，在受理的经济纠纷执行案件769件中，实际执行703件，执行标的达1.6亿元，执行率达到91%。此外，两级法院通过督促当事人自动履行等措施，为当事人实际回收外欠资金约3亿元。郊区法院围绕本区乡镇企业发达，企业外欠严重妨碍经济发展实际，在经济审判工作中既抓审理，又抓执行，全年共为区内企业收回外欠资金 6000 多万元，受到郊区干部群众的一致称赞。

1998 年，全市两级人民法院在经济审判工作中，坚持以积极主动的服务、调整社会经济关系、保障改革开放和经济建设的顺利进行为工作中心，努力更新观念，使经济审判工作变被动服务为主动服务，变就案办案为全面服务，变事后保护为超前服务，变封闭审判方式为开放方式，坚持做到了：（1）深入基层，宣传法律，主动上门收案；（2）巡回审理，实地办案，及时解决当事人纠纷；（3）从全局出发，为当事人着想，促进当事人之间的经济合作，一审结案调解率达到了 82.5%；（4）开展定向服务，主动到企业单位、经济组织讲解经济法律知识，把一些可能影响生产发展的纠纷解决在萌芽状态；（5）扩大服务领域，先后开展了农业银行依法行政，乡镇企业清理债权和交通运输部门清理外欠等专项服务；（6）秉公执法，廉洁清正，克服了地方保护主义和以权谋私的错误思想。全年共受理一审经济纠纷案件 1916 件，比上年上升了近 4 倍；审结 667 件，比上年增加了 1 倍，结案标的 1927.5 万元。全市经济案件的审理质量受到了山西省高级人民法院的表扬，为治理经济环境，整顿经济秩序，促进社会主义商品生产的发展，作出了一定的贡献。

1999 年，两级法院认真贯彻十五届四中全会精神，以适应经济体制改革和经济建设的要求，一是积极稳妥依法审理企业破产和企业承包经营、租赁经营、联营案件 46 件，维护国家利益和有关当事人和合法权益，保障和促进了现代企业制度的建立和完善。二是依法审理借款合同纠纷案件 174 件，维护正常信贷关系，促进银企之间的合作。阳泉市工商银行与铝业公司，因兼并鞋厂形成拖欠贷款利息案，经阳泉中院依法审理、多方协调，使五年的纠纷得到圆满解决。三是针对多年来全市企业外欠严重问题，大力开展帮助企业清欠，依法审理购销、建筑工程承包等案件 1089 件，有效地缓解了企业资金紧张的矛盾。阳泉中院在办理阳泉钢铁公司诉辽宁本溪某企业 100 万元欠款案时，办案人员发现被告转移隐匿财产动向后，连续驱车 20 多小时，行程 3000 余公里，赶到本溪采取法律措施，为原告挽回了重大经济损失。

2000 年，两级法院在经济审判工作中，牢固树立为经济发展服务的指导思想，注重抓好与改革关系密切的案件开展审判，依法、积极、稳妥审理企业承包经营、企业租赁经营、企业破产等与改革关系密切的案件 44 件，结案标的 2.3 亿元，有力地促进现代企业制度的建立。如铝矾土矿破产案和平定钢铁厂破产案。同时针对阳泉市经济发展状况，积极为企业依法清欠，全年审结买卖合同欠款纠纷等案件 908 件，结案标的 2.5 亿元，有效缓解了涉案企业的资金紧张状况，促进了全市经济发展。

2001 年，依法积极稳妥审理企业承包经营、企业租赁经营、企业破产等改革关系密切的案件 589 件，结案标的 1.8 亿元，为现代企业制度建立服务。同时审结买卖合同欠款纠纷等案件 356 件，结案标的 7700 万元，积极为阳泉市各类企业依法清欠，为经济发展服务。此外，两级法院结合整顿规范市场经济秩序工作，注意通过依法制裁违法行为，规范市场主体的经营活动，大力弘扬诚实、信用、公平竞争、互利有偿的商业道德，促进市场经济的健康发展。阳泉誉立新科技公司于1998年投资开发出的新技术产品民用全塑贮水箱获国家实用新型专利。但原为该公司管理技术人员的布某、李某和孟某利用掌握该产品技术秘密的便利条件，另行成立工厂生产同一类型产品。誉立公司起诉后，经城区法院一审、市中院二审，依法认定布某、李某和孟某侵犯原告商业秘密，并判决三被告立即停止侵权行为，赔偿原告经济损失3万元。

2002年，两级法院在民商事审判中牢固树立为经济发展服务和化解人民内部矛盾的指导思想，适应改革开放新形势，积极依法调节各种民商关系和其他社会关系，致力于化解社会矛盾，维护社会稳定。一是紧紧围绕本市推进国有企业改革和进行产业结构调整的工作部署，依法、积极、稳妥审理涉及企业改组、联合、兼并、租赁、承包、破产等与企业改革关系密切的案件53件，结案标的1.6亿元，有效促进了国有企业经营机制的转换和现代企业制度的建立。二是依法调整市场主体间的财产、信用、契约关系，优化市场环境。审结各类合同纠纷案件1827件，结案标的3.6亿元。审结金融纠纷案件275件，结案标的1.8亿元。有力维护了市场诚实信用原则，平等保护了市场主体的合法权益，故意和恶意民事违法行为受到制裁和制约，为社会主义市场经济健康运行提供法律保障。

2003年，阳泉市中级人民法院民商事审判工作以“三个代表”重要思想为指导，全面认真贯彻落实十六大精神，服从、服务于党和国家的工作大局，把保障和促进先进生产力和先进文化的发展，维护最广大人民的根本利益，作为审判工作的出发点和立足点，牢牢把握公正与效率这一主题，依法受理、审理、调解和审判每一件民商事案件。全年受理民商事案件197件，二审案件2件，共审结178件，结案标的8.17亿元，诉讼收费435.3万元。其中：审结涉及金融部门的借款合同纠纷案件42件，标的达4.3亿元，为有效地防范化解金融风险，维护金融安全提供了积极的司法保障；同时还受理了阳泉钢铁公司、阳煤集团四矿、春泉化学工业公司等9家企业申请破产的案件，破产标的达7.5亿元，经审判人员共同努力，审结了宝峰硫酸厂、阳泉酒业公司等5家企业的破产案件，审结标的1.8亿元；审结了涉及个体工商户、民营企业的民商事案件23件，标的达1.2亿元，为阳泉市民营经济健康有序发展创造了较好的司法环境。

2004年，阳泉市中级人民法院民商事审判工作从维护社会政治稳定、维护全市良好的经济发展秩序、维护职工群众的基本权益、维护法律和司法公正出发，对民商事审判流程的科学化、规范化、标准化管理进行了积极的探索和大胆实践，一是认真落实民事证据规则，坚持庭审的公正和规范化，进一步规范法官的认证行为，强化当事人的举证责任和举证意识，提高案件的审理效率。二是坚定不移地贯彻落实审判长、合议庭负责制，对所有民商事案件的审理，严格按照审判长、合议庭负责制进行，重大疑难案件则提交庭务会或审委会研究，增强承办法官或合议庭的责任心，提高案件的审理水平和审判质量。三是注重调解工作和加大案件的协调化解力度，进一步提高调解结案率，尽量减少上诉、申诉或信访事件的发生。在此基础上，全年受理民商事案件 117 件，审结 97 件，结案标的 9.4 亿元，完成诉讼收费 4067058.1 元。其中审结了许多在阳泉地区，乃至全省、全国都具有重大政治影响的案件，如山西阳泉钢铁集团有限公司的破产案件。阳泉钢铁公司的破产案件是阳泉市最大一起破产案件，也是在全省、全国有重大政治影响和示范效应的企业破产案件，涉及资产几个亿，涉及人员 7000 多人，审理好这个案件不仅是一项主要的审判工作，而且是一项重大的政治任务，在市委、市政府领导高度关注下，院党组认真调研，具体安排部署，组成了五人的合议庭，经过半年多的努力工作，2003 年 12 月 10 日受理，2004 年 6 月 30 日正式裁定终结破产程序。在该案的审理当中，阳泉市中级人民法院自始至终严格按照法律程序、法律规定办事办案，最大限度地保障了职工群众的基本权益，收到了良好的法律效果、社会效果和政治效果。本年度，还审结了阳煤集团四矿、阳泉市春泉化学工业公司等一批破产案件，依法保护了债权人、债务人及破产相关方的合法权益，促进了全市商品经济的发展和经济体制改革的不断深入。此外，在 2004 年的民商事审判工作中，阳泉市中级人民法院本着依法、公正、及时、稳妥的原则，做了大量的协调和调解工作，积极化解社会矛盾，切实保护当事人的合法权益，积极、稳妥地审结了一大批同矿产资源有关的租赁、承包、转让案件，收到了良好的社会效果。金融部门由于改制上市，通过民商事诉讼，适时处理了同金融有关的借款合同纠纷案件，解决了多年来积淀在阳泉市金融界的历史包袱。全年审结涉及金融部门的借款合同纠纷案件 45 件，标的达 4.6 亿元，为防范化解金融风险，维护金融安全提供了重要的司法保障。

2005 年上半年，根据党中央安排部署，阳泉市中级人民法院开展保持共产党员先进性教育活动，下半年，按照中央政法委和最高法院的要求，认真开展为期半年的重点部门专项整改活动，即“规范司法行为，促进司法公正”以提高司法质量，促进司法公正为主要内容，重点解决存在的司法不规范的问题。在认真开展这两项政治、业务建设的同时，全年新收民商事案件 68 件，旧存 22 件，共计 90 件，其中审结 57 件，未结 33 件。收案标的 41555.7 万元，结案标的 30247.6 亿元，应收诉讼费 2576545.9 元，实际收诉讼费 889675.05 元。2005 年与 2004 年相比，收案数下降 30%（2004 年收 117 件，2005 年收 91 件），收案标的下降 64%，下降标的 6 亿多元（2004 年收 10.5 亿、2005 年收 4.1 亿），结案标的下降 6.4 亿（2004 年收 9.4 亿，2005 年收 3 亿）下降比例为 49%，诉讼收费与上年相比，少收 317 万元，下降幅度较大。形成原因：一是金融部门改制上市前大量的不良贷款案件经过前几年的诉讼已解决完毕，2005 年基本没有此类诉讼案件，2004 年审理涉及金融部门的借款纠纷案件 45 件，标的达 4.6 亿元，收取诉讼费用 230 多万元。二是涉及煤矿纠纷的案件，省院下文让暂不受理，鉴于阳泉市资源型地区来看，也有不同程度的影响。三是其他类型的商事案件也相应减少，从全省各地来看，商事案件均有下降，从阳泉市来看也是呈下降趋势。四、结案率较低，原因是有15件破产案件，从程序上审结不了，还有几件鉴定的案件，以及到年底又立了一部分新案，致结案率较低。其中：积极稳妥地审理山西晋东化工（集团）有限责任公司破产案件以及阳煤集团华盛综合公司、四矿多营总公司等15件破产案件。继阳钢破产案件以后，晋东化工（集团）有限责任公司也进入了破产程序，该案也是阳泉市一起较大的破产案件，市里、兵工部非常重视，法院组成五人的合议庭，严格按照国家政策和法律顺利地审结了这起较大的破产案件。同时还审结了春泉洗涤用品总厂和硫铁矿等一批破产案件。积极稳妥地审理了涉及148户学生家长诉宏昌学校返还教育基金群体性诉讼纠纷案件。148户的学生家长，由于返还教育基金得不到落实，几次群体上访，引起市委、市政府高度重视，市委和市人民政府专门成立了领导组处理该案。该案起诉至阳泉中院后，审判人员积极主动地与领导组联系，几次赶往河南漯河以及山西太原等地保全财产、积极与当地部门协调联系，争取财产保全的最大化，反复认真地做双方当事人的工作，使该案审理予以调解结案，基本没有新的涉法上访案件发生。

2006年，阳泉中院新收民商事案件98件，旧存32件，共计130件，审结88件，未结42件，收案标的61002.81万元，结案标的46910.34万元，应收诉讼费3334002.2元，实际收诉讼费3084566.9元，2006年与2005年相比，收案数上升30%（2005年收90件，2006年收130件），收案标的上升33%（2005年收4亿元，2006年收6亿），诉讼费比2005年多收2184891.9元（2005年收889675.05元），上升300%。2006年，市中院民二庭积极稳妥地审结了平定塑料厂、平定县橡塑制品厂、阳泉市锦华服装厂、阳泉轻工实业发展总公司、阳泉市百盛经济贸易公司、阳泉市粮油经营中心、阳泉市日用化工有限责任公司等一大批破产案件，为阳泉的企业改制、破产重组以及经济发展，发挥了应有的法律调节作用。2006年，民二庭本着依法、公正、及时、稳妥的原则，在案件处理上多做协调和调解工作，积极化解社会矛盾，减少和避免信访案件的发生，维护社会稳定，通过全庭努力，审理了涉及借贷、购销、房产类等一大批各类商事案件，收到了良好的法律效果和社会效果。

2007年，新的《企业破产法》于6月1日实施。阳泉市两级人民法院民商事审判工作本着依法、公正、及时、稳妥的原则，改变审判作风、注重审判技巧，慎重实施保全措施，认真负责地审理破产案件、各类合同纠纷案件，全年共收民商事案件173件，审结113件，收案标的为43000万元，结案标的26000万元，其中审理破产案件10件，审结2件，应收诉讼费3308620.24元，实际收取诉讼费554742.58元，批准缓交的诉讼费240余万元，与2006年相比，收案数上升33%。2007年，金融资产公司拍卖转让的债权案件诉至阳泉中院的案件有近百件，这类案件大部分是20世纪90年代形成的不良贷款，跨度时间长，好多被告的企业几经改制，名称发生了变化、人员发生了变更，对应依法进行的诉讼程序和应履行的法律手续带来很大难度，对此，审判法官多方查找、多次送达、多次传唤，均做到程序合法到位，审理时严把案件的时效关、主体关、法律适用关，加大调解力度，能调则调，当判则判，无法依程序进行或难以支持原告主张的，做好其撤诉工作，使这类案件大部分得到审结或妥善处理。

2008年，依法调处经济关系和社会矛盾，推动经济社会协调发展。全年共受理各类一审民商事案件3940件，审结4316件（含旧存376件），同比分别下降17.04%和上升1.82%，结案标的4.1亿元，同比下降36%；受理二审民商事案件483件，审结410件。

2009年，民商事案件有较大幅度的增长。阳泉市两级人民法院注重协调利益关系，促进社会和谐。全年受理各类一审民商事案件4870件，审结4862件（含旧存），同比上升23.6%、12.6%。诉讼标的5.5亿元。受理二审民商事案件527件，审结515件（含旧存），同比上升9%、25%。各基层法院、人民法庭从减轻当事人诉累出发，适用简易程序审理民商事案件1661件，占民商事案件总数的34%；巡回审判、就地审结各类案件616件，标的3165万元。

2010年，针对转型跨越发展的形势要求，全市法院更加注重发挥民商事审判职能作用，切实增强服务大局、服务中心工作的实效性。全年共受理各类民商事案件5379件，同比略有上升；审结5624件（含旧存），同比上升4.6%。同时充分发挥民商审判在调节、规范和引导方面的作用，依法支持有利于转型跨越发展的经济活动和经济行为。围绕扩大内需、优化环境，依法审理买卖、借款、担保、建筑工程等合同案件2096件，涉及标的3.9亿元，促进资金快速流转和经济有序发展；围绕转变经济发展方式，妥善审理企业破产清算、重组改制等案件14件，促进产业升级和经济结构调整；围绕城乡统筹、新农村建设，依法审理农村土地承包、山林权属等涉农纠纷案件118件，保障农村集体利益和农民权益，服务城乡统筹发展。在民商事审判中，高度关注群众对民生热点问题的关切，依法妥善审理涉及民生的案件。审理房屋买卖、劳动争议、医疗、消费者权益保护等案件235件，审结权属确认、人身损害、宅基地纠纷等权属、侵权案件1110件，依法实现当事人合法诉求。

2012年，积极化解民商纠纷，助推经济平稳较快发展。全市法院围绕转型跨越发展的新要求，积极化解各类民商纠纷，不断增强司法服务的针对性和有效性。共受理一审民商案件2049件，审结2160件（含旧存），标的6.2亿元。其中，市中院受理一审民商事案件53件，审结76件（含旧存），受理二审民商事案件304件，审结290件。其中，审理买卖、借贷、租赁、保险等合同纠纷2057件，标的5.4亿元，依法规范经济秩序，营造健康有序的发展环境；审理知识产权纠纷案件7件，依法保障公平竞争，优化自主创新的法治环境；审理企业破产改制案件4件，涉及金额6424万元，促进经济发展方式转变。为了更好地服务重点项目建设，两级法院延伸司法职能，深入走访企业，主动上门服务，千方百计解决企业遇到的法律难题。对于涉企纠纷，开辟绿色服务通道，快审快执，优先采用调解的方法化解涉企民商事案件，为企业提供了宽松有序的法治环境。

附表2：2002 ~ 2007年阳泉中院民二庭民事一审案件统计

年度	旧存案件（件）	新收案件（件）	审结案件（件）	审结标的（万元）	收取诉讼费（万元）
2002	29	163	155	99454.6	233.3
2003	43	156	178	81712.67	435.3
2004	21	96	97	94444.07	406.7
2005	22	68	55	30247.6	88.97
2006	32	98	88	61002.81	308.46
2007	43	130	113	26428.08	55.47
总计	190	711	686	393289.83	1528.20

注：从2008年起，阳泉中院实行“大民事审判”改革，“民商事案件”由立案庭随机分案至民一庭、民二庭、民三庭审理。

附表 3：1995 ~ 2012 年市破产案件统计表

年份	旧存案件（件）	新收案件（件）	审结案件（件）	破产财产（万元）				破产企业人数
				诉讼标的	资产总额	债务总额	其中银行债权	
1995		2	2					
1996		40	35	32623.83				
1997	5	22	23	10565.88				
1998	4	23	18	12519.01				
1999	9	5	9	17978.62				
2000	5	8	11	19108.75				
2001	2	4	5	1186.10				
2002	1		1		116.9			
2003		7	3		1458	1997	136	
2004	4	11	8		64574	90296.06		
2005	7	6	6		325	1351	21	
2006	7	10	1					
2007	16	1	7			7500		
2008	10	1	3		680.09	1369.6	43	71
2009	8	9	7		1939.56	3132	193	406
2010	11	3	2		130.29	1284	20	274
2011	12		3		2166	5171	385	217
2012	9	1	4		3350	6424	224	46
合计	110	153	148	93982.19	74739.84	118524.66	1022	1014

注：从 2002 年起，破产案件统计表不再使用“诉讼标的”概念。

附案例 1：

山西南娄集团股份有限公司诉山西省阳泉市平定县钛铁厂、平定县会里耐火厂、平定县冠山镇上庄煤矿、平定县东关联营矿借款合同欠款纠纷案

1998 年 5 月 5 日、11 日，农行二部与被告山西省阳泉市平定县钛铁厂（以下简称钛铁厂）、平定县冠山镇上庄煤矿（以下简称上庄煤矿）签订了四份农银保借字保第 20 号、21 号、23 号、24 号《保证担保借款合同》。按照合同约定，被告钛铁厂从农行二部分别借款 10 万元、18.8 万元、10 万元、10 万元，借款用途均为购材料，借款期限均为 1998 年 5 月 11 日至 1999 年 4 月 20 日，借款利率均为月息 7.26‰。被告上庄煤矿为上述借款提供连带责任保证。保证期限为 1998 年 5 月 11 日至 2000 年 4 月 20 日。合同签订后，被告钛铁厂将上述借款归还了由阳泉市宏兴镁质耐火材料厂、阳泉市晋沪园销售有限公司为担保的其在农行二部逾期的本金为 48.8 万元四笔借款。

1998 年 5 月 14 日农行二部与被告钛铁厂、上庄煤矿又签订了农银保借字第 25 号《保证担保借款合同》。按照合同约定，被告钛铁厂从农行二部借款 30 万元，借款用途为购商品，借款期限为 1998 年 5 月 14 日至 1999 年 5 月 14 日，借款利率为月息 7.26‰。被告上庄煤矿为上述借款提供连带责任保证，保证期限为 1998 年 5 月 14 日至 2001 年 5 月 10 日。合同签订后，被告钛铁厂将上述借款归还了由被告会里耐火厂担保，其在农行二部的本金为 30 万元的逾期借款。

1998 年 6 月 30 日农行二部与被告钛铁厂、平定县会里耐火厂（以下简称会里耐火厂）、平定县城关镇联营煤矿筹建处、上庄煤矿签订了农银保借字〔98〕第 401 号、402 号、403 号《保证担保借款合同》。按照合同约定，被告钛铁厂从农行二部分别借款 30 万元、50 万元、30 万元，借款用途均为购原材料，借款期限均为 1998 年 6 月 30 日至 1999 年 6 月 20 日，借款利率均为月息 7.26‰。被告会里耐火厂为上述借款 30 万元、平定县城关镇联营煤矿筹建处为上述借款 50 万元、上庄煤矿为上述借款 30 万元提供连带责任保证，保证期限均为 1998 年 6 月 30 日至 2001 年 6 月 30 日。合同签订后，被告钛铁厂将上述借款归还了由阳泉市晋沪园园销售有限公司担保的其在农行二部的逾期借款 110 万元。

2000 年 1 月农行二部与长城公司签订了《债权转移确认通知书》，农行二部将上述借款转让给长城公司。长城公司于 2002 年 3 月 12 日、2004 年 2 月 21 日在《山西经济日报》上登了债权催收公告。

2005 年 6 月 28 日原告南娄集团通过竞买的方式获得上述债权。同日，原告南娄集团与长城公司太原办事处签订了《债权转让协议》。同年 7 月 3 日在《山西经济日报》上刊登了中国长城资产管理公司太原办事处债权转让通知。

经法院审理，判决如下：一、被告山西省阳泉市平定县钛铁厂于本判决生效后三日内偿还原告山西南娄集团股份有限公司借款本金188.8万元及利息（利率依其合同约定计算，至本金全部给付之日）。二、被告平定县冠山镇上庄煤矿对上述借款中108.8万元本金及相应利息承担连带清偿责任。三、被告平定县东关联营矿对上述借款中50万元本金及相应利息承担连带清偿责任。四、被告平定县会里耐火厂对上述借款中30万元本金及相应利息承担连带清偿责任。下达判决后，被告不服，上诉至省高院，省高院维持本院判决。

附案例2：山西阳泉钢铁集团有限公司破产一案

山西阳泉钢铁集团有限公司由于不能清偿到期债务，经全国企业兼并破产和职工再就业工作领导小组（2000）38号文件，该公司被列为破产企业，同意该公司进入破产程序。2003年11月30日阳泉钢铁集团有限公司职工代表大会通过《职工安置预案》后，2003年12月8日向本院提出申请，本院于2003年12月10日依法受理了山西阳泉钢铁集团有限公司破产一案，并于2004年1月2日以（2003）阳法破字第7号民事裁定书依法裁定，依法宣告山西阳泉钢铁集团有限公司破产还债。同日依法指定成立了“山西阳泉钢铁集团有限公司破产清算组”。经破产清算，依法召开了三次债权人会议，现破产财产已分配完毕。申请人提请本院终结本案破产程序。

山西阳泉钢铁集团有限公司原属山西省冶金工业厅即山西冶金行业办公室，该公司始建于1917年，注册资金29389.30万元。国家股本额27541.40万元，占公司股本总额的93.71％，山西省经贸资产经营有限公司股本额712.30万元，占股本额的2.42％，山西省经济建设投资公司股本额616.10万元，占股本额的2.10％，职工合股基金会股本额519.50万元，占股本额的1.77％。在股本额中，国有及国有法人股占股本的98.23％，该企业占地面积96万平方米，建筑面积19.46万平方米。主要生产设备有100立方米高炉4座，2700KVA矿热炉2座，18平方米烧结机1台和离心球墨铸管生产线1条等。主要产品为高炉锰铁、生铁和硅锰合金。年生产能力分别为锰铁4.5万吨、生铁10万吨、硅锰合金0.7万吨，离心球墨铸铁管3万吨。该公司于2002年4月12日下放阳泉市，由阳泉市人民政府管理该公司的全部国有资产，截至破产宣告之日，该公司共有职工7011人，其中在职职工5245人，离退休职工1766人（包括离休职工169人，退休职工1555人，集体企业退休职工42人），此外，还有享受抚恤人员192人，离退休职工死亡遗属409人。该公司依法宣告破产后，申请人依法全面接管了山西阳泉钢铁集团有限公司的全部资产及账务。严格管理破产企业的资产。并委托山西汇华会计师事务所、阳泉中允地产评估咨询事务所对山西阳泉钢铁集团有限公司的财务、资产、土地进行了全面的审计和评估。审计认定，该公司由于设备陈旧、环保不达标、资金周转困难、产品市场竞争力明显下降，从1995年起企业连年亏损，1999年5月被迫停产，职工全员下岗。资产总额为63676万元，负债83983万元。根据相关法律规定，破产企业的职工住房、幼儿园、学校、医院、企业工会财产等公益福利性设施不作为破产财产，该公司不列入破产范围的资产总额为9480.35万元，包括土地资产5222.68万元、机器设备72.61万元、在建工程38.37万元、建筑物95.76万元、职工住宅（含取暖工程）4050.93万元，剩余纳入破产范围的资产总额为54195.36万元。在审计的基础上对纳入破产范围的资产进行了评估，评估价为29211.60万元，其中现金和银行存款104.79万元、对外应收债权1263.74万元、存货475.82万元、对外投资97.51万元、土地19556.55万元、建筑物2995.41万元、机器设备2964.60万元、在建工程1753.04万元。对纳入破产的财产清算组委托阳泉市资产拍卖中心和阳泉市国土资源局土地交易所依法进行公开拍卖，均未拍卖成功。山西阳泉钢铁集团有限公司是国务院确定的“优化资本结构”试点城市范围内的国有工业企业，是纳入国家计划调整的破产企业。根据〔国发1994〕59号和〔国发1997〕10号通知以及〔国经贸企1996〕492号文件，针对这类企业破产案件的特殊安排，拨付职工安置费应在第一清偿顺序前提取。因此本案职工安置费需12965万元，其次破产费用为1791万元，第一顺序清偿的劳动债权为16312.12万元，第二顺序拖欠税款4576.60万元，第三顺序为破产债权。经债权人会议审查，已申报债权人176个单位和个人。申报金额为人民币38565.29万元，美元1133.88万元，所申报的数额均予以确认。

2004年6月20日和6月25日召开的二次债权人会议上，针对山西阳泉钢铁集团有限公司破产清算组提交的财产分配方案中，该公司进入破产分配的财产总额为29211.60万元，而支付职工安置费和破产费用后，尚不足清偿属于第一顺序的劳动债权，第二顺序和第三顺序清偿均为零。该分配方案经债权人会议讨论，表决结果未能通过。经山西阳泉钢铁集团有限公司破产清算组申请，本院于2004年6月28日以（2003）阳法破字第7—2号民事裁定，准予清算组执行分配方案。

经审理查明，裁定如下：一、终结本案破产程序。二、未得到清偿的债权不再清偿。三、山西阳泉钢铁集团有限公司破产清算组应继续履行其法定职责。

附：阳泉市中级人民法院民二庭（民商事审判）规章制度

在我院开展的“规范司法行为，促进司法公正”专项整改活动中，民事审判二庭结合工作实际，为进一步提高审判水平，文明执法，公正司法，明确每位审判员、书记员的职责，特制定如下工作制度。

第一章　职　责

第一条　审判员的职责：

（一）依法审判案件，忠实地履行宪法和法律赋予的职责；

（二）依法主持或参与合议庭的审判活动，行使审判权；

（三）总结审判工作经验，研究新情况、新问题，牢固树立大局观念；

（四）结合审判，积极参加社会主义精神文明建设，贯彻以事实为根据，以法律为准绳和法律面前人人平等的司法原则；

（五）通过审判活动，宣传社会主义法制，做到公正、廉洁、文明、高效执法；

（六）通过审判案件，提出司法建议的意见；

（七）指导书记员的工作；

（八）完成院长、庭长交办的各项工作；

（九）法律、法规规定的其他职责。

第二条　书记员的职责：

（一）对受理的案件办理有关手续；

（二）开庭前准备工作；

（三）审判案件的记录；

（四）配合审判人员进行调查、回访；

（五）书写、核对、发送有关诉讼文书；

（六）整理、装订案卷，立卷归档；

（七）每月月底，将已结案件结案卡及相应诉讼文书报送立案庭；需延期审理的案件，报送延长审限案件情况表；

（八）与审判工作有关的其他事项。

第二章　庭审要求

第三条 书记员提前到庭做好庭前准备工作，审判人员准时到庭，确保案件准时开庭审理。

第四条　庭审人员着装整齐，挂牌上岗。

第五条　庭审过程中杜绝接听手机，随意走动；法官在庭审过程中使用规范的法言法语。

第六条　调解要充分体恤双方当事人，运用贴近当事人的语言表现出法官在个案中的人文关怀。

第七条　法庭卫生责任到人，保持法庭卫生环境干净整洁。

第三章　审判员的权利与义务

第八条　审判员享有的权利：

（一）履行审判员职责应当具有的职权和工作条件；

（二）依法审判案件不受任何行政机关、社会团体和个人的干涉；

（三）非因法定事由，非经法定程序，不被免职、降职、辞退或者处分；

（四）获得劳动报酬，享受保险、福利待遇；

（五）人身、财产和住所安全受法律保护；

（六）参加培训；

（七）提出申诉或者控告；

（八）辞职。

第九条　审判员应履行的义务：

（一）严格遵守宪法和法律；

（二）审判案件必须以事实为根据，以法律为准绳，秉公办案，不得徇私枉法；

（三）贯彻执行法律面前人人平等的原则；

（四）贯彻执行罪刑法定、罪刑相当的原则；

（五）依法保障诉讼参与人的诉讼权利；

（六）维护国家利益、公共利益，保护公民、法人和其他组织的合法权益；

（七）清正廉明，忠于职守，遵守纪律；

（八）保守国家秘密和审判工作秘密；

（九）接受法律监督和人民群众监督。

第四章　书记员的义务和责任

第十条　书记员必须认真学习“三个代表”重要思想，坚持党的基本路线、方针和政策，坚定政治立场和政治方向，严格遵守宪法和法律。

第十一条　刻苦钻研业务，熟悉有关法律和政策，打下扎实的语言文字基础，苦练速录，提高庭审记录水平。

第五章　职业道德和纪律

第十二条　审判员应遵守的职业道德：

（一）实事求是，依法办案，严谨细致，一丝不苟；

（二）坚持原则，铁面无私，清廉公正，刚正不阿；

（三）爱岗敬业，无私奉献，艰苦奋斗，扎实苦干；

（四）奋发向上，勤奋高效，文明执法，热情服务。

第十三条　审判员应严格遵守审判纪律，不得有下列行为：

（一）散布有损国家声誉的言论，参加非法组织，参加旨在反对国家的集会、游行、示威等活动，参加罢工；

（二）贪污受贿；
（三）徇私枉法；
（四）刑讯逼供；
（五）隐瞒证据或者伪造证据；
（六）泄露国家秘密或者审判工作秘密；
（七）滥用职权，侵犯公民、法人或者其他组织的合法权益；
（八）玩忽职守，造成错案或者给当事人造成严重损失；
（九）故意拖延办案，贻误工作；
（十）利用职权为自己或者他人牟取私利；
（十一）从事营利性的经营活动；
（十二）私自会见当事人及其代理人，接受当事人及其代理人的请客送礼；
（十三）其他违法乱纪的行为。

第十四条　书记员应遵守的职业道德：
（一）爱岗敬业，无私奉献；
（二）艰苦奋斗，勤俭节约；
（三）实事求是，依法办案；
（四）忠于职守，清正廉洁；
（五）遵守纪律，保守秘密；
（六）严谨细致，一丝不苟；
（七）谦虚谨慎，举止文明；
（八）密切联系群众，接受法律和人民群众的监督。

第四章　行政审判

第一节　概　况

行政审判是指人民法院运用司法审判权，对行政机关具体行政行为是否合法、是否适当进行审查，以此解决行政争议的司法审判活动。早在1946年4月，中国共产党领导的陕甘宁边区政府制定颁行的《陕甘宁边区宪法原则》中，即有“人民有不论用任何方法控告失职的任何公务人员之权”之条款。这种表述虽然不具备完全现代司法意义的“行政审判”，但可以看作是较早的“民告官”方式。

行政审判在中华人民共和国司法审判当中，较之刑事审判、民事审判来说，是一项开展得比较晚的审判活动。从建国初期到20世纪80年代末，中国司法实践中，并未对行政机关的行政行为是否合法、是否适当予以立法，各级人民法院也未对行政机关在具体行政活动中的违法行为和不适当行为进行相应的司法干预。虽然没有相应的法律条款，但这期间发生的具体行政违法事件和行政不适当行为，并非完全没有社会组织负责处理。以阳泉地区为例，从20世纪的1947年建院到1990年《行政诉讼法》公布之前，在长达40多年的行政工作中，人民政府的许多具体行政行为，如征用土地、征用民房、城市建设搬迁、城乡公路建设、铁路建设和新建煤矿、工厂用地等，自然涉及到行政机关同行政机关之间、行政机关同工矿企业之间、行政机关同农村人民公社、生产大队（乡镇村）集体之间，以及行政机关同人民群众之间诸多法律关系的调整，如土地、矿山、房屋等不动产权属所有者的变更，动产方面行政损失的赔偿，公民人身权益损失赔偿等等，均出现过“民告官”事件，所不同的是，这期间人民政府及行政执法或司法部门具体的行政违法事件和不适当行为，一般由上级党委或人民政府调解解决，如20世纪70年代山西省阳泉第一监狱因煤炭开采，造成郊区河底公社南峪生产大队居民区大面积塌陷，即被河底人民公社、南峪大队和社员诉至市委、市政府和郊区区委、区政府。在各级党委和政府调解下，阳泉第一监狱在充分尊重社员（村民）意愿的基础上，重新选址、重新规划建设了全新的南峪村，全村1000多口人实现了整体搬迁。

随着20世纪80年代中叶中国社会主义市场经济逐步确立，国家行政机关在行政活动中，侵犯法人、公民和其他社会组织权益的行为时有发生，由于当时并没有一部专门保障法人、公民和其他社会组织权益不受各级行政机关侵害的规范性成文法，因此，人民法院无权受理审判诸如此类的行政案件，而法人、公民和其他社会组织的合法权益，在受到行政机关侵害时，又面临告状难、立案难、纠错难、权益保护难等现实问题，这些现实问题已经严重制约了社会主义市场经济的发展，党和国家以及社会各界，均有将国家机关的行政行为，纳入依法行政轨道的强烈要求和意愿，在此大背景下，1989 年 4 月 4 日，第七届全国人民代表大会第二次会议正式通过《行政诉讼法》，决定从 1990 年 10 月 1 日起施行。并将人民法院的受案范围，规范为八个方面：一是对拘留、罚款、吊销许可证和执照、责令停产停业、没收财物等行政处罚不服的；二是对限制人身自由或者对财产的查封、扣押、冻结等行政强制措施不服的；三是认为行政机关侵犯法律规定的经营自主权的；四是认为符合法定条件申请行政机关颁发许可证和执照，行政机关拒绝颁发或者不予答复的；五是申请行政机关履行保护人身权、财产权的法定职责，行政机关拒绝履行或者不予答复的；六是认为行政机关没有依法发给抚恤金的；七是认为行政机关违法要求履行义务的；八是认为行政机关侵犯其他人身权、财产权的。除此之外，人民法院同时受理法律、法规规定可以提起诉讼的其他行政案件。

《行政诉讼法》的颁布实施，总结了党和政府从革命战争年代行政工作中尊重公民、法人和所有社会组织权益的优良传统，结束了几千年民不可告官的历史，翻开了中国行政审判工作的全新一页。阳泉市两级人民法院也同全国一样，行政审判工作从 1989 年 4 月 4 日第七届全国人民代表大会第二次会议通过《行政诉讼法》，即根据审判实际，组织审判人员开展《行政诉讼法》相关知识和理论的系统学习研讨，市中院先后组织 12 名行政审判人员，参加省高院举办的“行政诉讼法培训班”。抽调 17 人成立“阳泉市中级人民法院行政审判庭”，其中大专文化程度以上的审判法官达到 70% 以上。并指导各基层人民法院，全部建立起行政审判机构（即行政审判庭）。与此同时，阳泉中院先后在市区主要街道和人员活动集中的商业区段，进行了 14 次《行政诉讼法》宣传，印发宣传材料 20000 多份，举办《行政诉讼法》知识讲座 10 多次，在《山西政府法制》、阳泉人民广播电台发表相关宣传稿件 20 多篇，在《阳泉日报》开辟了《<行政诉讼法>咨询站》和《行政诉讼法律知识问答》两个专栏。在此基础上，行政审判人员在院领导带领下，深入阳泉市公安局、阳泉市卫生局、阳泉市质量监督检验局、阳泉市物价局等 10 多个行政执法部门，了解《行政诉讼法》执行的有关情况，收集《行政诉讼法》颁布之前的各类行政法规资料，掌握阳泉市行政执法工作可能面临的诉讼问题。并开始试行行政案件的受理、审判，当年即受理一审治安行政案件 8 件，审结 7 件，为 1990 年 10 月 1 日全面贯彻落实《行政诉讼法》，在全市范围内开展行政审判进行了积极有益的探索和实践。

1990 年至 20 世纪末，是阳泉市中级人民法院和各基层人民法院关于行政审判工作的积累经验阶段。在十年间，两级人民法院行政审判人员大胆尝试、勇于实践、积极创新，积累了丰富的行政审判经验和调解行政纠纷的经验，从法的高度，以法的形式，既规范了行政机关的行政行为，又支持了行政机关依法行政，同时还监督行政机关正确、准确行政，纠正了行政不作为和乱作为，维护了公民、法人和其他社会组织的合法权益，促进了依法治市、依法治县（区）。

进入21世纪后，全市两级人民法院行政审判工作进一步发挥行政职能，自觉践行社会主义法治理念，坚持把行政审判工作置于构建社会主义和谐社会的大背景之中，从审判机关及行政审判的性质、职能、任务和形势要求的实际出发，坚持行政审判为全面协调又快又好可持续发展服务，为消化行政争议、构建和谐社会、促进城乡人民安居乐业服务。如2003年，两级人民法院共受理各类行政诉讼一审案件77件，审结73件，受理二审行政案件23件，审结21件。其中在案源案情分布上主要有以下特点：一是土地行政类、公安行政类所占比例较大，土地行政确认、处罚类60件，占24%；公安治安处罚类77件，占30%；二是案件绝对数总体呈下降趋势，2003年收案77件，2004年收案数46件，同比下降33%，2005年收案37件，同比下降24%，2006年收案32件，同比下降16%，2007年收案37件，同比上升18%；2010年、2011年、2012年受理行政案件分别为50件、32件和56件，审结数分别为53件、28件、53件。三是行政赔偿案较少，2005年至2010年，行政诉讼附带行政赔偿的9件；四是随着维权领域拓宽，劳动和社会保障类、城建类、卫生、计生、规划等行政管理领域的案件有所增加；五是行政机关胜诉率始终保持高比例并不断提升，即行政机关胜诉率达60%左右；六是原告撤诉率特别是一审裁定撤诉的比例较高，而且相对稳定，在裁定结案中，准予撤回起诉的案件，占裁定结案的42%；七是申请执行的非诉行政案件审查范围不断拓宽，虽然仍是国土资源局申请的土地行政处罚占大比例，但是审计、环境保护、水利、计生、药检等部门申请执行的领域渐宽。

截至2012年，全市两级人民法院设有行政审判合议庭六个，即中院和五个基层法院“一院一庭”。有行政审判人员24人，其中审判员17人，人民陪审员1人，书记员6人；法学本科学历的占85%以上。

阳泉市两级人民法院行政审判工作经过20多年运行完善逐步走上正轨，并取得长足发展，积累了丰富的审判经验，审结了大量的行政诉讼案件，促进了阳泉地区三区两县国家行政机关的依法行政，保障了阳泉市内各法人、公民和其他社会组织的合法权益，对阳泉市推行“依法治市”战略提供了法制保障。

附： 1989 ~ 2012 年阳泉市两级人民法院行政审判结案情况一览表

年份	一审行政案件		二审行政案件		合计		年份	一审行政案件		二审行政案件		再审行政案件	合计	
	收	结	收	结	收	结		收	结	收	结		收	结
1989	8	7	4	4	12	11	2001	1/41	37	25	24	1	67	62
1990	1/7	7	3	3	11	10	2002	5/50	48	1/26	26		77	74
1991	1/18	18	9	9	28	27	2003	7/70	73	1/22	21	1	100	95
1992	1/5	6	3	3	9	9	2004	4/42	43	2/20	20	3/1	67	64
1993		11		6	11	6	2005	3/34	35	2/22	21	2	61	58
1994		11		4	11	4	2006	2/30	30	3/10	12	3/2	48	44
1995	1	1			1	1	2007	3/37	33	1/12	12	1	50	46
1996	10	10	1/4	5	15	15	2008	6/26	26	1/18	19	3	51	48
1997	13	9	6	6	19	15	2009	5/16	21	21	14	1	22	15
1998	3/20	20	2	2	25	22	2010	31	31	7/19	22		7/50	53
1999	3/17	18	8	8	28	26	2011	32	28	4/15			32	28
							2012	4/37	35	1/19	18	1	5/56	53
2000	2/18	19	10	10	30	29	总计	53/563	577	24/278	269	6/13	79/881	858

注：1. 旧存案件包括在新收案件当中，如 1990 年，一审旧存行政案件为 1 件，新收 7 件，表述为 1/7；2. 在再审行政案件中，收案数在前，结案数在后，如 2004 年再审行政案件收、结案数，表述为 3/1.

第二节 行政案件审理

1989 年，阳泉市两级人民法院行政审判工作刚刚起步，市中级法院和绝大多数基层法院，均抽调专人成立行政审判庭。行政审判工作进行试运行，当年受理一审行政案件 8 件，全部为治安行政案件，审结 7 件，结案率为 87.5%。市中院审理行政复核案件 4 件，并全部审结。

1990 年 10 月 1 日，《行政诉讼法》正式实施，这是人民法院行政审判工作走向正规化、规范化的重要标志。因此，从 1989 年 4 月 4 日该法颁布，到 1990 年 10 月 1 日实施之前，阳泉市两级人民法院为依法开展行政案件的审判做了大量准备工作。一是两级人民法院普遍组建了行政审判机构——行政审判庭，调 17 名大专以上学历的法官充实行政审判岗位。二是选派12名行政审判人员参加省高院组织的“行政诉讼法培训班”，为全面开展行政审判工作奠定了基础。三是广泛开展宣传活动，如街头宣传、印发宣传材料、举办行政诉讼法知识讲座等，通过《山西政府法制》、阳泉人民广播电台、《阳泉日报》等有影响的媒体，进行相关新闻的宣传报道，特别是在《阳泉日报》上开辟《咨询站》、《行政诉讼法律知识问答》等专栏，广泛宣传实施《行政诉讼法》的目标、意义等，解答群众对该法的疑惑。四是执行人员深入阳泉市三区两县十多个具体的行政执法部门，了解行政机关对《行政诉讼法》实施可能面临的情况和问题，收集各类行政法规资料，既宣传了《行政诉讼法》，又加强了同行政机关的联系。在此基础上，从10月1日起，按照行政诉讼法规定的诉讼程序，正式开展行政审判工作。到年底，公开审理一审行政案件3件。在适用新程序审理行政案件时，各基层人民法院均在庭前作了充分准备，市中院还派员进行了现场指导，保证了行政案件的顺利审结，扩大了行政审判工作的社会影响，为行政审判工作全面开展奠定了良好基础。市中院受理一审行政案件8件，审结7件，结案率为87.5%。同时市中院还受理二审（复核）行政案件3件，审结3件，结案率为100%。

1991年，阳泉市两级人民法院认真执行《行政诉讼法》，积极开展行政审判工作，认真审理执行与依法治市有关的案件，行政审判工作步入规范化轨道。全年受理一审行政案件18件，审结17件，结案率94.4%。市中院受理二审行政案件8件，审结8件，结案率为100%。自《行政诉讼法》1989年4月4日颁布，1990年10月1日实施以来，为提高广大行政审判人员的业务素质，两级人民法院一方面继续派出行政审判法官，参加省法院组织的行政审判培训班学习；另一方面，由市中院组织审判人员，在全市法院系统开展业务交流，相互取长补短，共同提高行政审判工作水平。在此基础上，两级人民法院运用行政审判职能，参与依法治市工作，依法审理、执行了一大批与依法治市关系密切的行政案件。如经市中院审理，翟考全诉山西省城乡建设环保厅和阳泉市规划行政处罚案败诉后，即根据行政机关申请，采取措施将翟考全违法建成的二层小楼强制拆除。本案的依法审判和判决，在全省引起强烈反响，推动了当年全省和全市的清房工作。平定县人民法院根据行政机关的申请，在全县开展了超计划生育行政处罚措施执行会战，拔除了53个拒不执行处罚的钉子户，直接收缴处罚金额25万元，使全县计划生育工作面貌一新，省人大常委会、省计生委对此给予了高度评价。

1993年，两级人民法院一方面积极开展行政诉讼案件的审判，另一方面监督和支持行政机关依法行政，保障公民、法人和其他组织的合法权益。与此同时，狠抓专业法庭建设，在全市路政管理部门普遍建立了“公路法庭”，设立“土地法庭”2个，“计划生育法庭”1个。当年“公路法庭”受理公路行政执行案24件，依法强制拆除违章建筑30多处。全年受理一审行政案件11件，审结11件，结案率为100%，受理二审行政案件6件，审结5件，结案率为83.3%。

1994年，全市两级法院共受理一审行政案件11件，审结11件，与上年持平，结案率100%；受理二审行政案件5件，审结4件，比上年分别下降16.7%和20%，结案率80%。两级人民法院在行政案件审判工作中，忠实履行法律赋予的神圣职责，把监督行政执法与维护依法行政有机结合起来，在积极抓好起诉案件审理工作的同时，努力适应全市经济建设和民主与法制建设的需要，不断拓宽行政司法领域，进一步加强专业行政法庭建设，设立公路、土地、计生等专门法庭12个，一方面，在广大城乡地区开展行政法律和法规的宣传，另一方面，协助行政执法部门处理公民、法人和其他社会组织同行政部门发生的行政争议和纠纷，促进依法治市（县、区）。如盂县人民法院计划生育法庭，利用入冬后的农闲时机，积极配合农村计划生育工作，依法对拒不执行行政处罚的3名被执行人采取拘留措施，从而使许多等待观望的受罚者打消了侥幸心理，主动履行了受罚义务，收到了良好的社会效果。

1995年，仅有一审行政案1件。

1996年，受理一审行政案件10件，市中院受理二审行政案件5件，均于年底前审结。本年度两级人民法院关于行政案件的受理审判有三个特点：一是坚持依法保护公民、法人和其他组织的合法权益，监督行政机关依法行政。如山西电力公司阳泉发电厂诉阳泉市水利局“水利行政处罚”一案，一、二审法院均自觉维护国家政策与国家利益，依法判决撤销了阳泉市水利局下发的行政处罚决定。二是强化行政申请执行，促进依法治市。本年度受理行政申请执行案件440件，实际执行436件，执行标的283万元。如盂县人民法院根据行政机关申请，对207国道两旁损害路权管理的违章建筑开展执行会战，依法强制拆除15处35间违章建筑。三是认真清理整顿派出法庭，确保执法活动规范化。阳泉市中级人民法院于9月底召开土地法庭工作会议，明确规定了土地法庭的收案范围、处理程序、执法纪律等，各基层人民法院“土地法庭”工作纳入制度化、规范化轨道。

1997年，受理一审行政案件13件，审结9件。全市两级人民法院审理行政案件中，在严肃、严格执法基础上，对行政机关的行政行为进行依法监督。对违反法律规定、确有错误的行政裁决依法予以撤销；对行政机关依法做出的具体行政行为予以维持，有效地维护了公民、法人及其他组织的合法权益。与此同时，两级人民法院根据行政机关的申请，依法办理行政机关申请强制执行案件390件，执行378件，为行政机关执行回各种行政规费500万元。如11月份，阳泉市中院根据阳泉市拆迁办申请，圆满地解决了矿区桥东街原运输工厂宿舍区43户居民的搬迁问题，保证了市政建设的顺利进行。

1999年，全年共受理一审行政案件20件，审结18件；其中维持行政机关具体行政行为的6件，撤销行政裁决的5件，作其他处理的7件。受理行政机关申请执行案件465件，已执行356件，执行标的390万元。积极有效地保障和促进了行政机关依法行政，维护了有关当事人合法权益。2000年，全市法院共受理一审行政案件20件，审结19件；受理二审行政案件10件，年底前全部审结。有效地维护了公民、法人和其他组织的合法权益，保障和促进了依法行政，推进了依法治市。

2001年，随着依法治国观念逐步深入人心，阳泉地区的行政案件出现大幅上升态势，一、二审行政案件均创历史新高。全市法院共受理一审行政案件42件，审结37件，比上年分别上升110%和94.7%，市中院受理二审行政案件25件，审结24件，比上年分别上升150%和140%。两级法院在行政审判工作中，一方面严格依法监督行政机关的具体行政行为，先后共判决撤销具体行政行为6件，判决行政机关履行法定职责1件。另一方面，对于行政机关依法行使的管理职权，特别是行政机关整顿规范市场经济秩序的管理行为，则依法予以支持和保障，先后共依法维持具体行政行为12件，执行行政机关申请强制执行的案件443件，执行标的573万元。如广东省南海市鑫丰铝业公司阳泉铝厂制假售假、抗拒行政执法机关依法查处的案件，曾引起中央领导和全国联合打假办高度关注。阳泉市技术监督局依法作出行政处罚决定后，被处罚单位既不履行也不起诉，市技术监督局遂申请法院强制执行。阳泉市中级人民法院责成城区人民法院严格依法执行。经过半个月的努力，40万元罚款和90万元加重处罚金一次执行完毕，从而有力支持了行政机关打击制售假冒伪劣产品的行动，维护了法律、法规的尊严。

2002年，一审行政案件继续保持上升势头，二审行政案件有较大幅度下降。全市基层人民法院受理一审行政案件55件，审结48件，分别比上年上升13.1%和13%。市中院受理二审行政案件11件，全部审结，比上年下降56%。两级法院在行政审判工作中，一方面，严格依法监督行政机关的具体行政行为，先后共依法判决撤销具体行政行为10件，判决行政机关履行法定职责2件，有效地维护了行政管理相对人的合法权益，促进了依法行政；另一方面，对于行政机关依法行使管理职权，特别是行政机关整顿规范市场经济秩序管理行为，依法予以支持和保障，先后共依法维持具体行政行为22件，此外还依法执行行政机关申请强制执行的案件165件，执行标的为35万元。盂县南娄镇大沟村第五届村委会成员，不服盂县人民政府作出的“关于大沟村第五届村委会换届选举无效的决定”，依法提起行政诉讼。经盂县人民法院一审、阳泉市中院二审认为，盂县人民政府无权作出选举结果无效的决定，依法判决撤销盂县人民政府的行政行为，有效地维护了广大村民的合法权益。这是阳泉市一、二审人民法院首次依法撤销县级人民政府决定的行政案件。该案判决后，在当地引起了广泛反响，广大人民群众的民主法制意识进一步增强。

2003年，行政案件大幅度上升，全市法院共受理一审行政案件77件，审结73件，分别比上年上升40%和52.1%，市中院受理二审行政案件23件，审结21件，比2001年下降2件，但比2002年上升了109%。其中判决撤销行政机关的具体行政行为10件，判决行政机关履行法定职责1件，判处依法维持具体行政行为案件26件。此外，依法执行行政机关申请强制案件57件，执行标的金额为179.06万元。

2004年，阳泉市两级人民法院以贯彻实施行政诉讼证据规则为契机，改革行政审判方式，依法加强对具体行政行为合法性的审查，在此基础上，积极畅通行政诉讼渠道，严格依法审理行政诉讼案件，一审行政案件持续攀升的势头有所遏制，一审受理行政案件46件，审结45件；分别比上年下降42%和39%。二审行政案件比上年下降1件，受理22件，审结22件。在监督行政机关依法行政的同时，依法保护公民、法人和其他组织等行政行为相对人的合法权益。如平定县27名大中专毕业生诉该县教育局、县大中专招生委员会、县人民政府，要求三被告履行合同约定的安置工作义务。平定县人民法院及时立案，并由副院长梁庆任审判长审理此案，经认真审理，一审判决三被告履行安置义务。三被告不服一审判决，起诉至阳泉市中级人民法院。市中院在二审中维持一审判决，维护了学生的合法权益，实现了本案社会效果和法律效果的统一。此外，两级人民法院进一步加大行政执行力度，全年共受理行政执行案件20件，执结10件，标的额达57.4万余元。受理国家赔偿案件4件，决定赔偿3件，依法维护了公民的正当权益。

2005年，阳泉市两级人民法院依法公开审理行政案件，进一步发挥行政审判职能和服务功能，大力促进全市依法行政，努力服务社会主义小康社会建设。全年一审受理行政案件63件，审结58件，同比分别上升36.9%和28.9%；二审受理行政案件24件，审结21件，连续三年保持在21 ~ 24件上下。在一、二审受理审结的行政案件中，涉及公安部门的行政案件27件，涉及资源、土地、房地产部门的案件16件，涉及城建、卫生、劳动与社会保障以及计划生育部门的案件8件，其他12件。包括行政处罚案件14件，要求履行行政义务和法定职责的案件10件，行政裁决、行政许可案件14件，其他25件。与此同时，两级人民法院加大非诉行政申请执行案件的执行力度，全年共受理非诉行政执行案件11件，执结11件，标的额达400余万元。受理国家赔偿案件2件，撤诉1件，决定赔偿1件。在受理的行政案件审判中，阳泉市两级人民法院坚持司法为民，以人为本，切实保障行政管理相对人的合法诉权。在具体案件审理当中，既防止对依法应当受理的案件不受理，又避免盲目受理或越权受理。在此基础上，充分发挥行政审判职能的独特优势，以构建社会主义和谐社会为出发点，努力在诉前、诉中消化调解矛盾，依法引导不同利益主体，以理性合法的形式表达利益要求、解决利益矛盾，以多种形式就地就案消化行政争议，有效地调节了公共权力与公民权利的关系，既依法支持各行政机关正确行使行政权力，又监督行政职能部门各种形式的不作为和乱作为，纠正违法和显失公平的行政行为，增强了行政审判的社会公信力，增进了人民群众与政府之间的相互联系和信任。并针对各行政机关在行政管理中存在的权法程序等问题，及时提出司法整改建议，促进依法行政、规范行政、科学行政和民主行政，维护了相对人的合法权益，维护了安定团结的政治局面。

2006年，阳泉市两级人民法院在行政审判中，坚持平等保护的原则，维护公民、法人和其他组织合法权益，支持行政机关依法行政。一审受理行政案件48件，审结44件，同比分别下降23.8%和24.1%；受理二审行政案件13件，审结12件，同比下降54.16%和57.14%。其中涉及公安部门的行政案件9件，涉及资源、土地、房产部门的案件13件，涉及城建、工商、劳动与社会保障、计划生育部门的案件13件，其他行政案件13件。同时，受理非诉行政案件4件，执结4件，执行标的额262万元。行政审判中，两级人民法院积极尝试程序改革，强化协调调解机制，对于当事人意见趋于一致的案件则调解结案，较好地化解了诸如拆迁纠纷等为社会广泛关注的矛盾。

2007年，受理一审行政案件37件，审结33件；受理二审行政案件13件，审结12件。在行政审判中，坚持平等保护，强化调解机制，依法履行宪法和法律赋予的司法监督职能，既维护公民、法人和其他组织的合法权益，对行政行为实施有效监督，又维护正常的行政管理秩序，支持行政机关依法行政。积极探索行政案件协调和解机制，在查明事实、分清是非，不损害国家利益、公共利益和他人合法权益等前提下，建议由行政机关完善、改变违法或不当的行政行为，补偿行政相对人的损失，允许行政相对人自愿撤诉，促进群众与行政机关的相互理解和信任。

2008年，阳泉市中级人民法院认真探索行政案件协调和解的新机制，在立案阶段，即对诉讼当事人进行行政诉讼指导和行政诉讼风险提示，减少人民群众因对法律条文和诉讼风险不甚明了，从而引起的判后缠诉及上访，减少群众不必要的诉讼负担，并采取协调的方式，化解人民群众与行政机关的争议纠纷，促进相互的理解和信任。一审受理行政案件26件，审结26件；二审受理行政案件19件，审结19件，既维护保障了公民、法人和其他组织的合法权益，又监督支持了行政机关依法行政。

2008年下半年，由于美国次贷危机的影响，暴发了全球性金融危机。受此影响，一些历史遗留下来的矛盾和问题，转化为行政纠纷，有的呈突发性、群体性、极端性特点。积极应对经济社会形势变化引发的新情况、新问题，引导群众以理性合法的方式表达利益诉求，及时妥善化解行政纠纷，为“保增长、保民生、保稳定”方针的贯彻落实提供司法保障，成为阳泉市两级人民法院行政审判工作的重点。2008年11月，王志刚任阳泉市中级人民法院党组书记、代院长。2009年3月，在阳泉市十三届四次人民代表大会上当选为院长。为积极应对金融危机带来的矛盾和纠纷，更好地服务阳泉市“保增长、保民生、保稳定”措施的落实，服务于市政府提出的“三城同创”目标，提出了十项强化行政审判的措施，积极有效地化解行政矛盾和纠纷，促进民生问题的解决，提升依法治市水平。

一是统一思想，提高认识，自觉服从、服务于“三保”大局。围绕金融危机对阳泉地区的冲击，人民法院行政审判工作要以坚持科学发展观为指导，坚持“三个至上”，积极主动地为阳泉市的中心工作提供司法保障和服务。同时要准确把握金融危机冲击下，阳泉市三区两县经济社会形势的新发展、新变化，认真研究特殊困难时期政府行为的特点和方式，深入了解金融危机形势下人民群众的困难和需求，密切关注行政纠纷的新动向、新态势和新类型，积极探索为“三保”大局服务的新思路和新办法，把落实“三保”方针作为行政审判工作的重要目标，妥善处理好“保增长、保民生、保稳定”三者之间的辩证统一关系，使行政审判工作既要保证各项应对措施落实到位，又要保证人民群众的合法权益不因权力违法滥用而受损，更要着力避免由此引发群体性事件，影响社会稳定。

二是充分发挥司法保障作用，依法支持行政机关为应对金融危机而采取的各项政策措施。进一步增强为大局服务意识，认真审理因金融危机应对措施引发的行政诉讼案件，深刻领会党和政府各项大政方针、决策部署，全面了解相关政策、措施的出台背景，密切跟踪分析形势，及时调整行政审判为大局服务的思路和方法，克服就案办案、孤立办案倾向。着眼于科学发展，本着有利于实现“三保”原则，尊重行政机关的选择和判断。对于行政机关在拉动内需、促进企业发展、实行积极的财政政策和适度宽松的货币政策，压缩行政许可和行政审批事项、防范金融风险等方面实施的各项行政行为，在坚持合法性审查的基础上，依法维护和支持。对于因行政指导或政策调整而引发的案件，既要保护公民、法人和其他社会组织的权益，保护各类企业依法开展公平竞争，促进政府诚实守信，也要考虑因金融危机导致的情势变更因素，按照特殊时期行政权的运行特点，妥善处理国家利益、公共利益和个人利益的关系。同时依法慎重受理和审理政府信息，依法公开审理行政案件，正确处理公开与例外的关系。既要保障公民、法人和其他组织的知情权、参与权、表达权、监督权，促进政务公开和服务型政府建设，又要注意把握信息披露的时间、对象和范围，保证政府信息公开不危及国家安全、经济安全、公共安全和社会稳定。

三是正确处理适用法律与执行政策的关系，努力实现法律效果与社会效果的有机统一。坚持法制的原则性和灵活性相结合，法律标准与政策考量相结合。在对规范性文件选择适用和对具体行政行为进行审查时，充分考虑行政机关为应对紧急情况而在法律框架内适当采取灵活措施的必要性，在遵循法律具体规定的前提下，善于运用法律的原则和精神，解决个案的法律适用问题。对没有明确法律依据但并不与上位法和法律原则相抵触的行政应对举措，尊重行政机关的决定，同时坚持法制统一的原则，不能以牺牲法律为代价，迁就明显违反法律强制性规定、侵犯当事人合法权益的行为。对于以应对危机为借口擅自突破法律规定，形成新的地方保护和行业垄断，侵犯公民、法人和其他组织合法权益的违法行为，依法予以纠正。

四是主动建言献策，促进依法行政，不断强化行政审判的服务功能。高度重视法律服务工作。积极参与党委、政府为“保增长、保民生、保稳定”出台重大政策、重大项目的研究论证，主动提供司法意见和法律咨询，积极为党委和政府建言献策，协助行政机关完善各项制度措施，从源头上预防和减少争议。高度重视司法建议工作。对于个案审理中发现的行政执法方面存在的问题，及时向有关行政机关提出改进意见和建议。对于政府决策和行政管理活动中出现的共性问题，书面报送当地党委、人大常委会和政府，为领导决策和改进工作提供参考。高度重视立法建议工作。在审判活动中发现现行法律、法规或者规章确实不适应经济社会发展要求、无法满足应对金融危机需要的，应当通过法定程序及时向有关机关提出修改或者废止的建议。

五是改进和加强非诉行政案件审查执行，确保各项应对措施落到实处。对于党委和政府与“保增长、保民生、保稳定”密切相关的行政行为的非诉执行工作，对于行政机关和权利人依法提出的非诉执行申请，尽可能缩短审查时间，及时审查，及时执行。情况紧急需要先予执行的，则依法先予执行。确有必要采取保全措施的，一般应当准许。在掌握非诉执行的审查标准时，要充分考虑应对金融危机和服务“三保”的特殊需要，不过多纠缠细枝末节，切实保证行政效率和人民群众合法权益的及时救济。

六是畅通行政案件受理渠道，积极引导群众通过理性、合法的方式表达诉求。进一步增强为党委和政府分忧、为群众解难的主动性和自觉性，依法及时受理行政案件，积极引导群众通过理性、合法的方式表达诉求。进一步强化行政诉讼立案工作，不得随意限缩行政诉讼受案范围，不得额外增加受理条件。市中院要加强对基层人民法院的行政诉讼工作的立案监督，对于符合立案条件不予受理的，及时予以纠正，防止因当事人告状无门而到处上访，激化社会矛盾。

七是高度重视民生类案件的审理，维护公民、法人和其他组织的合法权益。组织两级法院的官员积极参加“人民法官为人民”主题实践活动，进一步提高审判质量和审判效率，对涉及民生问题的各类行政案件审理，通过公正、快捷的审判，实现好、维护好、发展好人民群众的根本利益。对政府大规模公共投资振兴经济政策引起的农村土地征收、城市房屋拆迁等案件，在确保国家重点项目推进的同时，注重保护相对人的实体权益。对土地征收和房屋拆迁补偿标准明显偏低，或因立法滞后造成相对人合法权益不能得到充分保护的，要综合运用多种方式进行合理补偿。对农民工返乡后因土地、林地、草原等承包经营权而引发的行政案件，要注意维持承包经营法律关系的稳定，依法保护返乡农民合法的承包经营权益。对行政给付类案件，用好用足现行法律规定，最大限度地维护相对人合法权益，保障弱势群体利益。对起诉行政机关依法发放抚恤金、社会保险金、基本生活保障费等案件，可以根据原告的申请依法先予执行。对因企业经营状况恶化引发的劳动和社会保障类行政案件，正确把握法律规范的原则性和灵活性，注重维护劳动者实体权益。在涉及养老、失业、医疗、工伤和生育保险等社会保险费用，以及工人工资的金额认定方面，合理分配举证责任，准确把握证明标准。对行政机关认定的基本事实成立，但在相关金额计算上存在错误的，依法确定相应数额。对劳动执法案件，及时立案审查，配合劳动部门认真处理恶意欠薪案件和欠薪逃匿企业，维护劳动者的合法权益。

八是注重行政审判协调，建立健全司法与行政的良性互动机制。积极运用协调手段化解行政纠纷，促进社会和谐。在不违反法律规定的前提下，将协调、和解机制贯穿行政审判的庭前、庭中和庭后全过程。协调过程既可以由法官主持，也可以委托其他机关和个人主持。基层法院协调处理案件存在困难的，可以请求由中级法院协助处理。特别是通过推动行政机关法定代表人出庭应诉制度，为协调、和解提供有效的沟通平台。强化撤诉和解协议的执行，防止裁定撤诉后和解协议得不到及时有效执行而引起新的争议。探索建立制度化的沟通协调平台，形成司法与行政良性互动机制。通过制度化的良性互动机制，积极争取当地党委和政府的支持，形成协调、和解的合力，有效化解行政争议，维护社会和谐。

九是丰富和创新行政诉讼裁判方式，快速有效化解纠纷。通过法律规范释明、诉前风险提示等措施，加强诉讼指导，避免连环诉讼、重复诉讼，使行政法律关系尽快稳定，使各项应对举措发挥实效。发挥行政诉讼附带解决民事争议的功能，在受理行政机关对平等主体之间的民事争议所作的行政裁决、行政确权、行政处理、颁发权属证书等案件时，可以基于当事人申请一并解决相关民事争议。要正确处理行政诉讼与民事诉讼交叉问题，防止出现相互矛盾或相互推诿。强化行政争议的实质性解决，促进案结事了。对于行政裁决和行政确认案件，可以在查清事实的基础上直接就行政主体对原民事性质的事项所作出的裁决或确认依法作出判决，减少当事人诉累。撤销具体行政行为责令重新作出具体行政行为的判决，以及责令行政机关履行法定职责的判决，尽可能明确具体，具有可执行性。

十是自觉地依靠党的领导，接受人大常委会的监督，切实加强对基层法院的指导。审理与应对金融危机和“保增长、保民生、保稳定”有关的行政案件，与全局和大局的关系更加紧密，政治性和政策性更为突出。因此，人民法院要自觉地依靠党的领导，接受人大常委会的监督。坚持大要案报告制度，特别是涉及国家重点项目建设、重要政策，或者可能导致矛盾激化和事态扩大的案件，要及时报告当地党委、政府和上级法院，同时，中院对基层法院应给予工作指导和业务监督。

在2009年全球金融危机日渐蔓延，在行政一审案件整体呈上升趋势，不服行政处罚案件增长明显的情况下，全市两级人民法院行政审判工作依靠党委领导、政府支持和人民群众的理解，以支持、监督政府依法行政为己任，以维护公民、法人和其他社会组织合法权益为目标，同舟共济，共度时艰。此外，2009年，最高院下发通知，要求各地法院以发布行政审判白皮书的形式，加强与行政机关的良性互动。据此，市中院首次发布《2007 ~ 2009年全市法院行政案件司法审查工作情况报告》的行政审判“白皮书”，对全市行政案件的基本情况、行政案件现状的成因利弊、行政执法存在的问题和败诉的原因进行了梳理分析，并对预防和化解行政争议、促进依法行政提出相应的司法建议。全年受理一审行政案件58件，审结64件（含旧存6件）；受理二审行政案件21件，审结14件。在裁判结果中，依法维持具体行政行为15件，部分撤销或撤销5件，原告撤诉37件；通过行政审判，支持和帮助行政机关改善行政执法工作，维护良好的社会管理秩序。

2010年，贯彻执行最高法院《关于依法保护行政诉讼当事人诉权的意见》，积极受理、依法审理行政诉讼案件，切实保护公民、法人和其他组织的合法权益，督促和支持行政机关依法行使行政职权。共受理各类行政案件50件，审结53件（含旧存）。统筹兼顾推进城镇化建设和保护行政相对人合法权益，审慎处理土地征用、房屋拆迁、规划许可等行政案件，积极采取协调、和解的方式，实质性化解争议。认真贯彻执行《国家赔偿法》，依法做好国家赔偿工作，审结国家赔偿案件1件。为促进依法行政，市中院首次向市政府提交行政审判白皮书，有针对性地提出意见建议，促进司法和行政良性互动。

2011年，审慎稳妥审理行政案件，保障社会管理秩序。受理行政案件49件，审结47件（含旧存）。依法履行司法审查职能，维持具体行政行为14件，依法驳回10件，判决撤销、变更具体行政行为4件；在行政审判中，两级法院进一步加强协调和解工作，通过和行政机关、行政相对人的互动交流，争取实质性化解行政争议；同时认真做好国家赔偿工作，依法审结国家赔偿案件4件，就审判中发现的问题，及时向有关部门提出司法建议，促进社会管理创新。

2012年，妥善解决行政争议，服务法治政府建设，认真审慎处理劳动和社会保障、公安处罚、土地城建等案件，积极引导群众合法理性表达利益诉求。受理一审行政案件37件，审结35件，其中，市中院受理一审行政案件1件，审结1件，受理二审行政案件19件，审结18件。判决维持具体行政行为9件，依法支持行政机关履行社会管理职能，判决撤销具体行政行为或履行法定职责10件，切实维护行政相对人合法权益；在案件审理中，一方面加强行政纠纷的协调和解，着眼于纠纷的实质解决，妥善解决了一些公众普遍关注的矛盾，一审行政案件原告主动撤诉的12件，占34.3%；另一方面，就案件中发现的问题，及时向政府相关部门提出意见和建议11条，推动了依法行政。2012年，阳泉中院行政庭有2个案例，入选了《中国行政审判指导案例》。

附：能动司法 创新司法 民本司法 彰显人民司法本质

——阳泉市中级人民法院工作纪实

梁 庆 阎建生

2009年，对于阳泉市中级人民法院来说是一个极不平凡的工作年度。这一年，国际金融危机蔓延，作为老工业基地的阳泉市受到很大冲击，一些历史遗留的司法矛盾——执行难、信访案、民商事纠纷等开始集中暴发，而恰恰在这一年，王志刚同志从外地交流到阳泉任中院党组书记、院长，新班子面临新挑战，旧矛盾需要新举措，准确把脉维稳讯息、切实保证信访安全、大力破解执行难题，助推经济又好又快发展，推进民生问题解决，成为新一届党组面临的重大课题。阳泉市中级人民法院在中共阳泉市委坚强领导下，在阳泉市人民政府大力支持下，充分发挥审判职能，刑事犯罪受到严厉打击，民事纠纷和信访矛盾得到较好化解，执行难窘境得以改善，维稳措施全面落实，2009年，全市法院受理一审案件9631件，同比上升11.8%；受理二审案件722件，同比上升9%；涉案标的10.6亿元，同比上升68%。特别是在涉及民生的案件中，阳泉中院充分发挥能动司法的人文关怀作用和救助职能，积极回应妇女儿童、老弱病残、下岗职工和农民工的司法诉求，全年审结劳动合同、劳动争议案件485件，审结人身伤害、医疗纠纷、交通事故民事赔偿案件498件，对经济困难当事人实行司法救助，共计减、缓、免交诉讼费560余万元，有效地保护了弱势群体的合法权益，从而成为“政通人和、社会稳定、经济发展、人民群众安居乐业”司法助力。

一、能动司法：维护社会稳定的“助力器”

阳泉市是一个能源型老工业基地，2008年下半年席卷全球的金融危机，同样对阳泉市的经济工作造成了重大冲击，受金融危机的影响，加之改革过程中利益调整所引发的矛盾和纠纷也更加突出，如何应对金融危机？如何更好地服务党委、政府提出的“保增长、保民生、保稳定”的决策部署？更好地服务于市政府提出的“三城同创”目标，更加有效地化解社会矛盾纠纷，成为王志刚同志和党组一班人面临的迫切需要解决的重大问题。围绕解决这一问题，院党组先后组成18个调研组，由党组成员亲自带队，中层干部广泛参与，对全市司法矛盾、信访安全、社情民意进行集中调研，了解基层司法状况，掌握第一手资料，研究解决人民法院在服务党委、政府中心工作中面临的新情况、新问题，确立了坚持解放思想，转变司法观念；强化司法职能，保障经济发展；高度关注民生，维护人民权益；稳步推进改革，健全工作机制；强化队伍建设，确保司法廉洁；加强基层建设，夯实发展基础；强化党的领导，自觉接受监督等七个方面的目标任务。在具体的司法实践中，阳泉中院坚持能动司法、主动服务维稳大局，坚持以人为本、努力回应群众司法诉求，坚持从严治院、实现人民法院全面协调和可持续发展，并制定了一系列服务“三保”、服务“三城同创”的措施。在日常管理中，积极推行绩效考核，王志刚院长代表院党组同各基层法院签订了《2009年度工作目标责任书》，分解量化了各单位的目标任务，促进了办案效率，在随机抽查的79件刑事、民事、行政、审监和执行案件中，评定为优秀的案件77件，优秀率达97.46%，良好的案件2件，办案质量明显提高，2009年审理的9631起案件中无一例出现上访事件，绩效管理成果显明。

二、创新司法：破解执行难的“金钥匙”

阳泉中院经过多年来的不懈努力和积极探索，在解决执行难方面已经形成一套行之有效的体制和方法，如执行工作的“六个穷尽”、“七个到位”等做法，在全国法院系统得到了广泛认同和全面推广。2008年，由于金融危机的冲击，阳泉市两级法院的执行工作同样面临严峻局面，在当年年底开展的全国“集中清理执行积案”之时，阳泉市两级人民法院尚有1200余件执行积案，其中市中院100多件，90%的执行难案件集中在基层法院。为了贯彻中政委的部署，阳泉市成立了以市委常委、政法委书记陈继光任组长、中院院长王志刚任副组长的“全市清理执行积案活动领导组”。面对这一艰巨任务，全市执行干警不负重望，经过近一年的艰苦努力，截至2009年底，执结672件有财产案件，531件无财产案件，结案率达98.33%。向党和人民交出了十分满意的答卷。

如晋商公司诉外地一钢铁集团公司经济合同纠纷一案，2007年8月，经过太原市中级人民法院和山西省高级人民法院两级法院审理，判决该公司偿还晋商公司配套资金及利息、违约金共计6500余万元。然而，判决生效后迟迟执行不了。当年9月，山西省高院即将这起案件指定阳泉市中级人民法院执行，面对这家国有大型企业集团“遭子公司起诉”、“账户被冻结”等种种“执行不能”，阳泉中院执行法官不放弃、不妥协、不退缩，借2009年全国性清理执行积案的东风，执行法官先后20多次奔走于太原、张家口、北京、石家庄之间，行程数万公里，对被执行人的基本情况和履行能力进行系列调查，并最终获得了关于本案执行的大量第一手资料，之后，他们多次耐心地对该集团公司执行法院生效判决进行工作协调，一方面充分考虑国际金融危机对国有大型钢铁企业造成的影响，另一方面，也考虑到晋商公司资金状况同样举步维艰，经过阳泉中院执行法官的艰苦努力，双方当事人终于握手言和，总执行额累计5400万元，执行率达到83．08％，其余款项也达成了和解协议，一起由外埠法院受理、省高级法院指定执行、中央政法委直接督办的“执行难”案件得到妥善解决。

在涉及城乡统筹、重大项目建设和破产重组的案件和受金融危机冲击发生的经济纠纷案件，阳泉中院审慎使用查封、扣押等强制措施，充分发挥司法优势，多方协调处理，平稳调解矛盾纠纷，确保各级党委和政府“保增长、保民生、保稳定”措施落到实处，从而成为阳泉市经济工作向好回升的司法助力。如中国银行阳泉分行申请执行华龙超市4096万元一案，华龙超市不仅是阳泉市大型商业零售企业，而且也是一家国有特困企业。在执行本案过程中，阳泉中院对华龙超市进行了执行调研，并形成了执行意见：由华龙超市发动职工集资2225万元，华龙超市自筹资金899.6万元，将抵押给银行的资产购回，中国银行经省行和总行批准，免去华龙超市贷款利息931万元，不但盘活了企业资产，增强了职工的主人翁意识，而且还顺利地执结了本案，实现了法律效果、社会效果和政治效果的完美统一。从负债累累、濒临破产的国有特困企业，到职工和企业一起出资，共同构建有限责任公司，彻底改变了过去企业一亏损就拍卖、一拍卖职工就下岗、职工一下岗就上访的粗放型改制办法，从而成为国企改制中无阵疼、无后遗症、无后顾之忧的新型企业，为今后国有企业进一步深化改革、改制，探索出一条全新的维稳之路、民生之路、发展之路。华龙员工感动地说：是人民政府的以人为本政策，保住了我们的安居乐业的饭碗。是人民法院的司法为民本质，让我们成了企业的真正主人。

阳泉市中级人民法院在应对执行难这一司法顽症的过程中，因案制宜，锐意创新，探索出许多行之有效的方法。如在全国集中清理执行积案活动中，针对无财产可供执行的案件，创造了“七个到位”的办法，化解“执行难”难题。“七个到位”是指：对经过穷尽执行手段后确无财产可供执行的案件，人民法院必须将“案件执行情况向双方当事人反馈到位；组织双方当事人召开执行听证会到位；对双方当事人的思想工作到位；对特困群体的申请执行人司法救助到位；中止、终结执行裁定书质量到位；案件情况向党委、政府和人大常委会报告到位；案件情况向社会公开到位”。通过“七个到位”，最大限度地使申请人和上级领导、社会各界人士理解人民法院对无财产案件的处理结果，对此类案件最终退出执行程序创造了良好的社会环境，使无财产可供执行的案件不因“执行不能”引发新的社会矛盾。“七个到位”在全市两级人民法院推开后，不仅解决了大批“执行不能”的案件，消除了大量因“执行不能”引起的人民群众对党和政府，以及人民法院的误解、曲解。2009年12月10日，《人民法院报》以“工作亮点”为荐，在头版位置给予重点报道。

三、民本司法：构建和谐社会的阳关道

近年来，涉诉信访问题日益显露，成为人民群众反映强烈的突出问题。涉诉信访居高不下的原因，表面上看是当事人不服从裁判、不执行裁判，但深层次的原因还是当事人的个人诉求没有解决，因纠纷引发的不满情绪没有被化解，从而转化为对法院的不满、甚至转化成对党和人民政府的偏见，缠访、闹访、集体超级上访事件累有发生。如阳泉市中级人民法院判决无期徒刑以上的刑事案件35件中，刑事附带民事赔偿的总金额达330多万元，但民事赔偿部分真正得以执行的金额只有30余万元，不到总赔偿额的10%。因此，由于刑事案件当事人“执行不能”，而未获得民事赔偿的申请执行当事人便反复上访，阳泉中院经请示阳泉市委和市委政法委，市人民政府从民本司法和讲政治、讲大局、保民生、保稳定的高度出发，从市财政中拨出100万元，对生活困难的32案申请执行人给予了一定额度的生活补助，这是阳泉市人民政府有史以来第一次，直接从财政出资救助生活困难的申请执行人，也是中国司法史上以人为本的重大善举。再如历时四年的159户家长，诉宏昌学校返还教育基金1548万元一案，学生家长多次到省、市机关和中央上访，曾被中央政法委列为直接督办的重点案件，阳泉中院在加大执行力度的同时，紧紧依靠阳泉市人民政府的鼎力支持，积极会同盂县、平定、郊区、矿区等人民政府教育机关和开发区教育部门共同协调，使这一旷日持久、集体参访人数较多的老大难信访案件，于近日得以圆满解决。很难想象，如果没有阳泉市委的坚强领导，没有市政府从行政资源上、财政资金上的鼎力维稳和大力支持，这些信访案件的圆满解决根本是不可能的。从这个意义上讲，只有坚持党的领导，充分发挥党的组织优势和政治优势，多管齐下，多方维稳，综合治理，形成“党委领导、政府支持、政法委协调、法院主办、社会各界联动”的强大态势，才能使涉法涉诉的信访矛盾得到较好解决。

（转自2010年3月29日《阳泉日报》）

第五章 未成年人综合案件审判

第一节 概 况

阳泉市中级人民法院审判少年案件的起始时间，可以追溯到建院以前。早在20世纪30、40年代，阳泉地区就有中国共产党领导的人民军队活动，并开始建立战争状态下的人民政权时期，针对本地区少年刑事犯罪的审判工作，就已经按照当时的晋察冀和晋冀鲁豫边区有关少年案件审判的规定，结合阳泉地区少年案件的特点，由当时的人民军队或人民政府司法部门予以受理、调解或审判。虽然其时战争频繁，人民军队和日本侵略者以及敌伪政权的斗争，包括解放战争期间同国民党的斗争，长期处于拉锯胶着状态，因此，战争状态中的人民对少年案件的审判往往比较粗略，以管教为主，刑罚为辅。阳泉解放以前，当时本地中共民主政府针对少年案件的审理，一般分三个部分：一是少年案件中涉及重大刑事犯罪的，由人民政府司法处简单审判后，依照晋察冀边区或后来的华北人民政府司法部、华北人民法院相关规定，酌情判处适当的刑罚，即交由解放区设立的监狱执行。二是一般或轻微的刑事案件，由人民军队或人民政府包括政府司法人员中，政治、法律素质较高的领导进行思想品德教育和守法教育，然后责成其监护人进行管束和管理，在政治稳定、敌情相对较缓的解放区，有时会交由其自然村的党组织、民兵组织管教，由政治觉悟较高的人民群众监督管理。三是在针对少年案件的审判，人民司法的一般原则均以保护少年当事人的基本权益为出发点，多采用调解的方式维护少年当事人的合法权益，审判方式并不公开。

1947年5月2日，阳泉解放。4日，设立阳泉市人民政府，由人民政府司法处负责刑、民事案件审判。1948年10月19日，阳泉市司法处更名为阳泉市人民法院。针对少年案件的受理和审判，仍沿袭解放区的相关规定和成功案例进行，由当时的“一庭”负责，主要采取教育为主、刑罚为辅的方针。阳泉市人民政府成立后，即按照解放区人民教育的模式着手建立各种形式的公立学校，如在各自然村建立完全小学（简称完小），自然村比较集中的地方建立普通中学（不含高中教育），条件较好的乡镇地区建立完全中学（含高中教育），并派政治素质较高的党员干部进行私立学校，对私立学校的教学工作进行政治改造，在城市和乡村普遍开展扫盲教育，加强对少年儿童的文化教育、政治教育、传统道德教育。人民法院的干部经常深入各学校，对青少年进行法制教育，从教育入手，从青少年抓起，从源头上杜绝或控制少年犯罪。因此，从阳泉地区解放初期到中华人民共和国建立的几年间，阳泉市人民法院审理的少年案件极为罕见，20世纪50年代前期，阳泉地区的少年犯罪被控制到最低状态。偶然发生的少年案件，也往往属于小偷小摸、调戏或猥亵幼女之类的轻微犯罪，根据前中央法制委员会“法制刑字”〔第258号〕批复中南军政委员会《关于未成年人犯罪问题的精神》执行。一般通过学校批评、家长管束或法院干警训诫等形式，对涉案人员进行教育、感化和挽救。

1956年2月7日，最高人民检察院、最高人民法院、内务部、司法部、公安部联合下发《对少年犯收押界限、捕押手续和清理等问题的联合通知》，进一步明确了“捕押少年犯的法定手续”，“关于少年犯捕押的法定手续，在我国刑法尚未颁布以前，应根据前中央法制委员会法制刑字第258号批复中南军政委员会，关于未成年人犯罪问题的精神执行。同时根据中华人民共和国检察院组织法第四、十、十一、十二、十四条规定，少年犯的逮捕，应当经过检察院的批准，送往少年犯管教所的少年犯，应当有法院的判决书。”同时对在押的“少年犯”进行清理。“凡没有判决书的，如果根据上述前中央法制委员会批复中南军政委员会的精神，其犯罪程度应负刑事责任的，则应当提请法院作出判决，以便执行。如其犯罪程度尚不够负刑事责任的，则应对有家庭监护的应立即释放，交其家庭管理教育，对无家可归的，则应由民政部门负责收容教养。有的过去虽有判决，但判为长期改造或教育改造，没有固定刑期，这样亦不妥当，应当根据原来犯的罪行和在少年犯管教所的表现，改判为有期徒刑。”“目前民政部门的儿童教养院，凡是已经收容了年龄在十三周岁以上十八周岁以下，应负刑事责任的，亦应经法院作出判决，然后送往少年犯管教所进行管教。”

20世纪50年代~80年代初，在长达30多年的时间跨度内，阳泉地区的少年犯罪率始终保持一个较低的水平。无论是建院初期的阳泉市人民法院，还是1973年升格为二审法院的阳泉市中级人民法院，针对少年犯罪的主要类型，如盗窃、抢劫、奸淫幼女以及参与流氓和流氓团伙活动等，人民法院坚持预防为主、刑罚为辅和教育、挽救、感化并重的方针，根据中国共产党和国家不同时期、不同阶段的政治运动，特别是根据当时本地区刑事犯罪活动的新动向和新特点，充分发挥人民法院在预防犯罪方面的独特作用，寓教育和预防为审判当中，对少年犯罪进行提前干预和超前防范。

“文化大革命”前期，阳泉市人民法院受到冲击被撤销建制，审判权曾一度（1966~1973）被“阳泉市革命委员会保卫部”收回，由保卫部设立的“审判办公室”行使，审判办公室除增加部分军管会成员外，绝大多数仍由人民法院干警组成。即便是这样，“审判办公室”针对青少年的法制教育和犯罪预防工作始终没有停止。曾会同教育部门、配合特定时期、特定任务的“工宣队”、“农宣队”、“军宣队”等，对在校中、小学生开展经常性的法制教育、时事政治教育和形势教育。如配合老工人、老农民对学生开展“忆苦思甜”活动，配合各学校开展“学工”、“学农”、“学军”

等政治活动和社会实践活动。

1973年，阳泉市中级人民法院升格为二审法院，并恢复行使审判权。对少年案件的审判由刑事审判庭负责。这时，“文化大革命”已处于中、后期，党中央开始纠正“文化大革命”中的一些错误提法和做法。为确保对青少年犯罪预防的政策性、连续性、有效性，人民法院常常会派出干部到各学校和教育系统，对教职员和在校学生进行法制演讲、就案说法。而这一时期人民法院组织的对重大案件和案犯的宣判、公判活动，以及法制宣传教育活动，都会优先邀请教育部门的领导、学校的教职员工和各中学的学生参加，甚至包括各小学中的高年级学生组团参加。涉及学校和教育系统教职员工犯罪的公开逮捕、公开审判或公开宣判大会，人民法院往往要刻意选择刑案当事人工作的学校（单位），或就近的规模较大的中学操场举行。尽管这些活动明显带有特定时期的政治色彩，但对预防少年犯罪仍然起到较好的教育、警示作用。这也是阳泉地区少年案件始终保持在较低水平的一个重要的政治、法制和社会原因。

可以说，从20世纪50年代~80年代初，在长达30多年的时间跨度内，在每个家庭普遍都是四、五个孩子，而且这些孩子中，城镇少年的学习和成长环境多为大型煤矿、钢铁厂、铁路等企业自主兴办的子弟学校，农村子女的学习成长环境一般为人民政府和人民公社、生产大队三级组织出资联合建办的学校，特别是在粮食和日用工业品均相对短缺，城乡居民家庭普遍存在一定生活困难和受“派性”、“武斗”影响的情况下，阳泉市两级人民法院在预防青少年犯罪，教育、感化、挽救失足青少年方面，的确做了大量的卓有成效的工作。

当然，从建院到20世纪80年代初期的30多年间，阳泉市两级人民法院针对少年案件的审判，始终按照《人民法院组织法》和《刑法》颁布之前（1979年），党和政府关于少年案件受理、审判的各项规定运作。对14 ~ 16周岁的少年犯罪案件，严格按规定采取不公开审判的方式进行。对16 ~ 18周岁的少年案件，一般不公开审判，从法律层面上保护了失足少年犯罪嫌疑人的隐私、尊严和基本权益。如1979年，阳泉市两级人民法院受理刑事案件169件，审结147件，在已经发生法律效力的103案167人中，有不满18岁的失足少年8名，均采取不公开方式进行审判。

1978年12月，中共十一届三中全会召开，“文化大革命”宣布结束，根据会议精神，党和国家开始着手进行工作重心的转移，由过去的“以阶级斗争为纲”，转移到以经济建设为中心上来。1979年，中华人民共和国第一部《刑法》颁布，1980年正式实施。阳泉市两级人民法院对少年案件的审理，也正式按照《刑法》要求，结合少年犯罪的特点进行不公开审判。

从20世纪80年代开始，阳泉地区的少年案件逐渐开始增多。《刑法》正式实施的第一年，即1980年，全市两级人民法院共审判不满18岁的少年犯罪嫌疑人29人，18 ~ 25岁的青年犯罪嫌疑人76人。其中包括学生6人。两项合并占到当年被人民法院审判的犯罪嫌疑人的57%。到1981年，阳泉地区的青少年犯罪问题更加突出，两级人民法院全年不公开审判不满18岁的犯罪嫌疑人54人，公开或不公开审判18 ~ 25岁的犯罪嫌疑人99人，占当年被审判刑事案件当事人的54.6%。

1983年~1985年"严打"期间，阳泉市两级人民法院仍然按照"教育、挽救、感化、改造"的方针，开展少年案件的审判，以保护失足少年的基本权益。经过三年持续进行的"严打"斗争，阳泉地区强奸、杀人、爆炸、抢劫、绑架等恶性刑事犯罪案件上升的态势得到有力遏制，少年犯罪现象曾在一定程度上有所下降。

1991年9月4日，第七届全国人民代表大会常务委员会第二十一次会议通过《中华人民共和国未成年人保护法》，阳泉市中级人民法院在审判少年案件的实践中，根据少年犯罪以盗窃、抢劫、奸淫幼女为主的传统特点和新形势下出现的新情况，如少年犯罪中结伙作案开始增加，犯罪手段趋于智能型、成年化，年龄却趋向低龄化等新出现的现象和动态，结合贯彻落实《未成年人保护法》，及时调整预防措施，对少年案件的审判工作也进行了相应的调整和改革。

1999年6月28日，中华人民共和国第九届全国人民代表大会常务委员会第十次会议通过《中华人民共和国预防未成年人犯罪法》，本法自1999年11月1日起施行。为此，阳泉市中级人民法院专门制定《少年刑事案件一审办案细则》、《少年刑事案件二审办案细则》，对少年刑事案件的一审和二审均作了原则性规定，进一步确定了"挽救、教育、改造"的审理方针，推行"寓教于审、惩教结合"的审判方式，明确规定"对14岁以上满16岁的少年被告人一律不公开审理"，"对16岁以上不满18岁的少年被告人一般也不公开审理"，必须公开审理的案件，须"经院长或审判庭长批准，并限制旁听人数和范围"。特别规定"不公开审理的案件不得以任何方式公开被告人的影像"。同时，对少年刑事案件一、二审的"受案范围和庭前审查"、"庭前准备"、"审判"、"执行"等，均作了具体规定和基本要求。是阳泉市中级人民法院关于少年刑事案件审判的第一个规范性文件，对两级人民法院审理少年刑事案件具有指导性作用。

阳泉市中级人民法院制定的《少年刑事案件一审办案细则》和《少年刑事案件二审办案细则》，在20世纪90年代~2005年之前，曾广泛应用于两级人民法院未成年人刑事案件的受理、审判当中。并一度成为山西省未成年人刑事案件审判工作的两个典范文件，被其他兄弟法院在此类案件的审判中借鉴。

2006年，阳泉市未成年人刑事案件的受理和审判又发生了质的飞跃。为贯彻中央关于"改革和完善未成年人司法制度，人民法院逐步设立未成年人犯罪案件及未成年人权益保护案件的机构"的意见，以及《人民法院第二个五年改革纲要》中提出的"完善审理未成年人刑事案件和涉及未成年人权益保护的民事、行政案件的组织机构"的改革任务，8月21日，中华人民共和国最高人民法院以"法〔2006〕174号"文件，下发《关于在部分中级人民法院开展设立独立建制的未成年人案件综合审判庭试点工作的通知》，阳泉市中级人民法院同北京市第二中级人民法院、上海市第一中级人民法院、黑龙江哈尔滨市中级人民法院等17家中院一起，被确定为首批试点单位之一。此后，阳泉市中级人民法院制定了《未成年人案件综合审判庭组建工作实施方案》（简称《实施方案》），逐级报阳泉市人民政府、山西省高级人民法院审批。山西省高级人民法院据此以“晋高法〔2006〕134号”文件《关于阳泉市中级人民法院未成年人案件综合审判庭组建工作实施方案》，上呈最高人民法院审核。12月13日，最高人民法院下发“法〔2006〕326号文件”正式批复山西省高院，同意阳泉市中级人民法院《实施方案》提出的，关于未成年人案件综合审判庭机构设置及人员配置的意见，并对阳泉中院未成年人综合审判庭应当受理的案件作了四项规定：一、刑事案件一、二审的受理共四条：1.被告人为未成年人的；2.被害人为未成年人的刑事附带民事诉讼案件；3.未成年人为首犯、主犯的共同犯罪案件；4.共同犯罪案件中未成年被告人达到一半以上的刑事案件。二、民事案件一、二审的受理共四条：1.当事人一方或双方为未成年人的民事案件；2.婚姻家庭纠纷案件中涉及未成年人权益的案件，一般包括抚养关系纠纷、抚育费纠纷、监护权纠纷、探视子女权利纠纷；生父母确认纠纷、确认收养关系纠纷、解除收养关系纠纷、继父母子女关系纠纷；3.继承纠纷案件中涉及未成年人权益的案件；4.申请指定监护人案件、申请撤销监护人资格案件。三、当事人为未成年的一、二审行政诉讼案件①。四、未成年人罪犯的减刑、假释案件。

同年12月21日，阳泉市编办正式批复，同意阳泉中院增设未成年人案件综合审判庭，编制为3名，职数1名。为了使未成年人案件的审判和试点工作取得预期成效，阳泉市中级人民法院通过竞争上岗，选聘少年审判庭庭长，在不增加编制、人员紧张情况下，挑选2名审判员、2名助理审判员、1名书记员共6人，组成未成年人案件综合审判庭。并于2007年4月1日正式挂牌成立，人员、办公设施全部到位。2008年3月，中院党组又为少年审判庭配备了副庭长1名。自此，阳泉市少年案件审判庭完成了上级批复、机构设置、人员配备、办公区规范等全部工作。到2012年全市五个基层法院均建立了独立建制的未成年人案件综合审判厅，少年案件审判工作走上了标准化、法制化、规范化的轨道。

注：①根据实际情况，阳泉市中级人民法院在高最人民法院规范受理的未成年人民事案件中，还受理涉及未成年人权益的离婚案件；2.2008年9月，最高人民法院下发少年审判庭受案范围征求意见稿之后，从当年10月1日起，阳泉市中级人民法院少年审判庭不再受理涉及未成年人权益的离婚案件。

第二节 未成年人犯罪预防

阳泉市两级人民法院自始至终都把未成年人犯罪的预防，作为全市审判文化和法制文化建设的一个重点，1947年建院初期，在纷乱的战争状态下，阳泉市人民法院审判人员即会同军队政治工作干部、地方教育部门、共青团组织等，专门针对未成年人开展法制讲演、形势讲座、文化扫盲等基础工作。

新中国成立以后，随着全国政治形势日趋稳定，阳泉市人民政府大办各种类型的小学、中学、扫盲学校，阳泉市人民法院积极配合各级人民政府教育部门，按照党和国家的教育方针“培养教育革命接班人”，人民法院在其中采取的主要形式有四：

一是召开公判大会的时候，正式邀请教育部门组织教职员工和中学生、小学高年级学生参加，就案说法，揭露反革命分子和形形色色的刑事犯罪分子的罪行，提高未成年人甄别是非对错、分辨罪与非罪的能力。如1955年，阳泉市人民法院召开公判大会31次，参加公判大会的群众达7535人，其中在阳泉矿务局二矿、三矿和阳泉市发电厂举行的公判大会，教育部门和学校均组织高中和初中学生参加了旁听。

二是直接派法院干警深入各学校进行“法律讲演”，对未成年人进行传统道德教育、遵纪守法教育、时事政治教育、犯罪案例宣讲。如1956年，阳泉市人民法院派出干警专门在“荫营区”（现郊区李家庄乡以北至盂县以南的大部分乡镇）“千亩坪乡”（现荫营镇辖区的大部分自然村）作了两次法律讲演，除辖区内的机关、企事业单位和农村干部群众旁听外，同样安排当地“完全小学”的高年级学生和各村扫盲班、农民夜校的青少年学员参加法制教育。

三是根据党和政府以及阳泉市各个不同历史时期的工作中心或各项政治运动，开展常规性法制宣传，宣传的主要对象，即包括各学校的未成年人。如1955年，阳泉市人民法院印发了各类法制宣传品1800余份，组织进行了3次法制广播宣传，制作包括有案例分析、法律解释、现身说法等内容黑板报14期，在法院前面的街道两侧公开展出，其中很大一部分宣传品散发到各学校，有的则直接张贴到中学校内，成为人民法制预防未成年人犯罪的法制宣传专栏或墙报。这些专栏和墙报虽然带有当时的政治特点，但无论从人民法院的初衷看，还是从后来的实践看，对未成年人的健康成长均具有十分明显的正面引导作用，即帮助他们树立了正确的人生观、价值观，又帮助他们从个人行为上认识法与非法、罪与非罪的界限。这也是阳泉地区从解放初期（1947年5月2日）一直到“文化大革命”结束，未成年人犯罪率始终保持较低水平的一个重要因素。

四是有关教育系统或各中小学教职员工触犯刑律的公开逮捕、公开审判、公开宣判和公开执行刑罚等活动，阳泉市人民法院一般将会场选择在该刑事犯罪当事人工作单位或就近的场馆或学校操场举行。如 1964 年 12 月 20 日，阳泉市人民法院在市体育场（市第二中学、矿务局一中、北大街小学附近）召开公判大会，对多次奸污女学生的中佐中学老师张文华判处死刑，参会人数达 15000 多人，其中阳泉市教育系统组织教职员工和中学生数千人参加了公判大会。在枪决张犯文华的同时，阳泉市人民法院还张贴布告，印发严厉打击强奸和流氓犯罪的宣传提纲，打击了犯罪分子的嚣张气焰。兴隆街居民赵秀英说："政府杀得好，像这样的教师不枪毙，谁还敢让自己的女孩上学呢？"三矿退休老工人李日详，看了布告义愤地说："这次处决的真好，像张文华这样的败类，应该多杀上几个，不然培养革命接班人将是个大问题。"1974 年，阳泉市中级人民法院恢复行使审判权，并升格为二审法院，公开逮捕强奸女生的郊区荫营公社某小学教师高某某时，就选择在荫营中学操场进行。即是对容易犯此类罪行的教职员工的一种警示，也是对未成年人的一次法制教育，更是对容易受到此类犯罪侵害的少女们的提醒。

"文化大革命"前、中期（1966 ~ 1973 年），虽然阳泉市人民法院一度被解散，许多审判人员和法院干警被安排到其他部门工作，甚至受到审查或下放农村、工厂参加劳动，审判权也一度交由"阳泉市革命委员会保卫部审判办公室"行使。但"审判办公室"的人员针对未成年人犯罪的预防，仍在力所能及的范围内，尽可能地运用各种行之有效方式，对青少年"红卫兵"，特别是对在校的中、小学生（红卫兵、红小兵）进行时事政治教育、形势法制教育、预防犯罪教育和"忆苦思甜教育"，对未成年人进行正面引导，最大限度地约束和规范了中、小学生参与"文化大革命"的盲目行为，促进了各中、小学提前"复课闹革命"，有力地预防了中、小学校学生的参与武斗、派性、串联等行为。对"文化大革命"中出现的"少年反革命犯罪"，"审判办公室"同样本着实事求是的精神，一般并不按《公安六条》追究他们的刑事责任，不主张学校开除"犯"有反革命罪的未成年人学籍，而是会同学校、包括驻各学校的"农宣队"、"工宣队"、"军代表"对这些孩子进行适当的批评教育和引导，确保这些少年"反革命"和其他正常的未成年人一样，享受正常的文化教育、过正常的未成年人生活。这些预防未成年人犯罪的方法，到 1973 年阳泉市中级人民法院恢复行使审判权之后，人民法院和法院干警仍然坚持用这些行之有效的方式方法，预防阳泉地区的未成年人犯罪，在当时的以阶级斗争为纲的形势下，对未成年人发挥了约束、规范、劝导、帮助的作用，并一直沿用到 1977 年"文化大革命"结束和 1978 年全国恢复高考。

1979 年 7 月 1 日，第五届全国人民代表大会颁布中华人民共和国第一部《刑法》，决定于 1980 年 1 月 1 日起执行。此后，中华人民共和国全国人民代表大会根据《宪法》

第49条有关于“婚姻、家庭、母亲和儿童受国家的保护”，“父母有抚养教育未成年子女的义务”的规定，第46条有关于“中华人民共和国的公民有享受教育的权利和义务”的规定，在《婚姻法》、《收养法》、《义务教育法》等诸多法律中，都制定若干条款专门规定保护未成年人的合法权益，使未成年人享有“政治权利、人身权利、受教育权、个人财产所有权、继承权、社会经济权、司法保护权”等权利。1999年6月28日，第九届全国人民代表大会常务委员会第十次会议通过《预防未成年人犯罪法》（自1999年11月1日起施行），本法具体规定了如何通过各种教育措施预防未成年人犯罪，未成年人如何对犯罪的自我防范，对已经犯罪的未成年人重新犯罪的预防等内容。2006年12月29日，全国人民代表大会常务委员会第二十五次会议修订通过《未成年人保护法》（2007年1月1日起执行），这是一部对未成年人的各项合法权利进行专门保护的法律，也是保护未成年人合法权利的基本法。

阳泉市两级人民法院和全国一样，对未成年人权益的保护和未成年人犯罪的预防，进入了法制化、规范化、制度化、综治化轨道。

2006年12月13日，经最高人民法院正式批复，同意阳泉市中级人民法院成立少年审判庭。12月21日，阳泉市编办正式发文，进一步确立了阳泉市中级人民法院少年审判庭的人员编制、职数、职责。阳泉市中级人民法院少年审判工作上了一个新台阶，预防未成年人犯罪和保障未成年人权益进入了一个全新的发展时期。

为了更好地解决新设少年庭与原先少年刑事审判工作的衔接问题，尽快使少年审判工作步入常态，少年审判庭成立之初，阳泉市中级人民法院未成年人案件审判法官，即及时走访共青团阳泉市委、市妇联、市关工委、市教育局以及部分学校、社区和街道，向有关单位介绍设立少年审判庭的功能和职责，共同研讨新形势下阳泉市两级人民法院和社会各界共同应对少年案件频发、预防未成年人犯罪、保障未成年人权益的对策、措施和合作方向，同时向五个基层人民法院和阳泉市人民检察院等单位征求意见。在深入调研的基础上，针对少年审判的特点和要求，结合本地区未成年人案件的性质和本院未成年人案件审理情况，从岗位职责、程序操作、审判延伸三个层面，制定了具体的工作方案，如《山西省阳泉市中级人民法院少年审判庭审理未成年人刑事案件工作规范》、《阳泉市中级人民法院少年审判庭审理未成年人民事案件工作规范》、《阳泉市中级人民法院少年审判庭审理未成年人行政案件工作规范》、《阳泉市中级人民法院关于实施未成年罪犯社区矫正的暂行规定》、《阳泉市中级人民法院未成年罪犯回访、考察实施办法》、《少年审判庭“圆桌审判”操作规范（试行）》、《社会调查员制度实施办法》等制度，凸显对未成年当事人的司法保护；在审判延伸层面，完善了《未成年罪犯回访、考察实施办法（试行）》、《关于实施未成年罪犯社区矫正的暂行规定》等规章制度和《未成年被告人综合测试表》，配合有关庭室确定了案件受案范围、案件编号，为扎实开展试点工作奠定了良好基础。

此外，为了整体推进阳泉市少年审判工作上台阶、上水平，完善全市三区两县未成年人预防犯罪和权益保护的法制构建，阳泉市中级人民法院在本院少年审判庭成立之初，即专门下发通知，对基层法院少年审判工作进行指导、督导，要求有条件的县（区）人民法院，必须按照最高院和省高院关于少年审判工作的规范和标准，尽快设立少年审判庭；对暂时不具备条件的基层法院，明确规定必须确定相应的专门合议庭或确定专人审理未成年人案件。同时要求各基层法院克服困难、创造条件，成立具有正式编制的、可以独立开展未成年人案件审判工作的少年审判庭。

在受理、审判和调解未成年人案件，预防未成年人犯罪和保障未成年人权益中，阳泉市中级人民法院的一些主要做法：

（一）坚持"教育为主，惩罚为辅"的原则，对未成年被告人适用刑罚严格依法从轻、减轻判处。对一些初犯、偶犯且社会危害性较小的未成年罪犯，在从轻、减轻判处的同时多适用缓刑，实践证明将尚未成熟的未成年人判处缓刑后，让他们在社会的大环境中接受监管改造，有利于他们积极改过自新，也避免了判处实刑后服刑时可能产生的交叉感染。如审理被告人郝巨千等 5 人抢劫犯罪一案中，经审理查明，未成年被告人葛某抢劫作案 2 起，抢劫现金及物品共计价值 3160 元，审理案件中查明被告人葛某平时表现一贯较好，犯罪系临时受人诱惑而为，本人在庭审中痛哭流涕、悔恨不已，同时又了解到这个未成年人家庭环境较好，具备判处缓刑的条件，最终根据该被告人犯罪的事实、情节及手段，判处未成年被告人葛某有期徒刑 2 年，缓刑 3 年。此后，阳泉市中级人民法院在回访中了解到，该未成年人表现良好，不但没有继续危害社会，而且还为社区作了许多公益工作。

（二）坚持"寓教于审，惩教结合"的原则，做好未成年被告人的法制教育工作。在开庭前，做到与被告人、与法定代理人"两见面"。与被告人见面，在告知其诉讼权利的同时，深入了解其犯罪原因，通过庭前教育，帮助其认识到自己行为的危害性，使其在心灵上对犯罪后果有所触动；与法定代理人见面，目的是了解其家庭环境、平时表现，掌握第一手材料，把握其犯罪根源，找准未成年被告人的感化点和突破点，为庭审教育作好充分准备；在庭审中、判决后，做好"两教育"。即庭审教育和判后再教育。庭审中，充分发挥诉讼参与人的作用，审判人员、公诉人员语气和缓、有耐心，用启发、疏导的方法进行教育，态度平缓而不失严肃，让未成年被告人在情绪相对稳定的状态下供述其犯罪事实，营造较宽松的法庭气氛。同时，把庭审教育阶段确定在被告人最后陈述之后，因为未成年被告人在经过法庭调查、法庭辩论等程序后，能够对其行为是否构成犯罪，以及其行为的社会危害性等有了大致了解和基本认识。在此基础上，审判法官充分引导诉讼各方从各自职责出发，对未成年被告人进行教育，公诉人员侧重指出犯罪行为的社会危害性，应受刑罚惩罚，迫使其产生悔罪意识；法定代理人从家庭角度指出犯罪不仅给社会、被害人造成了危害，也给个人前途及家庭造成严重影响，促使其产生内疚感、责任感；法庭运用庭前准备的背景材料，结合庭审查明的案件事实，从感化点入手，分析犯罪原因，讲解相关法律规定，把法庭当做“课堂”，使未成年被告人切实受到法制教育，促使其幡然悔悟。宣判后的再教育，首先是注重法制教育，向被告人讲明判决的法律依据，避免未成年被告人在判决结果与预期值相差甚远时，产生不认罪服法的抵触心理。其次是注重前途教育，帮助未成年人克服盲目乐观和过于消极两种情况。实践中，判处缓刑的未成年被告人，有盲目乐观、万事大吉的心态，而判处实刑尤其是较长刑期的未成年人，则有消极悲观、心灰意冷的心理因素。审判人员针对这两种未成年被告人的判后心理，进一步加强思想疏导，告知接受社会改造的缓刑少年犯，一定要循规蹈矩，不要重蹈覆辙。而对判处实刑的未成年人，则要求他们安心劳动改造，在劳动改造中加强学习，争取早日回归社会。

（三）坚持对缓刑人员进行定期回访，把教育引导工作和缓刑管理工作落到实处。在对未成年罪犯宣告缓刑后，少年庭都要同未成年罪犯及其家长签订帮教协议，对其约法三章，要求定时汇报思想，并为缓刑少年犯建立档案，随时掌握他们的最新思想动态，确保他们不再重新走上犯罪道路。2008 年 10 月，阳泉市中级人民法院将近年来判处缓刑的 12 名未成年罪犯及其家长召集回来，召开了一次“缓刑未成年人回访帮教座谈会”，市教育局、市司法局、团市委，市妇联、市关工委等部门的领导，从不同角度对未成年人犯罪的原因、特点作了分析，并对未成年罪犯提出了殷切希望和要求，受到未成年缓刑人员和他们家长的普遍好评，也取得了很好的教育效果。

（四）加强同未成年人管教所的联系，进一步落实少年审判工作的向后延伸制度。阳泉市中级人民法院始终积极参与对服刑少年犯的教育改造工作，为改造中的犯罪少年提供一个接触社会、感受阳光的窗口，使他们在迷航的人生中重燃希望，找到新的前进方向。2007 年中秋节之前，阳泉市中级民法院少年审判庭组织基层少年审判法官，一同到省未成年人管教所，对本市判处实刑的未成年罪犯进行集体回访，给他们送去了阅读书籍和学习用具，送去了人民法院的关爱和温暖，并和他们进行了座谈、交流，使未成年罪犯真切感到人民法院对他们的教育和挽救。

（五）积极探索适应未成年人生理、心理特点庭审方式。2008 年 3 月，阳泉市中级人民法院少年审判庭在审理一起绑架案时，首次采用“圆桌审判”方式审理未成年人案件，从形式上缓和了庭审气氛，减轻了未成年被告人心理压力，更好实行教育、感化、挽救的方针。

（六）在审理涉及未成年人民事权益案件时，把维护未成年人权益放在首要位置。一是坚持“快审、快结”的原则，为未成年人案件特设“绿色通道”：优先立案、优先审理、优先执行，在确保案件质量的前提下，强调快审快结。对于一些急需用钱的未成年原告人，坚持急事急办的原则，尽可能在最短的时间使其获得司法救济。二是加大调查取证力度。针对未成年当事人一方取证困难的情况，不受“谁主张、谁举证”规则的束缚，而是本着实事求是，有利于查清事实的原则，充分运用依职权调查职能，主动深入学校、工厂、社区调查取证，避免因举证不到位而延长审理时间，切实保护未成年人的合法权益。三是强化诉讼调解，努力化解矛盾，实现法律效果和社会效果的统一。涉及未成年人权益的民事案件，往往交织着亲情和家庭关系的问题，为此，在具体的审判实践中，阳泉市中院少年庭坚持多调少判的原则，把调解作为首选办案方法，将调解贯穿于未成年人民事案件的始终，确保送达调解与庭前调解相结合，当庭调解与庭后调解相结合，诉讼调解与社会调解相结合，尽量多调少判，避免义务人不自觉履行判决对未成年人再次造成伤害，为未成年人营造一个和谐稳定的社会生活环境，真正做到案结事了。同时不断拓宽调解渠道，创新调解机制，注重发动社会力量做思想疏导工作，及时化解矛盾纠纷，促使当事人消除隔阂，最大限度维护家庭和社会关系的稳定。从已审结案件情况看，调解撤诉结案率达到 60%，取得了较好的法律和社会效果。

（七）坚持同各级团委、妇联、学校等部门进行长期合作，利用审判工作的独特优势，开展形式多样、丰富多彩的法制宣传活动。阳泉市中级人民法院专门派出少年法庭一名副庭长，担任团市委少年维权热线法律专家，为全市未成年人提供专业法律咨询。同有关部门联合举办“关爱未成年人，法在我心中”的演讲活动，在本市两所学校建立法制教育基地，每年均选派优秀法官，到学校开展深入浅出、通俗易懂的法律讲座。根据法制教育的需要，学校组织学生和教职员工参观人民法院的法庭和旁听审判。2007 年，阳泉市中级人民法院联合几所中学，共同举办了模拟法庭法制教育活动，在法官的指导下，学生挑选案例，亲身体验法官、公诉人、辩护人角色，在庭上唇枪舌剑，模拟真实的庭审活动，近千名学生参加了旁听，收到了良好的宣传效果。

阳泉市中级人民法院少年审判庭成立以来，在预防、教育、挽救和维护未成年人合法权益方面做了大量工作，受到社会各界好评，2007 年 5 月，共青团山西省委副书记雷健坤一行到阳泉中院就少年法庭工作情况进行调研，对阳泉中院少年法庭工作情况给予了充分肯定，并指出全省各级团组织今后要适应新形势，迎接新挑战，积极研究和探索建立一套与法院在未成年人犯罪和帮教未成年犯工作领域的合作机制。9 月，少年审判庭被山西省综治委评为“山西省预防青少年违法犯罪工作”先进集体。2009 年 10 月，被省高院推荐为“全国优秀青少年维权岗”，上报最高人民法院给予表彰奖励。

2011 年，对少年犯罪坚持教育、挽救、感化的方针，强化未成年人案件综合审判工作，大力推行圆桌审判、轻刑化处理等适合未成年人身心特点的审理、执行方式，促使未成年罪犯改过自新。2012 年，市中院少年庭作为全省“青少年维权岗”和全市首批“青少年法制教育基地”，认真开展法制进校园活动，加强对中小学生安全和法制教育。

第三节 未成年人案件审理规范

一、审判庭审理未成年人刑事案件工作规范

为了正确审理未成年人刑事案件，维护未成年被告人的合法权益，依法审判和教育未成年犯罪人，进一步贯彻“教育为主、惩罚为辅”原则，落实“教育、感化、挽救”方针，根据《中华人民共和国刑事诉讼法》、《中华人民共和国刑法》、《中华人民共和国未成年人保护法》、《中华人民共和国预防未成年人犯罪法》及最高人民法院《关于执行〈中华人民共和国刑事诉讼法〉若干问题的解释》的相关规定，结合审理未成年人刑事案件和维护未成年人合法权益的司法实践，其基本规范如下：

（一）总 则

1. 审理未成年人刑事案件，应当以事实为依据，以法律为准绳；应当坚持教育为主、惩罚为辅的原则，贯彻教育、感化、挽救的方针；应当在审判活动中依法维护未成年被告人的各项诉讼权利和合法权益。

2. 少年审判庭应当加强同公安、检察、司法等部门的联系，以保证公正及时地审理未成年人刑事案件；应当加强同政府有关部门，共青团、妇联、工会、教育、未保组织等有关社会团体的协作配合，共同做好未成年人犯罪的教育挽救工作。

3. 少年审判庭应当建立完善青少年法制教育基地；应当创建完善“优秀青少年维权岗”活动；应当积极参与社会治安综合治理，预防和减少青少年犯罪。

4. 从事未成年人刑事案件审判的法官，应当公正执法，尽职尽责，努力提高自身法律修养，不断拓宽知识面，成为专业型、品德型、教育型、心理型的法官；应当不断开展调研，总结经验。

5. 受理案件范围：

（1）被告人为未成年人的刑事案件；

（2）被害人为未成年人的刑事附带民事诉讼案件；

（3）未成年人为首犯、主犯的共同犯罪案件；

（4）共同犯罪案件中未成年被告人达到一半以上的刑事案件；

（5）未成年犯罪的减刑、假释案件。

6. 审理第一审未成年人刑事案件，由审判员或者审判员与人民陪审员组成合议庭审理。

7. 对在开庭审理时不满16周岁的未成年人刑事案件，一律不公开审理；对在开

庭审理时已满16周岁不满18周岁的未成年人刑事案件，一般也不公开审理，如果有必要公开审理的，必须经过本院院长批准或者授权庭长批准。

8. 应当依法保证未成年被告人获得辩护。

开庭审理时不满18周岁的未成年被告人没有委托辩护人的，应当指定承担法律援助义务的律师为其提供辩护。

在审判过程中，未成年被告人及其法定代理人可以拒绝委托辩护人，指定辩护人为他辩护。

9. 未成年人刑事案件判决前，审判人员不得向外界披露该未成年人的姓名、住所、照片及可能推断出该未成年人的资料。

未成年人刑事案件的诉讼案卷材料，必须经过本院院长批准，可以查阅、摘抄、复制，但不得公开和传播。

（二）庭前准备

10. 主审法官应当认真审阅案件材料，并将开庭前的准备工作和活动记录在卷。

11. 在向未成年被告人及其法定代理人送达起诉书副本时，应当向其讲明被指控的罪行和有关法律规定，告知诉讼程序，诉讼权利、义务，开庭审判中需注意的事项，并记录附卷。

12. 审判第一审未成年人刑事案件，合议庭应当调查或者委托有关社会团体组织及人员调查下列事项：

（1）向未成年被告人的监护人了解，掌握其家庭及成长状况，思想品质及性格特点；

（2）向未成年被告人所在学校、社区、邻居了解，掌握其平时表现、社会交往、学习成绩、不良习惯及犯罪成因；

（3）向未成年被告人了解，掌握其性格特点、心理状态、犯罪动机、犯罪目的、被采取强制措施后的悔过情况。以上均应当记录附卷。

13. 开庭审理前，应当通知未成年被告人的法定代理人或者其他监护人或者其他成年近亲属出庭。经通知不到庭的，记录附卷。

14. 开庭审理前，合议庭认为有必要的，可以安排未成年人的法定代理人或者其他成年近亲属、教师等人员与其会见。

（三）开庭审判

15. 在法庭上不得对未成年被告人使用戒惧。未成年被告人在法庭上可以坐着接受法庭调查、询问，在宣判时应当起立。

16. 未成年被告人或者其法定代理人当庭拒绝委托辩护人、指定辩护人辩护的，合议庭应当准许并宣布延期审理，另行委托或指定辩护人。重新开庭后，再次当庭拒绝辩护的，不予准许。

17. 庭审中合议庭应当注意未成年被告人的智力发育程度和心理状态，要态度严肃、和蔼、用语准确、通俗易懂、语气平和。

18. 庭审中审判长应当与公诉人及其他诉讼参与人协调、掌握好庭审气氛，禁止对未成年被告人诱供、训斥、讽刺或者威胁。

19. 庭审中未成年被告人的法定代理人享有申请回避、辩护、发问，提出新的证据，要求重新鉴定或者勘验，提出上诉等诉讼权利。

20. 庭审调查中，合议庭应当查明案件事实，核实相关证据，同时还应当查明未成年被告人实施被指控犯罪行为时的主观和客观原因。

21. 合议庭就具体证据的客观性、关联性、合法性尽力做到当庭评判，以强化庭审功能，提高庭审质量。

22. 合议庭评议案件，应当根据案件事实、证据、性质、社会危害程度、法定情节，以及犯罪后有无悔罪，个人一贯表现等情况，决定对其适用从轻或者减轻处罚以及从轻或者减轻处罚的幅度，做到量刑准确化、科学化，使判处的刑罚有利于未成年罪犯的改过自新和健康成长。

23. 除法定不适用缓刑的情形外，对于被判处拘役，三年以下有期徒刑，有悔罪表现，有监管条件或者能够落实帮教措施不致再危害社会的未成年被告人均应适用缓刑。

24. 为使庭审和教育取得最佳效果，采用“圆桌审判”的案件力求当庭宣判，提高当庭宣判率。

25. 宣告判决均应公开进行，不得采取召开大会等形式进行宣判。

26. 定期宣告判决的，合议庭应当通知公诉人，未成年被告人的法定代理人及其他诉讼参与人到庭。对不到庭的应当记录在案，并在宣判后向其送达判决书副本。

27. 宣告判决时应向被告人说明其犯罪行为对社会的危害性和应受刑事处罚的必要性，并告知上诉权利，讲明上诉不加刑的法律规定。

28. 对判决未成年被告人有罪的，宣判后，由合议庭组织到庭的诉讼参与人对未成年被告人进行法庭教育。教育主要围绕犯罪行为的危害和应当受到刑罚处罚的必要性；导致犯罪行为发生的主、客观原因及应当吸取的教训；正确对待人民法院裁判、指明前途等内容进行。

29. 对被判处“管、缓、免”的未成年罪犯，在送达判决书的同时，由主审人对未成年罪犯进行《诫勉谈话》，并详细记录、整理归卷。

（四）庭后延伸

30. 少年审判庭应与少管所建立长期合作体系，对正在服刑的未成年罪犯开展回访、考察、座谈、交心、授课等相关活动，协助作好帮教、改造工作。

31. 对于被判处管制、宣告缓刑、免予刑事处罚的未成年罪犯，协助公安、学校、社区、村委会、监护人等制定帮教措施，并适时进行回访、考察、帮教。

32. 对于未成年罪犯具备就学就业条件的，可以就其安置问题向有关部门提出司法建议。

33. 判决执行后，主审人应当对未成年罪犯造册建档。档案主要项目：该未成年罪犯基本情况，所犯罪行，处刑情况，家庭基本情况，监管单位，监管场所，责任人或联系人，悔过表现情况，回访、考察、帮教等其他相关情况。做到心中有数，为帮教工作奠定基础。

34. 主审人应当对被判处监禁刑的未成年罪犯定期进行回访考察，至少半年一次；对被判处非监禁刑的未成年罪犯不定期进行回访考察，方式可采取走访、通信、电话、座谈会等形式。回访考察情况必须记录并归档。

35. 主审人认为有必要时，可以督促被监禁服刑的未成年罪犯的父母或者其他监护人及时探视，以使未成年罪犯感到家庭和社会的关怀，增强改造的信心。

36. 本规范是具有程序和实体意义的少年审判工作和相关工作的规则。

37. 本规范适用于第一审、第二审未成年人刑事案件。

（五）其他相关工作

38. 加强对基层法院少年审判和维权工作的指导，适时召开相关的工作会、研讨会、交流会；不定期下基层征求意见指导工作。

39. 加强未成年人刑事案件审判和其他相关工作的调查研究，各审判人员应当积极撰写有质量的调研文章，案例分析和其他相关材料。

40. 加强宣传报道工作，协助研究室与新闻媒体保持经常性联系，积极提供相关素材，扩大社会效果。

41. 充分发挥青少年法制教育基地的作用，经常性开展一些法制教育及相关活动；派员担任部分学校、社区的法制副校长、法制辅导员，适时开展法制讲座等相关活动。

42. 创建和完善“优秀青少年维权岗”，适时开展法制宣传，法律咨询，维护青少年合法权益等相关活动，发挥“青少年维权岗”的应有作用。

43. 积极参与社会治安综合治理，与公、检、司建立工作机制，同共青团、妇联、工会、教育未保组织等部门保持联系，适时开展预防和减少青少年犯罪的社会治安综合治理的相关活动。

（六）附则

44. 本规范是具有程序和实体意义的少年审判工作和相关工作的规则。

45. 本规范适用于第一审、第二审未成年人刑事案件。

二、审判庭审理未成年人民事案件工作规范

为正确及时审理涉及未成年人权益保护的民事案件，切实维护未成年人的生存、学习、成长等民事权利，根据《中华人民共和国未成年人保护法》、《中华人民共和国民事诉讼法》、《中华人民共和国民法通则》、《中华人民共和国婚姻法》、《中华人民共和国继承法》及相关司法解释，结合民事审判实践和实际情况，其基本规范如下：

（一）总 则

1. 审理涉及未成年人权益保护的民事案件，应当坚持依法办案，多做法制教育和调解疏导工作，倡导新道德、新风尚，促进家庭和睦、社会文明和和谐稳定，切实维护未成年人的合法权益。

2. 未成年人的父母是未成年人的监护人，未成年人的人身权利和财产权利受到侵害的，被侵害的未成年人或其监护人有权依法向人民法院提起民事诉讼。监护人应当代理未成年人进行民事诉讼活动，审判人员应当通知监护人参加诉讼活动。

3. 本院少年审判庭受理如下民事案件：

（1）当事人一方或双方为未成年人的民事案件；

（2）婚姻家庭、继承纠纷案中涉及未成年人权益的案件。

4. 从事未成年人民事案件审判的法官，应当公正执法、尽职尽责，努力提高自身法律修养，不断拓宽知识面，成为专业型、品德型、教育型、心理型的法官，应当不断开展调研，总结经验。

5. 审判第一审涉及未成年人权益保护的民事案件，由审判员或者由审判员与人民陪审员组成合议庭进行审理。审判第二审涉及未成年人权益保护民事案件，由审判员组成合议庭进行审理。

6. 未成年人或监护人从未成年人身心特点考虑，申请未成年人不出庭参加诉讼或申请不公开开庭审理案件的，应当予以准许。

7. 在审判活动中，应当体现对未成年人的司法关怀，为未成年人提供法律援助。对生活确有困难的未成年人或其监护人实行诉讼费的缓交、减交、免交，以保障未成年人充分行使诉权。

8. 在审判活动中，应当准确适用证据规则，合理分配举证责任，不得随意加重未成年人一方的举证责任，以保障未成年人的实体权利。

9. 审理涉及未成年人权益保护的民事案件，应当坚持调解与判决并重的原则，并注重以调解方式结案。

（二）庭前准备及庭审

10. 主审法官应当认真审阅案件材料，并将开庭前的准备工作和活动记录在卷。

11. 在向未成年人及其监护人送达开庭传票时，应当告知诉讼程序，诉讼权利义务以及开庭审理中需要注意的事项，并记录附卷。

12. 一审案件开庭审理前，应当进行证据交换；二审案件开庭审理前，主审法官认为有必要时，也可以进行证据交换。

13. 对没有委托律师代理人的未成年人或者其监护人，审判人员应当对回避、自认、举证责任等相关内容向其作必要的解释或者说明，并在庭审过程中适当提示他们正确行使诉讼权利、履行诉讼义务，指导他们进行正常的诉讼活动。

14. 开庭时，审判人员应当根据当事人的起诉请求（上诉请求）和答辩意见归纳出争议焦点，经当事人确认后，由当事人围绕争议焦点举证，质证和辩论。

15. 庭审中合议庭应当注意未成年人的智力发育程度和心理状态，发问时，要态度严肃和蔼、语气平和，用语通俗易懂、准确明了。

16. 庭审中审判长应当注意掌握好庭审气氛，禁止对未成年人训斥、讽刺或威胁，禁止诱使未成年人作出对己不利的陈述。

17. 庭审中，合议庭应当核实相关证据，查明案件事实，分清是非责任，为正确处理案件做好基础性工作。

18. 合议庭评议案件时，应当根据案件的证据、事实、性质以及未成年人的成长需要，并结合过错程度、对方给付能力等因素，合法合理合情地处理案件。

19. 一审案件宣判应当公开进行，定期宣判的，合议庭应当通知各方当事人、未成年人监护人及其他诉讼参与人到庭，对不到庭的应当记录在卷，并在宣判后向其送达判决书。二审案件审结后应及时将案卷退还一审法院并委托一审法院向双方当事人送达二审判决书。

20. 审理案件过程中发现未成年人有明显过错的，应当向未成年人或其监护人讲明过错所在应当吸取的教训。

（三）相关案件中未成年人的权益保护

21. 在审理离婚案件中注重保护未成年人的财产权益。凡是未成年人因各种原因取得的财产就归其所有；在离婚诉讼财产分割中，如果涉及未成年人的独立财产，应优先将其独立出来，不得作为夫妻共同财产进行分割。

22. 对不宜分割使用的夫妻共有的房屋，应当根据双方住房情况和照顾抚养未成年人子女方或无过错方的原则分给一方所有，分得房屋的一方应向另一方支付相应的价款予以补偿。

23. 两周岁以下的未成年子女，一般随母方生活；父母双方协议两周岁以下未成年子女随父方生活，并对未成年子女健康成长并无不利影响的，可予准许。

24. 对两周岁以上未成年子女，父母双方均要求随其生活，一方有下列情形之一的，可予优先考虑：

（1）未成年子女随其生活时间较长，改变生活环境对未成年子女健康成长明显不利的；

（2）未成年子女随其生活，对未成年子女有利，而另一方患久治不愈的传染性疾病或其他严重疾病，或者其他不利于未成年子女身心健康的情形，不宜与未成年子女共同生活的；

25. 父母双方抚养条件基本相同，双方均要求未成年子女与其共同生活的，但未成年子女单独随祖父母或外祖父母共同生活多年，且祖父母或外祖父母要求并且有能力帮助照顾孙子女或外孙子女的，可作为未成年子女随父或随母生活的优先条件予以考虑。

26. 对十周岁以上的未成年子女愿随父或随母生活，应当征询本人意见，父母双方对未成年子女随谁生活发生争执的，应当考虑其子女的意见。

27. 在有利于保护未成年子女的前提下，父母双方协议轮流抚养未成年子女的，可予准许。

28. 未成年子女抚育费的数额，可根据未成年子女的实际需要、父母双方的负担能力和当地的实际生活水平确定。有固定收入的，抚育费一般可按总收入的百分之二十～三十的比例给付。负担两个以上未成年子女的，抚育费的数额比例可适当提高，但不能超过月总收入的百分之五十。无固定收入的，抚育费的数额可依据当年总收入或同行业平均收入，参照上述比例确定。

有特殊情况的，可适当提高或降低比例。

29. 抚育费应当定期给付，有条件的可一次性给付；抚育费的给付期限，一般到子女 18 周岁为止，丧失劳动能力等特殊情况除外。

30. 父母双方可以协议未成年子女随一方生活，并由抚养方负担未成年子女全部抚育费，但经查实，抚养方的抚养能力明显不能保障未成年子女所需费用，影响未成年子女健康成长的，不予准许。

31. 要求变更未成年子女抚养关系，有下列情形之一的，应予支持：

（1）与未成年子女共同生活的一方因患严重疾病或因伤残无力继续抚养未成年子女的；

（2）与未成年子女共同生活的一方不尽抚养义务或有虐待未成年子女行为的，或其与未成年子女共同生活对未成年子女身心健康确有不利影响的；

（3）十周岁以上未成年子女，愿随另一方生活，该方又有抚养能力的；

（4）正当理由需要变更的

32. 未成年子女要求增加抚育费有下列情形之一的，父或母有给付能力的，应予支持：

（1）原定的抚育费数额不足以维持当地实际生活水平的；

（2）因未成年子女患病、上学、实际需要超过原定数额的；

（3）有其他正当理由应当增加的；

33. 离婚诉讼期间，双方均拒绝抚养未成年子女的，可先行裁定暂有一方抚养。抚养未成年子女一方经济确有困难，生活陷入困境的，可裁定另一方先行给付未成年子女抚养费。

34．离婚后，不直接抚养未成年子女的父或母，有探望未成年子女的权利，另一方有协助的义务，行使探望权利的方式、时间由父母协议，协议不成，本着有利于未成年子女的原则予以判决。

35．父或母探望未成年子女，不利于未成年子女身心健康的，可依法中止探望的权利，中止的事由消失后，应当恢复探望的权利。

36．未成年人的继承权受法律保护，监护人代理未成年人行使继承权、受遗赠权，不得损害未成年人的利益。监护人一般不能代理未成年人放弃继承权、受遗赠权。明显损害未成年人利益的，应认定其代理行为无效。

37．遗产分割时，应当保留胎儿的继承份额。胎儿出生时死体的，保留的份额按照法定继承办理。应当为胎儿保留的遗产份额没有保留的，应从继承人所继承的遗产中扣回。

38．继子女继承了继父母的遗产的，不影响其继承生父母的遗产。

39．遗产分割时，应对无生活来源的或生活困难的未成年继承人予以适当照顾。

40．未成年人造成他人损害的，由监护人承担民事责任；监护人尽了监护责任的，可以适当减轻他的民事责任。

41．夫妻离婚后，未成年子女侵害他人利益的，同该子女共同生活的一方应当承担民事责任，如果独立承担民事责任确有困难的，可以责令未与子女共同生活的一方共同承担民事责任。

42．有财产的未成年人造成他人损害的，从本人的财产中支付赔偿费用，不足部分由监护人适当赔偿，但单位担任监护人的除外。

43．侵权行为发生时行为人不满18周岁，在诉讼时已满18周岁，并有经济能力的，应当承担民事责任；行为人没有经济能力的，应当由原监护人承担民事责任。

44．监护人可以将监护职责部分或全部委托给他人。因未成年人的侵权行为需要承担民事责任的，应当由监护人承担，但另有约定的除外；被委托人有过错的，负连带责任。

45．对未成年人依法负有教育、管理、保护义务的学校、幼儿园或者其他机构，未尽职责范围内的相关义务致使未成年人遭受人身损害，或者未成年人致使他人人身损害的，应当承担与其过错相应的赔偿责任；第三人侵权致未成年人遭受人身损害的，应当承担赔偿责任。学校、幼儿园等教育机构有过错的。应当承担相应的补充责任。

46．非法使监护人脱离监护，导致亲子关系或者近亲属间的亲属关系遭受严重损害，监护人向人民法院起诉请求赔偿精神损害的，人民法院应当依法受理。

（四）调　解

47．法庭受理的涉及未成年人权益的民事案件，主审人应当主持或建议当事人进行调解。

48．调解应贯穿于民事诉讼的全过程和各个阶段，既适用于一审、二审程序，也适用于庭前准备阶段和开庭审理阶段。

49．调解应当坚持自愿原则。是否达成调解协议以及调解协议的内容均应是当事人的真实意思表示，不得违背当事人的意愿强迫当事人接受调解或达成调解协议。

50．调解应坚持合法的原则。诉讼调解的过程和当事人达成的调解协议的内容必须符合法律规定，依法保护权利人的合法权益，不得违背社会公德，不得损害社会公共利益和国家、集体以及第三人的合法权益。

51．调解应坚持效率的原则。提高民事案件的审判效率，应注重通过运用调解方式尽快审结案件，不能因调解而使案件久拖不决；如调不成，应及时判决。

52．进行调解，可以由主审人一人主持，也可以由合议庭集体主持。

53．调解一般应在审判场所进行，也可以根据实际情况在其他场所进行。

54．调解时，审判人员应当向当事人做认真细致的教育疏导工作，引导和促成当事人达成调解协议；调解协议的方案可以由当事人提出，也可以由主持调解的审判人员提出，但仅供当事人参考。

55．书记员应当将调解过程、调解协议内容详细记入庭审笔录或调解笔录，调解达成协议的，由当事人、未成年人监护人、审判人员、书记员在庭审笔录、调解协议上签名或盖章。各方当事人、监护人同意在调解协议上签名或者盖章后生效，经审查，并由当事人、监护人、审判人员、书记员签名或者盖章后即具有法律效力。

56．当事人达成协议后，主审人应当及时提交合议庭合议，并于五日内制作调解书，送达各方当事人、未成年人的监护人或当事人指定的代收人签收。

（五）附　则

57．本规范是具有程序和实体意义的涉及未成年人权益保护的民事审判工作的规则。

58．本规范适用于第一审、第二审涉及未成年人权益保护的民事案件。

三、审判庭审理未成年人行政案件工作规范

（一）总则

为正确审理涉及未成年人权益保护的一、二审行政案件，切实维护未成年人的合法权益，根据《中华人民共和国行政诉讼法》、《关于执行〈中华人民共和国行政诉讼法〉若干问题的解释》、《关于行政诉讼若干问题的规定》等法律规范，结合行政审判实践和实际情况，其基本规范如下：

（二）庭前准备程序

1．一审案件，书记员应当在立案之日起五日内，将起诉状副本送达被告，并书面告知被告应当在收到起诉状副本之日起十日内向人民法院提交作出具体行政行为的全部证据和所依据的规范性文件，并提交答辩状。收到答辩状之日起五日内，将答辩状副本送达原告。

2. 一审案件，在送达起诉状副本及答辩状副本时，一并向当事人送达诉讼权利和义务告知书；二审案件应当在收到案件后十日内，向当事人送达诉讼权利和义务告知书。

3. 在确定审理案件的合议庭组成人员及书记员后，应当向当事人送达合议组成人员告知书，在告知书告知当事人有申请回避的权利。

4. 一审案件，向当事人送达举证通知书，在举证通知书中告知当事人举证责任的分配、举证期限、举证要求以及举证不能的后果；二审案件仅限于新证据的举证，亦应向当事人告知举证期限、举证要求以及举证不能的后果。

5. 主审人应当及时审核诉讼材料，熟悉案情，初步搞清案件所涉及的行政法律关系及当事人争议的焦点问题。

6. 对于证据较多的案件，主审人应当组织当事人进行证据交换，在证据交换程序中，应当对证据材料进行分类，对于双方无异议的事实的证据进行确认。

7. 合议庭成员查阅案件材料，听取案件主审人汇报案件的基本情况后，由合议庭确定开庭的时间、地点和案件的争议焦点。

8. 由书记员在开庭前三日用传票通知当事人，用通知书通知其他诉讼参与人，同时公告当事人的姓名、案由和开庭的时间、地点。

9. 布置审判法庭。

（三）开庭审理

10. 书记员核实当事人和其他诉讼参与人是否到庭，并指定他们进入各自的席位（证人另外候传），宣布法庭纪律。

11. 书记员请旁听人员、当事人和其他诉讼参加人起立，请审判人员入庭就座，并报告当事人和其他诉讼参与人到庭情况，提请开庭。

12. 审判长宣布开庭。（讲明开庭的人民法院、依据情况以及案由）

13. 核对当事人及诉讼参与人的身份，宣读法定代表人身份证明及授权委托书，并询问对方当事人有无异议后，宣布当事人及诉讼参与人是否符合法律规定，少年庭是否准予参加诉讼。

14. 审判长宣布合议庭组成人员和书记员名单，并说明在庭前已向当事人送达了相关法律文书，在相关法律文书上已载明了当事人的权利和义务，询问当事人是否明确了自己所享有的权利和义务，是否申请合议庭成员及书记员回避。

15. 根据《行政诉讼法》第五条的规定，人民法院审理行政案件，对具体行政行为是否合法进行审查，本案原告所诉的具体行政行为是 x x x。

16. 由行政单位说明该具体行政行为的具体内容。

17. 由原告方陈述诉讼请求和理由（或由上诉人陈述上诉请求、事实和理由）。

18. 由被告方针对原告的诉讼请求和理由进行答辩（或由被上诉人针对上诉人的诉讼请求和理由进行答辩）。

19. 由第三人就原告（或上诉人）主张的事实和理由、被告（或被上诉人）答辩的事实和理由陈述你方的意见。

20. 听了原告（或上诉讼人）主张的事实和理由、被告（或被上诉人）答辩意见、第三人的陈述，并经庭前阅卷（证据交换），少年庭认为各方当事人不持异议的事实为……(询问当事人有无异议，有无补充。对当事人无异议的事实法庭不再进行审理)。

本案争议的焦点是……(认真总结焦点问题)后，询问当事人有无异议，有无补充。

21. 下面本庭针对本案的焦点问题继续进行法庭调查……明确在庭前已向各方当事人送达了举证通知书，现按照举证责任的分配、庭前证据交换的顺序向法庭进行举证（在庭审中先审程序问题，后审实体问题，逐项审查、核实各方当事人提供的证据）。

22. 根据庭审中的具体情况，再次总结本案的争议焦点。

23. 法庭调查即将结束，各方当事人对事实部分有无新的补充，原告（或上诉人）还有无新的证据向法庭提交。

24. 宣布法庭调查结束，进行法庭辩论（提醒各方当事人应围绕本案争议焦点，根据法庭调查的事实、法庭确认的有效证据相关法律规定进行辩论）。

25. 第一轮辩论结束后，可总结各方辩论的焦点，宣布在第二轮辩论中不得重复。

26. 两轮辩论后，宣布法庭调查、辩论结束，由当事人分别陈述最后意见。

27. 经过法庭调查和辩论，本案的基本事实已经清楚，宣布休庭，由合议庭进行评议。（对于行政赔偿案件，询问当事人是否进行和解或请求法庭主持调解，如当事人同意调解，可进入调解程序）。

（四）合议庭评议

28. 合议庭评议案件应当及时进行，定期宣判的，应当在庭审结束后五个工作日内进行。

29. 评议案件时，首先由承办法官对认定案件事实证据是否确实、充分以及适用法律、实体如何处理、诉讼费用的负担等发表意见，审判长最后发表意见。

30. 审判长作为承办法官的，由审判长先发表自己的意见。对案件的裁判结果进行评议时，由审判长最后发表意见。

31. 审判长应当根据评议情况总结合议庭评议的结论性意见。

32. 合议庭成员进行评议的时候，应当认真负责，充分陈述意见，独立行使表决权，不得拒绝陈述意见或者仅作同意与否的简单表态。同意他人意见的，也应当提出事实根据和法律依据，进行分析论证。

33. 合议庭成员对评议结果的表决，以口头表决的形式进行。

34. 合议庭进行评议的时候，如果意见分歧，应当按多数人的意见作出决定，但是少数人的意见应当写入笔录。

35. 评议笔录由书记员制作，由合议庭的组成人员签名。

36. 对于以下案件，合议庭应当提请院长决定提交审判委员会讨论决定：

（1）疑难、复杂、重大或者新类型的案件，合议庭认为有必要提交审判委员会讨论决定的；

（2）合议庭在适用法律方面有重大意见分歧的；

（3）庭长及合议庭认为需要提请审判委员会讨论决定的其他案件，或者本院审判委员会确定的应当由审判委员会讨论决定的案件。

37. 合议庭休庭评议后，审判长宣布继续开庭。对能够认证的证据进行认证并宣读宣判词。

38. 告知当事人在十日内送达判决书，同时告知上诉权利、上诉期限、上诉法院等项后宣布闭庭。（定期宣判的，告知当事人等待宣判，宣判后即向当事人送达判决书。）

39. 合议庭一般应当在作出评议结论或者审判委员会作出决定后的五个工作日内制作出裁判文书。

（五）附 则

40. 本规范是审理涉及未成年人权益保护行政案件的程序规则。

41. 本规范适用于第一审、第二审涉及未成年人权益保护的行政案件。

四、未成年罪犯的社区矫正

（一）总 则

1. 为贯彻未成年罪犯教育、感化和挽救的方针，预防未成年罪犯重新犯罪，进一步探索未成年刑事审判非刑罚处置方法，积极利用各种社会资源，整合社会各方面力量，提高教育改造质量，最大限度地化消极因素为积极因素，维护社会稳定，推动未成年人案件审判庭工作向纵深发展，根据《中华人民共和国未成年保护法》、《中华人民共和国预防未成年人犯罪法》等法律规定，对未成年罪犯实行针对性社区矫正。

2. 本规定所指的社区矫正是将符合社区矫正条件的未成年罪犯置于社区内，由专门的国家机关在相关社会团体以及社会志愿者的协助下，在一定的期限内矫正其犯罪心理和行为恶习，并促进其顺利回归社会的非监禁刑罚执行活动。

3. 社区矫正的任务是加强对失足青少年的管理和监督，确保刑罚的顺利实施，通过多种形式，加强思想教育、法制教育、社会公德教育，矫正其不良心理和行为，使他们悔过自新，弃恶从善，成为守法公民，帮助他们解决在就业、生活、法律、心理等方面遇到的困难和问题，以利于他们顺利地适应社会生活。

（二）社区矫正适用的范围、对象、条件

4. 社区矫正适用于被人民法院判处非监禁刑罚的未成年罪犯。

5. 下列未成年罪犯适用社区矫正；

（1）被判处有期徒刑、拘役宣告缓刑的；

（2）被判处管制的；

（3）被判处免予刑事处罚的。

6. 适用社区矫正的未成年罪犯必须符合下列条件；

（1）宣判时已满十六周岁；

（2）身体健康，能承担一定的劳务；

（3）在本市（县）有固定的生活住所。

（4）监护人对未成年人实施社区矫正表示同意。

（三）社区矫正的方式、场所、期限

7. 社区矫正的方式包括：

（1）接受社区的监督和管理，参加社区指定劳动，完成一定的工作量，达到一定的工作要求；

（2）参加定期的法律知识学习；

（3）接受专业心理矫治和辅导；

8. 未成年罪犯参加社区矫正劳动是无偿的公益性服务劳动。

9. 参加社会矫正的未成年应当严格遵守社会的各项规章制度，定期向社区矫正工作机构书面汇报工作和思想情况。社区矫正工作机构应及时向人民法院反馈相关信息。

10. 社区矫正应当区别不同的矫正对象确定矫正对策和具体的矫正方案，坚持行为矫正和心理矫正，学习和劳动并重的原则。

11. 社区矫正场所由人民法院在适合未成年罪犯参与社会服务，热心失足青少年社会矫治工作，具备一定的矫正条件和基础的社区中确定。

其他愿意进行帮教、矫治，接受失足青少年予以无偿劳动的单位，经过人民法院准许，也可作为社区矫正场所。

12. 社区矫正场所应当建立社区矫正工作机构，确定专门社区矫正工作人员，必要时可吸纳社会志愿者参加。

13. 人民法院应当加强对社区矫正工作人员以及社会志愿者的培训，提高社区矫正组织成员以及社会志愿者的业务素质。

14. 社区矫正期限一般为六个月以下。

根据表现和社区矫正场所的建议，由人民法院适当缩短或延长未成年罪犯的社区矫正期限。

社区矫正期限届满后，对被宣告缓刑以及被判处管制的未成年罪犯，由其户籍所在地公安机关继续执行剩余的刑罚。

（四）社区矫正工作程序

15. 对符合社区矫正条件的未成年罪犯，由人民法院制作社区服务令文本，于刑罚执行之日起向未成年罪犯及其监护人送达。

社区服务令应同时送达社区矫正场所，相关社会团体以及未成年罪犯的户籍所在地公安机关。

16. 社区服务令自送达起生效，自送达后次日起执行。

17. 参加社区矫正的未成年罪犯及其监护人应与社区矫正场所签订自愿参加社区矫正协议书。

18. 社区矫正场所应当建立未成年罪犯个人档案，详细记载未成年罪犯的社区服务情况，并在社区矫正期限届满时作出鉴定。

对在社区矫正期限内，能够按照要求完成社区服务工作，表现良好的未成年罪犯，予以嘉奖。

19. 人民法院应当加强与社区矫正场所以及相关社会团体的工作联系，及时了解未成年罪犯的思想，学习和服务情况，会同有关部门共同解决社区矫正过程中出现的问题。

20. 人民法院、社区矫正场所、相关社会团体及社会志愿者应当对实施社区矫正的未成年罪犯身份情况严格保密。

五、社会调查员

（一）总　则

1. 为更好地教育、感化和挽救失足未成年人，促进未成年人刑事审判工作的规范化，提高未成年人刑事案件的质量和社会效果，根据有关法律和司法解释的规定，结合阳泉市中级人民法院实际，聘请社会调查员。

2. 社会调查员是接受人民法院的委托，在审理未成年人犯罪案件中作为特殊的诉讼参与人，独立于控辩双方之外，对失足未成年人的非涉案情况进行调查，并出具书面报告供法院量刑时参考的社会组织成员。

3. 社会调查员应坚持公正、中立的原则，客观、全面地开展深入细致的调查工作，分析失足未成年人走上犯罪道路的深层次原因，实事求是地撰写调查报告。

4. 社会调查员应当依照法律规定，在人民法院委托的权限范围内开展调查活动，并接受人民法院的监督。

（二）管理机构和人员选任

5. 阳泉市未成年人保护委员会办公室（以下简称未保办）受阳泉市中级人民法院的委托，负责社会调查员的选定、管理等事宜。

6. 社会调查员应当具备以下条件：

（1）熟悉未成年人保护的法律法规，了解未成年人生理、心理特点，热心从事教育、挽救失足未成年人工作；

（2）身体健康，作风正派，责任心强，具有相应的工作能力；

（3）必须是社会团体组织成员，其日常工作与未成年人权益保护有一定联系。

7. 社会调查员实施任期制，任期三年。由共青团阳泉市委员会选定，报阳泉市中级人民法院确定、备案。

（三）工作职责和内容

8. 社会调查员的主要职责是：

（1）接受法院的委托，按照未保办的指派，开展调查活动及时出具调查报告；

（2）社会调查员会见未成年被告人时，除进行询问外，应当对未成年被告人进行说服教育、感化工作；

（3）根据法庭安排，在法庭调查结束后、法庭辩论前，出庭宣读调查报告；

（4）根据实际工作需要，做好庭后对未成年人的教育、挽救等延伸工作。

9. 社会调查员应当保证所出具的书面调查报告的真实性，有针对性地协助人民法院开展审判工作。

10. 社会调查员主要调查以下内容：

（1）未成年被告人的性格特点、成长经历、在校表现；

（2）就业情况；

（3）社会交往情况；

（4）案发后的悔罪表现及对自身行为的思想认识。

（四）工作程序和保障

11. 人民法院受理未成年人刑事案件后，应当向未保办出具委托调查书，提供起诉书和未成年被告人的家庭详细地址，通讯方式。

12. 未保办接到人民法院委托书后，应当及时指定调查员。

13. 社会调查员应当在接受委托十日内完成调查，遇有特殊情况不能在规定时间内完成调查的，应及时与合议庭协商。

14. 社会调查员要深入到未成年被告人的学校、家庭、社区、工作单位等地，通过走访家长、学校、邻居、同事、会见未成年被告人等方式展开调查。

15. 社会调查员前往羁押场所会见未成年被告人时应有法院工作人员陪同。

16. 社会调查员在庭审中只对法庭负责，在宣读完调查报告后即可离开法庭，不接受公诉人、辩护人及其他诉讼参与人的询问。

17. 公诉人、辩护人及其他诉讼参与人如对调查报告有异议，可在社会调查员退庭后提出，由法院记录在案。

18. 人民法院对未成年被告人量刑时，在依据事实和法律的基础上，参考社会调查员调查报告的意见综合考虑。

19. 人民法院在案件宣判后，应当及时向社会调查员提供裁判文书。

（五）附 则

20. 阳泉市各县区法院可参照本办法，与各县区团委协商执行。

六、未成年罪犯的回访和考察

1. 为贯彻对未成年罪犯采取“教育、感化、挽救”的工作方针，规范对未成年罪犯的回访考察，进一步巩固审判效果和教育感化成果，帮助未成年罪犯早日适应和回归社会，根据相关法律规定，结合阳泉市实际，制定本办法。

2. 阳泉市未成年罪犯的回访、考察工作由未成年人案件审判庭负责办理。

3. 回访考察的对象为阳泉市两级法院判处管制、拘役、缓刑的未成年罪犯和刑满释放的未成年罪犯。

4. 回访考察工作坚持与管教机关结合、与家长结合、与单位（学校）结合，全面细致地了解回访考察对象的情况。

5. 在判决生效后，由未成年人案件审判庭指派专人负责对未成年罪犯的回访考察工作，并建立未成年罪犯管理档案，做到一人一档，专人管理。

6. 回访考察可以根据不同情况分为定期和不定期进行。

（1）对被判处管制、拘役、缓刑的未成年罪犯，三个月回访考察一次，特殊情况下不定期进行回访考察。

（2）对刑满释放后的未成年罪犯，一般每三个月考察一次，以两年为考察期限，视其表现情况可决定缩短或延长考察期限。

7. 回访考察的方式：

（1）考察对象定期汇报思想、工作等情况；

（2）到考察对象所在派出所、街道、学校、家庭进行实地考察。

8. 回访考察内容：

（1）未成年罪犯的悔罪态度、改造表现、思想动态、有无违法行为；

（2）未成年罪犯的就业、就学、工作等情况；

（3）未成年罪犯家庭关系现状；

（4）未成年罪犯有无不良行为及与不良行为人员接触交往情况 .

9. 未成年人案件审判庭对回访考察期间悔改表现突出的考察对象，可建议有关单位给予表扬、宣传和奖励，符合减刑条件的，按法律程序建议有关机关予以减刑；对回访考察中发现的问题，要及时处理。

10. 回访考察期满，由未成年人案件审判庭写出考察评语一式两份，送交考察对象一份，法院存档一份。

11. 本办法由阳泉市中级人民法院审判委员会监督执行。

七、少年法庭“圆桌审判”规范

1. 为切实保障未成年被告人的合法权益，进一步完善寓教于审未成年人刑事审判制度，根据《中华人民共和国刑事诉讼法》（以下简称《刑诉法》）、《中华人民共和国未成年人保护法》、《中华人民共和国预防未成年人犯罪法》以及《最高人民法院关于审理未成年人刑事案件若干规定》（以下简称《若干规定》）等有关规定，结合阳泉法院审判未成年人刑事案件的司法实践，制定本规范。

2. 圆桌审判是指审理未成年人刑事案件的法庭摆放圆形或椭圆形审判台，审判人员、公诉人、未成年被告人、法定代理人及其他诉讼参与人处于同一桌面进行开庭审理的一种庭审模式。

3. 对未成年被告人采用圆桌审判，目的在充分体现“教育为主，惩罚为辅”的原则，缓和庭审时的紧张气氛，减轻未成年被告人的心理压力，更好地实行“教育、感化、挽救”的方针。

4. 适用圆桌审判方式开庭审理时，应坚持严肃执法与教育感化相结合，在体现法律严肃性和威慑力的同时，还应采取与未成年人生理、心理特点相适应的审判方法并贯穿于整个庭审过程中，以营造宽松和谐的庭审气氛，达到最佳的法庭教育矫治效果。

5. 法庭的审判区域内摆放圆形或椭圆形审判台，法庭布置应当柔性化，使用柔和的灯光和浅色墙壁，并可以放置绿色植物、画等装饰物。审判人员一侧的墙上应当悬挂国徽。

6. 圆桌型审判台上分别摆放审判人员、公诉人、辩护人、被告人及其他诉讼参与人的标牌，成环抱形状。书记员席位位于审判席的右侧，公诉人席位位于书记员席右侧，辩护人席位位于审判席左侧，被告人席位位于审判席对面。公诉人席和被告人席之间设被害人席、社区矫治人员席。辩护人席和被告人席之间依次设法定代理人席、教师席、社会调查员席等。

未成年被告人可以坐着回答问题并进行最后陈述。

7. 未成年人刑事案件具有下列情形之一的，可以采用圆桌审判的方式：

（1）适用简易程序的；

（2）未成年被告人认罪的，系初犯、偶犯，主观恶性不大，平时表现较好，可能判处的刑罚在五年以下的；

（3）其他案件经审判长同意的。

8. 未成年人刑事案件具有下列情形之一的，不采用圆桌审判的方式：

（1）故意杀人、故意伤害致人重任或死亡、绑架、强奸等严重暴力性犯罪的，可能判处的刑罚在五年以上的；

（2）共同犯罪中有成年被告人或者未成年被告人超过三人的；

（3）未成年被告人、法定代理人、辩护人对公诉机关指挥的基本犯罪事实或定性有异议，或作无罪辩护的；

（4）附带民事诉讼的，但已经调解、和解的除外；

（5）其他不适宜采用圆桌审判的。

9. 在审理过程中发现不宜采用圆桌审判方式的，应当转化为普通法庭审理。

10. 采用圆桌审判方式开庭审理的案件应当根据《刑诉法》、《若干规定》及有关司法解释的规定按照相对应的庭审程序进行。

11. 决定采用圆桌审判方式的案件，应当及时通知公诉人、法定代理人、辩护人及其他诉讼参与人。开庭前的准备工作应根据《刑诉法》和《若干规定》的程序进行。

12. 择日宣判的案件，宣判时也应当采用圆桌型审判台。

第四节　未成年人刑事案件审理

从 1947 年建院，到 20 世纪 80 年代初期的 30 多年间，阳泉市两级人民法院针对少年案件的审判，始终按照《人民法院组织法》和《刑法》颁布之前（1979 年），党和政府关于少年案件受理、审判的各项规定运作。对 14 ~ 16 周岁的少年犯罪案件，严格按规定采取不公开审判的方式进行。对 16 ~ 18 周岁的少年案件，一般不公开审判，从法律层面上保护了失足少年犯罪嫌疑人的隐私、尊严和基本权益。如 1979 年，阳泉市两级人民法院受理刑事案件 169 件，审结 147 件，在已经发生法律效力的 103 案 167 人中，有不满 18 岁的失足少年 8 名，均采取不公开方式进行审判。

1978 年 12 月，中共十一届三中全会召开，“文化大革命”被宣布结束，根据会议精神，党和国家开始着手进行工作重心的转移，由过去的“以阶级斗争为纲”，转移到以经济建设为中心上来。1979 年，中华人民共和国第一部《刑法》颁布，1980 年正式实施。阳泉市两级人民法院对少年案件的审理，也正式按照《刑法》要求，结合少年犯罪的特点进行不公开审判。

从 20 世纪 80 年代开始，阳泉地区的少年案件逐渐开始增多。《刑法》正式实施的第一年，即 1980 年，全市两级人民法院共审判不满 18 岁的少年犯罪嫌疑人 29 人，18 ~ 25 岁的青年犯罪嫌疑人 76 人。其中包括学生 6 人。两项合并占到当年被人民法院审判的犯罪嫌疑人的 57%。1981 年，阳泉地区的青少年犯罪问题更加突出，两级人民法院全年不公开审判不满 18 岁的犯罪嫌疑人 54 人，公开或不公开审判 18 ~ 25 岁的犯罪嫌疑人 99 人。占当年被审判刑事案件当事人的 54.6%。

1985 年，结合三年“严打”整治斗争，选派有理论知识和实践经验的干部，深入到80余个厂矿、学校乡村讲法制课，教育人民群众特别是青少年懂法、知法、守法、受教育者约71000余人。年内，审结不满18周岁的未成年罪犯31人。其中抢劫犯罪8人，盗窃犯罪8人，强奸犯罪6人，奸淫幼女犯罪2人，伤害犯罪5人，流氓犯罪2人。18～25周岁的青年罪犯124人。

1986年，继续引深严打斗争，在加强对青少年法制教育的同时，审结不满18周岁的未成年罪犯52人。其中抢劫犯罪10人，盗窃犯罪24人，强奸犯罪3人，奸淫幼女犯罪9人，伤害犯罪5人，流氓犯罪2人。18～25周岁的青年罪犯185人。年内，青少年犯罪案件呈上升趋势。尤其是财产性犯罪和奸淫幼女犯罪，分别增加18件和4件，财产性犯罪增加了212.5%。奸淫幼女犯罪更是增加了450%。青少年的社会主义思想道理教育成为突出问题。

1988年，受资产阶级自由化泛滥影响，青少年犯罪案件继续呈上升状态。全年审结不满18周岁的未成年罪犯77人。其中抢劫犯罪18人，盗窃犯罪41人，故意杀人犯罪2人，强奸犯罪4人，伤害犯罪5人，流氓犯罪6人。18～25周岁的青年罪犯390人。年内，抢劫犯罪比上年增加8人，奸淫幼女犯罪得到有效遏制，从高发状态的9件控制到零。18～25周岁的小青年犯罪增长较快，净增205人，上升了210.08%。青少年犯罪开始成为一个突出社会问题。

1989年，党和国家开始针对资产阶级自由化泛滥倾向对青少年产生的越来越严重的负面影响进行批判和纠正，青少年犯罪在"严打"斗争后期继续呈上升的状态，受到遏制，比上年度下降7人。全年审结不满18周岁的未成年罪犯70人。其中抢劫犯罪17人，盗窃犯罪42人，过失杀人犯罪2人，强奸犯罪3人，奸淫幼女犯罪4人，伤害犯罪1人，流氓犯罪1人。18～25周岁的青年罪犯449人。

1990年，青少年犯罪案件继续上升，全年不满18周岁的未成年人犯罪第一次突破百人关口，达103人。而且，18～25周岁的青年罪犯也首次突破500人关口，达508人。在不满18周岁的未成年人犯罪中，抢劫犯罪翻了一番，由上年度的17人，上升到34人。盗窃犯罪50人，强奸犯罪7人，奸淫幼女犯罪3人。故意伤害犯罪5人，增加4人，流氓犯罪3人。

1991年，落实最高法院关于审理未成年人犯罪案件的两个《规定》，积极开展对未成年人犯罪案件的特别审理工作，努力矫治未成年人犯罪。本着教育、感化、挽救的方针，两级法院对于未成年人罪犯坚持依法从轻的原则，在法律规定的范围内能处轻刑的不判重刑，能判缓刑的不处实刑，同时积极与公安、检察、司法行政机关配合，把判中教育、判后帮教落在实处，并建立了配套的帮教体系。如平定县人民法院在全市率先聘请4名少年犯罪案件特邀陪审员，加强少年法庭的工作。阳泉市青少年犯罪率持续上升的态势得到有力遏制，出现较大幅度的下降。全市法院共判处不满18周岁的未成年犯罪64人，比上年度的103人，下降了48%。其中判处不满五年有期徒刑、拘役的37人，占57.8%；判处缓刑、管制的13人，占20.3%；判处免刑的1人，占1.6%。审结18周岁～25周岁的青年犯罪395人，比上年度的508人，下降33%。判处未成年人抢劫犯罪10人，盗窃犯罪30人，诈骗犯罪1人，其他侵犯财产犯罪1人，故意杀人犯罪2人，强奸犯罪7人，奸淫幼女犯罪5人，故意伤害犯罪7人。本年度出现了未成年人诈骗犯罪，虽然只有1件1人，但诈骗犯罪这种通常只有成年人才会犯的罪恶开始在未成年人中发生。

1992年，阳泉市两级人民法院审结不满18周岁的未成年人罪犯92人，18～25周岁的青年罪犯485人。两个数据均比上年度均有不同程度上升。在不满18周岁的未成年人罪犯中，故意杀人犯罪1人，过失杀人犯罪1人，强奸犯罪6人，奸淫幼女犯罪1人，故意伤害犯罪3人，抢劫犯罪25人，盗窃犯罪49人，流氓犯罪5人。之后，阳泉地区的未成年人犯罪案件和人数基本保持在相对平缓的状态。如1995年，阳泉市两级人民法院充分开展利用社会力量，进一步强化未成年人犯罪案件审判工作探索，全年依法判处未成年罪犯30人，判处缓刑79人，加强对未成年罪犯的教育、感化、挽救工作。

1996年，开展矫治少年犯罪案件的特别审理，加大庭审教育力度，就案讲法，寓教于审，保护未成年人合法权益，从多方面强化矫治效果，依法审判未成年人犯罪75人，其中判处拘役、管制、缓刑的32人，免刑的5人。满18岁～25周岁的青年罪犯599人。在不满18周岁的未成年人罪犯中，故意杀人犯罪1人，强奸犯罪3人，奸淫幼女犯罪2人，故意伤害犯罪4人，抢劫犯罪13人，盗窃犯罪50人，诈骗犯罪1人。

1997年，通过寓教于审、审教并重，努力矫治、预防和减少青少年犯罪，未成年人犯罪现象出现下降态势。全年判决并发生法律效力的未成年罪犯42人。比上年度下降56%。其中13岁以上不满16岁的3人，16岁以上未满18岁的39人。故意伤害致人死亡或重伤的2人，致人轻伤的1人，抢劫犯罪13人，盗窃犯罪27人，其他未成年犯罪2人。

1998年，审结未成年罪犯60人，其中14岁以上不满16岁的3人，16岁以上未满18岁的57人。故意杀人犯罪1人，故意伤害犯罪1人，强制猥亵、侮辱妇女1人，猥亵儿童犯罪1人，非法拘禁犯罪2人，抢劫犯罪24人，盗窃犯罪31人，敲诈勒索犯罪2人。强制猥亵、侮辱妇女和猥亵儿童犯罪，以及敲诈勒索犯罪，第一次出现在低龄少年群体犯罪之中。

1999年，贯彻“教育、感化、挽救”方针，依法审判、从轻判处未成年罪犯65名。含14岁以上未满16岁的少年罪犯4人。其中故意杀人犯罪1人，故意伤害犯罪2人，奸淫幼女犯罪2人，猥亵儿童犯罪1人，非法拘禁犯罪1人，抢劫犯罪32人，盗窃犯罪26人，寻衅滋事犯罪1人。

2000年，全年发生法律效力的未成年罪犯54人，含14岁以上未满16岁的少年罪犯4人。其中放火犯罪1人，故意杀人犯罪2人，故意伤害犯罪7人，奸淫幼女犯罪1人，非法拘禁犯罪1人，拐卖妇女儿童犯罪1人，抢劫犯罪15人，盗窃犯罪19人，诈骗犯罪2人，敲诈勒索犯罪2人，寻衅滋事犯罪3人。拐卖妇女儿童犯罪第一次出现在未成年人犯罪当中。诈骗犯罪、寻衅滋事犯罪均第一次出现在阳泉市法院系统审判实践当中。年内，阳泉中院刑一庭，被山西省高级人民法院和团省委授予“全省法院系统优秀青少年维权岗”称号。

2001年，审结未成年罪犯59人。其中14岁以上不满16岁的6人，16岁以上未满18岁的53人。其中故意伤害犯罪3人，过失致人重伤1人，抢劫犯罪25人，盗窃犯罪30人。

2002年，未成年人犯罪出现较大幅度上升，比上年度的49人净增加45人，达94人，增加了近一倍，尤其是14岁以上不满16岁的未成年罪犯，由上年度的1人，突增到13人，而且均呈集团犯罪、多发犯罪状态。其中故意伤害犯罪11人，强奸犯罪4人，抢劫犯罪40人，盗窃犯罪29人，寻衅滋事犯罪4人，涉毒品犯罪1人，其他5人。针对未成年人犯罪日趋低龄化特点和犯罪数量大幅上升这一情况，阳泉市两法法院进一步健全和完善少年法庭建设，坚持寓教于审、惩教结合的原则，审结未成年罪犯49人。其中14岁以上不满16岁的1人，16岁以上未满18岁的48人。

2003年，审结未成年罪犯94人。其中14岁以上不满16岁的13人，16岁以上未满18岁的81人。其中故意伤害犯罪7人，强奸犯罪3人，抢劫犯罪18人，盗窃犯罪15人，敲诈勒索犯罪1人，其他5人。

2004年，两级法院全年共受理未成年人犯罪案件82件，其中16岁以下的少年罪犯7人。有1人被免于刑事处罚。其余81人被追究刑事责任。有故意伤害犯罪10人，强奸犯罪2人，绑架犯罪2人，抢劫犯罪30人，盗窃犯罪25人，敲诈勒索犯罪1人，聚众扰乱公共秩序、交通秩序犯罪2人，寻衅滋事犯罪1人，涉毒品犯罪3人，其他6人。阳泉市两级人民法院在审理未成年人犯罪案件中，充分发挥少年法庭的作用，认真贯彻对未成年人犯罪的教育、感化、挽救和“教育为主、惩罚为辅”的方针，使未成年犯罪分子充分认识到自己行为的社会危害性，产生愧疚感，促使其认罪服法。在量刑时，严格按照《刑法》、《刑事诉讼法》和《未成年人保护法》的规定，从轻或者减轻量刑，有力地维护了未成年人的合法权益。

2005年，未成年人犯罪第一次突破百人关口，两级法院全年共受理未成年人犯罪案件110件，其中受理16岁以下的少年犯罪案件12件。在110名未成年罪犯中，有强奸犯罪14人，抢劫犯罪59人，盗窃犯罪19人，诈骗犯罪3人，敲诈勒索犯罪2人，寻衅滋事犯罪4人，其他5人。判处五年以上有期徒刑的仅占全部未成年人犯罪案件的9%。51名少年罪犯被判处三年以下有期徒刑或拘役缓刑。

2006 年，两级法院全年共审理未成年人犯罪案件 123 件，其中受理 16 岁以下的少年犯罪案件 15 件，判处五年以上有期徒刑的仅占全部未成年人犯罪案件的 8%。其中放火犯罪 1 人，故意伤害犯罪 16 人，强奸犯罪 1 人，抢劫犯罪 46 人，盗窃犯罪 45 人，诈骗犯罪 1 人，敲诈勒索犯罪 2 人，聚众斗殴犯罪 1 人，其他未成年人犯罪 10 人。放火犯罪第一次成为未成年人犯罪方式。在上述未成年人犯罪中，财产性犯罪为最多见的犯罪形式，其中抢劫犯罪和盗窃犯罪是未成年犯罪中最主要的犯罪手段，在全部未成年人犯罪中，始终占据着半数以上的比例。

未成年人案件综合审判庭成立后，阳泉市中级人民法院不断创新审判模式，完善司法保护机制，在未成年人案件的审判、未成年人犯罪的预防、未成年人权益的保护方面，取得了明显成效。2007 年 4 月 ~ 2008 年 11 月，少年审判庭共受理刑事一审案件 5 件，刑事二审案件 26 件，民事二审案件 105 件，行政案件无。其中 2007 年 4 ~ 12 月，受理刑事一审案件 2 件，刑事二审案件 10 件，民事二审案件 41 件。2008 年 1 ~ 11 月，受理刑事一审案件 3 件，刑事二审案件 16 件，民事二审案件 64 件。刑事涉及的罪名有抢劫、盗窃、故意伤害、故意杀人、绑架、交通肇事、强奸等。民事案件有人身损害赔偿 43 件、离婚 44 件、抚养、抚育费 10 件、客运合同 4 件、姓名权 1 件、肖像权 1 件、继承 1 件、借贷 1 件，上述案件均全部审结。实现了无错案、无超审限、无抗诉、无上诉、无信访缠诉的目标。

2007 年，审结未成年人犯罪案件 138 件，其中受理 16 岁以下的少年犯罪案件 7 件。判处五年以上有期徒刑的仅占全部未成年人犯罪案件的 10%，充分体现了从轻、减轻的原则。在 138 件未成年人犯罪案件中，有故意杀人犯罪 1 人，故意伤害犯罪 14 人，强奸犯罪 3 人，抢劫犯罪 47 人，盗窃犯罪 57 人，诈骗犯罪 1 人，敲诈勒索犯罪 7 人，寻衅滋事犯罪 5 人，毒品犯罪 1 人，其他犯罪 2 人。阳泉市两级人民法院针对未成年人犯罪特点，坚持“寓教于审、审教并重”，突出庭审中的教育功能，对未成年人轻微犯罪着重回访帮教，并根据未成年人生理、心理特点，引导家长正确对待孩子，加强法院与未成年犯家长的沟通。对仍在服刑的未成年犯，阳泉中院专门派员开展回访教育，及时了解未成年犯改造自新情况，有针对性地制定帮教措施，加快其回归社会过程。

2008 年，审理未成年人犯罪案件 74 件 80 人。其中有 79 人给予了刑事处罚。16 岁以下的少年罪犯 7 人。其中放火犯罪 1 人，强奸犯罪 1 人，抢劫犯罪 35 人，盗窃犯罪 30 人，敲诈勒索犯罪 3 人，寻衅滋事犯罪 3 人，其他未成年人犯罪 6 人。针对未成年人犯罪特点，两级法院在审判方式上坚持“寓教于审、审教并重”，突出教育功能；在处分量刑上，坚持“教育为主、惩戒为辅”，依法从轻、减轻对他们的处罚，全年判处三年以上有期徒刑的 18 人，有期徒刑、拘役缓刑的 34 人，超过三年不满五年的 9 人，其余罪行较为严重的未成年罪犯被判处七年以上、不满十五年有期徒刑。

2009年，全市法院充分利用审判资源，全方位、多渠道加强未成年人审判工作，至6月底，两级法院均已成立独立建制的“未成年案件综合审判庭”。全市法院系统以少年审判为中心，寓教于审、审教并重，依法对罪行较轻未成年人罪犯适用缓刑、管制、拘役、单处罚金或免予刑事处罚，充分保护未成年人的合法权益。并以“五五普法”为抓手，深入开展送法进社区、进学校、进企业活动，通过巡回审判、公开宣判，新闻发布、媒体通报，扩大法制宣传的广度和深度。全年审结未成年刑事案件罪犯157人。其中故意伤害犯罪15人，强奸犯罪1人，猥亵儿童犯罪1人，绑架犯罪1人，抢劫犯罪69人，盗窃犯罪35人，敲诈勒索犯罪4人，寻衅滋事犯罪23人，其他未成年人犯罪8人。绑架犯罪、寻衅滋事犯罪出现低龄化趋势。而且，寻衅滋事犯罪达23人，群体性、多发性寻衅滋事犯罪成为“90后”未成年人新的犯罪倾向，独生子女开始显现教育问题。

2010年，强化未成年综合审判工作，大力推行圆桌审判、轻刑化处理等适合未成年人身心特点的审理、执行方式，促使未成年罪犯改过自新。全年判处未成年罪犯115人，其中51人被判处缓刑、管制、单处罚金等非监禁刑。61名未成年罪犯被判处有期徒刑。

2011年，对少年犯罪坚持教育、挽救、感化的方针，在判处的128名未成年被告中，3年以下有期徒刑的104人，占总数的81%，15人适用非监禁刑，占总数的12%，同时，积极推行“圆桌审判”、“心理矫治”、“定期回访”等行之有效的做法，维护未成年权益。12月10日，阳泉中院少年审判庭对一起未成年人故意杀人案进行宣判。年仅15岁的被告人李某，因犯故意杀人罪被一审判处有期徒刑11年。在对该案的庭审中，阳泉中院未成年人审判庭首次引入对被告人的心理评估和干预机制，这是阳泉中院在未成年人刑事审判领域的一次积极探索。

2012年，继续推进少年综合审判工作，加强对未成年人的教育、感化、挽救，共有75名未成年被告被依法判处非监禁刑，占未成年被告的59.5%。

附：阳泉市中级人民法院少年案件审判方式：

一、实行“教育式审判”，最大限度教育挽救失足少年

1.注重加强庭前调查。建立庭审前的“四见面、六了解”制度，即坚持与未成年被告人、法定代理人、所在学校老师、村居干部见面，了解未成年被告人的性格特点、思想状况、平时表现、成长环境、家庭状况和社会交往，全面掌握未成年被告人的成长经历和犯罪原因，并了解其家庭有无监护、帮教条件等，为庭审教育奠定良好基础，同时为是否适用非监禁刑提供参考依据。

2.注重使用“圆桌方式”审判。针对未成年被告人年龄小、生理心理尚不成熟等特点，

实行“圆桌方式”进行庭审，即审判员、公诉人、法定代理人、辩护人和被告人等诉讼参与人共同围坐在椭圆形法台周围，营造一种平静、平等、平和的法庭气氛，最大限度消除未成年被告人的恐惧心理和抵触情绪，拉近与法官的距离，使他们更容易接受审判和教育，从而达到最佳的矫治效果。

3.注重庭审教育到位。庭审中，注重抓住有利时机，引导公诉人、法定代理人、辩护人对未成年被告人进行教育，通过分析其犯罪行为给社会、家庭及本人及受害者带来的危害以及父母望子成龙的期盼和养育的艰辛，让其产生“愧”意；通过解释“犯罪必究”、“罚当其罪”，让其正确对待审判；通过点拨他们性格上的优点和在工作、学习等方面的“亮点”，使他们对自己的前途产生希望。

4.注重运用法官寄语。为减少被告人的疑惑和顾虑，激发他们重塑自我的信心和勇气，由审判人员制作法官寄语，并区别情况，或当庭宣读，或附在判决书之后，寄语主要从情、理、法以及社会道德的角度，对未成年被告人进行劝慰，鼓励他们树立信心，在哪里摔倒，从哪里爬起来，体现司法温情和人文关怀。

5.注重延伸帮教。建立未成年人帮教档案，对每一名未成年被告人的基本情况、犯罪事实、犯罪的主客观原因、审判情况、帮教措施、悔改表现、回访考察等情况进行详细记载。对被判处缓刑、管制、免于刑事处罚等非监禁刑的被告人，与监护人、所在单位、学校、监管单位一同落实帮教措施；对宣判缓刑的未成年人，定期进行回访帮教。

二、实行“维权式审判”，保护未成年人的合法权益

1.实行法官谈心制度。在审理涉未成年人民事案件中，法官耐心与其交谈，让他说出自己的意见和想法，如无不当，尊重其个人意见，如有不当和不妥，详细向其说明和解释。另外，根据具体案件，由承办法官和人民陪审员从法律、伦理、道德、心理等方面，对涉案未成年人进行启迪、指导和讲解，尽量减少或避免诉讼给其造成的心理损害。

2.实行未成年当事人出庭制度。改变以往多数未成年当事人在民事案件中不出庭的做法，建立实行未成年当事人出庭制度，并对出庭方式、询问场所、出庭程序以及未成年人的监护人拒绝未成年当事人出庭的后果等事项作出详尽规定。同时规定未成年当事人为学生的，开庭时间一般安排在下午4点放学以后进行，并尽量将开庭时间安排在周末，最大限度地降低对未成年当事人学习的影响。

3.实行法律援助制度。在处理未成年人人身损害赔偿等案件过程中，如发现未成年当事人家庭属低保家庭、农民工家庭、残疾人家庭，在诉讼中，本人或其监护人需要委托代理人但确无能力支付代理费用的，由法官主动与法律援助中心联系，指派律师为其提供法律援助。

4.实行裁判文书详细阐释制度。对涉及少年犯的刑事附带民事案件的裁判文书，从说理、答疑、告知三个方面进行规范，要求办案人员在撰写裁判文书时强化对裁判文书各个部分的阐释论证。一是加强对“本院认为”部分的论证，使当事人明白法院为什么这么判；二是在裁判文书后附录裁判所依据的法律条文，让当事人懂得法院的判决依据；三是在裁判文书中

告知当事人申请执行的期限，使当事人明确如果败诉方不履行裁判文书应当如何实现权利。

三、实行“职能延伸”，优化青少年的生长环境

1.严厉打击侵害未成年人权益的行为。对绑架、拐卖儿童和猥亵儿童等严重侵害未成年人的刑事案件，坚持从严、快速审理；对故意伤害、交通肇事等犯罪行为致未成年人伤害、残疾的案件，除依法追究犯罪人刑事责任外，还尽可能敦促被告人及其亲属支付医疗、鉴定、交通等费用。

2.深入开展普法宣传活动。定期组织法官到学校上法律辅导课、法制宣传课，到社区内举办法制教育报告会，现场开庭审判，开辟法制宣传栏，发放法制宣传资料等形式，教育广大学生学法、懂法、守法、用法，明辨是非，把握分寸，善结良友，学会“拒绝”。五年来，受教育学生累计达万余人次。对闲散未成年人、不良行为未成年人、留守未成年人等特殊群体，法官与社区负责人一道定期找他们谈心交流，及时了解他们的思想动向，有的放矢地进行疏导教育。

3.积极提出司法建议。针对在审判实践中发现的问题积极向有关部门提出改进工作、堵塞漏洞、加强管理的司法建议，成效比较明显。针对在办案中发现的诸如差生逃学不被重视、网吧限制未成年人进入有令不止等问题，多次向学校、公安机关等单位提出书面意见，建议他们加强管理，监管到位；针对学生屡屡成为被抢劫对象的问题，积极向市综治委提出建议，综治委据此向有关单位发出《关于加强学校治安综合治理工作的通知》，促进了学校周边治安状况的好转。

第五节 未成年人民事案件审理

阳泉市中级人民法院少年审判庭成立以来，根据最高人民法院关于少年审判庭受案范围的规定和本市未成年人案件数量及审判人员配置情况，民事案件受案范围为：一、当事人一方或双方为未成年人的民事案件；二、婚姻家庭纠纷案件中涉及未成年人权益的案件，一般包括涉及未成年子女抚养诉求的离婚纠纷、抚养关系纠纷、抚育费纠纷、监护权纠纷、探视子女权纠纷、生身父母确认纠纷、确认和解除收养关系纠纷、继父母子女关系纠纷；三、继承纠纷案件中涉及未成年人权益的案件；四、申请指定监护人案件和申请撤销监护人资格案件。

阳泉市中级人民法院在审理涉及未成年人权益的民事案件时，首先从有利于孩子成长的角度出发，依法保护未成年子女的合法权益，做到判之有理、判之有据、判之有利。特别是在审理父母离异后涉及未成年子女的抚养、监护、教育等诉讼纠葛中，阳泉市中级人民法院充分考虑到父母离异对未成年子女健康成长带来的诸多问题，如未成年子女是否幸福、个人成长是否会受到影响，以及未成年子女对社会稳定的影响

等，因此，在审判离婚案件中，优先考虑未成年子女的归属安置问题，一般从父母品德、经济状况、孩子成长环境等多个方面加以综合考虑，既要满足孩子健康成长必需的亲情关怀和相应的经济保障，如父母一方谁抚养孩子更为贴切、合适，孩子抚养费是否能够按照足额落实等因素，又能平等地保护离异双方的合法权益，如对不带孩子一方的子女探视权等。如唐某上诉高某离婚一案，双方婚生子自双方分居后，一直由上诉人抚养，加之被上诉人也同意随上诉人生活，故二审变更为孩子归上诉人抚养，被上诉人依法承担孩子一定的抚养费。而被上诉人对其个人财产及共同财产留归孩子所有的意见，二审法院予以准许，达到了父、母、孩子三方皆如所愿，既满足了离异双方的心意，又最大限度地提高了孩子未来生活的保障，取得了十分明显的社会效果。

在审理涉及未成年人权益保护的其他民事案件时，阳泉市中级人民法院优先从保护未成年人健康权、受教育权、财产权等方面考量，尽量为未成年人创造一个有利于健康成长的优良环境。如在审理天利超市未成年人人身损害案件中，7 岁男孩张某因在商场门前被商场设施绊倒致伤，一审判决商场赔付受害人 20000 元，商场以事实不清为由提出上诉，二审经核实、调查，证实孩子确系因商场过失而受伤，经协调，该商场最终赔付受害人 16000 元。

2007 年，中院少年审判庭共审理涉及未成年人民事权益保护民事二审案件 41 件，其中离婚纠纷 22 件，人身损害赔偿纠纷 15 件，各占涉少民事案件的 53.7% 和 36.6%。所辖 5 个基层法院中，郊区、盂县法院正在筹备组建少年审判庭，其他三个法院均未设立少年审判庭，涉及未成年人权益保护的民事案件，仍由民事审判庭负责审理。据不完全统计，2007 年，五个基层法院审理涉及未成年人权益民事案件 720 余件，占民事案件的 16.86%。

阳泉市中级人民法院在涉及未成年人权益保护的民事审判工作中，一是适当扩大涉少权益保护民事案件受案范围。如涉及未成年子女的离婚纠纷案件，均由少年庭统一审理，使案件审理从诉前、诉中、诉后全过程，均以未成年人为中心，在抚养关系、抚养费用、探视权、继承权、监护权、人身损害赔偿等涉及民事权益保护方面，实现“儿童优先、儿童利益最大化”。

二是诉讼程序方面坚持“最有利于少年原则”，对未成年人实行全程司法保护。如涉少民事案件一般均优先立案、优先审理、优先执行，在确保案件质量前提下强调快审快结。而涉及抚育、医疗、交通事故等人身损害赔偿的未成年人案件，依法从快办理诉讼费的缓、减、免，确保其打得起官司。对生活困难急需执行款，被执行人一时无法找到或确无履行能力的未成年申请人，则优先适用执行救助基金，通过临时性的经济帮扶，使其维持基本生活及接受必要教育。

三是对未成年当事人进行诉讼指导。自立案之日起，阳泉市中级人民法院少年庭即充分关注未成年当事人诉求，从有利于其正确行使诉讼权利的角度提供法律指导和帮助，如制作专门的权利义务告知书，向未成年人案件的所有当事人送达，在依法保障所有当事人知情权的同时，从源头上强化当事人维护未成年人权益的意识。

四是从实体方面，全面维护未成年人的合法权益。如审理涉及未成年子女离婚纠纷时，阳泉市中级人民法院将是否“制订有具体可操作性抚养方案”，作为准予夫妻离婚的前提条件，“抚养方案”包括夫妻离婚后双方应尽的责任和享有的权利，在经济、教育、探望、辅导等方面作出具体的规定，使未成年子女不致因父母离异而得不到生活保障和情感抚慰。同时注重保护未成年人的财产权益，在离婚诉讼财产分割中，优先将涉及未成年人的独立财产从法律层面上真正独立出来，不作为夫妻共同财产进行分割，由与未成年人共同生活的父或母代为保管。此外，在涉及未成年人权益保护的民事审判中，对“未成年子女探视权”、“未成年人人身损害赔偿”等，均按照“未成年人权益优先保障”原则，促进涉少案件公正、公平、合理解决，最大限度地保障未成年人的合法权益。

第六章　司法警务

第一节　概　况

人民法院司法警察是人民警察中的一个独立警种，隶属于人民法院直接管理的一支带武装性质的司法力量。司法警察是人民法院执行警察职务的国家公务员，受《中华人民共和国警察法》调整，实行警衔制度，配备武器警械。司法警察以其工作保障审判工作顺利进行，是国家强制力在人民法院最直接、最具体的体现，是人民法院严肃执法的重要力量。

人民法院司法警察是人民法院组成人员中不可缺少的主要组成部门，它有着独立的、不可替代的组织建制，工作内容和工作要求，以其独特的工作方式履行国家法律赋予的职责。人民法院司法警察的主要作用是通过行使职权，预防、制止和惩治妨碍审判活动的违法犯罪活动，维护审判工作秩序，保障审判工作顺利进行，维护国家法律尊严，维护审判机关的权威。

第二节　历史沿革

人民法院司法警察机构是随着人民法院司法制度的建立而建立的，并适应人民审判机关工作的需要而产生，它的发展变化与人民法院的发展和人民警察队伍的发展建设密切相关。

1948 年 11 月至 1953 年是阳泉法院创建时期。这时人民法院没有专职司法警察。当时规定人民审判机关调用赤卫队、警卫员、民警执行司法警察职务。

1966 年“文化大革命”开始至 1973 年，审判职能由“阳泉市革命委员会保卫部审判办公室”取代。1973 年 6 月，阳泉市中级人民法院成立，审判工作秩序开始恢复。这时仍没有设司法警察部门，由办公室负责司法警察工作，由司机兼做司法警察工作。

随着改革开放的逐步深化和市场经济的建立，司法警察在人民法院中的地位凸显出来，司法警察工作逐步走向规范化、制度化轨道。1979 年 7 月 1 日，《人民法院组织法》明确规定：“各级法院设司法警察若干人。”这一规定为司法机关设置司法警察提供了法律依据。阳泉市中级人民法院在办公室下设立了法警班，由高志民任班长，设专职法警五、六人。1992年7月1日，《中华人民共和国人民警察警衔条例》颁布实施。依照规定人民法院司法警察与其他警种的人民警察，同样实行警衔制度。这是司法警察队伍建设史上的一件大事，标志着人民法院司法警察队伍建设进入一个新的历史阶段。1995年2月28日第八届全国人民代表大会常务委员会第十二次会议通过的《中华人民共和国人民警察法》，明确规定人民法院司法警察为人民警察的警种之一。该法颁布实施，对于人民法院司法警察制度的确立，加强人民法院司法警察队伍建设，发挥了重要作用。随后，1997年4月26日，最高人民法院审判委员会第898次会议讨论通过《人民法院司法警察暂行条例》，对人民法院司法警察的职权，组织管理、警务保障等方面工作都作了较为全面的规定。根据《暂行条例》要求，阳泉市中院于1997年6月，设立了司法警察支队系法院一个独立部门。这是人民法院司法警察队伍建设的一座里程碑。

进入21世纪，人民法院司法警察事业迎来了发展春天。2001年12月，最高人民法院适时推出了《人民法院司法警察施行聘任制暂行办法》。这一用人机制改革，对改善司法警察队伍年龄结构、缓解警力不足起到重要作用。2002年至2004年1月，最高人民法院相继下发了司法警察警衔工作管理细则，司法警察各级机构人事任免有关规定和机构设置等规范性文件。并重点围绕规范司法警察职能履行，制定了值庭规则，押解规则、看管规则，安全检查规则等文件，切实加强对司法警察工作的规范，全面加强了司法警察队伍的作风建设。2005年1月开始，阳泉中院实行在固定刑场执行死刑任务，首次由中级人民法院司法警察承担注射执行死刑任务的警务保障，彻底改变了执行死刑由武警部队承担的历史。12月5日，最高人民法院印发了《最高人民法院关于加强人民法院司法警察队伍建设的若干意见》，阳泉市人民法院司法警察的执法能力和素质得到全面提高，使阳泉市中级人民法院司法警察队伍的执法能力和执法水平提高到一个新的高度，为保障审判工作顺利进行提供更优质的保障。

第三节 司法警察职责

人民法院司法警察职责是指依据国家法律及有关规定，人民法院司法警察的工作范围和应承担的责任义务。这一概念包含司法警察职责的三层内涵：

1. 司法警察所担负的职责是国家法律、法规和规范性文件所赋予确定的，具有法律的严肃性。司法警察职责不是哪个领导者随意规定的。

2. 司法警察职责规定了司法警察的工作范围，是司法警察任务的具体化。《人民法院司法警察暂行条例》中就人民法院司法警察的主要任务作了明确规定，并规定了人民法院司法警察的八项职责，这是对司法警察主要任务具体化，为人民法院司法警察积极完成本职工作，防止失职和保证审判工作顺利进行，提供了依据和保障。

3. 司法警察职责确定了司法警察在法律上承担的责任义务。

根据《人民法院司法警察暂行条例》第七条，司法警察职责主要包含以下八项内容：

1. 警卫法庭，维护审判秩序

2. 值庭

3. 送达法律文书

4. 执行传唤、拘传、拘留

5. 押解、看管犯罪嫌疑人或者罪犯

6. 参与对财产的强制执行

7. 执行死刑

8. 法律、法规规定的其他职责。

附：

努力建设一支高素质的司法警察队伍

——全省法院司法警务工作会议上的经验介绍材料

2010年11月9～12日

阳泉市中级人民法院法警支队下辖五个县（区）法院法警大队，其中中院法警支队共有法警20人，正式法警8人，临时聘用法警12人，配有队长、政委、副队长2人，共有队领导4名。

近年来，在院党组和省院法警总队的正确领导下，我们始终坚持依法履行职责，努力提高法警队伍的执法能力，优质高效地保障了以审判为中心的各项工作，在法院的地位和作用越来越重要。回顾我院法警队伍建设的过去，主要走过三个阶段，第一阶段是自97年成立至2004年年底，成为中院内设部门后，不包括有几年在办公室编制内的情况，中院法警支队在岗法警一直保持在7人左右，遇有任务或平时值班都要协调安排兼职法警来完成，抽调兼职法警的工作难度和完成任务的质量可想而知。第二个阶段是2005年至2008年年底，法警支队独立承担执行死刑任务后，根据承担任务的需要法警支队一般保持在岗法警18人左右，人员数量上有了大幅提高，为独立完成任务有了人员上的保证。第三个阶段是2009年换届以来，阳泉中院法警支队从人员、经费和装备上又有了新的提高，现就法警队伍建设的情况汇报如下：

一、院党组重视是加强司法警察队伍建设的核心。王志刚院长2009年上任后，先后多次（6次以上）听取法警队工作情况汇报，在思想上关心，精神上鼓励，物质上支持法警队。通过积极争取，从2009年开始每年由市财政划拨20万元经费用于保障临时法警工资等费用。2009

年指令办公室给临时聘任法警每人每月增加100元工资，2010年每人每月又增加了100元，目前中院法警队临时法警的工资是全院临时工拿工资最高的，由过去最低转变成现在拿最高，也反映了院领导对法警工作的重视；特别是今年6月1日湖南零陵发生枪杀案后，王志刚院长在6月2日就召开院长办公会，为确保机关的安全，会议决定：新招2名女法警分别负责办公楼和审判楼进入法院女当事人及来访人员的安全检查；投资26万余元重新安装了办公楼和审判楼的红外线监控；投资6万余元，安装了三套门禁；投资3.4万元购置了4套存包柜；办公楼新购安检门投资5.3万元；法警门卫值班室重新进行了装潢，新购买了液晶电视和值班桌椅，值班法警每人一套值班被褥、被罩、毛巾被、床单等全套生活用品；2010年以来总共投资约50余万元，从人防、物防、技防等硬件方面提高了安全系数。法警支队警用装备按在岗法警20人的数量配备，达到了《最高人民法院司法警察警用装备配备标准》的要求。今年省高院法警总队部署2010年工作要点后，我们及时把多年来的规章制度按照法警总队的要求进行了重新整理并装订成册，各类表格全部按要求制作并正常使用。实践证明，只有院党组的重视，司法警察的各项工作才能得到落实，准军事化、正规化建设才能得以良性发展。

二、班子团结相互协作是加强司法警察队伍建设的关键。支队4名领导在日常工作生活中，注重搞好团结，也善于搞好团结，成员之间互相包容互补，互相协调监督，从来没有发生过互相扯皮现象，主要是我们政委配合的好。多年以来，支队领导说在先，干在头，每一次的刑事案件开庭，都要制定警务保障方案，明确各类人员职责，队领导全部到场靠前指挥。原则规定提押被告人2名以下由正式法警带临时法警完成，3名以上被告人或有重大影响的案件由队领导亲自带队完成押解任务。按照我们制定的《刑事案件开庭警务保障实施方案》的规定，支队长负责制定警务保障实施方案，协调有关部门的各项警务保障工作；政委负责参加警务保障法警现场的思想政治工作；周卫国副队长负责庭审警务保障的安全工作，常副队长负责按照方案具体安排庭审警务保障人员的分工及职责任务；这样就规定了支队领导应当直接参加刑事案件开庭警务保障的工作职责，做到了“千斤重担大家挑，人人肩上有指标”。一年来在完成具体的工作中，队领导不仅都能够以身作则，同时注重通过言传身教培养全体法警爱岗敬业精神，如审理刘建武等9名被告人黑社会性质一案从早6：30提人到第二天凌晨2时还押，历时20小时，队领导始终坚守在第一线。常副队长家属患病需人照顾，为了不影响工作，从老家把老丈母娘接来伺候，自己全身心投入到工作中。通过队领导自身的形象影响，保证了全体法警以饱满的政治热情，良好的工作状态投入到为审判工作服务的各项工作中去，全体法警坚守住了司法警察这个寂寞、清苦但又责任重大的工作岗位。

三、教育训练是加强司法警察队伍建设的有效途径。保障审判所赋予司法警察特定的职责任务，与被告人或罪犯零距离接触，担负的都是“急、难、险、重”的任务，只有通过教育训练才能具备完成任务的能力和水平，加之临时聘任法警流动快，变化频繁，提高法警素质是一个不断重新开始和提高的过程。近几年来，全国法院发生被告人脱逃，机关发生爆炸，袭击法官、法警等事件不断发生，形势可以说非常严峻，因此，时刻提醒我们必须保持高度的警惕性，要本着对党负责，对法院负责，对同志负责的精神做好本职工作。几年以来，我们坚持以会代训、以庭代训、以老带新以及专勤专训的方法进行教育训练。坚持周二的例会制度，通过例会总结上周工作，部署下周任务，并有针对性地学习一些专业知识。重大案件开庭以及执行死刑任务，都要进行模拟训练。全队10名男临时聘任法警共分5个小组，以小组为单位完成安全保卫以及提押被告人等任务，新聘任的法警与有经验编为一组进行传、帮、带。教育训练我们紧紧围绕保障审判这一中心任务开展，坚持基本功训练与突出重点相结合，分别层次和对象与因人施教相结合，苦练多练与巧练形结合，坚持向训练要素质，向训练要战斗力，通过严格的训练，增强了全体法警的服从命令意识，促进了管理和作风养成，提高了凝聚力和战斗力，为保障审判奠定了良好的素质基础。

四、完成好任务并确保安全是加强司法警察队伍建设的根本。完成好以审判为中心的各项任务，是加强队伍建设的根本，也是这支队伍存在的价值所在，没有问题应当就是成绩，因为我们担负的工作出不得问题，出不起问题。一年来，我们无论做什么工作，首先把安全放在首位，在完成每一次的警务活动时，坚持事前制定预案，专门进行安排部署，事中进行督促检查，事后进行总结讲评，以确保没有任何疏漏，保证百分之百的安全。

实践中我们深深地体会到：只有院党组的高度重视，司法警察队伍建设的各项工作才能落到实处；只有班子成员团结一心，司法警察队伍才有凝聚力、向心力；只有加强教育引导，强化管理训练，才能提高司法警察队伍的整体素质和战斗力；只有出色地完成任务，才能得到领导的支持和认可。

今后，我们坚决做到“四个确保、四个不能发生”，扎扎实实地把司法警务工作做好：一是确保法警队伍的安全稳定，不能发生违法违纪现象；二是确保刑事案件开庭警务保障工作的绝对安全，不能发生被告人脱逃等事故；三是确保机关的安全，不能发生袭击法官、法警事件；四是确保枪支弹药绝对安全，不能发生丢失被盗案件。

第七章 司法鉴定

第一节 概 况

阳泉市中级人民法院开展司法鉴定工作最早可追溯到建院初期。当时，对发生在阳泉市辖区内的非正常死亡者，如工亡、因病自杀的老人、因家庭婚姻纠纷自杀的人、违法乱纪死亡的人，以及阳泉第一监狱（时称：山西省监狱裕民煤矿）死亡的罪犯，阳泉市人民法院均派干警进行验尸，因技术力量所限，多有医生配合进行。

验尸时有《验断书》参照查验。《验断书》为（1950年）阳泉工矿区人民法院翻印，是两副人体解剖简图，有人体正面、背面图样，标注有骨骼名称、器官名称和详细位置。这项工作在1955年时仍有记载。1950年翻印的《验断书》是阳泉市中级人民法

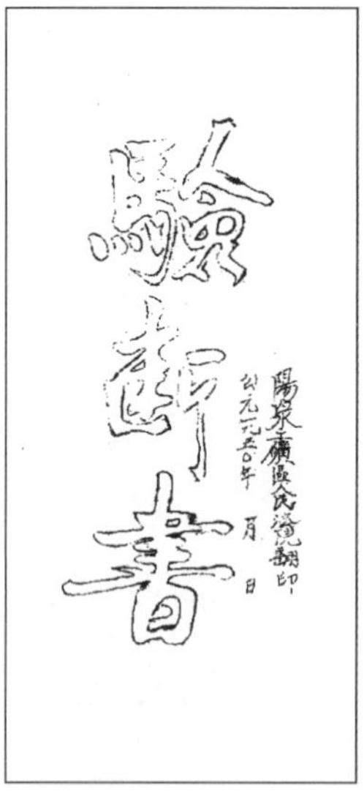

20世纪50年代初人体《验断书》封面

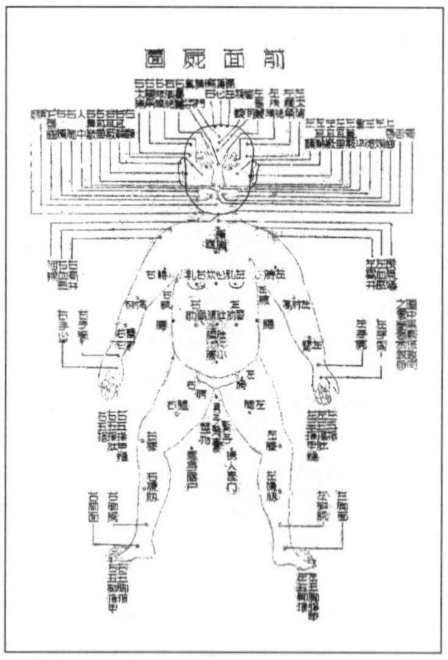

人体示意图（正面）

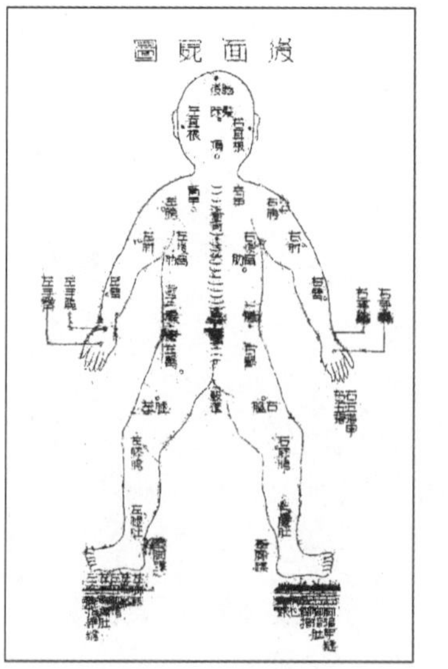

人体示意图（背部）

院有关“司法技术鉴定”的最早记录现在的“阳泉市中级人民法院司法技术鉴定中心”，根据山西省高级人民法院的要求和阳泉市机构编制委员会关于成立“阳泉市中级人民法院司法技术鉴定中心”的批复文件，于1998年8月17日正式成立，是隶属于阳泉市中级人民法院的全民所有制事业单位，实行自收自支、独立核算、企业化管理，是依照法律规定对审判工作中专门性、技术性问题进行鉴别和判断的职能机构。司法技

术鉴定中心本着服务于审判工作、服务于执法活动，服务于国家经济建设法制化需要的目标和宗旨，遵循客观、科学、权威、公正的原则，按照法律的要求和办理案件工作的思路、大胆探索、勇于开拓，最大限度地发挥司法鉴定的社会效益。

第二节　业务范围

司法鉴定中心的业务主要是接受全市两级法院在办理案件过程中需要鉴定委托的案件，业务范围主要是：（1）法医技术鉴定；（2）文件、字迹检验；（3）司法会计鉴定；（4）司法审计鉴定；（5）建筑安装工程预、决算及工程质量鉴定；（6）房地产等价值评估鉴定；（7）赃物价值评估鉴定；（8）科技成果鉴定；（9）人民法院采取保全、查封、扣押财产的价值鉴定及接受委托进行强制性的竞价变卖、拍卖；（10）煤炭质量、井巷工程及井下设备的价值评估鉴定。除以上鉴定职能外，还履行着组织鉴定、统一对外委托鉴定、审查批准建立司法鉴定人名册等多项职能。

2005 年 2 月，全国人大常委会通过了《关于司法鉴定管理问题的决定》，对司法鉴定管理体制进行了重大改革。人民法院司法鉴定机构职能发生转变，司法鉴定走上了社会化道路，在这种情况下，阳泉中院依照最高人民法院发布的有关通知和《人民法院第二个五年改革纲要》精神，进行了司法技术的职能调整，建立了司法技术辅助工作机制，职能从过去的鉴定机构转变为现在的管理机构。现有职能主要是统一对外委托、辅助法院解决案件中的专门性问题，配合相关部门注射执行死刑。

第三节　司法鉴定工作的开展

（一）加强司法鉴定队伍建设。根据最高人民法院关于司法鉴定中心鉴定机构、鉴定人名册审批、备案及公告精神，阳泉中院司法技术鉴定中心依法办理了社会鉴定机构登记和鉴定人入册《山西省人民法院司法鉴定人名册》有关事宜。阳泉中院司法鉴定中心现有主任 1 名，副主任 1 名，法医 1 名，文检员 1 名，内勤 1 名，财务 1 名，其他工作人员 2 名。

（二）建立鉴定人名册制度。阳泉中院司法鉴定中心按照规定，将自愿从事司法鉴定的机构和人员进行从严审查，在从严把关、从严要求的基础上，从而建立起阳泉市《司法鉴定人名册》，从而构建了一支素质高、业务精、作风硬、靠得住的鉴定队伍。目前，阳泉中院司法鉴定中心拥有入册机构 14 家，总注册资金 1172 万元，高级职称人数 29 人，中级职称人数 183 人。其中从事会计审计、资产评估、工程造价的鉴定机构4个，从事房地产价格评估的2个，资产拍卖的2个，建筑工程材料质量检验的1个，汽车综合性能检测的1个，价格鉴定的2个，产品质量鉴定的2个。入册鉴定人10人，其中，高级职称7人，中级职称3人，从事工程建筑鉴定的5人，车辆鉴定的2人，地质矿产鉴定的1人，会计审计的1人，农艺1人。根据最高人民法院的要求，阳泉中院鉴定中心对入册机构实行动态化管理和年检制度，以保证各机构鉴定结果的公正、科学、权威，依法维护当事人的合法权益。

（三）建立健全司法鉴定工作管理制度：阳泉市中级人民法院司法鉴定中心按照最高人民法院下发的《人民法院司法鉴定工作暂行规定》和《人民法院对外委托司法鉴定规定》要求，围绕“科学、客观、公正、高效”的宗旨，按照“依法、统一、规范、归口”的原则，依照有关法律、法规精神，从强化鉴定职责入手，进一步规范了鉴定工作程序，明确了委托鉴定权限，并结合本地实际，制定了《司法技术鉴定中心章程》、《司法鉴定工作规则》、《司法鉴定业务范围指南》、《司法鉴定复议规则》、《鉴定人出庭规定》、《拍卖、变卖规则》、《参加司法变卖活动人员纪律》等规章制度，将各项规章制度悬挂在办公区显著位置，使鉴定工作有章可循，各项司法鉴定工作在阳光下运行，以确保鉴定工作的质量，维护司法的公正。

（四）司法鉴定质量管理：阳泉市中级人民法院司法鉴定中心成立之后，逐步建立、健全、完善了从收案、立案、鉴定、结案、存档的司法鉴定流程管理制度，在工作中始终坚持司法鉴定制度化、阳光化、专业化、标准化、规范化，对当事人合理合法的要求予以采纳，确保鉴定结论的客观公正。在鉴定过程中，实行鉴定人负责制、错案追究制，保障司法鉴定结果的公正和准确。同时全面加强业务培训，先后派出专业人员参加法医和文检专业技能的学习提高，努力拓宽鉴定工作范围，大力提高从业干警业务水平，使鉴定中心主要工作均有专业人员把关实施。

（五）强化技术审核制度。技术审核就是要按照法官和合议庭的要求，审查核实送审案件中鉴定文书及相关资料，就鉴定活动的科学性、客观性、关联性、合法性提出意见，通过审核要解决鉴定方法是否科学、程序是否规范、依据是否准确、结论是否妥当、对鉴定结论存在疑问的应提出在质证中重点解决的问题或建议补充鉴定，对鉴定存在严重差错、结论不能成立的应提出重新鉴定建议。这项活动对法官认定事实，准确运用法律有极大地帮助作用，也将有力推进司法公正。

（六）推进执行死刑方式改革。2004年以前，阳泉中院死刑执行采用枪决方式进行，中院司法鉴定中心参与被执行死刑罪犯枪决前后的拍照和存档工作。随着国家保障人权和文明司法工作的推进，阳泉中院司法鉴定中心克服时间紧、选址难、资金紧张等诸多困难，于2004年年底建成封闭式固定刑场，在全省率先采用注射方式执行死刑。注射执行死刑也是鉴定中心转变职能后的一项重要工作，自固定刑场建立以来，已执行数十例死刑，无一差错。每次执行死刑，司法鉴定中心均指派专职法医协助法警，开展注射执行工作，对执行前有关药物的准备、注射通道的建立、执行过程中生命体征的监测等技术操作，进行全面、全方位监督和指导，并对死刑执行后被执行人的死亡时间，进行确认后签字，确保精准无误，万无一失。

到2005年年底，阳泉市中级人民法院司法鉴定中心职能转变前的7年间，完成各类鉴定案件539件。其中：1998年完成鉴定案件23件；1999年完成鉴定案件131件；2000年完成鉴定案件48件；2001年完成鉴定案件50件；2002年完成鉴定案件49件；2003年完成鉴定案件85件；2004年完成鉴定案件93件；2005年完成鉴定案件60件。

2006年，阳泉中院司法鉴定中心职能转变后，共办理对外委托案件193件，其中2006年，完成对外委托鉴定案件93件。2007年完成对外委托鉴定案件100件。

附：

部分重大司法鉴定案例

案例一：1999年5月10日，阳泉中院司法鉴定中心接到平定县娘子关镇娘子关村民委员会的鉴定委托书，要求对平定二期提水工程在建筑施工中因放炮打洞将该村70户村民房屋损坏，需要按《太旧高速公路西郊至龙门段拆迁补偿方案》进行鉴定并确定其损坏价值。接到委托后，阳泉中院司法鉴定中心立即抽调由两名高级工程师和三名工程师组成的鉴定组到娘子关村，对此次鉴定的对象进行逐户走访，现场勘察，了解情况，确定鉴定方案。

经了解1996年3月因平定提水工程的施工方中铁十二局放炮造成娘子关村部分民房损坏，当时，平定县提水指挥部、平定县建设局、平定县公安局组成联合调查组进行调查，最后确定赔偿3户，每户200元。1998年5月中铁十二局又因放炮，造成损坏的民房扩大到50多户。平定提水指挥部委托娘子关村委会按《太旧高速公路西郊至龙门段拆迁补偿方案》来确定受损名单进行赔偿。但是，村民对村委会确定赔偿的13户有争议，对赔偿办法及标准不公开也有异议，认为村委会赔偿不公平，对受损严重的赔偿的少，受损轻微的赔偿的多，多数村民对村委会的做法不满意，怨声不断。数十名村民冲进施工现场阻止施工，施工方被迫停工。1999年5月娘子关村最终把赔偿范围确定为许有科等七十户。

针对上述情况，为化解受损村民的怨气，避免集体上访事件的发生，阳泉中院司法鉴定中心首先制定了此次鉴定的方案及对受损房屋的赔偿标准：一是以实际损坏程度来确定赔偿数额。二是充分考虑受损房屋与炮源的距离以及房屋本身的建筑年代和质量来确定损坏程度。然后根据以上两条标准综合评价确定最终赔偿数额。经过阳泉中院司法鉴定中心鉴定组成员两次进驻，连日工作，最终对娘子关村委会赔偿范围内的许有科等70户村民房屋进行了逐一认真细致的勘验、检查、测量，并依据《太旧高速公路西郊至龙门段拆迁补偿方案》进行测算，确定许有科等70户村民房屋的现有损坏价值。这样就比较客观、科学地反映出了房屋受损的真实情况。如娘子关村委会当时赔偿数额最高的一户为61451元，经该中心司法鉴定后的赔偿数额确定为22639元，削减了38812元，村委会确定赔偿的每户为1275元，经该中心鉴定后，其赔偿数额确定为2699元，增加了1442元，另有三户不予赔偿。最后娘子关村委会依据阳泉中院司法鉴定中心出具的鉴定结论，对受损村民进行了赔偿。绝大多数村民对鉴定后确定的赔偿数额感到满意。此后娘子关村没有出现因此事而发生的上访事件。通过此次鉴定，很好地维护了当地村民的利益，为当地社会的稳定做出了贡献。

案例二：2007年1月5日，阳泉中院司法鉴定中心接到阳泉市城区人民法院的鉴定委托书，要求对苗生花等84名原告的住宅在2007年1月20日即大寒日的日照时间进行实地实时鉴定。

据了解，苗生花等84名原告共30户人家于2000年前后购买了阳泉市南大街西街4号楼居住，到2005年前半年居室全天日照充足，居住环境舒适。但2004年，在距苗某某等居住的4号楼南侧47米处，由太原市华龙泰房地产开发有限公司开发、山西省第五建筑公司承建的一栋高层建筑，严重影响了苗生花等居住的4号楼南侧A、B、C段三幢楼及相邻200多户住宅和底商的日照采光。2005年10月份之后，随着冬天来临，4号楼的底层几乎全天见不到阳光，7层以下日照采光达不到《城市居住区规划设计规范》GB50180—93（2002年版）所规定的日照采光要求。据4号楼居民反映，他们的太阳能热水器因日照时间不足不能使用，居室的花卉因见不到阳光或枯死或不开花，老人、婴幼儿因日照不足，身心健康受到严重影响，从而引起了4号楼全体居民的及相邻住户的强烈不满。从2005年开始，4号楼居民曾先后向阳泉市委、阳泉市人大常委会、阳泉市人民政府、阳泉市政协和城区人大常委会、城区政协等有关机关和其他有关部门领导多次反映，一直没有得到较好解决。

对此，阳泉中院司法鉴定中心委托本中心入册机构——山西家豪司法鉴定中心对此案进行鉴定。该鉴定中心受阳泉中院司法鉴定中心委托，进行实地、实时调研，于2007年2月7日出具了鉴定书，8月2日又出具了补充报告，为该案件公正公平审理提供了科学、客观的依据。

2008～2012年司法鉴定中心（证据中心）案件鉴定情况一览表（表一）

序号	鉴定类别	2008（件）	2009（件）	2010（件）	2011（件）	2012（件）
1	车辆（车损）鉴定/汽车价格	10/	6/1	1/1	3	
2	煤矿勘探/土地损害/测绘鉴定	1//1	/1			
3	工程鉴定/厂房设计标准及修复	7	7/	5	/1	
4	价格鉴定/价格评估	10/		11		/5
5	资产评估	4				3
6	日照鉴定	5				
7	房屋损害（是否影响居住）	6	14	10		1
8	拍卖	1				1
9	产品质量	1				
10	受损程度及维修费					
11	测算面积					
12	地暖不合格损失					
13	超面积平方单价/建筑面积			/1		
14	质量监测/质量问题/质量鉴定		//2	/1	1	
15	拍卖股权					
16	拍卖房产/机械设备			1		
17	车辆贬值鉴定					1
18	房屋漏水原因、修复/房屋工程质量		/1			
19	房屋价格/房屋评估/更改房屋/装修		2//1	4/1/1/1		/3
20	现场鉴证					
21	价值评估/损害财产评估		/1			1
22	工程造价/工程欠款/工程结算		3	1/1/1		4
23	贬值价格					
24	房产评估					2
25	拍卖汽车					
26	瓷砖评估					
27	地产评估					1
28	财产评估/查账、核实/账目审计		///1		/1	
29	损坏（害）情形及修复					5
30	营业损失/停运损失/产销利润			//1		/2
31	拍卖房产			1		1
32	过错及维修费用					
33	物品价格/物品价值/石料价值/果木		2///	/3/1/1		
34	车辆损失					1
35	修复价值					
36	工程量、工程价款/			1		
37	损害赔偿					1
38	被盗物品价格					1
39	财产价格					1
40	房屋下陷及修复					1
41	房屋安全/房屋修复价值					2/1
42	合同纠纷/履行合同情况					1/1
总计		46	40	49	6	40

2008～2012年司法鉴定中心（证据中心）案件鉴定情况一览表（表二 文检类）

序号	鉴定类别	2008	2009	2010	2011	2012
		（件）	（件）	（件）	（件）	（件）
1	笔迹	5		2	8	1
2	笔迹、指纹	1			1	
3	公章	1			2	3
4	指纹			4	1	1
5	书写时间				1	1
6	书写时间先后				1	1
7	音像资料			1		
8		文检		7		
9						
总计		7	7	7	14	7

2008～2012年司法鉴定中心（证据中心）案件鉴定情况一览表（表三 法医类）

序号	鉴定类别	2008	2009	2010	2011	2012
		（件）	（件）	（件）	（件）	（件）
1	伤残	57	57	70	76	55
2	伤情	3	2			1
3	伤残护理依赖		1	2		2
4	医疗事故	5	9	1	3	1
5	伤残、伤情	2				1
6	亲子鉴定	1				1
7	医学	1				
8	因果关系		3	2		3
9	过错	2	1	7	9	
10	伤残、因果	2			1	
11	人身损害	1		1		
12	交通事故	1		1		
13	护理依赖	3	1	1	1	1
14	后续治疗费					2
15	伤残、护理		1			3
16	伤残依赖				3	
17	医疗过错		5	4		
18	护理级别			1		
19	过错、伤残			1		
20	民事行为能力		1			
21	死因		1			
总计		78	82	91	94	70

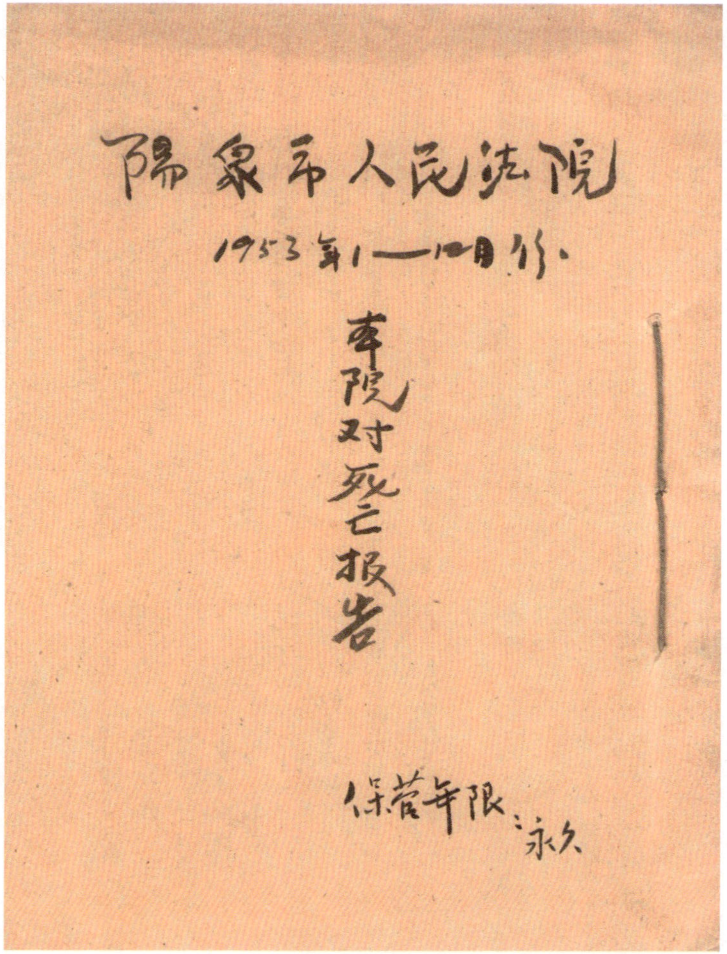

陽泉市人民法院

1953年1—10月份

本院对死亡报告

保管年限：永久

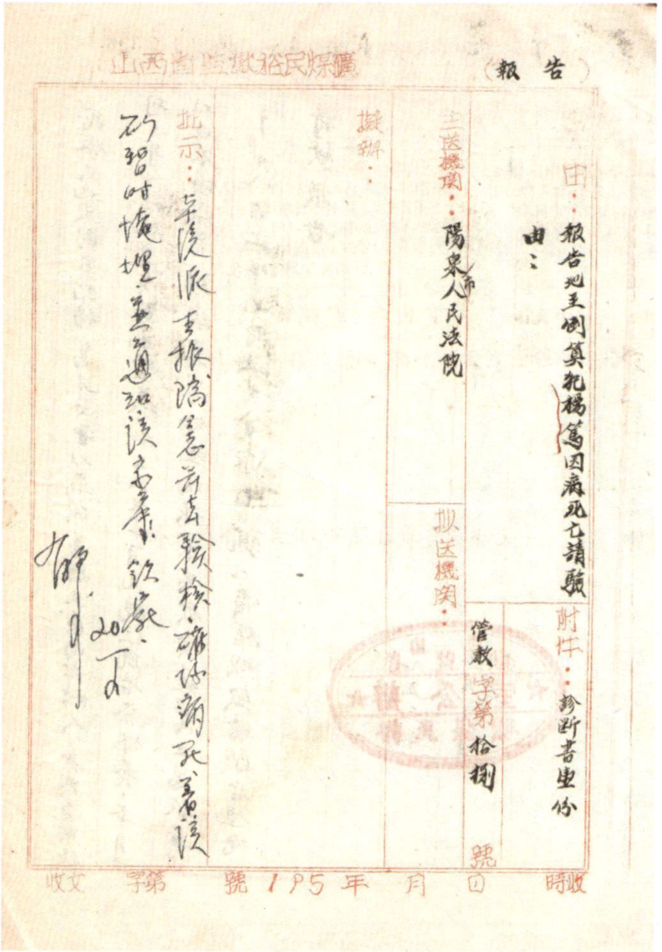

報告

事由：報告地主劉萬札楊□因病死亡請驗

主送機關：陽泉市人民法院

附件：診斷書壹份

管數字第拾捌號

20世纪50年代初的司法鉴定

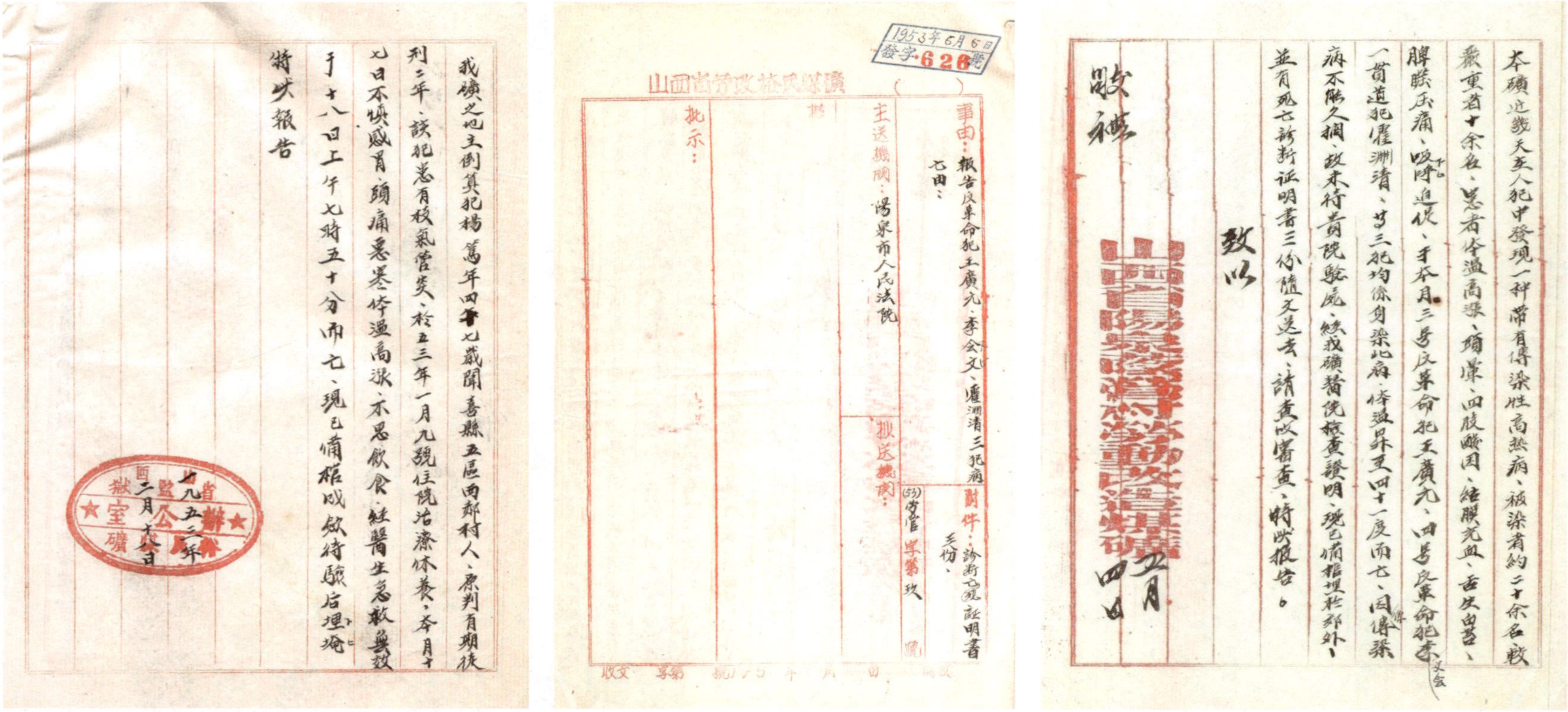

我矿之地主倒算犯杨蔼年四十七岁，闻喜县五区西郑村人，原判有期徒刑二年。该犯患有胀气胃炎，于五三年一月九号住院治疗休养，本月十七日不慎感冒，头痛恶寒，体温高涨，不思饮食，经医生急救无效，于十八日上午七时五十分而亡，现已备棺成殓，待验后埋葬。

特此报告

1953年6月6日
发字626号

事由：报告反革命犯王广九、李金文、卢渊清三犯病亡由：

附件：诊断死亡证明书三份

主送机关：阳泉市人民法院

抄送机关：

批示：

本矿近几天在人犯中发现一种带有传染性高热病，被染者约二十余名，患者体温高涨，头痛，四肢酸困，结膜充血，舌苔白黄，腓肢疼痛，呼吸迫促，于本月三号反革命犯王广九、四号反革命犯[illegible]、一号逃犯卢渊清，该三犯均系身染此病，体温升至四十一度而亡，因传染病不能久搁，故未待前院验尸，经我矿医院检查证明，现已备棺埋于郊外，并有死亡诊断证明书三份随文送去，请查收审查，特此报告。

致以

敬礼

四月四日

20世纪50年代初的司法鉴定

第四编

执行和审判监督

第一章 执 行

第一节 概 况

执行，在法律专业术语中，特指将人民法院业已生效的判决、裁定所确定的内容付诸实现，以及执行过程中的变更执行等问题，而依法进行的司法活动。从本质上说，执行是人民法院依法实现司法目标的过程，也即通过强制手段使人民法院的生效判决、裁定落到实处，以实现预期的法律构想，维护公民、法人和其他社会组织的合法利益。

从1947年阳泉市中级人民法院建院到20世纪70年代末，由于期间的特定政治环境，特别是“以阶级斗争为纲”主导下的人民法院审判工作，其生效判决和裁定，包括人民法院主持下的各级、各类人民调解工作，具有很高的权威性，均由各审判庭依法执行。除扶养、抚养和赡养等民事纠纷中，会少量出现拖欠“三养”费用问题外，一般不存在执行难问题，并构不成现代司法意义上的“执行难”。一旦人民法院的生效判决和裁定，出现拖欠“三费”之类的问题，党的各级基层组织和群团组织，如工矿企业和人民公社党委，企业的车间和农村生产大队党支部，城市街道居民委员会（“文革”前后一度称为城市人民公社），甚至包括生产小队队务委员会，以及各级妇联、工会、共青团组织等，即会主动担负起调解解决此类矛盾纠纷的责任，通过人民法院主导下的遍布城乡地区的人民调解工作，诸如此类的小矛盾、小纠纷即能得到及时化解。

20世纪80年代初，随着社会主义市场经济体系逐步确立，工矿企业逐步将包括人民调解在内的社会职能从企业管理中剥离出来，成为单纯的以生产、经营为手段，以效益和利润为核心的经济体。而这一时期，农村人民公社（含城市人民公社）解散，恢复了乡、镇和城市街道办事处建制，联产承包责任制在农村全面推行，生产大队也恢复了自然村的历史称谓，原城市街道办事处和乡（镇）以及工矿企业的调解委员会出现萎缩，大批调解干部（或农村调解委员）改行，曾经遍布工矿企业和广大城乡地区的调解组织出现了一定程度的涣散，调解工作也随之被削弱。90年代以后，社会主义市场经济迅速发展，随着城乡经济的高速发展，在国有企业改革、改制、改组和破产、整合、重组等大背景下，经济审判领域和民事审判、民商事审判中逐渐出现了大量的“执行难”问题。

针对日渐增多的民事案件和经济案件，1982 年 3 月 8 日，第五届全国人民代表大会常务委员会第二十二次会议通过中国第一部《民事诉讼法（试行）》，于当年 10 月 1 日起试行。1986 年 4 月 12 日，第六届全国人民代表大会第四次会议通过《中华人民共和国民法通则》，1987 年 1 月 1 日起实施。之后，《中华人民共和国民事诉讼法》分别于 1991 年 4 月 9 日第七届全国人民代表大会第四次会议、1996 年 3 月 17 日第八届全国人民代表大会第四次会议、2007 年 10 月 28 日第十届全国人民代表大会常务委员会第三十次会议作了三次大的修订，标志着中国民事审判和民间纠纷调解，以及民事案件的强制执行进入依法办案的全新历史阶段。

《民事诉讼法》第二十二章规定了人民法院强制执行的通常方法和手段，主要有以下几种：

一、查询、冻结、划拨被申请执行人的存款。

查询是指人民法院向银行、信用合作社等金融单位，调查询问或审查追问有关被申请人存款情况的活动。冻结是指人民法院在进行诉讼保全或强制执行时，对被申请执行人在银行、信用合作社等金融单位的存款所采取的不准其提取或转移的一种强制措施。人民法院采取冻结措施时，不得冻结被申请执行人银行账户内国家指明用途的专项资金。但被申请执行人用这些名义隐蔽资金逃避履行义务的，人民法院可以冻结。冻结被申请执行人存款的最长期限一般为六个月，需要继续冻结的，在冻结到期前，人民法院向银行、信用合作社等金融单位办理冻结手续。逾期不办理则视为自动解除冻结。划拨是指人民法院通过银行或者信用合作社等金融单位，将作为被申请执行人的法人或其他组织的存款，按人民法院《协助执行通知书》规定的数额划入申请执行人的账户内的执行措施。划拨存款可以在冻结的基础上进行，也可以不经冻结而直接划拨。

人民法院采取查询、冻结、划拨措施时，可直接向银行营业所、储蓄所及信用合作社等金融单位提出，无需经其上级主管单位同意。外地人民法院可以直接到被申请执行人住所地、被执行财产所在地的银行、信用合作社等金融单位查询、冻结和划拨存款，不需经当地人民法院同意或者转办手续。当地银行、信用合作社必须协助办理，不得以扣收到期贷款或贷款利息等任何理由拒绝和搪塞。对拒绝协助人民法院执行查询、冻结、划拨司法活动的个人和单位，人民法院依照《民事诉讼法》规定予以罚款，或建议监察机关及有关部门给予纪律处分。

二、扣留、提取被申请执行人的收入。

《民事诉讼法》第 222 条规定："被执行人未按执行通知履行法律文书确定的义务，人民法院有权扣留、提取被执行人应当履行义务部分的收入。但应当保留执行人及其所扶养家属的生活必需费用。人民法院扣留、提取收入时，应当作出裁定，并发出协助执行通知书，被执行人所在单位、银行、信用合作社和其他有储蓄业务的单位必须办理。”在执行实践中，扣留、提取被申请执行人的收入是人民法院经常使用的一种执行措施。扣留和提取是紧密相连的两个执行措施，扣留是临时性措施，是将被申请执行人的收入暂扣下，仍留在原来的单位，不准其动用和转移，促使其在限定的期限内履行义务。如超过期限仍不履行的，即可提取该项收入交付申请执行人。

三、查封、扣押、拍卖、变卖被申请执行人的财产。被申请执行人未按执行通知履行义务，人民法院有权查封、扣押、拍卖、变卖被申请执行人应当履行义务部分的财产。

查封是一种临时性措施，是指人民法院对被申请执行人的有关财产贴上封条，就地封存，不准任何人转移和处理的执行措施。

拍卖是人民法院以公开的形式、竞争的方式，按最高的价格当场成交，出售被申请执行人的财产。

变卖是指强制出卖被申请执行人的财产，以所得价款清偿债务的措施。人民法院在 执行中需要变卖被申请执行人财产的，可以交由有关单位变卖，也可以由人民法院直接变卖。由人民法院直接变卖的，变卖前，应就价格问题征求物价等有关部门的意见，变卖的价格应当合理。

人民法院扣留、提取的存款和收入，拍卖、变卖被申请执行人财产所得的金钱，应及时交付申请执行人，并结束执行程序。

四、搜查被申请执行人隐匿的财产。

在执行过程中，还会出现被申请执行人不仅逾期不履行法律文书确定的义务，而且还将财产转移起来，拒不向人民法院交代自己真实的财产状况。针对这些情况，《民事诉讼法》第227条第1款规定：“被执行人不履行法律文书确定的义务，并隐匿财产的，人民法院有权发出搜查令，对被执行人及其住所或者财产隐匿地进行搜查。”

在搜查中，如发现有应依法查封或者扣押的财产时，执行人员应当依照《民事诉讼法》的规定查封、扣押。如果来不及制作查封、扣押裁定的，可先行查封、扣押，然后在48小时内补办。

五、强制被申请执行人交付法律文书指定交付的财物或者单据。

人民法院的判决书、裁定书、调解书以及应由法院执行的其他法律文书，指定一方当事人交付财物或者票证的，执行人员应在做好被申请执行人思想工作的基础上，传唤双方当事人到庭或到指定场所，由被申请执行人将法律文书交付的财物或票证应当直接交付申请执行人签收。被申请执行人不愿当面交付的，也可以将应付的财物或票证先交给执行人员，由执行人员转交。对当事人以外的公民个人持有该项财物或票证的，人民法院应通知其交出。经教育仍不交出的，人民法院就依法强制执行并可按照《民事诉讼法》第103条的规定予以罚款，还可以向监察机关或者有关单位建议，给予其纪律处分。有关单位持有该项财物或票证的，人民法院应向其发出协助执行通知书，由有关单位转交。有关单位和个人持有法律文书指定交付的财物或者票证，因其过失被毁损或灭失的，人民法院可责令持有人赔偿。拒不赔偿的，人民法院可按被申请执行财物的实际价值或者票据的实有价值裁定强制执行。

六、强制被申请执行人迁出房屋或者退出土地。

强制迁出房屋或退出土地，是指人民法院执行机构强制搬迁被申请执行人在房屋内或特定土地上的财物，腾出房屋或土地，交给申请执行人的一种执行措施。

七、强制执行法律文书指定的行为。

这是一种特殊的强制措施，由人民法院执行人员按照法律文书的规定，强制被申请执行人完成指定的行为。

八、强制加倍支付迟延履行期间的债务利息和支付迟延履行金。

加倍支付迟延履行期间的债务利息是指被申请执行人的义务是交付金钱，在依法强制其履行义务交付金钱的同时，对他拖延履行义务期间的债务利息，要在原有债务利息上增加一倍，按银行同期贷款最高利率计付，从判决、裁定和其他法律文书指定交付日届满的次日起计算，直至其履行义务之日止。另一种情况是指被申请执行人未按判决、裁定和其他法律文书指定的期间履行非金钱给付义务的，因为拖延履行已给申请执行人造成损失，故应当支付迟延履行金。迟延履行金的数额可以由人民法院根据案件的具体情况另行决定。

人民法院依照《民事诉讼法》第220条发出的执行通知，除责令被申请执行人履行法律文书确定的义务外,并应通知交纳迟延履行期间的债务利息或者迟延履行金。在这两种措施中，既有给申请执行人补偿损失的部分，也有对被申请执行人制裁的部分。

九、强制办理有关财产权证照转移手续。

《民事诉讼法》第230条规定:“在执行中,需要办理有关财产权证照转移手续的,人民法院可以向有关单位发出协助执行通知书，有关单位必须办理。”其中的“有关财产权证照”，是指房产证、土地证、山林所有权证、专利和商标证书、车辆执照等不动产或特定动产的财产权凭证。在执行过程中，有些财产被执行后改变了权利人，只有办理了财产权证的转移手续才算彻底完成执行任务。人民法院的执行人员在办理这些证照转移手续时，需向有关单位发出协助执行通知书，说明具体要求，通知有关单位协助办理，有关单位有协助办理的义务。

上述方法和手段，在人民法院的司法实践中，一般须通过强制措施方能实现预期的司法目标，以维护法律的尊严，保护公民、法人和其他社会组织的合法权益。

阳泉市中级人民法院面对民事和经济审判中，生效判决和裁定难以如期执行这一难题，结合审判实践进行了大量的调研和探索。

1989年，阳泉中院设立“经济纠纷调解处”，试行同外埠兄弟法院开展审判协作和执行协作，克服执行中的地方保护主义倾向。1990年4月，由阳泉中院发起，晋冀两省7个中级法院召开“晋冀两省部分法院经济司法协作会议”，签订了《晋冀两省部分法院经济司法协作意见》，在不同管理区域内开展经济司法协作，《法制日报》在头版对此作了报道，在全国法院系统引起反响。1992年，开展执行大会战，重点解决经济纠纷案件和民事纠纷案件“执行难”问题。

1990年~1999年，随着国有企业、集体企业改革进一步深入，阳泉市大批国企和集体企业纷纷改制成股份制企业，有的被拍卖，有的因政策、经营、市场等原因破产，加之期间爆发亚洲金融危机，三角债成为全国性经济顽症，经济案件的执行难问题更加突出，执法行为的随意性和无序性等“执行乱”问题开始显现。针对这种情况，1992年，按照最高院的“清积”部署，阳泉市中级人民法院注重发挥法院整体系统功能，重点解决跨地区的案件，强调委托执行以利于提高效率和节约成本。1999年，党中央发出关于加强执行工作的文件，阳泉市中级人民法院在学习贯彻文件精神、加强执行力度的基础上，在全市法院系统进行“立案、审判、监督、执行”相互分离的司法改革，加强环节监督和过程监督，制定《执行制度汇编》和《常用民事执行法律文书样式与制作》，包括执行立案、执行调查、强制措施、到期债权、案外人异议、执行主体的变更和追加、执行担保、执行监督、执行中止、终结和执行回转、内部管理等制度和司法文书，对加大执行力度，规范执行活动，指导执行工作，提高执行质量和效率，切实解决“执行难”、克服“执行乱”问题，提供了制度保障。

进入21世纪以后，由于某些社会成员法治意识淡薄、社会诚信体系尚不健全，部分被执行人抗拒执行、逃避执行、无财产可执行，以及执行机构和执行人员自身等原因，执行难问题更加突出，人民法院累积了一批执行积案。生效法律文书难以执行，会严重损害当事人的合法权益，损害法律尊严和司法权威，影响了党和国家威信，严重影响社会和谐稳定的大局，成为人民群众反映强烈、社会各界极为关注的热点问题，并成为长期困扰人民法院乃至政法工作的突出问题。对此，党中央、国务院和各级党委、政府对执行难问题高度重视，全国法院数次集中“清积”：2002年的“清积”，主要涉及国企改制、社会稳定的案件等；2006年的“清积”，为期半年，重点清理受地方和部门保护主义干扰未能执行的案件等5类案件。2005年和2007年，中央政法委先后发出《关于切实解决人民法院执行难的通知》和《关于加强和改进执行工作的意见》，对化解执行难给予政策指导和引导。

面对艰巨的执行任务，阳泉市中级人民法院积极探索新时期执行工作的新办法、新路子、新措施。如本世纪初，阳泉中院执行局首创的“提级执行”、“财产审计执行”、“公证执行”、“督办转办”、“易人执行”、“执行听证”等方法和制度的实施，均取得了较好的执行效果，并在全省率先试行“被执行人财产审计制度”，使执行工作变被动为主动，许多执行难案件迎刃而解，这一改革成果被山西省高级人民法院在全省法院系统推广施行。而“提级执行”这一先进做法同样被省高院在全省推广使用，并成为最高人民法院相关司法解释和规定的基础材料。针对有的债权债务关系复杂，“三角债”较多，债务人不配合，债务链不好解决等难题，阳泉中院运用“代位执行制度”和“强制调查询问制度”以及“悬赏执行”办法，执结了21世纪以来许多影响重大的执行难案件。2004年5月9日，时任最高人民法院院长肖扬接见阳泉中院执行局局长于昌明时，对阳泉中院的执行措施给予高度赞扬和充分肯定。在各级党委的领导和有关部门支持配合下，阳泉市两级人民法院认真贯彻落实中央精神，加大执行工作力度，依法执结了一大批重大、复杂、疑难案件，使执行难问题得到了一定的缓解。

从2008年年底开始，阳泉市中级人民法院和基层法院，按照中央政法委和省委政法委关于“集中清理执行积案活动”的统一部署，对2007年年底前的1212件执行清案，开展拉网式清理。本次活动于2009年年底结束，全市有财产积案全部执结，重点案件全部执结，无财产案件结案率98.33%。阳泉中院在本次活动中，大胆实践，勇于创新，形成了“六个穷尽”、“七个到位”等一整套解决执行难问题的体制和方法，2009年12月2日，《人民法院报》头版以《“七个到位”力促和谐执行 山西成功解决七成无财产案无“后遗症”》为题，对阳泉中院的“七个到位”先进做法给予报道，并上升为“山西经验”。

2010年，进一步完善执行机制，加大执行力度，提高执行水平，立足实现执行工作良性循环，开展了“创建无执行积案先进法院”活动，加强立审执各环节协调配合，预防和减少执行积案，巩固“集中清理执行积案活动”成果，特别是采取以法院为主、有关部门协作联动的多元执行模式，因案制宜、一案一策，妥善执行涉及兼并重组企业、特困国有企业和生活困难群体的案件，减少对抗，增进和谐。市中院被中央政法委、最高法院联合授予“全国集中清理执行积案先进集体”荣誉称号，成为全省获此殊荣的两家法院之一。

2011年，执行工作抓源治本，维护当事人合法权益。妥善执行涉及转变经济发展方式、重点项目建设、新农村和市域城镇化建设等方面的案件，千方百计盘活涉诉资产，为转型跨越发展增添动力；认真开展“创建无执行积案先进法院”、“委托执行案件专项清理”和“反规避执行”三项活动，执行难问题得到进一步缓解。

2012年，以提高执行到位率为目标，全市法院继续深入开展创建“无执行积案先进法院”和反规避执行“两项活动”，不断加大执行工作力度。市中院执行局被评为“全国法院先进集体”

第二节 生效判决（裁定）的执行

1986年，为了切实改变长期以来一些民事案件难以执行的状况，各院在执行工作中，注重依法办事，全面适用民诉法规的排除妨碍措施，并先后对9件久拖不执的案件，果断进行了强制执行，维护了法律和人民法院判决的严肃性和权威性。

1989年，阳泉市中级人民法院认真探索社会主义市场经济条件下，加强同外埠兄弟法院之间开展审判协作和执行协作的新路子、新办法、新模式，重点解决经济纠纷案件和民事纠纷案件“执行难”问题。为此，阳泉中院首先从自身做起，克服地方保护主义，对于外地法院委托事宜，认真办理，不推、不拖、不刁难，做到件件有落实。如平定法院一年中共收到外地法院委托执行事宜67件，全部按时办理和及时给予答复，受到委托法院的称赞，先后收到北京海淀区法院等13家单位的感谢信十多件。同时要求本埠法院到外地办案时，主动同当地人民法院联系，争取得到支持，并建立了“经济审判协作网络”，于10月中旬，由市中院参与发起，在石家庄召开了“晋冀两省七地市法院经济审判协作筹备会议”，计划于1990年3月份在阳泉市召开“第一次协作会议①”，加强区域协作，共同克服经济审判“审理难”和“执行难”。全年在建立健全执行机构，进一步充实加强执行力量基础上，受理各类执行案件2041件，执行1223件，执结率为60%。在经济案件的执行中，阳泉市中级人民法院设立了“经济纠纷调解处”，调解处理各类经济纠纷案件249件，结案标的686万元，到期执结率达到90.3%。

地方保护主义是造成“执行难”的主要原因之一。1990年，阳泉市中级人民法院进一步探索解决执行难的有效途径，开展执行协作，确立执行工作“全国一盘棋”的观念，共同克服地方保护主义。在山西、河北两省高院支持下，由阳泉中院发起，晋冀两省七个中级法院于4月底，在阳泉市召开“晋冀两省部分法院经济司法协作会议”，签订了《晋冀两省部分法院经济司法协作意见》，在不同管理区域内开展经济司法协作会议之后，山西、河北两省多家法院之间，一方面，开展卓有成效的执行协作，先后同河北、山西等六个地市的法院建立了执行协助关系；另一方面，坚持从自身做起，认真做好外地委托和协助执行工作，做到对外地委托执行的案件全部在规定的期限内予以完成；对外地法院派员到本市执行案件要求协助的，即在人员、交通工具等方面全力予以支持，提供方便。当年阳泉市两级人民法院共收到外埠人民法院送达或

注：①该会议实际召开日期为1991年4月份。

寄发的表扬信、锦旗等20余件。协作法院之间的经济司法协作进一步加强，相互委托、协作审理、执行了一大批老大难的案件，《法制日报》在头版对此作了肯定性报道。与此同时，阳泉市两级法院集中执行力量，对拒不履行法院判决和裁定的被告当事人进行重点执结。盂县人民法院执行庭、经济庭于9月份，在本县牛村镇连续执行借款合同纠纷案5件。阳泉中院执行庭于11月份，派出两队执行干警，赴黑龙江省和山西省晋南地区，先后执行案件7件，执行标的75万元。执行过程中，多方努力共同做好被执行人侯某某的思想工作，执行法官动之以情，晓之以理，最后被执行人主动放弃抗拒执行法院判决的心理，将3000元执行款一次性履行完毕。对于经反复教育不思悔悟，蔑视法制权威，抗拒法院执行的当事人，两级人民法院严格依法办事，果断采取强制措施，维护法院判决和裁定等法律文书的权威性和法制尊严。如郊区两起案件的当事人白某某和史某某，在法院判决生效后，不听法院干警的教育劝导，长期拒不履行判决规定的法律义务，并对办案人员进行威胁、辱骂，在群众中造成很坏影响。为此，郊区人民法院在公安机关配合下，果断采取有效措施，强制执行了这两起案件，一些受白、史二人影响，心存侥幸心理，同样拒不执行法院判决的当事人闻讯后，自动履行了判决义务。本年度，全市两级人民法院提起执行程序的案件2365件，比上年增加324件，上升15.9%，执行1740件，执结率73.6%。由于措施得力有效，全市两级法院各类案件的执行率，由1989年的60%，提高到73.6%，提高了13个百分点。

1991年，阳泉市两级人民法院受理各类执行案件1765件，执行1540件，执结率87.3%。

1992年，开展执行大会战，两级人民法院进一步强化对执行工作的领导，采取得力措施，动真碰硬，许多民事和经济案件的执行难问题得到较好解决。矿区法院针对扶养、抚养和赡养案件中，被告拒不履行生效法律文书现象较为突出的问题，于4、5月份组织了“三养”案件专项执行活动，并选择典型案件进行强制执行，改变了这类案件执行不力的状况。市中院于国庆节前夕，组织两路执行干警“南征北战”，拔掉两个拒不执行生效法律文书的“钉子户”，执行回货款及赔偿金276万元。盂县法院在下半年集中力量，组织了6次较大规模的集中执行活动，使34件以往难以执行的陈年积案全部得到执行。如盂县石油公司不顾公路行政管理部门的多次劝告，擅自侵占路产路权非法修建石油站，路政管理部门下达违章处罚决定后置之不理，继续违章修建。盂县人民法院接到路政管理部门《强制执行申请书》之后，在审查认定其强制申请合法有效的前提下，顶住来自多方面的压力，依法将被执行人投入近40万元违章修建的加油站予以强制拆除，维护了法制的权威和尊严。本年度，全市两级人民法院旧存执行案件225件，新收1361件，执结1398件，执结率96%。其中，自动履行638件，和解38件，终结42件，不予执行7件，强制执行626件，其他47件，执结标的 1187 万元。

1994 年，阳泉市两级人民法院受理各类执行案件 1588 件，执结 1505 件，分别比上年上升 36.8% 和 61.3%，执行标的 4144.19 万元。在具体案件的执行中，两级人民法院坚持把工作重点放在各业务庭反复执行无果的老大难案件上，严格依法办事的原则，以说服教育为主，以强制执行为辅，督促当事人自行履行法律文书所确定的义务，运用法律赋予人民法院的各种执行措施，克服地方保护主义干扰，严肃处理抗拒法院执行事件，维护生效判决（裁定）或其他法律文书的权威性和严肃性，切实保护胜诉当事人的合法权益。如城区人民法院在处理阳泉市兴东实业公司诉黑龙江省农机制造厂欠款纠纷案件时，两次执行都受到被执行单位法定代表人的抗拒和干扰，为此，该院依法决定将其逮捕，从而使这起 15 万元标的的经济纠纷案件得以执结。本年度，全市两级法院共执行老大难案件 276 件，执行标的 843.5 万元。

1996 年，全市两级人民法院认真贯彻落实“全国法院执行工作会议精神”，组织干警认真总结执行工作经验和教训，教育干警正确认识和处理好“四个关系”：即维护政治大局与完成本职工作的关系、依法执行与服务中心关系、局部利益与整体利益的关系、提高执行艺术与加大执行力度的关系，从而使执行工作切实做到“三结合一统一”，即疏导执行与强制执行相结合，集中会战与执行个案相结合，以难带易与以大带小相结合，实现办案的法律效果、社会效益和经济效益相统一。在此基础上，阳泉市两级人民法院进一步规范整顿执行程序，建立健全司法手续审批责任和一系列执行工作规章制度,形成了联系实际、切实可行的执法活动规范,克服了执行工作中“保全乱、强制滥”等问题，增强了执行活动的严肃性。同时进一步强化执行机制，特别是在经济纠纷案件的执行上从严要求，推行“岗位责任目标”，将审判和执行指标分解到庭，落实到人，激励审判和执行人员的工作责任心，收到明显效果。如 7 ~ 8 月份，阳泉市中院经济审判二庭组织干警赴山东进行为期 40 天的“夏季执行会战”，未采取一次强制手段，即通过以法疏导，以理服人，稳妥地执行回货款 400 万元。全年旧存执行案件 106 件，新收 1945 件，执结 1969 件，执结率 96%。其中，自动履行 1087 件，和解 87 件，终结 12 件，不予执行 23 件，强制执行 732 件，其他 28 件。执行标的 1.9 亿元，执行标的总额比 1996 年增加 3.2 倍，创历史最新纪录。

1997 年，开展立案、审判、执行、监督四项职能相分离的司法改革，努力克服“庭庭都办经济案，立审执三个环节一人包办”现象。6 月，阳泉市中级人民法院下发《关于规范执行活动，加强诉讼管理几个问题的通知》，8 月底，中院率先推行并实现了立案、审判、执行、监督四项职能的相互分离。各县（区）人民法院根据文件精神，加大内部职能调整和改革力度，在本年度工作结束之前，两级人民法院基本完成了立案、审判、执行、监督四项职能的分离，提前完成了最高人民法院下达了“四项职能”分离的司法改革任务。新办案机制的建立，分解了法官手中的权力，建立和强化了法院内部监督制约机制，提高了办案效率，杜绝了案件超审限和久拖不决的现象，铲除了“乱立案、乱办案、乱执行”等容易产生司法腐败的土壤，解决了审判人员办案权力过于集中等问题，使每一起案件从收案开始到审理、执行结束，始终处于严格管理当中，从机制上确保了审判活动的廉洁、公正和高效。在此基础上，坚持审执并重，在依法及时审理各类经济纠纷案件的同时，加大执行力度，保证办案实际效果，全年旧存执行案件32件，新收1995件，执结1968件。其中，自动履行1063件，和解137件，强制执行760件，其他8件。在执结的1968件中，有各类经济纠纷执行案件769件，执结703件，执行标的1.6亿元，执结率91%。在依法处理提起执行程序案件的同时，两级人民法院通过督促当事人自动履行等措施，为当事人实际回收外欠资金约3亿元。如郊区人民法院围绕本区乡镇企业发达，企业外欠债务较多，严重妨碍区域经济发展的情况，在经济审判工作中既抓审理又抓执行，全年为区内企业实际收回外欠资金6000多万元，从而成为郊区经济发展的司法保障。

1998年，扎实推进立、审、执、监分离，进一步强化内部监督，为解决人民群众反映强烈的“执行难”问题，全市两级人民法院从10月中旬起，组织了旨在集中清理执行积案的百日会战，消灭“法律白条”，维护法律尊严，保护胜诉当事人的合法权益。在具体的执行会战中，采取公告督促、新闻曝光、召集债务人会议等措施，使大量的执行积案得到清理，到年底，仅两个多月就执结各类案件1073件，结案标的金额1.05亿元。全年旧存执行案件109件，新收2440件，执行标的2.7399亿元。执结1901件，其中，自动履行777件，和解307件，终结78件，强制执行623件，其他109件。执结案件标的金额2.3亿元。

1999年，执行工作认真贯彻落实中共中央11号文件，并根据最高人民法院安排，开展“审判质量年”、“执行年”和“争创人民满意法院、争当人民满意法官”活动。与此同时，紧紧围绕本市改革、发展、稳定大局，在立、审、执、监相互分离、强化内部监督机制基础上，进一步引深“执行年”活动，大力解决“执行难”问题。两级人民法院在党委领导、人大常委会监督和人民政府支持下，动员全社会力量，采取有效措施，抽调100余名干警，从9月下旬起至年底前，开展“百日执行大会战”。一是加强“百日执行大会战”的舆论宣传，组织开展“执行工作宣传周”活动，编发相关的宣传稿件150多篇，多方面营造“主动履行法院裁决守法光荣、拒不履行法院裁决违法可耻”的执行氛围。二是思想疏导与法律手段并用，突出处理一批执行难的“钉子案”，先后召开5次公开执行大会，对60名有能力而拒不执行的当事人依法予以司法拘留或罚款，对130多名逾期不履行义务的债务人公开登报曝光。在强大的政治法律攻势下，先后有1100多名被执行人自动履行了义务，有210多起“钉子案”得到执行，有70多名长期在外“躲债”的被执行人，经人民法院执行法官艰苦工作找到其下落后，被迫偿还了所欠债务。三是创新司法，积极探索，在法律允许范围内，执行了一批与稳定和发展关系密切的重、特大案件。如通过试行对“举报执行线索者奖励”的办法，依法执行了曾6次执行未果的烟台某企业拖欠阳泉市某单位的30万元货款一案。再如16家债权人分别向4家人民法院申请执行盂县某公司欠款总额达1.1亿元一案，在当地党政领导配合下，采取“资产重组、债务转移、分块执行、放水养鱼”的方法，使6000多万元债权得以履行，其余5000多万元债权达成了执行和解协议，取得了各方当事人和当地党政领导都比较满意的效果。再如8月份，阳泉中院在执行北京东风汽车公司阳泉技术中心被北京3家公司拖欠500万元一案中，执行法官面对被执行人财产转移、人去楼空的情况，经过十几天努力，从被执行人丢弃的一堆废纸中找到了10多个银行账号，使案件执行工作取得了重大突破，最终为申请执行人执行回460多万元。在执行工作中，阳泉市两级人民法院针对本市企业以煤、钢和铝矾土矿为主、外部欠本市企业债务严重的行业特点，强化欠款清理服务，有效地缓解了企业资金紧张的矛盾。如市中院在办理阳泉钢铁公司诉辽宁本溪某企业100万元欠款案件时，办案人员发现被告转移隐匿财产的动向后，连续驱车20多小时，行程3000余公里，赶到本溪采取法律措施，为原告挽回了经济损失。全年阳泉市两级人民法院共执行各类案件2664件，执行标的金额达3.2亿元。全年旧存执行案件647件，新收执行案件3201件，申请执行标的5.1304亿元。执行难问题进一步加剧。通过努力，执结各类案件2664件，其中，自动履行1363件，和解459件，终结26件，强制执行574件，其他222件。

2000年，旧存执行案件1184件，新收执行案件2233件，执行难问题进一步加大。两级法院在上年度广泛开展“执行年”活动基础上，进一步增强执行力度，解决执行问题。从9月份开始，根据最高人民法院和省高级人民法院部署，开展清理积案活动，强化案件审限管理，在市中院对未审结和未执结的案件进行全面清理摸底基础上，两级人民法院统一开展“百日清理未结积案行动”，共执结各类案件2489件，执结案件标的1.6477亿元，执结率72.8%。其中，自动履行877件，和解396件，终结130件，强制执行334件，其他712件。

2001年，受被执行主体履行能力严重不足，可供执行财产变现能力差等因素影响，经济案件的执行难问题进一步加剧。为维护法律尊严，保障当事人合法权益，阳泉市两级人民法院采取三项措施强化执行工作。一是加强组织领导，抽调一大批具有丰富执行经验的法官充实到执行队伍，在资金紧张的情况下，为两级人民法院执行庭购置了执行车辆、办公设施等硬件装备，为扎实高效地开展执行奠定了基础。二是改革执行机制，保证执行工作的公正性与规范性。市中院率先实行执行案件裁决权与执行权分离，即在涉及追加、变更执行主体，审查被执行人或案外人执行异议等事项时，由其他执行人员另行组成合议庭，进行审查和听证，在听取当事人的申辩之后，最后作出裁决，本案执行小组只负责裁决的执行，增加了办案透明度，避免了偏听偏信、先入为主等现象，保证了裁决的公正性，促进了执行工作的顺利开展。三是发扬“千言万语、千方百计、千辛万苦”的敬业精神，保障和提高执行工作实效。如市中院执行庭第一组在执行阳泉市童装厂作为被执行人的3起欠款案件时，依法追加某饮料厂为被执行人，为此，由执行庭第二组在认真审查有关案件材料基础上，召集案件所有当事人及饮料厂举行听证会，虽然饮料厂出席听证会的代表，对追加自己为被执行人持有异议，经过大量举证和激烈辩论，饮料厂主动配合人民法院执行了本案。再如通过人民法院执行法官耐心细致的思想工作和广泛深入的法制宣传，先后有881案的当事人自动履行了法律义务，占已结执行案件总数的36.6%。此外，通过采用执行线索有偿举报、债转股、固定资产变现、债权转移、审计执行、交叉执行等办法，排除执行阻力，克服执行困难，使一批老大难“骨头案”得到执行。如中院在执行济南铁路商贸储运公司拖欠本市某公司109万元货款案时，面对被执行单位濒临倒闭的状况，执行人员一方面继续做被执行单位领导的思想工作，另一方面对其资产情况进行了全面细致的调查，查找到其可供执行的有效资产，使本案标的金额得以全部执行。全年旧存执行案件928件，新收2309件，全年执结各类案件2406件，执行标的金额2.6亿元。

2002年，由于企业改革、改制向纵深发展，集中在经济案件上的“执行难”问题更加严峻，严重影响到法律的权威，影响到胜诉方对法制建设的信心，甚至影响到人民群众对党和政府以及对人民法院的信任。为此，阳泉市两级人民法院采取三项措施，继续深化执行方式改革，进一步加大执行工作力度：一是体制创新，整合执行资源。根据新形势下执行工作面临的严峻局面和上级法院的要求，依托机构改革，成立了“阳泉市中级人民法院执行局”，各基层法院相应地成立执行局，建立了适应执行工作规律和特点的执行机构和管理体制，执行机构的统一协调、快速反应能力明显增强。二是制度创新，规范执行工作。对跨地区案件实行委托执行、提级执行、交叉执行和指令执行等灵便方式，提高了执行效率，强化了执行效果。三是推行诉讼和执行风险告知制度，增强了当事人的风险意识和对人民法院执行工作的理解。四是实行债权凭证制度，对法院穷尽执行手段、被执行人确无财产可供执行的，向申请及执行人发放享有债权的证明，有效地缓解了执行案件久拖难结的矛盾。五是推进执行方式改革，提高执结率。两级人民法院在执行工作中，创造性地运用“放水养鱼”、“债权转股权”、“悬赏执行”等执行方式，调动和利用各种有利因素，提高执行难案件的执结率。如市中院在执行山东烟台市燃料公司，拖欠本市阳煤集团260万元货款及逾期利息一案中，面对被执行企业经营困难、资不抵债、已掌握的资产或被其他法院查封、或在银行抵押，案件一时间无法执行的情况，大胆尝试新的执行方法，经协商取得申请执行方阳煤集团同意，采取悬赏执行的方法，在《烟台晚报》、《烟台市中心公告栏》等媒体和广告栏发布“悬赏执行公告”，收到10余条被执行企业的财产线索，最终使这起本来无望的执行难案件得以顺利执结。2002年，全市两级法院共受理各类执行案件2996

件，其中，旧存 1190 件，新收 1796 件，执结 2309 件，执行标的金额 5.3881 亿元。在执结的 2309 件中，自动履行的 1308 件，和解 243 件，强制执行 719 件，终结 22 件，其他 16 件。

2003 年，执行难问题更加突出。阳泉市两级人民法院一方面采用多年摸索出来的“放水养鱼”、“债权转股权”、“悬赏执行”等办法，继续强化执行工作的力度和强度。另一方面，从 6 月份起，组织开展“集中清理执行积案”行动，共有 729 件执行难案件在此次行动中执结。全年有旧存执行案件 677 件，新收 3752 件。执结 3050 件，执结率 69%，其中，自动履行的 847 件，和解 471 件，强制执行 1388 件，终结 150 件，其他 188 件。执行标的金额 8.5826 亿元。如阳泉市中院在执行盂县五金交电化工公司，欠中国银行盂县支行 400 余万元借款一案中，被执行企业不仅拒绝履行交付义务，而且组织职工围攻、谩骂执行人员，市中院遂作出以执行抵押物抵顶货款的执行预案，对抗拒执行的相关人员依法予以拘留，迫于强大的执行威力，被执行企业终于配合法院履行义务，从而使一起近三年的执行难案件得以执结。

2004 年，阳泉市两级人民法院继续深化执行方式改革，市中院又制定了包括执行机制和管理制度、执行措施、便民措施等三个方面 47 项内容 3 万余字的《执行制度汇编》，编写了涉及执行立案、执行调查等 11 个方面 61 种样本 4 万余字的《常用民事执行法律文书样式与制作》。这些制度、文书的适用推广，为解决“执行难”、克服“执行乱”起到了重要的规范作用，为进一步加大执行力度，规范执行活动，指导执行工作，提高执行工作的质量和效率提供了制度保证。与此同时，在执行工作中，更加注重执行方法，追求综合效果，对不同的案件、不同的当事人，因案而异，因人而异，讲究执行艺术，既要使案件得以执行，又要最大限度地取得各方当事人的满意，达到法律效果和社会效果的有机统一。在规范执行的基础上，继续推进“集中清理执行积案”活动，坚持重点突破与整体推进相结合、说服教育与强制执行相结合、个案执行与集中执行相结合、现金履行与变通履行相结合，使全市执行积案大幅度下降，很多老、大、难案件得到执行，取得了良好的法律效果，并通过定期编发“执行信息”，多层次多视角反映全市执行工作动态，进一步强化全市法院执行工作统一管理、统一指挥、统一协调的领导组织体系，实现了全市法院系统执行工作“一盘棋”， 全年有旧存执行案件 1379 件，新收 2017 件。执结 2610 件，其中，自动履行的 992 件，和解 475 件，强制执行 791 件，终结 109 件，其他 242 件。执行标的 7.6741 亿元，执行金额创下历史新高。

2005 年，全市两级人民法院创新执行理念，加大执行监督力度，规范执行行为，执行方案部署、执行业务培训、执行案件清查、执行制度监督多措并举，实现了执行工作的良性循环。一是引入执行竞争机制，充分调动执行法官的积极性，消除怠于执行、消极执行现象。根据执结案件数量进行分案，克服了干与不干一个样，干好干坏一个样的弊端，提高了案件执结率。二是建立了全市法院执行结案定期通报制度。对全市法院执行案件的总体情况及市中院监督执行案件的情况定期进行通报，对执行工作做得好的单位予以表扬，差的通报批评，使院与院之间形成激励竞争局面，有效促进了执行工作的快速开展。三是市中院进一步加大对基层法院提级执行、指定执行的监督力度，把矛盾纠纷化解在基层，甄爱银老人申请执行一案，因种种原因长达10年之久难以执结，曾引起人大代表关注，在市中院领导协调下，于本年度开始执行。四是针对执行难度较大的个案，及时向党委、政府和人大常委会汇报情况，争取多方支持。如执行阳泉市蓉夏房地产公司占据中国人寿保险公司阳泉分公司底商住宅楼一案中，在初次执行受到阻碍的情况下，阳泉市中院执行局领导主动向市委、市人大书面汇报案情，召开多方参加的执行工作协调会议，与案外人蓉夏公司多次协商，在案外人拒不腾出所占房屋的情况下，于2005年1月19日，执行法官进入现场依法采取强制措施。执行中，案外人的十余名员工闻讯赶来阻碍执行，执行法官适时给大家讲解案情真相，散发调解书、判决书、司法解释等法律文书和相关规定，在执行法官的劝导下，阻碍执行的员工主动撤离现场，使本案得以圆满执结。全年旧存执行案件786件，新收1932件。执结2108件，其中，自动履行的908件，和解431件，强制执行636件，终结47件，其他83件。执行标的金额2.5643亿元。

2006年，阳泉市中级人民法院多管齐下，进一步破解执行难。一是完成了建立“国家执行威慑机制”准备工作，全市两级法院将执行案件信息录入网络管理系统，建立起与银行、税务、房地产、海关信息共享系统，以期通过“国家执行威慑机制”，加大对拒不执行法院判决的被执行人的联动制裁，形成督促被执行人尽快履行法定义务的有效便捷机制。二是通过提级执行、交叉执行、督办执行等方式，强化对基层法院执行案件涉执信访案件监督，本年度市中院对基层法院执行案件监督数量达到94件，建立健全了两级法院执行工作一盘棋格局。三是对历年来被中止执行的未执结案件恢复执行，当年即执结此类案件110个。全年旧存执行案件610件，新收1568件，申请执行标的2 .2527亿元，执结1577件。其中，不予执行1件，自动履行的778件，和解307件，强制执行378件，终结63件，其他50件。执结标的1.4667亿元，结案率为72.4%。

从2007年1月1日起，全国法院执行案件信息管理系统正式运行，阳泉市两级人民法院充分发挥此信息管理系统的优势，进一步破解执行难。9月份，市中院执行“宏昌学校返还教育基金一案”取得阶段性成果，兑现了155位家长38%的债权共计人民币600余万元的执行款。两级法院全年旧存执行案件601件，新收1750件，申请执行标的4.7837亿元。执结1524件，其中，不予执行12件，自动履行的591件，和解417件，强制执行302件，终结135件，其他67件。执行标的4.259亿元，结案率为64.8%。本年度，阳泉市法院系统高质量、严要求全部完成了旧存案件和新收案件的信息录入，使执行案件进入网络化、规范化的信息共享时代，受到山西省高级人民法院表彰奖励。

2008年，在金融危机情况下，继续强化执行工作，最大限度实现债权人的合法权益。一是加大执行力度。强化被执行人申报财产责任，灵活运用指定执行、提级执行、交叉执行等手段，发挥执行工作的整体效能。积极参与全国法院执行案件信息系统管理，推进执行威慑机制建设。二是推进执行公开。严格依法委托中介机构，加强对委托评估、拍卖工作的监督，确保执行财产变现过程的公开公正。三是注重执行效果。对涉及民生的案件，优先立案、优先执行、优先支付。对涉及面广、影响较大的案件，立足稳定大局，耐心疏导教育，努力促成执行和解。四是开展“全市集中清理执行积案”活动，活动的开展，树立了社会成员的诚信守法意识，健全了执行工作长效机制。在集中清理执行积案活动中，两级人民法院执结有财产执行案件864件，化解无财产执行案件472件。并借这一活动的东风，进一步加大各类执行案件的执结力度，全年有旧存案件827件，新收执行案件1578件，共2405件，申请执行标的3.4533亿元，执结1336件，执结标的2.2204亿元。在执结的1336件中，有580件为自动履行，171件为和解方式结案，241件为强制执行，终结216件，其他方式结案126件。

2008年年底，阳泉市中级人民法院党组进行重大调整，王志刚调任党组书记、院长。这一年，国际金融危机对阳泉地区的煤炭重化工经济体系造成了严重冲击，三区两县数百座小煤矿进行整合，对阳泉市的社会稳定、政治经济、就业民生等均产生了严重影响。为应对金融危机，国务院提出了“保增长、保民生、保稳定”的“三保任务”。阳泉市人民政府在“三保任务”目标前提下，提出了“创建国家园林城市、创建国家环保模范城市、创建国家卫生城市”的“三城同创”战略。随着金融危机的蔓延和扩展，随着改革开放进一步深入和利益格局的深度调整，阳泉市作为老工业基地，历年来累积的涉及人民法院的矛盾和纠纷更加突出，尤其是执行难问题，在全球性金融危机情况下，显得更加困难重重。

然而，大批执行积案长期得不到解决，债权企业资金凝固不能流通，债权人的资金无法消费，不利于扩大内需活跃市场。社会主义市场经济是法治经济，司法机关是市场经济秩序的维护者和保障者。法院生效裁判得不到执行，必然造成一些市场债权债务得不到清偿，导致经济社会关系链条断裂，形成众多的次级贷款、不良贷款、“三角债”和“多角债”问题的发生，成为企业发展的沉重包袱，严重影响一些企业的生产经营活动，有的企业甚至因此被拖垮倒闭。同时，由于生效裁判得不到执行，导致社会信用水平下降，商品交易安全难以实现，经营交易成本上升，破坏社会主义市场经济秩序，阻碍经济社会又好又快发展。

2008年11月19日，中央政法委和最高人民法院联合召开第一次“全国集中清理执行积案活动电视电话会议”，对开展第一阶段集中清理执行积案活动进行动员部署。12月4日，山西省委政法委召开会议，对全省集中清理执行积案活动作出安排，确定了六类重点案件：一是受地方和部门保护主义干扰及其他各种非法干预未执行的案件；二是被执行人涉及政府有关部门、国有企业、军队、人大代表和政协委员等特殊主体的案件；三是申请执行人为特困群体的案件；四是涉及农民工工资、建筑工程款的案件；五是因未能执行或执行不当引发的重复信访案件；六是其他涉及人民群众切身利益的未执行案件。12月9日，阳泉市委政法委召开"全市集中清理执行积案活动"动员大会，市委常委、政法委书记陈继光任阳泉市集中清理执行积案活动领导组组长，阳泉中院院长王志刚任副组长，动员大会对全市清理执行积案工作作了部署，借中央和省委政法委"集中清理执行积案活动"创造执行机遇，阳泉市中级人民法院按照统一部署，依靠党委领导，在全球性金融危机蔓延和扩大的艰难环境中，对2007年以来，因各种原因遗留下来的1212件执行清案开展拉网式清理。本次"集中清理执行积案活动"是阳泉中院新一届党组和新的领导班子组成以来，整合全市两级法院执行力量，按照中央和省两级政法委统一部署，统一开展的一次清理执行积案集中行动，到2009年年底，集中清理执行积案活动全部结束，阳泉市两级人民法院共清理2007年以前的执行积案1212件，其中有财产执行积案672件（包括重点案件93件）、无财产执行案件540件（重点案件积案143件），有财产案件积案全部执结，影响较大的涉执信访重点案件全部执结，无财产案件结案率98.33%，圆满完成了预定的清理执行积案任务。困扰全市两级人民法院的许多"执行难"问题得到有效化解，执行工作进入良性循环，取得了法律效果、社会效果、政治效果的三统一。

2009年，受理执行案件2009件，旧存1069件，执结2257件，其中，1203件为自动履行，480件以和解方式结案，146件为强制执行，终结186件，其他方式结案233件。

2010年，立足实现执行工作良性循环，开展"创建无执行积案先进法院"活动，加强立、审、执各环节协调配合，预防和减少执行积案。一是按照委托案件优先办理的原则，开展"委托执行案件专项清理"活动，外地法院委托本市法院执行的28件案件全部及时清理，圆满完成工作任务。二是继续加强执行体系建设。依靠党委领导和有关部门的密切配合，进一步开展生活困难申请人救助工作，救助33案81人，发放救助资金20万元，努力实现综合治理执行工作新格局。三是强化和解执行举措。采取以法院为主、有关部门协作联动的多元执行模式，因案制宜、一案一策，妥善执行涉及兼并重组企业、特困国有企业和生活困难群体的案件，减少对抗，增进和谐。和解执行的案件占到全部执结案件的21.4%。四是积极化解执行申诉信访。对涉执信访实行立案监督，通过定期分析通报执行信访案件的信息，督促有关部门切实采取措施，加快化解进度。对于疑难和重点案件，中院及时提级执行、指定执行，加强协作，合力化解。全年有旧存案件821件，新收1504件，申请执行标的3.1829亿元。执结

1929件。在执结的1336件，其中，自动履行1204件，和解233件，强制执行323件，终结49件，其他方式执结120件。执结标的5.2060亿元。全年化解涉执信访案件23件，占全部涉执信访的63.9%。阳泉市中级人民法院被中央政法委、最高法院联合授予“全国集中清理执行积案先进集体”荣誉称号，成为全省获此殊荣的两家法院之一。

2011年，大力推进执行创新，切实规范执行工作，形成了覆盖执行工作各个方面、各个环节的严密制度；认真执行“六个穷尽”、“七个到位”的执行措施，压缩规避执行空间，防止新的执行积案产生，共执结各类案件1722件，执结率88.4%，同比上升5个百分点，执行标的额8.7亿元；清理外地委托执行案件28件，清结率达到100%；市中院执行到位标的5.07亿元，实际到位率41.7%，同比上升10.5%。

2012年，全市法院进一步加强执行工作长效机制建设。市中院成立了执行一、二、三庭，加强对执行权运行的监督制约。同时，依托执行案件信息系统，对执行工作的流程管理和质效考评进行了完善，执行工作规范化程度有了新的提高。一年来，两级法院着力推进执行联动机制建设，依靠党委领导，强化和有关部门的协助和配合，努力提高执行效果。对于事关辖区稳定的案件，着眼于多元化解，努力争取法律效果和社会效果的双赢；对于涉及困难企业的案件，注重放水养鱼，以促进休养生息；对于有条件而规避执行的，及时采取强制手段，依法制裁失信行为；对于暂时执行不能的案件，及时给与困难申请人救济和扶助，执结各类案1887件，执结标的额11.4亿元，执行到位率97.3%，增幅63.4%。其中市中院执结101件，执结标的额7.15亿元，执行到位率100%。人民法院执行工作赢得了社会各界更为广泛的支持。

附1：阳泉中院关于无财产可供执行案件“七个到位”的汇报材料

无财产可供执行的案件一直是困扰法院执行工作的一个难点。无财产可供执行的案件，是指被执行人确实无财产可供执行，债权人的权利难以实现的案件。在实际工作中，由于申请执行人对案件退出执行程序缺乏理解而容易情绪激化，对法院产生不信任，有的甚至走向上访、缠诉，将不理解转化为对党和政府的积怨。如何才能通过执行手段使这类案件的当事人息诉罢访，让人民群众理解，阳泉中院多年来，探索总结出了“七个到位”的工作方法，在清积活动中，运用这一方法，无财产案件的执结化解率达到98.33%，取得了良好的效果。阳泉中院的“七个到位”是指对无财产可供执行的案件，做到案件执行情况向双方当事人反馈到位；组织双方当事人召开执行听证会到位；对双方当事人的思想工作到位；对特困群体的申请执行人救助到位；中止、终结执行裁定书质量到位；案件情况向党委、人大常委会报告到位；案件情况向社会公开到位。

一、贯彻“七个到位”，化解社会矛盾

阳泉中院在工作中，坚决贯彻“七个到位”，最大限度地使申请人和上级领导、社会各

界理解法院对无财产案件的处理结果，对此类案件最终退出执行程序创造良好的社会环境，不因“执行不能”引发新的社会矛盾。如2008年5月，阳泉市郊区山底村16岁的张彦龙因绑架同村张建珠年仅7岁的儿子并致死亡，法院判处其无期徒刑、并处罚金15000元，同时判处张彦龙的法定代理人张付林（张彦龙之父，59岁）、古根鱼（张彦龙之母，56岁）赔偿张建珠经济损失87076.5元。案件进入执行程序后，张付林主动履行了一万元，而且答应积极筹措其余赔偿款。但此后，两位被执行人不再履行赔偿义务，多次传唤也不到庭。阳泉中院决定对张付林实施司法拘留措施，但拘留张付林后，经过观察，执行法官感觉张付林不履行赔偿义务似有隐情，于是两天后提前解除了拘留措施，并开始多次到这个大山中的小乡村调查，并对二人的住所进行了搜查。结果发现古根鱼是高位瘫痪病人且患有多种严重疾病；为了归还赔偿款，张付林将给自己准备的寿材都已变卖，并停止了对古根鱼的治疗，张家已是家徒四壁，确实无力赔偿。而且因为张彦龙的罪行，整个张家人在十里八乡都抬不起头，虽然到处借款，毫无所获。按照法律规定，应当终结本次执行程序，案件暂时退出执行程序。但是受害人的丧子之痛怎样化解？如果简单处理，不但赔偿款不能到位，甚至有可能引发更大的社会矛盾。于是，案件执行组决定本着以法服人、以理动人的思路化解本案。2009年3月26日，执行法官再次来到了村里，请村干部和张建珠夫妇来到张付林、古根鱼的家中，一次特殊的听证会就在被执行人家中的土炕上举行。执行法官将调查的情况、申请人了解的要求、被执行人的家庭现状等，当场出示、听证，并鼓励双方当事人将心里话全部说出来，再与村干部共同趁热打铁做双方的思想工作。然后执行法官又给双方当事人宣讲法律规定，并以乡情、人情规劝双方互相理解，张付林老人表达了对张建珠夫妇深深的歉意，张建珠夫妇面对被执行人的贫困现状、歉意和保证，终于表示了理解。于是，张付林夫妇承诺，待夫妇去世之后，现居住的房屋用来赔偿申请执行人，张建珠夫妇同意终结本次执行程序。执行法官根据“七个到位”的要求，将处理结果在村里以公告形式公布，并向当地人民政府、人大常委会和上级法院作了汇报。最后，通过裁定，该案终结本次执行程序，顺利退出执行程序。至此，一个造成两个家庭深深痛苦的案件，一个看似无法调和的矛盾，在执行法官的手中，得到了圆满化解。

二、通过“七个到位”，解决“执行不能”

在执行过程中，刑事附带民事案件往往由于犯罪分子已经被执行死刑或长期服刑，而造成案件“执行不能”，但受害人因遭受侵害，无论从法律上还是心理上，都期望得到最大限度的赔偿和慰藉。阳泉中院对此类案件，本着做不通申请人的思想工作，案件不终结的原则，以案件的公开、法官的真情化解矛盾。2002年，阳泉市某煤矿发生一起震惊全市的强奸杀人案，王三小、张向峰、王洪成三名罪犯，将张翠花年仅13岁的女儿从家中劫持，在实施暴力强奸后，杀人并焚尸灭迹。三名犯罪分子二人被执行死刑，王洪成被判处有期徒刑10年，附带赔偿受害人家属7万余元。在执行过程中，因被执行人均无任何财产可供执行，本应退出执行程序，但张翠花的身心遭受巨大伤害，不但将其女儿的尸体长期冷冻在殡仪馆，而且多次上访。执行法官本着“七个到位”的工作原则，邀请申请人随行，多次到三被告的单位、居所地、籍贯地进行调查，又对服刑的罪犯王洪成进行了询问。虽然结果依然是无财产可供执行，但让申请人见证整个执行过程，以取得申请人的理解。随后，因其女儿的尸体长期在殡仪馆冷冻，已拖欠巨额费用，申请人已经无力支付。执行法官先做通申请人的工作，又多次前往民政局和殡葬管理所，并向市委政法委报告，请求协调。最后有关部门免除了拖欠的尸体保管等费用。张翠花真切感受到党和政府、法院对她的真情、关切，同意终结本案的执行。

三、立足“七个到位”，寻找执行契机

在无财产案件中，由于坚决落实“七个到位”的工作方针，为一些无财产案件寻找执行契机，转化为有财产案件，得到成功执行。比如，阳泉市商业银行申请执行市物资集团5067万元14案，分别由阳泉市两级三个法院执行，由于物资集团只剩下一座办公大楼，靠微薄租金保证职工的最低生活保障，近十年均执行无果。在清积活动中，因物资集团是国有企业而被纳入重点案件，阳泉中院将基层法院的案件提级，并案执行。在多次召开听证会、恳谈会、职工代表大会后，中院将物资集团的案件情况、企业现状、职工要求、解决办法等形成执行意见报市政府。经过市委市政府调研，该案执行意见得到肯定，将盘活资产、清空债务与企业改制统筹考虑，企业职工由政府安置分流，后将该公司大楼处置偿还债务。一起多年无财产可供执行的巨额标的案件，得到成功执结。

四、发展“七个到位”，创新执行方法

有些案件，因被执行人的财产不足或财产状态不良，简单的强制执行，可能给申请人和被执行人均带来巨额的损失，既不利于案件的执行，又不利于化解社会矛盾。阳泉中院本着“放水养鱼”的思路，追求案件要执行、矛盾要化解、经济要发展的目标，在做到“七个到位”化解矛盾的同时，创新执行方法，在最大保护申请人权利的同时，最大程度降低被执行人的痛苦。如，盂县华建物资公司申请执行阳泉市昌裕铸业有限公司一案共计1400余万元，在执行过程中，申请人情绪激动，多次反映被执行人恶意转移资产、逃避执行。执行法官对被执行人进行了翔实的调查发现，被执行人已经停产，并无恶意转移资产的行为。而现实是，被执行人停产后，资产贬值，如果简单执行，只能拍卖企业，不但申请人的债权不能全部实现，而且被执行人也会有巨额损失。阳泉中院根据调查结果，召开听证会，通过听证会使申请人对被执行人的误解得到冰释。然后，充分考虑被执行人作为冶铁行业所处的市场规律、发展前景和企业实际，考虑申请人与被执行人是同一行业，而且曾有过多年的合作。在申请人和被执行人均同意的情况下，将此案的债务成功转化为股份，申请人从债权人转化为企业的第一大股东，控制企业的经营权。双方引进资金，使企业重新启动，不但申请人满意，而且为被执行企业的发展既甩了包袱又注入了新鲜血液，社会矛盾得以化解。

附 2：刚柔并济促和谐 千里攻克执行难

——阳泉市中级人民法院化解一起中政委督办的“执行难”案件

2008 年 12 月 17 日，无论对于山西晋商国际经贸发展有限公司，还是河北宣化钢铁集团有限责任公司，都是一个值得庆贺的日子，虽然是严冬季节，但阳泉市中级人民法院会议厅却洋溢着和谐、友好、合作和暖融融的气氛，随着三张总金额2500万元转账凭证的顺利交割，在阳泉中院副院长、执行局局长于昌明，执行局副局长、宣钢经济纠纷案执行组组长郭永生见证下，山西晋商国际和河北省宣钢集团干戈为玉帛，一起执行金额高达 6500 万元、跨越晋冀两省、历时一年又两个月的重大执行案件得到妥善化解，以执行金额 5400 万元、其余款项达成和解协议的双赢、多赢结局，这起由外埠法院审判、省高级法院指定执行、中央政法委直接督办的“执行难”案件，由阳泉市中级人民法院的执行法官们画上了和谐、圆满的句号。

慨然受命：千里执行不畏难

2007 年 8 月，晋商国际诉宣钢集团经济合同纠纷一案，经过太原市中级人民法院和山西省高级人民法院两级法院审理，判决宣钢集团偿还晋商国际配套资金及利息、违约金共计 6500 余万元。然而，判决生效后却由于各种原因迟迟执行不了，2007 年 9 月 29 日，山西省高院一纸裁定，将这起案件指定由阳泉市中级人民法院执行，这既是上级法院对该院的高度信任，更是对他们执行能力的充分肯定。那么，阳泉中院面临一个什么样的执行环境呢？宣钢集团不是没钱不予配合执行，就是被子公司起诉，账户被冻结；要么就是当地警方对申请执行人进行“经济案件侦查”，启动了“中止执行程序”……虽然所有这些借口，都不足以成为拒绝执行生效判决的理由，但这起建院以来金额最大的经济纠纷执行案，的的确确面临着艰难困苦的“执行难”。

然而，阳泉中院没有被这个“可管可不管的”“执行难”案件找推诿的借口，而是在接到省高院《指定执行裁定书》后，迅速成立了执行工作指挥部和执行组，由执行经验丰富的副院长、执行局局长于昌明担任总指挥，执行局副局长郭永生担任执行组长，抽调数名业务能力强、个人素质高的执行法官充实到执行组。具有丰富执行经验，执结过许多重大经济纠纷案件的总指挥于昌明坚定地说：“少说执行难，多想怎么办？只要我们穷尽了执行办法、穷尽了执行措施、穷尽了执行资源，在党的领导下，没有执行不了案件！”从此之后，执行法官在于昌明、郭永生带领下，冬天踏着白皑皑积雪，冒着塞外的严寒，夏天，顶着火辣辣的酷暑，迎着炎热的日头，先后 20 多次行程数万公里，奔走在太原、张家口、北京、石家庄之间，对被执行人的基本情况进行调查了解，执行组组长郭永生和他的伙伴们，风尘仆仆、锲而不舍、坚忍不拔维护社会公平正义、维护法律尊严的精神，感动了的河北、山西、内蒙古、北京、天津等省、区、市数十家银行、税务、工商、审计等部门的工作人员，在这些部门领导和工作人员协助下，执行组做了许多详尽细致的基础性工作，获得了关于本案的大量的第一手资料，并多次对宣钢集团执行法院生效判决进行工作协调，为圆满化解这起重大“执行难”案件奠定了良好的基础。

丹心护法：危难之处显身手

人民法院生效判决执行难，在当界一向被称为“天下第一难”，它既是对社会主义法治的蔑视，也是对司法权威的挑战，对公平正义的亵渎，它侵蚀着中国特色社会主义市场经济的健康运行，严重影响到社会主义和谐社会建设，它不仅是长期困扰人民法院乃至政法工作的一个突出问题，也是人民群众反映强烈、社会各界极为关注的热点、难点、焦点问题。针对本案执行过程中严重的地方保护主义倾向等难点、焦点问题，阳泉中院在组织双方当事人数次执行听证，始终没有取得实质进展的情况下，为进一步推进执行工作，打破地方保护主义造成的执行僵局，2007 年 11 月 26 日，他们制定了详尽的执行措施，聘请专业技术人员，组织执行警力，邀请《人民日报》、《新华社》、《人民政协报》、《人民法院报》、阳泉电视台等新闻媒体现场监督，决定依法对宣钢集团财务处进行证据保全，却遭到不明真相群众的围攻，他们打着标语，呼着口号，围堵执行车辆，损坏执行装备，执行任务的警车，被别有用心的人用红布缠绕，警车玻璃被贴上厚厚的几层报纸，把执行法官和新闻媒体的记者们封闭在警车内，情况非常紧急，现场几近失控，群众情绪一触即发，在这种情况下，执行总指挥于昌明、执行组长郭永生，一面镇定指挥，控制局面，稳定队伍，向参与围堵的群众和组织者进行政策法律宣讲，一面迅速同张家口中级法院和宣钢集团领导取得联系，在张家口中院配合下，在强大的政策法律震慑下，执行人员在被围困 12 小时后安全撤出阵地，由于阳泉中院执行法官有理有节、有忍有度的艰苦工作，参与此次围堵执行法官的组织者，不仅向阳泉中院道歉承认错误，而且承诺赔偿被损坏的执行设备，宣钢集团领导人也答应先履行一部分法院判决。阳泉中院面对执行困境和围堵场面不气馁、不退缩、不回避、不动摇，逆水行舟、迎难而上维护法律尊严的精神，再一次让人们看到法官们执行生效判决的态度和坚定信念。

胸怀大局：终化干戈为玉帛

由于阳泉中院在执行本案中卓有成效的工作和坚忍不拔的执行毅力，终于在申请执行人、被执行人之间，横架起一座法律桥梁，剑拔弩张的双方当事人，不仅能在山西高院、河北高院、河北省国资委和阳泉中院协商问题，而且在奥运期间，双方当事人在阳泉中院主持下，以奥运安全为最大的政治和最大效益，保持较高的政治觉悟。在中央政法委部署开展“全国集中清理执行积案活动”以后，阳泉市中级人民法院紧紧抓住本案被中央政法委列为重大督办案件的历史机遇，进一步加强了案件执行力度，一方面，充分考虑宣钢集团的顾虑，对宣钢集团为晋商国际贷款担保一事，同出贷方太原市商业银行进行了协调，为宣钢集团置换了贷款担保人，清除了执行本案的最后一个障碍。另一方面，充分考虑国际金融危机对国有大型钢铁企业的造成的影响，充分考虑宣钢集团的生产、资金周围和职工群众的生活，一次性履行如此大的债务，很可能使这个刚刚翻身没几年的大型国有企业再次陷入危机。同时也考充分考虑到晋商国际的资金状况同样遇到很大困难、举步维艰，因此，在阳泉中院执行法官的诚恳调解下，双方终于达成和解协议，12 月 17 日，随着三张总值 2500 万元银行汇票的顺利交割，双方当事人终于化干戈为玉帛，一起由外埠法院受理、省高级法院指定执行、中央政法委直接督办的“执行难”案件，经过阳泉中院执行法官的艰苦努力，终于得以妥善化解，总执行额累计 5400 万元，执行率达到 83.08%，其余款项也达成了和解协议，实现了法律效果、社会效果和政治效果的完美统一。

中共十七大代表、阳泉中院副院长、执行局局长于昌明对本案的点评：

一、从主观思想上讲，只有树立忠于法律、忠于职守的坚定信念，才能不畏艰险、克服困难，阳泉中院法官们始终在复杂困难的环境中不气馁，不畏缩，坚忍不拔地履行职责，这是化解“执行难”的关键。

二、从执行理念上讲，只有追求办案的法律效果、社会效果与政治效果的统一，才能实现执行工作的最大价值。

三、从执行方式上讲，只有解放思想、创新方法、灵活施策，刚柔并济，才能最大限度地化解社会矛盾。

四、从执行机制上讲，只有建立全国法院一盘棋大格局，在上级法院统一管理、统一指挥的执行体制下，才能打破地方和部门保护，维护法治统一。

五、从组织保障上讲，只有坚持党的领导，充分发挥党的组织优势和政治优势，多管齐下，综合治理，形成“党委领导、人大常委会监督、政府参与、政法委协调、法院主办、社会各界支持”的强大态势，才能使执行不再难。

（原载：2009 年 1 月 22 日《山西法制报》，作者：阎建生）

附 3：“七个到位”力促和谐执行 山西成功解决七成无财产案无“后遗症”

无财产可供执行的案件一直是困扰法院执行工作的一个难点。如何才能通过执行手段使这类案件的双方当事人息诉罢访，让人民群众理解，山西法院探索出了“七个到位”的工作方法。在全国集中清理执行积案活动中，山西各级法院运用这一工作方法成功执结和终结无财产积案 22533 件，是全部无财产可供执行案件的 71.82%，收到了明显效果。

无财产可供执行的案件，是指被执行人确实没有财产可供执行，债权人的权利难以实现的案件。在实际工作中，由于申请执行人对案件退出执行程序缺乏理解而易于情绪激化，对法院产生不信任，有的甚至走向上访、缠诉。

在全国集中清理执行积案活动中，山西法院对此类案件制定了“七个到位”的工作方法，这“七个到位”是指，对经过穷尽执行手段后确无财产可供执行的案件，案件执行情况向双方当事人反馈到位；组织双方当事人召开执行听证会到位；对双方当事人的思想工作到位；对特困群体的申请执行人救助到位；中止、终结执行裁定书质量到位；案件情况向党委、人大常委会报告到位；案件情况向社会公开到位。通过“七个到位”，最大限度地使申请人和上级领导、社会各界人士理解法院对无财产案件的处理结果，对此类案件最终退出执行程序创造良好的社会环境，使此类案件不因“执行不能”而引发新的社会矛盾。

2008 年 5 月，阳泉市郊区山底村 16 岁的张彦龙因绑架同村张建珠年仅 7 岁的儿子并致其死亡，被法院判处无期徒刑、并处罚金 15000 元，法院同时判决张彦龙的法定代理人张付林（张彦龙之父，59 岁）、古根鱼（张彦龙之母，56 岁）赔偿张建珠经济损失 87076.5 元。案件进入执行程序后，张付林主动履行了 1 万元，而且答应积极筹措其余赔偿款。但此后，张付林不再履行赔偿义务，经多次传唤也不到庭。中院执行法官感觉此中必有隐情，于是多次到这个大山中的小乡村调查，并对二人的住所进行了搜查。发现古根鱼是高位瘫痪病人且患有多种严重疾病；为了归还赔偿款，张付林将给自己准备的寿材都已变卖，并停止了对古根鱼的治疗，张家已是家徒四壁，确实无力还款。而且因为张彦龙的罪行，整个张家人在十里八乡都抬不起头，虽到处借款，但毫无所获。

按照法律规定，应当终结本次执行程序。但受害人的丧子之痛怎样化解？如果简单处理，不但赔偿款不能到位，甚至有可能引发更大的社会矛盾。于是，案件执行组决定本着以法服人、以理动人的思路化解本案。今年 3 月 26 日，执行法官再次来到了村里，请村干部和张建珠夫妇来到张付林家中，一场特殊的听证就在被执行人的土炕上举行，法官向双方当事人出示了调查的证据和情况，并由双方当事人将自己的心里话全部说出来，再与村干部共同趁热打铁做通了双方的思想工作，这样就先建立了双方当事人和解的心理基础。然后执行法官继续给双方当事人宣讲法律规定，并以乡情、人情规劝双方互相理解，张付林老人表达了对张建珠夫妇深深的歉意，张建珠夫妇面对被执行人的贫困现状、歉意和保证，终于表示了理解。于是，张付林夫妇承诺，待夫妇去世之后，现居住的房屋用来赔偿申请执行人，张建珠夫妇同意终结本次执行程序。四双满含泪水的眼睛在此时，没有了以往的仇恨，两双过去紧攥的拳头终于握在了一起。

执行法官同时将处理结果在村里公布并向上级作了汇报，得到了人民群众的理解和支持。随后，中院执行局制作了裁定书，终结本次执行程序并顺利送达当事人。至此，一个造成两个家庭深深痛苦的案件，一个看似无法调和的矛盾，在执行法官的手中，得到了圆满化解。

（原载 2009 年 12 月 2 日《人民法院报》，记者 段艾生　陈 伟　通讯员 张朝晖）

第二章 审判监督

第一节 概 况

审判监督是指对人民法院审判工作的监督，监督的主体可以由国家权力机关、人民检察院、新闻媒体等，人民法院体系内还可以有上级人民法院对下级人民法院审判工作的监督；监督的形式可以有第二审人民法院对第一审人民法院的监督，负责死刑复核的人民法院对下级人民法院的监督以及依照审判监督程序对下级人民法院的监督等。

审判监督程序的意义是通过审判监督程序，可依法纠正已经发生法律效力的错误判决、裁定，有利于保证国家法律的统一，正确实施，准确有效地惩罚犯罪分子，充分体现和贯彻实事求是、有错必纠的方针。

审判监督有利于加强最高人民法院对地方各级人民法院，上级人民法院对下级人民法院以及人民检察院对人民法院审判工作的监督，及时发现审判中存在的问题，改进审判工作方法和作风，提高审判人员的素质；通过审判监督程序，可以充分发挥人民群众对审判工作的监督作用。

对人民法院审判活动的监督由社会监督和人民法院审判监督两个方面构成。社会监督是指国家机关、社会团体、民主党派、法人和公民等对人民法院审判活动的监督；人民法院的审判监督是指各级法院院长对本院审判活动的监督、上级法院对下级法院审判活动的监督、最高人民法院对地方各级人民法院审判活动的监督。

目前，除了法律所规定的审判监督外，中国的社会监督形式主要有：人大的法律监督、政协的民主监督、监察的行政监督、纪委的纪律监督、检察的法纪监督、新闻的舆论监督和社会民众的监督等。

第二节 复查纠正

一、新中国成立初期的纠正“三错”案件

纠正错误的生效判决和裁定，始终伴随着阳泉市中级人民法院的成长、发展历程。1947 年 5 月，阳泉市中级人民法院建院，时称阳泉市司法处，1948 年 10 月，

更名为阳泉市人民法院。建院伊始，即设问事处和刑、民事审判机构，时称一庭、二庭，负责受理已经产生法律效力的判决、裁定和调解书的当事人的申诉，虽尚不具备现代司法意义的“再审立案审查”精神，但“纠正错误的生效判决和裁定，包括纠正错误的调解书”，即是其职责之一。

建国初期，阳泉市人民法院“纠正错误的生效判决和裁定”中，最重要、最有影响的工作之一，就是大规模地纠正“三错”案件。

1952年9月25日至12月25日，开展为期三个月的司法改革运动。在司法改革中，根据司法部对山东省人民法院《关于检查处理“三错”情况综合报告的批语》，针对本院可能发生的错判、错扣、错捕案件（简称“三错”案件）进行检查纠正，通过干部回忆，调查了解，纠正发生在法院内部和公安局（外部）的“三错”案件252件。

1953年9月，阳泉市人民法院正式设立人民接待室，其基本职能已经不是单纯的轻微案件调解、接待群众来信来访和简单的法律咨询，“遇到必要的案件，还要深入群众调查了解”。从这种表述看，人民接待室已经具备一定的“再审立案审查”功能。

1953年4月，阳泉市人民法院通过查监（看守所当时属阳泉市人民法院直接管理，查监，即对在押罪犯进行冤假错案排查）、干部回忆、犯人申诉和省院批复等方式，纠正冤案12人，轻罪重判者16人，错判7人，共计35人。形成“三错”案件的主要原因有三：一是靠材料定案，不作深入细致的调查研究；二是公安机关刑讯逼供；三是偏听一方当事人，将被告扣捕后，没有及时了解情况。

二、20世纪50年代中期的“有反必肃、有错必纠”——纠正“镇反运动”中的错案

1956年9月1日到10月10日，根据党中央“有反必肃、有错必纠”的原则，对1955年6月至1956年4月继续镇压反革命运动中，错捕、错判、错批、捕错起诉的积案进行复查，在判决的678名罪犯中，属于完全错捕的有34名，占逮捕总数的5%。由公安局逮捕的420名犯罪嫌疑人当中，属于完全错捕的32名，占7.6%。属于可捕可不捕的19名，占4.6%。由法院逮捕的194名犯罪嫌疑人中，属于完全错捕的2人，占2%。在检察院起诉的242个案件中，属于错起诉的13名，占5.8%。1955年以来，经阳泉市人民法院判处的118名反革命案件和564名刑事案件中，属于完全错判的15名，占判处总数的2.1%。对于这些错捕、错判、错批捕错起诉的案件，给予及时纠正。

与此同时，从1956年4月份起，阳泉市人民法院还对1955年镇反以来所有的刑事案件，进行了两次普查。1955年，全年判处徒刑的罪犯502名，其中反革命案件98人，刑事案件404人。经普查，判决正确的357名，占判处总数的75%；判处不当的128名，占判处总数的25%，其中错判27件（含完全无辜的群众3件3人，系一般违法行为和错误行为，但未构成犯罪的群众24件24人），认定犯罪性质不当把一般刑事案件当作反革命案件处理的17件，量刑过重的73件，量刑过轻的3件，案情不清草率判决的8件。1956年1至8月份共判决案件265名中，判决不当的有23名，占判决总数的8%，其中将仅有一般行为错判有罪的9件9人，把一般刑事案件以反革命案件处理的1件1人，量刑过重的11件，案情不清草率判决的2件。在普查中，阳泉市人民法院对1955～1956年判决中，形成错案的原因进行深刻分析，认为主要原因三：一是法院领导在镇压反革命斗争中，存在着主观主义思想与官僚主义作风，对敌情变化摸得不透，对运动中发生的左的错误觉察和纠正不及时；二是对中央和有关法律钻研不够，对镇压反革命的政策界线区分不清；三是审判人员思想上存在主观片面现象，工作作风粗糙。为纠正错误，挽回政治上造成的不良影响，到本年度结束，有44件错案正在改判，纠正107件，占处理不当案件151件的70%。

1957年，在大鸣大放中受理的申诉案件，只要主要事实不错，即可通知申诉人，维护原判；对纠缠诉者，经两次审查原判正确的，即不再答复申诉人；对性质有错，量刑畸轻的案件，对快到期者，应先改判；其余则暂时搁置。对确系错案冤案，实行有错必纠。

三、“文化大革命”后期纠正错误的生效判决和裁定

1966年，“文化大革命”爆发，阳泉市人民法院被军管，审判权收归“阳泉市革命委员会保卫部审判办公室”行使。1973年6月28日，阳泉市中级人民法院正式恢复建制，并升格为二审法院。9月份，正式同阳泉市公安局分署办公，在中共阳泉市委领导下，独立行使审判权。即根据上级指示，重点对全市“文化大革命”前各种申诉案件进行复查，当年纠正9件错案。如“彭真反革命集团一案”，曾是阳泉市一件典型案件，彭真，文化大革命期间阳泉市手管局下属某单位一负责人，“一打三反”中被审查，通过刑讯逼供，取得了一些破坏生产的假口供、假证明，即定为反革命破坏集团，“集团分子”4人分别被判处3～15年不等有期徒刑。经复查，原判该集团分子进行的9起破坏事件均不成立，该集团并不存在，故撤销原判，对涉案人员全部予以平反。本年度被平反昭雪的还有“葛爱莲反革命案”，1970年，葛爱莲“因出身富农教子书写反动标语”被判刑10年，本人不服判决持续申诉，经此次复查，葛爱莲系出身贫农，曾担任村妇联主任多年，反动标语笔迹并非其子所写，纯属冤案，予以彻底平反。

1974年，开始对1966年“文化大革命”开展以来判处的480件各类刑事案件进行复查，由阳泉市中级人民法院院长亲自抓落实政策，一名副院长专门负责复查工作，到1975年，共复查结案425案507人，占应复查总数的88.5%，其中维持原判的392案457人，占复查数的92.2%；平反纠正的33案49人，占7.8%。纠正了一些错案、冤案，少数被纠正的案件，则留有“政治错误”的尾巴。

四、纠正“文化大革命”期间的错误生效判决和裁定

1978 年开始，阳泉市中级人民法院根据中共中央“〔1978〕78 号文件”和“〔1979〕96 号文件”精神，按照“实事求是、有错必纠”的方针和“全错全平、部分错部分平、错多少平多少、不错不平”的原则，对 1966 年至 1978 年判处的刑事案件进行全面复查。

1979 年，根据“实事求是、有错必纠”的原则，对“文化大革命”以来的案件进行了全面复查，复查审结 789 案 916 人，占应复查 811 案的 97.01%，其中平反纠正 135 案 151 人，减刑、免刑 31 案 43 人，两项共占已复查案件的 20.05%，维持原判的 623 案 722 人，占已复查数的 79.05%。在已复查案件中，现行反革命案撤判、改判的占同类案件的 77%，历史反革命案占 37.%，普通刑事案占 8%。复查死刑案 15 案 15 人，属于错杀的 2 案 2 人，占 13.3%，维持原判的 13 案 13 人，占 86.7%。

五、复查右派和国民党起义投诚人员被判刑、判管制案件

根据中共中央〔1978〕55 号文件，对右派和国民党起义投诚人员被判刑、判管制案件进行复查，审结 36 案 36 人，占应复查数的 75%。对“文化大革命”前的申诉案件进行复查，其中平反纠正 45 起 45 人，占已复查数的 60.08%。对平反纠正的冤假错案，阳泉市中级人民法院协同有关部门做了大量的善后工作，政治上恢复了名誉，工作和生活上得到安置。

1980 年，对 1979 年遗留的 22 件复查案件和 221 件再申诉案件进行复查，平反 12 人，改变案件性质的 4 人，减轻刑罚的 10 人，免除刑责的 4 人，割去“尾巴”的 5 人，变更刑期时间的 5 人，维持原判的 181 人。特别是依法纠正了侯建新被判死刑一案，在初审中合议庭以故意杀人罪判处死刑、缓期执行，市政法领导组指示改为死刑。由于认定事实有出入，判处不当，被告提出上诉，省高院以适用法律不当和党委不审批案件为由发还本院重新审判，经二次开庭审理，纠正了死刑判决，以伤害罪判处原告无期徒刑。

中共十一届五中全会后，根据中央指示，对因刘少奇问题受株连的 34 起案件进行复查，宣告无罪的 29 人，占 88%，改变反革命性质的 3 人，有其他罪行减轻刑期的 1 人，免刑的 1 人。

同时，根据省高级人民法院指示，对下列三类案件进行全面复查：

1. 对“文化大革命”以来判处死刑的 20 案 26 人再次进行复查，属于无罪冤杀的 3 人，有罪错杀的 8 人，两项共占死刑案件数的 42.3%，改变反革命性质的 3 人，维持原判的 12 人，占 46.1%.

2. 对粉碎“江青集团”以来，判处的 22 起 23 人反革命案件全部进行复查，宣告无罪予以平反的 17 人，占 73.9%，改变性质的 1 人，减轻刑期的 1 人，免刑的 1 人，维持原判的 3 人，占 13%。

3. 对大清查中另案处理的2案2人也进行了复查，宣告无罪的1人，免予刑事处分的1人。

此外，对“文化大革命”前的刑事申诉案件开展复查，审结283案284人，占刑事申诉案件的37.1%，其中撤销原判予以纠正的88人，占30.9%，维持原判的179人，占63%，其他处理的17人，占6.1%。

1981年，受理“文化大革命”中的再申诉案件188件，审结154件，占82%，其中维持原判118件，终止19件，改判16件17人（加重刑罚1人，减轻刑罚3人，免刑6人，无罪7人）。同时受理“文化大革命”前的历史刑事申诉和1979年以后的申诉案件503件，审结253件，占50%，其中维持原判162件，改判52件52人（减刑3人，免刑6人，无罪43人），终止41件。

六、复查统战人员案件

1986年，阳泉市两级人民法院认真贯彻落实全国法院“郑州会议”和“中共中央〔1986〕6号文件”精神，复查统战工作和“文化大革命”期间的各类案件，其中复查统战案件97件，复查“文化大革命”前案件492件。如79岁的原粮食局职工贾子祥，在得知自己的问题被平反纠正后，领着儿孙从长治专程来阳泉市中级人民法院赠匾致谢。

总之，这种“自审、自判、自我纠错、自我监督”的模式，是根据中国共产党在各个时期的政策，对司法审判工作中发生的偏差，包括冤假错案进行纠正，是当时条件下一种重要的审判监督模式。这一模式始于20世纪中叶（1947年）阳泉市中级人民法院成立之初，一起沿用至20世纪90年代后期，在长达50多年司法实践中，对受理不同时期刑、民事当事人的申诉，纠正不同时期因政治和司法理念产生的错误判决和裁定，以及错误的调解书，保障当事人的合法权益，发挥了很大的积极作用。许多冤假错案均是在这一纠错模式中得到平反昭雪的。

第三节 再审监督

一、人民法院提起审判监督：

(1) 各级人民法院和审判委员会提起再审；

(2) 最高人民法院提起再审；

(3) 上级人民法院提起再审。

二、当事人提起再审

2007年10月28日，中华人民共和国第十届全国人民代表大会常务委员会第三十次会议通过了《全国人民代表大会常务委员会关于修改〈中华人民共和国民事诉讼法〉的决定》，2008年4月1日起施行。第一百七十八条对当事人提起再审作了更加明确的规定："当事人对已经发生法律效力的判决、裁定，认为有错误的，可以向上一级人民法院申请再审，但不停止判决、裁定的执行"。使原来只有法定的国家机关才享有的审判监督权，进一步扩大到"当事人"。

三、人民检察院监督

人民检察院是国家的法律监督机关，依法对人民法院的审判工作负有监督的职能。中华人民共和国第十届全国人民代表大会常务委员会第三十次会议2007年10月28日通过的《全国人民代表大会常务委员会关于修改〈中华人民共和国民事诉讼法〉的决定》（2008年4月1日起施行），进一步加强了人民检察院依法对人民法院审判工作的监督。其中，《中华人民共和国民事诉讼法》第一百八十七条修改为："最高人民检察院对各级人民法院已经发生法律效力的判决、裁定，上级人民检察院对下级人民法院已经发生法律效力的判决、裁定，发现有本法第一百七十九条规定情形之一的，应当提出抗诉。"地方各级人民检察院对同级人民法院已经发生法律效力的判决、裁定，发现有本法第一百七十九条规定情形之一的，应当提请上级人民检察院向同级人民法院提出抗诉。"第一百八十六条改为第一百八十八条，修改为："人民检察院提出抗诉的案件，接受抗诉的人民法院应当自收到抗诉书之日起三十日内作出再审的裁定；有本法第一百七十九条第一款第（一）项至第（五）项规定情形之一的，可以交下一级人民法院再审。"

1985年以前，纠正错误判决的主要方法，既有人民法院提起再审，也有依照中共不同时期的政策，对特定案件进行复查，同时还有当事人申诉申请再审、人民检察院监督审判。从1986年开始，由人民法院提起再审，成了纠正错误判决或调解的重要形式。当年即受理再审案件674件，为建院以来再审案件最多的一年，其中，刑事案件达670件，多为1983年至1985年三年"严打"所判案件形成的再审案件。另有民事婚姻家庭纠纷继承再审案件和经济纠纷案件各2件。

1988年，仍有110件刑事案件提起再审，再审原因与1986年基本相同，另有一件民事婚姻家庭继承纠纷案件提起再审。1989年，再审案件降至52件，其中，刑事案件47件，民事婚姻家庭继承纠纷4件，经济合同纠纷1件。

1990年，市中院受理二审刑事案件39件，审结39件，结案率为100%。此外，全市法院还受理刑事再审案件27件，审结27件，结案率为100%。受理二审民事案件96件，审结96件，结案率100%，办理民事再审案1件。

1991年，受理二审刑事案件56件，审结56件，结案率为100%。受理再审刑事案件31件，审结29件，结案率为93.5%。受理二审民事案件98件，审结97件，结案率为99%。受理二审经济纠纷案件25件，审结25件，结案率100%；经济纠纷调解处庭前调处经济纠纷案件145件，审结标的金额为1312.4万元。

1993年，市中院受理二审刑事案件59件。全市法院受理刑事再审案件36件，审结35件，结案率为97.2%。市中院受理二审民事案件83件，审结82件，结案率为98.8%，全市还受理适用督促程序的民事案件40件，办结39件，结案率为97.5%，结案标的金额27.96万元，受理再审民事案件10件，审结9件，结案率为90%。受理二审经济纠纷案件45件，全部审结，结案率为100%，受理适用督促程序的经济纠纷案件104件，办结91件，结案率为87.5%，结案标的金额4.35万元。受理二审行政案件6件，审结5件，结案率为83.3%。

1994年，受理再审案件256件，审结255件，结案率为99.6%；其中，再审刑事案件20件，审结17件，分别比上年下降44.4%和51.4%，结案率为85%。市中院受理二审案件48件，审结43件，结案率89.6%。

1995年，受理各类再审案件15件，已审结8件。市中院受理各类二审案件140件，审结110件，结案率为78.6%。

1996年，完善再审监督，办理上级要结果的案件38件，立案再审改判2件，经说服息诉、撤诉20件，依法驳回申诉案件16件。

1997年，市中院严格依法进行案件审查，受理不服基层以法院一审判决、裁定的上诉、抗诉案件367件，审结363件，结案率为98.9%。在办理二审案件过程中，市中院坚持重事实、重证据，对事实不清的58案依法予以撤销原判、发回重审，并提出发还意见；对适用法律不当的73案依法予以改判，并向基层法院说明改判的理由；对原判无误的144案依法予以维持；对经疏导教育当事人愿意和解的依法予以调解。

1998年，依法提起再审28案，纠正错判案件11起。1999年，审结再审案件19件，其中，刑事案件1件，民事家庭婚姻继承纠纷10件，权属侵权纠纷类民事案件8件。2001年，审结再审案件43件，其中，刑事案件5件，民事家庭婚姻继承纠纷16件，权属侵权纠纷类民事案件21件，行政案件1件。2002年，审结再审案件12件，均为经济合同纠纷案件。2003年，审结再审案件35件，包括刑事案件1件，民事家庭婚姻继承纠纷1件，权属侵权纠纷类民事案件31件，行政案件1件。

2004年，受理再审案件43件，审结41件，其中改判8件。

2005年，加大再审调解力度，针对再审案件疑难复杂、争议较大、当事人积怨深远、矛盾容易激化等特点，市中院在复查和审理此类案件中，因案制宜，把握“庭前、庭上、庭后”三个时机，运用“耐心、公心、细心、热心”的“四心”调解法，审结民事再审案件14起，调解5起，再审案件调解率达到35.7%。

2006年，审结再审案件9件，其中，刑事再审案件1件，民事案件1件，权属侵权纠纷案件5件，行政案件2件。年内还审结申请申诉案件58件。

2007年，提起再审案件17件，改判4件，改判率25.53%，调解3件，维持6件。

2008年，全年共受理申诉和申请再审案件164件，审结95件，通过再审工作，提升了当事人对司法权威的信任。

2009年，进一步规范再审审查和再审审理程序，依法保障当事人行使申诉权。共审查各类申诉151件，决定提起再审15件。加强和完善再审案件的流程管理，以便准确有力地实施审判监督。全年共审结各类再审案件21件（含旧存），发回、改判14件，维持或调解、撤诉7件。

2011年，受理申诉复查和再审受理再审案件62件，审结50件。

2012年，市中院认真履行对基层法院的监督职责，妥善做好各类二审案件的审理，全年共审理各类二审案件809件，同比上升10.3%，依法发回或改判260件，审理再审案件14件。针对量刑规范化实施过程中存在的问题，市中院编发《量刑规范化学习与指导》，统一执法尺度，推动了刑事审判工作水平的提高，受到省高院的高度评价。召开全市民商审判座谈会，共同研讨当前民商审判的热点难点，统一裁判标准。同时，加大培训指导力度，认真开展对新颁布法律法规的辅导培训。建立了信访和执行工作通报制，提升了全市法院排查信访风险，掌握维稳动态的能力。全年受理新的申诉案件135件，办结152件。

第四节 社会监督

一、人大监督

根据《宪法》和《地方组织法》的规定，中国的各级人大及其常委会是各级国家权力机关，也是监督机关。国家审判机关、检察机关等都由同级人民代表大会产生，对其负责并报告工作，受其监督。

二、社会公众监督

中国《宪法》不仅规定“一切国家机关和国家工作人员必须依靠人民的支持，经常保持同人民的密切联系，倾听人民的意见和建议，接受人民的监督，努力为人民服务”，而且规定公民对任何国家机关和国家工作人员，有提出批评和建议的权利；对其违法失职行为，有提出申诉、控告或者检举的权利等。从人民民主专政的社会主义国家性质来讲，在民事程序制度中，实行群众监督机制是最根本的。中国的一切权力来自人民，人民对国家机关行使权力，有权进行监督。

三、新闻舆论监督

舆论监督是舆论界（主要是指新闻界）利用传媒发表各种意见或言论，对社会的政治和文化生活进行批评、实行监督的权利。新闻自由，是中国《宪法》规定的公民的言论、出版自由在新闻活动中的体现，它作为言论出版的重要组成部分，已被我国法律所确认。新闻自由是广大新闻工作者基于人民的委托所享有的依法自由从

陈明华院长接受《山西法制报》记者邓志荣采访

事采访、写作、发表、出版新闻作品并不受他人非法干涉的权利。而人民群众也基于新闻自由原则，可广泛了解各种新闻和信息，撰稿发表意见，监督人民法院及其工作人员的工作。新闻监督并不是一种独立的社会监督类型，因为新闻手段作为一种媒介，它所反映的主要是社会成员的意志和见解。政府、政党以及法学家和其他社会公众对于司法行为的意见都可以通过新闻媒介而得以反映。

附表：

2003年阳泉中院再审案件情况一览表

序号	案　由	申 诉 人	被 申 诉 人	提起再审单位	再审结果
1	承包合同纠纷	赵某某	盂县西潘煤矿	阳泉中院	改判
2	承包合同纠纷	平定县大田型煤加工厂	平定县地方国营阳胜煤矿	阳泉中院	改判
3	承包合同纠纷	张某某、马某某	阳泉市经济技术开发区王珑石厂、王珑村委会	阳泉中院	改判
4	房屋租赁纠纷	盂县新华服务公司	盂县新华书店	阳泉中院	发还
5	加工承揽合同	阳泉市郊区华星金属结构厂	阳泉市矿区北方机电安装公司	阳泉中院	改判
6	融资承包租赁合同纠纷	苑某某	山西省阳泉市汽车运输有限责任公司	阳泉中院	改判
7	建房租赁使用纠纷	史某某	冯某某、郝某某	阳泉中院	改判
8	人身损害赔偿纠纷	吕某某、李某某	李某某	阳泉中院	发还
9	劳动合同纠纷	仇某某、董某某等七人	阳泉市电石化工运销有限公司	阳泉中院	改判
10	行政赔偿纠纷	赵某某	阳泉市公安局、阳泉市城区公安分局	阳泉中院	发还
11	买卖合同纠纷	赵某某	毕某、常某、葛某	阳泉中院	发还
12	贪污、行贿、受贿、挪用公款	武某某		阳泉中院	改判
13	欠款纠纷	阳泉太湖耐火材料总厂	阳泉铝矾土劳动服务公司	阳泉中院	改判
14	合伙纠纷	甄某某	郭某某	阳泉中院	发还
15	受贿、赌博	陈某某		阳泉中院	改判
16	工程结算纠纷	阳泉市宏丰建筑安装有限责任公司	繁峙县建筑安装工程总公司	阳泉中院	发还
17	相邻损害防免纠纷	付某某	赵某某	阳泉中院	改判
18	劳动争议	阳泉市郊区长岭硫铁矿、长岭村委会	毕瑞花等三人	阳泉中院	改判
19	离婚	李某某	王某某	阳泉中院	发还
20	欠款纠纷	甄某某	阳泉市三星实业总公司物资贸易公司	阳泉中院	改判
21	债务纠纷	盂县工艺美术公司	李某某	阳泉中院	改判

2003 年阳泉中院受理违法确认案件明细表

序号	确认申请人	受理法院	申请事项	处理结果
1	梁某某	阳泉市郊区人民法院	申请人以阳泉市郊区人民法院作出的（2003）郊法执字第230号执行通知书及（2004）郊执字第76号拘留决定书违法，侵害其合法权益。	确认申请人撤诉
2	尚某某	阳泉市矿区人民法院	申请人以阳泉市矿区法院丢失案卷导致（1998）阳矿法经字第18号支付令无法强制执行。	不予确认违法
3	华商通信技术发展总公司	阳泉市郊区人民法院	申请人以阳泉市郊区法院作出（2002）郊执字第169号民事裁定书，追加申请人为被执行人及扣划该申请人银行存款30万元。	不予确认违法
4	烟台渤海化学建材股份有限公司	阳泉市中级人民法院	申请确认山西省阳泉市中级人民法院（2002）阳民初字第104号民事判决书未送达，尚未发生法律效力。	未结

2004 年阳泉中院再审情况一览表（一）

序号	案　由	申诉人	被申诉人	再审处理情况
1	撤销婚姻登记	尹某某	阳泉市城区民政局	改判
2	建筑合同欠款纠纷	王某某	阳泉市烈士陵园	改判
3	房产纠纷	梁某某	李某某	改判
4	财产损害赔偿纠纷	王某某	阳泉市郊区大阳泉村煤矿、阳泉市鑫泉煤矿	发还
5	相邻出水	李某某	陈某某	发还
6	汽车买卖纠纷	庞某某		

2004年阳泉中院再审情况一览表（二）

序号	案　由	申诉人	被申诉人	提起再审单位	再审处理结果
1	建筑工程结算纠纷	阳泉市电工机械有限责任公司	福建省南安第三建筑公司五队	阳泉中院	改判
2	借款合同担保纠纷	中国工商银行	山西省阳泉汽车运输有限责任公司	检察院抗诉	维持
3	撤销婚姻登记	尹某某	阳泉市城区民政局	阳泉中院	改判
4	非法同居	张某某	王某某	检察院抗诉	改判
5	房屋转让纠纷	赵某某	冯某某	检察院抗诉	维持
6	工程欠款及侵权纠纷	平定县建筑安装公司	阳泉市第一中学校	检察院抗诉	改判
7	建筑合同欠款纠纷	王某某	阳泉市烈士陵园	阳泉中院	改判
8	房产纠纷	梁某某	李某某	阳泉中院	改判
9	财产损害赔偿纠纷	王某某	阳泉市郊区大阳泉村煤矿、阳泉市鑫泉煤矿	阳泉中院	发还
10	相邻出水	李某某	陈某某	阳泉中院	发还
11	汽车买卖纠纷	庞某某	武某某、杨某某	阳泉中院	发还
12	修理合同纠纷	盂县路家村镇庄只上村村民委员会	王某	阳泉中院	改判
13	道路交通事故损害赔偿纠纷	王某某	董某	检察院抗诉	维持
14	房屋侵权	刘某某	刘某某	阳泉中院	发还
15	房屋拆迁纠纷	阳泉市郊区国家税务局	张某某	阳泉中院	改判

2005 年阳泉中院再审案件情况一览表

序号	案由	申诉人	被申诉人	提起再审单位	再审处理结果
1	诈骗、敲诈勒索、故意伤害、寻衅滋事	张某某、张某某		阳泉中院	改判
2	故意伤害	李某		阳泉中院	发还
	公路养路费行政征收	赵某某	山西省交通征费稽查局		改判
	城市公共客运管理行政处罚	赵某某	阳泉市建设局		改判
	租赁合同	山西电力建设三公司	平定县商贸集团总公司晋龙综合批零市场	检察院抗诉	维持
3	承包合同	阳泉裕民实业总公司	盂县南娄村委会	阳泉中院	调解
4	返还集资款	董某某	阳煤集团威虎化工有限公司	阳泉中院	调解
5	借贷	刘某某、施某某	山西西北实业公司、阳泉西北工矿开发中心、山西汇华会计事务所有限公司	检察院抗诉	发还
6	债权转让合同	范某某	盂县大花沟煤矿	检察院抗诉	调解
7	离婚后财产分割	张某某	王某某	阳泉中院	改判
8	人身损害赔偿	阳泉市郊区电业局	光永红、河底村委会、河底阀门厂	检察院抗诉	调解
9	劳动争议解除劳动合同纠纷	荆某某	山西汇能煤业有限公司	阳泉中院	改判
10	欠款纠纷	阳泉市供销社家用电器公司	太原天平物资供应公司	阳泉中院	发还
11	财产所有权纠纷	郗某某	郗某某	阳泉中院	发还
12	抚恤待遇纠纷	吕某某	阳泉市东风剧场	阳泉中院	改判
13	建筑工程施工合同纠纷	苏某某	四川华莹第四建筑公司工程处	阳泉中院	发还
12	工伤事故赔偿纠纷	韩某某	阳泉市郊区荫营镇西垴村委会	检察院抗诉	调解
13	劳动争议	阳泉大众纺织机械厂	李某某	阳泉中院	改判

2007年阳泉中院再审案件情况一览表

序号	案　由	申诉人	被申诉人	提起再审单位	再审处理结果
1	故意伤害	慕某某		阳泉中院	发还
2	建筑工程纠纷	段某某	莫某某	阳泉中院	发还
3	医疗服务合同损害赔偿纠纷	张某某	阳泉市第一人民医院	阳泉中院	改判

1973～2012年阳泉中院再审案件结案情况一览表（一）

年份	刑事案件	民事婚姻家庭继承纠纷案件	经济（合同）纠纷案件	权属侵权纠纷类民事案件	知识产权案件	行政案件	合计	申诉申请案件				备注
								收案	结案	维持	纠正	
1973								111	13	4	9	
1974								191	35	20	15	
1975								480	511	468	43	
1976												
1977								174	101	95	4	
1978								433	41	1	3	
1979								811	789	623	135	
1980									143	181	62	
1981								691	409	280	52	
1982								312	219	146	39	
1983								113	74	50	22	
1984								266	219	168	34	
1985								83	82	58	13	
1986	670	2	2				674					
1987												
1988	110	1					111					
1989	47	4	1				52					
1990	27	1					28					

1973 ~ 2012 年阳泉中院再审案件结案情况一览表（二）

年份	刑事案件	民事婚姻家庭继承纠纷案件	经济（合同）纠纷案件	权属侵权纠纷类民事案件	知识产权案件	行政案件	合计	申诉申请案件						备注
								结案	驳回	撤诉	本院决定再审	提起和指令再审	终结和其他	
1991	29	5					34							
1992	25	5					30							
1993														
1994														
1995														
1996	6	5	3	3			17							
1997	2	11		7			20							
1998	5	20		15			40							
1999	1	10		8			19							
2000														
2001	5	16		21		1	43							
2002			12				12	48	26	1	10		11	
2003	2	1		31		1	34	48	26	1	10		11	
2004		2		9		3	11	113	53	3	17	15	25	
2005	5	1		9		2	15	41	16	1	15	7	2	
2006	1	1		5		2	7	58	15	6	19	4	14	
2007	1	5		4		1	10	68	16	9	5	4	34	
2008	1	2	33	2		2	38	95	4	1			90	
2009	1	2		8		1	11	151	133		3	12	3	
2010	5	1	4	2			12	148	58	3	3	11		21/52
2011	9	4	21	16	1		51	119	30	12	2	8/1	4/62	
2012	1	2	7	8			18	76	39	4	2	3	18/10	
合计							1287							

注 1：因部分年份统计数据缺失，帮本表未列合计数。

注 2：1996 ~ 2001 年，刑事、民事、行政等再审案件规范名称为“审判监督案件”而归再审案件。

第五编

政治和行政工作

第一章　政治思想工作

第一节 概 况

阳泉市中级人民法院由于建院较早，其政治思想工作带有明显的历史印记，特别是从 1947 年建院时期，到 20 世纪 70 年代末，阳泉中院和各基层法院的政治思想工作，往往同特定时期中国共产党的中心工作紧密相连，同各个历史时期的政治运动和群众运动密切相关。其政治思想工作内容大体在五个方面：一是对干警进行马列主义、毛泽东思想教育，引导干警树立辩证唯物主义和历史唯物主义的世界观，树立社会主义阶级观、国家观、人生观，树立社会主义核心价值观、道德观和共产主义理想信念。二是进行中国共产党的路线、方针、政策教育，引导干警树立人民司法为人民的观念，树立人民司法必须自觉服从服务于党和政府中心工作的责任意识，树立全心全意为人民服务的道德情操。三是进行法律、法规教育，引导干警树立法律至上观念，树立以法律为准绳、以事实为依据的司法观。四是进行廉洁执法、勤政敬业教育，引导干警树立严格执法、文明执法、从廉执法、奉公守法的职业操守。五是进行心理因素指导和辅导，化解干警在办案实践中，或个人生活中出现的心理障碍、心理问题，引导干警树立正确的家庭婚姻观、社会组织观、同志邻里观。

开展政治思想工作的部门有四：一是各级党组织，如党组、机关党委、党支部、党小组。二是群团组织，如团委（含团支部）、工会、妇委会、法官协会（含女法官协会）等。三是人民法院各行政部门，如庭、室（处）、科等。

从事政治思想工作的人员来自六个方面：一是法院党组，如党组书记、副书记、党组成员等；二是机关党委（基层法院为机关党支部），如机关党委（党支部）书记、副书记、党委（党支部）委员；三是法院行政领导，如院长、副院长；四是庭、室（处）党支部（基层法院为党小组）书记（含总支书记、副书记，党小组长）；五是庭、室（处）行政领导，如庭长、主任（处长）等；六是干警和干警之间，也会开展一些针对性很强的政治思想工作或日常事宜的说服劝导事宜。如干警在家庭、婚姻方面出现的问题，干警之间的小矛盾、小摩擦、小纠纷，工作中遇到的相互协作、相互配合或相互理解、支持等。

政治思想工作的方式和方法有六种：一是集体谈话制度，如党组成员集体同某干警，就工作或生活中出现的问题进行多人约谈；二是领导对个人，如党组书记（副书记）、院长（副院长）、庭长（室主任、处长、科长及部门副职）等，针对某干警工作或生活中遇到的问题，进行单独谈心；三是同志对同志，就工作或生活中遇到的具体问题，进行长期的思想帮扶和心理劝导；四是上级领导部门对基层工作部门，如党组或法院行政领导班子，就工作情况或执行法律，执行中国共产党的路线、方针、政策等问题，以集体的形式和名义，同基层单位领导集体，进行政治思想或法律、法规及中国共产党的纪律、作风等方面的问题，进行诫勉谈话或工作指导；五是结合先进典型、先进模范人物、先进审判经验、先进单位先进事迹的学习，开展政治思想工作；六是法院文化建设同干警政治思想工作相结合，日益显现出凝聚人、感召人、指引人、鼓舞人、教育人的巨大作用。

从政治思想工作的内容上看，阳泉市中级人民法院此项工作大体分为两个阶段。

第一阶段，从1947年5月建院，到1978年中共十一届三中全会召开前。这一时期，政治理论方面，主要是组织干警学习马列主义、毛泽东思想，辅之以各个不同历史时期时事形势教育和中国共产党的路线、方针、政策教育，引导干警自觉服从、服务于党中央和阳泉市委、市政府中心工作。这一时期，由于政治运动和群众运动极为频繁，干警队伍的思想状况较为复杂，有的干警甚至在政治运动或群众运动中，受到冲击或不公正对待。因此，法院政治思想的重点，一方面，教育引导干警正确认识和参与政治运动和群众运动；另一方面，通过细致入微的政治思想工作，对那些受到冲击和不公正待遇的干警，进行心理帮扶和思想教育，帮助这些干警提高政治觉悟，提高对各个政治运动和群众运动的认识，提高对新中国成立以后各个特定历史时期，不同政治理论和司法理论的认识。在频繁的政治运动中，组织干警维护人民司法的严肃性、公正性和权威性，维护本地区的社会稳定。

这一时期政治思想工作的对象，以经历过革命战争的军转干部和建国后进入人民法院工作的工农干部为主。旧知识分子占极少一部分。

第二阶段，以1978年12月中共十一届三中全会召开为标志，“文化大革命”结束，到2010年。这个阶段，随着中共十一届三中全会召开、中国进入改革开放发展时期，政治思想工作的内容和方法均发生了重大变化。政治理论方面，邓小平理论的学习和教育，成为贯穿整个改革开放30年间人民法院政治思想工作的核心价值。从20世纪80年代中期开始，反对资产阶级自由化和西方敌对势力的和平演变对法院干警的侵蚀，成为阳泉市两级人民法院政治思想工作的两个重点。从20世纪80年代末、90年初，改革开放进一步深入，反对和平演变和坚持四项基本原则，邓小平视察南方时的重要讲话和江泽民“三个代表”重要思想，成为人民法院政治思想工作的主要政治理论。进入21世纪，胡锦涛提出“科学发展观”，人民法院政治思想工作又增添了新的内容。整个改革开放时期，阳泉市两级人民法院政治思想工作的对象，也发生了较大变化，从前三十年革命战争结束后，以转业的军转干部和新中国成立后进入人民法院的工农干部为主，逐渐转变为以毕业于大中专院校（含业大、函大等社会大学）的知识型干警为主。

第二节 政治思想工作的建立（1947 ~ 1977 年）

阳泉市中级人民法院建立在战火纷飞的解放战争初期（1947 年 5 月），时称“阳泉市人民司法处”，后（1948 年 10 月 19 日）更名为“阳泉市人民法院”。当时，全国解放战争期间第一个人民政权——华北人民政府尚未建立，解放战争最终的胜负尚不明朗，而且，无论是老解放区，如陕甘宁边区、晋察冀边区，还是新解放地区，如阳泉市、石家庄市等，国民党散兵游勇经常出没，敌特、土匪、旧军政人员的活动仍比较频繁，反动会道门组织的头目和骨干成员，针对新生的人民政府工作人员和司法干部的暗杀、恐吓活动经常发生，解放区人民群众对共产党领导的崭新的人民政权，也持观望甚至怀疑态度。

在这种严峻的社会政治背景和激烈的战争状态下，阳泉市人民法院针对干警的政治思想工作，继承和发挥了人民军队和解放区党政机关优良传统，坚持用马列主义、毛泽东思想武装干警的头脑，教育引导干警树立远大的革命理想，树立人民解放战争必胜的信念，树立马克思列宁主义和毛泽东思想国家观、阶级观、人民司法观，锤炼司法干部坚定的党性原则和鲜明的政治立场，培养司法干部在严峻的战争和政治考验面前，勇于为实现“打倒蒋介石、建立社会主义新中国，进而实现共产主义”的宏伟目标勤奋工作的决心和信心。在此基础上，着重强调司法干部必须认真学习、准确掌握和运用中国共产党的政策，以审判为武器，为新建立的人民政权提供司法服务。如《1949 年（民国 38 年）后半年工作计划》第九项，即提出加强“干部的政策学习”，提高政策水平，是后半年政治思想工作“主要任务的一环”。

特别是在刑事、民事案件和调解案件多，日常报表和司法事务繁重，又兼管着监狱的罪犯看押、监所安全和组织罪犯生产（看守所），“干部少、不敷支配”的情况下，主要通过政治思想工作，团结凝聚干部，加班加点审判和调处案件，维护社会治安稳定。值得一提的是，这一时期阳泉市人民法院干部组织成分，多为中国人民解放军公安部队和解放军野战部队，转业至地方司法部门工作的革命军人，也有一些干警为解放区党政机关的司法人员，经历过革命战争的考验，政治觉悟高，思想品质好，工农情节深，对中国共产党的司法事业充满信心，特别是对通过司法审判，支持解放战争、建立人民共和国抱着极大的热情和坚定的信念。因此，虽然当时条件极为艰苦，形势也较为严峻，但他们仍然保持了共产党员和革命军人、革命司法干部的优秀传统和作风，辅之以一定的政治思想工作，整个司法队伍就充满了政治活力。

1949年，阳泉市人民法院政治思想工作的另一个重点，就是组织干部学习“马锡五审判法”。这个时期的干警认为，学习和掌握“马锡五审判法”对干警有四个好处：一是切实照顾人民生活，克服不调查不研究，轻信呈状，草率判决，关起门来玩弄法律教条、无补于事的偏向；二是依双方自愿原则的民间调解，抓住当事人的内心想法；三是“真正是民间的、而不是衙门的，真正是替人民服务的，而不是给人民造成麻烦的”；四是当场调解教育了群众、教育了工作人员。并于当年8月下旬，组织干警下乡轮审，“找些典型、吸取经验”。

1951年，阳泉市人民法院更名为阳泉工矿区人民法院，结合“我工矿区政府的政治宣传攻势”和学习贯彻新《婚姻法》运动，以“寿阳县司法科下乡巡回就审成果”，对干警开展政治思想工作，开展“阳泉工矿区人民法院”司法下乡、司法进矿、司法入厂活动，会同农村调解委员会，化解广大农村地区、“工矿区”存在的人民内部的矛盾和纠纷，“巩固人民内部的团结，减少人民因诉讼而付出的人力财力”，促进工、农业生产发展，支援国家建设和抗美援朝。12月1日，中共中央作出《关于实行精兵简政、增产节约、反对贪污、反对浪费和反对官僚主义的决定》，8日，中共中央又发出《关于反贪污斗争必须大张旗鼓地去进行的指示》。此后，一个全国规模的“三反”运动普遍地开展起来。

1952年，阳泉市工矿区人民法院恢复原称谓阳泉市人民法院，“三反”运动、“整党”运动和“司法改造”运动先后开展。这一时期政治思想工作的重点，一是教育引导干警正确认识“三反”运动的必要性和重要性。在运动中，组织学习党中央关于开展“三反”和进行“整党”的一系列文件，学习毛泽东主席在《中共七届二中全会上的讲话》，要求干警“务必使同志们继续保持谦虚、谨慎、不骄、不躁的作风，务必使同志们继续地保持艰苦奋斗的作风”。在胜利面前保持清醒头脑，经受住执政和执法的考验，使干警普遍认识到“三反”运动是无产阶级反对资产阶级的严重斗争，是抵制资产阶级腐朽思想对革命队伍的腐蚀、清除干部队伍中蜕化变质分子的政治运动，纠正了“法院不管理财政，谈何贪污？又不是企业单位，怎么浪费？”的思想，提高了干警的社会主义觉悟，增强了干警对资产阶级腐蚀的抵抗力，树立了廉洁司法的全新风尚。二是教育引导党员、团员和干警，以不同的形式参加整党学习，提高思想觉悟和理论水平。全院5名干部中，3名党、团员干警，参加全程集中学习整顿，2名非党、团员干警参加一般过程的理论学习，促进政治思想觉悟的提高。三是教育引导干部认识国民党六书全书的欺骗性和危害性，积极参加司法改造运动，帮助受过“旧法教育”干警（仅一人）肃清旧法影响，清除平时生活中残留的旧司法作风，检查工作中的差误，倾听群众意见，改进工作方式，提高政策法律水平，树立马克思列宁主义、毛泽东思想的国家观和法律观，确立马克思列宁主义、毛泽东思想在司法工作中的指导地位和支配地位。

1953年6月，山西省召开第二届司法会议，会议精神迅速在法院全体干部中作了传达和学习讨论，旨在提高干警对司法工作重要性的认识，提高以司法工作保卫经济建设的认识，对“墨守成规、坐堂问案”的审判方式和“每月清案、每月积案”的不良现象进行了剖析，解决“领导松懈、大家忙乱”和“上松下不紧”的工作作风。从9月份起，开展“清理积案运动”，纠正“三错案件”（错捕、错判、错押），1954年年底结束。通过“查监、干部回忆、犯人起诉、省院批复”等一系列方式，“查对冤狱者三人，轻罪重判者四人，判决后犯人提出罪恶有出入予以改判者一人”。据此，阳泉市人民法院对干警开展“错案教育”，进一步明确认识了“三错”案件不仅违反中国人民民主制度，而且侵犯了人民民主权利，侵害了公民的合法权益。并严格抓捕手续，杜绝滥收错扣，树立依靠群众办案，深入调查了解情况的人民司法观念，纠正“坐堂问案”的旧司法作风。

1955年，政治思想工作重点有两个：一是通过学习《法院组织法》，学习中国共产党的路线、方针、政策，检查和纠正部分干部存在的“改行”、“特权”、“保守”等错误思想和旧法观点，树立毛泽东思想阶级观和国家观，使干警进一步明确人民法院的任务和社会主义司法审判制度的优越性，为进一步贯彻《法院组织法》奠定了坚实的基础。二是“及时检查和批判右倾麻痹和保守主义思想”，对“镇反攻势开始时，许多干警存在”的“严重的轻敌麻痹右倾思想和错误的审判作风”进行了纠正，对“敌情估计不足、对现行破坏熟视无睹”现象和审判中存在的“量刑偏轻”问题，进行了思想教育，从而提高了干警的思想认识，改进了审判作风，做到了“既合法、又及时”。

1956年，继续深入学习贯彻《法院组织法》，加强人民民主法制教育和依法办事教育，把《法院组织法》规定的各项审判制度，落实到具体的司法审判实践之中，同公安局、检察院实行了“分工负责、相互制约”的法制原则，绝大多数案件均实行原告、被告、证人三头对面式审理，并允许被告本人辩护或委托律师辩护。从4月份起，组织干警深入学习“肃反政策”和有关文件精神，开展具体案件的调查研究，树立实事求是的审判作风，把审判工作置于人民群众的监督之下。特别是在学习贯彻中国共产党的肃反政策中，本着实事求是的精神，纠正了9起错判刑案。

1957年，阳泉市人民法院政治思想工作有五个重点：一是加强政治思想教育，树立干警的群众观点，坚持谦虚谨慎、艰苦朴素的作风，克服和防止骄傲自满情绪、特权思想和脱离群众、不关心群众疾苦、忽视公民权益的官僚主义、强迫命令作风。二是教育引导干警坚持实事求是、深入细致的工作态度，克服思想上的主观性、片面性和作风上简单粗糙。三是加强业务学习，每一至两月举办一次“业务讨论会”，通过业务讨论会的形式，运用实践经验和上级指示教育干警，提高政策水平、业务能力和法律知识，防止与克服执行政策上的“左”、右倾向。四是加强干部法制思想教育，帮助干部树立法制观念，清除干部中不重视或不遵守国家法制的现象，对干部在政策上、思想上、作风上以及法制观念上存在的问题，进行整顿教育，提高干部的政策水平，改进工作作风。五是健全机关民主生活，开展批评与自我批评，培养和表扬优秀工作者，及时纠正干部思想上和工作中存在的各种不良倾向和错误做法。

此外，1957 年 4 月 ~ 1958 年 8 月，同部分借“审判独立”反对党对法院工作领导的干部，对一些认为党领导人民法院是“有法不依”、“违犯宪法”的干部和主张“党只能从方针、政策上领导，不能过问审判，否则就是违法”的干部，以“鸣放”、“辩论”的方式进行思想批评，“反右派”运动扩大化中，有 7 名干部被划为“右派分子”（20 世纪 70 年代初至 80 年代初，均平反昭雪，有 6 名干部重新回到人民法院司法岗位工作）。

1958 年，阳泉市人民法院开展整风运动，并根据运动中社会各界，包括法院内部对干部“鸣放”出的“意见”进行整改，即“加强政治思想领导工作”，共六条：一是法院领导经常了解干警各个时期的思想动向，党组每季度应对全院干部的政治思想情况，作一次考察了解，结合季度工作总结，予以适当的表扬与批评，并每半年向市委作一次报告。二是除党、团支部严格党、团组织生活外，每月在院、庭、室务会议上，开展批评与自我批评作为会议内容之一，以此来加强政治思想领导，特别对违犯原则性的不良倾向，应通过各种方法及时解决，教育本人与大家。三是建立干部谈话日，院长、副院长于每月 5 日、15 日、25 日晚，轮流与干部谈心，了解思想情况，及时解决思想上存在的问题。四是利用大字报的形式，活跃机关干部的政治生活，有意见就鸣放出来，需要辩论即组织辩论，通过这种形式，暴露问题，弄清是非，提高政治思想水平。五是评选先进工作者和积极分子，树立旗帜，推动工作，庭、室每季度评选一次，全院半年评选一次，庭、室对每个干警的模范事迹，除经常注意外，并通过庭、室务会议予以记载，供年终评选时参考。六是每星期六早上学习时事，让干部了解国内外形势，提高政治思想水平。

1959 年，阳泉市人民法院政治思想工作主要有五个方面：一是教育引导干警服从中国共产党的领导，充分认识党是领导一切工作的政治核心，作为无产阶级专政的人民法院，坚持和服从中国共产党的领导，是作好司法工作的根本保证，通过整风、反右派、“反右倾”，批判忽视中国共产党的领导和忽视专政的倾向，肃清旧法观点和旧衙门作风，加强向党委的请示报告，进一步贯彻党内审批制度，把人民司法置于中国共产党的领导之下。二是教育引导干警，自觉贯彻人民司法的群众路线方针，充分认识群众路线，是中国共产党的政治路线和组织路线，也是司法工作的根本路线。批判资产阶级法律观点和教条主义对干警侵蚀和影响，克服坐堂问案，孤立办案，脱离政治，脱离群众的旧法观点和旧衙门作风，使人民司法更加便利群众，更有利于对敌斗争，有利于正确处理案件，有利于教育当事人和群众。三是教育引导干警坚持政治挂帅，加强政治思想道德建设，充分认识人民司法和资产阶级法制的本质区别，划清新、旧法制的界限，克服“不告不理、坐堂问案、脱离政治”的倾向，通过整风、评比、培训、学习等方法，促使干部树立无产阶级的立场观点和思想方法。四是教育引导干部加强政策和业务学习，充分认识政法干部是党在政治战线上和思想战线上的前哨尖兵，必须具备高度的政治理论水平，必须精通政策、法律业务，要求干警必须每周抽出四小时，学习党在各个时期的政策、法令、指示，领会精神实质，正确掌握运用，提高政策水平。五是组织干警学习“总路线、大跃进、人民公社”有关文件，贯彻中共八届八中全会精神，在人民法院内部开展司法工作“大跃进”。

1960 年，根据中共八届八中全会精神，为了更好地保卫总路线、“大跃进”和人民公社，阳泉市人民法院在对干警开展“社会主义教育运动”基础上，推行“五爱公约”，开展政治思想工作，即热爱共产党、毛主席；热爱社会主义祖国；热爱总路线；热爱大跃进；热爱人民公社。根据阳泉市委指示，将“五爱公约”推广到全市各工矿企业、机关事业单位和人民公社及生产大队。与此同时，从 2 月份起，要求干警坚持学用一致的原则、理论联系实际的原则和改造思想的原则，每周开展 12 个小时的理论学习，对干警进行马列主义、毛主席著作和中国共产党的决议、指示、政策、方针的教育，先后学习了《毛泽东选集》第一卷、《政治经济学》“社会主义部分”上、下册和《列宁主义万岁》等经典原著，对干警克服暂时的经济和生活困难，坚守人民司法战线，打击困难时期形形色色的刑事犯罪，调解特殊历史阶段的人民内部矛盾，维护社会主义制度、确保困难时期的社会稳定和治安安全，发挥了极其重要的政治导向和司法保障作用。

1961 年 1 月，中共八届九中全会召开，决定对国民经济实行“调整、巩固、充实、提高”的方针，全国开展“整风整社”运动。阳泉市人民法院一方面组织干警学习“农业 12 条”和“工业 70 条”，提高干警对中共八届九中全会精神的认识，加深干警对困难时期中国共产党的方针、政策的理解；另一方面，结合“整风整社”，在思想领域深入批判“五风”（共产风、强迫命令风、浮夸风、瞎指挥风、干部特殊化风），纠正“大跃进”以来思想上、作风上出现的浮躁风气，重新恢复和确立实事求是的司法指导思想。

1963 年，根据市委统一部署，对干警进行马列主义、毛泽东思想和阶级观点、阶级斗争教育和反对修正主义教育，组织干警学习八届十中全会关于“阶级斗争问题”的指示和有关文件，学习毛泽东副主席《论阶级斗争和人民民主专政》一书，使干警深刻认识阶级斗争的长期性和复杂性，认识帝国主义和各国反动派以及现代修正主义的本质，从而进一步提高阶级觉悟，提高革命警惕性和政策业务水平，增强阶级斗争观点，防止和克服司法工作中的麻痹思想，始终保持旺盛的革命干劲。与此同时，院党组定期研究干部思想情况，发现问题，及时解决，并定期组织党、团员组织生活，开展批评与自我批评，以增强团结，增强党性。此外，在市委统一部署下，全体干警积极参加新“五反”运动（反对官僚主义、分散主义和铺张浪费，反对贪污、盗窃，反对投机倒把）和社会主义教育运动，纠正各类思想和作风问题519条，其中法院以外的市直机关单位思想和作风问题119条，7名不安心继续做司法工作的干警，经过党组织的教育和深入细致的政治思想工作，坚定了继续坚守司法岗位的信念。

1964年，进一步加强对法院干警的“阶级斗争教育”，并按照中共中央“关于依靠群众力量，加强人民民主专政，把绝大多数四类分子改造成新人”的指示，学习中共中央和最高人民法院、省高院有关阶级斗争的文件和指示，以增强干警的阶级斗争观念。3月份，学习中共中央关于“加强互相学习，克服故步自封，骄傲自满”的指示，检查和批判部分干警思想上存在的骄傲自满情绪和不求上进的“中游思想”。同时开展学习毛泽东主席著作和“学解放军、学大寨、学大庆”运动，特别是群众性的“学毛著”活动蔚然成风。在学习大庆、学习大赛和学习人民解放军的政治工作经验的基础上，先后开展两次法院机关的“革命化”运动和“比、学、赶、帮”运动，提高干警的政治觉悟，增强了办案积极性、主动性和创造性。由于政治思想工作的灵魂作用、鼓劲作用和鞭策作用，在市委因中心工作抽走7名干部的情况下，不仅执结当年新收的各种刑、民事案件1306件，而且执结了上年未结的60件，全年共执结各类案件1366件，全面完成审判任务。

1966年起，因开展“文化大革命”运动，阳泉市人民法院被中止行使审判权，由“阳泉市无产阶级革命委员会保卫部审判办公室”具体负责刑、民事案件审判。

1973年6月28日，阳泉市中级人民法院恢复建制，并升格为二审法院。同年9月，阳泉市中级人民法院和阳泉市公安局正式分设办公，先后抽调15名干部、工人充实法院工作，阳泉中院在职人员由原审判办公室的14人增加到29人。并新建立了法院党组、党支部。新成立的党组和法院党支部，坚持狠抓干警的政治思想工作和业务能力提高，组织干警集体学和自学相结合的方式，学习毛泽东主席有关司法工作的教导，学习党在“文化大革命”中的政策、方针，学习《刑、民事工作施行草案》和其他兄弟法院的先进审判经验，开展“老带新、新促老”的互教互学活动。与此同时，阳泉市中级人民法院按照上级安排部署，开展“批林整风”运动，对干警“认真看书学习，弄通马克思主义”，加强对干警的路线教育，批判林彪的“天才论”、“阶级斗争熄灭论”、“打人有理论”、“小节无害论”。帮助“不愿搞刑事工作，怕犯丧失阶级立场的错误同志”和“认为民事工作家务琐事婆婆妈妈，感到这项工作没出息，思想不安定”的干警提高认识，进而提高广大干警的阶级斗争、路线斗争和无产阶级专政下继续革命的觉悟，法院工作出现了“三多三少”的新气象，即“深入群众多了，坐堂办案少了；做思想工作多了，群众怨气少了；亲自办案多了，往上、下推的少了”。

1975年，开展学习无产阶级专政理论活动和评《水浒》活动，逐段逐句学习毛泽东主席和马克思、恩格斯、列宁的三十三条语录，特别是组织干警联系社会上两个阶级、两条道路、两条路线斗争实际，广泛开展革命大批判，狠批资本主义、修正主义和投降主义，批判资产阶级法权思想和“走后门”等不正之风。在司法实践中，贯彻中国共产党的方针政策，主动抵制资产阶级法权，自觉抵制资产阶级思想的侵蚀，以提高干警的阶级斗争、路线斗争和无产阶级专政条件下继续革命的觉悟。

1976年，阳泉市两级人民法院在市委和省高院领导下，继续以阶级斗争为纲，教育干警坚持中国共产党的基本路线，开展揭批“四人帮”活动。

1977年7月16日～21日，中共十届三中全会召开。8月12日至18日，十一大召开，虽然十一大继续强调“以阶级斗争为纲”，但正式宣布了“文化大革命”结束。阳泉市两级人民法院在政治思想战线上，一方面继续开展深入揭发批判“四人帮”活动，重点对“文化大革命”期间“砸烂公检法”破坏社会主义法制进行清算和揭批。另一方面，组织干警学习贯彻中共十届三中全会和十一大精神，标志着两级人民法院政治思想工作进入一个全新内容、全新方式、全新方法的转折时期。

第三节　政治思想工作的完善（1978～1999年）

1978年5月11日，《光明日报》刊发《实践是检验真理的唯一标准》。之后，中央党校、中国社会科学院、《人民日报》、《光明日报》、《解放军报》以及许多地方报刊纷纷发表文章，开展关于真理标准问题的讨论。阳泉市两级人民法院党组组织干警开展“真理标准问题的讨论”。同年12月18～22日，中共十一届三中全会召开，要求必须完整地、准确地掌握毛泽东思想的科学体系，高度评价关于“实践是检验真理的唯一标准”问题的讨论，决定停止使用“以阶级斗争为纲”的口号，作出“把工作重点转移到社会主义现代化建设上来”和“实行改革开放”的决策，标志着中国进入社会主义现代化建设的新时期，也标志着政治思想工作进入到改革开放新时期。

1979年，阳泉市两级人民法院组织干警认真学习中共十一届三中全会精神，贯彻落实全会制定的路线、方针、政策和全国人大五届二次会议提出的各项工作任务，以适应全党全国工作着重点的转移，逐步地把人民法院的各项工作重点，由过去一切为政治运动服务，转移到为巩固、发展安定团结和保卫社会主义现代化建设上来。并围绕这个中心开展针对性政治思想工作，深入批判“彻底砸烂公、检、法”的罪行，进一步促进干警政治观念的转变和政治觉悟的提高。

同年，全国人大五届二次会议颁布《刑法》、《刑事诉讼法》，阳泉市中级人民法院会同公安局、检察院联合在党校举办新法轮训班，对广大司法干警进行全员化法制教育，提高和增强依法办案、依法办事的思想意识。通过“真理问题的讨论”和

《刑法》《刑事诉讼法》的学习，纠正了两级人民法院广大干警在思想认识上的一些模糊观念，如有些干警受“文革”影响，思想不大解放，审理民事案件、维护公民合法权益，担心被人看做是在“保护资本主义尾巴”；审理刑事案例，不能正确对待“依法轻判”，担心被人看作是“对敌人心慈手软”；特别是在复查案件中，有的案件本来应该纠正，却几次讨论不敢定，唯恐被戴上“右倾”或“为坏人翻案”的帽子。通过两级人民法院党组认真细致的政治思想工作，广大干警认识到，对冤、假、错案不解决、不平反、不昭雪，就无法调动一切积极因素，就会直接影响安定团结的政治局面和四个现代化建设。通过严谨细致的政治思想工作，阳泉市两级人民法院广大干警放下历史包袱，转变了陈旧观念，人人争当解放思想的促进派、安定团结的促进派、实现“四化”的促进派，形成了“时时想着四化，工作为着四化，办案推动四化”的思想建设新局面。

1980 年，为尽快提高干警业务水平，阳泉市两级法院继续以《刑法》和《刑事诉讼法》为内容，对全体干警普遍轮训，提高和增强干警的法制观念，树立法律至上的思想意识，营造依法办案的司法环境。

1981 年，学习贯彻 1980 年中央工作会议提出的“两个进一步”战略和中共十一届六中全会精神，学习讨论《关于建国以来党的若干问题的决议》，继续进行两级人民法院内部司法领域和思想领域的拨乱反正。与此同时，两级人民法院在各级党委领导下，认真贯彻中央 30 号和 39 号文件，联系司法工作实际，针对干警队伍中出现的涣散软弱状态和社会上流行的资产阶级自由化倾向，进行了专题政治理论学习和政治教育帮扶，引导广大干警认清资产阶级自由化对社会主义制度、社会主义法制的政治危害，进一步加强干警政治思想建设。

1982 年 1 月 11 日，中共中央发出《关于打击经济领域中严重犯罪活动的紧急通知》，13 日，发出《关于加强政法工作的指示》。3 月 1 日，中共中央批转《广东、福建两省座谈会纪要》、《关于打击经济领域中严重犯罪活动的决定》。7 月 10 日 ~ 24 日，中共中央召开全国政法工作会议，会议强调，新时期政法工作的主要任务是健全社会主义民主和法制，加强人民民主专政，保卫和促进以经济建设为中心的社会主义现代化建设。10 月，中共中央、国务院在《关于中央党政机关干部教育工作的决定》中，进一步指出“要不失时机地抓紧培训干部，把干部教育工作经常化、正规化、制度化”的要求。阳泉市两级人民法院政治思想工作主要是学习贯彻十二大精神，学习和领会党中央上述有关文件和指示的精神，进一步加强政法工作，为严厉打击经济领域中的严重犯罪活动，保卫和促进以经济建设为中心的社会主义现代化建设，对干警进行必需的政治思想教育和引导。

1983 年 8 月，开展为期三年三个战役的“严打”斗争。在繁重的“严打”斗争中，两级人民法院始终没有放松政治思想工作，而且“严打”斗争越紧张，越是要抓紧政治思想工作；“严打”斗争越深入，越是要抓干警的政治思想建设，组织干警学习“三本理论书籍”和中国共产党的有关方针、政策，学习中共十二大和第六届全国人大会议精神，使广大干警在严厉打击刑事犯罪活动中，精神振奋，斗志昂扬，不仅在思想上、行动上和党中央保持高度一致，而且在具体的审判实践中，严把“事实关、证据关、定性关、量刑关、程序关、法律文书关”，圆满完成了“严打”期间各项审判任务。

1984 年，政治思想工作有三个要点：一是对以“阶级斗争为纲”进行检讨和反省，清除“左”的思想对审判工作的影响，使广大干警提高对人民法院使命和职责的认识，充分认识人民法院不单纯是阶级斗争的工具，而且还肩负着调处人民内部矛盾、增强安定团结、维护经济秩序、促进“四化”建设的重任，从而使广大干警自觉冲破传统观念的束缚，主动克服就事论事，就案办案的倾向，正确理解办案与经济建设的关系问题，把审判工作与中国共产党的根本任务紧密结合起来，并围绕中国共产党的中心工作，严格依法审理刑事、民事案件，为经济建设贡献自己的力量。二是继续深入学习“严打”斗争有关文件和司法解释，深刻领会中央和省委有关“严打”斗争的指示精神，充分认识人民法院在“严打”斗争中担负的职责和使命，教育引导干警进一步明确斗争的长期性和艰巨性，充分认识党中央决定开展全国性“严打”斗争的必要性和重要性以及“严打”斗争的重大意义，树立长期作战的思想，纠正部分干警在具体案件的审判和量刑中，不再坚持从重打击，而是等指示、看行情的松劲情绪，使广大干警充分认识到严厉打击刑事犯罪是党中央的决策部署，是顺民意、得民心的重大战略决策，是一场严肃的政治斗争，是争取社会治安形势好转的必要措施，特别是通过对治安形势的实际分析，教育引导干警要清楚地看到，阳泉地区乃至全国各地，恶性案件还时有发生，社会治安并未根本好转，从而使广大干警克服麻痹松紧思想，树立起长期作战的决心，把思想认识统一到中央的方针政策和决策部署上，把“严打”斗争进一步引向深入。三是在加强政治思想工作基础上，在人民法院内部建立岗位责任制，两级人民法院针对审判实际，对干警审理案件的数量指标和质量指标作出具体规定，将审判人员的责、权、利有机结合起来，对审判人员德、勤、能、绩进行考核，调动广大干警的积极性。如平定法院制定“一包、三定、三考核，年终奖惩兑现”办法，提高了干警出勤率。盂县法院在明确责任制前提下，加强基础工作，做到具体工作有要求，平时工作有记载，年终评比有依据，发放奖金有档次，调动干警的积极性。

1985 年，两级人民法院坚持用中共十二大确定的总任务、总目标教育干部，引导大家正确对待改革，正确认识形势，提高执行中国共产党的路线方针和政策的自觉性。从政治上、思想上和党中央保持高度一致，不断端正业务指导思想，提高上层建筑（人民法院审判工作）为经济基础（改革开放）服务的自觉性，使干警从思想上、行动上服从服务于中国共产党的总目标、总任务，从维护经济体制改革的宏观角度出发处理刑事、民事案件，旗帜鲜明地支持锐意改革的经济活动，打击破坏改革的违法乱纪行为，树立全心全意为人民服务的世界观，提高抵制资产阶级思想侵蚀的自觉性，教育引导干警过好“金钱关、美色关、人情关”，提高和增强干警识别、抵制资产阶级自由化的能力。

1986年，在资产阶级自由化倾向日趋严重的情况下，两级人民法院高度重视政治思想工作，一是坚持用共同理想教育鼓舞和团结广大干警，使广大干警各自的岗位职责、人生追求与现阶段各族人民的共同理想结合起来，脚踏实地，努力工作，因而在法院工作任务重、条件差、工资低、福利少、加班多、出差多的条件下，大多数干警都热爱本职工作，奋发拼搏。二是以秉公执法为核心，采取多种形式，加强职业道德建设，抓政治上的培养教育，先后有12名干警入党、入团，34名干部提拔到助审员以上岗位；同时抓正反面教育，抓具体问题解决，把政治思想工作同为干警办实事、解难题结合起来，对好人好事及时表彰，对违法乱纪问题严肃查处，主动为干警解决子女就业、家属转户、住房等方面的实际困难，增强政治思想工作的说服力和凝聚力。两级法院建立健全了党组织生活制度、挂牌服务制度、岗位责任制度、定期整纪刹风等方面的规章和制度，保证政治思想规章的经常化和制度化。三是狠抓文化教育和法制教育，提高干警的文化、业务素质。两级法院除采取向外输送，集中训练，定期学习等方法抓紧干警的哲学、政治经济学、法律等方面的学习外，从中院到基层法院的领导，高度重视法院“业大”的办学工作，从人力、物力、时间上保证干警有充分的时间和精力学习业务知识。

1988年，两级法院组织干警认真学习贯彻中共十三大精神和十三大通过的各个政治文献，深刻领会社会主义初级阶段理论和中国共产党的基本路线，并坚持经常进行政治教育和形势教育，使广大干警深刻认识新时期人民法院工作的指导思想，就是要充分发挥审判职能，努力维护社会治安秩序和社会政治安定，保障改革、开放的顺利进行，促进生产力发展和商品经济秩序的建立。教育引导干警围绕审判工作，全方位服从服务于改革开放和经济建设，广大干警从思想和观念上实现了三个改变：一是变单一专政观念为全面服务观念，从“重刑轻民”的旧法律思想中解放出来，强化服务职能，运用审判职能，从社会生活各方面为中国共产党的中心任务服好务。二是变被动为主动服务，全面改进审判作风，通过诉讼与非诉讼等多种途径，主动为社会从多角度多层次提供法律服务，努力使单纯事后保护向超前服务发展。三是变封闭活动方式为开放活动方式，审判工作中注重借助新闻媒介和其他舆论工作，以增强透明度，扩大社会教育效果。由于大家的思想逐渐统一到中共十三大精神上来，全市法院基本形成了心往一处想、劲往一处使、同心同德振兴法院工作的新局面。

从80年代中期，党中央提出反对资产阶级自由化，到80年代末90年代初，国内、国际社会主义形势发生了重大变化，1989年6月4日，北京发生严重政治风波。之后，东欧剧变、苏联解体，世界社会主义出现严重曲折，中国社会主义事业的发展面临空前巨大的困难和压力。反思这些国际、国内社会主义事业出现的剧烈变化的原因，阳泉市两级人民法院充分认识到，在和平和发展为主题的时代，在改革开放和现代化建设进程中，意识形态领域的冲突和争夺从没有停止过，中国共产党的政治思想工作在和平与发展年代只能强化，不能淡化，更不可削弱和放弃。基于这样的认识，阳泉市两级人民法院坚持以人为本，在政治思想工作中做到尊重人、理解人、关心人，做到政治思想工作贴近实际、贴近生活、贴近群众，做到政治思想工作注重人文关怀与心理疏导，注重政治思想工作的实效性和凝聚力。

1989 年，两级人民法院结合国际、国内社会主义事业出现的暂时曲折，狠抓政治思想工作，保持人民法院坚定正确的政治方向。一是提高各院党组和领导干部对政治思想工作的认识，充分认识在改革开放新形势下，要保证人民法院正确、合法、及时地执行国家法律和中国共产党的各项方针、政策，就必须进一步加强政治思想工作，发挥政治思想工作在人民审判事业中的生命线作用，任何削弱、放松政治思想工作的做法，都会使广大干警迷失正确的政治方向，很难经得起执政和改革开放的考验，对国外敌对国家的和平演变战略和资产阶级自由化企图削弱和放松政治思想工作的危害，进行了严肃的批判和清算。二是开展系列专题教育，提高广大干警辨别是非的能力。1 ~ 4 月份，全市法院系统每周抽出一天时间，在全体干警中深入开展中国共产党的基本知识教育、社会主义初级阶段理论教育和改革开放十年以来的形势教育，从大量的事实对比中，大家认识到，十年改革开放取得辉煌成就的实践证明，中国的改革开放是成功的，中国共产党的路线、方针、政策是正确的。虽然当前遇到一些前进中的困难，但这些困难将在治理整顿中被不断克服掉，那种只看到困难而随意抹杀改革成果，怀疑和否定改革的观点是错误的，提高了大家辨别是非的能力。三是强化干警为人民服务的思想。大家深刻认识到，中国共产党的政治优势和精神力量，就在于党是一个以全心全意为人民服务为宗旨的政党，人民法院干警必须牢固树立全心全意为人民服务的观念，在审判实践中必须坚持依法办事，秉公执法，不徇私情，不谋私利，切实保护公民的合法权益。

1990 年，两级法院认真贯彻中共十三届六中全会精神，以形势教育、反和平演变教育、宗旨教育、职业道德教育等为内容，开展形式多样的思想教育工作，并在全市法院开展“学雷锋，争当人民好法官”的活动，激发广大干警“我为人民多办案，办好案”的工作热情。后半年，按照省委政法委统一部署，两级法院制定了“学、比、创”活动六条措施，并把这一活动作为加强法院干警政治思想教育的重要形式，在两级人民法院广泛开展“学、比、创”活动，树立人民法院先进模范人物的光辉形象。

1991 年，一是学习新的《民事诉讼法》。4 月 9 日，新《民事诉讼法》公布实施，阳泉市中院于 6 月份举办“民诉法”培训班，对全市法院 50 多名审判业务骨干进行了专题学习指导。各基层法院在此基础上，对民事、经济、告申、执行工作人员逐条、逐款、逐项进行二级培训和辅导，为正确执行新《民事诉讼法》奠定基础。二是开展执法队伍整顿。根据上级统一部署，4月开始，从思想、纪律、作风、组织等方面，对干警队伍进行为期9个月的执法队伍整顿，特别是针对干警中存在的“五怕一不足”思想，采取“一学文件，二谈现状，三查根源，四看实践”的办法，把思想教育贯穿于整顿始终，通过学习燕居谦、彭一等先进模范人物的典型事迹和有关文件精神，查纠各类人民群众反映强烈的问题60多个。7月和8月，又按照中共阳泉市委安排，开展机关纪律整顿，针对“思想上满足现状不思进取，作风上推诿扯皮效率不高，执法中以案谋私为政不廉，纪律上边整边犯责已不严”四个方面的问题，查原因，定措施，堵漏洞，教育引导干警牢固树立依法办案、廉洁执法观念。三是加强马克思主义政治理论学习，结合苏联、东欧等社会主义国家发生的形势剧变，组织干警认真学习《社会主义若干问题纲要》、《马克思主义哲学纲要》和江泽民的“七一”讲话，用马克思的立场、观点、方法武装干警的头脑，坚定干警走社会主义道路的信念，强化干警全心全意为人民服务的公仆意识。

1993年，两级法院通过学习邓小平建设有中国特色社会主义理论和中共十四大精神，形成人民法院新时期鲜明的政治指导思想和基本工作思路：即改革开放深入到哪里，经济建设发展到哪里，人民群众要求到哪里，审判工作就适应到哪里，法律服务就送到哪里，并从这一指导思想出发，广大干警自觉增强服务意识，依托审判职能，改进工作作风和服务方式，实现了新时期审判工作社会效果、经济效益与法律效应的有机结合。

1994年，贯彻全国法院政治工作会议精神，建立健全了政工机构，配置充实了专职政工干部，实行党组领导下的，以政工部门为主体，各业务庭处室及工青妇齐抓共管的工作机制，在此基础上，坚持从严治院，从严治警方针，狠抓干警政治思想工作，克服“重业务、轻政治”、“一手硬、一手软”的倾向，通过多种形式的思想教育和政治学习，在干警队伍中营造了政治坚定、业务熟练、作风过硬、秉公执法和团结向上、富有朝气、不计名利、无私奉献的浓厚政治氛围。

1995年，是“八五”计划的最后一年，也是加快改革，促进国民经济持续、快速、健康发展，实现第二步战略目标重要的一年，根据党中央确定的进一步搞好改革、发展、稳定的中心任务和省委关于“四大战役，五个一工程”的战略部署，以及市委提出的“111314”工程，阳泉市两级法院以学习贯彻《中华人民共和国法官法》为契机，全面加强干警政治思想工作，强化干部队伍建设。《中华人民共和国法官法》的颁行，标志着人民法院队伍建设步入了一个崭新阶段。两级法院在普遍加强业务培训工作，积极组织干警学习新法律、新法规、新业务、新知识基础上，进一步加强政治思想工作，紧紧围绕中共十四届六中全会精神，密切联系国际、国内的形势发展和干警思想工作实际，明确提出全市法院系统精神文明建设的指导思想、奋斗目标、基本任务和主要措施，把讲学习、讲政治、讲正气、讲团结、讲奉献，作为政治思想工作的主题和灵魂，组织干警系统地学习中共十四届六中全会《决议》、江泽民关于讲政治的一系列重要学习材料，开展服务宗旨、廉洁自律等专题教育，使全体干警进一步坚定了共产主义理想，增强了政治敏锐性、组织纪律性和贯彻执行中国共产党的路线、方针、政策与国家法律的自觉性。

1997年，香港回归祖国，中共十五大召开，阳泉中院新一届党组成立。两级人民法院干警深入学习贯彻十五大精神，按照新一届党组提出的“从严治院、秉公执法、团结拼搏、争创一流”方针，全面改进和加强思想政治工作。一是建立由党组成员和各庭室处负责人组成的机关政治理论学习中心组，开展经常性政治学习活动，不断提高党组成员和中层干部政治素养。二是坚持严格执行政治理论学习制度，从院、庭领导做起，始终坚持每星期一次的政治理论学习制度，组织干警学习邓小平理论、江泽民总书记重要讲话、十五大精神和上级党委各项决议、决定，以科学的理论武装干警头脑，提高了干警政治素质。三是开展党纪党规知识竞赛活动和参观学习先进文明单位活动，先后组织干警参观全国法院审判方式改革先进单位——河北省平山县法院和北京市海淀区法院，学习他们开拓进取、大胆探索、实现审判工作规范化的经验；参观市级文明单位阳泉市第四水厂，学习他们科学化、文明化管理的经验；参观阳泉市特困企业市水泥厂，向数月不发工资仍坚守岗位的工人师傅学习不怕困难，艰苦奋斗的精神；赴北京参观“辉煌五年成就展”，通过丰富多彩、形式多样的政治思想工作，弥补书本教育的不足，在干警思想上产生了强烈反响，有效促进了干警政治觉悟提高。四是坚持把解决干警工作、生活中的实际问题，同政治思想工作有机结合起来的办法，用真情温暖干警，用热忱凝聚干警。一年间，中院党组先后为干警办了8件实事，解除了一部分干警的后顾之忧，使每一位干警都感受到政治思想工作的温馨。

1998年，按照上级统一部署，从3月起，开展为期10个月的“一整两反”（即：整顿财经纪律、反对铺张浪费、反对官僚主义），阳泉中级人民法院根据法院干警队伍实际，结合市场经济条件下，部分干警不断滋长的“官僚主义”现象，以政治思想工作为先导，对干警队伍进行集中教育整顿。一是从思想教育入手，重点解决少数干警不讲大局，就案办案，满足现状，不思进取的问题；二是从作风建设入手，重点解决特权思想和“冷、横、硬”等简单粗暴的办案方法以及办事、办案拖拉等问题；三是从纪律整顿入手，重点解决执法活动中的不严、不公、不廉等问题；四是从审判秩序入手，重点解决经济审判和执行工作中的执法混乱问题；五是从内部管理入手，重点解决管理不严，各行其是，擅离职守等问题。通过教育整顿，通过开展批评与自我批评，通过各级政工干部严谨细实的政治思想工作，初步解决了执法活动中存在的“人情案、关系案、金钱案”等办案方式不正的风气，根除了“抢立案、抢管辖、抢执行”等办案动机不纯的风气，戒绝了“滥用保全措施、滥用强制措施、滥用先予执行”等办案方式不好的风气，消除了“超标准收费、超职权范围办案、超时限审案”和利用办案“吃、拿、卡、要”等严重损害人民法院整体形象的负面影响，规范了干警的执法秩序，执法不公、枉法裁判、作风粗暴等现象得到有力遏制。与此同时，贯彻党中央《关于全党深入学习邓小平理论的通知》精神，在全市法院系统掀起学习邓小平理论的高潮。市中院始终坚持周一下午政治学习的制度。城区、盂县法院组织干警在政治学习中，写心得、谈体会、进行演讲活动，营造了浓厚的政治理论学习氛围。

1999年，两级人民法院以邓小平理论和中共十五大、十五届三中、四中全会精神为指针，紧紧围绕阳泉市改革、发展、稳定大局，开展“审判质量年”、“执行年”和“争创人民满意法院、争当人民满意法官”活动。特别是在市场经济进一步深入，法院内部改革力度不断加大的情况下，针对个别干警在市场经济形势下经不起考验，进一步强化政治思想工作，及时解决少数干警思想上存在的法律虚无主义、办案中存在的地方与部门保护主义，大力校正干警只以自己承办案件的输赢、利益得失衡量司法活动是否公正的不良社会心态，对极少数干警无视、甚至损害人民法院审判权威的不良社会行为，干扰人民法院正常司法活动的行为，给予严厉批评和坚决纠正。

第四节 政治思想工作规范化（2000～2012年）

2000年，开展以讲学习、讲政治、讲正气为主要内容的“三讲”教育。虽然按照中央精神和上级党委（党组）部署，进行“三讲”教育的主要对象，为“县级以上党政班子和领导干部”，即“在县级以上党政领导班子和领导干部中，用整风精神开展以‘三讲’为主要内容的党性党风教育”。但阳泉市两级人民法院党组，在对领导班子和领导干部进行“三讲”教育基础上，即把“三讲”作为政治思想工作的核心和灵魂，对全体干警进行了相应教育引导，加强政治思想工作的主动性，这是阳泉市两级人民法院贯彻中共十五大精神和中央部署，深入学习邓小平理论，加强领导班子建设、提高领导干部素质、强化干部队伍思想道德建设和文化建设的重要举措。讲学习，主要是学理论、学知识、学技术。首先是学理论。讲政治，包括政治方向、政治立场、政治纪律、政治鉴别力、政治敏锐性。讲正气，就是要继承和发扬中国共产党在长期革命和建设事业中形成的好传统、好作风，坚持真理、坚持原则，坚持同一切歪风邪气和各种腐败现象作斗争。通过“三讲”集中教育，使两级法院领导班子和广大党员干部，受到一次深刻的马克思主义、毛泽东思想、邓小平理论教育，经受了一次严格的党内生活锻炼，增强了政治意识、大局意识和责任意识，改进了作风，振奋了精神，政治素质得到全面加强。中院领导班子根据“三讲”中查摆出的问题，确立了近期、中期、长期整改目标21个，建立和完善配套制度6项，并在集中“三讲”结束后的半年中，圆满完成了推进审判流程管理、推行审判长选任制、加强基层建设、改变基层面貌等近期整改目标。阳泉市委“三讲”办和“三讲”巡视组，均对阳泉中院“三讲”教育工作给予了充分肯定。

2001 年，一是掀起学习江泽民“七一”讲话、践行“三个代表”重要思想热潮，阳泉中院党组和理论学习中心组，先后组织 3 次集体学习活动，党组成员和中层干部畅谈学习江泽民“七一”讲话和“三个代表”重要思想的认识与体会，推进全市法院系统理论学习活动的开展，增强政治思想工作的时代性。二是从 5 月份开始，组织开展“加强法官职业道德教育、整顿领导班子、整顿审判纪律、整顿工作作风”活动，简称“一教育三整顿”，结合政治思想工作的时代特征和现实要求，举办法官职业道德演讲比赛 1 次，查纠队伍思想建设、作风建设和审判工作中存在的问题 15 个。三是组织开展纪念建党 80 周年活动，通过歌咏比赛、党建知识竞赛、法官职业道德演讲比赛和参观刘胡兰纪念馆、房山县法院等活动，对广大干警进行革命传统教育和党性观念教育。四是深入学习中共十五届六中全会精神，贯彻落实《中共中央关于加强党同人民群众联系的决定》，开展党风建设调研活动，按照党中央“八个坚持、八个反对”要求（即坚持解放思想、实事求是，反对因循守旧、不思进取；坚持理论联系实际，反对照抄照搬、本本主义；坚持密切联系群众，反对形式主义、官僚主义；坚持民主集中制原则，反对独断专行、软弱涣散；坚持党的纪律，反对自由主义；坚持清正廉洁，反对以权谋私；坚持艰苦奋斗，反对享乐主义；坚持任人唯贤，反对用人上的不正之风），对干警进行新形势下人民法院审判工作及其他工作如何同人民群众保持血肉联系的政治思想教育和形势任务教育，增强干警的政治意识、大局意识、责任意识和法官队伍的职业道德意识。

2002 年，紧紧围绕公正与效率，建立符合现代司法特点审判新格局的要求，阳泉市要求中级人民法院编制精简 10%。一些职能重叠的庭（室）需要在机构改革中撤并，一些年龄偏大的干警面临提前退休。为确保机构改革顺利进行，阳泉中院从加强政治思想工作入手，经过充分酝酿，广泛动员，在政治思想工作入脑、入心，取得大家谅解、理解和赞同的情况下，到 4 月底，机构和人员均实现了精简 10% 的目标，一批年轻有为的干警走上领导岗位，一批年纪偏大的干警提前退休，阳泉中院率先完成了本次改革任务。在此基础上，以“三个代表”重要思想为指导，对照“八个坚持、八个反对”，开展“转变审判作风年”活动，针对在公正执法、审判作风、廉洁自律、工作纪律四个方面存在的问题，开展为期一周的封闭式教育整顿，要求每个干警包括院领导进行深刻反思，写出书面剖析材料，召开不同层次的民主生活会，广泛开展批评与自我批评，全面加强政治思想工作，并通过隆重纪念建党 81 周年，先后组织法官宣誓、法官职业道德演讲、职业道德和“两个办法”知识考试等形式，强化干警忠诚践行“三个代表”的职业道德建设，凸显了政治思想工作的实效性和时代性。

2003年，阳泉两级法院政治思想工作以加强审判作风建设为主要内容，开展“优化服务环境，改进审判作风，树立审判新风”的“评优评差”活动。通过向社会公开承诺、聘请执法监督员、召开不同范围不同层次的座谈会和发放征求意见卡等方式，查找干警在审判作风、思想建设、职业道德等方面存在的问题，对照司法指导思想、审判作风、审判质量和效率、法官法规定的“十三种不得有”行为认真进行检查，用党组会、中层干部会、民主生活会等形式，开展集中教育整顿，解决干警在思想政治、审判作风、工作纪律、内部管理方面存在的问题，并以“三个代表”重要思想和中共十六大提出的司法改革任务为指导，推进司法公正，提高司法效率，实现了干警司法公正水平和思想建设水平的明显提高。

从2003年4月份开始，“非典型肺炎”疫情突如其来，阳泉中院党组坚持“一手抓非典防治，一手抓政治思想工作”，按照中央和上级领导机关关于防治“非典”疫情的有关精神，成立防治“非典”领导组，详尽制定“非典”防治预案，严密部署非典防治措施，做深做细做活政治思想工作，整体防治工作实现了“四个到位”：即认识到位、措施到位、资金到位和精力到位，到6月底，预防“非典”工作即取得胜利。阳泉市两级人民法院干警保持了较高的政治素质和思想觉悟，做到了审判、“防非”两不误。

2004年，阳泉市两级法院以推进法官职业化建设为主线，以建设一支政治坚定、业务精通、作风优良、执法公正的司法队伍为目的，以政治思想工作为先导，扎实开展“司法公正树形象”活动，一是从端正学风入手，坚持把学习理论武装头脑同整顿思想、提高认识结合起来，严格按照活动的要求，明确学习任务，采取集中学习与个人自学相结合，集中讨论与个人思考相结合等多种形式，正确处理学习与工作，自觉学习与督促检查，理论学习与查摆问题的关系，保证了学习的时间、内容和成果。在学习内容上，严格按照最高院院长肖扬在动员讲话中提出的加强“六个方面”的学习，大力开展“四个方面”的教育的要求，全市两级法院组织广大干警继续加强“三个代表”重要思想的学习，深刻领会“三个代表”重要思想的精髓，联系思想和工作实际，牢固树立“司法为民”的观念，不断提高践行“三个代表”重要思想的自觉性。二是将学习教育与作风整顿结合起来，在整顿中学习，在学习中提高，收到明显成效。全市两级法院按照市委政法委部署，开展“端正干警品行，强化内部管理”教育整顿活动，教育引导干警牢固树立司法为民的思想，干警队伍作风建设有了明显增强，司法为民的自觉性进一步提高。三是将学习教育与树立典型形象结合起来，涌现出一大批于昌明式的好法官、好干部，形成了具有明确特定内涵的“于昌明精神”。于昌明长期从事执行工作，他爱岗敬业，甘于奉献，心系百姓，服务大局，努力实践，勇于创新，不仅执结了大批钉子案、骨头案，还带出一支执法廉洁公正的执行队伍，先后荣获“中国法官十杰”称号和“中国青年五四奖章”。受到党和国家领导人亲切接见，市委、省委专门举办了“于昌明事迹报告会”，省委四部委及市委专门做出“向于昌明同志学习”的决定。于昌明身上集中体现出当代青年和人民法官“勤于学习，自强不息；爱岗敬业，甘于奉献；心系百姓，服务大局；努力实践，勇于创新；率先垂范，秉公执法”等五种精神，成为全国法院战线的一面旗帜和阳泉市法院系统和队伍建设方面的宝贵精神财富。

2005 年，一是开展保持共产党员先进性教育活动，结合法院工作自身特点，利用多媒体教学、局域网等现代化教学设施，深入政治理论学习，通过开展批评与自我批评，深挖细剖党员队伍中存在的问题，进行“六查六看”，即查是否存在门难进、脸难看、话难听、事难办的问题，看服务意识强不强；查是否存在有法不依、执法不公、粗暴执法的问题，看法治意识强不强；查是否存在有令不行、相互推诿、作风拖沓、自由散漫的问题，看效能意识强不强；查是否存在搞形式主义、做表面文章的问题，看实干意识强不强；查是否存在讲排场、比阔气、铺张浪费的问题，看节俭意识强不强；查是否存在为政不廉、借权谋利的问题，看廉洁意识强不强。并结合“六查六看”，制定切实可行的整改方案，提高整改实效，邀请群众评议和监督。3 月，山西省委“保持共产党员先进性教育督导组”一行，对阳泉中院先进性教育活动进行检查时，认为该院“先进性教育工作扎实，效果明显，经得起检验”。在全市第一批先进性教育活动结束时，中院在 77 个单位中综合评分名列前茅，受到阳泉市委的充分肯定。二是开展“规范司法行为，促进司法公正”专项整改活动，采用“走出去，请进来”的办法，广泛发动群众，实行开门整风，在开展先进性教育基础上，着重从执法、司法行为是否规范等方面，教育引导干警树立人民司法为人民的观念，加强政治思想工作的针对性和实效性。

2006 年，开展社会主义法治理念教育和政治理论学习活动。在法治理念教育活动当中，两级法院召开各种类型的座谈会 37 次，走访当事人 132 人，发放征求意见卡 3100 余份，设置征求意见箱 6 个，征求意见的对象涵盖各个不同的层面，共征集各类意见 210 余条，法官个人笔记普遍在 5000 字以上，举办专题讲座 20 次，对全市法院庭（室、处）以上负责人，进行不少于 10 天的集中培训，并在市级以上媒体刊播有关报道 30 余篇。经过社会主义法治理念集中教育活动，全市法院面貌焕然一新，干警的政治意识、服务意识、大局意识明显增强，工作作风有明显改进，司法为民的十一项措施得到落实，全市法院案件结案率较上年同期提高 3.84 个百分点，错案率和执法过错率下降 13 个百分点，个案平均审限缩短 2.7 天，人民群众满意率明显提升。与此同时，全市两级法院把学习中国共产党的理论路线方针政策作为重点，在提高党员干部自觉学习意识上下工夫，先后学习了“三个代表”重要思想、十六届五中、六中全会精神，以及中央和省市党委关于加强政法工作的重要精神，学习了党中央关于科学发展观的重要论述，提高了广大干警的政治理论素养，促进了各项工作的深入开展。

2007年，开展“作风建设年，狠抓落实年”系列活动。组织干警学习胡锦涛总书记在中纪委第七次全会上的重要讲话和6月25日在中央党校省部级干部进修班发表的重要讲话，认真查找领导干部在思想作风方面存在的问题，在全市法院系统开展“八个方面”良好风气教育。教育引导干警按照胡锦涛的要求，一是要勤奋好学、学以致用，牢固树立终身学习的思想，坚持理论联系实际的马克思主义学风，努力在建设学习型政党和学习型社会中走在前列，把学习的体会和成果转化为全面建设小康社会、构建社会主义和谐社会的能力，转化为推动中国共产党的执政能力建设和先进性建设的能力。二是要心系群众、服务人民，牢固树立马克思主义的群众观点，始终坚持中国共产党的群众路线，时刻摆正自己和人民群众的位置，在思想感情上贴近人民群众，下大气力解决好群众反映强烈的突出问题，下大气力做好关心困难群众生产生活的工作，多办顺应民意、化解民忧、为民谋利的实事。三是要真抓实干、务求实效，发扬求真务实精神、大兴求真务实之风，增强工作的责任感和紧迫感，使各项工作真正经得起实践、群众、历史检验。四是要艰苦奋斗、勤俭节约，牢记“两个务必”，带头发扬艰苦奋斗、勤俭节约的精神，带头反对铺张浪费和大手大脚，带头抵制拜金主义、享乐主义和奢靡之风，在各项工作中都要贯彻勤俭节约原则，真正把有限的资金和资源用在刀刃上。五是要顾全大局、令行禁止，自觉维护中央权威和中央大政方针的统一性和严肃性，确保中国共产党的理论和路线方针政策的贯彻落实，确保党和国家工作部署的贯彻落实，同时善于把中央精神与地方和部门实际结合起来，创造性地开展工作。六是要发扬民主、团结共事，严格执行民主集中制的各项制度规定，自觉接受党组织、党员和群众的监督，共同推动形成心齐气顺、风正劲足的局面。七是要秉公用权、廉洁从政，自觉遵守中国共产党的纪律和国家的法律法规，严格执行领导干部廉洁从政的各项规定。八是要生活正派、情趣健康，讲操守，重品行，注重培养健康的生活情趣，保持高尚的精神追求。与此同时，阳泉市两级法院通过多种形式，组织干警广泛深入开展学习十七大精神活动。市中院和各基层法院理论学习组组织干警学习了十七大报告，在深入反复学习基础上，市中院组织了十七大精神知识考试，全体干警参加了考试。中院党组要求干警要将学习活动与本职工作结合起来，重在提高政治素质、业务素质，各法院开展了岗位练兵活动，把中共十七大精神落实在具体工作中。盂县法院采取“登台”讲课的方法强化学习效果，城区法院分期分批参加了城区区委组织的十七大精神学习教育活动。

2008年，开展“大学习、大讨论”和“学习实践科学发展观”活动。广大法官和司法政务人员对中共十七大精神和胡锦涛在全国政法工作会议上的重要讲话，进行大学习、大讨论，学习了中共中央《关于在全党开展深入学习实践科学发展观活动的意见》，结合法院工作实际和队伍建设现状，进一步深化社会主义法治理念教育和纪律作风建设，贯彻落实“抓三案、促四化、求五新”工作思路（“三案”，即要求全体审判人员，把自己所承办的案件办成经得起历史检验的铁案、精品案、和谐案；“四化”，即推进“审判工作法治化、法院管理规范化、法官队伍职业化、法庭建设标准化”；“五新”，即法院建设达到“审判工作有新水平，队伍建设有新境界，廉政建设有新举措，自身建设有新发展，法院管理有新突破”），基本上实现了“树立一个思想，解决一个问题，抓好一个要务，保证一条底线，夯实一个基础”的活动目标，全院干警思想作风、政治作风、工作纪律作风有了明显改进和提高。

2009年，组织开展深入学习实践科学发展观活动，重点增强法官的政治意识、大局意识和为民意识。在活动中，全市两级法院突出“司法为民，服务大局”主题，进一步强化干警的政治信念，使干警在理念上、行动上正确认识和科学理解“三个至上”（坚持党的事业至上、人民利益至上、宪法法律至上），教育引导干警，正确理解为党和国家工作大局服务，是人民法院必须始终坚持的正确政治方向，也是全面落实科学发展观，实现依法治国基本方略，维护社会的公平与正义提供优质的法律服务和有力的司法保障的主要内容。要求干警充分认识作为在中国共产党领导下的审判机关和人民法官，必须牢固树立中国共产党的领导观念，切实增强党性观念，坚持马克思主义在政法工作中的指导地位，在工作中自觉贯彻执行中国共产党的路线方针政策，坚持正确的政治立场，经受住政治风浪的考验。要求干警必须明确手中的审判权是党和国家、人民赋予主持社会公平正义的神圣权力，在审判工作中，必须始终代表党和人民的意志和利益，坚持忠实事实，忠实法律；必须以高度的政治责任感和使命感来行使神圣的审判权，严肃执法，秉公办案；必须始终坚持全心全意为人民服务的宗旨，提高服务质量，拓宽服务领域，改善服务态度，在“三个至上”思想的指引下，审慎行使手中的审判权，切实维护人民群众的根本利益。

2010年，针对法官工作和作风上存在的问题，深入开展“人民法官为人民”主题实践活动，引导法官在审判执行中学习科学发展观、贯彻科学发展观、落实科学发展观，着力提升队伍正确把握大局、了解社情民意、驾驭审判工作、解决实际问题的能力。

2011年，深入开展社会主义法治理念再教育、“发扬传统、坚定信念、执法为民”、群众观点大讨论、“人民法官为人民”等主题实践教育活动，牢固树立“忠诚、公正、廉洁、为民”的政法干警核心价值观，增强干警的政治意识、大局意识、责任意识和群众意识。

2012年，开展保持党的纯洁性、政法干警核心价值观等主题教育实践活动，提高干警政治素质。结合两项活动，认真开展了市政法委组织的“千名干警联千村、法律服务到基层”活动，帮助群众解决实际困难，进一步增强人民法官为人民的观念。

第二章 队伍建设

第一节 概 况

阳泉市中级人民法院成立于1947年5月4日。建院初期，阳泉市人民法院仅有干部5名。其中副院长2名，设一庭、二庭，有预审员2名、书记员1名。

阳泉市中级人民法院干部队伍建设情况，从时间跨度上讲，大体上可分为三个历史发展时期：

第一个历史发展时期，是人民法院初创时期，即1947年5月阳泉市人民法院成立，到1954年中华人民共和国第一部《人民法院组织法》颁布实施，时间跨度为7年。这一时期，阳泉市人民法院干部大体保持在5～14名之间，干部管理的最大特点是：政治上要求纯之又纯、业务上力排旧法影响、审判实践上勇于求真创新。政治上的纯洁性，主要是指当初建立阳泉市人民法院时，即根据解放区马列主义、毛泽东思想国家观和阶级观，按照新民主主义专政原则和人民司法的经验模式，建立起来的完全不同以往历史上任何审判机构的新型审判机关，对干部的政治要求高，绝大多数为解放战争初期中国人民解放军公安部队或作战部队的转业干部、解放区具有司法经验的党政干部，排除国民党旧司法人员、不明身份的社会人员、有严重政治历史问题的人进入人民法院审判岗位。业务上力排旧法影响，主要是指审判实践中，主要按照解放区或人民解放军颁布的司法训令、条例和中国共产党的政策，及解放区人民司法中成功的审判案例、审判经验对具体案件作出裁判，不采用国民党“六法全书”条款审判刑事、民事案件，对受过旧法教育的审判人员进行马列主义、毛泽东思想国家观和阶级观教育，肃清旧法影响。审判实践上的求真创新，主要是指新建立的人民法院审判干部在对具体案件的司法裁判中，不拘泥于旧法束缚和解放区颁布的各项司法训令、通令及人民解放军颁行的战时军令，不受其他解放区或历史上传统审判案例的影响，在党委领导下，充分依靠人民群众，在审判实践中积累成功的司法经验，探索新解放区人民司法的崭新道路，提供新建立的人民政府打击刑事犯罪、调解人民内部矛盾、组织和恢复经济工作、清算国民党反动官僚及军官和不法资本家非法财产以及进行土地改革方面的全新审判案例。从这个意义上讲，阳泉市人民法院虽然建院初期只有四五名干部，但却担负着重要的政治使命和历史责任。

第二个历史发展时期，以1955年的“内部肃反运动”为标志，到1978年中共十一届三中全会召开，时间跨度为23年。这期间干部编制职数大体在23（1955年）~ 29名左右，干部管理制度基本上沿袭了建院以来的“革命化”模式，“政治挂帅”和“以阶级斗争为纲”，成为这一时期人民法院干部管理的显著特点。准入制度严格，成分论、出身论成为这一时期录用干部和选择、任用干部的重要特征。

“文化大革命”后期，即20世纪70年代中叶，在阳泉市中级人民法院指导下，郊区、城区、矿区三个基层人民法院先后建立。各基层院主要领导干部，均由阳泉市中级人民法院派出，管理上仍然属于市管干部。一般司法岗位上的干部，则由各区组织部和人事局选派或招录。

第三个历史发展时期，即1978年12月底召开的十一届三中全会开始，到2010年。时间跨度为整整32年。

1978年12月中共十一届三中全会后，干部队伍建设确立了“四化”方针，即“年轻化、专业化、知识化、革命化”。随着1977年底全国高考制度的恢复，大批大、中专毕业生充实到人民法院司法岗位，随着党中央开始着手纠正“文化大革命”和新中国成立之后历次政治运动中，干部管理上出现的各种失误和错误，一些曾经被打成“右派”或因政治历史问题，被开除、下放、调离司法岗位的同志，平反或落实政策后，陆续重新回到人民法院工作。成分论、出身论，被“革命化、知识化、专业化、年轻化”所取代，阳泉市中级人民法院干部管理模式发生了重大改变，干部构成成分一改新中国成立初期到“文化大革命”结束前，以工农干部和军转干部为主的特征，开始向多元化发展。

1980年2月，中共中央宣传部、中共中央组织部颁发了《关于加强干部教育工作的意见》强调重新教育干部是一项关系全局的战略任务。1983年10月，中央组织部印发《干部培训规划要点》，指出有计划、大规模地培训干部，提高干部队伍的素质，是现代化建设的需要，是继往开来、保证中国共产党的路线连续性的迫切要求，具有重大的战略意义。这些文件明确提出要把干部教育培训放在战略地位，对全面恢复和加强干部教育培训作出了明确的规定。1982年10月，中共中央、国务院在《关于中央党政机关干部教育工作的决定》中，进一步指出“要不失时机地抓紧培训干部，把干部教育工作经常化、正规化、制度化”。1983年5月，中共中央颁发《关于实现党校教育正规化的决定》，对党校班次设置、招生工作、课程设置、教学原则、教材编审等作了原则规定，对党校教师队伍建设提出要求；对党校的规模、党校的编制和经费、党校的基本建设投资等作了相应的规定。

80年代初，随着盂县、平定县划归阳泉市管辖，阳泉市中级人民法院司法辖属的基层法院增加到5个。根据这一时期人民法院司法审判工作的实际需要，经阳泉市委组织部和人事局、市编办批准，招录、接受了一大批干部和职工：一是从其他部门调入了一批干部、工人；二是接纳了一批大、中专院校的毕业生；三是公开向全社会召录了一批干部（1985年）；四是接受了一批军转干部。到1985年，阳泉中院干部职数达到了70人。年轻干部占到很大比例，新、老交替成为可能。

1991和1996年，中央先后印发了《1991～1995年全国干部培训规划要点》、《1996～2000年全国干部培训规划》。这一时期干部培训的主体内容转到了学习建设有中国特色的社会主义理论上来。全党开展了以“讲学习、讲政治、讲正气”为主要内容的党性党风教育活动，兴起干部理论学习的热潮。

20世纪90年代之后，随着《公务员条例》、《法官法》的颁布，人民法院干部准入制度更加严格，除军转干部外，一般须经国家公务员考试，方能进入人民法院干部序列。审判干警还须通过国家司法考试，方能进入法官行列，“凡进必考”成为20世纪90年代中期之后，人民法院干部管理的基本模式。由于干部准入门槛较高，对于其他途径进入的干部或职工，则实行分类管理，有的为国家特殊序列的公务员，有的为事业单位编制干部，也有部分工勤人员。而审判人员的管理晋升，则由过去单纯的行政职级管理和简单的人事任命，提升到必须由同级人民代表大会常务委员会任命，人大常委会任命的干部有：审判员、正副庭长、审判委员会委员、正副院长；高学历化和专业化成为这一时期的重要标志。

而这一时期，按干部在法院内部所担负的工作任务，大体可分为六大类：一是法官，从事案件审理工作的人员，是人民法院人员构成的主体；二是执行官，目前仍然参照法官的序列，履行发生法律效力文书的执行工作；三是书记员，协助法官完成案件审理、执行等辅助性工作；四是司法鉴定人员，从事司法鉴定工作；五是司法警察，担负法院警备工作；六是行政管理人员，负责行政、政工、后勤等事务。

进入21世纪后，阳泉市中级人民法院干部管理模式，又有了新的发展。2000年，两级人民法院普遍推行中层干部竞争上岗制度，年轻有为、成绩突出的干部开始走上领导岗位。2001年5月，中共中央印发《2001～2005年全国干部培训规划》，指出干部培训要以理论基础、世界眼光、战略思维、党性锻炼、业务能力为主要内容。据此，阳泉中院对基层法院院长进行了交流轮岗。尤其是中共十六以来，中央先后对学习贯彻“三个代表”重要思想和学习《江泽民文选》作出部署，阳泉中院也和全国一样，在党员干警中开展了以实践“三个代表”重要思想为主要内容的保持共产党员先进性教育活动。2002年，阳泉中院大力推进机构改革，编制精简了10%的干部职数，一批年轻化、专业化审判骨干通过公开竞争走上中层领导岗位，一批大公无私的老同志提前退休或离岗。对书记员实行了聘任制管理，尝试书记员单独序列管理新模式。2005年，《公务员法》颁布，对人民法院干部管理提出了新的更高的要求。年轻化、专业化、知识化和一岗多能成为21世纪之后阳泉市两级人民法院选任干部的新趋势。

阳泉市中级人民法院经过60多年发展，由基层法院发展成二审法院，辖三区两县五个基层法院，中院干部职数从建初初期的5人，发展壮大到2012年底的138人[①]。队伍建设取得了历史性进步，积累了丰富的抓队伍、带班子经验，形成了独特的班子和队伍建设模式。

——两级人民法院领导班子思想上政治上更加成熟和坚强。阳泉中院历来重视领导班子的思想建设和政治建设。坚持用马列主义、毛泽东思想和中国特色社会主义理论武装各级领导班子和干部队伍。两级法院领导班子始终坚持不断加强党内生活制度和领导班子工作制度建设，在建立健全长效机制方面取得了新的进展，领导班子政治意识、大局意识、忧患意识和责任意识明显增强，驾驭全局和处理复杂问题的能力进一步提高。

——两级人民法院干部队伍素质大幅度提高。通过坚持不懈地用马列主义、毛泽东思想和中国特色社会主义理论体系培训干部，让干部在实践中经受锻炼和考验，广大干部的思想政治素质不断提高，对建设中国特色社会主义理想信念不断坚定，领导和推动科学发展的能力不断增强，以人为本、为人民群众服务的理念不断强化。干部队伍文化程度不断提高，截至2012年底，两级人民法院干部中，具有硕士学位的6名，本科学历的294名，专科学历的72名。法院法官和其他工作人员具有本科以上学历的比例为81%，而其中具有硕士学位的干警达2%，干部队伍结构日趋合理，老、中、青结合的梯次结构逐步形成，干部队伍分布趋于合理，越来越多的优秀女干部、少数民族干部、专家学者型干部走上两级人民法院的领导岗位。

——两级人民法院干部交流力度、广度不断加大。尤其是以领导班子换届选举为契机，积极推进各基层法院院长之间的干部交流，注意把干部交流与干部挂职锻炼结合起来，形成了中院院长实行跨区域交流、基层院长实行县区交流、中院干部挂职基层法院学习锻炼的领导干部管理模式。

——两级人民法院干部人事制度改革不断深化。民主、公开、竞争、择优贯穿于干部工作全过程，民主推荐成为干部选拔任用的基础环节，体现科学发展观和正确政绩观要求的干部考核评价体系正在逐步完善，干部考察预告制、任前公示制，公开选拔和竞争上岗成为两级人民法院干部选拔任用的主要方式。

——两级人民法院干部教育、干部监督等制度进一步加强。

——两级人民法院干部分类管理体制在实践中不断完善。进一步规范了公务员进、管、出各环节的管理，建立健全了公务员系列干部管理制度、事业编制人员和工勤人员的管理制度。

注：①138人为编制数。

第二节 干部人事管理工作的探索（1947-1956 年）

这一时期大体为 1947 ~ 1955 年之间，其干部队伍建设最显明的标志和特点，就是政治上的纯洁性，阳泉市人民法院干警多为军转干部或来自老解放区党政或司法部门，具有丰富人民刑事、民事审判经验的干部。这一时期阳泉市人民法院干部，经受了严峻的革命战争的考验，既具有在战争状态下，开展人民司法工作的实践经验，也具有充分运用审判形式上，打击敌对势力破坏新生的人民政权的意志和作风。对人民充满朴素的阶级感情，忠诚于中国共产党的司法审判事业。

1947 年 5 月 2 日阳泉解放。4 日，成立阳泉市人民政府，隶属于晋察冀边区人民政府。即设司法处，并派干部管理当地的刑事、民事案件和监狱（看守所）的教育改造和武装看押事务。并组织在押罪犯进行力所能及的生产。

1948 年 10 月 24 日，根据华北人民政府通令，阳泉市司法处更名为阳泉市人民法院。是为石家庄人民法院之基层法院，终审法院为刚成立的“华北人民政府法院”。

由于阳泉市司法处（即阳泉市人民法院前身，下同）成立之时，解放战争已经拉开战幕，人民解放事业和建国大业均在筹谋之中。加之“阳泉”建市前的行政建制为“镇”，即阳泉镇，隶属平定县。从这个意义上讲，阳泉市是为共产党在解放战争开始后，建立起来的第一座新型城市。所谓新型城市，从历史上讲，阳泉市不同于其他历史悠久的传统城市，如同属于新解放城市的石家庄、邯郸等，它是共产党在解放该地区之后，即以“阳泉”二字命名的一座城市。从政治上讲，“阳泉市”不同于石家庄、邯郸等共产党解放后的“接管城市”，是完全按照解放区的行政、民政、司法等模式，建立起来的由共产党直接领导的一级行政建制。从干部来源上讲，阳泉市人民政府各行政机关、司法部门的干部成分，建市之初，即以人民解放军军转干部、解放区有丰富行政经验和司法经验的党政干部组成，完全排除了国民党军政人员和司法人员参与新政权的工作。

阳泉市人民政府下设的司法处（1948 年 10 月 24 日，更名为阳泉市人民法院），按照中国共产党关于人民司法的构想，在坚决废除国民党“六法全书”前提下，参照各解放区人民审判的成功模式，建立起来的最早的人民审判机关之一。因此，成立之初的阳泉市人民法院的干部组成，即从政治上完全排除了旧司法人员的参与，司法人员以中国人民解放军公安部队、解放军野战部队和解放区党政部门中，具有司法审判经验的干部为主。较之解放战争中、后期，中国共产党和中国人民解放军解放并接管的那些曾由国民党管理的城市改组的审判机构（法院、裁判所）等，阳泉市人民法院的干部组成成分较为单纯。审判人员为人民政府编制内的司法干部，由人民政府根据情况按编制规定录用、选拔和任命。审判人员的职级晋升，完全同人民政府行政序列的干部相一致，其薪金、福利也基本相同。

1948年,华北人民政府发布《通令》,为“召集第一期司法干部训练班由,令各行署、各直辖市”派司法干部前往学习培训。阳泉市作为华北人民政府直辖市之一，即派干部参加了本次司法培训。当年，阳泉市人民法院有干部11人，其中院长1人，审判员1人，书记员1人，办事员2人，看守所所长1人，看守员5人。

1949年，阳泉市人民政府对法院的机构和司法干部配备情况，进行了调整。调出人民法院的干部有：院长1人，书记员1人，看守员2人。当年，干部职数14人。其中：院长1人，由阳泉市人民政府秘书主任代理，秘书1人，审判员2人，书记员1人，看守所长1人，看守员6人，看守所教育干事1人，生产干事1人。本年度阳泉市人民政府在法院新设的干部岗位有：秘书、教育干事和生产干事。新增的干部有秘书1人，审判员1人，看守员3人。

1950年，中华人民共和国成立后的党中央，即开展以各级担负领导工作的党员干部为重点的整风运动，阳泉市人民法院的党员干部，参加了阳泉市委组织进行的整风运动，受到了深刻的群众路线教育。

1951年，阳泉市人民法院更名为“阳泉工矿区人民法院”，9月3日，《中华人民共和国人民法院暂行组织条例》颁布实施。阳泉市人民政府即按法院《条例》精神，对阳泉工矿区人民法院进行干部配置。法院设干部5人，其中副院长2人，审判员1人，办事员、书记员各1人。从干部职数上看，在本年度，建院以来一直由阳泉市人民法院直接管理的看守所，移交由阳泉市公安局管理。

1951年下半年至1954年春，全国开展大规模整党运动。

阳泉市人民法院的整党工作从1952年7月16日开始。当时，法院有干部5人，副院长2人，审判员1人，办事员、书记员各1人。高鸣九任第一副院长，史郁如提拔为第二副院长。干部有史连修、杨俊荣、郗志民。除史郁如、杨俊荣为非党同志，另外参加其他方式的政治学习、整风运动外，其余党员高鸣九、入党积极分子史连修和团员郗志民，均参加了本次整党运动。整党运动进入最后阶段时，于9月25日，司法改革运动开始，至12月25日结束。其间经历了学习文件、工作检查、小组鉴定、制定制度四个阶段。通过整党和司法改造运动，阳泉市人民法院干部队伍作风建设和思想建设进一步加强，旧法观念得到批判，旧的审判作风得到整顿，受过旧法教育的干部在党和群众的帮助下，思想认识和政治觉悟得到进一步提高。因为阳泉市人民法院没有旧司法人员，因此，在第一次司法改革运动中，并不存在“旧司法人员”被调离的问题。但“因思想不纯”，有一名干部从书记员岗位上被调作其他工作。在整党运动和司法改造运动中，阳泉市人民法院建立起“学习制”：“除遵照政府统一规定坚持学习外，另外我院每星期要学习一次业务。”

1953年，阳泉市人民法院干部职数增加到8人，新增人员有：1月下旬，调入预审员王惠玉。2月下旬，副院长张改香经华北人民政府法院培训后到职，抓《婚姻法》的贯彻；预审员王振瑞，书记员刘爱萍，经山西省人民法院培训后到岗。到年底时，干部职数降为7人：即副院长2人，预审员2人，书记员2人，办事员1人。当年11月，党中央提出“应将后备干部名单”制度逐步建立起来，阳泉市人民法院开始着手建立培养和选拔年轻干部工作制度。副院长张改香被派往华北人民法院培训，另有预审员王振瑞、书记员刘爱萍被派山西省人民法院培训。当年的干部职数曾于2月下旬增加到8人，到年底时，又降为7人。

1954年，在山西省第三届司法会议召开之际，阳泉市人民法院安排副院长高鸣九到北京学习培训。9月，新中国第一部《宪法》诞生，新《宪法》将中国革命胜利的成果以国家根本大法的形式固定下来，开创了我国宪政新纪元，是我国宪政的基石，为我国走向宪政之路指明了方向，并为中华民族的伟大复兴奠定了基础，寄托了民族的历史梦想。新《宪法》规定了“人民法院独立进行审判，只服从法律”的原则精神，对人民法院审判干部根据法律行使审判权，给予宪法意义上的保障。阳泉市人民法院的干部职数为6人，其中副院长3人，但张改香因配合阳泉市人民政府其他方面的工作，基本上处于不在职状态，实际在岗的副院长为2人，审判工作由2名预审员主持，另有书记员2人。

1955年，阳泉市人民法院干部职数有了较大幅度的增长，总编制增加到25人，实际在岗人数增加到23人，比1954年净增加干部16人。其中院长1人，副庭长1人，审判员9人，书记员5人，行政干事3人，接待员1人，法警3人。新增干部的来源主要是从其他行政部门调入。从编制上看，仍缺编2人。但从实际缺额上看，尚需配备16名干部，为此，12月6日，阳泉市人民法院向阳泉市委作了《干部政治情况和调整意见的报告》，希望增加编制，根据当时对敌斗争的形势，再增加干部16名。其中副院长2人，秘书1人，庭长1人，法医1人，会计1人，文印员1人，勤杂工2人，审判员2人，书记员3人，行政干部1人，法警1人。

从干部的政治情况分析，较之1954年前绝大多数司法干部为工农出身、经历过革命战争考验、且转业军人居多的特点，在1955年新增加的司法干部中，其个人成分就显得有些复杂。12月6日阳泉市人民法院向阳泉市委作的《干部政治情况和调整意见的报告》中有明确反映，“现有的23名干部中，其政治面貌有共产党员12人，占总人数的52%，青年团员6人，占26%；群众5人，占22%。从家庭成分来看，地主家庭出身的4人，官僚家庭出身的1人，富裕中农1人，中农1人，贫农7人，小资本家1人，自由职业者1人。在23人中，历史上曾参加过反动党团组织的2人，参加过一贯道的2人，被敌逮捕后自首的1人，其父因反革命被我镇压的1人。通过内部肃反运动，发现历史上有严重政治问题的1人，即本院审判员……该在云南和平解放前，历任伪昆明市教育局督学、科长、特务秘书及市银行金库主任，参加过三青团、国民党、教育革新社，又是国民党区分部宣传委员，在参加工作后，历次运动和专门学习，始终未交代清楚。是此次肃反运动的重点对象……因有严重政治问题，不适合作法院工作……”故请市委将该审判员调出。由此可见，“内部肃反”也是在当时的政治历史条件下，阳泉市人民法院纯洁司法组织、整顿法院干部队伍的一种方法。从中也可以看出从 1947 年至 1955 年，阳泉市委和阳泉市人民政府对人民法院干部政治上的严格要求。

第三节　干部人事管理工作的完善（1957-1977 年）

这个时期阳泉中院干部队伍建设的特点大体有四个：

一是从审级管理上讲，1958 年 ~ 1959 年“大跃进”期间，阳泉市人民法院曾一度管辖“昔阳人民法院、盂县人民法院和平定人民法院”（见《阳泉人民法院 1959 年工作安排》……三……（2）“调整组织机构。公社化以来，随着国家政治、经济形势的发展，昔阳、盂县、平定的司法组织，须在中国共产党的领导下，迅速进行整顿，以利工作。”），对昔阳法院、盂县院和平定法院的干部，进行过短暂的管理。

二是从机构规格上讲，“文化大革命”中一度撤销并中止行使审判权的“阳泉市人民法院”，自 1973 年 6 月 28 日起，即在“阳泉市革命委员会保卫部审判办公室”基础上，恢复了人民法院这一国家审判机关的明确称谓，并由“文化大革命”前的“阳泉市人民法院”，升格为二审法院，即阳泉市中级人民法院。之后，在阳泉中院直接领导和具体指导下，阳泉市下辖的三个区郊区、矿区、城区，先后建立了基层人民法院，在干部和人事管理上，阳泉市中级人民法院也从法定意义上，增加了新的管理对象、新的管理内容和新的管理方法。

三是从干部管理手段上讲，政治挂帅和以阶级斗争为纲成为这一特殊时期干部队伍建设的重要指导思想，在干部的录用、提拔、任用上，讲究成分论和出身论，一部分知识分子出身的干部，开始进入司法审判队伍。对干部的具体管理，习惯于按照中国共产党的方针、政策管理，或用政治运动和群众运动的方式，如“反右派”、“四清”、“文化大革命”、“一打三反”等形式，对人民法院干部的纪律作风和政治思想进行“整顿”，并成为这一时期干部管理上最显著的时代特征和政治烙印。

四是从干部成分构成上发生了一些变化，即院领导和庭、室领导，包括基层法院领导干部，绝大多数参加过革命战争，很多干警为革命退伍军人或军转干部，工农干部开始进入司法战线，知识分子干部也通过调入、分配等渠道，加入人民审判事业。

1956 年，“第三届全国司法工作会议”和“第四届全省司法工作会议”先后召开，阳泉市人民法院以贯彻上述“两会”精神为契机，适时对干部开展形势教育和政策界限教育，教育干部严格分清“反革命与思想落后”、“反革命与刑事犯罪”、“犯罪与违法”、“惯窃、流氓与一般偷窃、流氓作风”的界限，掌握“以事实为依据、以法律为准绳”的审判原则。改进了法院干部的审判作风，兴起了调查研究的良好风气。

1957年，阳泉市人民法院根据省、市委关于“反对右倾思想、加强社会治安”的指示，对干部队伍中的右倾思想进行认真检查。从1957年4月至1958年8月，在法院内部开展“反右派”斗争，以大鸣、大放、大字报、大辩论的形式和方法，对法院部分持“右倾言论”或有“右倾思想”的干部进行批判斗争。如借口“审判独立”，反对党对法院工作的领导，认为党领导人民法院是“有法不依”、“违犯宪法”，并主张“党只能从方针、政策上领导，不能过问审判，否则就是违法”。3月中旬，开展“双反”运动，即“反右倾保守思想、反‘三风’‘五气’（三风：官僚主义、宗派主义、主观主义作风。五气：官气、暮气、阔气、傲气、娇气）”，揭发干部中存在的保守浪费现象，促进干部队伍的思想作风建设，形成了比先进、比干劲、比多快好省的司法工作新局面。1957年12月14日～20日，召开全院干部会议（含律师），会议传达了彭真、董必武、司法部史良部长等领导的讲话，院长唐镇源作了专题发言。与会干部在深刻领会中央司法部门领导讲话精神和省“司法座谈会”精神的基础上，以批评与自我批评的形式，进一步揭发批判法院工作中存在的右倾思想和旧法观念与教条主义“两种倾向”，对“忽视敌人破坏活动，脱离政治、脱离群众、孤立办案的倾向”，和“该判不判、重罪轻判”以及“不该减的减了刑、不该放的放出监”等保守工作作风进行分析，检查了审判工作中“惩办敌人不狠和保护人民不力”等问题，进一步明确了人民法院司法工作的无产阶级专政这一显明特点和人民性这个鲜明特色。

在1957年的“大鸣大放”中，社会各界和法院内部对组织人事方面提出各类意见17条，归纳为五点：一是应下放一名院长到法庭当庭长；二是设专职接待人员及执行员1名；三是公证室应减1～2人，秘书室减1人；四是迅速补充法庭、律师顾问处、公证室缺额人员及调整干部；五是要求迅速批准下乡上山。对人民法院司法干部个人提出的意见37条。针对人民群众针对干部个人的“意见”，阳泉市人民法院党组即交由具体个人进行“自我检查”。对组织人事方面的群众意见，阳泉市人民法院迅速予以整改，如“精简机构”和“下乡上山”问题，在“专题鸣放中”即“通过辩论”基本“解决”。

1958年，“政治挂帅”和“干部参加生产劳动”被阳泉市人民法院党组提上干部队伍建设的重要议事日程。院党组要求全体干部要“固定重点、参加生产劳动，结合开展审判业务，保卫生产，保卫中心。”具体做法是“哪里有案件，就到那里处理；到那里办案，就到那里参加生产。”其中“选择重点时有两种情况”，一种是重要生产厂矿（如阳钢、二、三、四矿）或比较好的管理区；一种是事故多、人员复杂、须要深入开展审判业务工作的（单位），“重点确定以后，（干部）到固定地点参加生产，便于发现掌握敌情动态和各种危害生产的问题”。与此同时，阳泉市人民法院根据整风运动中，社会各界，包括法院内部对干部管理中“鸣放”出的“意见”进行整改，即“加强政治思想领导工作”，共六条：一是法院领导经常了解同志们每个时期的思想动向，党组每季度应将全院干部的政治思想情况，作一次考察了解，结合季度工作总结，予以适当的表扬与批评，并每半年向市委作报告一次。二是除党、团支部严格党、团组织生活外，每月在院、庭、室务会议上，开展批评与自我批评作为会议内容之一，以此来加强政治思想领导，特别对违犯原则性的不良倾向，应通过各种方法及时解决，教育本人与大家。三是建立干部谈话日，院长、副院长于每月5日、15日、25日晚，轮流与干部谈心，了解思想情况，及时解决思想上存在的问题。四是利用大字报的形式，活跃机关干部的政治生活，有意见就鸣放出来，需要辩论即组织辩论，通过这种形式，暴露问题，弄清是非，提高政治思想水平。五是评选先进工作者和积极分子，树立旗帜，推动工作，庭、室每季度评选一次，全院半年评选一次，庭、室对每个同志的模范事迹，除经常注意外，并通过庭、室务会议予以记载，供年终评选时参考。六是每星期六早上学习时事，让干部了解国内外形势，提高政治思想水平。

除此之外，1958年，阳泉市人民法院还用订立《爱国公约》的形式，加强干部队伍的纪律作风建设。《爱国公约》为：热爱共产党、毛主席、热爱社会主义祖国、热爱总路线、热爱大跃进、热爱人民公社。阳泉市人民政府还将此公约，推广全市各国家机关、企事企业单位、人民公社、生产大队和千家万户。当年，全市各单位共订集体《爱国公约》9624份，家户及个人订立《爱国公约》50004份，每月的1日、15日晚上（或逢5），各单位抽出一、两个小时过“爱国日”。继续开展学先进、赶先进的“红勤巧”评比和竞赛活动。提出“人人订立红勤巧计划，个个向高指标进军”的劳动竞赛口号。1958年阳泉人民法院干部队伍建设的顺口溜是：“政治挂帅思想红，深入整风反右倾，新旧积案一扫尽，鼓足干劲当冠军”。需要特别加以说明的是，在1957年4月～1958年8月开展的“反右派”斗争中，阳泉市人民法院先后有7名干部，因反对“党对法院工作的领导”、反对“党委过问具体案件的审理”，要求“审判独立”和“无罪推定”等言行被划为“右派分子”、“坏分子”，受到开除、撤职、降级、调离司法岗位或下放工厂、农村监督劳动等处分。

1959年，为贯彻中共八届八中全会精神，阳泉市人民法院继续开展整风运动，干部队伍管理较之以往任何时候，都注重干部的文化理论提高和司法业务水平的提高。院党组要求每个星期，最少抽出八个小时，即一天的时间，进行政策业务、文化知识和政治理论的学习。其中中国共产党的路线、方针、政策和司法业务学习不少于四个小时，文化知识和政治理论学习也不少于四个小时，八个小时的学习时间全部为业余时间。

1960年，是新中国成立后经济上最困难的一个时期。阳泉市人民法院在干部管理工作上，紧紧围绕党和政府领导人民克制经济困难这一艰巨任务，积极参与到中国共产党的工作中心当中。一是狠抓政治学习，继续坚持政治挂帅，用整风的精神克服思想上的松劲情绪。在具体工作中，阳泉法院党组组织全体干警，结合"三反"、"肃反"工作开展大鸣大放和大辩论，不断反对右倾保守思想和轻敌麻痹思想，对少数干部存在的畏难、松劲和重刑事、轻民事等错误思想认识，用"小整风"的方式进行整改，并加强对干部的马列主义、毛泽东思想教育，组织干部学习马列和毛主席原著，学习这一时期中国共产党的决策、指示、政策、方针。如从2月份开始，每周坚持学习12个小时，集中学习了《毛泽东选集》第一卷，《政治经济学》社会主义部分上、下册和《列宁主义万岁》等经典原著，以进一步提高干部的思想认识，加强每一个干部的工作责任心。二是狠抓劳动竞赛，紧紧围绕"学以致用、理论联系实际、改造思想"的原则精神，用开展"学、比、赶、帮"劳动竞赛活动的形式，鼓舞克服经济困难的士气和信心，院党组坚持对每个干部、每个庭（室）的工作进行每月一小评，每季度一大评制度，通过大评比、大表扬、大竞赛、大插红旗、方树标兵活动，形成你追我赶的工作热潮，营造克服经济困难、积极向上的斗争精神。三是积极参加生产劳动，坚持和人民群众同甘共苦，共渡难关。1960年，阳泉市人民法院共20名干部，一年间参加劳动656.5天。其中深入到公社、管理区参加生产、保卫生产，与群众实行"四同"（同吃、同住、同学习、同劳动）的劳动日达213个，深入到工矿企业的劳动日为33.5个，在机关直接参加积肥、种植蘑菇、人造肉精、大种大养等劳动日达410个，不仅使人民法院干警树立了劳动观点、群众观点，同时密切了党与人民群众的关系和干群关系。四是直接参与中国共产党的中心工作，通过审判活动保卫中心任务。如10月份，阳泉市委提出"大抓生活"的具体目标和任务，阳泉人民法院即抽出唐镇源院长和庭长、审判员等5人，直接加入到市委组织的抓生活运动中去。其他同志则一边坚守审判岗位，一边参加生产劳动，帮助各人民公社制定管理制度，打击反革命分子、坏分子的破坏活动，保卫"三秋①"工作。

1961年，阳泉市人民法院干部管理工作，继续按照困难时期中国共产党的路线、方针、政策，根据阳泉市委确定的各项中心工作，一方面组织干警学习政治理论、业务知识和文化知识，提高干警对经济困难的正确认识，牢固树立对党一定能领导人民群众、克服眼前的经济困难和生活困难、顺利度过困难时期的坚定信念。另一方面，人民法院干警以审判为武器，保卫夏收、秋收，打击投机倒把活动，维护市场秩序，以保证国家应对人民群众生活困难提供的基本物资和食品供给。与此同时，阳泉市人民法院抽出院长、庭长等6名干部，深入6个人民公社、33个生产队，开展"整风整社"

注：①秋收、秋种、秋耕。

运动，解决“五风”问题(共产风、浮夸风、瞎指挥风、强迫命令风、干部特殊化风)。6月份，又抽出7名干部，组成三个巡回法庭，直接参加了市委组织的保秋前线指挥部保卫秋收工作。

1962年，中央组织部提出要建立干部能上能下、能“官”能民的制度。在中共八届十中全会上，毛泽东主席提出要在实际工作中进行社会主义教育。同年年底到1963年初，阳泉市委即着手进行整风整社、社会主义教育和小“四清”工作。1963年2月，在中央工作会议上，毛泽东主席督促各地注意抓阶级斗争和社会主义教育问题。3月1日，中共中央发出在全国城市逐步开展反贪污盗窃、反投机倒把、反铺张浪费、反分散主义、反官僚主义的“五反”运动，并在试点基础上，展开大规模“社教”运动，并将“四清①”内容规定为清政治、清经济、清组织、清思想。城乡社会主义教育运动是党发动和领导的一次大规模群众运动，阳泉市人民法院根据上级党委部署，全程参加了“社教运动”和“四清运动”，对解决干部作风问题起了一定的作用。

1963年，在市委统一部署下，阳泉人民法院全体干警参加“五反”运动，院领导以身作则，带头“洗手”、“洗澡”，发动群众，检查出贪污、盗窃、投机倒把，官僚主义、铺张浪费、分散主义、损公肥己、占小便宜、走后门、生活特殊化、多吃多占、种“小块地”等问题519条（其中涉及外单位的119条）。对官僚主义、分散主义和铺张浪费现象进行了批判，随后又开展了反贪污、反盗窃、反投机倒把斗争，有2名干警因“贪污”行为受到处理。“五反”运动后期，在狠抓整改的同时，开展社会主义教育工作，解决了7名不安心司法工作干警的思想认识问题，整顿并健全了各种规章制度。通过“五反”运动，提高了干警的政治思想觉悟，整顿了组织，并在运动告一段落后，在干部中开展评比竞赛，提高了工作效率。

1964年，党领导人民群众经过三年的努力，基本上克服了自然灾害和人为因素造成的经济困难。阳泉市人民法院对干部管理仍然坚持政治挂帅的原则，在进一步加强政治思想工作的基础上，以阶级斗争为纲和阶级斗争教育，成为这一年干部工作的重要政治特征。一是组织干部学习党中央关于依靠群众力量、加强人民民主专政、把绝大多数“四类分子”改造成新人的指示，深入学习党中央和最高人民法院、省高院有关阶级斗争的文件精神，增加全体干部的阶级斗争观念，如3月份，组织干部学习中共中央关于《加强互相学习，克服固步自封，骄傲自满》的指示，结合实际检查批判部分干警思想上存在的骄傲自满情绪和不求上进的中游思想。二是深入学习河北保定、天津和太原市北城区法院等的先进经验，如史良芬的“四集中”办案方法，贾子华的“分片包干、蹲点跑面”的民事调解经验等，结合阳泉市司法审判实际情况，进行试验推广，尽最大努力清理积案。三是开展学习毛主席著作和学习人民解放军、学习大寨、学习大庆活动，以毛泽东思想教育提高法院干部的思想觉悟。四是继续开

注：①清账目、清仓库、清财物、清工分。

展“比、学、赶、帮”运动，提高干部的政治觉悟，增强办案动力。

总之，从1963年开始到1965年，阳泉市人民法院根据上级党委部署，对全体干警逐次开展社会主义教育运动、整风整社运动、新“五反”（反贪污盗窃、反投机倒把、反铺张浪费、反分散主义、反官僚主义）运动和“四清”运动（清政治、清经济、清组织、清思想）。虽然明显带有那个时代的政治特色，但对解决人民法院的干部作风问题起了很大作用，促进了人民法院同工农群众、同社会稳定、同生产劳动的结合。此后，“政治挂帅”和“以阶级斗争为纲”成为人民法院干部管理的两条主线。“政治挂帅” 和“以阶级斗争为纲”，不仅体现在人民法院的审判实践中，更重要的是体现在具体的干部管理当中，成分论、出身论成为这一时期人民法院任用选择干部的重要政治条件。所谓“成分论”和“出身论”，主要是要求进入人民法院的干部，最好为工农家庭和革命干部家庭出身，如贫、下中农和城市工人，其家庭关系比较单纯，没有复杂的海外关系，家庭成员中，其直系亲属没有资本家、地主和国民党反动官僚、反动军人等，也没有被中国共产党和人民政府镇压的历史反革命分子、现行反革命分子和其他严重刑事犯罪分子。

1966年，“文化大革命”爆发，阳泉市人民法院审判权由“阳泉市公安机关军事管制委员会”（后改称“阳泉市革命委员会保卫部审判办公室”）行使，其间，一些干部或因历史问题、出身问题、成分问题、立场观点问题等各种原因受到冲击，有的被开除撤职、下放农村、调离审判岗位。到1973年恢复人民法院的时候，审判办公室共有干部14人。这14名干警承担了1966年～1973年7年间阳泉地区的刑事、民事审判工作，既打击了严重刑事犯罪分子，又调解了大量的社会矛盾，在力所能及的范围内，最大限度地主持了当时阳泉市城乡地区的司法公正。

1973年6月28日，“文化大革命”后期，经阳泉市委常委会议讨论决定，以“阳发〔1973〕97号”文件，下发《中共阳泉市委关于恢复阳泉市中级人民法院及干部任职的通知》，阳泉市中级人民法院得以恢复，升格为二审法院，韩双顺任院长，郝美英、高根楼、郑庆波任副院长。先后调回干部、工人15名，在职职数达到29人。9月，根据阳泉市委指示，阳泉市公安局和阳泉市中级人民法院正式分开办公。10月27日，经阳泉市委常委会议研究决定，并以“阳发〔1973〕144号”文件，下发《中共阳泉市委关于市中级人民法院建立党组的批复》，同意阳市中院建立党组，设立了党支部。韩双顺任党组书记，郝美英、高根楼任党组副书记，郑庆波、吕荣、贾在荣任党组成员。为适应当时阶级斗争形势和工作需要，在市委领导下，先后调回15名干部、工人，充实阳泉市中级人民法院的工作。并分设了刑事审判庭、民事审判庭和办公室。阳泉中院干部（含职工）职数编制，也由原“审判办公室”的14人，增加到29人。

重新恢复并升格为二审法院的阳泉市中级人民法院，在干部管理上，一是加强政治思想水平和业务水平，采取集体学和自学结合的方式，学习毛泽东主席有关司法工作的论述，学习中国共产党的路线、方针、政策，学习《刑事、民事工作施行草案》和其他兄弟法院的先进经验，进一步提高全体干警的政治思想水平和业务水平。二是建立健全刑事、民事审判程序，提高文书质量。三是开展以老带新、以新促老的互教互学、共同提高活动，营造良好的人民法院审判工作新风尚。四是开展批林整风，认真加强对全体干部的路线教育，提高广大干警的阶级斗争、路线斗争和无产阶级专政下继续革命的觉悟，推动法院各项工作的开展。

1974 年 2 月 12 日，正式启用阳泉市中级人民法院、阳泉市中级人民法院办公室、阳泉市中级人民法院刑事审判庭、阳泉市中级人民法院民事审判庭和阳泉市中级人民法院接待室印章。1974 年，是阳泉市中级人民法院恢复建制后全面进行队伍建设的第一年。根据刚调入的大多数人员未从事过法院工作，对审判、调解、信访等基本业务十分生疏和陌生这一情况，加强业务学习。法院党组一方面组织广大干警学习中国共产党的方针政策，学习上级法院的指示，学习兄弟法院的先进经验，特别是学习大寨大队党支部用中国共产党的基本路线调解民事纠纷的经验，对新进入人民法院工作的人员进行言传身教，政治引导，业务帮扶。另一方面，则放手使用干部，把他们放到实际工作中锻炼、成长，在具体的工作实际中，以老带新，以新促老，互相帮助，共同进步。政治思想教育主要开展“批林批孔”运动，学习《湖南农民运动考察报告》、《实践论》、《论无产阶级专政》等毛主席著作和《共产党宣言》、《哥达纲领批判》、《国家与革命》等马列著作。同时“实行老、中、青三结合”和“注意选拔女干部”提上人民法院干部选任工作议事日程。郊区人民法院、城区人民法院开始进行筹备阶段。

1975 年，为了适应形势的需要，在阳泉市委和城区区委、郊区区委支持下，在阳泉中院指导下，2 月份，城区人民法院和郊区人民法院相继成立，方便了群众诉讼，促进了工农业生产。这是阳泉中院历史发展中第一次从组织程序上拥有了“司法管辖权”和真正意义上的基层人民法院。当年，阳泉市两级人民法院组织干警，参加对《水浒》的评论，学习毛泽东主席关于“理论问题”的指示和马克思、恩格斯、列宁和毛泽东主席的三十三条语录，批判“资本主义、修正主义和投降主义”，以及“资产阶级法权”，提高干警对阶级斗争、路线斗争和继续革命理论的认识。年内，阳泉市矿区人民法院也在积极筹建当中。当年在干部管理中存在的问题有：城区、郊区两个法院虽已建立，但编制仍未下达。城区法院尚未选出院长，办公地址也未确定。

1976 年，阳泉中院组织两级人民法院干警在市委和省高院领导下，贯彻“全省司法工作学大寨”现场会议精神，学习昔阳司法经验，建立健全人民调解组织，加强调解干部队伍建设，恢复和发扬阳泉中院在建院之初，即形成的司法工作走群众路线的优良传统，法院干警带卷下乡，宣传法制观念，现场调处矛盾纠纷，实现了“小事不出队（车间）、大事不出社（厂）、矛盾不上交、解决在基层”的目标。并按照上级党委安排部署，在党员和干部队伍中开展“整党整风”活动，对法院干警进行普遍的马克思主义思想教育，纠正党员和干部中存在的歪风邪气和不良倾向。在此基础上，按照革命接班人的“五项条件”和“老中青三结合”的原则，选拔年轻干部充实两级人民法院领导班子，调配政治过硬、作风优良的干部到法院工作。女干部的选拔、培养再次被提到党组的重要议事日程。

1977年，全国恢复高考，阳泉地区许多学子通过考试，进入大、中专院校学习，成为“文化大革命”结束后第一批大、中专学生。其中许多人成了阳泉市两级人民法院“文化大革命”结束后首一批具有大、中专学历的司法专业人才。“革命化、年轻化、知识化、专业化”成为新时期人民法院干部工作的重要目标。

第四节 干部人事管理工作规范化（1978-1999年）

这一时期，阳泉市两级人民法院干部队伍建设，随着改革开放的逐步深入，无论从干部构成成分，还是中国共产党的干部政策和人民群众对司法干部的要求，都发生了巨大变化，新中国成立前三十年那些经历过革命战争并长期担任院领导和庭领导的干部逐渐离休、退休或退出领导岗位，一大批通过高考，从大中专院校毕业的专业人才进入司法战线，干部队伍从单纯的政治过硬、作风过硬，经过30年的发展，基本上实现了“革命化、知识化、专业化和年轻化”转型，尤其是干部队伍的专业化、知识化程度，提升到一个前所未有的水平。

1978年6月18～7月1日，第五届全国人民代表大会二次会议召开，大会通过并颁布了新中国成立后的第一部《刑法》、《刑事诉讼法》，决定于1979年1月1日起实施。“两法”的颁布实施，标志着新中国进入法制化时代，同时，也对阳泉市两级人民法院的干部队伍建设提出了新任务。12月18日～22日，中共十一届三中全会召开，确立了解放思想、实事求是的思想路线，中止了“以阶级斗争为纲”的提法。全国各行各业开始拨乱反正。领导班子建设和干部队伍建设的拨乱反正纳入组织工作的重要议事日程，从中央到地方，均开始复查和纠正历次政治运动中，干部和职工因各种原因，受到开除、判刑、撤职、调离、下放劳动等不公正待遇的问题，为党和国家各项事业尽快转入正轨，迅速形成安定团结的政治局面提供组织保证。

1979年，在中共十一届三中全会精神指引下，阳泉市中级人民法院一方面狠抓干部学习，会同阳泉市公安局、阳泉市人民检察院联合举办《刑法》、《刑事诉讼法》培训班，对全体司法人员进行了普遍轮训。另一方面，根据中共中央“〔1979〕64号”文件精神和阳泉市委的具体安排，从军转人员和其他单位党政干部中调入8名干警，抽调24名干警，从其他部门选调9名干警，加入人民法院司法队伍，当年全院共有41名干部（含优秀工人）充实到各级司法队伍。此外，对1958年“反右”运动中受到处理的6名干警落实了政策，恢复了名誉，其中有4名干警，重新回到司法战线工作。另外，还根据山西省委“43号”文件精神，摒弃“文化大革命”中形成的派系斗争，提出“不分这派那派，广大干警以大局为重，以党和国家利益为重，团结一致向前看，同心同德搞四化”的口号。在此基础上，阳泉中院解决了“清查扩大化”的问题，为“错被清查”的干警恢复了名誉和职务，形成了安定团结、生活活泼的良好工作局面。

1980年，是《刑法》、《刑事诉讼法》正式实施的第一年。阳泉市中级人民法院针对十一届三中全会后新进人员多、对司法审判业务比较生疏、对新颁布“两法”了解不深、法律知识相对贫乏、审判（调解）经验欠缺等情况，在干部队伍建设中，一方面强调“忠实于法律和制度、忠实于人民利益、忠实于事实”的原则精神，一方面采取“以会代训”的方式，组织干警学习《刑法》和《刑事诉讼法》，聘请审判经验丰富的老干警进行公开审判示范，培养和锻炼干警从审判中学习审判、从审判中学习法律、从审判中积累经验。本年度，还派出17名干警到中央和省政法干校进行学习，为司法队伍的专业化建设进行知识和人才方面的培养储备。

在干部管理上，坚持从严要求、从严管理，对上年度调入两级人民法院司法队伍的41名干部和工人，就其个人的政治素质、业务水平、文化知识等方面进行严格考核，对17名不适合从事人民法院司法工作的“三不动”人员及时作了清退处理。

1982年1月11日，中共中央发出《关于打击经济领域中严重犯罪活动的紧急通知》，13日，发出《关于加强政法工作的指示》，3月1日，批转《广东、福建两省座谈会纪要》、《关于打击经济领域中严重犯罪活动的决定》。7月10～24日，中共中央召开全国政法工作会议，会议强调，新时期政法工作的主要任务是健全社会主义民主和法制，加强人民民主专政，保卫和促进以经济建设为中心的社会主义现代化建设。要求政法部门紧紧围绕经济建设这个中心任务，从实际出发，加速制定一些新的法规，并在总结实践经验的基础上，对现行法律适时进行必要的修改和补充。彭真在会上作总结讲话时指出：当前政法工作的突出任务是要坚决打击各种经济犯罪活动。根据改革开放初期人民法院打击经济犯罪和严重刑事犯罪、维护社会稳定的需要，阳泉市委为阳泉市中级人民法院调配干部9人，以进一步加强和充实司法队伍。同时，阳泉市委和矿区区委对矿区人民法院领导班子进行了调整整顿。9月1日～11日，中共十二大召开，阳泉市中级人民法院即组织两级人民法院党员干警，参加市委和各区委分别组织的十二大文件学习班，组织全体干警学习中央政法会议精神。为进一步提高干警的业务素质和工作能力，适应“健全社会主义民主和法制，加强人民民主专政”的需要，保卫和促进阳泉地区以经济建设为中心的社会主义现代化建设，阳泉市中级人民法院派出2名干部到中央政法干校学习，5名干部到山西省政法干校学习，有13

名干警考取了北京政法学院函授生，阳泉市两级人民法院干部队伍建设开始向“革命化、年轻化、知识化、专业化”方向迈进。

1983 年，新中国历史上专门针对六类重大刑事犯罪活动的“严打”斗争开始。阳泉市中级人民法院一手抓“严打”，一手抓干部队伍建设，在“严打”斗争形势严峻、人手紧张的情况下，仍先后派出 29 名干警到中央、省（市）政治干校轮训，或到大学法律系进行系统的业务培训。在市中院指导下，平定人民法院和郊区人民法院新建四个法庭，其中锁簧、巨城、平坦三个法庭投入审判工作。

1984 年，为期三年的“严打”斗争进入第二年。阳泉市中级人民法院在“严打”中，注重纠正和克服“左”的错误，引导干警从传统的“以阶级斗争为纲”，到改革开放初期的“以经济建设为中心”进行思想转变，要求干警“自觉地和‘左’的思想决裂”，切实转变司法作风，营造安定团结的政治局面。在具体的干部管理上，立足改革，建立岗位责任制，打破吃大锅饭，奖勤罚懒，着重解决长期存在的“干多干少一个样，干好干坏一个样”问题。两级人民法院党组在加强干警思想工作基础上，具体规定审理案件的数量指标和质量指标，将审理人员的责、权、利有机地结合起来，对审判人员德、勤、能、绩进行考核，调动干警的工作积极性。平定法院制定了“一包、三定、三考核，年终奖惩兑现”办法，改变了被动局面，提高了干警出勤率，也提高了办案效率，全院有 80% 的人超出勤，在人员与编制相差三分之一的情况下，圆满完成了“严打”期间的各项审判任务，杜绝了错案发生。盂县法院在明确责任制前提下，加强基础工作，实现了“具体工作有要求，平时工作有记载，年终评比有依据，发放奖金有档次”。城区、矿区、郊区法院也都分别制定岗位责任制，实行百分考核，在干部管理上进行了积极的探索。由于干部管理上首次建立“岗位责任制”，各级法院普遍出现了“四多四少”局面：出满勤超出勤的多了，缺勤的少了；勇挑重担，任劳任怨的多了，挑肥拣瘦的少了；坚持学习、钻研业务的多了，得过且过，不求上进的少了；遵章守纪的多了，纪律松弛的少了；广大干警的精神面貌发生了深刻的变化。与此同时，阳泉市两级人民法院根据党中央对领导班子“议大事、懂全局、管本行”的基本要求，进一步强化干部“四化”建设，不拘一格选拔人才，充实加强各级领导班子，对院、庭两级领导班子作了较大调整，调整后的班子成员其年龄结构和文化结构有了较大变化，与调整之前相较，中院院级领导平均年龄降低 11 岁，庭级领导平均年龄降低 7 岁，县（区）法院院级领导平均年龄降低 9.7 岁，基层法院庭级领导平均年龄降低 3.6 岁。而且，两级法院领导班子成员和中层干部的文化程度有了较大提高，中院三名院级领导文化程度都在高中以上；13 名庭级领导中，大学文化 3 人，中专文化 1 人；县（区）法院 15 名院领导中，大学文化 3 人，高中文化 3 人；25 名庭级领导中，高中文化 5 人，原班子年龄偏大、文化偏低、专业知识缺乏的状况有所改变，新班子年龄轻、文化高、团结好。阳泉市两级人民法院干部队伍“四化”建设上新台阶。

1985 年，两级人民法院进一步加强干部培训。政治上，教育引导干警正确对待改革，正确认识形势，思想上、行动上同党中央保持高度一致，司法业务上关于从维护经济体制改革的高度审理案件，旗帜鲜明地支持锐意改革的经济活动。纪律上，坚持从严治警，推行“挂牌服务制”，将人民法院工作纪律公告于众，两级法院普遍开展“怎样当一个人民好法官”专题讨论，教育引导干警树立全心全意为人民服务的世界观、提高抵制资产阶级思想侵蚀的自觉性，过好“金钱观、美色观、人情观”。学习上，坚持通过多种途径培训干警，全面提高两级法院干警的文化知识和业务素质，一是开办业余大学，采取“请进来”的办法，请高校教授学者到“业大”授课，1985 年，有 54 名干警在“业大”接受学历教育。二是采取“走出去”的办法，派干警到专业院校学习深造，1985 年，先后有 11 名干警从法律大专院校毕业，5 名干警通过函授办法在大专院校接受学历教育。三是加强文化补习提高，结合全国法院系统业余大学招生考试，组织干警开展高中部分文化课补习。四是正确处理工学矛盾，一手抓干警培训教育，一手抓案件审理，确保学习、审判两不误、两促进、双丰收。

此外，为适应“严打”形势需要，在各基层人民法院的法庭建设中，开始试行聘请制和招聘制。法庭审判进一步加强，当年全市基层法院新增派出机构——人民法庭上升到 8 个，其中盂县 4 个，平定 2 个，郊区 2 个。在法庭工作人员配备上，试行了聘请制或招聘制。各人民法庭审判人员深入群众，巡回审判，就地办案，既便利了群众诉讼，减轻群众诉累，又节约了大量司法资源，以利于人民法院集中力量开展“严打”运动。如盂县城关人民法庭，在成立之后的 8 个月时间内，受理、审结民事案件和轻微刑事案件 44 件，占全县结案数的 24%。与此同时，在经济案件急剧上升的情况下，阳泉市两级人民法院普遍加强了经济庭建设，中院经济庭由原来的 5 人，增加到 9 人。各基层法院纷纷抽调骨干力量充实经济审判队伍，到年底，全市完全消灭了“一人庭”、“二人庭”，并采取短期集训、派出学习等方法，加强对经济审判人员的业务提高。

1986 年，制度建设、“业大”学习和理想信念教育，成为本年度阳泉市两级人民法院干部工作的重要课题。先后制订、健全和完善了《党组织生活制度》、《挂牌服务制度》、《岗位责任制度》等，坚持用制度管理干部、用制度管理事务、用制度管理党风、学风和警风，制度建设成为两级法院管理干部、任用干部、选拔干部的重要保障机制，从人力、物力、财力和时间上，确保干警有时间、有精力参加“业大”学习，广大学员一边坚持业余学习，一边坚持岗位工作，在本年度全省法院系统“业大”学员第二期考试中，阳泉法院系统学员总成绩跃居全省第二。在职业道德教育中，两级法院组织广大干警开展理想信念教育，加强职业道德建设，要求干警把各自的岗位职责、人生追求与现阶段全国人民的共同理想和信念结合起来，在任务重、条件差、工资低、福利少、加班多、出差时间长的条件下，热爱本职，脚踏实地，努力工作，先后有 12 名干警加入中国共产党和共青团，全市新提拔助审员以上干部 34 名，班子增强了凝聚力，队伍增强了战斗力，党团组织增强了向心力。

1988 年，干部业余法律大学自 1985 年创办以来，以“质量第一、人才第一”为宗旨，顺利完成了“八五届学员”三年的教学工作，全市法院系统有 50 名学员取得了大专毕业证书，另有 20 人考取了本年度的法律业大。干部队伍的文化结构发生了根本性提高，阳泉中院大专文化以上的干部达到总人数的 51%，基层院达到了 32%。除正规化办学培训干部外，“法律专业证书”教育和各种短期业务培训均取得了新进展。

1989 年，在北京“六四”风波前后的政治背景下，阳泉市两级人民法院明确要求干部必须立场坚定、旗帜鲜明地反对动乱，政治上、言行上同党中央保持一致。同时按照中共十三届四中全会精神和上级统一部署。从 7 月份起，在两级法院开展清理清查工作，从思想上强化干警队伍。广大干警通过学习中共十三届四中全会、五中全会精神和邓小平、江泽民等领导人有关“六四”风波的讲话精神，对照每个人在“六四”政治风波前后的言行进行反思，进一步解决一些干警思想中存在的模糊认识，澄清被资产阶级自由化搞乱的理论是非，提高干警坚持四项基本原则的自觉性。通过清理清查，确认阳泉市法院系统无一人参与“六四”政治风波。与此同时，继续加强“八八届”法律业余大学的教学工作，在第一、第二学期的期末考试中，全体学员平均成绩达到 77.2 分和 72.9 分。此外，还推行了法律知识考核制度，除对新进人员进行必要的法律知识考核外，还对在编的书记员、助审员进行法律知识考试，并以考试成绩作为评比、任用干部的重要依据，促进了广大干警的业务学习和素质提高。

1990 年，阳泉市两级人民法院“一手抓审判，一手抓办学”。11 月，最高法院业大总校领导到阳泉检查指导办学工作，对阳泉中院业大办学工作给予高度评价，为此，山西省高级人民法院在阳泉中院召开“全省业大”阳泉现场经验交流会，向全省法院系统业大全面推广阳泉中院的办学经验。同时，两级法院通过以会代训、短期集训的形式，对助审员、书记员进行法律指导，继续加强干警的司法业务教育培训。为鼓励干警钻研学习理论知识，提高业务素养和解决审判实践中各类问题的能力，中院制定《调研成果奖励办法》，以调动广大干警开展理论研究的积极性。一年间，全市法院系统干警撰写各种司法论文、调查报告 17 篇，其中被省级以上报刊和学术研讨会采用的有 7 篇。

1991 年，阳泉市两级人民法院干部管理出现七个方面新的气象：

一、干部配置向一线倾斜。在市中院指导下，各县（区）法院把素质好、能力强、业务精的干部充实到人民法庭工作。矿区法院还根据阳泉矿务局贵石沟矿区（现阳煤集团五矿）远离区院，群众诉讼不方便的情况，专门设立贵石沟人民法庭，为阳煤五矿群众提供司法服务。全市 14 个人民法庭共配置工作人员 50 多名，人民法庭办公用房建成率达到 64.3%。一年来全市人民法庭共审理民事案件 1050 件，占一审民事结案总数67%。

二、专题学习进一步加强。4月9日，新《民事诉讼法》颁布实施，市中院即于6月初举办新《民诉法》培训班，对全市法院50多名审判业务骨干进行了培训。各基层法院在市中院培训教材教法基础上又组织了二级培训，对全院民事、经济、告申、执行工作人员进行了逐条逐款逐项的辅导，为正确执行新民诉法奠定了良好的基础。在学习掌握新《民事诉讼法》的同时，各基层院运用新的法律规定，保护当事人合法权益。盂县法院7月份审理一起民事案件中，首次使用“先予执行措施”，平定法院继8月份成功地办理全市第一起“适用督促程序”案件后，10月份，又首次适用“诉前保全措施”，制止了一起农村哄抢果园的事件。

三、根据上级法院统一安排部署，从4月份起，在全市法院系统进行为期9个月的执法队伍整顿。本次整顿融从严治警、从严治院为一体，通过对干警思想、纪律、作风、组织等方面的全面整顿，取得了振奋精神，转变作风，推动廉政建设，促进各项工作的效果。在整顿中，两级法院均制订了具体的整顿方案，通过组织动员，督促检查，总结讲评，保证了整顿工作扎实有效地开展。特别是各院针对干警中存在着的“五怕、一不足”思想，采取“一学文件，二谈现状，三查根源，四看实践”的办法，把思想教育贯穿于整顿始终，通过学习燕居谦、彭一等模范人物的事迹和上级的整顿文件，围绕几年来一些群众对法院干警的意见和建议进行座谈讨论，使大家树立谦虚谨慎，不骄不躁，不图名不为利，全心全意为人民服务的思想，扫除心理障碍，为整顿的深入开展奠定基础，重点查纠领导干部和党员干警违规违纪、分管钱财物的庭（室）以权谋私、审判人员以案谋私为重点，实行开门整顿，公布举报电话，设立举报信箱，发放征求意见书，对查纠揭摆出60多个问题进行了集中整改，对群众举报的5名干警进行调查处理。与此同时，根据市委部署，于7、8两月进行机关纪律整顿，针对“思想上满足现状不思进取，作风上推诿扯皮效率不高，执法中以案谋私为政不廉，纪律上边整边犯责已不严”等四个方面的问题查原因、定措施、建章立制，堵塞漏洞，共建立和完善规章制度47项，形成了多种监督方法相互配合的机制，使干警执法行为进一步规范化。经过执法队伍整顿，全市法院干警队伍面貌焕然一新。一是工作效率提高了，城区法院5～8月的结案数，比整顿前的1至4月提高了1.5倍，全市法院7月份审结经济纠纷案件105件，结案标的金额达558万元，工作效率比上年同期提高2.7倍。二是工作作风改善了。迟到早退、上班时间闲谈穷聊、无故脱岗的现象和简单粗暴接待当事人等问题明显减少。三是人民司法的优良传统恢复了，夏秋农忙季节，平定、郊区、盂县法院均组织巡回法庭，深入发案较多的乡村，白天帮当事人劳动，晚上或阴雨天办理案件，人民法官为人民群众排忧解难蔚然成风。

四、开展“学翼城法院”活动。两级法院积极响应省高院号召，把学翼城法院活动贯穿全年的工作当中。中院党组明确提出“学翼城法院，把各项工作推向新台阶”

的目标，增强干警的责任心，提高干警的积极性，发挥干警的主动性和创造性。

五、结合苏联解体、东欧社会主义国家发生颜色革命、美国等资本主义国家推行和平演变战略、亡我之心不死等国际政治背景，组织干警加强马克思主义政治理论学习，把是否有利于社会主义制度巩固，是否有利于经济建设发展，作为衡量工作得失的标准，作为衡量干警政治上是否成熟的标准，增强干警的政治免疫力。

六、推行对干警的《目标管理百分考核办法》，将各庭室处的工作任务分为四大类116项目，通过分解任务，落实责任，明确职责，量化考核，调动广大干警和各庭室负责人的工作积极性、创造性。在审判人员中推行《审判岗位责任制》，建立了《办案责任制》和《错案追究制》，从严制警成为两级人民法院干部管理的重要举措。

七、继续狠抓业大教学，将业大阳泉分部建成本市法院系统的干警业务培训基地。阳泉中院为业大提供了教室、宿舍、图书室、资料室，实现了教学工作的规范化、标准化，当年有24名干警通过国家学历考试领取了大专毕业证书，使全市法院系统大专以上文化程度的干警比例，由原来的37%提高到45%。此外，另有20名审判人员经过三年专业培训，领取了审判专业证书。在抓好在校学员教学的同时，两级法院还组织53名干警，参与了1991年度业大招生的考试，共有41名干警被录取，占参考人数的77.4%。

1994年，两级人民法院有34名工人身份的法警，经过培训考试转为干部，并被授予相应的警衔，标志着法院法警队伍建设纳入正规化管理渠道。该年度，“业大”教学工作再上新台阶，有70名干警经过学习，取得大专学历证书和法律专业证书，学员和老师还共同编印了《法苑集粹》四部学术、案例专著，受到最高人民法院和省高院的表彰。与此同时，两级法院坚持专业学习与岗位培训相结合，对新颁布的法律、法规，组织干警先后学习了《产品质量法》、《反不正当竞争法》、《国家赔偿法》。

1995年2月28日，第八届全国人大常委会第十二次会议审议通过《中华人民共和国法官法》，于7月1日起执行。《法官法》第一次用法律的形式将“法官”的称谓公布于世。这不仅是称谓变化问题，也是干部制度改革，实行法官分类管理的重要体现，标志着法院干部队伍建设步入了一个崭新的发展阶段。《法官法》规定了法官的基本条件：法官必须具备符合法院工作需要的法律专业条件。对现有不具备专业条件的干警，则必须接受国家法官院校和其他法官培训机构的培训，对进入法官队伍的人员必须从具备法官条件的人员中实行公开考试，严格考核，择优挑选。规定了符合法官工作特点的等级序列。中国四级法院法官的职务、名称完全相同，而审判职权不同，采用法官的等级序列可以体现不同审级的区别，有利于激励法官的上进心，增强法官的责任感和光荣感。规定了法官的工资制度和工资标准，即法官的工资制度和工资标准，根据审判工作特点，由国家规定。规定了法官的退休制度。审判工作对法官的要求，既需要法律专业知识，更需要丰富的审判实践经验和较深的社会阅历，因而有必要保留一些经验丰富、水平较高的法官。规定了设立法官考评组织，考评委员会在法院院长的领导下，实施指导对法官的培训、考核、评议工作等分类管理之职。《法官法》的制定、颁行，是中国社会主义民主法制建设中的一件大事，是改革、完善司法制度的重要措施，对于加强法官队伍建设，提高法官素质，保证法官依法履行职责，促进与国际司法界的交流与合作，有十分重要的意义。因此，阳泉市两级法院组织干警对《法官法》进行了全员化培训学习，为提高法官队伍的整体素质创造条件，在学习贯彻《法官法》基础上，按照市委部署，对基层法院院长进行交流轮换，并以此为契机，全面加强各院领导班子的思想、作风建设，健全完善了《领导责任制》、《党组议事规则》和《民主决策程序》等规章制度，使各基层法院领导班子的凝聚力和战斗力普遍增强。

1996 年 10 月，党十四届六中全会召开，通过《关于加强社会主义精神文明建设若干重要问题的决议》，阳泉市中级人民法院联系全市法院系统干警思想道德建设实际，明确提出精神文明建设的指导思想、奋斗目标、基本任务和主要措施，把讲学习、讲政治、讲正气、讲团结、讲奉献的主体，通过抓好干警的思想政治建设、职业道德建设、廉政建设和法院文化建设，以实现过硬法官队伍、高标准文明法院的目标，营造人民法院团结进取、勤政奉献、廉洁自律和公平正义、严格执法、热情服务的良好工作氛围。郊区、矿区法院开展“学政治、比奉献、创一流”活动，以“一书（责任书）”定“四标（学习、政治、业务、作风责任目标）”，激发干警争先创业的事业心和创造性。年内，共有 24 名干警完成业大专业学习，并通过国家学历考试，取得业大毕业证。9 月份，又有 30 名干警被业大录取为新学员。此外，阳泉中院结合新版《刑事诉讼法》的实施，组织 80 名干警参加为期一周的新《刑诉法》学习班，加强业务交流，开展庭审观摩活动，用学习新法与审判实践相结合的方法，提高干警理解、掌握、运用新法的能力和驾驭庭审活动的能力。

1997 年，阳泉市委对中院党组和领导班子进行加强充实，建立了以党组成员和各庭（室、外）负责人组成的机关政治理论学习中心组，先后两次召开民主生活会，开展批评与自我批评，党组成员之间开展面对面交心活动，突出讲学习、讲政治、讲正气、讲团结、讲奉献。盂县、郊区、矿区人民法院领导班子也作了一定调整。在干部管理上，两级人民法院以调动干警积极性为中心，突出干部队伍的科学化、规范化建设。6 月份，阳泉中院在市委组织部、政法委支持下，经过反复讨论、征求意见，制订了《干部人事管理暂行办法》，包括《干部考核制度》、《干部晋升职务“一推双考”制》、《中层干部试岗制》、《干部交流轮岗制》、《后备干部选拔制度》和《干部待岗制度和辞退制》，干部人事管理制度改革提上议事日程。其核心是把激励机制全面引入干部日常管理当中，在干部选拔、任用、考核、管理等方面充分体现民主性、公开性和公平竞争性，从而使两级人民法院干部人事管理实现规范化、制度化、科学化。根据这些规章制度，6月，阳泉中院党组对全院中层干部队伍进行较大幅度调整，一批任职多年、年纪偏大的干警从领导岗位上退下来，20名优秀年轻干部走上中层领导试岗职务。经过调整，全院中层干部平均年龄由过去的45岁，下降为37岁，大专以上文化比例由83%，上升到92%，35岁以下年轻干部的比例由9%，上升到32%，妇女干部比例由6%，上升到16%。经过3～6个月试岗锻炼，这批年轻干部全部正式走上中层领导岗位。与此同时，阳泉市两级法院认真贯彻省委关于政法部门“抓基层、打基础、大练基本功”指示精神，从人民法院司法工作实际出发，广泛开展“三基”活动，一是以“业大”阳泉分部为依托，组织干警开展新版《刑法》学习培训，为10月1日正式实施新《刑法》打基础、做准备。二是结合审判工作，组织干警开展岗位科研活动。一年间，全市两级法院有12篇论文先后在省级报刊上发表，或在省级以上理论研讨会上获奖，其中有3篇论文获得一等奖。三是围绕审判方式改革，组织干警广泛开展岗位练兵活动。中院法警支队除组织部分法警参加全省法警业务集训外，还组织了为期15天的全市法院系统“三基”竞赛表演大会，组织两级法院的法官、法警就学习贯彻“两法”情况、法警业务训练情况，向省高法院李玉臻院长、王跃斌常务副院长和田霍卿、魏德卿、郭良孝、张俊华、丁贵生等市领导汇报演练，受到省、市领导好评。

1998年，按照上级统一部署，结合开展反对官僚主义和“一整两反”斗争，从3月份起，两级法院组织开展为期10个月的队伍集中教育整顿。在教育整顿中，两级法院在院、庭领导中，实行“一岗双责”制度，一手抓审判，一手抓整顿，两手抓、两手都过硬，确保教育整顿做到“五个到位”，即思想认识到位、宏观指导到位、具体组织到位、检查落实到位和以身作则到位。在此基础上，两级人民法院针对队伍建设实际，从思想入手，重点解决少数干警不讲大局，就案办案，满足现状，不思进取的问题；从作风入手，重点解决作风不纯，简单粗暴，要特权“冷横硬”以及办事办案拖拉的问题；从纪律入手，重点解决执法活动中不严、不公、不廉的问题；从审判秩序入手，重点解决经济审判和执行工作中的执法混乱问题；从内部管理入手，重点解决管理不严，各行其是，擅离职守等问题。通过“一整两反”，查处违法违纪干警6名，清理清退临时执法人员33名、不适应法院工作的人员6名，撤销派驻行政执法机关和有关单位的法庭和执行室17个，解决了执法活动中存在的“人情案、关系案、金钱案”，“抢立案、抢管辖、抢执行”，“滥用保全措施、滥用强制措施、滥用先予执行”，“超标准收费、超职权范围办案、超时限审案”和利用办案“吃、拿、卡、要”等方面的突出问题，使执法秩序明显规范，群众反映干警执法不公、枉法裁判，作风粗暴的投诉明显减少。

继续推进和加强两级人民法院干部人事制度改革，制订了《法院干警日常工作考核办法》，增加考核内容，量化考核指标，对人员进出、任务职责、考评考核、提拔晋升、岗位轮换、奖惩方法、政治学习、业务培训、职业道德、内外监督、机关党建等项工作，作了明确具体的规定和方法，把中层干部年底公开述职范围扩大到庭（室、处）副职，强化群众对中层干部监督力度，对行政人员与一线审判人员配置比例也进行了较大幅度的调整，使行政人员与审判人员比例由1:2.4，调整到1:3.9，增强了审判力量。使两级人民法院干部日常考评更具可操作性。

开展“学理论、学业务、学习新技能活动”和“学先进、创佳绩、争当文明法官和办案能手竞赛”，先后3次派出90余人，赴北京市海淀区法院、山东省潍坊市中级人民法院学习取经。鼓励干警对审判工作中出现的新情况、新问题，开展深入细致的调查研究，本年度干警撰写的调研文章21篇，先后在省级报刊上发表。组织干警进行现代化、数字化人民法院实用技术技能培训，有60余名干警，取得计算机操作初级合格证书和驾驶技术资格证。

1999年，阳泉市两级人民法院严格政治学习制度，根据上级领导机关部署，对领导干部和全体干警进行“讲学习、讲政治、讲正气”教育，在认真汲取绛县法院“姚晓红事件”深刻教训基础上，对干警进行“权利是谁给的？为谁掌权？为谁服务？”和“加入我是一个当事人”专题讨论，开展“争创人民满意法院”、“争当人民满意法官”活动演讲比赛和“中华魂”读书活动，增强为中国共产党的中心工作服务、为大局服务，为人民服务的意识。本年度，“业大”有27名学员毕业，全市法院系统干警大专以上文化程度比例达到80%。60多名业务骨干先后参加最高院和省高院组织的《合同法》、新《刑事司法文书》培训班，对全市法院系统180多名审判人员，进行了二级培训。28名干警通过公开竞争、民主测评，走上了两级法院的中层领导岗位。特别是针对审判工作科技含量逐年加大的新形势，组织130名干警参加计算机操作技术和汽车驾驶技术培训，干部队伍的“革命化、年轻化、知识化、专业化”建设又上了一个新台阶。此外，阳泉市中级人民法院为构建执法管理、队伍管理和行政管理三大类制度化管理体系，经过整理、修订、补充和完善，将90多项30万字的内部管理制度汇编成册，促进了内部管理的规范化、科学化，提高了管理效率。

第五节　干部人事管理工作法制化（2000-2012年）

2000年，全市两级法院紧紧围绕公正司法，认真落实最高院《人民法院五年改革纲要》和市委、市人大关于推进依法治市部署，全面加大司法改革、制度创新力度和干部管理力度。一是积极推行审判长和独任审判员选任制。两级法院在现有的审判员和助审员中通过严格的书面考试、民主测评和组织考核，选任75名审判长和独任审判员，推行审判长、独任审判员办案负责制，审判长和独任审判员一方面，在规定职责范围内，拥有案件的最终决定权，可迳行签发裁判文书。另一方面，对案件审判结果直接负责，承担具体责任。审判长、独任审判员办案负责制的实行，标志着阳泉市法院系统符合现代审判规律的办案运行机制，已全面形成并走向完善。二是实行院、庭长办案制度，实现院、庭领导工作职能的转变，这一制度的实行，标志着院、庭领导工作职责由过去的行政管理为主，转变为行政管理与审判案件并重。三是深化“三讲”教育，把理论学习同查摆问题结合起来，发动群众，开门整风，开展积极健康的思想斗争，对党员干部进行深刻的马克思主义、毛泽东思想、邓小平理论和“三个代表”重要思想教育，增强干警的政治意识、大局意识和责任意识，根据“三讲”中查摆出的问题，确立近期、中期、长期整改目标21个，建立和完善配套制度6项，并在集中“三讲”结束后半年内，完成了审判流程管理、审判长选任制、基层基础建设、改变基层面貌等整改目标。在此基础上，大力推行中层干部竞争上岗制度，市中院通过公开竞争、民主测评、综合考试和组织考核，共有10名青年干警走上中层领导岗位，调动了干警公正司法、廉洁办案、发奋进取、争先创优的积极性，形成了全市法院上下一心，共创一流的政治“小气候”。此外，全市两级法院有65名干警参加大专和本科阶段的学历教育，14名干警攻读在职研究生，干部队伍“四化”建设开始向更高层次迈进。

2001年，阳泉市两级法院根据上级部署，结合班子和队伍建设实际，从5月份起，开展“一教育三整顿”活动(即“加强法官职业道德教育、整顿领导班子、整顿审判纪律、整顿工作作风”)，在活动中，举办法官职业道德演讲比赛1次，查纠队伍建设和审判工作中存在的问题15个，查处干警违纪事件1起，处理违纪干警1人；对全市各基层法院院长进行了交流轮岗。通过歌咏比赛、党建知识竞赛、法官职业道德演讲比赛等形式和参观刘胡兰纪念馆、房山县人民法院等系列活动，隆重纪念建党80周年，对广大干警进行革命传统教育和党性观念教育。为支持干警学习并成为21世纪学习型干部，除在基层法庭建起“人民法庭书架”、促进干警读书学习外，阳泉中院专门发文，将专业知识考试纳入今后选拔任用干部、竞选审判长的程序之一，促进了干警学习业务、钻研业务、提高素质的积极性。年内，阳泉中院有1名干警取得法学硕士学位，8名干警在职参加研究生班学习，另有8名干警完成研究生课程的学习顺利结业，65名干警正在参加大专和本科程度的学历教育。一年间，两级法院干警结合审判、调解、执行等司法实际，共撰写论文和调研文章30多篇，其中有20篇在《人民法院报》和省级以上刊物中公开发表。

2002年，两级人民法院依托市委、市政委统一部署的机构改革，为建立符合现代司法特点的人民审判新格局，对内设机构和干部人事管理制度进行了较大幅度的改革。领导班子得到调整充实，内设机构实现优化重组，撤销经济审判庭，建立起大民事审判格局，执行庭改为执行局，实行执行工作双重管理机制；一批年轻化、专业化审判骨干，经过公开竞争走上两级人民法院中层领导岗位；一批甘当人梯大公无私的干警提前退休或离岗，整体干部在编职数精简10%。经过机构改革和干部人事制度改革，审判格局更趋科学合理，法官队伍更加年轻、专业。

与此同时，对书记员实行聘任制，试行书记员“单独序列管理制度”。6月，阳泉中院从国家法官学院山西直属班书记员专业择优选拔16名书记员，充实到全市两级法院审判岗位。其中市中院10名，郊区、城区各3名。书记员聘任制的建立，有效缓解了书记员的人才断档问题，保持了书记员队伍的稳定性和专业化。为加强书记员管理，阳泉中院大胆进行体制创新，在立案庭设“书记员管理处”，由一名副庭长兼任处长，具体负责书记员的集中统一管理。书记员单独序列管理模式基本形成，为法院干部职工队伍实现序列化、科学化、专业化管理奠定了基础。此外，阳泉中院“法警队伍聘任制改革”提上了队伍建设的重要议事日程，促进和推动了法官队伍的职业化建设进程。

在此基础上，进一步强化、细化、量化院、庭长办案制度，院、庭领导的工作职能由原来的行政管理为主，转变为行政管理与审判工作并重的格局。一年间，市中院院、庭长共计办理重大、疑难案件142件。如院长冯少勇亲自主持审判翟润平故意杀人案，并且在庭审中首次使用法槌。副院长吕冬主审的亢保应故意杀人案等，均在全市法院系统乃至山西省法院系统产生了较大反响。

2003年，阳泉市两级法院加强人民法官审判作风建设，3月，按照市委、市政府统一部署，组织干警开展“优化服务环境，改进审判作风，树立审判新风，评优评差活动”。两级法院高度重视，精心组织，通过向社会公开承诺、聘请执法监督员、召开不同范围、不同层次座谈会、发放“征求意见卡”等方式，广泛深入查找法院系统在审判作风、队伍建设上存在的突出问题，两级法院以党组会议、中层干部会议、民主生活会议等形式，针对查摆和反馈回的意见、建议，特别是根据最高院要求，结合6月份开展的“公正与效率”司法大检查活动，对干警思想政治、审判作风、工作纪律、内部管理等四方面存在的“十三种不得有”行为，开展集中教育整顿，加强两级法院审判作风改进，促进司法公正水平和队伍建设水平的“两个提高”。

在推进法官职业化建设上，阳泉市两级法院也有新的建树。一是建立、健全业务培训制度，使每位法官每年都有一定时间接受脱产培训，及时更新知识，提高业务素质。二是改进培训方式，重点培训审判骨干，着重培养法官专业特长，为此，市中院与北京二中院建立了长期的人才培养协作规划，每年都有数名法官赴北京二中院学习先进的办案技能和司法理念，一批理论素质较高、审判技能比较娴熟的专家型法官开始崭露头角。三是实行优秀调研成果奖励制度，坚持针对审判实际，开展理论研讨、专题讲座、文书评比、庭审考核等活动。四是继续加大培训力度，全面完成了对40岁以上不达本科的审判人员的专项培训，并组织这些同志参加了最高法院组织的统一考试。对于40岁以下不达本科学历的审判人员，则采取专升本或远程教育的方式，鼓励他们尽快提高学历水平。五是支持和鼓励法官攻读在职硕士或博士学位，一批勤于学习的干警根据实际，纷纷参加在职硕士或博士研读，促进了学习型法院的建设。

在具体干部使用和管理上，阳泉中院推行审判长责任制和选任审判长、确定合议庭制度。为切实贯彻审判长负责制，充分发挥合议庭作用，确保司法公正，提高审判效率，11月份，中院按照德才兼备、任人唯贤原则，从具有法官资格的部门正、副职领导中，择优选任15名审判长、4名执行长，按一名审判长配备两名审判员、一名书记员的“121”模式，组成相对固定的15个合议庭、4个执行组。在此基础上，明确审判长合议庭职责范围，对其进行动态管理、严格考核。需要特别说明的是，在此次改革中一些年纪偏大的干警，由于年龄和身体等原因不参加选任，但他们识大体、顾大局，主动从庭长岗位上退下来，按照党组安排组成督导组，以丰富的实践审判经验，对重大疑难案件和其他审判工作进行督察指导，实现了法官资源的合理配置。

2004年，阳泉市两级人民法院以推进法官职业化建设为主线，以建设一支政治坚定、业务精通、作风优良、执法公正的司法队伍为目的，扎实开展工作，认真付诸实践，进一步加强法官培训，8月份，山西法官培训学院阳泉分院正式挂牌成立，并举办了首期民事审判业务培训班，全市两级法院从事民商事审判的50余名法官，参加了为期一周的培训学习。法官学院的成立，为法官培训提供了一个很好的平台，为进一步加大业务培训力度创造了条件，标志着阳泉市法官培训工作走向规范化、经常化和规模化。干部人事制度管理上，结合阳泉中院开发区新址的落成和投入使用，进一步建立健全岗位目标责任制和干部考核制，严格工作纪律，严格值班制度，严格落实值班长带班制度，加强值班管理，强化考勤制度，通过整改措施的落实和制度建设的完善，细化了工作目标、强化了工作责任、量化了考核内容，以制度管人、以制度管事、以制度管案、以制度管审、以制度管判，成为本年度干部管理的新举措、新特点。与此同时，两级法院把开展“司法公正树形象”活动，作为干部队伍建设的重要内容，从端正学风入手，坚持把学习理论武装头脑同整顿思想、提高认识结合起来，采取集中学习与个人自学相结合，集中讨论与个人思考相结合等形式，正确处理学习与工作、自觉学习与督促检查、理论学习与查摆问题的关系，保证了学习时间、内容和成果。学习内容上，以学习践行“三个代表”重要思想为主，牢固树立“司法为民”观念。并将学习教育同干警纪律作风整顿结合起来，开展“端正干警品行，强化内部管理”为主题的教育整顿活动，在市委政法委检查验收总结中，阳泉中院在市直公检法机关中名列第二，干警思想作风有了明显增强，司法为民的自觉性进一步提高，法院内部管理更加健全完善。将学习教育与树立典型形象结合起来。通过发挥先进典型的感召力，更好地促进“司法公正树形象”活动的开展，全市两级法院涌现出一大批于昌明式的好法官、好干部。在活动中，以基层基础建设为重点，把工作的力度和重心向基层倾斜，从细处着手，把活动落到实处，在加强基层队伍建设的同时，突出基层法院的“窗口”作用，方便群众诉讼、服务群众诉讼，减轻群众诉累。

2004年，阳泉中院干部工作中最突出的成就，就是形成了具有特定内涵的于昌明精神。于昌明在阳泉中院长期从事执行工作中，爱岗敬业，甘于奉献，心系百姓，服务大局，努力实践，勇于创新，不仅执结了大量的钉子案、骨头案，还带出了一支政治过硬、作风优良、不畏艰难的执行队伍，先后荣获“中国法官十杰”称号和“中国青年五四奖章”。受到党和国家领导人亲切接见，市委、省委专门举办了“于昌明同志事迹报告会”，省委四部委及市委都专门作出《向于昌明同志学习的决定》，在于昌明身上集中体现出当代青年和人民法官的勤于学习，自强不息；爱岗敬业，甘于奉献；心系百姓，服务大局；努力实践，勇于创新；率先垂范，秉公执法五种精神，不仅鼓舞着全市法院的每一个干警积极进取争先创优，而且已成为全国法院战线一面光辉的旗帜，一杆奋进的标尺，成为法院队伍建设方面的一份宝贵财富①。

2005年，两级法院干部工作的主要内容有三个方面：一是开展保持共产党员先进性教育，加强人民法院和优秀法官形象的塑造。二是开展“规范司法行为，促进司法公正”专项整改活动。三是继续加强干部业务技能培训，提高队伍整体素质。年初，阳泉中院即被确定为全市第一批“保持共产党员先进性教育活动开展单位”，为此，法院党组根据本院干警多数为共产党员这一特点，制定《开展保持共产党员先进性教育活动实施方案》，建立全员化先进性教育活动制度，利用多媒体、局域网、党校教授专题讲座等形式，确保党员干警的学习质量，通过广泛深入的批评与自我批评，深挖细剖党员和干警队伍中存在的问题，并针对存在的问题制定整改方案，把整改工作落实情况公之于众，让人民群众参与监督。3月，省委“保持共产党员先进性教育督导组”一行，对阳泉中院“先进性教育活动”进行突击检查时，认为该院“先进性教育工作扎实，效果明显，经得起检验”。时任中院党组成员、执行局局长的于昌明，作为山西省委“先进性教育活动”中推选的“时代先锋”，出席了由省委组织的“时代先锋”先进事迹报告会，于昌明在会上就《实践司法为民，维护公平正义》作了报告，受到省委、省政府主要领导的接见。中院民二庭庭长张秋籽爱岗敬业、严肃执法、秉公办案、清正廉洁，荣登山西省“十大杰出政法干警”之首，获得山西省劳动竞赛委员会授予的“山西省五一劳动奖章”。阳泉中院结合“先进性教育”活动，通过树立典型司法形象、学习先进司法人物活动，扩大了阳泉市两级人民法院在全省、乃至全国法院系统的影响力和知名度，提升了两级法院的公正执法、文明执法的整体形象。

在“保持共产党员先进性教育”过程中，阳泉市两级人民法院还深入开展“规范司法行为，促进司法公正”专项整改活动，采用“走出去，请进来”的办法，发动

注：①于昌明同志于2007年，当选为十七大代表，被任命为阳泉中院党组成员、副院长、兼执行局局长。

群众，开门整风，着重对立案、民商事审判、执行、审监等重要部门重点环节上，干警执法和司法行为是否规范方面查找问题，好的予以学习推广，差的给予批评指正，敦促其制定整改方案，限时改正缺点。在此基础上，进一步加强干警业务技术技能培训，阳泉中院同山西大学法学院签订长期培训协议，对法官开展每人每年10天的续职培训，一年间，共邀请10多名法学家来阳泉中院就案讲学，200余名法官参加专项培训。为加快全市法院系统信息化网络建设，中院聘请电脑和网络专家举办“基层法院网络技术培训班”，对全市五个基层人民法院的网络管理员进行了业务培训，培训内容涵盖了电脑基础知识、基本操作技能和视频终端操作、路由器、交换机的管理和维护等，尊重知识、崇尚理性、鼓励创造、追求卓越，在两级人民法院蔚然成风。同时，进一步深化干部人事制度改革，引入人才竞争激励机制，合理配置审判资源，也是阳泉中院本年度干部工作的一大亮点。为形成能者上、平者让、庸者下的人民法院干部管理工作新格局，本着公开、公平、公正、竞争、择优原则，先后于5月和6月，对中院缺额政治部副主任、纪检组副组长等7个正科、副科岗位，实行公开竞争上岗，经过自愿报名、民主测评、竞职演讲、组织考察等多项程序层层筛选，7名年富力强，群众公认、组织认可的年轻干部，走上阳泉中院中层领导岗位。

此外，阳泉中院认真贯彻落实全国人大《关于完善人民陪审员制度的决定》和最高法院《关于人民陪审员选任、培训、考核工作的实施意见》，扎实开展人民陪审员选任工作，并指导各县（区）法院开展工作，两级法院严格按程序，经市或县（区）人大任命人民陪审员121名，同时阳泉市中院以法官学院为平台，对50名新任陪审员进行专业培训。

2006年，阳泉两级法院对干警开展社会主义法治理念教育，召开社会各界参加的座谈会37次，举办专题讲座20次，对庭（室、处）以上负责人，进行不少于10天的集中培训，走访当事人132人，发放征求意见卡3100余份，设置征求意见箱6个，征集意见210余条，并分门别类逐条进行严肃整改，干警面貌焕然一新，政治意识、服务意识、大局意识明显增强，工作作风有明显改进，司法为民的十一项措施得到全面落实。与此同时，学习型法院建设列入干部队伍建设的重要内容，阳泉中院与山西大学法学院建立起“法学理论与实践”协作关系，并邀请三名法学教授对干警进行五场集中授课活动，听课人数达600人次。全市法院有120人参加了最高院和省高院组织的对口业务培训班，法官年平均参加两次以上的学术和理论培训，有效提高了业务素质。

2007年，在干警队伍中开展“作风建设年、狠抓落实年”系列活动，按照胡锦涛总书记在中纪委第七次全会上的重要讲话精神，和6月25日在中央党校省部级干部进修班发表的重要讲话，认真查找领导干部和全体干警在作风方面存在的问题，深入剖析这些问题产生的深层次原因，制定切实可行的改进措施，在干警中树立“八个方面”的良好风气：即树立勤奋好学、学以致用的良好风气；心系群众、服务人民的良好风气；真抓实干、务求实效的良好风气；艰苦奋斗、厉行节约的良好风气；顾全大局、令行禁止的良好风气；发扬民主、团结共事的良好风气；秉公用权、廉洁从政的良好风气；生活正派、情趣健康的良好风气。在作风建设活动中，郊区法院常务副院长史先玲高票当选为阳泉市第二届“十大女杰”，市中院民一庭庭长王秀明获阳泉市第二届“十大女杰”提名奖。此外，法官职业化建设稳步推进，市中院法官学院通过外聘专家教授开展专题讲座，对一些新颁布的法律法规进行了细致讲解。城区法院、矿区法院坚持每周半天的学习制度，重点学习《物权法》、《破产法》等一系列法律法规。盂县法院利用现代影像媒体，将国家法官学院的30集案例，作为法官职业化建设的教材集中播放学习，并外派法官20余人参加各种类型的业务学习和专业学术讲座。

2008年，开展“学习实践科学发展观”活动。广大法官和司法政务人员一方面认真学习十七大精神，就胡锦涛总书记在全国政法工作会议上重要讲话，开展“大学习、大讨论”；另一方面，结合人民法院干警队伍现状和司法审判实践，贯彻落实党中央《关于在全党开展深入学习实践科学发展观活动的意见》，“抓三案、促四化、求五新①”，干警队伍思想作风、政治作风、工作纪律作风明显改进，政治素质和业务素质明显提高。“5·12”汶川地震发生后，两级法院369名党员总计缴纳“特殊党费”15.84万元，其中阳泉中院126名党员，交纳“特殊党费”6.455万元。

在班子建设中，以科学发展观为指导，健全党组中心组学习制度，落实民主集中制和“一岗双责”制，强化领导干部的审判管理和队伍管理职责，突出人民法官在审判活动中的主导地位，建立职责清楚、管理规范的法院人员分类管理格局和科学、合理、规范、明晰的法院干部职工考评体系，促进审判、执行、司法政务和司法行政等方面的规范化管理。

法官职业化建设上，两级法院以提高法官专业化水平为目标，一方面以市中院法官学院为平台，定期不定期外聘专家教授释法讲学，对一些新颁布的法律法规进行细致讲解；另一方面外派法官去国家法官学院等专业院校短期培训，全年计有100余名法官参加学习，人均学时168小时以上。此外，两级法院特别注重人民陪审员的专业化培训，保证人民陪审员充分参与案件的调查、询问、调解和裁判，以调动陪审员参审积极性，为人民群众参与和监督司法审判提供便利，促进案件审判质量提高。

2009年，阳泉市两级法院以科学发展观为指导，坚持推进从严治院、从严治警

注：①“三案”就是要求全体审判人员，把自己所承办的案件办成经得起历史检验的铁案、精品案、和谐案；“四化”就是要着力推进“审判工作法治化、法院管理规范化、法官队伍职业化、法庭建设标准化”；“五新”就是要使全省法院达到“审判工作有新水平，队伍建设有新境界，廉政建设有新举措，自身建设有新发展，法院管理有新突破”的目标。

战略，强化把队伍建设作为法院全部工作的基础，一是按照市委部署，组织干警开展深入学习实践科学发展观活动，开展“司法为民，服务大局”和“人民法官为人民”主题实践活动，狠抓院风院纪，从法官职业道德、庭审规范、信访接待等方面制定措施，进一步密切和人民群众的联系，增强法官的政治意识、大局意识和为民意识，增强法官对“三个至上”的政治认同感。二是加强司法能力建设，加大资金投入和政策扶持力度，继续开展职业教育和岗位培训，鼓励法官参加更高层次的学历学位教育，有计划选送法官学院进修学习，配合最高院巡回授课活动，采用视频同步直播等方式，累计培训干警千余人次。10月，组织开展人民陪审员的专项培训，98名来自全市各行各业的人民陪审员接受了专业培训。三是加强干警队伍的规范化管理，针对管理环节上存在的问题，阳泉中院制定出台《审判绩效考核办法（试行）》，将法官职业道德、业务素质、工作数量和质量、调研能力等情况纳入考核指标进行量化打分，将考核结果作为奖惩和提拔使用干警的重要依据，通过“制度管人，数字说话”，实现管理的科学规范。《办法》试行后，全院干警办案质量和结案效率逐步提高，调解工作明显加强，院风院貌和警风警纪进一步改善，干警主观能动性得到充分发挥。在本年度“全省法院系统审判绩效考核”通报中，阳泉中院获得综合排名第一的好成绩。在此基础上，以绩效考核为中心，基层法院围绕审判、执行工作的重点领域和关键环节，对原有的干部管理规章制度，进行了全面的清理、修订和汇编，增强了干警管理的科学性。

2010年，紧紧依靠党委领导和人大监督、政府支持，完成了法官和书记员的招录工作，缓解案多人少的矛盾。同时根据人民陪审员有关“换届”的规定，两级法院依法选任人民陪审员121名，其中连任78人，初任43人，人员素质较前有大幅度提高。进一步加强陪审员的管理和培训，进一步落实人民陪审员的经费保障。各法院均设立了固定的陪审员，安排他们参加庭前调解、帮教维权、信访接待、法制宣传等活动，方便使用和管理。全年全市人民陪审员共参与审判案件2000余件，有效发挥了群众参与司法、监督司法的重要作用。

2011年，8月16日至17日，阳泉中院聘请清华紫光工程师，采取集中培训的方式，对本院院领导、审判业务人员，基层法院立案庭负责人、系统操作人员以及计算机系统管理员进行业务培训，培训内容主要涉及《法院综合信息管理系统》领导决策系统、立案办案系统的使用、“三级网络”传输平台系统维护等。

2011年，市中院坚持重心下移的工作方针，充分发挥协管作用，积极协助地方党委配齐配强基层法院领导班子，在县区院长换届中，推荐中院三名优秀干部到基层任职。张秋籽任城区人民法院院长，梁庆任矿区人民法院院长，黄计生任平定县人民法院院长。与此同时，杨玉春由城区法院院长调任盂县人民法院院长。

2012年8月，王志刚调任山西省高级人民法院党组成员、副院长，陈明华任阳泉市中级人民法院党组书记、代院长。刘瑞光任副院长。11 月 30 日，在阳泉市第十四届人民代表大会第二次会议上，陈明华当选为阳泉中院院长。

阳泉市两级人民法院在建院 60 多年的干部管理中，形成了独特的管理特色和基本经验：

——紧紧围绕中国共产党的中心任务加强领导班子和干部队伍建设。阳泉中院从建院起，即善于从中国共产党的政治路线和中心工作出发，根据形势任务的发展变化，不断调整领导班子和干部队伍建设的目标、任务和方式，并根据党关于领导班子和干部队伍建设的路线、方针、政策，坚持正确的政治方向，找准服务大局的立足点和切入点，为中国共产党的政治路线的顺利实现提供坚强的司法保证。

——按照加强中国共产党的执政能力建设和先进性建设要求提高干部队伍的能力素质。建院 60 多年来，阳泉市中级人民法院在领导班子和干部队伍建设中，始终紧紧围绕加强执政能力建设和先进性建设这条主线，坚持把思想政治建设摆在首位，着力加强能力建设，高度重视作风建设，不断优化领导班子结构，提高干部队伍能力素质，为建设坚强有力的领导班子和高素质的干部队伍发挥了重要作用。

——坚持德才兼备、以德为先，树立正确的用人导向。用人原则和标准问题，代表了整个干部队伍建设的方向。阳泉市两级人民法院始终坚持德才兼备、以德为先原则和标准，坚持注重实绩、群众公认，树立注重品行、科学发展、崇尚实干、重视基层、鼓励创新、群众公认的正确用人导向，同时与时俱进，不断赋予其新的时代内涵，从而使领导班子和干部队伍建设既保持了统一性、继承性，又始终保持了先进性、符合时代和社会发展的要求。

——在实践中大力培养选拔优秀年轻干部。建院 60 多年间，阳泉市中级人民法院始终站在服从服务于党在各个历史时期的中心这一高度，扎实推进培养和选拔优秀年轻干部工作，一批又一批优秀年轻干部在实践中锻炼成长，充实进各级领导班子，走上各级领导岗位，在两级人民法院审判、执行、调解等司法工作中发挥了重要作用。

——以改革创新精神推进干部制度改革。改革创新干部制度，是领导班子和干部队伍保持生机和活力的源泉。特别是随着改革开放的不断深入，阳泉市两级人民法院对领导班子建设、干部管理制度进行了一系列的改革探索，为建设一支政治可靠、业务精通、作风过硬的高素质的领导班子和司法干部队伍提供了强大动力。

——把从严管理要求贯穿领导班子和干部队伍建设全过程。建院之初，阳泉市中级人民法院即按照解放区人民司法的全新标准和模式，对进入人民法院的干部进行从严管理，着力肃清国民党六法全书对人民司法的影响。新中国成立之后，阳泉市中级人民法院按照党中央和上级领导机关部署，采取各种措施加强干部管理。改革开放以后，根据党中央“越是改革开放，越是要加强对干部的从严管理”的精神，认真落实中央要求，加强制度建设，创新方法和途径，坚持对干部严格要求、严格教育、严格管理、严格监督，不断增强领导班子和干部队伍创造力、凝聚力和战斗力。

——涌现出一大批具有特定内涵的于昌明式的好干部。于昌明在长期的司法执行实践工作中，爱岗敬业，甘于奉献，心系百姓，服务大局，努力实践，勇于创新，执结调解了一大批大案、要案，先后荣获“中国法官十杰”称号和“中国青年五四奖章”，2007年3月，当选十七大代表。于昌明“爱岗敬业，甘于奉献；心系百姓，服务大局；努力实践，勇于创新；率先垂范，秉公执法”的五种精神，集中体现了阳泉市两级人民法院干部队伍建设的整体精神风貌，既是阳泉市两级人民法院干部队伍建设的成功经验，也是精神文明建设的宝贵财富，更是全国法院战线司法正义的旗帜，司法文明的标尺。

2011年，切实加强业务能力和法院文化建设，提升整体素质。继续开展职业教育和岗位培训，广泛开展了岗位大练兵、全员大培训，组织优秀裁判文书评比、审判实务研讨、案件评查、庭审观摩、办案能手评选等活动，激励促进了广大法官司法能力的不断提升。两级法院加大资金投入和政策扶持，鼓励法官参加更高层次的学历学位教育。

2012年，广泛开展了岗位大练兵、全员大培训，组织优秀裁判文书评比、案件评查、庭审观摩等活动，激励促进了广大法官司法能力的不断提升。同时坚持重心下移的工作方针，加强基层建设，利用新增和空余编制为中、基层法院招录补充干警16名，一定程度上缓解了案多人少矛盾。

附 1：1948 ~ 2012 年阳泉市中级人民法院编制情况一览

年份	人数	年份	人数	年份	人数	年份	人数	年份	人数
1948		1961		1974	24	1987		2000	
1949		1962	19	1975	25	1988		2001	99
1950	5	1963	20	1976	24	1989		2002	99
1951		1964		1977	25	1990		2003	99
1952	5	1965	21	1978	27	1991		2004	99
1953	8	1966		1979	30	1992		2005	103
1954	6 ~ 25	1967		1980	39 ~ 62	1993		2006	103
1955	23	1968		1981	39	1994		2007	109
1956		1969		1982	39	1995		2008	125
1957		1970		1983	47	1996	100	2009	125
1958		1971		1984	53	1997	105	2010	134
1959	25（9，111）	1972	14	1985	70	1998	102	2011	134
1960		1973	24	1986		1999	105	2012	138

注 1. 本表 1948 ~ 1985 年总人数来源于阳泉中院 1986 年 6 月“院志编写组”所编《院志收资各种简表》之《历年人员编制一览表》；

2. 1954 年 ~ 1955 年总人数中，包括当时看守所 16 ~ 18 名干警，1955 年移交阳泉市公安局；

3. 1959 年总人数 111 名干警中，包括昔阳县、平定县、盂县人民法院干部；

4. 1996 年 ~ 1998 年数据来源于《参照公务员管理的国家机关干部统计表》；1999 年数据来源于《党委、人大、政协、法院、检察院、民主党派、人民团体机关及事业、企业单位干部统计表》。

附 2：一条办学辉煌路　十年育人创业歌 (1985 ~ 1995 年)

——记法律业大阳泉分部

1985 年 1 月 29 日，最高人民法院以法（人）发［1985］1 号文，向全国各高级人民法院发出《关于创办全国法院干部业余法律大学的通知》。同年 2 月 27 日，全国法院干部业余法律大学山西分校阳泉分部（以下简称法律业大阳泉分部）正式成立，下设六个教学班。十年来，在总校、分校的正确领导和热情帮助下，在地方党政，两级教委和法院领导的高度重视和大力支持下，我们充分发挥法院的办学优势，牢固树立“培养人才，质量第一，服务审判，提高整体执法水平”的指导思想，先后培养出法律大专生 120 名。其中 1985 级 53 名，1988 级 27 名，1991 级 40 名，同时，根据国家教委关于开展专业证书教育的规定，我们分两届使

50名干警取得了“法律(审判)专业”结业证书，这批已毕业、结业的170名业大学员，占1993年底全市法院在编干警总数的52.2%，连同国家分配与其他自学成才者计算在内，目前我市法院系统具备大专以上文化水准或大专层次法律专业知识的干警已达84.7%。它标志着我们不仅基本接近完成“八五”期间法院干部培训的“七、八、九”规划(即全体干警大专以上文化程度的达到70%，审判人员达80%和院级领导达90%)，而且从根本上改变了由于历史原因造成的法院干部文化业务素质偏低的状况，改变了法院干部的知识结构，促进了办学质量和工作效率的提高，适应了审判工作的不断发展的需要，也为将来《法官法》具体实施奠定了坚实的基础。

在现已毕(结)业离校的170名学员中，有19名同志走上了两级法院和其他部门的领导岗位,其中周保武、贾俊担任了市中级法院副院长;潘致担任了市检察院常务副检察长;王立明、翟志辉等8名同志担任了基层法院正、副院长；孙喜爱等3名同志担任了县、区检察院正、副检察长；贾占玺等4名同志担任了乡、镇主要领导。其余80%以上的亦都成为各个岗位上的业务骨干，如85级学员高景云被山西省人民政府授予全省“优秀法官”光荣称号，91级学员史增华和85级学员刘满贵领导的锁簧人民法庭和河底镇人民法庭，先后被山西省高级法院评为全省一流人民法庭。

长期以来，我国的成人教育在办学方向上存在着与社会发展需求相脱节的状况，具体表现为忽视专业对口，在人才培养上缺乏针对性；重学历教育，轻岗位培训，在办学形式上缺乏灵活性；不注重成人学习的特点和规律，在教学内容上缺乏适用性；宏观失控，政出多门，在管理体制上缺乏统筹性。而法院办学则全然不同，十年来，按照我国四级法院的建制，分别在最高人民法院、高级人民法院、中级人民法院和基层人民法院设置总校、分校、分部和教学班作为各级教学管理机构,这种由用人部门直接办学的好处是在同一系统中,管事、管人、管培养教育，便于三位一体统一抓，有利于贯彻专业对口，学用一致，业余为主的成人教育方针；二是由于各级业大办学组织都是由各级法院院长亲自担任，他们可以根据各自的审判需要和干警的自身状况编报人才培养计划，在办学经费与师资力量等方面优先投入教学时间上灵活安排，有利于调动各院领导的办学积极性；三是在抓审判工作的同时抓干部培养教育，真正做到了工作、学习两不误，有利于解决好工、学矛盾；四是在办学实践中遇到的各种问题，尤其是学员的思想问题，可以结合系统工作的特点建章立制，有利于加强教学管理，易于端正学风。

回顾十年办学经历，我们体会到必须把法院办业大作为一项系统工程来抓，使各个环节形成一个有机运行环环相扣的整体链条，组成办好业大的最大合力，才能确保业大这个培养法律人才摇篮既能巩固其在法院干部队伍建设中的基础地位，又能在规范化办学的轨道上健康发展，达到办学育人的预期效果。正是基于这样的长期实践和体会，十年来我们始终不渝地抓了“五个一”工程的实施：

一、抓领导，树立了一个明确的指导思想

以中级法院党组为轴心，在两级法院领导乃至分部办学、教学人员中统一思想，达成共识，牢固树立长期办学育人的指导思想是办好业大，搞好业大各项工作的首要环节。我们分部的办学、教学工作之所以起点较高发展较快，正是从引导大家端正教学态度，巩固办学思想入手的。

1985年，最高人民法院作出创办全国法院干部业余法律大学的决策后，中院党组站在加强法院队伍建设的战略高度，认真进行学习讨论，一致认为，法院办教育，特别是办正规化的成人高等教育，在法院自身建设发展史上是个创造性的决策，是审判机关作为上层建筑重要的组成部分以适应改革开放，经济发展需求的战略举措，最高法院这一改革决策，指明了法院创办业大的目的、性质、原则与任务，为提高干警队伍的整体业务素质找到了根本性的出路，这对于我们全面加强队伍建设具有长期定向、定轨的重要意义和作用。在统一思想、认识到位的基础上，中院党组进一步解放思想、坚定信心、审时度势、充分动员引导两级法院的院、庭领导和广大干警提高认识，扫除障碍，使之解除了三个思想顾虑，达成了三个明确的共识。当时，由于全市法院干警中队伍结构成分复杂，专业文化素质偏低，达到法律大专学历的仅占4.7%，所以大家对最高法院创办业大，为自身培养应用型专业人才衷心拥护，齐声赞扬这是关系到法院系统队伍建设的百年大计，抓住了队伍建设的根本。但是对法院办业大仍心有余悸，第一顾虑干警分批上业大，审判任务难完成，唯恐顾此失彼；第二顾虑办学条件不具备，一无先例，二无经验，担心虎头蛇尾，有始无终；第三顾虑考上的上学拿文凭，在院的"坐堂"办公案，此种局面势必会造成一些人心理上的不平衡而达不到预期的办学效果。针对部分院、庭领导与干警中多侧面的思想认识，中院党组分析后认为对于法院办业大这样的新生事物，同志们有些这样、那样的不同认识在所难免。关键问题是如何去引导。如果不把那些满足现状，缺乏远见，信心不足，害怕困难，不敢创新，故步自封的人的认识正确地引导到最高法院的决策上来，法律业大就是办起来，也绝对办不好。于是，中院党组召开专门会议，组织院、庭领导干部对最高法院的决策精神反复进行了学习讨论，深入浅出地联系形势发展实际，联系队伍建设实际，联系审判工作实际，联系高层决策实际，联系自身思想实际，启发大家领会精神实质往深处想，拓宽认识视野往远处看，从而在领导层乃至全体干警中逐步达成了共识。

首先，明确了创办业大的重要性。最高法院决定办业大，国家教委支持办业大，这正是党和国家对法制建设高度重视，对法院干部极端关心的体现，它关系到依法治国的千秋大业，法院建设的百年大计，是加速法院队伍"四化"建设，适应改革开放形势发展的重大举措，抓审判与抓办学是殊途同归；第二，明确了办好业大的紧迫性。随着改革开放的推移，经济建设的发展，审判领域的拓宽，执法标准的提高，审判队伍专业素质低下的现状面临着艰巨审判任务的严重考验，办好业大刻不容缓，势在必行；第三，明确了办学育人的长期性。优化队伍结构，提高整体素质绝不是朝夕之举，不能抱着完成一、两届招生，教学任务就可以一劳永逸的态度，必须巩固长期办学育人的指导思想，坚持“一手抓审判，一手抓办学”，两手都要抓，都要硬。

为了巩固长期办学精心育人的思想，我们始终注重处理好三个关系，一是处理好主管、分管与专管的关系，坚持由中院院长兼任分部主任主管业大，由一名副院长分管业大，由专职副主任专管业大。在具体工作中，主管领导保证办学工作列入党组工作的重要议事日程，从人力物力财力上不断巩固业大在法院建设中重之又重的基础地位，宏观指导到位；分管领导保证办学工作纳入本职责任范围的重要活动日程，中层领导到位；专管领导保证部署实施各项教学计划，微观组织到位。“三管”领导经常互通情况，商定办学教学事宜，大大加深了共识。二是处理好工作与学习的关系。我们多次在院务会、基层法院院长会与业大专题工作会上提出要求，必须在年初整体工作部署上统筹兼顾，合理安排，既不能由于眼前困难而损害了长远利益，又不能由于学员上学耽误了审判任务，必须工、学并重，在岗位工作提高效率，离岗学习集中精力。三是处理好育人与用人的关系。分部办学、教学人员随时向两级法院领导反馈学员的学习状况，各级领导注重为学员创造学以致用的条件，充分发挥业大办学的人才优势，形成人尽其才的用人格局，目前，两级法院的院、庭领导与审判骨干中百分之八十是业大毕业、结业生。

近年来，随着改革开放的深入和经济建设的发展，我市法院各类案件数量大幅度上升，审判任务更为繁重，而由于受客观因素的影响，全市法院增编名额极其有限，客观上给业大的正常教学工作带来了不利的影响，但我们坚持长期办学的思想不动摇，从严治教治学毫不松懈，随时引导大家认清提高专业素质对提高办案效率的重要促进作用，特别是在巩固领导层办学思想上长期抓，反复抓，一抓到底，引导院庭领导分析现状再学习，拓宽视野再思考，总结成果再认识，为办好业大奠定了扎实的思想基础。

二、抓师资，建设一支优良的教师队伍

指导思想明确之后，专门队伍发挥专门职能是关键因素，我们认为，选拔、培养一支工作责任心强，专业思想巩固、业务能力精湛，又能吃苦吃亏默默奉献的管理、教学队伍是实现办学育人战略任务的组织保证。基于“好钢用在刀刃上”这一想法，我们在专门队伍的建设上高度重视，从严要求，不惜下本，倾斜投资。

首先是慎重选将，委以重任。经过多方考察了解，上下征询意见，民主酝酿讨论，反复选择推敲，院党组选准具有丰富教学管理经验，热爱成人教育事业，群众公认，精诚敬业的王启秀同志去挑分部专职副主任的重担。事实证明，这一选择是正确的。十年来，王启秀同志全身心投入业大事业，呕心沥血履行职责，不辱使命勇于探索，面向审判，着眼未来，勤奋敬业，矢志不渝，积累总结，锐意进取，使业大办学工作纳入了规范化、制度化、标准化的发展轨道，成功地走出了一条既符合国家办学标准又具有自身管理特色的办学育人之路，实现了“多出人才、出好人才”的办学初衷。为了表彰他在办学工作中的突出成就，市中院和山西省高级法院先后为其荣记三等功一次，二等功两次并于1994年初被首批授于全省“优秀法官”光荣称号。其次是精心点兵，好中择优。在确定14名专、兼职教师中，我们始终坚持了高学历与精业务德才兼备的原则，其中法律本科、专科学历的分别占28.5%和71.5%；院庭领导占85.7%；中共党员占78.6%，并在工作上从严要求。用教学职责与标准规范教学行为使他们不断提高教书育人的实际能力。原3名专职教师中，张利平和吕冬两同志根据学员特点，刻苦钻研教学业务，工作实绩突出，被先后提拔为中院调研室副主任和业大分部副主任，并光荣地加入了中国共产党，郝连昱同志八年施教踏实苦干，勤手奉献，勇于敬业深受广大学员的好评。第三是知人善任，热情关怀。为了巩固教师的专业思想稳定整体师资队伍，从而使他们充分发挥主观能动性，提高教学质量，院党组注重了解他们的思想动态，做到知其所思，知其所需，知其所为，善其所任。在思想上及时引申，在工作上大力帮助，在安排任务与生活问题上分忧解难，并邀请他们研讨重大疑难案件，安排他们在不同的业务庭参加审判实践，授权他们主持全院的业务学习和新法培训，为他们树立执教权威。各级领导还极为重视和支持管理人员总结办学成果，办学经验，倡导和支持教师探讨法学科研课题，发表学术论文等。

由于对上述工作抓得准，做得细，方使我分部保持了一支长期稳定的教师队伍和相对稳定的教学质量。

三、抓管理，建立一套规范的办学制度

提高教学管理与学籍管理水准，是使业余大学按照正规学制标准实现教学计划，提高教学质量的重要技术手段。十年来，我分部从严治教，从严治学，联系实际。解放思想，注重积累，加强总结，积极探索一般成人教育规律与法律业大办学的内在联系，重点在教与学的管理上下工夫，逐步达到了规范化、制度化、科学化的管理标准，为完成总校、分校下达的教学任务提供了制度保证。

在教学管理上，一方面是健全“教的制度”。主要是针对总校教学大纲标准和分校的具体部署，明确分部各科教师每学年、每学期的教学任务，建立健全了备课制度，观摩制度，辅导制度，检查（读书笔记）制度，讲评（作业）制度，以及对期末考试成绩的分析制度等业务规章。这些制度对任课教师在制定单科教学计划，确定教学重点与难点、基本教学方法、组织考前复习等方面，提出了定内容、定时间、定方法、定目标、定结果的具体要求，并尽量做到量化定标。与此相配套，在“教”的管理上分部还认真落实了“六、四、三、三”四项具体措施即领导坚持做到六个亲自管，一是每学年开学分部主任亲自做动员，讲全局提要求，鼓励师生在完成审判任务的同时出色地完成教学任务；二是每学期期末集中复习期间，两级法院领导亲自到学员驻地了解教、学状况，及时解决学习、生活中的困难，监督检查学员到课率，发现既离岗又离校的及时教育处理；三是结合年终评比总结亲自讲评学员学业成绩，表扬先进推动后进，激励学员争创工作、学习双优佳绩；四是不定期地亲自抽检学员作业，查阅平时读书笔记，一旦发现不思进取混文凭的思想倾向，及时批评纠正；五是在期中、期末考试时，院领导亲自到考场巡视，严格考场纪律，并配合主考处理考试中出现的重大问题；六是专职副主任在每学期期末复习期间亲自与学员一并外出，同吃同住，一线管理，每期15～20天十年如一日，从不脱岗，次次满勤。

教师坚持做到四个充分用。一是充分用电化设施开展教学；二是用总校校刊指导教学；三是用历届资料对比教学；四是用外地经验优化教学。

管理人员坚持做到两个“三”。一是注重三个及时。每学期开学前后，及时领、发教材和教学资料，以保证教师备课和学员自学；发现好的学习方法和典型事迹及时推广，使之在全分部开花结果；对于有关教学资料和办学成果及时收集、总结，拓宽视野，不断提高管理水准。二是落实三个计划。每学期制定分部教学计划，提前发至教学班，便于各院统筹安排；任课教师制定单科教学计划，确保总校规定的面授，辅导学时得以落实；期末集中制定复习计划，以保证15～20天的离岗系统总复习有“章”可循。

另一方面是严格“学”的管理，即主要以卡片管理、图表管理、考绩管理和档案管理四个系列与注册制度、考勤制度、考试制度、奖惩制度，讲评总结制度，考绩通报制度，请示报告制度，评议鉴定制度以及定时反馈制度等九项制度为内容的学籍管理。这些制度的完善和落实，对每个学员的入学手续，到课率、学业成绩、奖惩情况，操行评语以及休学、复学等都及时做到了分项记录，实现了学员在校修业期间全程管理、分解管理、系列管理、规范管理。

上述按照学制化办学，正规标准一以贯之的教学、学籍管理，使整体教学工作有章可循，有制可遵，有标可考，有据可查。有益于遵守成人教育的一般规律，使业大在规范化管理的轨道上健康运行。

四、抓后勤，创造一个良好的办学条件

必要的稳定的办学经费和教学设备，是任何一种正规化学校办学必备的物质条件。多年来，我们两级法院遵照邓小平同志“领导就是服务”的教导，身体力行，想方设法保障后勤先行，这绝不仅仅是舍得财力投资服务到位的体现，更重要的是两级法院领导对业大高度重视、真正理解、真心支持，一丝不苟，巩固长期办学思想，扎扎实实创造良好的办学条件的战略眼光的直接表现。长期以来，法院经费入不敷出，缺口较大的状况一直没有得到根本解决。然而，正是在各项经费开支标准提高快，财政拨款差距大的困难条件下，中院及各县区法院一把手恪尽主管职能，主动向市、县区两级党政领导汇报，力争将业大经费列入预算，得到了地方财政的大力支持，1985年至1988年，市财政每年向分部拨专款15000元，1988年至1991年每年10000元。同时，两级法院还注重开源节流，压缩其他不必要的列支，为业大办学优先投入。据统计，十年中先后垫支包干经费10.9万元，诉讼费21.1万元，有效地保证了业大教学设备的购置和每学期期末外出集中复习时的专项支出。1992年，为了进一步改善办学条件，在中院建起了占地340m^2的业大教学培训基地。其中，教师办公室3间6平方米；图书室1间94平方米；资料室1间20平方米；授课厅1间120平方米；学员宿舍5间100平方米。另外，我们还十分注意解决那些在开展教学活动中遇到的实际问题，从而使服务更加具体化。实践证明，一个良好的办学条件来之不易，而奋力为之创造和完善正是我们必须去争取的。

五、抓总结，探索一条系统办学的成功之路

勤于积累，注意总结，在此基础上使成人教育的规律与法律业大办学教学实践相结合。逐步探索一条切合自身实际又行之有效的系统办学的成功之路，是我们矢志追求的目标之一。从分部组建之日起至今，我们既注意向省内外兄弟分部学习，又注意向电大其他函大等成人高校学习，意在办学、教学成果上兼收并蓄，取人之长，补己之短，特别是我们充分发挥自己的主观能动性，在长期实践中不懈地积累探索，不断地进行总结分析，以期有所发现，有所启发。

首先，在教学活动中，我们努力联系自身实际，针对学员年龄结构差异大，文化基础参差不齐，实践能力高低不一等特点，坚持因材施教，因时施教，循序渐进，突出实效，务求可行的原则，重点采取了“五个结合”。一是集中授课与巡回辅导相结合，缓解工学矛盾。为了使学员工作、学习两不误，我们在坚持每学期定时集中授课的基础上，组织教师分期深入各教学班巡回辅导，就地传递，就地解惑，就地批改作业，就地辅导自学。1985年以来，共集中面授36次，巡回辅导90次，这种有分有合的教学形式，不光方便了多数学员的学习而且减轻了集体与个人的经济负担，受到了各教学班的普遍欢迎。二是教师面授与音像教学相结合，突出教学重点。对文化基础好，自学能力强的学员，在教师面授、串讲之余进行重点章节的音像教学，便于使他们更好地突破难点掌握重点。对其他学员则采取在音像教学之后进行串讲，指出重点，说明难点，这种有轻重的教学形式，有益于满足不同层次学员的学习需求。三是集中补课与送教上门相结合，协调学习进度。因公出差或因病缺课的，规定时间，集中补课，对于经补课仍跟不上进度的则上门送教，这种“吃偏饭”的教学形式，促进了后进赶先进，保证了整体进度的平衡发展。四是解疑与讨论相结合，巩固教学效果。为了变“填鸭式”的灌输为启发式的引导，教材中的一些章节不是首先由教师去讲，而是组织学员分析讨论，启发学员系统归纳。这种变“输血”为“造血”，变被动为主动、变单一传授为双向交流的教学形式，有益于共同提高。五是“教学、审判、科研”三结合，学有大成，教有硕果。法律业大以培养应用型法律专业人才为宗旨，始终贯彻理论密切联系实际的教学方针，启发学员学以致用，以达到“为用而学，学了就用”的教学效果。多年来，为了进一步提高广大师生理论扎根于实践，实践升华为理论的能力，我们有的放矢地帮助他们选课题，找资料，鼓励他们学以致用，多出学术科研成果，仅1992年以来，教师、学员中撰写的案例分析学术论文，专题调查报告和审判纪实等成果被国家级、省级刊物、杂志出版社采用的就达30余篇。

由于我们的教学方式灵活多样，贴近实际，所以较好地保证了教学质量。在国家教委高标准的书面抽考和验收中，我分部85级学员《中国刑法》及格率为94%，民法和《司法制度》的及格率均达100%，在山西分校分片会考中我分部1991级第一学期期末考试的及格率与优秀率均排在第一考区五个分部的前列。

在教学活动中抓好“五个结合”的同时，十年来，我们还始终抓实了各类资料的积累，始终抓好感性材料的建档总结。截至1994年年底，已归档72卷77册。其中文书类13卷13

册；教学管理类22卷27册；学籍管理类17卷17册；其他类20卷20册，并按照市档案局立档标准统一编号，实现了业大档案与国家档案管理接轨的宿愿。1993年以来，为了系统总结法律业大阳泉分部十年办学成果，我们以图文并茂的直观形式，制作了题为“弘扬成绩，继往开来，团结奋斗，开拓进取”的彩色版面，全面地反映了分部办学十年来的辉煌成绩和对全市法院队伍建设作出的巨大贡献；通过汇集分部专兼职教师与1985～1991级学员在法律业大创建以来先后发表于《中目审判要览》、《人民司法》、《山西审判》以及在省级以上报刊和在各种大型专题研讨会上交流并获奖的作品，编撰了28万字的《法苑集萃》，辟有“理论与实践”、“审判纪实”、“案例分析”、“调查报告”和“法官论坛”等五个栏目；以数据统计，史事纪实，组合排列和文件纪要等形式，分别印刷了《育才综览》、《大事辑要》、《创业之路》和《饮水思源》等四册专辑。这对坚定各级法院领导办好业大的决心，树立广大学员上好业大的信心，进一步促进业大管理工作规范化方面收到了积极的效果。

十年来，我们分部之所以不折不扣地全面贯彻国家教委和业大总校的成人办学教学方针，如期落实总校、分校下达的教学计划和教学任务，以较好的成绩通过国家教委的检查验收，正是立足于长期办学，培养合格法律人才，服务审判，提高整体队伍素质这一办学宗旨，坚持两级领导共同抓，系统工程综合抓，战略任务统筹抓，办学关键重点抓和环节工作层层抓的结果。办学育人方兴未艾，队伍建设任重道远。我们清醒地认识到，十年来，虽然在业大办学，尤其是管理方面做了些工作，也取得了一些成绩，但是，全面的、深层次的工作距总校和分校的要求还有相当距离，特别是教学管理有待完善，教育质量有待提高，专升本教育刚刚起步，正规化的法官培训尚未开始。我们决心居安思危，增强使命感和责任感，决心在总校和分校领导下，在两级法院的支持下，借建校十年纪念活动的东风再接再厉，锐意进取，强化管理，从严治校，为使阳泉分部的工作再上新台阶再创新佳绩而努力奋斗！

一九九五年二月二十八日

附3：法官制服见证司法变迁

门世高

从我进入法院工作到2003年退休为止，我在法院已经工作了整整23个年头了，这期间正是改革开放如火如荼开展并不断走向深入的时期。这期间我穿过的法官制服有好几款，翻起以往的老照片，看到当时穿过的一套套老制服，总是勾起我对法官制服的一些回忆。

1980年，我从部队转业进入矿区法院工作，那时的法院工作人员还没有统一的制服，穿着与老百姓无异。到了1984年，法院首次配发了84款法官制服，能穿上法官制服让我感到无比兴奋，油然升起作为一名法官的荣誉感和责任感。

84款法官制服，有夏装、春秋装和冬装三种样式。夏装上衣为长袖、明兜儿、小翻领，面料为青灰色加厚的确良布。这种面料的缺点是不透气，夏天很闷热，当时办公室里都没有空调，条件也很简陋。一天下来，法官们后背总有一圈圈的白色汗渍，就像背着一幅大地图似的。

春秋装为藏蓝色平纹面料，军装样式，衣领有风纪扣，上衣四个明兜，有肩章。冬装与春、秋装样式相同，只是面料为粗斜呢厚面料，也比较肥大，因为在那个年代人们冬季普遍要穿棉袄、棉裤，如果制服太瘦棉衣就套不进去，外出办案是要挨冻的。几种样式的法官服都与大沿儿帽配套使用，大沿儿帽为藏蓝色，上有金色麦穗饰带，另配有青灰色帽罩儿，夏季套在大沿儿帽上，好与夏装的青灰色相匹配，帽檐儿上饰有包18K金的帽穗和大大的国徽样式的铝质帽徽。84款肩章很像“苏式”肩章，四边宽大、红底金丝绣边，中间饰有铝制金属法徽，与我国1955年军队授衔，十大元帅的肩章很相像。记得一次我出入部队大院，哨兵慌乱中给我敬了一个标准的军礼，他一定是把我当成部队大首长了。

当时，法官配备有黑色皮鞋，夏季为警用三接头皮鞋，冬季为警用高腰儿皮靴。法官制服的整体设计，我感觉还算帅气，但由于法院相当一部分的法官从没有穿过制式制服，加上制服设计上的一些不足，有人穿上法官制服后不显精神，更有甚者简直就像是“逃兵”。为了使着装看起来更整齐，我着实想了一些办法，其时我的这些经验主要来自于部队的生活：洗过的法官制服，要先整熨成型，上肩章时要用针线或别针儿加以固定，在大沿儿帽汗衬上塞上较硬的画报，这样一来帽子戴起来就端正多了，也不会一低头帽子就满地乱滚了。

随着改革的进一步深入，90年代初，全国法院陆续开始启用90款法官制服。90款法官制服与84款相比，有了较大改进，夏装改为短袖，面料相对薄顺，还配备了透气性很好的大沿儿帽，上面饰有明黄色针织帽穗。帽子戴在头顶上很轻巧，不歪也不掉了。春、秋装上衣改为西装式翻领，明兜，内穿白衬衫系红色领带，肩章一改84款肩章的宽大，显得修长精致，看上去要精干利索得多。再后来的95款法官制服又有了些微小的变化，春、秋装及夏装上衣明兜儿改为暗兜儿，女式夏装改为裙服，冬装也改成西装样式，白衬衣配系红色领带。服装的面料质地也有所提升。84、90及95款法官制服由于历史的局限性，带有较浓重的军事化、行政化色彩，但是在80、90年代，人民法院的审判工作在尚未完全脱离“庭审纠问式、取证调查式、审判下乡式”的审判方式下，法官大沿儿帽、法官制服戴肩章，在那个年代发挥了它应有的、不可替代的历史作用。

进入2000年，司法审判方式进入实质性改革阶段，法官制服随之也发生了根本性的变革。2000款法官制服，取消了大沿帽儿和肩章，夏装为灰色，上衣为西装小翻领、短袖；春、秋装为黑色两扣儿西装，冬装为黑色三扣儿西装，内衬白衬衫，扎铁灰色领带，制服上衣领左上方佩戴法徽。

2000款制服既不失庄严又一改以往的军事化、行政化色彩，变得更加亲民，很好地体现了“公正司法，一心为民”的宗旨。更值得一提的是，2000年始，法官庭审统一着法袍，这可以说是2000款法官制服改革中的精彩一笔。最高人民法院规定，凡出席参加审判案件的法官必须统一穿着法袍，以体现法官的严肃性和特殊性，提高法官的使命感和责任感。2002年6月1日起，全国各地法官除着法袍外，在宣布开庭或继续开庭、休庭、闭庭、宣布判决裁定时，要使用法槌，以体现法庭的威严，保障审判的正常进行。

如今，我虽然已经退休了，但又欣喜地看到了法院的同志们身着的2009款新夏装，新夏装一改往日的一袭灰色，上衣变成浅湖蓝色，下装为藏青色，女同志还配有裙装，带上红色的领带和闪光的法徽，法官们变得更加英姿挺拔、精神干练。

回眸改革开放30年，我国社会各项事业取得了辉煌的成就，可以说，法官制服的不断改进与我国经济实力的增强、司法理念的改进密切相连。小小制服正是我国的司法体制改革不断走向完善的一个很有说服力的缩影。

（作者为阳泉中院退休干部）

附4：青年干部的自我成长

陈明华

（根据陈明华院长在公务员初任培训班上的讲话录音整理）

作为处于事业起步阶段的青年干部，有目标、有方向、有规划的自我成长很重要。虽然我和大家所处的时代不同了，遇到的问题不同，面对的社会和现实也不同，内心深处的思考、困惑是不一样的，但我们在心灵的成长和灵魂的成长问题上是一样的。

下面，我结合自身成长过程中的一些思考，就青年干部在自我成长中应该正确处理的六个关系和掌握的四种能力，和大家做一个交流。

一、正确处理好平台和舞台的关系

平台是一个岗位、一份工作、一个与社会结合的窗口，代表着现在；而舞台是灯光、观众和掌声，代表着未来和梦想。现实中，由于舞台更加光鲜靓丽，更具诱惑，我们很多青年干部在追逐梦想舞台的过程中，往往忽视眼前的平台，忽略当下的努力，导致最后登不上心中的舞台。因此，在处理平台和舞台的关系上，要心怀舞台，但更要脚踏平台。

舞台是由平台延伸出去的。千里之行，始于足下。当下我们所拥有的平台，就是迈向舞台、实现梦想的出发点，如何看待今天的工作，决定了明天能不能获取舞台。作为年轻人，要在今天的平台上，挥洒汗水，播种希望，善于经营，勤于积累。中国好声音学员平安，正是因为在酒吧、歌厅等平台上不断地锻炼、积累、成长，才会在好声音的舞台上有精彩的发挥，实现人生理想。

平台是机会孕育的地方。平台比不上舞台的光鲜亮丽，但平台是机会孕育的地方。跟舞台相比，平台持续的时间更长、可以尝试的机会更多，也就决定了一个人在平台上拥有更多的机会，更多尝试的机会和被赏识、被认可的机会，也有更充足的时间来尽情展现自身的才华。只要你珍惜现有的平台，踏踏实实地去奋斗，去比别人更努力，那么就会获得多过别人的机会，离舞台也就更近。

平台是功夫积累的地方。台上一分钟，台下十年功，舞台的光彩来自于平台的汗水，没有在平台上功夫的积累，就不会享受到舞台上的光彩和掌声。新任公务员获得现在这个平台并不容易，可以说大家都是千军万马挤独木桥走过来的，之所以被录取，拥有现在的平台，就是因为你在前一个平台积累的比别人更多，付出的比别人更多，而要想走向更高的平台、更大的舞台，就必须珍惜今天的工作，认真对待，踏踏实实积累好通往未来舞台的能量。

二、正确处理好品质和品牌的关系

品质是内在的、细节的、长期的东西；品牌是外在的、概念性的、可以想象的东西。现实中，往往有这样的现象，有人很有能力，人品也不错，但获得的机会少，有人很会展现自己，但有时候忽略了自身能力的积累，导致没有持久、持续的发展力。因此，在处理二者关系的时候，要认识到：

没有品质的品牌是不会长久的。品质是品牌的基础。一个品牌可能借助于造势、营销，在短时间内获得大众认同，但如果不追求品质，就会如同无源之水、无本之木，长久不了。长治的海棠牌洗衣机在经历了最初的畅销以后，没有品质的保障，最终走向消亡；而山西汾酒虽然经历了假酒事件，但更加重视了品质的发展，到现在依然是品牌，就很好地印证了这一点。人亦如此，要以打造一流品质为核心，增强自己的技能、素质、才干，注重积累，提高自身价值，之后再去创造品牌。

从品质到品牌是需要营销的。酒香也怕巷子深。品质的积累不会自动生成品牌，品牌的建立还需要适当包装和适应市场。一个人的发展也是，除了积累好自身价值、具有良好的品质外，还要学会包装和适应市场。一方面要把自己包装好。在日常生活中，我们所讲的“会来事”实质就是懂得营销，懂得把自己像商品一样推销出去。要学会适当包装自己，包装的本质就是约束自己，约束自己的言语、行为，使自己看起来更加成熟、更有能力。另一方面，营销还要有市场的观念。作为新任公务员，刚到一个单位，要学会观察单位的生态环境，也就是个人发展的市场环境，通过分析市场需求，来确定自己的发展策略。

三、正确处理好能量和容量的关系

能量是一个人的能力问题，容量是一个人的心态问题。能力决定了你能干什么，心态决定了你能走多远。在二者关系的处理中，要更加注重容量的培育，心态的养成。

学会合作。要学会给别人掌声，懂得欣赏别人是合作的前提。有人做过这样的调查，在华人社会中，不懂的或者根本不习惯欣赏别人的人占了六成以上，这种心态，使得华人在全世界都留下了“单干是条龙，群干是群虫”的形象。现在的社会，有时候会需要单打独斗，单打独斗也可能会做出一定的成绩，但面对越来越复杂的工作挑战，更多的时候需要互相欣赏，协调配合，互相鼓舞，这样积累的就是正能量。

懂得吸纳。吸纳分两个方面，一个是吸收别人的优点。要认识到每个人身上都有闪光点，要学会把别人身上的闪光点吸纳过来，互相学习、认识、提高。一个是容忍别人的缺点。要辩证地看待一个人的优缺点，认识到任何缺点背后都有优点，任何优点背后也相对应着缺点，也就意味着我们每选择一个优点就必然要承担相应的缺点。

有团队意识。80、90后相对来说，有点自我，甚至自私，强调个性，遇到问题，从自身找问题很少，总抱怨社会不公平、父母没能耐，而这种情况，已经成为其融入社会、发展自身的瓶颈。作为年轻人，要学会在团队中来展现自我、提升自我，发挥自己的特长、个性的同时，培养自己的团结协作能力，提高协同配合意识，把自己主动融入到集体中去干事创业。

学会换挡。人生之路，不可能是一片坦途，免不了碰到挫折和遭遇失败，就如同驾驶汽车，不可能永远一马平川，要学会在“坑坑洼洼”前面减速、换挡，在不顺利、不如意面前，沉得住气，学会缓冲。而且有时候还要学会挂倒挡，前路不通的时候，懂得挂倒挡，换个方向和路径，更容易走向成功。

四、正确处理好成长和成功的关系

成功在人生中只有一两个点，是外在的，是由别人评论的；而成长是一个持续的过程，是内在的，是真正属于自己的。现实中，社会过分强调成功，家长“望子成龙，望女成凤”，学校强调升学率、重点率、就业率，媒体宣扬成功人士的各种成功经验，都在用“指标”衡量人生，用“成绩”取代“价值”，导致人们更多的人关注成功，忽略成长。在二者关系的处理中，应认识到：

人生意义在于成长。谈到人生的意义，一般有两个指向，有人认为人生是一场需要分出胜负的比赛，有人认为人生是一次欣赏风景的旅行。而年轻的时候，我们往往把比赛看得更重，更注重和别人竞争，而忽略了去品味生活和善待生活。其实，人在社会上停留，既要追求生命的高度，也就是比赛成绩，但更要注重生命的宽度和长度，即生活是否能丰富多彩，生命是否能健康长寿。也就是说，人生的意义不是比出好成绩，更重要的是快乐而轻松地生活。

注意提高境界和理性。海大，因其有容；地广，因其厚德，天高，因其自清。有容者能容人所不能容，厚德者能载人所不能载，自清者能清人所不能清。作为青年一代，就要通过学习、思考和积累，不断提高自身境界修为和认知理性，做有容者、厚德者、自清者。只有这样，才能淡看成功和失败、显达与失落，在失败面前多一份豁达，注意吸取教训，从头再来；在成功面前多一份淡定，不骄不躁。

注重能力和心理双成长。能力的成长，大家都能认识到，年轻人也应高度重视心理成长，现在大家所面临的环境，无论是求学、择业、成家方方面面，较之以往，风险更大，不确定性、不可预知的社会因素更多，遇到的困惑更多、压力更大，这时候就必须有很好的心理调适能力，要学会正确认识自己、正确面对挫折、与人和谐相处、善于倾诉排忧、培养健康向上的生活乐趣、调整心态平衡，确保健康成长。

五、正确处理好追求和担当的关系

年轻人在追梦的过程中，要有追求，也要有担当。追求就是上进、有目标、有方向；担当就是勇敢承担起该有的责任，不能因为现实与理想差距大了，就自暴自弃甚至走向堕落。在处理追求和担当的关系的时候，大家要注意这么几点：

机会和风险同在。一份机会意味着一份风险，越好的机会越有风险，任何一个机会的选择，要有相应的承担风险的能力。最近网络上曝出很多如复旦大学投毒案等大学生自杀和他杀的新闻，我在和大学老师接触过程中也了解到，现在大学生自杀和他杀的比例占到万分之二，可见我们的天之骄子们在追求上进的过程中，对机会背后的压力估计不足，认识不清，又缺乏相应的心理调整能力和责任担当，缺乏对家庭、社会、自己生命的担当，最终酿成悲剧。这里也有我们教育的问题，我一直认为只有接受了良好的生命教育、社会教育和法制教育的人，才是一个完整的、健康的人。

要懂得取舍的平衡。从健康的角度讲，摄入量大，运动量小，取多舍少，则代谢就慢，最后会积累很多负面的东西。从人生的角度来讲，只想着追求、拥有，不想着付出、放弃，最后是会压到自己的。取舍平衡也就是“舍得”。有舍才有得。付出多，收获才多。作为年轻人，在单位要确立一个目标，比如说5年内成为科室的一流骨干人物，那就要付出相应的辛苦，付出比别人更多的辛苦。要坚持写日记，写日记可以照镜子，可以让自己懂得平衡、反省。作为迈入政府机关的大学生，要想早一点进步，就要多看书，多写东西，积累多了，比别人的能力更突出的时候，机会也就更多了。

要能坚持还要能接受。人生贵在坚持，坚持了、努力了以后还要学会坦然接受结果，学会担当。付出不一定得到回报，不要总想着付出多少就一定能得到多少。面对过程和结果，要学会辩证地对待，要唯物地去对待过程，坚信一分耕耘一分收获，要唯心地对待结果，学会面对和接受现实。面对成败得失，要学会在精神上把自己打造成一个胜败乃兵家常事的将军，在行动上把自己打造成一个亲临前线谨小慎微的特种兵。

学会算人生账。账是为出和入的记载，人生账就是人生的得失。人在算账的时候，要算总账，而不是总算账，要算一笔账，不要算若干笔账。作为年轻人，要学会算一生的账，不算一时、一日、一年、一件事的账，不应该计较一城一池、一时一事的得失。

六、正确处理好做人和做事的关系

只会做人不会做事的人成不了大事；只会做事不会做人的人获得的机会相对比较少。人只有一前一后两条腿，才能前进，青年干部要成长进步，也必须学会做人、做事两条腿走路。在做人做事中要有这样的概念：

认识到做人在人情社会的重要性。西方市民社会强调公平、自由、平等，人有人之间是以平等为基础，更注重才干。而中国市民化、商品化时间很短，是人情社会，人与人之间相处，更重视感情，更讲究依附关系。西方人参与政治是表达政见、表现才华和行使表决权利。

中国人参与政治是争利、争宠、争斗，备受大家热捧的《甄环传》就讲述了这样的道理，要生存就必须学会争宠。对于刚刚步入职场的年轻人来说，能办事很重要，但做人同样很重要，领导和下属之间信任是基础，有信任才能获得更多机会，更快成长进步。

做人应遵循的原则和方向。对年轻人来讲，首先是要有一个好的圈子，在圈子里面可以交流思想，可以获取知识。年轻人应该和比自己大10-20岁的人交朋友，跟单位里面人品好、工作好的人交朋友，进步会很大。二是要把握这样的原则：老不跟少生气，少不跟老逞强。老一点的要引领年轻人成长，允许他们犯错误，不要随便生气，让年轻人获得一个宽松的成长环境；年轻人不要逞强，不要不把老同志当回事，让老同志获得一份尊重。三要把握不同人生阶段的方向。年轻人是在跟一个时代打交道，有无数选择和失败的机会，要尽情发挥；中年人是在跟环境打交道，要学会经营好家庭、事业环境，要尽力做事；老年人要回归亲情，豁达处世，要尽心做人。

做人、做事要懂得平衡。在做人做事中，要注意把握速度和平衡。做事不能操之过急，做人也不能太极端。光会做人、不会做事的人和只顾做事、不会做人的人之间要学会相互学习，彼此交流生活态度和生活方式，适应和遵守社会规则。做人、做事两者都做到的时候，不仅能获得更多的机遇，而且更能很好地驾驭，也更容易成功。

自我成长过程中，在处理好六个关系的基础上，还需要把握四种能力：

一是自我认识的能力。自我认识要清楚。人们可以理性地感知事物，但却很难理性地认识自己。这是因为在人的本能特征中，具有很强的自我保护意识，在这种意识的支配下，我们往往喜欢夸大自己的优点，而不乐于去发现自己的不足。由于不能正确地认识并认清自己，必然对自己无法定位，心中茫然，遇事盲目。作为年轻人，要清楚地知道自己的兴趣点、天分、特长、意志品质是什么，认真地看清自己以后，你就心中有数了，知道怎样的生活才是合乎你的本性的，你究竟应该要什么和可以要什么了。

二是自我定位的能力。自我定位要准确。要清楚自己的方向在哪里，目标在哪里，然后选择途径、制定措施和分段计划。现实生活中，很多人对自己定位不准，特别是年轻人，涉世不深、经验不足，很多人觉得自己是天之骄子，是研究生、硕士生，对自己定位很高，到单位以后却是打打字、扫扫地、发发文件、接接电话，觉得是大材小用，自己才高八斗却不被人发现，不被领导重视，最后埋怨环境、埋怨领导，导致找不到自己的发展路径。其实，要正确认识到，每个人刚参加工作，无论你有多高学历、多大能力，都是一个不起眼的小角色，不被发现是很正常的，只要踏踏实实地把小角色干好，逐步地把自己的能力展现出来，才能被别人发现，最终成长为一个大角色。

三是自我平衡的能力。每个人都要懂得你想要什么，不想要什么，懂得什么是大事，什么是小事，懂得什么先做，什么后做，懂得追求什么，放弃什么，学会掌握平衡。就拿人的健康来讲，人的健康有三个三分之一。三分之一是父母遗传的基因，就好比汽车出厂时候的质量；三分之一是环境给予的，就好比汽车常年行驶的驾驶环境，是崎岖的山路还是平坦的马路；最后三分之一，也是最重要的三分之一，是谁来驾驭身体，就好比汽车驾驶员，懂的平衡和驾驭。作为年轻人，最重要的平衡就是如何消费自己的身体、时间和金钱。要认识到时间和身体都是越用越少，而钱花出去是可以赚回来的，所以身体和时间的重要性要远远大于金钱。要学会营养平衡、坚持适量运动、保持心态良好，驾驭好自己的身体。

四是自我超越的能力。自我超越包括三个超越。一是文化的超越。文化不单指知识，文化是一个三维的概念，包括知识积累的宽度，理性思维的深度和行为修养的高度，具备了这三条才是有文化的人。实现文化上的超越，一方面要加强学习，包括知识的学习，也包括技能、方法的学习；另一方面要注意积累，对学到的知识进行加工、处理的过程就是积累，同时还要遇事多问为什么，学会思考、总结和感悟。二是境界的超越。一个人必须有境界，境界不高就不会有更大成长。境界决定了目标，目标决定了行为。热爱、喜欢一份工作、一份事业，想干事，爱干事，才能干大事、有大作为。三是能力的超越。到一定阶段，决定成败的不是能力而是心智。单项的工作可能仅仅依赖技能就可以完成，但综合的工作除了具备一定的技能外，还必须有成熟的心智，具有综合的、协调的解决问题的能力。要实现能力的超越，就需要在不断积累、锻炼技能的基础上，培养自己成熟的心态，这样才能完成从小秀才到大干将的转变。

第三章　廉政建设

第一节　概　况

阳泉市中级人民法院建立于战火纷飞的解放战争初期，即1947年5月4日。当时，中国共产党领导的以“打倒蒋介石、解放全中国”，在中国建立社会主义制度为目标的人民解放战争刚刚拉开战幕，各解放区新生的人民政权，不仅面临国民党军队的战争威胁，面临国民党特务、土匪、反动会道门组织滋扰的严峻考验；同时，新生的人民政权党政干部和司法干部，也面临腐败和反腐败、腐蚀与反腐蚀、渗透与反渗透的严峻考验。人民司法作为保卫人民政权的人民民主专政的前沿阵地，同样面临上述考验。

为确保新生的阳泉市人民政府在革命战争状态进一步稳固政权，在中国共产党领导下，阳泉市中级人民法院前身——阳泉市人民政府司法处成立之日，即摒弃旧司法人员的参与，摆脱旧司法制度的束缚，排除旧司法观念的干扰，革除旧司法作风的影响，建立了以马列主义和毛泽东思想国家观、阶级观为指导，以陕甘宁解放区、晋察冀解放区、晋冀鲁豫解放区人民司法实践为代表的崭新的人民司法新模式。这一司法模式最显著的特点就是它的人民性和廉洁性。可以说，廉洁执法、廉洁办案、廉洁从事一切司法公务活动，即是阳泉市中级人民法院成立之初最显明的特点，也是人民司法不同于国民党司法的本质区别。

1952 年，阳泉市人民法院先后开展整党运动和司法改造运动，并通过司法改造运动，进一步肃清了国民党“六法全书”的影响和旧法观念的束缚。之后，又相继开展了“三反”、“五反”运动（1953 ~ 1954 年）、“反右派”斗争（1957 ~ 1958 年），彻底铲除了司法腐败的土壤和根源。

20 世纪 60 年代初，开展城市“五反”运动，对司法干部提出了“洗手、洗澡”廉洁执法的要求。60 年代中期，开展“四清运动”，即社会主义教育运动，主要内容为清政治、清经济、清思想、清组织，实际上也是中国共产党廉政建设和反腐败斗争的重要部署。当时的阳泉市人民法院，全面贯彻落实中央指示，认真开展“城市五反”和“四清”运动，不断清除司法活动中出现的非无产阶级思想和不良执法行为，并坚持同人民群众同吃、同住、同劳动，把司法审判同生产劳动相结合，同人民群众相结合，同一切形式的司法腐败行为、腐朽思想，进行了坚决的斗争，保证了人民审判事业始终在廉洁奉公、廉洁执法基础上，为中国共产党的路线、方针、政策服务，为人民政府中心工作服务，为社会治安秩序的安全稳定服务，为人民群众定纷止争服务。

1966 年，“文化大革命”爆发后，阳泉市的司法审判权由“阳泉市无产阶级革命委员会保卫部审判办公室”行使，其间，阳泉市人民审判工作始终保持了对贪污腐败行为和一切刑事犯罪的政治高压态势。1973 年，阳泉市中级人民法院恢复，并升格为二审法院，“文化大革命”后期，阳泉市城区、郊区、矿区，先后成立基层人民法院。1978 年 12 月，中共十一届三中全会召开，正式宣布“文化大革命”结束，改革开放被提到党和国家的重要议事日程。人民法院如何在改革开放条件下，进一步发扬革命传统，继续廉政建设和反腐败斗争，成为摆在阳泉市两级人民法院党组面前的崭新课题。20 世纪 80 年代初，平定县人民法院、盂县人民法院，划归阳泉市中级人民法院管辖。从 1947 年建院，到改革开放初的 80 年代，在长达 33 年的发展历程中，无论是人民解放战争中的阳泉市人民政府司法处、阳泉人民法院，还是新中国成立初期的阳泉工矿区人民法院，乃至 20 世纪 70 年代初，由阳泉市人民法院升格为二审法院的阳泉中级人民法院，虽然在司法改革、“反右派”斗争、“四清”运动、“文化大革命”中，确有干部受到冲击，甚至被调离人民法院司法岗位，但是，除 1974 年阳泉中院一名段姓干警，因涉嫌强奸犯罪被判处有期徒刑外，无一人因腐败问题受到组织处理，其廉政建设和司法工作始终保持了新中国成立初期形成的秉公执法、廉洁办案、全心全意为人民服务的优良传统。

以中共十一届三中全会为标志，全党全国停止了“以阶级斗争为纲”的指导思想，工作重点开始向社会主义经济这一中心转移。

这一时期，阳泉市两级人民法院坚持廉政建设和反腐败斗争警钟长鸣，一手抓刑、民事和民商事审判，调解改革开放中出现的各类重大社会矛盾，坚持为改革开放保驾护航，一手抓廉政建设，从制度建设入手，根据审判工作实际，坚持对干警进行经常性反腐倡廉教育，及时纠正干警中出现的各种“以案谋私”问题，对滋生的司法腐败问题进行严肃处理，保证了改革开放条件下，人民审判事业在廉洁执法的基础上，不断向前发展。

1989年7月，中共中央、国务院作出《关于近期做几件群众关心的事的决定》。同年8月，全国组织部长会议召开，江泽民强调，反腐败斗争是关系到中国共产党的生死存亡的问题，我们党很重视这个问题，也是有能力克服腐败现象的。在此后的几年内，东欧社会主义国家纷纷发生颜色革命，有着70年社会主义事业光荣传统的苏联解体，在关系我国社会主义大业兴衰成败的整个20世纪90年代中，中共中央下大力气加强党风廉政建设。1993年，中共中央作出加大反腐败斗争力度的重大决策，并形成惯例：每年对党风廉政建设和反腐败工作专门进行研究，并通过年初的中央纪委全会向全党作出部署，及时解决反腐败工作中的重大问题。特别是中共十五大以来，在反腐倡廉上采取了一系列有力措施：第一，在全党深入开展“三讲”教育、“三个代表”重要思想学习教育和“保持共产党员先进性”教育，使党员干部的思想政治素质得到很大提高，通过不断加强领导干部廉洁自律工作，增强领导干部拒腐防变意识。第二，通过贯彻党风廉政建设责任制，促进党政齐抓共管，推动部门各负其责，通过严格政治纪律，有针对性地进一步规范了党员干部的从政行为，维护了中央权威和政令统一。第三，通过严肃查办违纪违法大案要案，突破了一批在国内外有重大影响的大案要案，向国内外昭告了中国共产党反腐倡廉的坚强决心，通过解决苗头性的腐败问题，抓住群众反映强烈的突出问题进行治理，认真纠正部门和行业不正之风，取得了显著成效。第四，从改革体制、机制、制度入手，加大从源头上预防和治理腐败的力度。中共中央、国务院相继作出反走私斗争、军队（武警部队）和政法机关不再从事经商活动等重大决策，尤其是针对腐败现象易发多发的部位和环节，通过建立健全有效预防和治理腐败的监督制约机制，有力推进反腐败斗争。如人民法院的诉讼费收入、罚没款收入等，全部纳入“收支两条线”管理。第五，推进社会主义民主政治建设，扩大基层民主，加强人大监督、新闻监督、群众监督。如人民法院定期向同级人民代表大会汇报工作，随时接受人大党委、人大代表工作质询等。两级人民法院党组领导成员，定期召开民主生产会，向上级党委汇报工作。党组成员和全体干警，定期向全体干警述职述廉，接受民主评议和监督。

2002年11月8日至14日，中共十六大召开，以胡锦涛为总书记的中国共产党新的中央领导集体，以“三个代表”重要思想为指针，深入贯彻落实科学发展观，持续不懈地推进源头防腐与制度创新工作，提出了21世纪中国共产党反腐倡廉、加强党风廉政建设的新要求和新构想。阳泉市两级人民法院根据新的历史条件下廉政建设面临的新情况、新问题，充分认识反腐败斗争的长期性、复杂性、艰巨性，把反腐倡廉建设放在更加突出的位置，深刻认识党风廉政建设和反腐败斗争的长期性、复杂性、艰巨性，坚持标本兼治、综合治理、惩防并举、注重预防的方针，在坚决惩治司法腐败的同时，更加注重治本，更加注重预防，更加注重制度建设，拓展从源头上防治司法腐败工作领域，建立健全惩治和预防司法腐败的一系列规章制度和具体措施，不断提高反腐倡廉的制度化水平，形成了拒腐防变的教育长效机制、反腐倡廉的制度保障体系和审判过程的监督防控机制。注重对党员和干警加强思想教育，引导广大党员干部，尤其是领导干部树立科学的世界观、人生观、价值观和正确的权利观、地位观、利益观，从思想道德教育抓起，不断夯实廉洁从政的思想道德基础、筑牢拒腐防变的思想道德防线。

第二节 廉政建设工作的探索（1947–1977年）

1947～1977年，尚没有“廉政建设”、“反腐倡廉”之类的专门用于人民法院法官廉洁奉公、廉洁从政、廉洁执法的措词。涉及此类问题的现象，多为“官僚主义”、“主观主义”、“脱离群众”，对偶尔有之的“贪污”、“浪费”现象，多采用政治运动、群众运动相结合的方法予以解决。而且从组织程序和行政序列上讲，人民法院并没有专门设立管理和施行“廉政建设”的职能机构，往往是在阳泉市委直接领导下，根据某一时期的工作中心或政治运动特点，由院长（党组书记）负责组织本单位干警，按要求开展此项政治运动而已。其中即包括30年间的“廉政建设”工作。

1947年5月4日，随着解放战争的隆隆炮声，阳泉市人民政府正式成立，阳泉市司法审判权，由人民政府下设的“阳泉市司法处”行使，“阳泉市司法处”为阳泉市中级人民法院最早之称谓。1948年10月19日，更名为“阳泉市人民法院”。

由于新生的人民政权完全按照马克思主义和毛泽东主席关于国家观、阶级观建立人民审判机关，因此，阳泉市人民法院在成立之初，即完全摒弃旧司法人员的参与、摒弃旧司法观念武器的束缚、摒弃旧司法作风的影响，按照陕甘宁、晋察冀、晋冀鲁豫等边区，以及其他解放区关于人民司法的成功模式和丰富经验，开展司法审判和人民调解工作，司法干部保持了旺盛的革命精神和质朴的清廉形象，廉洁奉公、艰苦奋斗、忠诚于中国共产党的审判事业，成为建院初期，包括新中国成立前后司法干警的基本操守。

1951年11月30日，中共中央根据同年秋季，全国工农业战线开展的爱国增产运动中，揭发出来的大量贪污、浪费现象和官僚主义问题，向全党指出：必须严重地注意干部的贪污行为，注意发现、揭发和惩处。12月1日，中共中央作出《关于实行精兵简政、增产节约、反对贪污、反对浪费和反对官僚主义的决定》，把反贪污、反浪费、反官僚主义作为贯彻精兵简政、增产节约这一中心任务的重大措施，要求普遍地检查贪污、浪费和官僚主义问题。12月8日，中共中央又发出《关于反贪污斗争必须大张旗鼓地去进行的指示》。此后，一个全国规模的"三反"运动随即开展。

采取政治运动和群众运动相结合的模式进行廉政建设和反腐败工作，成为新中国成立初期到20世纪70年代末的主要形式。

1952年1月4日，中共中央发出《关于立即限期发动群众开展"三反"斗争的指示》，要求各单位立即按限期发动群众开展斗争。很快，在全国出现了一个群众性的检查和揭发的高潮，"三反"运动进入高潮。阳泉市人民法院积极开展党和国家开展的"三反"运动，大力查办阳泉市各机关、团体和企事业单位存在的贪污、浪费和官僚主义现象，到5月底，阳泉地区的"三反"运动基本结束。

阳泉市人民法院从1月份开始，开展内部"三反"运动，大体经过干部普遍的学习动员、检查揭发、"打虎"斗争、追赃定案、思想批判与交代关系、调整机构、建立规章制度等八阶段，重点解决"没有啥"的思想，清除干警思想中存在的"不管理财政，不可能贪污，法院不是企业，怎能浪费？"等糊涂认识。特别是经过自上而下、又自下而上的大检查、大揭发，发现了一些原来认识中的"不算啥"问题，如用公款集体照相、吃西瓜，某张姓书记员向押犯借款50万元（旧币）、审判员史姓审判员私自将赃物中的大烟（一两多）送政府前秘书刘俊元等问题，使干警认识到"没有啥"思想的危害性。经过法院内部开展的"三反"运动，大家普遍认识到法院"不是清水衙门"，"问题没有大的也没有小的，没有多的也没有少的"，"凡是公家的一针一线，都是人民的血汗"，"非法挪用公款"和"贪污浪费"都是极大的犯罪，如果思想上不警惕资产阶级糖衣炮弹的进攻，不改造非无产阶级世界观，不坚持毛泽东思想的学习提高，"没有啥"就会变成"要啥有啥"，经过严肃认真的思想批判，广大干警明确了资产阶级的糖衣炮弹是"进攻干部的阴谋诡计"，思想上同资产阶级划清了界限，并受到了"最实际"、"最深刻"的政治教育。同时，阳泉市人民法院按照党中央和上级党委部署，进行了"整党"和"司法改造"运动。特别是"司法改造"运动，消除了旧司法思想的影响，揭露了旧司法条文（国民党《六法全书》）的束缚，批判了旧司法作风的残余，树立了廉洁执法的人民司法新模式。

1953年，阳泉市人民法院党组决定，必须每三个月检查总结一次司法工作，注意掌握干部思想动态，在充分发扬民主的同时，以"批评与自我批评"为武器，及时解决干部思想上存在的问题，提高干部政治思想水平，及时发现影响廉洁执法的问题，并给予及时解决，树立人民司法对人民负责的观点，继承并光大吃苦耐劳、积极工作的优良传统，纠正干部思想上实际存在的自由主义和分散主义倾向。

本年度廉政建设中，还建立了学习制度，规定每个星期六下午，为法院全体干部政治学习和业务学习时间，比如当年8月，阳泉市人民法院开展的政治和业务学习课目有四类：一是《人民日报》刊载的理论文章和重大新闻，二是中央和山西省“司法会议决议”，三是“诉讼调解三个条件”，四是选举法及划成分等文件。为确保廉洁执法，还建立了“办案评比制度”，从1953年10月份开始，法院党组要求对重大复杂案件必须制定受理计划，依法按“受理计划”审理，并不定期开展互相评比，交流经验，取长补短、互相提高。

1954年，新中国第一部宪法颁布，称“五四宪法”。这一年，阳泉市人民法院围绕学习贯彻宪法精神，要求“每一个干部，都应以高度对党对国家对人民负责，采取严肃慎重实事求是的态度，防止（办案过程的）简单粗暴，以不冤不纵精神，严格执行国家法律，切实保障人民民主权利，更准确、更有力和反革命及一切犯罪行为斗争。”（见《阳泉市人民法院三错案件初步总结》1954.12.5）。本年度廉政建设的主要内容是教育干部深刻“认识特权思想的危害性”，重点解决干部中一些糊涂思想，如“认为自己是掌握了人民民主专政的武器，可以高高在上，不顾一切，想扣谁就扣谁，想判谁就判谁，扣错你也不能质问，判错你也不敢怎样”的想法。着力纠正“为了照顾人情面子，拿国家法律给村干部和有关部门送礼”的现象，严肃批评“明明错了，不愿自己接受错误，以教育释放或免予处理给自己作解释”的行为。并严格扣捕手续，认真贯彻山西省人民政府《关于严格禁止非法捕人扣人、确实保障人民民主权利的决定》，与公安、检察紧密联系，三位一体，互相配合，互相监督，互相制约，互相支援，对待问题，反动互相依靠，互相推诿，互相积压的不负责态度，杜绝偏听偏信、随意扣捕人犯或因人情面子乱扣滥捕现象的发生。

1955年，组织干警学习《人民法院组织法》和党中央《关于改善司法机关的审判作风》，检查与纠正干部中存在的“改行”、“特权”和“保守”等错误思想，对审判工作中的出现的不负责任、粗枝大叶、草率判决、主观臆断、偏听偏信、就事论事、拖延积压等问题，进行严肃整改，树立了“既及时、又合法”的审判作风。

1956年，审判监督被列入人民法院党组工作的重要议事日程，院长唐镇元在《阳泉市人民法院1956年工作报告》中特别强调，“为了正确执行国家法律，必须加强上级法院对下级法院、院长对本院审判工作的监督，尊重人民检察院对法院审判工作的监督，特别应加强人民群众对法院工作的监督，同时还应用各种形式，加强对群众进行法律知识的宣传教育工作，不但要群众知道哪些诉讼权利和怎么行使这些权利，而且还要使他们经常关心和监督法院的审判活动。”上级监督、院长监督、检察院监督和人民群众监督，成为阳泉市人民法院廉政建设重要内容。

1957年，建立健全规章制度成为该院廉政建设的一项重要措施。7月17日，印发《阳泉市人民法院关于几项制度的暂行规定》，其中《财务制度》共8条，对财务收支情况、赃款赃物、公用电话的使用，均作了明确规定。如第一条规定：“有事外出借款，由借款人写借条，经院长签注意见，到总务科借款，业务费应专款专用，不得外借……”第二条规定：“业务费开支，一般应根据已批准的预算开支预算外临时之开支，不满10元者，由秘书批准，10元以上者，经院长批准。”第七条规定了财务收交的一系列手续，如：“赃款、赃物、公证费等收交，均建立两联正式收据，各执一联备查。公证收费，收款人应在每天下班前清结一次，报告主任公证员，并签字。”《公物使用管理制度》共五条，如第二条是关于公用自行车的规定，“公用自行车除因公可骑外，一般办理私事或回家、吃饭不得骑用。法警的车子除出差骑用外，也不得骑回家内。”第三条规定，“损坏公物必须查究损坏原因。”第四条规定：“私人信件不得动用公用信纸、信封。”

由此可见，以制度管事、靠制度说话，防微杜渐、从小处着眼、从小事抓起，是当时阳泉市人民法院廉政建设的重要举措。

1958年，阳泉市人民法院党组结合反右斗争，积极开展整风运动，对“大鸣大放”中群众提出的324条意见逐一进行整改。其中，涉及廉政建设的意见，主要是“领导人有严重的官僚主义作风，忙于事务，深入基层接触实际少”和“制度建设不够健全”等。为此，阳泉市人民法院主要领导在整风运动中作了全面、系统的深刻检查与自我批评，认真剖析这些问题产生的原因，提高这些问题对工作的危害性，并从四个方面进行整改：一是加强领导，明确分工负责制，行政方面的重大问题，由院务会议研究决定，有关重大、复杂、疑难的刑民事案件，以及判处两年以上徒刑的刑事案件，提交审判委员会讨论决定。二是院长每月亲自办案值3 ~ 5件，并参加公判合议庭一次；副院长按分工每月各办案5 ~ 10件，参加本庭公判合议1 ~ 3次；院长、副院长轮流下乡下厂深入群众，接触实际，了解情况，改进工作，每人每年下乡下厂的时间不少于两个月（包括法庭），每季作一次法律讲演。三是每季召开一次全院工作人员会议，用整风的方式总结研究工作，充分发扬民主，开展自下而上的批评，以改进领导改进工作。四是减少不必要的会议，提高会议质量，不开无准备的会议，并做到议而决、决而行。

坚持集体领导、集体决策和开展批评与自我批评，正式纳入当年阳泉市人民法院廉政建设的三项重要举措。

1959年，与廉政建设有关的工作主要有三项：一是严格实行党内审判制度，对判刑的刑事案件和重大民事案件，分别报党组织和市委审判后执行，下乡就地调查和审判时，向公社党委或厂矿党委以及基层党支部汇报，征求党组织对案件的处理意见，案件定性后，定期向市委汇报，重大问题随时汇报，将审判活动全部置于中国共产党的领导和监督之下，保证司法工作的公正廉洁、合法及时。二是坚持审判人员携卷下乡、入厂、进矿，把案件交给群众，“三头”对面，群众参与，审判全过程接受群众监督，杜绝冤假错案发生。三是加强政策业务学习，坚持每周抽出四个小时，组织干部认真学习党在各个时期的政策、法令、指示，以继承和发扬人民司法廉洁公正的优良传统，保持人民司法为人民的良好形象。

1960 ~ 1962 年，因重大自然灾害国家出现暂时经济困难，阳泉市人民法院一方面按照党和国家困难时期的经济政策和司法精神，充分运用审判武器和职能，执行对敌斗争“紧一些”的方针，正确、合法、及时打击各种形式的刑事犯罪活动。另一方面，和全国人民一起，共同应对经济困难和生活困难，把政治挂帅和“兴无灭资”，即大兴无产阶级思想和大无畏的革命精神，大灭资产阶级思想、追求个人享受的生活方式和自私自利的人生观及其表现，作为队伍建设和廉政建设的政治指导思想，倡导艰苦朴素、勤俭节约的工作和生活作风，许多干部主动接受组织选派，自带被服深入农村人民公社和生产大队，住农户、吃派饭，白天劳动，晚上办案，并按规定向农户交付伙食费和粮票，帮助农村人民公社开展“整风整社”运动，解决“五风”（共产风、浮夸风、瞎指挥风、强迫命令风、干部特殊化风）问题。

1963年,根据上级党委统一部署,全体干警参加新“五反”运动,即“反对贪污盗窃、投机倒把、铺张浪费、分散主义和官僚主义”。在运动中，领导干部以身作则，带头“洗手”、“洗澡”，充分反动群众，进行检举揭发，共检举揭发出贪污、盗窃、投机倒把，官僚主义、铺张浪费、分散主义、损公肥己、占小便宜、走后门、生活特殊化、多吃多占、种小块地等问题 519 条（其中，涉及其他市直机关 119 条）。揭发出犯有贪污错误的 2 人，其中，贪污 29 元的 1 人（以定案处理），贪污 332 元的 1 人。在新“五反”后期，阳泉市人民法院党组狠抓工作整改，同时开展社会主义教育运动，整顿与健全了各种制度，重点解决了七名干警因担心政治运动波及自己而不安心、不情愿做司法工作的思想。

1964 年，对干警加强阶级斗争教育，认真学习中共中央《关于依靠群众力量，加强人民民主专政，把绝大多数四类分子改造成新人的指示》以及中共中央和最高院、省院有关阶级斗争的指示，进一步增强了干警的阶级斗争观念。3 月份，组织干部认真学习中央关于“加强互相学习，克服固步自封，骄傲自满”的指示，检查和批判了部分干警思想上存在的骄傲自满情绪和不求上进的中游思想。同时开展学习毛主席著作和学解放军、学大寨、学大庆运动。并根据市委要求，派干部参加了农村人民公社的先后开展的大、小两次“四清”运动，“小四清”，即帮助农村人民公社“清账目、清仓库、清财物、清工分”，“小四清”是后来人们的提法。大“四清”即 1964 年开展的全国性“清政治、清经济、清组织、清思想”的运动。

对于先后开展的政治含义和具体内容均不相同的两次“四清”运动，虽然历史有不同评价，但对于人民法院干警保持和发扬司法工作廉洁自律的工作作风，克服特权思想、防止和杜绝以权谋私、以案谋私现象，的确发挥了一定的积极作用。

1966 ~ 1973 年，阳泉市人民法院因“文化大革命”，被停止行使审判权。

1973 年，根据中共阳泉市委“阳发〔1973〕97 号《关于恢复阳泉市中级人民法院及干部任职的通知》，阳泉市中级人民法院恢复行使审判权，并升格为二审法院。同年 10 月 27 日，根据中共阳市委“阳发〔1973〕144 号”文件，阳泉市中级人民法院党组成立。廉政建设成为新成立的阳泉中院党组工作的重要内容。一是加强党的领导，主要内容包括：（1）坚持大问题向市委请示，听取市委对法院工作的指示；（2）刑事案件，包括现行案，复查案，加减刑案等，都要由市委审批决定；（3）公判大会，全市性司法工作会议，都要请市委领导到会作指示；（4）法院的日常工作主动地向市委汇报，使市委经常掌握法院工作进程，了解司法战线情况，以便更好地进行指导；（5）加强同各厂、矿基层党委的联系，取得他们对法院工作的支持。二是开展“批林整风”，加强路线教育，进一步提高广大干警阶级斗争、路线斗争和无产阶级专政下继续革命的觉悟。三是借鉴太原“黄广益案件”教训，批判不正之风，认真纠正“走后门”现象，许多干警对于当事人送钱，送物、送点心和司法战线上走后门的行为，不仅当面严词拒绝，而且面对面批判他们的旧思想、旧作风，保持了政法干部应有的品德。四是贯彻毛泽东主席关于“依靠广大人民群众和专门机关相结合”的方针，彻底改变过去民事审判中“顶、躲、推、判”的做法，做到接待群众热心、虚心倾听群众意见、耐心宣传法律政策，阳泉中院恢复第一年即出现了“三多三少”的新气象，即：深入群众多了，坐堂办案少了；做思想工作多了，群众怨气少了；亲自办案多了，往上、下推的少了。

1974 年，一是开展“批林批孔”运动。刑事审判庭根据审判实践，深入批判“举逸民”、“刑不上大夫”之类的封建司法理念。民事庭结合工作实际和民事纠纷中存在的问题，开展“五批、五肃、五坚持”的活动。即批判“中庸之道”肃清不分是非搞折中和稀泥，坚持党的政策原则；批判“上智下愚”，肃清“官断民服”，坚持做过细的思想政治工作，批判“生而知之”的天才论，肃清坐堂办案，坚持依靠群众调查研究，就地解决问题；批判“三纲五常”肃清封建宗法思想，坚持阶级斗争观点；批判“三从四德”、“男尊女卑”，肃清轻视妇女思想，坚持男女平等。二是坚持向市委请示汇报制度，主动争取市委对法院工作的领导。除日常工作及时汇报请示外，刑事案件，包括现行案、复查案、加刑案等，都要报请市委审核决定，重大会议，均提请市委领导作指示。三是坚持中国共产党的一元化领导。重大问题由院党组集体研究决定，坚持民主集中制，充分发扬党内民主，开展批评和自我批评，进一步增强党组团结，充分发挥集体领导的作用，并加强对党员和干警的政治思想教育和廉洁司法引导，确保司法工作的廉洁性、人民性和党性原则。

1975 年，组织干警参加对小说《水浒》的评论，联系社会上两个阶级，两条道路，两条路线斗争的实际和自己的思想，广泛开展革命大批判，狠批资本主义、修正主义和投降主义，狠批资产阶级法权思想和“走后门”等不正之风。提高大家阶级斗争、路线斗争和继续革命的觉悟，进一步明确了无产阶级专政的任务。广大干警认真学习无产阶级专政理论，积极贯彻中国共产党的路线、方针、政策，主动限制资产阶级法权，自觉抵制资产阶级思想的侵蚀，许多干警请客不到，送礼不要，自觉地抵制资产阶级思想的侵蚀，如：城区法院的魏延新，不仅在抗美援朝中面对敌人的枪林弹雨不动摇，而且面对资产阶级的糖衣炮弹进攻同样不动手，多次拒绝接受当事人送的礼物，广大干警政治觉悟进一步提高，抵制资产阶级思想腐蚀的党性原则进一步增强。

第三节 廉政建设工作的完善（1978–1999 年）

1978 年，中共十一届三中全会召开，工作重点开始向社会主义经济这一中心转移。依靠政治运动和群众运动相结合的方式进行廉政建设、开展反腐败斗争的模式，正式退出历史舞台。从 20 世纪 80 年代开始，党中央针对改革开放中陆续出现的消极腐败现象，尤其是针对经济建设领域廉政建设实际，围绕提高中共领导水平和执政水平、增强拒腐防变能力，提出了一系列反腐倡廉的观点和论断，形成了新时期党风廉政建设和反腐败斗争的基本理论，构建了具有中国特色的反腐倡廉理论体系。人民法院的廉政建设和反腐败斗争，逐步进入制度化和法制化时代。

从组织序列上讲，从中央到地方党委，均建立了“纪律检查委员会”，从行政建制上讲，从上至下均建立了“监察机构”，如国家设“监察部”，省设“监督厅”，市设“监督局”。而人民法院设立的“纪检组”和“监督室”，专门从事法院内部的廉政建设和反腐败斗争。

这一时期的廉政建设和反腐倡廉，主要体现在五个方面：一是思想教育；二是制度建设；三是涉腐案件查处；四是人大监督；五是舆论监督。

1977 ~ 1978 年，阳泉市两级人民法院廉政建设方面的主要工作，是纠正和遏制司法审判中的“走后门”现象，坚定不移地查纠办人情案和关系案。

1979 年，阳泉中院贯彻落实中共十一届三中全会精神，适应全党工作着重点的转移，逐步地把工作重点，由过去的为政治运动服务转移到为巩固、发展安定团结和保卫社会主义现代化建设上来。针对阳泉市“张步英清查扩大化”造成的不良影响和混乱局面，全体干警在市委和省高院领导下，开展实践是检验真理唯一标准的讨论，解决了人民法院“领导涣、队伍散、人心乱”和工作停顿半停顿状态的问题。

1980 年，根据中共中央“〔1979〕64 号”文件精神，选调 41 名干部工人，充实加强人民法院司法队伍，经过一段时间考察，对 17 名不适合做司法工作的干部做了清退处理。

1981 年，以反对四项基本原则为主要特征的社会政治思潮开始在中国出现，被中共中央定性为“资产阶级自由化”倾向。这种思潮在经济上取消以公有制为主体，实行私有化；政治上企图取消共产党的领导和人民民主专政，实行多党制、两院制；在思想上取消马克思列宁主义的指导地位，鼓吹全盘西化，引起党中央高度警觉。阳泉市中级人民法院认真贯彻落实中共中央“〔1981〕30号”文件精神，联系人民司法和审判工作实际，针对人民法院内部少数干警组织上的涣散状态和思想上的资产阶级自由化倾向，进行了组织整顿和思想教育，并制定一系列规章制度，进一步加强司法队伍思想建设和防腐防变能力。这是阳泉中院第一次旗帜鲜明地将反对资产阶级自由化倾向和防腐拒变及廉政建设结合起来，以预防审判工作中的司法腐败，防止资产阶级自由化倾向对干警队伍的渗透和腐蚀，这在20世纪80年代初期具有极其重要的政治意义和深远的历史教育意义。

1982年，对干警队伍纪律作风松弛现象进行整顿。针对少数法警丢失法律文书、提押犯人忘带提押票现象，针对司法统计工作存在少报、漏报现象，针对少数审判人员下乡调查不带案卷、不带钢笔、不带笔记本，甚至把当事人姓名都忘掉的现象，针对少数干警无视规章制度、不服从组织分配及无故旷工、迟到早退现象，从“小事”、“小节”、“小问题”抓起，整肃部分干警中存在的消极情绪和漫不经心、大意马虎的工作作风，增强大家的工作责任心。

1983年8月，为做好“严打”斗争中的廉政建设，杜绝司法腐败，堵塞审判漏洞，阳泉中院一是始终坚持中国共产党的领导，自觉接受中国共产党的领导，正确处理中国共产党的领导和独立审判的关系，主动向党委请示汇报法院工作，死刑和疑难案件均提请市委审批组研究决定，全市较大规格的宣判大会均有市委主要领导主持和讲话，确保“严打”斗争的政治方向。二是坚持党内联合办公。公、检、法既强调相互制约，又坚持相互配合，杜绝推诿扯皮，确保“严打”斗争程序合法。三是坚持依法办案，严格把好事实关、证据关、定性关、量刑关、程序关、法律文书关。在具体案件的审判中，认真贯彻中央的方针和全国人大常委的两个决定，严格按照刑法、刑事诉讼法，全面执行了法律规定的公开审判、陪审、会议、辩护、上诉、复核等程序和制度，确保“严打”期间的案件质量，杜绝任何形式的腐败现象对“严打”斗争的渗透和染指，使每一案件做到事实清楚，证据确凿，定性准确，量刑适当，符合程序，不枉不纵。

1984年，在全国经济体制改革推动下，阳泉市两级法院建立岗位责任制，使审判人员的责、权、利有机结合，并对干警从德、勤、能、绩四个方面进行考核。虽然当时的考核内容没有对“廉”作出明确要求，但至少说明两个方面的问题：（1）清廉执法在20世纪80年代初、中期，是人民法院最重要的核心价值观。（2）清正廉明、公正执法也是当时人民法院司法干警的自觉行动。该年度涉及廉政建设的内容是对干警开展遵纪守法教育，进一步提高干警队伍按照组织原则和法制精神廉洁从事公务活动的自觉性，增强中院和基层院党组对干警个人的约束力和规范力。

1985年，“从严治警”，第一次写入阳泉市中级人民法院年度总结当中。如“阳发〔1986〕1号”文件，即是阳泉市中级人民法院《1985年工作总结》，其中第五部分《关于法院系统的干部队伍建设》中的第二项总结的题目，即是“坚持从严治警，树立人民法院的高大形象”，并认为“从中院到基层法院，都把这项工作列入了重要议事日程”。两级法院结合整党和纠正党内不正之风，坚持用共产主义远大理想教育广大干警，引导大家摆问题、查原因、议危害、订措施，开展“怎样当一个人民的好法官”专题讨论，努力使大家树立全心全意为人民服务的世界观，提高抵制资产阶级思想侵蚀的自觉性，过好“金钱、美色、人情”三道关口，做到一身正气、两袖清风、秉公执法、不枉不纵。对于个别违法乱纪者及时采取组织措施，分别情况予以严肃处理。“从严治警”取得良好成绩，好人好事层出不穷，有的干警到特区出差拾金不昧，交还失主，受到特区报纸的表扬。有的干警到外地办案，面对数百元人民币厚礼不为所动，坚持秉公执法；有的干警面对持刀作案的犯罪分子，奋不顾身，勇擒罪犯。郊区人民法院因成绩突出，被评为该区“端正党风先进集体”，并受到中共阳泉市委表彰。

1986年，全市两级人民法院以秉公执法为核心，采取多种形式，加强职业道德建设。一是坚持用共同理想教育鼓舞和团结广大干警，使广大干警在任务重、条件差、工资低、福利少、加班多、出差多的条件下，始终保持廉洁奉公、热爱本职、奋发拼搏的精神面貌。二是抓政治上的培养教育，先后有12名干警入党入团。三是抓正反面教育，对好人好事及时表彰，对违法乱纪问题严肃查处。四是抓党风警风廉政建设，先后建立健全了党组织生活制度、挂牌服务制度、岗位责任制度、定期整纪刹风等方面的规章和制度，用制度规范执法活动。五是抓领导干部的“廉洁自律”，要求两级法院领导干部带头端正党风，带头秉公执法，带头转变工作作风，带头苦干实干，用实际行动影响和带动广大干警，树立依法从事司法审判的良好风尚。

1988年，继续推进“从严治院、从严治警”方针，开展经常性为政清廉教育和形势教育、纪律教育，使干警牢固树立秉公执法观念，并经得起改革开放和执政的考验，自觉抵制不正之风。9月，阳泉中院制定《加强党的纪律，促进为政清廉》八条措施。干警拒绝当事人宴请61次，拒收贿金额7000余元，中院刑一庭庭长崔玉堂坚持秉公执法，拒绝当事人贿款2000元，省高院为他荣记个人二等功。

1989年，阳泉中院进一步加强廉政建设，坚持廉洁执法。一是自觉把廉政建设放在与审判工作同等重要的位置上，引导干警坚决克服“法院既不管钱也不管物，没必要对廉政建设抓得那么紧”的错误思想，由各级领导亲自带头加强廉政建设，做到大会大讲、小会小讲、逢会必讲；并明确规定，党内民主生活会每个月必须研究一次廉政建设问题，形成了对廉政建设常抓不懈的格局。二是通过建立干警廉政档案，设立举报电话和举报信箱，发放廉政建设征求意见书，聘请执法监督员，以及建立纪检、监察机构等方法，使自我监督同群众监督、新闻舆论监督和党委、人大、检察等职能部门的监督密切配合，形成交叉、立体式的全方位多层次监督网络，强化监督效果。三是对廉政建设中的好人好事进行大张旗鼓表扬，对群众举报的违法违纪问题一查到底，凡举报属实的一律严肃处理，绝不姑息养奸，先后为两名拒贿数额较大的干警荣记个人三等功，形成了廉洁执法为荣，徇私枉法为耻的良好风尚。据不完全统计，1989 年，两级法院干警拒礼拒贿 114 人，拒情拒请 612 人，拒礼拒贿总价值 15540 元。中共阳泉市委授予中院党组“端正党风先进集体”光荣称号，授予市中院党总支“先进党总支”光荣称号。

在预防审判过程腐败方面，全市两级法院努力适应形势发展需要，不断健全和完善审判制度，大力推进审判工作规范化、科学化。一是扩大合议庭权力，完善合议制度，规定合议庭成员在审理刑事、民事、经济、行政案件必须做到“五共同”，即共同阅卷、共同提被告或询问当事人、共同开庭、共同合议、共同汇报，彻底改变过去由审判委员会大包大揽和合议庭有名无实，一人办案、大家签字现象。二是变“先定后审”为先审后定。三是落实审判责任制，进一步完善了从责任审判员到合议庭、审判庭、分管队长、审判委员会的逐级把关、逐级负责制度，追究过错责任。四是提高审判工作透明度，坚持公开审判制度，自觉接受群众监督，主动接受群众意见，从执法环节上防止司法腐败，堵塞审判管理过程漏洞，确保干警廉洁从事司法活动。

1990 年，阳泉市两级法院把廉政建设放在关系党和国家生死存亡、改革开放兴衰成败的高度，进一步巩固和加强廉政建设。一是健全完善廉政制度。市中院建立“案件回访制度”，由院领导牵头，纪检组、政治处和其他有关庭室的负责人参加，对已结民事、经济纠纷案件进行抽查回访当事人活动，以了解审判人员有无不廉洁、不依法办事等违纪问题，扩大对审判人员的监督范围。如城区法院联系实际，引导干警找出行业不正之风方面存在的十一个问题，制定了《纠正行业不正之风的七条措施》，广泛开展批评与自我批评，使全市干警受到了一次深刻的廉洁执法教育。郊区法院针对过去“吃喝风”较为严重的情况，制定了《关于坚持刹住吃喝风的规定》，并从领导做起狠抓落实，使“吃喝风”问题在较短时间内迅速得到纠正。盂县、平定、矿区法院也根据本院实际，对“廉洁执法十要十不要十坚持”等制度进行修订补充，使制度制约机制进一步得到了加强。二是以正面教育为主，加强廉政建设教育引导。两级法院对廉政建设中涌现出的好人好事，先后多次召开专门会议，请廉政建设先进个人现身说法，介绍他们在巨贿重礼面前如何保持廉洁正气的先进事迹，教育引导干警从思想深处克服“大气候难改变，小环境治不了，何必费那么大劲抓廉政”的错误认识。三是响应省高院号召，开展“学翼城法院、比严肃执法”活动，要求广大干警以翼城法院为榜样，牢固为人民服务宗旨，切实经得起改革开放和执政执法的考验，真正做到权势压不垮、金钱买不动、人情缠不住。四是坚持领导抓，抓领导。两级法院院领导坚持廉政建设亲自抓、带头抓，注重发现和研究廉政建设中的新情况、新问题，及时查漏补缺，弥补不足。并坚持自身作则、严于律己，带头模范地遵守执行各项廉政纪律制度，市中院党组四名院领导先后十多次拒礼拒贿，形成了阳泉法院系统“以清正廉洁为荣，以权谋私为耻，以严肃执法为荣，以贪赃枉法为耻”的良好党风、院风和警风。1990 年，全市两级法院干警拒绝说情 1167 人次，拒请 504 人次，拒礼拒贿 7025 元，基本上防止了大的违法违纪现象发生。6 月份，两级法院积极配合市人大开展对中院刑事审判工作和廉政建设的评议活动，不仅提高了审判水平，也促进了全市法院系统廉政建设。

1991 年，开展执法队伍整顿。根据上级统一部署，从 4 月开始，对全市法院系统进行了为期 9 个月的思想、纪律、作风、组织的执法队伍整顿。通过一学文件、二谈现状、三查根源、四看实践的办法，结合学习燕居谦、彭一等模范人物事迹和有关执法队伍整顿的文件，围绕人民群众对法院干警工作作风的负面反映座谈讨论。在此基础上，两级法院坚持自查自纠，在政治分工上，以领导干部和党员为重点。在业务分工上，以分管钱财物的庭室为重点。在查纠内容上，以以权谋私、以案谋私为重点。在工作职责上，以审判人员为重点，实行开门整顿，公布举报电话，设立举报信箱，发放征求意见书。共查纠揭摆出各类问题 60 多个。市中院纪检组会同有关方面，对群众举报的 5 名干警的问题进行了调查，其中举报不实的 1 人，举报属实清调处理的 2 人，当年仍在接受查处的 2 人。与此同时，阳泉中院根据市委部署，于 7、8 两月，进行了机关纪律整顿，重点整顿“思想上满足现状不思进取，作风上推诿扯皮效率不高，执法中以案谋私为政不廉，纪律上边整边犯责己不严”四方面的问题，查原因，定措施，使两个整顿相互推动，互相促进，并建立和完善规章制度 47 项，形成了多种监督方法相互配合的反腐倡廉新机制。通过一年内两次整顿，树立了人民法院谦虚谨慎，不骄不躁，不图名不为利，全心全意为人民服务的思想。全年两级法院干警拒礼拒贿 25700 元，涌现出见义勇为、助人为乐的好人好事 20 多件。

1993 年，一是制度建设进一步加强。先后制定《办案责任制》、《协办案件制度》、《审判委员会议事制度》和《错案追究制度》，从制定制度、执行制度上规范审判活动，查堵审判漏洞，防范司法腐败。二是充实完善案件评查制度，通过对刑事、民事、经济行政等各类案件的全面检查，防止错案发生。三是开展反腐纠风，增强干警廉洁自律意识。全市法院系统干警贯彻执行中央关于开展反腐败斗争的决定和山西省委关于开展“八不准”教育的指示精神，动员干警从本单位和本人的实际出发，对近年来的廉政建设情况进行全面深刻的回顾总结，对执法活动中存在的不正之风，进行实事求是的查纠揭摆。郊区法院在自查自纠基础上，对全院各类诉讼收费进行清理整顿，发现纠正了个别法庭账目不清的问题，并对清理出的不合理收费予以全部清退。平定、盂县、矿区法院，明文取消原来准备实行的“缓刑保证金”等一批不合理收费项目。阳泉中院主动纠正未按规定购买小汽车的问题。两级法院结合反腐纠风中发现的问题，如干警队伍中存在的自由主义、官僚主义、利益驱动、以权谋私等错误思想，普遍开展纪律整顿和廉洁执法教育，强化了干警的廉洁自律和自觉抵制不正之风的意识。全年干警拒礼拒贿 36 件，拒礼拒贿 22646 元。

1994 年，与廉政建设有关的工作，一是虚心自觉接受人大评议，二是继续推进和加强廉洁执法。人大评议法院工作是国家权利机关监督法院工作的一项新措施。人民法院接受人大代表的评议，既是向权力机关负责的体现，也是向人民汇报工作接受检验的有效形式。从 5 月份开始，在市委领导下，市人大常委会组织人民代表及政协委员，对全市两级法院工作进行自下而上的全面评议，代表（委员）们通过听取汇报、查阅案卷、召集座谈会、下基层走访等形式，既充分肯定两级法院的各项工作，又客观严肃地指出法院存在的各种问题，并对两级法院的工作情况进行量化打分，所有接受评议的人民法院，包括人民法庭，均被评为“信任单位”。人大代表集中评议活动结束后，两级法院本着对党和人民积极负责的态度，对代表（委员）们在评议中提出的意见和建议给予高度重视，各院普遍成立整改领导机构，制定整改方案，将人大代表提出的意见和建议等分类归口，将整改任务分解到庭，落实到人，确保每个问题都能得到整改解决。市中院对评议涉及的 48 个案件，全部做了复查和处理，对提出的 24 项建议，做到件件有落实、件件有回应。与此同时，坚持不懈抓廉政建设，保证严肃执法，年内两级法院均建立健全了内部监督制约机制，加强了纪检监察力量，继续坚持正面教育为主的原则，树立廉政典型与查处违纪案件并举，联系实际反腐纠风，对群众反映强烈的执法不严，裁判不公、办人情案和关系案等问题，结合人大评议中自查自纠与整改，进行了一次全面深入的整顿。对院、庭领导的公务用车、安装住宅电话等问题，按中央和省、市委规定做了清理，对财务账目进行了统一归口严格管理，并明令禁止领导干部上、下班车接车送，杜绝公车私用。本年度，全市法院拒礼拒贿 41 人次，拒礼拒贿 31640 元。

1995 年，全市法院认真贯彻市委和上级法院反腐败斗争部署，从领导干部抓起，从关键环节抓起，从细节问题抓起，从严格制度、严肃执法执纪抓起，继续开展廉政建设、廉洁执法自查自纠，开展“人民法院十三条戒律”教育，严肃查处违法违纪举报等活动。市中院结合实际。制定了《进一步加强反腐败的实施意见》，确定了“一级对一级负责、层层交账”的廉政建设工作管理机构，进一步强化了反腐败斗争和廉政建设力度。

1996 年，阳泉中院党组按照民主集中制原则，进一步健全党内政治生活、决策程序和监督机制，先后召开两次民主生活会，广泛听取党员和党外群众对法院工作的意见和建议，自觉接受社会监督和群众监督。5 月份，两级法院集中七天时间，从思想、纪律、作风三个方面进行机关整顿，在机关作风整顿中，阳泉中院结合审判实际，制定了《人民法院工作人员职业街道准则》。城区、矿区等县区法院，先后充实了廉政制度，并聘请部分人大代表和政协委员任廉政监督员，设立和公开了举报电话和举报信箱，强化内外监督机制，提高监督实效，以增强干警的组织性、纪律性与廉政意识、公仆意识。郊区人民法院干警即拒礼和拒贿 410 人 / 次，价值 46000 余元。

1997 年，阳泉市两级人民法院结合机构改革，实行立案、审判、执行、监督分离，第一次将“审判监督”设置为独立的行政序列，专门负责已结案件的监督。各县区法院均按照中院要求，对立、审、执、监四大职能重新进行了划分和调整，“审判监督庭”第一次成为人民法院管理工作中的重要行政序列，突出了审判监督在廉政建设中的作用。市中院结合“立、审、执、监”四大职能分离，先后制定《告诉审判工作规则》、《执行工作规则》、《诉讼收费管理办法》、《执法责任制》、《错案与执法过错责任追究办法》和《案件审判监督检查制度》，在规范干警执法行为，促进廉政建设，堵塞审判漏洞方面，形成了一套较为完备的审判规则制度体系。

在此基础上，从 5 月份开始，以促进廉洁自律为核心，结合干警队伍现状，从思想、纪律、作风三个方面，开展“三结合三整顿”活动。一是结合执法大检查，整顿纪律、作风。在这项活动中，两级法院围绕七类重点案件，重新检查已结案件 4300 多件，召开社会各界代表参加的公开征求意见座谈会 6 次，发放征求意见卡 1400 余份，征得社会各界对法院工作的意见、建议 50 多条，7 名存在严重问题的干警被查处。中院一审判员因涉嫌收受回扣和挪用公款被开除党籍，撤销审判员职务。城区法院一审判员因连续办错案，被免去审判员职务，限期调离法院。经过这次执法检查与纪律作风整顿，广大干警受到一次深刻的廉洁奉公教育和职业道德教育，基本刹住法院系统不同程度存在的吃请喝酒风、参与不健康娱乐风、工作纪律松散风。二是结合审判方式改革，整顿经济审判秩序。市中院针对经济审判工作中存在管理乱、乱立案、法律措施适用乱等“三乱”问题，制定《关于整顿经济审判和执行工作秩序的实施意见》，全面落实“四条禁令”，即“严禁非经济审判庭室办理经济纠纷案件，严禁没有审判职务的人员办理经济纠纷案件，严禁越权受理案件，严禁违反规定采取法律措施”，“三乱”现象得到有力遏制，经济审判和执行活动纳入规范化、制度化、程序化轨道。三是结合机构改革，整顿机关内部管理秩序、明确工作责任。对于有令不行、有禁不止、无组织、无纪律等现象进行整顿。市中院先后对 3 名违反值班制度和消防制度的干警作了严肃处理，并清退一批不合格的借用人员，制定了一系列强化机关管理的规章制度，实行干警统一着装挂牌上岗，增强了全院干警的制度观念和纪律意识。

1998 年，按照上级统一部署，结合法院工作特点，从 3 月份起，开展为期 10 个月的“一整两反”斗争（整顿财经纪律，反对铺张浪费、反对官僚主义），以官僚主义现象和干警队伍纪律作风为集中教育整顿重点，一是从思想入手，重点解决少数干警不讲大局，就案办案，满足现状，不思进取的问题；二是从作风入手，重点解决作风不纯，简单粗暴，要特权“冷横硬”，以及办事办案拖拉问题；三是从纪律入手，重点解决执法活动中不严、不公、不廉的问题；四是从审判秩序入手，重点解决经济审判和执行工作中的执法混乱问题；五是从内部管理入手，重点解决管理不严，各行其是，擅离职守等问题。特别是对执法活动中的“人情案、关系案、金钱案”，“抢立案、抢管辖、抢执行”，“滥用保全措施、滥用强制措施、滥用先予执行”，“超标准收费、超职权范围办案、超时限审案”和利用办案“吃、拿、卡、要”等问题进行强化治理，动真的、来硬的、抓实的，在复查案件和纠正存在问题的案件中，坚持做到不管是哪个法院办理的案件，只要在复查范围内，一律进行严格检查；不管什么案，也不管谁办的案，只要有问题，一律依法纠正，不管是哪个干警，也不管他担任什么职务、资历多老、贡献多大，只要有违法违纪问题，一律严肃查处。在“一整两反”斗争中，共复查各类案件 20514 件，纠正错案与有问题案件 197 件，查处违法违纪干警 6 名，清理清退临时执法人员 33 名和不适应法院工作的人员 6 名，撤销派驻行政执法机关和有关单位的法庭和执行室 17 个，依法提起再审案件 28 案，改判纠正错误案 11 起。郊区法院审判员常某在办案中受贿 10000 元，被依法判处有期徒刑一年，缓刑一年；矿区法院助审员韩某某因参与抢劫、敲诈勒索犯罪，被判处有期徒刑 10 年。阳泉中院被评为“预算外资金管理先进单位”、“执行行政预算先进单位”和“阳泉市党风廉政教育先进单位”，“一整两反”取得阶段性成就。

1999 年，阳泉市中级人民法院廉政建设有三个亮点。一是结合最高院确定的全国法院系统“审判质量年”，阳泉中院从依法办案、廉洁司法高度，提出“力争消灭裁判错误案件、坚决杜绝超审限案件”目标，制定《审判委员会议事规则》、《合议庭工作规则》及《审判员、书记员、司法警察工作规则》，全面推进执法责任制和“两错”责任追究制，强化审判责任，确保廉洁司法，并严格执行错案与执法过错责任追究制度，对 6 名法官追究错案和执法过错责任，进一步强化全体法官司法公正和办案质量第一的观念，对于办案质量的提高产生了积极的影响。二是结合庭审方式改革，落实公开审判制度，实行“阳光作业”，特别是对刑事案件的审理，通过控辩双方当庭公开举证、公开质证、公开辩论、公开认证、公开评断、公开宣判，确保当事人诉讼地位平等，杜绝“先定后审”和“暗箱操作”等不正之风，确保实体审判过程的公平、公开、公正和廉洁透明。三是邀请人大代表、政协委员和社会各界代表上门“挑刺”。两级法院一方面及时向本级人大报告工作，自觉接受代表（委员）监督，另一方面，通过《阳泉日报》发放《征求意见》3 万余份，广泛征询社会各界对法院工作的意见建议。阳泉中院以“人民群众是否满意”为标准，进一步改进工作作风，制定《严禁使用审判忌语规定》、《便民服务规定》，明确要求干警接待当事人必须使用文明用语和规范用语，热情为人民群众服务，坚决杜绝“冷、横、硬”现象。城区等法院实行随案发放“办案监督卡”制度，当事人只要对办案人员的工作有意见，便可以直接向法院领导反映，并在规定时间内得到答复。以上措施的落实，使司法审判工作贴近了人民群众，树立了人民法院和法院干警的良好形象，促进了廉政建设。此外，阳泉市中级人民法院为巩固1998年教育整顿成果，通过整理、修订、补充，将90多项30万字的内部管理制度汇编成册，构建起了执法管理、队伍管理和行政管理，以及廉政建设四大类制度化管理体系，促进了内部管理和反腐倡廉工作的规范化、科学化。6月和10月，市中院先后被评为“全市推行两错责任追究制先进单位”、“全市推行执法责任制先进单位”。

第四节 廉政建设工作制度化（2000–2012年）

2000年，根据中央精神和省、市委安排部署，全市两级法院开展为期2个月的“三讲”集中教育。各院领导班子和各级领导干部把理论学习同查摆问题结合起来，坚持发动群众，开门整风。中院党组针对“三讲”中查摆出司法不洁、不廉、官僚主义等方面的突出问题，建立和完善配套制度6项，确立近期、中期、长期整改目标21个，通过“三讲”教育，两级法院的领导班子和广大党员干部，受到一次深刻的马克思列宁主义、毛泽东思想、邓小平理论和“三个代表”重要思想教育，经受了一次严格的党内生活锻炼，增强了政治意识、大局意识、责任意识、廉政意识。受到市委“三讲”办和“三讲”巡视组的充分肯定。

2001年，最高院颁发《中华人民共和国法官职业道德基本准则》。阳泉中院按照《准则》要求，根据上级统一部署，开展“一教育三整顿”活动和作风建设调研活动（“加强法官职业道德教育、整顿领导班子、整顿审判纪律、整顿工作作风”）。在“一教育三整顿”活动中，两级法院查纠队伍建设和审判工作中存在的问题15个，查处干警违纪事件1起，处理违纪干警1人；全市各基层法院院长进行了交流轮岗。在学习贯彻十五届六中全会《决定》，进行党的作风建设调研活动中，中院党组对照“八个坚持、八个反对”，进行自我检查，查摆出党组和党组成员自身存在的五个方面的问题，提出四项整改措施。与此同时，阳泉中院进一步强化“接受监督意识”，主动接受人大法律监督和政协民主监督。市中院成立“人大代表联络机构”，1月初，向市人大常委会组成人员和在本市工作的全国人大代表、省人大代表汇报法院工作。10～12月，邀请政协常委、委员和法律界人士，对两级法院工作进行检查指导，听取各级政协组织和人民群众的意见和建议，将法院工作和廉政建设，置于党委领导和人大监督之下，置于政协和社会各界监督之下。“政治坚定、业务精通、作风优良、清正廉洁、品德高尚”，成为法官队伍建设的目标。

2002年，两级法院建立健全党风廉政责任制，制定《谈话提醒制度》和《关于规范干警八小时外行为的规定》，层层签订《党风廉政建设责任状》，认真贯彻落实“四项制度”，畅通内外监督渠道，将廉政建设与日常审判工作管理紧密结合起来，形成一级抓一级、层层抓落实的廉政格局，注重从源头上治理腐败，第一次把监督的视线，扩展延伸到干警的社交圈、生活圈、娱乐圈。

2003 年，最高院颁发《法院廉政手册》。阳泉市两级法院开展“以遵守职业道德为荣、违反职业道德为耻”的反腐倡廉警示教育，营造讲修养、讲道德、讲廉洁、讲操守、讲奉献的良好氛围。同时认真落实“两错”责任追究制（即对造成错案及执法过错的责任人员追究相应的责任），对有问题的案件深挖细查，找问题、查原因、追责任，进一步扩大监督渠道，强化人大监督、法律监督、社会监督、舆论监督和内部监督，形成全过程、全方位的司法审判监督网络，最大限度地杜绝“有法不依，执法不严，违法不究”现象。

2004 年，阳泉市两级人民法院按照科学发展观要求，根据省委政法委和市政法委“关于把党风廉政建设，作为政法各部门一项长期任务和政治队伍建设的目的，继续深入开展下去”的要求，以党风廉政建设成果带动法院自身建设，以队伍素质提高带动审判质量、审判作风和法院形象转变，坚持惩防并举，注重预防，建立健全教育、制度、监督并重的惩治和预防腐败体系，进一步提高干警对反腐倡廉工作的认识，从思想上构筑拒腐防变堤防。同时，进一步落实审判长和独任审判员责任制、审判流程管理和督查制、违法办案责任追究制三项制度，加强对易出问题岗位和环节的监督，重视与人大代表、政协委员及其他有关人士的联络工作，虚心听取监督意见和建议，自觉接受人大和社会各界的监督，通过内部监督和外部监督，标本兼治，防微杜渐，警钟长鸣，树立两级法院司法为民的良好形象，确保法官司法水平与时俱进，确保司法能力不断增强。

2005 年，阳泉市两级法院对全体党员进行“保持共产党员先进性教育”，并以此为契机，开展“规范司法行为、促进司法公正”专项整改活动。在活动中，阳泉中院集中推出四项措施，确保活动取得实效：一是采用“走出去，请进来”的办法，广泛发动群众，实行开门整风。在开展先进性教育的基础上，着重从执法、司法行为是否规范等方面查找问题。二是突出抓好法院内部重点岗位和重点环节的整改。立案、民商事审判、执行、审监等重点部门，制定了具体整改方案，各基层法院互相交流了整改的经验办法。三是强化了公开审判制度，各界人士、新闻媒体和人民群众均可进入法庭旁听审判。四是加强监督、检查，主动接受上级法院督察组的监督检查，定期汇报专项整改活动的进展情况。8 月和 12 月，省高院督察组邀请部分省、市人大代表和政协委员，先后两次到中院检查指导“规范司法行为，促进司法公正”专项整改活动进展情况，督察组成员和代表委员普遍认为，专项整改活动抓在了点子上，队伍建设得到不断加强，审判质量得到明显提高，执行工作成效显著，群众上访在全省始终保持较低水平，百姓满意度逐步提高，人民法院和人民法官的形象通过整改活动得到了进一步提升。与此同时，深入开展反腐倡廉活动，大力加强党风廉政建设。全市法院按照党中央颁布的《建立健全教育、制度、监督并重的惩治和预防腐败体系实施纲要》，努力构建人民法院“四不为”的惩防机制（即建立健全“不愿为”的自律机制，“不能为”的防范机制，“不敢为”的惩治机制和“不必为”的保障机制），具体从四个方面着手，加强廉政建设，大力度反腐倡廉。一是抓好对审判权和执行权的监督。按照“一岗双责”的原则，加强对法院领导干部的责任考核。在强化内部监督的同时，引入社会监督机制，建立《当事人对审判人员廉政监督卡制度》。将纪检监察工作引入审判流程管理，对法官在审判、执行工作中的廉政表现，由当事人在监督卡上签署意见，交回法院纪检监察部门审查备案。纪检监察部门根据群众意见进行核实，从而决定是否能够结案。二是加大查办案件的力度。审监庭专门抽调资深法官和纪检监察人员，对有争议、有反映的案件进行复查，对重点案件进行抽查，把查处重点放在领导干部滥用职权、谋取私利的案件上，法官贪赃枉法、徇私枉法的案件上和其他损害群众利益的案件上，严防违法审判和审判不规范。三是加强对法官的思想道德教育和纪律教育。对照正反两方面的典型，将宗旨教育、警示教育常抓不懈，帮助法官树立正确的权力观、利益观，教育他们树立廉洁自律的高尚品德，担当起人民法官的神圣使命。四是通过强化学习，进一步提高纪检监察干部的政治素质和业务素质，增强了他们的责任感和使命感。

12月，阳泉市“党风廉政建设责任制领导组”对阳泉中院落实党风廉政建设责任制情况及纪检监察工作进行考核，认为“党风廉政建设及纪检监察工作指导思想明确、工作扎实有序、制度科学严谨，有方案，有安排，有督促，有指导，有检查，圆满完成了2005年党风廉政建设及纪检监察各项工作任务”。

2006年，开展“社会主义法治理念教育”，把反腐倡廉进一步引向深入。全市法院严格按照党中央和最高法院关于廉政建设的一系列要求，首先从教育入手，提高法院队伍的政治素质，增强廉洁意识，运用正反典型开展教育，用正面典型激励干警自省自强，争先创优；用反面典型警示干警严于律己，树立正确的世界观、人生观、价值观、权力观、地位观、利益观。5月，中共中央下发《关于进一步加强人民法院、人民检察院工作的决定》，阳泉中院党组在深入调查研究、实事求是分析当前法院工作情况及面临的问题与困难的基础上，起草了全市法院贯彻《决定》的初步意见，提出了加强全市法院工作的具体建议措施，在廉政建设方面，主要是加强内、外监督。加强内部监督，即强化对审判权和执行权的监督，完善案件流程管理制度；对通过审判监督发现审判人员涉嫌违纪违法的，移交纪检监察部门处理；认真执行“当事人对法官廉洁办案监督卡”制度，坚持做好“三个分离”，坚决遵守严格审限的原则，实现立案、审判、执行整个过程的科学管理。加强外部监督，即自觉接受人大法律监督和各界社会监督。通过内、外监督的有机结合，有效遏制法官违纪违法行为的发生。对有令不行、有禁不止、有章不循、顶风违纪的，坚决严肃处理，决不姑息迁就，有

1 人受到刑事追究。

2007 年，阳泉市两级法院进一步加强廉政建设，组织干警学习贯彻中纪委七次会议精神和《中共中央纪委关于严格禁止利用职务上的便利谋取不正当利益的若干规定》，以提高法官队伍拒腐防变的思想认识。在加强正面教育引导的同时，注重用反面典型警示干警，向干警通报了省高院原法官孟来贵索贿受贿案，组织法院系统工作人员观看中纪委电教片《忏悔录》，以此教育广大干警严于律己。在具体的廉政措施上，突出对审判权、执行权两个重点的监督，坚持完善“廉洁办案监督卡”制度，严格按照“一岗双责”和“谁主管、谁负责”的原则，建立起了院党组统一领导、班子成员齐抓共管、纪检监察部门组织协调、各部门各负其责、依靠群众支持参与的反腐败领导体系和工作机制。同时进一步落实全市法院系统“人大代表联络制度”，接受人大代表监督和社会监督的渠道更加畅通。本市“两会”召开前夕，市中院邀请部分人大代表进行座谈，就市十二届人大一次会议以来全市法院五年的工作情况听取代表意见建议，并就本次人代会上法院工作报告（征求意见稿）征求代表意见。7 月份，市政协委员到市中院视察工作，提出宝贵意见。8 月份，市人大组织部分市人大常委和人大代表，视察全市法院审判监督工作，阳泉中院《关于审判监督工作情况的报告》，获阳泉市人大常委会高票通过。

2008 年，开展“大学习，大讨论”和“学习实践科学发展观”活动。全市法院系统以十七大精神为指导，狠抓党风廉政建设，强化内外监督，运用正反两方面的典型安全和事例教育引导干警依法办案、廉洁办事，组织法院系统工作人员观看《廉政中国》、《颜色革命》等电教片，以提高和增强法官队伍的拒腐防变意识，使干警队伍的思想政治素质进一步提高，司法为民的理念进一步端正，司法行为进一步规范，服务大局的水平进一步提高，反腐倡廉长效机制得到进一步健全和落实。

年内，阳泉中院先后召开省市人大代表座谈会 5 次，就法院刑事审判、涉诉信访、基础建设、队伍建设等方面情况听取代表意见建议，诚恳接受人大、政协、舆论和社会各界的监督。

2009 年，以科学发展观为指导，进一步建立健全党内学习制度、监督制度、民主生活会制度和警示教育制度，以党建促廉政。同时，积极邀请人大代表、政协委员、司法监督员视察工作、旁听案件、参与接访、对干警作风进行检查，依法接受检察机关的法律监督和社会舆论监督，6 月份，阳泉中院向市人大常委会专题汇报全市法院执行工作情况，以监督促进和保证司法公正。此外，阳泉中院进一步落实廉政建设“一岗双责”制度，强化对党风廉政建设责任制的考核，重点加强审判和执行等关键环节、关键岗位的监督防范，认真贯彻“五个严禁”，设立 24 小时举报录音电话和举报电子邮箱，及时严格查处群众举报的 3 件涉及违规违纪的人和事，以预防和遏制违法违纪现象的发生。

2010年，结合法院工作实际和干警思想实际，广泛开展党性党风党纪教育、法官职业道德教育和职业纪律教育。进一步建立健全党内学习制度、监督制度、民主生活会制度，抓班子带队伍，以党建促廉政。认真接受上级法院的司法巡查，及时整改工作中出现的问题。完善举报线索核查机制，加大对违纪违法案件的查处力度，狠抓“五个严禁”等有关规定的落实。各法院还结合审判工作，开展作风整顿、警示教育、主题实践等活动，深入推进反腐倡廉工作。与此同时，全市法院严格贯彻执行《监督法》，始终把监督视为支持，以监督作为动力，认真接受人大监督成为全市法院的自觉行动。一是认真接受省人大常委会开展的民事诉讼法执法检查，对检查出的问题进行了及时的整改。二是加强专项报告工作，认真落实审议、评议意见，不断改进工作。三是采取登门走访和邀请视察等方式，加强代表联络工作。四是加强督查督办，按期办复人大常委会交办的代表建议。并高度重视政协提案、建议办理工作，自觉接受政协民主监督。依法接受检察机关法律监督，全年共审结检察机关提出的抗诉案件17件，其中改判10件，维持原判6件，发回重审1件。

2011年，深入贯彻中纪委《惩治和预防腐败体系实施纲要》，认真贯彻《法官行为规范》要求和“五个严禁”，以“利剑工程”为抓手，严格执行“八个禁止、五十二个不准”，狠刹“三股歪风”。认真开展纪律作风教育整顿，狠抓司法作风建设。市中院率先在全省法院系统为全院干警建立“执法档案”，强化权力岗位的风险管控；创建廉政教育基地，加强反面典型警示教育和正面事迹示范教育；组织开展岗位廉政教育知识竞赛活动，进一步提高广大干警的廉政自律意识。同时，进一步强化制度建设，建立健全监督制约机制，探索源头防腐措施，全面加强纪检信访工作和法院司法作风建设，加大查办案件力度，认真解决群众反映强烈的突出问题，畅通民意沟通渠道，坚决纠正损害群众利益和伤害群众感情的不正之风，切实解决人民群众反映强烈的突出问题。

12月13日，阳泉中院召开纪律作风集中教育整顿动员会，组织干警观看典型案件警示教育片《没有规划好的人生》、《全省纪律作风集中教育整顿明察暗访资料片》和《全市纪律作风集中教育整顿明察暗访资料片》，并通报了全省法院4名干警违反纪律作风情况，传达贯彻了《阳泉市中级人民法院纪律作风集中教育整顿活动月实施方案》。

矿区法院聘请司法监督员，加强对审判活动的监督；盂县法院坚持每月召开一次廉政会议，注重源头治理；城区法院细化内部管理，通过“案件质量逐层负责机制”落实一岗双责；平定法院着力加强廉政文化建设；郊区法院被评为全省法院系统“三好四廉”活动先进单位。

2012年，以“利剑工程”为抓手，全市法院认真贯彻《法官行为规范》要求和“五个严禁”规定，认真开展了纪律作风教育集中整顿和“吃拿卡要”整治专项活动，狠抓司法作风建设。同时，加强廉政教育，举办了廉政书画展，营造了“以廉为荣，以贪为耻”的反腐倡廉文化氛围。法官队伍的司法职业修养进一步提高，共有51个集体或个人受到市级以上表彰奖励。

三、阳泉市两级人民法院廉政建设基本经验

阳泉市两级人民法院在廉政建设和反腐斗争中，紧紧围绕如何提高领导水平、提高司法水平、提高拒腐防变能力和抵御腐朽思想的能力，以及预防腐朽思想的腐蚀能力，在长达60多年的司法工作中，深入探索在社会主义革命和社会主义建设时期，认真研究改革开放和社会主义市场经济条件下反腐倡廉工作的基本规律，形成了有关反腐败的一整套完整的制度、方法和机制，积累了司法工作中反腐败斗争的丰富经验。其主要内容有：

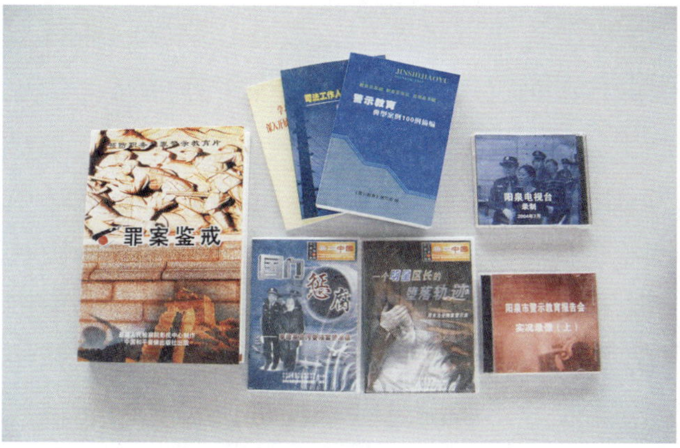

阳泉中院廉政教育教材

第一，在反腐败斗争的领导力量和指导思想方面，毫不动摇地坚持中国共产党的统一领导，坚持毛泽东思想和中共基本路线，以邓小平理论和“三个代表”重要思想为指导，全面贯彻落实科学发展观。建院60多年来，阳泉中院党组不断深化对廉政建设和反腐败工作规律性的认识，深入研究和解决妨碍落实科学发展观、构建和谐社会的突出问题，积极探索政治教育、制度建设、社会监督并重的惩治和预防司法腐败思路和方法，不断推进体制、机制和制度的改革创新，使人民群众深切体会到人民法院加强党风廉政建设和反腐败斗争营造的健康有序、公正廉明的司法环境。

第二，在反腐败斗争的基本方针方面，坚持党风廉政建设和反腐败工作的社会主义方向，始终把维护党的政治纪律放在首位。党风廉政建设和反腐败工作的方向是否正确，关键在于是否有利于坚持马克思主义、毛泽东思想的指导地位，是否有利于巩固中国共产党的执政地位，是否有利于巩固社会主义基本制度，是否有利于维护社会主义核心价值体系。把反腐倡廉作为人民法院工作的重要组成部分，紧紧围绕服务中心、服务大局、服务人民，坚持党风廉政建设和反腐败工作的社会主义方向，摆正反腐败斗争的位置，正确处理反腐败斗争与改革开放、经济建设和公正司法的关系，是保证反腐败斗争保持正确方向和取得显著成效的基本前提。

第三，在反腐败斗争的根本宗旨方面，坚持立党为公、司法为民，把维护发展人民群众的根本利益，作为党风廉政建设和反腐败工作的出发点、落脚点，是阳泉中院党风廉政建设和反腐败斗争最重要的经验。建院60多年来，阳泉中院秉持“为民、务实、公正、清廉”的司法精神，把立党为公、司法为民原则，与构建“能动司法、民本司法、廉洁司法、创新司法”目标紧密结合起来，把公权监督、行政问责、公众参与、民主评议，贯穿于人民法院司法审判工作的全过程，努力把“人民司法”的“人民性”，贯穿于同人民群众发生联系各个司法环节和细节当中。

第四，把廉政建设和反腐败工作作为一个系统工程，坚持“标本兼治、综合治理、惩防并举、注重预防”方针，着力建立健全教育、制度、监督并重的惩治和预防司法腐败体系，特别是改革、开放进一步深入的情况下，注重从审判、执行和法院内部管理人、财、物等容易产生腐败现象薄弱环节入手，通过体制、机制和制度的创新，不断铲除滋生司法腐败的土壤和条件，在惩治和预防腐败体系中，教育、制度、监督三者相互依存、有效结合、相互促进，是阳泉中院廉政建设和反腐倡廉工作的又一个重要经验。

第五，坚持领导干部廉洁自律、查办违纪违法案件、纠正部门和行业不正之风的反腐败三项工作格局，加上执法监察、党风廉政教育、源头治腐、纪检监察队伍自身建设等，构成阳泉中院20世纪90年代以来，反腐败斗争和纪检监察工作的基本内容。反腐败的目的是增强干警队伍的拒腐防变的能力，保持法院党组织的先进性和纯洁性，提高干警队伍的战斗力。既对极少数腐败分子严厉惩处，使他们在党内无藏身之地，又着眼于教育和防范，针对新形势下党员和干警队伍中出现或可能出现的问题，见微知著，防微杜渐，制定道德和行为规范，及时教育，防患于未然，在人民法院系统内部筑起拒腐防变的党纪国法防线和思想道德防线，是阳泉市中级人民法院廉政建设和反腐倡廉工作的一个基本特色。

第六，从解决群众反映最强烈的具体问题抓起，不断取得阶段性成果。阳泉中院党组在长达60多年的廉政建设和反腐败斗争中，始终认为，反腐倡廉是一项长期的战略任务和一项异常艰巨的工作，因此，在反腐败斗争中，阳泉中院既有持久作战的思想，又有现实紧迫感，在工作目标上，坚持把长期性任务和阶段性目标紧密结合起来。在工作思路上，坚持首先遏制住腐败蔓延的势头，进而逐步把腐败减少到最低限度。在工作方法上，注意从群众反映强烈的热点、难点、焦点问题入手，集中力量进行整治。

第七，坚持党组统一领导、党政齐抓共管、纪检组织协调、部门各负其责、依靠群众的支持和参与开展反腐败工作，是阳泉中院廉政建设重要的领导体制和工作机制。纪检部门努力贯彻落实科学发展观，从政治、思想、作风、纪律上积极营造有利于司法清廉的工作环境，加大专项治理力度，整合社会资源，借助各方力量，形成反腐倡廉的强大合力，提高组织协调能力，保证领导与群众、上级与下级、纪检部门与其他部门同心协力，形成一级抓一级、层层抓落实的廉政格局。

第八，坚持不断扩大法院廉政文化的影响力，巩固人民法院的社会主义核心价值体系。中共十六大以来，阳泉中院针对党员干部在思想、组织、作风上存在的突出问题，不失时机地进行立党为公、司法为民教育、保持共产党员先进性教育、学习遵守贯彻落实党章教育、树立和落实科学发展观教育、“八荣八耻教育”和八个方面的良好风气①教育。中共十七大以来，又在全体党员和干警队伍中开展科学发展观学习实践活动，引导党员和干警，特别是领导干部坚定理想信念，牢固树立马克思主义的世界观、人生观、价值观、权力观，正确认识和处理奉献精神和利益原则、中国共产党的事业和个人价值、全局利益和局部利益的关系，促进领导干部常修为政之德、常思贪欲之害、常怀律己之心，着力解决党员和干警在党性、党风、党纪方面群众反映强烈的问题。同时，明确法官道德规范和基本行为准则，开展社会主义荣辱观教育，大力推进和加强人民法院廉政文化建设，在人民法院牢固树立社会主义核心价值观，为建设一支“政治坚定、业务精通、作风优良、清正廉洁、品德高尚”的法官队伍，奠定了坚实的政治基础和文化基础。

附：

从严治警《四个一律》

接受当事人及其委托律师吃请、娱乐、财物的，一律停止执行职务；

利用职权插手案件办理影响公正执法、滥用职权侵犯当事人合法权益的，一律调离执法岗位；

徇私枉法、贪赃枉法的，一律清除出政法队伍；

构成犯罪的，一律依法追究刑事责任。

——摘自2010年12月19日《全国政法工作会议文件》

注：①胡锦涛在中央纪委第七次全体会议上的讲话要求，在工作中，要在各级领导干部中大力倡导八个方面的良好风气。一是要勤奋好学、学以致用。二是要心系群众、服务人民。三是要真抓实干、务求实效。四是要艰苦奋斗、勤俭节约。五是要顾全大局、令行禁止。六是要发扬民主、团结共事。七是要秉公用权、廉洁从政。八是要生活正派、情趣健康。

第四章 行政管理

第一节 阳泉市人民法院

1947年阳泉市人民法院前身（阳泉市司法处）成立时的办公室

阳泉市人民法院建院之初，办公条件十分简陋，“住房相当狭窄[①]”，“就是极普通的一个候审接待的一间房子也没有，再不用说什么法庭办公室了”。建院之初，阳泉市人民法院干警就是在这样的情况下，克服种种困难，开展刑事、民事案件的审判，并且以审判为武器，保卫新生的人民政权，打击国民党旧势力和形形色色的刑事案犯分子，维护工农业生产和社会治安秩序的稳定，支援解放战争，支援中华人民共和国的建立。

1949年，阳泉市人民法院的经济问题仍需“自给自足”，经济核算所用“货币”一般为“小米”。如《阳泉工矿区人民法院1949年后半年工作计划》即提到：“后半年的生产计划仍以自给自足为原则，以超出自给自足为例外，以每月积余生产小米500斤为必成量，以超出500斤为期成量，预计赶阳历年底必定完成必成量小米3000斤，以作为本院建设的基金。”到年底，即结存小米“1853.2斤”（旧称，16两为一斤，下同），现洋387480元（旧币，下同）。

阳泉工矿区人民法院印鉴

1950年，“经济上继续组织在押罪犯进行生产自救”，仅前半年，“监犯”外出劳务做工即有1245个之多，收入小米5359.8斤，现洋117877元。大车（马车）生产收入小米1409.8斤，现洋698700元。犯人出所后交米（小

注：①这里的住房实指办公用房。

米）1283.10 斤，现洋 804580 元。此外，上级给付囚粮（小米）993.8 斤，专署拨付资金 696000 元，建设费（小米）2500 斤。上半年总计收入为（小米）13399.4 斤，现洋 3765530 元（旧币）。这就是记载较早的阳泉市中级人民法院建院初期的“建设费用”。时称“阳泉工矿区人民法院”。

阳泉市人民法院办公地址，初在桥北街（现阳泉市印刷厂院内），后搬入南大街（现阳泉市人民政府院内）。

1966 年 5 月，“文化大革命”爆发。1967 年 1 月，《关于无产阶级“文化大革命”中加强公安工作的若干规定》出台（即“公安六条”）。阳泉市人民法院被中止行使审判权。2 月，阳泉市人民法院被军管，审判工作由军管会领导下的审判办公室负责。

第二节　阳泉市中级人民法院

1973 年 6 月 28 日，经中共阳泉市委常委会议讨论决定，以“阳发〔1973〕97 号”文件，下发《中共阳泉市委关于恢复阳泉市中级人民法院及干部任职的通知》，阳泉市中级人民法院得以恢复，并升格为二审法院，

“文化大革命”时期有关审判工作的印鉴

阳泉市中级人民法院恢复建制之初，办公地址在南大街 27 号。1989 年，搬入德胜西街阳泉市人民政府综合楼内。同年 6 月，在位于德胜西街的原阳泉市人民政府大礼堂地基上，动工兴建法庭大楼。

2000 年，是“全国政法系统基层建设年”。阳泉中院按照“全省法院运城会议”部署，开始着手筹备新建办公大楼和配套审判法庭事宜。

2001 年，继续推进和加强人民法院“基础建设年”，在阳泉市委、市人大、市政府及省高院领导高度重视和直接关怀下，完成了阳泉中院新办公楼和配套审判法庭选址工作，新址位于阳泉市经济技术开发区，于 7 月 11 日正式开工建设。整个工程设计建筑规模 26000 平方米，计划投资 7000 多万元。

2003 年，经过一年多紧张施工，阳泉中院新建的审判法庭、审判综合

2004 年 8 月竣工的阳泉中院审判综合大楼和审判法庭

大楼，基本完成楼内砌体、门窗、消防、强弱电、上下水、暖通等分项工程，完成工程投资6094.5万元，预计2004年初全面竣工，5月1日投入使用。

2004年7月，阳泉中院新建审判法庭和审判综合大楼竣工并投入使用。实现了最高人民法院关于人民法院建设“办公区、审判区、生活区”三区分离的要求。8月，山西省高级人民院在阳泉中院召开“法院院长座谈会”，与会代表对阳泉中院短短两年时间完成如此高质量的建设工程，给予高度评价。

第三节 县、区法院建设

阳泉市中级人民法院建院之初为一审法院。“文化大革命”中曾一度撤销建制和名称，中止行使审判权。1973年6月28日，根据中共阳泉市委“阳发〔1973〕97号文件”恢复建制时，升格为二审法院，但当时尚没有基层法院。阳泉市中级人民法院以“阳发〔1974〕3号文件”请示中共阳泉市委，拟请由城区、矿区、郊区区委负责，分别筹建三个基层人民法院。

1974年2月，最高人民法院将城区、矿区、郊区三个人民法院的印章发至阳泉中院。

1975年2月25日，根据中共阳泉市委文件精神，阳泉市郊区革命委员会核心小组下达文件，正式成立阳泉市郊区人民法院。3月15日，根据中共阳泉市委“阳发〔1974〕24号”文件，批准阳泉市城区人民法院（以下简称城区法院）成立，院址在新建路原阳泉市交通局搬运五队（亦称排车五社）。

自此，阳泉市中级人民法院真正成为辖区基层法院的二审法院。

1978年7月3日，经中共阳泉市委研究决定成立阳泉市矿区人民法院（以下简称矿区法院）。之后，随着中共十一届三中全会召开，全党全国工作着重点向经济建设转移，1983年9月，平定县、盂县人民法院随区划变更改属市中院管辖，阳泉市中级人民法院辖属5个基层法院。

无论是新建立的城区、郊区、矿区人民法院，还是拥有厚重传统和历史的平定、盂县人民法院，其办公条件均十分简陋，装备十分落后。交通工具有的仍然依靠“公用自行车”，条件较好的法院，配备有摩托车。1983年“严打”开始后，鉴于人民法院办公条件落后，不能适应“严打”斗争的需要，在各级党委和政府的协调下，办公和装备有所改善，解决了干警着装问题，服装为公安服。1985年，经过三年“严打”，人民法院在改革开放条件下，维护社会安全稳定和社会主义经济秩序的作用得到充分显现，办公和装配情况随之得到一定改善，法院干警有了标志性很强的工作服装。

2000年，人民法院法官审判服装更换为法袍。

2000 年，是“全国政法系统基层建设年”，这之后，基层人民法院办公场所和装备情况得到根本性改变。阳泉中院按照“全省法院运城会议”部署，从 6 月份开始，采取党组成员对五个基层法院“一人包一个点”和定时间、定任务、限期完成等办法，全面加大加强基层建设的力度，力争在较短的时间内，使基层基础建设取得较大进展。城区人民法院新办公大楼列入政府计划，开始选址筹建；郊区人民法院建成全市一流的立案大厅和审判法庭；其他法院的硬件建设均得到显著提高。

2004 年，各县、区人民法院基层基础建设进一步加快了进度，城区人民法院从 2000 年开始，完成了选址、设计、施工，建设规模 6900 平方米、投资 1300 万元的新办公大楼进入装修阶段；平定县人民法院办公楼大法庭装修完工；盂县人民法院新址建设完成了前期准备工作；矿区人民法院新址选定；郊区人民法院完成改扩建工程。全市基层人民法院的基础建设呈现出上下联动、遍地开花、整体推进的良好局面。这些工程的施工建设，大大改善了两级人民法院的物质装备和办公条件，有力地促进了各项审判工作的开展，进一步提升了阳泉市人民审判事业的司法文明程度，优化美化了全市的法制环境，同时为广大群众接受法制教育提供了良好的场所。

2005 年，在市、县两级党委、人大和政府关心支持下，全市法院基层基础建设取得实质性进步，物质装备得到全面改善。城区人民法院迁入新址办公；平定县人民法院大法庭投入使用；盂县人民法院新址建设规划获得批准立项；矿区人民法院新建办公大楼主体建设即将完工；郊区人民法院因地制宜，本着省钱、办事、美观、庄严的原则，对办公和审判场所进行了较大规模的改扩建。

2006 年，全市法院基层基础建设进一步加强，装备水平进一步提高。其中，矿区法院完成了投资 1400 万元、总面积达 5000 平方米的新建审判楼和审判法庭建设工程，并于 10 月份投入使用；郊区法院再次投资 400 万元的改扩建工程进展顺利；盂县法院新址建设工程基础部分完工。

2007 年，面对资金困难这一实际情况，两级人民法院多方努力、多渠道筹资，进一步强化基层基础建设，郊区法院新建审判综合楼主体工程完工，盂县法院投资 900 万元，完成 7900 平方米的审判大楼主体工程建设。

2008 年，盂县人民法院投资 1600 万元，建成了 8000 平方米的审判大楼，并投入使用；郊区人民法院审判法庭综合大楼改扩建工程竣工。至此，阳泉市两级人民法院，除郊区人民法院系因地制宜进行改扩建工作，以改善办公条件，增强审判能力和安全保障能力外，城区、矿区、平定、盂县四个基层法院，全部迁入新建的办公楼办公。

2011 年，紧紧围绕审判工作发展和现代化建设要求，积极推进经费保障工作，配置科技法庭系统、档案设备、信访立案设备、监控安检设备。矿区法院对立案信访接待大厅和诉调对接中心进行改扩建。

2012 年，积极落实经费保障，大力推进人民法院的现代化建设。矿区法院投资 200 余万元的信访接待大厅和诉前调解中心于 5 月初竣工并投入使用，业务装备条件得到进一步改善。

第四节 两庭建设

1955年,按照《人民法院组织法》要求,于6月1日,正式成立“上荫营人民法庭”,成立后到年底的7个月时间内,即受理刑、民事案件275件,其中民事案件233件,刑事案件42件,并对辖区内的23个调解委员会进行政策和业务知识指导。这是阳泉市中级人民法院最早设立的派出法庭。8月,平定县人民法院设立东回人民法庭。

1983年3月20日,平定县人民法院设立锁簧人民法庭、巨城人民法庭,正式开庭办公。

1989年,基层法院的人民法庭建设取得一定进展。一年间,全市新成立人民法庭3个,对已有的10个人民法庭,进行了调整和充实。两级法院领导高度重视人民法庭的工作,中院院长高根楼先后到9个人民法庭了解情况,解决法庭干警工作和生活中的困难。各人民法庭共审理一审民事案件874件,占全市一审民事结案的56.9%;审理一审和简易经济纠纷案件218件,占全市一审经济案件的11.4%,真正发挥了人民法院前沿阵地的作用,受到当地人民群众的好评。

1990年,为落实全省“法庭工作会议”精神,市中院成立“人民法庭工作指导组”,6月,召开全市法庭工作会议,全面加强人民法庭建设。13个法庭办公用房至年底已建成8个,其中郊区河底法庭成为第一个按照最高人民法院标准图纸建成的标准化、规范化人民法庭。当年人民法庭即审结一审民事案件1045件,占全市结案总数的72%,同时审结简易纠纷案件338件。各人民法庭在完成审判任务的同时,积极协同有关部门加强对基层调解组织的建设和指导,使大量的民事纠纷消除在基层和萌芽状态,使全市民事案件收案第一次出现下降趋势,有效地减轻了人民法院民事审判工作压力。

1991年,矿区人民法院根据阳泉矿务局贵石沟矿区远离该院,群众诉讼极不方便的情况,新设立“贵石沟人民法庭”。当年,全市共有14个人民法庭,工作人员达50多名,人民法庭办公用房建成率64.3%。

1993年,阳泉市两级人民法院克服多种困难,千方百计筹集资金,先后完成了城区人民法院审判法庭的建设任务,并新建2个人民法庭。各基层院的交通、通讯和办公条件均有明显改善。

1998年,努力实现装备现代化,执法条件和干警生活条件得到进一步改善,有4个基层法院对审判法庭进行了标准化建设,装备了音响、投影和监控设备,并改建了8个小法庭,保障了执法活动的开展。

2002年,以树立公正、高效、文明形象为目标,继续狠抓基础设施建设。一是召开全市法院“两庭”建设工作座谈会，开展基层建设情况调研，制定各院“两庭”建设规划，进一步加强“两庭”建设，改变阳泉市各基层人民法院“两庭”建设普遍存在的审判设施简陋、法庭数量不足、审判功能不全的落后状况，掀起了全市法院“两庭”建设新高潮。二是进一步落实山西省高级人民法院“晋中会议”精神，全面加强阳泉市两级人民法院基层基础建设，阳泉中院克服工程施工难度大、资金不足等困难，加快位于经济技术开发区的新建审判法庭、审判综合大楼等配套工程建设，完成主体封顶，2003 年年底前竣工。三是各基层法院有的在全面选址新建，如盂县法院、矿区法院；有的因地制宜进行改建扩建，如郊区人民法院。阳泉市两级人民法院的基层基础设施建设，均在紧锣密鼓地进行当中，计划在 2 ~ 3 年内，使全市法院整体面貌焕然一新。

阳泉市人民法院
上荫营人民法庭印鉴

2004 年，人民法庭标准化建设取得丰硕成果。法庭是人民法院代表国家行使审判权的神圣场所，同时也是体现社会法治环境和文明程度的标志。阳泉市两级人民法院按照国家计委、建设部颁布的《人民法院法庭建设标准》，本着“勤俭节约、适度超前”的原则，于 2001 年相继开展法庭建设。平定县人民法院锁簧法庭被最高人民法院、中华人民共和国司法部授予“全国法院指导调解先进集体”。

2005 年，根据山西省发改委、山西省高级人民法院《关于做好基层人民法庭规划和建设工作的通知》精神，阳泉中院组织召开基层法院分管领导会议，就阳泉市人民法庭“2005 ~ 2007 年三年建设规划”进行安排部署，一方面纠正前几年盲目缩减法庭数量的偏差，另一方面，切实解决人民群众面临的告状难、申诉难、上访难问题。为此，在 2005 ~ 2007 年三年规划建设期间，阳泉中院计划筹建法庭 8 个，先期建成标准化法庭 6 个，即：郊区法院改扩建河底法庭、新建义井法庭；盂县法院新建梁家寨法庭；矿区法院新建五矿法庭；平定法院新建巨城法庭和娘子关法庭。郊区人民法院设立“义井巡回法庭”，先期开展工作。

2006 年，人民法庭基础建设和恢复工作布局进一步规范，经过多方努力，该年度到位的“人民法庭建设专项资金”112 万元，全部用于不达建设标准的人民法庭规范化建设，重新恢复了平定县人民法院巨城人民法庭，新设置了盂县人民法院梁家寨人民法庭，巨城人民法庭和锁簧人民法庭的新建工程在年底接近尾声，全市 8 个人民法庭有 3 个法庭达到规范化建设标准。

阳泉市矿区人民法庭印鉴

2007 年，人民法庭基层基础建设进展顺利，郊区人民法院河底法庭、平坦法庭立项筹建；平定县人民法院锁簧法庭、巨城法庭于4月份竣工启用。

2012年，矿区法院积极筹备所属贵石沟法庭的恢复；郊区法院河底法庭新办公大楼正式开工。

第五节 交通、通讯和办公设施

建院初期一直到“文化大革命”前，阳泉市人民法院的市内主要交通工具为“公用自行车”，由秘书管理。下乡办案均乘用公共汽车。市区内的交通则以步行为主，“公用自行车”为辅。宣判大会用车，一般由市委统一安排，主要是向工矿企业无偿征用。

通讯状况为公用电话。

1973年6月，阳泉中院恢复建制并升格为二审法院后，仍没有配置固定的警备用车和工作用车。到20世纪70年代末，始配备有二轮摩托车和三轮摩托车数辆，囚车一辆，“212”北京吉普车一辆。

通讯仍为公用电话，为保障内部通讯，减少行政开支，阳泉中院设置内部交换机。

20世纪80年代初中期的三年（1983.9—1985年）“严打”期间，阳泉市中级人民法院和基层人民法院的车辆配置和通讯情况得到改善，但仍不能满足改革开放条件下审判工作的需要。

1998年，全市法院新增业务用车8辆，新增外线电话21部、微机10台。市中院立案、统计、人事、档案、财务管理初步实现了自动化。

1999年，在各方面支持下，全市法院的办公、通讯、审判设置建设也取得了新的进展。

2006年，建成“全国法院执行案件信息管理系统”。11月，阳泉中院召开“全市法院执行局长工作会”，一方面，对全市执行法官进行专业知识培训；另一方面，各基层法院硬件设施进行检查充实完善，执行信息全部准确录入网络管理系统，于12月中旬通过上网试运行，为全面投入正式运行奠定了基础。同时，建立联通了两级法院局域网，警备车辆得到及时更新换代，改善了法院面貌，增强了人民法院司法能力，为提升司法水平奠定了相应的物质基础。

2007年，矿区法院为办案一线庭室购置警车5辆，为各个庭室配备了电脑和打印机，实现了办公设备网络化。

2012年，阳泉市中级人民法院实现民远程视频提讯系统全覆盖。从2010年开始，阳泉市中级人民法院紧紧依托最高人民法院关于开展远程视频提讯工作的文件精神，密切配合，统筹协调省高级人民法院、省市电信等部门，紧抓建设，因地制宜，加大投资力度，利用法院专网为市中院和各基层法院，配备了远程视频提讯系统，实现了全市三区两县远程视频提讯全覆盖。尤其是阳泉中院利用远程视频提讯系统，配合最高人民法院法官，利用远程视频提讯系统，实现了远程死刑提讯，这是死刑复核提讯工作的一种新方式，采用该方式，即保证了千里之外的最高人民法院法官能够“当面”提讯被告人，又最大限度地保障被告人的押解安全，还解决了自最高人民法院统一行使死刑核准权后，为提讯被告人必须奔赴全国各地费时、费力、无端把宝贵的审判资源消耗在路上、车上等问题，更对缩短审判周期、提高复核工作效率、节约司法成本、规范司法礼仪具有十分重要的意义。该系统在全市运行实现了常态化，是阳泉中院充分利用先进网络视频传播技术，贯彻科技强院、科技兴院、科技强警方针，切实为民司法的新体现。

第六节 干警住房

建院到20世纪90年代，阳泉市中级人民法院没有独立宿舍区。但设有单身干警宿舍，住房问题统一由阳泉市政府房管部门解决。

1984年，在中共阳泉市委和各县（区）党委及政府支持下，解决了“严打”斗争中法院干警的着装问题，一定程度上方便了审判工作。

1993年12月底，阳泉中院在下站建成干警宿舍楼，干警住房难问题初步得到解决。

1997年，积极认真解决干警工作、生活中的实际问题。市中院党组先后为全院干警兴办8件实事，如部分干警家属的户口问题、住房问题、两地分居问题等，解除了一些干警的后顾之忧，使干警感受到人民法院大家庭的温暖。

1998年，继续改善干警的住房条件。该年度，阳泉市中院筹集数百万元，建成干警宿舍楼一栋，42户干警喜迁新居。1999年，干警的生活条件得到进一步改善。

2004年，阳泉中院根据货币化住房政策，按照审判区、工作区、生活区分离的要求，在开发区中院办公大楼背后，建成干警宿舍87套，解决了绝大多数干警的住房问题，实现了部分干警的就近上班、就近住宿。

第六编

司法改革

第一章 概 况

阳泉市人民政府是中国共产党建立的比较早的一座城市，而早在阳泉市人民政府建立之前，阳泉地区即有共产党领导的人民政权和人民司法，隶属于晋察冀边区政府。1947 年 5 月 4 日建市，阳泉市人民政府司法处即着手开展本地的司法审判。1948 年 8 月，华北人民政府成立，阳泉成为华北人民政府之直辖市。1949 年 2 月，中共中央下发《关于废除国民党的六法全书与确定解放区的司法原则的指示》，当时，阳泉市中级人民法院称作“阳泉市人民法院”，即按照华北人民政府主席董必武同志“用革命精神来学习马列主义、毛泽东思想的国家观、法律观，学习新民主主义的政策、纲领、法律、命令、条例、决议，来搜集与研究人民自己的统治经验，制作出新的较完备的法律来”的要求，在具体的审判实践中，继承了解放区以人民民主专政为显著司法特点的审判方式和审判方法，为新生的人民政府法制建设积累有益的审判经验和成功的审判范例，并高举人民民主专政伟大旗帜，逐步消除国民党六法全书在人民审判中的影响。

我国现在的司法制度，即是1949年之后，在废除国民党政府的“六法全书”基础上，通过司法改造运动和制定“五四宪法”而奠定的。

从 1947 年建院到 2010 年，阳泉市中级人民法院大体经历了三次规模较大的司法改革运动。

第一次司法改革，即 1952 年以全面废除国民党六法全书、清理旧司法人员、反对旧法观点为目标的“改革整个司法机关的运动”。而早在本次司法改革之前的 1949 年 4 月 1 日，华北人民政府即发布《为废除国民党的六法全书及一切反动法律由，令各级政府》的《训令》，要求“司法审判，不得再援引其条文”。而这次全国性大规模的司法改革运动，则从 1952 年 6 月开始，至 1953 年 2 月底结束。虽然运动进行的时间较短，但这次司法改革的影响，一直持续到 1978 年底中共十一届三中全会召开。从 1954 年第一部宪法颁布，直至“文化大革命”时期，中国的法制与司法制度一直“以阶级斗争为纲”作为人民司法的政治指导原则，“文化大革命”期间，毛泽东主席提出“无产阶级专政下继续革命”理论，对这一特殊政治历史时期的中国法制和司法制度产生了极其深刻的影响。

这一时期，“马锡五审判方式”成为颇具特色和指导意义的司法审判经验和典范，一直沿用到 20 世纪 70 年代末。而“公安六条”则成为“文化大革命”期间的基本司法原则，“以阶级斗争为纲”和“无产阶级专政下继续革命理论”成为“文化大革命”之后、改革开放之前最重要的指导思想。阳泉市中级人民法院在 1947 ~ 1977 年整整 30 年的司法实践中，根据中共方针政策，对不同历史时期的司法建设进行改革，如，20 世纪 60 年代前后，即根据阳泉地区以工矿业为主的经济状况，改革审判方式，组织干警入厂下矿，以审判为武器，以服务为主导，开展“狠抓治安灾害事故斗争”运动，以适应社会主义建设和社会主义革命对人民审判的司法需求。

第二次司法改革，以 1978 年的改革开放为起点，到 2008 年中共中央决定开启新一轮司法改革止。其司法改革的目标和任务，是建立适应社会主义市场经济发展的司法制度，并制定了大量的规范公民、法人和其他社会组织行为准则的法律条文。1978 年十一届三中全会的召开，宣告了无产阶级“文化大革命”的结束和改革开放的起始，中国法制和司法制度逐步恢复和重建。如，1979 年 6 月 18 日 ~ 7 月 1 日召开的全国人大五届二次会议，颁布了中华人民共和国第一部《刑法》和《刑事诉讼法》。法制建设从 20 世纪 80 年代中期，到 90 年代中期，司法改革中人民法院的审判方式改革是主要内容，比如，庭审法官坚持居中裁判、重视当事人和律师的作用、重视司法程序的价值等。而 1995 年《法官法》和《检察官法》的颁布实施，则开启了司法职业化的序幕。

1997 年，中共十五大提出了“依法治国、建设社会主义法治国家”的目标，并正式提出“司法改革”。最高人民法院推出“第一个五年改革纲要”，系统规划法院系统的司法改革，提出了 39 项具体的改革任务。

2002 年，中共十六大以后，司法改革更多地触及到体制层面，提出完善司法机关的机构设置、职权划分和管理制度，强调保证审判机关和检察机关依法独立公正地行使审判权和检察权等。中共中央成立了专门的司法体制改革领导小组，并于 2004 年底，转发了《关于司法体制和工作机制改革的初步意见》，确定了 35 项改革措施。据此，最高人民法院和最高人民检察院于 2005 年颁布了《人民法院第二个五年改革纲要》和《关于进一步深化检察改革的三年实施意见》。

这一时期的司法体制改革探索颇为活跃，不仅地方司法机关各种改革试验不断涌现，学术界对于司法改革的研讨和建言也是方兴未艾。其间的司法改革比较注重司法活动与行政活动的区别，特别是对“司法权力地方化、审判活动行政化、法官职业大众化”等问题，提出了许多有针对性的改革措施。在此期间，人民法院的司法改革推行了立案和审判分立、审判和执行分立、审判和监督分立的“三个分立”，施行统一司法考试、严格法官（检察官）准入制度，死刑核准制度改革，审判委员会制度改革等都取得了重大突破。而从法官脱下以往专政机关色彩浓重的制服、改穿法袍等细节，凸显了这个时期司法改革的方向。

2007 年 10 月召开的中共十七大，又提出要“深化司法体制改革，优化司法职权配置，规范司法行为，建设公正高效权威的社会主义司法制度，保证审判机关、检察机关依法独立公正地行使审判权、检察权”。

在第二个30年的司法改革中，阳泉市中级人民法院立足社会主义市场经济对司法审判提出的新标准、新要求、新任务，积极探索，勇于实践，大胆改革，创立了许多成功经验和判例。如解决“三角债”中阳泉中院创立的“代位执行制度”、“强制调查询问制度”和“悬赏执行”办法，即受到最高人民法院院长肖扬的赞扬。再如21世纪以来，阳泉中院在化解执行难工作中创立的“六个穷尽”、“七个到位”，被《人民法院报》提升为“山西经验”，受到广泛宣传和推广。2007年，公安机关在侦破绰号“黄毛”（史志红）涉黑案件中创立了“中院院长提前介入”机制，即为公安机关对案件的定性和人民检察院依法起诉提供了准确的法律建议。

阳泉中院不仅在司法实践中勇于改革，大胆创新，而且多次承担最高人民法院司法改革的试点任务，如2006年8月21日，由于阳泉市中级人民法院在未成年刑事案件的受理和审判中取得的突出成绩和丰富经验，中华人民共和国最高人民法院即以“法〔2006〕174号”文件，将阳泉市中级人民法院同北京市第二中级人民法院、上海市第一中级人民法院、黑龙江哈尔滨市中级人民法院等18家中院一起，确定为首批试点单位之一。

第三次司法改革，以2008年11月28日，中共中央政治局原则通过《中央政法委员会关于深化司法体制和工作机制改革若干问题的意见》为标志，新一轮司法改革正式启动。

2008年，正值改革开放30周年，同时，新一轮司法改革正式启动。11月28日，中共中央政治局原则通过《中央政法委员会关于深化司法体制和工作机制改革若干问题的意见》（下称《司法改革意见》），并成为新一轮司法改革的总方案。该方案提出了优化司法职权配置、落实宽严相济刑事政策、加强政法队伍建设、加强政法经费保障等四个方面改革任务。总体看，新一轮司法改革坚持的原则中，比较强调“中国特色社会主义方向”和从国情出发，明确提出，要“研究和吸收借鉴人类法治文明的有益成果，又不照抄照搬外国的司法制度和司法体制”。

在优化司法职权配置方面，主要涉及侦查手段和措施、职务犯罪侦查监督、民事执行体制、人民参与监督司法的制度完善等。在落实宽严相济刑事政策方面，提出要把宽严相济刑事政策上升为法律制度并转化落实，对严重危害社会秩序和国家安全的犯罪从严打击，对轻微犯罪和未成年人犯罪实行宽缓挽救的处理等。在加强政法队伍建设方面，涉及招录和培训、行为规范和职业保障、廉政建设以及司法考试制度和律师制度改革完善等。在加强政法经费保障方面，提出建立分类保障政策和公用经费正常增长机制，改善装备配备、基础设施建设等方面经费保障，特别是加大对中西部困难地区政法经费的支持力度等。

值得一提的是，过去曾被认为不符合“程序正义原则”和“司法特性”，已经过时的“马锡五审判方式”（始自陕甘宁边区，由马锡五开创的一种走群众路线的审判方式，归结为“就地审判，不拘形式，深入调查研究，联系群众，解决问题”），重新被党中央提出，并受到舆论界、司法界，包括社会各界的高度重视，甚至被拍成电视剧，在中央电视台黄金时段播出，“马锡五审判方式”在离开社会司法活动三十多年后，再次被党中央广泛宣传，并被认为是中国共产党领导的人民司法的典范，其强大的生命力不仅具有深厚的司法文化底蕴，而且具有深远的历史意义和较强的现实指导性。

第二章　司法改革实践

第一节　司法改革运动

阳泉市中级人民法院作为中国共产党建立在战火纷飞岁月（1947年5月）的一个人民民主专政阵地，其本身就肩负着对解放区已经施行的各项司法制度进行实践、探索、创新和改革的任务。1948年8月，为准备全国解放后的政权建设和法制建设，晋察冀和晋冀鲁豫两个边区政府合并成立华北人民政府。之后，由于解放战争的胜利成果迅速扩大,各解放区人民政权面临着日益迫切的法制及司法审判制度的转型问题。1949年2月，中共中央下发《关于废除国民党的六法全书与确定解放区的司法原则的指示》，阳泉市中级人民法院即当时的阳泉市人民法院，按照华北人民政府主席董必武“用革命精神来学习马列主义、毛泽东思想的国家观、法律观，学习新民主主义的政策、纲领、法律、命令、条例、决议，来搜集与研究人民自己的统治经验，制作出新的较完备的法律来”的要求，一方面充分发挥审判职能，打击本地区国民党散兵游勇、反革命分子、旧军人、旧官僚、土匪、流寇和反动会道门组织头目，以及形形色色的刑事犯罪分子，以审判为武器保卫新生的人民政权，保障当时公民、法人或一切拥护中国共产党和人民政府的社会组织的合法权益。另一方面，在具体的司法审判实践中，积极进行司法改革，探索摆脱国民党六法全书束缚、继承并创新解放区以人民民主专政为显著司法特点的审判方式和审判方法，为新生的人民政府法制建设积累有益的审判经验和成功判例。

1949年4月1日，华北人民政府即发布《为废除国民党的六法全书及一切反动法律由，令各级政府》的《训令》，要求“司法审判，不得再援引其条文”。《训令》指出：“不要以为国民党法律，也有些似乎是保护人民的条文，因而也就值得留恋，要知道国民党统治阶级和世界各国资产阶级一样，为着缓和劳动人民的反抗，不能不假装‘公正’，掩蔽其阶级专政的实质，这是考虑的笑脸，其笑脸是为着吃人。”《训令》特别强调：“为要以为新法律尚不完全，旧法不妨暂时应用，要知道这是阶级革命中，国民党反动统治阶级的法律，是广大劳动人民的枷锁，现在我们已经把这枷锁打碎了，枷锁的持有者——国民党反动政权也即将被打垮了，难道我们又要从地上拾起已毁的枷锁，来套在自己颈上吗？反动的法律和人民的法律，没有什么可‘蝉联交代’可言，而是要彻底地全部废除国民党反动的法律。”《训令》进一步指出：“人民的法律已有了解放区人民相当长期的统治经验，有的已经研究好，写在人民政府人民解放军发布的各种纲领、法律、条例、命令、决议等规定里，有的正在创造，各级司法机关办案，有纲领、条例、命令、决议等规定，没有规定的，照新民主主义的政策办理，应该肯定，人民法律的内容，比任何旧时代统治者的法律，要文明丰富，只须加以整理，即可臻于完善。”

可以说，早在全国尚未解放的情况下，当时的阳泉市人民法院已经在具体司法实践中，着手清除国民党六法全书的影响，对旧的司法观念、旧的司法形式进行力所能及的改革和改进。如当时的刑事审判多采用群众运动方式就地、就近进行。针对罪犯的刑罚也有广泛的群众参与讨论。民事审判则更多地采用“马锡五审判方式”侧重于“携卷下乡、就地调解”。国民党六法全书在司法实践中基本上全部废弃。

然而，全国解放后，人民法院的司法工作仍然受到国民党六法全书的影响，根据当时报纸记载，“有些人民司法机关因为被少数坏分子和具有浓厚旧法观点的人员所操纵和腐蚀，直接造成了宽纵敌人、败坏法纪、危害国家人民利益的恶果”，“特别严重的是留用人员和混入的旧司法人员中坏分子的贪赃枉法和违法乱纪”。人民群众对此已极为不满，说：“天不怕地不怕，就怕共产党讲宽大。”

1952 年 6 月份，以中央政法委书记董必武的两次讲话和司法部部长史良给周恩来总理的一份报告为纲领，全国性整顿改造司法工作运动逐渐展开，集中解决人民司法机关在政治上、组织上的严重不纯现象以及部分司法工作人员坏的思想和作风。9 月 1 日，山西省人民政府“三届省府委员会二次会议通过”《关于整顿改造司法工作的决定》，对全省司法改革作了部署。9 月 25 日，阳泉市谢副市长对本市司法改革作了动员，阳泉市人民法院“反对旧法观点和改革整个司法机关的运动”全面展开。整个运动由“学习文件”（9 月 25 ~ 10 月 14 日）、工作检查（10 月 14 ~ 12 月 15 日）、小组鉴定（12 月 16 日）、制定制度（12 月 21 日）四个阶段，至当年 12 月 25 日全面结束。而全国性的司法改革运动则到 1953 年 2 月底才基本结束。

阳泉市人民法院在本次司法改革中，共检查出错判案件、拖延积压、乱扣乱捕、宗法观点、态度不好、徇情瞻面等方面的问题 113 件，通过外部发动群众揭发出错判案件、拖延积压、非法扣押等方面的问题 44 件。其他建设性的建议、提案 51 件。此外，在本次司法改革运动中，阳泉人民法院还收到涉及市公安局、各区等单位和部门的问题 92 件，其中仍有 32 件由人民法院负责回复。

由于阳泉市人民法院成立于 1947 年 5 月，是中国共产党在解放战争初期完全按照解放区司法制度设立的人民民主专政阵地，所以早在本次司法改革之前，“旧司法人员”即被调离了人民法院审判岗位。当时的阳泉市人民法院干警，绝大多数为经历过革命战争洗礼的来自人民军队和边区政府的军、政干部。在 6 名法院干警中，受过“旧法教育”的只有副院长史郁如一人。但史郁如 1945 年即以教师身份，在路北县（现平定县）参加工作，受党教育多年，阳泉解放后，即成为新成立的阳泉市人民法院较早的司法审判人员，因此，在本次司法改革运动中，法院干警主要是集中学习党中央和省人民政府关于司法改革的文件精神，检查工作中的差误，倾听群众意见，改进工作方式，提高政策法律水平，肃清旧法影响，清除平时生活中残留的旧司法作风，以树立马克思列宁主义、毛泽东思想的国家观和法律观，确立马克思列宁主义、毛泽东思想在司法工作中的指导地位和支配地位①。

1952 年的司法改革运动，是司法战线一次剧烈的思想与政治革命，也是新中国司法工作的一个重大转折点。阳泉市人民法院通过司法改革，深刻批判了旧法观点和旧法作风，划清了新旧法制界限，克服了不告、不理、坐堂问案、业务脱离政治、审判脱离中心等旧法观点和旧司法作风，建立起一系列方便人民群众诉讼的审判制度，在政治上、思想上、组织上和作风上纯洁了审判机关，基本上满足了人民群众的司法需求，阳泉市人民法院司法的审判作风焕然一新。

第二节　司法改革影响及成果

司法改革运动中对旧法观点、旧法作风、旧法审判方式的改造，对阳泉市人民法院司法审判工作产生了极其深远的影响。阳泉市人民法院虽然当时为一审法院，但老一带干警结合阳泉市工矿集中，煤炭业、冶炼业、铁路运输业较为发达、产业工人较多、人口流动频繁等特点，勇于改革，勇于创新，不断探索人民司法为人民服务、为市委中心工作服务、为发展本地区经济保驾护航的新路子。如 1954 年 5 月，在市委工业部支持下，由法院抽出的两名干部会同阳泉矿务局（现阳煤集团），在四矿建立了“同志审判会”，成为阳泉市第一个人民法院主导的“帮助厂矿维护纪律、推动生产的群众性组织”，这种借鉴苏联经验成立的群众组织还有其他作用，即落实规章制度，预防生产事故，保障安全生产，打击厂矿企业内部的偷盗公物现象。同年 12 月，为适应中华人民共和国第一部《宪法》颁行审判工作面临的新情况，在本市花纱布公司寿阳小组会计李冠山贪污案和一〇四厂三车间副主任刘桂法责任故事两案的审理中，开始试行“刑事审判辩护制度”（见 1954 年 12 月 2 日阳泉市法院《关于试典（点）刑事公判辩护制的工作计划初稿》）。

结合安全生产实际，服务工矿企业和人民群众司法需求，是阳泉市人民法院司法改革和创新的一贯作风。如 1958 年，阳泉人民法院即抽出院长 1 人，审判员 2 人，分别到三矿、阳钢、工程公司等单位狠抓“同治安灾害事故的斗争”，帮助这些企业建立群众性安全组织——治保委员会和治保小组 1293 个，义务消防员 4010 名，义务

注：①山西“政法”专门学校，为阎锡山统治山西时设立的培养司法干部的学校。

交通员240名，选择典型安全事故案件通过审判活动，使同“治安灾害的斗争”实现了“群众化、制度化、经常化”。

1962年，阳泉市人民法院对妨害婚姻家庭、重婚、虐待、遗弃、斗殴伤害、车辆肇事、医疗和厂矿责任事故等案件和少量贪污、盗窃、投机倒把等轻微犯罪进行“适用缓刑”改革试点。当年被判处徒刑宣告缓刑的有11案14人，占同年受刑事处分人数的11.2%。

1963年1～9月，判处缓刑的有14案16人。并总结出六条适用缓刑的经验：一是劳动人民犯罪，罪行较轻，危害较小，应判处有期徒刑三年以下的；二是坦白较好有悔改表现的；三是不收监执行对社会没有危险的；四是不便收监的孕妇和老、弱、病、残罪犯；五是少数民族、科学技术人员或青年学生；六是宣告缓刑后所在单位和群众没有意见的。

1964年和1965年，阳泉市人民法院又对自诉案件的审理进行了改革试点，通过对1964年178件和1965年1～7月份68件自诉案件的审理，形成了“正确处理好自诉案件，严格控制法院捕人数字”的“五点意见”：一是认真贯彻毛泽东主席关于依靠群众力量、加强人民民主专政的指示，对一般刑事案件中的犯罪分子，应该充分发动群众，进行批判斗争，依靠群众，就地监督教育改造；二是法院受理的自诉案件应该有明确的原告和被告，不需要经过侦查，只用传讯调查的办法即可作出判决的案件；三是对于人民群众中的轻微违法行为，如打架斗殴、通奸等，群众告到哪里就在哪里处理；四是人民法院接受控告的重大刑事案件，如现行反革命和敌我性质的案件，应按政法三家（公、检、法）既定分工，移交公安局或检察院处理；五是人民法院直接逮捕犯罪嫌疑人的案件必须由市委审批。上述六条经验和五点意见，均受到山西省高级人民法院的肯定。

1966年，“文化大革命”爆发，阳泉市人民法院在“砸烂公检法”中被撤销，阳泉地区的司法审判权由阳泉市革命委员会保卫部审判办公室负责。

1973年，根据中共阳泉市委6月28日会议决定，恢复阳泉市中级人法院，并升格为二审法院，当年，阳泉中院一方面加强组织建设、队伍建设和机构建设，在“以阶级斗争为纲”和“无产阶级专政下继续革命”理论指导下，按照《公安六条》对各类刑事案件进行审判，同时根据中央精神，开始对之前产生的“冤假错案”进行复查纠正。这是一项政策性、时效性都非常强的工作，阳泉市中级人民法院本着对党负责、对历史负责、对当事人负责的精神，坚持有错必纠方针，改革陈规旧习，改进工作方法，严格按政策办事，为新中国成立以来历次政治运动中受到司法冲击，如逮捕、判刑的各类案件的当事人平反昭雪，并一直持续到1978年底中共十一届三中全会召开，许多案件的复查工作甚至延续到20世纪80年代中后期。

尽管“文化大革命”期间阳泉市中级人民法院曾一度被中止行使司法审判权，

但无论是 1966 ~ 1973 年期间的阳泉市革命委员会保卫部审判办公室，还是 1973 年恢复后的阳泉市中级人民法院，在非常时期，审判人员在力所能及的范围内，仍然对司法工作进行了许多改革，尽量排除各种干扰，充分发挥“群众专政”优势，将可捕没捕的罪犯、可判没判的罪犯，交由其所在的工矿企业或人民公社生产大队，由人民群众监督劳动，教育、挽救了数以千百计的轻微刑事犯罪分子。

第三节　司法制度法制化

以 1978 年 12 月中共十一届三中全会召开为标志，到 1996 年，是为当代中国司法制度改革恢复与重建的新时期。在当代中国司法体制与制度的恢复与重建过程中，形成了以下三个方面的标志性成果：

第一，确立了司法法治化的基本方针。1979 年 7 月召开的五届全国人大二次会议，通过了新中国历史上第一部《刑法》和《刑事诉讼法》，从实体和程序两个方面把刑事审判工作建立在刑事法治化的基础之上。为了贯彻执行这两部法律，1979 年 9 月，中共中央专门发出了《关于坚决保证 <刑法>、<刑事诉讼法> 切实实施的指示》(以下简称“九月指示”)，强调这两部法律能否得到严格执行，是衡量我国是否实行了社会主义法治的重要标志，是一个直接关系到党和国家信誉的大问题，要求各级司法机关严格按照这两部法律办事，处理违法犯罪问题，都必须以事实为根据，以法律为准绳，具体分析，准确量刑，不允许以各种理由，指令公安、检察机关违反《刑法》规定的法律界限和《刑事诉讼法》规定的司法程序，滥行捕人抓人；或者背离法律规定，任意判定加重或减免刑罚。“九月指示”对具体实施司法法治提出了明确的要求，有着极其重要的意义。1982 年 12 月 4 日，五届全国人大五次会议通过了新的《宪法》，把三中全会以来中国共产党推进法制建设的成功经验上升为宪法规范，明确提出国家维护社会主义法制的统一和尊严，强调任何组织和个人都不得有超越宪法和法律的特权。这在新中国法制与司法建设史上具有里程碑意义。

第二，建立了中共领导与司法机关独立行使职权有机统一的体制与机制。中共中央“九月指示”根据实行社会主义法治的方针，第一次全面科学地确立了中国共产党对司法工作领导的基本原则与工作机制，指出要加强党对司法工作的领导，切实保证司法机关行使宪法和法律规定的职权；强调党委对司法工作的领导，最重要的一条就是切实保证人民检察院独立行使检察权，人民法院独立行使审判权，不受其他行政机关、团体和个人的干涉。“九月指示”宣布，中央决定取消各级党委审批案件制度，并对新形势下如何加强和改进党对司法工作的领导，提出了明确具体的措施，要求各级党委要成立政法委员会，以便统一加强对政法工作的领导和协调。“九月指示”从理论与实践的结合上，科学地回答了中国特色社会主义司法制度的根本政治保障问题，有力地推动了当代中国司法制度的现代化进程。上述中国共产党的司法政策，在这一时期的国家立法中得到了充分的反映。1982 年 3 月 8 日通过的《中华人民共和国民事诉讼法》(试行)，按照“九月指示”精神，对审判独立原则作出了与 1979 年《法院组织法》不同的新的表述，即：“人民法院依照法律规定，对民事案件独立进行审判，不受行政机关、团体和个人的干涉”(第 4 条)。后来，这一规定在“八二宪法”中上升为宪法原则，成为国家司法体制的基本准则。

第三，重建了国家司法体制与司法制度。一是重建了司法组织体系。1978 年 3 月，五届全国人大一次会议通过的新《宪法》，恢复了检察机关在国家政权体系中的地位。在中央的直接推动下，各级检察机关的重建工作进展顺利。与此同时，法院组织系统进一步健全。1979 年《人民法院组织法》沿袭 1954 年《人民法院组织法》精神，规定各级法院的司法行政工作由司法行政机关管理。随着国家民主与法制建设的进展，原先的规定因其带有某种司法与行政不分的痕迹，显然已经不适应新的形势的要求。1983 年 9 月，六届全国人大常委会第二次会议对 1979 年的《法院组织法》有关规定作了修改，明确各级法院按照需要所设的助理审判员，不再由司法行政机关任免，而由各级法院直接任免；并删去了原来关于“各级人民法院的设置、人员编制和办公机构由司法行政机关另行规定”的条文。此后，当代中国的司法组织系统适应司法改革与发展的需要，日趋健全完善。二是进一步明确了司法机关的领导原则。关于法院的领导体制，“五四宪法”以及《法院组织法》明确法院组织的领导原则，实行上级法院对下级法院的监督原则。1978 年春召开的第八次全国司法工作会议，提出要在坚持党委统一领导的前提下，加强上级法院对下级法院的领导，监督下级法院的审判工作。1979 年的《法院组织法》以及“八二宪法”并没有规定上下级法院之间的领导关系，而是再一次确认了“五四宪法”关于法院组织领导原则的规定精神，并且一直延续至今。三是司法组织制度进一步完善。通过 1979 年《法院组织法》和《检察院组织法》以及“八二宪法”，新时期法院审判组织制度和检察组织制度得到了进一步的健全与完善，这对于更加充分地发挥司法职能，起到了积极的作用。

1979 年，为保证《刑法》、《刑事诉讼法》在 1980 年如期实施，阳泉市中级人民法院借全国性司法恢复和制度重建形成的历史机遇，一方面加强司法队伍建设，根据中共中央“〔1979〕64 号”文件精神和市委安排，从军转干部和各单位党政干部中调入 8 名同志，抽调回 24 名优秀干部，充实了各级人民法院的司法队伍。与此同时，经过一年多筹备，矿区人民法院于 12 月份正式开始办公，并为组建“法律顾问处”和“公证处”做了一些必要准备。另一方面，加强“两法”培训，会同阳泉市公安局、阳泉市人民检察在阳泉党校，联合举办了“两法”轮训班，对广大司法干警进行了普遍轮训，为“两法”顺利实施奠定了基础。特别是根据中央“九月指示”精神，对“市委审批案件制度”进行改革之后，既减轻了市委领导同志的工作负担，又加快了案件审理流程，实现了依法办案，随办随批，不存积案，当年审理的刑、民事案件做到了事实清楚，证据确凿，定性准确，量刑适当。

1980年，是“两法”实施的第一年，阳泉市中级人民法院即把落实中共中央1979年9月下发的《关于坚决保证<刑法>、<刑事诉讼法>切实实施的指示》(简称“九月指示”)和公开审判制度作为司法改革的重心，一方面采用“以会代训”方法，组织全体审判人员继续进行学习“两法”；另一方面，请市中院有经验的同志进行公开审判的示范，并于6月中旬，召开了“全市刑事审判工作座谈会”，检查总结公开审判的经验教训，安排部署进一步落实“两法”、推进公开审判深入的相关工作。当年即有30起公诉案件进行了公开审理，占到应公开案件的30%。在具体的审判实践中，贯彻落实中共中央1979年“九月指示”、严格依法办案成为该年度司法改革中最大的亮点，如侯新建一案，初审中合议庭以杀人罪判处其死刑缓期两年执行，阳泉市政法领导组指示改为死刑，被告提出上诉后，经省高级人民法院审理，以适用法律不当和“党委不审批案件”为由发还阳泉中院重新审判，经二审开庭审理，纠正了上述错误，最后以伤害罪判处被告无期徒刑。

1981年，随着改革开放的进一步深入，社会主义民主和法制得到恢复和发扬，过去长期积累在房屋、宅基地、继承、财产等民事领域的矛盾纠纷大量暴露出来，民事案件大幅度上升，阳泉市中级人民法院学习贯彻“两法”的同时，对民事审判工作中出现的新情况、新问题进行审判改革，在坚持调解为主的前提下，组织民事审判人员收集了改革开放以来出现的9例新型民事案例，作了理论探索和经验总结，阳泉中院对财产权益中的房屋、房产继承纠纷作了新型民事案例专题研讨，郊区人民法院总结了民事宅基地纠纷案的专题调查，作为民事审判改革的经验标准上报省院予以推广，对指导和促进民事审判工作改革起到了积极的作用。此外，1981年，阳泉中院在司法改革中，开展了经济案件的受理审判，开始审理改革开放初期发生在经济领域的刑事案件和民商事纠纷。值得一提的是，20世纪80年代初的经济案件审判，不同于90年代以后的经济案件审判。80年代初、中期人民法院的经济审判职能，很大一部分是打击经济领域的贪污受贿、挪用公款、投机倒把等刑事犯罪，也进行一些厂矿企业间的经济纠纷调解和审理，但主要职能是打击经济犯罪。而90年代以后的经济案件审理，则从刑事案件中独立出来，主要职能是依法审理民商事案件。

1982年4月，阳泉中院成立调查组，由院领导带队，针对全市经济犯罪基本情况开展深入调研，对从重从快打击经济犯罪起到了积极的推动和现实指导作用。为日后成立专门的理论研究机构——研究室进行了有益探索。

1983年8月，根据党中共中央和全国人大常委会关于严厉打击刑事犯罪分子的决定，阳泉市开展了为期三年的严厉打击刑事犯罪活动。阳泉市两级人民法院作为审判机关，按照严打时期的方针政策，实行党委领导下的公、检、法三家“联合办公”机制，进一步改革审判方式，加快重大刑事案件审理进度，提高办案效率，以适应“从重从快”的严打斗争需要。在审判实践中，严格按照刑法、刑事诉讼法，认真执行法律规定的公开审判、陪审、会议、辩护、上诉、复核等程序和制度，严把事实关、证据关、定性关、量刑关、程序关、法律文书关，坚持“从重从快，一网打尽”方针，正确执行政策，明确打击重点，实行“八重、八快、一尽”的办案方法：

“八重”：即对犯罪集团的首犯和流氓团伙的头头从重；对累犯、惯犯和劳改人员逃跑犯罪的从重；对检举人、证人进行报复的犯罪分子从重；对强奸多人轮奸妇女、奸淫幼女的犯罪从重；对携带凶器进行犯罪活动的从重；对盗窃国家生产物资、盗窃数额巨大的犯罪分子从重；对危害公共安全的爆炸等犯罪从重；对在打击严重刑事犯罪斗争中继续作案的犯罪分子从重。

“八快”：（1）确定快，就是在市委的统一领导下，实行联合办公、联合办案，对公安移送的案件，联合办案组及时研究，明确打击重点，迅速确定负责审判员，使案件首先落实到人；（2）掌握快，就是审判人员提前深入到预审、起诉阶段了解案情，发现问题，及时解决，基本上做到心中有数；（3）阅卷快，法院接到起诉后，迅速组成合议庭，夜以继日，认真查阅案件，核实证据，保证案件质量；（4）研究快，合议庭首先合议，拿出初步意见，然后经过庭务会议及时提交院审判会研究讨论，不管白天黑夜，什么时候有案，什么时候开会，决不因研究耽误时间；（5）审判快，就是对已做好准备的案件，办公室紧密配合，安排法庭、押解犯人，及时开庭审理，全面查明案情，做出正确判决，一般刑事案件从收案到作出判决的时间规定在一个月之内；（6）装订快，案件一经审判后，要迅速打印判决书，当日送达罪犯、审判员迅速写出综合报告，书记员要连夜整理装订案卷；（7）报送快，对上报的案件，要派专人车当日送到，防止邮寄耽误时间；（8）执行快，案件上报后，要提前做好执行准备，案件一到，就是迅速宣判执行，特别是死刑案件，法院提出执行计划，经党委决定后，与公安、检察等有关部门分头准备，及时执行。

“一尽”：即对团伙案件一经发现有漏捕、漏判现象，即坚决纠正、一网打尽。如郊区法院在审理石树生、杨付生“夜袭队”一案时，发现重要案犯王正生未抓捕归案，郊区法院经过深入调查，终于找到受害人，取得确凿证据，并将王正生逮捕归案，依法判处其无期徒刑。又如矿区法院在审理梁世贤结伙抢劫一案时，发现群众对领导干部子弟苑克冰免于起诉反映强烈，经过认真阅卷和深入调查，认为苑克冰连续三夜闯入民宅，持刀抢劫，又不老实交代，不能认为“情节轻微”、“坦白交代好”，他们秉公执法，严格依法办案，最后将苑克冰起诉法院，判处有期徒刑15年，体现了“在法律面前人人平等”的原则，维护了法律的尊严。

需要特别记述的是：1983年9月，全国人大常委会修改《人民法院组织法》，将部分案件的死刑核准权，由最高人民法院授权给各高级人民法院行使。1983 年严打斗争第一战役中，部分刑事案件（七类案件）的一审死刑判决权，曾下放到基层人民法院，到 1984 年第二战役时即收归中院。而死刑核准权则下放到各省高级人民法院。死刑案件当事人的上诉时效也由过去的十天改为三天。2006 年 10 月 31 日，十届全国人大常委会第 24 次会议表决通过《关于修改人民法院组织法的决定》，将人民法院组织法的第十三条修改为："死刑除依法由最高人民法院判决的以外，应当报请最高人民法院核准。"这个决定自 2007 年 1 月 1 日起施行。历经 23 年，死刑复核程序终于回归最高人民法院，成为这 2007 年法治进程中最值得关注的改革举措。

在 1983 年进行的司法改革中，阳泉市中级人民法院设立了经济审判庭，并指导各基层院陆续成立经济审判机构。

1984 年，在全国经济体制改革的推动下，阳泉市两级人民法院积极探索，大胆实践，勇于改革，根据法官审理案件的数量指标和质量指标，建立岗位责任制，打破"审判工作大锅饭"，将审判人员的责、权、利结合起来，进行德、勤、能、绩考核，以调动广大干警的积极性。平定县人民法院制定了"一包、三定、三考核，年终奖惩兑现"的办法，提高了干警出勤率，在人员与编制相差三分之一的情况下，80% 的审判人员放弃节假日休息阅卷办案，圆满完成全年审判任务。盂县人民法院在明确责任制前提下，加强基础工作，推进"具体工作有要求，平时工作有记载，年终评比有依据，发放奖金有档次"的责任制改革，进一步调动了广大干警的积极性。城区、矿区、郊区法院也根据实际推行了岗位责任制，实行百分考核，对审判工作都起到了一定的推动作用。由于岗位责任制的建立，各级法院普遍出现了"四多四少"的局面：出满勤超出勤的多了，缺勤的少了；勇挑重担，任劳任怨的多了，挑肥拣瘦的少了；坚持学习、钻研业务的多了，得过且过，不求上进的少了；遵章守纪的多了，纪律松弛的少了。平定法院刑事审判庭实现了"三无"目标。即一无公诉积案，二无自诉积案，三无申诉积案。岗位责任制的建立的实施，使广大干警的精神面貌发生了深刻的变化。

1985 年，是"严打"斗争的最后一年。阳泉市两级人民法院在中共十二大精神指引下，为适应新形势下改革开放的需要，进一步改革审判工作，使司法审判更紧密、更直接地同阳泉地区的经济建设联系起来，为经济体制改革和社会主义现代化建设保驾护航。如在审理王风岐贪污案和《阳泉日报》社劳动服务公司投机倒把案中，阳泉中院即组织专门司法力量提前介入，保证案件及时审理，对钻改革空子，借改革之名，行犯罪之实，严重危害经济体制改革、危害社会主义制度的严重经济犯罪活动给以严厉打击。

1986 年，三年（1983 ~ 1985 年）三个战役的"严打"工作结束，但"从重、从快、从严"原则，成为人民法院审理刑事案件的常态。该年度，阳泉中法进一步强化司法改革，突破传统审判方式，变被动司法为主动开展司法服务。刑事审判中，改变单纯审判犯罪，惩办犯罪的传统观念，牢固树立预防犯罪改造犯罪、减少犯罪的全局观念，努力把刑事审判的事后保护职能延伸到事前保护。在开展严厉打击刑事犯罪和经济犯罪斗争中，积极开展回访考察和司法建议活动，特别注重针对社会治安和经济犯罪特点、动向开展调查研究。4月份，市中院就打击经济犯罪及预防经济犯罪开展专题调研，并向市人大常委会作了专题报告，引起全社会和市府各部门高度重视。在民事、经济审判工作中，克服就案办案传统观念，注意保护商品生产的发展，保护国家、集体和公民的合法权益，保护家庭和睦和社会安定。如，平定法院在审理农村一起承包果园案件中，当事人双方为承包利润争执不休，但平定县人民法院发现承包人并不爱护集体财产，而是进行掠夺性生产，作出解除承包合同的判决，受到群众拥护。市城建局在开通五渡至阳钢段公路时，一钉子户因搬迁问题影响施工一年多，郊区人民法院受案后，及时化解了纠纷，保证了公路的建设和开通。经济审判中，摒弃“不告不理”、“坐堂等案”、“坐堂办案”的旧司法观念，坚持主动深入基层单位开展法制宣传、现场受理案件。特别是针对经济纠纷中债务案件多的特点，审判人员主动到债务人单位登门办案，保证了案件及时受理。该年度，阳泉中院经济审判庭干警共计出差800余天，人均达85天，外地办案时间占工作时间的三分之一。

1988年，阳泉中院继续围绕建立和维护社会主义商品经济秩序这一中心任务，积极推进以向全社会提供优质司法服务为主要内容的改革，以适用社会主义商品经济对司法审判的需求。在具体司法改革中，坚持主动服务、积极服务、全面服务、超前服务，开展“治理经济损失、整顿经济秩序”活动，对经济审判方式进行了一系列新尝试，一方面，院领导深入乡镇企业、交通运输和建筑单位等容易产生经济纠纷的单位，变被动收案为主动接案，同二十多个单位建立定向服务关系。另一方面，组织巡回法庭到外地办案，以法律为武器，以审判为平台，积极为当事单位挽回商务活动中的经济损失，预防和减少经济纠纷。与此同时，以办案质量为中心，进行审判制度改革，建立了各类案件的立案、核实证据、实体处理、法律文书把关制度，完善了从审判员、合议庭、分管院长到审判委员会逐级质量把关制度。对合议制度进行改革，建立和完善了合议庭成员亲自阅卷、查证、提审或询问、合议、汇报制度，使合议庭既有职又有权，案件的质量关口实现了向前延伸。建立和完善了案件评查制度，通过对个案的自查、互查和评查，及时发现问题，准确适用各项法律法规，全面提高案件质量。该年度，阳泉中院指导山西省阳泉第一监狱（当时称山西省第二劳动改造管教支队）改革监管制度，制定了《在押犯人双联百分考核制》，扩大了在押罪犯减刑面，调动了罪犯劳动改造积极性，稳定了监管秩序，保障了监管安全，通过了山西省人大常委会组织的检查验收，并在全省监狱、劳教部门广泛推广实施。同年6月，阳泉中院在在全省法院刑事审判工作会议上，作了《改进审判作风，提高办案质量》的经验材料报告，受到大会表彰和与会领导的高度评价。

1989年，阳泉市两级人民法院司法改革继续向纵深推进。一是行政审判正式启动。4月4日，第七届全国人民代表大会第二次会议正式通过《行政诉讼法》，决定从1990年10月1日起施行。为了做好这一具有划时代意义的审判工作，阳泉中院提前启动行政案件受理程序，并指导各基层院于1989年全部建立起行政审判庭，在抓培训、抓学习、抓队伍的同时，由基层院选择8件治安行政案件，进行行政审判试点，中院审理行政复核案件4件，为1990年全面开展行政审判积累经验。二是根据最高人民法院告诉申诉工作会议精神，市中院建立“告诉审诉审判庭”，使告诉申诉审判工作纳入诉讼轨道。三是按照最高人民法院和最高人民检察院发布“8·15”《通告》，两级法院普遍设立了“经济犯罪人员投案自首处”和“经济犯罪举报中心”，并同检察机关密切配合，敦促经济犯罪分子自首，全市有50余名经济犯罪分子向政法部门投案，法院系统还收到群众举报13件。四是同外埠七个地市中院建立起经济审判协作网络，10月中旬，由阳泉中院参与发起，在石家庄召开“晋冀两省七地市法院经济审判协作筹备会议”，之后，阳泉中院首先设立“经济纠纷调解处”，加强区域协作，共同克服经济审判中出现的“审理难”和“执行难”。五是进一步推进审判工作的规范化、科学化建设。如，扩大合议庭权力，继续完善合议制度，明确规定合议庭审理刑事、民事、经济、行政案件的权限，规定合议庭成员必须做到共同阅卷、共同提被告或询问当事人、共同开庭、共同合议、共同汇报，共同对案件质量负责，改变审判委员会大包大揽和合议庭有名无实、一人办案、大家签字的现象，合议庭作为基本审判组织的作用得以较好发挥。再如，审判实践中对“先定后审”的落后审判方法进行了彻底改革，依法实行先审后定，当年，全市两级人民法院各类案件先审后定率均在90%以上，不仅提高了案件质量，而且得到律师和社会各界的普遍好评。强化民事诉讼中当事人举证责任，也是1989年司法改革的一个重点。根据民事诉讼法规定的“谁主张、谁举证”的原则，两级法院从实际出发，在民事、经济审判工作中，推行了当事人举证责任制度，对各类案件当事人在民事诉讼中举证的范围和举证责任的分担、免除、转移等问题，均作出明确的规定，并把当事人举证和人民法院查证有机结合起来，使审判人员的工作重心逐步转移到庭审阶段，既减轻了法院工作负担，提高了办案质量和办案效率，又强化了当事人的法制观念，改变了“当事人递状子，法官跑路子，庭前定案子，庭审摆样子”的状况。

1989年，公开、透明、接受社会监督，成为阳泉市两级人民法院司法改革的又一亮点。经过几年的探索实践，全市一审刑事案件公开审判率达到100%；一审民事、经济案件公开审判率也达到90%以上。同时尽量创造条件，对二审和再审案件进行公开审理。阳泉中院和各基层院均向社会公开了民事、经济案件的立案标准、诉讼时限、收费标准和工作纪律。城区法院实行“接受民事诉状凭证”制度，受到当事人的普遍欢迎，省高院赵耀仁院长对此专门批示“建此制度好”，并在全省法院系统推广实施。

1990年，阳泉市两级人民法院在充分准备、提前实践的基础上，正式开展行政案件的受理和审判。10月1日《行政诉讼法》正式实施后，即按照该法规定的诉讼程序，公开审理一审行政案件3件，扩大了行政审判的社会影响，“民告官”正式进入人民司法的诉讼时代。4月底，阳泉中院按照上年度“晋冀两省七地市法院经济审判协作筹备会议”精神，在本市召开晋、冀两省七个地（市）法院的“经济司法协作会议”，就《晋冀两省部分法院经济司法协作意见》达成了共识，之后，协作法院之间相互委托、协作审理，较好地执行了一大批存在执行难的经济案件。

1991年，是贯彻落实十年规划和“八五”计划的第一年，阳泉市两级人民法院司法改革工作紧紧围绕经济建设这个中心，针对阳泉市许多企业被“三角债”问题所困扰，经济发展受制约的问题，不断改进经济审判工作，坚持在“服务”上做文章，努力为企业开展清欠行动，为经济建设保驾护航。一是倾斜服务。两级法院认真贯彻党中央、国务院《关于搞活大中型骨干企业，推动经济全面发展》的指示，对大中型企业采取“一主动三优先”的倾斜司法服务措施，即主动深入到15家大中型企业，加强与这些企业的联系，帮助企业树立运用法律手段维护合法权益的意识；对大中型企业起诉的经济纠纷案件，优先立案，优先审理，优先执行。如盂县煤炭运销公司统销全县煤炭，是全县骨干企业，由于外欠高达7000多万元，只能靠贷款维持。盂县人民法院闻讯后，立即与该单位取的联系，当即派出12名审判骨干组成办案服务队，经过三个月艰苦努力，为该公司回收部分欠款700多万元，有效缓解了企业资金紧张的困难，促进了经济效益的提高。二是定向服务。两级法院根据山西省委《关于扶持乡镇企业发展》的决定，对乡镇企业开展定向司法服务，及时审理乡镇企业起诉的经济纠纷案件342件，为乡镇企业回收资金1037万元，使24家濒临关门停产的乡镇企业走出困境。三是专项服务。集中解决带有行业特点的经济纠纷案件，一年间两级法院为建筑行业、交通运输部门、金融部门回收资金826.03万元。四是全程服务。对已结经济纠纷案件的强化执行，对经济审判工作中发现的共性问题及时向当地政府和有关部门提出司法建议和管制建议，堵塞企业经营管理中的漏洞，促进经济发展。在企业建立经济司法联络员制度，帮助企业培训法律骨干。1991年，即在40多家企业中设立经济司法联络员50名，举办了23期经济法律知识培训班，为企业培训法律业务骨干450多名，提高了企业规范经营和自我保护的意识，进一步扩大了人民法院经济审判工作的辐射半径。

1993年，阳泉市两级人民法院司法改革重点集中到制度建设方面，阳泉中院先后建立并出台了指导全市法院系统审判工作的《办案责任制》、《协办案件制度》、《审判委员会议事制度》和《错案追究制度》，进一步明确了审判员、合议庭和审判委员会，以及庭长、分管院长在案件流程中的职责，制定了认定错案的标准、发现方法和追究责任的办式，使办案质量由软指标变成硬任务。在此基础上，推行审判人员岗位责任制，将办案指数、质量指标、奖惩条件，细化分解到审判人员头上，并同经济利益和政治荣誉直接挂钩，奖惩兑现，奖优罚劣，调动广大审判人员的工作积极性，克服“就案办案”倾向，办案效率明显提高，审判职能得到较好发挥。

第四节　审判方式改革

1996 年 7 月，最高人民法院召开“全国法院审判方式改革工作会议”，确定以学习贯彻修正后的《刑事诉讼法》、推进刑事审判方式改革为重点，全面改革和完善民事、经济、行政审判方式，并对庭审方式改革作了部署。改革的基本内容是依法强化庭审功能，强化合议庭和独任审判员的职责；加强对人民群众合法权益的司法保护。核心是进一步贯彻公开审判的原则，把审判活动更好地置于社会监督之下。

阳泉市两级人民法院以贯彻公开审判原则和规范审判活动为核心，不断引深民事、经济审判方式改革，积极开展适用新版《刑事诉讼法》组织庭审的试点工作，亦称“一步到庭”、“直接开庭”。本次庭审方式改革中，阳泉市两级人民法院在没有现成经验，集中庭审条件尚不具备的情况下，先行试点，由易到难，由浅入深，从条件相对较好的案例入手，逐步由中院推进到基层法院，由二审推进到一审，由开观摩庭、示范庭，推进到“一步到位”、“直接开庭”，实行控辩式开庭，突出当庭举证、质证、认证。特别是在试点阶段的观摩开庭过程中，坚持审理一案、总结一案，观摩一庭、研究一庭，在此基础上，总结经验，以点带面，循序渐进，逐步推开，以此提高办案透明度，保证当事双方充分行使诉权。与此同时，阳泉市两级人民法院积极改善庭审条件，规范审判环境，加强硬件建设，更新庭审设备，先后购置服务于庭审的警备车辆 14 部，电脑、复印机、速印机 8 台，为进一步深化审判方式改革创造了条件。

1996 年的庭审方式改革，最终目的是为了保障法院独立公正地行使审判权，严格依法办案，实现司法公正，也是改革开放以来最重要的一次改革。自审判方式改革以来，阳泉市两级人民法院均在刑事、民事、经济审判中推开了公开审判方式，强化了庭审功能，强化了当事人的举证责任，特别是通过公开审判，保障法官裁决的公正性，树立了法院和法官“讲理、公正、廉洁”的形象。

1997 年 10 月，中共十五大召开，大会提出了依法治国、建设社会主义法治国家的历史任务，并且强调要推进司法改革，从制度上保障司法机关依法独立行使审判权和检察权。1999 年 3 月召开的九届全国人大二次会议，把依法治国、建设社会主义法治国家的基本方略用根本大法的形式固定下来，标志着改革开放以来，中国司法改革进入又一新的发展时期。

这一阶段中国司法改革具有三个明显特征：第一，推进司法改革，已经成为中国共产党意志的法权要求。在中国共产党历史上，中共十五大第一次鲜明地提出推进司法改革。这就使司法改革从司法机关的自身工作上升为中国共产党的主张，凝聚为中国共产党的意志，从而为推进司法改革提供了政治保证。第二，推进司法改革，已经成为治国方略的有机组成部分。中共十五大以及其后的宪法修正案，确立了依法治国、建设社会主义法治国家的基本方略。这就为推进司法改革奠定了坚实的宪政与法制基础。推进司法改革，不仅成为建设社会主义法治国家的重要内容，而且成为建设社会主义法治国家的重要动力。这样，就使得司法改革建立在坚实的宪政基础和法制基础之上。第三，推进司法改革，已经成为司法机关的组织化程度更高、实施力度更大的一项重要司法事业。中共十五大以来，最高人民法院于 1999 年 10 月颁布了《人民法院五年改革纲要》(以下简称“第一个五年改革纲要”)，司法改革的计划性和系统性明显增强，司法改革的组织化程度也进一步提升。这是当代中国司法改革进入新阶段的重要标志之一。

在这一时期，从人民法院来看，司法改革主要在内部层面上全方位展开。“第一个五年改革纲要”第一次系统地阐述了人民法院司法改革的目标和原则，提出了 39 项具体的改革任务，涉及审判方式改革、审判组织改革、法院内设机构改革、法院人事管理制度改革、法院办公现代化建设、审判管理和社会监督机制改革、法院深层次改革的探索等七大领域，成为指导人民法院司法改革的重要文献。“第一个五年改革纲要”颁行的五年来，以“公正与效率”为基本取向的人民法院司法改革波澜壮阔，蓬勃展开。这一改革主要集中在以下三个领域：

第一，继续深化审判方式改革。这一阶段的审判方式改革在前一阶段改革的基础上，重在完善运行机制，加强制度建设。这一改革成为当代中国司法改革进程中的一个最为活跃、效果较为显著的领域。比如，推行立审分立、审执分立和审监分立等“三个分立”，建立和完善审判流程管理制度，形成促进司法公正的审判运行机制；继续完善并且严格执行公开审判制度，不仅一审案件基本实现了开庭审理，而且二审案件开庭审理的比例也在明显提高；建立民事诉讼证据制度和行政诉讼证据制度，深化民商事审判方式改革，刑事审判方式改革和行政审判方式改革亦日趋活跃；审判监督制度改革逐步展开，力图实现从有错必纠到依法纠错、从无限申诉到有限申诉、从无限再审到有限再审的转变。

第二，继续加大审判组织改革力度。在当代中国，从 20 世纪 80 年代后半期开始，就已经开始关注强化合议庭的职能问题。到了人民法院司法改革的第二个阶段，规范审判委员会、院长、庭长与合议庭之间的关系，进一步完善合议制度，则成为这一阶段审判组织改革的重心所在。这一改革的基本要求是：强化合议庭的审判职权，依法将作出案件裁判的权力交由合议庭行使，少数重大疑难案件才提交审判委员会讨论决定；院长、庭长个人无权决定对案件的裁决，更无权改变合议庭评议的结论；加强合议庭的力量，实行庭长、分管副院长直接参加合议庭担任审判长。在合议制的长期实践与不断探索的基础上，最高人民法院于 2002 年 8 月 12 日颁行了《关于人民法院合议庭工作的若干规定》，明确了合议庭的组成方式、基本职责、运行机制以及与审判委员会的关系等相关事项，从而优化了审判资源的合理配置，巩固和深化了审判组织改革的成果。

第三，继续推进法官人事制度改革。法官人事制度改革从 20 世纪 80 年代后半期逐步启动，90 年代中期《法官法》颁布，开启了当代中国法官职业化建设的行程。而在法官职业化建设的进程中最具标志性意义的，是 2002 年 7 月召开的全国法院队伍建设工作会议。这次会议鲜明地提出了推进法官职业化建设的历史性任务，强调严格法官的职业准入，强化法官的职业意识，培养法官的职业道德，提高法官的职业技能，加强法官的职业保障，完善法官的职业监督，并且提出了实行法官员额制度、改革法官遴选制度、推行法官助理制度等具体措施。

总之，“第一个五年改革纲要”的制定与实施，深刻地改变了人民司法事业的基本面貌，有力地推动了中国法院制度现代化的历史进程。

阳泉市两级人民法院也同全国一样，按照中共十五大部署，开启了改革开放以来第二阶段司法改革的进程，并逐步将司法改革引向深入。

1997 年，阳泉市两级人民法院继续推进上年度开展的审判方式改革，提出“人人开庭、案案评议”工作措施，规定凡是适用控辩式或辩论式庭审不过关的审判人员，必须下岗接受培训，经培训后仍不过关的调离审判岗位，在全市两级法院引起震动。各基层院院长亲自挂帅狠抓审判方式改革，一审刑事案件全部按《刑事诉讼法》规定，实行控辩式庭审；70% 以上的民事、经济案件也都实行直接开庭和当庭举证、质证、认证、辩论、合议、调解或裁判。与此同时，实行立案、审判、执行、监督相互分离的司法改革，告诉审判庭，专门负责立案工作。审判监督庭，专门负责对已结案件进行监督。调整了各审判庭和执行庭工作分工，审判庭只负责案件的审判，执行庭专管有关案件的执行。各县（区）人民法院也对立、审、执和审判监督的职能划分进行了调整。实现了全市法院审判职责规范化和审判活动管理规范化。市中院结合“三个分离”，先后制定了《告诉审判工作规则》、《执行工作规则》、《诉讼收费管理办法》、《执法责任制》、《错案与执法过错责任追究办法》和《案件审判监督检查制度》，形成了一套比较完备的审判规则制度体系，促进了执法水平的提高。

到 1998 年，全市法院一审案件公开审判和规范开庭率达到 100%，市中院二审案件公开审判和规范开庭率达到 70%。增强了审判工作透明度。1999 年，市中院二审案件公开审理率上升到 90%。此外，从 1996 年到 1999 年，经过三年的学习提高和实践，“控辩式”（刑事案件）和“辩论式”庭审方式日臻成熟，当庭公开举证、公开质证、公开辩论、公开认证、公开评断、公开宣判成为新的审判模式，保证了当事人诉讼地位的平等，杜绝了“先定后审”、“暗箱操作”，体现人民审判的公平性、公开性和公正性。到1999年6月底，阳泉市两级人民法院全面完成了立、审、执“三分离”的司法改革，这种新的办案机制分解了法官手中的权力，建立和强化了内部监督制约机制，解决了“乱立案、乱办案”问题，加强了对审判庭执行审限规定的监督，提高了办案效率，杜绝了某些案件超审限和久拖不决现象。

审判方式改革取得的显著成效：

（一）刑事审判方式改革成就

刑事审判方式改革，是推动刑事审判工作不断前进的动力，也是切实实现“公正与效率”的重要途径。自1996年3月17日修正后的《刑事诉讼法》施行以后，各级人民法院认真贯彻落实新刑诉法确立的新的刑事审判方式，严格依法规范审判活动，充分发挥庭审功能，使审判质量和审判效率都有明显的提高，带来了六大变化。

一是提高了审判透明度。公开审判是指凡是对依法应当公开审判的案件，不论是调解还是判决，适用简易程序、普通程序还是一审、二审、再审程序，合议制还是独任制，一律实行公开开庭审理（法律规定不公开审理除外），公开宣判。公开审判是人民法院审判工作的一项重要原则，也是实现司法公正的重要保证。它对于人民法院严肃执法，保证案件质量，扩大审判效果，接受监督，都具有极其重要的意义。各级人民法院全面落实公开审判原则，并且不断提高一审当庭宣判率和二审公开开庭率，切实提高审判工作透明度。许多法院还邀请党委、人大等部门的同志参加旁听，接受新闻媒体的报道和采访，既向广大人民群众宣传了法制，又使社会各界对法院的工作性质和任务更加了解，扩大了审判效果，树立了法院权威。

二是严格了庭审程序。现行刑事审判方式与过去“纠问式”审判方式不同，充分体现了以公开审判发挥庭审功能为重心，以强化公诉人、辩护人、当事人举证责任为内容，以突出控辩双方和当事人诉讼地位为目的，以法官“听庭”、居中裁判为职责的“控辩式”审判方式的特点。这种方式彻底改变了过去的“以庭前实体审查为特点的“先定后审”、“开庭走过场”及“控审不分”的庭审模式，严肃了庭审程序，为提高诉讼效率，保证程序公正、实体公平奠定了基础。全省各级人民法院积极贯彻刑诉法的规定，并不断提高审判人员驾驭庭审活动的能力，使庭审活动切实起到查明案件事实、分清责任是非、维护当事人合法权益、正确处理案件的应有功能。

三是强化了合议庭责任。阳泉市两各级人民法院积极探索审判规律，扩大合议庭职权，做到除死刑案件和重大、疑难案件由审判委员会决定外，其他案件均由合议庭裁判。合议庭对案件事实、证据和适用法律负责，克服了长期以来裁判权过分集中在审判委员会，合议庭只承担事实审查，审者不判，判者不审的问题，调动了合议庭和审判人员的积极性和责任心，提高了审判质量和效率。同时，还明确了院长、庭长监督、指导职责，合议庭的作用进一步得到强化，审判资源也得到了合理配置。

四是提高了审判效率。为有效解决适用普通程序庭审重点不突出的问题，进入21世纪以来，阳泉市中级人民法院根据最高院和省院精神，积极试行刑事案件庭前证据展示制度和普通程序简易化，明确规定了办理相关案件的办案程序、认定标准、减刑幅度及相关法律依据，推行减刑、假释案件公开听证和裁前公示制度。对适用普通程序的案件，在被告人认罪或者部分认罪的情况下，如果案件事实清楚、证据确实充分，则简化某些诉讼程序或者环节；对认罪部分不再示证、质证，从而围绕控辩双方争论的焦点和案件的难点快速地、有针对性地审理，在保证质量的前提下，缩短庭审时间，严格依法办事，确保案件质量。

五是倡导司法文明。注射执行死刑是死刑执行方式的重大改革，是司法文明的重要体现。2001年，省法院遵照最高法院的要求，在全省中级人民法院推行注射执行死刑。阳泉中院在全省中院法院系统率先建立了封闭刑场，并开展了这项工作。

六是严禁了超期羁押。人民法院审理刑事案件应当在法定审限内审结。违反法定期限审理案件，造成被告人超期羁押，既侵犯被告人的合法权益，损害法律的严肃性，也违背人民法院“公正与效率”工作主题。2000年以来，阳泉市中级人民法院积极开展限期清理积案、坚决杜绝超审限的活动，严格执行审限制度的法律规定，不断强化审限意识，狠抓审限内结案，切实解决审判中出现的超期羁押问题，明确规定了案卷移送、立案、送达诉讼文书等审判中各个环节的期间，严格案件延长审限的报批程序，建立健全并落实审限通报和审限届满前催办等制度，切实加强对案件审理期限的管理、监督和检查，防止和杜绝新的超审限现象。

（二）民事审判方式改革成就

一是法院和法官中立、被动的现代司法理念得到体现。在中国传统民事审判中，法官被赋予了双重身份，既是裁判员，又是侦查员。法官在整个诉讼过程中十分积极，民事诉讼程序的进行、证据材料的收集等权能全由法院承担。在这种形势下，法官很容易成为当事人的代言人。以1991年民事诉讼法的颁布实施为契机，我国民事审判方式大量吸收了英美法系国家当事人主义的民事诉讼原则，进行了重大变革。在审判实践中，法院内部一般实行了立、审、执分离的审判流程制度，使立案、审理、执行相分离，案件的受理、审判、执行分别由不同的庭室、不同的人员办理，审判法官不再主动收案，彻底改变了过去那种由审判业务庭直接收案，案件受理、审判、执行都由同一个庭室、同一人员办理，帮助当事人理顺证据、调查取证，甚至具有侦察性质的法院职权主义色彩浓重的弊端。控辩式审判方式的改革，削弱了法院的职权主义色彩，强化了当事人的责任，诉讼主张的提出、理由及证据的搜集都由当事人负责。最高人民法院《关于民事诉讼证据的若干规定》出台以来，完善了我国民事诉讼中的证据制度，进一步规定了当事人举证和法院调查取证的范围，规定了当事人举证的期限以及不能举证和不能按期举证的法律责任，进一步强化了当事人的职责。这些改革措施的实施，使人民法院实现了保持中立的角色转换，把原本应当由当事人承担的阐明案件事实、提供证据材料等权能还给了当事人，法院只是居中裁判，行使诉讼指挥权。这不仅纠正了法院和法官在审理案件中的主观倾向，而且将法官从对案件的侦察中解放出来，专心致力于法律事实的审查和法律的适用，这是真正意义上的司法公正的体现，也相对提高了法院和法官的威望。

二是牢固树立现代的程序理念，保障程序稳定方面得到加强，公正得到更好的实现。自 1991 年民事诉讼法颁布实施以后，最高人民法院相继颁布了一系列的解释和规定，有效地完善了程序机制。立、审、执分离审判流程体制的实施，使各庭室之间形成互相监督机制，使得案件受理、审判、执行透明化，每一个案件都必须按照法定程序审理完毕，使所有案件都能在法定的审限内审结，杜绝了原来那种因为同一庭甚至同一人受理、审判、执行，而导致无法监督，致使形成抽屉案，甚至案件出现对原告不利局面时，自行撤销案件的混乱、违法局面。最高人民法院《关于民事诉讼证据的若干规定》的实施，进一步稳定了审判程序，规定了证据在什么时间举、反诉和变更诉讼请求在什么时间提等等，将举证范围、举证时限、证据认定问题予以详尽的规定，将长期以来在司法实践中经常遇到却又无法可依的问题明确出来，这在我国诉讼制度发展史上具有历史性的意义。法律文书的改革创新充分体现了案件审理的整个过程，以及法袍、法槌的使用，审判场所的正规化，都使得审判程序更加稳定，法院审判活动的威严得到提高，使公正得到更好的实现。

三是民事审判方式现代司法理念的实现，使审判效率和质量得到明显提高。审限制度的落实，加强了监督机制，使得超审限办案的现象得到有效遏制，积案大量减少，大大提高了诉讼效率。当庭举证、质证、认证及举证期限等证据规则程序的运用，有效地纠正了民事审判中当事人延期举证、证据形式不规范等现象，不但使审判程序简化而且更加规范。控辩式审判方式的改革，当事人责任的加强，将法官从大量繁杂的调查取证工作中解放出来，使得法官有充分的时间和精力来考虑法律的适用，将案件的实体审理作为法官的主要职责，当庭宣判成为现实，这不仅提高了审判效率，而且有效地保障了审判质量。

第五节　司法体制改革

21 世纪的到来，为当代中国的司法改革提供了全新的境况和重要的战略机遇。加入世界贸易组织，不仅给中国带来了一个全新的国际政治、经济与法律环境，而且直接推进了当代中国司法制度的创造性转换。2002年11月召开的中共十六大第一次全面提出并且阐述了推进司法体制改革的历史性任务。由此，当代中国的司法改革进入了第三个发展阶段。与前两个阶段的司法改革进程明显不同的是，这一阶段的司法改革更多地触及体制性层面的问题。所以，中共十六大用司法体制改革(而不是司法改革)来统摄当代中国司法领域的发展取向。它把保障在全社会实现公平和正义视为社会主义司法制度的本质性特征，进而强调要健全司法体制，按照司法公正的要求，完善司法机关的机构设置、职权划分和管理制度，进一步健全权责明确、相互配合、相互制约、高效运行的司法体制；强调要从制度上保证审判机关和检察机关依法独立公正地行使审判权和检察权；强调要改进司法管理制度，改革司法机关的工作机制和人财物管理体制，逐步实现司法审判和检察同司法行政事务相分离。显然，处于21世纪新阶段的当代中国司法体制改革的历史性任务，就是要积极稳妥地推动从传统型司法制度向现代型司法制度的革命性转变，实现当代中国司法制度的现代化，建设中国特色的社会主义司法制度。

为了贯彻落实中共十六大关于推进司法体制改革的战略部署，党中央专门成立了司法体制改革领导小组，具体负责领导和部署司法体制改革工作。这在中共历史上是第一次。2004年底，党中央转发了中央司法体制改革领导小组关于司法体制和工作机制改革的初步意见，确立了司法体制改革的基本原则，确定了35项改革措施，部署了今后一个时期全国司法体制和工作机制改革的主要任务。根据中央的统一部署，最高人民法院于2005年10月26日颁布了《人民法院第二个五年改革纲要》(以下简称“第二个五年改革纲要”)，表明当代中国的司法改革开始进入了体制性改革的新阶段。

“第二个五年改革纲要”提出了2004～2008年人民法院司法改革的50项基本任务，主要是：改革和完善诉讼程序制度，实现司法公正，提高司法效率，维护司法权威；改革和完善执行体制和工作机制，健全执行机构，完善执行程序，优化执行环境，进一步解决“执行难”；改革和完善审判组织和审判机构，实现审与判的有机统一；改革和完善司法审判管理和司法政务管理制度，为人民法院履行审判职责提供充分支持和服务；改革和完善司法人事管理制度，加强法官职业保障，推进法官职业化建设进程；改革和加强人民法院内部监督和接受外部监督的各项制度，完善对审判权、执行权、管理权运行的监督机制，保持司法廉洁；不断推进人民法院体制和工作机制改革，建立符合社会主义法治国家要求的现代司法制度。在党中央的统一部署和最高人民法院的具体指导下，人民法院司法改革取得了比较明显的进展。2007年11月23日召开的全国法院司法改革工作会议，全面总结了人民法院两个五年改革纲要的实施情况，其中与“第二个五年改革纲要”有关的重要改革事项主要有：一是改革和完善死刑核准制度。最高人民法院从2007年1月1日起统一行使死刑核准权。为了坚决确保死刑案件审理质量，自2006年7月1日起，全国高级法院死刑第二审案件全部实现开庭审理。二是改革和完善民事再审制度。2007年10月，十届全国人大常委会第三十次会议通过了修改的民事诉讼法，推动了民事再审制度改革的深入展开，以期回应人民群众解决“申诉难”、“申请再审难”问题的要求和期待。三是改革和完善执行制度。修改的民事诉讼法为了解决“执行难”这一司法难题，改革执行案件管辖制度，依法保护当事人对执行案件的管辖选择权；建立立即执行、财产申报和当事人申请督促执行制度，提高执行工作效率；建立和完善执行异议和异议之诉制度，切实维护当事人的合法权益。四是改革和完善审判组织制度。2007年9月，最高人民法院制定了《关于审判委员会制度改革的实施意见》，进一步健全了审判委员会的机构设置、工作程序和运行方式。全国部分高级法院和中级法院设立了刑事和民事行政两个专业委员会，并且按照同级党政部门副职的规格和条件配备了专职委员。根据十届全国人大常委会第十一次会议通过的《关于完善人民陪审员制度的决定》，自2005年5月1日以来，全国各基层法院共选任了5万余名人民陪审员，进一步保障了人民群众的司法参与权，促进了司法民主制度建设。此外，在改革和完善案件管辖制度、改革和完善司法审判管理制度、完善诉讼调解制度和人民法庭工作机制、深化法官管理制度改革、推进诉讼收费制度改革和司法鉴定制度改革等方面，也都取得了不同程度的进展。但是，应当看到，由于“第二个五年改革纲要”的实施时间比较短，加之其他一些因素的影响，既定的50项司法改革任务，有的并没有得到很好的落实，司法改革的推进与既定的改革目标之间还存在一定的差距。然而，就总体而言，由于“第二个五年改革纲要”的实施，在一定程度上触及了司法领域的体制性层面的问题，因而为下一步深化司法体制改革积累了宝贵的经验，打下了重要的基础。

2007年10月，中共十七大召开。十七大报告从中国特色社会主义事业全局和战略高度，强调“全面落实依法治国基本方略，加快建设社会主义法治国家”。要“深化司法体制改革，优化司法职权配置，规范司法行为，建设公正高效权威的社会主义司法制度，保证审判机关、检察机关依法独立公正地行使审判权、检察权”。显然，从中共十五大提出“推进司法改革”，到中共十六大进而提出“推进司法体制改革”，实现了从司法改革向司法体制改革的重要转变。在此基础上，中共十七大作出了“深化司法体制改革”的重大战略部署，并且把“建设公正高效权威的社会主义司法制度”作为深化司法体制改革的总体目标，把“优化司法职权配置，规范司法行为”作为深化司法体制改革的两大重点，把“保证审判机关、检察机关依法独立公正地行使审判权、检察权”作为深化司法体制改革的基本要求。在2007年12月召开的全国政法工作会议期间的座谈会上，胡锦涛强调，要深入贯彻落实中共十七大关于深化政治体制改革的指导思想，在总结经验的基础上，从我国国情出发，注意借鉴国外有益做法，继续积极稳妥地推进司法体制改革。要以满足人民群众的司法需求为根本出发点，从人民不满意的问题入手，以加强权力制约和监督为重点，优化司法职权配置，规范司法行为，推进司法民主和司法公开，努力建设公正高效权威的社会主义司法制度。2007年12月26日召开的第十九次全国法院工作会议和此前召开的全国法院司法改革工作会议，根据中共十七大精神和全国政法工作会议精神，对深化人民法院司法改革作出了全面部署，提出了深化人民法院司法改革的四项主要任务，即：优化司法职权配置，解决好法院系统内部权力结构问题；加强保障依法独立公正行使审判权的制度建设，解决好法院如何公正司法的问题；完善制约监督机制，解决好法院如何运转和管理的问题；建设高素质的法官队伍，规范法官行为，解决好法官的组织配置和司法作风问题。通过进一步深化司法体制改革，有效满足人民群众日益增长的司法需求，建设公正高效权威的社会主义司法制度，成为中国特色社会主义司法制度的显明特点。

阳泉市两级人民法院按照中共中央关于改革开放以来第三阶段司法改革的目标和任务，为适应社会主义市场经济的需要，进一步加大了司法改革力度，加快了司法改革步伐。一是在全面实行立案、审判、执行、监督相互分离的基础上，建立"大立案、精审判、强执行"的审判管理模式，全面推行案件流程管理。各院立案庭负责审查立案、庭前准备、确定案件合议庭或独任庭、指派跟案书记员、排期开庭、申诉审查听证等工作，进而对案件不同审理阶段进行全程跟踪监督管理，真正成为审判运行管理的中枢。从而使审判庭更加具体化和专业化，最大限度地消除案件审判过程中可能出现的内部监督制约死角，更为有效地确保案件审判与执行工作高质量、高效率地进行。为配合审判流程管理的推行，市中院投资10万元，开发出"阳泉市两级法院案件流程管理和信息管理系统软件"，进入试运行阶段。各基层院均建成起立案大庭，方便群众诉讼。二是贯彻落实最高法院《人民法院五年改革纲要》和市委、市人大关于推进依法治市的部署，在历年改革基础上，全面加大司法改革和制度创新的力度，建立健全保障司法公正的审判管理机制。如，积极推行审判长和独任审判员选任制，两级法院在现有的审判员和助审员中，通过严格的书面考试、民主测评、组织考核，选任了75名审判长和独任审判员。三是推行审判长、独任审判员办案负责制，审判长和独任审判员一方面在规定的职责范围内，拥有案件的最终决定权，并可自行签发裁判文书；另一方面，对案件的审判结果直接负责，承担具体责任。审判长、独任审判员办案负责制的实行，标志着阳泉市两级人民法院符合现代审判规律的办案运行机制全面形成并日臻完善。四是实行院长、庭长办案制度，使院、庭领导的工作职能由行政管理为主，转变为行政管理与审判案件并重。一年间，市中院院、庭长共计办理重大疑难案件126件。

2000年，案件审限管理提上阳泉市两级人民法院审判工作重要议事日程。从9月份开始，阳泉中院对未审结和未执结案件进行了全面清理，组织全市法院开展"百日清理未结积案行动"。到12月底，两级法院审结各类案件5387件，执结各类案件

1654件。在此基础上，进一步加强审限管理，明确规定未依法办理法定审批手续，任何案件不得延期审理，对违反规定超期办案者，发现一件查处一件。10月份，即有一名中院审判员因未办理延期手续超期办案受到严肃处理。

2001年，为建立符合现代司法特点的审判格局的司法管理模式，按照省高院和省编委要求，阳泉市两级人民法院从11月开始进行，对内设机构进行了改革。改革后，市中院改设14个庭（室、处、队），基层法院改设10个庭（室）。审判格局发生了新的变化，一是建立大民事审判格局，经济审判并入民事审判中，法院序列中不再有经济审判庭。其次是实行执行工作双重管理机制，各级法院设立执行局，并改变以前上下级法院执行工作的业务指导关系，实行上级法院与本院双重领导管理体制。机构改革任务的完成，更大程度上促进各项审判工作的开展，更大空间上实现司法的公正与效率。此外，阳泉市两级人民法院坚持以民为本，开展司法救助，确保当事人实现诉权，全年缓、减、免困难当事人诉讼费285.1万元，解决绝了困难群众在合法权益受到侵害的时，因交不起诉讼费而打不起官司的问题。回避制度的实施，也是2001年阳泉市两级法院司法改革的一个重要举措，中院和基层院通过电子显示屏、触摸屏和固定版面等形式，将最高法院《关于审判人员回避的具体规定》，向当事人和社会公开，方便当事人了解情况，行使申请回避的权利。2001年，先后有7名审判员对有关案件主动予以回避；有23起案件在当事人提出回避申请后，有关审判人员依法予以回避，保证了司法公正。

2002年，为解决审判力量严重不足与审判任务日益繁重的矛盾，切实提高审判效率，全市两级法院推行“案件繁简分流和普通程序简化审”改革，各基层法院对于依法可以适用简易程序审理的案件，即以启动简易程序予以审理，以节约审判资源，加快审判节奏。对于普通程序审理的案件，也尽量在现行诉讼法的框架内，简化庭审中的不必要部分或次要环节，快速结案，节省司法成本，提高办案效率。领导班子得到调整充实，内设机构实现优化重组，撤销经济审判庭，建立大民事审判格局，改执行庭为执行局，实行执行工作双重管理机制，一批年轻化、专业化的审判骨干经过公开竞争走上中层领导岗位，一批甘当人梯的老同志提前退休或离岗，实现了编制精简10%的目标。经过机构改革，审判格局更趋科学、合理，法官队伍更趋年轻、专业。

在审判方式改革中，继续推进公开审判制度，强化公开、透明、中立的现代司法理念，全市法院系统一审案件和二审民事、行政案件公开开庭率达到100%。2002年，市中院进一步推进院、庭长办案制度，全年院、庭长办理重大、疑难案件142件，院长冯少勇亲自主庭审判翟润平故意杀人案，并在庭审中首次使用法槌。

2003年，阳泉市法院系统在以往推行的一系列司法改革基础上，紧紧围绕公正与效率目标和社会主义市场经济形势下对审判工作的要求，推行审判长责任制。11月，市中院按照德才兼备、任人唯贤原则，从具有法官资格的部门正、副职领导中，择优选任15名审判长、4名执行长，并按一名审判长配备两名审判员、一名书记员的“121”模式，组成相对固定的15个合议庭、4个执行组，在此基础上，进一步明确审判长合议庭职责范围，对其进行动态管理、严格考核。一些老同志、老法官、老庭长从庭长岗位退下来后组成了督导组，对重大疑难案件和其他审判工作进行督导，促进了法官资源的合理配置。

2006年，根据最高人民法院“法〔2006〕174号”文件《关于在部分中级人民法院开展设立独立建制的未成年人案件综合审判庭试点工作的通知》，阳泉市中级人民法院被确定为全国18个中级人民法院试点单位之一。阳泉中院即按照试点工作要求，从人、财、物诸方面进行积极的筹备，并向市委等相关单位作了专题汇报，争取各方支持，为开展未成年人案件综合审判，成立少年庭打好基础、积累经验。本年度7月，阳泉中院根据最高人民法院部署，对死刑案件二审工作进行司法改革，凡死刑二审案件均实行开庭审理，在实际操作上，认真审理故意杀人、故意伤害、抢劫等恶性刑事案件，坚持少杀、慎杀。对于影响大的案件，中院及时将案件相关背景资料、社会影响等情况向省院汇报，以便省高院更全面、更准确地把握案件情况，并作出公正合理的判决。

2007年，阳泉市中级人民法院深入开展“未成年人综合审判庭”的改革试点。从2006年最高院确定阳泉中院为18家少年庭试点单位之一开始，即围绕试点工作，制定了《阳泉市中级人民法院未成年人案件审判庭组建工作实施方案》，进一步明确试点工作的指导思想、机构设置、人员配置和试点工作的职责范围，并在全院范围公开竞聘未成年人审判庭庭长，从各科室抽调精干力量组建成两个合议庭，2007年4月1日，阳泉市未成年人案件综合审判庭正式开始运行。

同年10月，中共十七大提出“深化司法体制改革，优化司法职权配置，规范司法行为，建设公正高效权威的社会主义司法制度”，为做好新时期司法改革进一步指明了前进方向。2008年11月28日，中共中央政治局原则通过《中央政法委员会关于深化司法体制和工作机制改革若干问题的意见》，2008年12月，党中央转发了《中央政法委员会关于深化司法体制和工作机制改革若干问题的意见》，确定了“优化司法职权配置、完善宽严相济刑事政策、加强政法队伍建设、改革司法保障体制”四个方面共60项改革任务。标志着新一轮司法改革正式启动。

2009年，最高人民法院下发了《人民法院量刑指导意见(试行)》和《人民法院量刑程序指导意见(试行)》两个试点文件，自2009年6月1日起在全国120多家法院进行试点，同年12月，下发《新增十个罪名的量刑指导意见(试行)》。

阳泉中院在第三次司法改革中，结合实际开展量刑规范化试点，将量刑纳入法庭审理程序，并通过“量刑规范化”的推进，使法官审理案件有了可供执行的办案标准，也使案件当事人和人民群众有了可供比较的监督标准，增强了量刑的公开性和透明度，规范和制约法官审理案件中的自由裁量权，有效避免了“暗箱操作”现象和人为因素的干扰，预防“人情案、关系案、金钱案”的发生。在大力推进第三次司法改革的同时，阳泉中院制定《审判绩效考核办法（试行）》，将法官职业道德、业务素质、工作数量和质量、调研能力等情况纳入考核指标，进行量化打分，并将考核结果作为奖惩和提拔使用干警的重要依据。通过“制度管人，数字说话”，实现管理的科学规范，全院案件质量和办案效率进一步提高，调解工作明显加强，院风院貌进一步改善，干警的工作积极性得到较好发挥，在全省法院审判绩效考核通报中，阳泉中院取得了综合排名第一的好成绩。

2010年，开展“量刑规范化”改革。根据最高院《人民法院量刑指导意见(试行)》以及《关于规范量刑程序若干问题的意见(试行)》（2010年10月1日起试行）。阳泉市两级人民法院稳步推进量刑规范化改革，进一步明确了未成年犯、未遂犯、自首、立功等14种常见量刑情节对基准刑的调节幅度，选择了常见、多发的交通肇事、故意伤害、抢劫、盗窃、毒品等15种犯罪进行了量刑规范，并将量刑纳入法庭审理程序，使控辩双方都能就量刑发表意见、参与到量刑活动中来，从机制上规范了法律赋予法官的裁量权，保证了量刑的平衡和准确。

2011年，从4月份开始，市中院抽调人员，着手研究制定审判流程管理工作规程等五方面工作制度。新修订完成的审判管理制度以《人民法院第三个五年改革纲要》(2009-2013)和最高法院《关于加强人民法院审判管理工作的若干意见》(法发【2011】2号)文件精神为依据，结合阳泉法院实际，内容涉及审判流程管理、审判委员会工作、审判质量效率评估、案件质量监督评查及司法统计等5个方面。8月，为进一步加强全市法院审判管理，提高审判工作的质量和效率，市中院下发《关于加强审判管理工作的通知》，成立以院长为组长的审判管理工作领导组及办事机构——审判管理办公室，明确了职责定位、提出了具体要求。审判管理办公室是审判委员会、院长的参谋助手，是承上启下、连接各方的枢纽，是人民法院专事审判管理综合审判业务部门。其主要工作职责是承担审判委员会日常事务，承担审判流程管理工作，承担案件质量评查组织工作，承担审判质量效率评估组织工作，承担司法统计工作，承担监督、指导基层法院审判管理工作。中院审判管理机构的设立和审判管理制度的建立，对推动全市法院审判管理规范化、信息化建设具有重要意义，为开展审判管理提供了组织保障和制度保障。

2012年，大力推进审判管理，审判质效稳步提升。两级法院继续加强审判管理组织机构建设，健全完善质效通报、案件评查、流程管理、考核奖惩、监督指导等一系列审判管理制度，体制机制更加规范；市中院坚持审判质效通报、司法统计通报、审判流程通报、专项通报、案件评查通报等五项通报措施，按季召集业务部门和进行审判质效评估分析，案件超审限得到控制，结案均衡度明显提升；加大了对长期未结诉讼案件的监督清理，共通报 54 件，清理完毕 24 件，扎实开展庭审、裁判文书两评查活动，27 名优秀裁判文书作者获得表彰奖励 . 全市法院 13 项考核指标有 10 项好于往年，审判质效提升为本年度全省第一。在司法探索中，阳泉中院成立执行一、二、三庭，加强对执行权运行的监督制约，并依托执行案件信息系统，对执行工作的流程管理和质效考评进行完善，执行工作规范化程度有了新的提高。

第七编

文化建设

第一章 概 况

法院文化建设是中国特色社会主义先进文化的组成部分，是人民司法审判机关文化建设系列工程的灵魂，是以法官为主体的全体工作人员，在长期的审判执行和管理活动中，逐渐形成的以公正和效率为特征，以追求法治为目标，凸显法院特点的价值观念、思维模式、行为准则等精神财富和物质财富的总和，具有丰富的内涵和特定的内容，其主要内容包括追求正义的理想信念、严格司法的价值取向、清正廉洁的职业道德、高效有序的管理规范、威严庄重的物质载体、丰富多彩的文体活动、繁荣活跃的文学创作、厚重历史元素的发掘整理、光荣革命传统的弘扬继承等。

法院文化是体现法院精神风貌、展现人民法院良好形象的重要载体，是提升队伍素质、增强队伍凝聚力、向心力和战斗力的有力抓手。加强法院文化建设，是推动社会主义文化大发展大繁荣的必然要求，是更好地发挥审判职能作用、推进三项重点工作的重要保障，是提升队伍素质、实现人民法院科学发展的有效途径。

阳泉市中级人民法院成立于解放战争初期的1947年5月。时称“阳泉市人民政府司法处”，1948年10月19日，根据华北人民政府通令，遂更名为“阳泉市人民法院”。是为阳泉市中级人民法院之前身。

阳泉市中级人民法院创建之初，既按照当时中国最先进的法院文化组建了新生的人民民主政权之审判机构。政治上，坚持马列主义、毛泽东思想国家观、阶级观；组织上，完全摒弃国民党旧司法人员参与，审判人员全部由解放区人民政府和中国人民解放军公安部队干部，或野战部队转业至地方工作的司法干部组成；法律上，完全摒弃国民党六法全书的影响，根据中国共产党在陕甘宁边区、晋察冀边区等解放区制定的法律条文、司法实践，及解放区成功的人民司法模式，进行刑、民事案件的审判。因此，建院初期，阳泉市中级人民法院文化建设，即以马列主义、毛泽东思想为指导，以人民审判为武器，充分发挥审判职能，严厉打击日伪政权遗留汉奸、国民党溃散兵痞、反动会道门首领和形形色色的刑事犯罪分子，维护阳泉地区的治安稳定和工农业生产秩序，以崇高的共产主义理想信念和忠诚朴实的工作作风，支援全国解放战争，支援中华人民共和国的成立，支援抗美援朝，支援国家建设。

以之后的岁月中，阳泉市中级人民法院继续秉承服务大局、服务党的中心工作、服务人民的司法信念，坚持以人为本，通过评先创优、法院先进文化之间的学习交流，把激发干警工作的主动性、积极性和创造性作为法院文化建设的根本，使蕴含于干警队伍中的智慧、潜能真正成为法院发展的原动力，同时把法院文化建设，置于审判工作发展的大局，紧密结合工作实际，服务党在各个不同历史时期的中心工作，注重实效性，深入、扎实、有效地开展法院文化实践活动，以弘扬公正、廉洁、为民司法核心价值观为根本，完成了社会主义革命和社会主义建设时期的司法审判。形成了以国家大局为重、以党的事业为重、以人民群众安居乐业为重、以社会治安秩序安全稳定为重的奉献精神，构建了以“比、学、赶、帮”社会主义劳动竞赛、“创先争优”、同先进法院之间，开展文化交流为主要形式具有特定内涵的司法文化元素。

1978年12月，中共十一届三中全会召开，党和国家的中心工作转入经济建设。尽管人民法院担负的工作职责发生了一定的变化，“比、学、赶、帮”社会主义劳动竞赛、“创先争优”、同先进法院之间开展文化交流，被阳泉市中级人民法院传承下来，并在司法审判、维护稳定、主持社会公平正义的人民司法事业中进一步发扬光大。

20世纪90年代以后，阳泉市两级人民法院坚持以邓小平理论、“三个代表”重要思想和科学发展观为指导，高举社会主义先进文化的旗帜，坚持社会主义法治理念，激发全院干警工作的主动性、积极性和创造性，为法院审判工作和各项事业的科学发展，提供积极向上的文化支撑和精神动力，努力培养和造就一支政治坚定、业务过硬、一心为民、公正廉洁的法院队伍，被列为阳泉市法院系统司法文化建设的重要目标。

进入21世纪以来，“为大局服务、为人民司法”成为阳泉市中级人民法院文化建设的重要主题，坚持政治建院、素质兴院、管理强院，公信立院、科技强院工作方针，广泛开展以公正司法、和谐司法、廉洁司法为载体的法院文化实践活动，充分发挥法院文化的导向、凝聚、激励、约束功能，成为阳泉市法院系统独具特色的良好精神风貌和文化氛围。促进和提升本院人文精神塑造、共有精神培育、司法礼仪培养、法官德学提升，以及法院文化氛围的营造和法院文化系统工程的建设，是阳泉中院文化建设的重要成果。

第二章　法制宣传

新中国成立初期人民法院所进行和开展的法制宣传，具有非常浓厚的时代特征，往往以召开“公判大会”的形式，对党和国家中心工作，或法律、法规的颁布，或政治运动的开展，或政策、方针的贯彻，并借助这一时期刑事犯罪分子的特点，进行法制宣传和教育。如1954年，即结合“三反”、“五反”运动，在矿务局召开公判大会，对一潘姓贪污分子进行了公开宣判1次，对盗窃分子潘金山等犯罪分子公开宣判4次，公开逮捕贪污分子张金虎等犯罪分子2次。另外，还结合其他中心工作出黑板报13期，主要是宣传人民法院打击破坏经济的犯盗分子和侵害妇女的典型案件，召开大案公判大会2次。

1950年4月13日，新中国成立后颁布第一部《婚姻法》。阳泉市人民法院即开展新《婚姻法》的宣传。1951年9月，中华人民共和国政务院发布《检查<婚姻法>执行情况的指示》。1952～1953年，开展新《婚姻法》宣传。1952年11月26日和1953年2月1日、18日，中共中央和中央人民政府政务院分别发出《关于贯彻婚姻法》的指示。阳泉市人民法院宣传贯彻新《婚姻法》进一步深入。大力宣传新中国关于“废除包办强迫婚姻、男尊女卑、漠视子女利益的封建主义婚姻制度。实行男女婚姻自由、一夫一妻、男女权利平等、保护妇女和子女合法利益”的新民主主义婚姻制度。宣传新中国关于“禁止重婚、纳妾、禁止童养媳、禁止干涉寡妇婚姻自由、禁止任何人藉婚姻关系问题索取财物”等新民主主义婚姻观、家庭观，宣传新中国关于废除妇女缠脚的陋习，致力于把备受封建迫害的众多的“妾”“童养媳”和受到家族禁止再婚的守寡妇女解放出来，废除各种形式的买卖婚姻，倡导互敬互爱的新型婚姻制度、新型家庭关系、新的社会生活和新的社会道德，以促进新民主主义中国的政治建设、经济建设、文化建设和国防建设。“从而使人民群众在新旧婚姻制度上划清思想界线，为实现婚姻自由和建立民主和睦家庭而努力。”（见阳泉市人民法院1953年2月27日《关于贯彻婚姻法运动的报告》）

1954年6月，阳泉市人民法院在市委工业部和阳泉矿务局支持下，在当时的国营四矿（阳煤集团四矿，已破产）建立“同志审判会”。这是一个在人民法院主导、企业工会领导、有关部门密切配合下，帮助企业维护纪律、推动生产的群众性的自我教育组织，主要是通过一些具体案件在特定范围内的审判，教育工人提高政治思想觉悟，整顿劳动纪律，保证安全生产。

1955年，在进一步明确惩罚与教育是人民法院双重任务基础上，广泛开展法制宣传。一是组织公判时吸收群众旁听，如及时公判了人民银行阳泉支行干部田恒杰贪污巨款一案，又在全市工商界1500多人大会上，公开宣判了在发行新币中抬高价格、套购商品、牟取暴利的投机奸商汀光秀等五案。全年召开各种公开审判大会159次，旁听群众26900余人；二是有计划地利用各种机会和方法，在群众中开展广泛的宣传，如在镇压反革命攻势中，与有关部门配合，通过数次规模较大的搜捕、审判，印发各种宣传品1800余份，向全社会宣传镇反运动的意义；三是定期出黑板报14期，组织对全市广播3次，以提高人民群众的政治警惕性和同反革命分子及各种犯罪分子斗争的积极性、主动性。由于宣传工作广泛及时深入，镇反期间，收到群众检举反革命分子和各种犯罪分子的材料1109件，其中，有关反革命分子的材料951件；其他犯罪分子材料158件，经过调查逮捕反革命分子26名，其他刑事犯罪分子5名。

从1949年新中国成立初期到1959年建国十周年，阳泉市人民法院始终注重继承和发扬法制宣传工作的优良传统，把加强法制宣传，作为审判机关预防罪犯、减少纠纷、提高群众守法观念和巩固国家法制的有效措施，在市委领导下，配合有关部门，在机关、厂矿、企业、学校和广大人民群众中，广泛而深入的开展法制宣传和法制教育工作，使人民群众的社会主义觉悟有了很大提高，法制观念逐步加强，预防减少犯罪现象和民间纠纷，进一步巩固了社会主义制度，对保障阳泉地区的社会主义建设发挥了积极的促进作用。一是充分认识法制宣传是党的宣传工作的一部分，并根据党在同时期的中心工作和社会治安情况，制定适应本时期、本阶段的宣传计划和宣传内容，报请市委审核，取得市委支持，同公安局、检察院以及其他有关部门，如妇联、青年团、工会、报社等，达成共识，密切配合，统一行动，保证法制宣传工作迅速快捷，影响广泛，效果显著。二是在宣传方式上多样灵活，因地制宜，如通过公开审判、法律演讲、黑板报、广播、宣传品、布告、报刊、戏剧、罪证展览室等形式，使法制宣传生动形象、家喻户晓。三是组织开展法制宣传时，注重选择好坏典型事例进行对比教育，使广大群众懂得应该做哪些事情，不许做哪些事，哪些是好事，要热烈拥护，哪些是坏事，要坚决反对，通过表扬好人好事，为人民群众树立明确的政治方向，以提高大家的政治觉悟，形成全社会不分男女老少敢于同坏人坏事作斗争的法制环境。

1960年，阳泉市人民法院法制宣传工作的特点是声势大、形式多、形象化、效果好。法制宣传的中心内容，以保卫总路线、“大跃进”、人民公社“三面红旗”为主体，紧紧服务于党在各个不同时期的中心工作，采取带案携卷、下乡下厂就地审判和公开宣判各种刑事案件等形式，开展法制宣传。全年公开宣判和就地审判各类刑事案件349件，占就地审判总数353件的95.53%，民事案件179件，占终结案件总数181件的98.88%。同时开展针对性法制讲演145次，编辑制作黑板报676块，开展有线广播和实况录音转播43次，印发宣传品698000余份，张贴布告1741张，绘制漫画、拍摄照片172张，对公众展出73次，编写诗歌、快板、剧目35个，加演法制电影10次，举行现场会议3次、座谈会44次，先后深入13个人民公社、269个管理区、99个机关（含厂矿）、22个街道居民区，95%以上的成年人受到了广泛深刻的法制教育。

1961年，主要协助各基层人民公社和生产大队，宣传贯彻《关于农村人民公社当前政策问题的紧急指示信》(简称《12条》)和《农村人民公社工作条例（草案）》（即“农业60条”），由院长、庭长和审判员6名同志和公安局、检察院负责同志一起组成工作组，深入基层，向群众交政策、讲形势，讲解“12条”和“60条”，先后选择39个有教育意义的典型案件，在荫营、白泉、河底等6个公社33个大队、15个车站、剧场等公共场所，召开500人以上的公判大会20余次，大张旗鼓地公判处理反革命集团首要分子张存华、张兴能，惯盗集团首要分子张八毛等70名罪犯，震慑敌人，教育群众，形成学习贯彻“12条”和“60条”的高潮。与此同时，结合阳泉市委中心工作，下乡下厂就地公判各类犯罪分子205次，进行法制讲演386次，张贴布告1360张，印发宣传品20500份，制作黑板报14期，广播1357次，城乡受教育覆盖面达到56%。对提高广大群众的政治思想觉悟，提高对敌斗争的警惕性，约束不良行为，抵制和预防犯罪起到了重要作用，据统计，全年广大人民群众检举揭发各类反坏分子21名，刑事犯罪分子583名，协助政法机关破案14起，238名犯罪分子投案自首。如在铁路系统进行法制宣传后，即有工人吕某交代自己了投机倒把的犯罪事实，还检举其他5人的违法行为，会后，有350多人订立了“四保证计划”，堵塞安全漏洞22处。

1963年，根据阳泉市敌情、社情，紧密结合党在各个时期的中心工作，有计划、有目的、有组织、有准备地选择一些有教育意义的重大典型案件，适时进行公判。在春耕前，选择反革命现行破坏案件、投机倒把案件、贪污盗窃国家集体财产重大案件和聚众赌博案件，分批、分期进行宣判处理，保卫工农生产顺利进行。结合公判活动，采用制作黑板报、有线广播和印发布告、宣传品等各种形式，广泛开展法制宣传，向人民群众进行遵守党和国家政策法律教育，不断地提高群众的政治警惕性和对敌斗争的积极性。一年间，根据敌我斗争形势需要，有计划、有目的地选择现行反革命分子和重大刑事犯罪分子79人，先后在厂矿、街道、农村召开宣判大会39次，对反革命分子和重大刑事犯罪分子进行大张旗鼓处理。参加会议的人数共53000余人。其中万人大会1次，千人以上大会20次，千人以下小型宣判会18次，印发布告900张，各种宣传品19400余份，进行法律演讲39次，制作黑板报716期，开展有线广播795次。除此之外，阳泉市人民法院结合破坏军婚及重婚案件多发情况，召开三次大型《婚姻法》宣传会议，印发反对包办、买卖婚姻的宣传品4000余份。在各基层调解委员会和民政、妇联等有关部门配合下，“三八”妇女节前后，在公社、大队、街道召开宣传婚姻法大会577次。通过广泛深入的法制宣传教育，震慑了敌人，教育了群众。据不完全统计，1963年，先后向政法机关投案自首的反坏分子10名，五类分子检查交代一般违法行为614名。如刑满释放分子常玉和，公判大会后向站上派出所交代投机倒把获利2600余元的犯罪事实。在各类公判大会后，政法机关先后收到群众口头和书面检举揭发违法犯罪材料1406件。根据这些材料，通过政治机关查证，共破获各种刑事案件42起。

“文化大革命”初期～1973年，阳泉市人民法院被中止行使审判权，机关名称被撤销，审判职能划归“阳泉市革命委员会保卫部审判办公室”。这一时期，审判办公室利用各种时机，特别是利用公判大会频繁，各机关、工厂、学校和农村人民公社、生产大队纷纷组织群众，积极参加各种类型的公判大会，进一步加强和开展法制宣传，对减少和制止派性斗争、防止社会动乱、预防刑事犯罪，起到了决定性作用。

1973年6月28日，阳泉市中级人法院恢复建制，并升格为二审法院。9月，同阳泉市公安局分设办公，正式行使审判权。中院党组继承和发扬人民法院进行法制宣传的光荣传统，大力宣传毛泽东主席关于“实行依靠广大人民群众和专门机关相结合的方针”，选择社会影响大，对群众有现实教育意义的典型案件，召开公判大会3次，大张旗鼓地宣判处理反革命分子和刑事犯罪分子36名，参加大会接受法制教育的群众70000余人。而且，在每次公判会召开之前，均把罪犯送到各个单位交由人民群众，对他们的犯罪事实和罪行进行广泛的批判和讨论，人民法院收到各类讨论稿18000余份，参加讨论的群众达30余万人次，进一步提高了广大群众的阶级斗争觉悟和遵纪守法观念。

1974年，继续贯彻毛泽东主席关于“实行依靠广大人民群众和专门机关相结合的方针”，大力宣传“重证据、重调查研究”的办案方法，坚持走群众路线，为进一步打击现行破坏活动，对群众进行法制教育，阳泉市中院选择社会影响大，有教育意义的典型案件，印发12000份案犯材料，广泛征求人民群众对罪犯的处刑意见。全年共召开宣判大会3次，公开宣判处理了46名反革命分子和各种刑事犯罪分子。宣判大会实况还向全市机关、学校、厂矿、企业和农村人民公社、生产大队进行了有线广播，对公开宣判的犯罪分子，在全市城乡组织了游行批判，受教育的群众达80余万人次。宣判大会后，又印发宣判材料和宣传材料24000余份，发动群众开展大检举、大揭发、大批判活动，据不完全统计，共收到各类揭发线索560多条，有136人主动到公安保卫部门交代自己的问题，并交出各种凶器60余件，体现了“群众专政”的威力。

1975年，为贯彻落实中央九号、十三号、十七号文件精神，阳泉市中级人民法院选择80个有教育意义、有影响的重大反革命刑事案件进行大张旗鼓处理，全年召开各种类型公判会13次，参加群众达15万人次。印刷宣传材料12700余份。在公判会上，阳泉中院配合阳泉市公安局，现场拘留、逮捕了一些犯罪分子。公判会后，又发动群众开展大检举、大揭发，大批判活动，既严厉打击了敌人破坏活动，又对广大人民群众进行了现实阶级斗争教育和法制教育，深挖了隐藏在各个角落的犯罪分子，有效地震慑了敌人，起到了打一儆百的作用。

1981年，全国五届人大三次会议通过并公布了新的《婚姻法》，依照中央和最高人民法院《关于学习、宣传和贯彻新<婚姻法>》的指示，阳泉市两级人民法院当即组织全体干警，大力宣传落实新《婚姻法》的基本精神和党的路线、方针、政策，致力于解决人民内部矛盾，促进社会安定团结。并帮助培训和指导调解委员会成员进行学习，使广大群众和基层调解员基本上领会了新《婚姻法》的基本精神和主要内容，掌握了处理离婚案件的界限。全年按新《婚姻法》审结离婚案385件，对于“感情确已破裂”，经调解离婚241件，调解不离97件，说服撤诉和终止12件，移送有关单位15件，经调解判决离婚19件；对于喜新厌旧、道德败坏或有第三者插手提出离婚的，对错误一方和第三者进行批评教育，对违反党纪、政纪和法律者建议其工作单位给以纪律处分。

1982年，宣传贯彻《中共中央关于打击经济犯罪的紧急通告》、《关于加强政法工作的指示》和中共中央批转“广东、福建两省座谈会纪要”以及“关于打击经济领域中严重犯罪活动决定”。

1983年，是开展“严打”斗争的第一年。阳泉市两级人民法院通过各种形式，借助“严打”斗争对犯罪分子形成的高压态势，广泛深入地开展法制宣传。一是广泛宣传中共中央《关于严厉打击刑事犯罪活动的决定》（1983年8月25日）和全国人大常委会《关于严惩严重危害社会治安犯罪分子的决定》（1983年9月2日通过），引导人民群众提高对七类严重犯罪（杀人犯、放火犯、爆炸犯、投毒犯、贩毒犯、强奸犯和重大盗窃犯）危害性的认识；二是严厉打击“七类严重刑事犯罪”斗争开展之后，两级法院纷纷通过开庭审判及大、中、小型宣判会及法制专栏等形式，向广大群众揭露犯罪分子的严重罪行。11月23日，遵照山西省高级人民法院〔1983〕晋法刑一核字第517号核准死刑刑事裁定书、〔1983〕刑一令字第819、820执行死刑命令，阳泉中院在阳泉矿务局二矿办公楼广场召开宣判大会，分别对于建国、刘建文执行枪决。教育引导人民群众增强法制观念，提高对严打斗争的认识，积极投入到打击刑事犯罪分子的斗争之中，并涌现出许多向坏人坏事作斗争和检举揭发坏人的先进人物。据不完全统计，有5300余人向政法机关有关部门投送检举揭发信7200件，扭送违法犯罪分子25名，而且还出现了一批大义灭亲、送子归案的动人事迹。三是于3月和6月，在全市范围内进行了两次大规模的法制宣传活动，两级人民法院的院长和全体干警，纷纷走出办公室，走上街头，热情接待群众咨询，耐心解答各类法制问题，共接待前来咨询的群众623人，散发法律问答材料45000余份。四是通过法制宣传栏、有线广播、报纸等形式，广泛开展法制宣传和“严打斗争”专题宣传，先后有20多万群众受到法制教育。郊区法院在河底公社建立法制宣传点，法院领导定期去作法律演讲，方便群众进行法律咨询，为偏远地区提供及时方便的法制服务。

1984年，由于“严打”斗争的进一步深入，一大批杀人、放火、爆炸、投毒、贩毒、强奸和重大盗窃犯罪分子受到法律严惩，成为最有效的法制宣传方式，加之两级人民法院经常不断的召开各类宣判会、公开处理严重危险社会治安的七类犯罪，人民法院开展的法制宣传更加深入人心，社会治安形势明显好转。如盂县法院西烟法庭，由于加强了法制宣传和基层调解，所辖4个乡40000多人，该年度仅发案13件，发案率只占总人数的万分之三，而且在年底前又全部审结，成为法制宣传的先进典型。

1985年，继续借“严打”斗争对犯罪分子形成的高压态势，进一步加强法制宣传。两级法院院长和干警，纷纷走上街头，主动接受法律咨询，解答机关、学校、社会团体、企事业单位和人民群众提出的有关司法问题，介绍80年代以来国家颁布的法律、法规和相关知识，为人民群众提供法律服务。全年举办法制宣传专栏47期，印发各类宣传材料18000份。

1986年，阳泉市中级人民法院努力克服经济审判存在的“不告不理”、“坐堂等案”、“坐堂办案”等旧司法观念，组织经济审判人员主动深入基层单位宣传法制、受理案件，维护社会主义经济秩序。特别是针对经济纠纷中债务案件增多的特点，审判人员一方面主动到债务人单位登门办案；另一方面积极宣传经济审判工作对保障社会主义正常经济秩序、打击经济领域的严重犯罪分子的重要作用和意义，保证了许多经济案件的及时受理，经济法律和法规的宣传取得了实效，经济审判工作也起到了为社会主义市场经济起始阶段保驾护航的作用。与此同时，全市两级法院继续借公开审理刑事案件这一形式，进一步推进“严打”斗争，宣传社会主义法制。全年召开各类宣判大会16次，公判处理严重刑事犯罪案98件172人，大张旗鼓地进行法制宣传教育，印发宣传材料2万余份，办专栏39期，先后深入到132个单位进行普法宣传，受教育群众达10万余人。此外，阳泉市中级人民法院派出审判人员到阳泉第一监狱、第二监狱，召开“宽严”大会10次，办理减刑案件660件，加刑案1件，把法制宣传引深到国家刑罚执行机关。

1988年，阳泉市中级人民法院首次召开“案例发布会”，借助新闻手段，对诉讼时效等有关法律问题进行法制宣传。此外，两级法院领导继续带领审判人员，深入乡镇企业及交通运输、建筑企业召开座谈会，宣传经济法律和法规，介绍经济审判工作的作用和意义，坚持现场办案，主动收案，维护了相关企业的经济利益，维护了社会主义经济秩序正常运动，据统计，比上一年多收一审经济案1532件，增加了近4倍，仅郊区法院年度收案就达1151件，全市一审经济案件诉讼标的金额也比上年增加了65.7%。

1989年，最高人民法院和最高人民检察院发布“8·15”《通告》，两级法院即把贯彻《通告》要求，作为落实中共十三届四中全会精神的一件大事来抓，与检察机关密切配合，采取各种形式，通过多种渠道，掀起贯彻落实《通告》要求的高潮。中院和基层院均设立了“经济犯罪人员投案自首处”和“经济犯罪举报中心”，并出动宣传车，印发各种宣传材料2万余份，在全社会普遍散发。有的法院还深入到基层单位讲解《通告》精神，有的在街头设立宣传咨询站，通过一系列宣传工作，促使全市50余名经济犯罪分子向政法部门投案自首，全市法院系统收到群众举报13件。为体现《通告》精神，阳泉市于9月26日召开50000人群众大会，会上，两级法院依照《通告》规定，对8名有投案自首和坦白检举情节的经济犯罪分子给予从轻、减轻或免予处罚的判决，对刘林、郭万和2名经济犯罪分子依法给予严惩，会上还同时公判处理了郭学珍、王凤山等一批严重危害社会治安的刑事犯罪分子。全年召开较大规模的宣判大会42次，总共有16.4万人参加了大会。此外，对有影响的典型案件，还主动邀请新闻机构进行宣传报道，起到了教育群众和震慑罪犯的双重作用。

1990年，继续推进“严打”斗争，进一步加强宣传，为“严打”造势。两级法院先后召开大中型宣判会30次，公开判处各类犯罪分子282人，执行死刑31人，参加宣判大会的群众达17.44万人，中院和各基层法院还通过印发布告、《通告》、宣传材料、召开新闻发布会、出动宣传、深入关押现场开展政治攻势等形式，和运用报纸、电视、广播等宣传手段，广泛开展法制宣传，营造强大的“严打”声势，鼓舞人民群众同违法犯罪作斗争的勇气，有力地震慑了各类违法犯罪分子的嚣张气焰。

1991年，贯彻落实最高院《关于强化法院宣传工作的指示》，采取多种措施使全市法院自身的宣传工作有了新的突破。一是加强宣传硬件建设，市中院购置了一套录像设备，用于庭审、公判和其他新闻现场的采录。二是中院党组制定《全市法院系统调研成果奖励办法（试行）》，对1990年被省级以上报纸杂志和新闻单位采用的稿件及作者给予奖励，在干警中引起较大反响，调动了大家撰写新闻稿件的积极性。三是在各基层法院普遍设立一名兼职信息员基础上，成立了由一名院长（副院长）任组长的宣传、调研组，从而在全市法院系统，组建了一支约有40多名专、兼职工作人员组织的宣传、调研、信息队伍。各基层法院编发信息208条，被市中院采用77条，分别比上年增加26.1%和8.5%；市中院编发信息126条，简报25篇，被上级有关部门采用79篇（条），采用率为52.3%。全市法院系统在市级以上新闻单位和报纸杂志刊登、播发稿件96篇，比上年增加21.5%，其中有一批重要稿件被中央电视台《新闻联播》节目、山西法制报头版头条和阳泉日报头版头条采用，实现了阳泉市法院系统在中央级新闻单位播发稿件的“零”突破。四是继续加强对面向社会的法制宣传，增强机关、企事业单位和人民群众依法办事的观念。市中院于5月8日，由高根楼院长带领，在市区繁华地段德胜街进行街头法律咨询，共解答群众法律问题160多个；郊区法院于6月份，组织6个巡回法庭深入各乡镇巡回办案，向基层干部群众宣讲新的《民事诉讼法》，受到广大群众好评。平定法院利用春节、元宵节等农闲之际，组织审判人员深入张庄镇各村进行普法活动，使170多名村干部和乡镇企业管理人员受到较为全面的经济法制教育。据统计，一年间，阳泉市两级人民法院共开展各类法制宣传活动30余次，直接受到教育的干部和群众达2700多人。

1993年，继续采用“公判大会”的形式开展法制教育，震慑犯罪分子。两级法院先后组织较大规模宣判大会39次，宣判罪犯321名。为进一步加强法制宣传，市中院同市电视台联合举办“公民与法”节目，联系审判实践，深入浅出地讲解法律知识，受到群众好评。两级法院依法审理经济案件的同时，依托审判职能，主动深入企业进行法制宣传，为企业培训经济法律业务骨干，为企业举办法律业务培训班20期，培训人员470人，帮助企业审查重大经济合同70多份，不仅提高了企业的法律意识，而且增强了企业走向市场后的应变能力，起到经济审判办案所无法起到的作用。一批高质量的审判经验总结和论文、调查报告、审判案例分析，在国家级和省级刊物上发表。其中在国家级刊物上发表的论文1篇，案例分析1篇，审判案例6篇，受到最高法院嘉奖的调查报告1篇，在省级刊物上发表的工作经验总结1篇，论文5篇，案例实录2篇。此外还有一批宣传稿件被省级报刊采用。

1994年，按照省、市委和上级法院统一部署，连续组织4次打击活动，集中宣判和惩处严重犯罪分子，以判说法，以案说法，进行法制宣传教育。如9月22日，阳泉市委召开大型集中宣判大会，市党政军主要领导亲临大会，梁志祥副书记代表市委和市政府讲话，市中院院长段奇耀在大会上对16案35名罪犯进行了公开宣判，会后依法对王民杰等10名罪大恶极的犯罪分子执行枪决，依法判处王志祥等10名罪犯死刑，缓期两年执行，判处王金华等5名罪犯无期徒刑，其余10名罪犯分别被判处有期徒刑，营造了继续“严厉打击刑事犯罪分子”的法制氛围。一年间，阳泉市两级法院注重选择典型案例，利用重大节日前和乡村传统庙会等有利时机，或在人口集中城镇，或深入发案地，召开不同规模的宣判大会57次，利用庭审活动进行法制教育，通过新闻媒体进行法制宣传，并结合审判活动印发各类宣传材料20000余份，惩治了犯罪，教育了群众，扩大了打击犯罪的社会效果。

1995年，召开各种刑事宣判大会16场次，宣判案件54件119人，扩大了“严打”的社会影响，增强了严打的法制效果。

1996年，两级法院先后组织开展规模大、声势大、威力大的集中打击活动5次，在全市城乡召开公判大会，宣判犯罪485名，弘扬“严打”声威，维护社会稳定，鼓舞群众斗志，宣传法律法规。与此同时，阳泉中院会同阳泉市公安局、阳泉市人民检察院、阳泉市司法局等部门，联合印发《关于督促犯罪分子投案自首的通告》，并就《通告》内容，在全市进行广泛宣传，先后对无视《通告》顶风作案的33件41名犯罪分子依法公开予以严惩；对30名响应《通告》精神，主动投案和检举犯罪确有立功表现者，依法予以从宽处理，其中22人被依法判处缓刑和免刑，“宽严相济政策”

得到充分宣传和全面落实。

1997年，全市两级法院先后掀起4次集中打击高潮，组织宣判大会32场次，公开宣判各类严重犯罪分子167人，震慑犯罪，教育群众，预防犯罪。同时借“严打”斗争东风，宣传贯彻新修订的“两法”（1997版《刑法》、《刑事诉讼法》），进一步广泛开展法制宣传活动，印发各类法制宣传材料2000余份，编发法制宣传专栏20多期，在各种新闻媒体刊登、播发各类法制宣传稿件120多篇。

1999年，一是继续通过公开审理、集中宣判案件，与各新闻媒体，如阳泉日报、阳泉广播电台联办“普法”栏目，进行广泛深入持久法制宣传。二是在贯彻中共中央11号文件和最高法院关于开展“执行年”活动，举办“百日执行大会战”中，坚持舆论导向原则，组织了“执行工作法制宣传周”活动，在新闻单位的配合下，共编发涉及执行工作的法制稿件150多篇，营造“主动履行法院裁决守法光荣、拒不履行法院裁决违法可耻”的社会氛围，在此基础上，思想疏导与法律手段并用，先后召开5次公开执行大会，对60名有能力而拒不执行法院生效判决的当事人，依法予以司法拘留或罚款，对130多名逾期不履行义务的债务人公开登报曝光。在强大的政策法律宣传监督下，先后有1100多名被执行人自动履行义务，有210多起“钉子案”得到执行，有70多名长期在外“躲债”的被执行人，经艰苦工作找到下落偿还了债务。

2000年，采取深入学校、厂矿和部队进行审判活动，以案讲法，进一步开展宣传法制，收到良好的社会效果。

2001年，先后召开宣判大会31场(次)，公开宣判124案267名严重刑事犯罪分子。把思想疏导和法制宣传运用到民事审判和执行工作当中，因势利导减缓冲突，依法调解息事宁人，先后使1715起案件通过疏导教育以调解或一方当事人撤诉结案，占50.4%。有881案的当事人自动履行了法律义务，占已结执行案件的36.6%，既保障了当事人合法权益，又维护了安定团结的政治局面。

2002年，对于一些具有典型意义和影响较大的案件，在公开审理、公开宣判的基础上，通过新闻发布会的形式，进一步向社会通报。10月，市中院互联网站依托阳泉市互联网正式开通，网民通过互联网这一强大的信息媒介，可直接了解法院的审判动态、查阅法院公告、查询法律法规。11月，市中院与阳泉电视台联合创办《法槌与公正》节目，集中宣传和展示大案、要案及典型案件的庭审实况，更大范围实现庭审公开，在直接促进法官审判水平提高的同时，进一步增强了庭审工作的社会教育意义。法制宣传进互联网和直播时代。

2003年，先后召开宣判会16场，宣判刑事案件145件213人。故意杀人、强奸、抢劫犯李金明、故意杀人犯张晋川、抢劫犯徐流均、陈云海、史能干等一批严重刑事犯罪分子被依法处决，在震慑犯罪、维护社会治安的同时，发挥了就案说法、以案释法的法制教育作用。

2004 年，通过建立“三个课堂”，大力推进法院文化建设，增强法制宣传的实效性和实用性。一是同阳泉市广播电台、阳泉市妇女联合会共同举办法制节目——《法律夜导航》，让媒体成为宣传和普及法律知识、传播法律文化、培养法律意识的“空中课堂”，一方面突出全市两级法院对外宣传的窗口作用，另一方面，两级人民法院以此为平台，广泛听取社会各界对法院工作的意见和建议，节目陆续播出 110 期，收到良好的社会效果。二是法庭定期对公众开放，让法庭成为弘扬法治权威、传播法律文化、建设法治文明的“社会课堂”。阳泉中院新址落成后，为了真正贯彻落实“人民法院不仅要成为审判案件的场所，而且必须成为联系党和人民群众血肉联系的法律纽带，成为弘扬法治权威，传播法律文化的社会课堂”之要求，中院党组研究决定，每月的第一个星期日上午，为阳泉中院“法庭开放日”，通过让广大民众参观法庭、感受法庭、倾听法庭介绍、法官为当事人答疑解惑等活动，把法庭办成社会课堂，消除法庭的神秘色彩，拉近法院、法官和人民群众之间的距离，使依法办事的行为理念，植根于人民群众心目之中。三是夯实日常基础工作，筑牢法制宣传的“传统课堂”。全市法院采取多种措施提高法官素质，除参加法官学院组织的业务培训外，还定期组织干警参加法律知识考试，开设图书资料室和工作网吧，推进传统型法院向学习型法院的过渡。四是通过设立“警示录”宣传、“12・4”法制日宣传、张贴布告、公告，召开宣判大会等形式，震慑犯罪，教育群众，宣传法律，达到法律效果与社会效果的统一。五是两级人民法院利用民间庙会、综治宣传、回访帮教等场合和措施，进一步加强普法宣传，推进法治文明建设。

阳泉中院和阳泉十中共建青少年教育基地揭牌仪式

2007 年，阳泉人民广播电台与市各政法单位联手合办法制节目“说法在线”，阳泉中院高度重视节目的联办合办工作，派出多名资深法官，按时参与节目直播，充分发挥现代化媒体覆盖面广、传播速度快、成本低廉的优势，宣传社会主义法制，加强综合治理，为构建和谐社会助力。另外，选派许多优秀法官走向学校、社区、厂矿“以案说法”，用明白生动的典型案例宣传法律法规，进行普法宣传。

2008 年，法制信息、法制宣传得到进一步强化。中院党组各级领导同志，务必站在战略高度，充分认识法制信息、法制宣传和法院调研工作的重要性，从基础工作抓起，建立健全法制宣传和法制信息、调研网络。中院和各基层法院均安排有专人负责信息、宣传和调研工作，加强和完善基层院和市中院之间、市中院和上级法院之间

阳泉中院内部刊物《法槌》

的信息传递和报送制度，切实增强法制信息、法制宣传和人民法院调研活动的针对性、真实性、时效性和实用性，被省高院采用的信息18期，全省排名第二位。编发院刊《法槌》3期60多篇稿件。在省级以上媒体发稿31篇，积极参与电视台的“法制空间”和电台的“说法在线”栏目，先后有25名法官参与节目播出。市中院《阳泉法院志》编纂工作完成资料归集工作，城区人民法院的《阳泉市城区法院志》完成出版。

2009年，以“五五普法”为抓手，深入开展送法进社区、进学校、进企业活动，通过巡回审判、公开宣判，新闻发布、媒体通报，扩大法制宣传的广度和深度，为依法治市提供全方位、全过程服务。

2010年，集中开展为期一个月的“司法公开宣传月”活动，并通过公开开庭、公开宣判、组织公众开放日、邀请旁听等措施，借助社会媒体，推进司法公开工作向纵深发展。

2011年1月，市中院编撰的《阳泉法院志》已经顺利通过方志出版社审核，达到出版要求。

2012年，举办了廉政书画展，营造了“以廉为荣，以贪为耻”的反腐倡廉文化氛围。

2012年1月17日，《阳泉法院志》正式通过方志出版社专家严格认真的初审、复审和终审，认为该志“全面系统地记述了山西省阳泉市中级人民法院自阳泉解放以来演变、发展的历史和60多年来取得的业绩，可为有关部门和各界人士提供翔实的地方专业志资料”，并给予较高评价：“指导思想明确，层次结构合理，内容资料丰富，叙述较为流畅，体例较为规范，已达到出版要求。”《阳泉法院志》140万字，是阳泉中院2010年“十大法院文化建设工程”重点项目之一。山西省高级人民法院党组书记、院长左世忠，中共阳泉市委政法委书记王湜洲，阳泉中院院长王志刚为《阳泉法院志》作序。《阳泉法院志》详今略古，立足当代，重点体现时代特征，突出部门和行业特点，是一部思想性、科学性和资料性完美统一的史志专著。

年内，两级法院开展送法入企、入校、入社区活动，并建立典型案件危机预警机制。对辖区内典型、多发性案件进行梳理，及时向社会公布典型案例，通过多种方式进行宣传，实现了“办理一案、教育一片”的目标。

附：阳泉市人民法院关于如何开好公判大会的几点经验

（1962年2月27日）

1961年第四季度以来，各种敌人的破坏活动有所抬头，刑事案件亦是上升趋势。为了贯彻中央从严方针，及时有力地打击敌人的现行破坏，我院在市委直接领导下，协同兄弟部门，从1961年10月至1962年1月，召开了大小公判大会17次，公判了各种案件74起，101名罪犯。其中，盗窃案56起，抢劫、杀人案各一起，投机倒把案7起，反革命破坏2起，贪污7起，并结合公判大会的有利形势，向广大职工群众进行提高革命警惕、检举坏人坏事、堵塞漏洞、全面加强治安防范的宣传教育工作。同时开展了政治攻势，号召反、坏分子投案自首。据统计张贴布告500余张，印发宣传品8000余份，召开座谈会8次，直接受到教育的群众6万余人。调动了广大群众维护治安的积极性，打击了敌人的破坏活动，起到了打一儆百，震慑敌人，教育人民，预防犯罪的作用。同时挽救了一些可以挽救的人，收到了良好的效果，具体表现在：

通过公判处理和广泛深入地宣传教育之后，广大群众同坏人坏事作斗争的积极性空前提高，在此期间，共收到群众检举揭发材料835件，其中属于投机倒把的239件，偷盗、贪污596件，群众直接扭送派出所的投机倒把分子59人，如三矿工人申如海曾有过投机倒把行为，经过教育后，除改正了错误外，在一月份就亲自抓获投机倒把分子7名；经过公判大会和开展政治攻势，违法犯罪分子受到很大震动，纷纷向我投案自首，据统计先后投案自首的各种违法犯罪分子45人，如西河农业社社员吕双，从1961年6月开始贩卖布疋（原文如此）搞投机，投机活动获利700余元，十一月三日听了公判大会后，立即投案自首。此外，人民内部一些有轻微违法活动和小偷小摸的人也都表示坚决改正，从而挽救了一些可以挽救的人。如河底公社苏家泉生产队有79名社员准备到平山县搞投机倒把活动，听了公判后，洗手不干了；各种案件开始下降，1962年1月份各种刑事案件发案率比1961年12月份下降了38.2%。特别是天桥、阳钢礼堂召开了5000余人的公判大会处理了抢劫杀人犯杨风春、投机倒把犯张全银等大犯后，无证商贩由209人次，下降为29人次，对稳定市场秩序起了很大作用。

以上的收获是由于政法三家一致努力的结果，但大张旗鼓地开展公判活动，起到了积极作用。

对如何开好公判大会，我们认为有以下几点经验：

一、做好准备工作是开好公判大会的基本保证

准备工作包括：调查研究，掌握情况，选择会场地址、扩音设备、参加会议的单位、对象、人数、主持人、讲话人、讲话内容、需用时间、讲话与公判活动先后排列、如何组织讨论、收集反映等事项，都要与有关部门共同研究，统一计划，明确分工，认真作好。比如扩音设备对吸引听众和稳定会场秩序关系极大，这一工作搞得好，听众越来越多，精神集中，会场肃静。否则听众没兴趣，只是拥挤一阵，看看人犯即溜走了，秩序混乱，听众越来越少；讲话内容力求简洁有力，内容重复，时间过长，会影响群众的注意力，多数群众听公判重于讲话，每当宣判后，会场总有一番议论，这时再讲话是听不好的，所以一般是先讲话后宣判为好。但也有先宣判较好的时候，要看具体情况，不能死搬硬套，如在文教系统召开的一次公判会，观众都是教职人员，有文教局长讲话，并布置如何讨论，因此，先宣判，后讲话，不重复，省时间，会场人数始终保全，秩序井然；由于公判大会有大小之分，所以讲话人也有不同，较大的公判会请示市长讲话，这样震动性大，号召力强，收获大。一般公判会由政法三长讲话，有时邀请本系统或单位领导同志讲话，这样针对性强，教育深刻。小型公判由庭长、审判员进行法律讲演。讲话内容：主要讲形势、党的政策法令，结合具体实例进行法制教育。大会主持人也不能固定，要看大会的规模决定，如果请市长讲话，由院长主持或宣判。大会时间不宜过长，最好一小时左右，使大会开的时间短、内容丰富、生动活泼、吸引力强、效果好。

二、选择好公判对象，是开好大会的重要环节

在选择对象时首先要适应形势，讲究策略，服务于中心。1961 年第四季度，对社会治安危害最突出的案件是盗窃、投机倒把、抢劫案件，第四季度比第三季度上升 77.03%，其中盗窃占刑事案件的 96.18%，投机倒把案件占 2.2%，而投机倒把案件又涉及面广，牵连人多，危害性大。当时社会治安和市场秩序不够好，针对上述情况，围绕党的加强市场管理等中心工作，我们把打击锋芒首先指向盗窃、抢劫、投机倒把等犯罪分子，对上述案件进行了分类排队，选择其中有教育意义的典型案件，主要是大案要案，进行大张旗鼓地公判处理，以便打一儆百之效，震慑敌人。其次，在选择公判对象时，既有主犯，也要有从犯，既有从严对象，也要有从宽处理的，这样宽严相济，可以全面体现政策，有利于开展政治攻势，进一步分化瓦解敌人。但对于出身历史成分好，一贯从事劳动的偶犯、年纪太轻或老、残、病、妇则不宜公判，以免引起副作用。再次，在选择案件时，要注意选择各类案件的典型，既有贪污、盗窃，又有投机倒把等，（当然现时没有的案件不要勉强等待，以失时机）成批公判，这样震动性大，打击与教育面广，收获大。总之选择典型案件时，要从大局出发，从形势着眼和教育群众着想。

三、成批与小型及专门公判相结合

成批公判主要是公判有教育意义的各类较大的案件，其好处是：声势大、震动性强、教育面广。但此类案件时有时无，不能经常公判。小型公判主要指一些地区或单位发生的应该公开的案件，就地公判。其好处是：便于集中，省时间，利生产，并结合当地具体实际，就地取材教育深刻，但震动性不大，教育面不广。所谓专门性公判大会，是根据犯罪人的职业，组织同行同业人员参加旁听。如公判贪污案件时，吸收保管、采购、出纳、会计、管理员等人参加。这样除打击了罪犯，教育了他人外，还可堵塞漏洞，改进工作，使贪污分子无机可乘，如铁路和阳钢中学等单位参加公判，在经济上都建立与健全了制度，堵塞了贪污漏洞。

其次是，哪里便于发案，就到哪里公判，春节来临时，在铁路上候车室连续发生了盗窃案件3起，我们于元月30日晚在候车室公开宣判了苏忠信、赵增贵，元月16日在候车室乘旅客熟睡之机盗窃手提包一个，内装300余元，鸡子（原文如此，疑为鸡蛋，编者者注）40余个等物的案件，既打击了流窜作案分子，又教育提高了旅客警惕性严防失盗，从此至今候车室尚未发案。

四、公判与组织讨论结合

公判后要组织讨论，讨论要有领导有提纲，这是群众深刻体会和认识的过程，也是深入教育和扩大宣传的过程，是公判大会上的补充。凡经过讨论的收效就更好，如铁路系统召开了1000余人的公判大会，宣判了6名贪污盗窃和流窜作案的绺窃犯（原文如此），有公安局乔局长和公安段韩段长讲话。会后有5000余人参加了讨论，当场就有坦白交代贪污盗窃和投机倒把事实的6人。检举揭发材料37件，如李敬云交代了贪污工人粮票94斤的事实，张文宝检举了杨春厚从家里拿来猪肉到市场上每斤3.5元出卖的事实。在讨论的基础上订出爱国公约。

我们觉得还有些问题，必须今后注意：

有时准备不好。案件未到法院先确定公判时间，为了赶时间，有些案件审理粗糙。甚至有个别案件部分事实证据不力，只满足于被告承认，不再查对，勉强认定。也有由于被告不承认，轻易否定的现象。

其次是案件未经审理，既先拟印宣传品，造成宣传品与判决书上的事实或情节有出入，如邢富昌的贪污案件，宣传品比判决书多出60余元，而判决书又比宣传品多出贪污粮食138斤。

第三是有些案件公判后，不组织讨论，不及时收集反映，因之，效果不大，不能及时的总结经验教训，改进工作。对于这些，必须加以克服。

1962年2月27日

第三章 法官培训

全国法律业大阳泉分部首届毕业生合影

阳泉市业余法律大学的办学工作，起始于20世纪80年代中期。1978年12月中国共产党十一届三中全会召开后，为促进法院干警的年轻化、知识化、专业化，促进全党全国工作中心向经济建设转移，满足改革开放对人民审判工作的需要，1985年1月29日，最高人民法院以“法(人)发〔1985〕1号”文件，向全国各高级人民法院发出《关于创办全国法院干部业余法律大学的通知》，1985年2月27日，阳泉市中级人民法院“全国法院干部业余法律大学阳泉分部”正式成立，阳泉市中级人民法院干警业务培训和学历教育走上了正规化、规范化、制度化、知识化轨道，收到了很好的培训效果。为进一步加强法院干部队伍建设，逐步完成干部由学历教育为主，到以岗位培训为主的过渡，1997年3月，正式成立阳泉市中级人民法院法官培训中心。2004年8月，在法官培训中心基础上，成立法官学院，至2010年底，为阳泉市两级人民法院培养了大批审判、执行、调解人才。

一、阳泉业余法律大学

根据中共中央“〔1979〕号”文件关于《努力建设一支坚强的司法队伍》的指示和中央组织工作会议提出的干部队伍年轻化、知识化、专业化的精神，结合

1983 ~ 1984 年“严打”斗争中，人民法院干警政治素质和业务知识方面存在的不足和缺憾，1985 年 1 月 29 日，最高人民法院下发《关于创办全国法院干部业余法律大学的通知》，阳泉市中级人民法院为培养教育在职干部迅速适应政法工作的需要，适应“严打”斗争的需要，更好地为四个现代化服务，为改革开放服务，在山西省高级人民法院大力支持和帮助下，阳泉中院在学习借鉴北京、天津、山东等地业余法律大学办学经验基础上，结合阳泉市司法工作实际，联合有关单位，于 1985 年 2 月 27 日，正式成立阳泉业余法律大学，经阳泉市教育局同意，并报请阳泉市人民政府批准，“阳泉业余法律大学”招生教学工作纳入国家教育计划。

1. 办学背景、宗旨和培养目标

20 世纪 80 年代，正值改革开放初期，特别是在 1983 ~ 1985 年“严打”整治斗争时期，阳泉市各政法部门抽调、招聘大批干部充实加强公安、检察和审判岗位，但政法干部的整体业务素质和知识结构，远远不能适应改革开放的需要，不能适应全党全国工作中心转入经济建设的需要，不能适应打击犯罪和维护社会稳定的需要，不能适应依法治国、依法办案的需要，加之每年有大批军队转业干部和非法律专业毕业的大、中专学生分配充实到政法部门，由于其中的绝大多数青年干部，均没有系统地接受过法律方面的专业知识教育，胜任现职工作确有很大难度。因此，“阳泉业余法律大学”的教学宗旨，就是加强政法干部队伍建设，尽快实现干部队伍的年轻化、知识化、专业化，以适应日新月异的社会主义经济建设，为改革开放保驾护航。

培养目标：主要招收在职政法干警，培养坚持党的四项基本原则，具有高等院系专科水平的法律工作专门人材。通过学习，达到比较系统地掌握马列主义的法学理论和法律知识的基础；懂得党在政法工作方面的路线、方针和政策；熟悉国家的主要法律、法令。在实际工作中忠实于法律和制度，忠实于事实真相，忠实于人民利益，具有遵纪守法，执法如山，大公无私，刚直不阿的思想品德。具有初步的办案能力和写作能力，胜任本职工作，毕业时达到政法院系专科水平。

2. 学员入学条件及考核办法

入学条件：具有高中毕业或同等学历者，年龄在 40 岁以下，身体健康，能坚持正常学习者。业大创办之初的学员，从阳泉市两级人民法院、阳泉市检察院、市公安局，以及其他司法单位工作的在职干警中招收。自愿报名，所在单位审查同意，经统一考试，择优录取。考核办法：为巩固所学知识，锻炼分析问题和解决问题的能力，督促学习，检查教学效果，提高教学质量，建立考核制度，即学习成绩考核一律采用笔试方法。以课堂考核与单位考核相结合，课堂布置思考题和作业，定期批阅。经常性考核学员的纪律、出勤、遵守法纪和道德品质等。每学完一门课程进行一次全面考试，每学一个单元进行一次中考；一年中对所学课程先后 4 次考试，考试不及格者，经补考仍不及格者，劝其退学。学员在 3 年学习期满考试及格，承认其学历，发给毕业证书。对个别课程不及格者，视情况发给肄业证书。

3. 学制与上课时间

业余法律大学学制 3 年。每学期上课 20 周；每周上课 10 学时，即星期四、星期六两个下午，星期五晚上，3 年学完全部必修课。

4. 课程设置

专业课：《法学原理》、《中国法制史》、《刑法教程》（总则、分则）、《刑事诉讼法》、《民事诉讼法》、《中华人民共和国宪法》、《民法》、《经济法》、《婚姻法》、《国际法》、《刑事侦查学》和《哲学》。基础课：《现代汉语》(语法修辞、写作知识)、《古汉语》和《逻辑学》。

专题报告：每学一门课程都配合专业课教学，举办专题报告会，对所学过的课程重点辅导。过去一年中，先后聘请北京大学、吉林大学的教授来校讲课3次，达28小时。

5. 师资及教材

师资：创办之初，既有专职教师，也有兼职教师，是由省法院、市法院、市检察院、市公安局有实践经验的在职干部担任。设专业课和基础课两个教研组。聘请山西大学法学院教授，分别讲授现代汉语、古汉语和逻辑学等课程。教材采用吉林大学、北京大学、北京政法学院和山西大学等大专院校的新编教科书。

6. 校址和教育经费

创办之初的校址位于德胜街原中级人民法院旧办公楼。现校址位于阳泉市经济技术开发区阳泉市中级人民法院新办公楼四楼。教育经费由阳泉市公、检、法按学员数拨付。业大本着开源节流，精打细算，勤俭办学的原则，支付教师讲课费、学员讲义费、购买书籍、资料，以及日常办公费等。

二、“业大”阳泉分部

根据最高人民法院《关于创办全国法院干部业余法律大学的通知》的要求，阳泉市中级人民法院 1985 年 2 月，正式成立全国法院干部业余法律大学阳泉分部。根据最高人民法院、劳动人事部有关文件和山西省高级人民法院、山西省编制委员会、山西省人事局相关文件规定，总校设在北京，各省高级人民法院设分校，各地市中级人民法院设分部，各基层人民法院设教学班。主要任务是组织教学和负责法院内部法律业务培训。因此，阳泉市中级人民法院内部设立全国法院干部业余法律大学山西分校阳泉分部办公室，与院其他庭室为平行机构。

职责任务：负责招生报名工作；协助分校具体组织考试工作，安排统一考试、考场及监考人员；具体组织实施教学计划，督促检查各教学班的教学进度；聘请专职、兼职辅导教师，对各教学班进行巡回辅导，批改和讲评学员作业，根据教学计划和学习情况安排期中测验；帮助、指导教学班解决办学中的问题，总结办学经验；完成分校委托的其他任务。

组织领导：业大阳泉分部在院党组领导下，由历任院长任分部主任，分管院长任分部兼职副主任，并设一名专职副主任。下设办公室，具体负责业大分部的日常工作。

培养对象：本校负责在职干警的专业证书、法律专科、法律本科的培训和学习。

三、法官培训中心

随着社会主义市场经济体制的建立和不断完善，对人民法院的审判和执法提出了更高的要求，法官担负的审判任务更加繁重，这对人民法院干警的政治和业务素质，又是一个新的挑战。加强法官培训，努力造就一支政治坚定、业务精通、德才兼备的法官队伍，是摆在阳泉市两级人民法院面前的一项艰巨而又紧迫的重要任务。全市两级法院严格按照最高院《1996 ~ 2000 年全国法院干部教育培训规划》要求，结合阳泉市改革开放和社会治安实际，积极开展干部教育培训工作，全市两级法院在继续抓好学历教育和专业证书教育的同时，严格按照《法官法》规定，进一步加强法官队伍岗位培训。2004 年，业大阳泉分部完成规定的教学任务后，更名为法官学院，主要负责全国法院干部业余法律大学阳泉分部的日常工作和本市法院法官岗位培训的组织及教学工作。

四、“业大”的办学成果

“全国法院干部业余法律大学阳泉分部”自 1983 年创办，到 2004 年更名为法官学院，再到 2010 年，走过 27 年的历程。27 年间，业大（含培训中心和法官学院，下同）在阳泉中院党组直接领导和大力支持下，坚持和发扬艰苦创业、奋发进取的优良作风，各项工作均取得了较为显著的成绩，办学条件逐步改善，办学水平不断提高，办学成效硕果累累。

1983 ~ 2010 年的 27 年间，全国法院干部业余法律大学阳泉分部培养的专科毕业生中，很多人担任了阳泉中院或基层法院的院长（副院长）、庭长（副庭长），更多的学员则成为审判岗位上的骨干力量。

五、业大成功办学的经验

一是阳泉中院党组对法官教育培训工作极为重视，把业大工作看作是法院工作的重要组成部分，做到一手抓审判、一手抓教学，始终把业大教学与培训工作列入议事日程，对业大遇到的难题及时给予解决，对人、财、物和干警学习所需的时间都给予充分保障。在业大遇到经费、师资等困难，学员遇到工学矛盾时，中院组织专人对业大办学情况进行调研，多次下发专门文件通报业大办学情况，支持干警学习，保障他们的学习条件和时间，帮助他们处理好工学矛盾，使业大成为全国法院系统的一面旗帜。1990 年 11 月，最高法院业大总校领导带领检查组，对阳泉法院业大办学情况进行检查，并给予高度评价。为此，省高院在阳泉市召开“全省业大学阳泉”现场经验交流会，向全省法院系统业大全面推广阳泉法院业大办学经验。

二是业大创办伊始，即建立健全分部领导机构，实行党组领导下的分部主任分工负责制。分部主任由党组书记、院长亲自担任。分部兼职副主任由分管院长担任。分部专职副主任由业大办公室主任担任。分部的管理机构为业大办公室。办公室配专职学籍管理人员，在党组和分部主任、副主任领导下，具体管理业大各类事务。在各基层法院均设立业大教学班，各教学班均设立班委会，作为教学的管理机构。其中，班主任由基层法院党组书记、院长担任。副班主任由负责业大工作的副院长担任。成员由基层法院的政工科长及学员选举的正、副班长组成，实行院长领导下的政工部门统管与学员自我管理相结合的管理制度。之后，又根据上级指示精神，经院党组研究决定，业大成立"阳泉市法官培训中心"。设培训委员会，主管培训中心工作。其中，主任由分部主任担任，副主任由分部常务副主任和一名业大主任担任，培训委员会委员由经济庭、民庭、刑庭、行政庭、告诉申诉庭庭长、政治部主任、办公室主任组成，业大安排1名专职教师负责培训事务。

三是高度重视业大教师队伍的专业化建设。对业大教师采取因才使用的方针，使讲课教师日趋专业化。同时注重教师队伍的相对稳定，注重兼职教师从教期间的专门化。为提高教师教书育人的积极性，保证教师的稳定性，解除他们的后顾之忧，院领导注意落实教师的各项待遇，如积极解决教师的双职称问题和不断提高教师的经济收入。业大教师除每年按规定领取相应的奖金和补助外，另按最高院有关规定领取讲课费。政治上同样关心教师成长，许多业大教师直接从讲台走上领导岗位或加入中国共产党。

四是加强硬件建设，不断改善办学条件。由于阳泉中院党组和基层院党组对业大的教学工作十分重视，因此，业大从1983年创办到2010年，在27年间，硬件配置上，无论是物资装备，还是办学用房，包括计算机室、图书资料室等，均得到全面改善。业大改为法官学院后，继续受到阳泉中院党组的高度重视。2010年，阳泉中院法官学院既有固定的编制和人员，也有固定的办公用房，既有固定的专用教室，还有较为先进的计算机室和图书资料室，而且法官教育经费稳定充足，有力地保证了法官学院的教学和干警继续教育工作的需要。

五是建立健全各项规章制度。阳泉中院业大分部先后制定《业大主任岗位责任制》、《业大副主任岗位责任制》、《业大专职教师岗位责任制》、《业大内勤岗位责任制》、《业大财务管理制度》、《业大图书资料管理制度》、《业大教学器材保管使用制度》、《业大车辆管理制度》、《业大学员学习制度》等。每个年级开学时，还专门进行校规校纪教育，将学员应遵守的规章制度，打印下发给每个学员；同时，还要求各教学班建立起相应的规章制度，使分部与教学班的教学管理系统化、规范化、标准化，为业大教学提供了制度保证。

第四章 司法探索

阳泉市中级人民法院由于建院时间早于中华人民共和国的成立，包括早于华北人民政府的建立。1947 年 5 月建院之初，当时的阳泉市人民法院既没有现成的法律条款，也没有现成的审判经验，甚至没有办公室场所。审判人员均由解放战争中的野战部队、公安部队复转军人和晋察冀解放区派遣的司法干部组成。第一代干警面对的是一个只有 24 平方公里大小的工矿区，附近地区，如盂县、寿阳、昔阳尚没有解放，国民党部队仍在负隅顽抗。在这个小小的工矿区，有国民党留下的特务、散兵游勇和其他潜伏人员，有抗战时期没有肃清的大批汉奸，有五花八门的反动会道门组织，还有形形色色的刑事犯罪分子，以及大量的民事纠纷有待解决。而这一时期，阳泉市人民法院承担的任务是严厉打击国民党旧势力刻意制造政治谣言，暗杀、绑架革命干部及家属，以造成社会混乱、人心动荡等重大恶劣政治影响的行为，打击区域内反动会道门组织借宗教问题，蛊惑信众向新生的人民政权发难的行为，打击地主、资本家等不法分子，抗拒新生的阳泉市政府组织工农业生产和进行土地改革、政治变革以支援全国解放战争和中华人民共和国成立的图谋，同时许多民事纠纷也在困扰刚刚成立的阳泉市中级人民法院。

在这种情况下，勇于探索新生人民政权的司法道路、敢于创新司法审判模式、大胆实践前人没有从事过的人民审判事业，就是当时阳泉市中级人民法院——阳泉市司法处（含阳泉市人民法院、阳泉工矿区人民法院）必须承接的政治任务。从这个意义上说，司法创新和探索实践，既是阳泉市中级人民法院的优良传统，也是阳泉中院固有的文化脉络。

敌情社情简报

阳泉中院 20 世纪 50 年代简报

1947 ~ 1957 年，阳泉市人民法院对民事和轻微刑事案件受理审判，根据阳泉地区的实际和民俗民风情况，进行了积极的探索，在学习借鉴马锡五审判法基础上，阳泉市人民法院司法工作坚持群众路线，针对民事案件和轻微刑事案件的调处审理，总结摸索出两种主要形式：一种是不固定具体的办案人员与地区，哪里有民事案件需要人民法院调处审理，就临时指派承办干警携案下乡，深入群众，就地调查，就地审判（调解），就地进行法律演讲。第二种是组织临时性巡回法庭，直接深入乡（镇）、街道或厂矿企业，结合中心工作进行巡回就审。

1957年之后，开始实行“固定人员，分片包干，下乡办案”的民事案件调处审理形式。即将审判人员按地区划片包干，任务是办理刑民案件、进行法制宣传、指导调处工作、收集社情敌情进行分析研究和检查已结案件的效果。

这种“固定人员，分片包干，下乡办案”的形式，跟前两种形式相比有五个优点：一是使审判人员在一个片区定下来，钻进去，能够深入系统地熟悉情况，掌握情况，既能多快好省的办案，又能系统地总结审判经验，改进工作；二是便于把司法审判工作同党的中心工作结合起来，服从服务于中心工作；三是能因地制宜有计划地开展法制宣传，便于全面指导调处工作；四是便于审判人员同劳动生产相结合、司法审判同人民群众相结合；五是便于开展司法工作劳动竞赛，检查评比，交流经验，加强干部的责任心与进取心。

在具体做法上，阳泉市人民法院本着便利群众，有利于对敌斗争，有利于正确处理案件，有利于教育当事人和群众的原则，根据各个案件的特点，分别采取不同做法，综合起来，有以下几种：一是结合党的中心工作，深入厂矿、农村主动找寻处理案件，克服等案上门的被动现象；二是审判与群众辩论相结合，凡是可以公开审理的疑难、复杂、当事人顽固、狡猾、抵赖等案件，或带有普遍教育意义的案件，均可组织群众辩论，因为案件的当事人生活在群众之中，群众对当事人的情况是比较清楚的，所以经过群众辩论，就可以真相大白，迎刃而解；三是个别走访和组织座谈辩论相结合，对涉及个人生活隐私的案件，如强奸、通奸等案件，为了听取群众的意见，有意识地走访一些干部群众或结合会议组织漫谈辩论，收集群众反映，作为处理案件的参考；四是辩论调解，凡轻微刑事案件和一般民事案件，均可进行辩论调解，如轻微的贪污、盗窃、瞒产、搞黑市投机、伤害及婚姻纠纷等案件（婚姻纠纷可集中辩论调解），因为群众对情况很了解，且教育意义大，亦易与掌握；五是结合审判活动，进行群众性法制宣传。实践证明，阳泉市人民法院当时采取的上述做法，不仅正确、合法，及时地处理了大量案件，提高并加强了群众的法制观念，而且保障了社会主义经济建设事业的顺利进行。

1958年政法工作“大跃进”中，同阳泉市公安局、阳泉市人民检察院相互配合、相互协作又相互监督的探索实践。大体有三种形式：第一种形式是每当中心工作或较大运动到来时，即采取“一长在家，二长下乡，三军齐动，内外分工，下去一把抓，回来再分家”的办法，进一步发挥统一对敌的威力。

第二种形式是在案件较多的时候，在办案上，即采取三员汇报、三长定案，党委审批，手续分办，这样既可及时准确地打击敌人，又可以面对面相互制约、互相监督。

第三种形式是在党委抽调大批干部服务于不同时期的中心工作时，采取分片包干，统一组织力量，深入到片内，既包党的中心，又包司法业务，以中心带业务，以业务保中心。此外，与民政、兵役、妇联、工会、共青团、文教、宣传等部门密切协作，共同进行法制宣传，促进社会治安的稳定。

1964 年，继续探索实践将一些轻微刑事和简易民事案件下放到基层调委会处理的办案模式。在受理轻微刑事和简易民事案件时，阳泉市人民法院根据基层调解委员会干部的文化程度、政策水平、工作能力等情况，向他们介绍案情，讲解政策，传授工作方法和应注意的问题，一般依靠基层调解委员会调解处理。人民法院则进行检查指导和法律帮助。如穆金娥郭彦德离婚一案，双方在 1956 年结婚，感情一向较好，已生有两个孩子，但女方不讲卫生，家务管理的不好，而男方有较重的夫权思想，经常打骂女方，因此女方提出离婚。阳泉市人民法院受理此案后，经过初步调节了解案情，遂将案件下放至马家评调委会处理，调解委员李秀珍进一步深入其邻里、家庭，查清了他们之间发生纠纷的真正原因，对女方进行勤俭持家和家庭卫生方面的教育引导，同时严格批评男方打女方的错误，双方都进行了检查，促使一对即将分道扬镳的两口子和好如初。在阳泉市人民法院干警回访时，男方高兴地说：“她现在家务工作搞好了，我生产就安心了，家庭和好了，感谢你们的帮助。”

阳泉中院 20 世纪 60 年代简报

1974 年，“依靠广大人民群众和专门机关相结合”办案方法的探索与实践。1974 年是阳泉市中级人民法院恢复建制、恢复党组并全面行使审判权的第二年。在审判实践中，根据毛泽东主席主张的“实行依靠广大人民群众和专门机关相结合的方针”，总结出受理刑事案件的“一看、二查、三调查”办案方法。即认真看案卷，认真审查证据，审讯犯人；向证明人调查，向专案人员调查，向群众调查，尽量减少差错，提高办案质量。在审理具体的刑事案件时，选择社会影响大，而且有教育意义的典型案件，印发案犯的起诉材料，广泛征求群众对罪犯的处刑意见，发动群众开展大检举、大揭发、大批判活动，充分体现“依靠广大人民群众和专门机关相结合”的“群众专政”威力。

1983 年 8 月，中共中央办公厅下发《关于“严厉打击刑事犯罪活动、实现社会治安根本好转”》（宣传纲要）。9 月 2 日，全国人大常委会颁布《关于严惩严重危害社会治安的犯罪分子的决定》和《关于迅速审判严重危害社会治安的犯罪分子的程序的决定》，阳泉市中级人民法院根据两个《决定》，积极部署、领导并指导本地区两级人民法院的“严打”整治斗争，形成了“四个坚持”和“八重、八快、一尽”的“严打”斗争经验：

“四个坚持”：一是坚持党的领导。正确处理党的领导和独立审判的关系，自觉接受党的领导，主动向党委请示汇报法院工作，特别是死刑和疑难案件，均提请市委审批组研究决定；全市性的宣判大会，均有市委主要领导主持和讲话。市委和各县区党委及时研究解决人民法院“严打”斗争遇到的困难，如及时抽调干部加强审判力量，包括办案经费的拨付、办公用具的购置等，都是在各级党委大力支持下得以解决的。坚持党的领导是“严打”斗争取得坚定性胜利的根本保证。二是坚持党内联合办公。在“严打”斗争中，公、检、法既坚持联合办公，又坚持相互监督、相互制约，有问题当面提出，及时解决，克服文来文往、相互扯皮现象，提高办案效率。这是“严打”整治斗争取得胜利的重要一环。三是坚持依法办案。在审理刑事犯罪案件中，阳泉市两级法院认真贯彻中央方针和全国人大常委两个决定，严格按照《刑法》、《刑事诉讼法》规定的公开审判、陪审、会议、辩护、上诉、复核等程序和制度办案，严把“六关”，确保不纵不冤，即：严把“事实关、证据关、定性关、量刑关、程序关、法律文书关”，做到刑事判决事实清楚、证据确凿、定性准确、量刑适当、符合程序，这是保证办案质量的关键。四是坚持“从重从快，一网打尽”方针，正确执行法律和政策，明确打击重点，避免办案中的宁左毋右和宁右毋左等“水涨船高”现象。

“八重”：（1）对犯罪集团的首犯和流氓团伙头头从重；（2）对累犯、惯犯和劳改人员逃跑犯罪从重；（3）对检举人、证人进行报复的犯罪分子从重；（4）对强奸多人轮奸妇女、奸淫幼女的犯罪从重；（5）对携带凶器进行犯罪活动的从重；（6）对盗窃国家生产物资、盗窃数额巨大的犯罪分子从重；（7）对危害公共安全的爆炸等犯罪从重；（8）对在打击严重刑事犯罪斗争中继续作案的犯罪分子从重。

“八快”：（1）确定快。即在市委统一领导下，实行联合办公、联合办案，对公安移送的案件，联合办案组及时研究，明确打击重点，迅速确定审判人员，使案件首先落实到人；（2）掌握快。即审判人员提前深入预审、起诉阶段，了解案情，发现问题，及时解决，做到心中有数；（3）阅卷快。人民法院接到起诉书之后，迅即组成合议庭，夜以继日查阅案件，核实证据，保证案件质量；（4）研究快。合议庭合议拿出初步意见后，庭务会议及时提交院审判会研究讨论，不管白天黑夜，什么时候有案，什么时候开会，不因研究耽误时间；（5）审判快。对做好准备的案件，办公室当即安排法庭，保证法官适时开庭审理，查明案情后迅速做出正确判决；（6）装订快。案件一经审判，即迅速打印判决书，当日送达罪犯，审判员迅速写出综合报告，书记员连夜整理装订案卷；（7）报送快。对上报案件，派专人专车当日送到，防止邮寄耽误时间；（8）执行快。案件上报后，提前做好执行准备，案件一经批复，即迅速宣判执行，特别是死刑案件，法院提出执行计划，经党委决定后，与公安、检察等有关部门分头准备，及时执行。

“一尽”：对团伙案件一经发现，即行做到除恶务尽。

1989年，在经济纠纷案件日趋增多的情况下，阳泉市中级人民法院在省高院和阳泉市委支持下，大胆尝试，勇于实践，正式成立“经济纠纷调解处”，处长韩启明。该处充分发挥庭前调解功能，做到“随收随调，随调随结，随结随执”，收到良好的社会效果。一年间，经济案件一审结案调解率达到61.1%，市中院“经济纠纷调解处”，全年收案268件，调处249件，结案率为92.9%，结案标的金额为686万元，已结案件到期执行率达到了90.3%。

1989 ~ 1990年，针对经济审判中出现的“执行难”问题，探索建立经济审判协作网络。10月中旬，阳泉中院参与发起，在石家庄召开“晋冀两省七地市法院经济审判协作筹备会议”，主旨为加强区域协作交流，共同克服经济审判中“审理难”和“执行难”。1990年4月，受阳泉中院邀请，晋冀两省七个中级法院主要领导和执行法官，在阳泉市宾馆召开“晋冀两省部分法院经济司法协作会议”，签订《晋冀两省部分法院经济司法协作意见》，决定在不同管理区域内开展经济司法协作。阳泉中院在依法、理性破解经济案件“审理难”、“执行难”方面，走在全国法院系统的前面。

1994年，进一步改进和完善缓刑工作制度，坚持“四审查、三见面、二帮教、一档案”判缓工作方法，即对被告人主观恶性大小、悔改表现、有无前科和改造环境进行全面审查；与罪犯亲属、单位领导和当地基层组织领导见面，介绍罪犯有关情况；同判缓罪犯亲属、所在单位或基层组织领导签订监督帮教协议；对缓刑罪犯逐一建立改造档案。与此同时两级法院经常派人到缓刑罪犯所在地进行跟踪考察帮教，并定期召开缓刑罪犯思想汇报会，加强对罪犯的思想教育改造。年内全市两级法院共判处缓刑108人，尚未发现重新犯罪的判缓人员，收到了通过社会改造罪犯的良好效果。

1996年，对审判方式进行改革。阳泉中院将审判活动中心转移和集中到一步到位、直接开庭上，实行控辩式开庭，突出当庭举证、质证、认证，在增强办案透明度，保证当事双方充分行使诉权基础上，促进办案质量的提高。主要做法是：（1）稳妥推进，逐步引深，选择民事、经济和刑事审判中条件较好的案例入手，逐步由中院到基层法院，由二审到一审，由开好观摩庭和示范庭到普遍推广，坚持循序渐进，由易到难，由浅入深，保证改革的顺利进行。（2）以点带面，加强总结，中院党组确定矿区法院为试点单位，在加强指导、取得初步经验基础上，先后在中院刑一庭和各院进行试验、观摩。在观摩过程中，坚持审理一案总结一案，观摩一庭研究一庭，不断进行总结，使广大刑事审判人员逐步把握庭审要点，为新刑诉法的实施奠定了良好的基础。（3）硬件建设同庭审方式改革相适应。为推进“一步到位、直接开庭”，两级法院克服困难，积极改善执法条件，共购置车辆14部，新增电脑和复印、速印等文印办公设施8台，对各院审判法庭设施进行设备更新，对办公条件进行改善，为深化审判方式改革创造硬件条件。

1999年，全国“执行难”问题更加严重，阳泉中院在贯彻中共中央11号文件和最高院关于开展“执行年”活动中，大胆实践，勇于创新，尝试实行“对举报执行线索者给予奖励的办法”，执结一批老大难案件。如山东烟台某企业拖欠阳泉某单位30万元货款，在6次执行未果的情况下，阳泉中院试行对举报线索者进行奖励的办法，将本案全部执结。又如16家债权人分别向4家法院申请执行盂县某公司欠款总额达1.1亿元的执行大案，阳泉中院在当地党政领导配合下，采取“资产重组、债务转移、分块执行、放水养鱼”的方法，共使6000多万元债权的带履行，其余5000多万元债权也达成执行和解协议。

2002年，阳泉中院积极探索“法官职业化”的新路子。5月份，派出3名年轻法官到北京二中院进行为期半年多的学习锻炼，学习外地先进法院法官的办案经验，亲身感受先进的司法理念。与此同时，中院党组决定，一是与二中院建立长期的合作规划，对所有年轻法官普遍进行轮训。二是每年选派2～3名中层干部到基层法院挂职，一方面锻炼法官的政治素质和综合能力，另一方面指导支持基层法院的审判业务。

本年度，阳泉中院为解决审判力量不足与审判任务日益繁重的矛盾，切实提高审判效率，结合审判实际，推行案件繁简分流和普通程序简化改革。各基层院对依法可以适用简易程序审理的案件，即依法适用简易程序，以节约审判资源，加快审判节奏。对普通程序审理的案件同样尽量在现行诉讼法框架内，简化庭审中的不必要部分或某些次要环节，快速结案，节省成本，提高效率。城区、矿区法院是这项改革的试点单位，特别是矿区法院，在实践中总结出一套较为完善的工作机制，案件审判效率大大提高，多次受到省院领导表扬。

2003年，推行审判长责任制。为切实贯彻审判长负责制，充分发挥合议庭职能作用，确保司法公正，提高审判效率。11月，市中院按照德才兼备、任人唯贤原则，从具有法官资格的部门正副职领导中，择优选任15名审判长、4名执行长，并按一名审判长配备两名审判员、一名书记员的“121”模式，组成相对固定的15个合议庭、4个执行组。在此基础上，明确审判长合议庭职责范围，对其进行动态管理、严格考核。为下一步推行法官员额、法官助理改革奠定基础。

2004年，实行审判长、独任审判长办案负责制。进一步明确审判长的职责：即“审判工作的组织者、庭审活动的协调者、案件质量的保证者。”具体工作是：“庭审前，帮助审判人员理清思路、抓住焦点；庭审时，主持庭审，抓好事实、证据的认定；评议时，充分发扬民主、集思广益；慎于拍板、敢于拍板；制作法律文书时，要把好关。与此同时，在深化审判方式改革中，进一步完善审判长动态管理办法，加强对审判长的考核，真正形成审判长能上能下、合理流动的良好机制。

与此同时，阳泉中院根据“执行难”顽症，结合实践经验，制定了包括执行机制和管理制度、执行措施、便民措施等3个方面47项内容3万余字的《执行制度汇编》。针对由于执行行为的随意性和无序性现象，编写了涉及执行立案、执行调查等11个方面61种4万余字的《常用民事执行法律文书样式与制作》。这些制度、文书的适用推广，为解决“执行难”、克服“执行乱”起到了积极的作用。也是阳泉中院制度建设和司法创新和实践探索的重大成果。

2005年，开展人民陪审员选任工作。市中院认真贯彻落实全国人大《关于完善人民陪审员制度的决定》和最高法院《关于人民陪审员选任、培训、考核工作的实施意见》，高度重视全市人民陪审员的选任工作，积极指导县区法院开展此项工作，经过半年多的努力，全市法院严格按照程序经人大任命人民陪审员121名。同时，市中院利用法官学院这一平台，对新任命的50名人民陪审员进行专业培训。

2006年，承担最高院"未成年人案件综合审判庭"的试点任务。根据最高人民法院"法〔2006〕174号"文件《最高人民法院关于在部分中级人民法院开展设立独立建制的未成年人案件综合审判庭试点工作的通知》，最高院决定在部分中级法院开展独立建制的未成年人案件综合审判庭（简称少年审判庭）的试点工作。阳泉市中级人民法院被确定为承担这一试点任务的全国18个中级人民法院之一。并按照试点工作要求，从人、财、物等方面进行了积极筹备，制定了《未成年人案件综合审判庭组建工作实施方案》，逐级报阳泉市人民政府、山西省高级人民法院审批。山西省高级人民法院据此以"晋高法〔2006〕134号"文件《关于阳泉市中级人民法院未成年人案件综合审判庭组建工作实施方案》，上呈最高人民法院审核。12月13日，最高人民法院下发"法〔2006〕326号文件"正式批复山西省高院，同意阳泉市中级人民法院《实施方案》提出的，关于未成年人案件综合审判庭机构设置及人员配置的意见，并对阳泉中院未成年人综合审判庭应当受理的案件作了四项规定：

一、刑事案件一、二审的受理共四条：1.被告人为未成年人的；2.被害人为未成年人的刑事附带民事诉讼案件；3.未成年人为首犯、主犯的共同犯罪案件；4.共同犯罪案件中未成年被告人达到一半以上的刑事案件。

二、民事案件一、二审的受理共四条：1.当事人一方或双方为未成年人的民事案件；2.婚姻家庭纠纷案件中涉及未成年人权益的案件，一般包括抚养关系纠纷、抚育费纠纷、监护权纠纷、探视子女权利纠纷；生父母确认纠纷、确认收养关系纠纷、解除收养关系纠纷、继父母子女关系纠纷；3.继承纠纷案件中涉及未成年人权益的案件；4.申请指定监护人案件、申请撤销监护人资格案件。

三、当事人为未成年的一、二审行政诉讼案件。

四、未成年人罪犯的减刑、假释案件。

2006年12月21日，阳泉市编委正式批复，同意阳泉中院增设未成年人案件综合审判庭，编制3名，职数1名。2007年4月1日，阳泉市中级人民法院"未成年人案件综合审判庭"（简称少年审判庭）正式挂牌成立，人员、办公设施全部到位。

2006年，以落实人民陪审员制度为契机，推进司法民主建设进程。法官在调解、庭审、合议过程中，发扬民主办案作风，主动征询并认真听取陪审员意见，让人民陪审员多讲话，克服"陪而不审、陪而不议"的现象。同时，办案法官充分发挥人民陪审员在调处纠纷方面的优势，让他们尽可能多地参与案件的调解。为方便人民陪审员参审，办案法官采取人性化措施，鼓励陪审员参与审判调处。如在开庭前，即通知人民陪审员阅卷，以让其了解案情，并对案件中涉及的过于专业的法律问题进行解释；对一些有自己本职工作的人民陪审员，在开庭时间安排上提前做好沟通，尽量让其工作、陪审“两不误”。该年度，全市人民陪审员参审率达到30%以上。

2006年，完成死刑案件二审开庭准备工作。从7月份起，全国死刑二审案件按照要求全部实行开庭审理，为做好此项工作，全市法院上下联动，多措并举。一是通过召开座谈会等形式，集中学习最高院和省高院指示精神，使广大法官，尤其是刑事审判法官，深刻认识死刑二审案件开庭审理的重要性；二是两级法院党组就这项工作先后多次召开会议，专题研究部署，从统一思想、领导分工、对外宣传，到人员配备、物质装备、协调配合、学习培训等方面，均作出详尽安排；三是法院各庭、室研究制定了相应工作方案，做到密切协同、明确职责、形成合力；四是加强司法警察业务技能培训，提高现有警员素质；五是对二审过程中可能遇到的问题进行科学预测，及早做好应对准备，如案犯集中关押问题、审限问题等；六是打好一审基础。市中院认真贯彻两高法院工作部署，严格把握死刑适用条件，认真审理故意杀人、故意伤害、抢劫等恶性刑事案件，正确适用刑事指导意见，坚持少杀、慎杀，切实把好死刑案件一审关，为二审打好基础。对于一些在当地影响大的案件，市中院主动及时地将案件相关背景资料、社会影响等情况向省院汇报，以便高院更全面准确地把握案件进展情况，做出公正合理判决。

2007年，阳泉中院“未成年人综合审判庭”试点工作正式开展。在受理审判未成年人刑、民事案件基础上，市中院积极参与青少年社会维权活动，与社会各方联手加强青少年法制教育，如跟阳泉市城区司法局联合举办“关爱未成年人，法在我心中”演讲活动，广泛开展与驻地学校共建青少年法制教育基地活动，阳泉市职业中专学校、阳泉市第十中学校，即为阳泉中院建立的“青少年法制教育基地”，深受学校师生欢迎。

阳泉中院为开展青少年法制教育设置的“模拟法庭”

该年度，为全面树立社会主义法治理念，拓宽工作思路，增强司法能力建设，加强上下级法院、法院与社会各界的沟通和联系，积极研究新情况，解决新问题，交流探讨疑难案件，调动学习积极性，活跃法官文化生活，努力提高司法水平，阳泉市中级人民法院党组决定，编辑发行内部刊物《法槌》，由中院研究室承办。该刊的创办，开辟了一个绽放法律思维火花的园地，为展现法官风貌、营造法院文化提供了一个坚实的平台。

2010年，一是贯彻最高法院《关于司法公开的六项规定》，依法改进和完善立案、庭审、执行、听证、文书、审务公开工作。如中院在执行工作中采取随机选择评估机构的做法，在双方当事人在场的情况下，执行、纪检和司法鉴定人员共同参与，随机选择评估机构，规范评估拍卖行为，切实保障了群众对审判执行工作的知情权、参与权和监督权。二是完善审判流程管理和审判绩效管理。同时，充分运用现代技术，建立案件管理平台，运用审判数据来分析审判运行态势，以加强质量监督指导的针对性，实现审判管理的信息化、科学化和常态化。为进一步规范全市法院的审判工作，市中院制定出台了审判绩效考核办法，用案件办结率、调解撤诉率、服判息诉率、发还改判率、涉诉信访率等15个量化指标，对全市法院的审判绩效情况进行定期考核、评查和通报。通过绩效通报，进一步增强了法官的责任意识、质量意识和效率意识。中院还研究制定了符合执行工作规律特点的绩效考评指标并在全市法院推广，取得了良好的效果。按照上级部署，全市法院认真开展了“百万案件评查”活动，对一些在审判程序、文书说理、案卷装订等方面存有瑕疵的案件进行了整改通报，引起了广大法官的充分重视。三是推行量刑规范化改革。最高法院《量刑指导意见（试行）》和《关于规范量刑程序若干问题的意见（试行）》实施后，全市法院结合实际，认真贯彻有关规定，从实体方面和程序方面着手，双管齐下，有序推进。在实体方面，改变传统的量刑方式，明确量刑的方法和步骤，统一法律适用标准，规范法官裁量权。在程序方面，引入量刑建议，将量刑纳入法庭审理程序，建立和完善相对独立的量刑程序，量刑规范化改革取得初步成效。在推行刑事量刑改革的同时，市中院强化了对基层法院民商、行政工作的审判监督和业务指导，着力避免同案不同判、裁判不均衡的问题，促进辖区内司法标准统一。

2012年8月，陈明华接任阳泉中院党组书记、院长后，组织政治部、办公室、研究室等部门负责人，深入三区两县人民法院、基层法院人民法庭和各区县街道、社区、农村、学校以及工矿企业进行调查，提出了“三抓两转一提高”工作思路，即抓教育、抓管理、抓服务，转变工作作风，转换工作机制，不断提高司法公信力，以进一步顺应人民群众对司法公正的期待关切，为全市转型跨越发展和“四大战略”实施创造和谐稳定的社会环境、公平正义的法治环境和优质高效的服务环境。

陈明华院长在平定县农村调研

第五章 服务中心工作

阳泉市中级人民法院成立之初，因为全国尚处于解放战争初期，除审判职能外，还承担许多与治安形势相关的社会职能。如看守所的管理、罪犯的教育改造等，即由成立之初的阳泉市人民法院负责。

1947 ~ 1948 年，以审判为武器，为土地改革这一中心任务服务，打击地主、富农、反动会道门道首和国民党潜伏特务，为党和政府领导解放区人民进行土地改革保驾护航。

1949 年，阳泉市人民法院关于监所管理及罪犯管理，主要有三项任务：一是开展监犯教育，从 8 月份开始，每星期二、四、六在在押人员进行游戏活动的时间，开展一次集中读报活动；每日早晨，在尚未开展生产作业之前，由干警讲读报纸，“有阅读能力的监犯，可以给他看报纸”。另外，每星期至少有一次“干部讲话”，由法院干部向“监犯①”就国家的政策法令专题报告，并将所有人员编为几个小组，在听完报告后进行小组讨论，而且每月进行一次政策法令测试，增强“监犯”的法制观念和遵守纪律意识。二是组织“监犯”中的“积极分子”，通过“讨论会”这种形式，相互开展批评和自我教育，形成互相监督、互相揭发、互相敦促的良好监所风气，以了解和掌握犯情动态，确保监所安全。三是建立健全奖罚制度，对“监犯”进行严格管理，表扬好的，批评差的，严厉打击不服法、不服判和不肯悔改的“监犯”，及重新犯罪的“监犯”。

1950 ~ 1953 年，服务抗美援朝战争和巩固新生的中华人民共和国两大中心任务，对散布政治谣言、制造政治混乱、企图破坏社会治安秩序稳定、破坏人民政府征集兵员的敌特分子，对以次充好、以假充真、套取国家资金、破坏抗美援朝的不法资本家，依法给予沉重打击，大批国民党潜伏特务、抗日战争结束后未受到人民政府打击处理的汉奸和反动会道门组织首领，被判处有期徒刑，个别血债累累、罪恶沉重的反革命分子被判处死刑。

1955 年，在征集兵员和发行新币工作中，阳泉市人民法院及时制定具体保卫计划，抽出专人参加市委统一组织的保卫小组，并指导调委会处理有关中心工作的纠纷，为先发制敌，将审理成熟的 5 件反革命案件，分别判处有期徒刑和无期徒刑。及时公判了人民银行阳泉支行干部田恒杰贪污巨款一案，又在全市工商界 1500 多人大会上，

注：①当时阳泉市人民法院对在押嫌疑犯和已决服刑人员的统称。

公开宣判了在发行新币中抬高价格、套购商品、牟取暴利的投机奸商汀光秀等5案，有力地支持了中心工作。

此外，在夏收征购以后，配合阳泉市公安局、阳泉市人民检察院，开展声势浩大的夏、秋季攻势，捕、判结合，共逮捕反革命分子178名，各种刑事犯罪分子173名。先后召开公开审判大会159次，规模较大的公开宣判大会2次，旁听群众26900余名。特别是在秋季保卫中心工作中，以打击现行为主，组织审判人员有目的地深入重点地区就地公判，如结合“三定”、秋收及农业合作化等中心工作，先后到一、二区和石卜嘴、杨家庄等地，公判了破坏农业合作化及粮食征购等工作的反革命分子15名，各种犯罪分子7名。在厂矿、基本建设单位，结合开展“反破坏事故”为中心的“厉行节约、反对浪费”运动，先后到阳泉矿务局二矿、三矿、阳泉市发电厂、阳泉运输公司等单位，公判了反革命现行破坏案6起，其他刑事案件3起。

1955年，保障国家对资本主义工商业社会主义改造的顺利进行，并结合发行新币、自查补报等工作，配合工商、税务等部门，对反革命和不法资本家的破坏活动，给予及时有力打击，并选择典型案件，在街道内进行了8次公开审判和一次公开宣判，广泛吸收工商业资本家和职工群众参加旁听。在7月份的一次审判后，又在工商界中展开爱国守法学习，号召资本家自动析查一切违法行为，在此基础上，开展投入了“五比”运动（比爱国守法、比积极经营、比紧缩开支、比积极纳税、比经营作风），通过审判和一系列的宣传教育，加强工商界中的法制观念，提高职工群众的政治觉悟。

1956年，全力以赴保障阳泉市、区、乡第二届人民代表大会选举工作顺利进行。

由刑庭和荫营法庭各派出审判员一人，配合本次选举。通过列席区选举委员会审查选民资格会议，防止坏分子窃取选举权，对全市163名地、富阶级分子、反革命分子进行了审查，除7名地主分子、7名富农分子和继续管制的21名反革命分子外，其余128人经过审查，依法给予他们选举权，纠正选民资格审查中的错误，制止了上站选区某选民连续投票三次的错误做法，保障公民庄严神圣的选举权利，本次选举未发生一件破坏选举和窃取选举权利案件。

1958年，配合阳泉市公安局、检察院和有关单位，开展预防犯罪和治安防范工作。在三矿、站上街道和荫营镇三个地区，开展群众自治形式的调处委员会试点工作，取得一定经验，到6月底，即在全市各单位，包括农村，广泛建立起调处委员会。与此同时，发动群众制定“三爱公约”（热爱毛主席、热爱共产党、热爱社会主义祖国）。90%的工矿、企业、学校、街道订立了“三爱公约”。农村和各手工业社（即后来的集体所有制企业），此项工作进展比较缓慢，只有18%的单位订立“三爱公约”。在城市和工矿单位订立“三爱公约”，在全市各单位建立调处委员会，首先在人民内部约束了“大法不犯、小法常犯”的不良行为，进一步稳定了社会治安秩序和生产秩序，促进了工、农业生产的“大跃进”，如在此之前，平潭、赛鱼、石卜嘴三个派出所每月受理的打架斗殴、无理取闹事件达十五、六起，订立“三爱公约”后，月平均发案数下降至2至3起。据统计，站上街道共有99个大法不犯、小法常犯的不良分子，订立公约后，其中的96人由坏变好。三矿过去经常有120多人装病旷工不上班，订立公约后，都积极参加生产劳动。其次，“三爱公约”后，广大职工群众的安全生产警惕性普遍提高，主动加强了防范保卫工作，有效地抵制了各种犯罪活动，出现许多安全单位和无破坏事故的工矿企业。据4月份调查，在18个较大的厂矿企业中，有14个单位没有发生破坏生产的事故，有6个单位没有发生刑事案件。三是对人民群众进行了一次深刻的社会主义教育，使大家懂得人民政府在提倡什么与表扬什么、反对什么和禁止什么，对养成社会主义道德风尚、移风易俗、促进工农业生产，发挥了重要的政治导向作用。

年内，根据“一手抓政治斗争、一手抓同治安灾害事故斗争”方针，在阳泉市委领导下，阳泉市人民法院协同公安部门开展“检查运动”，上半年，即抽出院长一人，审判员两人，分别到三矿、阳钢、工程公司等单位进行安全检查，建立安全组织——治保委员会和治保小组1293个，义务消防员4010名，义务交通员240名，选择典型安全事故案件，通过审判活动，进行大张旗鼓处理，使同治安灾害的斗争实现了“群众化、制度化、经常化”，并取得显著成绩。1～5月份，又抽出干部9人，围绕整党、整社等中心工作，对全市55个公社、1186个管理区、97个厂矿和68个机关单位中3239名地、富、反、坏、右五类分子，进行了一次普遍评审，为分化瓦解敌人，对一贯表现好的给予摘掉“帽子”，改变其成分；表现坏的给予批评斗争。对已经改变了成分、摘掉“帽子”又表现不好的，重新戴上“帽子”，恢复其原来的成分。同时配合公安部门，结合整党、整社工作，整顿和健全各种基层治安组织，对各公社、管理区、厂矿车间，重新设置“治保调处委员会”，在生产队则设置了治保调处小组，生产小组设治保调解员。

1959年，根据“一手抓政治斗争，一手抓同治安灾害事故斗争”的两条腿走路方针，从4月份开始，到9月底，协同阳泉市公安局、阳泉市检察院及其他部门，开展同“治安灾害事故”的斗争。1～4月份，阳泉市工矿企业共发生各类生产事故138起，平均每月34起。针对这种情况，阳泉市人民法院抽出干部5人，其中院长1人，审判员4人，与公安部门一起深入厂矿企业，先后开展三次规模较大的安全生产大检查，共查出不安全漏洞35646条，并敦促企业一一进行整改，到9月份，即清除安全隐患34152条，95.8%的安全生产漏洞得到整治，同时，指导各企业加强防范，建立健全安全生产规章制度3089条，修订安全公约2564条，指导企业增设保卫科（股）14个，增加保卫干部55人，建立群众性安全防范小组660个，计有5771人参加，培训各种关键岗位工作人员26902人，对瓦斯员、放炮员等要害人员进行政治与技术上的鉴定，清理不适合从事要害岗位工作的人员109人，并在厂矿之间、居民之间开展安全红旗竞赛活动，树立安全生产标兵 35 人，安全生产单位占到企业总数的 92%。

年内，阳泉市人民政府征集兵员工作刚刚开始，白泉公社段家庄村即有别有用心的人造谣说：“第三次世界大战可能在近几年发生，这些入伍青年正遇关头”，致使一些青年不愿意报名参军，导致全市征兵工作遇到困难。阳泉市人民法院荫营法庭进驻该村后，一方面宣传应征参军是公民的义务，向适龄应征青年讲政策、讲法律、讲形势，鼓励青年积极应征入伍。另一方面依法惩办了造谣惑众的王二牛，消除了因王二牛造谣事件造成的恶劣影响，保证了征兵工作的顺利进行。此外，由于进入经济困难时期，7 月份前后，阳泉市出现许多食品供应方面的谣言，如“从 8 月 1 日起布证（布票）废止不用”、“食盐存量不多”等，导致出现全市性排队抢购风，新市街商品仅 7 月 24 日一天，即售出食盐 3000 余斤。阳泉市人民法院根据这一特殊时期审判实际，于 7 月 29 日，开展严厉打击投机倒把犯罪活动，对冯增福等严重扰乱经济活动的犯罪分子给予严惩，并印发大量宣传品，维护经济困难时期的市场秩序。

1960 年，继续深入开展“一手抓政治斗争，一手抓同治安灾害事故斗争”运动，以“钢、铁、煤、磺、运”等企业为服务重点单位，协助企业堵塞各类安全生产漏洞 12175 条，建议企业将 1482 名不适合做要害工作的人员调离重要岗位，并通过司法审判，及时打击各类破坏活动和因玩忽职守、违章作业造成重大伤亡事故的犯罪分子。全年公开处理技术破坏事故案 64 件，严重违章作业造成的重大事故 29 件。保卫了以“四化”为中心内容的“双革”运动顺利进行，如召开专题公判大会，严厉批判了交通事故“难免论”，对交通肇事一次压死 4 人的聂成良予以相应的刑惩，使阳泉市交通战线的 500 余名司机受到深刻的法制教育，交通事故居高不下的势头得到扭转。又如，在“青年钢厂”组织“反事故运动办公室”，以狠抓生产、组织高产为中心，发动职工群众检举揭发，公开处理了技术破坏分子高凤仪、刘振海、周玉庆、贪污犯赵有林等 10 余名罪犯，打击了歪风邪气，弘扬了工人阶级积极生产、建设社会主义的浩然正气，促进了生产发展，生产任务由日产钢 78 吨猛增到 122 吨，提高了 55.3%。

在农业战线上，阳泉市人民法院根据市委部署，集中司法力量保卫春耕、抗旱、秋收、秋耕和秋种安全，先后在 7 个公社、24 个管理区，订立护秋保秋公约，纠正和制止“吃青、偷青”等轻微违法行为，严厉打击杀害牲畜、造谣生事、煽动破坏农业生产的犯罪分子，惯盗分子陈来科等 4 人被公开逮捕判刑。

1961 年，阳泉市人民法院配合基层党委和厂矿企业、农村人民公社开展三项工作：一是抽出院长、庭长和审判员共 8 人，与公安、检察部门统一组织力量，以抓生活、促生产为中心任务，普遍开展社会镇反运动，促进整风整社工作的开展。在整风整社运动中，全面贯彻落实《中央工作会议关于农村整风整社和若干政策问题的讨论纪要》（1961 年 1 月 20 日），检查和纠正农村人民公社和生产大队存在的“共产风”、浮夸风、瞎指挥生产风、特殊化作风、强迫命令风，打击贪污、浪费和官僚主义，帮助基层人民公社和生产大队清算平调账，对“平调”中的退赔问题进行监督和指导。通过整风整社运动，进一步调整农村中的生产关系和上层建筑，纯洁干部队伍，纯洁党的组织，健全党的生活，加强党组织的堡垒作用，提高干部和群众的政治水平，整顿干部作风，调整干部和群众的关系，在阳泉市广大农村形成人民群众心情舒畅的政治局面，有效地调动了农民群众的生产积极性，为度过经济困难、争取全年农业丰收奠定了基础。二是根据省委和市委对夏收秋收安全工作的指示精神，结合贯彻落实“60条”，抽出7名干部，组成3个巡回法庭，直接参加阳泉市委组织的“保秋前线指挥部”，由院长带队，深入荫营、河底、白泉等6个公社31个生产大队，发动群众，反复讲解党的政策和保卫秋收的重要意义，帮助社员订立“保夏护秋公约”，批判“撑死胆大的、饿死胆小的”等错误思想，纠正和查处小偷小摸现象，先后召开了6次公判大会，公开处理犯罪分子52名，同时表扬奖励好人好事901户1104人，评出光荣户81家，共计奖励“光荣粮”5116斤，“光荣菜”2863斤，现金415元，日用品103件。三是以保卫钢、煤、磺、运为重点，继续深入开展故意制造生产事故的现行破坏活动，一年间，共选择59个典型案件，在12个厂矿（车间）进行公判公处，有力地震慑了坏分子的破坏活动，据统计，1961年故意破坏工业生产的政治案件，比1960年下降了279%，直接促进了工业生产任务的完成。

1963年，继续以人民法院的强大专政力量，保卫阳泉地区的春耕、夏收、秋收等中心工作。在春耕、夏收、秋收期间，阳泉市人民法院结合中心工作，先后选择有教育意义的偷盗、破坏农业生产等19名罪犯，在灾情比较严重、发生问题较多的14个农村生产大队，进行公判处理，印发宣传品，震慑敌人，教育群众，约束不良人员，保卫夏收、秋收安全。在1963年夏收、秋收期间，阳泉地区发生的小偷小摸案件，比1962年下降了27%，绝大多数生产大队未发生偷摸案件。

1964年，密切结合阶级斗争形势，运用审判武器，及时严厉地打击敌人破坏活动，保卫“社会主义教育运动”（即“四清”运动）的顺利进行，为此，阳泉市人民法院派出一名干部深入到“四清”重点大队郊区韩庄村进行蹲点，摸索和总结在农村社教运动（四清）中，发动群众、依靠群众制服敌人的经验。10月份，遵照党中央“集中力量打歼灭战”的指示，在面上的社教运动暂停和收缩之后，少数坚持反动立场的地富反坏分子和一些蜕化变质的坏干部，向党、向人民、向社会主义革命运动进行猖狂的反扑破坏活动。据9至12月份统计，全市厂矿农村共发生打击报复、反攻倒算、破坏生产、边反边犯等四类案件79起。为及时有力打击敌人破坏活动，保卫社会主义教育运动，根据阳泉市委指示，抽出两名庭长级干部，与公安、检察机关密切切合，组成“打击现行办公室”，及时进行查证处理，自10月至12月底，对四类案件由本院判处徒刑的7名；判处拘役的2名；由其他机关给予拘留教育和行政、党纪处分50名，另有2名已捕未判。在处理这类案件时，重点选择打击报复贫下中农的5个典型案件，分别与11月15日、16日，在市体育场、白泉公社召开12000余人大会，进行大张旗鼓的宣判处理。张贴布告400张，印发宣传品2000余份。在市区和农村广泛深入地开展法制宣传教育，坚定不移地打击阶级敌人的反扑破坏活动，鼓舞贫下中农的革命斗志，保卫了社会主义教育运动在广大农村人民公社和生产大队的顺利进行。

1966～1973年，阳泉市人民法院因“文化大革命”中止实行审判权，刑、民事案件受理工作由“阳泉市革命委员会保卫部审判办公室”负责。其间，审判工作指导思想“以阶级斗争为纲”和“无产阶级专政下继续革命的理论”，主要服从、服务于“文化大革命”这一政治中心。

1973年6月28日，阳泉市中级人民法院恢复名称和建制；9月，同阳泉市公安局分设办公室，正式行使审判权。

1979年，6月18日～7月1日，五届人大二次会议颁布《刑法》《刑事诉讼法》。12月底，中共十一届三中全会召开，会议作出全党工作着重点从1979年开始，转移到社会主义现代化建设上来的战略，中止了“以阶级斗争为纲”、“无产阶级专政下继续革命”的理论和口号。阳泉市中级人民法院和当时的三个基层人民法院（城区、矿区和郊区），主动服从服务于党和国家工作着重点的转移，对“文化大革命”期间判处刑事案件进行复查，开始着手进行冤假错案的平反昭雪，调动一切力量服务经济建设。

1983～1984年，在全国性“严打”整治斗争中，阳泉市两级法院坚持把综合治理工作摆在重要位置，以打为主，打防结合，积极开展司法建议，广泛深入进行法制宣传和法制教育，收到明显的社会效果。如1984年，平定县人民法院在审判工作中，注意分析各类案件的特点和发案原因，向有关部门提出司法建议30余份，签订社会治安防范承包合同500余份，促进了有关单位的经营管理。矿区人民法院和郊区人民法院对一年来判处缓刑、拘役和免于刑事处分的罪犯分别进行回访，并走访罪犯所在单位和居民区，具体落实帮教措施，加强对罪犯的改造工作。盂县人民法院承包全县财贸系统的综合治理工作，帮助整顿安全机构，健全了治安责任制，盂县财贸系统涌现出综合治理先进典型11个，受到县委、县政府的表扬。

1985年，“严打”斗争进入第三年，严峻的社会治安形势，使阳泉市中级人民法院党组和基层人民法院党组,深刻认识到开展社会治安综合治理的重要性和迫切性。为进一步引深“严打”斗争，巩固“严打”斗争成果，必须开展社会治安综合治理。因此，两级人民法院充分运用审判职能，一方面继续狠抓“严打”整治斗争，另一方面，积极配合有关部门，不失时机地开展社会治安综合治理。一是急案急办，及时调解处理容易激化民事矛盾纠纷的“急案”91件，加强对人民调解委员会的业务指导，努力把纠纷解决在萌芽状态中，减少或消除不安定因素。二是选择典型案件，召开公判处理大会31次，受教育者达325500余人。三是选派有理论知识和实践经验的干部，深入到80余个厂矿、学校乡村讲解法制课程，教育人民群众，特别是教育青少年懂法、知法、守法，受教育者71000余人。四是对典型案件在审理之后，召开家属、单位领导等有关人员座谈会，查找其犯罪原因，堵塞隐患和漏洞，如盂县人民法院在处理运输专业户刘文进故意毁车、索赔高额保险费一案后，就召集保险公司、个体户代表、新闻单位等有关人员进行座谈，起到了“办一个案件，教育一大片”的作用。五是对58名判处缓刑、管制、免刑的罪犯分子，进行回访考察，协助有关部门落实监管措施。六是主动走上街头，开展宣传法制，进行法律咨询，解答机关、团体企业单位和个人提出的有关司法问题，讲解法律知识，提供法律服务。七是与劳改单位（原山西省第二劳动改造支队，现山西省阳泉第一监狱）配合，根据罪犯劳改中的表现，对确有悔改的予以依法减刑，全年假释378人；对抗拒改造、构成犯罪的依法予以严惩，全年有40人被加重刑罚，以促进他们分化瓦解，改恶从善。八是包口挂钩，点面结合，积极参加综合治理，盂县、平定县均按照县委安排，参加包口挂钩的综合治理工作。全市两级人民法院注意克服有关部门就案办案的现象，开展社会治安综合治理，促进了社会治安形势的根本好转。

与此同时，随着经济体制改革不断深入和对外实行开放、对内搞经济政策的进一步深化，在经济审判工作中，经济合同纠纷和其他经济纠纷大量增加，1985年，全市两级法院即受理各种经济纠纷案件235件，审结197件，结案率为83.8%。已结案件争议标的总金额为558.8万元，比上年上升一倍还多。面对经济纠纷案件逐季、逐年上升，大案难案也同步增多的新情况，阳泉中院在全面加强经济庭建设基础上，注重不断总结经济审判工作经验，提高经济案件调解结案率，在审判实践中，阳泉中院总结出“服从服务于改革开放和经济工作中心”的“七个坚持”：即坚持调查研究，主动提供服务；坚持深入基层，就地解决纠纷；坚持着重调解，促进经济合作；坚持急人所急，减少经济损失；坚持勇于实践，试办典型案件；坚持严格把关，查堵经济犯罪；坚持秉公执法，树立高大形象，从而保证了案件及时合法地审判结案和调解处理，保护了当事人的合法权益，维护了经济秩序，促进了经济交往和生产的发展。如在审理阳泉市供销社综合贸易公司负责人单方撕毁内部承包合同一案时，按受案范围规定可以不予受理，但为了支持经济体制改革，经请示院领导受理了此案，经过调查，认定承包合同符合党的政策和法律规定，承包后经济效益明显提高，有益国家、集体和职工，于是依法维护了这一合同，教育了有关当事人，保护了承包人的合法权益，支持了经济体制的改革。

1986年，阳泉市中级人民法院一是协助阳泉第一监狱制定“联产联改双百分考核制”，加强对服刑人员管理，原则上每奖励一分可减一天徒刑，调动他们的生产和改造积极性，为兑现罪犯积分，促进罪犯改造，先后在阳泉一监、阳泉二监召开宽严大会10次，办理减刑案件660件，加刑案件1件。二是两级人民法院纷纷开展司法建议活动，进一步开展社会治安综合治理，一年间共向有关单位发出司法建议90件，促进他们改进工作、堵塞治安漏洞、确保治安安全。三是直接参加综合治理承包工作，中院领导两次到阳泉矿务局调查了解综合治理承包工作，并就具体情况撰写专题调查报告，提出合理化建议，促进该局社会治安综合治理工作的开展。

1991年，是贯彻落实十年规划和“八五”计划的第一年，阳泉市两级法院紧紧围绕经济建设这个中心，针对本市许多企业被“三角债”困扰、经济发展受制约的实际，不断改善经济审判工作，坚持在“服务”二字上做文章，努力为企业发展创造良好的社会和经济环境，为社会主义市场经济保驾护航。一是“倾斜服务”。两级法院认真贯彻党中央、国务院《关于搞活大中型骨干企业，推动经济全面发展》的指示，对于大中型企业采取“一主动三优先”的倾斜服务措施，即主动深入到15家大中型企业，加强与他们的联系，帮助他们树立运用法律手段维护合法权益的意识；对大中型企业起诉的经济纠纷案件，优先立案，优先审理，优先执行。如盂县煤炭运销公司统销全县煤炭，是全县骨干企业，但由于外欠高达7000多万元，只能靠贷款维护简单的生产和职工生活。盂县人民法院了解到这一情况后，主动与他们联系，派出由副院长挂帅的12名审判骨干组成办案服务队，三个月为该公司回收外欠账款700多万元。一年间，全市两级法院共为大中型骨干企业回收外欠资金1800多万元，有效地缓解了企业资金紧张的困难，促进了经济效益的提高。二是“定向服务”。阳泉市是全省乡镇企业发达地区，两级法院根据山西省委《关于扶持乡镇企业发展》的决定，坚持对乡镇企业开展定向服务活动，一年间审理乡镇企业起诉的经济纠纷案件342件，为乡镇企业回收资金1037万元，使24家濒临关门停产的乡镇企业走出困境，重现生机。三是“专项服务”。集中解决带有行业特点的经济纠纷案件，该年度，两级法院为建筑行业、交通运输部门、金融部门回收资金826.03万元。四是“全程服务”。首先是强化已结经济纠纷案件的执行。各基层法院建立健全和充实执行机构的同时，努力克服经费方面的困难，在执行装备方面给予必要保障，对被执行人，采取思想教育与强制手段相结合等措施，使经济纠纷案件执行率达到86.3%，维护法律尊严，保证当事人合法权益的现实。其次，针对经济审判工作中的共性问题，及时向当地政府和有关部门提出司法建议和管制建议，堵塞企业经营管理漏洞，促进经济发展。如市中院于6月初，根据《民事诉讼法》实施后，经济审判工作面临的新形势和大中型企业有案不诉问题，向阳泉市政府提出4点工作建议，引起市政府领导高度重视，薄应贤市长亲自在有关会议上对本市大中型企业依法参加法律诉讼、维护自身合法权益作了安排部署，引起各大中型企业的共鸣。第三，建立经济司法联络员制度，帮助企业培训法律骨干。为帮助企业树立依法经营的意识，及时掌握全市企业经济纠纷的案件情况，增强法院与企业之间的联系，两级人民法院在全市企业中，普遍设立经济司法联络员，该年度，即在40多家企业中设立经济司法联络员50名。与此同时，全市法院举办 23 期经济法律知识培训班，为企业培训法律业务骨干 450 多名，提高了企业规范经营和自我保护的意识，进一步扩大了人民法院经济审判工作的辐射半径。

1993 年，阳泉市两级法院结合办案，向有关方面提出司法建议 26 条，帮助企事业单位消除治安隐患，加强内部治安防范。1994 年，提出司法建议 47 条，而且帮助有关单位堵塞治安漏洞，消除治安隐患。1995 年，结合刑事案件审判实际，向有关方面提出司法建议 18 条。

1998 年，坚持法律标准与社会效果高度统一的原则，服务经济建设大局，注重社会效果，努力解决执法活动中的热点、难点问题，积极参与社会治安综合治理，着力维护社会稳定，一是依法正确与社会稳定关系密切的案件审判，切实维护社会稳定。两级法院不仅在刑事审判工作中及时审理了一批危害大、影响大的严重刑事犯罪案件，对 120 名罪行严重的刑事犯罪分子被依法判处死刑（死缓）、无期徒刑和五年以上有期徒刑，而且在民事、经济、行政审判工作和信访工作中化解大量影响稳定的因素。如市中院通过审理阳泉市化工总厂与阳泉市矿区房地产开发公司土地转让纠纷案，使拆迁 4 年仍住不上新房而上访不止的 31 户居民回迁有望，不再申诉上访。二是抓好与经济发展关系密切的案件审判，积极促进经济发展。紧密围绕全市经济增长奋斗目标，两级法院一方面依法及时审理荆志宏合同诈骗案、山西农大实验农场王维治销售伪劣种子案等一批经济犯罪案件，严厉打击破坏社会主义市场经济秩序的犯罪活动；另一方面依法及时办理各类经济纠纷和民事债务案件，结案标的金额达 9.1 亿元，为不少困难企业收回巨额外欠资金，有效地促进经济发展。如市中院仅 9 月份，即为阳煤集团公司一次性追回外欠 1500 万元。三是抓好执行会战，消灭“法律白条”。为解决群众反映强烈的“执行难”问题，全市法院从 10 月中旬起开展集中清理执行积案的百日会战，广泛采取公告督促、新闻曝光、召集债务人会议等措施，使大量执行积案得到清理，到年底，在两个多月时间内，执结各类案件 1073 件，结案标的金额 1.05 亿元。

2000 年，结合审判工作，全市法院先后向有关单位发出司法建议 32 件次。2001 年，进一步完善各项司法救济制度，对经济方面确有困难的诉讼当事人，实行诉讼费的缓、减、免交制度，保障其依法行使诉权。该年度，全市两级法院共缓、减、免困难当事人诉讼费 285.1 万元，确保困难群众在合法权益受到侵害时，不因诉讼费问题打不起官司。2004 年，规范立案工作，继续推进司法救济制度，为经济困难的当事人减、免、缓交诉讼费 219.1 万元，其中，郊区法院设立“司法救助基金”，保障当事人的诉权得到充分实现。2005 年，积极推行立案工作中的多项便民措施，全面实行诉讼风险提示，加强民事、行政诉讼指导，减少因法律风险的不明了而引起的缠诉和上访，减少群众不必要的诉讼负担。全市法院依法减、缓、免当事人诉讼费 247 万元。为方便群众诉讼，各基层法院还设立了巡回法庭，以方便边远地区的群众诉讼，减少诉累。

2006年，阳泉中院一是坚持打防结合，注重对在押服刑人员进行感化挽救，市中院审监庭受理减刑案件1797件，审结1797件，通过实行减刑、假释案件的公开听证制度、在监狱设立意见箱等方式，增加了减刑的透明度，有效地促进了罪犯改造。二是继续推进立案便民措施，减少群众不必要的诉讼负担，两级人民法院依法减、缓、免当事人诉讼费533.8万元。三是司法为民的十一项措施得到落实，审判机制更加科学、合理、高效，民商事案件的调解执行率有大幅提高。全市法院案件结案率较上年同期提高3.84个百分点，错案率和执法过错率下降13个百分点，个案平均审限缩短2.7天，人民群众满意率明显提升。

2007年，全市两级法院依法减、缓、免当事人诉讼费547.41万元。其中市中院缓收诉讼费282.9万元、减收诉讼费1万元、免收诉讼费0.17万元；基层法院缓收诉讼费263.34万元。2009年，高度重视推进司法便民工作。全市法院继续加强基层基础建设，改善物质装备和“两庭”工作条件，为人民群众接受法律服务提供便利。两级法院均建立起立案信访接待大厅，配置了自动化办公设施，为群众提供导诉、答疑、调解等“一站式”服务。对经济确有困难的当事人实行司法救助，共计减、缓、免交诉讼费560余万元。为方便群众诉讼，市中院采用电脑“随机排案、即时分案”的模式，减少案件的流转时间。各基层法院、人民法庭从减轻诉累出发，适用简易程序审理民商事案件1661件，占民商案件总数的34%；巡回审判、就地审结各类案件616件，标的3165万元。

2009年，充分发挥“能动司法、创新司法、民本司法”职能，服从服务于阳泉市“三城同创”战略。阳泉地区是一个能源型老工业基地，2008年下半年席卷全球的金融危机，对阳泉经济工作造成重大冲击，受金融危机的影响，加之改革过程中利益调整引发的矛盾和纠纷更加突出，为应对金融危机，更好地服务党委、政府提出的“保增长、保民生、保稳定”决策部署，更好地服务于市政府提出的“三城同创”目标，更加有效地化解社会矛盾纠纷，阳泉中院党组先后组成18个调研组，由党组成员亲自带队，中层干部广泛参与，对全市司法矛盾、信访安全、社情民意进行集中调研，了解基层司法状况，掌握第一手资料，研究解决人民法院在服务党委、政府中心工作中面临的新情况、新问题，确立了坚持解放思想，转变司法观念；强化司法职能，保障经济发展；高度关注民生，维护人民权益；稳步推进改革，健全工作机制；强化队伍建设，确保司法廉洁；加强基层建设，夯实发展基础；强化党的领导，自觉接受监督等七个方面的目标任务。在具体的司法实践中，阳泉中院坚持能动司法、主动服务维稳大局，坚持以人为本、努力回应群众司法诉求，坚持从严治院、实现人民法院全面协调和可持续发展，以服从服务于“三保”和“三城同创”目标。

2010年，全市法院坚持能动司法理念，紧紧围绕市委、政府关于转型发展、跨越发展的重大部署，深入贯彻落实科学发展观，认真履行宪法和法律赋予的职责，紧紧围绕社会矛盾化解、社会管理创新、公正廉洁执法三项重点工作，不断加强审判、执行工作和自身建设，积极参与社会治安综合治理和平安阳泉创建活动，加强与有关部门的工作沟通，落实对特殊人群的帮教管理措施，积极参与社区矫正工作，共同推进社会管理创新，特别注重强化和解执行举措，采取以法院为主、有关部门协作联动的多元执行模式，因案制宜、一案一策，妥善执行涉及兼并重组企业、特困国有企业和生活困难群体的案件，以进一步减少对抗，增进社会和谐，为“千亿阳泉、百万新城”建设提供有力的司法保障。

2011年，全市法院在各级党委的领导和人大及其常委会监督支持下，始终坚持“为大局服务、为人民司法”工作主题，深入推进“社会矛盾化解、社会管理创新、公正廉洁执法”三项重点工作，扎实开展“发扬传统、坚定信念、执法为民”主题教育实践活动，努力服务全市转型跨越发展。

2012年，全市法院从建设“千亿阳泉、百万新城”大局出发，狠抓执法办案第一要务，充分发挥各项工作职能，积极参加市委政法委组织的“千名干警联千村、法律服务到基层”活动，阳泉中院有52名干警包点52个村，入村入户帮助群众解决实际困难。同时，紧紧围绕辖区经济社会建设中心工作，积极探索开展行政协商对话活动，通过协商一方面消化大量“合法不合理、合理不合法”的社会矛盾，另一方面促进科学、依法行政。并主动向党委汇报经济社会热点、焦点、重要情况，为党委决策提供法律支持与服务。针对法院民商、刑事审判工作发现的社会发展过程中，涉及金融、房地产管理、新农村建设、企业转型改制、劳动争议等热点问题，加强调查研究和审判经验的梳理，适时与有关行政机关联合召开座谈会，共同协商热点问题，以审判经验指导行政机关依法行政，提升行政机关运用法律解决问题的能力。在行政案件审查审理中，依托行政案件审判，积极开展行政对话。对于行政机关在行政事务中，具体行政行为不符合法律规定或者容易引起群体性事件、激化社会矛盾的行为，及时向有关机关发出司法建议，促进行政机关认真反思行政执法程序、实体方面存在的问题，促进法治政府建设。在案件审查、审理、审判各个阶段，严格落实诉讼风险评估责任，对于容易引发群体性事件或者容易引起集体上访的案件，及时向党委、人大请示、

陈明华院长（左二）在山西鑫磊循环产业园调研

报告，并采取切实措施，防止发生不良事件。特别是在立案环节，对于事关民生和群体利益、需要政府和相关部门配合的案件，可能影响社会和谐稳定的群体性案件、集团诉讼案件、破产案件，当事人之间情绪对立可能引起上访的案件，社会普遍关注的敏感性案件等，认真审查，从严立案，把好入口关。同时积极进行危机预警和协商协调工作。在此基础上，建立敏感案件处理机制，使敏感案件在程序上、在实体处理上、在对外宣传上区别于普通案件，形成系统和规范的处理办法。对于本辖区内集中发生、具有典型性、代表性的影响人民群众生产生活、生命财产安全的案件，及时进行归纳整理，公开发布提示警示，主动为群众提供司法预警服务，引导群众做好防范。

附 1：阳泉市人民法院《关于保障资本主义工商业改造的审判经验总结》

（1956 年 1 月 19 日）

我市共有资本主义工商户 322 户（不包括独立小商业）。今年以来，随着国家经济建设的发展和新形势的要求，资本主义工商户的主要部分，通过改造初步引向了社会主义轨道，分别纳入加工、订货和经销等国家资本主义形式的有 140 户，推进到国家资本主义高级形式的公私合营有 8 户，合作商店和合作小组有 141 户。从目前改进过程中看出，绝大多数资本家通过各种政治运动和时事学习，已经有越来越多的人认清了企业及个人的前途是和国家的社会主义前途不可分割的，因此，他们能够服从领导、积极经营、爱国守法、接受改造。但也还有一些一贯坚持反动立场抗拒社会主义改造的不法资产阶级分子。一年来在审判方面除集中大量打击反革命的破坏外，对不法资本家抗拒和破坏社会主义改造的案件，也进行了严肃及时的处理，因而保障了国家对于资本主义工商业改造工作的顺利进行。

案件的受理情况和升降原因：

1955 年受理了破坏和抗拒对资本主义工商业进行社会主义改造的案件共 20 件，其中有暗藏反革命破坏的 3 件，不法资本家破坏的 14 件，独立小商贩违法的 5 件。受理的案件以性质来分类：计拖欠税、偷税、漏税的 5 件，抬高市价牟取暴利的 4 件，加工订货中偷工减料盗取国家财产的 2 件，骗取国营企业和银行资金的 2 件，克扣拖欠工人工资偷逃资金的 1 件，奸商相互勾结套取国营公司商品的 1 件，倒贩赃物的 1 件，反革命造谣污蔑、破坏团结的 1 件，反革命故意制造废品、积压资金的 1 件。从 1955 年与 1954 年各类案件的产生数字比较：1954 年没有这方面的反革命破坏，1955 年则产生了 3 件。其他相比上升的：套购商品的 1 件、骗取银行贷款的 1 件、抬高市价牟取暴利的 2 件。相比下降的有：偷税漏税 2 件、拖骗工资 2 件、订货中偷工减料偷窃的 2 件。

案件的上升原因：

（一）从各类案件的上升看出，随着社会主义改造事业的深入发展，阶级斗争日益尖锐、剧烈，特别是反革命破坏案件的上升，更能说明这一点，如发生的 3 件反革命破坏，都是混进公私合营的生产合作社内，利用技术及财务会计和文化教育进行破坏的。

（二）资本家虽经过“五反”、自查补报及几年来的政治、时事学习，有了一定提高，但决不能万事大吉，以为不会再施“五毒”，从发行新币中五个不法资本家乘机套购商品、抬高市价、谋取暴利的事实，说明不法资本家唯利是图的本性是无缝不钻的。我们稍加疏忽，便会使其有机可乘。同时也说明我们掌握私商销售量和市场管理上存在着缺点。再加工商行政部门干部少、机构不健全，对工商业资本家宣传教育不够，所以违法行为不断发生。

（三）个别归口公司对已经纳入国家资本主义轨道的经销、代销店领导监督不够，所以有的经销店也发生违法行为。如棉布经销店经理李英才，从1955年1月10日即首选公积金200元，同年7月3日又抽逃100元，11月28日写申请要刻字，并随带资金600元，企图达到掩饰抽逃之目的。

（四）在法院审判工作方面：由于审判人员政策界限模糊“左”倾思想严重，对不法资本家重施“五毒”和抗拒改造的行为制裁不力，打击不严，无形中助长了不法资本家的气焰。

反革命和不法资本家的破坏方式和我们采取的对策：

从全年受理的破坏资本主义工商业改选的案件来看，敌人的破坏方式是多种多样的，而且更加隐蔽、奸巧。具体破坏花样，可分下列几种：

反革命破坏案件：他们的破坏手段是挑拨离间、造谣煽惑、制造废品、积压资金、曲解政策、排挤党的领导。如混进市内黑白铁生产合作社的蒋匪军电台长高毓英，窃取会计职务，负责派活，在四次订货中，该社均有意不按图样派，如承做矿务局1公斤油瓶一批，该有意指示的做成2公斤的，结果不合规格，又重做了一批，据统计四次积压100多元。又有一次，竟然不通过理事会，擅自向晋中铁业社订购了要两年多才用完的炉条5960斤，造成700多巨额资金的积压。又如反革命分子岳如生，在晋兴铁工厂公司合营时公然煽惑工人说：“合营归公家，头一个不干的就是我”。公私合营后该曾三次故意违反操作规程，制造废品，损失达500元，如铸钥匙时铸了55个，即有废品50个。再如混入公私合营建设铁工厂当文化教员的反革命分子贾怀义，利用讲课污蔑和曲解国家的粮食政策，企图挑起工人对党的不满，如对工人讲：“刚解放是斗争地主老财，给你们甜的吃，现在是斗争开你们啦！这就是先甜后辣。”更恶毒的是对有不满情绪的人便大肆煽惑说：“既然对工作组（按：党委派驻合营企业的工作组）老孟的意见很多，集中一下也能把他赶走，赶走就好办了。”

不法资本家抗拒改造的手段，一般可分以下几个类型：

（一）偷税漏税、抗拒不交。一年来，法院受理此类型案件，虽仅有5件，但据税务部门资料来看：全市222户资本主义工商业，就产生偷税漏税案件199件，共偷漏国税5946元。如新民自行车，即偷漏国税1700余元。他们偷漏的方法有的以出卖包装和剩余燃料及假进货加大开支等方法偷税；有的以自用牲口或互助为名，大量倒卖牲畜和马车，有的采用更隐蔽狡猾的方法，以保人给税务局扣税款身份骗税款；有的是欠税不交潜逃他地；也有外地坐商偷税。抗税欠税的主要是有钱不交税，三番五次立保证，甚至有的竟不辞而别，潜逃失踪。如刘耀林、陈子欣、常玉和等不法资本家便是。

（二）隐匿、抽逃资金、克扣工人工资、非法解雇和拉拢私人。如不法资本家法盛铁工厂经理杨法泉，1953年至1954年，不经劳动调配机关，私自解雇长期工人杨田元等四人，同时又拉拢其叔伯兄、弟、大兄哥郭喜昌等三人进厂工作。1955年5月以来，仅账面上可查的即有240元现款借其亲朋，但却以“赔的不行，不能开支”欺骗工人，长期拖欠苗万山等八个工人的工资324.92元。同时又利用职权，以长支和高支给自己和兄弟工资的手段，抽逃资金1072万3646元（旧币），用作了个人挥霍和修造楼房八间。

（三）高抬物价、越境套购商品。如发行新币中，经查出高抬市价，牟取暴利的四个不法资本家，其中两个钟表商，均以换了表条为理由，比其成本加大一倍高价出售；另两个地毯商，即是以一块地毯割成两个，趁机抬价售出。同一时期，“曾茂生”资本家江北秀越境到平定勾结奸商何兰保，套购百货公司白糖五包（1005斤）的不法行为，套购后交糖厂加工成糖球，并以高价向小商贩进行批发，破坏了市场价格，影响到国营（商店）的正常销售。

（四）加工订货中偷工减料，骗取加工费冒领粮食。如不法资本家杨法来加工中改头换面，以次顶好，牟取暴利达1700余万元（旧币）；荆山周给矿务局合作社加工豆腐时，增加水分、降低质量、私将超产量窃为己有，共盗窃合作社黄豆1985斤。发觉检查时交出一部分，其余该竟然一面以“如有砍他的头”做赌注，而另一面将所留黄豆400斤全埋在炉灰内，还有的是钻我们工作中的空隙和漏洞，以假报真、浑水摸鱼，骗领粮食和加工费。

为了保障国家对资本主义工商业社会主义改造的顺利进行，一年来司法工作结合发行新币、自查补报等工作，配合工商、税务等有关部门，对上述反革命和不法资本家的一切破坏，给予了及时有力的打击，并选择典型案件，在街道内进行了八次公开审判和一次公开宣判，广泛吸收了工商业资本家和职工群众参加旁听，在1955年7月份一次审判后，接着便在工商界中展开了爱国守法的学习，号召自动析查一切违法行为，在此基础上，紧接又投入了“五比”运动，（比爱国守法、比积极经营、比紧缩开支、比积极纳税、比经营作风），通过审判和一系列的宣传教育，加强了工商界中法制观念，比爱国守法教育，同时也提高了职工群众的政治觉悟。如我们在公判了违犯加工合同盗窃原料的荆山周以后，参加了旁听的育才妇女缝纫工厂正、副经理荆珍厚和牛恭，回去后写来的书面感想内这样说：“此案判决真是尽情合理，我们只有衷心拥护，诚恳接受这个教训，以便提高警惕，真诚的做好加工工作，解决一系列不正确的糊涂观点，保证加工上要做到保质、保量、按期完成……认真做到不偷工、不减料，树立新商人的道德品质，服从政府管理、国营经济领导和工人群众的监督，事事从整体利益出发，更好的掌握条件、争取利用、接受限制、欢迎改造……”宣判了套购白糖江北秀的案件后，工矿业建设铁工厂副经理赵国华说：“他办下这种损公利已的事，我们今天坚决反对这些坏家伙，但必须自己要不办那些违法事，好好学习，要靠拢国营经济的领导和工人群众的监督，搞好自己的企业，迎接公私合营。”逮捕判处了不法资本家私营恒大颜料厂，法盛铁工厂经理后，工人苗万山说：“要不是政府，我的工资再等两年也要不了，我们今后要很好的监督资本家，如有违法行为，我们就报告他们。”这说明通过审判，不但给予了破坏资本主义工商业社会主义改造的反革命分子和不法资产阶级分子以沉重打击，同时也对资本主义工商业的改造起了积极的推动作用。

另外，由于我院在1955年制度建设上建立了公证工作，对公私方面的加工、订货合同，进行了严肃认真地审核，这就堵塞了不法资本家一切可钻的空隙和纠正国家加工、订货工作上可能产生的缺点，避免了一切可能避免的损失。

但另一方面，由于我们对不法资本家的违法行为打击不严，所以在公判不法资本家江北秀后，在组织工商界讨论中，有一部分人感触刑太轻，他们认为这种行为直接破坏了有计划的市场物资供应和扰乱了当时发行新币的工作。如百货业程宝斋说："这种违法行为，如按破坏市场和新币制度来说，处理较轻，本应该重处。"

政策界限模糊，量刑偏轻：

在处理不法资本家违法破坏行为的案件上，有些审判人员对不法资本家反利用、反限制、反改造的斗争更加隐蔽、奸巧，特别是采取合法的形式对我们进行抗拒改造的斗争认识不足，致对不法资本家的"五毒"罪行惩处不严，失于轻刑。从1955年受理案件的量刑上看：判处徒刑五年并罚金200元的1件，徒刑三年的一件，一年以上两年以下并处罚金的3件，半年的1件，单处罚金的4件，教育3个月释放的2件，具结悔过的3件，公开息诉的1件，交还全款的1件。据检查，判处的17件中，属于重罪轻判的即有7件，占41%。如不法资本家江北秀，经过"五反"运动后，在1953年自查补报中，又发现偷漏国税2000多万元（旧币），1954年又偷漏200多万元（旧币），虽然政府宽大处理，但竟又在1955年发行新币中，勾结平定奸商，套购百货公司砂糖5包，计1005斤，然后以高价批售给小商，如此罪刑，本应从严判处，但我们仅判了一年缓刑，罚金100元。乘发行新币抬高市价牟取暴利的4个不法资本家，本应给与适当打击，但我们却一个也没判刑，判处了低于所获暴利部分的少量罚金，对牟取暴利是否没收，判决中也只字未提，其中特别是对资本家杨东海牟取暴利110元，而仅判罚金70元。由于政策界限不明确，右倾思想严重，当时党把四案当成有教育意义的案件，召集全市工商户公开宣判。在如不法资本家私营法盛铁二厂经理杨法来，曾因一贯违犯劳动调配政策非法解雇工人，在"五反"运动中受到教育处分，但在1953年和1954年又连续重犯，非法解雇长期工人杨田元等四人，并私自任用亲属三人，1955年5月以来，将存款借其亲朋，却欺骗工人说："赔得不行"，借此拖欠工人工资324.92元长期不发；同时又利用职权，以长支和高支给自己和兄弟工资的手段，抽逃资金1072万3646元（旧币），用作了挥霍和修造楼房，在给国家加工订货中以次充好，偷工减料牟取暴利1717万元（旧币），这种抗拒改造的严重罪刑，我们判处该犯徒刑一年中，罚金500元，追缴暴利，手有些失轻。此外，对不法资本家尹子兴骗取供销社加工费200万元（旧币）之罪恶，也错误地以骗取完全退还和就其本身而言，尚不足给予刑事处分为理由，令其在行业会上公开检讨而结案。

一九五六年元月十九日

附2：山西省阳泉市中级人民法院司法建议书

国土资源局：

近两年来，在审理行政管理相对人诉国土资源部门涉及土地、房屋行政确认等行政争议案件中，发现行政执行法程序中存在一定的瑕疵，从而引发不必要的诉讼，乃至有时承担败诉的后果。为监督支持依法行政与依法维护公民、法人、其他组织合法权益，有效防范、消化行政争议，提出以下建议：

一、在行政确认等行政执法过程中，一定要重视依照法律、法规、规章、规范性文件规定的程序操作，任何具体行政行为不仅要在实体上于法有据即享有法律授权，而且在程序上也要有法必依。

二、诸如涉及颁发土地证、采矿许可证等事项，一定要提前予以公示，并告知提出异议、陈述、申辩权以至诉权等行使相关权利的法定时限。这样可以避免形成确权等既定事实后因程序不到位造成被动、防范引发不必要的诉讼。如农村核发、颁发土地证，由于人力、时间等局限，自身无条件逐一完成实地勘查丈量等任务、依托基层提供的信息资料应在初审之后，确权发证之前公示于民、公开于众，如张榜在某村并告之陈述、申辩、复议以及起诉权限和时间，逾期不行使上述权利的视为本人及利害关系人认可。否则如出现信息确认失误等，当事人又不知情的，数年后仍可在知道该具体行政行为之后提起诉讼。

三、在公示之后，如相对人提出相关异议，又与事实相符的，则有错则纠，及时消化行政争议。

四、在微观执法中，建议聘请法律顾问，对一些涉法事务多一些规范性指导。

五、司法实践中发现县区国土局对申请变更登记包括房产所有人出卖房屋需变更登记的，仅盖国土局的变更登记专用章，即视为并告之当事人政府已确认权属变更，不需核发县级政府盖章的土地证。因法律明文规定确权职权在县级政府，仅盖职能部门审查意义上的专用章并不发生政府确权的效力和事实，即权属变更尚未形成一个完整的具体行政行为，易引发纠纷，故建议合法变更权属登记应规范化、程序化运作，以颁发新的政府盖章的土地证为宜。

特此建议

阳泉市中级人民法院

二〇〇七年五月

附 3：通讯报道

能动司法 创新司法 民本司法，彰显人民司法本质

——阳泉市中级人民法院工作纪实

梁 庆　阎建生

2009 年，对于阳泉市中级人民法院来说是一个极不平凡的工作年度。这一年，国际金融危机蔓延，作为老工业基地的阳泉市受到很大冲击，一些历史遗留的司法矛盾——执行难、信访和民商事纠纷等开始集中暴发，而恰恰在这一年，王志刚同志从外地交流到阳泉任中院党组书记、院长，新班子面临新挑战，旧矛盾需要新举措，准确把脉维稳讯息、切实保证信访安全、大力破解执行难题，助推经济又好又快发展，推进民生问题解决，成为新一届党组面临的重大课题。阳泉市中级人民法院在中共阳泉市委坚强领导下，在阳泉市人民政府大力支持下，充分发挥审判职能，刑事犯罪受到严厉打击，民事纠纷和信访矛盾得到较好化解，执行难窘境得以改善，维稳措施全面落实，2009 年，全市法院受理一审案件 9631 件，同比上升 11.8%；受理二审案件 722 件，同比上升 9%；涉案标的 10.6 亿元，同比上升 68%。特别是在涉及民生的案件中，阳泉中院充分发挥能动司法的人文关怀作用和救助职能，积极回应妇女儿童、老弱病残、下岗职工和农民工的司法诉求，全年审结劳动合同、劳动争议案件 485 件，审结人身伤害、医疗纠纷、交通事故民事赔偿案件 498 件，对经济困难当事人实行司法救助，共计减、缓、免交诉讼费 560 余万元，有效地保护了弱势群体的合法权益，从而成为“政通人和、社会稳定、经济发展、人民群众安居乐业”司法助力。

一、能动司法：维护社会稳定的助力器

阳泉市是一个能源型老工业基地，2008 年下半年席卷全球的金融危机，同样对阳泉市的经济工作造成了重大冲击，受金融危机的影响，加之改革过程中利益调整所引发的矛盾和纠纷也更加突出，如何应对金融危机？如何更好地服务党委、政府提出的“保增长、保民生、保稳定”的决策部署？更好地服务于市政府提出的“三城同创”目标，更加有效地化解社会矛盾纠纷？成为王志刚同志和党组一班人面临的迫切需要解决的重大问题。围绕解决这一问题，院党组先后组成 18 个调研组，由党组成员亲自带队，中层干部广泛参与，对全市司法矛盾、信访安全、社情民意进行集中调研，了解基层司法状况，掌握第一手资料，研究解决人民法院在服务党委、政府中心工作中面临的新情况、新问题，确立了坚持解放思想，转变司法观念；强化司法职能，保障经济发展；高度关注民生，维护人民权益；稳步推进改革，健全工作机制；强化队伍建设，确保司法廉洁；加强基层建设，夯实发展基础；强化党的领导，自觉接受监督等七个方面的目标任务。在具体的司法实践中，阳泉中院坚持能动司法、主动服务维稳大局，

坚持以人为本、努力回应群众司法诉求，坚持从严治院、实现人民法院全面协调和可持续发展，并制定了一系列服务“三保”、服务“三城同创”的措施。在日常管理中，积极推行绩效考核，王志刚院长代表院党组同各基层法院签订了“2009年度工作目标责任书”，分解量化了各单位的目标任务，促进了办案效率，在随机抽查的79件刑事、民事、行政、审监和执行案件中，评定为优秀的案件77件，优秀率达97.46%，良好的案件2件，办案质量明显提高，2009年审理的9631起案件中无一例出现上访事件，绩效管理成果显明。

二、创新司法：破解执行难的金钥匙

阳泉中院经过多年来的不懈努力和积极探索，在解决执行难方面已经形成一套行之有效的体制和方法，如执行工作的“六个穷尽”、“七个到位”等作法，在全国法院系统得到了广泛认同和全面推广。2008年，由于金融危机的冲击，阳泉市两级法院同样的执行工作同样面临严峻局面，在当年年底开展的全国“集中清理执行积案”之时，阳泉市两级人民法院尚有1200余件执行积案，其中，市中院100多件，90%的执行难案件集中在基层法院。为了贯彻中政委的部署，阳泉市成立了以市委常委、政法委书记陈继光任组长、中院院长王志刚任副组长的“全市清理执行积案活动领导组”。面对这一艰巨任务，全市执行干警不负重望，经过近一年的艰苦努力，截至2009年底，执结672件有财产案件，531件无财产案件，结案率达98.33%。向党和人民交出了十分满意的答卷。

如晋商公司诉外地一钢铁集团公司经济合同纠纷一案，2007年8月，经过太原市中级人民法院和山西省高级人民法院两级法院审理，判决该公司偿还晋商公司配套资金及利息、违约金共计6500余万元。然而，判决生效后迟迟执行不了。当年9月，山西省高院即将这起案件指定阳泉市中级人民法院执行，面对这家国有大型企业集团“遭子公司起诉”、“账户被冻结”等种种“执行不能”，阳泉中院执行法官不放弃、不妥协、不退缩，借2009年全国性清理执行积案的东风，执行法官先后20多次奔走于太原、张家口、北京、石家庄之间，行程数万公里，对被执行人的基本情况和履行能力进行系列调查，并最终获得了关于本案执行的大量第一手资料。之后，他们多次耐心地对该集团公司执行法院生效判决进行工作协调，一方面充分考虑国际金融危机对国有大型钢铁企业造成的影响，另一方面，也考虑到晋商公司资金状况同样举步维艰，经过阳泉中院执行法官的艰苦努力，双方当事人终于握手言和，总执行额累计5400万元，执行率达到83.08%，其余款项也达成了和解协议，一起由外埠法院受理、省高级法院指定执行、中央政法委直接督办的“执行难”案件得到妥善解决。

在涉及城乡统筹、重大项目建设和破产重组的案件和受金融危机冲击发生的经济纠纷案件，阳泉中院审慎使用查封、扣押等强制措施，充分发挥司法优势，多方协调处理，平稳调解矛盾纠纷，确保各级党委和政府“保增长、保民生、保稳定”措施落到实处，从而成为阳泉市经济工作向好回升的司法助力。如中国银行阳泉分行申请执行华龙超市4096万元一案，华龙超市不仅是阳泉市大型商业零售企业，而且也是一家国有特困企业。在执行本案过程中，阳泉中院对华龙超市进行了执行调研，并形成了执行意见：由华龙超市发动职工集资2225万元，华龙超市自筹资金899.6万元，将抵押给银行的资产购回，中国银行经省行和总行批准，免去华龙超市贷款利息931万元，不但盘活了企业资产，增强了职工的主人翁意识，而且还顺利地执结了本案，实现了法律效果、社会效果和政治效果的完美统一。从负债累累、濒临破产的国有特困企业，到职工和企业一起出资，共同构建有限责任公司，彻底改变了过去企业一亏损就拍卖、一拍卖职工就下岗、职工一下岗就上访的粗放型改制办法，从而成为国企改制中无阵疼、无后遗症、无后顾之忧的新型企业，为今后国有企业进一步深化改革、改制，探索出一条全新的维稳之路、民生之路、发展之路。华龙员工感动地说：是人民政府的以人为本政策，保住了我们安居乐业的饭碗；是人民法院的司法为民本质，让我们成了企业的真正主人。

阳泉市中级人民法院在应对执行难这一司法顽症的过程中，因案制宜，锐意创新，探索出许多行之有效的方法。如在全国集中清理执行积案活动中，针对无财产可供执行的案件，创造了"七个到位"的办法，化解"执行难"难题。"七个到位"是指：对经过穷尽执行手段后确无财产可供执行的案件，人民法院必须将"案件执行情况向双方当事人反馈到位；组织双方当事人召开执行听证会到位；对双方当事人的思想工作到位；对特困群体的申请执行人司法救助到位；中止、终结执行裁定书质量到位；案件情况向党委、政府和人大报告到位；案件情况向社会公开到位。"通过"七个到位"，最大限度地使申请人和上级领导、社会各界人士理解人民法院对无财产案件的处理结果，对此类案件最终退出执行程序创造了良好的社会环境，使无财产可供执行的案件不因"执行不能"引发新的社会矛盾。"七个到位"在全市两级人民法院推开后，不仅解决了大批"执行不能"的案件，消除了大量因"执行不能"引起的人民群众对党和政府，以及人民法院的误解、曲解。2009年12月10日，《人民法院报》以"工作亮点"为荐，在头版位置给予重点报道。

三、民本司法：构建和谐社会的阳关道

近年来，涉诉信访问题日益显露，成为人民群众反映强烈的突出问题。涉诉信访居高不下的原因，表面上看是当事人不服从裁判、不执行裁判，但深层次的原因还是当事人的个人诉求没有解决，因纠纷引发的不满情绪没有被化解，从而转化为对法院的不满、甚至转化成对党和人民政府的偏见，缠访、闹访、集体超级上访事件累有发生。如阳泉市中级人民法院判决无期徒刑以上的刑事案件35件中，刑事附带民事赔偿的总金额达330多万元，但民事赔偿部分真正得以执行的金额只有30余万元，不到总赔偿额的10%。因此，由于刑事案件当事人"执行不能"，而未获得民事赔偿的申请执行当事人便反复上访，阳泉中院经请示阳泉市委和市委政法委，市人民政府从民本司法和讲政治、讲大局、保民生、保稳定的高度出发，从市财政中拨出100万元，对生活困难的32案申请执行人给予了一定额度的生活补助，这是阳泉市人民政府有史以来第一次，直接从财政出资救助生活困难的申请执行人，也是中国司法史上以人为本的重大善举。再如历时四年的159户家长，诉宏昌学校返还教育基金1548万元一案，学生家长多次到省、市机关和中央上访，曾被中央政法委列为直接督办的重点案件，

第六章 劳动竞赛

在干警之间、单位之间开展“比、学、赶、帮、超”活动，是中国共产党领导的各边区政府机关、边区人民法院的光荣传统，是调动干警工作积极性、主动性和创造性的主要形式，更是活跃和丰富干警文化生活的重要手段，基本内容是比先进、学先进、赶先进、帮后进、超先进，是阳泉市两级人民法院开展社会主义劳动竞赛的主要活动形式。

1953年，阳泉市人民法院党组决定，“每三个月检查总结一次司法工作”，开展工作评比，教育引导干部树立对人民负责的观点，继续发扬吃苦耐劳的精神，克服畏难而退的思想。

1956年，“总结办案经验、开展法律演讲”成为“比、学、赶、帮、超”活动的重要形式。全年用半年多的时间进行已判已审案件的复查，其中，出现不少错案，阳泉人民法院党组借此机会，组织干部开展“总结办案经验、开展法律演讲”活动，在活动中，要求干警要养成“有意识积累资料，加强调查研究、定期总结各类案件”的习惯，记取经验教训，使大家认识到，“总结审判经验不仅仅是为了改正错误，更重要的是通过总结对群众进行法律演讲，提高群众的法制观念，达到减少纠纷和预防犯罪的目的。”从此之后，“定期总结各类案件的审判经验”和“推广划办案经验”，成为阳泉市人民法院“争先创优”的重要形式，进而成为审理各类刑、民事案件的重要司法环节。

1957年，组织干部学习《关于评选先进司法经验的方案》，根据《方案》，评选1956年先进单位和先进工作者，单行材料报省司法厅①，“并通过学习，在全体工作人员中掀起争取做一个先进工作者的热潮。”

1958年，中共阳泉市委提出，“苦战三年彻底肃清反革命分子，基本消灭各种犯罪现象，实现路不拾遗、夜不闭户的安全市”，具体要求到1960年，达到“二十无”，即“无特务、无反革命破坏、无地富反攻倒算、无反动会道门活动、无骚乱暴动、无破坏窃密、无反动标语谣言、无土匪抢劫、无凶杀、无纵火、无盗窃、无强奸、无贪污、无诈骗、无烟毒、无聚赌、无毒害、无走私犯罪、无投机倒把、无流氓暗娼、无巫婆神汉活动”。

在中共阳泉市委领导下，阳泉市人民法院按照上述目标，开展司法工作大跃进，

注：①当时的司法厅同现在的司法厅，在职能上有较大差别。

提出了"全党动员，结合中心工作，统一安排，密切配合，打破常规，鼓足干劲，依靠群众，做到'十四无'，即：无反革命集团、无地富反攻、无反动会道门活动、无骚乱、无抢劫、无纵火、无聚赌、无烟毒、无诈骗、无走私、无投机倒把、无暗娼、无巫婆神汉、无惯偷惯窃"。

附：司法工作大跃进的初步意见

在党的正确领导下，在全民整风运动大胜利的基础上，我市和全国各地一样，目前正以排山倒海之势掀起一个热火朝天的工农业生产大跃进，生产建设的大跃进，需要有一个安定的社会秩序作保证，作为上层建筑的司法工作，也必要来个大跃进。充分发挥专政武器的作用，扫除社会主义建设事业大跃进中的各种障碍，化大跃进中的消极因素为积极因素，以适应形势的发展，保障工农业生产的大跃进。基于上述要求，在肃清一切反革命和消灭各种犯罪方面，必须坚决实现省、市委提出的战略口号：苦战三年彻底肃清残余反革命分子，基本上消灭各种犯罪现象，实现路不拾遗，夜不闭户的安全省安全市。具体要求到1960年，达到二十无，即：无特务反革命破坏活动、无地富反攻倒算、无反动会道门活动、无骚乱暴动、无破坏窃密事故、无反动标语谣言、无土匪抢劫、无凶杀、无纵火、无盗窃、无强奸、无贪污、无诈骗、无烟毒、无聚赌、无毒害、无走私犯罪、无投机倒把、无流氓暗娼、无巫婆神汉活动。

三年看头年，头年打基础，因之1958年，必须在党政统一领导下，全党动员，群众动员，结合中心工作，统一安排，密切合作，打破常规，鼓足干劲，依靠群众，做到十四无，即：无反革命集团、无地富反攻、无反动会道门活动、无骚乱、无抢劫、无纵火、无聚赌、无烟毒、无诈骗、无走私、无暗娼、无投机倒把、无巫婆神汉、无惯偷惯窃。

在处理民事纠纷方面，要求在1958年经过各方面工作的努力，到法院呈诉的案件，较1957年下降50%。

为了实现上述要求，制定司法工作业务方面的跃进计划要点如下：

一、在保证办案质量的前提下，大大提高办案速度。在质量方面，保证不漏不错，办深办透，经得起任何检查，要一个案件的终结，都必须做到：查清线索，罪行清楚，证据可靠，量刑恰当，并达到四满意，即：党委满意；群众满意；领导满意；有关部门满意，办案速度：每人每月办案工作日平均要办刑事案件两件半，民事两件到两件半，每月以20个办案工作日计，每人每月要分别办理刑事案件50件，民事案件45件到50件，办案必须要做到及时，刑事、民事案件的结案时间，从收案到结案不得超过15天。保证从每个环节上不拖延积压，重大疑难案件，也要求在一个月以内审结，特殊的必须经过领导批准方可适当延长，对有关当时当地中心工作的案件和不及时处理就会影响对敌斗争，工农业生产和群众生活的案件，必须随收随处理，为了争取主动，以便集中力量，及时打击不法地主、富农、反革命和坏分子，要求把现存刑事积案争取于3月底清理完毕，民事案件在4月底清结，对申诉案件必须根据"有反必诉，有错必纠”的方针，争取于4月底清理结束。

二、改进审判工作作风与工作方法。必须加强社会主义建设，为工农业生产大跃进服务的观念，坚决打掉孤立办案，过堂问案等脱离政治，脱离群众等倾向和各种形式的官气、官风，确实贯彻群众路线的办案方法，做到领导干部全年三分之一以上，一般干部二分之一以上的时间，深入群众，深入实际，为此提出如下要求：

（1）要求做到70%以上的刑事案深入到厂矿、企业、学校、合作社等单位和地区中进行就地审理或宣判（主要是就地审判），做到80%以上的民事案件携卷深入群众调查了解，对于能够用调解方式处理的案件，要协同各组与调处委员会大量调处，调解无效者，就地判决。

（2）为了密切与人民群众的联系，设专职干部接待群众，处理来信来访工作，保证做到随来随办，不拖延不积压。对一般问题，随收随结，重大复杂的问题，必须在一时期内做出处置，严格执行登记、催办、检查制度做到案案有着落，件件有交代。正副院长、庭长每月要以半天的时间亲自接待人民群众来访，秘书亲自批办人民来信。

（3）副院长应深入实际每月亲自各办案5到10件，通过办案，取得经验借以指导审判实践。

（4）院长应亲自负责联系一个单位，作为试验田，从中了解情况，总结经验，指导工作。

（5）对已处理的案件，必须在分片包干地区，进行个别访问，召开小型群众座谈会，定期召开一定地区的陪审员座谈会，或利用干部集会进行访问、座谈等方式，广泛搜集干部群众的反映和意见，检查办案质量和效果（起的作用），以利于接受经验教训，改进工作，坚决打掉“一判了事”不问后果的不良作风。

三、加强调查研究工作，是我们做好审判工作的重要方法，是端正政策执行的一项重要措施。坚决反对只管办案，不做调查研究，不全面掌握敌情、社情的不良倾向。1958年要在这方面做出显著的成绩。要求审判员以上干部对敌情、社情了如指掌。为此，必须在整风运动的基础上进一步的摸清敌人的社会基础，变化情况及动向，做到心中有数。每季度终，要和公安、检察机关作一次全面的有系统的敌、社研究。其次对盗窃、贪污、强奸等犯罪及婚姻等问题各作一次专题调查，调查婚姻问题时，和妇联、民政部门协同进行，调查研究后，要做出有关情况，有分析、有措施的总结报告，报告党、政领导，上级司法机关及有关部门，并据此教育干部，改进工作。

四、加强法制宣传工作，运用多种多样的方式，大力开展法纪宣传活动，以教育群众遵守国家法律，达到预防纠纷，消灭犯罪的目的，对于配合中心工作，或者惩一儆百的典型案件要就地公判，大张旗鼓的处理。院长、庭长、审判员，应围绕党的中心工作，编写通俗讲稿，每季度深入厂矿、农业社、学校、街道群众中进行法律演讲一至两次，特别是院长在每一个保卫中心工作，对敌斗争的紧要关头，通过有线广播向全市人民进行法律宣传。与公安、检察等兄弟部门通力合作，以真人真事的图解，举办小型的罪证图片巡回展览会，要求上半年举办一次，待取得经验后下半年每季度举办一至两次。根据对敌斗争的要求和党的中心工作，每月出黑板报两至三次，并充分地利用报纸及其他宣传工具，广泛的进行法纪宣传，要求做到家喻户晓，深入人心，造成一种群众性的抑制犯罪的社会力量。

五、认真总结审判经验，为了检查政策方针的执行情况，准确地掌握案件的变化情况，分析发案的原因和条件，提出措施，以提高干部的政策、业务水平，改进工作，要求院长、庭长亲自动手，每季度分别总结一次，类型案件和典型案件的审判经验，秘书、审判员、执行人员、书记员干部从第二季度每人每季度作专题、专案性的小节一次，小节的规格，要求有情况，有分析，有经验，有措施，借以改进工作，其次要总结审判人员的思想作风和工作方面的先进经验和存在的问题，提出改进办法。

六、制定爱国公约，建立调处委员会，公约与调处委员会不仅约束处理大法不犯小法常犯的不良分子，而且可及时调解人民内部纠纷，这是我国法制建设上的一件大事，必须积极配合公安、检察兄弟部门进行这项工作，要求在上半年将机关、厂矿、企业、学校、乡、社的公约和调处委员会普遍建立起来，并经常加强指导，帮助他们解决政策法律方面的问题和工作中的困难，交流传播经验，保证全面发挥作用。

七、在民事方面，今年要突出地抓直接关系工农业生产大跃进方面的纠纷和婚姻家庭纠纷，运用说服教育的方法，尽量以调解的方式，妥善处理民事纠纷，保障当事人的合法权益，促进人民内部之间团结，以利生产建设大跃进，并用下乡就审及缩短办案时间，全年为民事案件当事人节省一万二千个劳动日，支援工农业生产大跃进。对婚姻纠纷，要经过调查，摸清关键，主动提出消灭婚姻家庭问题上不合法不合理的措施，达到预防纠纷，减少争讼的目的，其次要经常深入群众，深入有关单位，发现可能发生的争讼问题，报请党政领导采取措施，或积极协助有关部门主动加以解决。并要大力开展社会主义的政治法制、道德的宣传教育，提倡群众之间相互排难解忧，以便加强人民内部团结，以利生产大跃进。

为了完满地完成上述任务，必须：

一、绝对服从和紧紧地依靠党、政领导，是保证工作跃进的关键，为此，必须严肃认真地研究和坚决彻底执行党、政领导机关的决议，指示。经常不断地向党、政领导报告，把法院的全部活动置于党、政的领导与监督之下，但在报告请示中要反对不提意见，只等领导决定，和不分大事小事都推向领导的错误做法。

二、密切与公安、检察机关的配合，互相制约在必须互相合作、互相配合的前提下进行，任何片面强调制约不重视配合的现象必须纠正，有关调查研究，宣传工作，对调处委员会的指导以及其他共同行动的工作，都必须主动参加。在日常工作中要互相通情报，互相商量，互相帮助，并建立联系制度，定期研究有关重要问题，今后在工作中发生争执时，法院应采取谦虚态度，主动进行商讨，在坚持原则的前提下协商解决。

三、加强政治思想领导，把整风运动进行到底；继续反对两种倾向，批判右倾保守思想和清除旧法观点，教条主义的残余，但也防止盲目右倾情绪的发生，彻底克服“三个主义”，（即主观主义、官僚主义和宗派主义）打掉“五气”掀起一个生气勃勃的比干劲、比先进赶先进的大跃进高潮，领导要亲自动手，依靠党团组织，经常把政治思想工作参透到业务工作中去，保证士气旺盛、朝气充沛、正气昂扬，不断出现新先进、新创造、新的工作水平。

四、改进领导方法：要做到“三勤、四快、五抓、六比”。“三勤”即：勤计划、勤检查、勤总结；“四快”即：集中情况快、发现问题快、反映问题快、解决问题快；“五抓”即：抓两头推动中间，抓重点推动一般，抓评比树立旗帜，抓竞赛孤立后进、抓参观交流经验；“六比”即：比政治、比思想、比工作、比作风、比学习、比勤俭。为此应有一月一小比，三月一大比，一年一总比，领导干部要亲自动手通过办案、调查、宣传、检查工作，掌握重点等环节，来总结审判实践经验，推动与改进工作。

五、加强政治理论和政策法律的学习，要以理论与实际相结合方法，认真地领导干部学好党、政领导统一部署的政治、时事、理论、文化等学习。院长每季度要向全体干部作一次政治形势和当前的敌情报告，以克服思想落后于实际的状况，从第二季度起，在理论学习时间学习毛主席两篇关于无产阶级专政的历史经验和正确处理人民内部矛盾等文件，并学好社会主义教育课程，每周抽出六至八小时学习业务，学习党和国家的方针、政策、法律、法令及上级的指示，学习本身及外地的业务工作经验，正确的学习苏联司法工作的先进经验，并组织干部自学国家与法律的基本理论课程，借以提高业务、思想水平，改进工作，同时要努力学习时事和文化。做到人人看报，天天看报，学习有关的重要社论，为此要求平均每个人订一份报纸，审判员以上干部还认真自修语法、修辞，争取两年内熟通语法，通过上述学习，力争二年内熟悉业务，五年内使大部分工作人员达到“又红又专”，为此除同志自觉学习外，在领导学习方面，要有专人负责，做到有布置、有检查、有总结。

六、以整风的精神，充分发挥民主，经常开展自下而上的批评与自我批评，并制定机关爱国公约，每月过一次爱国日，进行检查，以达到互相学习、互相帮助、彼此协作，取长补短，团结一致，共同提高，真正做到政治、思想、工作的全面大跃进。

1958年3月26日

1959年，中共八届八中全会后，阳泉市人民法院继续推进司法“大跃进”。提出“政治挂帅思想红，深入整风反右倾，新旧积案齐扫尽，鼓足干劲夺冠军”的司法审判口号。从7月起开展“红、勤、巧”竞赛活动，人人订“红、勤、巧”计划，个个向高指标进军，掀起学先进、赶先进、当标兵的劳动竞赛热潮，促进各项工作的顺利完成。如在案多人少的情况下，于9月份组织战役突击审理案件，按照先刑事后历史、案件到人、人人包案、固定任务、高质量严指标的要求，人与人之间、单位与单位之间开展对手赛、连环赛，仅9月份，即清理新旧刑、民事积案166件，有的干警日结小案7件，创造了本院自成立以来的最高办案纪录，并实现了全年无积案。经年终评比，选出标兵3人，涌现出积极分子5人。

1960年，开展“比、学、赶、帮”大竞赛，各庭（室）和全院干部坚持一月一小评、每季一大评制度，通过大评比、大表扬、大竞赛、大插红旗、广树标兵，形成你追我赶的竞赛热潮。

1964年，开展学习毛主席著作和学解放军、学大寨、学大庆运动，之后，学毛著和学大寨、学大庆和学习解放军政治工作经验活动蔚然成风。在此基础上，先后开展两次机关革命化运动，并以“五好”为内容，继续推进比、学、赶、帮活动，有2人被评为先进司法工作者，为全院干部树立了榜样，提高了干部的政治觉悟，增强了革命干劲，促进了审判工作，在“中心工作”抽调7名干部的情况下，仍然顺利地完成了审判工作任务，全年共审结各种刑、民事案件1288件，比1963年结案1129件，多结159件，未结案比上年下降了17.6%。

1965 ~ 1972年，在“文化大革命”前期和中后期，虽然阳泉市人民法院被撤销建制，统一归属于阳泉市革命委员会保卫部，并以“阳泉市革命委员会保卫部审判办公室”的名义从事刑、民事案件的审判，但这期间，审判办公室的同志依然把“学毛著”、“学大寨”、“学大庆”和“学习解放军”的活动开展得如火如荼。而在干警中开展“比、学、赶、帮、超”，则成为当时特殊政治历史条件下，人民法院调动干警工作积极性、主动性和创造性的重要手段和营造良好党风、院风、警风的主要形式，对日后的“争先创优”产生了积极深远的影响。

1973年，阳泉市中级人民法院恢复建制，同阳泉市公安局分设办公，由原“审判办公室”的14人增加到29人，并建立了法院党组、党支部。由于许多新进人员对人民法院业务工作不熟悉，因此，恢复行使审判权的阳泉中院党组，即组织干警开展“老带新、新促老”活动，形成了互教互学、共同提高的良好风气，促进了刑事案件的审判和民事案件的调解、审理，出现了“三多三少”的新气象，即：深入群众多了，坐堂办案少了；做思想工作多了，群众怨气少了；亲自办案多了，往上、下推的少了。郝文芳、郭素英、蔺贵生三人被评为该年度先进工作者。

1974年，进一步兴起学习毛主席著作的热潮，先后组织干警学习毛泽东主席的《湖南农民运动考察报告》、《实践论》、《论无产阶级专政》等著作，激发广大干警的工作激情，出现了比干劲，看工作，赛团结，你追我赶，团结战斗的新气象。共产党员郝文芳干一行，爱一行，不怕麻烦，废寝忘食，热情接待群众来访，积极宣传党的政策，及时处理来信来访，受到了群众的赞扬，领导的好评。参加过革命战争的老干部部鼎镇，工作积极认真，一年到头风里来，雨里去，不辞辛苦，耐心细致地为群众调解民事纠纷，被群众誉为“老来红”。魏延新深入群众，调查研究，全年办案61起，使十几对关系破裂的夫妇重归于好，受到群众热情称赞。郝文芳、部鼎镇2人被评为市直机关先进工作者，周振国、魏延新、赵厚三人被评为本院先进工作者，刑事审判庭被评为“先进集体”。

1975年，开展学习无产阶级专政理论活动，广大干警进一步明确了无产阶级专政的根本任务，积极贯彻党的方针政策，勤勤恳恳为党工作，郊区法院干警贾玉华，坚持带卷下乡，深入群众调查研究，和人民群众同吃同住，有力地推动了工作，一年中办案多，质量高，受到普遍赞扬。

1979年，阳泉市两级法院领导身先士卒，勇挑重担，特别是在复查案件中，院领导亲自办案，亲自把关，上下一心，团结一致，夜以继日，共同努力，加快了案件复查进度，促进了冤假错案的平反和纠正，形成了“你追我赶、相互鼓劲”的良好工作氛围。

1982年，阳泉市两级法院出席省、市、区、院的先进工作者有30名。如郊区法院出席山西省的先进工作者娄振国，虽然年近花甲，仍带病工作，经常深入基层调查研究，为群众排难解纷，亲自办理民事案件32件，受到群众好评。郊区法院开展创建“四好领导班子”活动：一是革命精神好，二是团结好，三是带头好，四是作风正。郊区法院院长武义祯除负责全面工作外，亲自办理民事案件6件；副院长韩彦秀带病坚持工作，全年办理刑事案12件；副院长贾玉华是个女同志，有陈旧性关节炎，办理民事案件49件，是全市法院院长（副院长）中办案最多的同志。

1983年，“严打”斗争期间，阳泉市两级人民法院领导身先士卒，靠前指挥，带领广大干警夜以继日，团结奋战，涌现出大量好人好事。原中院院长韩双顺，爱人病重住院，且处于昏迷状态，但他仍坚持大要案件亲自过目，严把质量关。平定县法院院长霍慕舜，在战争年代失去左臂，身患胃病，但仍吃住在机关，日夜工作，群众说他是“公而忘私，以院为家”的好院长。盂县法院院长高学文，肺部做了手术，本该在家休养的他，却始终坚守在“严打”斗争第一线，带领大家加班加点研究案件，为广大干警树立了良好的榜样。盂县法院刑庭副庭长付金林，为了赶任务，晚上加班受伤后，坚持不下火线，边吃药边工作，受到群众好评。

1984年，两级人民法院创新了“争先创优”的内容和形式，从德、能、勤、绩四个方面对干警进行考核评比。平定法院制定“一包、三定、三考核，年终奖成兑现”的办法，盂县法院在明确责任制前提下，加强基础工作，做到具体工作有要求，平时工作有记载、年终评比有依据、发放奖金有档次。城区、矿区、郊区法院也都建立了岗位责任制，实行百分考核，两级法院普遍出现了“四多四少”的新局面：出满勤超出勤的多了，缺勤的少了；勇挑重担，任劳任怨的多了，挑肥拣瘦的少了；坚持学习、钻研业务的多了，得过且过，不求上进的少了；遵章守纪的多了，纪律松弛的少了，广大干警的精神面貌发生了深刻的变化。在年终评比中，全市各级法院涌现出先进集体10个，先进个人70名，平定法院刑事庭以“三无”的成绩（无公诉积案，无自诉积案，无申诉积案）被评为先进集体。盂县法院西烟法庭，由于加强了法制宣传教育工作和基层调解，辖属的四个乡4万多人，一年仅发案13件，发案率仅占总人数的万分之三，而且当年的案件到年底前全部审结，也被评为先进集体。

1985年，针对结案率低的情况，阳泉中院召开全市法院院长座谈会，号召广大干警统一认识，积极工作，互相帮助，相互促进，相互学习，互相督促，努力把结案率提上去、把积案率降下来，为经济体制改革和建设服务。各基层院和广大干警积极响应中院党组号召，掀起“同心协力突击积案”高潮，广大干警昼夜奋战40多天，终于使各类案件的审结率分别超过或保持了历年来最好水平，开创了法院工作新局面。

1986年，阳泉市两级人民法院高度重视调动广大干警的工作积极性、主动性和创造性，取得明显成效。一是坚持用共同理想教育鼓舞和团结广大干警，使广大干警各自的岗位职责、人生追求与现阶段各族人民的共同理想结合起来，脚踏实地，努力工作，因而在法院工作任务重、条件差、工资低、福利少、加班多、出差多的条件下，大多数干警热爱本职工作，奋发拼搏。二是抓正反两方面的典型教育，对好人好事及时表彰，对违法乱纪问题严肃查处。三是深入开展“结案创优”活动，各类案件审结率持续提高。阳泉市两级人民法院在各项审判工作中，都把及时合法地审理案件和更好地为四化建设服务紧密结合起来，单位内部、单位之间、人与人之间，纷纷开展以“比效率、比质量”为中心内容的“结案创优”活动，全市各类案件结案率在连续两年持续提高基础上，再创结案新水平。如刑事审判工作。全年受理一审刑事案350件（含自诉案15件），年终全部审结。与上年相比，受案数增多59件，上升20%，结案率提高0.3%。中院受理二审刑事案39件，年终全部审结，比上年少收案2件，结案率提高2.4%。再如经济审判，全年共受理一审经济纠纷案241件，审结228件，结案率94.6%，诉讼标的金额为840万余元。与上年相比，多受案6件，结案率提高11%，诉讼金额增多281万余元，上升50%。其中，中院经济庭受理一审经济纠纷案59件，审结57件。结案率96.6%，诉讼金额549万余元，与上年相比，受案数增多2件，结案率提高6.9%，诉讼金额多176万元，上升47%，受理二审经济纠纷案3件，审结2件。民事审判同样取得了较好成绩，全年受理一审民事案1102件，审结1070件，结案率为97%，与上年相比，少收案80件，减少6.7%，结案率提高2.2%。中院受理民事案74件，年终全部审结，比上年多收9案，结案率提高1.5%。受理民事审判监督程序案2件，全部审结。四是抓榜样力量的树立，各级领导干部带头转变工作作风，苦干实干，用实际行动影响和带动广大干警，形成“比、学、赶、帮、超”的良好环境，干警队伍思想状况发生了可喜变化，学先进，赶先进，争当先进蔚然成风。中院机关党支部连续两年被市委授予先进集体称号，全市5个基层法院，2个被评为先进集体，3个被评为单项先进，两级法院评出先进庭室12个，先进工作者76名。

1989年，市中院推广矿区人民法院接待当事人的“九个一样”工作纪律，有效地促进了审判作风的转变。

1990年，开展“学雷锋，争当人民好法官”活动，激发广大干警“我为人民多办案、办好案”的工作热情。特别是从下半年开始，根据省委政法委部署，两级法院又开展“学、比、创”活动，中院党组提出“学、比、创”活动六条措施，各基层法院均制定了“学、比、创”活动组织实施方案，促进了活动的深入，涌现出一批先进模范人物，如平定法院一名干部冒着生命危险，冲入快要倒塌的房中舍己救人，一时被传为佳话。

1991年，充分发挥共产党员和领导干部的模范带头作用，强化党员干警的党性观念，带动全市法院系统工作齐步走、上台阶，中院机关党总支被市委和市直机关党委授予“先进党总支”称号，形成了“学先进、比贡献、创一流”的良好工作格局。

1993年，开展“创佳评优”活动，树立“创先争优”比贡献的良好风气。阳泉市两级法院根据省高院《关于在全省法院系统开展创佳评优活动的规定》，精心组织，广泛动员，在全市法院系统迅速掀起“在工作中争先创优，在创优中争做贡献”的热潮。中院党组专门制定“创佳评优活动实施方案”，对各类优秀工作人员的条件以及评选方法等做了具体明确的规定。各院在开展活动中，把“创先争优”与贯彻落实审判岗位目标责任制有机结合起来，调动广大干警的工作积极性，促进了创佳评优活动的深入开展，从而在全市法院系统涌现出一批优秀院长、庭长、优秀审判员助审员、优秀书记员、优秀法警和其他优秀工作人员，带动和促进了各项工作的全面进步。平定县法院院长潘维田、市中院“业大”分部主任王启秀、郊区法院经济庭副庭长梁德广，被山西省高级人民法院授予“全省优秀人民法官”称号，荣记个人二等功。

1994年，进一步改进和完善岗位目标责任制和考勤考绩制度，继续深入开展“创佳评优”活动。对成绩突出的干警，只要符合条件，随时记功奖励。中院韩启明等赴上海等地办案，一次性追回欠款280万元，被荣记三等功受到物质奖励。城区法院树先进、立标兵，对成绩突出的及时请功授奖，城区人大常委会授予高武、邓小青“人民好法官”荣誉称号，阳泉中院为高景云、王风云分别荣记三等功。通过建立和完善竞争激励机制，调动了广大干警的工作积极性，全市法院系统“创先争优比贡献”蔚然成风。

1995年，郊区法院河底法庭被省法院授予“全省一流人民法庭”称号。张保怀、王凤云被授予“优秀人民法庭庭长”称号。

1996年，阳泉市两级人民法院认真贯彻党十四届六中全会精神，通过讲学习、讲政治、讲正气、讲团结、讲奉献活动和狠抓好思想政治建设、狠抓职业道德建设、狠抓廉政建设、狠抓文化建设，创建“过硬的领导班子”、创建“铁的法官队伍”、创建“高标准的文明法院”，各基层院根据中院党组部署，结合实际开展形式多样、内容丰富的争先创优活动，如郊区、矿区法院，开展“学政治、比奉献、创一流”活动，以“一书（责任书）”定“四标（学习、政治、业务、作风责任目标）”，激发干警创先争优的事业心和创造性，办案质量与效率持续提高，受到辖区干部群众的一致好评。全市法院系统涌现出一大批争先创优、勤政廉政的先进集体和先进个人，如在全省、全市的“大团扫恶”斗争总结表彰活动中，两级法院共有7个单位被评为“先进集体”，29名干警被评为“先进个人”，其中立功11人，嘉奖18人。

1998年，开展学先进、创佳绩，争当文明法官和办案能手竞争活动。两级法院先后3次派出90余人，赴北京海淀区、山东省潍坊市等先进法院学习取经，并以坚持山区办案十几年如一日，身患癌症仍带病工作的盂县法院女法官梁良英为先进典型，作出“向梁良英同志学习”的决定，推进了学先进、创佳绩、争当文明法官和办案能手活动的进一步深入，两级法院有32个先进集体和156名干警受到县级以上党政机关表彰奖励。

同时还开展多种形式的创建活动，进一步加快文明法院建设步伐。阳泉市中级人民法院党组被中共阳泉市委评为“优秀领导班子”、“党风廉政教育先进单位”，被中共阳泉市城区委员会、城区人民政府评为“文明单位”，城区人民法院被命名为“城区青年文明号”。

1999年，结合最高院确定的全国法院“审判质量年”和“执行年”部署，以“执法规范化、管理制度化、队伍达‘四化’、装备现代化”为目标，进一步推进“争创人民满意法院、争当人民满意法官”活动和“争创一流法院”系统工程建设，干警队伍的思想建设、作风建设、组织纪律和业务文化建设均取得了长足进步。阳泉中院荣获阳泉市“先进单位”和山西省“劳动竞赛二等功”等多项先进称号和荣誉。

2000年，开展具有法院特色的精神文明创建活动，努力树立人民法院和人民法官的良好形象，两级法院继续把“争创人民满意的好法院、争当人民满意的好法官”作为全年工作的重要任务，狠抓落实，并以集中开展“三讲”教育为契机，对执法思想、执法作风、执法纪律进行“三项整顿”，使两级法院的执法形象得到进一步改善，阳泉市中院先后被授予“阳泉市文明单位”、“阳泉市城区标兵文明单位”和全省“全民健身先进单位”等多项荣誉。

2001年，进一步引深“争创人民满意的好法院、争当人民满意的好法官”活动，对盂县法院法警柳春林等一批先进个人和市中院执行庭等一批先进集体，进行大张旗鼓的表彰奖励，市中院被授予“阳泉市文明单位”。3月29日，市中院召开全市法院工作暨“双满意”活动表彰会。会议表彰了市中院刑事审判一庭等15个先进集体和张朝晖等15名立功人员，黄计生等21名先进个人。会上，还宣读了市中院《关于向奋不顾身解救遇难群众的盂县法院法警柳春林学习的决定》。

2002年，通过隆重纪念中国共产党成立81周年，先后组织开展法官宣誓、法官职业道德演讲和职业道德建设活动，阳泉市中级人民法院法官郭永生和城区法院法官邓捷，在阳泉市首届双十佳政法干警命名表彰颁奖大会上，被分别授予“杰出人民法官”和“优秀人民法官”称号，并荣记个人一等功、二等功。与此同时，还涌现出了

山西省高级人民法院和中共阳泉市委关于向于昌明同志学习的决定（文件）

保护人民、勇斗暴徒、身负重伤的女法官王晓林和不畏牺牲、徒手夺刀、勇擒暴徒的法官张勤文、法警董波洋等一批先进个人。城区法院被最高院授予“人民满意的好法院”称号，平定法院锁簧法庭被最高院和司法部联合授予全国法院系统“指导人民调解工作先进集体”荣誉称号。

2003 年 3 月，按照市委、市政府统一部署，组织开展了“优化服务环境，改进审判作风，树立审判新风，评优评差”活动。两级法院高度重视，精心组织，普遍通过向社会公开承诺、聘请执法监督员、召开不同范围、不同层次的座谈会、发放征求意见卡等方式，广泛深入地查找法院在审判作风、队伍建设和干警的政治思想、审判作风、工作纪律、内部管理等四方面存在的问题，并切实加以整改，有力地促进了审判作风改进和法官队伍建设。

2004 年，阳泉市两级人民法院文化建设取得了突破性进展。中院党组成员在学习贯彻十六大精神过程中，充分认识到法院文化建设的深刻内涵及社会意义。法院文化是指在现有历史条件下，人民法院在审判活动、队伍建设和管理过程中所形成的具有法官特点的一种行为文化，它包含群体意识、价值观念、精神风貌、行为规范和管理方法等因素，其核心是法院精神，基本构成要素是外层行为文化，中层管理文化和内在的精神文化。因此，要推进物质文明、精神文明、政治文明建设，法治文明是政治文明的重要内容，法院文化建设又是法治文明不可或缺的部分，它对于法院的建设和发展，对现代司法理念在司法领域的形成和确立，具有不可替代的作用。法院文化对人民法院、法官及其他工作人员，以至对全社会都将产生影响和发挥作用。法院文化的功能可以归纳为改善管理，创新发展；目标导向，全面发展；注重协调，文明发展；凝聚人心，向心合力；美化环境，优化生活；教化激励，培育人才；道德约束，制度控制；司法为民，辐射社会等八个方面。阳泉中院党组要求全市两级人民法院一要突出政治理论学习，夯实思想基础。通过理论学习、自我教育学习，提升法官素质。二要突出用先进典型引路，以点带面促进队伍建设。通过把那些最能体现价值理念的个人和集体树立为典型，大力宣传、表彰，并根据客观形势的发

于昌明在最高法院“十大杰出法官”颁奖仪式上领奖（右三）

展不断调整激励方法，促进队伍建设，有利于优秀法院文化的形成和发展。三要突出案件评查，提高审判水平。全市法院在案件评查中，通过个人自查、庭室自查、评查或重点抽查等方式，对重点案件进行评查，对存在的一些问题及时予以纠正，促进审判水平的提高。

为此，在2004年，阳泉市两级人民法院结合“司法公正树形象”活动，以“政治坚定、业务精通、作风优良、执法公正”为目标，扎实推进法官职业化建设。一是从端正学风入手，坚持把学习理论武装头脑同整顿思想、提高认识结合起来，严格按照活动的要求，明确学习任务，采取集中学习与个人自学相结合，集中讨论与个人思考相结合等多种形式，正确处理学习与工作，自觉学习与督促检查，理论学习与查摆问题的关系，加强“六个方面”的学习，开展“四个方面”的教育，深刻领会“三个代表”重要思想的精髓，联系思想和工作实际，牢固树立“司法为民”的观念，不断提高践行“三个代表”重要思想的自觉性。二是将学习教育与作风整顿结合起来，在整顿中学习，在学习中提高，牢固树立司法为民思想。三是将学习教育与树立典型形象结合起来，开展“外学任长霞、内学于昌明”活动，通过发挥先进典型的感召力，更好地促进“司法公正树形象”活动的开展，带动全市两级法院涌现出更多于昌明式的好法官、好干部。四是抓好基层建设，把工作力度和重心向基层倾斜，突出基层法院的“窗口”作用，着重在方便群众诉讼方面加大力度，不断改善执法条件，改进审判作风，形成了具有特定内涵的于昌明精神。

于昌明在长期从事执行工作中，爱岗敬业，甘于奉献，心系百姓，服务大局，努力实践，勇于创新，不仅执结了大量的钉子案、骨头案，还带出了一支骁勇善战的执行队伍，先后荣获“中国法官十杰”称号和“中国青年五四奖章”，受到党和国家领导人的亲切接见，省委、市委专门举办于昌明事迹报告会，省委四部委及市委都专门做出向于昌明同志学习的决定，在于昌明身上集中体现出当代青年和人民法官的“勤于学习，自强不息；爱岗敬业，甘于奉献；心系百姓，服务大局；努力实践，勇于创新；率先垂范，秉公执法”等五种精神，不仅鼓舞着全市法院的每一个干警积极进取争先创优，而且已成为全国法院战线一面光辉的旗帜，一杆奋进的标尺，成为阳泉市两级人民法院队伍建设方面的宝贵财富。

对此，山西省高级人民法院下发“晋高法发〔2004〕7号文件”，号召全市法院系统向于昌明同志学习。中共阳泉市委也以“阳发〔2004〕8号文件”，要求全市共产党员、共青团员，尤其是政法战线全体干警，向于昌明同志学习。

2005年，深入开展形象建设工程，注重发挥先进典型的示范作用，引导广大法官向先进模范学习，促进干警队伍整体素质的提高。市中院党组成员、执行局局长于昌明作为省委在先进性教育活动中推出的“时代先锋”，出席了由省委组织的“时代先锋”先进事迹报告会，于昌明在会上就《实践司法为民，维护公平正义》作了精彩感人的报告，并受到省领导亲切接见。市中院民二庭庭长张秋籽爱岗敬业、严肃执法、秉公办案、清正廉洁，荣登山西省“十大杰出政法干警”之首，荣获山西省劳动竞赛委员会授予的“山西省五一劳动奖章”。通过树立先进典型，广大法官和法院其他工作人员精神面貌焕然一新，学先进、赶先进、争当先进在两级人民法院蔚然成风。

2006年，开展“社会主义法治理念教育和政治理论学习活动”及“公正司法创建”活动。市委政法委《关于推进公正执法创建活动暨涉法涉诉信访工作的通知》下达后，全市法院迅速加以落实。市中院主要领导亲自安排和参加法院内部的执法质量考评工作，倡议开展“最佳法律文书”和“最差法律文书”评比活动；盂县法院狠抓案件质量的提高，在审判实践中坚持“三个一切”，使近年来所办案件无一越级上访；城区法院对案件质量实行跟踪监督制度，推进执法质量上水平；郊区法院建立司法救助基金，强化调解力度，在创建活动中好中求优，优中求精。由于措施得力、收效明显，盂县法院、郊区法院、城区法院和市中院审监庭等单位，获得2005年市委政法委“公正司法星级单位”荣誉称号。

2007年，郊区法院常务副院长史先玲高票当选为阳泉市第二届“十大女杰”，市中院民一庭庭长王秀明获阳泉市第二届“十大女杰”提名奖。

领导同志和“十大杰出法官”合影

2008年，深入开展“大学习，大讨论”和“学习实践科学发展观”活动，结合法院工作实际和队伍建设现状，深化社会主义法治理念教育和纪律作风建设，贯彻落实“抓三案、促四化、求五新”工作思路，基本上实现了“树立一个思想，解决一个问题，抓好一个要务，保证一条底线，夯实一个基础”的活动目标，全院干警思想作风、政治作风、工作纪律作风有了明显改进和提高。城区法院被省依法治理领导组授予2006～2007年度“省级依法治理示范单位”，阳泉市委政法委授予盂县法院“公正执法三星级单位”。

2009年，开展学习实践科学发展观活动，重点增强法官的政治意识、大局意识和为民意识。全市法院突出“司法为民，服务大局”活动主题，进一步强化法院干警的政治信念，在理念、行动上对“三个至上”更加认同。结合学习实践活动，全市法院同步开展“人民法官为人民”主题实践活动，两级法院狠抓院风院纪，进一步密切人民法院同人民群众的血肉联系。全市法院共有31个集体或个人受到市级以上表彰奖励，其中郊区法院被省高院、省劳动竞赛委员会授予“集体一等功”，平定法院和盂县法院分获市劳动竞赛委员会“一等功”和“五一劳动奖状”。

2010年，以创建学习型党组织、学习型法院为抓手，组织干警进行脱岗培训，开展审判研讨、办案能手竞赛、裁判文书评比、工作经验交流等内容丰富、形式多样的活动，总结推广审判执行工作中的新思路和好方法，着力提升队伍正确把握大局、了解社情民意、驾驭审判工作、解决实际问题的能力。同时深入开展“人民法官为人民”主题实践活动，引导法官在审判执行中自觉争科学发展之先，创社会和谐之优。全市法院系统共有 15 个集体和个人受到市级以上表彰奖励。

2011 年 5 月，市中院开展“发扬传统、坚定信念、执法为民”主题教育实践活动，大规模开展党员培训教育，全方位提高党员素质。20 至 22 日，组织机关党委 8 个支部 148 人，参加了由中央党史研究室等单位主办的庆祝中共建党 90 周年党史知识竞赛活动，进一步丰富了党员和干警的党史知识，增进了对中共的光荣历史和优良传统的了解，有力促进了各项工作。为切实提高广大干警的岗位廉政意识，进一步强化全市法院反腐倡廉建设，5 月 30 日，市中院举办“阳泉市法院系统”迎“七一”岗位廉政教育知识竞赛，郊区法院代表队荣获第一名，城区法院、平定法院代表队并列第二名，市中院、矿区法院、盂县法院代表队获得第三名。本年度，阳泉中院将立案信访窗口建设作为践行“人民法官为人民”的平台和载体，抓六创，促六化，把立案信访窗口建设成为方便群众诉讼、凸显司法公正、展示法院形象的文明场所，同时，总结提炼了一整套立案审判工作规范和制度要求，不断创新便民利民举措，提高司法服务质量，9 月，被最高法院授予“全国法院立案信访窗口建设先进集体”荣誉称号。同时，矿区法院被授予“全国法院立案信访窗口建设先进集体”、“五一劳动奖状”、“山西省法院立案信访窗口建设先进集体”、“阳泉市文明单位”。

2012 年，矿区法院被授予“全国优秀法院”、“山西省思想政治工作先进单位”。阳泉中院民二庭、平定巨城人民法庭，被省院评为民事调解标兵单位，中院民三庭审判员李日月，被省院评为调解先进个人。中院执行局被评为“全国法院先进集体”，是我省获此殊荣的两个集体之一。

附1："中国法官十杰"评选揭晓——顾秀莲肖扬罗豪才为获奖法官颁奖

由最高人民法院和中央电视台联合举办的"中国法官十杰（2003）"评选活动今天在京揭晓。全国人大常委会副委员长顾秀莲、最高人民法院院长肖扬、全国政协副主席罗豪才为获奖法官颁奖。肖扬在颁奖后发表了讲话。

获得"中国法官十杰（2003）"称号的是：河北省高级人民法院刑一庭审判员陈印田、山东省青岛市中级人民法院民三庭庭长牟乃桂（女）、吉林省长春市二道区人民法院院长石成军、北京市海淀区人民法院民五庭庭长宋鱼水（女）、河南省漯河市源汇区人民法院民二庭庭长王树华（女）、山西省阳泉市中级人民法院执行局局长于昌明、甘肃省张掖市甘州区人民法院院长韩经荣、黑龙江省龙江县人民法院执行局副局长张晓红、江苏省南京市鼓楼区人民法院民一庭副庭长吴苹（女）、湖南省岳阳县人民法院荣家湾法庭审判员罗绍铭。

肖扬在讲话中指出，近年来，全国法院广大法官坚持以邓小平理论和"三个代表"重要思想为指导，紧紧围绕"公正与效率"工作主题，认真履行宪法和法律赋予的职责，为保障改革、促进发展、维护稳定做出了积极贡献。今天当选的"中国法官十杰"就是广大法官的杰出代表。他们始终坚持司法为民，执法如山，清廉如水，在平凡的岗位上创造了无愧于时代、无愧于党和人民、无愧于人民司法事业的辉煌业绩。法院全体法官和其他工作人员要以他们为榜样，争做实践"三个代表"重要思想的模范，争做司法为民的模范，争做秉公执法的模范，争做清正廉洁的模范。在新的一年里，人民法院一定要高举邓小平理论和"三个代表"重要思想的伟大旗帜，在以胡锦涛同志为总书记的党中央领导下，紧抓"公正与效率"工作主题不动摇，认真履行司法为民的要求，为完善社会主义市场经济体制、全面建设小康社会做出更大贡献。

据悉，此次"中国法官十杰"是首次在全国范围内由社会各界通过填写报纸选票、登录互联网站、发送手机短信三种方式投票选举产生的，是人民群众自己评选出的杰出法官。最终确定的２０名候选人，是从70名全国模范法官中遴选出来的。他们中，既有潜心研究专业知识、善于审判疑案难案的专家型法官，也有长期扎根山区、默默奉献的基层法官；既有勇于创新、不断探索办案新思路的执行法官，也有擅长调解、一心一意为群众排忧解难的民事法官。本次评选活动的选票统计工作完全由国家统计局完成。国家统计局根据三项选票的统计结果进行综合汇总数据处理，按综合平均得票率计算综合平均得票数，最终产生获奖法官。据统计，此次评选共收到各类选票６００多万张，来自全国各地和世界８０多个国家和地区。

"中国法官十杰"获得了"金法槌奖"，另外10名法官获得了本次评选活动的"提名奖"。

最高人民法院副院长姜兴长、沈德咏、万鄂湘、黄松有、江必新，中纪委驻最高人民法院纪检组组长李玉成，最高人民法院审判委员会委员刘家琛及最高人民检察院政治部主任张常韧，公安部纪委书记祝春林，司法部副部长张军等参加了颁奖仪式。

（原载2004年1月20日《人民法院报》）

附 2：山西省委书记田成平接见“中国法官十杰”于昌明

今天，山西省委书记、省人大常委会主任田成平亲切接见刚刚荣获“中国法官十杰”称号的于昌明法官。他希望山西能够涌现出更多更好的这样的法官。参加接见的省领导还有山西省委副书记，省纪检委书记金银焕，省人大常委会副主任曹馨仪，省高级人民法院院长李玉臻等。

田成平说，能够荣获“中国法官十杰”称号，不仅仅是对于昌明个人工作的肯定，也是对山西省法院全体法官及其他工作人员辛勤工作的肯定，这充分说明全省法官队伍是一支政治素质高、审判能力强、纪律作风硬的队伍，希望政法战线的同志们认真实践“三个代表”重要思想，通过扎实的工作，涌现出更多、更好的这样的法官。

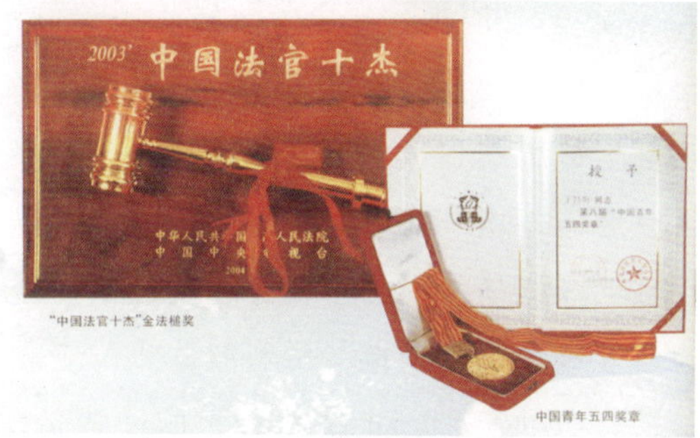

于昌明 2003 年获“中国法官十杰”金法槌奖和“中国五四青年奖章”

田成平强调，严格司法、公正司法是法院系统认真实践“三个代表”重要思想的重要体现，现实社会需要更多的像于昌明这样高素质的法官，把事关老百姓切身利益的矛盾纠纷审理好、执行好，依法维护好人民群众的合法利益，就能提高法院和法官队伍形象，就能提高党委和政府的形象，就能营造和谐稳定的社会环境和公正高效的司法环境。

田成平指出，现在涉法信访现象有所增多，一方面说明老百姓不知道通过什么渠道维护自己的合法权益，另一方面也说明老百姓对司法机关缺乏信赖，再加上有些案子长期得不到执行，老百姓对此意见很大，而这些问题的解决需要通过实实在在的案例，让各级机关和广大群众从中树立遵纪守法、依法办事、正确运用法律武器维护自己合法权益的理念，让全社会树立公正审判、严格执法的理念。

（原载 2004 年 1 月 20 日《人民法院报》记者 段艾生 杨梁文）

附 3：为了法律的尊严

——记中国十杰法官、中国青年五四奖章获得者于昌明

题记：司法，是维护社会公平和正义的最后一道防线，执行就是这道防线的最后一条战壕，执行法官是这条战壕的士兵，如果畏难后退，那就意味着投降；如果徇私枉法，那就意味着背叛。——于昌明的话

法律，是行为的规范，公平的准则。象征天平的司法判决，是神圣而尊严的。但是，执行难，已成为司法实践中的一大“痼疾”。为消除这一“顽疾”，于昌明用辛苦、用胆识、用智慧在开拓、探索、创新，破解着难题，在平凡的岗位上谱写了一曲维权维法的青春之歌。这个阳泉市中级人民法院执行局的局长，由于工作业绩突出，去年12月被评为中国法官“十杰”之一，今年5月又成为“中国青年五四奖章获得者”。

“法律是无情的，但人是有情的。把无情的事情当有情的事办，许多棘手的事情就会由难变易”。

民事案件执行难，是司法界不争的事实，也是各级法院一个头痛的问题。面对难题，于昌明大声喊出了“少讲执行难，多想怎么办”。多年来，他带领阳泉中级人民法院执行局的法官们，靠拼时间拼体力，更靠智慧，靠艺术，以情动人，以理服人，使一个个案件圆满地执行终结，使一对对剑拔弩张的矛盾得以化解。

这是1998年发生在盂县苌池镇的事情。距阳泉市40多公里的苌池镇明星集团公司，因为经营不善，长期拖欠材料款和银行贷款，先后被20余家债权人起诉，到1998年，有16起诉讼进入执行期，申请执行标的高达亿元以上。而当时的明星集团，连厂房、设备、库存产品都算上也变卖不到2000万元。面对这样一个没有执行能力、濒临倒闭的企业，按照惯例，通常都会采取强制执行的措施，即使只有一两千万元，也算是给债权人有个交代。可于昌明作出了一个惊人的决定——明星集团案件暂缓执行。对此许多人摇头，不明就里。他却心明如镜：明星集团一亿多元的债务，大部分是银行贷款，如果简单执行，不仅这部分钱无法追回，使国家蒙受巨大损失，在厂里就业的600多名职工，也将随着企业的破产而丢掉饭碗。

为了这个企业的生存特别是600多职工，于昌明穿梭于16家债权申请人之间，一家一家地做工作。在他的多方努力下，终于在这年的12月16日，债权申请人同意暂缓执行。这以后，于昌明更忙了，跑政府协调，找专家讨出路，想方设法使明星集团尽快起死回生，只有这样，案件圆满执行才有希望。

如今走进当年暂缓执行的明星集团，一派热火的场面——它不仅因为于昌明的决定和奔波而很快恢复了生产，而且因为于昌明提出的债转股想法得到债权人支持而使企业走上了健康发展之路。当事人这样说：他当年给我们这个地区留下了一只金饭碗，现在养活了一方老百姓，我们真心地感谢他。

感谢不仅来自当地，三湘大地的一家企业就感激不尽。这起因于一宗108万元的买卖合同欠款，湖南长沙电机厂在托关系，找门路，也没有把款要回的情况下，去年上半年向于昌明提出了申请执行。欠款的阳泉市水泵厂，既是阳泉市机械行业的龙头老大，又的确是个还款困难的老企业。根据这样的实际，在认真了解企业的生产经营情况后，于昌明主动与水泵厂负责人协商，提出帮助其清理外欠，用来还清欠款的计划。执行过程中，于昌明和同事们先后到内蒙古及本省的平定、盂县、长治等地，在两个月的时间里，市水泵厂的外欠被一笔笔清回，使这一案件顺利执结。长沙电机厂被于昌明等法官的敬业精神所打动，专门派人送来锦旗；作为被执行方的阳泉水泵厂，也对于昌明在执行中不简单地采取强制措施，而是帮助清理外欠的做法赞不绝口。如今，闹崩了的两家企业“重续姻缘”，业务往来更加频繁。

“法官的职业是高尚的，但维护这高尚需要艰辛的付出，甚至承担人身、政治的各种风险”

1987年走上法院工作岗位的于昌明，一开始就有一股“拼命三郎”的精神，不干则已，要干就干好是他倔强的性格，只要是他认准的事情，会矢志不渝地干到底，不怕承担任何风险。

一次，山东一家企业与阳煤集团的合同纠纷，被执行方山东企业为阻止执行精心布置了一个迷局。他们随叫随到，非常配合，虽是经营性的公司，可既没有车间、厂房，又没有什么实体，仅有的几间办公室还是租来的。为了找到有关线索，于昌明绞尽脑汁，“你既然在这里活动，就不可能不留任何蛛丝马迹！有可能交电费吧？有可能交水费吧？有可能纳税吧？甚至有可能到饭店吃饭吧？”他把队伍分成好几个组，到这些地方去调查了解，终于从废纸里面发现了密密麻麻的字及账号。以此为线索，于昌明为申请人追回了30万元的欠款。这种被执行人隐瞒真实的财务情况，在执行中经常会碰到。

有一次，于昌明在东北完成任务的返程路上，被随后跟来的被执行人的亲属、朋友围堵在半路，从下午6时被围，到第二天早上解围，时间长达13个小时，甭说吃饭、喝水，连上厕所都成了问题。不得已，全车法官和干警只能利用车内的一个洗车水桶当便盆。还有一次在太原南郊一农村中，当于昌明等法官扣押被执行人的家庭财产准备离开时，遭到被执行人家属煽动的一些不明真相的群众围攻，从下午3时直到晚上11时，他挨了打，受了伤，所乘坐的警车被无理扣押了一个星期。

于昌明为执行案件也曾差点付出生命的代价。1995年11月6日，于昌明同刚刚分配来的大学生、书记员吴怡东为扣押18辆日本三菱货运卡车，从上午9时来到阳泉市汽运二公司做公司领导的工作，一直到天快黑了，公司领导才安排司机返回单位，交出汽车钥匙。小吴心想：这下子总算办完了。可他没想到，随后几个司机从车场跑来，将他俩围了起来，大声责问：“二公司的外欠，为什么法院要不回来？”经过于昌明十多分钟的耐心解释，司机们才散开，小吴紧绷的神经还没等松弛下来，突然一辆三菱货车趁着天黑从车场“轰”的一声，向公司大门外冲去。于昌明见状，大喊一声“停下”，飞也似的冲到路中间，举手喝令停车。开车的司机大概没想到于昌明敢舍命拦车，一个急刹车，车在距于昌明两三米的地方停了下来，吓得小吴出了一身冷汗。待夜里8时多圆满处理这起案件后，小吴悄悄对于昌明说：“你胆真大！”于昌明一脸的苦笑：“刚才我也是吓坏了，差点当了烈士。”

“创新是平凡工作的积累，只有踏实地做好平凡的工作，才能造就出伟大”

于昌明之所以成为2004年中国青年五四奖章获得者，是因为他锐意创新，的确，自1998年主持执行庭工作，特别是近3年来，他针对“执行难”这一顽症，遵循法理和立法精神，做了许多极富创造性、开拓性的改革探索。对外采取了12项旨在解决“执行难”的措施，对内采取了7项旨在解决“执行乱”、规范执法行为的措施，都取得了较好的效果。其中有些措施如“提级执行”、“审计执行”、“公证执行”、“强制调查”、“易人执行”、“执行听证”等制度，走在了全国的前列。

法院执行人员普遍缺乏会计专业知识，被执行人往往利用这个缺陷来提供虚假财务报表，隐瞒真实收入，使执行陷于被动。针对这种情况，于昌明充分运用法律规定的搜查权这一强制措施，在全省率先试行“被执行人财产审计制度”，变被动为主动，使许多执行难案件迎刃而解。这一改革成果曾在全省法院予以推广，并被列入最高人民法院起草的司法解释当中。

针对阳泉市两级法院执行力量少而分散，形不成合力和整体优势的难题，于昌明大胆尝试“提级执行”和“集中统一执行”方法，成功地执结了一件先后有16家债权人分别在全市5个法院提起诉讼和申请执行、标的达1.2亿元的老大难案件。“提级执行”的做法由省高院在全省推广，被最高人民法院颁布的执行工作若干问题的规定吸纳。

针对有的债权债务关系复杂，“三角债”较多，债务人不配合，债务链不好解的难题，于昌明积极运用法律规定的“代位执行制度”、“强制调查询问制度”以及外地法院的“悬赏执行”办法，解开了许多债务链，执结了许多大案难案，有力地保护了当事人的合法权益，维护了法律的尊严。

1998年以来，他领导的庭、局审判、执行各类民商事案件1817件，审执标的突破20亿元。他直接组织重大执行活动上百次，主审、主执案200余件，标的近3亿元。

于昌明怎么会有这么多的点子呢？当问到他这个问题时，他回答：“靠学习，靠思考。”

于昌明1987年进阳泉中院时，只是一名省司法学校的毕业生。面对越来越多的司法难题，他深知自己知识的不足，所以从那时起他就刻苦地学习法律业务，并先后取得了大专、本科学历和在职研究生结业证书，但他还没有停步，现在又在攻读硕士学位，为开展审判和执行工作奠定了坚实的法学基础，有力地指导了审执技能。他注重总结，更善于思考。近年来在业务刊物先后发表《执行难的成因与对策》、《关于市场经济的法律思考》、《确认诉讼主体应注意的几个问题》等论文，其中有的在学术研讨会上获奖，有的还被推选为全国法院执行工作理论研讨会交流论文。

（原载2004年05月21日《山西日报》记者薛广勤、李强，通讯员郭映普、陈伟）

附 4：以司法公正高奏和谐强音

——记阳泉法院法官张秋籽

十八年来，他累计办案千余件，没有一件错案，没有一件被申诉再审。两年来，在他的要求和带动下，全庭同志先后拒礼拒贿近百次，价值十多万元。

2005 年，他被评为“山西省十大杰出政法干警”，2006 年，又被评为“山西省杰出青年卫士”。

“作为法官，心中必须永远装着百姓。”

2004 年的一天，张秋籽正在调解案件，突然值班的法警给他打电话称，门口有一群人，吵吵闹闹非要见他。他匆忙下楼，只见大门口聚集了上百名民工，将两名值班法警团团围住，情绪十分激动。他连忙说：“我是民二庭庭长，大家找我有什么事？”这些人立即静下来，几个带头的上前问道：“我们有冤，你管不管？”他说：“只要是我职责范围的事，我一定管。”带头的几人迟疑了一下，开始向他诉说。原来，这是一些河北定州的农民工，1994 年承建了阳泉市一个单位的职工宿舍楼，工程已投入使用多年，但工资款却拖欠未给，他们为要工资多次往返于晋冀，却没有讨回一分钱。许多民工生活、孩子上学、家人治病都盼着用钱，无奈之下，他们集体到阳泉法院告状。听完事情经过，他立即和审判人员一起审查核实民工提供的材料，经审查符合立案条件，就当即联系立案。他和同志们把这起案件当做重点案件快审快判。他带领人员马上深入建筑工地和有关单位调查取证，并在最短时间内作出判决，判后对方很快就予以履行拖欠的工资款 50 余万元。

近几年，他和同志们共审理拖欠民工工资案 20 余件，依法判决支付民工工资 2000 余万元。这些案的共同特点是拖欠时间长、金额大、执行难度大。同时，他们还积极落实司法救助和法律援助工作，对于困难企业和弱势群体，先后减免缓诉讼费 219 万元，为符合法定条件的弱势诉讼主体指定律师 20 余人次，使没钱的人打得起官司，有理的人打得赢官司。

“作为法官，心中的天平上，不但写着公正，也写着和谐。”

阳泉是个资源型城市，近年来随着煤炭行情渐涨，相关纠纷也显著增多，成为突出的焦点热点问题。2003 年 10 月，原告盂县某实业公司诉被告盂县秀水镇某企业煤矿承包合同纠纷一案，在审理此案过程中，原告的法定代表人涉嫌犯罪被刑事拘留，他承包的煤矿停产。为保护矿井，每天仅抽水费用就要几万元。该煤矿拖欠职工工资 60 多万元，冬季来临，村民的生活用煤无法落实。原、被告及与煤矿有关的村民、工人、刑事案件的被害人，都盯着这个煤矿，他们各自用锁将煤矿大门锁闭，并派人看守，对立情绪很大，有数百人多次到市、省里上访告状。第一次开庭时，参加旁听的多达上千人。他多次往返于几方当事人之间，倾听他们的意见，平息对立情绪，主持召开了十余次协调会，最长的一次协调会，连续开了十个小时，各方当事人终于被他的诚意和趋利避害的意见所折服，最后都同意他提出的调解方案，被告一次性支付原告投资款550万元，并承担60万元的债务，同时将原告承包的煤矿收回，及时组织生产，减少损失，稳定民工情绪，解决村民的生活用煤，刑事案件被害人也得到了足额赔偿。这一案件的稳妥处理，得到了党委、政府和社会各界的广泛好评。

“作为法官，只要行得正，再大的邪风也刮不倒。”

张秋籽的爱人工作单位不景气，每月三四百元工资还经常拖欠。经常有人劝他，你现在担任民二庭庭长，专跟经济部门打交道，为什么不利用关系，把爱人调到一个效益好的单位呢？不少案件当事人也有类似的表示，但都被他一概谢绝。他想，如果接受了这个“帮忙”，家里的经济收入会增加一些，但帮忙人势必会要求他在审判案件时予以照顾，那就可能损害法律的公平，损害法官的良知。

阳泉老企业、困难企业较多，涉及银行的不良贷款也较多，近几年来，在张秋籽同志主持下，民二庭严格按照国家政策，依法核销了90多家企业共15亿元银行不良贷款，大大促进了金融系统的改制和相关企业的发展。在办案中，很多不符合核销条件的企业，也想乘机弄虚作假核销其贷款，都被他卡住了。一些人托人情、走关系，想利用他手中的权力为其谋不正当利益，都遭到他的严词拒绝。他说，作为一名法官，天职是用审判权维护当事人的利益和法律的尊严①。

原载2007年12月6日《山西法制报》记者 邓志荣

注：①张秋籽同志现任阳泉市城区人民法院党组书记、院长。

第七章　文化交流

阳泉市中级人民法院建立之初，中华人民共和国尚未成立。而且，全国尚处于解放战争初期，当时，既没有完善的法律制度，也没有现成统一的审判经验，还没有稳固的社会治安环境。在这种情况下，成立之初的“阳泉市司法处”（1948 年 10 月更名为“阳泉市人民法院”），主要借鉴中国共产党领导的陕甘宁边区、晋察冀边区等人民解放区司法模式、司法经验，开展刑事、民事案件的受理审判。队伍建设上，完全摒弃国民党旧司法人员的参与，由政治可靠、作风过硬的军队转业干部和具有丰富审判经验的解放区司法干部组成；司法作风上，完全摒弃旧衙门习气，继承了解放区人民司法为人民的光荣传统；审理案件引用的司法条文方面，主要执行晋察冀边区政府下发的法律、法规和党的政策、方针；司法案例的参照上，以陕甘宁边区政府和晋察冀边区政府成功的审判经验和具体的执行案件，作为同类案件的审判参考。

1949 年 8 月，开展学习“马锡五审判方式”。在学习“马锡五审判方式”过程中，阳泉市人民法院干警走出机关，下乡轮审各类民事案件和轻微刑事案件，取得了很好成效：“一是切实照顾了人民的实际生活，克服了不调查、不研究，轻信呈状、草率判决，关起门来玩弄法律教条无补于事的偏向。二是依双方自愿为原则的民间调解，抓住当事人的内心。三是真正是民间的而不是衙门的替人民服务，不是给人民造（找）麻烦；四是当场调解教育了群众，教育了工作人员。”（见《阳泉市人民法院1949 年下半年工作计划》）

1950 年，阳泉市人民法院更名为“阳泉工矿区人民法院”。以寿阳县司法科下乡巡回就审取得的成果和经验为榜样，结合工矿区人民政府政治宣传攻势，安排干警下乡就审，解决了两个婚姻问题。并规定从“后半年每月终了后”开始，“将一月内解决了的婚姻案件和遗留问题，作出具体的类型及解决办法和初步意见，分配干部亲赴各村，一面贯彻（寿阳县司法科下乡巡回就审经验），一面教育，使《婚姻法》以实例来做示范。”

1964 年，学习河北保定、天津和太原市北城区法院等审判机关的先进经验，结合阳泉实际进行试验推广，在积案较多情况下，于 7 月份采取史良芬“四集中”办案方法清理积案。此后，又借鉴天津市贾子华“分片包干、蹲点跑面”经验，组织审判人员深入基层，针对积案特点分片包干，特别在深入学习大庆和人民解放军政治工作先进经验基础上，先后开展两次机关革命化运动，开展比、学、赶、帮运动，提高了干部觉悟，增强办案热情，办结了大量历史积案。1964 年，新收各种刑、民事案件 1306 件，连同上年未结案件 60 件，共 1366 件，在阳泉市委抽调 7 名干部搞“四清”运动不在审判岗位的情况下，仍审结各种刑、民事案件 1288 件，比 1963 年结案 1129 件，多结 159 件，未结案比上年下降 17.6%。

1975 年，阳泉市中级人民法院组织各基层法院民事审判人员，学习交流下白泉和南大西庄两个大队调解委员会经验，促进了全市调解工作的开展，城区法院狠抓公社一级民政工作，坚持每月召开一次公社民政会议，提出“小案不出队，中案不出社，调解在基层，矛盾不上交”的办法。平坦公社副书记亲自担任调委会主任，吸收贫协、青年、妇女、民兵等组成老中青三结合的调解班子，积极开展工作，使出社的案件逐季减少，从第二季度开始的 9 件，第三季度降到 6 件，第四季度又降到了 1 件。

1976 年，阳泉市两级人民法院民事审判工作贯彻“全省司法工作学大寨”现场会议精神，推广昔阳县司法工作经验，即“坚持走群众路线，建立健全人民调解委员会，实现小事不出队（车间），大事不出社（厂），矛盾不上交，解决在基层”。把人民调解委员会办成“党委重视、群众拥护、能为人民办事的对资产阶级实行全面专政的得力工具”，促进了全市的民事审判。全年收案 567 起，较 1975 年下降 32.9%，其中离婚案 336 件占 64.9%，离婚后财产、生活费案 10 件、抚养案 21 件，赡养案 6 件，房屋案 69 件，债务案 13 件，继承案 6 件，山林水利案 2 件，其他案 54 件。通过学习昔阳“县司法工作学大寨经验”，建立健全覆盖全市的人民调解组织，充分发挥人民调解在化解邻里矛盾、解决家庭纠纷方面的特殊作用，结案 437 件，占收案总数的 84.5%，结案率较 1975 年提高 4.6%。其中调解处理的 421 件，占 96.3%，较 1975 年提高 2.5%。判决的 16 件，比 1975 年下降 22 件，下降 200%。人民群众高兴地说：过去是吵嘴打架无人管，三番五次到法院，耽误生产又花钱，劳民伤财不合算；现在是推广大寨好经验，就地解决增团结，工农群众其称赞，革命生产双跃进。

1980 年，《刑法》《刑事诉讼法》颁布实施，依法审判提上人民法院重要议事日程。为尽快提高广大司法干警的业务水平，年初，阳泉市中级人民法院即以“两法”为内容，对干警进行普遍轮训。此后，又根据上级指示，派出 17 名同志到中央和省政法干校进行专题学习。

外出学习和法院之间的先进经验交流成为常态。

1982 年，阳泉市两级人民法院又选派 2 人参加中央政法干校学习，5 人参加省政法委干校学习，19 人参加本市业务短训班学习。革命化、年轻化、知识化、专业化成为队伍建设的重要目标。

1983 年，先后派出 29 人到中央、省、市政法干校轮训班和大学法律系进行了业务培训，掌握了更多的法律知识，进一步提高了业务素质，在打击刑事犯罪活动中，发挥了积极的作用。

1984 年，阳泉中院有 13 人参加中国政法大学函授学习，两人分别选送到省委党校和山西大学深造进修。

1985 年，全国法院系统业余法律大学开始在阳泉市两级人民法院干警中招生，业大成为培养专门法律人才的主要途径。“请进来”（请法学教授到业大讲课）成为阳泉市两级人民法院干警提高和增强法律业务知识的重要渠道。同时，“走出去”（选派干警到兄弟法院或大专院校学习取经）仍然是法院文化交流的主要手段。

1989年，针对刚刚出现的“审理难”和“执行难”，阳泉市两级人民法院开展尝试“审判协作”，即加强同外地兄弟法院之间的审判协作、文化交流，共同探讨解决经济、民事案件“审理难”“执行难”的问题。一是对外地法院委托事宜认真办理，不推、不拖、不刁难，做到件件有落实有答复，努力从自身做起克服地方保护主义。如平定县法院一年间，收到外地法院委托事宜 67 件，全部按时办理，并给予明确答复，受到许多外地法院的称赞，先后收到北京海淀区法院等 13 家单位的感谢信十多件。二是到外地办案时，主动同当地法院联系争取支持。三是建立经济审判协作交流网络，10 月中旬，由阳泉中院参与发起，在石家庄召开“晋冀两省七地市法院经济审判协作筹备会议”，计划于次年 3 月，在阳泉市召开第一次协作会议，加强区域协作交流，共同克服经济审判中“审理难”和“执行难”。

1990 年，4 月，由阳泉中院发起，晋冀两省七个中级法院在阳泉市宾馆召开“晋冀两省部分法院经济司法协作会议”，签订《晋冀两省部分法院经济司法协作意见》，在不同管理区域内开展经济司法协作，《法制日报》在头版对此作了报道，在全国法院系统引起反响。11 月，最高法院业大总校领导带领检查组，对阳泉法院“业大”办学情况进行检查，并给予高度评价，为此，省高院在阳泉市召开“全省业大学阳泉”现场经验交流会，向全省法院系统“业大”全面推广阳泉法院业大办学经验。

1991 年，阳泉中院提出“学翼城法院、把各项工作推向新台阶”活动，中院党组要求各基层院在具体审判工作中，要以本省翼城人民法院为榜样，坚持正确的政治方向，把是否有利于社会主义制度巩固，是否有利于经济建设发展，作为衡量工作得失的标准，勇于开拓创新，使各项工作都有新的突破。为实现这一目标，两级法院结合苏联、东欧剧变，组织干警学习《社会主义若干问题纲要》和《马克思主义哲学纲要》，像翼城法院一样，坚持用马克思的立场、观点、方法武装干警的头脑，坚定干警走社会主义道路的信念，强化干警全心全意为人民服务的公仆意识。

1997 年，阳泉中院先后组织干警参观全国法院审判方式改革先进单位河北省平山县法院和北京市海淀区法院，学习他们开拓进取，大胆探索，实现审判工作规范化的经验；参观市级文明单位阳泉市第四水厂，学习他们科学化、文明化管理的经验；参观阳泉市特困企业阳泉水泥厂，向数月不发工资仍坚守岗位的工人师傅学习不怕困难，艰苦奋斗的精神；赴北京参观“辉煌五年成就展”，使干警全面了解十四大以来，我国投身建设有中国特色社会主义伟大事业的政治热情。这些生动形象的学习交流和教育活动，弥补了书本教育的不足，在干警思想上产生了强烈反响，促进了干警政治觉悟的提高。

1999年，全市法院组织60多名业务骨干，先后参加最高院和省高院组织的《合同法》、“新刑事司法文书培训班”，对全市法院180多名审判人员进行二级培训。

2000年，结合“三讲”教育，开办“人民法庭书架”，继续鼓励干警学习业务、钻研业务、交流业务知识、提高业务素质。全市法院系统有65名干警参加大专和本科学习，14名干警攻读在职研究生，结合办案实践，撰写各类经验交流论文和调研文章30多篇，其中，在全国获奖1篇，在省级刊物发表或省级研讨会选用交流的10篇。

2001年，两级法院干警撰写各类论文和调研文章30多篇，其中，被《人民法院报》和省级以上刊物选用20篇，许多论文参加了法院系统省级以上研讨会交流，市中院被评为“全省法院调研工作先进单位”。

2003年，建立健全法官业务培训制度，使每位法官每年都有一定时间接受脱产培训、外出学习交流，更新知识，提高业务素质。同时改进培训方式，重点培训审判骨干，着重培养法官的专业特长，阳泉中院同北京二中院建立了长期的人才培养协作规划，每年都有数名法官赴北京二中院学习先进的办案技能和司法理念，一批理论素质较高、审判技能比较娴熟的专家型法官开始崭露头角。实行优秀调研成果奖励制度，坚持开展理论研讨、专题讲座、文书评比、庭审考核等审判实践和经验交流活动。

2005年，为提高法官队伍整体素质，增强人民法院司法能力，推进学习型法院建设，阳泉中院与山西大学法学院签订长期培训协议，坚持对全市法院法官进行每人每年10天的续职培训。年内即邀请10多名法学家来院讲学，有200余名法官参加专项培训。全市法院尊重知识、崇尚理性、鼓励创造，追求卓越的氛围日渐浓厚。

2007年，阳泉中院创办院刊《法槌》，成为两级法院法官交流审判经验、探讨疑难案件、研究新情况，解决新问题、提高司法水平和活跃法官文化生活的理论园地，为人民法官绽放法律思维火花、展现法官风貌、营造法院文化提供了一个平台，也为阳泉市法院系统跟上级法院领导机关，以及兄弟单位进行经验交流和理论探索，建立了一个沟通和联系的桥梁。

2008年11月，吕梁市中级人民法院党组书记、院长王志刚受上级党组织和法院领导机关选调，任阳泉市中级人民法院党组书记、院长。王志刚将吕梁市两级人民法院的先进管理理念、司法实践经验和优良作风、过硬业务能力，带到了阳泉市法院系统，成为阳泉市两级人民法院学习和借鉴的精神财富。与此同时，阳泉中院前党组书记、院长冯少勇，交流至山西省太原市中级人民法院任党组书记、院长，山西省高级人民法院审判委员会成员，也将阳泉市两级人民法院建院60多年来形成的关于审理重特大案件、勇于开拓创新、敢于探索实践和忠诚于党的审判事业、忠诚于法律、忠诚于人民的作风和传统，融会贯通于省城太原市的人民司法审判事业当中。

2011 年 9 月 15 日—17 日，全省法院立案信访窗口建设经验交流现场会在阳泉召开。省高院党组书记、院长左世忠出席会议并作重要讲话。省政法委副书记杨有才，省高院党组副书记、常务副院长梁权，省高院党组成员、政治部主任张学俊，省高院党组成员、审委会专职委员罗锁堂，省委省政府副巡视员张全喜，省人大信访局副局长张振瑜，省政法委副调研员贺芳，阳泉市委副书记郭常青，阳泉市委常委、政法委书记、副市长王湜洲，阳泉市政法委副书记王海贵，阳泉市中级人民法院党组书记、院长王志刚出席会议，来自全省中、基层法院分管立案信访工作领导和立案信访部门负责人参加了会议。旨在贯彻落实最高法院大庆会议精神，进一步推动全省法院“立案信访窗口”建设工作深入开展，使“立案信访窗口”成为人民法院司法为民的重要平台、参与社会管理的重要载体、推进社会矛盾化解的前沿阵地。

阳泉市委副书记郭长青、阳泉中院院长王志刚先后致欢迎辞；省高院党组成员、专职委员罗锁堂传达全国法院立案信访窗口建设经验交流会议精神；省高院党组成员、政治部主任张学俊，宣读对近年来在立案信访窗口建设中，涌现出的 33 个先进集体的表彰通报；阳泉市中院副院长于昌明介绍阳泉中院近年来在立案信访窗口建设中“六创”“六化”先进经验；省高院党组副书记、常务副院长作大会主题发言；省政法委副书记杨有才发表讲话，就全省涉法涉诉信访情况进行通报，并对今后工作提出殷切希望；省高院党组书记、院长左世忠发表重要讲话。会议期间，与会人员观看了各法院经验交流视频资料，听取了各中院贯彻“四个必须、五项制度”及左院长、梁副院长重要讲话的工作措施，听取了省高院立案二庭庭长、信访处处长雷根奎通报全省法院上半年涉法涉诉信访情况以及下一步工作安排，观摩了阳泉中院、阳泉市矿区法院立案信访窗口建设情况，参观了百团大战纪念馆，听取了省高院专委罗锁堂总结讲话。

省高院常务副院长梁权的讲话分析总结了全省法院涉诉信访工作成绩，提出了存在的问题，指出了今后一段时期工作目标。一是认真回顾总结，成绩有目共睹；二是冷静分析思考，问题不容忽视；三是继续鼓足干劲，工作任重道远。

省政法委副书记杨有才在讲话中对法院工作提出四点希望：一是要下功夫化解剩余案件，已终结未罢访的，尽量息诉罢访；二是要培养信访队伍，树立公正司法形象；三是要充分发挥调解在化解涉诉信访案件中的作用；四是要注重对先进经验的提炼和推广。并表示省委政法委将一如既往，对涉诉信访工作支持力度不减，对涉诉信访工作协调督查力度不减。

省高院院长左世忠作重要讲话，指出：全省法院要结合“群众观点大讨论”活动，充分认识涉诉信访工作及“立案信访窗口”建设的极端重要性。一定要从讲政治、讲大局的高度，把“立案信访窗口”当作一项民心工程来建设，努力做到为民、务实、清廉。要不断探索，建立和完善解决涉诉信访问题及保障立案信访窗口正常运转的长效机制。并要求全省各法院想尽一切办法、采取一切措施，把全省在京上访人员总数及在全国法院的排名位次降下来。即进一步规范立案、审判、执行等各个环节的司法工作，从根本上解决好源头治理问题，推动信访工作的进步。要强化保障，健全机制，为打好涉诉涉法信访攻坚战而努力。要在机构设置上、领导班子上、工作人员上配足配齐，保证这项工作有人管、能管好。要进一步畅通信访工作渠道，根据事实和法律及政策规定，该驳回的就驳回，该指令的就指令，该提审的就提审，该救助的就救助，不能久拖不决。

2012年9月，经阳泉市文化广电新闻出版局、山西省新闻出版局审查批准，阳泉市中级人民法院内部资料性刊物《阳泉审判》获准印行。标志着阳泉中院院刊从此有了自己的规范名称，阳泉中院原院刊为《法槌》，2007年9月创办，至2011年年末，共编发13期，发表文章260余篇，内容涉及理论探讨、调查研究、案例评析、队伍建设、文苑集萃等，基本涵盖了法院工作的方方面面。更名后的《阳泉审判》为法院内部资料性出版物、季刊，开版为16开本、48个页面，发送对象为本市法院干警、省高院、全省各中院以及外省兄弟法院等，每期印数为1000册。

第八章　文体活动

阳泉市中级人民法院组织干警开展文体活动的时间比较早。但早期的文体活动限于场地和条件，主要是一些力所能及的活动。体育活动一般是组织干警开展一些象棋、围棋、扑克牌等简单的活动，以及广播体操、眼保健操等。但文化活动就比较丰富。如歌咏比赛、赛诗会、书法展览等。

建院初期，中华人民共和国尚未成立，全国处于解放战争时期。新中国成立后，抗美援朝战争爆发，阳泉作为煤炭、钢铁、硫磺产区，人民法院的主要任务，是通过审判，打击潜伏的特务、反革命分子，协助政府狠抓工农业生产，支援祖国建设，支援抗美援朝。故文体活动主要限于鼓励个人爱好，加之当时干警数量较少，文体活动一般都是直接参加市委市政府组织“市直机关”活动。20 世纪 50 年代至“文化大革命”爆发之前，阳泉市人民法院干警下乡、下厂时间较多，支农、支工任务较重，如下乡帮助农村人民公社春种秋收，就地解决矛盾纠纷；入厂帮助工矿企业制定规章制度，堵塞管理漏洞，防止“治安灾害事故的发生”（生产事故），所以，文体活动开展得相对较少。

阳泉中院干警歌咏会

20 世纪 80 年代之后，随着办公条件的改善、干警数量的增多，文体活动逐步开展起来。到 90 年代，阳泉中院和基层各人民法院均形成了几支业余文体队伍。文体活动开展得有声有色。

1997 年，阳泉中院投资 10 万元筹建起法官图书室，并筹集基金购置一批文化体育设施，组建业余网球队，坚持每天上午上班时组织干警做广播体操，引导干警养成体育锻炼的良好习惯。6 月下旬，全市法院系统举办“迎回归、庆七一”运动会，丰富广大干警的业余文化生活。该年度，中院广播体操队在市直机关广播操比赛中获二等奖。

阳泉中院业余网球代表队

1998 年，广泛开展群众性文体活动，增强干警体质和集体荣誉感，全市法院系统组织开展一系列业余文体活动。市中院继续坚持每天早上组织干警做班前广播体操。郊区人民法

阳泉中院干警围棋赛

院干警健身房和法官活动室建成投入使用。9月份，市中院举办第二届全市法院系统运动会。

1999年，结合庆祝国庆50周年，举办第三届全市法院干警运动会。

2004年，通过举办全市法院运动会、创建省级文明单位、参加全市政法系统美术书法摄影作品展，开展丰富多彩的机关文化建设。

2007年，组织开展乒乓球、篮球比赛，邀请名家参与举办有法院干警共同参加的美术书画作品展，丰富图书资料室藏书，方便干警查阅资料，丰富了干警文化精神生活，强化了干警体质，美化了干警心灵，提升了艺术修养，促进了法院各项工作的深入开展。

第九章　文学艺术

一、散 文

1. 纽约东区地方法院

赵丽萍

今天的日程安排是参观位于布鲁克林区的纽约东区联邦地方法院，我曾在《美国法院的分类及职责》一文里介绍过美国的法院系统，它分为联邦法院和州法院两大类，其中联邦法院又分为联邦地区法院，联邦上诉法院和联邦最高法院，联邦地区法院是联邦司法体制的重负荷机器，国会将地区法院作为联邦司法体制中的初审法院，规定了地区法院的司法管辖权，这些法院对联邦刑事案件和民事案件有初审管辖权，但多数地区法院的案件在性质上大多是民事案件。随着美国人的诉讼意识越来越强，大量的案件涌入了初审法院，2002 年度，大约超过 34 万件案件在联邦地区法院开始启动，仅仅立案的刑事案件就比 1993 年增加了 43%。地区法院是唯一允许律师询问证人和交叉询问证人的联邦法院，因此这一级别的法院确立了事实性案件记录制度，而裁决案件事实的任务通常交由陪审团完成，联邦规则要求刑事案件中有 12 名陪审员，但允许民事案件中少一些。联邦地区法院通常在民事案件中使用 6 人陪审。后来对初审法院裁决提起的上诉，不对事实重新认定，而只是对适用法律是否正确进行审查。

我们一行上午 9 点到达了纽约东区地方法院，法院掩映在一片绿色中，周围到处是绿树花草草坪，幽幽的绿驱赶了夏日的炎热，心情也随之一片清凉。从外面看，这个法院的构造呈圆形，大约七八层楼高，淡绿色玻璃装饰，感觉像国内的小型展览馆或科技馆。进入法院，需要通过安检，任何人只要通过安检，便可以在法院自由进出。大厅宽敞明亮洁净有序，除了我们 20 几个人外，基本看不到有其他人走动。一位高高瘦瘦头发灰白名叫罗伯特的法官助理负责接待我们，据罗伯特介绍，东区地方法院有 15 名法官、150 名法官助理，是地区法官数量最多的法院之一，另一个就是曼哈顿地区法院，有 28 名法官，由于在正常情况下，每个联邦地区法庭只由一名法官主持审判，因而在同一个地区内，同一个时间段，都可能有多个法官在开庭审判。除法官以外，法官助理是法院系统中不可或缺的重要角色，联邦地区法官的法律助理经常主要作为研究助理，他们花大量的时间审查民事和刑事案件中递交的各种动议书，注意到其中的争议点和相关当事人的立场，然后研究动议书中提出的重要观点，为法官准备书面备忘录。由于他们的工作主要集中在诉讼过程中的早期阶段，他们可能与律师和证人有实质性的接触。在这一层面上，法官助理可能参与到最初意见的起草。现在超过2000名法官助理在为联邦法官工作，除了法官个人雇佣的法官助理之外，所有上诉法院和一些地区法院都雇佣法律助理，为整个法院服务。为了帮助联邦地区法官应对日益增加的工作量，国会于1968年创设了治安法官系统，以应对每个地区法院的特殊情况和特殊需要。治安法官经地区法院法官任命，任期八年，不过他们可能在期限届满之前因“合理原因”被免职。在国会规定的指导方针之下，每个地区法院的法官负责确定为他们工作的治安法官的职责。立法允许治安法官，在相关当事人的同意下，在陪审团审理的民事案件或无陪审团审理的民事案件中全程负责，并且为该案件作出判决；如果被告人同意，对被指控在该地区犯轻罪的人开庭审理。不过，因为将责任授予治安法官的决定还是由地区法官作出的，治安法官对于案件过程的参与范围可能比法律所允许的要窄。罗伯特领我们参观了立案大厅和法庭，我们参观的这个法庭大约有100多平方米，从法庭的大门进去，首先是几排旁听席，大约容纳五、六十人，整个法庭的结构是法官居中，审判台一侧有一个小门，法官由此进出。法庭的右下方是原告、被告席，原被告正对着的是陪审员坐席，证据展示等需要投影时，面向陪审员席，法官也需要走下审判台来，以便清楚地观看。在法庭里，同学们与两位治安法官、两位检察官和一名公共辩护人就中美司法体制的有关问题进行了友好的交流。整个上午，只有罗伯特陪着我们参观、座谈。座谈完毕，时近正午，正常下班，并没有人出面留你吃饭，中饭自己解决，相比之下，我们中国公款吃喝的陋习确实该改一改了。

2.舅 舅

郝惠平

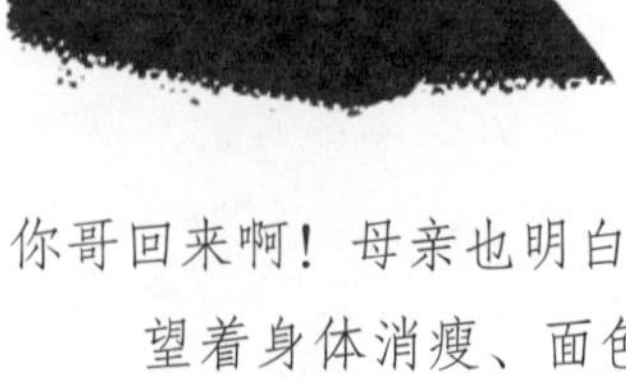

2001年12月10日中午吃饭时分，弟弟打我手机，“舅舅病危，妈叫你赶紧回来！”我匆匆扔下饭碗，坐上车赶紧往回跑。

我回到暂石，舅舅未同我说一句话，显然已经不行了。听在场的人说，舅舅好几天就感到不适，但一直坚持干活；昨天晚上躺下后到现在，饭吃不进，水也喝不进。饭吃不进去这我是知道的，因为他老人家患的是贲门癌，已经三年多了。人们说，他自早上开始，就一直不停地伸大拇指，当时大家都不知道是什么意思，到后来，村里的老支书明白过来了，才赶紧告诉二平，说这意思是在叫你哥回来啊！母亲也明白过来了，就赶紧让弟弟叫我。

望着身体消瘦、面色黝黑、一脸病容的舅舅，我感到很是难过。老人见我回来了，就紧紧地拉着我的手，我试图喂他点水或牛奶什么的，但已经无济于事了。

2001年12月11日凌晨，阴历10月27日零时15分，舅舅咽下了最后一口气，永远闭上了眼睛，享年72岁。10月30日出殡，11月初二复三。自此，一个亲爱的生命只能留在人们的记忆之中。

记得，三年前也是一个中午时分，也是弟弟打来电话，说："哥，妈叫你回来一趟。"我问"什么事？"他说，爸和妈最近陪舅舅去了几趟医院，估计是舅舅有病了。我匆匆回到家中，我爸妈，还有弟弟、两个妹妹、表弟都在。我妈首先发言了，说："你舅舅的病因查清楚了，是贲门癌，晚期，你们说，咋办？"看到这个情景，我脱口而出，"治吧！花多少钱，我先出！"语气不容置疑。我是我们兄妹六人（我家兄妹四人，还有两个表弟）的老大，我不表态谁表态？我不先出钱，让谁先出？我的两个表弟，条件都不是很好，其中二表弟结婚的钱还是我爸妈垫付的，哪里有钱来给舅舅治病？但是，舅舅的病一定得治，舅舅的命一定要保！

在我们的家中，虽然有事情大家一起商量，但是，大事情一般还是我妈拿主意，这也是长期以来形成的习惯，没有办法。讨论的结果，最后还是听我妈的，她的理由很简单，村里有好几个和我舅舅一样的病例，到晚期做了手术，结果很不好。与其那样，还不如给他增加营养和抵抗力，保持乐观的态度，或许维持的时间还会长久些。就这样，我们定下来，我们兄妹四人，每人每个月给我舅舅100元钱，为他买些营养品，让他先增强身体的抵抗力，病情先对他保密。

就这样，三年多过来了，舅舅忍受着病痛的折磨，每天起早贪黑，不停地劳动，不停地忙活，想用忙碌来驱散病魔，用他那特有的乐观态度来降服病魔。他默默地用自己忍受病痛的代价，换来了我们兄妹四人的好名声，村里的人都啧啧称赞，你可是没有白呵护了这几个外甥！

我的母亲的嫡亲兄妹就舅舅和她两人。我母亲1970年下放农村后，我们家举家迁到南磛石村。我还清楚地记得，那是一个夏天的午后，舅舅赶着大车，把我们家那有限的家当和我们全家，从常家沟拉回磛石。家里临时借住在一个废弃的破院子里，一孔小窑洞，一间破平房，厨房是和人共用的。那年夏天的晚上，舅舅召集姥娘家的弟兄们，和泥的和泥，垒砖的垒砖，抹灰的抹灰，不到半夜，就把旧家收拾好了。从此，便有了我们家十多年的"窝"。

由于我们是外来户，虽然是母亲的娘家，姥娘家人多势众，但我们这些半大的孩子，也免不了要受人欺负。尤其是我，个子有点低，身上也没有什么力气，但打架是常事。不敢说每天打吧，但也是大打三六九，小打天天有。现在想起来，那时也是没有办法，你个子低，又是外村迁来的，那些心眼不好的孩子便想方设法给你找茬，欺负你，咋办？"灭了他！灭了他"是我一生的宗旨，也是信仰！对于那些不怀好意的家伙，和你惹是生非，想尽办法欺负你的家伙，就是要灭了他！我打架从来不怕死，更不怕伤，逮住了，就往死里干，拿着石头，往脑袋上招呼就是了，一砸，准趴下！

为了这，我没有少受气，没有少挨父亲的打，父亲的宗旨是你少惹事，少生非。别人打你了，你回来就是了。他的理论是，你打不过人家，就不要和人家打，不然不是光吃亏？但我从来都不和比我弱的孩子打架，要打，咱就和比我大的，比我厉害的。

所以，我就很佩服我的舅舅，他能给我做主，也支持我打正义的仗。在那个文化生活匮乏的年代，人们日出而作，日落而息，过着面朝黄土背朝天的生活，简单而悠闲，自然而平静。每逢冬夜闲暇无事，他最爱给我们讲述什么《武松打虎》、《林冲夜奔》、《三侠五义》、《大五义、小五义》、《岳飞传》之类的故事。我从这些故事里，也汲取了许多豪情与侠义。坦然而讲，在我的性格里，受舅舅的影响较多。

舅舅对我们兄妹的疼爱，是实实在在的。那时，家里很穷，夏天，你要想吃西瓜吧，就得等舅舅赶大车偶尔从马路上捡一个从汽车上掉下来，摔烂的，人家不要的，拿回来后，除了给年迈的姥娘吃之外，我们六个孩子分着吃；到中秋节了，要吃月饼，也是一个月饼一分为六，每个人一份。我就记得有一次，晚上我在姥娘家的单人床上睡觉（待遇较高，弟弟和表弟只能在炕上和姥娘一块睡），自己不小心从床上滚下来了，醒了，也不动，硬是等着舅舅早上要出工走时，发现我掉在地上了，才把我抱起来放回到床上。

那时，父亲在外教书，家里就母亲一个人操持家务，家里的苦活、累活，基本上都是舅舅一个人全包了，什么垒猪圈了，挑粪坑了，修厕所了，全都他来干。就拿担水来说吧，往往是舅舅外出赶大车回来，先把我家的水缸挑满，再回去挑我姥娘家的。我们两家基本上也不分你我，大人、孩子吃饭很随便，想在那里吃就在那里吃。每逢过年这天，穿上新衣服的第一件事情，就是跑去让姥娘、舅舅看。舅舅和母亲良好的兄妹关系，在村里落下了好的口碑，也深深地感染了我们兄妹。我老想，自己要是可以赶上舅舅对我的弟弟、妹妹的一半好，也就很了不得了！

舅舅的性格中还有一个大优点就是孝顺，他特别地孝顺我姥娘。到现在村里还流传着这样的佳话，邻村唱戏了，酷爱看戏的姥娘走不动了，60多岁的舅舅已经背不动姥娘了，就找来平车，自己推着老人去看戏。开戏前推过去，散戏后再推回来，一天要往返好十几里地。

舅舅为人特别豪爽、仗义，他朋友多，爱喝酒，最爱帮助别人。自己虽然穷，也不是什么村里的干部，但是从来不向什么人折腰。其实他在刚解放时就参加了革命，也算村里老资格的干部，就是因为和当时的领导合不来，就辞职自动退出了。但后来村里有什么大小事，干部们都要和他商量。村里的人，谁要是受了欺负，他总是第一个站出来为人家讲理。村里的剧团，也是舅舅在20世纪50年代一手操办起来的。当时村干部都不同意，舅舅自己硬是用拾砖头、捡破烂、卖废铁的钱买了剧团所需要的器具，筹集了部分活动经费，让村里人有了自己的文化活动场所。我记得小的时候，每逢正月闹红火或过庙会，他都要组织剧团为村里演上几场样板戏什么的。后来我当兵每次探家回来，也发现他每年春节都要带头去村上的庙里打扫卫生，敬香烧纸。谁家要是有什么红白喜事，他总是第一个去帮忙。20世纪70年代，剧团里面有个演员得了重病，一家五口人住在一间又小又破的窑洞里。我舅舅发动剧团的同仁出钱出力，起早贪黑，用了半个月时间为他修了三孔新窑洞，使他们家的居住条件得到了的改善。舅舅就是这样一个热心肠的人，直到生命的最后几天，他还在为别人家的丧事忙活着。

他自知道了自己的病情，知道自己剩下的日子不多了，尤其是在生命的最后关头，为了减轻别人的麻烦，不给别人增添负担，他便默默地为自己准备后事，包括丧事、出殡所用的一切物品以及其他安排。他做得那样平静、安详、有序，而又一丝不苟。

随着年龄的增长，自己多多少少也见过一些生死离别，见过不少悲恸的场面。人的生老病死，是自然规律，是每个人都要面临的。惧怕死亡、惧怕老去，当然不是我们应该持有的态度。但我觉得，很少有人可以像舅舅那样，死得从容、淡定而不失威严，死得让人从心里敬仰与感动！

我曾经说过，有许多人先我们而去，也有许多人先我们老去。人生的价值究竟应该怎样去体现，怎样去提升，我们究竟要给后人留下些什么？我从舅舅身上有所领悟。

我的舅舅，一个普普通通的老农，在他身上所体现的，难道不是我们这个历经沧桑的伟大民族身上所具有的一种思想与美德吗？

当出殡那天，村里的男女老少自发组织起来，为他老人家开追悼会的时候，我眼里噙着泪水，默默地在自己的心里写下了一句话："侠肝义胆热心肠，暂石村里第一人！"

（作者为阳泉中院监察室主任）

3. 军歌嘹亮

——记1999年建国50周年大阅兵

郭严旻

那是我一年里听得最多的一首歌，也是最熟悉的一首歌，几乎连睡觉都在听，连做梦都在听……那首歌的名字叫《中国人民解放军军歌》。

"向前，向前，向前，我们的队伍向太阳……"

为了庆祝中华人民共和国成了50周年，中央军委决定1999年10月1日，在首都北京举行盛大的国庆阅兵式。那天是新中国50华诞，也是我23岁生日。生日的方式很特殊，因为过程很特殊，我用了一年的时间来准备我和新中国的生日，生日的地点是天安门广场东西华标，生日的方式是正步128步，生日的距离是96米，生日的时间是1分06秒。而就这简单的1分06秒付出的却是365天的汗水、血水和泪水；付出的是秋千上的青春、阳光下的校徽和信笺里的喜忧。

首都北京，是我心中向往；

长安街天安门，使我魂牵梦绕；

沙河阅兵村，让我炼成铮铮铁骨。

飞行员方队，即将再次接受党和人民的检阅！

每一次踏上北京这片土地都让我觉得：我是属于你的！

阅兵前留影

……

北京入夏以来遇到了罕见的高温，气温高时达到40摄氏度以上，机场的地表更是达到60摄氏度以上，跑道上能看到不远处的海市蜃楼，一片蓝汪汪的水，走近却只有热浪。没有树荫，没有一丝风，连呼吸都痛得要窒息。只有铿锵的脚步和震天的喊声让人觉得你还活着。我们头戴着三斤重的头盔，四斤重的皮靴，穿着秋衣裤和连体服，身上的每个毛孔都在冒着汗，衣服已经湿透了，外面的连体服更像是在保护皮肤不要被强烈的日光晒伤，飞行头盔里的海绵垫子也浸满了汗水，这些汗水顺流而下，灌到飞行靴里，浸透着打满血泡的脚掌，一步、两步……我知道胜利总是青睐于坚持到最后的人。有人算过一笔账，湿透一套衣服至少需要一斤水，每人每天排出的汗水就有六斤多，全方队流出的汗水加起来就有一吨多重。还有人做过一项统计，整个阅兵方队队员普遍踢破过六双靴子，踢破的鞋钉能装满六卡车。突然想到这和冬季时的训练形成了强烈的反差，记得那时的汗水是在头发后面结成了冰渣子，湿透的是毛衣和毛裤，呼出的热气在胡子和睫毛上凝结成了白色的霜。围绕“阵容强大、标准一流、工作精细、效果最好”的目标，阅兵训练在数九寒天全面展开，有一天早晨天太冷了，前一天晚上我被罚抄写纪律条例三遍，不能错一个字，不能漏一个字，我披着绿军毯抄写了整整一晚上，边抄写还边穿着皮鞋跪在方凳上压脚尖，一夜没合眼的我太困了，以至于清晨在绕圈跑步的时候我睡着了，没想到人跑着步也能睡着，直到有人喊我的名字时才发现我已经脱离部队跑出去很远……

回过神来，咸咸的汗水已经蛰的眼睛睁不开了。听不到蝉声，因为跑道旁没有树木；听不到雨声，因为天上没有一朵云彩；听不到战友们相互的鼓励，因为早已淹没在教官的口令声中。

这时候多盼望有一场雨呀，那样的话可能会回到“鸽子窝”里搞一些政治学习，“鸽子窝”是简易房，巴掌大的地方挤着十二个队员，地面上铺着红砖。为了美观，每一块砖都让我们打磨光了，这是从保定飞行学院学来的做法，我是越来越佩服我身边的这些飞行学员了，在保定飞行学院训练时，隔墙是河北女子艺术学校，我们班的队员经常跑到她们宿舍墙底下诉说着训练怎样苦，自己怎样可怜，教官怎样残忍……那些女学生被感动了，开始给我们扔下来一些水果、小吃、易拉罐，哈哈，我们总能“骗”到更多的好吃的。她们也开始趴在窗台上关注我们，“看看看，他们腿上绑沙袋了；看看看，他们头上顶着砖头走路了；看看看，他们走任何路都拐直角，像个机器人似的；看看看，他们过年都没回家，大年三十还在训练……”在她们的眼中，我们是木偶，是一台台不会散热的机器……

还是企盼着一场夏雨……因为“智者乐水”吧！

雨没有下，但是可以去冲澡，每周可以有两次去澡堂洗澡的机会，澡堂也是简易房，我们飞行员方队和空降兵方队是共用一个澡堂，每次都相互拥挤，里面的人多的跟下饺子似的，我不爱跟人争抢，所以总抢不到水龙头。但是我比别人“狡猾”一些，总是去隔壁海军陆战队的澡堂洗澡，穿着飞行服进去，人家一看就知道是飞行员方队的，都主动说，“来来来，给飞行员老大哥让个地方，让老大哥先洗……”我们心中窃喜，“让他们在那边抢去吧，可以痛快的洗个热水澡了，冲掉伤与痛，冲掉情与愁……”

阅兵训练是艰苦的，不断有人被淘汰掉，也会有人因为忍受不了而当了逃兵。我们那时有个小病什么的谁都不敢吭气，因为这也许会成为你被淘汰的理由。我的身体一直很差，几乎每年都要住一次医院，没想到自己居然能一直坚持下来。记得第一天进军校，还穿着便装的我就被文书叫去站军姿，没有几分钟就两眼一黑晕了过去，醒来时正在走廊里被战友们七手八脚地抬到宿舍的凉席上，刚好学校在拍新学员入校情况，就用摄像机拍下了整个过程。而现在，在淘汰率很高，训练很残酷的情况下居然从去年夏天走到今年夏天。别人都说我骨头硬，但是我知道这得益于毕业后留在军校里的体能训练，那时我爱上了长跑，常常十几公里的奔跑成了一种享受。

“流血流汗不流泪，掉皮掉肉不掉队”，我知道这是一场“不比赛的比赛，不考核的考核”，17个方队在三千米的跑道上已经展开了默默地较量。从信阳军校到保定飞行学院，就这样一路训练下来。我想，这除了军校这座大熔炉已经把自己炼成钢筋铁骨外还得靠一种永不放弃的精神。我一直在坚持，是信念，是毅力，也是一种激情，一种感觉，因为一句话我会有坚持的动力，因为一个承诺我会有坚持的勇气。我承认我是一个感性的动物，在此时失去了理性，但是只有这样我才能“活着”，才能用自己的方法走到十月一日，走到天安门广场，接受江主席的检阅，接受党和人民的检阅。我要让自己的心冷却到能抵御外界的每一丝波澜！我要向人的生理极限挑战！

呼——我长出了一口气，在烈日下继续训练……

方队里年龄最大也是唯一一个结了婚的队员在给怀孕妻子的回信中说，我们如果生个儿子就叫“李兵”，如果生了个女儿就叫“李阅”。那时的通讯没有现在发达，人们之间的交流主要是靠信笺。阅兵村只有四部公用电话，还坏了两部。所以好多人都起得很早或者睡得很晚，偷跑出去排队打长途电话。

我的信件总是最后一个到我手里，在这之前早有人打开了，传阅完了才能轮到我看。战友熊志军最喜欢看我的信了，他动作好，是方队的领队，我们都很羡慕他。后来阅兵结束，在人们对阅兵队员的高度崇拜之下，他上了湖南卫视的玫瑰之约，和一个银行工作的漂亮女孩配对成功，用标准的正步迎接了自己的新娘。姐姐来阅兵村看过我一次，事先我也不知道。当时我在水泥地上跪着，教练叫两个队员过来把压在我身上的石板搬开，告诉我，你姐姐看你来了，在队部等你了，给你十分钟的时间。我的腿已经麻木了，但是我还是忍痛挪着步子尽量让脚快些恢复知觉，一瘸一拐得跑着，我没有怨言，我知道“使命重于泰山，祖国利益高于一切”，应该将父母爱，儿女情，爱国心融入这严寒酷暑的分分秒秒。

7月24日，江主席冒着酷暑来到阅兵村亲切看望了正在训练的指战员，我们被他的话语感动了，浑身热血沸腾。他在看了阅兵训练之后说，我们展示了文明之师、威武之师、胜利之师的崭新风貌，展示了我军维护祖国安全统一，促进世界和平与发展的坚强决心和强大力量！我已经暗下决心，为祖国争光，为军队争光，为空军争光，为飞行员争光！走出国威，走出军威！把自己融入到这整齐威武的方阵之中，画一幅拼搏的画，写一首奉献的诗！

我们飞行员方队训练的位置在跑道的正中央，这里也是观礼台和倒计时牌的位置，所以经常能看到兄弟部队来预演训练，武警警卫方队走过来一个排面，在他们立定以后，教练员开始用尺子丈量步幅误差的大小，误差在两公分以内的松了口气，误差超过两公分的队员可就惨了，要加班训练。其实那时候最怕被淘汰了，越离十月一日近了就越怕，训练一年多了谁都不愿意被淘汰，或被定为替补队员。就在九月三十号的军姿训练中，教官说了，谁要是晕倒了，明天就别去天安门，让替补队员上。在烈日的暴晒下还是有不少队员晕倒了，“看看看，又晕倒一个……”听到有的队员在小声嘀咕。其实晕倒和运动性的血尿已经成了家常便饭，前几天我们四排面的一个队员晕倒了，大家七手八脚地把他抬到凳子上，用手掐着人中穴，教练用铁缸子在保温桶里舀起一杯杯的冰水，浇在湿透了的胸前。就这样，队员醒过来说，我没事，我要继续训练……天哪，机器都有散热的时候，可是我们的队员没有。

变天了，好像要下雨了，企盼了很久……

密布的乌云卷杂着激烈的闪电，黑色的燕子高傲的飞翔，跑道上那群硕大的、经常咬我们的蚂蚁也正忙着搬家，一切都预示着暴风雨要来了，这是北京的雨！跑道经过了酷热的暴晒，太需要一场雨了，一滴、两滴…终于，雨滴打在脸上，相互追逐着，变成了雨线。尽管最初的雨水在地面迅速形成了水蒸气，消失不见，但跑道还是让雨水征服了。

下雨了，我还在雨里走

因为这是北京的雨……雨下大了，我还在雨里走

我怎么没有感觉呢？

训练并没有因为暴雨而停止，352名队员仍然像根柱子似的矗立在雨中，随着教练的口号，静！像铁板一块，动！像排山倒海。横看一条线，纵看一条线，斜看还是一条线！

我们被雨水淋透了，暴雨冲刷了一切，一切的苦与愁，一切的爱与恨，我知道其实我很脆弱，我想……能像个孩子似的，有人安慰，有人倾诉，有人倾听。训练没有停止，因为我们需要雨水的洗礼。雨把头盔淋湿了，军装淋湿了，走在水里，雨水灌满了皮靴…我没有哭泣，而是面带微笑，身处困境任要面带微笑，要从痛苦中聚集力量，从反省中激发勇气。没有人刻意在雨里走，那样旁人会用异样的目光看你，只有阅兵方队的队员在淋雨。我说过我喜欢雨，喜欢听雨的嘀嗒声，雨水的嘀嗒声特别有节奏，像在弹唱一首美妙的曲子，在嘀嗒声中我会睡得很安详，像有人倾听你的诉说，像有人给你心灵的安慰，相聚也好，分手也罢都显得那么豁达与开朗。

雨拉开的是幕，是风景，也是风情。雨总是和“多愁善感”和“浪漫”联系在一起。在雨中，看雨、听雨、赏雨、淋雨有种特殊的味道……

只有我们在雨里走，面对大雨我们没有选择逃避。可能是因为我们有硕大的头盔吧，“大头大头下雨不愁，人有雨伞我有大头”，因为这个“大头”，我们早就忘记了雨的存在。

“你曾对我说，相逢是首歌，眼睛是春天的海；青春是绿色的河，心儿是明天的太阳，真诚也活泼；相逢是首歌，连着你和我，分别是明天的路，未来是生命的火！”雨中传来女兵方队的歌声，胭脂沾染了尘，秀发掠过钢枪，优柔中透着刚毅，犹豫中透着坚强。我们也不示弱，“飞蓝天我们是雄鹰，最骄傲我是一个兵……”歌声穿透了长空，像一张书签把时间凝固在那一刻，海陆空，武警，民兵，预备役，在机场跑道上汇成了一条长长的河。

“蓝色的天，白色的云，黑色的风雨，几时能停？”

星云大师用“千江有水千江月，万里无云万里山”来赞扬心胸的开阔和风景的优美。我想如果大师看到我们的阅兵方队一定也会觉得阅兵训练的跑道才是最开阔的地方，直线加方块才是世界上最美的线条和最美的风景！

就这样，每天重复同样的动作，听到的是同一个口令；

就这样，我们把辛勤的汗水洒在了祖国母亲的大地上，把对祖国母亲的满腔赤诚融入了这八千多个小时的分分秒秒！

就这样，我们一步步向夕阳走去

一步步向跑道尽头走去

一步步向天安门走去！

（作者为阳泉中院立案二庭副庭长）

4. 老 娘

任晓辉

高中毕业之前与父母共同生活的岁月只有短短的十八个年头，记忆中父亲整天忙于生产队的劳动，在家的时间除了睡觉，就是抽烟，言语很少，管教、唠叨我们兄弟姐妹四个的重任就落在母亲身上。她除了指教我们做事要认真、诚实、勤快、节俭外，究竟给了我们一点做人的训练。在这一点上，我的恩师就是我的慈母。

每天天刚蒙蒙亮时，母亲总是第一个起床，给父亲准备好替换的衣服。父亲走后，她一边做早饭，一边坐在煤油灯旁缝补衣物或纳鞋底。我们一家人从来不买鞋，穿的都是母亲为我们做的“千层底”布鞋，穿着它我从孩提时代走到了高中毕业。下雨天，农村的道路一片泥泞，我一贯怕弄脏妈妈做的布鞋，就脱了提着 ，光着脚走路；有时母亲看见 ，总要追赶着我，让我穿上鞋，常常是一边流着眼泪、一边唠叨：“鞋弄坏了我可以再做，脚着凉要留后遗症的”；我这样爱惜我的布鞋，是因为目睹了母亲做鞋的历程，母亲在闲暇时用一块一块小布在大案板背面糊成一整块，粘十多层，放在阴凉处晾干，尔后，母亲用鞋底和鞋帮样在糊好的大布块上剪出鞋底鞋帮，每只鞋底至少十几层，成型后，母亲又用细细的麻绳，一针一针，排列有序，纳满鞋底，鞋上的每一块布、每一针、每一绳都凝聚母亲的汗水和心血，我穿着它舒适，走路也轻快。勤劳的母亲在生活上也是很细（节俭）的，每年大队分给我家的小麦很少，平时我家很少吃白面，逢年过节吃白面时母亲总要加一点细白玉米面，为的是我们多吃几顿白面；我们穿的衣服总是补了又补，过年我们穿的新衣服是大人旧衣服的“翻版”；吃饭时，我不小心掉在桌子上几颗米粒，母亲总是要求我捡起来吃了，多次给我们讲“一米度三关”故事。

母亲对我的管教最严，是一位严师。每年寒假暑假母亲都要给我安排劳动任务，记得有一年暑假，母亲让我跟着我堂哥海平上山刨柴禾（烧炕用的），堂哥比我大一岁，他勤快、力大、胆大，比我刨的多，我与其相比有点逊色，我怕母亲唠叨我偷懒就把堂哥刨的柴禾拿过来捆在自己的柴禾中，回家后，母亲看到我的柴禾捆比堂哥的大，就把我带回屋中，很严肃地问我，我如实反映我拿了哥哥的柴禾，母亲最恨抢别人的劳动成果，带着我把拿的柴禾还给了堂哥，让我当面给堂哥道了歉，为了让我长记心，用笤帚打我的屁股，罚我站在炕前思过，直到父亲劳动回来让我上炕睡觉，我才获得解放。不管大事，还是小事，母亲对我的要求都是很严格的。

“大生产，大跃进”的那个岁月、那个年代，我们家六个成员中仅有父亲一个劳力，每年从生产队分到的口粮不多，生活上还的靠母亲的节俭来调整，我和二姐在夏秋时挖的野菜成了补充。尽管如此，母亲还是愿意资助贫困。夏日一天的中午，我和二姐挖野菜回来，正准备吃饭时，来了一位安徽老奶奶一边向我们诉说家乡遭水灾的事实，一边向母亲要口饭吃，母亲的眼圈不知何时湿润的，只见母亲给老奶奶盛了一大碗面食，又送给老奶奶一碗玉米面。我看见锅中的饭不多，闹着让母亲给我多盛点，其实锅中的饭也仅有两半碗，母亲把锅中的饭分给我和二姐，自己泡了一碗野菜，吃的还津津有味。我的母亲就是这样一位慈善家。

母亲对我的这十八年养育，使我受益匪浅。我十八岁那年离开了她，投入绿色的军营，后来转业就业从事审判工作，我都能以一颗善良、正直的心面对贫困人们，不畏权势，认认真真做人，认认真真做好每一件事。这一点，我得感谢我的慈母。

（作者为阳泉中院司法警察支队副政委）

5. 用母爱浇灌希望 用法制护佑成长（演讲稿）

孙丽青

尊敬的各位领导、同志们：

大家好，我是阳泉市中级人民法院未成年人案件综合审判庭的一名法官，今天我要演讲的题目是《用母爱浇灌希望 用法制护佑成长》。三年前，阳泉市中级人民法院被最高院指定为全国17个设立未成年人案件综合审判庭的试点单位之一，怀着对少年审判的满腔热情，我主动报名加入了这个庭。从民事审判转型到未成年人审判，原以为会顺理成章、水到渠成，甚至信手拈来。但真正从事未成年人审判以后，我才发现，在这个审判台上，仅仅有丰富的法律知识和审判经验，是远远不够的。

孙丽青演讲照

法院还是这个法院，法庭还是这个法庭，审判台还是这个审判台，身边坐着的也还是以前的几位老同事，但这一次当审判长，手中那已敲击过多少次的法槌，却总也落不下，到真正落下的时候，又是感觉如此得沉重，好像每一次的敲击，都重重地打在自己的心上。

盗窃、强奸、抢劫、杀人，这一串串触目惊心的字眼，让你直接联想到的是一张张狰狞扭曲的面孔。但此时此刻，被告席下却是一张张稚嫩的脸。真的，有时候我甚至会发现，被告席上的犯罪嫌疑人会特别像我女儿的同桌，那个一见我就甜甜地喊我阿姨的小男孩。可是再看看眼前的孩子，却分明戴着手铐，戴着脚镣……这是他吗？那个在公共场所将对方残忍地杀害的凶犯？这是他吗？

案发时，小希刚满十八岁，刚刚中专毕业，阳光帅气的他，被分配到了阳煤集团工作。这本是一个令人羡慕的归宿，然而好景不长，从2007年的某一天起，小希出门的时候，身上总是带着一把刀，他是在为一次报复做准备。

也就是那一年3月的一天晚上，小希和积怨已久的小伟相遇了。仇人相见，分外眼红，两人没说几句话小希就拔出钢刀扎进了小伟的身体，接着第二刀、第三刀、第四刀、第五刀……小希像发了疯似的在小伟的身上连续捅了20多刀。小伟，倒下了，一个只有十六岁的生命在顷刻间消逝了……

小希的案子，我们极其慎重。在这起案子里，小希提前准备了作案工具，手段极为残忍，事后也没有进行积极地救治，按照现有的情节和证据，判处小希死刑是有法律依据的。但小希又有投案自首的情节，而且经过法官的调解工作，也积极履行了赔偿义务，依照法律又可以对其从轻处罚。怎么办？就在我们为此案斟酌再三的时候，被害人小伟的妈妈来到了法院，递上了一封以母亲的名义，写给法庭的信：

“我是一位失去孩子的母亲，深知失去儿子给一个家庭带来的痛苦。在我刚刚失去儿子的时候，简直就像天塌了一样，那时候，我只有一个想法，那就是一定要让杀人者给我的儿子偿命。后来经过这段时期和法官们的接触，他们的言行和工作态度让我深深地感知，我以前的不理智。我已经失去了一个儿子，但我再不能因为同一件事，让另外一个母亲再失去一个儿子，让一个原本完整幸福的家庭再次破裂，重蹈我的不幸。为了普天下的母亲，为了不再让另一个家庭支离破碎，就请原谅这个孩子吧，他的路还很长，他已经认识到了自己的错误，相信他会改过自新的……”

在信的最后，小伟的母亲让我们转告小希，如果法律可以让他重生的话，那么请他在出狱后一定要好好地孝敬他的父母。

不得不承认，就是这样一位平凡的母亲的一封平凡的信，对我的法官职业生涯产生了重大的影响。我想大家都已经猜到了结果：一个孩子的生命消逝了，然而小伟的母亲却用大爱使另一个孩子的生命获得了重生。

最初从事未成年人审判工作时，一位老法官曾告诉我，从事未成年人审判，不像在其他审判岗位那么简单，只要不出冤案错案就可以了，你所面对的是一群涉世未深的孩子，他们需要拉一把。所以，要想干好未成年人审判工作，就先要学会，做好一个母亲。

2006年末，我市开通了12355青少年维权热线，我有幸成为12355的特聘法律咨询专家。每天接听孩子们的电话，为他们解释各种各样的问题，为他们打开形形色色的心结，成了我工作学习的一部分。曾几何时，一天接不到他们的电话，我就坐卧不安；曾几何时，和某个问题少年断了联系，我就心慌意乱。

一天，最令我心痛的事发生了。一个通过12355和我通过话的问题少年就站在了我对面的被告席上。我不知道应该高兴还是悲伤。高兴的是，他终于听了我的劝告，去公安局自首，自己挽救了自己；可悲伤的是，仅仅17岁的他就走上了刑事审判的被告席。

从几次通话和案卷记录得知，他是一个过早失去母爱的孩子，父亲体弱多病，家庭十分困难。他是为了挣钱去买一双运动鞋，才被人雇去打群架的。

我们的第一次见面是在庭前提审时。当我告诉他我就是和他在12355热线上聊过天的法官时，他先是表现得很激动，继而又好像非常羞愧的样子。这时候，我对他说：“阿姨要谢谢你！”“为什么？”他一脸的惊讶，“因为你听了阿姨的建议去自首，孩子，是你自己救了自己呀！”我问他有什么愿望，他说：“阿姨，我想吃个汉堡，我还没吃过汉堡呢！”我们再次见面是在法院的候审室，他吃着汉堡对我说：“阿姨，你真好！”这次见面，他又对我说：“阿姨，我真的好想上大学呀！”

后来，他被认定为有罪，但因为情节轻微，而且是未成年人，被判处了缓刑。因此，学校要开除他。为了实现他高考的梦想，我和我的同事几次找到学校的领导，并提出司法建议，终于说服了学校保留了他的学籍。高考前夕，我接到他的电话，他说，他会好好考的，不会辜负我们为他所做的一切，并且说，我很像他的妈妈，他十分地想念他的妈妈。

几年的未成年人审判工作告诉我，这一行绝不仅仅是审判这么简单，除了审判，我们还应该像一位母亲保护自己的儿女一样去保护未成年人，像一位母亲教育自己的儿女一样去教育未成年人。同样，我也欣喜地看到我们未成年人案件综合审判庭的变化：高高的审判台没有了，我们在圆桌前完成一切工作；威严的着装法警没有了，便装法警又多了一份亲切……这一切一切的变化让法庭变成了一个大家庭，审判又变得如此的温馨，一个个未成年人在这里看到了光明，看到了希望，看到了阳光！

让法律与柔情握手，让严厉与慈爱相融，让惩戒与帮扶同行，那就是我们少年庭法官不懈的追求！

谢谢大家！

（作者为阳泉中院未成年人综合案件审判庭副庭长）

二、诗、词

1. 阳泉市法院系统“创先争优”三字经

讲正义，求公平。讲政治，方向明。讲法纪，守禁令。
讲礼仪，求文明。为民举，多践行。便民事，乐促成。
作风实，不图名。一曰快，不拖沓。二曰规，不逾行。
三曰热，不生冷。四曰恭，不气馁。五曰谦，听批评。
六曰细，精益精。七曰活，多疏通。八曰净，物齐整。
九曰清，行端正。审理案，要透明。流程管，杜超限。
质量控，多讲评。形象佳，手端平。求监督，勤沟通。
求理解，邀旁听。执行难，猛药攻。告状难，要肃清。
申诉难，要畅通。学业务，多练兵。树正气，祛歪风。
人心齐，队伍整。待遇实，心安平。保障好，装备精。
绕中心，听党令。多服务，大局明。金银杯，不争捧。
口碑好，众志成。根基牢，保公正。促和谐，建奇功。

——（引自《法槌》2008年第二期）

2. 读陆游词《卜算子·咏梅》有感

卜算子·咏梅

闫建生

冰雪苦寒中，豪情尽绽放。
凛冽风霜从容秀，芳雅自天降！

质本是凡品，严冬一肩扛。
报送人间春千万，枯萎全扫荡！

2010.1.15

3. 七绝·咏月

冰清玉洁寰宇稀，
美轮美奂惹人归，
在天圆满三六五，
尘世只缘十二期。

2011.2.18（农历辛卯年正月十五日元宵节作）

三、发明

1991年5月16日，阳泉市中级人民法院职工卢福林收到中华人民共和国专利局寄发的“专利证书”。他设计创造的实用新型“世界标准时刻钟”，被国家专利局授予“适用新型专利权”。

这项发明的经过是这样的：1985年的一天，卢福林参加全市法院系统表彰大会，在大会召开地——阳泉宾馆大厅，见服务台背面的墙上挂着七块钟表，分别标有“纽约”、“伦敦”、“莫斯科”、“东京”、“巴黎”等不同国家首都的时间。于是，卢师傅触发了发明“世界钟”的想法，即在一块钟表上同时能够显示出全世界所有国家的标准时间。

世界时标准时刻钟专利证书

经过十多年对钟表内部结构和原理的分析、思考、研究，在多方位借阅资料，精心计算设计，反复做实验，反复计算时差、日差和上万次反复试验的基础上，终于将“世界标准时刻钟”研制成功，而且经长期运转，确认其指示准确无差错。

这款钟表根据地球自转规律，把地球24个时区划分的规定应用到机械钟表内，使全世界各地某时某刻的标准时间，能够在一个钟表上全部显示出来，并能一目了然地看出日差、时差。适用于机场、码头、车站、宾馆以及家庭，是航海、航空时较为理想的时间显示器。由于该钟表不用计算时区，不用计算日差、时差，可以作为中学地理教学中的直观教学教具，具有很大的实用价值。

附1：

阳泉中院关于加强文化建设的实施方案

法院文化是体现法院精神风貌、展现人民法院良好形象的重要载体，是提升队伍素质、增强队伍凝聚力、向心力和战斗力的有力抓手。加强法院文化建设，是推动社会主义文化大发展大繁荣的必然要求，是更好地发挥审判职能作用、推进三项重点工作的重要保障，是提升队伍素质、实现人民法院科学发展的有效途径。为提高队伍素质、弘扬司法核心价值观、促进司法公正、维护司法权威，树立“为大局服务、为人民司法”的良好形象，就全面加强本院文化建设，制定本《实施方案》。

一、指导思想

法院文化建设的指导思想是：坚持以邓小平理论、“三个代表”重要思想和科学发展观为指导，以“三个至上”指导思想为统领，高举社会主义先进文化的旗帜，坚持社会主义法治理念，以弘扬公正、廉洁、为民司法核心价值观为根本，紧紧围绕“为大局服务、为人民司法”这一主题，坚持政治建院、素质兴院、管理强院、公信立院、科技强院工作方针，广泛开展以公正司法、和谐司法、廉洁司法为载体的法院文化实践活动，充分发挥法院文化的导向、凝聚、激励、约束功能，培育良好的法院精神和文化氛围，激发全院干警工作的主动性、积极性和创造性，为法院审判工作和各项事业的科学发展，提供积极向上的文化支撑和精神动力，努力培养和造就一支政治坚定、业务过硬、一心为民、公正廉洁的法院队伍。

二、充分认识法院文化建设的重要性

一是要充分认识法院文化建设的丰富内涵。法院文化建设是中国特色社会主义先进文化的组成部分，是人民司法审判机关文化建设系列工程的灵魂，是以法官为主体的全体工作人员，在长期的审判执行和管理活动中，逐渐形成的以公正和效率为特征，以追求法治为目标，凸显法院特点的价值观念、思维模式、行为准则等精神财富和物质财富的总和，具有丰富的内涵和特定的内容，其主要内容包括追求正义的理想信念、严格司法的价值取向、清正廉洁的职业道德、高效有序的管理规范、威严庄重的物质载体、丰富多彩的文体活动、繁荣活跃的文学创作、厚重历史元素的发掘整理、光荣革命传统的弘扬继承等。促进和提升本院人文精神的塑造、共有精神的培育、司法礼仪的培养、法官德学的提升，以及法院文化氛围的营造和法院文化系统工程的建设，是本院目前文化建设一项重要而紧迫的政治任务，也是法院系统贯彻落实科学发展观，以“三个至上”为目标，践行“为大局服务、为人民司法”工作主题，更好地保障和服务于党中央“又好又快”发展战略、促进阳泉市“三城同创”的重要举措。

二是要充分认识加强法院文化建设，有利于在法院队伍中形成共同的理想信念和价值追求，在法官群体中形成共同的职业意识和职业精神，增强队伍的认同感、荣誉感、向心力和凝聚力，全面提高队伍素质，促进法院队伍的科学健康发展。有利于在法院干警中形成共同的行为规范和职业习惯，有利于形成良好的职业道德风尚，密切同广大人民群众的联系，增进社会对法院工作理解、信任和支持，增强司法权威和司法公信力。有利于丰富活跃法官文化生活，引导干警追求高尚的文化品位和精神内涵，培养法官求实、严谨、廉洁、文明的职业气质，树立法院和法官的良好形象。

三是要充分认识法院文化建设，是司法文明建设的必然要求。司法文明是我国民主法制建设向更高层次发展的必然要求，也是司法部门在自身文化建设中改善执法活动，提高执法水平的重要内容。法院文化搞好了，法院精神文明建设肯定就好，而要把法院文化建设变成落实社会主义精神文明建设任务的具体行动，就必须大力加强文明执法教育，不断提高法院管理水平和法官自身的综合素质，让司法文明真正体现在法官办理的每一起案件上，体现在法官的一言一行中。

四是要充分认识法院文化建设，是人民法院思想政治工作中最生动、最具体的体现。它以思想政治工作为中心，把抽象的思想政治工作和具体的管理制度结合起来，将思想政治工作教育人、关心人的作用充分体现出来，确保法院文化不断增强激励功能。建设法院文化以增强人的综合素质为根本，以培养人的高尚情操、塑造良好的团队精神为核心，建立平等、和谐、友爱、互助理解尊重的人际关系。

五是要充分认识法院文化建设，是审判机关“内强素质、外树形象”的有效途径。人民法院和法官的形象，是通过内在形象和外在形象共同树立的，其中素质形象、公正形象、廉洁形象和文明高效的执法形象构成了法院、法官的形象整体。法院队伍建设的重点，就是要充分利用法院文化提供的新的契机和空间，强化法官的政治素质和业务素质，突出学习效果，加大培训力度，开展文化活动，使法院法官在法院文化的熏陶、影响下，思想觉悟、文化素质、业务能力和执法水平均得以提高。

六是要充分认识法院文化建设，是管理科学化、规范化的必然选择。管理是一门科学，涉及法院的各个方面。在集体荣誉的感召下，每名法官都有参与管理的权利，也有自觉履行法院各项规章制度的义务。因此，应使每名法官对此入脑入心，自觉遵守，在整体上发挥制度约束功能和机制激励功能，树立责任观念，在管理上对事不对人，在平等、公平的竞争起点上，任人唯贤，唯才是用，每名法官都有竞争、表现、提拔、任用的机会，以达到制度建院的目的，使法院的各项管理步入科学化、规范化的管理轨道。

三、法院文化建设的原则

（一）以人为本的原则。把激发干警工作的主动性、积极性和创造性作为法院文化建设的根本，使蕴含于干警队伍中的智慧、潜能真正成为法院发展的原动力。

（二）服务审判执行工作的原则。把法院文化建设置于审判工作发展的大局，紧密结合工作实际，注重实效性，力戒形式主义，深入、扎实、有效地开展法院文化实践活动。

（三）统筹规划、分步推进的原则。法院文化建设是一项长期的系统工程，要根据法院文化建设的总体目标和需求，制定工作规划，分步骤、分阶段地有序推进。

四、法院文化建设的总体目标

一是要始终坚持法院文化建设的正确方向。要坚持用社会主义核心价值体系引领法院文化建设，牢牢把握司法领域意识形态的主动权、主导权、话语权，引导广大法院干警牢固树立马克思主义世界观、人生观、价值观和社会主义荣辱观，始终保持法院队伍的先进性，激发法院文化的创造活力；要坚持以社会主义法治理念指导法院文化建设，全面体现社会主义法治理念的精神实质和科学内涵，引导广大干警始终坚持"三个至上"工作指导思想，坚决抵制各种错误司法观念的影响，切实端正司法理念、提高司法水平、维护司法形象、提升司法公信。

二是要大力弘扬公正、廉洁、为民司法核心价值观。要把加强对司法核心价值观的研究、教育与实践，作为法院文化建设的首要任务，切实联系法院工作和队伍建设的热点、难点问题，准确把握不同的院情和不同的矛盾，认真研究推进司法核心价值观教育、实践的具体措施和方法途径；要将对司法核心价值观的教育与开展学习型法院建设结合起来，引导法官明辨价值追求上的是非荣辱界限，树立应有的司法良知和职业道德；要始终围绕执法办案第一要务，始终围绕队伍建设这个根本，将实践司法核心价值观纳入"人民法官为人民"主题实践活动之中进行统筹考虑，确保能真正用司法核心价值观指导司法实践，引导广大干警切实按照司法核心价值观的要求立身做人。

三是要全面提升司法职业修养和职业形象。要着力培育以公平正义为核心的职业道德，把职业道德建设作为法院文化建设的重要内容，以职业道德深化法院文化，以法院文化滋养职业道德，积极探索建立司法职业道德评价体系和约束机制，切实增强司法职业道德的约束力；要着力规范法官司法行为，充分发挥法院文化对建设司法规范化长效机制的作用，注重规范司法礼仪，切实加强作风建设，坚持典型引路，深入开展创优争先活动。

四是要营造法院文化建设的浓厚氛围。要增强法院管理的文化色彩，确立以人为本的管理理念和模式，充分发挥法院文化在改善管理、激发活力等方面的重要作用；要提高法院物质建设的文化含量，加强审判和办公场所的文化形象塑造，重点加强立案、信访等文明窗口建设，努力营造便民诉讼的良好氛围；要创建关爱干警的文化环境，把尊重人、关心人、理解人、培育人、发展人作为开展工作的基本出发点，加强对干警的履职保障和安全保障，进一步加大物质投入，大力加强文体场所及设施建设。

五是要努力加强学习型法院建设，注重思想教育，强化知识更新，搭建文化建设平台、优化文化建设载体，以浓厚的文化氛围熏陶人，以有效的工作机制激励人，以富含情感的人文关怀凝聚人，打造积极向上、文明和谐的人文环境，激发干警的责任感、使命感和荣誉感，增强干警的执行力、战斗力，使干警的法律和人文素养得以不断提升。

六是要建设公平正义的审判文化，注重培养干警忠诚的执法信念、先进的司法理念、娴熟的职业技能和规范的司法礼仪。通过系统的法院文化建设，不断强化法官的中立意识、民主意识、法律适用意识、程序正义意识等四种意识，激励法官重视在法律适用研究和创造性执法上下工夫，通过程序公开、审判公开，实现程序公正和实体公正的统一，使干警在工作中，体现出较高的文化素养和丰富的文化内涵，以及规范得体的仪表、语言和司法行为，努力培养法院干警符合职业要求的行为方式，将干警良好的行为体现于立案、开庭审理、调解、强制执行及相关辅助工作等司法活动的各个环节，展现干警优秀的政治品质、完美的道德品行。

七是要建设司法清廉文化，注重培养干警的廉政意识。全体干警要以廉政理论为指导、以廉政思想为核心、以廉政制度为基础、以廉政文化阵地为载体，广泛深入地开展廉政建设，形成拒腐防变教育长效机制、反腐倡廉制度体系、权力运行监控机制，以保证司法公正。

八是进一步推进法院制度文化建设，注重按制度办事、靠制度管人，营造干事创业的良好氛围，促进审判、执行工作管理的科学化、规范化。要以先进管理理论为指导，借鉴现代管理理念和方法，不断规范和创新审判执行模式、司法行政管理机制和队伍建设措施，努力形成高效、严密、协调、规范的审判管理、质效考评、岗位目标考核、司法行政管理、党风廉政建设制度体系，通过制度的建立，规范约束法官的行为，引导法官树立正确的价值观、科学的发展观、崇高的职业道德。

九是弘扬优秀的传统文化，注重用本院独特、厚重的历史文化，教育引导干警，继承和发扬老一代干警忠诚于党的审判事业，在建院初期（1947年）没有现成经验、没有法律条文、没有物质保障，而且在战火纷飞的情况下，知难而进、逆水行舟、勇于探索、勇于实践、勇于创新的精神；继承和发扬本院在社会主义和谐社会建设中，坚持党的事业至上、人民利益至上、宪法法律至上，勇于保障科学发展、促进社会和谐的历史使命和政治责任，为建设公正高效权威的社会主义司法制度，而不懈努力的坚定不移的无畏精神，把本院打造成既有优秀厚重的历史文化元素、又有严谨科学的现代司法意识，既有庄重严明的法律权威、又有生动活泼的政治文化气息的人民法院。

十是要全面提升人民法院物质文化建设的质量档次，打造优良的思想文化物质环境。通过不断加强法院物质文化建设，使法官在积极向上的文化氛围中工作和生活，感受环境对自身言谈举止和行为的规范，以直观反映法院精神文化、审判文化、廉政文化、制度文化建设的理念、追求和品味，发挥其影响人、凝聚人和激励人的作用，增强干警的归属感、荣誉感。

五、组织领导

成立“阳泉市中级人民法院文化建设领导组”及“办公室”，全面领导和具体组织开展本院文化建设工作。

领导组组长：王志刚（党组书记、中院院长）

副　组　长：王志德、刘瑞光

成　　　员：贾　俊　吕　冬　于昌明　尚锐利　李　林

阳泉市中级人民法院文化建设领导组办公室设在政治部，办公室主任刘瑞光；副主任，梁　庆，黄计生。

六、文化建设的“十项工程”

阳泉市中级人民法院文化建设“十项工程”，从本《方案》下发之日起实施，该年度（2010年）为“文化建设进步年”，即通过大力开展文化建设，主要文化建设项目取得显著进步：如文体活动普遍开展，文艺创作和文艺节目排练演出正式起步，审判文化纳入党组工作的重要议事日程，廉政建设和制度建设进一步加强，干警队伍精神面貌为之一新，10月中旬～11月初，开展一次文体活动比赛或汇演。2011年，为“文化建设提升年”，即文体活动成为法院文化建设的重要载体，干警普通参与1～3项文体活动；法院题材的文学创作和文艺作品见诸于专业类刊物，并产生积极影响；审判文化基本实现“学习型”、“规范型”、“服务型”、“清廉型”、“和谐型”、“创新型”法院的目的，各项规范性制度汇编成册，法院文化的凝聚力和感染力进一步增强，干警队伍的司法理念、精神风貌、职业素养明显提高，法院文化建设整体工作水平大幅提升。秋冬之季，开展一次文体活动比赛和文艺汇演，进行一次干警校阅和司法警察技能比武大赛。2012年，为“文化建设集中展示年”，即通过开展一系列健康文明的法院文化建设和丰富多彩的文体活动，以更加积极向上的精神风貌、更加凝重丰富的文化元素、更加高亢奋进的人文精神、更加异彩纷呈的文化活动、更加规范文明的审判文化，向党和人民展示本院文化建设取得的成果。

“十个一工程”分别是：

（一）纂写一部《院志》，把几代法院人为人民司法事业无私奉献的业绩和精神记载和传承下来，发扬光大厚重的历史文化；

（二）修订一套制度，建立一个涵盖法院工作各个方面的制度管理体系，实现“靠制度管人、用制度说话、依制度办事”的目标；

（三）开设一个论坛，每年确定一个或数个司法主题，开展学术研讨，繁荣法院学术文化；

（四）办好一个刊物，即本院司法理论和学术阵地——《法槌》，为建设、发展和弘扬法官文化提供良好的平台；

（五）举办一个展览，展示全市法院系统书法、美术、摄影和其他文化建设成就；

（六）编印一套资料，汇集本院在理论研究、学术探讨、文学创作等诸方面的文化成果；

（七）拍摄一部片子，全面记录阳泉市法院系统历史和现实风貌；

（八）编排一台节目，展现本院干警丰富多彩的文化生活和生动活泼的精神面貌；

（九）成立一个协会，即全市法院系统文体活动爱好者协会，组织开展各类文体活动，强健干警体魄，活跃干警业余生活；

（十）推出一个基层法院创建申报“全国文化建设先进单位”；

总之，加强法院文化建设是一项系统工程，是一项全局性、长期性工作，是院党组今后很长时间内的一项重要议事日程。本院职能部门和全体干警，一定要更加自觉、更加主动地将法院文化建设，纳入社会主义文化建设的整体中，顺应时代发展和实践要求，在全社会进一步强化社会主义法治精神、社会公平正义观念，营造崇尚法治、遵从法律的浓厚氛围；要大力弘扬人民司法的优良传统，积极体现人民司法的时代精神，将深入推进三项重点工作的要求，转化为广大干警提高认识、更新观念、改进作风的内在觉悟和自觉行动，更加充分地履行职能、发挥作用；要认真研究队伍建设出现的新情况新问题，通过文化的力量影响干警的思想和行为，凝聚广大干警的智慧和力量，为提高人民法院队伍整体素质、实现自身科学发展提供强大精神动力和文化支持。政治部作为职能部门要具体抓，办公室、研究室在法院文化建设中担负综合协调、宣传调研、组织实施等重要职责，要积极探索法院文化建设规律，当好党组的参谋助手，各职能部门要把加强法院文化建设，与推进审判执行工作结合起来，与加强干警队伍建设、精神文明建设结合起来，与学习实践科学发展观活动结合起来，在党组统一领导下，各司其职，各尽其能，相互配合，齐抓共管，形成合力，围绕中心、服务大局，相辅相成，相互促进，实现审判业务和文化建设双丰收。

附 2: 谈谈法官核心价值观的培育路径

于昌明

培育人民法官的核心价值观，是针对法官队伍整体成员的一种世界观、人生观修养的，具有规范性、系统性和导向性的活动。什么是当代人民法官的核心价值观呢？王胜俊院长概括为“公正、廉洁、为民”六个字。关于新时期人民法官核心价值观的论述和理论研究，各位专家学者都有很好的发言。那么，如何培育人民法官的核心价值观呢？根据本人长期的工作经验，认为应该从以下几方面入手：

一、世界观教育——培育核心价值观的第一抓手

世界观、人生观是价值观的基础。目前，我国正处于经济社会发展的重要战略机遇期和社会矛盾凸显期，社会环境中的负面因素对法官思想观念影响较大，使得一部分法官产生困惑迷惘，尤其是各种社会思潮、丑恶现象以及腐败问题等对法官的世界观、人生观和价值观冲击影响很大，使部分法官在理想信念上，出现一定的偏差，在价值取向上，出现一定的错位现象。因此，培育当代法官核心价值观，需要与塑造当代法官的世界观、人生观联系起来思考，用人民法官正确的世界观、人生观，支撑其核心价值观，进而实现三者的高度统一、有机融合。从这个意义上讲，当代人民法官的世界观，必须是以马克思主义为思想基础的，

以与之一脉相承的中国特色社会主义理论体系为思想指针的世界观，而不能是任何别的什么世界观。要真正实现当代法官的核心价值观与世界观、人生观的高度统一，就要教育引导法官联系实际，牢固树立马克思主义世界观、人生观和价值观，牢固树立对法制的信仰，牢固树立对公平正义的敬畏。

在具体实践中，对法官的世界观教育，不能空对空进行理论说教，而是要结合国情、省情，包括法官所处的市情、县情，开展针对性教育。目前，我国正处在一个伟大的变革和转型时代，整体上讲，我国的国情仍处于社会主义初级阶段，在这样一个转型时期，要做到公正、廉洁、为民，就必须引导法官深知国情、了解社情、体恤民情，了解我们所处的省情、市情、县情，深刻把握所处的司法环境，只有这样，法官才能吃透案情，做到有的放矢、实体公正。比如，我们山西是煤炭大省，政府为开展煤炭资源整合和严厉打击非法采矿专项工作，进行矿业权制度改革，出台了一系列相关文件和办法。20 世纪 80 年代，在“小河有水大河满，村村都在办矿产，有水快流”等单纯的发展经济思想指导下，我省小煤矿最多时达 10000 多座。进入 21 世纪以来，在“又好又快”的科学发展观指引下，历经多次整合，2002 年下降到 5255 座，2008 年下降到 2598 座，到 2010 年底，全省保留 1053 座煤矿，办矿主体由 2200 多个减少到 130 个。涉及政府和企业、企业和投资商、投资商和包工头、包工头和工人，特别是村委会和村民等各方面的利益，这就要求我们在审理和执行涉及矿业权纠纷的案件时，不能简单地就案办案，要洞悉案件背后的成因，用正确的世界观、人生观，本着公正、廉洁、为民的精神，既要准确理解和把握相关的法律和政策界限，又要公正合理地办好每一件案件，保护好各方的利益。在这种相对复杂的司法环境中，法官的公正、廉洁、为民的核心价值观，在案件的具体审理上，发挥着至关重要的作用。

又如，以二元结构为特征的城乡社会，城市和农村不管在经济发展水平，还是在生活方式、文化理念上，都有重大差别。特别是广大农村社会，说到底，仍处于较为传统的“熟人社会”，人们评判是非的标准，首先是从情理角度，往往更注重从公德公意、社会公理、人情世故、公序良俗等感性认识上，去进行简单的价值判断，很少直接用法律的标准去衡量是非对错，这恰恰与对案件理性有余而感性欠缺的法官形成反差。在这样一个传统与现代相互交错、感性和理性相互交织的环境中司法，无疑对我们的法官，提出了更高的要求，要使案件结果合情、合理、合法、合民意，让人们既感受到实体公正，又体现法律公正，赢得人民群众对人民司法的好评和赞誉，这就必然要求我们每一个人民法官的世界观、人生观、价值和具体的司法观、实践观、国情观相统一、相融合，从这个意义上讲，国情教育，不仅是法官世界观形成的重要因素，而且也是法官世界观、人生观价值观锤炼的必经之路。

这样，才能教育引导我们的法官，用正确的立场、观点、方法，用正确的世界观、人生观和价值观，促进法官个人政治素质、业务素质的提高，打牢自觉践行人民法官核心价值观的思想基础，才能把司法活动中的人民性，融合到公正、廉洁、为民的核心价值观之中。

二、先进典型的“传、帮、带”——砺练核心价值观的有效捷径在人民审判事业的伟大历史历程中，曾涌现出无以数计彪炳史册的先进模范人物，如新中国成立前陕甘宁边区的马锡五，即是那个时代人民法官中的杰出代表。而陈燕萍同志则是21世纪以来，人民法院在深化社会主义法治理念教育、深入学习实践科学发展观活动中涌现出来的先进典型。她扎根基层，情系百姓，清正廉洁，忘我工作，以扎实的工作作风和优异的司法业绩，生动地诠释了"人民法官为人民"的深刻内涵，充分展现了一名基层共产党员一心为民的高尚情怀，在陈燕萍等先进典型身上，集中体现了当代法官公正、廉洁、为民的核心价值。俗话说，榜样的力量是无穷的。每个基层法院，都有一大批出席省高院、甚至最高院的先进典型人物，以这些活跃在我们身边的活生生的陈燕萍、宋鱼水式的先进典型为榜样，深入持久地开展传、帮、带活动，就是培育当代法官核心价值观最直接、最形象、最生动、最简短的路径。在政治上，先进典型人物可以用他们坚定的党性原则，培养青年法官公正廉洁为民司法的精神；业务上，先进典型人物还可以将自己丰富审判经验传授给年轻法官，有利于年轻法官活学活用，缩短书本与实践的距离，在促进法官队伍提高整体业务水平的同时，增强法官团队的凝聚力、战斗力。营造奋发向上、争先创优的良好氛围。

在具体的司法实践中，法官，不仅承载着法律的公平正义，而且每一个法官自身的道德水平、人格魅力、法治精神，还承载着人民群众对公平正义的期待，承载着人民群众对党和政府公信力的期待。

比如，在工作中，我们感到每一个案件的发生，都浓缩了一个真实的社会"症状"，都是社会生活的"脉象"。法官在这个社会"脉象"面前，通过把脉案件发生的缘由，见微知著、防微杜渐，为当事人提供最优质的司法服务。特别是中基层法院，直接面对人民群众，直接面对案件事实，人民群众到法院打官司，并不是到法庭来理论法律规则，而是到这里寻求事实上的公平正义。特别是许多"小官司"，如宅基地纠纷、相邻纠纷等，没有丰富的社会经验、民俗经验，没有扎扎实实同群众打成一片的真诚心理，光是照本宣科、按图索骥，光凭主观判断、逻辑推理，是不能为群众提供优质高效、公正公平的司法服务的。先进典型法官有丰富的审判经验和生活经验，特别是他们有一种高度的责任心和奉献精神，往往会起到传、帮、带的作用，也就是我们常说的见样学样、近朱者赤的效应。

从这个意义上讲，一个优秀的法官，不仅影响着周围的法界同仁，而且还影响着整个社会。所以，其"传、帮、带"的层面，也不仅仅限于身边的同事，对接触他、认识他和通过他进行司法事宜的人民群众，同样会产生辐射作用。比如，陈燕萍同志的先进事迹，就在整个中国社会产生了积极的人格示范、道德楷模和法治精神弘扬的作用。

三、完善的制度设计——营造核心价值观的重要保障

常言道，没有规矩不成方圆。规章制度的生命，在于贯彻落实。这些年来，各人民法院均建立健全了涵盖行政管理、审判业务的许多规章制度，靠制度管人，按制度办事，用制度说话，已经成为人民法院基层基础管理中的重要手段。在培育当代法官核心价值观的过程中，规章制度的严谨、细密、实用，发挥着重要的保障作用，同样是人民法院培育核心价值观的

有效路径，从这个意义上讲，对已经形成了的制度，必须采取有效措施，抓紧抓落实，特别在法官的管理上，最重要的就是进一步完善绩效考核办法，进一步落实违法责任追究制度，严格奖惩，一方面，对法官的业绩进行量化考核，为奖惩提供依据；另一方面，要加大奖惩的力度，对先进法官大张旗鼓的表彰，让其从政治上获得荣誉，在经济上得到实惠。对违纪法官按照有关规定给予严肃批评教育和组织处理。特别是在法官的廉洁教育上，既要坚持自身纪检监察部门内部监督外，充分发挥人民检察院的法律监督、人民群众的社会监督、新闻媒体的舆论监督等监督平台的作用，又要严格岗位职责，防范腐败风险，贯彻落实合议制度，实现合议庭的内部监督，统一司法尺度，限制审判人员不当自由裁量权的发挥空间，形成工作中人人守廉、人人促廉、人人督廉机制。通过严格管理，强化法官核心价值观的养成、固化和进一步提升。

近年来，执行案件和涉诉信访案件，越来越掣肘人民法院的工作精力，日益成为制约人民法院工作的两大“瓶颈”，成为当前社会关注的焦点，群众议论的热点，法院工作的难点。有一次，打开网站，有两篇文章让人揪心，《执行难，难于上青天》、《申诉难，再活五百年》。我是分管执行、信访工作，对此感触多多，感悟多多。这些年，为克服“执行难”，杜绝“执行乱”，我们从执行效果和执行规范，人员动态和案件动态四个方面进行“全面考核、动态管理”，最终实现执行工作良性循环的工作目标。推行“分级审查、流程管理、判后答疑、三率考核”的涉诉信访工作模式，使全市法院的涉诉信访工作在全省实现了“三少”即当事人赴省最少、进京最少、赴省进京老户最少的工作局面。

四、坚强的领导班子——建立核心价值观的强大引擎

俗话说，身教重于言教。孔子也说：“其身正，不令而行；其身不正，虽令不从。”法院是社会正义的最后一道防线，法院领导班子是捍卫这道防线的最高司令部，秉持公平正义，维护法律权威，是社会公众对法官群体最基本的形象期待，而处于法院领导岗位的法官，则承载着人们对法治理想的更高期望。法官的工作说到底是公正办理案件，公正，只有公正，才是法官永远的座右铭。人民法院领导班子既是培育当代法官核心价值观最直接的践行者、引领者，又是法官树立当代核心价值观的责任人、先锋队，还是核心价值观“传、帮、带”的推手和引擎。特别是现在，我国社会处于较为复杂的转型期，既有法制日趋成熟、法治日益完善的总趋势，也有人治大于法治的具体个案，法制建设远没有完全肃清封建社会官本位的思想意识，其宪政建设仍有很长的路要走，在这种情况下，人民法院党组班子的整体党性原则和党组成员个人的道德水准、法制精神，对人民法院核心价值观的建设，发挥着重要的火车头效应。只有领导班子整体坚定的政治信仰、坚定的党性原则、坚定的法治精神，才能带出每一个人班子成员的正直、正派，只有充分发挥班子成员崇尚法治的火车头效应，才能引领每一个法官牢固树立公正、廉洁、为民的核心价值观，才能形成人民法院面对邪恶敢于亮剑、勇于亮剑精神，才能形成一个时代人民法官必须遵从和崇尚的法魂，从而正确发挥审判职能作用，打击各种犯罪活动，更快更好地调节和理顺民事、经济关系，化解人民内部矛

盾，为经济发展和社会进步，创造良好的法治环境，最大限度地调动全体法官的工作积极性，以保证全体法官按照“公正、廉洁、为民”的核心价值观，严格遵守政治纪律和审判制度，更好地履行自己的职责，严格执法，严肃执法，廉洁执法，公正司法，实现“为大局服务、为人民执法”的司法目标。

五、浓厚的文化氛围——践行核心价值观的长效方法

公正、廉洁、为民的当代法官核心价值观，本身就是社会主义先进文化在法院文化建设中的体现，是社会主义核心价值观和社会主义法治理念的重要组成部分，是人民法院精神文化的本质和内涵、精髓和灵魂。把公正、廉洁、为民的司法核心价值观，确定为人民法院的主旨文化，不仅是全面提升干警思想境界、职业操守、人文素养的需要，也是营造崇尚学习、积极进取、特色鲜明的文化氛围的需要，更是培养和造就一支政治坚定、业务过硬、一心为民、公正廉洁的法院队伍长效机制的需要。其主要内容，包括追求正义的理想信念、严格司法的价值取向、清正廉洁的职业道德、高效有序的管理规范、威严庄重的物质载体、丰富多彩的文体活动、繁荣活跃的文学创作、厚重历史元素的发掘整理、光荣革命传统的弘扬继承等。一旦形成这样的法院主流文化，就会在人民法院发挥其政治导向、力量凝聚、行为约束、激励先进、鞭策后进、自我调适和广泛辐射的作用，核心价值观的长效机制也就自然形成了。因此，开展和加强人民法院文化建设的精髓和立足点，就是要把“公正、廉洁、为民”的司法核心价值观，确定为今后一个时期，我国法院文化建设的主流思想，只有在各级人民法院牢固树立了这个核心价值观，核心价值观才会转化为法院队伍良好的职业道德和行为方式，转化为广大干警提高认识、更新观念、改进作风的内在觉悟和自觉行动，激发法院干警的主动性、积极性和创造性，为法院审判工作和各项事业的科学发展，提供积极向上的文化支撑和精神动力，促进人民法院工作大实践、大发展、大繁荣。而法院文化建设最重要的工作，应该是着重培育法官的爱心、司法良知和敬业精神，提高我们的思想境界激发我们的爱心情怀，尤其是民事法官，更要善于用自己的真诚关怀，去点亮当事人的心灵，让他们幡然醒悟，握手言和，真正做到“事了”、“心了”，从而让法律走进当事人的心里，让当事人信服法官，信服法律。同时，法院文化建设，还要促使人民法官勇于做奉献的表率，惯于用爱心去敬重群众。长期以来，我们每每提到队伍建设，首先就提到思想政治工作，其次是业务素质，很少从爱心、情怀方面去进行人的本性教育。事实上，每一个纠纷的存在，都包含有当事人不同程度的痛苦与困难，只有我们的法官拥有悲悯情怀，对当事人的心情感同身受，才能洞察纠纷的缘由，打开当事人的心结，找出解决问题的方法，然后通过我们的努力，“使扭曲、变形与分裂的社会关系，回归到法律关系的正常状态。”人民法官才能真正无愧于“公平的使者”、“正义的守护神”、“秩序的捍卫者”，无愧于人民法官肩负的历史使命，才能保证人民法官面对前所未有的挑战和压力，秉承司法良知，运用睿智的法律智慧和人生智慧，去探索、破解一个个司法难题，忠实履行自己的神圣职责，勇敢践行“公正、廉洁、为民”司法核心价值观。

（这是于昌明 2011 年 1 月 6 日在最高人民法院文化建设研讨会上的发言）

第十章　书法 摄影 绘画

一. 书 法

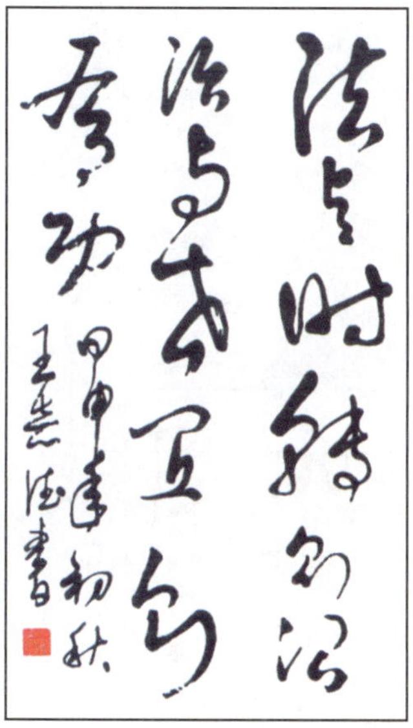

阳泉中院常务副院长王志德书法

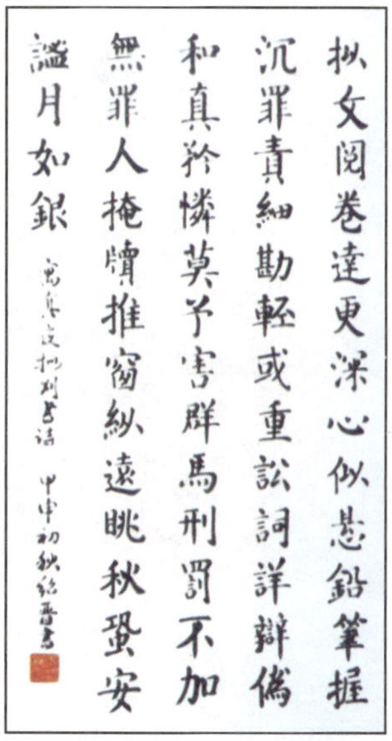

阳泉中院审监庭庭长武绍晋书法

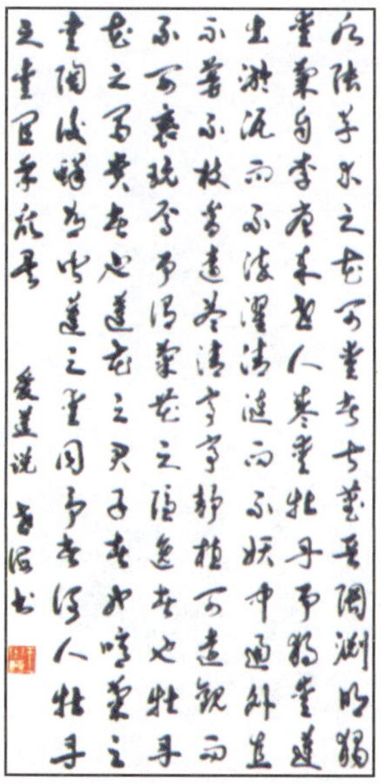

阳泉中院法官王世海书法

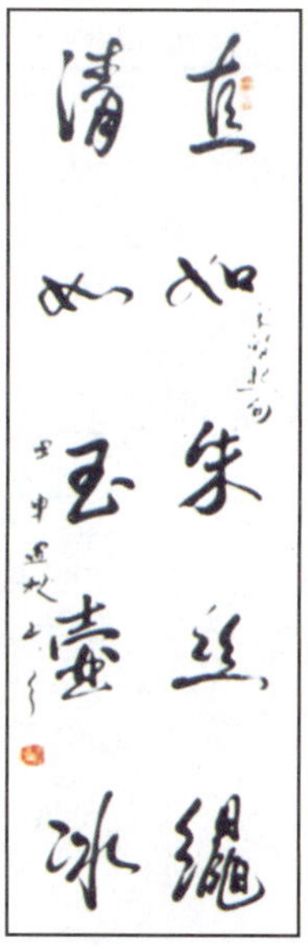

阳泉中院法官张强书法

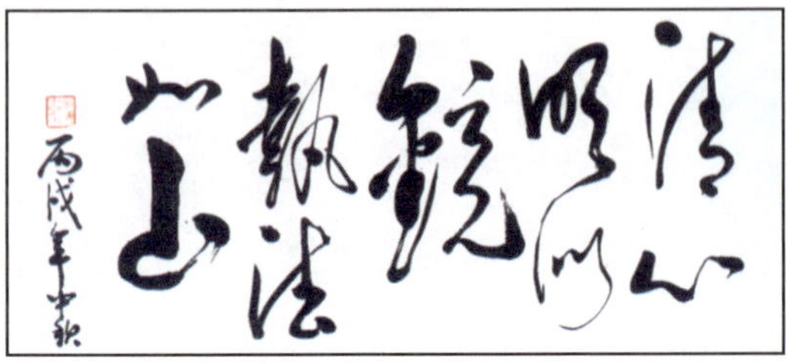

矿区法院前院长王海贵书法

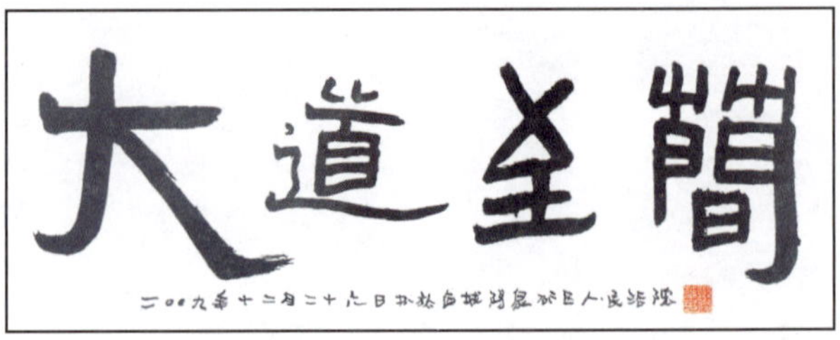

矿区法院法官邓俊华书法

二.篆 刻

一笛风

路曲心直

三.速 写

（速写 山城美景）阳泉市矿区法院法官邓俊华

四.摄 影

根 / 王春平

德天瀑布 / 王春平

泸沽湖 / 王春平

藏山风景 / 张克勤

◀ 大美新疆 / 赵林英

▶ 秋色如醉 / 赵林英

◀ 梦在远方 / 郭丽丽

▶ 行者无疆 / 郭丽丽

第八编 人物

第一章　阳泉中院

第一节　现任院领导

陈明华（1965.7～）山西省柳林县人，中共党员，法律硕士，阳泉市中级人民法院党组书记、院长，三级高级法官。山西大学客座教授，硕士生导师。

1983年9月，山西大学法学专业学生。1987年7月，任吕梁地区律师事务所律师、办公室主任。1991年7月，任吕梁行署办公室科员。1992年8月，任吕梁行署办公室工交科副科长。1993年8月，任吕梁行署办公室工交科科长。1995年1月，任吕梁行署办公室综合科科长。1998年6月，任山西省交口县委常委、政法委书记。2002年9月，任吕梁市中级人民法院副院长。2002年11月，任吕梁市中级人民法院党组成员、副院长。2004年5月，任吕梁市中级人民法院党组副书记、常务副院长。2012年8月，任阳泉市中级人民法院党组书记、代院长。2012年11月，在阳泉市第十四届人民代表大会第二次会议上当选为院长。

1998年，被山西省委评为“优秀政法委书记”。1999年，被吕梁地委、行署评为“人民满意的政法领导”。2002年，被吕梁地委、行署评为“严打整治工作先进个人”。

王志德（1955.10～），山西省沁水县人，中共党员，大学文化。阳泉市中级人民法院党组副书记、常务副院长，二级高级法官。

1974年12月参加中国人民解放军，在步兵五六零团历任战士、班长、排长、政治处干事、连政治指导员。1983年初，调至陆军187师政治部任副营职干事。1985年10月，转业到中共山西省委政法委，历任副主任科员、主任科员、调研室副主任（副处级）、调研室主任（正处级）。1996年10月，任平定县委副书记。1998年8月，任阳泉市中级人民法院常务副院长、党组副书记。

1981年10月，在部队工作时期，荣立个人三等功。

吕冬（1963.9～），女，河北省辛集市人，中共党员，研究生文化。阳泉市中级人民法院党组成员、副院长，正处级审判员，三级高级法官。

1985年7月，毕业于吉林大学法律系法学专业。同年7月至1986年12月，在山西省高级人民法院工作。1986年12月至1992年8月，任阳泉市中级人民法院书记员、助理审判员。1992年8月至1993年7月，任审判员。1993年7月至1996年8月，任阳泉中院业大分部副主任。1996年8月，任阳泉市矿区人民法院副院长（挂职）。1997年10月，任立案庭庭长。2002年3月，任副院长。2011年5月，晋升为正处级审判员。

1996年9月，被最高人民法院业大总校授予“十年教学、成绩显著”奖章。1998年3月，被阳泉市妇联评为“三八红旗手”和“巾帼建功标兵”。2005年4月，阳泉市社会主义劳动竞赛委员会授予“五一劳动奖章”。

是阳泉市第九届青联委员，阳泉市十一届政协委员，山西省十一届人大代表。

于昌明（1966.3～），山西省平定县人，中共党员，中央党校在职研究生学历。阳泉市中级人民法院党组成员、副院长，三级高级法官。

1987年8月参加工作，任阳泉市中级人民法院书记员。1994年11月，任阳泉中院助理审判员。1997年2月，任审判员。1997年12月，任经济审判庭一庭副庭长。1998年7月，任执行庭负责人。2002年3月，任民事审判二庭庭长。2003年4月，任执行局局长。2004年10月，任党组成员、执行局局长（副处）。2004年12月，任审判委员会委员。2008年2月，任副院长（正处级）。

1995年，被山西省高级人民法院荣记个人三等功。1996年4月，被阳泉市劳动竞赛委员会荣记二等功。1997年1月，阳泉市委宣传部、阳泉市总工会等五部委授予“职业道德岗位标兵”。1999年1月，被评为第二届“山西省优秀青年卫士”、“阳泉市杰出青年”、“阳泉市优秀青年公务员”。2000年2月，阳泉市委、市政府授予“人民满意的政法干警”。2001年3月，获市委、市政府“为人民服务好公仆”、全省“人民满意好法官”称号，被省高级人民法院荣记二等功。2003年11月，获全省“公正与效率”模范个人，被省高级法院荣记一等功、被省劳动竞赛委员会荣记一等功。2003年12月，荣获“全国模范法官”称号。2004年1月，被最高人民法院和中央电视台联合评为首届“中国法官十杰”，同时获最高人民法院、中央电视台联合颁发的“金法槌奖”。2004年5月，被评为“山西省特级劳动模范”，被团中央、全国青联授予“中国青年五四奖章”。2005年4月，被国务院授予“先进工作者”。2011年，被中央政法委授予“全国政法系统优秀党员干警”。

是中共山西省第九次、第十次代表大会代表。2009年3月，当选为中共十七大代表。

刘瑞光（1967.7 ~ ），山西省寿阳县人，中共党员，大学本科，文学学士。阳泉市中级人民法院党组成员、副院长。

1989年7月参加工作，山西省平遥县第一中学教师。1992年7月，任阳泉市司法局政治处办公室科员。1995年12月，任阳泉市司法局办公室副主任。1997年7月，任该局司法监督处副处长。1998年3月，任该局办公室主任。2001年10月，任中共阳泉市委政策研究室副主任（副处）。2003年4月，任阳泉市盂县人民政府党组成员、县长助理。2004年7月，任盂县人民政府党组成员、副县长。2006年6月，任阳泉中院党组成员、政治部主任，2007年2月，任审判委员会委员。2012年7月，任党组成员、副院长。

1992年、1993年、1994年、1995年、1999年和2000年，被评为司法局"先进工作者"。1995年2月，被山西省司法厅评为"全省司法行政系统1990年至1994年度先进工作者"。1999年1月，被评为全市司法行政系统"先进工作者"。1999年4月，被阳泉市社会主义劳动竞赛委员会荣记个人三等功。2000年3月，被中共阳泉市委、阳泉市人民政府评为"人民满意的政法先进个人"。2012年7月，被中共阳泉市委、阳泉市人民政府评为"全市重视老干部工作的领导干部"。

李林（1957.6 ~ ），河北省唐山市人，中共党员，大学文化。阳泉市中级人民法院党组成员、院长助理，三级警监。

1974年参加工作。同年10月至1983年7月，任中国人民解放军炮兵第六十三团战士、排长。1983年3月，任该团副连职参谋、正连职参谋。1986年5月，任阳泉市矿区人民武装部军事科副科长。1990年11月，任科长。1993年6月，任部长（副处）。1996年4月，任阳泉市矿区区委常委、人武部部长（正处级）、党委书记。2002年9月，任阳泉市中级人民法院党组成员、院长助理（正处）。2006年6月，任审判委员会委员。

1984年11月，受到中国人民解放军炮兵第三十六团嘉奖。1985年12月，被炮兵第三十六团荣记三等功。1991年1月，被阳泉市政府评为"七五"人防建设先进个人。1999年12月，被山西省军区评为"先进人武个人"。

刘敬辉（1957.11 ~ ），河北省井陉县人，中共党员，大学本科，阳泉市中级人民法院党组成员、纪检组组长。

1974年12月，北京军区通信训练大队战士。1978年12月，任阳泉市人武部参谋。1987年11月，任阳泉市军分区管理员。1994年12月，任阳泉市军分区后勤部副团职助理员。

1997年2月，任阳泉市军分区司令部副团职参谋。1997年8月，任阳泉市军分区司令部动员科科长。1999年12月，任平定县人民武装部部长（正团）。2002年9月，任阳泉市人民检察院党组成员、检察长助理。2004年10月，任阳泉市人民检察院党组成员、纪检组组长。2011年10月，任阳泉市中级人民法院党组成员、纪检组组长。2012年4月，任审判委员会委员。

李永祥（1965.3～），河南省济源市人，中共党员，大学本科，阳泉市中级人民法院党组成员、执行局局长，四级高级法官。

1982年12月参加工作，阳泉市钟表仪器公司职员。1986年3月，选调至郊区人民法院，任民事审判庭书记员。1987年9月至1991年3月，任执行庭助理审判员。1991年3月至1997年5月，任行政审判庭副庭长、审判员。1997年5月至1998年9月，任行政审判庭庭长。1998年9月至1999年1月，任经济审判庭一庭庭长。1999年1月至2002年3月，任经济审判一庭庭长、审判委员会委员（副科级）。2002年3月，任郊区法院副院长、党组成员、审判委员会委员（正科级）。2011年5月，任阳泉市中级人民法院党组成员、执行局局长。2012年4月，任审判委员会委员。

1994年，被省高院评为先进个人。1994年10月，被阳泉中院荣记三等功。2000年，被省高院评为先进个人。2002年2月，阳泉中院为其荣记个人三等功。

张彩虹（1966.12～）女，山西省阳泉市人，大学文化，中共党员，阳泉中院审判委员会专职委员，四级高级法官。

1987年7月，毕业于山西大学法律系法学专业，并参加工作，先后任阳泉市中级人民法院书记员、助理审判员、审判员。1995年12月，在该院赔偿委员会工作。1997年12月，任全国法院业余法律大学山西分部阳泉分院副主任（副科，主持工作）。1999年10月至2001年6月，在山西大学宪法与行政法学专业研究生课程进修班学习。2002年1月，任阳泉中院刑一庭副庭长（正科级）。2003年12月，任立案庭庭长，2005年6月，任审委会委员。2008年3月，任立案二庭庭长。2011年5月，任审判委员会专职委员。

1992年，被评为“阳泉市巾帼先进个人”。1993年，被评为“优秀副庭长”。2003年3月，被评为阳泉市“维权工作先进个人”，授予“三八红旗手”荣誉称号。2003年，被阳泉市劳动竞赛委员会荣记个人三等功。2004年、2005年、2006年，连续三年评为阳泉市“优秀公务员”。2005年7月，被选树为“阳泉市保持共产党先进性教育活动优秀共产党员”。2006年4月，被山西省劳动竞技赛委员会荣记个人二等功。2008年1

月，被评为“全省法院涉诉信访先进个人”，同年5月，被省高院评为“全省法院优秀工作者”，荣记个人一等功，6月，被阳泉市政法委评为“推进公证执法优秀工作者”，7月，被省高院授予“优秀法官”。2009年4月，被山西省劳动竞赛委员会授予“五一劳动奖章”。12月，被省高院评为“涉诉信访先进个人”，荣记个人二等功。2010年4月，被山西省劳动竞赛委员会授予“山西省劳动模范”；12月，被最高人民法院授予“全国优秀法官”。

2004年至2006年，立案庭连续三年被评为本院“先进集体”。2008年1月，被山西省高级人民法院评为“全省涉诉信访先进集体”。2009年1月，该同志任庭长的立案二庭被省委政法委评为“三做活动文明接待窗口”，12月，被省高院授予“全省涉诉信访先进集体。”

撰写的《试论现代刑事诉讼中的举证责任》一文获得省法院、省法官协会举办的审判方式改革研讨会二等奖;《浅析预期违约责任的法律适用》一文获省法院合同研讨会论文二等奖。

郝连昱（1964.5～）山西省平定县人，大学本科，中共党员，阳泉中院审判委员会专职委员，四级高级法官。

1987年7月，毕业于南开大学法学系，并参加工作，任阳泉市中级人民法院书记员。1992年7月，任助理审判员。1996年3月，晋升为副科级审判员。1997年12月，任经济审判二庭副庭长。2002年3月，任纪检组副组长（正科）。同年挂职盂县人民法院副院长。2003年12月，任民三庭庭长。2005年6月，任审判委员会委员，2011年5月，任审判委员会专职委员（副处）。

第二节　历任院领导

武庆贺（1913～1955.1）阳泉市郊区人，1937年10月参加工作，同年加入中国共产党。阳泉市人民法院第一任院长。

抗日战争期间，历任平定（路北）县实业科长、县委秘书、财政科科长。解放战争时期，任冀晋区税务局秘书主任、阳泉市副市长兼财经委副主任，阳泉市政府秘书主任。1948年11月至1949年8月，兼任阳泉市人民法院院长。1949年9月至1952年3月，任阳泉工矿区人民法院院长和包头市中级人民法院院长、政法党组书记、统战部部长等职。

1955年1月26日，在包头市病逝。

蒋若鲁(1919～1992.5)，江苏省泰兴县人。阳泉市第一届协商委员会副主席。阳泉市人民法院第二任院长。

1930年，毕业于上海吴淞水产学校。1938年，参加苏北抗日同盟会，主编《民力日报》，1940年，参加新四军，翌年加入中国共产党。曾任江苏省泰兴县抗日民主政府科员、征粮工作队指导员、蒋华区区长、广陵区区长。苏中行政公署前方工作队指导员、秘书。苏皖边区一专署科长，华东野战军总政训练处副科长、教导员。

1949年10月至1954年4月，兼任阳泉工矿区人民法院、阳泉市人民法院代理院长，1950年至1952年任阳泉工矿区副主任、阳泉市第一届各界人民代表会议常务委员会（1952年6月改称协商委员会）副主席、山西省人民政府办公室主任、辽宁省绵西水泥厂副厂长、辽宁省朝阳钢铁厂筹备处负责人和建工部、建材部刊物副总编辑，以及建材部技术情报研究所总编辑。主编有《当代中国材料工业》。1982年离休。

1992年5月在北京逝世。

史一轮(1915～1996.11)阳泉市郊区人，原名史海富，高小文化。曾任阳泉工矿区人民法院副院长（主持工作）。

1937年11月参加工作，任河底镇八路军战地工作团工作员，同年11月，加入中国共产党。先后任寿阳县、盂县等地农会秘书，平定（路北）县自卫队指导员、自卫总队长兼副营长、平定（路北）县敌工部干事、四区区委书记，平定县公安局副局长、局长。

1948年12月起，先后任阳泉市公安局审讯科副科长，阳泉工矿区人民法院第一审判员、副院长。1950年至1952年4月，主持法院工作。后调任阳泉市人民政府民政科科长、阳泉市药材公司经理，阳泉市消费合作管理处秘书，阳泉市百货站副经理。1984年8月离休，享受处（县）级待遇。1992年6月，经中共山西省委组织部批准，享受司（局）级待遇。

1996年11月去世。

高鸣九(1923～1966)山西省文水县人。1952年4月至1954年1月，任阳泉市人民法院副院长（主持工作）。

唐镇源（1917～ ）山西省宁武县人，初中文化。

1933年7月参加工作，任宁武县东寨镇二马营村小学教员。1937年11月参加八路军。1946年加入中国共产党。先后任八路军一二〇师教导团学员、岢岚政治交通局事务员、晋西北抗战学院学员、晋绥边区高等法院科员，晋绥边区监狱教育股股长，晋西北高等法院科长。

建国后，历任山西省人民法院汾阳、兴县分院科长，山西省高级人民法院人事科科长、办公室副主任。1954年1月至1966年1月，任阳泉市人民法院院长。1966年2月起，先后任阳泉市委视察室视察员、阳泉“五七”干校山西省学习班学员、阳泉市化工局副主任，阳泉市委政法委办公室主任、阳泉市司法局局长。

1983年12月离休。

张振华（1914～1989）山西省武乡县人，初中学历，曾用名茂棠。曾任阳泉市中级人民法院院长。

1937年3月参加工作，由牺盟会保送太行三专随营军政干校学习。1938年3月任决死队副班长。1938年7月加入中国共产党。曾任山西抗日军政干校副班长、武乡县蟠龙民革小学教员、校长，武乡三区、四区督学，武乡县公安局股长、秘书，太行三专公安处秘书、晋冀鲁豫公安总局科员。

新中国成立后，历任长治地区检察院处长，晋中检察分院检察长，山西纺织工会主席，山西省人民检察院处长，晋中检察分院检察长（地委委员），山西建设机械厂党委书记。1978年至1979年，任阳泉市中级人民法院院长，后任阳泉市二轻局副主任、阳泉市第六届政协常委。

1983年12月离休。

韩双顺（1929.3～　），山西省夏县人，高小文化，中共党员。曾任阳泉市中级人民法院院长。

1944年3月参加革命，同年加入中国共产党，任民兵武委会主任、支部书记。1945年9月，任民兵指导员。1947年1月，分别在夏县一、二、三区工作。1948年7月，任夏县三区区委宣传员。1949年10月，任夏县县委组织部组织干事。1952年7月，调阳泉工作，任阳泉市新华书店经理。1954年4月，在阳泉市委党校学习。1955年7月，任阳泉市人民检察院二科科长。1969年6月，在阳泉市“五七”干校学习。1970年5月，任阳泉市公安机关军管会政保办公室副主任。1972年1月，任阳泉市公安机关军管会预审科科长。1973年8月起，任阳泉市中级人民法院院长、党组书记。1984年3月，任阳泉市司法局局长、党组书记。1986年11月，任阳泉市司法局巡视员。

1990年5月离休。

高根楼（1930.7～　），山西省五台县人，高小文化。曾任阳泉市中级人民法院院长。

1946年加入中国共产党。1947年5月毕业于五台县第十高小，曾任五台县教员，阳泉市总工会文书、阳泉市委文书。建国后，历任中共阳泉市委纪律检查委员会干事、办公室秘书（兼市委五小组办公室定案组副组长），阳泉市监察委员会办公室副主任、主任，阳泉市公安机关军管会审判办公室副主任，阳泉市中级人民法院副院长、党组副书记（兼市委落实政策办公室主任），中共阳泉市纪律检查委员会筹备组副组长。1984年1月，任阳泉市中级人民法院院长、党组书记，兼阳泉市委政法委书记。

是中共阳泉市第六届委员会委员，阳泉市第八届、第九届人大代表。

任阳泉市中级人民法院院长、党组书记期间，因全院工作成绩突击，被省高院荣记集体二等功、集体三等功各一次。并授予该院“红旗单位。”

1992年6月离休。

段奇耀（1938.1 ~ ），河北省石家庄市人，曾用名桂珠。在职硕士，中共党员，二级高级法官。曾任阳泉市中级人民法院党组书记、院长。

1959年7月加入中国共产党，同年9月参加工作。先后任阳泉矿务局人事教育处业教、干事、一矿团委秘书、矿务局团委宣传部副部长。1956年4月，调共青团阳泉市委任宣传干事。1968年7月，调阳泉市“核心小组”从事专案工作。1969年10月，任阳泉市公安机关军管会办公室秘书。1973年，阳泉市中级人民法院恢复建制，先后任阳泉中院办公室秘书、副主任、主任（党组成员）、副院长、常务副院长。1992年6月，任院长、党组书记。

是中共阳泉市第七届委员会委员，阳泉市第十届人民代表大会代表，山西省法学会第二届理事。

任职期间，阳泉中院被省高院荣记“集体二等功”，其个人被荣记个人三等功。

1998年12月退休。

李建忠（1951 ~ 2010）河北省武安市人，大学文化，一级高级法官。山西大学法学院、山西财经大学法学院兼职教授，硕士生导师。山西省经济法学会、民商法学会顾问。

1968年，阳泉市建筑公司参加工作，历任预制厂工人、团支部书记、公司政治处干事。1974年加入中国共产党，1975年参加公安工作，历任办公室秘书、秘书组长、劳教所生产教育负责人，1985年毕业于山西大学法律系。1985年7月起，历任阳泉市中级人民法院办公室主任、审委会委员、副处级审判员、党组成员、副院长；1993年1月起，任中共阳泉市委政法委正处级专职副书记，主持工作至1995年4月。1996年10月，任阳泉市中级人民法院党组副书记、常务副院长（主持工作）。1997年4月，任院长、党组书记。2002年4月起，先后任山西省高级人民法院审委会委员、党组成员、副院长。

1995年，通过函授学习，毕业于中

央党校政干部（本科）。2000年，山西大学法学院法律硕士班结业。1996年，被山西省委、省人民政府荣记“打团扫恶斗争”二等功。2000年，获省高院“人民满意好法官”称号，并荣记个人二等功。

出版有《港台法律述略》、《走向世界市场》、《民商审判疑难问题解析》、《矿业权法律问题》等著作，撰有《农民犯罪严重，亟待治理》。

是中共阳泉市第九届、十届市委委员，阳泉市第十一届人大代表。

冯少勇（1956.9～）山西省榆社县人，本科文化，二级高级法官。曾任阳泉市中级人民法院党组书记、院长。

1974年8月至1978年6月，先后为内蒙古插队知识青年、北京军区守备一师战士。1978年6月，山西省忻县邮电局工人。1979年1月，山西省忻县人民法院书记员。1983年7月，山西省忻州师范专科学校学生（1984年转干）。1985年9月，任山西省忻州市人民法院审判员、经济庭庭长。1986年3月，任该院副院长（副科）。1987年11月，任正科级副院长。1990年3月，任该院院长（副县）。1994年7月，任山西省高级人民法院告诉申诉庭庭长（正县）。1996年9月，任省高院经济审判二庭庭长。2001年1月，任省高院副厅级审判员、民四庭庭长。同年3月，任省高院审判委员会委员。2002年3月，任山西省阳泉市中级人民法院党组书记、院长。2008年11月，任太原市中级人民法院党组书记、院长。

王志刚（1955.8～），山西省太原市人，中央党校函授本科毕业，中共党员，二级高级法官。曾任阳泉市中级人民法院党组书记、院长，中共阳泉市委政法委员会委员。现任山西省高级人民法院党组成员、副院长。

1972年2月参加工作，任太原市公安局交警大队民警。1978年8月，任太原市公安局政保处科员。1979年6月，加入中国共产党。1984年4月，任太原市公安局政保处秘书科副科长。1985年2月，任太原市公安局政保处秘书科科长。1986年8月，任太原市公安局党组秘书。1987年6月，任太原市公安局政保处副处长（其间于1985年9月至1988年3月，在中国政法大学法律专业学习）。1990年4月，任太原市公安局政保处处长（其间于1991年7月至1992年7月，在太原市委党校中青年干部培训班学习）。1992年10月，任太原市公安局北城分局局长。1995年7月，任太原市国家安全局副局长（其间于1996年8月至1998年12月，在中央党校领导干部函授班经济管理专业学习）。2000年1月，任太原市中级人民法院常务副院长。2003年7月，任吕梁地区中级人民法院院长、党组书记。2004年7月，任吕梁市中级人民法院院长、党组书记。2008年11月，任阳泉市中级人民法院副院长、代院长、党组书记，中共阳泉市委政法委员会委员。2009 年 5 月，任阳泉市中级人民法院院长、党组书记，市委政法委员会委员。2012 年 8 月，任山西省高级人民法院党组成员、副院长。

1978 年 7 月，因侦破“12·9”特大案件，被太原市革命委员会荣记个人二等功。1989 年 7 月，因“制止动乱”成绩突出，被中共山西省委、省政府荣记个人一等功。1990 年 7 月，因侦破“9·21”特大案件，被太原市公安局荣记个人三等功。1994 年 7 月，因“严打”斗争贡献突出，被太原市劳动竞赛委员会荣记个人二等功。

张改香(？～？)女，1953 年 2 月至 1953 年 12 月，任阳泉市人民法院副院长。

史郁如(1905～1959)阳泉市郊区人，曾用名文来。

山西政法专门学校毕业，1945 年 9 月参加工作，先后为平定县岳家庄高级组、平定县师、荫营完校、平定白土坡完校教员，白泉完校教导主任。1949 年 3 月，任阳泉市人民法院审判员。1952 年 4 月至 1955 年 2 月，任副院长。1955 年 3 月，任阳泉中学、阳泉二中副校长。1956 年至 1958 年，任阳泉市副市长兼体委主任。1957 年 2 月，任阳泉市人民委员会副市长。

1959 年因病去世。

张兴隆(1924～)山西省五台县人，初中文化。

1944 年参加工作，同年 7 月加入中国共产党。1944 年 2 月任五台县小学教员，1946 年 9 月任《冀晋日报》校对。1947 年 11 月，任浑源县司法处书记官。1948 年 3 月，任阳高县司法处审判员。1949 年 11 月起，先后任阳高县人民法院院长、察哈尔省人民法院雁北分院秘书、右玉县人民法院院长。1955 年 10 月，任山西省人民法院雁北中院副院长。1957 年 10 月至 1961 年 11 月，任阳泉市人民法院副院长。1961 年 11 月起，先后任榆次市人民法院院长、雁北中级人民法院副院长、中共雁北地委党校革委会主任、岭底电厂革委会主任、雁北地区工程公司副书记和雁北地区行政公署司法局局长、顾问。

1985 年 12 月离休。

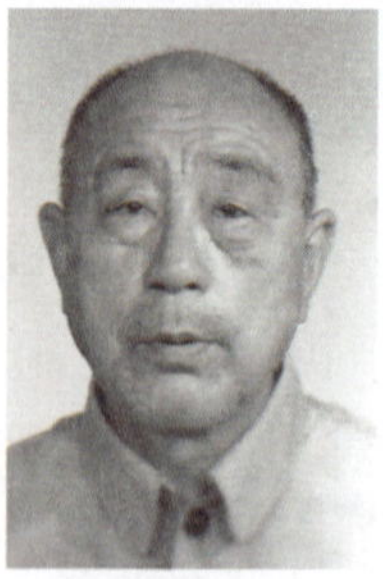

李彦(1921.9～)，河北省饶阳县人，高小文化。

1946 年参加中国人民解放军，随后加入中国共产党。历任解放军三野三纵队独立团政治宣传干事、连政治指导员。新中国成立后，任陆军三十步兵学校政治干校政治教员。1954 年转业至阳泉市中级人民法院，任审判员。1957年6月，任副院长。1960年至1984年，任阳泉市物资局副局长、代局长。

1953年，在部队期间荣立个人三等功一次。

1984年离休。

张嘉祥（1920～　）山西省沁县人，初中文化。1943年5月加入中国共产党。

1938年1月参加工作。先后任平遥县公安局政工员、山西省三专署审判处干事、太岳行署司法处书记官、沁源县政府承审员、浮山县政府承审员、曲沃县政府司法科长、河津县政府司法科长、河津县一区区长和山西省人民检察院秘书、副处长。1961年10月至1966年5月，任阳泉市人民法院副院长。1968年11月至1973年11月，阳泉市“五七”干校学员。1973年8月至1982年10月，任阳泉市中级人民法院副院长。1982年至1986年12月，任阳泉市人大常委会专职委员。同年12月离休。

郝美英（1926.2～　）女，山西省平定县人，初中文化，中共党员。

1945年8月参加工作，1948年12月加入中国共产党，先后在平定二区、五区任妇女联合会主任。1952年10月起，先后任平定县人民法院审判员、副院长。1959年12月起，先后任阳泉市人民法院副庭长、副院长、党组成员。1971年，任阳泉市妇女办公室主任。1972年，任阳泉市革命委员会保卫部副部长。1973年8月，任阳泉市中级人民法院第一副院长、党组副书记。1984年，任巡视员。

曾当选为中共阳泉市第五届委员会候补委员、阳泉市第八届人大常委会常委、法工委副主任。

1987年11月离休。

郑庆波（1933～2008.11）河北省束鹿县（今辛集市）人。

1953年参加中国人民解放军。1956年加入中国共产党。历任解放军一〇七师排长、副连长、连长、副营长。1969年“三支两军”时期，任阳泉市公安局军管会副主任。1971年5月起，先后任阳泉市革命委员会保卫组副组长、阳泉市革命委员会保卫部副部长，审判办公室主任。1973年8月至1974年7月，任阳泉市中级人民法院副院长（军人身份）。1985年转业。1980年，在北京政法干校律师专业学习，同年结业，任阳泉市第一律师事务所律师、副主任。1988年，任阳泉市律师事务所主任。1989年，晋升为二级律师。是山西省律师协会理事。

2008年11月11日病逝。

阎干卿（1929～1988）山东省肥城县人，曾用名永公。

1946年参加中国人民解放军，任山东省太西县某部干事，同年加入中国共产党。后任北平军事管制委员会译电员。新中国成立后，历任华北军区司令部六处机要员、组长，华北军区军交处秘书。转业后，历任阳泉市监察局科员、科长、中共阳泉市委党校理论教员、总支书记、阳泉市人民法院刑事审判庭审判员、副庭长、庭长、阳泉市“五七”干校连长、阳泉市油毡厂副主任。1978年5月至1983年12月，任阳泉市中级人民法院副院长。

王嘉玺（1937.10～），阳泉市郊区人，高中文化，中共党员。

1954年8月参加工作，阳泉市下章召村铁业生产合作社会计练习生。1955年5月，阳泉市人民法院服务员。1956年10月，加入中国共产党。1957年10月，阳泉市人民法院法警。1958年11月，阳泉市人民法院秘书干事。1960年2月，任书记员。1967年2月，任阳泉市无产阶级专政委员会政治部副主任。1968年7月，任阳泉市公安机关军管会审判办公室副主任。1969年1月，阳泉市五七干校学员。1973年10月，阳泉市煤炭管理局经理部办公室副主任。1976年9月，经理部“揭批清”领导组副组长。1978年5月，任阳泉市中级人民法院党组成员、办公室主任、兼阳泉市委“落实政策办公室”副主任。1978年9月，任阳泉市中级人民法院党组成员、副院长、审判委员会委员，继续兼任阳泉市委“落实政策办公室”副主任。1982年5月，任阳泉市工商局市场科副科长。1983年9月，借调至中共阳泉市纪委驻阳泉手表厂工作组工作。1986年，任阳泉市工商局办公室主任、总支副书记等职。1986年9月，任阳泉市工商行政管理局办公室主任、总支委员会副书记。

1966年8月23日，阳泉市发生洪涝灾害，因抗洪救灾成绩突出，被阳泉市委授予“抗洪救灾英模”称号。

1996年10月退休（享受副县级待遇）。

潘致（1946.1～）山西省平定县人，大学文化，中共党员。曾任阳泉中院副院长。

1965年9月起，在山西大学政治系学习。1969年4月起，在中国人民解放军4642部队服役。1971年2月转业，任阳泉市委秘书处秘书。1972年加入中国共产党。1976年7月，任阳泉市建设银行科员。1979年12月至1992年5月，任阳泉市中级人民法院办公室副主任、副院长。1992年5月，任阳泉市人民检察院常务副检察长、反贪局局长。2002年2月退休。

在阳泉中院任副院长期间，分管民事审判、行政审判、执行局、人事、办公室、党总支，以及业大教学等工作，多次受到最高人民法院表彰和省高院表扬。

周保武（1949.7 ～ ）山西省阳泉市人，大学专科，三级高级法官，曾任阳泉市中级人民法院党组成员、副院长。

1965年9月参加工作，阳泉市狮脑山林场工人。1971年12月，该林场干部。1973年3月，任该林场副场长。1974年12月，任阳泉市森林调查队负责人、队长。1979年12月，阳泉中院干部。1981年12月，任助理审判员。1984年3月，任办公室副主任。1987年10月，任司法行政处副处长。1988年7月，任司法行政处处长。1989年2月，任阳泉中院办公室主任。1990年2月，任副处级审判员。1993年2月，任副院长、党组成员。1998年10月，晋升为正处。

1982年6月、1983年6月，两次被阳泉市直机关工委评为“优秀共产党员”。1988年10月，被阳泉市中级人民法院荣记三等功。1996年1月，被山西省高级人民法院荣记三等功。1996年11月，被中共阳泉市委、市人民政府荣记一等功。

2009年9月退休。

何海平（1956.5 ～ ）河北省井陉县人。大学文化，中共党员，四级高级法官。曾任阳泉市中级人民法院副院长。

1973年参加工作，阳泉市红星机械厂工作。1974年参军，在北京军区陆军第三十师服役，先后任排长、连长、参谋等职。1987年转业。1989年9月起，先后任阳泉市中级人民法院研究室副主任、主任。1993年6月，任刑一庭庭长。1997年8月至2000年12月，任阳泉市中级人民法院副院长。2001年调离本院，任中共阳泉市纪律检查委员会副书记、监委主任、监察局局长。

曾荣立二等功两次。

周成保（1948.9 ～ ）山西省阳泉市人，大学专科，三级高级法官。曾任阳泉市中级人民法院审判委员会委员、正处级审判员。

1968年1月参加工作，在部队服役，历任班长、干事、指导员等。1979年10月，任阳泉市检察院书记员、检察员。1984年7月，任该院人事处副处长（副科）。1988年7月，任该院政治处主任（正科）。1995年9月起，任阳泉中院党组成员、纪检组长（副处）。2002年1月，任该院党组成员、政治部主任、审判委员会委员。2005年6月，晋升为正处。2006年，任该院审委会委员（正处级）。

1989年11月、1990年6月，被阳

泉市直机关工委评为"优秀共产党员"、"优秀党务工作者"。1991年4月，被中共阳泉市委政法委评为"普法先进个人"。1995年6月，被阳泉市直机关工委评为"优秀党务工作者。"

2008年10月退休。

贾　俊（1954.1 ～　）山西省平定县人，中共党员，大学专科。二级高级法官，阳泉市中级人民法院党组成员、副院长，正处级审判员。

1976年8月，在山西省晋中地区水利局工作。1981年2月至1984年3月，任山西省阳泉市中级人民法院书记员。1984年3月至1993年2月，任审判员、民庭庭长。1989年2月，任副处级审判员。1993年2月，任党组成员、副院长、审委会委员。1998年10月，晋升为正处级审判员。

1983年2月、1984年2月，两次被评为阳泉市中级人民法院"先进工作者"。1993年10月，被中共阳泉市委、市政府评为"下乡工作队模范队长"。

尚锐利（1968.10 ～　），山西省盂县人，中共党员，大学本科，法学学士。阳泉市中级人民法院纪检组组长、党组成员。

1991年10月参加工作，阳泉市司法局劳教所干警、政治处科员。1995年12月，任阳泉市司法局政治处副主任。1999年3月，任政治处主任。2001年12月起，任阳泉市中级人民法院党组成员、纪检组长（副处）。

安少杰（1957.10 ～　）男，中共党员，研究生学历（山西大学哲学系），曾任阳泉市中级人民法院政治处主任。

1974年8月至1987年10月，在李家庄驼岭头村插队。1976年12月参军，在中国人民解放军五二九二三部队服役，先后任班长、排长、政治指导员、干事。1987年11月，阳泉市中级人民法院任职。1989年2月，任副科级纪检员。1992年3月，任政治处副主任。1994年6月，任政治处主任，任政治处副主任、主任期间，主持本院告诉申诉庭工作。1997年8月至2001年11月，任阳泉市司法局副局长。2001年12月至2010年5月，任阳泉市委政法委副书记。2010年6月，任中共阳泉市委政法委员会常务副书记、阳泉市综治办主任。

是阳泉市十一届市委委员，阳泉市十一届政协委员。

第三节　现任部门领导和先进模范

陈　峰（1970.8 ～ ）山西省柳林县人，大学文化，中共党员，办公室主任，二级警督。

1989年3月参加工作，武警北京总队一支队战士，后任副班长、班长。1992年9月，在石家庄铁路分局建筑段阳泉领工区工作，历任团支部书记、团总支书记。1997年6月起，先后任阳泉市中级人民法院法警、书记员，2008年3月，任办公室副主任，2011年12月，任办公室主任。

1998年至2000年，被评为本院“先进个人”。2000年、2002年、2006年，被评为本院“优秀党员”。2002年，被评为全市法院系统“先进个人”。2003年，被评为全市“严打先进个人”。2005年、2006年，被评为“先进工作者”。

孙军华（1966.8 ～ ）女，山西省临猗县人，大专文化，中共党员，办公室副主任，一级警司。

1983年11月，在原阳泉市汽车运输四公司工作，曾任该公司财务科副科长。1996年10月，在阳泉市中级人民法院从事财务工作。2008年3月，任办公室副主任。

1998年至2001年，2003年至2007年，两次连续三年被评为“先进工作者”。2002年，荣立个人三等功一次。

王丽（1975.7~）女，山西省和顺县人，大学本科，中共党员，办公室副主任，二级警督。

1996年，毕业于公安部管理干部学院山西分院；1997年，经公开招考考入阳泉中院工作。先后在审监庭、法警队、办公室工作。2012年1月，任阳泉中院办公室副主任。

连续多年被评为本院“先进工作者”“优秀公务员”；2009年3月，山西省人事厅、山西省保密局授予“山西省保密工作先进个人”；2010年5月，阳泉市委办公厅授予“优秀信息工作者”。

江彦辉(1977.5 ～)，山西省黎城县人，中共党员，大学文化，办公室副主任，二级法官。

1996年7月，太原理工大学信息工程学院计算机及应用专业学生；2000年7月参加工作，历任阳泉市矿区人民法院书记员、执行员、政治处干事、审判员；2009年7月，任助理审判员；2011年12月，任审判员；2012年1月，任办公室副主任。

2003、2004年，先后被矿区区委授予“矿区优秀共青团员”、“政法工作先进个人”；2006年，被市中院授予“优秀法院工作者”，荣记个人三等功；2005年，被山西省高级人民法院授予“全省法院政治工作先进个人”。

韩慧芳（1959.3～）女，山西省夏县人，大专文化，中共党员，四级高级法官，政治部副主任。

1977年8月参加工作，阳泉市郊区西南舁村插队知识青年。1980年7月，任阳泉市中级人民法院打字员。1982年1月，任郊区人民法院打字员。1984年4月，任阳泉中院刑二庭书记员。1992年7月，任刑二庭助理审判员（其间，于1993年5月转干）。1995年4月，任审判员，同年11月，任老干部科科长。1997年6月，任政治处副主任。2002年1月，任政治部副主任（正科）。

曾多次被评为“先进工作者。”

闫兰所（1956.10～）山西省昔阳县人，大专文化，中共党员，一级警督，政治部副主任。

1974年12月参加工作，北京卫戍区警卫二师六团三炮连任战士。1979年5月，任中国人民解放军二十四集团军七十一师二一二团炮连司务长。1981年5月，任二十四集团军七十一师二〇九团后勤处助理员。1988年6月，任二十四集团军七十一师二〇九团军需股长（副营）。1992年5月，任二十四集团军七十一师二〇九团后勤处处长（正营）。1996年2月，任二十四集团军七十一师师部制药厂厂长（副处级）。1997年10月，任阳泉市中级人民法院办公室副主任。1998年11月，首评为一级法官。2002年1月，任法警支队副支队长，授一级警督警衔。2003年11月起，任政治部副主任。

在部队工作期间，荣记三等功一次。在阳泉中院工作中，多次受到上级领导机关表彰。

赵丽萍（1970.9～）女，河北省邢台县人，硕士研究生文化，中共党员，政治部副主任，一级法官，法官培训学院副院长。

1992年7月，毕业于山西大学法律系。曾就职于阳泉矿务局四矿公安科工作。1993年参加全国律师资格考试，取得律师资格。1995年2月，调入阳泉市中级人民法院工作，任告诉申诉审判庭书记员。1997年6月，任立案庭助理审判员。2001年12月，任审判员。2003年12月，取得中国政法大学在职法律硕士研究生学历，同年取得法律硕士学位。2004年8月，任阳泉中院法官培训学院副院长。2005年12月，任正科级审判员。2007年7至8月，参加最高人民法院组织的中美司法合作项目培训，获纽约大学司法行政管理研究结业证书。2008 年 3 月，任阳泉中院政治部副主任。

撰写的《论男女平等的意义、形式平等和实质平等的区别》，在国家法官学院与中国女法官协会联合举办的“中国——加拿大司法合作项目”上被评为优秀论文。完成了 3 万字的硕士论文《论法院调解》，《论我国民事诉讼中处分原则的强化与完善》、《论保证期间的性质》等论文被《山西审判》等杂志刊载。

1987 年，被评为阳泉市先进工作者。

张爱国（1971.7 ～ ）山西省平定县人，大学文化，中共党员，一级法官，研究室主任。

1991 年 7 月，毕业于山西省司法学校。同年 8 月，任山西省阳泉第二监狱民警。1995 年 2 月，通过公开招考，考入阳泉市中级人民法院工作，先后任书记员、助理审判员、审判员。2002 年 2 月，任副科级审判员。2005 年 6 月，任刑事审判第一庭副庭长，2011 年 12 月，任研究室主任。

连续多次被评为本院“先进工作者”。2008 年 6 月，被中共阳泉市委政法委员会授予“推进公正执法优秀工作者”。

王春平（1976.1 ～ ）山西省平定县人，大学文化，中共党员，研究室副主任。

1999 年 4 月参加工作。2006 年 3 月至 2007 年 3 月，在盂县梁家寨乡张家坪村扶贫。2008 年 5 月，任阳泉市中级人民法院司法技术鉴定中心副主任。同年 10 月，任研究室副主任。2008 年 8 月至 2010 年 10 月，参与中共阳泉市委政法委“奥运安保”和“建国 60 周年国庆安保”涉诉信访接待工作。

2007 年 3 月，中共阳泉市委农村工作领导组授予“模范工作队员”。2009 年 11 月，中共阳泉市委政法委授予“国庆处置涉法涉诉信访工作先进个人”。2010 年 7 月，阳泉市中级人民法院机关党委授予“优秀共产党员”。

王世明（1972.6 ～ ）山西省平定县人，大学本科，中共党员，一级法官，研究室副主任。

1994 年 8 月参加工作，任平定县人民法院书记员，后任助审员。1998 年 10 月，任平定法院审判员。2004 年 2 月，任平定法院政工科副科长。2009 年 6 月，调阳泉市中级人民法院工作，历任助理审判员、审判员。2012 年 1 月，任研究室副主任。

2002 年 2 月，阳泉中院授予“全市法院系统先进工作者”。2006 年 3 月，被阳泉中院荣记个人三等功。

张利平（1964.12 ~ ）河北省灵寿县人，大学本科，中共党员，一级法官，曾任阳泉中院研究室主任。

1981年9月，山西大学法律系学习。1985年8月起，先后任阳泉中院书记员、助理审判员、审判员、研究室副主任、研究室主任。2002年3月起，任阳泉中院审判委员会委员。

2002年8月至2006年12月，任阳泉仲裁委员会副主任（主持工作）。2006年12月起，任该委员会秘书处秘书长。

撰有30多篇论文、调研报告和重要的宣传稿件，在省级以上报刊发表。其中获全国性论文三等奖1篇，省级论文一等奖4篇。在阳泉中院工作期间，连续多年被阳泉中院评为“优秀庭长（主任）”，1990年，被阳泉市授予“严打斗争先进个人”；1992年，被评为“夏季严打先进个人”。1991年至1995年，连续五年被评为“全市法制宣传教育先进个人”和“1999年度全市执法检查工作先进个人”，被《人民法院报》评为“1999年度全国优秀通讯员”。

魏晓俊（1974.3 ~ ）山西省平定县人，中共党员，大学文化，一级法官，曾任阳泉中院研究室副主任、正科级审判员。2010年，调山西省高级人民法院研究室工作。

李继成（1966.2 ~ ）山西省襄垣县人，大学文化，中共党员，一级法官，司法行政装备管理处处长。

1985年8月参加工作，山西省阳泉第二监狱狱政科民警。1993年8月，被聘为助理政工师。1996年8月，任阳泉市中级人民法院政治处干事。1998年9月，任助理审判员。2002年1月，任审判员。2002年3月，任立案庭副庭长兼信访办主任。2005年5月，任司法行政装备管理处处长。2011年12月，任该处处长。

1997年至2000年，连续三年被评为“先进个人”。1998年、2000年、2002年，被评为“先进党员”。2000年，被评为市直机关工委“优秀党员”。2001年，被评为阳泉市法院系统“先进个人”。2002年，被阳泉中院荣记个人三等功。2002年12月，被中共阳泉市委办公厅、阳泉市人民政府办公厅评为“信访工作先进个人”。

赵英华(1977.12 ~)，山西阳泉人，中共党员，大学本科，一级警司，司法行政装备管理处副处长。

1996年12月参加工作，中国人民解放军89720部队后勤部战士；1999年9月，装备指挥技术学院试验指挥专业学员；2002年6月，中国人民解放军63628部队技术员、政治处干事；2006年11月，任阳泉市中级人民法院书记员；2008年5月，任阳泉中院司法警察；2012年1月，任阳泉中院司法行政装备管理处副处长。

1997年12月、2000年5月、2000年12月、2002年1月，受到部队嘉奖；2003年12月，中国人民解放军63628部队授予“优秀科技干部”；2004年12月，被中国人民解放军63628部队荣记“三等功”；2009年1月、2010年2月、2011年1月、2012年1月，被阳泉市中级人民法院评为“先进工作者”；2009年3月，中共阳泉市委老干部局授予“老干部工作服务明星”；2012年7月，被中共阳泉市中级人民法院党委评为“优秀党员”；2012年7月，被中共阳泉市委、阳泉市人民政府授予“全市老干部工作先进个人”。

李泉梅（1964.5 ~ ）女，山西省潞城县人，大学文化，中共党员，四级高级法官，立案一庭庭长。

1988年7月，毕业于山西大学，8月参加工作。任阳泉市中级人民法院行政庭书记员。1992年，任行政庭助理审判员。1997年2月，任行政庭审判员。1998年9月，任副科级审判员。2002年1月，任正科级审判员。2002年3月，任行政审判庭副庭长。2003年，任阳泉中院国家赔偿委员会办公室主任。2008年3月，任立案一庭庭长。

1989年，被评为全省法院系统司法统计先进个人。1991年，在全省法院系统知识竞赛中荣获三等奖。1999年，被评为全市法院系统先进工作者。2009年，荣获山西省法院系统首届“移动杯”乒乓球比赛女子团体第五名。撰写的多篇论文在《山西审判》等刊物上发表。连续10年被评为本院“先进工作者”，荣记个人三等功一次。

郭晋江（1962.10 ~ ）山东省荣成市人，大学本科文化，中共党员，四级高级法官，立案一庭副庭长。

1985年9月参加工作，阳泉市技工学校教师。1988年8月，任阳泉中院书记员。1996年3月，任副科级审判员。2002年1月，任正科级审判员。2012年4月，任立案一庭副庭长。

王健（1971.10 ~ ）江苏省泰兴县人，大学本科，中共党员，一级法官，立案二庭庭长，信访处处长。

1995年9月毕业于山西大学法律系。1994年10月，加入中国共产党。先后在阳泉市中级人民法院经济庭、民二庭、执行局、立案二庭工作，历任书记员、助理审判员、审判员、立案二庭副庭长，兼任院团支部书记、院党委宣传委员，2011年12月，任信访处处长，2012年4月，任立案二庭庭长。

多次被评为“优秀团干”，四次被评为阳泉中院“优秀共产党员”和市直机关“优秀共产党员”、八次被评为阳泉中院“先进工作者”。2000年，被评为阳泉“优秀青年”。2002年，被评为“山西省优秀青年卫士”，山西省劳动竞赛委员会为其荣记个人二等功。2002年至2004年，连续三年被评为“信访工作先进个人”。2006年、2010年，两次被评为阳泉市法院系统“模范法官”，荣记个人三等功。

付建红(1969.1～)女，河南省林县人，大学本科，中共党员，一级法官，立案二庭副庭长。

1988年8月，毕业于山西省司法学校。同年参加工作。1995年～1998年，在山西大学法学院法律本科专业学习。2002年2月，任副科级审判员。2012年4月，任立案二庭副庭长。

多次被评为“先进工作者”。

郭严旻（1976.10～）山西省平定县人，法律硕士，中共党员，二级法官，立案二庭副庭长。

1998年9月，毕业于解放军空军第一航空学院；1999年10月，参加建国五十周年国庆阅兵飞行员方队，同年10月，调入空军航空兵第十五师，历任军械师、指导员、干事。2006年，转业至阳泉市中级人民法院，先后任书记员、助理审判员、审判员。2012年4月，任立案二庭副庭长。

2007年，被评为“先进工作者”。2009年，被评为“先进工作者”“全省预备法官优秀学员”。2012年，被评为“优秀党员”、“全省信访工作先进个人”。

吕泉生（1967.9～）河北省雄县人，在职研究生学历，中共党员，四级高级法官，刑事审判一庭庭长。

1989年7月毕业于山西大学法律系，获法学学士学位。1990年2月起，历任阳泉市中级人民法院书记员、助理审判员、审判员。1996年6月加入中国共产党。1997年10月，任监察室副主任。1999年4月，任刑事审判一庭副庭长。2002年3月，任立案庭庭长。2003年12月，任刑事审判一庭庭长。2005年6月，任审判委员会委员。1999年10月至2001年6月，参加山西大学法学院研究生班学习，获在职研究生学位。1996年、1999年、2006年，三次参加市委组织部"一推双考"活动，被确定为优秀青年干部和县级后备干部。

1997年、1999年，两次荣记个人三等功，2000年，被评为"阳泉市优秀共产党员"。2002年，获全省"人民满意的好法官"称号，荣记个人二等功。2004年，获阳泉市"十大杰出青年卫士"称号，荣记个人一等功。2005年，被评为全省"优秀青年卫士"，荣记个人二等功。2008年，被最高人民法院授予"刑事审判先进个人"。2009年，被山西省高级人民法院授予"先进个人"，被山西省劳动竞赛委员会荣记"个人一等功。"

该同志任庭长的刑一庭，2005年，被省高级人民法院荣记集体一等功。2006年7月，刑事支部被阳泉市市直机关工委授予"先进基层党组织"。2007年6月，被阳泉市委政法委授予"2006年度推进公正执法先进集体"。2008年1月，被省高级人民法院、省人民检察院、省公安厅、省烟草专卖局授予"山西省卷烟打假工作先进集体"。2008年4月，被省综治办、省公安厅授予"全省'四打四整治'专项行动先进集体"。

撰写的《浅议绑架勒索案件的定罪及量刑》、《浅析交通事故肇事逃逸致人死亡罪的认定》、《青少年犯罪心理成因及防治浅析》等案例论文多次在《中国审判案例要览》、《山西审判》等刊物上发表，并获省级学术研讨一等奖。

魏增玲（1971.4～）女，河北省正定县人，大学文化，中共党员，一级法官，刑一庭副庭长。

1986年11月入伍，山西省临汾市警备司令部战士。1990年3月退伍，12月，任阳泉市中级人民法院办公室打字员。1991年2月，任书记员。1993年5月转干。1997年6月，任刑事审判一庭助理审判员。2001年8月，任审判员。2002年2月，任副科级审判员。2008年3月，任刑事审判一庭副庭长。

曾连续三年被评为"优秀公务员"，1994年，荣记三等功一次。2002年，被评为"维权工作先进个人"。2003年，被阳泉市劳动竞赛委员会荣记一等功一次。

郭素刚(1972.10～)，山西省平定县人，大学本科学历，法学学士，中共党员，二级法官，刑一庭副庭长。

1990年3月参加工作；1991年11月，加入中国共产党；1992年考入武警太原指挥学校。2000年10月，转业至阳泉中院工作。2001年，任书记员；2007年3月，任助理审判员；2011年12月，任审判员；2012年4月，任阳泉中院刑一庭副庭长。

1998年，被武警阳泉支队荣记三等功；2007年，被阳泉中院评为优秀党员；2008至2011年，被阳泉中院授予先进工作者；2011年，被山西省高级人民法院授予先进工作者。

郭文华（1960.6～）山西省平定县人，大专文化，中共党员，副处级审判员，三级高级法官。

1977年12月参加工作，任阳泉市中级人民法院法警、书记员。1985年9月，任助理审判员。1989年2月，任副科级审判员。1995年9月，任经二庭副庭长。1996年3月，任经二庭副庭长（正科级审判员）。2002年3月，任刑一庭副庭长。2005年5月，任刑一庭副庭长（副处）。2008年3月，副处级审判员。

多次被评为阳泉中院和阳泉市先进工作者，阳泉市直机关工委优秀党员，荣立三等功一次。

裴元钊（1970.10～）山西省原平市人，大学文化，中共党员，一级法官，刑事审判二庭庭长。

1992年7月，毕业于阳泉煤炭专科学校，并参加工作，任山西省阳泉第一监狱民警。1995年2月起，任阳泉市中级人民法院书记员、法警。1997年，任刑事审判一庭助理审判员。1998年，任审判员。2002年2月，任副科级审判员。2002年，作为首批“外派青年法官”，赴北京二中院交流学习。2008年3月，任刑事审判二庭副庭长，2012年4月，任刑事审判二庭庭长。

是山西省法学会刑法学研究会会员。

根据审判实践撰写有《本案应该如何认定——析被告人赵瑞英故意杀人、包庇案》、《关于刑事案件普通程序简便审的思考》、《关于刑期折抵的几种特殊情形》、《赵某的行为构成何罪——在户抢劫与入户抢劫的区别》和《如何确定本案的犯罪形态——被告人杨俊萍介绍卖淫犯罪的分析》，分别在《山西审判》、《阳泉日报》等报刊发表。

1998年至2005年，连续八年被评为阳泉中院“先进工作者”，荣立个人三等功一次。2006年至2008年，连续三年被评为“优秀公务员”。2008年5月，被山西省劳动竞赛委员会荣记个人二等功。2010年，被阳泉中院荣记个人三等功。

高志民（1955.8～）山西省文水县人，大学文化，中共党员，副处级审判员，三级高级法官。

1970年9月参加工作，阳泉市城建机修厂工人。1974年12月参军，解放军五一一三九部队六十二分队战士。1977年6月，阳泉日报社工作。1978年8月，任阳泉市中级人民法院法警、兼书记员。1985年，任助理审判员（副科级）。1989年，任审判员。1991年12月，任经济庭副庭长。1993年，任刑事审判一庭副庭长。1996年3月，任正科级审判员。

1998 年 5 月，任审判监督庭负责人（主持工作）。2000 年 3 月，任审判监督庭庭长。2003 年 6 月，任审判委员会委员。2003 年 11 月，任刑事审判二庭庭长。2005 年 5 月，任副处级审判员。

1975 年，在五一一三九部队服役期间，受营嘉奖一次。1984 年，阳泉市委、市人民政府授予“全民文明礼貌活动先进个人”。1987 年，中共阳泉市委政法委授予“严打先进个人”。1988 年 6 月，在阳泉市“帮贫致富工作队”工作期间，被市委组织部、农工部授予“模范队员”。1989 年 3 月，被山西省高级人民法院荣记个人二等功。多次被阳泉市和阳泉中院评为“先进个人”和“优秀党员”。

任文东 (1975.12 ~)，山西省阳泉市人，法律硕士，二级法官，刑事审判二庭副庭长。

2000 年 7 月参加工作，历任矿区人民法院书记员、助理审判员、审判员、刑事审判庭副庭长。2009 年 7 月，调阳泉中院工作。2010 年 1 月，任助理审判员，2011 年 12 月，任审判员，2012 年 4 月，任刑事审判二庭副庭长。

王秀明（1966.7 ~ ）女，山西省阳泉市人，大学文化，中共党员，四级高级法官，民一庭庭长。

1988 年 7 月，毕业于山西大学法律系。同年 8 月参加工作，在阳泉市中级人民法院任职。1994 年 12 月，任阳泉中院助理审判员。1997 年 2 月起，先后任审判员、民事庭副庭长，兼维护妇女儿童合法权益庭庭长。2002 年 1 月，任政治部副主任。2003 年 12 月，任民一庭庭长，2005 年 6 月，任审判委员会委员。2003 年 10 月，兼阳泉中院妇委会主任。

是阳泉市第十届妇女代表大会执行委员会委员。

多次被评为本院“先进个人”、被阳泉市妇联授予“三八红旗手”、“维权先进个人”。两次被评为“省法院系统优秀女法官”，荣获省妇联“三八红旗手”称号。被阳泉市劳动竞赛委员会授予“五一劳动模范”。

聂士洲（1959.12 ~ ）山西省怀仁县人，大学文化，中共党员，四级高级法官，民一庭副庭长。

1978 年 3 月参加中国人民解放军，任 89314 部队 13 小队班长。1981 年 8 月，在雁北师专政史系读书，任班委。1984 年 8 月，在山西阳泉钢铁公司工作，任技工学习政治教师。1986 年 3 月，任山西阳泉钢铁公司党委宣传部宣传干事。1989 年 11 月，任山西省阳泉市中级人民法院调研室书记员。1992 年 7 月，任助理审判员。1994 年 12 月，任审判员。1996 年 3 月，任副科级审判员。2002 年 1 月，任正科级审判员。2002 年 3 月，任民一庭副庭长。2004 年 7 月，获北京大学法学院本科毕业证书。晋升为四级高级法官。

撰写的《来自婚姻家庭的报警信号》，荣获全国法院系统优秀统计分析三等奖。《近亲婚外恋悲剧——刘三宝故意杀人案审判纪实》，被1995年第四期《山西审判》刊载。《杜海生、杜满生诉杜喜生房屋侵权案》，被1995年第4期《最高人民法院》公报登载，填补了全市案例编送的一项空白，同年撰写的《马长岭、李京生在索债过程中非法拘禁他人案》，被选为典型案例载入1995年第二辑《人民法院案例选》。与李建忠合撰的《如何审理撤销仲裁裁决案》，于2001年3月15日被《人民法院报》刊载。在“严打”斗争中，被中共阳泉市委、阳泉市人民政府授予“打团扫恶先进个人”荣誉称号。

田志国(1964.10～)，山西省沁源县人，大学本科，中共党员，民一庭副庭长，一级法官。

1987年9月，阳泉二中教师；1991年7月，阳泉市城区司法局干部；1995年2月，阳泉市中级法院法官。2002年2月，任副科级审判员。2012年4月，任阳泉中院民一庭副庭长。

杨建新（1955.7～）山西省榆社县人，大专文化，中共党员，三级高级法官，副处级审判员。

1976年12月参加工作，在阳泉市统计局任职。1984年4月起，调入阳泉中院，历任书记员、助理审判员、审判员、民一庭副庭长。2005年5月，任副处级审判员。

吴怡东（1973.5～）河南省南乐县人，大学本科，学士学位，中共党员，一级法官，民二庭庭长。

1995年毕业于山西经济管理学院经济法学系，同年参加工作。先后任阳泉中院书记员、助理审判员、审判员、执行局执行员，2002年2月，任副科级审判员。2005年6月，任立案庭副庭长兼信访办主任，2008年3月，任民二庭副庭长，2012年4月，任民事审判二庭庭长。

1995年至2005年，连续十年被评为“先进工作者”、“办案标兵”、“执行标兵”。2006年、2007年，连续两年被评为阳泉市“信访工作先进个人”。2008年，被评为阳泉市“双十佳”政法干警，阳泉市劳动竞赛委员会授予“五一劳动奖章”。

任信访办公室主任期间，阳泉中院信访办被评为“山西省信访工作先进集体。”

谷守乾（1963.9～），北京市人，大学本科，中共党员，一级法官，民事审判二庭副庭长。

1981年9月，在阳泉市第一中学工厂工

作；1988年8月，在阳泉市交通局工作；1989年12月，任阳泉中院书记员；1994年11月，任审判员；2002年2月，任副科级审判员；2012年4月，任阳泉中院民事审判二庭副庭长。

郝丽琴（1970.8～），女，河北省定州市人，大学本科，中共党员，一级法官，民事审判二庭副庭长。

1988年9月参加工作，先后任阳泉中院办公室干事、民事审判三庭、民事审判二庭书记员。1995年6月，任助理审判员，1997年6月，加入中国共产党。2000年12月，任审判员，2002年2月，任副科级审判员，2012年4月，任民事审判二庭副庭长。

赵瑞平（1958.12～）山西省平定县人，大专文化，中共党员，副处级审判员，三级高级法官。

1976年4月参加工作，娘子关插队知识青年。1979年4月，平定县人民法院法警。1984年8月起，历任阳泉市中级人民法院法警、书记员、助理审判员、办公室副主任、经济庭副庭长、民事审判二庭副庭长。2005年5月，任副处级审判员。

多次被评为先进工作者、优秀党员。

张卫华（1970.11～）山西省阳泉市人，大学文化程度，中共党员，一级法官，民三庭庭长。

1992年7月，毕业于杭州大学数学系，获理学学士学位，同年11月参加工作，先后在阳泉市郊区职业学校、中共阳泉市郊区委员会办公室工作。1995年2月，调入阳泉市中级人民法院，先后任书记员、助理审判员、审判员、民一庭副庭长。1995年9月至1997年2月，参加中央党校函授学院政法专业学习，2012年4月，任民事审判三庭庭长。

2003年，被评为“山西省指导民事调解工作先进个人”。2010年，荣立个人三等功。

胡旭辉，（1967.9～）女，太原市晋源区人，大学文化，中共党员，一级法官，民三庭副庭长。

1985年12月参加工作。阳泉市郊区审计局科员。1990年12月，任阳泉市中级人民法院书记员。1995年6月，任助理审判员。2001年2月，任审判员。2008年3月，任民三庭副庭长。

1997年11月，在阳泉市法院系统“三基”竞赛中，该同志拟定的法律文书被评为“优秀法律文书”。2005年7月，被评为“优秀共产党员”。2004年至2006年，连续三年被评为“先进个人”。2009年，被授予阳泉市“三八红旗手”。

2010年，授予山西省“三八红旗手”称号。

潘紫华（1964.4～），山西省平定县人，大学文化，中共党员，四级高级法官，民三庭副庭长。

1984月8月参加工作，任阳泉市邮电局工作、技术员；1987年9月平定县司法局工作；1988年6月，历任阳泉市中级法院书记员、助审员、审判员、正科级审判员；2012年4月，任阳泉中院民三庭副庭长。

1994年3月，被阳泉中院荣记三等功；2002年3月，被阳泉市劳动竞赛委员会荣记一等功。

李 华（1955.3 ～ ）山西省阳泉市人，大专文化程度，中共党员，三级高级法官，副处级审判员。

1980年10月参加工作，先后任阳泉市中级法院书记员、助理审判员、审判员（正科）、经济庭副庭长、经一庭副庭长、民一庭副庭长（副处）、民三庭副庭长、民三庭副处级审判员。2008年3月，任副处级审判员。

李日月（1968.10～），山西省右玉县人，大学本科，中共党员，助理审判员，司法警察，二级警督。

1985年10月参军，武警阳泉市支队战士、班长；1989年9月，武警太原指挥学校学员；1991年7月，任武警阳泉市支队司令部参谋；1998年2月，任武警阳泉市支队司令部股长；2003年10月，任阳泉中院书记员；2007年3月，任阳泉中院立案庭助理审判员；2008年3月，任阳泉市中级人民法院民三庭助理审判员。

1994年，被阳泉市武警支队荣立三等功一次；2004年至2011年，连续7年被阳泉中院评为先进工作者；2011年7月，被省委政法委授予山西省政法系统优秀党员干警；2012年7月，被评为阳泉市优秀共产党员；2012年12月，被授予全省法院民事调解工作先进个人；2012年12月，被阳泉市委政法委授予“十佳政法干警”；2012年12月，被阳泉市劳动竞赛委员会授予五一劳动奖章；2012年12月，被省委政法委授予“全省践行政法干警核心价值观优秀干警”。

王俊杰（1972.5～）河北省井陉县人，大学文化，中共党员，一级法官，行政审判庭庭长、赔偿委员会办公室主任。

1993年8月至1997年12月，曾在北京市燕山水泥厂、北京中国电影艺术中心、阳泉市粮油购销公司工作。1998年1月起，先后任阳泉中院书记员、助理审判员、审判员、行政庭副庭长，兼赔偿委员会办公室主任，2012年4月，任行政审判庭庭长。

多次被评为“优秀工作者”、“优秀党员”、“先进个人”、“优秀公务员”。

武计恒（1954.12～）阳泉市郊区人，大专文化，中共党员，三级高级法官，副处级审判员。

1974年8月参加工作，阳泉市郊区东村中学任教，并担任教导主任。1987年8月，任中共阳泉市郊区东村乡党委组织员、乡党委办公室主任。1989年9月起，先后任阳泉市中级人民法院助理审判员、审判员、研究室副主任。1997年10月，任中院纪检组副组长、政治处负责人（正科级）。2002年3月，任行政庭庭长、2005年5月，副处级审判员、2005年6月，审委会委员。

1991年以来，多次被评为“先进工作者”、“优秀党员”、“优秀庭长”、“优秀法官”和“全省信息工作先进个人”，受到嘉奖。

撰写的《张丙福重大责任事故罪》入选《中国审判案例》第一期。《试论法院自身监督的缺陷与对策》获山西省政法委专项活动二等奖。《阳泉市车匪路霸案成因特点与对策思考》、《自由人生不等式》、《堕落的轨道》、《巍巍法庭》、《阳泉市法院四十年风雨回首》、《法坛卫士》等论文和文章，在《山西审判》等省级刊物上发表。

王宪忠（1954.2～）山西省和顺县人，大学本科文化，中共党员，正科级审判员，四级高级法官。

1970年5月参加工作，和顺县五金一厂工人。1973年10月，中国人民解放军空军86180部队战士，后任警卫通讯连指导员。1986年1月起，先后任阳泉市中级人民法院助理审判员、审判员、赔偿委员会副主任。

闫永明（1977.8～）山西省阳泉人，研究生文化，中共党员，二级法官，行政庭副庭长。

2000年7月，毕业于太原理工大学机械制造及工艺专业，获工学学士学位。同年7月，中国人民解放军第二炮兵工作；2005年10月，转业至阳泉中院工作，先后任科员、书记员、助理审判员、审判员。2009年4月，考入山西大学在职硕士学习，2011年6月毕业，获法学硕士学位。2012年4月，任行政审判庭副庭长。

武绍晋（1964.11～）山西省阳泉市人，本科学历，中共党员，四级高级法官，审判监督庭庭长，审判委员会委员。

1983年7月毕业于山西省会计学校，9月参加工作，任阳泉市中级人民法院书记员兼会计。1984年3月，任助理审判员。1993年，任阳泉中院服务公司副总经理、美食城经理。1994年7月，任中院环保法庭庭长，同年12月，加入中国共产党。1996年3月，任副科级审判员。1996年12月至1999年3月，在办公室工作，1997年12月，任办公室副主任。1999年4月，任审判监督庭副庭长。2002年1月，任执行局副局长（正科级）。2003年12月，任审监庭庭长。2005年6月，任审判委员会委员。2007年7月，被阳泉中院党组任命为“市中级人民法院人大代表、政协委员联络处处长（兼职）。”

先后被评为“先进工作者”、“优秀副庭长”。1995年，被评为全市法院系统“先进工作者”。2005年阳泉市委政法委员会授予“推进公正执法暨涉法信访先进工作者”。2006年3月，被山西省高级人民法院评为“全省法院审判监督工作先进个人”。2006年3月，被评为全市法院“模范法官”，并荣记个人三等功。2007年4月，被阳泉市十二届人大常委会授予“办理代表议案、建议先进个人”。2007年6月11日，被中共阳泉市委政法委员会聘为“市委政法委执法监督员”。2008年1月，被山西省社会治安综合治理委员会授予“全省核查纠正监外执行罪犯脱管漏管专项行动先进个人”。四次被评为本院“优秀党员”、两次被阳泉市直机关评为“优秀党员”。2008年6月，被评为“优秀党员”。

撰写的《支付令适用的问题》、《市场经济与经济审判》、《对检察机关民事抗诉法律制度的思考》、《遗产继承起纠纷案外和解化矛盾》等论文，先后在《山西审判》、院刊《法槌》等刊物上发表。2005年撰写的《阳泉市两级法院审判监督工作调研报告》，受到省高级人民法院有关部门好评。2008年6月，该同志任庭长的阳泉中院审判监督庭，被中央社会治安综合治理委员会授予“全国核查纠正监外执行犯罪脱管漏管专项行动先进集体”。

其书法作品获山西省法院系统第一届、第二届书画摄影展“软笔书法”三等奖。2001年市直机关“书法大赛二等奖”。2005年10月，获山西省第十一届中国华牌邀请赛“优胜奖。”

赵林英（1968.11～）女，山西省盂县人，大学文化，中共党员，一级法官，审判监督庭副庭长。

1991年7月，毕业于中国政法大学法律系，获法学学士学位。1991年12月至1995年1月，在阳泉市煤气公司纪检室任职。1995年2月，任阳泉市中级人民法院纪检组、审判监督庭、刑一庭书记员、助理审判员、审判员，2005年6月，任审判监督庭副庭长。

撰写的《如何认识房屋租赁合同中的登记备案问题》、《对人大代表过问个案逐年增多的思考》、《论我国现行申诉、申请再审制度》、《浅谈房屋租赁合同中的几个问题》等论文，先后在《中国建设报》、《山西审判》上发表。案例分析《胡满和拒不执行判决、裁定案》，在山西省高院《调研专刊》上发表，并被山西省人大刊物转载。《论人民法院实行错案责任追究制的必要性与可行性》论文，在阳泉市人大常委会组织的阳泉市错案责任追究工作研讨会获二等奖。

刘海涛（1963.9～），山西省平定县人，大专文化，中共党员，一级法官，审判监督庭副庭长。

1983年8月参加工作，先后任平定县法院办公室干事、助理审判员、审判员；1996年3月，任平定县锁簧人民法庭副庭长（主持工作）、庭长；2003年11月，晋升为一级法官。2004年3月，任平定县法院审判监督庭庭长，兼任案件质量监督评查办公室主任、涉诉信访办公室主任。2007年10月，借调至阳泉市中级人民法院，挂职担任《阳泉法院志》办公室副主任。2009年6月，选调至阳泉市中级人民法院工作；2010年1月，任助审员；2011年12月，任审判员；2012年4月，任阳泉市中级人民法院审判监督庭副庭长。

该同志担任平定县人民法院锁簧法庭庭长期间，锁簧法庭多次荣立集体三等功、二等功，1992年，首批荣获“省级一流人民法庭”称号。2002年，最高人民法院、司法部授予该庭“全国法院指导调解先进集体”称号。

王计元（1967.5～）山西省平定县人，大学本科，中共党员，四级高级法官，未成年人案件综合审判庭庭长。

1988年7月，毕业于山西省司法学校。8月起，在阳泉市中级人民法院工作，历任书记员、助理审判员、审判员、刑事审判二庭副庭长、未成年人案件综合审判庭庭长。

1997年、1998年，连续两年被评为“办案标兵”。2002年，荣记三等功一次。2002年、2003年、2004年，连续三年被评为“优秀公务员”。2002年、2004年，被评为“优秀共产党员”。2007年9月，该同志任庭长的少年审判庭，被评为“山西省预防青少年违法犯罪工作”先进集体。

孙丽青（1976.3～）女，山西省盂县人，大学文化，二级法官，未成年人案件综合审判庭副庭长。

1995年8月，任盂县人民法院书记员。1999年9月，任阳泉中院书记员。1999年12月，任助理审判员。2001年8月，任审判员。2007年7月，受聘于团市委“12355”青少年服务平台，通过热线电话为全市青少年提供法律咨询服务。2008年3月，任未成年人案件综合审判庭副庭长。

2007年8月，被阳泉市妇联、阳泉市综治委授予“平安家庭”创建活动先进个人。2005年至2007年连续三年被评为“先进工作者”。

谭建波（1980.8～），湖南省衡东县人，大学文化，中共党员，未成年人综合审判庭副庭长，二级法官。

1997年12月参军，2001年6月，毕业于石家庄陆军学院，

2005年10月，转业至阳泉市中级人民法院，历任书记员、助理审判员、审判员。2012年4月，任未成年人综合审判庭副庭长。

2012年，被山西省高级人民法院、共青团省委评为“全省法院青年优秀法官”。

张朝晖（1971.6 ～ ）山西省陵川县人，大学文化，中共党员，一级法官，执行局副局长。

1993年7月毕业于杭州大学，1993年7月至1995年2月，在阳泉市第一高级职业中专学校任教，期间被评为“中教二级”职称。1995年2月至1997年7月，任阳泉市中级人民法院办公室干部。1997年7月至2004年4月，先后任阳泉市中级人民法院执行局书记员、助理审判员、审判员。2002年4月至2003年12月，任中院基建办副主任（副科级）。2003年12月至2005年6月，任中院执行局执行长。2005年6月至2007年12月，任中院执行局副局长（副科）。2007年12月，任郊区人民法院副院长（挂职）、党组成员、审判委员会委员。2011年12月，任阳泉中院执行局副局长（正科）。

在市中级人民法院工作期间，分别于1997年、1999年、2000年、2001年、2003年、2004年和2005年，被阳泉中院评为“先进个人”、办案标兵、“优秀公务员”，并荣立个人三等功。

张瑞文（1971.9 ～ ）山西省阳泉市人，大学文化，中共党员，一级法官，执行一庭庭长。

1995年12月参加工作，先后任阳泉市中级人民法院经一庭、民二庭书记员、助理审判员、审判员、办公室副主任。2011年12月，任执行一庭庭长。

连续多年被评为“先进个人”。

李　彦（1969.11 ～ ）山西省柳林县人，大学文化，法学学士，中共党员，二级法官，执行一庭副庭长。

1993年7月参加工作，在阳泉市第二律师事务所任职。1995年2月，先后任阳泉中院书记员、助理审判员、审判员。2004年7月，获法学学士学位。2012年4月，任执行一庭副庭长。

2004年5月，被授予阳泉市人民调解工作先进个人，2008年7月，被评为阳泉市法院系统先进法官。

王　翔（1972.4 ～ ）山西省平定县人，大学文化，中共党员，一级法官，执行二庭庭长。

1991年10月参加工作，阳泉市城区人事局科员。1995年6月，加入中国共产党。1996年8月起，先后任阳泉中院书记员、助理审判员、审判员、执行庭审判员、执行局执行办公室主任、立案一庭副庭长，2011年12月，任执行二庭庭长。

1997年起，连续被评为本院“先进工作者”。1999年，被授予“办案标兵”称号。

边进兴（1963.8～）河北省定州市人，本科文化，中共党员，四级高级法官，执行二庭副庭长。

1979年9月参加工作。1981年10月，在阳泉市公安局工作。1990年5月，选调至阳泉市中级人民法院，任经调处书记员。1992年7月，任经调处助理审判员。1994年4月，任刑一庭助理审判员。1995年10月，任刑一庭审判员。1996年3月，晋升为刑一庭副科级审判员。1998年3月，任民一庭审判员。2000年12月，任阳泉中院首批审判长。2002年2月起，任民三庭审判员（正科），2012年1月，任执行二庭副庭长。

1994年8月，荣立个人三等功。1996年12月，被评为出席阳泉市“先进个人”。1997年3月，被评为“办案标兵”。1999年至2006年，连续七年被评为“优秀党员”。是2000年度、2001年度和2003年度本院“先进个人”。

胡锐锋（1967.11～）山西省盂县人，大学文化，中共党员，执行三庭庭长，一级法官。

1988年10月参加工作。先后任阳泉中院办公室干事、民二庭书记员、助理审判员、审判员、副庭长，2011年12月，任执行三庭庭长。

2005年，荣立个人三等功。

张敏芳（1972.8～）山西省平定县人，大学文化，法学学士，中共党员，二级法官，执行三庭副庭长。

1994年10月参加工作，先后任阳泉市中级人民法院书记员、助理审判员、审判员，2012年4月，任执行三庭副庭长。

2000年，被评为共青团阳泉市直机关工委“优秀青年”。2001年，在全市“中华魂”《光辉的八十年》读书教育活动中获二等奖。2002年，荣获阳泉市维权工作先进个人。2008年，荣获阳泉市三八红旗手、阳泉市法院系统先进法官。2009年，荣获阳泉市妇女儿童工作先进个人。2010年，在阳泉市“走向法治”演讲比赛中获三等奖。2011年，获阳泉市“巾帼建功”标兵荣誉称号。

王少春（1962.2～）山东省日照市人，大专文化，中共党员，正科级审判员，四级高级法官。

1978年12月参军，中国人民解放军51183部队战士。1981年12月退伍。1982年4月，阳泉市中级人民法院书记员兼法警。1992年7月，任助理审判员兼法警。1993年4月，任法警队副队长（副科）。1995年4月，任审判员。2002年1月，晋升为正科级审判员。2004年1月，晋升为四级高级法官。

1979年，在部队受嘉奖一次；1984年、1986年、1991年、1995年、1997年、2001年、2002年、2009年、2010年，被评为本院先进工作者。1998年、2000年，被评为本院优秀共产党员。

周晓峰（1961.11～）山西省山阴县人，大专文化，中共党员，正科级审判员，四级高级法官。

1980年7月参加工作。历任书记员、助理审判员、审判员，1999年9月加入中国共产党，2002年1月，任正科级审判员。

1987年、1997年、1998年，被评为“先进工作者”。2000年，被评为“执行会战先进个人”、“先进工作者”。2002年，被评为“先进个人”。2003年，被评为“优秀共产党员”和“先进个人”。

郭永生（1965.10～）阳泉市郊区人，在职研究生文化，中共党员，技术处处长，一级法官。

1987年12月，阳泉市中级人民法院书记员兼法警，1994年11月，任助理审判员。1997年8月，任审判员。2000年12月，任审判长。2002年11月，任执行局副局长，2011年12月，任技术处处长。

1999年以来，连续多次被评为本院“先进工作者”、“办案标兵”、“优秀公务员”。被山西省劳动竞赛委员会荣记个人二等功。被评为“阳泉市首届双十佳杰出法官”，并荣记个人一等功。

徐永红（1966.11～）山西省左权县人，大学文化，中共党员，技术处副处长，二级警督。

1984年11月参军，中国人民解放军空军二〇师五十八团战士。1987年7月，空军第二航空学院学员。1990年7月，空军编余飞机储存中心特设师。1994年5月，空军编余飞机储存中心特设分队长。1996年5月，空军编余飞机储存中心特设主任。2002年至10月，转业至阳泉市中级人民法院办公室工作。2005年5月，任后勤服务中心副主任。2012年1月，任技术处副处长。

郭志强（1956.9～）山西省盂县人，大专文化，中共党员，曾任技术处副处长，一级警督。

1976年12月参加工作，阳泉市钢管厂职工。1989年12月，阳泉市人民政府行政处电工。1992年3月起，先后任阳泉市中级人民法院办公室科员、法警、副主任科员、后勤中心科长、技术处副处长。2012年1月，任主任科员。

曹军昌（1961.10 ~ ）山西省应县人，大学文化，中共党员，法警支队支队长，一级警督。

1979 年 11 月 至 1983 年 12 月，任西省军区独立二团三营十连战士、班长。1983 年 12 月至 1988 年 11 月，任武警山西省总队阳泉支队中队长、副营职中队长、管理股长、大队长、参谋长。1997 年 12 月，任武警山西省总队太原指挥学校四大队大队长。1999 年 12 月，任阳泉市中级法院政治处副主任；2001 年 4 月，任阳泉中院法警支队政委（主持工作）；2003 年 11 月，任阳泉中院法警支队支队长（副处）。起草制定了《阳泉市中级人民法院司法警察管理规则》等一系列的规章制度。

2001 年以来，该同志任主要领导的阳泉中院法警支队，先后被阳泉市委、市政府评为“严打整治斗争”先进集体，多次被省高院评为“优秀司法警察支队”、“司法警察工作优秀集体”等，连续多年被本院评为“先进集体”。

常焕勤（1965.6 ~ ）山西省潞城县人，大专文化，中共党员，二级警督，法警支队政委。

1984 年 11 月参加工作，中国人民解放军 51167 部队战士。1986 年 7 月，石家庄陆军学院学员。1989 年 7 月，任 51373 部队排长。1994 年 3 月，任 51373 部队副指导员、指导员。1998 年 7 月，任 51373 部队组织股长。1999 年 3 月，任预备役步兵第二四八团组织股长。2001 年 4 月，任二四八团二营营长。2004 年 11 月，任阳泉市中级人民法院法警。2008 年 3 月，任阳泉中院法警队副支队长。2011 年 12 月，任该支队政委。

贾忠海（1959.4 ~ ）河北省涞源县人，大专文化，中共党员，一级警督，曾任法警支队政委。

1977 年 8 月参加工作，曾为阳泉市郊区高垴庄村下乡知识青年。1979 年 5 月，在阳泉晋东集团任职。1981 年 2 月，任阳泉中院书记员兼法警。1985 年 9 月，任助理审判员。1989 年 2 月，任审判员（副科）。1994 年 6 月，任刑二庭副庭长（正科）。1997 年 10 月，先后任民二庭庭长、民一庭庭长、一级法官。2003 年 –2011 年 12 月，任法警支队政委（副处级、一级警督）。

曾十三次被评为“先进工作者”，二次荣立个人三等功。

刘君（1971.10 ~ ）河北省乐亭县人，出生于吉林省九台市，法学本科学历，中共党员，法警支队副支队长，二级警督。

1990 年 12 月参加工作，河北省邯郸市公安消防支队服兵役，历任副班长、班长；1994 年 10 月，阳泉市阀门厂工人；1997年6月，考入阳泉中院，任法警；2012年1月，任法警支队副支队长。

多次被评为“先进工作者”、“优秀党员”。

任晓辉（1967.9～）山西平定县人，大学文化，中共党员，法警支队副政委，一级法官。

1984年10月参加工作。1987年9月，北京军区军医学校学员；1989年9月，解放军第258医院药检科技师；1996年转业，同年10月，任阳泉中院刑事审判二庭书记员；1998年8月任助理审判员；2001年8月，任阳泉中院刑事审判二庭审判员；2004年10月，在阳泉中院立案信访部门工作；2008年3月，在阳泉中院纪检组监察室工作，后任审务督查室主任；2012年1月，任阳泉中院法警队副政委。

2012年1月，取得《心理保健师资格证书》和《职业培训证书》。

2008年以来，先后参加了北京、上海、厦门、大连等国际马拉松大赛，获得证书和奖牌。

撰有论文《剖析贪污贿赂的特点和成因，开拓惩治和预防腐败的新思路》和散文《母亲》。

武建平（1953.11～）山西省沁县人，大专文化，中共党员，一级警督，曾任法警支队副教导员。

1969年11月起，先后为铝矾土矿、南山大修厂工人。1974年12月参军。1977年3月退伍，重工业局经理部工人。1981年3月调入阳泉中院车队工作，后任法警。1993年12月，任法警支队副教导员。2012年1月，任主任科员。

周卫国（1956.11～）山西省和顺县人，大专文化，中共党员，一级警督，曾任法警支队副支队长。

1971年11月，在阳泉市人民政府食堂和车队工作。1984年8月，阳泉市中级人民法院司机。1992年10月，任阳泉中院法警。1997年10月，任法警支队副支队长。2012年1月，任主任科员。

郝惠平（1965.4～）山西省平定县人，大学本科，中共党员，四级高级法官，纪检组副组长、监察室主任。

1982年10月参军，中国人民解放军临汾军分区独立营战士。1983年5月，武警临汾支队直属二中队任战士。1984年9月，武警太原指挥学校学员。1985年加入中国共产党。1986年1月至1998年10月，先后任武警临汾支队排长、副中队长、中队长、指导员，武警阳泉支队指导员、宣传股长、教导员。1998年10月转业，先后任阳泉市中级人民法院书记员，办公室副主任（正科）、阳泉市城区人民法院副院长（挂职）。2005年6月，任中共阳泉市纪委驻阳泉中院纪检组副组长、监察室主任。

部队工作期间，荣立三等功两次。1998年，被中共阳泉市委政法委评为“双争”工作先进个人。2006年，被评为“全市纪检工作先进工作者”，同年，参加阳泉市委组织部组织的阳泉市第四期中青年干部培训学习，被评为“优秀学员”。2007年，被评为“全省法院系统纪检工作先进个人”。2009年，被中共阳泉市委政法委评为“国庆（60周年）处置涉法涉诉信访工作先进个人”。

马　葳（1965.5～）女，山东省单县人，本科学历，中共党员，四级高级法官，监察室副主任。

1982年10月参军，中国人民解放军89765部队战士。1984年9月，国防科工委指挥技术学院学员。1986年7月，任89755部队技术员。1991年5月，加入中国共产党。1993年5月，任89755部队助理工程师（副营级）。1997年10月，任阳泉市中级人民法院书记员。1998年4月，任纪检员；10月，任助理审判员。2001年12月，任审判员。2002年1月起，任阳泉市中级人民法院监察室副主任、正科级审判员。

连续多年被评为本院“先进工作者”、“优秀公务员”。

牛景沅（1954.12～）河北省元氏县人，大专文化程度，中共党员，三级高级法官，曾任司法技术鉴定中心主任、技术处处长。

1972年8月参加工作，阳泉市半导体器件厂任职。1978年，阳泉市中级人民法院法警。1984年，任书记员。1988年，任助理审判员。1990年，任审判员。1995年，任行政审判庭副庭长（兼两个外设法庭庭长）。1997年，任司法技术鉴定中心负责人。2000年–2011年12月，任阳泉市中级人民法院司法技术鉴定中心主任。2008年10月兼任技术处处长。

多次被评为本院“先进工作者”、“优秀党员”、“办案标兵”，荣立个人三等功一次。从事司法鉴定工作后，对上千件多门类、多学科的案件进行了鉴定，为审判工作提供了相应的科学依据。

王　文（1969.9～）阳泉市郊区人，大学文化，中共党员，证据技术中心副主任。

1990年8月参加工作。任阳泉市建设工程招投标处助理工程师。1995年6月，任阳泉市建设委员会科员。1996年8月，任阳泉市建设集团工程一处经理助理（挂职）。1998年9月，任阳泉市建设委员会科员。1999年11月，任阳泉中院司法技术鉴定中心工程师。2005年6月，任司法技术鉴定中心副主任，2012年1

月，任证据技术中心主任科员。

2000年至2003年被评为“先进工作者”。2001年、2004年、2005年被评为“优秀共产党员”。

赵秀锦（1973.9～）山西省平定县人，大学文化，中共党员，证据技术中心副主任。

1998年7月，毕业于长治医学院，1999年6月，在阳泉中院政治部工作；2000年1月，任阳泉中院刑一庭书记员；2003年1月，在阳泉中院证据技术中心工作；2004年，在西安交大学习，取得法医鉴定人资格。2012年1月，任阳泉中院证据技术中心副主任。

2003年、2005年至2011年，被阳泉中院授予“先进工作者”、“优秀工作者”。

周满财（1965.5～）山西省阳泉市人，大学文化，中共党员，四级高级法官，后勤服务中心主任。

1982年10月入伍，新疆驻8980部队战士。1984年，新疆马兰汽车第三十六团驾驶员。1988年7月，在汽车第三十六团三营八连任司务长、排长。1992年3月，任汽车第三十六团后勤处副连职助理员。1994年3月，任汽车第三十六团三营八连政治指导员。1996年3月，任汽车第三十六团政治处干部股股长。1998年3月，任第二十一试验训练基地政治部马兰电视台指导员。2001年1月转业，任阳泉市中级人民法院书记员。2002年3月，任司法行政处副处长。2004年7月，任后勤服务中心主任。2007年10月，任阳泉市矿区人民法院副院长（挂职）。

卢晓东（1977.2～），山西省平定县人，大学本科，中共党员，后勤服务中心副主任。

1998年1月参加工作，先后任阳泉中院书记员，阳泉中院司法鉴定中心、办公室科员、院长秘书，2010年4月，任阳泉中院团支部书记，2012年1月，任阳泉中院后勤服务中心副主任。

多次被阳泉中院评为“先进工作者”、“先进个人”，2010年，被阳泉中院机关党委评为“优秀党务工作者”，2012年，被评为“优秀党员”。

郭盛（1980.11～），山西省阳泉平定人，大学文化，中共党员，后勤服务中心副主任。

2003年11月，在阳泉中院基建办工作。2004年8月，任阳泉中院机关后勤服务中心技术科职员。2008年5月，任阳泉中院技术处职员。2012年2月，任阳泉中院后勤服务中心副主任。

段晓斌(1971.11 ～)河北井陉人，大学本科。

1994年9月参加工作。1994年9月，阳泉市城区人民法院书记员；1995年1月，阳泉市城区人民法院助审员；1997年11月，阳泉市城区人民法院审判员；2000年6月，调至阳泉市中级人民法院工作。2007年，调省高院工作。

1999年，被市中院荣记个人三等功。

第四节　历任部门领导和先进模范

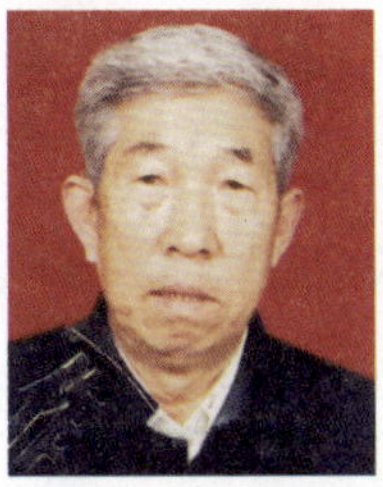

王玉忠（1936.1 ～ ）阳泉市郊区人，高小文化，中共党员，四级高级法官。

1951年4月参加工作，三泉硫铁矿干部、安全员。1962年4月，任阳泉市化工局宣传部干事。1966年，任阳泉市交通局生产副主任。1981年9月起，任阳泉市中级人民法院审判员。

1985年至1989年，连续五年被阳泉市中院评为“先进工作者”。1994年、1995年，连续两次被评为“先进工作者”。1994年，被评为“先进党员”，1998年，荣立三等功一次。

1996年10月退休。

崔玉堂（1936.10 ～ ）山西省临县人，大专文化程度，中共党员，四级高级法官。

1948年参加工作，临县新华书店工人。1951年，104厂警卫连战士。1955年，任阳泉市公安局预审员。1969年，任阳泉市工业服务公司革委会生产副组长。1972年，任阳泉市外贸局业务科副科长。1975年起，历任阳泉市中级人民法院刑一庭副庭长、刑一庭庭长、审委会委员。

曾被中共阳泉市委授予“廉政先进个人”，被省高院荣记个人二等功。

1997年1月退休。

周克让（1941.3 ～ ）河南省沁阳市人，大专文化程度，中共党员，四级高级法官。

1958年6月参加工作，沁阳市钢铁公司炼铁厂、安阳市钢铁公司炼铁厂工人，1960年7月参军，辽宁大连炮七师战士，同年加入中国共产党。在部队先后任班长、排长、政治指导员、干事。1972年12月退役，任阳泉市红星机械厂、标准件厂股长、副书记。1981年3月起，先后任阳泉市中级人民法院经济审判庭审判员、副庭长。1989年2月，任阳泉中院纪检组副组长、监察室主任。1993年，任阳泉中院党总支专职副书记。1995年12月，晋升为副处级审判员。是全国监察协会会员。

在工厂时期，多次被评为先进生产者，出席工会、共青团代表。在部队工作期间，多次被评为“五好战士”、“技术能手”、“政治思想工作标兵”、“学习毛主席著作积极分子”。在阳泉中院工作中，多次被评为院先进工作者、优秀共产党员、优秀党务工作者、市先进纪检干部、优秀支部书记等。

1999年，合著有《阳泉中院管理制度汇编》。

2001年4月退休。

李保国（1942.9～ ）山西省长子县人，大专文化，中共党员，四级高级法官。

1959年12月参军，中国人民解放军四六三七部队班长。1968年6月转业，任阳泉市公安机关军事管制委员会政工组副组长。1971年9月，在阳泉市公安机关军事管制委员会审判办公室工作。后任阳泉市中级人民法院审判员、副处级审判员。

部队期间，荣立个人三等功一次，被评为“五好战士”。阳泉中院工作中，多次被评为先进工作者。

2002年9月退休。

常富才（1943.2～ ）山西省平定县人，大专文化，中共党员，四级高级法官。

1961年8月参军，中国人民解放军工兵二团服役。1964年8月，洛阳工程兵学校学员。1967年11月，工兵二团政治部保卫干事。在部队期间，曾任班长、排长等职。1970年9月转业，任阳泉市手管局（80年代后更名为二轻局）保卫干事。1974年1月，任阳泉市轻工局保卫科长。1980年11月起，先后任阳泉市中级人民法院审判员、调研室副主任、办公室代副主任，执行庭、告诉申诉庭庭长、国家赔偿委员会办公室副主任、国家赔偿委员会办公室主任。

2003年2月退休。

门世高（1942.6～ ）河北省顺平县人，大专文化，中共党员，四级高级法官。

1961年8月参军。历任中国人民解放军六十五军一九三师军校学员、报务主任、干事、股长等职。1978年10月转业，任阳泉市建材局油毡厂党支部书记。1980年6月起，先后任阳泉市矿区人民法院办公室主任、审判委员会委员、审判员、党组成员、党支部副书记。1984年3月，调任阳泉市中级人民法院办公室主持工作。同年7月，任审判委员会委员、刑二庭庭长。1995年10月，任刑事审判庭党支部书记、机关党总支组织委员。1997年11月，任阳泉市中级人民法院院长助理。

2003年3月退休，享受正处级待遇。

赵福元（1950.9～）山西省盂县人，大专文化，中共党员，四级高级法官。

1968年2月起，在中国人民解放军六十五军坦克团服役。1979年10月，转业至阳泉市中级人民法院。1983年9月，在山西大学法律系学习。1985年9月，任阳泉市中级人民法院研究室副主任。1989年5月，任行政审判庭庭长。1995年，晋升为副处级审判员。1999年8月，任赔偿委员会办公室主任。1993～2010年，任阳泉中院工会主席。

2010年10月退休。

合著有《阳泉市志·政法卷·审判篇》和《法院志1947～1985》。

高桂林（1950.6～）女，山西省盂县人，大专文化，中共党员，四级高级法官。

1971年6月参加工作，阳泉市印刷厂工人。1975年7月，任阳泉市制笔厂车间主任、生产技术股负责人。同年9月，加入中国共产党。1980年8月，调任阳泉市中级人民法院任档案员兼司法统计。1984年3月，任书记员、助理审判员。1990年8月，任副科级审判员。1996年3月，任正科级审判员。2001年3月，晋升为四级高级法官。

多次获得“信访先进工作者”、“先进工作者”、“优秀公务员”等称号。2001年10月，最高人民法院授予“人民法院立案信访工作先进个人”。

2007年12月退休。

韩启明（1946.11～）河北省文安县人，大专文化，中共党员，四级高级法官。

1964年6月参加工作，曾在家乡教书。同年10月参军，先后在中国人民解放军六十三军五五九团任战士、班长、排长、副连长、副指导员等职。1974年11月转业，任共青团阳泉市委生产部副部长。1983年3月，调阳泉市中级人民法院工作，任审判员。1989年，任经济纠纷调解处处长。1995年10月，任经济审判二庭庭长。1997年11月，任执行庭庭长。2004年，任信访办副主任。

在部队工作期间，被评为“北京军区模范”，在北京人民大会堂受到毛泽东主席、周恩来总理接见，并合影留念。在团市委和阳泉中院工作中，多次受到表彰奖励，曾获“先进模范”称号，荣立三等功两次。

2006年11月退休。

李香莲（1952.8 ～ ）女，山西省平定县人，大专文化，中共党员，四级高级法官。

1970年1月参加工作，河北省电力公司工人。1973年4月，调任阳泉市公安机关军管会打字员。9月，任阳泉市中级人民法院打字员、机要员。2004年9月，晋升为四级高级法官。

多次被评为阳泉中院先进工作者、阳泉市先进工作者、阳泉市政法委先进工作者。

2008年1月退休。

魏爱萍（1951.2 ～ ）女，山西省武乡县人，大专文化，中共党员，四级高级法官。

1968年12月参加工作，阳泉市南山大队插队知识青年。1971年3月起，在阳泉市商业局牛奶厂工作。1978年11月，调任阳泉市中级人民法院书记员。1985年6月，任审判员。1989年2月，任副科级审判员。1996年3月，任正科级审判员。

2008年3月退休。

范书田（1945.8 ～ ）河北省涿州市人，大专文化，中共党员，四级高级法官。

1956年3月参军，中国人民解放军公安部队战士。1967年3月，中国人民解放军四五二五部队任副班长、班长、排长。1971年起，任山西省军区司令部警卫排长。1974年起，先后任阳泉市人民武装部参谋、副科长、科长。1985年5月转业，先后任阳泉市中级人民法院助理审判员、审判员、副庭长。

2005年8月退休。

冯建国（1950.9 ～ ）山西省平定县人，大专文化，中共党员，三级高级法官。

1969年10月参加工作，阳泉市机械修造厂工人。1974年5月，该厂以工代干。1981年12月，任阳泉市中级人民法院书记员。1983年转干。1984年3月，任助理审判员。1987年4月，任经济审判庭副庭长（副科）。1989年2月，任研究室主任（正科级）。1991年12月，任经济审判庭庭长。1995年10月至1998年4月，任经济审判一庭庭长（副处级）。1998年4月，任刑事审判一庭庭长。2003年12月，任副处级审判员。

2010年10月退休。

靳计明（1950.9 ～ ）河北省南和县人，大学文化，中共党员，四级高级法官，副处级审判员。

1969年2月参加工作，阳泉市郊区杨家庄村插队知识青年。1971年2月，任阳泉市药材门市部负责人。1978 年 10 月，任阳泉市中级人民法院书记员。1982 年 9 月，任助理审判员。1983 年 6 月，任审判员，并转干。1987 年 4 月，任民事审判庭副庭长。1989 年 2 月，晋升为正科级副庭长。1990 年 12 月，任告诉申诉庭副庭长。1993 年 3 月，主持民事审判庭工作。1994 年 6 月，任民一庭庭长，1995 年 12 月，晋升为副处级。1998 年 4 月，成为审判委员会委员。2002 年 6 月，任民三庭庭长。2003 年 12 月，任民三庭副处级审判员。

2010 年 10 月退休。

荆山池（1950.2 ~ ），阳泉市郊区人，大专文化，中共党员，四级高级法官。

1969 年 10 月参军，在新疆军区服役，先后任组长、中队长、技术员。1982 年 3 月转业，历任阳泉市中级人民法院书记员、助理审判员、审判员。曾获阳泉中院“先进工作者”、“雷锋式干部”、阳泉市“模范共产党员”等称号。

2010 年 3 月退休。

王世海（1951.10 ~ ）山西省平定县人，大专文化，中共党员，四级高级法官。

1970 年 5 月参加工作，在平定县岔口乡政府广播站任职。1972 年 9 月，任平定县东回镇团委书记。1977 年 7 月，任平定县黄统岭乡治保主任、武装干事。1982 年 12 月，任平定县人民法院助理审判员、副庭长，主持平定县巨城法庭工作。1986 年 9 月，在山西省政法管理干部学院学习。1988 年 8 月，在平定县人民法院任副庭长。1990 年起，任阳泉市中级法院助理审判员、审判员。

多次被评为先进工作者，荣立三等功一次。

2011 年 11 月退休。

赵久怀（1957 ~ 2006.11）山西省昔阳县人，大专文化，中共党员，四级高级法官。

1974 年 7 月参加工作，任阳泉三矿综合科砖场青年突击队团支部书记。1976 年 4 月，任三矿运输团支部书记。1980 年 4 月，任阳泉市中级人民法院助理审判员。1989 年 2 月，任审判员，后任调解处副处长（副科级）。1996 年 3 月，任经济庭庭长（正科）。1997 年 10 月，任司法行政装备处处长。

多次被评为本院“先进工作者”、“先进个人”、“优秀庭长”等。

李俊魁（1950.2 ~ ）阳泉市郊区人，大专文化，中共党员，四级高级法官。

1969 年 9 月参加工作，阳泉市建筑工程公司工人。1973 年 10 月起，历任阳泉市中级人民法院法警、书记员、助理审判员、副庭长、庭长、审判委员会委员。

2010年3月退休。

高金堤（1938.8～）山东省龙口市人，大专文化，中共党员，副处级审判员。

1957年1月参军，北京军区炮6师服役，任指导员。1972年3月转业，任阳泉市晋剧团党支部书记。1974年，在市委党校学习，任二班班长。1975年11月，任阳泉市大修厂车间党支部书记。1979年12月起，任阳泉市中级人民法院民事庭审判员。

曾获阳泉市政法委和阳泉中院各种奖励十多次，荣立三等功一次。

1998年11月退休。

刘金富（1950.10～）山西省平定县人，大专文化程度，中共党员，一级警督。

1969年1月参加工作，阳泉市郊区三郊乡插队知识青年。1970年12月，中国人民解放军356医院服役。1985年4月，在阳泉市中级人民法院法警队、车队工作。1992年9月，任阳泉中院法警大队大队长。1997年6月，任法警大队政委。2001年4月，任阳泉中院机关党总支专职副书记。2007年，任司法装备行政处副处长。

2010年11月退休。

蔺贵生（1933.12～）阳泉市郊区人，初中文化程度，中共党员，副处级审判员。

1952年12月参加工作，任阳泉市磺粉厂人事干事。1958年8月，任阳泉市自来水公司人事部干事。1959年12月起，先后任阳泉市中级人民法院审判员、刑事审判庭庭长、经济审判庭庭长。

1985年，在中共山西省委、山西省人民政府召开的“全省政法战线先进集体、先进工作者表彰大会”上，该同志任庭长的阳泉中院经济审判庭获“先进集体”称号。

1991年3月退休。

郗文芳（1933.1～）阳泉市郊区义井镇人。中共党员，副处级审判员。

1942年至1948年，曾在阳泉煤矿（一、二、五矿）、河北省石家庄市休门镇做土建工、学徒工，1949年1月至8月，在阳泉小南沟村扛长工。同年9月至1951年11月，阳泉矿务局三矿工人。1950年5月，加入共青团。1951年12月，阳泉工矿区基干训练班学员。1952年1月起，任共青团二矿区委会干部。1955年3月，加入中国共产党。1956年5月，调任阳泉矿务局三矿、四矿、基建工程公司团支部书记、团总支组织委员、团委组织部副部长。1956 年 6 月至 1969 年 9 月，先后在阳泉矿务局及该局一矿、三矿党委任组织员、阳泉市监委干事。1969 年 10 月至 1973 年 9 月，为阳泉市公安机关军管会审判办公室干部。1973 年 10 月至 1976 年 9 月，阳泉市中级人民法院干部。同年 10 月，任阳泉市纺织厂保卫科副科长。1980 年 1 月起，任阳泉中院民事庭、刑一庭、刑二庭审判员、副处级审判员。

1973 年至 1975 年，连续三年被评为“学习毛主席著作积极分子”。1984 年至 1990 年，连续七年被评为本院先进工作者。1987 年，被评为“落实政策先进工作者”，1988 年荣立个人三等功。多次被评为“模范共产党员”、“优秀共产党员”、“优秀工会积极分子”。

1994 年 6 月退休。

李云岭（1938.12 ~ 2011.2）河北省容城县人，中共党员，曾任阳泉中院司法行政处处长。

1956 年 8 月参加工作，阳泉矿务局一矿机电科工人、调度员，1969 年，阳泉一矿选煤楼党支部书记，1973 年，一矿机电科人事副科长。1979 年 12 月起，先后任阳泉市中级人民法院工作办公室副主任、司法行政处处长。

1992 年 9 月，被省高院荣记二等功。

1999 年 3 月退休。

任宪章（1948.7 ~ ）山西省寿阳县人，中共党员，一级警督。

1962 年 10 月参加工作，在山西省寿阳县工作。1968 年 1 月在解放军四八八一部队服役。1970 年 12 月，晋中纺织配件厂司机。1971 年 3 月，阳泉市委车队司机。1984 年 3 月，阳泉市中级人民法院法警。1993 年 5 月，阳泉中院法警支队教导员（副科）。1995 年 4 月，任阳泉中院办公室副主任。1997 年 10 月，法警队支队支队长。

2008 年 8 月退休。

王启秀（1938.5 ~ ）阳泉市郊区人，大学文化程度，中共党员，曾任业大阳泉分部专职副主任。

1960 年 9 月参加工作，阳泉下站小学任教，1963 年 9 月，赴中共山西省委党校政治系学习。1972 年 5 月起，先后任城区革命委员会干事、城区微型电机厂支部书记、城区印刷厂副厂长、副书记，城区人民法院任审判员、北大街街道办事处党委副书记。1984 年 12 月，任阳泉中院审判员，法律业大阳泉分部专职副主任。

多次被评为市中院、市直机关先进工作者及优秀党员，荣记三等功一次，被业大山西分校授予“优秀办学人员”光荣称号，荣记二等功一次。

1998 年 5 月退休。

林正文（1935.7 ～ ）晋中市榆次区人，初中文化程度，中共党员，曾任阳泉中院民事审判庭副庭长、副处级审判员。

1951年7月参加工作，榆次专区供销社转运站财务干事。1953年10月，省团校学员。1954年5月，共青团阳泉市委任青工部干事。1955年六月，共青团阳泉市发电厂委员会总支委员。1957年10月，下放干部。1958年5月，阳泉市第一工业局劳组科干事。1959年12月，任阳泉人民法院书记员。1968年10月，阳泉市“五七”干校学员。1974年5月，任阳泉市城区红旗车辆厂革命委员会副主任。1978年8月，任阳泉中院民事审判庭副庭长。

1995年6月退休。

丁玉明（1943.3 ～ ）山西省平定县人，大专文化，中共党员，四级高级法官。

1958年参加工作，先后在平定县新华书店、阳泉市自来水公司工作。1961年参军，解放军战士。1976年10月起，先后任阳泉市中级人民法院书记员、助理审判员、审判员。

2004年退休。

李双田（1945.4 ～ ）阳泉郊区人，中共党员，四级高级法官（副处）。

1965年1月入伍，任副班长。1968年8月，加入中国共产党。1970年6月转业，在阳泉市公安机关军管会任职。1973年6月，任阳泉中院助理审判员。1993年10月，任执行庭副庭长。1998年4月，任副处级审判员。

在部队工作期间，五次被评为“五好战士”，受连嘉奖一次。1988年，被评为“优秀党员”。1990年3月、1994年3月，荣记三等功各一次。

2005年6月退休。

王素英（1955.2 ～ ）女，阳泉市郊区人，大专文化，中共党员，四级高级法官。

1980年9月参加工作，曾在阳泉市城区财政局任职。1989年4月起，历任阳泉市中级人民法院审判员、机关会计兼工会会计。1997年12月，任办公室副主任。1999年至2001年12月，曾主持办公室工作。2008年3月，任司法行政装备处处长。

1989年、1990年、1991年、1994年、1995年、1996年，被评为本院“先进工作者”。1991年，被阳泉市妇联授予“优秀少年儿童先进工作者”。1993年、1996年，被阳泉市妇联两次授予“三八红旗手”。1995年，获山西省高级人民法院“财务统计工作先进工作者”。1996年，被阳泉市财政局授予“先进会计工作者”。1997年，荣记个人三等功一次。1999年、2000年，获“优秀庭长”称号。2002年，获“优秀党员”称号。其剪纸作品，获山西省法院系统书法绘画摄影作品一等奖。

2010年3月退休。

杨士明（1945.11～）山西省阳泉市人，大专文化，中共党员，三级高级法官。

1964年2月参军，中国人民解放军4666部队战士。1968年9月转业，山西省大同市公安局郊区分局干部。1976年9月，调阳泉中院工作。1978年9月起，先后任阳泉市矿区人民法院办公室副主任、主任。1990年3月至2005年，先后任阳泉中院审判员、办公室主任、行政审判庭庭长。

1965年，受部队通令嘉奖一次；1967年11月，被评为“五好战士”。

2005年12月退休。

张变华（1948.12～）女，山西省阳泉市郊区人，大专文化，中共党员，四级高级法官。

1965年3月参加工作，在荫营公社办公室任职。1969年12月，在阳泉市郊区机关工作。1980年1月，在阳泉市郊区检察院工作。1985年6月，任阳泉中院助理审判员。1988年12月，任副科级审判员。1996年3月，任正科级审判员。

1993～1998年，连续五年被评为阳泉市先进工作者。1994～1998年，连续四年被评为优秀党员。1993～1994年，被评为“巾帼岗位明星”。1997年，被阳泉中院荣记三等功。

2002年退休。

温玉娥（1946.4～）女，山西省文水县人，大专文化，中共党员，四级高级法官。

1964年6月参加工作，在阳泉市粮食局任职。1966年4月加入中国共产党。1970年3月，在阳泉市公安局审判办公室工作。1972年12月转干。1973年1月起，历任阳泉市中级人民法院审判员、正科级审判员、副处级审判员。

多次被评为先进工作者和优秀党员。

2001年4月退休。

第二章 县、区法院

第一节 城区法院

（一）

现任院领导

张秋籽（1963 ~ ），山西省平定县人，大学文化，中共党员，四级高级法官，阳泉市城区人民法院党组书记、院长。

1987年7月，毕业于山西大学法律系，获法学学士学位，并参加工作，任阳泉市中级人民法院书记员、助理审判员、审判员。1995年5月，加入中国共产党。1997年12月，任刑二庭副庭长。2002年1月，任政治部副主任。2003年5月，任民事审判二庭庭长。2005年6月，任审判委员会委员。2011年5月，任城区人民法院党组书记、代院长，6月，当选为院长。

1991年、2001年，两次被阳泉中院荣记个人三等功。1995年、1996年，分别被山西省委、省政府荣记“南征北战个人三等功”、“打团扫恶个人三等功”。1997年至2002年，连续六年被评为“优秀公务员”。2004年，被评为阳泉市“劳动模范”。2005年，被山西省委政法委授予“山西省十大杰出政法干警”。

宋爱平（1962 ~ ），山西省文水县人，中共党员。毕业于中共中央党校函授学院本科法律专业，四级高级法官，城区法院常务副院长。

1982年9月参加工作，在阳泉市城区阀门厂技术科工作。1984年2月至1992年1月任阳泉市城区人民法院书记员、助审员、审判员。1992年2月，任阳泉市城区人民法院刑事审判庭副庭长。1994年2月，任阳泉市城区人民法院告申庭庭长。1995年任副科级审判员。1999年3月，任阳泉市城区人民法院立案庭庭长。2002年4月，任阳泉市城区人民法院纪检组组长、审判委员会委员、正科级审判员；2005年3月，任阳泉市城区人民法院副院长。2010年8月任阳泉市城区人民法院常务副院长。

1987年5月、1988年9月、1991年1月被市政法委授予严打斗争先进个人；1996年被省高院嘉奖；1996年12月被市中院荣记个人三等功；1998年3月被市妇联授予“三八”红旗手；2000

年3月被省妇联授予省维权先进工作者暨“三八”红旗手；2001年3月被市妇联授予首届“阳泉市十大女杰”、“三八红旗手”称号。2001年6月被省妇联、省高院等10家单位授予省“十行十佳”称号。

刘连芳（1955～　），山西省阳泉市人，无党派民主人士。毕业于中国矿业大学采矿工程本科，工学学士，四级高级法官，城区法院副院长。

1971年7月参加工作，阳泉市郊区河底村民办教师。1977年1月，阳泉市技工学校学生。1978年7月，在阳泉市技工学校任教。1994年9月，任阳泉市城区人民法院助理审判员。1996年6月，任阳泉市城区人民法院办公室主任、审判员。2002年3月，任阳泉市城区人民法院办公室主任、副科级审判员。2002年4月，任阳泉市城区人民法院副院长、审判委员会委员。

2004年被区委、区政府授予政法工作先进个人。

周崇亮（1962～　），阳泉市郊区人，中共党员，毕业于全国法院干部业余法律大学，四级高级法官，院长助理。

1978年11月，参加工作，在阳泉市城区人民政府办公室任职。1984年3月，任阳泉市城区人民法院书记员。1989年11月，任阳泉市城区人民法院助审员。1995年11月，任阳泉市城区人民法院审判员。1996年6月，任阳泉市城区人民法院坡底人民法庭庭长。1999年4月，任阳泉市城区人民法院经济审判一庭庭长。2002年4月，任阳泉市城区人民法院党组成员、执行局局长、审判委员会委员。2011年，任院长助理。

1990年被团市委授予“优秀团干部”、“新长征突击手”；1992年被省高院授予“执行会战先进个人”；1999年被市委、市青年联合会授予“优秀青年卫士”、“杰出青年”、被区团委授予“新长征突击手”、“优秀团干部”；2000年被省高院等13部门授予“优秀青年卫士”；2001年被市委、市政府授予“劳动模范”、被市中院荣记个人三等功。

贾常选（1969～　），山西省阳泉市人，中共党员。毕业于中共中央党校函授学院本科法学专业，一级法官，城区法院副院长。

1988年12月参加工作，任阳泉市城区人民法院书记员、助审员。1995年11月，任阳泉市城区人民法院审判员；2001年1月，任阳泉市城区人民法院办公室副主任、主任。2004年12月，任阳泉市城区人民法院纪检组组长、党组成员；2012年4月，任副院长、审判委员会委员。

2003年被区委、区政府授予政法工

作先进个人。

郗利民（1969.1～），山西省阳泉人，中共党员，1992年7月毕业于杭州大学法学专业，法学学士。城区法院副院长。

1992年9月参加工作，任阳泉市公安局城区分局民警。1994年12月至1997年10月，任阳泉市城区人民法院刑庭书记员、助审员。1997年10月至2000年1月，任阳泉市城区人民法院审判员。2000年1月至2005年2月，任阳泉市城区人民法院刑庭副庭长。2005年2月至2008年6月，任阳泉市城区人民法院民一庭庭长。2008年6月，任阳泉市城区人民法院刑事审判庭庭长。2012年3月，任党组成员。4月，任副院长、审判委员会委员。

1997年被市中院授予先进个人；1998年被区委授予优秀共产党员；2005年被市中院授予模范法官并记个人三等功、被市中院授予模范法官，被团市委、市青年联合会授予第三届“阳泉市十大杰出青年”称号，同时被市劳动竞赛委员会荣记个人一等功，被区机关工委授予优秀共产党员；2008年被市中院授予优秀法官；2006年被市中院荣记个人三等功，2011年，被城区政法委授予“平安建设先进个人”，被山西省委政法委授予“优秀党员干警”。

冯国钢（1966～），山西省和顺县人，中共党员，城区法院纪检组长。

1986年8月参加工作，毕业于中共中央党校函授学院法律专业。1986年8月，任和顺杉烟中学教师。1987年9月，任阳泉市新建路小学教师。1990年9月，先后任阳泉市城区人民法院书记员、助审员、审判员。1994年3月，任阳泉市城区人民法院下站人民法庭副庭长。2000年2月，任阳泉市城区人民法院经济一庭副庭长。2002年6月，任阳泉市城区人民法院民一庭庭长。2005年4月，任阳泉市城区人民法院办公室主任。2012年3月，任党组成员、纪检组长。4月，任审判委员会委员。

1999年被市中院荣记个人三等功。2007年被区委、区政府授予先进工作者。2007年在社会主义劳动竞赛中贡献突出，荣记一等功。2008年被市中院授予先进工作者。2011年，被阳泉中院荣记三等功，被山西省劳动竞赛委员会荣记二等功。

孟杰，（1976.10～），天津人，中共党员，大学本科，城区法院党组成员、政治处主任。

1992年12月参加工作，在天津武警支队服役；1995年12月至1997年6月，阳泉市自来水公司工人；1997年6月至2006年

10 月，阳泉市城区人民法院法警大队法警；2006 年 10 月至 2008 年 06 月，阳泉市城区人民法院政治处副主任；2008 年 6 至 2012 年 3 月，阳泉市城区人民法院法警队政委；2012 年 3 月起，任城区法院党组成员、政治处主任（副科级）。

梁晋斌，(1966.6 ~)，山西省阳泉市人，中共党员，城区法院党组成员、执行局局长。

1986 年 8 月参加工作，任阳泉市城区人民法院书记员、助审员；1994 年 3 月至 2000 年 3 月，任阳泉市城区人民法院审判员；2000 年 3 月至 2002 年 5 月，任阳泉市城区人民法院执行庭副庭长；2002 年 5 月至 2004 年 11 月，任阳泉市城区人民法院执行局副局长；2004 年 11 月，任阳泉市城区人民法院副科级审判员、执行局副局长；2012 年 4 月，任阳泉市城区人民法院党组成员、执行局局长，审判委员会委员。

高景云（1959 ~　），河北省滦县人，中共党员。毕业于中共中央党校函授学院法律本科，四级高级法官，城区法院审判委员会专职委员。

1976 年 12 月参加工作，阳泉市城区人民政府通讯员。1979 年 1 月，阳泉市城区木器厂工人。1980 年 1 月，任阳泉市城区人民法院法警、书记员、助审员。1985 年 7 月，任阳泉市城区人民法院审判员。1987 年 11 月，任阳泉市城区人民法院民庭副庭长。1988 年 9 月，任阳泉市城区人民法院副科级审判员、民庭副庭长。1992 年 12 月，任阳泉市城区人民法院民庭庭长。1994 年 2 月，任阳泉市城区人民法院经济庭庭长。1999 年 4 月，任阳泉市城区人民法院审判监督庭庭长、审判委员会委员。2004 年 12 月，任阳泉市城区人民法院正科级审判员、审判监督庭庭长。2012 年 4 月，任审判委员会专职委员。

1986 年被区委、区政府授予先进工作者；1994 年被市中院荣记个人三等功；1995 年被省委、省政府授予优秀法官；2002 年被市中院授予先进工作者。

王涛，(1966.7 ~)，山西省阳泉人，中共党员，本科文化程度，四级高级法官，城区法院审判委员会专职委员。

1985 年 8 月参加工作，阳泉钢铁公司工人；1985 年 10 月至 1994 年 4 月，阳泉市城区人民法院书记员、助审员；1994 年 4 月至 1996 年 9 月，阳泉市城区人民法院审判员；1996 年 9 月至 2000 年 1 月，阳泉市城区人民法院刑事审判庭副庭长；2000 年 1 月至 2002 年 8 月，阳泉市城区人民法院政工科副科长；2002 年 8 月至 2004 年 11 月，阳泉市城区人民法院政治处副主任；2004 年 11 月至 2006 年 11 月，阳泉市城区人民法院副科级审判员、政治处副主任；2006年11月任阳泉市城区人民法院研究室主任。2012年4月，任审判委员会专职委员。

1988年被市委、市政府授予维护夏季社会治安先进工作者；1991年被市委政法委授予严打斗争先进个人、被区委政法委授予严打斗争先进个人；1993年被区综治委授予综治先进个人；1994年被市中院荣记个人三等功；2001年被区委、区政府授予政法先进个人、被区依法治区领导组授予“三五”普法先进个人、被区机关工委授予优秀共产党员、被市中院授予先进个人；2002年被市中院授予全市基层法院优秀法官；2003年被区委、区政府授予政法先进个人，被区机关工委授予优秀共产党员、被团市委、市青年联合会授予首届“阳泉青年五四奖章”，被市委政法委授予涉法信访“百日攻坚工程”先进个人；2004年被区委、区政府授予先进工作者，被区委、区政府授予政法工作先进个人；被团区委授予少先队工作优秀辅导员；2005年被省高院授予全省法院政治工作先进个人，被区委授予优秀共产党员；2006年被市依法治市领导组授予“四五”普法依法治理先进个人，被市总工会授予优秀工会工作者。2007年1月被市中院授予“信息宣传调研工作先进个人”；2010年3月被市总工会授予“阳泉市维护女职工权益贡献奖”。

（二）

历任院领导

陈伟诚（1927～ ），山西省昔阳县人，高中文化，1945年参加中国人民解放军，1947年10月加入中国共产党。

1952年7月，在部队任政治处保卫助理员、军法处助理员，军法处审判员，分区政治部保卫科副科长，军分区军事法院副院长等职。1971年5月，任四川省西充县人武部副部长。1976年8月，转业到阳泉市城区法院主持工作。1980年10月，在城区七届人代会第一次会议上，当选为阳泉市城区人民法院院长。

1984年，调至阳泉市城区人大常委会工作。

王凤岐（1934～ ），山西省潞城县人，中共党员。

1950年3月参加工作，先后任山西公安总队参谋、省公安总队司令部作训股长、独立师三团司令部作训股长、黑龙江省军区独立二师十四团司令作训股长。1975年2月起，任阳泉市机械修造厂政工科长。1979年12月起，先后任阳泉市城区人民法院刑庭副庭长、庭长，城区人民法院党组书记、法院院长。1985年12月，不再担任区法院院长职务。

1994 年退休。

暴志祥（1938 ～　），山西省武乡县人，初中文化程度，中共党员，三级高级法官。原城区人民法院院长。

1954 年 10 月参加工作，阳泉市国营零售中心通讯员。1956 年 7 月，阳泉市贸易公司通讯员。1957 年 2 月，阳泉市贸易公司一矿黄石板门市部售货员，期间在阳泉市委党校学习，同年 6 月，阳泉市贸易公司三矿门市部售货员，10 月，任阳泉市贸易公司党总支干事。1958 年 5 月，任阳泉市商业局马家坪商店干事、团支部书记。1960 年 3 月，任阳泉市市级机关财贸系统干部下放劳动锻炼大队第二小队队长（先后在娘子关镇坡底村、晋中文山各水库、阳泉市苇泊钢铁厂）。1961 年 3 月，任阳泉市矿区商店一矿沙坪分店秘书干事。12 月，任阳泉市商业局“审干办公室”干事。1962 年 4 月，任阳泉市北大街商店干事、团支书，9 月，任阳泉市兴隆街商店干事、团支书。1964 年 8 月，任阳泉市百货公司人事保卫部干事，12 月，任阳泉市百货公司零售商店干事、团支书。1965 年 4 月，任阳泉市委组织部干事。1968 年 10 月，阳泉市“五七干校”学员。1969 年 12 月，先后任阳泉市手管局（20 世纪 80 年代初更名二轻局）政工组干事、团委书记、政治处主任。1975 年 11 月，任阳泉市粉末冶金厂书记等。

1979 年 12 月，任阳泉市中级人民法院审判员、人事处长。1986 年 6 月至 1993 年 6 月，任阳泉市城区人民法院院长、党组书记（区委委员、区人大代表）。1994 年 4 月，任阳泉市中级人民法院审判员（副处级）、调研员（正处级）。

1992 年，被评为山西省“两庭”建设先进工作者。

1999 年 3 月退休。

张先晓（1943 ～　），阳泉市人，中共党员。

1964 年 7 月参加工作，8 月起，任下站小学教导处副主任、副校长。1971 年 12 月起，先后任阳泉市公安局城区分局民警、阳泉市城区人大常委会科员、阳泉市南山路街道办事处主任、党委书记（正科）。1993 年 6 月，在城区十一届人代会第一次会议上，被选为阳泉市城区人民法院院长。1998 年 8 月起，任阳泉市城区人民法院助理调研员（副处）。

1996 年被省高院荣记个人一等功、被省高院授予“优秀人民法官”。

2003 年 11 月退休。

郗太俭（1930 ～　），阳泉市郊区人，中共党员。

1948 年 1 月参加工作，先后任阳泉市小阳泉小学教员、义井中心学校校长、一区联合学校校长、阳泉市文教局文宣组副组长。1951 年 1 月，任阳泉市公安局科员、副科长、阳泉市法院秘书。1968年11月，阳泉市“五七”干校学员，后任阳泉市荫营公社副主任。1972年10月，任阳泉市城区保卫组副组长。1975年3月，主持阳泉市城区人民法院。1976年8月，任阳泉市城区法院副院长。1987年8月，任阳泉市城区法院正科级审判员。

1988年8月离休。

葛兰珍（1940～）（女），阳泉市平定县人，中共党员。毕业于山西大学中文系。

1965年8月，在阳泉技校工作。1978年6月，任阳泉市技校领导组成员。1979年9月，先后任阳泉市城区法院审判员、副庭长、副院长；1992年2月，调太原市司法局工作。

薛宝玉（1948～），河北省阜城县人，中共党员。毕业于全国法院干部法律业余大学法学专业。

1968年2月参军，中国人民解放军一八八三部队战士。1973年6月，任阳泉市新华书店办公室主任。1981年2月，任阳泉市城区人民法院审判员。1984年4月，任阳泉市城区人民法院刑庭庭长。1987年8月，任阳泉市城区人民法院副院长；2002年3月，任阳泉市城区人民法院正科级调研员。

1985年被省委、省政府授予政法战线先进工作者；1987年被市委政法委授予严打斗争先进工作者；1996年被市中院授予先进个人；1997年被市中院荣记个人三等功。

2008年10月退休。

闫海福（1946.10～），阳泉市盂县人，中共党员。毕业于全国法院干部业余法律大学法律专业。

1965年3月参军。1979年12月，任阳泉市城区人民法院书记员、助审员。1982年8月，任阳泉市城区人民法院审判员、审判委员会委员。1984年2月，任阳泉市城区人民法院民庭庭长。1987年7月，任阳泉市城区人民法院正科级审判员、副院长。2002年3月，任阳泉市城区人民法院正科级审判员。

2006年11月退休。

梁锦铭（1933～2001），阳泉市平定县人。中共党员。高小文化。

1951年5月参加工作，任平定县公安局股长。1957年至1959年，任平定县人民检察院工作干事，1959至1961年，任平定县人民委员会办公室干事。1961年至1964年，任平定县人民检察院工作干事。1964年至1966年，任平定县委组织部干事。1966年至1970年，任平定县辛兴公社办公室主任。1970年至1971年6月，任三线铁道3202工程平定县民兵团连长。1971年6月至1971年10月，任阳泉市城区铝矾土矿革命委员会常委。1971年10月至1975年3月，任阳泉市公安局城区分局股长。1975年3月至1984年3月，任阳泉市城区人民法院审判委员会委员、党组成员、副院长。1984年3月后，调任阳泉市城区司法局副局长。

2001年4月28日逝世，享年68岁。

卢润生（1952～　），河北省井陉县人，中共党员。毕业于中共中央党校函授学院本科，四级高级法官。

1969年2月参军，福州军区空军高炮四师师部指挥连战士、班长。1975年4月，在阳泉市电子工业局工作。1980年11月，阳泉市公安局刑警大队民警。1985年2月，任阳泉市城区人民法院助理审判员。1985年8月，任该院审判员。1988年5月，任刑事审判庭副庭长。1988年10月，晋升为副科级审判员、副庭长。1990年11月，任刑事审判庭庭长。1992年2月，任阳泉市城区人民法院党组成员、副院长。1993年8月，晋升该院正科级审判员、副院长、党组成员。2004年12月～2012年3月，任阳泉市城区人民法院 常务副院长、党组成员。

1969年、1970年两次被福州军区空军高炮四师师部指挥连评为五好战士；1973年被福州军区空军高炮四师师部指挥连口头嘉奖一次；1992年被省高院荣记个人二等功、被市整顿执法队伍领导组授予先进个人；1993年被市委政法委授予全市政法系统先进个人；1999年被市中院荣记个人三等功；2001年被省高院授予人民满意的好法官、荣记个人二等功；2008年被山西省未成年人保护委员会授予山西省未成年人保护工作先进个人。

李俊忠（1955～　），山西省盂县人，中共党员。毕业于中共山西省委党校政治理论学大专，四级高级法官。

1974年12月参军，北京卫戍区警卫四师坦克团战士。1979年4月任北京卫戍区警卫四师坦克团二营四连技术员。1984年6月，任北京卫戍区警卫四师坦克团步兵连排长。1985年8月，任北京卫戍区警卫四师坦克团三营八连副连长。1985年11月，任六十三集团军188师坦克团二营四连副连长。1986年9月，任阳泉市城区人民武装部政工科科长。1997年4月，任阳泉市城区人民武装部副部长。2000年11月～2012年3月，任阳泉市城区人民法院党组成员、副院长（副处级）、审判委员会委员。

2005年被区委授予优秀党务工作者。

王凤云（1956～　），女，阳泉市平定县人，中共党员。毕业于山西大学成人自考法律专业，四级高级法官。

1973年12月参加工作，阳泉市郊区旧街乡插队知青。1976年12月，阳泉市城区人民政府打字员。1980年12月，阳泉市城区人民法院打字员；1982年12月，任阳泉市城区人民法院会计、助理审判员。1988年6月，任阳泉市城区人民法院审判员。1994年2月，任阳泉市城区人民法院下站人民法庭庭长。1995年12月，任阳泉市城区人民法院副科级审判员、下站人民法庭庭长。2002年4月至2012年3月，任阳泉市城区人民法院政治处主任、党组成员、审判委员会委员、正科级审判员。

1987年，被市委政法委授予严打斗争先进工作者；1992年，被市中院荣记个人三等功；1993年，被区综治委授予综治先进个人；1994年，被市中院荣记个人三等功；1995年，被区妇联授予“三八”红旗手、被市委、市政府授予市劳动模范、被省高院授予先进工作者；1996年，被市妇联授予“三八”红旗手；1999年，被省高院授予先进工作者；2000年，被区委、区政府授予劳动模范标兵；2001年，被市中院授予先进个人；2002年，被省高院授予人民满意的好法官并荣记个人二等功。

张汝华（1955～　），阳泉市郊区人，中共党员。毕业于全国法院干部业余法律大学，四级高级法官。

1975年10月参加工作，阳泉市大阳泉学校教师。1978年8月，阳泉市第七中学教师。1984年9月，任阳泉市城区人民法院书记员、助审员。1987年10月，任阳泉市城区人民法院审判员。1994年3月，任阳泉市城区人民法院经济庭副庭长。1995年12月，任阳泉市城区人民法院副科级审判员、经济庭副庭长。1997年3月，任阳泉市城区人民法院行政庭负责人。1999年4月，任阳泉市城区人民法院行政庭庭长。2004年6月，任阳泉市城区人民法院正科级审判员、行政庭庭长。2008年12月至2012年4月，任阳泉市城区人民法院审判委员会专职委员。

1997年，被市中院授予先进个人；1999年，被市中院授予先进工作者；2001年，被区劳动竞赛委员会荣记个人一等功；2006年，被区委、区政府授予环境保护先进个人。

（三）

四级高级法官和先进模范

连春山（1954～　），北京市人，中共党员。毕业于全国法院干部业余法律大学，四级高级法官。

1972年12月参军，中国人民解放军51080部队战士。1977年7月，任阳泉市建材局组织部干事。1984年，任阳泉市城区人民法院书记员、助审员。1987年11月，任阳泉市城区人民法院审判员。1988年10月，任阳泉市城区人民法院副科级审判员。1992年2月，任阳泉市城区人民法院办公室主任。1994年3月，任阳泉市城区人民法院执行庭庭长；2002年9月，任阳泉市城区人民法院执行局副局长。

李小玲（1956～　），女，山西省临县人，中共党员，毕业于中央党校函授学院法律本科，四级高级法官。

1976年12月至1978年7月，阳泉市商业局工人。1978年7月至1983年9月。任阳泉市重工局标件厂医疗室护士。1983年9月至1994年3月，任阳泉市城区人民法院书记员、助理审判员。1994年4月至1999年4月，任阳泉市城区人民法院副科级审判员、刑庭副庭长。1999年4月至2004年6月，任阳泉市城区人民法院刑庭庭长、审判委员会委员。2004年6月，任阳泉市城区人民法院正科级审判员、刑庭庭长、审判委员会委员。

1990年被区委、区政府授予先进工作者；1991年被区委、区政府授予先进工作者；1992年被区总工会授予优秀工会积极分子、被市中院荣记个人三等功；1998年被区委、区政府授予先进个人；1999年被区委政法委授予优秀政法干警；2003年被区委政法委荣记个人三等功。

宋玉平（1955～　），河北省永年县人，中共党员。毕业于全国法院干部业余法律大学，四级高级法官。

1970年12月参加工作，在阳泉市仪表厂工作。1976年2月参军。1979年2月，任阳泉市城区纪检委干部。1988年4月，任阳泉市城区人民法院书记员、助审员。1992年3月，任阳泉市城区人民法院审判员、政工科副科长。1994年3月，任阳泉市城区人民法院办公室副主任。1995年12月，任阳泉市城区人民法院副科级审判员、办公室副主任。1996年9月，任阳泉市城区人民法院经济审判二庭庭长。2004年6月，任阳泉市城区人民法院正科级审判员。

1992年被市中院荣记个人三等功。

王智舜（1952～　），阳泉市人，中共党员。毕业于全国法院干部业余法律大学法律专业，四级高级法官。

1975年10月参加工作，在水文总站阳泉分站工作。1984年9月，任阳泉市城区人民法院书记员、助审员。1986年5月，任阳泉市城区人民法院审判员。1989年8月，任阳泉市城区人民法院下站法庭庭长。1993年3月，任阳泉市城区人民法院民庭副庭长。1995年12月，任阳泉市城区人民法院刑庭副科级审判员。2004年6月，任阳泉市城区人民法院正科级审判员。

1987年被市中院荣记个人三等功、被区委、区政府授予政法战线先进工作者；2002年被市中院荣记个人三等功。

李玫（1971.2～）女，山西朔州人，中共党员，1991年9月参加工作，毕业于中共中央党校函授学院法律本科。

1991年9月至1995年10月，阳泉市城区人民法院书记员、助审员；1995年10月至2000年1月，阳泉市城区人民法院审判员；2000年1月至2002年6月，阳泉市城区人民法院刑庭副庭长；2002年6月至2008年6月，阳泉市城区人民法院行政庭副庭长；2008年6月，阳泉市城区人民法院行政庭庭长，2011年，被市中院荣记三等功。

1992年，在阳泉市"夏季严打"中，被评为先进个人。1994年，被区综治委授予社会治安综合治理先进个人。1995年，在山西省打击刑事犯罪"南征北战"活动中，受到省委、省政府嘉奖。1996年，在阳泉市"打团扫恶"斗争中，荣立个人三等功。2005年，被区委、区政府授予政法工作先进个人。2007年，被阳泉市妇女联合会、阳泉市综治委办公室评为"平安家庭"创建活动先进个人。

陈世萍（1970.3～）女，山西昔阳人，中共党员，1990年9月参加工作，毕业于中共中央党校函授学院本科法律专业。

1990年9月至1995年9月阳泉市城区人民法院书记员、助审员。1995年10月至2002年8月，阳泉市城区人民法院审判员。2002年8月，阳泉市城区人民法院立案庭副庭长。

1999年被市委、市政府授予人民满意的政法先进个人；2002年被市中院荣记个人三等功；2004年被市中院、市司法局授予人民调解工作先进个人；2005年被市中院授予模范法官、被区委、区政府授予政法工作先进个人；2008年被市中院授予优秀法官。2010年被区委、区政府授予先进工作者。2011年，被城区政法委授予"平安建设先进个人"。2012年，被城区区委、区政府授予"信访工作先进个人"。

邵勇（1956.6～），山西平定人，中共党员，大专文化，1972年9月参加工作。

1972年9月至1974年11月，阳泉市郊区西南舁乡插队；1974年11月至1984年11月，阳泉市粉末冶金厂工人；1984年11月至1994年2月，阳泉市城区人民法院法警；1994年2月至1996年8月阳泉市城区人民法院书记员、助审员、审判员；1996年8月至1999年3月，阳泉市城区人民法院执行庭副庭长；1999年3月至2004年11月，阳泉市城区人民法院法警大队大队长、政委；2004年11月，阳泉市城区人民法院副科级审判员、法警大队大队长。

1986年被区委、区政府授予先进工作者；1987年被市中院荣记个人三等功、被团区委授予新长征突击手；1988年被市中院荣记个人三等功，被区委、区政府授予先进工作者，被市委、市政府授予维护夏季社会治安先进工作者；1989年被区岗位责任制领导组授予先进工作者；1992年被市中院荣记个人三等功、被区委、区政府授予劳动模范；2002年被市中院授予先进工作者，2011年，被市中院授予“先进个人”。

王兰萍(1963.11～)，女，河北省大厂回族自治县人，本科文化程度，1983年9月参加工作。

1983年9月至1990年2月，阳泉钢铁厂工作；1990年3月至1994年9月，借调至阳泉市城区人民法院书记员；1994年10月，正式调入阳泉市城区人民法院任书记员；1995年3月至2002年3月，阳泉市城区人民法院助审员；2002年4月至2002年7月，阳泉市城区人民法院审判员；2002年8月，阳泉市城区人民法院民事审判二庭副庭长。

1997年被市中院荣记个人三等功；1999年被省劳动竞赛委员会荣记个人三等功、被区妇联授予“三八红旗手”、被区委政法委授予优秀政法干警；2000年被省高院授予执行会战先进个人；2004年被市中院、市司法局授予人民调解工作先进个人。

邓捷(1966.11～)女，阳泉郊区人，中共党员，本科文化程度，1986年8月参加工作。

1986年8月至1994年3月，阳泉市城区人民法院书记员、助审员；1994年3月至2000年4月，阳泉市城区人民法院审判员；2000年4月至2002年6月，阳泉市城区人民法院副科级审判员；2002年6月，阳泉市城区人民法院民事审判一庭副庭长；2008年6月，任阳泉市城区人民法院民事审判一庭庭长。

1996年被市中院授予先进个人；1997年被市中院荣记个人三等功；1999年被市中院授予先进工作者；2001年被市妇联授予维权工作先进个人；2002年被市委、市政府授予首届“双十佳”优秀人民法官、被市劳动竞赛委员会荣记个人二等功；2004年被市中院、市司法局授予人民调解工作先进个人；2006年被市妇联授予维权先进工作者、“三八红旗手”。2012年，被山西省法官协会、山西省劳动竞赛委员会授予“全省法院裁判文书竞赛优秀奖”，被山西省民调工作会议授予“全省民事审判调解工作先进个人”。

秦虎山(1952.7 ~)，山西屯留人，中共党员，大专文化程度，1970年12月参加工作。

1970年12月至1987年11月，中国人民解放军空军某部服役；1987年11月至1991年7月，阳泉市城区人民法院助审员、办公室副主任；1991年7月至1996年11月，阳泉市城区义井街道办事处党委副书记；1996年11月至1997年11月，阳泉市城区人民法院审判员；1997年10月，阳泉市城区人民法院副科级审判员。

1999年被市中院荣记个人三等功。

张小芬(1965.11 ~)女，阳泉郊区人，中共党员，本科文化程度，历史学学士，1987年7月参加工作。

1983年9月至1987年7月山西大学历史系学习；1987年7月至1989年3月，晋中师专任教；1989年3月至1994年2月，阳泉市城区人民法院书记员、助审员；1994年2月至2002年2月，阳泉市城区人民法院审判员；2002年2月至2002年8月，阳泉市城区人民法院经济审判庭副庭长；2002年8月，阳泉市城区人民法院刑事审判庭副庭长。2008年6月，任未成年人综合审判庭庭长。

1999年，被市中院荣记个人三等功，被区委政法委授予优秀政法干警；2000年被区委、区政府授予政法工作先进个人；2006年被区委、区政府授予政法工作先进个人。

王晓瑞，(1970.3 ~)，山西盂县人，中共党员，本科文化程度，1989年1月参加工作。

1989年1月阳泉市城区人民政府办公室工作；1993年7月阳泉市城区人民法院司机；1999年4月阳泉市城区人民法院执行局执行员；2006年10月阳泉市城区人民法院执行局执行二庭庭长。

2002年被市中院荣记个人三等功。

王俊荣(1969.3～)，阳泉郊区人，中共党员，大专文化程度，1988年12月参加工作。

1988年12月至1995年11月，阳泉市城区人民法院书记员、助审员；1995年11月至2002年8月，阳泉市城区人民法院审判员；2002年8月，阳泉市城区人民法院审判监督庭副庭长。

2002年被市劳动竞赛委员会荣记个人三等功。

郝丽(女)(1980.4～)，阳泉郊区人，中共党员，本科文化程度，法学学士。

2002年7月参加工作，任阳泉市城区人民法院书记员；2007年10月，任助理审判员。

2005年，被市中院授予模范书记员，并荣记个人三等功，2011年，被市中院授予先进个人。

张兰云（1971.4～）女，山西阳泉人，中共党员，1992年9月参加工作，大学本科毕业。

1992年9月参加工作，城区物资公司工作；1997年1月，任阳泉市城区人民法院打字员、出纳、会计；2005年11月，任阳泉市城区人民法院法警。

1999年，被市中院授予先进工作者；2005年，被市中院授予模范工作者，并荣记个人三等功，被区委、区政府授予政法工作先进个人。

吕成田（1945.10～）阳泉郊区人，中共党员，大专文化程度，1966年7月参加工作。

1966年7月至1978年5月，阳泉市水泥厂车间主任；1978年5月至1984年1月，阳泉市速凝剂厂工会主席；1984年2月至1984年12月，阳泉市城区人民法院助审员；1985年1月至1989年8月，阳泉市城区人民法院审判员；1989年9月至1992年1月，阳泉市城区人民法院执行庭副庭长；1992年2月至1994年2月，阳泉市城区人民法院执行庭庭长；1994年3月至2002年2月，阳泉市城区人民法院政工科科长；2004年11月，阳泉市城区人民法院正科级审判员；2005年11月退休。

1997年被市中院授予先进个人；2002年被市中院荣记个人三等功。

2005年10月退休。

平良君(1947.11～)，回族，河北徐水人，高中文化程度，1962年12月参加工作。

1962年12月，阳泉市工程公司工作；1970年2月，阳泉市城区经委工作；1984年12月，阳泉市城区人民法院执行局执行员。

2000年，被省高院授予执行会战先进个人；2001年，被市中院荣记个人三等功。

2007年11月退休。

孙大泉，男，1963年11月10日出生，河南辉县人，汉族，中共党员，1979年11月参加工作，副科级审判员，毕业于北京财经管理干部学校法学本科。四级高级法官。

1979年11月至1988年10月，中国人民解放军独立二团及阳泉市武警支队服役，先后任部队文书、军械助理、战勤参谋、指导员、队长职务；1988年10月至1994年3月，阳泉市城区人民法院助审员；1994年3月至2000年1月，阳泉市城区人民法院审判员；2000年1月至2002年8月，阳泉市城区人民法院下站人民法庭副庭长；2002年8月至2004年11月，阳泉市城区人民法院机关服务中心主任；2004年11月，阳泉市城区人民法院副科级审判员、机关服务中心主任。

2012年，被山西省总工会授予“维护职工合法权益卫士”，山西省劳动竞赛委员会授予“五一劳动奖章”。

邵鸿寿，男，1965年3月10日出生，山西平定人，汉族，中共党员，1980年10月参加工作，在职教育函授本科，毕业于中共中央党校函授法律专业。四级高级法官。

1980年10月至1984年6月，平定县北庄头学校任教；1984年7月至1986年8月，平定师范学校学习；1986年8月至1989年7月，平定县巨城中学任教；1989年7月至1995年10月，阳泉市城区人民法院办公室秘书、书记员、助审员；1995年10月至1997年10月，阳泉市城区人民法院审判员；1997年10月至1999年4月，阳泉市城区人民法院办公室副主任；1999年4月至2002年6月，阳泉市城区人民法院研究室主任；2002年6月至2004年6月，阳泉市城区人民法院民二庭庭长；2004年6月，阳泉市城区人民法院副科级审判员、民二庭庭长。

2002年，被阳泉中院评为“先进工作者”。

周海云，女，1974年11月出生，山东东阿人，汉族，中共党员，1995年9月参加工作，毕业于山西大学法律系自考本科。

1995年9月至1996年11月，阳泉市南煤集团医院工作；1996年11月至2007年10月，借调至阳泉市城区法院刑庭工作；2007年10月至2012年1月，阳泉市城区法院审监庭任助审员、审判员；2012年1月，阳泉市城区人民法院刑庭任审判员。

2012年，被中共阳泉市委政法委授予“双十佳干警”。

耿霈瑶，女，1983年10月17日出生，河北井陉人，汉族，中共党员，2007年10月参加工作，毕业于太原理工大学计算机专业本科。

2007年10月，阳泉市城区人民法院政治处工作。

2006年至2010年，被阳泉市依法治市委员会授予“全市普法依法治市先进工作者”。

第二节　矿区法院

（一）

现任院领导

梁庆（1969～　），山西省平定县人，研究生文化程度，中共党员，四级高级法官，矿区人民法院党组书记、院长。

1992年7月，毕业于山西大学哲学系，获哲学学士学位。同年7月起，先后任矿区党校助教、区委宣传部干事。1995年2月～2002年1月，任阳泉市中级法院书记员、审判员。1997年6月，任研究室副主任。（其间，于1997年9月～1998年4月，作为中共阳泉市委工作队队员，深入二轻系统，推进全市二轻系统企业的股份制改革；1999年9月～2002年7月，参加省委党校在职研究生班学习，取得政法专业研究生毕业证书，获硕士学位。2000年1月～2001年1月，在平定县马山乡木槽村扶贫；2001年9月～2002年5月，借调至“中共阳泉市委作风调研领导组办公室”，任资料组副组长。2002年1月，任阳泉中院执行局副局长（正科）。2002年7月，任平定县人民法院副院长（挂职）。2003年4月，任阳泉中院研究室主任。2011年5月，任阳泉市矿区人民法院党组书记、代院长。6月，当选为矿区人民法院院长。

梁庆长期从事文字材料工作和人民法院审判理论研究，担任研究室主任10余年间，主要承担了全院的简报、信息、综合材料、宣传、调研、司法统计、案例年鉴编纂，审委会日常办公等各项工作。起草和编写信息、简报近千期，总结报告等文章200余篇计500余万字。

在各级报刊上先后发表文稿数10万字。10余篇调研成果获省级表彰奖励。组织300多人/次参加法制节目制作，开展普法活动。创办了“利在当代、惠及后人”的阳泉审判史上第一份杂志《法槌》。所领导的阳泉中院研究室，2004年，被最高法院授予“宣传工作先进单位”，2006年、2008年，两次被省法院授予全省法院“宣传工作先进单位”。先后9次被评为全省政法系统、全省法院调研工作先进单位。

1994年，梁庆在阳泉市邓小平理论知识竞赛中荣获第一名。同年，获矿区“新长征突击手”称号。1996年以来，先后荣立省、市二等功一次，三等功三次。

担任研究室主任期间，主持编撰了《阳泉法院志》。

韩玉龙（1956～），山西省阳泉市人，中师文化，中共党员，阳泉市矿区人民法院党组副书记。

1974年7月，在阳泉市郊区圪台、林里任教（其间于1977年7月至1979年9月，就读于阳泉师范数化专业）。1981年9月，任矿区民政局科员。1989年8月，任矿区民政局副局长。1995年1月，任矿区平潭街街道办事处副主任、代主任，同年8月任主任。1997年7月，兼该办事处党委书记，次年7月，任党委书记。1999年9月，任矿区物价局局长。2001年9月，任矿区计划委员会主任。2004年6月，任矿区区长助理、经济信息中心主任。2007年12月，任阳泉市矿区人民法院纪检组长、党组成员。2011年1月，任矿区法院党组副书记。

王彦刚（1960～），河北省望都县人，大学文化，中共党员，四级高级法官，阳泉市矿区人民法院党组成员、副院长（副处级）、审判委员会委员。

1978年12月参军，在中国人民解放军69军服役。1981年9月，就读于石家庄陆军学院后勤专业。1982年7月，在中国人民解放军207师619团任排长、副连长。1989年6月，任阳泉军分区副营职管理员、队长、正营职参谋。其间于1994年4月，当选为山西省军区第九次党代表。1998年12月，任山西陆军预备役步兵83师248团副团长。2001年1月，转业至矿区法院任副院长，党组成员、审判委员会委员。

2003年，被山西省军区评为计划生育优秀工作者。2009年，被阳泉市委办公厅、阳泉市人民政府办公厅评为信访工作先进工作者。

乔泉生（1962～），山西省榆次人，大学文化，中共党员，四级高级法官，阳泉市矿区人民法院党组成员、副院长。

1981年7月毕业于山西省水利学校，同年10月参加工作。

任阳泉市矿区人民法院书记员、助审员（其间于1985年9月～1987年，在山西大学法律系学习）。1989年10月，任矿区法院审判员。1992年7月，任刑事审判庭副庭长。1996年7月，任刑事审判庭庭长、审判委员会委员（其间于1995年9月至1998年7月在中国政法大学山西函授站本科班学习）。2004年10月，任矿区法院党组成员、副院长、审判委员会委员。

1993年，被中共阳泉市政法委授予“综治先进个人”。1994年，荣立个人三等功一次。2002年，被矿区综治委授予“综合治理先进个人”。

陈秉龙（1962～　），山西省阳泉市人，大学文化，中共党员。四级高级法官，矿区人民法院党组成员、副院长、审判委员会委员。

1978年8月参加工作，在阳泉市郊区荫营镇南窑庄学校任教。1981年8月，任阳泉市硫铁矿职教干部。1985年12月，任平定县人民检察院检察员。1988年9月，任矿区人民法院助审员、审判员。2000年9月，任矿区法院办公室主任。2008年10月，任副院长，矿区第七届政协委员。

1994年，被矿区政府授予“劳动模范”。1996年，被市委市政府荣记“打团扫恶”个人三等功。2002年，荣立个人三等功一次。2005年被阳泉市劳动竞赛委员会荣记个人三等功。2006年被阳泉市委授予优秀共产党员。2007年，被山西省高级人民法院授予“全省法院优秀青年卫士”。多次被评为区先进个人。

杨志业（1965.7～　），河北省成安县人，大学文化，中共党员，一级法官，阳泉市矿区人民法院党组成员、副院长、审判委员会委员。

1982年10月参军，中国人民解放军51182部队71分队战士。1983年1月，任中国人民武警部队山西省总队第二支队战士、班长。1986年9月，在武警太原指挥学校学习。1987年12月起，先后任武警山西省总队阳泉市支队副中队长、中队长、司令部管理员、参谋。1994年5月，任武警山西省总队阳泉市支队军械运输股股长。1997年9月，转业至阳泉市矿区人民法院任助理审判员、审判员。2005年2月，任矿区法院执行局副局长。2008年7月，任矿区法院党组成员、正科级审判员，同年10月，任矿区法院副院长、审判委员会委员。

1991年1月，被中共阳泉市委政法委授予严厉打击刑事犯罪“先进个人”。1996年，被武警山西省总队荣记个人三等功。2007年，被矿区劳动竞赛委员会荣记个人二等功。2008年，被阳泉市中级人民法院授予全市法院系统先进法官。

刘成芳（1964～　），山西省阳泉市人，大学文化，群众，一级法官，阳泉市矿区人民法院副院长、审判委员会委员。

1985年毕业于山西省司法学校。同年8月参加工作，先后任阳泉市矿区人民检察院书记员、助理检察员、检察员。1996年5月，调至矿区人民法院，同年7月，任审判员（其间1997年9月至2000年6月，在职参加中国政法大学专升本成人教育，并被授予法学学士学位）。2000年9月，任矿区法院沙坪法庭副庭长。2005年2月，任矿区法院副科级审判员。2005年2月，任民事审判一庭副庭长。2007年6月，当选为阳泉市第十三届人大代表。2008年10月，任矿区法院副院长、审判委员会委员。2011年4月，当选为阳泉市矿区政协委员。

张存久（1956～　），山西省阳泉市人，大学文化，中共党员，四级高级法官，阳泉市矿区人民法院党组成员、政治处主任、审判委员会委员。

1976年2月参军，在中国人民解放军空军地空导弹第五师服役，先后任排长、参谋等职务。1988年10月转业，任阳泉市矿区人民法院审判员。1990年3月任矿区法院沙坪法庭副庭长。1993年9月任矿区法院党组成员、办公室主任。2000年9月任矿区人民法院政治处（政工科）主任（科长）、党组成员、审判委员会委员。

1997年，被阳泉市中级人民法院荣记个人三等功一次。

翟根柱（1964～　），山西省平定县人，大学文化，中共党员。阳泉市矿区人民法院党组成员、院长助理（副处级）、审判委员会委员、法警大队政委，一级警督。

1982年12月参军，在临汾军分区独立营四连服役。1983年3月转为武警，属武警山西总队临汾地区支队直属四中队战士。1986年9月至1988年7月，就读于武警太原指挥学校。1988年7月，任武警山西总队临汾地区支队直属三中队司务长。1990年1月，任武警山西总队临汾地区支队司令部警通排排长。1991年1月，任武警山西总队临汾地区支队大宁县中队副指导员。1993年11月，任大宁县中队政治指导员。1996年10月，任武警山西总队临汾地区支队司令部协理员。2000年1月，任武警山西总队临汾地区支队直属大队教导员。2001年7月，任山西总队临汾市支队直属大队教导员。2002年1月，任武警山西总队临汾市支队直属大队大队长。2003年2月入武警天津指挥学院培训学习（协同指挥），10月授予中校军衔，12月任武警山西总队运城市支队副支队长（副团）。2006年底转业安置，12月7日任矿区人民法院党组成员、院长助理。2008年2

月任审判委员会委员。2010年6月，任矿区法院法警大队政委，并授予一级警督。

在部队服役期间，1991年、1993年、1995年三次荣立个人三等功。1993年7月被评为优秀党员，1995年被武警山西总队评为优秀党务工作者。2003年7月在武警天津指挥学院被评为优秀党员。2009年7月被阳泉市矿区评为优秀党员。1994年7月当选为中国共产党大宁县第七次代表大会代表。2011年5月当选为中国共产党阳泉市矿区第八次代表大会代表。

王颖（1976～）（女），山西省平定县人，中共党员，大学文化。矿区人民法院党组成员、纪检组组长，审判委员会委员。

1997年3月，在平定县大林山小学任教。1998年5月，调入矿区政府办工作。1999年10月，任矿区人才交流中心主任。1999年11月，任矿区团区委副书记。2006年8月，任矿区团区委书记。2011年1月，任矿区人民法院纪检组长。

2002年，被团市委评为优秀共青团干部，授予“新长征突击手”。2004年，在矿区“中华魂”主题教育活动中，被评为先进工作者。2005年、2007年，被阳泉市妇联授予“三八”红旗手。2006年，被团省委评为优秀共青团干部，并授予“新长征突击手”。2006年，被评为“山西省优秀少先队工作者”。

（二）

历任院领导

王振瑞（1927～　），山西省晋城市人，初中文化，中共党员。1978年7月～1984年5月任阳泉市矿区人民法院院长。

1938年3月参加工作,1940年5月，八路军太行第四军分区任司号员，1945年3月，加入中国共产党。1946年6月，中国人民解放军第二野战军连长。1949年11月退役，在山西省工农速成中学学习。

1952年8月起在阳泉市人民法院工作，历任审判员、副庭长，1964年5月起，先后在阳泉市自来水公司、阳泉市重工局机床厂任副经理、革委会副主任。1976年5月起，任阳泉市中级人民法院庭长。1978年7月起，任阳泉市矿区人民法院院长。

1985年12月离休。

矿区法院建院之初，在中共矿区区委、区人民政府尚未成立，物质条件和人力资源十分匮乏情况下，带领5名干警组建了矿区人民法院。是矿区法院的奠基者之一。

王海贵（1958～　），山西省平定县人，大学文化程度，中共党员，三级高级法官，曾任阳泉市矿区人民法院院长。

1979年9月参加工作，平定县岔口中学教师。1985年9月起，先后任阳泉市平定县人民法院办公室副主任、主任、行政审判庭庭长、审判委员会委员（副科级）、平定县人民法院副院长、党委成员（正科级审判员）。2002年1月起，任阳泉市矿区人民法院党组书记、代院长（副处级）、阳泉市矿区人民法院院长。2010年8月，任中共阳泉市委政法委副书记。

2002年1月当选为阳泉市矿区人民法院院长后，矿区法院工作整体发展取得全新进展，2003～2009年，两次被省高级人民法院评为全省优秀法院，并两次荣立集体二等功。2006年10月，矿区法院成为最高人民法院“二类基础工作达标单位”。

段俊富(1952～　)，山西省屯留县人，大学文化，中共党员，阳泉市法学会常务副会长兼秘书长，《阳泉法制》主编。

1966年10月，在屯留县饮食服务公司参加工作。1968年3月应征入伍，山西省军区（1969年3月换防内蒙古军区）独立师二团一营一连战士，后任班长。1973年3月退伍。1974年3月，阳泉矿务局四矿工人。1976年3月，任四矿运销科党总支干事。1978年3月，任四矿“揭批‘四人帮’及其帮派体系罪行办公室专案组”组长。1978年10月，任四矿团委负责人（主持工作）。1980年5月，调至阳泉市矿区人民检察院工作，先后任书记员、助理检察员、检察员、经济检察科负责人、办公室主任、检察委员会委员、党组成员（其间于1982年9月，参加中国政法大学法学专科函授学习，1985年8月毕业）。1988年8月，任阳泉市矿区人民法院副院长、审判委员会委员、党组成员（其间于1990年9月参加中国政法大学专升本学习，1993年6月毕业）。1996年12月，任中共阳泉市矿区政法委书记。1997年6月，任矿区区委常委。2001年12月～2009年11月，任中共阳泉市委政法委副书记兼政治部主任（其间于2006年3月牵头筹备成立阳泉市法学会和召开第一次会员代表大会，在2006年6月16日召开的阳泉市法学会一届一次理事会上当选为常务副会长兼秘书长）。

根据工作实际撰写的《一般盗窃共犯的定罪与量刑》、《对公诉案件被害人上诉权的探讨》、《建议在刑法中增设扰乱法庭秩序罪》、《“一对一”贿赂案件的特点与查证》、《建议完善对过失犯罪的表述》、《建议修改民事诉讼法中的几个问题》、《“搭桥”与“断路”——执行工作制度研究》等，先后发表在《山西审判》、《晋阳法制》、中国政法大学《成人教育》等刊物上。

许多观点被立法机关采纳，如扰乱法庭秩序罪和公诉案件被害人的上诉权，已在刑法、刑诉法中有了规定。《浅谈我国缓刑制度的完善与改革》，被评为中国政法大学优秀论文，发表在中国社会科学院法学研究所主办的《法学研究》1993年第6期上，获阳泉市社科成果二等奖和山西省社科成果三等奖。在法学会工作以来，对阳泉市第一届和第二届法治论坛论文以及《阳泉法制》的审稿编撰工作，精心负责，倾注了大量心血。

汪美蓉（1940～）（女），福建省长汀县人，1971年加入中国共产党，大专学历。1962年参加工作。先后在阳泉市民政局、阳泉市公安局、阳泉市自来水公司工作，1972年任阳泉市中级人民法院审判员，1984年起，任阳泉市矿区人民法院副院长。

1996年退休。

王艮堂（1949～　），山西省和顺县人，1971年加入中国共产党，大专学历。1965年至1974年，在部队服役。1974年5月，在阳泉市矿务局机厂工作。1980年起，先后任阳泉市矿区人民法院审判员、副院长。1988年，调任矿区人民检察院副检察长。

张建国（1953～　），山西省平定县人，大学文化，中共党员。1969年6月参加工作，市公共汽车公司任职。1980年，任矿区人民法院法警、审判员。1984年6月，任矿区法院刑事审判庭副庭长。1988年12月，任刑事审判庭庭长。1993年1月，任矿区法院副院长。1998年5月后，历任阳泉中院庭长、阳泉市检察院组织部主任、阳泉市郊区人民检察院检察长。

冯敦江（1955～　），山西省平定县人，中共党员，大学文化，四级高级法官，矿区法院正科级审判员。

1973年8月参加工作，在阳泉矿务局任职。1984年11月，任阳泉市矿区检察院检察员、起诉科科长（其间，于1988年12月，晋升为副科级检察员）。1993年3月，任起诉科科长、副检察长（正科级）。1997年9月，任矿区人民法院党组成员、常务副院长、审判委员会委员（其间于1997年9月～1999年1月，在山西省委党校函授政法专业学习）。

1999年，被阳泉市中级人民法院荣记个人三等功。

刘连明（1955～　），河北省井陉县人，大学文化，中共党员，四级高级法官，矿区法院正科级审判员。

1973年7月，在阳泉市郊区大洼村插队。1975年8月至1978年7月在阳泉市中级人民法院工作，1978年，任矿区人民法院法警、审判员。1984年6月，任经济审判庭副庭长。1986年7月，任民事审判庭副庭长、庭长。1996年7月，任经济审判庭庭长。1998年7月，任党组成员、副院长、审判委员会委员。

1991年，荣立个人三等功一次，多次被矿区政府评为先进个人。

张勤文（1955～　），山西省阳泉人，中共党员，大学文化，四级高级法官，矿区法院正科级审判员。

1974年8月参加工作，曾任阳泉市郊区人民法院审判员。1987年任矿区人民法院审判员、办公室副主任、庭长。1996年6月，任党组成员、副院长、审判委员会委员。

1995年，荣立个人三等功一次。2003年，被阳泉市劳动竞赛委员会荣记严打整治二等功，同年被矿区区委、区政府评为劳动模范。

郭建设（1955～　），山西省盂县人，中共党员，大学学历，四级高级法官。矿区法院正科级审判员。

1971年9月参加工作，在盂县东庄头村插队。1973年，在山西省水利学校学习。1975年7月，任山西省水文总站晋中分站技术员。1986年7月，在阳泉市矿区劳动人事局任职。1990年9月，任矿区区委组织部副科级组织员、老干局副局长。1993年7月，任矿区组织部副部长。1997年7月，兼任老干局局长（正科级）。1999年9月，任矿区人民法院党组成员、纪检组长、审判员、审判委员会委员。

（三）

四级高级法官和先进模范

曹喜才（1956～　），山西省襄汾县人，1971年加入中国共产党，大学文化，四级高级法官，民事审判一庭庭长。

1974年12月入伍，在武警阳泉消防大队服役。1980年5月，任阳泉消防一中队指导员，1985年，任平定县消防队中队长。1988年转业，10月，任矿区人民法院刑事审判庭助理审判员、审判员。1991年3月，任桥头法庭副庭长。2005年2月，任民事审判一庭庭长。2012年，评为“全省民事审判工作调解能手”，被省高院荣记二等功。

文晋喜（1954～　），山西省文水县人，中共党员，大学文化，四级高级法官，矿区人民法院院长助理。

1971年4月参加工作，在阳泉矿务局四矿医院任职，1979年9月，任阳泉市矿区法院法警。1984年5月，任矿区法院审判员。1988年12月，任矿区法院副科级审判员。1992年7月，任行政审判庭副庭长。2000年9月，任执行局（庭）局（庭）长。2009年2月，任阳泉市矿区人民法院院长助理。

2001年，被省高院授予“人民满意的好法官”，并荣立个人二等功。

周彦斌（1958～　），山西省和顺县人，中共党员，大学文化，四级高级法官，矿区法院民事审判三庭庭长。

1976年4月参加工作，矿务局四矿任职。1982年4月，在矿区公安分局任职。1985年12月，任矿区人民法院助理审判员、审判员。1991年8月，任矿区法院贵石沟法庭庭长。1993年4月，任告诉申诉审判庭庭长。2000年9月，任政工科副科长。2005年2月，任民事审判三庭庭长。

邓治国（1956～　），山西省繁峙县人，中共党员，大学文化，四级高级法官，矿区人民法院民二庭庭长。

1974年12月入伍，在航空兵第二十师特设师部队服役。1987年11月，转业至阳泉市矿区人民法院，任助理审判员。1989年4月，任矿区法院副庭长。1989年11月，任矿区法院桥头法庭庭长、行政审判庭庭长、经济审判庭庭长。2005年2月，任民事审判二庭庭长。

1977年2月，被中国人民解放军39929部队荣记个人三等功一次。曾连年被评为区、院的先进工作者、优秀党员。1992年3月、1999年3月，被阳泉市中级人民法院荣记个人三等功各一次。2000年，在阳泉市社会主义劳动竞赛中荣立个人三等功一次。2000年，被山西省高级人民法院评为“人民满意的好法官”，并荣记二等功。

葛宜华（1962～）女，山西省阳泉市人，大学文化，中共党员，一级法官，刑事审判庭庭长。

1981年9月，在阳泉市北大街小学任教。1989年10月，任阳泉市矿区司法局司法助理员。1993年1月，任阳泉市矿区法院助审员、审判员。2000年9月任刑事审判庭副庭长。2005年2月，任刑庭庭长，审判委员会委员。

2002年，被山西省高级人民法院授予“人民满意的好法官”，并荣记二等功。2010年，被山西省高级人民法院授予“人民满意的好法官”。

张晓荣（1965～）（女），山西省阳泉市人，大学文化，中共党员，一级法官，民事审判一庭副庭长。

1982年10月，在阳泉市矿区人民政府任职（其间于1982年12月～1987年12月，在山西省会计函授学校财会专业学习）。1988年10月，任阳泉市矿区人民法院助审员，后任审判员（其间于1999年9月，在山西省委党校经济管理专业学习，2002年7月毕业）。2000年9月，任民事审判庭副庭长。

多次被评为矿区综治先进个人和区先进工作者。2002年荣获阳泉市基层法院优秀法官。2003年，被山西省高级人民法院评为“2002年度先进个人”，2003年2月，被山西省高级人民法院荣记个人二等功。2006年3月被阳泉市妇女联合会评为“维权”先进工作者，同时命名为“三八”红旗手。

牛慧忠（1970～），山西省阳泉市人，中共党员，大学文化，一级法官，执行局局长。

1988年10月，任阳泉市矿区人民法院法警、书记员，后任助审员。1996年11月，任审判员。2000年9月，任执行局（庭）副局（庭）长（其间于2002年9月～2004年7月，在中央广播电视大学法学专业学习）。2009年3月，任执行局局长。

1995年、1999年，被阳泉市中级人民法院荣记个人三等功各一次。2004年评为阳泉市“双十佳”政法干警，并被阳泉市劳动竞赛委员会荣记个人二等功。2007年，被评为阳泉市“十大优秀青年”，荣记个人三等功一次。

王晓林（1957～）（女），河北省井陉县人，群众，大学文化，四级高级法官，矿区法院正科级审判员。

1976年1月参加工作，任阳泉师范学院校医。1986年3月，任矿区人民法院助审员，后任审判员。2000年9月任行政庭庭长。2009年2月任审判员。

2003年，被阳泉市总工会授予劳动模范。

李新华（1955～），山西省昔阳县人，中共党员，大学文化，四级高级法官，矿区法院正科级审判员。

1973年12月入伍，1988年10月转业。1988年10月，任矿区人民法院政工科科长。2000年9月，任矿区法院桥头法庭庭长。

2005年2月，任立案庭庭长。2009年2月，任正科级审判员。

1998年，中共阳泉市委、阳泉市人民政府授予“打团扫恶先进个人”。

韩克文（1952～　），山西省代县人，中共党员，大学文化，一级警督，矿区法院法警。

1967年12月参加工作，在阳泉市房管局、建筑三公司任职。1988年10月，任矿区人民法院助审员。1992年5月，任办公室副主任。1996年3月，任法警大队大队长。

1994年、1995年，荣立三等功各一次。1999年、2002年，被阳泉市中级人民法院评为先进个人，2007年、2008年，被矿区综治委评为综治先进个人。

任新澜（1962～　），山西省阳泉人，大学文化，中共党员，四级高级法官，审判监督庭庭长。

1983年9月参加工作，任矿区人民法院助审员。1986年，任审判员。2000年9月，任审判监督庭庭长。

1997年，荣获个人三等功一次。

仇怀俊（1966～　），山西省平定县人，大学文化，中共党员，一级法官，矿区法院民事审判三庭副庭长。

1989年11月参加工作，任矿区人民法院书记员，后任助审员。1996年7月，任审判员。2009年2月，任民事审判三庭副庭长。

1991年，被授予严打刑事犯罪斗争先进个人。2002年、2006年、2011年，荣立个人三等功各一次。2005年，被矿区区委、区政府荣记个人一等功。2011年，被矿区委员会评为优秀共产党员。2012年，评为“全省优秀法官”，被省高院荣记二等功。

董波洋（1975.7～　），山西省榆社县人，大学文化，中共党员，三级警督，矿区法院法警大队大队长。

1990年3月入伍，在中国人民解放军52940部队服役。1996年2月，在阳泉矿务局二矿公安科任职。1997年8月，任矿区人民法院法警，后任书记员。2005年2月，任法警大队副大队长。2009年2月，任大队长。

1991年，被评为阳泉市法院系统“三基”能手。2003年，在“10・30”事件中挺身而出、奋不顾身，被授予荣誉称号。同年，被阳泉市市委、市政府授予“严打斗争功臣”，并记个人三等功。2005年，被最高人民法评为“全国法院司法警察工作先进个人”。2008年，被授予阳泉市法院系统先进法警，并荣记个人三等功一次。2011年3月，被评为阳泉市法院系统先进个人。

龚景泉（1974～　）山西省盂县人，中共党员，大学文化，二级法官，矿区法院办公室主任。

1996年3月参加工作，任矿区人民法院书记员、助审员，后任审判员。2005年2月，任刑事审判庭副庭长。2009年2月，任办公室主任。

1997年，在阳泉市法院系统“三基”竞赛活动中荣获“两法”知识竞赛二等奖。1997年、1999年、2000年，被矿区区委、区政府评为先进工作者。2001年，被阳泉市中级人民法院授予“双满意”活动先进个人。2005年、2006年，被矿区综治委评为综治工作先进个人。2009年，被阳泉市劳动竞赛委员会授予“五一劳动奖章”。同年，被阳泉市委政法委员会评为第四届“双十佳”十大杰出政法干警。2011年，荣立个人三等功一次。

贾建军（1959～　），山西省寿阳人，群众，大学文化，一级法官。矿区法院执行局副局长。

1976年12月参加工作，在阳泉市交通局任职。1984年5月，任矿区人民法院法警。1995年6月，任助审员，后任审判员。2009年2月，任执行局副局长。

2001年，荣立个人三等功一次。2011年，被阳泉市中级人民法院评为先进个人。

牛志东（1951～　），河北省元氏人，中共党员，大学文化，一级警司，矿区法院执行局执行员。

1971年4月参加工作，在阳建水电队任职。1973年，在铝矾土矿汽车队任职。1979年6月，阳泉市环卫处司机。1984年6月，阳泉市城建服务经理部司机。1985年6月，在矿区防疫站工作。1993年1月，调入矿区法院进行执行工作。

2001年，被阳泉市中级人民法院荣记个人三等功。2005年，被矿区区委、区政府评为先进个人。2008年被阳泉市劳动竞赛委员会荣记个人三等功。2009年，被矿区综治委评为综治先进个人。

王伊萍（1973～）（女），山西省阳泉人，大学文化，群众，矿区法院民事审判二庭工作。

1992年9月参加工作，在阳泉市水泵厂任职。1994年2月，在阳泉市矿区人民法院办公室任职。1995年，任民事审判庭书记员。1997年，在经济审判庭工作。2001年，任执行局执行员。

2006年，调入民二庭工作。

2002年，被阳泉市中级人民法院荣记个人三等功。

邓俊华（1953～ ），山东省菏泽人，中共党员，大学文化，四级高级法官。阳泉市矿区人民法院立案庭副庭长。

1974年10月参加工作。曾任阳泉市重工局高压电瓷厂工会干事、阳泉市新华书店美术技术师。1985年调入矿区法院，曾任助理审判员、审判员、执行局副局长。多年来被评为阳泉市法院系统、矿区政法系统先进工作者。

郭千明（1955～ ），山西省阳泉人，中共党员，大学文化，四级高级法官。阳泉市矿区法院民事审判二庭副庭长。

1979年7月参加工作。1979年至1985年11月在阳泉市第四中学任教，1985年11月至1989年12月阳泉市矿区司法局干部。1989年12月调入矿区法院，曾任助理审判员、审判员。2005年2月，任阳泉市矿区人民法院民事审判二庭副庭长。2008年被阳泉市中级人民法院荣记个人三等功。多年被评为阳泉市法院系统、阳泉市矿区政法系统先进工作者。

李满意（1955～ ），河北省涉县人，中共党员，大学文化，四级高级法官，阳泉市矿区人民法院民事审判三庭副庭长。

1970年12月参加工作。1974年至1978年在部队服役。1978年至1985年阳泉市建材局武装部干事。1985年调入阳泉市矿区人民法院，任助理审判员、审判员。2005年2月任阳泉市矿区人民法院民事审判三庭副庭长。多年来被评为阳泉市法院系统、阳泉市矿区政法系统先进个人。

郭建秀（1960～ ），（女），山西省盂县人，中共党员，大学文化，四级高级法官。阳泉市矿区人民法院执行局副局长。

1980年7月参加工作。曾任阳泉市矿区人民法院书记员、助理审判员、审判员。2009年2月任阳泉市矿区人民法院执行局副局长。2001年被山西省妇联授予“三八”红旗手。多年来被评为阳泉市法院系统、阳泉市矿区政法系统先进工作者。

闫小玲（1962～ ），（女），山东省肥城人，中共党员，大学文化，四级高级法官，阳泉市矿区人民法院行政审判庭庭长。

1980年7月参加工

作，曾任阳泉矿区人民法院书记员、助理审判员、审判员、办公室副主任。2000年被阳泉妇联授予“三八”红旗手。多年来被评为阳泉市法院系统、阳泉市矿区政法系统先进工作者。

魏庭新（1937～2012.12），辽宁省凌源县人，中共党员，初中文化，四级高级法官。

1949年4月参加工作，在部队服役。1963年转业到地方工作。1973年7月至1978年7月在阳泉市中级人民法院工作，任审判员。1978年7月到阳泉市矿区人民法院工作任审判员。

1997年7月离休。

刘林珍（1938～　），山西省盂县人，中共党员，初中文化，四级高级法官。

1956年8月参加工作。先后在阳泉矿务局四矿、阳泉市城区检察院工作。1981年10月调入矿区法院工作，任助理审判员、审判员。1985年6月被山西省委、省政府授予政法战线先进工作者称号，1995年山西省高级人民法院荣记个人二等功，同时授予“优秀人民法官”称号。1996年荣登山西省“百名好法官”金榜，同年阳泉市劳动竞赛委员会为他荣记个人二等功。多次被评为区和法院先进工作者。1998年为阳泉市劳动模范。

1999年9月退休。

苏祥娥（1940～　），（女），山西省昔阳县人，中共党员，高中文化，一级法官。

1957年参加工作，1957年至1964年昔阳县城关乡大寨分校教员。1964年至1970年任昔阳县城关乡妇联主任。1970年至1984年任阳泉市城区法院审判员。1984年调入阳泉市矿区法院任审判员、民事庭副庭长。1961年被评为山西省文教系统先进工作者。

1995年退休。

姚汝峰（1942～　），山西省阳泉市人，中共党员，中专文化，四级高级法官，副处级。

1961年8月至1971年8月在8338部队任战士、班长、排长。1971年8月至1978年11月在阳泉市电子局工作任副书记。1978年11月至1984年3月在阳泉市矿区检察院工作，任检察员、科长等职。1984年3月至1988年4月在矿区弹簧厂任厂长兼书记。1988年4月到矿区法院工作，任审判员、庭长、审判委员会委员等职。

2002年退休。

李鸿林（1943～　），山西省昔阳县人，中共党员，大专文化，四级高级法官。

1963年8月参加工作。1963年8月至1983年阳泉市矿区平坦小学教师。1983年8月调入矿区法院，先后任助理审判员、审判员、民事审判庭副庭长。多次评为阳泉市法院系统、矿区政法先进个人。

2003年退休。

杨永隆（1946～　），山西省寿阳县人，中共党员，大专文化，四级高级法官。

1963年6月参加工作，先后在寿阳县平头乡、寿阳县委工作。1971年2月至1978年12月在阳泉矿务局工作（代干）。1978年12月调入矿区人民法院工作，先后任助理审判员、审判员、矿区沙坪人民法庭庭长、民事审判庭庭长。1999年被阳泉市中级人民法院荣记个人三等功。

2006年退休。

邵丽颖（1953～　）（女），山西省平定县人，中共党员，大专文化，四级高级法官。

1967年12月参加工作。1967年12月至1983年4月阳泉市标准件厂技术员。1983年4月至1988年10月阳泉市重工局助理工程师。1988年调入阳泉市矿区人民法院，任助理审判员、审判员。2002年、2006年分别被阳泉市中级人民法院荣记个人三等功。

2008年退休。

蒋巨科（1949～　），山西省平定县人，中共党员，大专文化，四级高级法官。

1968年12月参加工作。1968年至1976年在阳泉矿务局四矿宣传部工作。1976年至1984年在阳泉市群众艺术馆工作。1984年至1985年在阳泉市煤炭工业局宣传部工作。1985年调入矿区法院工作，先后任助理审判员、审判员、办公室副主任、矿区贵石沟人民法庭庭长、告诉申诉庭庭长。1997年被阳泉市中级人民法院荣记个人三等功。

2009年退休。

第三节 郊区法院

（一）

现任院领导

冯晋明（1963～ ），山西省运城市盐湖区人，中共党员，大学文化，阳泉市郊区人民法院党组书记、院长，四级高级法官。

1983年9月参加工作，历任阳泉市中级人民法院书记员、助理审判员。1992年加入中国共产党。同年4月，任审判员，主审经济类案件。1997年12月，任阳泉中院经济审判一庭副庭长。2002年1月，任办公室主任，2002年6月，任审判委员会委员。2007年4月，任阳泉市郊区人民法院党组书记、代院长，在郊区十六届人大一次会议上，当选为院长。

2002年4月，在任阳泉中院办公室主任期间，一手抓日常工作，一手抓中院办公大楼建设工程，2004年，圆满完成该工程的建设。

任怀金（1956～ ），阳泉市郊区人，中共党员。郊区法院副院长、党组成员。四级高级法官。

1971年参加工作，阳泉市革命委员会机关通讯员。1973年参军，第二炮兵部队通讯总站服役。1978年转业，任中共郊区区委宣传部干事。1979年10月，调阳泉市郊区人民法院工作，任书记员。1983年，任助理审判员。1985年，任审判员。1988年，任经济审判庭副庭长（副科级）。1993年，任办公室主任。1995年，任执行庭庭长。1999年，任行政审判庭庭长。1999年1月，任正科级审判员。2002年6月，任郊区法院副院长、党组成员、审判委员会委员。

1997年，受到山西省高级人民法院通令嘉奖。1983年、1998年、2001年，被荣记个人三等功各一次。

张丽华（1963～）（女），阳泉市人，中共党员，郊区法院党组成员、纪检组组长。四级高级法官。

1979年10月参加工作，在郊区电杆厂任职。1981年1月，在阳泉市针织厂工作。1984年6月，任阳泉市郊区人民法院书记员。1988年5月，任助理审判员。1991年4月，任审判员。1995年3月，任郊区法院平坦人民法庭副庭长。1998年9月，任刑事审判庭庭长（副科级）。2002年3月，任郊区法院党组成员，纪检组组长、审判委员会委员（正科级）。2008年起，兼任党支部书记。

1996年1月，荣立个人三等功。1992年2月，被评为“全省优秀女法官”，1996年6月，被评为区机关优秀共产党员。2002年6月，被评为优秀党务工作者。2000年3月，被评为“全省优秀女法官”。2005年3月，被最高人民法院授予“纪检监察先进工作者”。

罗小萍（1962～）（女），山西省五台县人。郊区人民法院政治处主任。四级高级法官。

1981年5月参加工作，山西省阳泉市第一监狱任干事。1986年3月，经山西省法院系统招聘考试，到阳泉市郊区人民法院工作，历任经济审判庭书记员、助理审判员。1991年3月，任郊区法院刑事审判庭审判员。1997年1月，任副科级审判员。1997年5月，任刑事审判庭副庭长，主持工作。1998年9月，任立案庭庭长。2002年3月起，任郊区法院党组成员、审判委员会委员、政治处主任（正科级）。

1987年、1995年、1996年、1997年和2000年，被郊区法院评为“先进工作者”。1996年，被郊区法院评为“优秀妇女干部”，被区委区政府授予“劳动模范”。同年12月，被评为“打团扫恶标兵”，受到山西省委、省人民政府通令嘉奖。1998年，被郊区法院工会评为“工会积极分子。”1999年，被评为“信访工作先进个人”。同年3月，被阳泉市中级人民法院荣记三等功。2001年，被评为全市法院系统先进个人。2003年，被郊区妇女联合会评为“学习、创业、自强型母亲”，同时被命名为“三八红旗手”、先进工作者。2005年9月，被中共阳泉市政法委授予“推进公正执法暨涉法信访先进个人”。2007年，被评为市级“三八红旗手。”2008年，被阳泉市妇联授予“三八红旗手”。

是中共阳泉市第八次、第九次代表大会代表。

蔡春喜（1960～），河北省井陉县人，中共党员，中央党校函授本科毕业。四级高级法官。副院长。

1976年7月参加工作，1980年5月，调阳泉市郊区人民法院工作，先后任书记员、助理审判员、审判员职务。1987年10月，任平坦人民法庭副庭长，主持工作。同年12月，任副科级审判员。1991年4月，任平坦人民法庭庭长。1998年9月，在平坦人民法庭庭长任职期间，兼任郊区人民法院办公室主任。1999年1月，任办公室主任、正科级审判员。2002年7月，增补为法院党组成员，10月，任执行局局长。2008年3月，任副院长。2002年7月，晋升为四级高级法官。

张海忠（1969～　），阳泉市人，中共党员，副院长。

1987年8月参加工作，阳泉市郊区燕龛乡曹家掌小学教师。1989年，调阳泉市郊区人民法院工作。1990年8月，任书记员。1993年3月，任助理审判员。1997年9月，任审判员，1998年9月，任民事审判庭副庭长。2002年11月，任刑事审判庭庭长，2004年2月，任副科级审判员。2006年12月，任郊区人民法院审判委员会委员。2008年2月，任院党组成员。2008年3月，任副院长、党组成员、审委会委员（正科级）。

2002年，被市中院评为先进个人；2003年、2005年和2006年，被区委、区政府、区政法委分别授予"劳动模范"、"优秀共产党员"和"优秀党务工作者"。

董新河（1963～　），河南省人，中共党员，法律自考本科学历，四级高级法官。

1981年6月参加工作，1986年3月，经山西省法院系统招聘考试，到阳泉市郊区人民法院工作。历任书记员、助理审判员和审判员。1991年4月，任刑事审判庭副庭长。1995年12月，任计划生育法庭庭长。1998年9月，任审判委员会委员、平坦人民法庭庭长。1999年1月，任副科级审判员。2002年10月，任审判委员会委员、行政审判庭庭长。2004年3月，任正科级审判员。2008年2月，任院党组成员、审判委员会委员、院长助理。

任学斌（1969～　），河北省获鹿县人，中共党员，中央党校函授本科学历，法院党组成员，执行局局长，二级法官。

1989年7月参加工作，先后任阳泉市郊区人民法院书记员、助理审判员、审判员职务。1998年9月，任审判监督庭副庭长，主持工作。2002年10月，任审判监督庭庭长。2004年3月，任副科级审判员。2004年10月，任审判委员会委员。2008年2月，任法院党组成员、审判委员会委员、执行局局长、正科级审判员。

（二）

历任院领导

武义祯（1929～　）阳泉市郊区人。

1945年4月参加工作，同年9月，加入中国共产党，任平定解放区七区（平定县）半脱产青年小区委员。同年，任平定县七区小学教师。1947年5月，任阳泉市新解放区农村小学教师。1949年底，任阳泉市公安局预审科科员。1958年8月，任阳泉市公安局石卜嘴派出所所长。1960年3月，任阳泉市公安局劳教队副队长。1970年7月，任阳泉市工业服务公司白羊墅货站党支部书记、站长。后任阳泉市公安局处长。1975年2月，任阳泉市郊区人民法院院长。1980年，被任命为郊区人民法院党组书记、审判委员会委员。

1984年5月离休。

孙喜爱（1942～），山东省即墨市人，中共党员，大专文化程度，四级高级检察官。

1959年参加中国人民解放军，步兵一九九师独立高炮营文书。1963年，任中国人民解放军炮兵第六十五师六二六团政治处书记。1964年，任中国人民解放军炮兵第六十五师政治部干部科干事。1969年，任炮兵六二六团四连政治指导员，后任中国人民解放军昆明军区炮兵政治部秘书处秘书。1970年，任炮兵六二三团二营任政治教导员。1976年转业，任阳泉市郊区三郊公社党委书记。1980年，调郊区人民法院工作，任法庭庭长。1984年，任郊区人民法院院长、党组书记，兼郊区政法委副书记。1988年，任阳泉市荫营地区检察院副检察长（主持工作），兼任院党组成员。

是阳泉市郊区第十届、第十一届人大代表。

王立明（1944～）山西省太谷县人，大专文化，中共党员，三级高级法官。

1963年3月入伍，中国人民解放军铁道兵46团任战士、班长。退役后任山西省高级人民法院政治处干事，阳泉市公安机关军事管制委员会审判办公室副主任，阳泉市中级人民法院刑事审判庭副庭长，1978年7月组织筹建矿区人民法院，1981年9月起历任矿区人民法院副院长、院长。1995年4月至2002年4月，任阳泉市郊区人民法院党组书记、院长。

2004年4月退休。

李保来（1953～），山西省平定县人，大专文化程度，中共党员，三级高级法官。

1972年4月参加工作，平定法院法警。1974年4月，任平定法院书记员。1982年10月，任平定法院审判员。1984年3月，任平定法院党组成员、副院长。1995年4月，先后任阳泉市中级人民法院先告申审判庭庭长、审判监督庭庭长、审判委员会委员。1998年4月，任阳泉市城区人民法院党组书记、院长。2003年5月，任阳泉市郊区人民法院党组书记、院长，2007年6月，任阳泉市中级人民法院审判员。

1985年，被最高人民法院授予“全国法院先进工作者”称号。2002年6月，阳泉市城区人民法院，被最高人民法院授予全国法院系统“人民满意的好法院”荣誉称号。

史先玲（1953.11～）（女）中共党员，大学文化。四级高级法官。

1970年9月，阳泉师范学习。1971年11月，任荫营公社妇联主任。1973年12月，郊区妇联工作。1975年11月，阳泉市公安局郊区分局工作。1986年12月，任郊区政法委办公室主任、综治委副主任。1991年12月，任郊区检察院副检察长。1999年4月，任郊区人民法院副院长。2002年起，任常务副院长。

1995年到1999年，连续五年被评为优秀检察官。1997年，被省委省政府通令嘉奖。1998年，被市委市政府通令嘉奖。2000年，山西省省总工会授予“文明家庭”。2001年至2003年，在严打整治斗争中，获“阳泉市严打整治斗争先进个人”称号。2003年，被阳泉市劳动竞赛委员会荣记个人三等功。2004年3月，荣获山西省“三八红旗手”称号。2005年8月，被山西省精神文明建设委员会、阳泉市政法委、阳泉市妇联授予“建设和谐社会模范”称号。2006年1月，被评为全国“五好文明家庭”。3月，被阳泉市授予“五好文明家庭标兵户”。2006年6月，代表中国女企业家协会出席了开罗全球世界妇女峰会。7月，被评为阳泉市优秀共产党员。

2008年12月退休。

赵鹏（1949.10～），山西省阳泉市人，中共党员，大专文化。

1965年10月参加工作，任荫营区通讯员。1968年12月，参加中国人民解放军，在38军114师341团炮三连任通信员，副班长。1969年12月，在北京军区机委学校就读。1970年10月，加入中国共产党。1970年12月，任38军114师机要科参谋。1975年7月，转业到郊区人民政府工作，先后在办事组、车队工作。组建郊区人民法院时，调法院工作，先后任法警、书记员、助理审判员、审判员、刑事审判庭副庭长、庭长。法院党组成员、审判委员会委员、常务副院长、党支部书记、三级高级法官。2009年11月退休。

2009年9月，最高人民法院为其颁发“从事人民法院工作三十年荣誉奖章”及“荣誉证书”。

是阳泉市郊区政协第三、四届委员会委员。

赵维田（1941.8～）山西省阳泉市人，初中文化，中共党员，四级高级法官。

1966年5月参加工作，平定手管局职工。1970年2月，阳泉矿务局一矿工作。1979年9月起，历任阳泉市郊区人民法院审判员、庭长、副院长。1988年12月，任正科级审判员。

（三）

四级高级法官和先进模范

翟 希（1953 ～ 2005）北京市人，大专文化，四级高级法官。

1969 年 1 月参加工作，阳泉市重工局机关干事，同年 7 月参加中国共产党。1975 年，任阳泉市建筑工程局干事。1988 年，任山西省汽车运输公司阳泉分公司干事。1989 年起，先后任阳泉市郊区人民法院助理审判员、审判员。1998 年 9 月，任河底人民法庭副庭长、庭长。1995 年 1 月，任副科级审判员，2004 年 12 月，任正科级审判员。

1997 年 7 月，当选为山西省“百名好法官”。

2005 年病逝。

任继华（1961 ～　），山东省东平县人，中共党员，大学文化，四级高级法官。

1977 年 7 月参加工作，1985 年 10 月，选调入郊区人民法院工作。1990 年 12 月，经统一考试，被录用为国家干部。先后任书记员、助理审判员、审判员职务。1991 年 4 月，任经济审判庭副庭长。1997 年 5 月，任经济审判二庭庭长。2002 年 10 月，任审判委员会委员、执行二庭庭长。2005 年，调义井人民法庭工作，负责全面工作。2008 年 3 月，任专职审委会委员（正科级）。2007 年 10 月，晋升为四级高级法官。

1998 年 12 月，经济审判二庭，被山西省委、省人民政府授予“先进集体”。2005 年，义井人民法庭被授予“全国青年文明号”。

任义牛（1941 ～　）阳泉市郊区人。中共党员，初中文化程度，四级高级法官。

1961 年 12 月参加中国人民解放军。1971 年转业，任阳泉市第一钢铁厂政工科干事。1978 年 11 月，调阳泉市郊区人民检察院工作。1983 年 6 月，调阳泉市郊区人民法院工作，先后任书记员、助理审判员、审判员。1984 年任经济审判庭庭长。

2001 年退休。

秦建民（1954 ～　），晋中市太谷县人，中共党员，四级高级法官。

1970 年 8 月参加工作。1989 年 9 月，调阳泉市郊区人民法院工作，1997 年 4 月起，先后任审判员、办公室副主任、执行庭副庭长、副科级审判员、办公室主任、正科级审判员。

2006 年 3 月，被阳泉中院荣记三功等。

梁德广（1959 ～　），山东省莱阳人，中共党员，中央党校函授本科毕业，四级高级法官。

1972 年 5 月参加工

作。1986 年 6 月起，先后任郊区人民法院民事审判二庭庭长、副科级审判员、正科级审判员、审判委员会委员。

任丽莉（1973 ~ ）（女），阳泉市郊区人，中共党员，大学文化。郊区人民法院监察室主任。

1991 年参加工作，郊区人民法院办公室任职。1996 年 12 月，任河底人民法庭助理审判员。1999 年 1 月，任荫营人民法庭审判员。2001 年 1 月至 2003 年 12 月在立案庭工作。2004 年 12 月，在执行二庭工作。2005 年 1 月，任义井人民法庭副庭长。2008 年 7 月，任郊区人民法院监察室主任。

杨继文（1967 ~ ）（女），阳泉市郊区人，大学文化，中共党员，阳泉市郊区人民法院未成年人案件综合审判庭庭长。

1989 年 9 月参加工作，历任阳泉市郊区人民法院经济审判庭书记员、助理审判员、审判员职务。2002 年 11 月，任阳泉市郊区人民法院刑事审判庭副庭长。2007 年 5 月，负责未成年人刑事案件审判 。2008 年 7 月，阳泉市郊区人民法院未成年人案件综合审判庭正式成立，任首任庭长。

2003 年，被评为“山西省政法系统严打斗争先进个人”。

高志亮（1970 ~ ），山西省昔阳县人，中共党员，中央党校函授本科毕业。

1988 年 8 月参加工作，1988 年 12 月，调阳泉市郊区人民法院工作。1998 年 9 月，任经济审判一庭副庭长。2000 年 7 月，任审判长。2004 年 3 月，任副科级审判员。2008 年 6 月，任正科级审判员，同年 7 月，任该院审判委员会专职委员，2007 年 11 月，晋升为二级法官。

1997 年 10 月，被山西省高级人民法院荣记个人三等功。

杨志荣（1972.8 ~ ），山西省昔阳县人，法学硕士。1994 年 7 月参加工作，在郊区人民法院任职。2002 年 9 月，任郊区法院办公室副主任；2002 年至 2004 年，在山西大学法学院研究生部学习，获法学硕士学位。2006 年 10 月，任审判委员会委员，2008 年 8 月，任刑事审判庭庭长。

是阳泉市人大代表、郊区政协常委。

2012 年 5 月，被山西省劳动竞赛委员会荣记“一等功”。

史际平（1964 ~ ），阳泉市郊区人。中共党员，中央党校函授本科毕业。

1980 年 5 月参加工作，1989 年 5 月，调郊区人民法院工作。1998 年 9 月，任刑事审判庭副庭长。2002 年 10 月，任民事审判三庭庭长。2004 年 3 月，任副科级审判员。2008 年 2 月，任正科级审判员。2008 年 3 月，任郊区人民法院专职审判委员会委员。2006 年 11 月，晋升为一级法官。

1995 年 8 月，受到省委、省政府通令嘉奖。2003 年 2 月，被省高级人民法院荣记个人二等功。

冯素林（1957.7 ~ ），女，山西省阳泉市人。中共党员，大学本科。

1976 年 7 月参加工作，在阳泉市郊区杨家庄联校任教。1978 年 7 月，在山西省水利学校学习。1981 年 7 月，任郊区法院民事审判庭审判员。1989 年 7 月，任郊区法院荫营法庭副庭长。1996 年 5 月，任荫营法庭庭长。1998 年 5 月，任郊区法院民事审判庭长。2002 年 11 月，任郊区法院审判委员会委员。2012 年 8 月退休。

1993 年，郊区委员会、郊区人民政府授予“劳动模范”；1995 年，获山西省高级人民法院“民事法律文书”二等奖。1999 年，荣立个人三等功。2001 年，郊区妇女联合会授予“三八红旗手”。2002 年，阳泉市妇女联合会、阳泉市中级人民法院授予“维护妇女儿童合法权益优秀卫士”。2003 年 9 月，山西省高级人民法院授予“山西省法院系统指导人民调解工作先进个人。”

王志宏（1968 ~ ），阳泉市郊区人，中共党员，电大本科文化。

1989 年 9 月参加工作，先后任阳泉市郊区人民法院书记员、助理审判员、审判员职务。2006 年 12 月，任民事审判庭一庭庭长。2008 年 6 月，任副科级审判员。2005 年 11 月，晋升为二级法官。

2006 年 3 月，被阳泉中院荣记三等功。

刘 伟（1966 ~ ），河北省徐水县人。中共党员，大学文化。

1987 年 7 月参加工作，1991 年，调阳泉市郊区人民法院工作，历任书记员、助理审判员、审判员、副庭长、庭长、执行局副局长。2008 年 6 月，任副科级审判员。

1997 年 4 月，阳泉市劳动竞赛委员会为其荣记个人三等功。2001 年 10 月，山西省高级人民法院为该同志荣记个人三等功。2002 年 2 月，被评为山西省“人民满意的好法官”，省高院再次为其荣记个人二等功。

赵建军（1969 ~ ），山西省平定县人，中共党员，大学专科文化。

1991年7月参加工作，在阳泉荫营煤矿子弟学校任教。1995年1月，调阳泉市郊区人民法院，现任河底人民法庭庭长。

2008年5月，被山西省高级人民法院荣记二等功。

王宝翠（1963.3 ~ ），女，中共党员，法律本科。1991年11月参加工作。历任郊区法院科员、助理审判员、审判员、行政庭副庭长，现任行政庭庭长。

2009年12月，被山西省高级人民法院授予“全省法院系统行政审判工作先进个人”。

史历文（1966.5 ~ ），女，中共党员。1984年8月参加工作。1995年1月调入郊区法院，在荫营法庭工作。1998年9月在立案庭工作。2003年2月，任立案庭副庭长。2008年8月，任立案庭庭长。

2001年3月，被省妇联授予“三八红旗手”，并被山西省高级人民法院授予“全省法院系统优秀法官”。

杨铁福（1966 ~ ）阳泉市郊区人，中共党员，大学文化。

1988年参加工作，任阳泉市郊区西南舁乡政府共青团委书记、文化站站长。1993年，调郊区人民法院工作，先后任书记员、助理审判员、执行一庭副庭长、执行局副局长。

2002年，阳泉中院授予“法院系统优秀工作者”，2007年，中共阳泉市委政法委授予“政法系统十佳政法干警”，阳泉市劳动竞赛委员会授予“五一劳动奖章”。

任东晓（1940 ~ ），阳泉市郊区人，初中文化。四级高级法官。

1958年参加工作，阳泉市建设局工人，1959年参军。1965年转业至甘肃省商业厅工作，1970年，调阳泉市建材局工作。1972年，任郊区三郊乡特派员。1977年，调郊区人民法院工作，1980年，调阳泉市公安局郊区分局工作，任李家庄派出所指导员。1984年，调任郊区法院河底人民法庭庭长。1987年，任郊区法院审监庭庭长。

2001年退休。

刘满贵（1945 ~ ），阳泉市郊区人。中共党员，大专文化。四级高级法官。

1971年1月加入中国共产党，1975年1月参加工作，阳泉市水暖器材厂工人。1983年1月，“严打”斗争初期，调至阳泉市郊区人民法院工作，历任助理审判员，审判员。1991年4月，任办公室副主任。1993年5月，任河底人民法庭庭长。1999年1月，任副科级审判员。

2005年11月退休。

祁斌（1951～）阳泉市郊区人，中共党员，大专文化。

1975年8月参加工作，曾任郊区平坦镇甘河学校校长。1987年9月，至北京教育学院进修，结业后分配至阳泉市郊区职业高中任教导主任，1991年1月，调任郊区区委农工部干事。1994年2月，调任阳泉市郊区人民法院工作书记员，同年10月，加入中国共产党。1996年，任助理审判员。2001年，任审判员。

邵八锁（1942.3～）山西省阳泉市人，初中文化，中共党员，四级高级法官。

1958年10月参加工作，荫营铁厂职工。1961年9月参军。1968年4月，任阳泉市农机公司厂长。1980年3月，调阳泉市郊区人民法院工作。1988年11月，任该院政工科科长，12月，晋升为正科级审判员。

魏仕琪（1943.6～）山西省霍州人，法律业大专业证书文化，中共党员，四级高级法官。

1963年3月参加工作。1982年2月，任郊区人民法院审判员、科员。1987年9月起，历任审判委员会委员、民事审判庭庭长（副科级）。1990年6月，任审判委员会委员、经济审判庭庭长（副科级）。1998年9月，任审判委员会委员。1999年1月，晋升正科级。

曾荣立个人三等功一次。

任新义（1949.8～）山西省阳泉市人，大学文化，中共党员，四级高级法官。

1969年参军。1976年，任郊区人民法院法警、审判员。1981年，任民事审判庭副庭长。1985年，任荫营法庭庭长。1988年，任副科级审判员。1991年，任民事审判庭庭长、审判委员会委员。1999年1月，任纪检组组长，正科级审判员。

1985年，被评为山西省政法战线先进工作者，1987年，被评为阳泉市政法战线劳动模范。

第四节 平定法院

（一）

现任院领导

黄计生（1969～ ），阳泉市郊区人，大学文化，中共党员，四级高级法官，平定县人民法院党组书记、院长。

1988年8月至1991年1月，在阳泉市矿区平潭街小学任教。1991年2月至1995年1月，任阳泉市矿区平潭街办事处科员。1995年2月至1997年7月，任阳泉市中级人民法院经济庭、执行庭法警、书记员（科员）。1997年12月，任助理审判员。2000年12月，任审判员。2002年8月至2005年5月，任阳泉市中级人民法院立案庭副庭长、执行局执行长。2005年6月至2011年5月，任政治部副主任、正科级审判员、办公室主任。2011年5月，任平定县人民法院党组书记、代院长，同年6月当选为平定县人民法院院长。

2011年6月被阳泉市政法委、阳泉市劳动竞赛委员会授予“十佳政法干警标兵”称号。

王忠强（1968～ ），山西省平定县人，大学文化，中共党员，四级高级法官，平定县人民法院常务副院长。

1988年8月至1993年10月，任平定县人民法院法警、书记员。1993年11月至1995年6月，任平定县人民法院助理审判员。1995年7月至1998年9月，任平定县人民法院审判员。1998年10月至1999年12月，任平定县人民法院刑事庭副庭长。2000年1月主持刑事庭工作。2003年10月至2008年6月任平定县人民法院党组成员、副院长、审委会委员。2008年7月，任平定县人民法院党组成员、常务副院长、正科级审判员、审委会委员。

1996年10月被阳泉市委、市政府荣记三等功，2001年被山西省高级人民法院荣记二等功，并被评为“人民满意的好法官”，2007年被阳泉市委、市政府授予“劳动模范”称号，2012年12月被阳泉市委政法委授予“双十佳干警”。阳泉市劳动竞赛委员会授予“五一劳动奖章”。省委政法委授予“核心价值观教育实践活动优秀干警”。

赵彦明（1964～　），山西省平定县人，大专文化，中共党员，四级高级法官，平定县人民法院副院长。

1979年7月至1980年1月，在平定县物资局工作。1980年7月至1988年10月，任平定县人民法院法警、书记员。1988年11月至1991年2月，任助理审判员。1991年3月至1993年11月，任审判员。1993年12月至1996年3月，任经济庭副庭长。1996年4月，任执行庭庭长。2003年10月，任平定县人民法院党组成员、审委会委员。2004年2月，任副院长。2008年7月，任正科级审判员。

1988年3月被阳泉市委、市政府评为“先进工作者”，1993年3月被阳泉市中级人民法院荣记三等功，2002年3月被阳泉市中级人民法院授予“先进工作者”称号。

时来生（1964～　），山西省平定县人，大学文化，中共党员，一级法官，平定县人民法院副院长。

1984年2月至1988年8月，在平定县马山联校任教。1988年9月至1995年12月，在平定县财贸办公室工作。1996年1月至1997年10月，任平定县阳胜乡副乡长。1997年11月至2001年9月，任平定县纪检委副科级纪检员。

2001年10月至2008年6月，任平定县人民法院党组成员、纪检组长、审委会委员。2008年7月起，任副院长，正科级审判员。

2005年被山西省高级人民法院授予“全省法院优秀纪检先进工作者”称号。

王文斌（1973～　），山西省平定县人，大学文化，中共党员，二级法官，平定县人民法院副院长。

1992年7月参加工作，1995年2月至2004年1月，任平定县人民法院法警、书记员。2004年2月至2008年6月，任办公室副主任。2008年7月起，任平定县人民法院党组成员、政治处主任、审判委员会委员，2011年12月，任副院长。

2008年4月，被山西省高级人民法院评为“先进个人”。

潘海波（1963～　），山西省平定县人，大学文化，中共党员，四级高级法官，平定县人民法院纪检组长。

1982年9月参加工作，在晋中地区平定煤矿工作。1986年1月至1996年3月，在平定县人民法院办公室工作，历任干事、书记员、助理审判员、审判员、办公室副主任。1996年4月至1998年12月，任平定县巨城人民法庭庭长。1999年1月至2004年

3月，任平定县人民法院立案庭庭长。2004年4月至2008年6月，任平定县人民法院院长助理、刑事审判庭庭长。2008年7月起，任平定县人民法院党组成员、纪检组长、正科级审判员、中共平定县人民法院支部书记、审委会委员。

1997年3月、2002年3月，分别被阳泉市中级人民法院荣记三等功，2001年被阳泉市中级人民法院评为“双满意活动先进个人”。

李秀英（1966～），山西省平定县人，大学本科文化，中共党员，平定县人民法院党组成员、政治处主任。

1989年参加工作，在平定县水利局任职。1996年10月在平定县人民检察院任书记员。1999年3月在平定县人民检察院任助理检察员。2002年8月任平定县人民检察院检察员。2003年12月任平定县人民检察院检察员、公诉科科长。2008年10月任平定县人民检察院检察委员会专职委员、公诉科科长。2011年12月，任平定县人民法院党组成员、政治处主任、审委会委员。

2002年，荣记“三等功”。

赵平（1969～），山西省平定县人，大学文化，中共党员，二级法官，党组成员、执行局局长。

1986年3月参加工作。1991年2月至1995年1月，任平定县人民法院法警。1995年2月至1996年3月，任书记员、助理审判员。1996年4月至1998年3月，任审判员、巨城法庭副庭长。1998年4月至2000年3月，任平定县人民法院经济审判二庭副庭长。2000年4月至2005年3月，任经济审判一庭副庭长。2005年4月至2008年9月，任平定县法院巨城人民法庭负责人。2008年10月，任平定县人民法院审判委员会专职委员，2011年12月，任执行局局长。2012年1月，任党组成员。

1995年8月，阳泉市中级人民法院为其荣记三等功。

岳鹏飞（1974～），山西省平定县人，大学文化，中共党员，平定法院党组成员、办公室主任。

1992年12月参加工作，在部队服役，1994年10月在平定商贸集团工作。1997年6月任平定县人民法院法警，2009年6月任平定县人民法院办公室副主任。2011年11月15日任平定县人民法院办公室主任，2012年1月，任党组成员、副主任科员。

贾堂政（1967～　），山西省平定县人，大学文化，中共党员，一级法官。

1988年8月至1997年4月，在平定县人民法院任法警、书记员、助审员、审判员。1997年5月至2004年1月，任平定县人民法院行政庭副庭长。2004年2月至2009年5月，任平定县人民法院民二庭庭长。2009年6月至今，任平定县人民法院刑事庭庭长。2011年12月，任审判委员会专职委员。

1997年3月被阳泉市中级人民法院荣记三等功，2004年5月被阳泉市中级人民法院、阳泉市司法局评为“阳泉市人民调解工作先进个人”，2006年3月被阳泉市中级人民法院授予“模范法官”称号并荣记三等功。

岳富祥（1965～　）女，河北省井陉县岩峰乡人，大专文化，中共党员，一级法官。

1982年6月至1985年12月，在平定县五交化公司工作。1986年1月至1988年9月，在平定县人民法院工作，历任书记员、助审员、审判员。1998年10月至2004年1月，任平定县人民法院办公室副主任。2004年2月，任平定县人民法院立案庭庭长。2011年12月，任审判委员会专职委员。

1996年1月被山西省高级人民法院荣记三等功，1999年3月，被阳泉市中级人民法院荣记三等功。

岳怀亮（1957～　），山西省平定县人，大专文化，中共党员，四级高级法官，平定县人民法院党支部书记。

1975年6月至1978年10月，在平定县卫东煤矿工作。1978年11月至1982年12月，任平定县人民法院法警。1983年1月至1984年6月，任书记员。1984年7月至1986年6月，任助理审判员。1986年7月至1988年9月，任审判员。1988年10月至1993年10月，任平定县锁簧人民法庭副庭长。1993年11月至1996年3月，任平定县人民法院民事审判庭副庭长。1996年4月至2004年1月，任行政庭庭长。2004年2月至2008年6月，任执行庭庭长。2008年7月起，任平定县人民法院党组成员、执行局局长、正科级审判员、审委会委员。2011年12月，任党支部书记。

1992年3月被阳泉市中级人民法院荣记三等功，1993年3月被阳泉市政法委评为“先进个人”。2008年8月被阳泉市中级人民法院授予“先进法官”称号。

唐友谊（1957～　），山西省平定县人，大专文化，中共党员，一级法官。

1974年3月参加工作，平定县巨城公社北庄头大队插队知青。1976年

6月至1983年11月，在平定县粮食局工作。1983年12月至1990年，在平定县人民法院工作，历任书记员、主管会计。1991年至1994年，任平定县人民法院助理审判员。1995年至1996年，任平定县人民法院审判员。1997年至2003年，任平定县人民法院执行庭副庭长。2004年至2008年9月，任平定县人民法院办公室副主任。2008年10月，任平定县人民法院审判委员会专职委员。2011年12月，任县法院工会主席。

1997年3月经阳泉市中级人民法院荣记三等功，2003年获阳泉市"人民调解先进个人"称号。

（二）

历任院领导

史长如（1920～1988），阳泉市郊区人。

1940年参加革命工作，1942年加入中国共产党。先后担任平定（路北）县抗日青救会主任、青抗先队队长、武委会指导员、区助理、秘书、代理区长、副区长、区长。1947年5月至1949年9月任平定（路北）县司法科科长。1949年10月至1952年11月，任平定县司法科科长。

1952年11月平定县人民法院成立后任院长，同时任平定县人民政府副县长。1955年2月至1957年任榆次市副市长。1958年至1961年，任榆次市专署卫生局第一副局长。1962年至1971年，任晋中地区建设银行行长兼党支部书记。1972年至1973年，任吕梁地区农机局副主任。1974年至1979年，任晋华纺织厂医院院长。1980年任榆次市革委会副主任。1981年至1982年，任榆次市人大常委会常务副主任。1983年离休。1988年病故。

张效（1923～？），山西省平定县人。

1942年参加革命工作，中共党员。1942年至1944年，任平（定）东县政府财粮助理员。1945年至1948年，任平（定）东县政府仓库主任。1949年至1950年，任平定县财政科副科长。1951年至1953年9月，任平定县计划科科长。1953年10月至1956年10月，任平定县人民法院院长。1956年11月任汾阳县人民法院院长。1959年4月至1967年2月，任盂县人民法院院长。

杨清锦（1925～1975），山西省襄垣县人。

1942年10月加入中国共产党。1944年10月至1946年12月，任潞城县公安局侦查员。1947年1月至1948年2月，任太谷县公安局治安队队长。1948年3月至1949年2月，任平定县看守所所长。1949年3月任平定县政府司法科审判员。1953年5月至

1956年11月，任平定县人民法院副院长。1956年12月至1958年10月，任平定县人民法院院长。1958年11月至1959年11月，任东回公社党委副书记、平定县文教部部长。1959年12月至1960年5月，任晋中地区中级人民法院民事审判庭庭长。1960年6月至1961年3月，任榆次市人民法院院长。1961年4月，当选为平定县人民法院院长、任中共平定县委政法委党组副书记。1966年3月任山西省高级人民法院审判员，1972年6月任大同市物资局局长，1975年病故。

赵玉珍(1927～2000)，山西省平定县人。

1944年参加革命工作，1944年任村抗勤委员、村义务教师。1945年8月至1948年2月，在平定县一区任教。1948年3月在华北土改工作队工作。1948年8月至1949年11月，任平定县一区民教助理员。1949年12月至1950年7月，在山西省公安学校学习。1950年8月至1952年11月，任平定县公安局侦查员。1952年12月至1958年10月，任平定县公安局秘书。1958年11月至1959年3月，任阳泉市郊区政法部办公室主任。1959年4月至1961年3月，任阳泉市平定人民法庭庭长。1961年4月至12月，任平定县人民法院副院长。1962年1月至1964年12月，任阳泉市辛兴公社党委书记。1965年1月至7月，任昔阳社教工作团指导员。1965年8月至1966年5月，任平定县人民法院副院长。1965年8月到介休县搞“四清”工作，任社教工作团团长、政委。1966年6月至1968年4月，任介休县西靳屯公社党委书记。1968年5月至1969年8月，任介休县人民法院院长。1969年9月下放劳动。1971年3月至1974年3月，任介休县大靳公社革委会副主任。1974年4月至1978年12月，任七机部五四九厂保卫科长。1979年1月至6月，任阳泉市人民检察院办公室负责人。1979年7月至1986年10月，任阳泉市郊区人民检察院检察长。1986年11月至1987年，任阳泉市郊区政法委书记。1988年离休，2000年病故。

贾洪举(1924～1983)，山西省平定县人。

1946年3月参加革命工作，1946年10月加入中国共产党。1947年7月至1950年1月，任平定(路南)县一区、五区组织员。1950年2月至1953年7月，任平定县公安局指导员。1953年8月至1958年1月，任平定县公安局治安队长、副局长。1958年2月至1959年2月，任娘子关公社党委书记、政法部部长。1959年3月至1962年5月，任阳泉市公安局副科长、教导员。1962年6月至1964年6月，任榆次石油站保卫科长。1964年7月至1970年3月，任平定财税局局长。1970年4月至1972年11月，任平定县公交局党支部书记、局长。1972年12月至

1973年12月，任平定县革委会保卫组副组长。1974年1月至1981年8月，任平定县人民法院院长。1981年9月至1983年4月，任平定县纪律检查委员会副书记，1983年病故。

霍慕舜(1927～1998)，山西省平定县人。

1948年5月参加革命工作，1956年9月加入中国共产党。1948年5月至1949年7月，任八路军太行二分区四十三团二营四连文书。1949年8月至1951年4月，在村民校任教。1951年5月至1952年4月，在平定县二区区公所工作，1952年5月至1953年5月，任平定县民政局科员。

1953年6月至1956年3月，任平定县人民法院书记员、助理审判员。1956年4月至1958年10月，任平定人民法院审判员。1958年11月至1959年3月，任东回、马山公社政法部部长。1959年4月至1965年4月，任平定县人民法院审判员。1961年4月至1965年4月，任平定县岩会人民法庭庭长。1965年5月至1981年9月，任平定县人民法院副院长。1981年9月当选为平定县人民法院院长、任中共平定县人民法院党组书记、审判委员会委员。1984年3月至1987年10月，任平定县人民法院调研员。1987年11月离休，1998年病故。

潘维田(1939～)，山西省平定县人，大专文化，中共党员，三级高级法官。

1958年11月至1960年3月，在平定镇公社办公室任干事、统计员。1960年4月至1962年1月，任平定县人民法院书记员、办公室干事。1962年2月至1968年11月，任平定县人民法院秘书。1968年12月至1973年7月，在平定县军事管制小组、平定县革命委员会保卫组、政工组工作。1973年8月至1976年10月，任平定县人民法院刑事审判庭庭长、办公室主任。1976年11月至1984年1月，任平定县人民法院副院长、审判委员会委员、中共平定县人民法院党组副书记、中共平定县委落实政策领导组成员。1984年2月任中共平定县人民法院党组书记，同年4月至1995年5月，在平定县第八届、第九届、第十届、第十一届人民代表大会上，连续当选平定县人民法院院长。1995年6月，任副县级巡视员、审判委员会委员。1999年9月，任正县级巡视员、审判委员会委员。

是中共平定县第七届、第八届、第九届县委委员。平定县第八届、第十届、第十一届人代会代表。

1977年10月出席山西省委学大寨、学大庆“双先”模范代表；1987年1月被阳泉市委评为“普法先进工作者”;1987年5月，在严厉打击严重刑事犯罪活动中被阳泉市政法委员会评为“先进工作者”；1988年1月被阳泉市委落实政策领导组评为“落实党的政策成绩显著”并颁发荣誉证书；1989年12月由中华人民共和国最高人民法院以“长期从事司法工作为社会主义建设做出贡献”授予荣誉证书；1992年8月被山西省委、省人大、省政府、省高级人民法院授予“两庭建设先进工作者”；1994年2月，被山西省高级人民法院授予“优秀人民法官”，并荣立二等功；2009年，最高人民法院为其颁发功勋天平奖章。1994年1月，《阳泉日报》、《中国法制报》以《双脚踏实肩上天平稳，一身正气心中明镜亮》为题对先进事迹进行了报道；1994年10月以《心中明镜悬，浩然正气歌》为题入选《中华创业者》丛书。

2000年11月退休。

侯艾（1946～　），阳泉市郊区人，大专文化，中共党员，三级高级法官。

1965年7月至1971年6月，在阳泉市新华小学任教。1971年7月至1978年1月，任城区团委副书记、书记。1978年2月至1987年5月，任郊区团委书记、宣传部部长。1987年6月任阳泉市郊区人民法院党组书记、院长。1995年4月任平定县人民法院党组书记、院长。2006年5月退休。

2000年2月，山西省高级人民法院为其荣记二等功，并评为“人民满意的好法官”。

2006年退休。

席建魁（1947～　），山西省左权县人，大专学历，中共党员，四级高级法官。

1968年12月参加工作，1969年3月入伍服役。1979年10月至1984年8月，任阳泉市中级人民法院助理审判员。1984年9月入中共山西省委党校学习。1986年8月至1995年2月，任阳泉市中级人民法院人事处副处长、处长、政治部主任。1995年3月至2001年12月，任阳泉市矿区人民法院党组书记、院长。2002年1月，任平定县人民法院党组书记、代院长。同年6月，当选为平定县人民法院院长。

高武（1957～　），山西省昔阳县人，中共党员，大学文化，四级高级法官，曾任平定县人民法院院长、党组书记。

1974年8月至1976年8月，在阳泉市郊区辛兴公社下乡。1976年9月至1981年9月，在阳泉市城区团委工作。

1981年10月至1984年2月，任阳泉市城区人民法院法警。1984年3月至1985年8月，任阳泉市城区人民法院助理审判员。1985年9月至1988年8月，任阳泉市城区人民法院审判员。1985年10月，加入中国共产党。1988年9月至1990年11月，任阳泉市城区人民法院经济庭副庭长、副科级审判员。1990

年12月至1992年1月，任阳泉市城区人民法院行政审判庭庭长。1992年2月至1994年2月，任阳泉市城区人民法院经济审判庭庭长、审委会委员。1994年3月至1998年9月，任阳泉市城区人民法院刑事审判庭庭长、正科级审判员。1998年10月至2003年3月，任阳泉市城区人民法院党组成员、副院长。2003年4月任平定县人民法院党组书记、院长。

1990年3月，经阳泉市中级人民法院核准荣立三等功，1996年1月，经山西省高级人民法院核准荣立三等功，1996年2月，被阳泉市委授予“政法战线模范干警”称号，2003年2月，被山西省高级人民法院评为“先进个人”并核准荣立二等功。

贾君谊(1924~2007)，山西省平定县人。

1946年参加革命工作，同年7月加入中国共产党。1946年在村任教。1947年任前石窑联校校长。1948年至1949年，在古贝学校任教。1950年任平定县司法科书记员。1951年至1952年，任平定县人民法院秘书。1953年至1955年2月，任平定县人民法院审判员。1955年3月至1956年11月，任平定县人民法院副院长、东回人民法庭庭长。1956年12月至1984年，任榆次法院院长。

1985年离休，2007年病故。

张秀珍(1929~2009)女，山西省平定县人。

1945年10月1日加入中国共产党。1948年10月在平定县东回区公所参加革命工作。1954年8月至1958年9月，在阳泉市五交化公司工作。1958年10月至1963年11月，在太原工学院机器厂工作。1963年12月至1969年6月，任平定县南坳公社妇联主任。1969年7月至1974年1月，任平定县南坳乡革委会主任、党委书记。1974年2月至1976年11月，任平定县人民法院副院长。1976年12月至1984年3月，任平定县新华书店副经理。1984年4月离休。2009年病故。

翟志辉(1943~)，山西省平定县人，大专文化，中共党员，四级高级法官。

1958年8月至1964年2月，在阳泉燕龛机械厂工作。1964年3月至1970年，在平定县手工业管理局工作。1971年至1975年3月，在平定县革委会政工组工作。1975年4月至1979年10月，在平定县乡镇企业管理局工作。1979年11月至1984年4月，任平定县人民法院办公室主任、审判员、审判委员会委员。1984年5月至2003年11月，任平定县人民法院党组成员、副院长、审判委员会委员。2003年12月退休。

1997年3月，山西省高级人民法院

为其荣记三等功，2002年3月，山西省高级人民法院为其荣记二等功。

张树祥（1951～ ），山西省平定县人，大专文化，中共党员，四级高级法官。

1970年12月参加工作，在北京52925部队参军。1982年2月至1988年8月，任平定县人民法院助审员、审判员。1988年9月至1992年2月，任平定县人民法院刑事审判庭副庭长。1992年3月至1996年3月，任平定县人民法院刑事审判庭庭长、审委会委员。1996年4月，任平定县人民法院副院长、中共平定县人民法院党组成员。2003年10月离职，2011年11月退休。

1994年，山西省委、省政府授予“打团扫恶”先进个人，2002年3月，山西省高级人民法院为其荣记二等功。

李崇温（1926～ ），山西省平定县人，高中文化，中共党员。

1947年参加工作，任平定县三区长安学区联合校长。1948年10月至1950年2月，任平定县三区公所文教助理员。1950年3月至11月，任平定县文教科科员。1950年12月至1953年8月，任平定县人民法院书记员。1953年9月至1956年7月，任平定县人民法院行政干事。1956年8月至1958年9月，任平定县法律顾问处律师。1958年10月至1959年3月，任阳泉市人民法院办公室干事。1959年4月至1970年3月，任平定县人民法院审判员。1970年4月至1971年10月，任平定县冶西公社办公室主任。1971年11月至1974年3月，在平定县军事管制小组预审办公室、审判办公室工作。1974年4月至1979年5月，任平定县人民法院办公室主任、刑事庭庭长。1979年6月至1981年4月，任平定县人民法院党组成员、审判委员会委员、刑事审判庭庭长。1981年5月，任平定县律师事务所主任律师。

1986年离休。

裴成生（1926～1988），山西省和顺县人。

1945年3月加入中国共产党。1952年2月参加工作，同年12月在晋中行政干部学校学习。1953年9月至1958年11月，在平定县人民法院工作。1958年12月至1959年4月，任阳泉市中级人民法院书记员。1959年5月至1961年5月，任阳泉市公安局义井派出所所长。1961年6月至1962年5月，任平定县人民检察院检察员。1962年6月至1973年6月，任平定县人民法院审判员。1973年7月至1979年5月，任平定县人民法院民事庭庭长。1979年6月至1983年3月，任平定县人民法院党组成员。1983年4月至12月，任平定县锁簧人民法庭庭长。1984年任平定县人民法院接待室负责人。1988年病故。

史增华（1947～　），山西省平定县人，大专文化，中共党员，四级高级法官。

1965年1月参加中国人民解放军，历任第二〇九团班长、排长、连长、指导员、政治处干事。1979年10月至1984年5月，任平定县人民法院助理审判员。1984年6月至1988年，任平定县人民法院审判员、平定县锁簧人民法庭副庭长。1989年至1993年10月，任锁簧人民法庭庭长（正科级）。1993年11月至1996年3月，任平定县人民法院审判委员会委员、公路法庭庭长。1996年4月至2004年6月，任平定县人民法院办公室主任、审委会委员、中共平定县人民法院党组成员。2006年6月退休。

1976年在五九二〇九部队荣立三等功一次，1985年6月被阳泉市委评为“优秀共产党员”，1986年两个文明建设中被阳泉市委、市政府评为“先进个人”，1987年5月被阳泉市委、市委政法委员会授予“先进工作者”称号，1998年2月被阳泉市中级人民法院荣记三等功，2000年3月被阳泉市委、市政府评为“人民满意的政法先进个人”，2003年7月被阳泉市委授予“优秀共产党员”称号。

朱永贵（1963～　），山西省平定县人，大学文化，中共党员，四级高级法官。

1982年9月至1984年8月，在平定县巨城中学任教。1984年9月至1990年11月，在平定县岩会中学任教。1990年12月至1993年10月为平定县人民法院科员。1993年11月至1996年7月，任平定县人民法院审判员、政工科副科长。1996年8月至1997年10月，任平定县人民法院政工科科长。1997年11月至2003年10月，任副科级审判员。2003年10月至2008年7月，任平定县人民法院党组成员、政工科科长、审委会委员。2008年8月，调山西省高级人民法院工作。

1996年1月被山西省高级人民法院荣记二等功，1997年3月被山西省高级人民法院授予“先进工作者”称号。

翟丽萍（女）（1960～　），山西省平定县人，大专文化，中共党员，四级高级法官，曾任平定县人民法院副院长。

1977年3月参加工作，在河北省临漳县东南坊乡武学大队下乡。1979年2月至1983年12月，任河北省临漳县人民检察院书记员。1984年1月至1997年3月，任平定县人民检察院批捕科副科长。1997年4月至2004年1月，任平定县人民检察院批捕科科长。2004年2月起，任平定县人民法院党组成员、副院长、审委会委员。2008年7月，任正科级审判员。2011年12月，调任平定县人民检察院党组成员、检委会委员、副检察长。

2011年，被山西省高级人民法院授予“全省法院优秀女法官、女干警”称号。

（三）

四级高级法官和先进模范

李春喜（1941～　），山西省平定县人，初中文化，中共党员，四级高级法官。

1956年8月至1958年9月，在平定县锁簧供销社工作。1958年10月至1959年9月，在平定县新华书店工作。1959年10月至1961年4月，在阳泉市新华书店工作。1961年5月至1972年3月，在平定县新华书店工作。1972年4月至1976年7月，在平定县工业交通局工作。1976年8月至1979年9月在平定县化肥厂工作。1979年10月至1982年11月，任平定县人民法院助理审判员。1982年12月至1984年5月，任平定县人民法院审判员。1984年6月至1986年2月，任平定县人民法院巨城法庭副庭长。1986年3月至1993年10月，任平定县人民法院民事庭庭长。1993年11月至1999年3月，任平定县人民法院告申庭庭长。1999年4月，任平定县人民法院审判监督庭庭长。2001年退休。

1988年3月被阳泉市中级人民法院荣记三等功，1994年2月被阳泉市政法委授予“先进工作者”称号。

贾源恒（1952～　），山西省平定县人，大学文化，中共党员，四级高级法官。

1972年5月至1984年5月，在平定县人民法院参加工作，历任法警、书记员、审判员。1984年6月至1989年8月，任平定县人民法院民事审判庭副庭长。1989年9月至1992年2月，任平定县人民法院执行庭庭长。1992年3月至1997年10月，任平定县人民法院经济庭庭长、审判委员会委员。1997年11月至2004年6月，任平定县人民法院经济一庭庭长、审判委员会委员。

1987年5月被阳泉市委、市政府授予“先进工作者”称号，1994年3月10日被阳泉市中级人民法院荣记三等功，1998年2月被阳泉市委、市政府评为“先进个人”，2000年3月被阳泉市委、市政府评为“人民满意的政法先进个人”，2003年7月被阳泉市委授予“优秀共产党员”称号。

贾三明(1952～2012)，山西省寿阳县人，大学文化，中共党员，四级高级法官。

1975年8月至1982年3月，任寿阳县平舒人民公社干部、农机站站长。1982年4月至1989年2月，任平定县人民法院助理审判员。1989年3月至1993年10月，任平定县人民法院审判员。1993年11月至1997年4月，任平定县人民法院刑事审判庭副庭长。1997年5月至2004年6月，任平定县人民法院民事审判庭庭长。2004年为正科级审判员。

1999年3月被阳泉市中级人民法院荣记三等功，2002年8月被阳泉市中级人民院授予“全省基层优秀法官”称号。

2012年病故。

张庆华(1957～)，山西省平定县人，大专文化，中共党员，四级高级法官。

1975年6月至1983年5月，在平定县化肥厂工作。1983年6月至1986年1月，在平定县同意煤矿工作。1986年2月至1993年10月，在平定县人民法院历任书记员、助理审判员、审判员。1993年11月至1996年3月，任平定县人民法院巨城法庭副庭长。1996年4月至1998年1月，任平定县人民法院经济二庭副庭长。1998年2月，任平定县人民法院行政庭副庭长。

孟祥智(1951～)，山西省平定县人，中共党员。

1968年1月至1974年3月，在中国人民解放军高炮61师629团服役，先后任班长、排长。1974年4月，转业至平定县张庄公社工作。1976年7月至10月，在平定县工业局办公室工作。1976年11月至1979年11月，任平定县古贝公社办公室主任。1979年12月至1982年11月，任平定县人民法院刑事庭审判员。1982年12月至1984年5月，任平定县人民法院刑事庭副庭长。1984年6月至1991年2月，任平定县人民法院刑事庭庭长。1991年3月任平定县检察院副检察长，后任盂县检察院检察长、阳泉市人民检察院党组成员、副检察长、检察委员会委员。

1988年2月，被阳泉市中级人民法院荣记三等功。

刘秀云(1949～)女，山西省平定县人，中共党员，一级法官。

1972年9月至1978年12月，任平定县南坳镇政府干事。1979年1月至1986年5月，任平定县冶西镇政府干事。1986年6月至8月，任平定县爱卫会干事。1986年9月至1987年9月，为平定县委党校学员。1987年10月至1989年11月，任平定县爱卫会干事。1989年12月至1993年11月，任平定县人民法院助理审判员。1993 年 12 月，任平定县人民法院审判员。2005 年退休。

1993 年 4 月，被阳泉市中级人民法院授予“三八”红旗手，1995 年 3 月，被山西省高级人民法院授予“优秀女法官”称号。

李月平（1966～）女，山西省平定县人，大学文化，中共党员，一级法官。

1984 年 3 月至 1985 年 6 月，在平定县水泥厂工作。1985 年 7 月至 12 月，在平定县防疫站工作。1986 年 1 月至 1996 年 7 月，先后任平定县人民法院书记员、助审员、审判员。1996 年 8 月至 1997 年，任平定县人民法院维权法庭庭长。1998 年至 2004 年 1 月，任平定县人民法院民事审判庭副庭长，并主持巨城法庭工作。2004 年 2 月任平定县锁簧人民法庭庭长。

1996 年 1 月被山西省高级人民法院荣记三等功，1998 年 12 月被共青团阳泉市委授予“阳泉市十大青年杰出卫士”称号，2006 年被山西省妇联授予“全省维权优秀卫士”称号。

李　丽（1969～）女，山西省榆次区人，大学文化，中共党员，一级法官。

1989 年参加工作。1989 年 9 月至 1991 年 7 月，在晋中市榆次区长凝镇政府工作。1991 年 8 月调平定县人民法院工作。1995 年 2 月至 1996 年 3 月，任平定县人民法院助理审判员兼书记员。1996 年 4 月至 2004 年 1 月，任平定县人民法院审判员。2004 年 2 月，任平定县人民法院行政审判庭庭长。2009 年 6 月，任平定县人民法院行政审判庭庭长、审判委员会委员。

1999 年 3 月，被阳泉市中级人民法院荣记三等功，2002 年 12 月被阳泉市妇联、阳泉市中级人民法院授予“维护妇女儿童合法权益卫士”称号，2004 年 5 月获阳泉市首届“十佳母亲”提名奖，2007 年 3 月被阳泉市妇联评为“维权先进个人”，2007 年 8 月被阳泉市妇联、市综治办授予“家庭平安、文明、和谐标兵户”称号，2011 年 3 月被阳泉市中级人民法院授予“先进个人”称号。

贾　力（1967～　）山西省平定县人，大学文化，中共党员，一级法官。

1985 年 11 月至 1995 年 1 月，任平定县人民法院法警。1995 年 2 月至 1997 年 4 月，任平定县人民法院助理审判员、审判员。1997 年 5 月至 2004 年 1 月，任平定县人民法院经济一庭副庭长。2004 年 2 月至 2009 年 5 月，任平定县人民法院东回人民法庭庭长。2009 年 6 月，任平定县人民法院民事审判二庭庭长。

2001 年 3 月被阳泉市中级人民法院荣记三等功，2008 年 5 月被山西省高级人民法院荣记二等功，并被山西省高级人民法院评为“全省法院优秀工作者”，2008年7月被阳泉市中级人民法院授予“全市法院系统先进法官”称号，2009年被山西省劳动竞赛委员会荣记三等功。2012年12月，被省高院荣记二等功，并荣获“民事审判工作调解能手”称号。

陈尚义（1963～ ），山西省平定县人，大专文化，中共党员。

1981年9月，参加工作。1986年1月，任平定县人民法院书记员。1987年1月至1994年，任平定县人民法院巨城人民法庭助理审判员、审判员。1995年至1997年12月，任平定县人民法院民事庭审判员。1998年1月至2004年1月，任民一庭副庭长。2004年2月至2009年1月，任平定县人民法院民一庭庭长。2009年2月，任平定县人民法院审判监督庭庭长、审判委员会委员。

2001年3月，被阳泉市中级人民法院荣记三等功。

张文平（1967～ ），山西省平定县人，中共党员，大学文化。

1988年8月至1995年6月，任平定县人民法院书记员、助理审判员。1995年7月至2004年1月，任平定县人民法院审判员。2004年2月，任平定县人民法院民三庭庭长。

2002年3月，被阳泉市中级人民法院荣记三等功。

李如明（1969～ ），山西省平定县人，本科学历，中共党员，二级法官。

1991年7月至1995年1月，在阳泉市蜜蜂研究所工作。1995年2月至2004年1月，历任平定县人民法院书记员、助审员、审判员。2004年2月至2009年5月，任平定县人民法院刑事审判庭副庭长，2009年6月，任平定县人民法院少年法庭庭长。

2002年3月、2006年3月，阳泉市中级人民法院分别为其荣记三等功。2006年3月，被阳泉市中级人民法院授予“全市法院模范法官”，2008年8月，被阳泉市中级人民法院授予“全市基层法院优秀法官”。

吴华明（1972～ ），山西省平定县人，大学文化，中共党员，二级法官。

1991年8月至1993年8月，任平定县南阳胜乡政府办事员。1993年9月至1998年9月，任平定县人民法院书记员、助理审判员。1998年10月至2004年1月，任平定县人民法院审判员。2004年2月，任平定县人民法院民一庭副庭长。

1999年被阳泉市中级人民法院评为“执行工作先进个人”，2002年3月被阳泉市中级人民法院荣记三等功，2004年被阳泉市中级人民法院、阳泉市司法局评为“阳泉市调解工作先进个人”。

石斌锐（1968～　），阳泉市郊区人，大学文化，中共党员，二级法官。

1988年8月至1995年6月，任平定县人民法院书记员、助理审判员。1995年7月至2004年1月，任平定县人民法院审判员。2004年2月至2009年11月，任平定县人民法院执行庭副庭长。2009年12月，任平定县人民法院执行局副局长。

2010年6月被山西省政法委、山西省高级人民法院评为“全省集中清理执行积案先进个人”。

王科义（1971～　），山西省平定县人，本科文化，中共党员，一级法官。

1993年8月参加工作，历任平定县人民法院书记员、助理审判员，1998年10月，任平定县人民法院审判员，2004年2月，任平定县人民法院民三庭副庭长，2006年2月，任平定县巨城人民法庭副庭长，2009年6月，任平定县巨城人民法庭庭长。

2008年7月，被阳泉中院授予“全市法院系统先进法官”；2011年4月，被山西省高院荣记三等功；2012年2月，被省高院授予“全省法院党风廉政建设先进个人”。

田海林（1973～），山西省平定县人，大学文化，中共党员，四级法官。

1995年8月参加工作，任平定县法院书记员。2004年1月，任平定法院助理审判员；2012年2月，任平定法院审判员。

2011年3月，被阳泉市中级人民法院荣记三等功。

周志军（1973～　），山西省平定县人，大学文化，中共党员，一级法官。

1994年8月参加工作，历任平定县人民法院书记员、助理审判员、审判员，2004年2月，任平定县人民法院刑事审判庭副庭长，2009年6月，任平定县人民法院民事审判一庭庭长。

2008年、2011年，被阳泉市中级人民法院评为“先进个人”；2012年8月，被山西省高级人民法院授予“全省优秀法官”，荣记二等功。

第五节 孟县法院

（一）

现任院领导

杨玉春（1961 ~ ）（女），阳泉市郊区人，中共党员。中国政法大学法律函授本科毕业，三级高级法官，盂县人民法院党组书记、院长。

1980年3月，在阳泉钢铁厂工作。1980年4月，任阳泉市中级人民法院书记员；1985年9月，任阳泉市中级人民法院助理审判员。1988年10月，任阳泉市中级人民法院审判员。1990年7月，任阳泉市城区人民法院挂职副院长、审判委员会委员。1992年8月，任阳泉市中级人民法院审判员。1992年11月，任阳泉市中级人民法院民事审判庭副庭长。1997年7月，任阳泉市中级人民法院经济审判庭庭长。2001年1月，任阳泉市中级人民法院审判委员会委员、执行局局长。2003年4月，在阳泉市城区十三届人代会第一次会议上，当选为阳泉市城区人民法院院长。2011年5月，任盂县人民法院党组书记、院长。

2005年，被山西省委政法委授予“全省集中处理涉诉信访工作先进个人”，2006年，被省总工会授予“山西省五一巾帼奖”。

李晨生（1960 ~ ），山西省盂县人，中共党员，本科学历，四级高级法官，盂县法院常务副院长。

1980年10月至1993年9月，先后在盂县农牧局、盂县司法局工作。1993年10月起，先后任盂县人民法院办公室主任、党组成员、工会主席、审判员、审委会委员、副院长。2012年10月，任常务副院长。

1996年1月，被省高院荣记三等功。1990年，省司法厅评为全省司法行政系统先进工作者。

杨瑞明（1962 ~ ），山西省盂县人，中共党员，本科学历，四级高级法官。

1979年12月参加工作，历任盂县矿业公司、盂县工业局、盂县交通监理站干事，1986年3月起，先后任盂县人民法院书记员、助理审判员、审判员、副庭长、庭长、党组成员、审判委员会委员、副院长。

李志瑞（1969～　），山西省孟县人，中共党员，本科学历，四级高级法官。1988年10月参加工作，先后任孟县人民法院书记员、审判员、副庭长、办公室主任、政治处主任、党组成员、审判委员会委员、副院长。

1997年，被阳泉市授予“社会治安综合治理先进个人”。2002年，荣立三等功，阳泉市中级人民法院授予“优秀法官”。1999年，中共孟县县委、县政府授予“劳动模范”称号。2003年，中共孟县县委组织部授予“优秀共产党员”。

孙慧涛（1962～　），蒙古族，山西省孟县人，中共党员，本科学历，四级高级法官。

1981年12月参加工作，历任孟县人民法院司法警察、书记员、助理审判员、经济庭副庭长、经济庭庭长、纪检组长、党组成员、审判委员会委员。

1994年8月，被阳泉市中级人民法院荣记三等功。1983年，被评为孟县政法战线先进工作者。1990年、1991年、1993年、1996年，被评为孟县法院先进工作者。1991年，被评为阳泉市民族团结先进个人。2001年，被评为阳泉市中级人民法院先进个人。2006年，获省高院“做忠诚卫士、当群众贴心人”主题活动先进个人。

郭占宝（1968.3～　）山西省孟县人，本科学历，中共党员，一级法官。孟县人民法院党组成员，办公室主任。

1988年7月毕业于阳泉市工业学校。1988年10月起，历任孟县人民法院书记员、助理审判员、审判员。2002年加入中国共产党，1997年11月任民事审判一庭副庭长。2003年12月任法院办公室主任。2010年5月任法院党组成员。

2006年3月，被阳泉市中级人民法院授予先进工作者，荣记三等功。2008年7月，被山西省高级人民法院评为“全省法院办公室工作先进个人”。

韩秀萍，女，汉族，1969年8月，山西孟县人，中共党员，本科学历，二级法官，孟县人民法院专职审判委员会委员。

1988年10月参加工作。任孟县人民法院书记员；1993年11月，任助理审判员；1995年12月，任审判员；1997年11月，任城关法庭副庭长；2003年12月，任未成年人案件综合审判庭庭长。2012年10月，任孟县人民法院审判委员会专职委员。

1999年2月，被孟县人民政府授予“劳动模范”。

（二）

历任院领导

王振贤（1916～ ），山西省盂县人。1946年2月加入中国共产党。

1946年2月起，在盂县北庄村任初小助教、盂县东寨村初小任教、北庄村初小任教。1948年5月起，任盂县人民政府司法科书记员、司法科审判员、审委会副主任、司法科科长、任盂县法院院长。1957年8月，任盂县粮食局局长。

王家忠（1927～ ），山西省盂县人。1948年4月加入中国共产党。

1948年8月，参加解放太原支前工作。1949年4月起，先后任盂县政府工商科科员、副科长、统计科科长、计委副主任。1957年7月，任盂县法院院长。1958年11月起，先后任上社公社书记、县委工业部长、手工业联社主任、县委工业部长、参加昔阳四清工作，榆次县委副书记、内蒙古东胜县副书记、东胜县革委主任、内蒙古伊全霍洛族革委会副主任（军管调动）、榆次县委副书记、中共榆次县委代书记、革委主任，晋中地委副秘书长兼行署副秘书长、晋中地委建委副主任。1983年8月，任调研员。

程竞（1912～ ），山西省和顺县人，中共党员。

1937年11月参加工作，先后任和顺县三区区长兼虞委会主任、和顺县独立支队司令部庶务参谋，太行二专司法科书记员、科员、辽西县司法科科长，太谷县政府司法科科长，山西省法院榆次分院审判员、审判主任，曾在法律系函授大学学习六年，后任晋中中级人民法院审判庭庭长、办公室主任，盂县人民法院院长、政法党组副组长、支部书记。文化大革命期间，在盂县“五七”干校学习、农场劳动，此后，任盂县交通局局长，盂县总工会副主任。

高学文（1932～ ）山西省盂县人。中共党员，中专文化。

1947年12月参加教育工作，曾任农村小学教师，1951年调盂县人民政府司法科任书记员。1953年8月，司法科撤销、更名为盂县人民法院后，任审判员和审判委员会委员10多年。盂县划归阳泉市之后，改任盂县联社政法公安部司法科科长，1959年4月恢复盂县建制，任法院审判员和审判委员会委员、副院长，1967年3月“文化大革命”期间，在“五七干校”学习，后任3202铁路建设盂县民兵团副团长、团长、副政委等职，此后，任盂县革命委员会保卫组副组长。1973年10月，恢复法院建制后至1987

年6月，任法院院长、党支部书记、党组书记。

张荣福（1935～　），山西省盂县人，中共党员，中专学历。

1952年1月参加工作，任市法院审判员，中共盂县县委党校副书记、省委政法办公室干事，省专政委员会办公组组长、省革委会政治处负责人。后任中共盂县县委宣传办公室主任、县委、县革委办公室主任、县文委主任、县政法委副书记、盂县人民法院院长、巡视员。

付金林（1948～　），山西省盂县人，中共党员，大专学历，三级高级法官。

1965年8月参加工作，重庆北碚军校学员、部队服役。退役后，任盂县农机厂工会干部，盂县人民法院助审员、审判员、刑庭副庭长，盂县司法局副局长，盂县人民检察院副检察长，盂县司法局局长，盂县人民法院院长、党组书记。

陈福顺（1957～　），回族，河北省盐山县人，中共党员，本科学历，三级高级法官。

1974年12月参加工作，曾在阳泉郊区三郊乡韩庄村插队、郊区文化馆工作，先后任阳泉市郊区人民法院刑庭副庭长、郊区法院刑庭庭长、郊区法院审判委员会委员、郊区法院副院长（主持工作）、盂县人民法院党组书记、县委政法委委员，2002年至2011年5月，任盂县人民法院党组书记、院长。

1995年5月，评为省少数民族优秀干部。1995年8月，被中共阳泉市委、市政府荣记个人三等功。1996年10月，被评为阳泉市先进工作者。

郭子文　1953年9月至1967年2月，任盂县人民法院副院长。

侯文忠（1928～　），山西省盂县人，初中文化，中共党员。

1944年3月参加工作，盂县土塔乡紫牛庄、白家庄、箭河村任教，后在盂县文化馆工作。后历任盂县人民法院审判员、副院长，盂县人民检察院副检察长，晋中检察院副科长，盂县人民法院副院长。曾在盂县李庄大队、寿阳、榆次搞四清工作，之后，复任盂县人民法院副院长，并担任盂县平反办公室成员、盂县军管小组工作，其间在盂县“五七”干校学习。此后，任盂县上社公社副主任，盂县牛村公社副主任，盂县人民检察院副检察长。

侯建华（1930～　），山西省盂县人。中共党员。

1947年1月参加工作，盂县西郭秋、北庄任教，此后，曾任盂县财政局干部、离山盐务处主任。1956年7月起，历任盂县人民法院审判员、盂县检察院副检察长、县委常委、盂县军管组保卫组干事，1973年10月起，先后任盂县人民法院副院长、党组副书记，盂县检察院党组书记、检察长和副处级巡视员。

马青山（1926～ ），山西省和顺县人，初中文化，中共党员。

1946年3月参加工作，先后任和顺县西仁村兵站干事、和顺县公安局侦察员、和顺县一区公安助理员、和顺县公安局股长、和顺县公安局副局长、盂县公安局副局长，后任中共盂县王村乡党委书记、中共盂县苌池公社第一书记、中共盂县上社公社第一书记、中共盂县御枣口公社党委书记、中共盂县孙家庄公社党委书记。1975年7月起，先后任盂县人民法院副院长，盂县人民检察院副检察长，盂县司法局局长。

许鸿达（1939～ ），山西省盂县人，中共党员。

1956年4月参加工作，历任盂县供销社、上社供销社、中共盂县县委办公室干事、县委宣传部、县委四清工作队政治部干事、盂县西潘公社主任、党委副书记、盂县西潘公社革命委员会副主任、主任，后任盂县公检法军管组、政保办和审判办公室主任，1973年10月起，任盂县人民法院副院长、党组副书记，此后，任盂县司法局局长、盂县政法委员会副书记。

郑喜静（1933～ ），山西省盂县人，初中文化，中共党员。

1950年1月参加工作，先后任城关北村小学教员、盂县人民政府秘书、盂县司法科干事、中共山西工业干校党总支干事，山西省工业师专、党委组织干事，1962年8月，任盂县法院人民审判员，曾在“五七”干校学习，后在东苌池大队、清城公社任职。1973年10月，先后任盂县人民法院办公室主任、副院长、党组成员、第一副院长、党组副书记，1987年8月，任县政法委副书记、综治办公室主任。

阎中曙（1939～ ），山西省盂县人，中共党员，初中文化。

1957年～1966年，工人。1966年，调任盂县法院法警。“文化大革命”期间，在公安军管组审判办公室工作。1973年公安局和法院分设后，先后任法院审判员、庭长、审判委员会委员、党组成员、副院长等职。

祁永贵(1940～　)，山西省盂县人，中共党员，初中文化。

1957年5月参加工作，工人。1960年～1968年，部队服役。1968年，转业至榆次县人民法院、盂县公安机关军管组工作。1973年，公安局和法院分设后，先后任盂县法院审判员，法院民庭庭长，法院审判委员会委员、党组成员、副院长等职。

郭贵宝（1937～），山西省盂县人，中共党员，初中文化。

1955年8月参加工作，任盂县政府文印员，后在部队服役。退役后任盂县公安局干事、公社副主任、盂县武装部部长、电信局负责人、药材公司副经理。1984年5月调入盂县人民法院工作，先后任审委会委员、办公室主任、党组成员。

李锐（1939～），山西省盂县人，中共党员。

1958年12月起，在中国人民解放军北京军区工程兵机械大队驻天津部队卫生所任卫生员，1962年8月考入第四军医大学预校学习，1967年3月改做政治工作，先后任副指导员、政治指导员、汽车连指导员、团政治处保卫股长、营教导员、团政治处副主任、团党委委员。1982年4月转业后，历任盂县人民法院办公室主任、审判委员会委员、党组成员。1984年调盂县公安局工作，历任副局长、党委委员，政委、党委副书记、工会主席，1997年6月，任盂县公安局副县级调研员。一级警督。

武有文(1950～　)，山西省盂县人，中共党员，大专学历。四级高级法官。

1968年应征入伍，曾任战士、排长、团参谋等职。1979年转业盂县法院，任助理审判员、审判员、庭长、副院长、党组成员、审判委员会委员。

李瑞生(1956～　)，山西省盂县人，中共党员，本科学历，四级高级法官。

1972年参加工作，历任盂县人民法院书记员、审判员、副庭长、经济庭庭长、副院长、审判委员会委员、党组成员、党组委副书记、常务副院长。

张保怀(1954～　)，山西省盂县人，中共党员，函授本科学历，四级高级法官。

1971年8月参加工作，任盂县石店煤矿干事。1973年9月起，先后任盂县人民法院城关法庭副庭长、庭长、审委会委员，盂县人民法院党组副书记。

1989 年 10 月，被阳泉市中院荣记三等功。1991 年 10 月，再次被阳泉中院荣记三等功。1992 年 5 月，获阳泉市劳动模范称号。1993 年 10 月，省高院授予先进法庭庭长。

赵成海（1953 ~ ），山西省盂县人，中共党员，本科学历，四级高级法官。

1972 年 3 月参加工作，先后在牛村中学任教、牛村分社党委办、路家村分社党委办干事。1980 年 7 月起，任盂县法院助审员、审判员、办公室副主任、经济庭副庭长、党组成员，2000 年 9 月起，任盂县人民法院审委会委员。

1995 年 5 月，被阳泉市社会主义劳动竞赛委员会荣记三等功。

（三）

四级高级法官和先进模范

亢建新（1960.3 ~ ），山西省原平市人，本科学历，中共党员，四级高级法官，盂县人民法院刑事审判庭庭长。

1975 年 3 月参加工作，1983 年 7 月起历任盂县人民法院书记员、助理审判员、审判员，1986 年 2 月任执行庭副庭长，1990 年任刑事审判庭副庭长，1997 年 2 月任民事审判庭庭长，2004 年任刑事审判庭庭长、审判委员会委员。

1990 年 3 月荣记个人三等功一次，1995 年省政法委嘉奖一次，1999 年度获阳泉市人民满意的好法官，2008 年获阳泉市劳动竞赛委员会荣记二等功一次，2009 年 2 月获阳泉市第四届“双十佳”政法干警称号，并记一等功一次。

李敬华（1955.7 ~ ），山西省盂县人，本科学历，四级高级法官，盂县法院行政庭庭长。

1980 年 7 月毕业于山西省晋中农业学校，同年 10 月在盂县兽医院参加工作，1981 年 10 月调入盂县人民法院工作。自后，历任书记员、助理审判员、审判员。1993 年 5 月，任行政庭副庭长，1997 年 10 月任刑事庭庭长，1999 年 6 月任审判委员会委员，2004 年 1 月任民三庭庭长，2010 年 4 月任行政庭庭长，1985 年 7 月参加全国法院干部业余法律大学学习，1987 年 7 月毕业，获专科学历文凭。2003 年 10 月经参加国家法官学院统一考试，获本科学历文凭。

1996 年 11 月，荣记个人三等功。

是盂县第五届、第六届、第七届、第十一届政协委员、第七届政协常委。

王建勇（1960.5～）山西省盂县人，四级高级法官，中共党员，现任盂县人民法院民事审判三庭庭长。

1977年10月参加工作，1984年5月调入盂县人民法院任法警兼书记员工作，1991年7月全国法院干部业余法律大学毕业，1990年12月任助理审判员，1992年3月任审判员，1991年7月任盂县人民法院上社法庭负责人，1997年10月任盂县人民法院审判庭副庭长。2003年12月任盂县人民法院民事审判二庭庭长。2010年8月任盂县人民法院民事审判三庭庭长。2003年4月参加国家法官学院举办的人民法院专项培训班2004年3月31日结业，2004年参加山西法官学院的民商事审判业务结业。

1997年3月被阳泉市中级人民法院评为法院系统先进工作者，1997年11月被阳泉市中院评为法院系统中“三基”竞赛活动优秀法律文书，2001年被阳泉市中院评为“双满意”先进个人，2004年5月被阳泉中院与市司法局评为阳泉市人民调解工作先进个人，2008年7月被阳泉中院评为“先进法官”，

李政章（1951.12～），山西省盂县人，1984年8月加入中国共产党，1976年8月参加工作，本科学历，四级高级法官。

1976年8月参加工作，盂县水利局任职。1982年5月，任盂县王村公社武装干事。1985年2月，任盂县人民法院代理审判员。1986年9月，任盂县人民法院审判员。1992年2月，盂县人民法院城关法庭副庭长，1997年10月起，任盂县人民法院审判员。

张进步（1958.12～），山西省盂县人，中共党员，四级高级法官，盂县人民法院执行局局长。

1975年10月参加工作，1975年10月至1978年10月在阳泉矿务局工作，1978年10月至1980年6月在中国人民解放军00433部队服役，1980年6月转业到盂县人民法院工作，任法警。1984年5月任书记员，1985年4月任助审员，1986年7月任审判员，1992年10月任副庭长，1997年10月任庭长，2002年加入中国共产党，2003年12月任执行局局长，1996年7月毕业于全国法院干部业余函授大学，2002年6月1日至2003年5月31日参加国家法官学院专项培训班结业。

曾多次被评为先进工作者，1997年获阳泉市中级人民法院三等功一次，2002年获山西省高级法院三等功一次。

张文斌（1946.1～）山西省盂县人，中共党员，初中文化，四级高级法官。

1936年应征入伍，任工程兵卫生员，1969

年转业榆次液压件厂当工人，1971年调盂县公安军管组工作，1973年公法分设后，任法院审判员。

尚财林（1961.11～）山西省盂县人，中共党员，一级法官，盂县人民法院西烟法庭庭长、执行三庭负责人。

1985年从部队转业，1986年11月起，历任盂县人民法院法警、书记员、助理审判员、审判员、副庭长、庭长。1999年加入中国共产党。其间参加法律业余大学本科学习。

2000年，被阳泉中院荣记个人“三等功”。2003年，被山西省高级人民法院授予“先进个人”。

李瑞峰（1973.8～）山西省盂县人，本科学历，中共党员，三级警督，司法警察大队副大队长。

1992年12月参军，北京卫戍区51115部队服役。1995年4月，加入中国共产党。1996年1月退伍，在盂县物资总公司工作。1997年6月，通过全省司法警察考试，招录至盂县人民法院司法警察大队工作，2009年1月，任法警大队副大队长。

2001年，被阳泉市竞赛委员会荣记“个人三等功”。2005年，被阳泉市中级人民法院荣记“个人三等功”。2006年，被山西省高级人民法院授予“全省法院优秀司法警察”。2008年7月，被阳泉市中级人民法院授予“全市先进司法警察”。

李瑞英（1975.1～），（女），山西省盂县人，本科学历，中共党员，二级法官，盂县人民法院民事审判二庭副庭长。

1995年7月，毕业于太原师范学院外语专业，1995年8月起，先后任盂县人民法院书记员、助理审判员、审判员，2008年，任民事审判二庭副庭长。2000年12月，取得中共中央党校法律本科毕业证书。

1996年，被阳泉市政法委授予“阳泉市综合治理先进个人”。2010年，被评为盂县优秀妇女干部、“三八红旗手”。

王希芳（1971.6～），（女），山西省盂县人，二级法官。盂县人民法院刑事庭副庭长。

1991年考入山西大学法律系，1995年7月毕业，获法学学士学位。1995年8月进入盂县人民法院工作，先后在经济庭、民事庭、立案庭、刑庭工作。历任书记员、助理审判员、审判员、副庭长。2000年10月至2002年6月参加山西大学法学院研究生班学习，获在职研究生学历。

2003年，被阳泉市委、阳泉市政府

授予“全市严打整治斗争先进工作者”。2008年，被山西省综治办、山西省公安厅评为全省“四打四整治”专项行动先进个人。2010年3月，被盂县县委、盂县人民政府、盂县妇联评为“和谐文明家庭示范户”。

撰写的《浅谈和谐社会，公正司法》一文曾在阳泉市法学会专题论坛获奖。

是盂县第七届、第八届政协委员。

侯翠红（女），（1965.11～），山西省盂县人，本科学历，中共党员，一级法官，盂县人民法院民事审判一庭庭长。

1983年参加工作，盂县粮食局任职，1986年4月，调入盂县人民法院，历任书记员、助理审判员、审判员。1991年7月，加入中国共产党。1997年11月，任刑事审判庭副庭长。2003年12月，任民事审判一庭庭长。1988年9月至1991年7月，参加全国法院干部业余法律大学法律专业专科班学习。2000年8月至2002年10月，参加中共中央党校本科班法律专业学习。

1997年，被山西省精神指导委员会评为“文明家庭”。1997年、2006年，阳泉中院两次为其荣记个人三等功。2006年7月，被评为“阳泉市优秀共产党员”。2004年，被阳泉市中院、阳泉市司法局评为“调解工作先进个人”。1992年，被全国法院干部业余法律大学山西分校阳泉分部评为“优秀学员”。2002年，被阳泉市妇联、阳泉市中院评为“维护妇女儿童合法权益优秀卫士”。2000年、2002年、2006年、2008年，被阳泉市妇联评为“维权先进工作者”，授予“三八红旗手”。2001年、2002年、2004年、2007年，被盂县妇联评为“维权工作者先进个人”,授予“三八红旗手”。

其任庭长的民事审判一庭，2011年3月，被山西省高院评为“全省法院‘巾帼建功’先进集体”，被阳泉市中院评为“全市法院系统先进集体。”

张德业（1936.11～），山西省盂县人,中专文化。

1957年7月参加工作。1960年8月，任盂县人民法院书记员。1984年6月，任盂县人民法院副庭长。1988年2月，加入中国共产党。1996年1月，任盂县人民法院纪检室主任。

1989年，被阳泉市中级人民法院荣记“三等功。”

王福祯（1945～），山西省盂县人，中共党员，本科学历，四级高级法官。

1964年1月参加工作，1964年应征入伍，历任战士、班长、会计。1982年3月，任盂县人民法院民事审判庭副庭长。1988年3月，任盂县人民法院民事审判庭庭长。1989年9月，任盂县人民法院经济审判二庭庭长、审判委员会委员。

曾先后被省高院荣记二等功、被阳泉中院荣记三等功、被阳泉市劳动竞赛委员会荣记二等功，被盂县县委组织部两次评为“优秀共产党员”。

柳春林(1970.5 ~)，山西省盂县人，中共党员，本科学历，三级警督。

1992年7月毕业于山西省劳改警察学校。同年8月分配到山西省阳泉第一监狱狱政科工作。1997年经考试录用到盂县人民法院从事法警工作。2000年从事执行工作。2009年任盂县人民法院执行局副局长。

1999年，阳泉市劳动竞赛委员会为其荣记三等功，2001年，获阳泉市见义勇为一等奖。2001年，阳泉市劳动竞赛委员会为其荣记二等功。2001年、2002年、2006年，阳泉中院分别为其荣记三等功。2001年，被授予盂县职业道德建设“十佳标兵”。2007年，被评为阳泉市“双十佳”政法干警，同年，阳泉市劳动竞赛委员会为其荣记一等功。2008年，被最高人民法院授予全国法院执行工作先进个人。

第九编

文献辑存

第一章　工作报告

阳泉市人民法院一九五六年工作报告

报告人　唐镇源

各位代表：

今年以来，我院在上级司法机关和市委的正确领导下，贯彻执行了《人民法院组织法》所规定的各项审判制度，推广了先进办案经验，继续进行了肃清反革命分子的斗争，惩办了各种刑事犯罪分子，审判了各项民事案件。与此同时，并开展了法律演讲、律师和公证工作，实行了院长、审判员定期亲自接待人民来访的制度。今年下半年又集中主要力量对去年以来已经处理过的刑事案件，进行了全面深入地检查，纠正了在执行法律、政策上曾经发生过的一些偏差。以今年所受理的案件情况来看：刑、民事案件中虽有个别类型的案件仍有增加，但总的趋势和主要案件都有了显著减少。据统计，今年一至十一月发生刑事案件318件，比去年同一时期受理的592件下降46.3%，其中下降较显著的如反革命破坏案件下降了45%，盗窃、诈骗侵犯公民个人财产的案件下降21%；今年一至十一月共受理民事案件869件，比去年同一时期910件下降了5%，其中婚姻案件下降了3%，其他民事案件下降15%。这种下降情况充分表明了一年来，由于我国政治、经济上发生的巨大变化和发展，反革命分子的破坏活动、社会上的犯罪和各种纠纷，也随着日益减少。随着人民民主专政的日益巩固、社会主义建设和社会主义日益进展、社会秩序日益安定，人民群众的组织程度和觉悟程度日益提高，有些类型的案件，如婚姻、家庭纠纷、债务、房屋纠纷、盗窃案件、反革命案件，还会继续不断下降。现在我就将我院一年来在"肃反"斗争中的审判工作和贯彻执行《人民法院组织法》的情况，以及下半年进行的复查案件等几项主要工作，向阳泉市第二届第一次人民代表大会报告如下：

我市的镇反运动，是从去年6月开始的，当时正处在我国社会主义革命高潮的前夜，在这种社会变革急剧的时候，我市和全国其他地方一样，残余反革命分子和各种刑事犯罪分子的破坏活动，又有抬头之势，他们采取各种手段、利用一切机会，在我市工矿企业、基建、运输、财贸等单位进行破坏，如1955年在厂矿基建单位发生的破坏事故比1954年增加了两倍还多。此外，社会上发生的流氓、盗窃诈骗等刑事案件也比1954年增加将近一倍。在此社会变革急剧，阶级斗争尖锐紧张的情况下，为了保障国家建设事业的顺利进行和人民生命财产的安全，我们就不能不给反革命分子以坚决有力的打击。一年来，我院依靠广大群众的积极支持，与公安、检察机关通力合作、分工负责，主动积极地把已经逮捕起诉的反革命分子和那些严重危害国家人民的其他犯罪分子，进行了大张旗鼓的处理，从而严重地打击和削弱了残余反革命势力和制裁了其他犯罪分子的活动。此外，并有计划地配合党和国家各个时期的中心工作，运用审判武器，及时地制裁了各种现行破坏活动，因此，破坏案件大大减少，进一步安定了社会秩序，为掀起社会主义革命和建设高潮，斗争是非常必要的，运动的发展是正常的，在这一斗争中，我院发挥了它应有的作用。

在审理刑、民事案件中，我们严格地贯彻了《中华人民共和国人民法院组织法》规定的公判、陪审、辩护、合议、回避、上诉等各项审判制度。今年在公判方面，除了有关国家机密与涉及个人生活隐私（如通奸、强奸等）及有关于18岁以下的少年犯罪，依照法律不应公判，对811件应该公判的案件中，除有少数加刑案件因思想不明确是属于应公判范围而没实行公判外，全部实行了公开审判。应陪审的831件刑、民事案件，有93%依法实行了陪审。凡公判陪审的案件，全部由审判员与陪审员3人组成合议庭进行，而且根据法律规定，于送达起诉书的同时，向当事人解释诉讼权利和征求是否请辩护人。今年一至十一月，刑事被告委托律师辩护的23件，被告近亲属辩护的6件，此外每案均允许被告充分辩护。在审理民事案中，双方当事人均可找代理人替自己出庭，今年找代理人的有18人。为了保障当事人的合法权利，还实行了回避、上诉制度，除审判人员主动回避外，在审判中，如当事人认为审判人员中对审理其案件有不利时，可申请另换人。判决后，当事人对本院判决不服的，在宣判后十日内日可向法院上诉。据统计，一年来上诉案共有20件，上诉后发还更审的2件，改判的2件，维持原判的8件，上诉后没处理完的9件。除此之外，在审判中我们还按法律规定，坚决执行了公安、检察、法院三个机关的通力合作、分工负责、相互制约的原则，就是公安负责侦查、检察负责批捕、起诉，法院负责审判，使三家关系有如一个工厂的三个车间。今年一至十一月，经预审庭认为事实不清和缺乏有力证据，裁定退还检察机关重新侦查的案件共27件，改变了过去在某些地方制约不够的现象。由于正确的全面贯彻执行了以上的各项审判制度，使我院审判工作更加走上了正轨，提高了工作效率和办案质量，据检查今年四月后尚未发现错案，这就充分说明了各项审判制度的优越性。

在认真贯彻执行各项审判制度的同时，为了把审判工作提高到同国家建设事业相适应的水平上来，从今年二月起，大力推广了成批预审、集中调查、连续开庭、逐案审理的先进办案经验。通过典型示范和全体干部的实践试行，克服了保守思想与经验主义，使推广先进经验工作迅速展开，到三月份，各个审判庭均达到了新的办案指标，工作效率较前提高了一倍。在结案时间上有多数案件均能在半月内审结，使法院工作大为改观，改变了以往年年清案，年年积案的被动局面，保证了审判任务的合法、及时和胜利完成。

为了更加密切法院与人民群众的联系，加强了人民群众对法院审判工作的监督，今年四月后半月开始，建立了审判员与院长轮流接待来访群众的制度，到十一月底，共接待来访群众 106 人。来访的问题经过接待，一般均得到了及时处理，这样不仅便利了人民，而且大大地推进、监督了审判工作。

此外还开展律师、公证、调解及法律讲演等工作，对巩固国家革命法制、预防犯罪、减少纠纷方面起了积极作用。

从上述情况说明，我院一年来的工作成绩是较大的，也是主要的，但也有缺点和错误，其中，有些还相当严重；不过在今年第三届全国司法工作会议后，已逐步有所改变。取得成绩的原因主要是：

第一，认真贯彻了第三届全国司法工作会议和第四届全省司法工作会议的精神，使干部明确了当前的斗争形势，改进了审判作风，在处理案件中，进行了认真的调查研究，划清了主要政策界限，严格分清了反革命与思想落后、革命与刑事犯罪、惯窃、流氓与一般偷窃、流氓作风的界限，掌握了“以事实为根据，以法律为准绳”的审判原则，这样就保证了准确打击敌人，惩罚了犯罪和保护了好人。为提高办案质量，打下了良好的思想基础。

第二，在审判反革命案件中，坚决贯彻执行了“镇压与宽大相结合”的政策，这就是“坦白从宽、抗拒从严、立功赎罪、立大功受奖”的政策，对那些坚持反革命立场，拒不坦白认罪和经过宽大处理或刑满释放而又继续进行破坏的反革命分子，即依法予以严惩；对坦白自首、表示重新做人的人，哪怕就是犯罪严重的，也一定会得到国家的宽大处理，对立了功的不仅获得减刑或免于处刑，而且给以参加生产或工作的机会。由于用活的事实明显的体现了政策，给反革命分子摆清了弃暗投明的道路，因而促使了敌人的内部分化，纷纷向政策投案自首。同时，在处理那些犯罪判刑的反革命分子和其他刑事犯罪分子，也是采取慎重与严肃相结合的方针，除极少数罪恶大、民愤大、非杀不可的判处死刑外，其余绝大多数都判处了徒刑，通过劳动改造，使其成为自食其力的新人，这样做，可以从根本上消灭犯罪，并体现了革命的人到主义原则。

第三，由于严格地贯彻执行了《人民法院组织法》所规定的各项审判制度与公安、检察三家分工负责，互相配合而又相互制约的原则，因而保证了办案的“合法、及时”，不发错案或少发生错误。

第四，加强了法律宣传教育改造。利用公开宣判、布告、法律讲演、黑板报等宣传方式，配合有关部门进行了深入的宣传，如召开群众大会大张旗鼓地处理了 13

名投案自首的反革命分子和从严惩办了拒不坦白的反革命分子后，使政策更加深入人心，提高了人民群众的革命警惕和对敌斗争的积极性，增加了肃反斗争的力量。起到了预防犯罪、减少纠纷的作用。

第五、认真地推广了先进办案经验，克服了保守思想与经验主义，使法院办案质量和工作效率大大提高。经验证明，正确地运用先进办案方法，必须建立在保证办案质量的基础上，由于我们在推广当中，注意了这个问题，及时的纠正了片面强调数量忽视质量的偏向，不仅提高了办案数量，而且也保证了办案质量，改变了过去的年年积案的被动局面，使工作走上了正轨。

虽然在一年来的工作中取得较大成绩，但是由于我们对政策学习不够，领会不全面，政策界限不明确，再加上法制观念不强，思想上存有主管臆断、偏听偏信，作风上的粗枝大叶、草率从事，致使在去年以来的“肃反”斗争的审判工作中和其他方面，也发生了一些缺点和错误，而且有些是严重的。这主要是：

1.由于我们政策界限不清，在审判工作中存在着草率粗糙、主观臆断、偏听偏信、轻信口供、不重视证据、脱离群众的审判作风，因而曾经判处了一些虽然已经构成犯罪，但按国家的政策、法律不应予以判刑的分子，也判处了一些虽然有一般违法行为和不满言论，但对国家和人民利益危害不大，尚未构成犯罪的分子，也还判处了一些本是刑事犯罪而判成反革命罪的性质不清的案件。在应该判刑的案件中，也有量刑过重过轻的偏向，甚至也还判处了一些事实尚未弄清即草率判决的案件。

2.在执行《组织法》所规定的各项审判制度方面，有的地方还不够十分认真，有的流于形式，甚至有个别违法现象。如对“加刑”案件，没有按照审判制度进行公判陪审，有的陪审员陪而不问，形成形式主义。

3.总结审判经验，向群众进行法律演讲，虽然有了初步开展，但还十分不够，须今后大力开展。

4.推广先进办案经验中，由于对推广先进经验的目的性了解上有些片面化、绝对化，因而在试行初期，曾发生过贪多图快，不从实际出发，单纯追求数量的偏向。

上述错误和缺点所造成的不良后果是不容忽视的。根据“有错必纠”的原则，为了彻底纠正错误、接受教训、教育干部、改进工作，今年下半年，对所处理的刑事案件进行了普遍复查。对查出来的应做重新处理的案件，均通过审判监督程序，做了重新处理。即对于少数被错判了的案件，进行了平反和纠正，对于错捕、错判生活有困难者，由政府给予了适当救济，对于判案过重过轻的，重新做了恰如其分的处理。对于原判事实不清的，退回检察机关做补充侦查。经过上述措施，纠正了错案，严肃了法制，挽回了国家政策上造成的损失，弥补了公民在经济上的损失，因而群众反映良好，感到了人民政府对人民是严肃负责和实事求是的，也教育提高了干部，明确了政策界限，认识到主观主义、官僚主义的危害和严格遵守法制的重要性。

现在我国社会主义革命已取得全面的决定性胜利，国内的政治情况已起了根本变化，反革命残余势力已经日益缩小和分化，根据这种情况我们将坚决执行最近全国人民代表大会常务委员会《关于宽大处理和安置城市残余反革命分子的决定》。但并不是一切反革命分子都已改恶向善，在残余的反革命分子中，还有少数坚决的反革命分子，他们的活动是狡猾隐蔽的。今后向反革命分子斗争，仍然有它的复杂性和尖锐性，因此我们丝毫不能放松警惕，将更好地运用审判职能，依法惩治反革命分子的破坏活动，继续向阻碍社会主义建设和侵犯公民权利和合法权益的各种犯罪分子作斗争，并认真做好民事案件的审判工作，对加强人民内部团结、促进生产发展，有着十分重要的意义。

为了接受过去的经验教训，改进和提高工作，胜利的完成任务，特提出以下意见：

1. 加强法院全体工作人员的政治理论和政策、法律、法令的学习。目前应认真学习中共八大文件，提高干部对形势和政策的认识，明确国家建设的基本任务，积极地从司法方面来保护社会主义建设的顺利进行。并有计划地组织干部学习有关政策及法律科学知识，以提高其政策业务水平。

2. 必须进一步加强法制。刘少奇同志代表中央在八大所做的政治报告中指出："现在革命的暴风雨时期已过去了，新的生产关系已建立起来，斗争的任务已改变为保护社会生产力的顺利发展，因此，斗争的方法也必须跟着改变，革命的法制就完全必要了。"我们对这一指示的精神必须有充分的认识，今后应严格执行国家法律所规定的公安、检察和法院三个机关分工负责、互相配合而又互相制约的原则，这是从法制上防止错案的一项关键性的措施。其次，法院在审判活动中必须认真的贯彻执行各项审判制度，坚决克服形式主义的现象。其中特别注意的：（1）认真执行人民陪审员制度，切实尊重人民陪审员的权利，听取来自群众方面的意见，集思广益，实行合议，克服专断独行的作风；（2）切实保护刑事被告的辩护权利，不仅要使被告本人能大胆地进行辩护，而且要使别的辩护人能毫无顾虑的为被告进行辩护。律师制度又是执行辩护制度的环节，应迅速开展和加强这一工作，从制度上来防止审判人员的片面性。此外，上诉、审判监督等制度，均是为了纠正错案、保证办案正确，因此都必须遵守。

3. 必须切实改进审判作风，提倡干部实事求是、坚持原则、加强调查研究。反对主观主义与粗枝大叶的作风，今后审理案件，必须考虑到材料的真实性和对被告有利的一面，根据切实可靠的证据制作判决，不能主观臆断，草率下判。为了把这个问题解决的好，应结合整风，联系实际，检查工作，克服主观主义，官僚主义的思想和作风。

4. 加强法院的集体领导，充分发挥审判委员会的作风，今后对带有原则性的问题，特别是在情况变化和政策转变的时期，对新发生的案件应进行反复研究，及时的总结经验教训，并应定期（如半年一次）检查已判案件和进行各类案件的审判总结作为制度，借以及时检查和改正缺点，并找出典型，推动一般。

5. 加强审判监督活动。为了正确执行国家法律，必须加强上级法院对下级法院、院长对本院审判工作的监督，要尊重人民检察院对法院审判工作的监督，特别应加强人民群众对法院工作的监督，同时还应用各种形式，加强对群众进行法律知识的宣传教育工作，不但要群众知道这些诉讼权利和怎样行使这些权利，而且还要使他们经常关心和监督法院的审判活动，并教育公民遵守法律，预防和减少犯罪、违法行为。而法院本身还应通过审判活动和接见群众来访，处理群众来信制度，使法院与人民群众的关系更加密切起来。

最近市人民代表大会代表和市政协委员对我市政法工作进行了视察，给我们提出了很多宝贵意见，因而对改进今后法院工作有很大帮助，希望今后多采用这种方式，检查和推进市人民法院的工作。

以上报告，请各位代表审查和提出严格批评。

1956 年 12 月 24 日

阳泉市中级人民法院工作报告

——一九八二年七月二十四日在阳泉市第八届人民代表大会第一次会议上

韩双顺

各位代表：

我完全同意罗陶然同志作的《革命委员会工作报告》，并坚决贯彻执行。现在，我代表阳泉市中级人民法院向大会作工作报告，请予审议。

一、十六年来的工作情况

一九五六年十月第六届人民代表大会选举了阳泉市人民法院院长，不到一年的时间，就发生了“文化大革命”。在林彪、江青反革命集团“砸烂公检法”反动口号的煽动下，一九六七年二月被夺权，不久被所谓“无产阶级专政委员会”取代。一九七三建立了中级人民法院以后，虽然审理了一些案件，做了一些工作，但由于“左”的错误影响，加上法制不健全，也发生了不少冤、假、错案。党的十一届三中全会以来，我院在中共阳泉市委的领导下，认真贯彻党的各项方针、政策，紧密联系司法战线的实际，深入揭批林彪、江青一伙践踏社会主义法制，颠倒敌我关系，“砸烂公检法”等反革命罪行，清算了“左”的错误影响，遵照实事求是的原则和“有反必肃，有错必纠”的方针，对“文化大革命”以来判处的刑事案件进行了认真的复查。全面实施五届人大二次会议通过的《中华人民共和国刑法》、《中华人民共和国刑事诉讼法》等重要法律以来，我们运用法律武器积极参加“综合治理”，推进整顿社会治安工作，积极开展了刑事、民事和经济审判工作。从而落实了党的政策，打击了反革命分子和其他刑事犯罪分子，正确调处了人民内部矛盾，调动了积极因素，发展了我市安定团结的政治局面，促进了四化建设。

（一）全面复查“文化大革命”以来的刑事案件，认真落实党的政策。

党的三中全会以后，根据中央的指示精神，对一九六六年至一九七八年判处的刑事案件进行了全面的复查。在各单位的积极配合下，经过几年的努力，基本上完成了复查任务。一九六六年至一九七八年，全市共判处 811 案 968 人，其中反革命案 162 件 194 人，普通刑事案 649 件 774 人。经过复查，共平反纠正冤假错案 247 人，占判决人数的25.4%。其中，反革命案件平反纠正了170人，占原判现反总人数的87.6%；普通刑事案平反纠正了77人，占原判总数的10%。这一期间，我们还受理了“文化大革命”前的刑事申诉案785件，经过复查，已结案593件，占收案的75.5%；其中，维持原判的373件，占已复查案件的62.9%；撤销原判的150件，占25.3%；其他方式处理的70件，占11.8%。

通过复查，认真落实了党的政策，使冤假错案得到了平反纠正，调动了各方面的积极性。同时，也使广大司法干警受到了一次深刻的教育。大家认识到，审判案件必须坚持实事求是，严格区分罪与非罪的界限，“以事实为根据，以法律为准绳”，坚持调查研究，重证据，不轻信口供，严禁逼供信，彻底废除林彪、江青一伙法西斯式的审查方式，严格依法办事；必须不断提高司法干警的政治素质和业务素质，坚持四项基本原则，永远忠于法律，忠于人民。

（二）全面实施“两法”，坚决打击严重破坏社会秩序的刑事犯罪分子。

一九七九年，五届人大二次会议通过的《刑法》、《刑事诉讼法》等七个重要法律，标志着我国的社会主义法制建设进入了一个新的阶段。我市各级人民法院，积极组织司法干警，认真学习“两法”，在人员少、困难多、任务重的情况下，千方百计地克服困难，严格执行“两法”。从一九七九年到今年上半年，全市共受理初审刑事案653件，共审结627件，占收案总数的96%，其中，杀人、防火、抢劫、强奸、爆炸等重大现行案126起。

从一九八O年我市审理二审刑事案件以来，市中级人民法院共受理上诉、抗诉的二审刑事案124件；经过努力，审结了122件，占收案的98.4%；其中维持原判的79案，改判的19案，发还更审的23案，撤销抗诉的1案。

几年来，特别是去年以来，我们认真贯彻了全国五大城市治安座谈会议精神，与公安、检察机关密切配合，协同作战，切实纠正对某些犯罪分子打击不力的现象。对重大现行犯罪分子，特别是其中的惯犯、教唆犯和共同犯罪的首要分子，坚决依法从重惩处。对七名情节特别恶劣，危害特别严重，不杀不足以平民愤的，坚决依法判处死刑，有力地打击了刑事犯罪的嚣张气焰，促进了社会治安情况的好转。同时，做到了分别情况，区别对待。对投案自首、主动坦白交代罪行，揭发、检举他人的罪犯、从犯，以及未成年人犯罪，仍依法从轻、减轻处罚。对可以不给予刑事处分的偶然失足犯罪的青少年，则立足于拉，尽可能进行教育、感化、挽救的人，把坚决打击与分化瓦解、防范制止结合起来。既突出了打击重点，依法从重从快惩处了重大现行犯罪，又全面贯彻执行了党和国家规定的打击少数，争取、分化、改造多数的一贯方针，以及惩办与宽大相结合的基本政策。

为了扩大办案效果，各级人民法院选择有教育意义的案件，召开宣判大会，打造声势，扩大影响。去年以来，全市先后召开了26次宣判大会，并通过报纸、广播站的宣传以及印发死刑案件布告和典型案件的宣传材料，广泛宣传了法制，对打击敌人，教育人民起到了很好的作用。结合审判活动，积极参加社会治安的“综合治理”。根据办案过程中发现的一些单位在管理制度、教育方法上存在的问题，及时提出建议，促进内部整顿，落实防范措施，预防和减少犯罪。

（三）正确处理民事案件，促进安定团结。

党的三中全会后，随着党的各项政策的贯彻落实，社会主义民主与法制的恢复和发扬，人民法院受理的民事案件大量增加。民事案件面广、量大，情况复杂，直接关系着人民的生产和生活，关系着社会的安定团结，做好民事审判工作是人民法院的一项重要任务。几年来，我市各级人民法院，认真贯彻执行中央两个农业文件和第二次全国民事审判工作会议精神，坚持“依靠群众，调查研究，就地解决，调解为主”的方针，深入基层，调查研究，及时正确地审理了一大批民事案件。一九七九年至一九八二年六月，共受理初审民事案2649件，审结了2155件，占收案总数的81.5%，其中调解处理的占审结数的66.4%。通过审理这些案件，正确执行了党的政策和国家法律，保护了国家利益和集体、个人的合法权益，发扬了社会主义道德风尚，促进了安定团结。

去年，五届人大三次会议通过《中华人民共和国婚姻法》后，各级法院密切配合有关部门，深入宣传婚姻法，认真处理了大量婚姻、家庭纠纷案件。对因喜新厌旧而引起的离婚案件，在审判时坚持了“要分清是非，慎重处理”的原则，并摸索了一些审判经验。与此同时，我们还积极贯彻全国调解工作会议精神，加强对基层调解委员会的指导工作，使一大部分民事纠纷在基层得到及时的调解处理，把问题解决在萌芽状态，避免了一些矛盾的激化和许多不幸事件的发生。

根据五届全国人大三次会议关于加强经济司法工作的精神，城区法院和市中级人民法院建立了经济审判庭，积极开展经济审判工作，先后受理经济纠纷案件45件，审理了40件。今年上半年，我们认真学习了党中央、国务院《关于打击经济领域中严重犯罪活动的决定》和全国人大常委会《关于严惩严重破坏经济的罪犯的决定》，配合有关部门审理了三起经济犯罪案件，对四名贪污、诈骗犯依照法律进行了惩处。

几年来随着社会主义法制的加强，我市法院的建设也有了新的发展。从一九七三年以来，根据上级指示，我市建立了中级人民法院和三个区人民法院。特别是为了全民实施“两法”，市委先后抽调了一批思想好、作风正，有一定工作能力的干部充实到了各级人民法院，加强了审判力量。为尽快提高广大司法干警的政治素质和业务水平，除派出部分同志到中央和省政法干校学习外，还以“两法”为内容对全体司法干警进行了普遍轮训，使大家提高了觉悟，增长了法律知识，提高了业务水平，适应了形势的需要。

总之，三中全会以来，各级人民法院做了大量工作，成绩是主要的。但是，也存在不少问题，主要是：个别刑事案件定性不准，量刑畸轻畸重，一度时期对刑事犯罪分子的打击不够有力；由于生怕力量不足，对一些申诉复查案件处理不及时，民事案件积案多等。这些问题，我们要在今后的实际工作中认真加以解决。

二、今后法院工作的主要任务

各位代表，我们的国家已经进入社会主义现代化建设的新时期。建设社会主义物质文明和精神文明是我们当前和今后相当长时期内的中心任务。人民法院是人民民主专政的重要工具，我们一定要在各级党委的领导和人大的监督下，紧紧围绕这个中心注意克服“左”的影响，防止右的偏差，全面贯彻执行全国五大城市治安座谈会精神和中共中央关于加强政法工作的指示，严格执行《刑法》、《刑事诉讼法》、《婚姻法》和《经济合同法》，认真做好《民事诉讼法》的试行工作，充分发挥人民法院的审判职能，为建设“两个文明”作出应有的贡献。

（一）积极开展经济审判工作坚决打击经济领域的犯罪活动。

打击经济领域的犯罪活动，是党中央今年着重抓的一件大事，是我国社会主义社会在新的历史条件下阶级斗争在经济领域内的重要表现。这场斗争是关系到我们党和国家盛衰兴亡的大问题。我们要充分认识这场斗争的重大意义，要进一步贯彻执行中共中央、国务院和全国人大常委会的两个“决定”。在市委的统一领导下，协同纪律检查委员会、检察、公安、工商行政管理部门，采取有力措施，把打击经济领域中严重犯罪活动作为头等重要任务之一。当前，要集中力量抓紧处理大案要案，要善于运用法律武器，坚决打击那些走私贩私、贪污、受贿、把大量国家财产窃为已有等严重犯罪活动。特别是对占据重要职位的犯罪干部，必须依法从重量刑，情节特别严重的还要判处无期徒刑和死刑。在审理中，我们一定要坚持实事求是，正确掌握政策，严格区分罪与非罪的界限，正确处理两类不同性质的矛盾，坚持“以事实为根据，以法律为准绳”的原则，稳、准、狠地打击一切严重破坏经济的犯罪分子。对严重破坏经济的犯罪，不管是什么人，不管他属于哪个单位，不论他的职位高低，都要铁面无私，执法如山，绝不允许有丝毫例外，更不许任何人袒护、说情、包庇。

此外，我们还要根据全国人大和省人大的要求，抓紧建立、健全各级人民法院的经济审判机构，积极开展经济纠纷案件的审判工作，依照《经济合同法》及时正确地处理合同纠纷案件，保证经济建设工作的顺利进行。

（二）继续贯彻执行依法从重从快惩处严重危害社会治安的现行刑事犯罪分子，进一步搞好社会治安。

惩办反革命和其他刑事犯罪分子，保卫人民民主专政，保护全民所有和集体所有的财产，保护公民的合法财产和人身权利、民主权利，维护社会秩序，是人民法院的首要任务。我们要坚决贯彻中共中央关于加强政法工作的指示精神，进一步加强法院工作，正确运用法律武器，在市委的领导下，协同公安、检察等部门，积极参加“综合治理”，加强社会主义精神文明的建设，认真执行党的打击少数，争取、分化、改造多数的一贯方针，试行惩办于宽大相结合，“坦白从宽，抗拒从严”的基本政策，对极少数杀人犯、抢劫犯、强奸犯、爆炸犯、放火犯，以及其他严重危害社会治安的现行刑事犯罪分子，必须依法从重从快惩处，其中情节特别恶劣，危害特别严重的，要坚决依法判处死刑或无期徒刑。对于一般犯罪分子，根据其不同的情节和后果，要依法判处有期徒刑、拘役、管制。对于少数从事破坏活动的反革命分子，必须依法及时惩处。与此同时，要配合有关部门搞好教育、挽救失足青年的工作，争取我市社会治安的进一步好转。

（三）认真开展民事审判工作，搞好婚姻法的执行和民事诉讼法的试行工作。

审判民事案件，解决民事纠纷，是人民法院的一项重要任务。依法审理婚姻、财产、继承、赡养、房屋、地基、山林、水利、债务等民事案件，正确调处人民内部纠纷，对于保护公民的合法权益，防止矛盾激化，增强人民内部团结，调动一切积极因素，促进四化建设，起着重点作用。因此，我市各级人民法院要认真贯彻《婚姻法》，正确执行党的民事政策，积极搞好《民事诉讼法》的试行工作。坚决执行“依靠群众，调查研究，就地解决、调解为主”的方针，认真搞好民事案件的审理工作，抓紧处理积案。积极贯彻全国调解工作会议精神，指导调解委员会的工作，使绝大多数民事纠纷及时解决在基层，解决在萌芽状态，化消极因素为积极因素，促进安定团结，加快四化建设的进程。

（四）继续做好申诉案件的审理工作，搞好信访接待。

近几年来，在各单位配合下，已经审理了一大部分历史申诉案件。但到目前为止仍有近 200 件历史申诉案没有审结。同时，还有一些新的申诉案件和再申诉案件不断增加。今后，我们要继续遵照全国人大常委会通过的《关于中华人民共和国建国以来制定的法律、法令效力问题的决议》精神，根据实事求是的原则和“有反必肃，有错必纠”的方针，认真调查，慎重对待，要依照当时的政策、法令，进行复查，凡是经过深入调查，确属冤错案，要给予及时纠正，并会同有关部门做好善后工作；凡是经过查证，原判事实存在，量刑基本适当的，都要维持原判，并做好答复工作；凡是少数无理取闹，经批评教育不改，影响很坏的人，要根据情节轻重，分别给予严肃处理，直至追究刑事责任。要热情接待来访人员，虚心听取群众的诉讼和意见，积极宣传党的路线、方针、政策、法令和法律。对信访工作要认真负责，做到件件有着落，案案有结果，及时处理。

（五）加强司法队伍的整顿和建设，争取法院工作在较短时期内有一个决定性的进展。

为了加强社会主义法制，保证完成党和人民交代给我们的光荣任务，我们必须努力建设一支坚强的又红又专的审判队伍。从当前情况看，我市大多数审判人员是好的和比较好的。但是，审判干部量少质弱的状况仍然存在，同时新时期审判工作任务很不适应。人民法院是人民民主专政的重要工具，组织上必须纯洁，政治上必须可靠，必须同党中央保持一致。要继续抓好法院的整顿和建设，首先要协助党委和组织部门把各级法院的领导班子整顿好，调整好。凡是跟随林彪、“四人帮”造反起家的人、帮派思想严重的人和打砸抢分子，要坚决调离领导岗位，一个不能留。对于那些贪赃枉法，营私舞弊，违法乱纪，坚持派性屡教不改的人，要坚决调整出去。对于那些不适应做政法工作的人，建议调做别的工作。在整顿的基础上，要加强广大司法工作人员的马列主义、毛泽东思想教育、革命传统教育、社会主义法制教育和业务、文化教育，端正思想路线，坚持四项基本原则，进一步振奋革命精神，不断提高政治觉悟，自觉服从党的领导，坚持依法办事，进一步提高业务素质，为实现我市司法队伍的革命化、年轻化、知识化、专业化而努力奋斗。

阳泉市中级人民法院工作报告

——一九八七年十二月一日在市第九届人民代表大会第一次会议上

市中级人民法院院长　高根楼

各位代表：

现在，我向大会报告第八届人民代表大会以来的法院工作，请审议。

过去的五年，是我国政治、经济形势发生深刻变化的五年。在这场历史性的大变革中，我市两级人民法院在市委、市人大常委会及上级法院的领导和监督下，坚持审判工作为党的总任务、总目标服务的正确方向，认真贯彻党的路线、方针和政策，严格执行国家宪法、法律，以改革精神努力做好各项审判工作，充分发挥人民法院"保护人民，打击敌人，惩治犯罪，服务四化"的职能作用，为发展社会主义民主，健全社会主义法制，保障、促进社会主义改革和现代化建设的顺利进行，作出了积极的贡献。下面，我从四个主要方面向大会报告五年来的工作情况。

一、坚定不移地坚持"两打"方针，严惩严重危害社会治安和严重破坏经济的犯罪分子

充分运用武器，依法同敌对势力和各种犯罪分子作斗争，有效地维护人民民主专政的政权，维护社会主义制度，是人民法院的首要任务。五年来，特别是从一九八三年八月按照党中央"三年为期，三个战役"，严厉打击严重刑事犯罪活动的战略部署，开展"严打"斗争以来，我市两级法院在市委和各级党委的统一领导下，与公安、检察、司法等有关部门密切配合，坚决执行全国人大常委会《关于严惩严重危害社会治安的犯罪分子的决定》、《关于迅速审判严重危害社会治安的犯罪分子的程序的决定》和《关于严惩严重破坏经济的罪犯的决定》等法律法规，充分发挥审判职能，依法从重从快惩处严重刑事犯罪分子，取得了重大成果。

（一）沉重打击了严重刑事犯罪分子的嚣张气焰，制止了刑事案件大幅度上升势头，促进社会治安的明显好转。从一九八三年八月至一九八七年二月，全市共审结刑事案件 1395 件，判处人犯 2605 名。在发生法律效力的判决中，判处死刑、死缓和无期徒刑的 194 名，判处五年以上有期徒刑 694 名，判处不满五年有期徒刑和其他刑罚的1266名，免于刑事处分的69名，宣告无罪的36名。对属于流氓犯罪集团、杀人、抢劫、强奸等重点打击的七类犯罪分子，坚定不移地贯彻了从重从快的方针。在审结案件中，属于“七个方面”的案件701件，人犯1571名，分别占判处案件和人犯总数的50.2%和60.3%。杀掉了一批十恶不赦、罪大恶极、不杀不足以平民愤、正国法的首恶分子。经过“严打”，使那些成帮结伙，明火执仗横行社会、扰乱治安，危害群众人身安全和财产安全的恶势力受到了沉重打击。全市年发案率由一九八二年的万分之二十三点八下降到一九八六年的万分之八点四，重大恶性案件和流氓集团案件突出上升势头得到了控制，广大群众普遍有了安全感。这些情况表明，我市“严打”战役对严重刑事犯罪活动的打击是准的，也是狠的，稳的，达到了预期的目的，基本上扭转了社会治安的非正常状况，显示了人民民主专政的强大威力。

五年来，全市还判处反革命持械聚众暴乱、反动会道门、反革命宣传煽动等现行反革命案件8件，人犯51名。坚决打击了现行反革命的破坏活动，巩固了人民民主专政的政权。

（二）严厉打击了严重经济犯罪活动，保障和促进了改革开放政策的贯彻和社会主义经济建设的发展。全市两级法院在坚持依法从重从快打击严重刑事犯罪活动的同时，依法从严打击了严重经济犯罪分子。一九八二年以来，共判处严重经济犯罪案件126件，人犯234名。通过审判案件，先后为国家、集体挽回经济损失170余万元。尤其是从去年以来，针对一九八四年至一九八五年上半年社会上经济犯罪猖獗的情况，两级法院坚决排除干扰，坚持依法办案，狠抓大案要案，一年内判处严重经济犯罪案件44件，人犯101名。对那些乘改革之际，钻改革空子，大肆进行贪污、诈骗、投机倒把、盗窃公共财物等严重经济犯罪活动的犯罪分子给予了严厉打击，基本上制止了经济犯罪猖狂的势头，实现了一年内把经济犯罪分子的嚣张气焰“压下去”的目标。

（三）推进了社会治安的综合治理，增强了广大干部群众的法律意识和法制观念。“严打”斗争中，全市法院紧密结合审判职能，以促进社会主义精神文明建设为核心，以预防犯罪和减少纠纷为重点，积极主动地参加对社会治安的综合治理。全市共召开大中小型公判会90余次，大张旗鼓的公判处理罪犯716名，显示了国家法律的威严，始终保持了“严打”的声威。根据省政法机关在反盗窃斗争中和反经济犯罪中发布的《通告》精神，选择宽严典型，不失时机地召开公判大会，进行政策兑现，分化瓦解罪犯。同时，通过办案，还采取就案讲法、召开座谈会、提出司法建议、进行法律咨询等方法，广泛进行法制宣传教育，帮助有关单位加强防范工作。对“两劳”释放人员和判处缓刑、免刑人员，进行回访考察，落实帮教或改造措施。中院与驻地劳改单位配合，改进减刑、假释考核办法，实行“改造、生产双百分考核制”，加强了罪犯的自我教育和主动改造，提高了改造质量。先后办理了减刑、假释案件2548件，对抗拒改造构成犯罪的依法严惩，正确贯彻打击惩办与改造教育相结合的方针，有力地维护了改造秩序。基层人民法庭送法上门，急案急办，为综合治理做了大量工作。通过一手抓打击，一手抓治理，使犯罪分子受到了震慑，人民群众受到了教育和鼓舞，提高了广大群众的法制观念和同违法犯罪分子作斗争的自觉性。三年来，全市广大群众揭发各种违法犯罪线索2340余件，扭送犯罪分子290余人。还出现了许多大义灭亲、动员规劝自己违法犯罪亲属投案自首的事例。先后有1230名违法犯罪人员到政法机关投案自首，引深了"严打"斗争的开展。

（四）法院干部队伍在"严打"斗争中得到了锻炼，摸索和积累了丰富的斗争经验。"严打"战役是在对外开放，对内搞活的社会治安处于非正常状况的新形势下开展的。这场斗争一开始来势较猛，集团案件多，审判任务重，办案人员又严重不足。面对这种情况，为了保证办案质量，两级法院坚持提前介入，了解案情。审理案件中始终注意把好事实证据关、定罪量刑关、法律程序关、法律文件关。严格区分罪与非罪，此罪与彼罪，重罪于轻罪的界限。并坚决贯彻区别对待，惩办与宽大相结合的政策。在审理经济犯罪案件中，针对不正之风和经济犯罪相互交织的复杂情况，尤其注意严格区分经济犯罪与不正之风，经济犯罪于改革中犯错误的界限，力争使每办一案都经得起历史的检验。这些基本做法有力地克服了斗争之初少数案件办案较粗的不足，保证了"两打"斗争健康发展，为提高审判水平积累了宝贵经验。在这场斗争中，广大法院干警坚定不移坚持四项基本原则，废寝忘食，昼夜奋战，运用法律武器同犯罪分子作斗争，以实际行动改变了曾一度对犯罪分子打击不力的状况，表现了高度的政治责任感和革命事业心。经过斗争的锻炼，法院干警更加成为党和人民信赖的，勇于坚持四项基本原则，保卫社会主义制度和人民民主专政的一支重要力量。

事实充分证明，党中央决定对严重刑事犯罪分子采取依法从重从快惩处的方针，是完全正确的，以战役的形式对严重刑事犯罪活动进行集中打击的决策，是完全正确的。如果没有这场斗争，严重犯罪分子的嚣张气焰就打不下去，社会治安的混乱状况就不会很快改变。

二、加强民事审判和经济审判，保障人民的合法权益，依法调节经济活动的运行

认真做好民事审判和经济审判工作，及时正确地处理民事、经济纠纷，维护集体和个人的合法权益，对社会主义商品生产的发展，对社会的安定团结，发挥着越来越重要的作用。五年来，全市法院受理的民事、经济纠纷案件已占到法院办案总数的80%以上。为了适应形式的要求，全市两级人民法院采取积极措施，大力加强和改进了民事审判和经济审判。

城乡经济体制改革和商品经济的迅速发展，导致了思想观念和财产关系的相应变化，民事审判工作也出现了案件上升，种类增多，范围扩大的新特点。五年来，全市法院共受理民事案件5452件，审结5415件，结案率为99.3%。婚姻案件虽然仍占首位，占到受案总数的64.1%，但各类财产纠纷，特别是债务、赔偿、房屋纠纷及山林、土地纠纷案件一直持较大幅度上升的趋势。

人民法院在处理民事纠纷案件时，坚持依法办事，保护生产的发展，保护家庭的和睦，保护公民特别是妇女、儿童和老人的合法权益。为了便于群众诉讼，及时解决纠纷，在办案中贯彻了依靠群众，调查研究，着重调解，就地审理的原则，做到了“三个坚持”：一是坚持巡回办案，送法上门。全市审结的民事纠纷案件中，有55.2%的案件，是办案人员深入基层就地审理的。二是坚持正确贯彻“着重调解”的原则，在查明事实，分清责任的基础上，耐心疏导，做艰苦细致的思想工作，力求使调解做到合法、自愿、合情、合理，调解不成，该判则判，使纠纷真正得到解决。审结的案件中，调解结案的占到75.3%，审结质量明显提高，不服人民法院审理，上诉、抗诉的案件逐年减少。三是坚持急案急办，防止矛盾激化，对容易引起殴斗，危及群众生命财产安全的案件，只要是告到法庭的不管是否立案，基本做到了闻风而动，及时处理，五年中先后使一大批矛盾一触即发的案件化干戈为玉帛，避免酿成后患。根据全国第四次民事审判工作会议精神，还狠抓了人民法庭的建设，以更好地解决群众告状难的问题。目前，全市已批准建立人民法庭12个，有法庭工作人员28名。这些法庭工作人员克服远离机关，工作条件差等困难，积极开展工作，坚持审理案件，宣传法制，指导人民调解委员会工作三结合，把大量纠纷解决在萌芽状态，有力地促进了社会治安的综合治理。《民法通则》发布后，认真组织了对这个民事基本法规的学习，为《民法通则》今年起正式实施做了必要的准备。经济审判工作是人民法院适应我国经济建设的需要，在新时期开辟的一项新的审判业务。我市的经济审判工作。一九八三年以前，主要是相继建立机构，初步开展，摸索和总结经验。一九八四年第一次全国经济审判工作会议后，进一步提高认识充实队伍，以多办案，办好案为工作方针，迅速打开了经济审判工作局面。五年来，全市共受理经济纠纷案件886件，审结821，结案率为92.7%。近年来，人民法院受理经济纠纷案件逐年大幅度上升，一九八四年至一九八六年全市法院受理案件数，相当于前三年的九倍。今年一致十月份受理案件292件，比去年同期上升35.8%。同时，案件的诉讼标的的金额，处理和执行的难度明显增大。

人民法院牢固树立为经济建设服务的指导思想，坚持把是否有利于经济体制改革和经济发展，作为经济审判工作的出发点和落脚点。不断克服“坐堂审案”、“就案办案”的倾向，以提高办案质量为中心，积极主动地开展工作。第一，从有利于生产出发，走出法庭，上门收案，主动为企业提供法律服务。并针对经济纠纷案件的被告人多在外地，传唤难、审理难的特点，不辞辛苦，跑遍全国二十多个省区的上千个单位和乡村，就地办理案件。第二，从促进经济合作，提高经济效益出发，对那些因纠纷造成矛盾激化的双方，着眼于通过审理活动缓解矛盾。调解结案率达到76.2%，使许多当事人双方不仅解决了纠纷，还巩固发展了相互经济往来。对那些造成停工停产一类的纠纷，设法采取应急措施，尽快消除生产障碍，再解决双方争议，千方百计减少财产损失。第三，从扶持乡镇企业发展的观点出发，对涉及乡镇企业的经济纠纷，不仅排难解忧，还宣传法制，协同找原因，定措施，帮助改善企业管理。第四，从发展商品生产，促进城乡经济繁荣出发，依法保护农村承包经营责任制，保护个体户，专业户和“经济联合体”的合法权益。第五，从维护社会主义经济法律秩序出发，坚持法律面前一律平等的原则。在办案中排除本位主义，地方观念的干扰，对待当事人，不论其单位大小，不论是本地的还是外地的，也不论是集体还是个人，谁的权益合法就保护谁。许多外地当事人赠旗挂匾，赞扬人民法院秉公执法，公正无私。

通过审理大量经济纠纷案件，收到了显著的社会效果和经济效益。一是使当事人和社会公共利益免受侵害。仅为我市有关经济实体单位追回的拖欠款就达 1600 万元，二是促进生产和流通渠道的畅通。使 2000 多万元资金从纠纷中解脱，投入正常周转，使许多陷于困境濒临停产的企业恢复生机。三是通过司法建议活动，扩大了办案效果。对一些企业堵塞漏洞，改善经营管理，提高经济效益，预防违法犯罪起到积极作用。四是制裁了一批经济违法犯罪分子，先后将 15 件在审理经济纠纷案件中发现的经济犯罪案件，移送有关司法部门处理，有力地配合了打击严重经济犯罪的斗争。

为了提高民事、经济案件审判质量，保证严肃司法，从一九八五年以来，对全市基层法院审结的案件每年都要普遍进行一次评查。根据评查标准，分别考核打分，打破了审判工作中办案多少、质量好坏一个样的大锅饭，这一做法被省高院总结推广。与此同时，针对民事、经济案件审理之后执行难的情况，各院都充实执行力量，加强了执行工作。对少数长期不履行人民法院判决、裁定和调解等法律文书的案件，果断慎重地采取了强制措施，对藐视法律的当事人依法制裁，充分体现了法律和人民法院司法工作的权威性、严肃性，受到了社会的好评。

开展行政审判工作是法制建设的需要，是法院工作的一项新任务，我们采取积极慎重的态度，先后试办了一些案件。如旧城改造中强制拆迁案，维护了全市人民的共同利益，保障了城市建设的顺利进行，收到了良好效果。

三、做好申诉信访工作，运用审判监督程序，认真落实党的政策

申诉信访工作是人民法院审判工作的重要组成部分。从人民群众来信来访中发现错判案件，通过审判监督程序及时依法地予以纠正，对于落实党的政策，搞好社会治安综合治理，促进社会的安定，起着是十分重要的作用。五年来，按照上级的统一部署，在申诉信访方面主要抓了以下工作：

（一）认真复查统战案件。从一九八四年开始，根据“中办〔1984〕32 号”文件和最高法院郑州会议的精神，开展了对统战方面案件复查。全市共有涉及起义投诚人员、知识分子、台胞台属、侨胞侨属、民主党派、工商联人士方面的案件 186 件，截止一九八六年上半年，已全部复查完毕。经过复查再审，维持原判的83件，改判91件，做其他处理的12件。在改判案件中，宣告无罪的63件，免刑的6件，改轻的5件，按既往不咎政策对待的17件。

（二）认真复查历史老案。在做好“文化大革命”中判处案件的复查扫尾工作，彻底纠正冤假错案的基础上，根据“中办发〔1986〕6号”文件精神，从一九八六年开始，积极慎重地对“文化大革命”前判处的反革命案件、其他政治性案件以及申诉普通刑事案件进行了复查。按照复查立案标准，全市共立案517件，截至今年八月已全部复查完毕。经过复查宣告无罪的273件、改变定性的6件，免刑4件，改轻的2件，割除政治尾巴的11件，维持原判的252件，做其他处理的23件。

（三）加强信访接待工作。全市共受理群众来信9561件（次），接待来访群众18491人（次），各院从解决“四难”现象，转变工作作风入手，普遍建立了正副院长轮流接待群众制度，挂牌服务制度，认真接受群众监督。对“严打”集中判处案件提出申诉的，采取了谨慎、严肃、认真、依法的态度。对极少数确属基本事实、基本性质搞错了的，适用法律明显错误的，实事求是的予以纠正。对无理缠诉，闹翻案的坚决顶了回去。

复查统战案件和历史老案的工作，时间紧，任务大，困难很多。全市人民法院保持高度的政治责任感，不折不扣地执行党的政策，集中力量，突击办案，先后查阅卷五万余卷。工作中坚持实事求是，有错必纠的原则，全错的全改，部分错的部分改，不该改的坚决不改。并善始善终做好善后工作。对一些下落不明的原审被告，都千方百计找到本人或他们的亲属，主动为他们消除政治影响，落实党的政策。通过艰苦细致的工作，又为一批干部群众平反昭雪，使他们从长期背负的沉重政治桎梏中解脱出来，提高了党的信誉，调动了一大批人的积极性，对发展安定团结的政治局面，扩大爱国统一战线产生了积极作用。许多当事人写信、送匾甚至携带儿女不远千里来到我市法院，众口一词赞扬党的政策英明伟大，声泪俱下感激人民法院出以公心、有错必纠，纷纷表示要子孙后代跟党走，同心同德振兴中华。

由于全市法院对信访申诉工作思想重视，审理快，结案率高，我市到省和中央申诉、上访人员在全省是最少的，有力地促进了政治安定，多次受到上级法院的表扬。

四、大力加强社会主义精神文明建设，法院队伍的政治、业务素质显著提高。

五年来，全市人民法院坚持一面加强工作，一面加强队伍建设的方针，紧紧围绕社会主义精神文明建设，大力加强思想政治工作和干部正规教育，努力建设一支政治坚强，作风过硬，熟悉法律，精通业务的法院干部队伍，取得了明显效果。去年九月，市中院代表全省法院参加了最高法院在长沙召开的思想政治工作会议。在抓队伍建设中，主要措施是：

（一）把加强四项基本原则教育，加强十一届三中全会以来党的路线、方针和政策的教育，作为法院队伍思想建设的根本来抓。整党中通过开展否定“文化大革命”，端正党风等方面的教育，广大干警进一步提高了和党中央保持高度一致的自觉性，牢固树立了坚持四项基本原则，为改革开放和经济建设服务的指导思想，在开展“严打”战役，纠正新的不正之风，反对资产阶级自由化的斗争中，我市广大法院干警立场坚定，旗帜鲜明，令行禁止，表现了高度的政治觉悟。

（二）以秉公执法教育为核心，大力加强职业道德和纪律建设。公正廉明，执法如山，是对法院干警职业道德的基本要求，也是搞好审判工作的重要保证。围绕这一点，坚持采取各种形式教育干警树立全心全意为人民服务的思想，自觉抵制资产阶级思想的侵蚀的政治要求，对过好“金钱、色情、人情”这三个紧要关，绝对不办人情案，绝对不拿原则做交易，做人民信任的好法官。各院都建立健全了岗位责任制，定期整纪刹风等规章制度，内部相互制约，外部群众监督，用制度来强化职业道德建设。各级领导率先垂范，从自身做起，坚持从严治警，从严治院，严明纪律，扶正祛邪。全市先后评出先进集体 93 个（次），先进工作者 197 人(次)，都予以大力表彰。对极少数违反纪律和个别触犯刑律者坚决严肃处理，绝不姑息迁就。经过坚持不懈的努力，秉公执法为荣，徇情枉法为耻的观念已深入人脑，成为广大干警的自觉行动。送礼不受，请吃不到，说情不听，正气凛然顶歪风的好人好事层出不穷。整党中，中院机关被市委确定为“端正党风先进单位”，机关党支部连续三年被市委授予“先进集体”称号。

（三）进行智力投资，狠抓文化业务教育。一九八三年以前，市中院大专以上文化的干部只有三人，法学专业的只有一人，占干部总数的 1.4%。近年来，我们从实现干部四化的战略目标出发，把在职干部的正规化教育作为队伍建设的大事来抓，积极鼓励大家通过各种渠道学习进取。先后有 14 名同志通过函授、干部专修科等渠道达到法学大专毕业。并积极努力办好“全国法院业余法律大学”，加强领导从严治学，使五十四名学员的成绩节节上升，一直居全省上游，今年期终考试又名列榜首。目前，中院大专文化以上的干部已占到 39%，明年八月将达到 55% 以上，全市也将达到 37%。干部政治业务素质的提高，使法院各级领导班子和整个干部队伍的结构发生了重大变化，有力地促进了工作效率和审判水平的提高。全市刑事、民事、经济案件的结案率，在受案有所上升的情况下，从一九八三年前的平均 80% 左右，逐年上升，去年基本上都实现了无积案。上诉、申诉和发还、改判案件都明显减少，反映了办案质量的长足进步。

在上级法院和我市有关方面的重视支持下，人民法院的基础设施建设有了进展，盂县法院办公楼投入使用，矿区法院办公楼和审判法庭基本建成，城区、平定法院的办公条件得到改善。全市法院的交通工具等办案条件也有所好转。总之，过去五年中，我市两级人民法院在人员少、任务重、困难较多的条件下，艰苦奋斗，努力工作，取得了可喜的成绩。但与形势要求相比，还有许多不足和差距。干部中政治理论学习不够深入，对一些法律的掌握和运用不够熟练，少数案件由于力量不足，办案经费紧张，主观努力不够，而没有及时受理或处理。个别案件办案质量不高，法院干警纪律作风方面还时有问题发生，法院的物质条件还不适应法院工作全线紧张（原文如此，编者注）的要求。

人民法院是国家的审判机关，坚持党在社会主义初级阶段的基本路线，为改革、开放服务，为社会主义现代化建设服务，这是十三大为人民法院指出的总的工作方向和总任务。赵紫阳同志在政治报告中指出，法制建设必须贯穿于改革的全过程，要使国家的政治生活、经济生活和社会生活的各个方面，民主和法制的各个环节，都要做到有法可依，有法必依，执法必严，违法必究。为了实现这一目标，人民法院在当前和今后一个时期的工作中，必须加强刑事审判工作，继续从重从快打击严重危害社会治安的犯罪分子，对严重破坏经济的犯罪分子也要依法从严惩处；要以贯彻《民法通则》为中心，加强民事审判和经济审判工作，切实保护中外当事人的合法权益，以创造良好的建设环境和投资环境；要进一步做好行政审判工作，有重点、有要求地把行政审判工作开展起来，以适应政治体制改革的需要；要积极研究探索法院工作自身改革，使法院审判工作更好地做到：及时、合法、正确，克服官僚主义，提高工作效率，讲求社会效果；要大力加强人民法院的自身建设，包括思想建设、组织建设、制度建设和作风建设。不断提高广大干部的马列主义理论水平，牢固树立全心全意为人民服务的思想，不断提高业务素质，不仅要懂改革、懂法律，还要懂经济，懂各项专业法律有关的专业知识，从而使审判工作中更好地严格执法，赢得人民的信赖，真正成为社会主义民主和社会主义法制建设中的一支主要力量。

各位代表：

由于社会主义改革开放政策的深入实施，社会主义民主和法制建设的进一步发展，人民法院的任务越来越重，法院系统的主观力量和客观条件与任务的矛盾日益尖锐。我们相信，新的一届法院领导班子，在党的十三大精神指引下，一定能旗帜鲜明地坚持四项基本原则，坚持改革开放，在“一手抓建设和改革，一手抓法制”的思想指导下，继续坚持边工作，边建设的方针，充分发挥“保护人民，打击敌人，惩治犯罪，服务四化”的职能作用，更好地为社会主义两个文明建设服务。

阳泉市中级人民法院工作报告

——1997年4月19日在阳泉市第十一届人民代表大会第一次会议上

段奇耀

各位代表：

现在，我向大会报告市十一届人大一次会议以来全市两级法院的主要工作情况，请予审议。

五年来，全市两级法院在党委的正确领导下，在人大和上级法院的监督、指导下，坚持以邓小平建设有中国特色社会主义理论和党的十四大以来的路线、方针、政策为指导，坚持法院工作为“改革、发展、稳定”服务，紧紧围绕党的工作中心，全面开展各项审判工作，大力加强自身改革与建设，较好地发挥了人民法院“打击、保护、调整、服务”的整体职能作用，先后共受理各类案件41139件，审结40901件，为我市“两个文明”建设的协调发展提供了有力的司法保障。

一、全力以赴投入严打斗争、努力维护社会稳定

依法打击刑事犯罪，惩恶扬善安定一方，是人民法院的首要职责。五年来，全市法院共受理一审刑事案件4217件，受理二审刑事案件374件，均在当年全部审结。在判决发生法律效力的5333人中，判处死刑、死缓、无期徒刑197人，判处五年以上有期徒刑1327人，判处不满五年有期徒刑3756人，判处拘役、管制、缓刑1353人，判处免予刑事处分98人，宣告无罪11人。

（一）突出重点，加大力度，依法从重从快打击严重刑事犯罪分子。两级法院以保障人民群众安居乐业和经济建设顺利进行为己任，坚持贯彻依法从重从快的严打方针和上级部署，充分发挥刑事审判的职能作用，坚持不懈地开展各种形式的严打斗争，对严重危害社会治安、危害人民群众生命财产安全的暴力犯罪和侵犯财产犯罪，对严重败坏社会风气，腐蚀人们思想的“黄、赌、毒”犯罪和拐卖人口犯罪，不断强化打击力度，打击锋芒直接指向那些犯罪团伙、地方恶势力和危害大、影响大、民愤大的主犯、惯犯和累犯，在定罪量刑上做到该重判的坚决重判，该杀掉的坚决杀掉，绝不心慈手软；在适用程序上做到依法快审快判，及时打击犯罪。先后将危害一方的流氓团伙犯“东霸天”崔来成，丧心病狂的绑架勒索致死人命犯孔令根、赵士坚，穷

凶极恶地抢劫高级轿车残害司机的抢劫、杀人犯史志明、李历、曹永春，作恶多端、横行华北六省市的“保险柜大盗”岳文三等一批罪大恶极，不杀不足以正国法、平民愤的犯罪分子依法判处死刑，及大地鼓舞了人民群众同违法犯罪做斗争的勇气，沉重地打击了刑事犯罪分子的嚣张气焰，有力地维护了社会治安秩序。

（二）积极慎重，精心审判，依法严惩经济犯罪分子。按照中央和省、市委关于深入开展反腐败斗争的部署与要求，全市法院不断加大严厉打击经济犯罪的力度，引深反腐败斗争的开展，五年来，共受理一审贪污、受贿、挪用公款等经济犯罪案件308件511人，全部审结。在判决发生法律效力的案件中，判处五年以上有期徒刑、无期徒刑和死缓的占35.9%，在运用刑罚武器开展反腐败斗争中，两级法院坚定不移地贯彻落实“一要坚决，二要慎重，务必搞准”的方针，坚持以贪污、贿赂、挪用公款等犯罪和发生在党政机关、行政执法部门、司法机关、经济管理机关的腐败犯罪案件为重点，以抓好大要案件的审判为突破口，排除干扰，严格把关，确保质量，严肃执法。伙同他人贪污、挪用公款的原荫营煤矿干部张永生，利用职务之便利贪污公款的原阳泉卫校校长陈润文等一批腐败分子先后受到法律的严厉惩处。

（三）联系实际，主动参与，自觉履行社会治安综合治理部门责任制。五年来，两级法院依托审判活动，全方位、大力度多层次地积极参与综合治理这一社会工程。一是坚持公开审判的原则，共召开规模声势较大的宣判大会220场次，公开宣判各类刑事案件和犯罪分子953件1809人，旁听群众达163万人，震慑了犯罪，鼓舞教育了群众。二是加强法制宣传工作，共印发各类法制宣传材料10万余份，并通过开展法律咨询、利用新闻媒介报道热点、重点案件等多种形式，深入广泛宣传法制，扩大审判效果。三是落实“教育、感化、挽救”的方针，依法组建了未成年人刑事案件合议庭，先后审判未成年犯罪387人，通过寓教于审、教审并重，从多方面做好矫治青少年违法犯罪的工作，使一批失足青少年走上悔过自新，重新做人的道路。四是贯彻惩办与宽大相结合的政策，对于投案自首、揭发立功的犯罪分子，依法从宽处理，以分化瓦解犯罪。市中院与驻地劳改单位密切配合，依法办理减刑、假释案件7945件，有效地促进了罪犯改造。五是注重在审判、执行工作中及时发现和化解不安定因素，使一大批矛盾、纠纷得到妥善处理；同时针对办案中发现的问题，先后提出司法建议121件，帮助有关单位消除了隐患，加强了治安防范。

二、依法调节社会关系，保障改革促进经济发展

五年来，随着改革开放、经济发展和人们思想观念的变化，诉到法院的经济、民事案件分别比1992年上升73.3%和52.2%。两级法院面对日益繁重的审判任务，进一步树立为经济建设服务，为人民群众服务的思想，全面加强经济、民事、行政和告诉申诉审判工作，依法调节经济关系和其他社会关系，切实保护公民、法人的合法权益，有力地推进了我市两个文明建设的协调发展。

（一）大力开展经济审判工作，为改革开放和经济建设提供优质服务。过去的五年是全市法院开展经济审判工作以来收结案最多、标的最大、成绩最好的五年。五年来，全市法院不断增强服务意识，拓宽服务领域，提高服务效果，共受理各类一审经济纠纷案件8551件，审结8367件，结案标的金额达11.7亿元。市中院受理二审经济纠纷案件294件，全部审结。在工作中，一是贴紧市场，高效服务。共受理一审购销合同纠纷5630件，审理5548件，结案率98.5%，结案标的金额6.2亿元，为我市企业追回了大量外欠资金，促进了全市经济发展，维护了市场经济秩序的正常运行。二是突出重点，竭诚服务，认真审理大中型国有企业和乡镇企业投诉的案件。全市法院认真贯彻中央和省、市党委的决策精神，制定了《开展优质服务活动，促进国有大中型企业发展的实施意见》等专项措施，始终把为国有企业和乡镇企业提供大力度、高效率、全方位的法律服务，当作为经济建设保驾护航的突出任务，共审理国有大中型企业和地方骨干企业投诉的经济纠纷案件2300余件，涉案标的达3亿元以上；审理乡镇企业投诉的经济案件4400余件，清理债权2亿多元，仅郊区法院去年就为该区企业实际执行回外欠资金4000万元。三是围绕大局，求实服务，坚持法律标准与“三个有利于”标准相结合，坚持法律效果与社会效果相统一，认真、稳妥地审理涉及金融改革、宏观调控与企业转换经营机制密切相关的各类承包、借款、联营、建筑工程、技术转让等合同纠纷案件930件，结案标的金额1.7亿元，依法妥善地审理破产案件38件，标的3.3亿元，保障了改革开放的顺利进行。

（二）积极开展民事审判工作，保障人民群众安居乐业。五年来，全市法院受理一审民事案件10994件，审结10974件；市中院受理二审民事案件692件，全部审结。民事案件涉及千家万户的切身利益，与社会发展和安定团结直接相关。两级法院坚持把加强民事审判工作，作为创造安定环境，促进社会进步的重要任务，认真抓紧抓好。一是精心审理好数量最多的婚姻家庭案件、处理难度较大的债务和赔偿案件，以及社会关注的新类型案件和热点案件。共依法审结婚姻家庭案件7968件，占一审民事案件的72.6%，维护了社会主义婚姻家庭制度和文明、健康、团结、和睦的婚姻家庭关系；妥善处理赔偿、债务案件2376件，既保障了当事人合法权益，又维护了社会稳定；依法公正解决新类型案件以及涉及农业生产和农民利益、涉及消费者权益等社会关注的热点案件116件，制裁了违法活动，扩大了法制影响。如郊区法院审理的大阳泉等四村菜农起诉的恶劣菜种赔偿案，一次性为受害人挽回经济损失30万元。二是注重疏导教育，坚持依法调解。两级法院办理每一起民事案件，都坚持从维护稳定大局出发，从疏导教育入手，把调解关注贯穿于诉讼活动的全过程，宣讲社会公德，消除矛盾，化解纠纷。五年来，调解结案和疏导教育当事人主动撤诉的一审民事案件8576件，占78.1%。即使判决案件也注意做好当事人工作，使大批诉争得到稳妥处理，没有发生一起因审羊工作失误引发的矛盾激化案件。三是抓好基层基础工作，充分发挥人民法庭的前沿阵地作用。五年来，两级法院坚持重心向下，积极夯实基础，15个人民法庭的审判力量均得到充实加强，执法条件都得到较大改善。各人民法庭认真发挥贴近基层、贴近群众的优势，深入辖区就地巡回审判案件，不断扩大法制教育面。同时加强对基层民调组织的业务指导，使大量纠纷及时解决在萌芽状态，有效地促进了辖区安定和经济发展。

（三）稳步推进行政审判工作，依法保护公民、法人和其他组织合法权益。五年来，两级法院坚持依法保护公民、法人和其他组织合法权益与监督支持行政机关依法行政相统一，依法公正裁判，确保办案质量，共受理一审行政案件46件、二审行政案件22件，均已审结；受理行政申请执行案件869件，实际执行865件，执行标的534.56万元，以实际行动促进了依法治市的顺利进行。

（四）认真抓好告诉申诉审判工作，切实为人民群众排忧解难。五年来，两级法院高度重视并进一步加强、充实和规范了告诉申诉审判工作，健全了审判组织，改善了服务作风，提高了接待质量。共接待处理群众来信来访25945件（次），其中告诉14869件（次），申诉3008件（次），非诉信访8068件（次）；办理上级要结果案件71件；经过复查、再审，依法纠正原判确有错误的案件15件，使26个上访老户服判息诉。从而有效地解决了群众“告状难”的问题，始终保持了我市诉讼案件赴省上访最少的好势头。

三、坚持严肃执法，确保公正裁判

严肃执法，是党和国家对司法活动的根本要求；公正裁判，是人民群众对审判机关的基本意愿。五年来，两级法院围绕严肃执法这一核心，大力推进审判方式改革，自觉接受社会监督，严格履行执法责任，有力地促进了执法水平的不断提高。

（一）改革审判方式，规范执法活动。五年来，两级法院适应形势发展，采取循序渐进、分步推进的办法，逐步对民事、经济和刑事审判方式进行了全面的改革与完善，使审判公正更加规范，执法水平明显提高。一是进一步完善当事人举证责任制度，认真总结以往经验，结合上级有关规定，明确规定了各类民事、经济案件当事人举证的方法、范围和注意事项等，制定了当事人举证通知书等制度，使当事人提高了举证能力和举证水平，为改革庭审方式奠定了基础。二是完善了合议制度，在坚决纠正“合而不议”等问题的基础上，按照职、权、责相统一的原则，明确规定了合议庭处理案件的具体权限，强化了合议庭职责，使合议庭真正成为有职权，权责明确的审判组织。三是改革庭审方式，强化庭审功能，实行“一步到位、直接开庭”和当庭举证、质证、辩论、裁决，使当事人有话当庭说、有证当庭举、有理当庭辩，庭审活动由传统“纠问式”转变为新型的“控辩式”，改变了“审而不定”、“定而不审”和“先定后审”等弊端，增强了办案透明度，促进了办案质量的提高。四是在改革完善审判方式的过程中，先后制定了《审判岗位责任制》、《错案责任追究制》、《重要案件监督制》，进一步完善了案件评查制度和院、庭领导案件把关制度，加强了对庭审活动的监督。目前，全市法院民事、经济案件直接开庭率已达到58%，刑事案件从今年开始已实行新的“控辩式”庭审程序进行审判，适用新的庭审方式审结的案件经评查均达到优秀标准，没有发现错案。由于全市法院审判方式改革稳步实施，收到良好效果，市中院九五年底被省高院评为“审判方式改革先进单位”。

（二）加强执行工作，维护法制权威。过去五年中，受日益严重的地方保护主义和部门保护主义的影响，已生效的法律文书难以得到执行的问题十分突出，去年全市法院受理的执行案件与1993年相比上升76.7%。为了坚决克服“执行难”，全市法院坚持不懈地抓好执行工作，加强执行力量，完善执行制度，强化执行责任，提高执行艺术，在注重思想疏导工作的同时，不断组织各种形式的执行会战，依法用足用好各种执行措施，取得了较好的社会效果。五年来，共受理各类执行案件7930件，已执行7587件，执行标的金额达3.1亿元，年执行率始终保持在80%以上，有力地保护了当事人的合法权益，维护了法律尊严。

（三）自觉接受人大监督，积极改善执法活动。五年来，两级法院始终高度重视、虚心接受人大监督，坚持做到重大工作举措主动通报，重大疑难案件主动汇报，对要结果案件主动上报，代表视察工作主动配合，认真向人大及其常委会报告工作，自觉地把法院工作置于人大的有力监督之下。1994年，根据市人大常委会的安排部署，全市两级法院和各人民法庭都先后接受人大代表和政协委员的评议。在接受评议的过程中，各院精心组织，认真部署，深入发动，认真准备，先后组织自查案件4200多件，发放征求意见卡860余份，召开征求意见座谈会50多场，收集整理意见和建议110多条。在代表评议结束后，两级法院虚心接受评议意见，认真抓好整改工作，重点复查各类案件268件，落实代表建议26件。并在向评议代表反馈整改情况的基础上，先后向人大常委会作了整改情况的专题报告，基本上做到党委满意、人大满意、代表和委员满意。

四、加强队伍建设，提高司法水平

五年来，全市两级法院结合《法官法》的实施，以创建过硬的领导班子和干警队伍为目标，坚持一手抓审判工作，一手抓队伍建设，进一步提高了整体素质和执法水平。

（一）加强思想政治建设。一是从院领导做起，建立全方位责任的政治工作机制。两级法院“一班人”始终坚持以“讲学习、讲政治、讲正气、讲团结、讲奉献”的实际行动，带头强化思想政治工作，并把思想政治工作引入各院的全员岗位责任制范畴，对各庭室和每个干警都实行政治、业务双向考核，形成了以政工部门为主，由院庭领导层层负责和群团组织全力配合的大政工网络，提高了政治工作的效果。二是坚持不懈地以多种形式开展理论、宗旨、理想、传统等专题教育，先后进行了三次普遍的思想、作风、纪律整顿，使全体干警牢固树立正确的世界观、人生观、价值观，坚持党的基本路线不动摇、坚持建设有中国特色社会主义的共同理想不动摇，提高了自觉抵御拜金主义、享乐主义和个人主义的意识，增强了思想免疫力。三是加强职业道德教育和廉政建设。两级法院在不断完善廉政监督机制，强化案件监督效果的同时，结合贯彻落实党的十四届四中全会。六中全会精神，突出加强以“严格执法，热情服务”为主要内容的审判职业道德教育，并联系审判工作实际，开展了内容丰富、形式多样的学习“铁法官”谭彦等活动，大力度地扬正气、压邪气，树新风、刹歪风，努力使干警保持严肃执法、文明办案、拼搏奉献、争创一流的精神风貌和旺盛斗志，使全市法院涌现出一大批爱岗敬业、发奋工作，勤政廉政、严肃执法的先进集体和先进干警，先后有52个单位受到市级以上表彰，231名干警受到记功或奖励。

（二）加强业务建设。为适应建立社会主义市场经济的新形势对法院工作和法官素质的更高要求，五年来，两级法院坚持把业务建设放在突出位置，一方面抓好法律业大办学工作，充分发挥好业大的基地作用，五年内培养法律大专毕业生73人。另一方面突出抓好新法的学习，先后举办12次新法专题学习班和业务培训活动，为实施各项新法奠定业务基础。同时结合审判方式改革，先后组织了多次刑事、民事、经济案件的大型庭审观摩和讲评活动，大力开展业务交流，全面提高了干警依法解决各类讼争和驾驭庭审活动的能力。各院还创造条件，鼓励和引导干警理论联系实际，总结审判经验，开展岗位科研活动，五年来先后有50余篇学术论文、调研成果在省级以上刊物或者理论研讨会发表或获奖,标志着全市法院干警的业务素质有了新的提高。

（三）加强物质基础建设。在抓好审判工作的同时，两级法院在各级党委、政府和有关方面的大力支持下，想方设法，克服困难，狠抓物质基础建设。五年来，全市法院的交通、通讯、办公设施等执法条件得到了不断改善，为严肃执法提供了保障。

五年来，全市法院的工作虽然取得了长足的进步，但也存在一些问题，如在适应形势，更好地运用审判职能为改革、发展、稳定服务方面，思想还不够解放，工作力度还不够；审判工作中仍存在执法不严、工作不细的现象，个别干警素质不高、形象不佳，群众仍有反映；随着新刑诉法的实施，全市法院的审判法庭已不能适应形势，急需重建或加以改造等等。这些问题我们要在今后的工作中认真加以解决。

各位代表：今年是我国社会发展中具有重大历史意义的一年，随着香港回归祖国和党的十五大胜利召开，我国的改革开放和经济建设必将进入一个新的发展阶段，人民法院将面临更加艰巨、更加繁重的任务。全市两级法院一定要以邓小平建设有中国特色社会主义理论和党的十四届六中全会精神为指导，一如既往地自觉接受党委领导和人大监督，紧密围绕市委工作部署，全面开展各项审判工作，大力加强自身改革和建设，严肃执法，公正裁判，不断实现法院工作的新突破和新进展，为我市的改革开放和经济繁荣，为阳泉两个文明建设的协调发展做出新的更大的贡献！

阳泉市中级人民法院工作报告

——2002年3月26日在阳泉市第十二届人民代表大会第一次会议上

李建忠

各位代表：

现在，我向大会报告市十一届人大一次会议以来全市法院工作，请予审议，并请市政协委员提出意见。

一、五年来法院工作基本情况

1997年以来，全市两级法院在市委的领导下，在人大和上级法院的监督、指导下，在政府、政协和社会各界的关心支持下，以邓小平理论和江泽民同志“三个代表”重要思想为指导，以“公正与效率”为主题，始终如一地坚持“从严治院、秉公执法、团结拼搏、争创一流”的治院方针，坚定不移地推进以“执法规范化、管理制度化、队伍达‘四化’、装备现代化”为核心内容的创一流工程，全面开展各项审判工作，大力推进法院改革，不断加强自身建设，从而较好地履行了宪法和法律赋予的审判职责，为全市改革、发展、稳定提供了有力的司法保障。

（一）全面开展各项审判工作，维护社会稳定，推进经济建设

过去五年中，全市法院忠诚实践“三个代表”重要思想，紧密围绕全市工作大局，积极开展各项审判工作，共受理各类案件53898件，审、办结52185件，结案标的总金额共计36.8亿元。其中2001年受理各类案件11754件，审、办结10041件，结案标的金额为5.4亿元。

严厉打击严重刑事犯罪，全力维护社会稳定。五年来，两级法院以维护社会稳定为己任，始终坚持“严打”方针，充分运用刑罚武器，严惩各类严重刑事犯罪。全市法院五年共受理一审刑事案件3171件5096人，市中院受理二审刑事案件508件，均全部审结。其中2001年受理一审刑事案件743件1180人，二审刑事案件125件，均全部审结。在判决已生效的3901人中，共判处五年以上有期徒刑、无期徒刑和死刑（含死缓）729人。特别是去年开展“严打”整治斗争以来，两级法院精心组织，突出重点，与公安、检察机关密切配合，依法严厉打击杀人、抢劫、爆炸、绑架等严

重暴力犯罪、黑社会性质犯罪、拐卖妇女儿童犯罪和“黄、赌、毒”犯罪。全市先后召开三次大型集中公判大会，数年内连杀4人的罪犯王春林等一批不杀不足以平民愤、正国法的严重刑事犯罪分子被依法执行死刑，狠狠打击了刑事犯罪分子的嚣张气焰，有效地维护了社会治安秩序。与此同时，两级法院对利用“法轮功”邪教危害社会的犯罪活动也依法进行了严惩。

五年来，全市法院依照国家法律，遵从人民意志，积极参与惩治腐败的斗争。共审结这类犯罪案件71件，判处这类犯罪分子82人，其中县(处)级以上公职人员4人。原长治市委常委王虎林、原河坡电厂副厂长陈永生、原阳泉市规划局副局长师恩礼和贪污100万元的原工商银行阳泉新办工作人员王秀风等一批腐败分子均受到法律严惩，广大群众拍手称快。

五年来，全市法院根据上级统一部署，及时审判制售假冒伪劣商品、合同诈骗、票据诈骗等破坏市场经济秩序的犯罪案件65件，依法判处这类犯罪分子96人。偷逃税款40余万元、虚开增值税专用发票2份19.9万元的盂县某村委会及其有关责任人员，被依法分别判处有期徒刑和罚金。以租赁平定铁厂为名而行诈骗之实的荆志宏和销售伪劣种子、坑农害农的王维治分别被依法判处有期徒刑10年和3年。此外，全市法院还依法审结重大劳动安全事故和责任事故案件18件，判处罪犯31人，有力地打击了非法开采活动，促进了矿产秩序整顿。震动全省的盂县青榆煤矿瓦斯爆炸案发生后，在市中院的精心指导下，盂县法院及时公开审理，依法判处对事故发生负有主要责任的原青榆煤矿矿长尹生全有期徒刑5年，副矿长古银怀、杨双怀各有期徒刑4年。

五年来，两级法院坚持打防结合、标本兼治的方针，积极运用审判职能参与社会治安综合治理。通过依法公开审判案件和与新闻媒体联办法制宣传栏目，使广大群众受到生动的法制教育。依法审判、从轻判处未成年罪犯332人，较好地发挥了教育、感化、挽救作用，市中院被评为“山西省青少年维权岗”。严格依法办理减刑、假释案件8827件，促进了在押罪犯的改造。先后向有关单位提出司法建议213件，推进了社会管理。高度重视解决人民群众“告状难"问题，通过坚持院长接待日制度、定期召开信访工作联席会议等形式，积极运用司法手段消除社会不安定因素，共接待处理人民群众来信来访18000余件，办理上级要结果案件162件，使一批长期缠诉的案件得到了处理，维护了社会稳定。

依法审理民、商事和行政案件，促进经济发展、社会进步。随着市场经济体制的逐步建立和完善，人民法院在调节、规范和促进市场经济发展方面的作用越来越突出。五年来，全市法院紧紧围绕实现我市经济赶超战略这一中心工作，不断加大经济审判工作力度，提高服务效果，共受理一审经济纠纷案件10142件，审结9956件，结案标的金额共计26．8亿元；市中院受理二审经济纠纷案件666件，审结665件。其中，积极稳妥地依法审理了铝矾土矿、市钢管厂破产案等涉及企业改制的案件66件，结案标的金额 6.1 亿元，维护了国家利益和有关当事人合法权益，促进了现代企业制度的建立。依法审理金融纠纷案件 2212 件，结案标的金额 9.4 亿元，维护了正常信贷秩序，对有效防范和化解金融风险发挥了积极的保障作用。依法审理买卖、建筑工程承包、加工承揽、货物运输等合同纠纷案件 5300 件，结案标的金额 10 .5 亿元，积极有效地帮助当事企业缓解了资金紧张的困难，促进了企业经济发展。

民事审判涉及千家万户，与人民群众生产、生活息息相关，处理不当往往小隙酿成大祸，危害治安，影响稳定。五年来，两级法院牢固树立“民事无小事”的指导思想，始终坚持公开审理、当事人举证等基本原则，在查清事实、分清责任的前提下，一是注重通过耐心细致的法制教育和思想疏导工作，依法调解，化解纠纷；二是依法、及时、妥善地处理婚姻、抚养、赡养、扶养、继承等案件，制裁家庭暴力，维护妇女、儿童、老人和无过错一方的合法权益；三是积极、稳妥地办理双方矛盾突出、各界群众关注的新类型案件、群体性案件与社会热点案件，依法维护各方当事人合法权益，努力维护社会稳定。五年来共受理一审民事案件 16458 件，审结 16150 件，市中院受理二审民事案件 1691 件，审结 1679 件。其中一审调解结案和经说服教育当事人主动撤诉的 9441 件，占 58.5%；二审调解结案 214 件，占 12.7%。

深入开展行政审判和国家赔偿审判工作，是贯彻依法治国基本方略的重要方面。五年来，两级法院进一步加强行政审判工作，积极稳妥地开展国家赔偿审判工作，依法保护行政行为相对人和国家赔偿请求人的合法权益，保障和促进依法行政。共受理一审行政案件 108 件，审结 103 件，其中撤销或变更具体行政行为的 9 件，起诉后行政机关变更行政行为原告主动撤诉的 33 件，维持具体行政行为的 28 件。市中院受理二审行政案件 51 件，审结 51 件；受理国家赔偿案件 4 件，审结 4 件。全市法院还执结行政机关申请强制执行的案件 1506 件，执行标的金额 2326 万元。

大力解决“执行难”问题，切实维护司法权威。认真执行生效法律文书，维护胜诉当事人的合法权益，是人民法院的重要职责。五年来，全市法院认真贯彻中央关于解决“执行难”问题的 11 号文件精神，采取强化执行队伍、改善执行装备、改革执行工作机制、组织开展“执行年”活动、加强对执行工作新技法研究等多种措施，充分发扬“千言万语、千方百计、千辛万苦”的拼搏精神，积极攻克“执行难”，维护了司法权威和当事人合法权益。五年来，全市法院共受理各类执行案件 12259 件，执结 11061 件，执结案件标的金额 12.2 亿元，案件执结率超过 90%。其中 2001 年全市法院受理执行案件 3237 件，执结 2046 件，执结案件标的金额 2.6 亿元，执结率为 74.3%。从而基本实现了执行工作的良性循环。

（二）坚持与时俱进的司法理念，不断推进司法改革，确保司法公正

公正与效率是人民法院一切工作的主题。五年来，全市法院努力适应形势发展的要求，坚持与时俱进的司法理念，大力推进司法改革，逐步建立起了适应现代司法

规律，有效保障司法公正的新型司法机制。

实行立案、审判、执行、监督相互分离，推行审判流程管理。从1997年换届后，市中院一手抓审判秩序整顿，一手抓以立案、审判、执行、监督四项职能相互分离为基本内容的审判机制改革。通过近两年的不懈努力，两级法院司法活动均已纳入规范运行的轨道；各审判庭只负责对案件开庭审判，且经济案件只能由经济审判庭审理，新设立的立案庭专司立案之职、审判监督庭专司对已结案件的监督之责，案件的执行均由执行庭统一负责。在这样的新型审判管理机制下，法官手中的权力被分解细化，不能再像过去那样既管立案、又管审判、还管执行，各个环节的司法活动均受到有效监督制约，全市法院审判工作面貌焕然一新。

以立、审、执、监相互分离为基础，2000年以来，全市法院全面推行了审判流程管理。即由各院立案庭负责审查立案、庭前准备、确定合议庭组成人员或独任庭、指派跟案书记员、排期开庭、申诉审查听证等工作，进而对案件不同审理阶段进行全程跟踪管理监督。推行审判流程管理机制，进一步实现了案件调查权与审判权的分离，使审案法官无权对案件证据进行调查，而有权进行证据调查的法官却无权对案件作出裁判，不仅进一步确保了审判活动的公正性，而且便于对案件审判工作进展情况和审限执行情况进行全面的监督，强化了内部监督制约，促进了审判活动高质量、高效率地运行。目前，实行审判流程管理的实际效果已经体现出来。仅市中院2001年度审结各类案件的数量就比上年增加了177件。

推行庭审改革，实行公开审判，杜绝暗箱操作。五年来，全市法院认真贯彻执行宪法、法律关于公开审判的规定和最高法院有关司法解释的规定，不断强化庭审改革，确保公开审判制度落在实处。市中院在认真总结经验的基础上，研究制定了10项各类案件庭审实施细则，为实施控辩与辩论式庭审方式提供了可操作性很强的具体规定，并通过多次组织观摩活动、案件评查等形式，狠抓庭审改革的落实，坚决清除“先定后审”、“未审先判”和暗箱操作。两级法院认真执行有关审判人员回避的具体规定，仅去年就先后有7名审判人员主动按规定实行回避，有23起案件的法官在当事人提出申请后依法予以回避。新的庭审方式，使当事人有话当庭说、有证当庭举、有理当庭辩，胜诉方赢得堂堂正正、败诉方输得明明白白、旁听者看得清清楚楚，保证了公开审判制度的全面落实。五年来，全市法院一审案件公开审判率达到100%，民事、经济二审案件全部公开审判。

推行审判长与独任审判员选任制与院、庭长办案制度，建立以审判长为核心的办案负责制。完成繁重而艰巨的审判工作任务，需要高素质的法官。2000年以来，全市法院全面推行了审判长和独任审判员选任制，通过书面考试、民主测评和组织考核，选拔出了75名审判长和独任审判员。同时实行了院、庭长办案制，明确规定了院长、庭长每年担任审判长开庭审案的数量，仅市中院院长、正副庭长两年来办案就超过300件，实现了院、庭长工作职能的转变。在此基础上，全市法院全面推行审判长、独任审判员办案负责制，使审判长、独任审判员在职责范围内拥有处理案件的最后决定权，并可迳行签发法律文书，同时也将对办案结果直接负责，承担具体责任。从而使我市法院符合现代审判规律的办案运行机制全面形成并走向完善。

落实司法救济的有关规定，保证使经济困难而确有冤情的当事人打得起、打得赢官司。去年以来，全市法院根据最高法院规定，认真落实各项司法救济措施，认真执行诉讼费用缓交、减交、免交制度，严格标准，简化手续，先后对符合规定条件、经济确有困难的当事人区别情况，分别依法予以缓、减、免诉讼费用，确保了弱势群体能够享有法律赋予的诉讼权利，体现了法律的公平、公正。

推行“两错”责任追究制度，加强案件质量监督。办案质量是审判工作的生命，错案与执法过错责任追究制是办案质量的基本保障。五年来，两级法院坚持每年组织两次案件质量评查，并在此基础上，对于评查和其他监督渠道发现的错案与执法过错，按照《人民法院审判人员违法审判责任追究办法》和《人民法院审判纪律处分办法》及市中院《错案与执法过错责任追究实施细则》的规定，先后对9名法官分别追究了错案与执法过错责任，其中清调出法院2人，撤销职务2人，给予警告2人，作出公开检讨3人。

强化监督意识，自觉接受人大、政协和社会各界的监督。不受监督的权力必然滋生腐败。五年来，两级法院不断强化监督意识，把自觉接受人大、政协和社会各界的监督作为保障公正司法的重要举措，认真抓好落实。每次人代会期间，市中院领导和各庭室负责人都要到各代表团听取对法院工作的意见和建议。每当人大、政协组织代表、委员视察、评议法院工作时，两级法院都精心准备，实事求是地向代表、委员报告工作，虚心接受监督。市中院为加强这方面的工作，专门成立了人大代表联络室，并每年召开一次法院工作情况通报会，及时将法院工作情况向市人大常委会组成人员和各县区人大主任进行通报，以便人大常委会组成人员和代表了解情况进行监督。对人大和人大代表、政协和政协委员提出的意见和建议，两级法院都一一办理，认真落实。五年来，各位人大代表、政协委员对法院工作倍加关心，坦诚相见，充分肯定法院工作取得的成绩，明确指出存在的不足和问题，使全市法院能够发扬成绩、改正不足，不断取得新的进步；使法院干警的公正意识、大局意识和责任意识不断增强，司法作风和执法形象有了明显改善。

改革法院机构，建立符合现代司法特点的审判新格局。按照上级统一部署，去年11月以来，全市法院进行了机构改革。一是精简专项编制38人；二是对机构进行了撤并精减，改革之后，市中院共设机构14个，基层法院设机构10个；三是建立了大民事审判格局，原来的经济审判并入民事审判中，法院机构序列中不再设经济审判庭；四是实行执行工作双重管理体制，各级法院设立执行局，由本院和上级法院进行双重领导，同时外地执行案件改为委托执行为主。法院机构改革任务的完成，审判工作新格局的建立，必将进一步推进法院工作的开展和公正与效率的实现。

（三）大力加强自身建设，全面提高法官素质

五年来，全市法院认真贯彻《法官法》，紧紧围绕公正司法，大力加强法院自身建设，在建设政治坚定、业务精通、作风过硬、清正廉洁的法院队伍方面取得了明显成效。

以“三个代表”重要思想为指导，以教育、整顿为载体，大力加强思想政治建设。五年来，全市法院认真学习邓小平理论，积极实践江泽民总书记“三个代表”重要思想，努力用正确的理论武装广大法官的思想，并从1997年开始，先后组织开展了“思想、作风、纪律整顿”、“争创人民满意法院、争当人民满意法官”活动、“三讲”教育、“一教育三整顿”、党的作风调研等活动，坚持不懈地大树新风正气，狠刹歪风邪气，先后有16名干警因违法违纪受到严肃查处，其中有2人被追究刑事责任，并通过建立党风廉政责任制等措施，大力加强廉洁执法教育，从而使全市法院司法作风明显改善。五年来，全市共有3个基层法院被省法院评为“人民满意好法院”，有124个单位和210名(次)干警受到市级以上表彰奖励，市中院也先后被授予“全省劳动竞赛二等功先进集体”和“市文明单位”等荣誉。

以公平、公开、竞争、择优为突破口，大力推进干部人事制度改革。五年来，全市法院按照“革命化、年轻化、知识化、专业化”的方针，坚持不懈地将竞争机制引入干部人事管理中，大力推进干部人事制度改革，市中院先后有50多名干警通过业务考试、民主测评、公开竞争晋升了职务，各基层法院也有一批干警通过公平竞争走上了中层领导岗位。实行新的用人机制，不仅使全市法院干部队伍的“四化”水平有了很大提高，而且形成了强素质、比作风、创一流，奋发向上、积极进取的良好工作氛围。

以提高执法水平为核心，大力加强业务文化建设。为适应新的形势，保障公正司法，五年来，全市法院始终高度重视业务文化建设，通过多种形式，创造多种条件，全面提高干警综合素质。一是将业务素质考试作为干警晋升、提拔最重要的条件之一，创造了一种激励干警自觉钻研业务、努力不断提高素质的机制。二是在圆满完成了业余法律大学办学任务的同时，积极组织各种业务培训，并出台专项政策，鼓励干警继续钻研深造，做专家型法官。五年来，全市法院又有82名干警取得了大专学历，40多名干警取得了本科学历，有20名干警参加在职研究生班的学习，已有10人学成结业，全市法院干警大专以上文化已占90%以上；市中院先后组织新婚姻法、合同法等培训班6期，参训干警400多人（次）；组织计算机操作、驾驶技术培训班4期，130名干警参加培训并结业。三是积极鼓励广大干警结合审判实践，开展岗位调研，全市法院干警先后在省级以上报刊和理论研讨会发表论文、调研报告等文章110篇，

市中院被评为“全省法院调研工作先进单位”。四是坚持每年举办一次干警运动会，积极开展多种形式的业余文体活动，培养健康、向上、文明的法院文化氛围。全市法院多次在全省法院系统和市、县（区）文艺汇演中获奖，市中院被评为“山西省全民健身活动先进单位”。

以保障司法活动优质高效运行为目标，大力加强法院物质基础建设和内部管理制度化建设。司法活动的规范化、文明化和高效化，离不开强有力的物质保障和科学、规范的管理。五年来，在党委、人大、政府和各有关方面的关怀、支持下，在两级法院的共同努力下，全市法院物质基础建设取得了很大进展。平定法院迁入新的办公楼，郊区法院办公楼经过改造焕然一新，盂县、矿区法院均建起一批新的审判小法庭，市中院和城区法院的新审判办公大楼均已列入计划，正在积极筹建中。全市法院的交通、通讯、办公条件也得到了明显改善。与此同时，两级法院积极推进内部管理改革，实行制度化、规范化管理。市中院在改革中将执法、队伍、行政三大类90多项内部管理制度汇编成册，有效地提高管理效率。

二、五年来法院工作的体会与存在的问题

市十一届人大一次会议以来的五年，是全市法院工作任务日益繁重的五年，也是两级法院不断进取、不断进步、不断发展的五年。回顾五年的工作，主要体会是：

第一，必须紧紧依靠党的领导和人大监督，自觉为大局服务。中国共产党是领导我们一切事业的核心力量，人民代表大会是我国基本政治制度。无论面临何种形势，遇到何种情况，人民法院都必须自觉地把法院工作置于党的领导和人大监督之下，自觉地为党的中心工作服务，为改革、发展、稳定大局服务。五年来，全市两级法院始终与党中央保持高度一致，忠诚实践“三个代表”重要思想，坚决贯彻市委的各项工作部署和市人大的各项决议、决定，坚持所有重大事项都及时向党委、人大报告，主动接受党委领导和人大监督。在总体部署和具体工作中积极围绕全市中心工作，充分发挥审判职能作用，打击犯罪，排解纠纷，化解矛盾，自觉地为大局服务。正是因为如此，全市法院工作才始终保持了良好的发展势头，各项审判工作才取得了较好的社会效果。

第二，必须紧紧围绕司法公正这条主线，把确保司法公正落实到审判工作的各个方面。司法公正是人民法院工作的灵魂和生命线，具有极其丰富的内涵。它不仅要求裁判结果公正，审判程序公正，而且要求生效裁判得到切实的执行，办案法官必须具有公正良好的形象。五年来，我们始终把司法公正作为法院工作的核心，采取了强有力的措施，坚持不懈地开展一系列教育整顿，从人民满意的地方抓起，从人民不满意的地方改起，认真解决裁判不公、执行不力、形象不好等问题，全面落实公正司法的各项具体内容，不仅有效地遏制有损司法公正的各种不正之风，而且使公正司法的执法理念逐步深入到广大法院干警头脑中，使公正司法的精神融入到审判工作的各个方面与各个环节。正是因为如此，全市法院工作才能够取得应有的成绩，两级法院的司法形象才有了显著改善。

第三，必须紧紧抓住审判改革这个重点，推进法院工作的全面改革与发展。人民法院改革是社会主义市场经济发展的必然要求，是实施依法治国基本方略的重要组成部分。唯有改革，法院面临的许多困难和问题才能彻底解决；唯有改革，法院工作才会不断进步，才能适应我国政治、经济和社会发展的需要。五年来，两级法院始终贯彻解放思想、实事求是的思想路线，坚持以审判改革为重点，把握机遇，积极探索，大胆开拓，锐意进取，有计划、分步骤地大力推进法院改革，并取得突破性的进展，初步建立了符合现代审判规律与特点的、能够有效保障公正司法的新审判运行机制和审判管理机制。正是因为如此，法院工作才会不断焕发出新的生机和活力，才能不断取得新的进步与发展。

第四，必须紧紧牢记“以人为本”的指导思想，坚持不懈抓紧抓好法院队伍建设。如果说司法是维护社会正义的最后一道屏障，那么法官就是构筑这一屏障的砖石。五年来，全市法院适应形势发展的要求，始终坚持“以人为本”战略，认真贯彻《法官法》，采取坚决措施，通过有效形式，在狠抓法院队伍的思想、作风、业务建设和职业道德建设的同时，坚决、严肃地查处了一批违法违纪人员，大张旗鼓地树立了一批先进典型，并建立了一套公平竞争的用人机制，从而使全市法院干警队伍的综合素质有了明显提高，广大干警的工作积极性得到了有效的发挥。正是因为如此，才使法院各项工作的开展有了坚实基础，才为法院的改革与发展提供了有效保障。

五年来，全市法院工作所取得的成绩和进步，是在党委正确领导、人大依法监督和社会各个方面关心支持下，全市两级法院干警努力奋斗的结果，在此我衷心向各级领导、各位代表、各位委员、各界人士表示崇高敬意和最真诚的感谢。在充分肯定成绩的同时，我们也清醒地看到法院工作仍存在着不少困难和问题：一是“执行难”问题虽然得到一定遏制，但还有一些案件，由于种种原因得不到及时有效地执行，仍是群众反映较为强烈的一个突出问题。二是由于历史原因，一些法官文化素质偏低，广大干警亟须更新充实知识的矛盾日益暴露明显，尤其是我国入世之后，法官队伍面临的挑战更加严峻；同时在市场经济条件下，个别干警素质不高、形象不好、不思进取，有些案件审判质量不高、裁判不公的问题仍然时有反映。三是人民法院依法独立行使审判权仍然缺乏强有力的制度保障，来自方方面面的对人民法院审判工作的干扰仍然不同程度地存在。四是全市法院的硬件建设虽然有了较大进展，但与新形势与新任务的要求相比，仍然严重滞后，与外地法院的差距进一步加大，一定程度上制约了我市法院工作的进一步开展。以上这些问题，全市法院将在今后工作中继续努力加以解决，同时也希望引起各方面的重视。

三、今后法院工作的意见

今后五年是我国经济与社会发展非常关键的五年，特别是我国加入世贸组织后，人民法院既面临更加繁重的任务和十分严峻的挑战，又面临前所未有的发展机遇。全市法院必须加强对新形势、新任务、新情况、新问题的研究，全力以赴抓住发展机遇，迎接严峻挑战。当前和今后一个时期全市法院工作的主要任务是：以“三个代表”重要思想为指导，深入贯彻落实党的十五届六中全会精神，认真实践“公正与效率”的司法主题，继续开展“严打”斗争和整顿规范市场经济秩序工作，全面抓好各项审判工作和执行工作，积极推进法院改革，大力加强队伍建设和基层建设，为入世后我市政治、经济与社会的稳步发展提供有力的司法保障，以优异的成绩迎接党的十六大的胜利召开。具体要着重抓好以下三个方面：

（一）全面开展各项审判工作，保障社会稳定、经济发展。要充分认识开展严打整治斗争的复杂性和长期性，树立长期作战的思想，进一步强化刑事审判职能，始终保持严打整治的高压态势。要突出严打重点，依法严厉打击各类危害国家安全的犯罪，杀人、抢劫、爆炸、绑架等严重暴力犯罪和拐卖妇女儿童以及黄、赌、毒犯罪，维护人民群众生命财产安全。要把“打黑除恶”与反腐败斗争紧密地结合起来，外打黑恶势力，内惩腐败分子。要以大要案为突破口，继续加大对破坏市场经济秩序犯罪活动的打击力度，保障市场经济的健康运行。要依法及时审理各类合同纠纷案件，强化对市场经济活动的法律调节功能，促进我市经济的不断发展。要依法积极稳妥地审理好涉及企业改制、农业结构调整的案件，促进我市经济结构战略性调整和农业产业结构调整。要依法审理好婚姻家庭等传统民事案件，保护当事人合法权益，促进经济发展和社会文明进步。要加强入世后各类新型案件的审判工作，积极为中外企业开展公平竞争创造良好法制环境。要依法妥善处理群体性纠纷案件，充分运用司法手段化解社会矛盾，维护社会稳定，推进依法治市。要继续加强执行工作，健全完善执行工作新机制，提高执行工作水平，进一步解决“执行难”问题，切实维护当事人合法权益和法律尊严。

（二）全面落实《人民法院五年改革纲要》，大力推进法院改革。目前人民法院改革已向深层次推进，全市法院要认真贯彻最高法院部署，重点抓好以下几个方面的改革：一是全面完成机构改革任务，各基层法院务必抓紧工作，尽快完成缩减编制、调整机构、干部与人员调整等任务，保障各项工作顺利开展。二是推进审判监督改革，实行新的再审立案标准，将无限申诉改变为有限申诉，将无限再审改变为有限再审，在维护公民诉权的同时，维护生效判决的既判力和人民法院的司法权威。三是实行新的民事诉讼证据规则，明确审判人员调查取证范围，进一步强化当事人举证责任，推行重大复杂案件庭前证据交换制度，凡是双方无争议的证据庭审时不再质证，以进一步提高办案效率和庭审水平。四是依照法律规定，扩大适用简易程序审判案件的范围，在确保当事人合法权益的同时，进一步提高办案效率，减少诉讼成本，减轻当事人讼累。五是推行书记员体制改革，实行书记员单独序列，建设一支稳定的高素质的书记员队伍。

（三）进一步改进法院作风，全面加强法院自身建设。一是要按照十五届六中全会提出的“八个坚持、八个反对”的要求，以改进领导作风为突破口，以抓好基层建设为重点，采取针对性措施，狠抓法院作风建设，着力解决裁判不公、不求进取、态度粗暴、办事拖拉等人民群众反映突出的问题，使全市法院作风得到明显改善，使人民群众对两级法院的满意度明显提高。二是大力贯彻执行新《法官法》和《法官职业道德基本准则》，在严格按照法官法规定条件，通过统一司法考试选拔、任用法官的同时，使职业道德规范融入每一位法官的思想之中，体现在每一位法官的行为之中，全面推进法官职业化建设。三是以抓好新法律、法规、司法解释和世贸组织规则的学习培训为重点，认真落实《2001—2005 法院干部教育培训规划》，努力培养一批理论功底深厚、相关知识丰富、司法业务娴熟、司法技能高超的专家型法官，全面提高我市法院的司法水平。四是在自觉接受人大监督的同时，进一步强化内部监督制约机制，严格执行法院纪律，坚决查处违法违纪、违反职业道德的人和事，保持法官队伍的纯洁，维护人民法院的形象。五是继续抓好物质基础建设，保障审判工作的顺利开展，缩短我市法院基础建设与外地法院的差距。

各位代表：人民法院正处在任务日益繁重，地位日趋突出，人民要求越来越高的历史转折期。面对机遇与挑战，我们相信，在市委的正确领导下，在人大和各位代表的依法监督下，在政府、政协和各有关方面的支持下，全市法院干警团结奋斗，开拓进取，一定能够创造出无愧于时代的业绩，为我市社会稳定和经济发展作出新的更大的贡献！

阳泉市中级人民法院工作报告

——2007年5月29日在阳泉市第十三届人民代表大会第一次会议上

冯少勇

各位代表：

现在，我向大会报告阳泉市十二届人大一次会议以来全市法院工作，请予审议，并请政协委员提出意见。

一、五年来法院工作基本情况

2002年以来，全市两级法院在市委的正确领导下，在人大和上级法院的监督、指导下，在政府、政协和社会各界的关心支持下，坚持以邓小平理论和“三个代表”重要思想为指导，按照科学发展观和构建社会主义和谐社会的要求，紧紧围绕全面建设小康社会的中心工作，充分发挥审判职能，大力加强队伍建设，稳步推进司法改革，全面夯实基层基础建设，为我市经济社会全面协调发展提供了有力的司法保障。

（一）依法开展各项审判工作，全力维护社会稳定

过去五年，全市法院认真践行“公正与效率”工作主题，忠实履行宪法和法律赋予的职责，紧紧围绕全市工作大局，积极稳妥开展各项审判工作，共受理各类案件53552件，审、办结52201件，结案标的总金额78.81亿元。其中，2006年受理各类案件10271件，审、办结8920件，结案标的金额11.5亿元。

在阳泉市第十届人民代表大会上，冯少勇再次当选为阳泉中院院长，市委书记谢海表示祝贺

依法惩处刑事犯罪，维护社会稳定。五年来，两级法院以维护社会稳定为己任，始终坚持“严打”方针，充分发挥刑事审判惩罚犯罪、保护人民的作用。全市法院共受理一审刑事案件3834件6255人，审结3718件6013人。市中院受理二审刑事案件668件，审结605件。在判决已生效的5311人中，共判处五年以上有期徒刑、无

期徒刑和死刑（含死缓）882人，占发生法律效力总人数的14.7%。其中2006年受理各类刑事案件1029件，审结977件，判处犯罪分子1315人。深入开展“严打”整治斗争和“打黑除恶”等专项斗争，针对我市治安形势特点，与公安、检察机关密切配合，依法严厉打击杀人、强奸、爆炸、绑架、抢劫等恶性暴力犯罪和黑恶势力犯罪，依法审理了防治“非典”期间妨害社会管理秩序和“法轮功”邪教组织案件以及非法制作买卖爆炸物等案件。先后作案12起、持续时间12年、造成9人死亡3人受伤、震惊全国的马家坪系列杀人案案犯杨树明等一批罪大恶极的严重刑事犯罪分子被依法执行死刑，有力打击了犯罪分子的嚣张气焰，维护了社会治安秩序。坚持宽严相济的原则，共判处五年以下有期徒刑、拘役、缓刑4222人。按照《刑事诉讼法》的有关规定，从2005年起，市中院对依法执行死刑的罪犯采用注射方式执行，实现了行刑方式的现代化和规范化。

依法惩处职务犯罪和破坏市场经济秩序犯罪。加大对贪污贿赂等犯罪的打击，重点惩处国家工作人员利用权力谋取非法利益、索贿受贿等犯罪行为，共审结贪污、贿赂、巨额财产来源不明等职务犯罪案件156件，判处犯罪分子190人，原翼城县委书记武保安、临汾市公安局局长邵建伟等一批腐败分子被绳之以法。依法审结合同诈骗、伪造倒卖虚开增值税专用发票、虚报注册资本、制售伪劣商品等犯罪案件74件，判处罪犯136人，规范了市场秩序，净化了市场环境。

加强司法领域人权保护，积极参与社会治安综合治理活动。坚持有罪则判，无罪放人，疑罪从无，确保无罪的人不受刑事追究，对不构成犯罪的26名公诉和自诉案件的被告人依法宣告无罪。坚持“寓教于审，审教并重”的原则，依法从轻判处未成年罪犯458人。严格依法办理减刑、假释案件8548件，各基层法院共回访考察管制、缓刑罪犯619人（次），促进了在押犯和非监禁犯的改造。向有关单位提出司法建议132条，消除了不安定因素，推进了社会管理。通过与多家新闻媒体联办法制宣传栏目，举办法庭开放日等形式，促进普法活动的开展。

依法调处经济社会关系，促进社会和谐。随着市场经济体制的逐步深化完善，民商事审判越来越成为经济发展和社会文明进步重要的法律保障。五年共受理一审民商事案件25524件，审结24860件，结案标的71.25亿元。其中市中院受理二审民商事案件2674件，审结2643件。全市法院努力化解经济社会发展进程中出现的利益纷争，及时消除影响改革开放、经济发展和社会稳定的不利因素，有力推动了阳泉经济的发展。一是紧紧围绕市委、市政府的工作部署，依法保障国有企业改革和经济结构调整的顺利进行。共审结国有企业兼并、破产、产权转让等纠纷案件571件，标的额21.76亿元。其中积极稳妥地审理了春泉化工厂、阳泉酒业公司、阳泉钢铁公司、阳泉煤业集团四矿有限公司、山西晋东化工（集团）有限责任公司等企业破产案件，有力配合了国企改制重组的步伐，维护了国家利益、国企职工和有关当事人合法权益，促进了现代企业制度的建立。二是坚持平等保护原则，妥善处理涉及个体、民营企业的纠纷案件 1177 件，标的金额 2.13 亿元。三是努力化解金融风险，维护金融安全，依法审结金融纠纷案件 981 件，标的额 3 7.6 亿元。其中依据相关法律和政策，为金融部门核销呆坏账达 21.2 亿元。四是妥善处理涉及工程合同、房地产开发、土地流转、矿产纠纷等引发的群体性诉讼案件 128 件，维护稳定发展大局。审结其他各类合同纠纷案件 7578 件，诉讼标的额 9.62 亿元。

全市法院坚持“调判结合，注重调解，能调则调，当判则判，案结事了”的民事诉讼工作方针，及时调处民事纠纷，促进社会和谐与文明进步。强化案件的调解意识，民商案件调解结案率达到 40% 以上，平定法院锁簧法庭荣获全国法院指导民事调解先进单位称号，受到最高法院和司法部联合表彰。依法、及时、妥善地处理婚姻、抚养、赡养、继承等案件，制裁家庭暴力，维护妇女、儿童、老人和无过错一方的合法权益。积极、稳妥地处理人民群众关注、矛盾突出的群体性案件与社会热点案件，坚持及时、就近、就地处理的原则，做到合法、合情、合理，把矛盾化解在初始阶段。五年来共受理传统一审民事案件 14676 件，审结 14424 件，市中院受理二审民事案件 1449 件，审结 1423 件。

依法审理行政诉讼和国家赔偿案件，推进依法治市。共受理一审行政案件 312 件，审结 308 件，撤销或变更具体行政行为 29 件。坚持平等保护原则，维护公民、法人和其他组织合法权益，推进行政机关依法行政。在案件审理中注重化解矛盾，完善协调机制，最大限度实现法律效果与社会效果的统一，较好地解决了一些为公众普遍关注的矛盾。同时，受理非诉行政案件 27 件，执结 25 件，标的额达 719 万元。受理国家赔偿案件 10 件，撤诉 3 件，决定赔偿 7 件。

着力破解“执行难”，彰显法律权威。认真执行生效法律文书，维护胜诉当事人的合法权益，是人民法院的重要职责。共受理各类执行案件 11715 件，执结 11114 件，结案标的 27.55 亿元。五年共从外地为我市企业和个人执行回款物数额达 9.2 亿元。改革执行体制，健全执行机构。形成了两级法院辖区内执行工作的统一领导、统一管理、统一协调机制，执行能力明显加强。改进执行方法，完善执行制度。创新并实行了提级执行、交叉执行、指定执行等多种执行方式，为企业改革和化解金融风险提供了司法保障。市中院执行局编写的《执行制度汇编》和《常用民事执行法律文书样式与制作》，丰富了司法实践，规范了执法活动，在全省得到推广。先后开展的“清理执行积案”、“执行大会战”等专项治理活动，使全市执行积案大幅下降，执行工作进入良性循环轨道。

加强和改进信访、立案和再审工作，践行司法为民。全市法院普遍建立了院长接待制度，组织开展了涉诉上访专项治理活动、联动大接访活动、逐步推行了“涉诉信访公开听证制度”。积极推行立案便民措施，共为经济困难的当事人减、缓、免诉讼费1596万元，实行诉讼风险告知制度，各基层法院设立了巡回法庭，方便了群众诉讼。全市法院积极推行审判流程管理，利用现代化科技手段对案件进行统一、集中和有效的跟踪管理。全市法院接待来访9073人次，处理来信1771件。2006年我市进京赴省涉法上访人数为全省最少。全市法院呈现出初信初访明显下降，上访老户逐年下降，服判息诉率逐年提高，涉诉信访形势平稳的良好势头。

五年来，全市法院进一步规范了再审立案程序，强化了审判监督管理，共提起再审案件146件，改判48件，调解26件，维持72件。

（二）认真落实科学发展观，全面加强队伍建设

全市法院从贯彻落实科学发展观、加强党的执政能力建设的高度，全面加强法院队伍作风建设、法官职业化建设、党风廉政建设和司法民主建设，牢固树立人大监督意识，法官队伍整体素质有了明显提高。

深入开展系列教育活动。全市法院先后开展了“转变审判作风”、“司法公正树形象”、“规范司法行为，促进司法公正”、“保持共产党员先进性教育”和“树立社会主义法治理念教育”活动，通过系列教育活动，广大干警的思想作风、工作作风和纪律作风得到明显改进，涌现出了以全国先进工作者、中国首届十杰法官于昌明为代表的一批人民满意的好法官、好干警，赶学先进蔚然成风。五年共有42个集体、93名个人获省级以上表彰。

深入推进法官职业化建设。法官职业化，即法官以行使国家审判权为专门职业，并具备独特的职业意识、职业技能、职业道德和职业地位。围绕这一目标，阳泉中院先后与北京二中院、山大法学院签订长期培训协议，建立了“法学理论与司法实践”协作关系。先后有近二十名专家教授来院讲学，600余人次接受轮训，120人次参加了最高法院、省高院组织的业务培训，全市法官平均每人至少参加两次以上各类培训，有效提高了广大法官的业务素质。

深入推进干部人事制度改革。为了合理配置审判资源，形成激励竞争机制，按照公开、公正、择优的原则，进一步深化干部人事制度改革，严格落实中层干部公开竞争上岗制度，全市法院先后有104名同志走上中层领导岗位；在精简编制的基础上，聘任了一批书记员，并实现单独序列管理。

深入开展党风廉政建设。加强党风廉政建设是公正司法和永葆共产党员先进性的重要保证。全市法院严格按照党中央和最高法院关于廉政建设的一系列要求，加强了对法院领导干部的责任考核和对审判权及执行权的监督，建立起《当事人对审判人员廉政监督卡制度》，纪检监察部门通过案件监督卡把廉政建设贯穿于办案全过程。对有争议、有反映的案件进行复查，对重点案件进行抽查，严防违法审判。先后有3名违法违纪干警受到查处。

深入开展司法民主创建活动。市中院认真贯彻落实全国人大《关于完善人民陪

审员制度的决定》和最高法院《关于人民陪审员选任、培训、考核工作的实施意见》，高度重视全市人民陪审员的选任工作，积极指导县区法院开展此项工作，2005年以来，全市法院严格按照程序经人大先后任命了121名人民陪审员，同时，市中院已对全部新任命的人民陪审员进行了岗前专业培训，人民陪审员的法律素质有了明显提高。目前，全市人民陪审员参审率达到30%以上。

自觉接受人大监督，建立“人大代表监督直通车”工作机制。认真贯彻落实市十二届人大一次会议以来对法院工作提出的各项要求，及时向人大常委会报告法院工作情况和重大事项，使接受监督更加经常化和规范化。市中院专设了人大代表、政协委员联络处，实行定人、定时、定责的办法，认真办理市人大代表的意见、批评和建议，五年来共办理市人大批转案件735件，办理市人大代表的意见、建议和批评67件，政协委员意见、建议13件。严格落实接待人大代表来访、接受人大代表视察和邀请人大代表旁听案件审理等制度。继续赠阅《人民法院报》，加强与人大代表的联系和沟通。同时加强政协民主监督和新闻舆论监督意识。人大代表、政协委员和社会各界的严肃监督和积极支持，有力地推进了法院的各项工作。

（三）稳步推进司法改革，大力夯实基层基础建设

五年来，全市法院把稳步推进司法改革，夯实基础建设作为确保公正司法、提高司法效率的重要保证和动力源泉。

积极推行机构改革，建立符合现代司法特点的审判新格局。按照建立健全“职责明确、相互配合、相互制约、高效运行的司法体制”的要求，全市法院积极推行和完成机构改革。撤销经济审判庭，建立大民事审判格局，重新设置了审判机构，形成刑事、民事、行政三大诉讼格局；两级法院通过设立执行局，建立执行工作双重管理机制。同时，由于全市法院少年审判工作成绩显著，市中院还作为全国17家试点单位之一，于今年初设置了独立建制的未成年人案件综合审判庭。

严格强化合议庭、审判长职责，落实执法责任制和错案责任追究制。两级法院建立以审判长为核心的合议庭制度，制定了严格的《审判长考核办法》，审判长主导庭审并可迳行签发法律文书，对案件结果负最终责任。同时修订岗位责任制，对超审限案件及承办法官张榜公示，审判人员无论程序违法或实体违法，都要启动错案责任追究程序，坚决予以追究。

积极建设执行案件信息管理系统及国家执行威慑机制。通过将法院执行信息与全国金融、工商、土地、房产、公安、海关等部门联网，实现信息共享，以在全国形成对被执行人的联动制裁机制。全市法院目前已完成了人员培训、系统架设、信息录入等准备工作，去年底通过了上网试运行，正式运行开始后，全市法院执行工作将上升到一个新层次。

大力开展基层基础建设，提升司法文明形象。在各级党委、人大和政府的关心

支持下，全市法院基层基础建设特别是“两庭”建设取得明显成效。五年来，全市法院共投资1.3亿元，新建和改扩建审判综合楼和审判法庭52302平方米，新设、新建和改扩建人民法庭8所共计3500平方米，基本达到了国家规定标准，从而使全市法院“两庭”建设面貌焕然一新，走到全省前列。同时，大力更新警用交通、通讯及网络设施，全市法院多年物质装备落后的局面有了根本改善，司法文明形象得到有效提升。

二、五年来法院工作的体会与存在的问题

市十二届人大一次会议以来的五年，是全市法院各项工作取得较大发展的五年，回顾五年的工作，主要体会是：

第一，必须依靠党的领导和人大监督，大力加强司法能力建设，为和谐阳泉建设大局服务。五年来，全市法院始终坚决贯彻市委的各项工作部署和市人大的各项决议决定，坚持所有重大事项都及时向党委、人大报告制度，主动接受党委领导和人大监督。在总体部署和具体工作中积极围绕全市中心工作，全面落实科学发展观，树立现代司法理念，充分发挥审判职能作用，打击犯罪，保护人民，化解纠纷，构建和谐，自觉地为大局服务，全市法院工作才始终保持了良好的发展势头，各项审判工作才取得较好的社会效果。

第二，必须坚持“公正司法，一心为民”的指导方针，更好地履行人民法院审判职责。五年来，全市法院不断强化司法为民意识，落实司法为民举措，建立规范法官行为的长效机制，使司法工作真正体现人民群众的愿望，维护人民群众的合法权益，使审判工作始终围绕公正司法这条主线毫不动摇，全市法院公正司法的形象才得以树立，司法权威才得以维护，司法公信力才得以增强。

第三，必须紧紧抓住司法改革这个重点，推进法院工作的全面发展与进步。五年来，全市法院始终贯彻解放思想、实事求是的思想路线，坚持以审判改革为重点和龙头，把握机遇，积极探索，以点带面，有计划、分步骤地推进法院改革，并取得一定进展，从大民事审判格局的建立，到死刑案件二审开庭和国家执行威慑机制的建立，从书记员实行单独序列管理，到法官职业化改革的演进，基本建立起了体现现代审判规律与特点的、符合现代司法理念要求的新审判运行机制和管理机制。

第四，必须抓住队伍建设这个根本，为增强司法能力、提升司法水平提供坚强的组织保证。五年来，全市法院以公正司法为核心，以专业化建设为方向，在思想政治、职业道德、纪律作风和专业化建设等方面常抓不懈，认真开展社会主义法治理念教育和社会主义荣辱观教育，加强党风廉政建设，加大业务培训力度，基本建立起一支政治坚定、业务精通、作风优良、司法公正的高素质法官队伍。

第五，必须抓住基层基础建设不放手，夯实法院工作全面均衡发展基础。五年来，各基层法院普遍建立了一个强有力的、可以打开工作局面的、有坚定政治觉悟的、有丰富法律专业知识的领导集体和一支素质优良的法官队伍。各基层法院同时积极倡导司法为民理念，积极运用就地审理、快速审理等方式，方便群众诉讼，减轻群众诉累，保障人民群众充分行使诉权。司法调解功能得到进一步发挥，在定纷止争，化解矛盾方面发挥了不可替代的作用。法官待遇和办案条件进一步改善，司法水平和工作能力得到极大提高，“两庭”建设进一步加强，基层法院物质装备及“两庭”面貌有了很大改进。法院工作获得了广泛而坚实的基础，法院改革与发展获得了不竭的动力。

五年来，全市法院工作所取得的成绩和进步，是在党委正确领导、人大依法监督和社会各界关心支持下，全市法院干警努力奋斗的结果，在此请允许我向各级领导、各位代表、各位委员和各界人士表示崇高敬意和真诚的感谢。

在肯定成绩的同时，我们也必须清醒地看到法院工作存在的困难和问题：法官的思想作风、审判作风还需要努力改进；一些法官不能适应审判工作发展的要求，存在办案效率和质量不高的问题；个别法官违法违纪，影响法院的执法形象；法官队伍青黄不接，培训经费和业务经费短缺，物质装备不适应的问题，仍然制约着审判职能的充分发挥；涉诉信访工作仍然是一项长期艰巨的任务，人民群众“打官司难”的问题仍然需要我们下大力气努力解决。我们一定要以高度的责任感，严肃对待这些问题，深刻反思工作中的不足，采取有力措施加以改进。

三、今后法院工作的意见

今后五年是我市加快科学发展、建设和谐阳泉、致力求真务实非常关键的五年。面对新形势新任务，人民法院必须以坚定的信心、科学发展的理念和求真务实的工作作风，始终着眼和谐、致力和谐，牢牢把握工作重点，努力开拓创新，确保在更高起点、更高层次、更高水平上推进法院工作。当前和今后一个时期全市法院工作的主要任务是：以邓小平理论和“三个代表”重要思想为指导，深入贯彻党的十六届六中全会精神，以科学发展观统领法院工作，积极推进司法改革，进一步加强队伍建设，全面提高审判、执行工作质量，充分有效合理发挥职能作用，最大限度地增加和谐因素，最大限度地减少不和谐因素，为建设充满活力、富裕殷实、文明和谐、山川秀美的新阳泉提供有力司法保障。具体要着重抓好以下四方面工作：

以构建和谐为核心，司法能力要有新增强。2007年是加快科学发展、建设和谐阳泉的重要一年，两级法院都要充分认识我们在维护和谐稳定、促进改革发展中任务的艰巨性。一定要用科学的眼光找准为构建和谐社会提供司法保障的切入点和着力点，真正着眼于和谐，致力于和谐，努力推动全市法院工作的改革创新发展。要始终坚持党的领导，积极主动接受人大和社会各界的监督，在自觉服从和服务大局中，确保审判工作的正确方向。

以保障和谐为己任，审判工作要有新进展。要充分有效合理地发挥司法审判职能，为维护群众合法权益，为服务经济建设，而竭尽全力全面做好各项审判工作。坚持依法严惩各类严重刑事犯罪，坚决打击危害国家安全、危害社会稳定、危害人民群众生命财产安全的犯罪活动。特别是要重点审判和严肃惩治那些发生在重点建设工程周边、主要城镇和交通干线的黑恶势力、团伙犯罪、金融诈骗、非法集资、商业贿赂、职务犯罪等影响经济发展的犯罪，以及严重影响群众安居乐业、干扰学校教学秩序、破坏资源和生态环境、危害安全生产的犯罪。围绕建设平安阳泉的目标，开展综合治理工作。坚持宽严相济，依法保障人权，慎重适用死刑，做到定罪准确、量刑适当，最大限度地减少社会对立面，有效抑制和减少影响稳定的消极因素。进一步加强民商事、行政审判工作，正确处理各类人民内部矛盾。以建设公正高效权威的审判制度为目标，进一步强化诉讼调解工作，探索完善多元化纠纷解决机制。充分关注贫困群众的司法需求，建立便捷立案工作机制，开展巡回审判，畅通涉诉信访渠道，落实司法救助制度，方便群众诉讼，满足群众诉求，最大限度维护好、解决好人民群众最关心、最直接、最现实的利益问题。

以服务和谐为目标，法官素质要有新提升。要继续抓好并引深社会主义法治理念教育活动，坚持抓班子、带队伍，进一步提高队伍的凝聚力、战斗力。加强司法廉政建设，认真开展警示教育和反腐败工作，严格执行《法官职业道德基本准则》和《法官行为规范》，严肃查处违法违纪人员，纯洁法官队伍。继续推进法官职业化建设，严格法官职业准入，提高法官遴选质量，进一步优化队伍结构，与有关部门配合做好今年全市法院法官、书记员增编招考录用工作，缓解审判人员短缺问题。进一步加强法官培训工作，不断促进法官队伍素质的稳步提高。

以有利和谐为标准，法院改革要有新突破。要把是否有利于和谐社会建设作为法院自身建设和改革的衡量标准，进一步发扬开拓创新精神，积极推进司法体制和工作机制的改革。大力加强审判工作管理，完善案件质量考评体系，强化合议庭责任制，完善审判委员会工作机制。通过案件监督、案例指导等形式进一步强化对基层法院的监督指导，保证全市法院准确理解法律、统一裁判标准，全面提高审判质效。进一步加强少年法庭试点和人民法庭工作，依法扩大简易程序适用范围，继续落实人民陪审员制度，积极推进司法民主。大力推进基层建设，指导基层法院加强政治建设、组织建设、业务建设和物质建设，帮助基层法院提高化解矛盾、服务和谐社会的工作水平和物质保障能力，夯实公正司法的根基。

各位代表，当前人民法院工作面临着新的发展机遇，我们对未来充满信心！全市法院一定要在市委的领导和市人大及其常委会的监督下，认真贯彻落实本次代表大会提出的工作任务，进一步解放思想，求真务实，扎扎实实全面推进各项审判工作，为建设和谐阳泉作出新的贡献！

阳泉市中级人民法院工作报告

——2011 年 5 月 11 日在阳泉市第十三届人民代表大会第六次会议上

王志刚

各位代表：

现在，我代表市中级人民法院向大会报告工作，请予审议，并请市政协各位委员和列席会议的同志提出意见，2010 年，全市法院在市委的领导、市人大及其常委会的监督下、在市政府、市政协和社会各界的支持下，深入贯彻落实科学发展观，认真履行宪法和法律赋予的职责，紧紧围绕社会矛盾化解、社会管理创新、公正廉洁执法三项重点工作，不断加强审判、执行工作和自身建设，各项工作取得新的进展。

王志刚院长在阳泉市人民代表大会第六次会议上作《法院工作报告》

去年，全市法院受理案件 10350 件，同比上升 7.5%；审结、执结 11060 件（含旧存），同比上升 11.7%。其中，市中院受理案件 3165 件，审结、执结案件 3200 件（含旧存），同比分别上升 11.2% 和 9.5%。

一、围绕中心，服务大局，全面加强审判和执行工作

一年来，全市法院坚持能动司法理念，紧紧围绕市委、政府关于转型发展、跨越发展的重大部署，全面加强审判和执行工作，努力为“千亿阳泉、百万新城” 建设提供有力的司法保障。

（一）加强民商审判工作，服务转型跨越发展，促进社会和谐。针对转型跨越发展的形势要求，全市法院更加注重发挥民商审判职能作用，切实增强服务大局的针对性和实效性。全年共受理各类民商案件 5379 件，同比略有上升；审结 5624 件（含旧存），同比上升 4.6%。

充分发挥民商审判调节、规范和引导的作用，依法支持有利于转型跨越的经济活动和经济行为。围绕扩大内需、优化环境，依法审理买卖、借款、担保、建筑工程等合同案件 2096 件，涉及标的 3.9 亿元，促进资金快速流转和经济有序发展；围绕转变经济发展方式，妥善审理企业破产清算、重组改制等案件 14 件，促进产业升级和经济结构调整；围绕城乡统筹、新农村建设，依法审理农村土地承包、山林权属等涉农纠纷案件 118 件，保障农村集体利益和农民权益，服务城乡统筹发展。

高度关注群众对民生热点问题的关切，依法妥善审理涉及民生的案件。审理房屋买卖、劳动争议、医疗、消费者权益保护等案件 235 件，审结权属确认、人身损害、宅基地纠纷等权属、侵权案件 1110 件，依法实现当事人合法诉求。审结离婚、抚养、继承等婚姻家庭案件 1927 件，妥善调节婚姻家庭、人身财产关系，注重保护妇女儿童和老年人的合法权益，促进家庭和社会的和谐。

在加强民商审判的同时，为了更好地服务大局，全市法院普遍建立了与企业、社区、农村联系制度，各级领导带队深入联系点走访座谈，协调案件，及时了解司法需求，认真听取意见建议，主动提供法律服务，收到了良好的工作成效。

（二）加强刑事审判工作，维护社会稳定，增强群众安全感。共受理各类刑事案件 1073 件，审结 1082 件（含旧存），判处罪犯 1397 人。继续深入开展打黑除恶专项活动，依法严惩杀人、绑架、抢劫等暴力犯罪和盗窃、抢夺、诈骗等多发性侵财犯罪，共审结上述案件 390 件，判处罪犯 723 人，其中，判处 5 年以上有期徒刑、无期徒刑或死刑的 250 人。加大对各类经济犯罪的打击力度，净化市场环境。因生产、销售含有三聚氰胺的问题奶粉，阳泉金福来乳业有限公司单位犯罪被判罚金 80 万元，7 名直接责任人分别被判处 3 年以上有期徒刑并处罚金。大力推进反腐败斗争，审结贪污、贿赂、渎职等职务犯罪案件 46 件 61 人。省水利厅原副厅长孙廷容因挪用公款、受贿、贪污被判有期徒刑 16 年。坚持惩罚犯罪与保障人权并重，对 365 名罪行较轻、不致再危害社会的被告人，依法宣告缓刑，对 2254 名确有悔改和立功表现的罪犯裁定减刑假释。强化未成年综合审判工作，大力推行圆桌审判、轻刑化处理等适合未成年人身心特点的审理、执行方式，促使未成年罪犯改过自新。去年共判处未成年罪犯 115 人，其中有 51 人被判处缓刑、管制、单处罚金等非监禁刑。积极参与社会治安综合治理和平安创建活动，加强与有关部门的工作沟通，落实对特殊人群的帮教管理措施，积极参与社区矫正工作，共同推进社会管理创新。

（三）加强行政审判工作，保护公民权利，促进依法行政。认真贯彻执行最高法院《关于依法保护行政诉讼当事人诉权的意见》，积极受理、依法审理行政诉讼案件，切实保护公民、法人和其他组织的合法权益，督促和支持行政机关依法行使行政职权。去年，共受理各类行政案件 50 件，审结 53 件（含旧存）。统筹兼顾推进城镇化建设和保护行政相对人合法权益，审慎处理土地征用、房屋拆迁、规划许可等行政案件，积极采取协调、和解的方式，实质性化解争议。认真贯彻执行《国家赔偿法》，依法做好国家赔偿工作，审结国家赔偿案件 1 件。为促进依法行政，市中院首次向市政府提交行政审判白皮书，有针对性地提出意见建议，促进司法和行政良性互动。

（四）加强执行工作，落实生效裁判，维护司法权威。进一步完善执行机制，加大执行力度，提高执行水平，执行难问题得到进一步缓解。一是认真组织开展执行工作两项活动，巩固集中清理执行积案活动成果。立足实现执行工作良性循环，开展了“创建无执行积案先进法院”活动，加强立审执各环节协调配合，预防和减少执行积案。全年共执结各类案件 1938 件（含旧存），执结率 80.3%，同比上升 1.4%，结案标的 7.97 亿元。按照委托案件优先办理的原则，开展了“委托执行案件专项清理”活动，外地法院委托本市法院执行的 28 件案件全部及时清理，圆满完成工作任务。二是继续加强执行体系建设。依靠党委领导和有关部门的密切配合，进一步开展生活困难申请人救助工作，努力促成综合治理执行工作的新格局。至今已救助 33 案 81 人，发放救助资金 20 万元。三是强化和解执行举措。采取以法院为主、有关部门协作联动的多元执行模式，因案制宜、一案一策，妥善执行涉及兼并重组企业、特困国有企业和生活困难群体的案件，减少对抗，增进和谐。和解执行的案件占到全部执结案件的 21.4%。四是积极化解执行申诉信访。对涉执信访实行立案监督，通过定期分析通报执行信访案件的信息，督促有关部门切实采取措施，加快化解进度。对于疑难和重点案件，中院及时提级执行、指定执行，加强协作，合力化解。全年共化解涉执信访案件 23 件，占全部涉执信访的 63.9%。市中院被中央政法委、最高法院联合授予“全国集中清理执行积案先进集体”荣誉称号，成为全省获此殊荣的两家法院之一。

二、践行宗旨，保障民生，切实维护群众合法权益

一年来，全市法院自觉践行司法为民宗旨，积极回应群众关切，高度重视保障和改善民生，使审判工作更加贴近群众生活。

（一）认真贯彻“调解优先、调判结合”的工作原则，努力为群众提供优质高效的司法服务。市中院召开全市法院调解工作现场会，搭建交流平台，推广先进经验，引导法官更好地运用调解手段化解矛盾，力争实现案结、事了、人和的最佳效果。各法院着力构建覆盖立案、审判、执行全过程的调解机制，加快联合调解中心和立案调解窗口建设，加强对人民调解、行政调解的法律指导，与有关单位或社群组织密切配合，通过“大调解”努力从根本上解决群众的实际问题。对不能调解或调解不成的，及时依法裁判，切实发挥调解和判决两种结案方式在化解矛盾中的作用。一年来，全市法院民商事一审案件调撤率保持在 60% 左右，二审民商事调撤率达到 26%，同比上升 5 个百分点，90% 的案件一审服判息诉。

（二）着力做好涉诉信访工作，努力解决信访群众合法合理诉求。坚持标本兼治，一手抓积案化解，一手抓源头治理。深入开展集中清理涉诉信访积案活动，对列入清理范围的 55 件信访案件，按照定时间、定领导、定人员、定责任，一案一组，一包到底“四定一包”的工作措施，逐一明确办案责任、结案标准和结案时限。重大复杂信访案件，坚持院长包案、挂账督办、带案下访的做法，妥善化解。通过依法调整、解决问题、法律救济、社会帮扶等方法，化解或终结处理上级交办的28件案件，占到总数的51%，实现了时间过半，任务过半的目标要求。针对涉诉信访工作的特点和规律，全市法院着重从抓好初信初访、抓好再审工作等方面，建立健全涉诉信访工作的长效机制。对当事人不服生效裁判申请再审的案件，认真进行审查，符合条件的，依法提起再审；申诉无理的，依法驳回申请，并采取判后答疑、法律释明的方式，做好息诉工作。全年新收申诉申请106件，办结118件（含旧存），依法提起再审19件，审结14件。通过进一步平衡当事人的利益关系，达到法律效果和社会效果的统一。

（三）大力加强司法便民利民工作，努力为群众诉讼提供便利。市中院投资改造了1500平方米的立案信访接待大厅，各基层法院积极完善立案信访窗口的基本功能和基础设施，健全接待制度，规范接待行为，推行立案“一站式”服务，确保来访群众得到及时接待和答复。各基层法庭加大巡回审理力度，深入农村和交通不便、人员稀少的偏远地区，就地立案、就地开庭、当庭调解、当庭结案，降低群众的诉讼成本，全年有661件民事案件采取巡回审判的方式审理，涉案标的2400万元。继续加大司法救助力度，为确有困难的当事人缓、免诉讼费340万元。

（四）深入推进司法公开，努力为群众监督参与法院工作创造条件。认真贯彻最高法院《关于司法公开的六项规定》，依法做好立案、庭审、执行、听证、文书、审务公开工作。如中院在执行工作中采取随机选择评估机构的做法，在双方当事人在场的情况下，执行、纪检和司法鉴定人员共同参与，随机选择评估机构，规范评估拍卖行为，切实保障了群众对审判执行工作的知情权、参与权和监督权。全市法院在去年集中开展了为期一个月的“司法公开宣传月”活动，通过公开开庭、公开宣判，组织公众开放日、邀请旁听等措施，借助社会媒体，推进司法公开工作向纵深发展。去年是人民陪审员换届年，全市法院共依法选任人民陪审员121名，其中连任78人，初任43人，人员素质较前有大幅度提高。结合换届选任工作，加强了对陪审员的管理和培训，进一步落实了人民陪审员的经费保障。各法院都设立了固定的陪审员，安排他们参加庭前调解、帮教维权、信访接待、法制宣传等活动，方便使用和管理。2010年，全市人民陪审员共参与审判案件2000余件，有效发挥了群众参与司法、监督司法的重要作用。

三、深化管理，狠抓队伍，不断提高法院自身建设水平

一年来，全市法院紧紧抓住以人为本这个核心，创新和加强审判管理，推动审判工作、法院改革和队伍建设全面协调发展。

继续深化审判管理改革。各法院抓住关键环节，重点完善审判流程管理和审判绩效管理。同时，充分运用现代技术，建立案件管理平台，运用审判数据来分析审判运行态势，以加强质量监督指导的针对性，实现审判管理的信息化、科学化和常态化。为进一步规范全市法院的审判工作，市中院制定出台了审判绩效考核办法，用案件办结率、调解撤诉率、服判息诉率、发还改判率、涉诉信访率等15个量化指标，对全市法院的审判绩效情况进行定期考核、评查和通报。通过绩效通报，进一步增强了法官的责任意识、质量意识和效率意识。中院还研究制定了符合执行工作规律特点的绩效考评指标并在全市法院推广，取得了良好的效果。按照上级部署，全市法院认真开展了“百万案件评查”活动，对一些在审判程序、文书说理、案卷装订等方面存有瑕疵的案件进行了整改通报，引起了广大法官的充分重视。

积极推行量刑规范化改革。最高法院《量刑指导意见（试行）》和《关于规范量刑程序若干问题的意见（试行）》实施后，全市法院结合实际，认真贯彻有关规定，从实体方面和程序方面着手，双管齐下，有序推进。在实体方面，改变传统的量刑方式，明确量刑的方法和步骤，统一法律适用标准，规范法官裁量权。在程序方面，引入量刑建议，将量刑纳入法庭审理程序，建立和完善相对独立的量刑程序，量刑规范化改革取得初步成效。在推行刑事量刑改革的同时，市中院强化了对基层法院民商、行政工作的审判监督和业务指导，着力避免同案不同判、裁判不均衡的问题，促进辖区内司法标准统一。

切实加强思想政治和司法能力建设。针对社会反映的法官工作和作风上存在的问题，深入开展创先争优活动和“人民法官为人民”主题实践活动，引导法官在审判执行中自觉争科学发展之先，创社会和谐之优。2010年，全市法院共有15个集体和个人受到市级以上表彰奖励。以创建学习型党组织、学习型法院为抓手，组织开展脱岗培训、审判研讨、办案能手竞赛、裁判文书评比、工作经验交流等内容丰富、形式多样的活动，总结推广审判执行工作中的新思路和好方法，着力提升队伍正确把握大局、了解社情民意、驾驭审判工作、解决实际问题的能力。

大力推进法院文化建设。市中院制定出台了《关于加强文化建设的实施方案》，要求全市法院以弘扬公正、廉洁、为民司法核心价值观为根本，用三年时间实施八项文化建设工程，从精神文化、行为文化、物质文化等层面，全面开展法院文化建设。通过举行丰富多元的文体活动，增强法院管理的文化色彩，提高法院物质建设的文化含量，创建关爱干警的文化环境，全市法院文化建设形成良好发展格局。

全面强化反腐倡廉建设。结合法院工作实际和干警思想实际，广泛开展党性党风党纪教育、法官职业道德教育和职业纪律教育。进一步建立健全党内学习制度、监督制度、民主生活会制度，抓班子带队伍，以党建促廉政。认真接受上级法院的司法巡查，及时整改工作中出现的问题。完善举报线索核查机制，加大对违纪违法案件的查处力度，狠抓“五个严禁”等有关规定的落实。各法院还结合审判工作，开展作风整顿、警示教育、主题实践等活动，深入推进反腐倡廉工作。

进一步加强基层基础工作。紧紧依靠党委领导和人大监督、政府支持，完成法官、书记员招录工作，缓解案多人少矛盾。认真落实法院公用经费保障标准，全市法院经费保障状况得到较大改善。积极争取资金，加强安检、监控、电子法庭等现代化装备建设，基层法院的司法条件进一步加强。

四、强化举措，接受监督，确保正确履行审判权

全市法院严格贯彻执行《监督法》，始终把监督视为支持，以监督作为动力，认真接受人大监督日益成为全市法院的自觉行动。一是认真接受省人大常委会开展的民事诉讼法执法检查，对检查出的问题进行了及时的整改。二是加强专项报告工作，认真落实审议、评议意见，不断改进工作。三是采取登门走访和邀请视察等方式，加强代表联络工作。四是加强督查督办，按期办复人大常委会交办的代表建议。同时，高度重视政协提案、建议办理工作，自觉接受政协民主监督。依法接受检察机关法律监督，去年，共审结检察机关提出的抗诉案件17件，其中改判10件，维持原判6件，发回重审1件。

各位代表，面对新的形势，我们清醒地认识到，全市法院工作中还存在不少问题和困难：一是审判工作还不能完全适应转型跨越发展的社会要求，执行难问题尚未得到解决，涉诉信访问题仍较为突出，司法应对新情况、新问题的措施还有待进一步完善。二是司法体制和工作机制还不能完全适应人民群众日益增长的司法需求，法院改革还有待进一步深化。三是一些法官司法能力不强，工作不细致，一些案件审判程序不规范、适用法律不准确，队伍整体素质还有待进一步提高。四是极少数法官司法不公不廉，群众意见较大，司法廉洁建设还有待进一步加强。同时，基层基础工作还存在一些薄弱环节，案多人少、法官断层等困难不同程度地存在。为此，我们将立足自身，积极争取有关方面的支持，尽最大努力解决这些问题和困难。

各位代表，2011年，是我市实施“十二五”规划的开局之年，是全面推动转型跨越发展的关键之年。全市法院总体工作思路是：以党的十七大和十七届五中全会精神为指导，深入贯彻落实科学发展观，牢固树立能动司法理念，紧紧围绕转型跨越发展这条主线，深入推进三项重点工作，全面加强和改进法院自身建设，为全市经济社会又好又快发展提供坚强有力的司法保障。

一要紧紧围绕转型跨越发展这条主线，履行好宪法和法律赋予的审判职能。要突出审判工作重点，全力服务资源型经济转型改革试验，依法保障重点项目建设顺利实施，推动“千亿阳泉、百万新城”建设。要把服务经济发展和保障民生改善更好地统一起来，抓住群众最关心的社会治安问题、最关切的权益保障问题、最关注的社会公平正义问题，不断探索化解社会矛盾、推进社会管理、增强审判效果的新举措。要正确执行宽严相济的刑事政策，扎实推进量刑规范化改革，严格执行刑事证据规则，确保每一个案件都能经得起时间的考验。要进一步完善未成年审判工作机制，预防和减少未成年违法犯罪。要认真贯彻“调解优先、调判结合”的工作原则，以《人民调解法》实施为契机，创新和完善“大调解”工作机制，为群众提供更加便利、高效的司法服务。要积极探索行政案件协调处理新机制，统筹运用多种手段，协调和解行政争议。依法受理自然资源、环境保护等公益性诉讼案件，保障社会全面协调可持续发展。

二要更加突出一心为民这个重点，努力服务和保障民生。要继续加强立案信访窗口工作，努力把立案信访窗口建成为民之窗、文明之窗、和谐之窗、公信之窗。要继续加大人民法庭和巡回审判的物质保障力度，更加方便群众诉讼。要继续加大司法救助力度，让群众切身感受司法的便捷高效。要充分发挥执行联动机制作用，依靠政治优势、体制优势推动执行难问题的解决。同时，认真组织开展反规避执行专项活动，有效遏制规避执行行为，确保执行工作正常开展。要继续深入开展集中清理涉诉信访专项活动，加快工作进度，抓好结案验收，紧紧依靠党委、人大、政府的重视和支持，从根本上缓解信访工作压力，推动全市涉诉信访工作步入良性循环轨道。

三要牢牢把握抓党建带队建促审判，全面提高队伍素质。全市法院都要自觉把法院工作置于党的领导之下，成为坚决维护党的权威的模范，成为贯彻执行党的路线方针政策的模范，成为确保党委政令畅通的模范。要加强思想政治建设，开展好“发扬传统、坚定信念、执法为民”主题教育实践活动，通过主题实践，进一步坚定队伍的政治信仰和职业信念。要扎实开展创先争优活动，抓党建带队建，以队建促审判，形成条块结合、上下联动、整体推进的党建工作格局。要加强领导班子建设，把各级法院班子建设成为讲政治、顾大局、有凝聚力和战斗力的领导核心。要进一步加强学习型党组织、学习型法院的建设，提高法官的司法能力和水平。要切实加强法院文化建设，夯实法院文化建设基础，落实法院文化建设规划，紧密结合法院文化建设，解决队伍建设中的突出问题。要始终把党风廉政建设摆在重要位置，认真落实全国政法会议提出的“四个一律”，严格执行“五个严禁”，以“零容忍”的态度严肃查处违法违纪问题，确保纪律得到有效执行。

四要继续坚持司法改革、基层建设齐驱并进，推动法院工作科学发展。今年是法院“三五改革”的集中攻坚时期，有相当的司法改革任务要完成。全市法院要紧紧抓住上级法院确定的改革重点，加强领导，精心部署，确保改革的顺利推进。要以审判绩效考核和案件质量评估为切入点，健全完善审判管理机制，后半年要逐步在全市法院推进审判管理工作，以规范促公正，提升全市法院的司法公信力。要紧紧依靠党委、人大、政府重视、关心和支持，进一步规划和落实好基层基础建设的各项任务。市中院要加强对基层法院工作的监督指导，及时有效地指导基层法院开展审判工作。

各位代表，自觉接受人大及其常委会的监督是法院工作不断发展和进步的重要保证。全市法院将认真贯彻执行本次大会决议，认真做好专项工作报告、代表建议办理等工作，确保人民法院准确贯彻执行宪法法律。同时，更加自觉地接受政协民主监督、检察机关法律监督和社会各界监督，以监督促廉洁，用监督保公正。

各位代表，2011年是全市贯彻落实“十二五”规划的开局之年，是充满机遇和挑战的一年，我们要高扬科学发展主题，突出为转型跨越服务主线，以迎难而上的精神和勇气，以求真务实的作风和措施，紧紧围绕大局，充分发挥职能，为建设更大、更强、更富、更美的新阳泉作出新的贡献[①]！

注：在院长报告辑录中，除对个别错别字作必要更正外，均保持了七位院长不同历史时期，在阳泉市历届人民代表大会（1956~2011年）所作报告的原文原貌。

阳泉市中级人民法院工作报告

——2013年4月10日在阳泉市第十四届人民代表大会第三次会议

阳泉市中级人民法院院长 陈明华

各位代表：

现在，我代表阳泉市中级人民法院向大会报告工作，请予审议，并请市政协委员和列席人员提出宝贵意见。

过去一年的工作回顾

2012年，全市法院在市委的正确领导下，在市人大及其常委会的有力监督下，在市政府、市政协以及社会各界的大力支持下，紧紧围绕市委实施"四大战略"、建设"千亿百万"新阳泉的决策部署和奋斗目标，认真践行"为大局服务，为人民司法"的工作主题，忠实履行宪法和法律赋予的职责，全面强化服务管理，努力提升司法公信，为全市经济平稳较快发展和社会和谐稳定做出了积极贡献。

一年来，全市法院共受理各类案件12681件，审、执结12718件(含旧存)，同比分别上升11.9%和12%。其中，市中院受理各类案件3648件，审、执结3664件（含旧存），同比分别上升10.4%和9.3%，在全省审判质效考核中位列第一。

一、围绕中心，服务大局，为经济社会发展提供有力司法保障

全市法院以执法办案为第一要务，把服务我市转型跨越发展作为审判工作重点，全力创优经济社会发展环境。

——依法惩治刑事犯罪，维护社会安全稳定。共受理各类刑事案件1237件，审结1269件（含旧存），同比分别上升4%和5.8%，判处罪犯1614人。其中，受理二审刑事案件 207 件，审结 206 件。依法严惩危害社会秩序和人民群众生命财产安全的严重刑事犯罪，切实增强人民群众的安全感，共审结黑恶势力、杀人、毒品以及“两抢一盗”等犯罪案件 519 件，判处罪犯 801 人。依法惩处职务犯罪，加大对腐败分子的打击力度，共审结贪污、贿赂、渎职等犯罪案件 67 件，判处罪犯 105 人，原潞安集团副总经理刘仁生因贪污、受贿一审被判处死缓。依法惩治破坏市场经济秩序犯罪，共审结制假贩假、合同诈骗、非法经营等犯罪案件 29 件，判处罪犯 52 人。同时，认真贯彻宽严相济的刑事政策，依法对 530 名被告人宣告缓刑，对 2637 名确有悔改和立功表现的罪犯裁定减刑、假释。

——积极化解民商纠纷，促进经济社会和谐发展。共受理各类民商案件 6566 件，审结 6709 件（含旧存），同比分别上升 2.5% 和 6.3%，涉案标的 7.3 亿元。其中，受理二审民商案件 588 件，审结 580 件。审结婚姻家庭、人身损害、环境污染等民生案件 3273 件，依法保障群众合法权益；审结劳动争议、劳务合同等案件 252 件，维护和谐稳定的劳动关系和正常的生产经营秩序；审结农村承包合同、宅基地纠纷等涉农案件 8 件，促进农业和农村健康发展；审结买卖、借贷、租赁、保险等合同纠纷 2057 件，标的 5.4 亿元，规范市场秩序；审结知识产权纠纷案件 7 件，优化自主创新的产业环境；审理企业破产改制案件 4 件，涉及金额 6424 万元，推动经济发展方式转型升级。

——妥善解决行政争议，服务法治政府建设。认真审慎地处理劳动和社会保障、治安、土地城建等行政案件，引导群众合法理性表达利益诉求。共受理各类行政案件 56 件，审结 53 件，同比分别上升 14.3% 和 12.8%。其中，受理二审行政案件 19 件，审结 18 件。工作中，一方面加强协调和解，努力使行政争议得到实质性解决，有 34.3% 的一审行政案件经过法院协调妥善解决；另一方面，积极推进司法与行政良性互动机制建设，及时向政府有关部门提出意见和建议，预警社会风险，堵塞管理漏洞，既支持行政机关依法履行社会管理职能，又规范行政权力运行，促进法治政府建设。

——继续强化执行工作，确保胜诉权益及时实现。共受理各类执行案件 2034 件，同比下降 0.3%，执结 1881 件，同比上升 4.2%，执结标的额 11.4 亿元。其中，市中院执结各类重大执行案件 101 件，执结标的 7.15 亿元。深入开展创建“无执行积案先进法院”和“反规避执行”两项活动，加大执行工作力度。重点加强执行长效机制和执行联动机制建设，积极依靠党委领导，强化和有关部门的协助与配合，提高执行效果。对于涉及民生利益和社会稳定的案件，多做和解工作，促使被执行人自觉履行义务，执行案件的和解率达到 25.5%；对于涉及困难企业的案件，注重放水养鱼，尽可能维持企业生存；对于暂时执行不能的案件，及时报请政府给予困难申请人救济和扶助，执行工作赢得了社会各界更为广泛的支持和理解。

二、以人为本，司法为民，积极回应人民群众的关切和期待

市法院坚持以人民群众满意为第一标准，务实推进各项司法为民的新举措，努力满足群众日益增长的司法需求。

——不断健全便民机制，为群众提供优质的司法服务。进一步加强立案信访窗口建设，着力规范功能设置，完善便民制度，健全“绿色通道”，对拖欠农民工工资及“三费”案件优先立案、优先执行；进一步加强人民法庭工作，大力推行巡回审判、社区司法服务等便民措施，运用简易程序就近、就地化解矛盾纠纷 829 件，大部分基层法庭处理的案件调解率、执行率都在 90% 以上；进一步加大司法救助力度，依法为困难当事人缓、减、免交诉讼费用 288 万元，对经济困难的刑事被害人和申请执行人等实施司法救助 130 余万元。与此同时，对于涉及全局性、群体性和矛盾激烈对抗的纠纷，在立案环节，向党委政府报告，并组织各种对话协调工作，有效地减少了社会不稳定因素。

——全面强化诉调对接，拓展纠纷分流和矛盾化解渠道。市中院制定出台了《关于强化诉讼服务管理工作的指导意见》，全面推进诉调对接工作。矿区法院成立了“诉前调解中心”，立足诉前化解纠纷，得到了省委领导的充分肯定，《人民法院报》头版头条对该院做法进行了全面推介；城区法院聘请社区工作人员作为调解员，将激励机制引入诉前调解工作，推出多种诉前调解模式；郊区法院出台了《诉调对接实施细则》，充分发挥审判权的规范、引导和监督作用，强化与有关部门的衔接互动，多元化解各种矛盾；盂县法院设立婚姻家庭、侵权纠纷、合同纠纷三个调解室，合理配置审判资源，细化职能，方便人民群众参与，灵活、高效的解决争议；平定法院依靠党委领导，争取政府支持，鼓励社会各界参与，构建了“三位一体”的调解体系。全市共有 1237 件案件通过诉前调解得到妥善解决。同时，两级法院在刑事、民事、行政审判全领域，立案、审判、执行、信访全过程，认真落实“调解优先”的工作原则，调解化解各类案件 4948 件，其中一审民商事案件的调撤率达到 69.7%，同比上升 8.1%。市中院民二庭、平定法院巨城法庭被省高院分别评为全省法院系统民事调解工作标兵单位和先进集体。

——大力化解涉诉信访，切实解决群众的合法诉求。全市法院始终把信访工作作为首要政治任务来抓，坚持源头治理、重心下移，坚持近期任务与长效机制并重、努力化解与积极帮扶并举，基本建立起了覆盖两级法院各部门的信访工作网络。一年来，全市法院认真组织开展了“清积案、化新访”和“院长联合接访”活动，落实院领导接待来访制度，先后召开全市法院信访工作会、推进会、督办会等专题会议，特别是十八大前，我院干警主动下乡、主动约谈、主动帮扶信访当事人，有效处理了一批信访积案。全年共接待群众来访 960 余人次，受理申诉案件 137 件，办结 155 件（含旧存）。

——积极参与平安阳泉建设，不断夯实维护稳定的社会根基。在做好审判工作的同时，全市法院延伸司法触角，开展了“法律服务到基层”活动，385名干警进农村、进社区、进厂矿、进学校，宣传法制，协调解决法律问题，帮助解决实际困难；与有关部门密切协作，落实各项帮教措施，推进社区矫正工作；加强对社会管理、食品安全、金融领域等突出问题的梳理分析，通过司法建议、司法协商座谈、情况反映等建言献策；积极参与“大调解”、“大信访”网络建设，加强对人民调解的指导，推行诉讼风险评估，从源头上预防和减少不稳定因素；切实加强对未成年人的司法保护，市中院少年庭被授予全省“青少年维权岗”和全市首批“青少年法制教育基地”。

三、完善机制，夯实基础，全面提高法院自身建设科学化水平

针对审判执行工作中的薄弱环节，全市法院完善工作机制，强化质效考核，加强责任约束，自身建设有了新提高。

——稳步推进审判管理，审判质效进一步提升。两级法院在健全完善审判管理组织机构的基础上，以质效通报、案件评查、流程管理、考核奖惩等一系列审判管理制度为切入点，通过定期通报、态势分析、检查督促，充分发挥制度管人、管事、管案的作用。同时，组织开展了“清理长期未结诉讼案件”和庭审、裁判文书“两评查”活动，全市5份优秀裁判文书获得省高院表彰，27份优秀裁判文书获得市中院表彰，在全省法院23项审判质效评估指标中，18项指标优于全省平均值。

——切实加强监督指导，司法水平进一步提高。中院更加注重二审和再审案件的办理，二审案件开庭率从上年度的82.9%提高到98.1%。同时，在改判发还时及时沟通基层法院，进行业务指导。全年共审理各类二审案件804件（其中审结二审抗诉案件24件），同比上升10.1%。依法发还或改判248件，审理再审案件14件。为了确保法律适用的统一和平衡，我们建立了审判长联席会议制度，加强对法律适用的把关指导、疑难复杂和新类型案件的探讨，组织法官对新法律法规的及时学习；针对量刑规范化实施过程中存在的问题，编发《量刑规范化学习与指导》，确保执法尺度统一，市中院刑一庭编写的案例入选最高人民法院《量刑规范化案例指导》；召开全市民商事案件审判座谈会，研讨当前民商事审判的热点、难点，及时开展辅导培训，确保裁判标准统一；规范行政案例采集制度，切实做好典型案例的采集和报送工作，市中院行政庭编写的两个案例入选《中国行政审判指导案例》。

——全面强化队伍建设，司法能力进一步增强。在开展社会主义法治理念教育、政法干警核心价值观教育和“人民法官为人民”主题实践等活动中，组织法官走访困难群众、为灾区人民捐款、重温入党誓词，举行演讲比赛等，锤炼思想作风，法官的宗旨意识、大局意识明显增强，共有51个集体和个人受到市级以上表彰奖励；进一步加大了对法官教育培训的力度，鼓励支持干警进行高学历进修，积极倡导学习型法院建设，引导法官认真钻研业务；认真落实中央改进工作作风，密切联系群众的八项规定和最高院进一步改进司法作风的六项措施，开展了整治“吃拿卡要”和纪律作风集中整顿等专项活动。严格实施党风廉政建设责任制，建立干警执法档案，开展审务督察工作，及时发现和纠正司法活动中的不良现象，促进了司法廉洁。

——扎实推进基层基础建设，司法条件进一步改善。市中院充分发挥协管作用，协助地方党委配齐配强基层法院领导班子。利用新增和空余编制为两级法院招录补充16名干警，一定程度上缓解了案多人少的矛盾。围绕审判工作发展和现代化建设要求，全市法院积极推进经费保障工作，配置科技法庭系统、信访立案设备、监控安检设备等，加强审判法庭和人民法庭规范化建设，司法条件不断改善。

四、接受监督，依法履职，努力加强和改进法院工作

全市法院不断增强自觉接受监督的意识，把法院工作自觉置于党委领导、人大监督之下，坚持重大工作部署、重要工作事项，及时主动向党委、人大报告，依靠党委领导、人大监督和社会各界的支持，解决工作中存在的问题和困难，确保司法权的公正行使。认真贯彻人大及其常委会通过的各项决议，积极配合市人大常委会专项调研，切实抓好对法院工作决议的落实。认真办理代表、委员议案、意见和建议，去年市中院收到的2件议案，全部在规定时限内办结。继续加强与人大代表、政协委员的联络工作，通过邀请旁听案件审理、指导执行、参与裁判文书的评比，确保监督渠道畅通。加强人民陪审员工作，人民陪审员参与审理一审案件2309件。重视检察机关的法律监督，加强与检察机关的工作沟通和交流，全年审结检察机关提起的再审抗诉案件7件。

各位代表：过去一年，法院工作取得了一定的成绩和进步，这是市委正确领导、人大有力监督和政府、政协及社会各界大力支持的结果。在此，我代表两级法院全体干警向各位人大代表、政协委员，向所有关心支持法院工作的领导和同志们表示衷心的感谢！

我们也清醒地认识到，当前法院工作还存在许多不足和困难，主要表现在：一些法官对社会转型时期社会矛盾特点的把握还不准确，有效解决纠纷的能力有待进一步增强；一些法官群众观念较弱，在办理案件中沟通、说服、教育、疏导工作还不到位，群众工作能力有待进一步提高；一些干警缺乏应有的社会责任感，就案办案多，主动承担消化社会矛盾的责任意识还不够强，司法能力与社会需求还不相适应；有的干警作风不够扎实，影响了司法的公信与形象；“执行难”问题尚未从根本上解决，涉诉信访化解压力依然较大，案多人少的矛盾仍然突出，司法环境面临新的挑战。对这些问题和困难，我们将在各方面关心支持下，采取有效的措施，努力加以解决。

2013年工作主要任务

今年是全面贯彻落实党的十八大精神的开局之年，也是我市加快实施“四大战略”，推进转型跨越发展，为全面建成小康社会奠定基础的重要一年。全市法院的总体工作思路是：全面贯彻党的十八大会议精神，坚持以邓小平理论、“三个代表”重要思想和科学发展观为指导，抓服务、抓管理、抓教育，转变工作作风，转换工作机制，不断提高司法公信力，顺应人民群众对司法公正的期待关切，为全市“四大战略”实施和转型跨越发展创造和谐稳定的社会环境、公平正义的法治环境和优质高效的服务环境。

党的十八大对加强法院工作提出了更高的要求，全市法院要把贯彻落实好十八大精神作为首要政治任务和重大政治责任，切实将思想认识统一到十八大精神上来。重点做好以下六个方面的工作：

（一）提升服务能力，在服务大局上有新贡献

要围绕全市工作大局，加强调查研究，坚持能动司法，全面落实平安阳泉、法治阳泉的工作要求，依法严惩严重刑事犯罪，突出打击重点，进一步增强人民群众安全感和满意度；依法严惩贪污、贿赂、渎职犯罪，推动反腐败斗争深入开展；要依法保障和改善民生，加强劳动就业、社会保障、教育医疗、人身损害赔偿等案件的审理和执行，保障人民群众安居乐业。要加强诉讼服务工作，加大资金投入力度，建成一站式案件查询服务平台，更加注重当事人权益的实现，把协商、调解和救助工作前移，尽最大努力消化矛盾。着力解决涉诉信访积案的终结化解，用法治思维、法治方式来化解矛盾。

（二）提高管理水平，在司法行为规范上有新成效

继续加强以质效考核为核心的审判管理工作，充分发挥审判管理的指挥、导向作用，提高审判质量和效率。全面落实司法公开措施，进一步扩大公开范围，以公开促公正；进一步明确各环节审判责任，强化审判权力约束，以责任促公正；完善各项内部监督制度，加强权力监督和责任追究，以监督促公正，让人民群众在每一个案件中都能感受到公平正义。继续加大法治宣传力度，使法治精神更加深入人心。加强司法政务管理，推进审务管理信息网络的应用，更好地提升审判管理和服务水平。

（三）加大教育力度，在队伍建设上有新进步

要更加注重思想政治教育，深入学习贯彻党的十八大精神，认真开展以“为民务实清廉”为主题的群众路线主题教育实践活动，确保队伍政治坚定、职业忠诚。更加注重司法能力教育，以刑事诉讼法和民事诉讼法为重点，加强教育培训，积极适应两大诉讼法对审判工作提出的新要求，加快审判骨干培养，妥善应对新情况新问题，确保法律有效实施。更加注重司法职业道德教育，牢固树立社会主义法治理念，使干警做到秉公办案、廉洁司法。

（四）转变工作作风，在司法为民上有新举措

认真落实中央改进工作作风，密切联系群众的八项规定和最高院进一步改进司法作风的六项措施，强化群众观念，增进群众感情，弘扬司法文明。认真开展“司法为民大走访、大调研、大服务”活动，了解民情民意，密切群众关系，切实提高群众工作能力。更加注重反腐倡廉建设，重点防控审判关键环节的廉政风险，坚决查处违纪违法行为，确保法官清正、法院清廉、司法清明。

（五）转换工作机制，在服务功能上有新拓展

在全市法院整体推进诉讼服务管理中心建设，一切审判活动以方便群众和化解矛盾为目标，在基层法院要强化立案窗口工作，在窗口开设调解、协商对话、约谈查询、帮扶等平台，把大量的纠纷化解在诉前。加强司法救助工作，使经济上确有困难、诉讼能力不高的群众能够依法维护自身权益。加强多元化解机制建设，以更多的渠道解决纠纷。开展对人民调解协议的司法确认，加强对人民调解的指导，规范诉调对接工作。同时，对影响全局稳定的敏感案件要进行诉讼风险评估和危机预警，及时向党委汇报经济社会热点、焦点、重要情况，为党委决策提供法律支持与服务。重视同基层组织、有关部门的沟通协调，维护和实现好当事人的现实利益。结合新民诉法的执行，积极开展小额速裁工作。

（六）强化接受监督的意识，在司法公信上有新提升

把提升司法公信力作为全市法院工作的落脚点，认真贯彻市人大及其常委会通过的各项决议，认真抓好代表、委员建议、提案和来信来访办理工作，自觉接受人大监督。自觉接受民主监督、社会监督和舆论监督，切实加强和改进法院工作。进一步加强人民陪审员工作，提高陪审质量。自觉接受检察机关法律监督，共同维护司法公正。市中院要继续完善对基层法院的工作考核和业务指导机制，强化审级监督。同时，要依靠党委领导、人大监督、政府支持，继续加强基础建设，帮助基层法院解决好案多人少、法官断层等实际困难，提高全市法院整体工作水平。

各位代表，面对新形势、新任务，我们要在市委的坚强领导下，更加自觉地接受市人大及其常委会的监督，坚定信心，锐意进取，努力开创全市法院工作新局面，为全市转型跨越发展做出新的更大的贡献！

附：报告用语说明

1、全省审判质效考核：从2008年开始，省高院在全省法院开展审判质效考核，共设立涉及审判公正、审判效率、审判效果等23项评估指标，以提高全省法院的审判质量和效率。

2、商事审判：指法院依据商法及相关法律审理、裁判商事纠纷的行为。案件类型大体可以分为借款、保险、票据等金融类纠纷，企业改制、破产清算类纠纷，公司合并、分立等公司类纠纷，买卖、运输、服务等其他合同及权属纠纷。

3、“三费”案件：指抚养费、扶养费和赡养费案件。

4、诉讼风险评估：是人民法院在立案、审判、执行、申诉等诉讼过程中，根据矛盾纠纷性质和当事人行为表现所反映的具体情况，对案件中影响社会稳定及发生信访的风险进行研判、预测，并明确风险等级，以利于在审判执行过程中及时作出防范和化解风险的预案，努力实现案结事了。

5、最高院改进司法作风六项措施：2012年12月，最高人民法院研究制定了关于进一步改进司法作风的6方面措施，要求各级人民法院要做到作风建设常抓不懈。这6方面措施分别是：要坚持司法为民，增进群众感情；要推进司法公开，实现良性互动；要加强民意沟通，扩大司法民主；要精简会议活动，切实改进会风；要精简文件简报，切实改进文风；要改进调研工作，增强调研实效。

6、审务督察：是指各级人民法院对本院各部门及其工作人员，上级人民法院对下级人民法院及其工作人员履行职责、行使职权、遵章守纪、改进作风等情况开展实地检查，并对正在发生的违法违规行为进行现场查纠的内部监督方式。2012年6月20日，山西省法院首次审务督察员资格培训会在我市召开。一年来，市中院按照要求，认真开展审务督察工作，加大了对司法活动的监督检查力度。

7、诉讼服务管理中心：为提高全市法院服务大局的能力水平，市中院制定下发了《关于强化诉讼服务管理工作的指导意见》，对诉讼服务管理中心建设提出要求。其重要工作内容为：强化内部审判管理，合理配置审判资源，提升人民法院司法公信；拓展纠纷分流和矛盾化解渠道，建立完善诉与非诉衔接工作机制，构建多元纠纷解决体系；强化服务理念，建立完善各项便民、利民诉讼服务机制，切实方便群众诉讼；延伸服务职能，建立司法预警、风险评估、行政对话、行政协调机制，为党委、政府中心工作服务。

8、司法确认：指对于涉及到民事权利义务的纠纷，经行政机关、人民调解组织、行业调解组织或者其他具有调解职能的组织调解达成的具有民事合同性质的协议，如果双方认为有必要，共同到人民法院申请确认其法律效力。经司法确认的协议具有强制执行力。

9、小额速裁：指基层法院和派出法庭在审理事实清楚、权利义务关系明确、争议不大的简单的民事案件时，对于标的额为各省、自治区、直辖市上年度就业人员年平均工资百分之三十以下的，可采用比简易程序更为简便快捷的程序进行审理，并直接作出生效裁判，实行一审终审。

10、二审抗诉和再审抗诉：二审抗诉是针对一审裁判提出的抗诉，引起的是二审程序。再审抗诉是针对已经发生法律效力的判决裁定提出的抗诉，引起再审程序。

第二章 审判制度

第一节 概 况

审判制度就是法院制度，包括法院的设置、法官、审判组织和活动等方面的法律制度。根据《中华人民共和国宪法》和《人民法院组织法》规定，人民法院是国家审判机关，其组织体系是：最高人民法院、地方各级人民法院和专门人民法院。各级各类人民法院的审判工作统一接受最高人民法院的监督。地方各级人民法院根据行政区划设置，专门法院根据需要设置。

第二节 人民法院的组织和职权

人民法院审理案件，除涉及国家机密、个人隐私和未成年人犯罪案件外，一律公开进行。被告人有权获得辩护，可以自己进行辩护，也可以委托律师或者近亲属、监护人等其他公民进行辩护。

人民法院依照法律规定独立行使审判权，不受行政机关、社会团体和个人的干涉。

一、最高人民法院

最高人民法院设于首都北京。它是国家的最高审判机关，依法行使国家最高审判权，对全国人民代表大会及其常务委员会负责，同时监督地方各级人民法院和专门人民法院的工作。最高人民法院由院长一人，副院长、庭长、副庭长和审判员若干人组成。最高人民法院院长每届任期同全国人民代表大会每届任期相同，连续任期不得超过两届。

最高人民法院的主要职责为：（1）审判由其管辖的一审案件，主要是法律规定由它管辖的和它认为应当由自己审判的第一审案件，一般是指在全国范围内有重大影响或者疑难复杂的刑事、民事和行政案件；（2）审判对高级人民法院、专门人民法院一审判决、裁定的上诉和抗诉案件，以及最高人民检察院依照审判监督程序提出的抗诉案件；（3）对地方各级人民法院和专门人民法院已经发生法律效力的判决和裁定，如果发现确有错误，有权提审或者指令下级人民法院再审；（4）核准高级人民法院报请核准的死刑案件；（5）对在审判过程中如何具体应用法律、法令的问题，进行司法解释；领导和管理全国各级人民法院的司法行政工作事宜。

地方各级人民法院分为：基层人民法院、中级人民法院、高级人民法院。

二、高级人民法院

根据人民法院组织法规定，高级人民法院设于省、自治区、直辖市。职责为：（1）审判工作：审判依法由其管辖的一审案件，主要是法律规定由它管辖的第一审重大或复杂的刑事案件、民事案件和行政案件；审判对中级人民法院一审判决、裁定的上诉和抗诉案件，以及省级人民检察院依照审判监督程序提出的抗诉案件；审判下级人民法院移送审判的第一审案件；（2）监督工作：监督辖区内下级人民法院的审判工作，对下级人民法院已经发生法律效力的判决和裁定，如果发现确有错误，有权提审或者指令下级人民法院再审；（3）死刑复核工作：核准中级人民法院依法判处死刑缓期执行的案件和依最高人民法院授权由其核准的死刑案件；复核中级人民法院判处死刑的、被告人不上诉的第一审刑事案件，其中同意判处死刑的，报请最高人民法院核准，不同意判处死刑的，可以提审或者发回重审。

三、中级人民法院

中级人民法院包括在省、自治区内按地区设立的中级人民法院，在中央直辖市的中级人民法院，省、自治区辖市和自治州中级人民法院。职责为：（1）审判依法由其管辖的第一审案件，按照《刑事诉讼法》的规定，中级人民法院管辖的第一审刑事案件是：危害国家安全案件；可能判处无期徒刑、死刑的普通刑事案件；外国人犯罪或者中国公民侵犯外国人合法权益的刑事案件。按照《民事诉讼法》的规定，中级人民法院管辖的民事案件是重大的涉外案件，在本辖区内有重大影响的案件，最高人民法院指令中级人民法院管辖的案件。按照行政诉讼法的规定，中级人民法院管辖的第一审行政案件是：确认发明专利权案件；海关处理案件；对国务院各部门或者省、自治区、直辖市人民政府所作的具体行政行为提起诉讼的案件；本辖区内重大、复杂的案件；（2）审判对基层人民法院一审判决、裁定的上诉和抗诉案件，以及省级人民检察院分院、省辖市及自治州人民检察院依照审判监督程序提出的抗诉案件；（3）基层人民法院移送的第一审案件；（4）监督辖区内基层人民法院的审判工作，对基层人民法院已经发生法律效力的判决和裁定，如果发现确有错误，有权提审或者指令基层人民法院再审。

中级人民法院对它所受理的刑事、民事和行政案件，认为案情重大应当由上级人民法院审判的时候，可以请求移送上级人民法院审判。

四、基层人民法院

基层人民法院包括县、自治县人民法院、不设区的市、市辖区人民法院。职责为：（1）审判除法律、法令规定由上级人民法院管辖的案件之外的所有一审案件；（2）依照审判监督程序再审其所作出的确有错误的生效审判、裁定；（3）指导人民调解委员会的业务工作。

为便利人民诉讼，由基层人民法院设若干人民法庭，作为派出机构，但人民法庭不是一个审级。其职权是审理一般民事和轻微刑事案件，指导人民调解委员会的工作，进行法制宣传，处理人民来信，接待人民来访。它的判决和裁定就是基层人民法院的判决和裁定。

五、专门人民法院

专门人民法院是指根据实际需要在特定部门设立的审理特定案件的法院，目前中国设军事、海事、铁路运输法院等专门法院。

（一）军事法院

军事法院设三级：中国人民解放军军事法院，大军区、军兵种军事法院，基层军事法院。

中国人民解放军军事法院是军内的最高审级，其职权是：

（1）审判正师职以上人员犯罪的第一审案件；

（2）审判涉外刑事案件；

（3）最高人民法院授权或指定审判的案件以及它认为应当由自己审判的其他第一审刑事案件；

（4）负担二审、死刑复核、再审的审判任务。

大军区、军兵种军事法院包括各大军区军事法院，海军、空军军事法院，二炮部队军事法院，解放军总直属队军事法院等。这是中级层次的军事法院，其职权是：

（1）审判副师职和团职人员犯罪的第一审案件；

（2）审判可能判处死刑的案件以及上级军事法院授权或指定审判的案件；

（3）负担上诉、抗诉案件的审判。

基层军事法院包括陆军军级单位军事法院，各省军区军事法院，海军舰队军事法院，大军区空军军事法院，在京直属部队军事法院等，其职权是：

（1）审判正营职以下人员犯罪，可能判处无期徒刑以下刑罚的第一审案件；

（2）上级军事法院授权或指定审判的第一审案件。

（二）海事法院

海事法院是为行使海事司法管辖权而设立的专门审判一审海事、海商案件的专门人民法院。海事法院受理当事人因海事侵权纠纷、海商合同纠纷以及法律规定的其他海事纠纷提起的诉讼。在中华人民共和国领域内进行海事诉讼，适用《中华人民共和国民事诉讼法》和《中华人民共和国海事诉讼特别程序法》。《中华人民共和国海事诉讼特别程序法》有规定的，依照其规定。中华人民共和国缔结或者参加的国际条约与《中华人民共和国民事诉讼法》和《中华人民共和国海事诉讼特别程序法》对涉外海事诉讼有不同规定的，适用该国际条约的规定，但中华人民共和国声明保留的条

约与《中华人民共和国民事诉讼法》和《中华人民共和国海事诉讼特别程序法》对涉外海事诉讼有不同规定的，适用该国际条约的规定，但中华人民共和国声明保留的条款除外。铁路运输法院是设在铁路沿线等的专门人民法院。铁路运输法院的案件管辖，从保护铁路运输的任务出发，主要受理铁路运输系统公安机关负责侦破的刑事案件和与铁路运输有关的经济纠纷案件、涉外案件。1989 年 5 月最高人民法院作出《关于海事法院收案范围的规定》，规定海事法院受理中国法人、公民之间，中国法人、公民同外国或地区法人、公民之间，外国或地区法人、公民之间的海事商事案件，包括 5 大类 14 种：

（1）海事侵权纠纷案件 10 种。主要有：船舶碰撞损害赔偿案件，船舶触碰海上、通海水域、港口的建筑物和设施的损害赔偿案件，船舶排放、泄漏有害物质或污水造成水域污染或他船及货物损害的赔偿案件，海上运输或海上、通海水域、港口作业过程中的人身伤亡事故引起的损害赔偿案件。

（2）海商全国案件 14 种。主要有：水上运输合同纠纷案件，水上旅客和行李运输合同纠纷案件，海员劳务合同纠纷案件，海上救助、打捞合同纠纷案件，海上保险合同纠纷案件等。

（3）其他海事海商案件 11 种。主要有：海运、海上作业中重大责任事故案件，港口作业纠纷案件，共同海损纠纷案件，海洋开发利用纠纷案件，船舶所有权、占有权、抵押权，或者海事优先请求权纠纷案件，涉及海洋、内河主管机关的行政案件，海运欺诈案件等。

（4）海事执行案件 5 种。主要有：海洋、内河主管机关依法申请强制执行的案件，当事人申请执行仲裁裁决的案件，依据《承认及执行外国仲裁公约》的规定，当事人申请中国海事法院承认、执行外国或者地区的仲裁机构仲裁裁决的案件，依照中国与外国签订的司法协助协定，或者按照互惠原则协助执行外国法院裁决的案件等。

（5）海事请求保全案件 2 种。即诉前申请扣押船舶的案件和诉前申请扣押船载货物或者船用燃油的案件。

（三）铁路运输法院

铁路运输法院是设在铁路沿线等的专门人民法院，它主要审判下列案件：

（1）由铁路公安机关侦破、铁路检察院起诉的发生在铁路沿线的刑事犯罪案件。

（2）经济纠纷案件。根据最高人民法院的规定，共有 12 类，包括：铁路货物运输合同纠纷案件；国际铁路联营合同纠纷案件；铁路系统内部的经济纠纷案件；违反铁路安全法规对铁路造成损害的侵权纠纷案件；铁路行车、调车作业造成的人身、财产损害，原告选择铁路运输法院起诉的侵权纠纷等。

第三节　人民法院的审判制度

一、公开审判制度

人民法院审理案件和宣告判决，除法律另有规定，一律公开进行。公开审理的案件，要先期公布案由、当事人的姓名、开庭时间和地点，允许公民到法庭旁听，允许新闻记者采访和报道，定期公开宣判的应当先期公告。总之，应当把法庭审判活动的全过程，除了合议庭评议外，都公布于众。

依照法律规定，下列案件不公开审理 :(1) 涉及国家机密的案件；(2) 涉及个人隐私的案件；(3) 未成年人犯罪的案件；(4) 离婚当事人和涉及商业秘密案件的当事人申请不公开审理的，可以不公开审理。对于不公开审理的案件，应当当庭宣布不公开审理的理由，但判决仍然应当公开宣告。

二、辩护制度

任何刑事被告人都有权获得辩护。被告人除自己行使辩护权以外，还可以委托辩护人，或者由人民法院指定辩护人为他辩护。在整个刑事诉讼过程中，被告人都有权为自己辩护。

三、回避制度

审判人员、书记员、翻译人员、鉴定人、勘验人是本案当事人或者当事人、诉讼代理人的近亲属；与本案有利害关系；与本案当事人有其他关系，可能影响对案件公正审理的，不得参加对本案的审理。当事人有权用口头或者书面方式申请他们回避。

四、合议制度

由审判员组成合议庭或者由审判员和人民陪审员组成合议庭审判案件的制度。它是人民法院进行审判活动的基本形式，是民主集中制原则在审判工作中的具体运用。

五、两审终审制度

这是中国案件的审级制度，它是指一个案件经过两级人民法院审判就宣告终结的制度。地方各级人民法院第一审案件的判决和裁定，当事人可以按照法律规定的程序向上一级人民法院上诉，人民检察院可以按照法律规定的程序向上一级人民法院抗诉。经过二审的判决或裁定，即发生法律效力。地方各级人民法院第一审案件的判决和裁定，如果在上诉期限内当事人不上诉、人民检察院不抗诉，就是发生法律效力的判决和裁定。

第四节 法官制度

规定中国法官制度的法律依据是《中华人民共和国法官法》（2001年6月全国人民代表大会常务委员会修订）。

法官是依法行使国家审判权的审判人员，包括各级法院的院长、副院长、审判委员会委员、庭长、副庭长、审判员和助理审判员。法官的职责是依法参加合议庭审判或者独任审判案件以及法律规定的其他职责。院长、副院长、审判委员会委员、庭长、副庭长除履行审判职责外，还应当履行与其职务相适应的职责。

各级人民法院院长由同级人民代表大会选举和罢免，各级人民法院院长任期与本级人民代表大会每届任期相同，副院长、审判委员会委员、庭长、副庭长和审判员由本院院长提请同级人民代表大会常务委员会任免。助理审判员由本院院长任免。专门人民法院的法官由全国人民代表大会常务委员会另行规定任免办法。

担任法官必须首先具备法官的资格条件。按照法律规定，担任法官必须具备的条件是：（1）具有中华人民共和国国籍；（2）年满23周岁；（3）拥护中华人民共和国宪法；（4）有良好的政治、业务素质和良好的品行；（5）身体健康；（6）高等院校法律专业本科毕业或者高等院校非法律专业本科毕业具有法律知识，工作满2年，其中担任高级人民法院、最高人民法院法官，应当从事法律工作满三年；获得法律专业硕士学位、博士学位或者非法律专业硕士学位、博士学位具有法律专业知识，从事法律工作满一年，其中担任高级人民法院、最高人民法院法官，应当从事法律工作满二年。

《法官法》施行前的审判人员不具备上述规定的条件的，应当接受培训，具体办法由最高人民法院制定。适用上述规定的学历条件确有困难的地方，经最高人民法院审核确定，在一定期限内，可以将担任法官的学历条件放宽为高等院校法律专业专科毕业。

曾因犯罪受过刑事处罚的或者曾被开除公职的人员不得担任法官。

初任法官采用严格考核的办法，按照德才兼备的标准，从通过国家统一司法考试取得资格，并且具备法官条件的人员中择优提出人选。人民法院的院长、副院长应当从法官或者其他具备法官条件的人员中择优提出人选。

法官不得兼任人民代表大会常务委员会的组成人员，不得兼任行政机关、检察机关以及企业、事业单位的职务，不得兼任律师。

对于丧失中华人民共和国国籍的、调出本法院的、职务变动不需要保留原职务的、经考核不称职的、因违纪、违法犯罪不能继续任职的、退休的、辞职或者被辞退的以及因健康等原因长期不能履行职务的法官，都应依法提请免除其法官职务。

对于违反上述条件任命法官的，一经发现，作出该项任命的机关应当撤销该项任命；上级人民法院发现下级人民法院法官的任命有违反上述规定条件的，应当建议下级人民法院依法撤销该项任命，或者建议下级人民法院依法提请同级人民代表大会常务委员会撤销该项任命。

法官之间有夫妻关系、直系血亲关系、三代以内旁系血亲以及近姻亲关系的，不得同时担任同一人民法院的法官以及上下相邻两级人民法院的院长、副院长。

法官从人民法院离任后两年内，不得以律师身份担任诉讼代理人或者辩护人。法官从人民法院离任后，不得担任原任职法院办理案件的诉讼代理人或者辩护人。法官的配偶、子女不得担任该法官所任职法院办理案件的诉讼代理人或者辩护人。

法官分为十二个等级。最高人民法院院长为首席大法官，二至十二级法官分为大法官、高级法官、法官。法官等级的确定，以法官所任职务、德才表现、业务水平、审判工作实绩和工作年限为依据。根据年度考核，逐级晋升。

对法官的考核，由所在人民法院组织实施，应当客观公正，实行领导和群众相结合，平时考核和年度考核相结合的原则。考核结果作为对法官奖惩、培训、免职、辞退以及调整等级和工资的依据。法官在审判工作中有显著成绩和贡献的，或有其他突出事迹的，应当给予奖励。奖励分为：嘉奖，记三等功、二等功、一等功，授予荣誉称号。实行精神鼓励和物质鼓励相结合的原则。对法官的处分包括：警告、记过、记大过、降级、撤职、开除。受撤职处分的，同时降低工资和等级。构成犯罪的，依法追究刑事责任。

法官享有退休、辞职、培训、申诉控告等权利。退休后享受国家规定的养老保险金和其他待遇。

国家对初任法官、检察官和取得律师资格实行统一的司法考试制度。国务院司法行政部门会同最高人民法院、最高人民检察院共同制定司法考试实施办法，由国务院司法行政部门负责实施。

第五节　刑事审判制度

审判是国家解决纠纷的一种专门活动，也是一种专门的国家权力。刑事审判是指人民法院在控辩双方和其他诉讼参与人的参加下，依照法定的程序对于被提交审判的刑事案件进行审理并作出裁判的活动。

刑事审判的任务包括以下三个方面：

1. 审查判断证据与犯罪事实。控方向法院提起指控，就必须承担举证责任。刑事审判的任务也是内容之一就是审查并判断控方提出的证据、指控的犯罪事实是否存在，是否为被告人所为，证据是否确实、充分。刑事审判的这一任务体现在判决书必须对控方指控的犯罪事实以及提供的证据作出认定与否的宣告。

2. 审查有关程序性事项。审判不限于实体意义上的犯罪事实，还包括一些程序性事项。如法庭审理中，被告人提出口供系遭受刑讯逼供而来的，以及辩护人提出侦查取证行为违法，因此请求排除证据等事项，也都属于法院审判的范围。法院此时应传唤侦查人员出庭接受质证。不过，实践中法院传唤侦查人员出庭作证的还不多见。

3. 适用法律，对案件作出裁判。在认定指控的犯罪事实是否成立、证据是否确实充分之后，必须依据《刑法》和《刑事诉讼法》的相关规定，对被告人的行为是否构成犯罪、构成什么罪、是否需要判处刑罚、判处何种刑罚、刑罚如何执行、判决生效的时间和条件等作出裁判并予以公开宣告。

刑事审判活动由审理和裁判两部分活动所组成。所谓审理，是指人民法院在控辩双方和其他诉讼参与人的参加下，调查核实证据、查明案件事实并确定如何适用法律的活动。所谓裁判，是指人民法院依据认定的证据、查明的案件事实和有关法律，对案件的实体和程序问题作出处理结论的活动。审理是裁判的前提和基础，裁判是审理的目的和结果。

在整个刑事诉讼过程中，审判是一个居于中心地位，具有决定意义的诉讼阶段。它决定着案件的最终处理结果，决定着刑事追诉的成功与否以及国家具体刑罚权能否实现。人民法院行使刑事审判权具有以下几个基本特征：

1. 审判程序启动的被动性。即没有起诉，就没有审判。相对而言，公安、检察机关行使追诉权则具有主动性，即当发现犯罪事实，需要追究刑事责任的时候，必须立案并进行侦查，以及提起公诉。审判程序启动的被动性表现在很多方面：如没有检察机关或者自诉人的起诉，不能主动审判某个案件；不能审判控方未指控的犯罪事实；自诉案件的被告人没有提起反诉，不能主动审理反诉案件；没有被告人一方的上诉或检察机关的抗诉，上一级法院不得启动第二审程序等。

2. 独立性。是指人民法院依法独立行使审判权，不仅如此，法官也具有独立性，在评议时有权独立地、平等地发表意见。正如马克思所言，法官“除了法律没有别的上司”。

3. 中立性。这是指法院在审判中相对于控辩双方保持中立的诉讼地位。法院在社会利益（检察官）和个人利益（被指控人）之间保持中立，只代表法律。审判中立，是被告人获得公正审判的重要保证。《世界人权宣言》第 10 条即规定，“人人于其权利与义务受到判定时及被刑事控告时，有权享受独立无私法庭之绝对平等不偏且公开之听审”。中立性有一些具体要求，如与案件有牵连的人不能担任该案件的法官，法官不得与案件的结果或纠纷各方有利益上或其他方面的关系，法官不应存有支持或反对某一方诉讼参与者的偏见等。

4. 职权性。这是指刑事案件一经起诉到法院，就产生诉讼系属的法律效力，法院就有义务、有权力进行审理并作出裁判。

5. 程序性。是指审判活动应当严格遵循法定的程序，否则，可能导致审判活动无效并需要重新进行的法律后果。

6. 亲历性。是指案件的裁判者必须自始至终参与审理，审查所有证据，对案件作出判决须以充分听取控辩双方的意见为前提。

7. 公开性。是指审判活动应当公开进行，法庭的大门永远是敞开的，除了为了保护特定的社会利益依法不公开审理的案件外，都应当公开审理，将审判活动置于公众和社会的监督之下。即使依法不公开审理的案件，宣告判决也应当公开。这是摒除司法不公的最有力的手段。

8. 公正性。公正是诉讼的终极目标，是诉讼的生命。审判应依照公正的程序进行，进而最大限度地实现实体上的公正。审判的公正性也源自于裁判者的独立性与中立性。

9. 终局性。是指法院的生效裁判对于案件的解决具有最终决定意义。判决一旦生效，诉讼的任何一方原则上不能要求法院再次审判该案件，其他任何机关也不得对该案重新处理，有关各方都有履行裁判或不妨害裁判执行的义务。这是由审判是现代法治国家解决社会纠纷和争端的最后一道机制的性质决定的。

在现代法治社会，刑事审判具有维护追诉正当性、保护被告人不受错误追究、保障辩护权等多方面的意义。一是审判具有维护追诉正当性的意义。在现代社会，侦查机关、检察机关承担追诉犯罪维护社会秩序的职责，这种追诉必须具有正当性，即依法律规定的正当程序进行。然而，追诉行为本身极具攻击性，易偏离法律程序而侵犯公民权利，从而破坏法律秩序。法院通过审判，排除非法证据，能够起到纠正与遏止侦查机关、检察机关违法行为、维护追诉行为合法性与正当性的作用，从而维护法治。二是审判具有保护被告人不受错误追究的意义。检察机关、自诉人对被告人的指控，只是提出罪与刑的请求。法院通过审理，对检察机关以及自诉人的指控进行全面审查，包括证据的充分性、法律适用的准确性，就可以实现定罪量刑的准确性，最大限度地避免冤枉无辜。三是审判具有保障辩护权实现的意义。被告人享有辩护权，审判为辩护权的行使提供了平台。只有通过审判，才能保障被告人的辩护权，使其获得公正的对待，也才能体现刑事司法制度的公信力。

刑事审判程序是指人民法院审判刑事案件的步骤和方式、方法的总和。中国《刑事诉讼法》规定了以下几种基本的审判程序：

1. 第一审程序，是指人民法院根据审判管辖的规定，对人民检察院提起公诉和自诉人自诉的案件进行初次审判的程序。

2. 第二审程序，是指人民法院对上诉、抗诉案件进行审判的程序。

3. 特殊案件的复核程序，包括死刑复核程序以及人民法院根据刑法第 63 条第 2 款的规定在法定刑以下判处刑罚的案件的复核程序。

4. 审判监督程序，是对已经发生法律效力的判决、裁定，在发现确有错误时，进行重新审判的程序。根据审判监督程序进行审判的案件，如果原来是第一审案件，依照第一审程序进行审判；如果原来是第二审案件，则依照第二审程序进行审判。

第六节 民事审判制度

民事审判的基本制度，是指人民法院审判民事案件所必须遵循的基本操作规程。

民事审判的基本制度不同于《民事诉讼法》的基本原则。首先，基本原则具有很强的抽象性和概括性；而基本制度却是一整套系统的规范体系，有具体的内容和要求。其次，基本原则对整个民事诉讼活动具有宏观指导性，人民法院和一切诉讼参与人均应遵守；而基本制度则主要规范法院的审判行为。第三，基本原则较为灵活，伸缩余地较大，其运用的程度往往不易把握和评价；而基本制度则属于硬性规定，比较容易把握、操作和评价。

民事审判的基本制度也不同于民事诉讼中的一般制度，这些一般制度与基本制度在性质、地位以及规范的对象等方面均存在很大区别。根据《民事诉讼法》第 10 条规定，民事审判的基本制度包括合议制度、回避制度、公开审判制度和两审终审制度。

一、合议制度

合议制度（简称合议制），是指由三名以上的审判人员组成审判集体，代表人民法院行使审判权，对案件进行审理并作出裁判的制度。合议制度的组织形式为合议庭。

合议制度包括合议庭的组成、合议庭的职能和合议庭的活动原则三个方面的内容。合议庭的组成因审级和案件的性质不同而不同，包括以下几种情况：第一，人民法院审理第一审民事案件，由审判员、陪审员共同组成合议庭或者由审判员组成合议庭。第二，人民法院审理第二审民事案件，由审判员组成合议庭。第三，发回重审的案件，原审人民法院应当按照第一审程序另行组成合议庭。第四，人民法院审理再审案件，原来是第一审的，按照第一审程序另行组成合议庭；原来是第二审的或者是上级人民法院提审的，按照第二审程序另行组成合议庭。但不论上述哪种组成形式，合议庭的人数都必须是三人以上的单数，并且要由其中一人担任审判长，主持审判活动。合议庭的审判长由院长或者庭长指定审判员一人担任；院长或者庭长参加审判的，由院长或者庭长担任。合议庭的职能是代表人民法院行使审判权，对具体案件进行审理并作出裁判。但合议庭应当接受审判委员会的指导和监督，并执行审判委员会的决定。合议庭成员地位平等，享有同等的权利；陪审员在执行陪审职务时，与审判员有同等的权利义务。合议庭评议案件，实行少数服从多数的原则。评议应当制作笔录，由合议庭成员签名。评议中的不同意见，必须如实记入笔录。

二、回避制度

回避制度，是指审判人员和其他有关人员遇有法律规定不宜参加案件审理的情形时，而退出案件审理活动的制度。

（一）关于回避的方式

《民事诉讼法》也规定了自行回避和申请回避两种方式。

（二）关于回避的原因

回避原因即法律规定应当回避的情形，也叫回避的法定事由。《民事诉讼法》规定的回避的原因包括以下三种：

1. 审判人员是本案当事人或者当事人、诉讼代理人的近亲属。

2. 审判人员与本案有利害关系。

3. 审判人员与本案当事人有其他关系，可能影响对案件公正审理的。

（三）关于回避制度适用的对象

回避制度适用的对象也即应当回避人员的范围，它是指法律关于回避的规定对哪些人员适用。根据《民事诉讼法》第 45 条第 1、3 款的规定，回避制度适用于审判人员、书记员、翻译人员、鉴定人、勘验人。

（四）关于回避的程序问题

为了保证回避制度的正确适用，必须遵守一定的程序。《民事诉讼法》所规定的回避的程序，包括申请程序、决定程序和复议程序三部分内容。

三、公开审判制度

（一）公开审判制度的概念和意义

公开审判制度，是指人民法院的审判活动除合议庭评议案件外，向群众和社会公开的制度。

公开审判是社会主义民主原则在民事诉讼中的重要体现，实行公开审判制度的重要意义在于：首先，它将案件的审判活动置于群众的监督之下，增加了审判活动的透明度，从而有助于审判人员增强责任感，正确行使审判权，提高办案质量。其次，它对案件当事人和其他诉讼参与人有一定约束作用，可以促使他们在公众监督之下正确行使诉讼权利和履行诉讼义务，保证庭审活动的顺利进行。第三，它可以使旁听群众受到很好的法制教育，扩大办案的社会效果，从而有利于预防纠纷，减少诉讼，维护社会稳定。

（二）公开审判制度的内容和贯彻要求

公开审判制度包括三项内容：第一，开庭前公告当事人姓名、案由和开庭的时间、地点；第二，开庭时允许群众旁听和允许新闻记者采访报道；第三，公开宣告判决。

贯彻执行公开审判制度应当注意：首先，要提高审判人员的业务素质和思想认识；其次，要严格遵守公开审判的法定程序，全面贯彻执行公开审判制度的各项内容；第三，要认真做好公开审判的各项准备工作，防止公开审判摆样子，走形式。

（三）公开审判制度的例外规定

公开审判制度不是绝对的，也有不公开审理的例外情况。根据《民事诉讼法》的规定，不公开审理的案件有以下三种：第一，涉及国家秘密的案件；第二，涉及个人隐私的案件；第三，法律另有规定的案件。这是指除上述两种案件外，凡是法律另有专门规定不公开审理的案件，均应当不公开审理。

四、两审终审制度

两审终审制度，是指一个民事案件经过两级法院的审判，案件的审判即宣告终结的制度。

1947 ~ 2012 年各类案件结案情况一览表（1）

年份	刑事案件				民事婚姻家庭继承纠纷案件			经济（合同）纠纷案件			权属侵权纠纷及其他民事案件			知识产权案件		适用特别程序审理案件		破产案件	行政案件		申诉、申请再审案件				执行案件	减刑假释案件	
	一审	二审	再审	人数	一审结案	二审	再审	一审	二审	再审	一审	二审	再审	一审	二审	民事	经济		一审	二再审审	收案	结案	维护	纠正		假释	减刑
1947																											
1948																											
1949	158																										
1950	315				135																						
1951	665																										
1952	344				384																						
1953	528																									10	
1954	459				640																					6	
1955	681																										
1956	485																										4
1957	322				942																						17
1958	1203																										20
1959	469				587																						30
1960	665				553																						23
1961	372				906																						23
1962	190																									53	101

注：1. 本表按 2002 年最高院规范的司法统计报表格式制作；2.1973 年之前，为阳泉市人民法院结案数据，当时该院为初审法院，1973 年 6 月，升格为二审法院；基层法院陆续建立，1977 年之后，开始受理二审案件；3、因统计口径不同，本表数据同正文中数据可能有所不同；4，因部分年份资料缺失，故本表没有总计数。

1947 ~ 2012 年各类案件结案情况一览表（续表 2）

年份	刑事案件				民事婚姻家庭继承纠纷案件			经济（合同）纠纷案件			权属侵权纠纷类民事案件			知识产权案件		适用特别程序审理案件		破产案件	行政案件		申诉申请再审案件				执行案件	减刑假释案件	
	一审	二审	再审	人数	一审	二审	再审	一审	二审	再审	一审	二审	再审	一审	二审	民事	经济		一审	二再审审	收案	结案	维持	纠正		假释	减刑
1963	278				848																					16	31
1964	263				1025																					2	49
1965	222																									6	51
1966	217																										1
1967																											2
1968																											
1969																											
1970																										1	14
1971																										2	9
1972																											61
1973	193				343																111	13	4	9		1	104
1974	62				385																191	35	20	15			143
1975	145				616																480	511	468	43		4	145
1976	136				437																					4	79
1977	138	1			339	1															174	101	95	4			
1978	93				339	8															433	41	1	3		30	226
1979	147				467	21															811	789	623	135			31

注：1.1967 年～ 1972 年，为文化大革命时期，阳泉市的审判工作由“阳泉市无产阶级革命委员会保卫部（组）审判办公室”负责；
2.1972 年有 4 人被加刑；3.1952 年～ 1978 年部分罪犯减刑、假释数据源自《阳泉市第一监狱志》。

1947 ~ 2012 年各类案件结案情况一览表（续表 3）

年份	刑事案件				民事婚姻家庭继承纠纷案件			经济（合同）纠纷案件			权属侵权纠纷类民事案件			知识产权案件		适用特别程序审理案件		破产案件	行政案件		申诉申请再审案件				执行案件	减刑假释案件	
	一审	二审	再审	人数	一审	二审	审监	一审	二审	再审	一审	二审	审监	一审	二审	民事	经济		一审	二审审监	收案	结案	维持	纠正		假释	减刑
1980	212	37			674	75																143	181	62			10
1981	185	53			658	75															691	409	280	52			10
1982	196	50			768	106															312	219	146	39		5	169
1983	553	61			1227	97															113	74	50	22			
1984	341	58			1230	74															266	219	168	34			248
1985	290	40			1120	64															83	82	58	13			377
1986	350	39	670	523	1070	74	2	228	2	2																	660
1987																											
1988	448	31	110	772	1313	108	1	1240	10										5	2							
1989	521	32	47	906	1561	124	4	1771	18	1									7	4							
1990	592	39	27	1092	1451	96	1	983	18										7	3						144	1215
1991	664	56	29	1099	1567	97	5	922	25										18	9						119	1238
1992	706	59	25	1324	1697	127	5	823	37							73	154		6	4					1398		
1993																			11	6							
1994																			11	4							

注：1. 本表 1985 年之前数据，转录自 1986 年“院志编写组”编制的《院志收资各种简表》；
2.1985 年之后数据，除特殊情况外（当年统计报表年份缺失，如 1987 年、1993 年、1994 年、1995 年等），录自本年度《司法统计报表》，缺失报表年份数据，则转录自本年度《总结》、《人大报告》等。

1947～2012年各类案件结案情况一览表（续表4）

年份	刑事案件				民事婚姻家庭继承纠纷案件			经济（合同）纠纷案件			权属侵权纠纷类民事案件			知识产权案件		适用特别程序审理案件		破产案件	行政案件		申诉申请再审案件						执行案件	减刑假释案件	
	一审	二审	再审	人数	一审	二审	再审	一审	二审	再审	一审	二审	再审	一审	二审	民事	经济		一审	二审审监	结	驳回	撤诉	本院再审	提起指令	终结其他		假释	减刑
1995																			1										
1996	833	107	6	1341	2778	195	5	2042	98	3	1			1		6	453	40	10	4							1969	68	1643
1997	502	54	2	794	2987	197	11	2017	106	7						2	126	22	13	6							1970	12	1650
1998	607	106	5	957	3045	270	20	2089	87	15						28	482	23	20	2							1901	42	1868
1999	658	95	1	1049	3096	301	10	1476	134	8	3	2				116	269	9	18	8							2664		1817
2000	653	119		1107	3188	409		1400	138									11	19	10							2489		1921
2001	739	125	5	1174	3320	501	16	986	199	21	1	1				84	420	5	37	25							2046	26	1491
2002	816	120		1292	1958	123		1605	222	12	995	242		1	1		158	1	19	26	48	26	1	10		11	2309	8	1465
2003	635	132	2	1057	1763	94	1	1624	215	31	467	202	3	1	1		467	3	73	22	48	26	1	10		11	3050	10	1644
2004	677	106		1026	1713	91	2	2098	176	9	997	167	8	3			319	8	43	21	113	53	3	17	15	25	2610	1278	406
2005	735	126	5	1260	1717	85	1	1729	169	9	327	144	8	4			327	6	35	23	41	16	1	15	7	2	2108		1745
2006	855	121	1	1378	1563	40	1	1831	103	5	705	97	4	1			111	1	30	14	58	15	6	19	4	14	1577		1797
2007	933	76	1	1546	1743	29	5	1595	92	4	834	65	9	34			174	7	33	14	68	16	9	5	4	34	1524		1924
2008	958	159	1	1567	1716	73	2	1815	212	33	935	125	2	16			161	3	26	21	95	4	1			90	1578		2121
2009	895	174	1	1479	1788	74	2	2084	258	8	990	183	9	1			192	7	64	15	151	133		3	12	3	2257		1826
2010	940	154	5	1541	1843	84	1	2274	258	4	936	174	2	4	1	2	97	2	31	5	148	58	3	3	11	73	1929	2	2721
2011	1014	168	9	1595	2243	60	4	1882	188	21	1628	149	16	6			230	3	28	5	119	30	12	2	1	4/62	1806	5	1952
2012	1030	207	1	1581	2067	81	2	2041	286	7	1868	201	8	4			122	4	35	18	76	39	4	2		18/10	1881	22	2615
合计																													

注：1. 刑事案件结案人数为一审人数；2. 权属侵权纠纷从2002年起单列统计，此前经济合同案件中包含权属侵权案件；3. 合同纠纷案件从2002年起，从经济纠纷案件中分列单独统计；4. 知识产权案件从2002年起单列统计；5. 破产案件从2002年起单列统计，之前包含在经济纠纷案件总数当中。6. 因最高院司法统计报表自2002年起发生较大变化，故从该年起，适用特别程序审理案件数为各类案件总数。7. 因总表数据缺失年份较多，故未作合计数。

编　后　语

《阳泉法院志》在阳泉市中级人民法院党组关怀支持下，在院志编纂委员会直接领导下，经过三年多的辛勤劳动和反复评审、多次修改，终于顺利完成了。山西省高级人民法院党组书记、院长左世忠，中共阳泉市委常委、政法委书记王湜洲，本院党组书记、院长王志刚等领导为本志题词、作序。阳泉市地方志办公室主任任佟苏对本志的编写出版，提供了重要的建设性修改意见。山西省阳泉第一监狱党委对本志的编纂给予了大力支持。法制文学作家闫建生担纲本志的执笔和统稿（总纂）工作。阳泉中院研究室同志不仅提供了大量第一手资料，而且积极参与本志的编写。《阳泉法院志》的编纂出版还受到了方志出版社领导和编辑的热情指导。借此机会，谨向为本志书提供资料、提出意见、提供方便的单位和个人，为指导志书编写出版的阳泉市地方志办公室及方志出版社领导和专家学者，向所有关心、支持、参与本志编纂工作的同志，表示衷心感谢。

由于本志涉及面广，时间跨度长，建院初期和某些重要时期的历史资料严重匮缺，加之编纂人员水平所限，志书一定存在许多疏漏和不足，不妥之处诚望海涵，敬请批评指正。

《阳泉法院志》编纂委员会

2012年12月31日